中国塑料工业年鉴

China Plastics Industry Yearbook

2001

中国塑料加工工业协会主办

中国石化出版社

图书在版编目(CIP)数据

中国塑料工业年鉴.2001/中国塑料加工工业协会主办.
—北京:中国石化出版社,2002
ISBN 7-80164-211-2

Ⅰ.中… Ⅱ.中… Ⅲ.塑料工业-中国-2001-年鉴
Ⅳ.F426.7-54

中国版本图书馆 CIP 数据核字(2002)第 030823 号

责任编辑　何重金　赵　怡
责任校对　王　红

中国石化出版社出版发行
地址:北京市东城区安定门外大街 58 号
邮编:100011　电话:(010)84271850
http://www.sinopec-press.com
E-mail:press@sinopec.com.cn
北京精美实华图文制作中心排版
北京精美彩色印刷有限公司印刷
新华书店北京发行所经销

*

787×1092 毫米 16 开本 30.75 印张 54 彩页 36 插页 1037 千字
2002 年 6 月第 1 版　2002 年 6 月第 1 次印刷
定价:260.00 元
京工商广临字 2002.4.0041

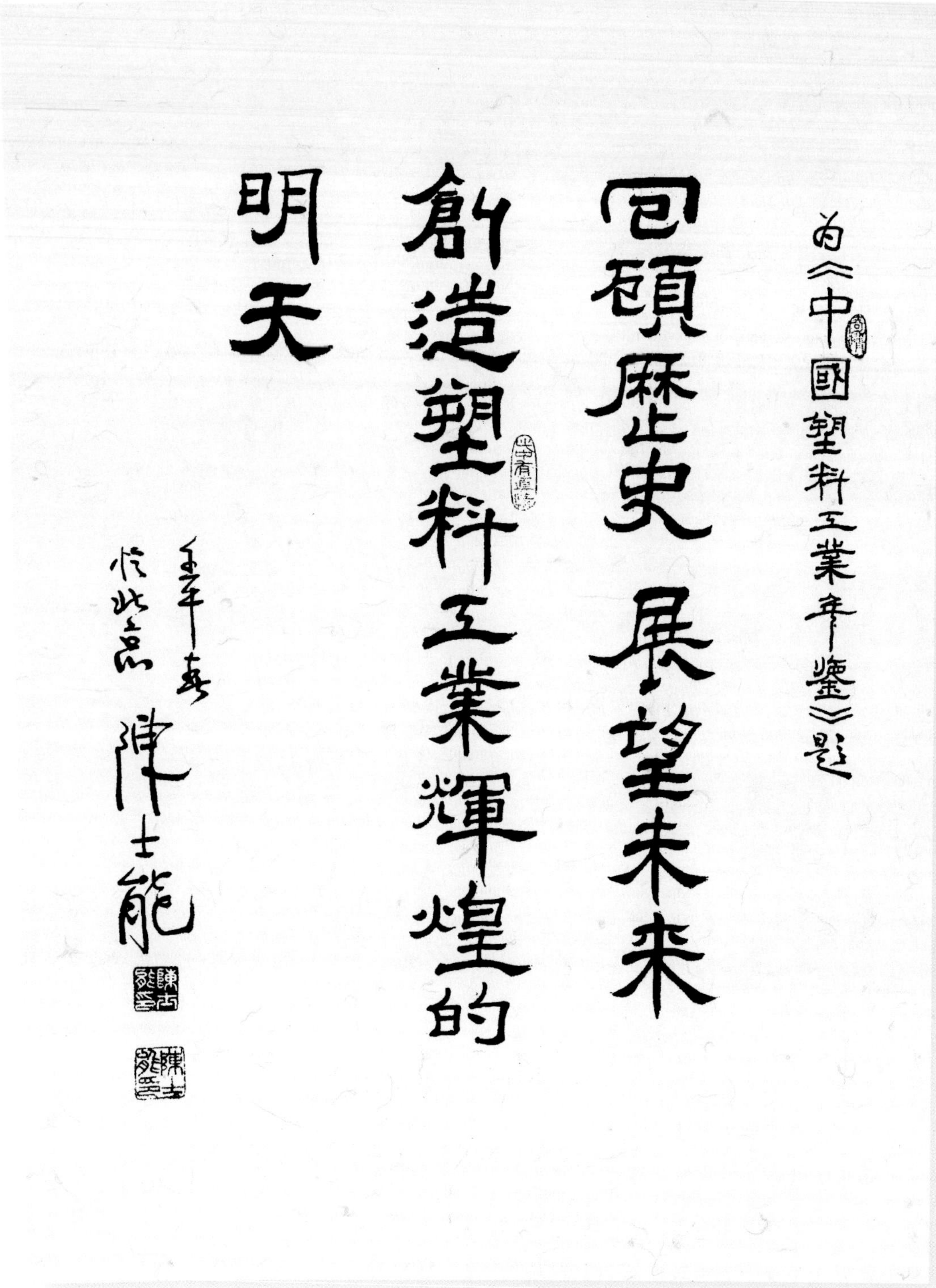

中国轻工业联合会会长陈士能题词

新世紀
塑料工業更上
一層樓

徐運北

原轻工业部部长徐运北题词

依靠科技，加快

塑料工业发展！

杨波

二〇〇二年三月

原轻工业部部长杨波题词

在改革开放方针指引下，
经过塑料战线全体职工
的奋发努力，成绩是喜人
的，塑料工业发展是快速
的，开创了我国塑料
工业发展的新局面。

周刚
2002年六月

原轻工业部塑料工业局局长周刚题词

贺《中国塑料工业年鉴》出版

创新，务实，

继续耕耘，不断壮大，

进一步适应廿一世纪全球新发展，

让中国塑料在祖国建设事业中

继续作出新贡献！

陈文瑛 左书

二〇〇二年六月

原轻工业部塑料工业局总工程师陈文瑛题词

共同努力迎接新世纪挑战

为加快我国塑料工业的发展

贡献力量

徐僖

二〇〇二年五月二十日

中国科学院院士、四川大学教授徐僖题词

《中国塑料工业年鉴》编委会名单

王德禧　中国塑协工程塑料专业委员会　理事长

包建成　全国塑料研究所技术信息协作组　理事长

刘万蝉　轻工业塑料加工应用研究所　所长

刘均科　全国塑料加工工业信息中心　常务副主任

刘英俊　中国塑协改性塑料专业委员会　秘书长

许　琳　中国塑料加工工业协会　高级工程师

许政仓　中国轻工机械总公司　副总工程师

庄　魁　中国塑协氟塑料加工专业委员会　理事长

朱复华　北京化工大学塑料机械及工程研究所　所长

江　南　北京化工大学　副教授

陈　宇　北京市化学工业研究院　副院长

陈　杰　中国石化集团公司经济技术研究院　副处长

芮品刚　中国塑协编织制品专业委员会　理事长

沈士华　中国塑协人造革专业委员会　理事长

何嘉松　中国科学院化学研究所　研究员

陆伟民　中国塑协注塑制品专业委员会　理事长

李国俊　中国塑料加工工业协会　副秘书长

李毕忠　中国科学院理化技术研究所工程塑料国家工程研究中心　总工程师

陈力辉　中国塑协塑料管道专业委员会　理事长

陈家琪　国家塑料制品质量监督检验中心　主任

张真和　全国农业技术推广服务中心　处长

张荣祥　中国塑协泡沫塑料 EPS 专业委员会　理事长

张福培　中国塑协双向拉伸聚酯薄膜专业委员会　理事长

邹建镇　中国塑协滚塑专业委员会　理事长

杨惠娣　《中国塑料》杂志　主编

金日光　北京化工大学　学术委员会主任

罗　东　中国塑料加工工业协会　工程师

周延龄　中国塑料加工工业协会　副秘书长

武德珍　北京化工大学　教授

郑　恺　中国工程塑料工业协会　秘书长

承　清　中国塑协中空制品专业委员会　理事长

赵安赤　中国塑协改性塑料专业委员会　理事长

郭庆人　中国塑协塑料节水器材专业委员会　理事长

耿孝正　北京化工大学　教授

钱汉英　全国塑料制品标准化技术委员会　副主任委员

唐赛珍　中国塑协降解塑料专业委员会　秘书长

秦立洁　北京华盾塑料公司　总工程师

曹常在　中国塑协医用塑料专业委员会　理事长

曹剑奇　中国塑协医用塑料专业委员会　副理事长

崔守信　中国塑协农用薄膜专业委员会　理事长

黄　锐　四川大学高分子材料系　教授

主　　编： 廖正品

副 主 编： 刘均科　许　琳　张玉霞

特约撰稿人：（以姓氏笔画为序）

于润波　王建伟　王克智　王秋燕　王希库　韦　华　孔德海　文秀松　石春平
史　勇　刘汉龙　刘圣军　刘志民　刘秋凝　向欣芳　关亚芹　许忠斌　张玉川
张玉英　张志新　张思农　张学仁　张雄伟　张楚玉　杜国田　李红艳　李双全
李如华　李应珍　何　芃　杨绪典　杨明锦　杨秉政　陈　生　陈碧波　邱一德
宋修华　吴学海　余卫平　国殿才　周国银　周理水　欧　梅　郑少华　赵　冬
高　杰　郭奕崇　顾大全　翁汉元　黄步明　黄晓薇　韩烈欣　彭玉成　雄　辉
曾新榕　蒋大勇　蔡梅春　穆淑慧　薛　平

编　辑　说　明

《中国塑料工业年鉴》由中国塑料加工工业协会主办、全国塑料加工工业信息中心承担组稿、编辑工作。年鉴以年度内全国塑料行业的发展和各省、市、自治区塑料加工企业的生产、经营和产品开发为主要内容，也包括合成树脂、助剂、塑料机械和模具的生产和市场情况。年鉴全面反映中国塑料工业现状，是记录中国塑料工业发展的历史文献。

《中国塑料工业年鉴》的宗旨是为合成树脂、助剂、塑料机械、模具和制品生产企业沟通信息、相互了解架起桥梁；为所有从事和涉及塑料工业的生产、销售、科研单位全方位地提供行业动态、市场和技术信息；为整个塑料行业服务。《中国塑料工业年鉴》(2001) 设有专论、大事记、全国塑料工业生产经营情况统计、综述、各地区塑料工业情况、制品行业概况、上市公司、科研院所、高等院校、专利技术、重点企业、人物风采等栏目。

2001 年版《中国塑料工业年鉴》是建国 50 多年来塑料行业的第一部年鉴，承前启后，回顾了中国塑料工业 50 年的发展历程，特别是总结了改革开放以来我国塑料工业快速发展的宝贵经验。

第一部《中国塑料工业年鉴》的编辑工作始终得到中国轻工业联合会领导和国内著名专家、老前辈的关心和支持。中国轻工业联合会陈士能会长亲笔为《中国塑料工业年鉴》题词，原轻工业部徐运北部长、杨波部长、原轻工业部塑料工业局周刚局长、陈文瑛总工程师、中国科学院徐僖院士都为年鉴题词。全国各省、市、自治区的塑料行业协会、塑料公司及行业管理部门的领导给予了大力支持，积极组织人员撰稿。中国塑料加工工业协会所属各专业委员会积极落实协会的工作部署，安排撰稿工作，使得年鉴从广度和深度上都具有较高的水平。行业内许多著名的专家克服种种困难，辛勤为年鉴撰稿、工作，使得《中国塑料工业年鉴》能够问世。

在本期《年鉴》组稿、编辑、出版过程中，中国轻工业联合会、中国石油化工集团公司、中国轻工业机械总公司、中国轻工模具协会、中国工程塑料工业协会、中国石化出版社、轻工业塑料加工应用研究所和《中国塑料》杂志社以及各有关兄弟部门的领导和同志给予了大力支持、积极配合和热情的指导，编委会向所有关心、支持和参与年鉴撰稿、组织、策划及广告宣传工作的领导、专家和朋友们一并表示衷心的感谢。诚请广大读者对本期《年鉴》编写、出版中的不足之处给予批评、指正。

进入21世纪，人类步入了一个新时代。人们的生活进入了信息时代、塑料时代。塑料工业的发展充满着活力，前途光明。顺应经济全球化的大趋势，伴随着时代前进的步伐，《中国塑料工业年鉴》将与时俱进，真实记载中国塑料工业发展的昨天，与行业同仁一起珍惜每一个今天，去迎接灿烂的明天……。

《中国塑料工业年鉴》编辑委员会

2002.6.10

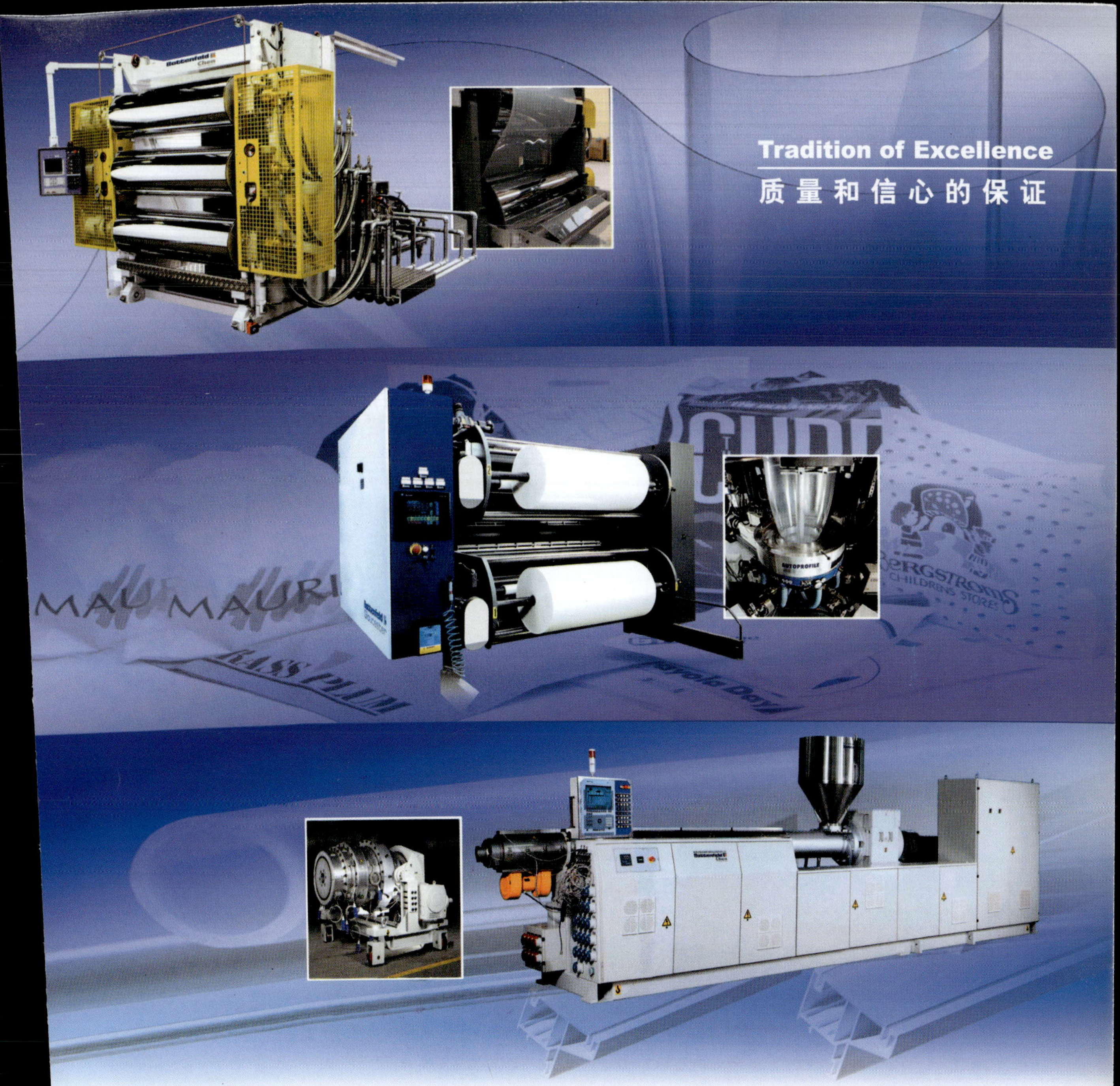
Tradition of Excellence
质量和信心的保证

您的满意是我们最大的成功！

WALZEN IRLE

德国 **IRLE** 轧辊公司成立于1820年，是专业生产用于塑料、胶片、橡胶行业轧辊的生产厂家。不懈的努力及良好的客户合作关系，使我们在压光辊生产及开发处于世界领先地位。

德国 **IRLE** 轧辊公司为塑料加工行业设计提供的轧辊有复合冷硬铸铁**(K40/50-V-G)**，特殊高铬钢**(CR25/35)**及特殊锻钢**(FS1/2)**等材质。此外，我们也为塑料加工行业提供轧辊设计方案，如 **TRIPASS 200**。

另外，德国**IRLE**轧辊公司为用户提供全面的轧辊磨削和表面处理服务，如镀铬以及采用先进热磨削工艺，从而达到客户要求的表面质量、辊形及磨削公差。

轧辊的性能对您的产品质量至关重要。德国**IRLE**轧辊公司，以技术为本，开发研制出了全新的轧辊设计**MonoTherm S®**，比其它产品在温度均匀性方面表现更为出色。

若贵方对我们最新的轧辊技术感兴趣，请与我们在华代理联系：

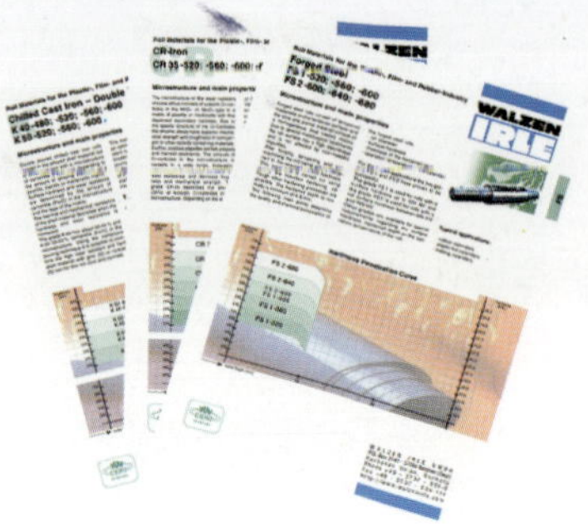

MonoTherm S®
IRLE ThermoRoll

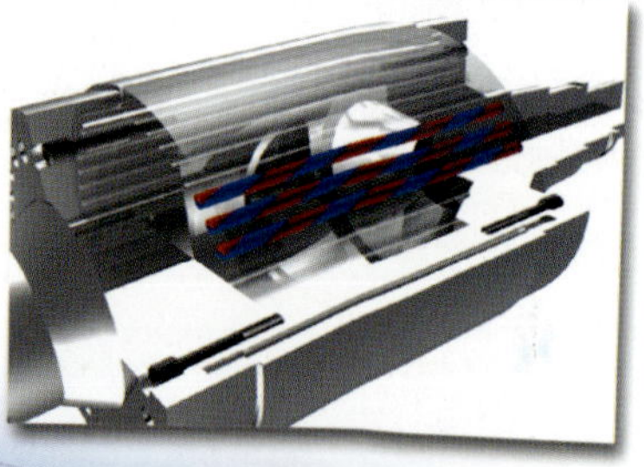

TÜV CERT EN ISO 9001

WALZEN IRLE GMBH
P.O. Box 3161.57244 Netphen(Deuz)
Germany, European Union
Phone +49-2737-504-0
Fax+49-2737-504-111
http://www.walzenirle.com

比利时苏德新比中贸易公司

地址：北京朝阳区建国门外大街一号，中国国际贸易中心一座2322室

邮编：100004　　电话：010–65054331　　传真：010–65051255

电子邮件：sodeximb@public.bta.net.cn

FANGLI
领先业界 创导完美
ISO 9001
SGS
UKAS
方力
FANGLI
宁波方力泵阀有限公司
公司地址：浙江宁波市长丰工业区方力工业村
营销热线：+86-574-88208811 88205865
用户服务中心：+86-574-88216866 88206842-209
质量投诉热线：+86-574-88213599 88210977
传真：+86-574-88200002 邮编：315192
Http:www.fangli.com
E-mail:Fanglinb@mail.nbptt.zj.cn
广东办事处：
顺德市大良区国际商业城B区一座2楼
电话：0765-2616535 13922951655
传真：0765-2616535
上海办事处：
上海市周家嘴路628号景泰大楼5F-E座
电话：021-65472468 13601688103
传真：021-65419498
北京办事处：
北京市朝阳区惠新西街千鹤家园2号楼
邮编：100029
手机：13805870432
WRB系列微型热水泵
BL系列直联式离心水泵
XWB系列旋涡气泵
SZ系列单级水环真空泵
DFJ系列高效低噪声风机
RY系列风冷式热油泵
HW系列止回阀
YGL系列过滤器
DF系列电磁阀
QF及QFB系列球阀
KH系列快换接头
PZ型冷却水喷嘴

ISO 9001
SGS
UKAS
FANGLI
精度更高 效率更高 您值得信赖
方力
FANGLI
宁波方力液压包装器材有限公司
公司地址：浙江宁波市长丰工业区方力工业村
营销热线：+86-574-88208811 88205865
用户服务中心：+86-574-88216866 88206842-209
质量投诉热线：+86-574-88213599 88210977
传真：+86-574-88200002 邮编：315192
Http:www.fangli.com
E-mail:Fanglinb@mail.nbptt.zj.cn
广东办事处：
顺德市大良区国际商业城B区一座2楼
电话：0765-2616535 13922951655
传真：0765-2616535
上海办事处：
上海市周家嘴路628号景泰大楼5F-E座
电话：021-65472468 13601688103
传真：021-65419498
北京办事处：
北京市朝阳区惠新西街千鹤家园2号楼
邮编：100029
手机：13805870432
SL系列旋流型翅片列管式油冷却器
GLG系列列管式高温油冷却器
ZK系列张力控制器
GLC系列列管式常温油冷却器
JZ系列气胀轴
电磁粉末离合器/制动器
旋转接头及金属软管
QY系列气动-液压边缘导向控制器（EPC纠偏装置）

方力
FANGLi

宁波方力机械有限公司创建于1993年，隶属宁波方力企业发展有限公司，是一家占地30000多平方米，集科研、开发、生产、服务为一体的高新技术企业。公司通过引进、吸收国外先进塑机生产技术，独立开发出具有国内领先水平的塑料挤出生产线及其配套的辅机设备，产品已在国内多家知名企业广泛使用，并远销东南亚、欧美等国家和地区。方力机械有限公司锐意进取，已先后获得十多项国家专利，并已通过英国SGS颁发的ISO9001国际质量体系认证，取得国家自营进出口权，连续3年被评为“重合同、守信用”单位和“资金信用AAA级”企业。领先的技术、先进的装备、科学的管理、完善的售后服务是您信心的保证！我们秉承“真情永恒、务实兴业”的企业理念，诚邀与您竭诚合作，共创美好未来！

唾手可得

更专业的服务

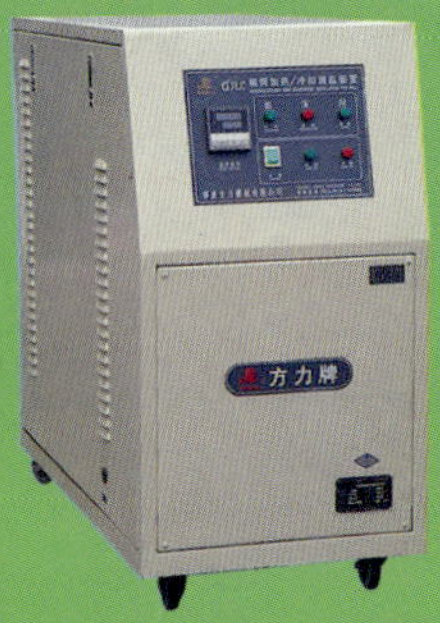
ULC系列辊筒加热/冷却调温装置

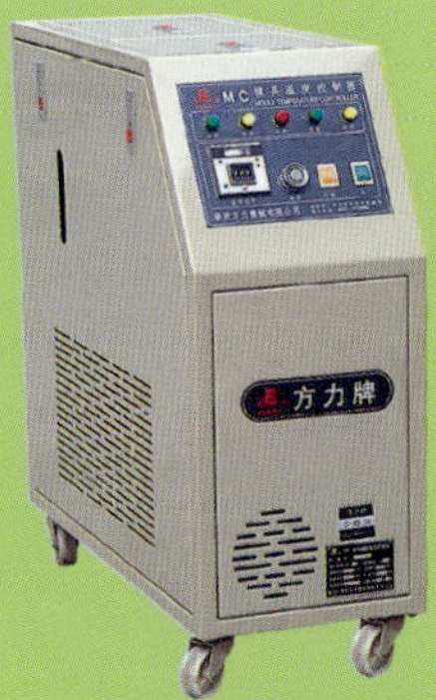
MC系列模具温度控制器

LS系列水冷式冷水机

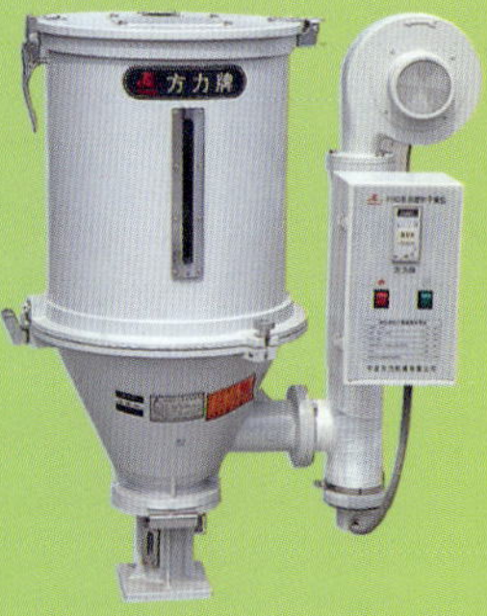
FHD系列塑料干燥机

SH系列塑料混色机

SWP系列塑料破碎机

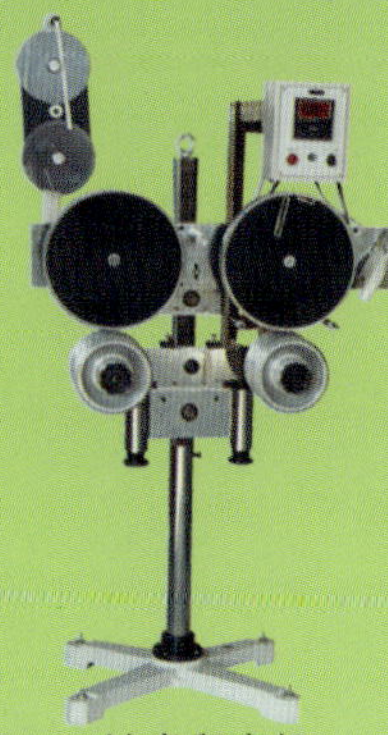
YYJ-2计米印字机

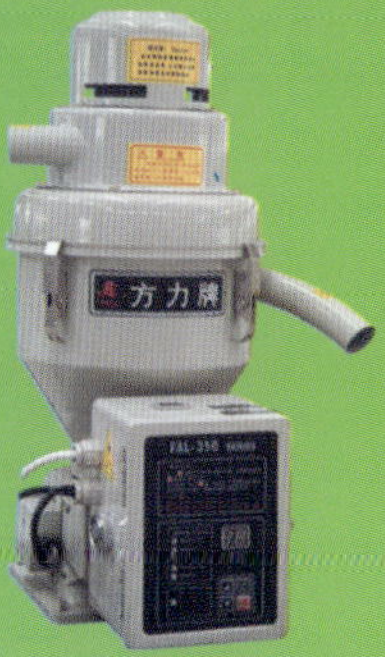
FAL真空自动填料机

FANGLI
宁波方力机械有限公司
公司地址：浙江宁波市长丰工业区方力工业村

营销热线：+86-574-88208811　88205865
用户服务中心：+86-574-88216866　88206842-209
质量投诉热线：+86-574-88213599　88210977
传真：+86-574-88200002　　邮编：315192
Http:www.fangli.com
E-mail:Fanglinb@mail.nbptt.zj.cn

广东办事处：
顺德市大良区国际商业城B区一座2楼
电话：0765-2616535　13922951655
传真：0765-2616535

上海办事处：
上海市周家嘴路628号景泰大楼5F-E座
电话：021-65472468　　13601688103
传真：021-65419498

北京办事处：
北京市朝阳区惠新西街千鹤家园2号楼
邮编：100029
手机：13805870432

联丰镜面辊

本公司主要是以制造、修复各种国产、进口规格的：冷铸辊、压光辊、压延辊、流延辊、压花辊、网纹辊、喷砂辊、热轧辊、消光辊及压光机械的专业公司，产品主要用于塑料板材、透明片材、防水卷材、造纸、人造革、皮革制品及无纺布等生产线上。

本公司技术力量雄厚，生产工艺先进，起点高，管理严，镜面辊表面粗糙度达到Ra0.025–0.0125μm，同心度、不圆度保证在0.01mm之内，产品规格可达Ø50–Ø1000mm，长度达5000mm，经本公司制造和修复的各类辊筒，质量完全可与进口产品媲美，价格仅为进口同类产品的三分之一，能使你节省大量外汇、大幅度降低生产成本。

公司将本着“质量第一，信誉至上”的宗旨，竭诚为国内外广大用户提供优质服务，为您的优质产品保驾护航，热情欢迎各界业内人士前来洽谈业务，进行合作。

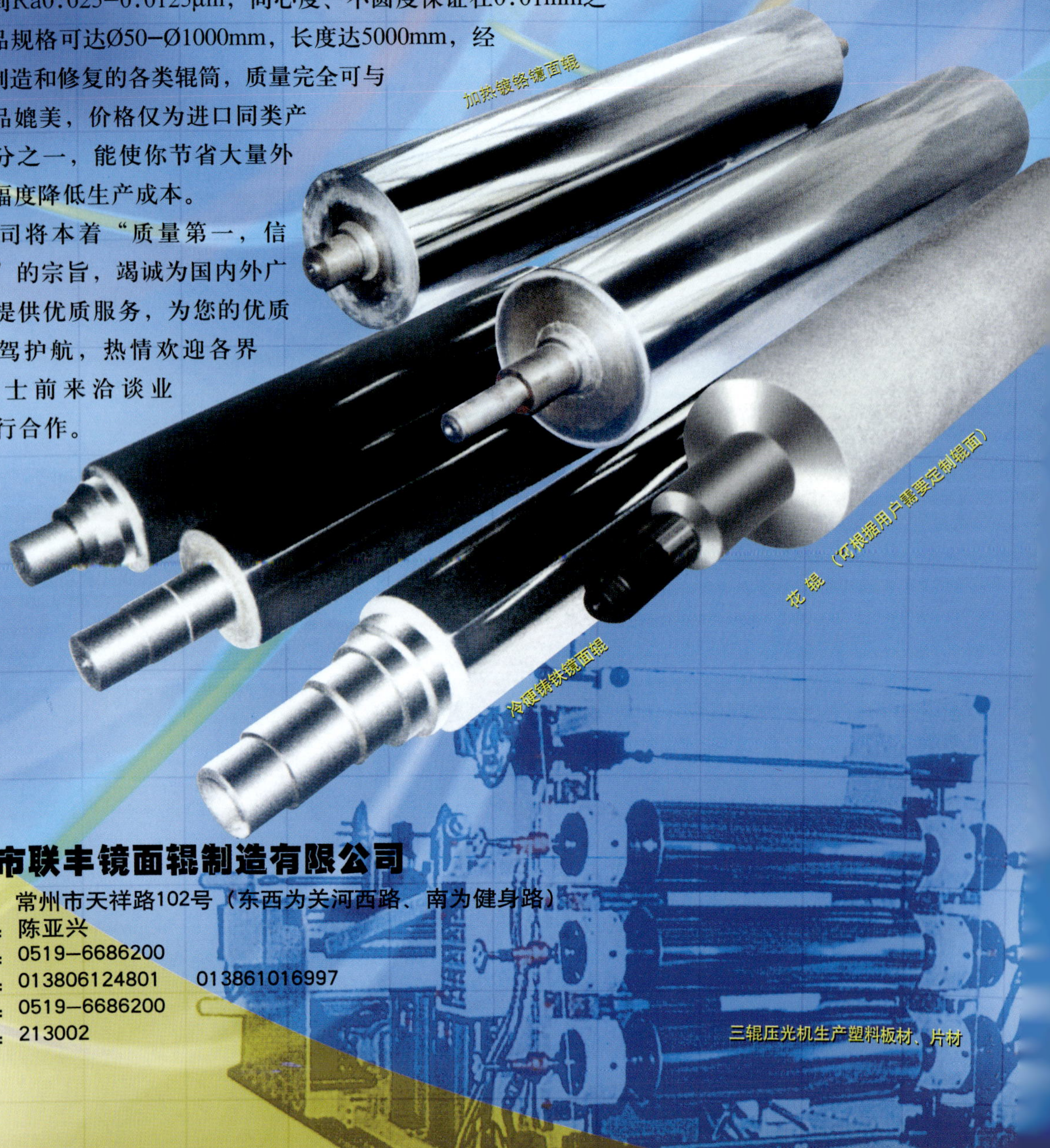

常州市联丰镜面辊制造有限公司

地　址：常州市天祥路102号（东西为关河西路、南为健身路）
董事长：陈亚兴
电　话：0519–6686200
手　机：013806124801　　013861016997
传　真：0519–6686200
邮　编：213002

新疆天业

股份有限公司

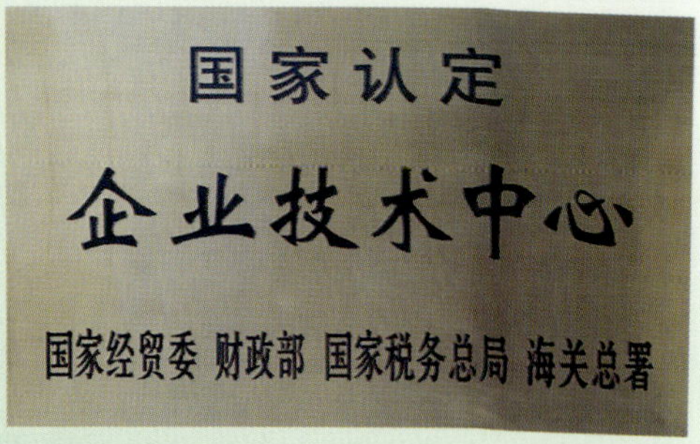

新疆天业股份有限公司（简称“新疆天业”），位于新疆维吾尔自治区石河子市。公司创立于1997年6月，是新疆生产建设兵团国有资产控股的首家大型综合上市公司。公司几年来不断发展壮大，至2001年末，公司已拥有资产总额25.8亿元，净资产10.8亿元，总股本22680万元。现有员工12000余名，各类专业技术人员2000余名。新疆天业已拥有9家分公司，9家控股公司和6家参股公司。拥有对外经济技术合作权，拥有国家认定的企业技术中心和国家级节水农业工程技术研究中心，企业被评为新疆维吾尔自治区级“重合同、守信用”企业。

新疆天业主要从事农用塑料节水器材、塑料制品、化工产品、建筑业、房地产开发业、食品和农业种植，以及农副产品深加工的生产和经营。

新疆天业是新疆最具规模的塑料制品生产企业，年生产塑料制品8万吨。新疆天业积极落实国家提出的“把节水灌溉做为一项革命性措施来抓”的要求，发挥天业“企业技术中心”的创新能力，2000年推广滴灌面积15万亩，2001年达到50万亩以上，现已形成200万亩节水器具生产能力，“十五”期间可形成600万亩节水器具的生产能力。节水灌溉技术走出国门，在塔吉克斯坦等中亚国家推广成功。并承担国家在中亚地区节水灌溉援外项目。新疆天业节水器材生产规模和技术推广应用名列全国前茅，农膜生产规模及产品质量都居全国同行业前列，其产品被评为“新疆名牌”。其中，“一次性可回收塑料滴灌带产品”被科技部、环保总局等五个部（局）认定为“国家重点新产品”。“天业”牌农用地膜被农业部评为优质产品，被99中国国际农业博览会认定为名牌产品。

新疆天业是新疆最具规模的氯碱化工企业，拥有15万吨化工产品生产能力，其中，年产烧碱4万吨，盐酸2.5万吨，硫酸3万吨，聚氯乙烯树脂3万吨，液氯3000吨。

地 址：新疆石河子市北一路94号
邮 编：832000
电 话：(0993) 2865242 2864082

天津大沽化工有限责任公司

TIANJIN DAGU CHEMICAL CO., LTD.

董事长：肖卫国

天津大沽化工有限责任公司前身大沽化工厂始建于1939年，是一家以食盐电解为基础，以发展海洋化工、石油化工为目标，生产烧碱、聚氯乙烯树脂、环氧丙烷、液氯、合成盐酸、塑料加工门窗异型材等20多种产品的综合性大型氯碱企业。本公司以高品质的产品（"红三晶"牌）和服务赢得了国内外广大用户的信赖，产品畅销全国、蜚声海外。

地址：天津市塘沽区兴化道1号　总机电话：+86 22 25393966
传真：+86 22 25387908　电挂：1129　邮编：300455
网址：www.daguchem.com　www.大沽化工.com
电子信箱：dginfo@public.tpt.tj.cn

苏州工业园区富事达塑业有限公司
（苏州塑料一厂）

苏州工业园区富事达塑业有限公司（苏州塑料一厂）前身是原苏州塑料一厂，从事工程塑料制品、塑料货箱、塑料片、管材、改性塑料、大型中空成型制品和各种异型材的研制、开发、生产，是省政府认定的江苏省高新技术企业，并已注册进入苏州工业园区。已通过ISO9001、QS9000和VDA6.1质量体系认证，是上海大众汽车公司共同体成员单位之一、是美国上海通用汽车公司(SGM)供货商。近几年来，在激烈的市场竞争中，奋力拼搏，得到了迅速发展，凭借严格的管理、雄厚的技术力量和先进的设备，不断加强产品开发和市场开发，先后从德国、美国、意大利、日本等国家引进各类双螺杆挤出机、精密注射机、片板材生产线及检测仪器等近30台套；公司在科技开发能力和技术设备水平等方面已形成了较强的实力和规模。公司目前有468员工，各种专业人员110名，年产值14000万元。

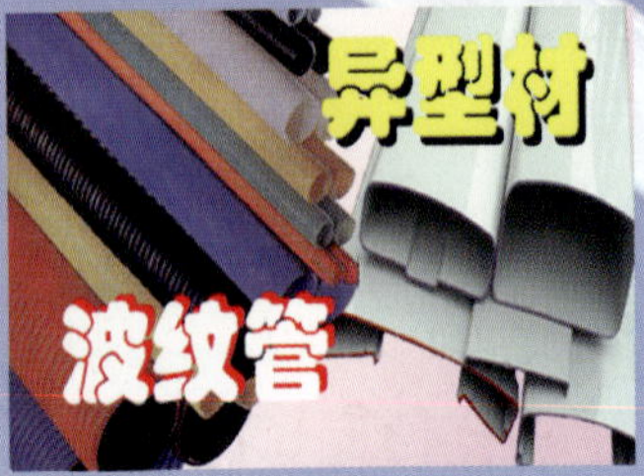

一、公司设有专门从事科研新产品开发的研究所，1997年被市政府首批认定为市级技术中心“苏州市工程塑料应用开发中心”，在产品开发中，应用美国EDS公司UG软件进行CAD/CAE/CAM设计。研究所机构有：4个研究室、测试中心、档案情报中心、模具车间和中试车间等8个部门，是公司的技术研究开发中心。

二、主要生产产品有六大类，即注射产品（塑料货箱等）、片板材、波纹管、改性塑料及大型真空成型制品和各种异型材等，并根据各个领域的发展和需求不断调整优化产品结构，已初步形成了以汽车、家电、电子、农机、生物工程等以及出口为主的产品发展方向。公司已有2万吨塑料制品生产能力和规模。

塑料货箱和各种物流箱已有60多只规格品种，年产160多万只。

片板材：厚度0.2-6mm，宽度1400mm多种。材料（ABS、PP、HIPS等）年产3000吨。

PSP发泡片材：厚度1-3毫米，宽度：1040毫米，年产量600吨。

PE发泡管：内径15-120毫米，10多种规格，年产量600吨。

改性塑料有50多只品种规格的工程改性塑料，年产1500吨。

大型真空成型制品：可生产2.2mX2.2m的大型真空成型制品。

波纹管：直径为φ4.5mm～φ50mm共20余种规格，年产量1000万m²。

异型材：可生产宽度300mm以内的各种异型材。

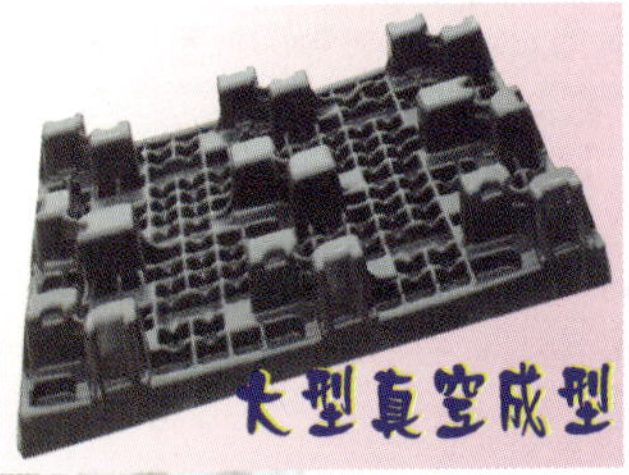

贯彻“创造最佳，奉献希望”的经营理念，应用各种工程塑料，为各个领域配套生产工程塑料制品近千种以上，年产能力20000吨，已成为三星、飞利普、安德鲁、春兰、上海通用、德尔夫派克、上海大众、一汽、二汽等国内外著名厂商的定点配套生产企业。

公司坚持以“使用户满意、让客户放心”的质量方针，公司愿将四十多年塑料加工的技术和经验奉献给各家公司，厂商和各位朋友，让我们紧密合作，共同发展。

苏州工业园区富事达塑业有限公司（苏州塑料一厂）

地址：江苏省苏州市养育巷415号

电话：0512-65223949 传真：0512-65239532

http: //www.first-plastic.com

E-mail: worldsy@public1.sz.js.cn

中国最具规模的塑料纱管生产基地

中国·三友控股集团
CHINA SANYOU HOLDING GROUP

董事长兼总经理：张小报

- 全国劳动模范
- 全国优秀企业家
- 中国塑料加工工业协会副理事长
- 高级经济师

中国·三友控股集团有限公司位于东海之滨——浙江台州，东临海门港口，北接黄岩民航机场，104国道穿境而过，陆、海、空交通十分便捷，是一家集科、工、贸于一体，拥有12家分公司，占地面积250余亩，建筑面积12万平方米，固定资产2.5亿元，员工1700多人，其中工程技术人员300多人的国家级企业集团，全国纺织机械器材行业百强骨干企业之一，省级文明单位，省三优企业，省重点骨干企业，省著名商标企业，ISO9001质量体系认证单位，并拥有自营进出口权。

公司创建于1971年，前身为浙江三友纺织器材总厂，1997年组建成浙江三友集团有限公司，2001年升格为无地域冠名的三友控股集团有限公司。

公司以纺织器材（塑料纱管）系列产品为龙头，集摩托车、精毛纺、汽摩部件、服装、农用药械、模具、工艺蜡烛、及其它日用塑料制品等于一体。主导产品塑料纱管生产历史悠久、工艺精湛、质优价廉，产品荣获省、部优称号，是全国同行业最具规模的生产企业。年生产能力在8000万支以上．是中国纺织机械器材工业协会重点推荐品牌。

公司拥有庞大的销售市场和一支高素质、经验丰富的营销队伍，产品销售网络遍布全国各地及欧美、东南亚等国家。

公司依靠“团结拼搏、务实创新”的企业精神，“集腋成裘、聚沙成塔”的管理机制和“以质创路，以优取信”的质量方针，努力开拓市场，严格内部管理，狠抓产品质量，不断开发高新技术产品，抢占市场制高点。

新世纪，三友愿与国内外新老客户精诚合作，共创美好明天。

Sanyou Bobbin

三友三友纺织良友　纺纱织布请用三友

三友主导产品

- 塑料纱管系列
- 摩托车及发动机
- 精毛纺系列
- 汽摩家电塑料件
- 硬片，育秧盘
- 服装类
- 打包带
- 工艺制品

地址：浙江省台州市路桥区卷桥　邮编：318058
电话：0576-2700362　2701161　传真：2700361
Http://www.china-sanyou.com　E-mail:info@china-sanyou.com

开拓进取　创造卓越

董事长：郑忠勋

安徽国风集团有限公司始建于1984年，目前已发展成为拥有8个子公司、2600多名员工、总资产达22.3亿元、年营业收入达12亿元、年实现利税1.4亿元的国家重点高新技术企业集团，安徽省18家重点企业集团之一，全国最具规模的塑料综合加工基地之一。国风集团连续九年荣获“省轻工系统创经济效益夺魁单位”，近几年先后获得“安徽省百万职工跨世纪赶超工程功勋单位”、“安徽省文明单位标兵”、“全国‘五一’劳动奖状”、“中国企业最佳形象AAA级”、“全国化学建材工作先进集体”、“中国企业管理科学实验基地”、“全国企业管理现代化创新成果一等奖”等荣誉称号。

国风集团主导产业以塑为主，兼顾发展塑料制品的上下游产品和生物制药。到2001年，主导产业包括塑料管材、塑料建材（主要包括塑料型材和门窗、塑料板材）、塑料薄膜（主要包括包装膜和农膜）和工程塑料（主要包括家电、汽车用工程塑料），正在开发的产品有塑料制品上下游产品（主要包括非金属矿超细粉和塑钢门窗五金件）和生物制药。国风集团塑料综合加工能力为20万吨。

安徽国风集团有限公司

地址：安徽省合肥市马鞍山路1号　邮编：230001
电话：(0551)2885333　传真：(0551)2888835
电子邮件：guofeng@mail.hf.ah.cn　网址http://www.guofeng.com

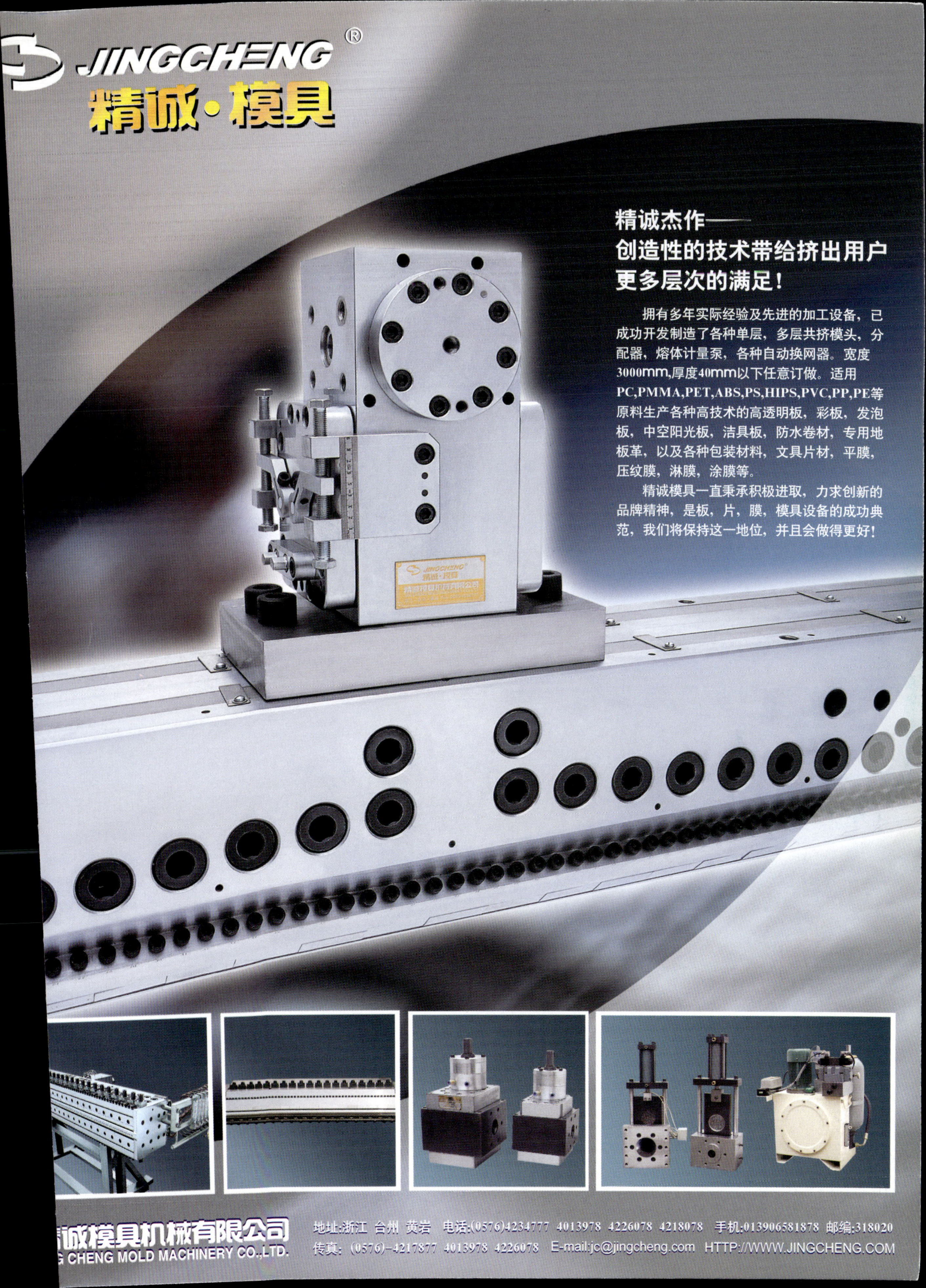
JINGCHENG®
精诚·模具
精诚杰作——
创造性的技术带给挤出用户
更多层次的满足!
拥有多年实际经验及先进的加工设备，已成功开发制造了各种单层、多层共挤模头，分配器，熔体计量泵，各种自动换网器。宽度3000mm,厚度40mm以下任意订做。适用PC,PMMA,PET,ABS,PS,HIPS,PVC,PP,PE等原料生产各种高技术的高透明板，彩板，发泡板，中空阳光板，洁具板，防水卷材，专用地板革，以及各种包装材料，文具片材，平膜，压纹膜，淋膜，涂膜等。
精诚模具一直秉承积极进取，力求创新的品牌精神，是板，片，膜，模具设备的成功典范，我们将保持这一地位，并且会做得更好!
诚模具机械有限公司
G CHENG MOLD MACHINERY CO.,LTD.
地址:浙江 台州 黄岩 电话:(0576)4234777 4013978 4226078 4218078 手机:013906581878 邮编:318020
传真:(0576)-4217877 4013978 4226078 E-mail:jc@jingcheng.com HTTP://WWW.JINGCHENG.COM

联冠
MACHINE & NEW MATERIAL
机械 · 新材料
江苏联冠科技发展有限公司
JIANGSU LIANGUAN SCIENCE & TECHNOLOGY DEVELOPMENT CO.,LTD.
为您提供：
• 国家重点新产品 —— PVC自动配混生产线
• (3-3500)L系列加热、冷却混合机及机组
• PEX、PE、PP-R、铝塑管等成套生产线
• 系列单螺杆挤出机及其管材、型材成套辅机
• 系列塑料干燥机、上料机、模具控制器、新型破碎机
• 塑木复合制品及其成套生产设备
• 高性能纳米塑料复合管生产线
系列单螺杆挤出机
系列管材辅机
系列混合机组及上料系统
质量体系认证证书
高新技术企业认定证书
国家重点新产品 证书
实用新型专利证书
欢迎拨打免费电话
Welcome to call free-phone
8008282069
BAIXIONG
白熊
张家港市轻工机械厂有限公司
张家港白熊韩东机械有限公司
地址：张家港市三兴镇白熊路2号 电话:0512-58578000(总机) 传真:0512-58570215
总经理:黄学祥 Website:http://www. Baixiong.com.cn E-mail:huangxuexiang@ baixiong.com.cn
联合发展 · 实力夺冠

目　次

专　论

大　事　记

政策法规

全国塑料工业生产、经营情况统计

综　述

各地区塑料工业

主要制品行业概况

上市公司

专利技术

塑料期刊

科研院所

高等院校

重点企业介绍

人物风采

附　　录

Contents

专　　论

中国塑料工业五十年

廖正品

中国塑料工业是建国后逐步发展起来的。50年来，以塑料加工为核心，包括塑料用合成树脂、助剂及添加剂，塑料加工机械与模具在内的塑料工业从无到有，从小到大，从弱到强健康发展，取得了举世瞩目的成就。塑料制品总产量跃居世界第二位，塑料用原、辅材料的生产、塑料加工装备与技术的整体水平、塑料制品的研制开发及应用的深度和广度，都已步入世界先进大国行列。塑料用合成树脂与合成橡胶、合成纤维三大类合成高分子材料已成为人类生活不可或缺的新型材料，已经与钢铁、木材、水泥一起构成现代社会中的四大基础材料，而且是支撑现代高科技发展的重要基础材料之一，是信息、能源、工业、农业、交通运输乃至宇宙空间和海洋开发等国民经济各领域不可缺少的新型材料。中国塑料工业作为国民经济的重要行业之一，50年来始终以持续稳定的高速度发展，尤其是改革开放20多年来，其年平均增长速度高于国民经济总的增长速度，达到10%以上。在新世纪里，中国已加入世界贸易组织(WTO)，塑料工业面临着机遇与挑战并存、困难与希望同在的发展局面。认真地研究塑料工业现状，实事求是地找出存在的问题，清醒地分析发展态势，从宏观上为整个行业的发展指明方向，引导全行业健康有序地、稳定持久地快速发展，赶超世界先进水平，这是塑料工业界人士肩负的神圣历史使命。

一、50年来塑料工业的发展和取得的辉煌成就

(一) 塑料加工工业持续快速健康发展，塑料制品年产量已跃居世界大国行列

建国前夕，中国只有上海、广州、武汉、重庆等一些大城市有作坊式的塑料制品加工厂，生产酚醛和赛璐珞等塑料制品，据统计1949年全国塑料制品总产量仅为200余t。1958年中国第一套聚氯乙烯树脂生产装置在锦西化工厂建成，标志着中国塑料工业步入快速发展时期。1958年国内塑料制品产量为24kt，1965年为130kt，1979年为948kt，1988年则猛增到3.542Mt，1996年达15.34Mt，2000年已接近20Mt，在世界各国塑料制品产量排名中稳居第二位。

近几年来，中国塑料制品总产量始终保持在15Mt/a以上，按1997年价格计算，其总产值为1488亿元，工业销售产值为1405亿元。1997年国内塑料制品加工企业(乡镇及乡镇以上独立核算企业)为19427家，其中薄膜制造企业2108家，板、管、棒等制品企业2349家，丝、绳及编织制品企业2108家，泡沫塑料及人造革、合成革制品制造企业1750家，包装箱及容器制品制造企业1346家，日用塑料制品制造企业1570家。此外还有为数众多的私营和个体企业。全国上述企业的总加工能力已经超过20Mt/a。这说明无论从塑料制品总量上看，还是从行业规模上看，中国都已步入世界塑料制品生产大国的行列。

塑料制品在满足国内各方面经济建设和人民日常生活需要的同时，还大批进入国际市场，2000年塑料制品出口5.1055Mt，创汇金额52.38亿美元，比上年分别增长15.72%，19.3%；而进口塑料制品为1.6386Mt，金额为38.86亿美元，比上年分别增长-1.1%，12.7%。出口逐年在增加，且出口远大于进口。在品种繁多的塑料制品中，为农业生产服务的农膜(包括棚膜和地膜)、为缓解天然革不足而发展起来的人工革(PVC人造革、PU人造革和合成革)以及适应各种

包装要求迅速发展起来的编织袋、双向拉伸材料(如 BOPP、BOPET 及 BOPS)等包装材料，都取得举世瞩目的辉煌业绩。人工革包括合成革和人造革，年产量已达 $8.5\times10^8m^2$，塑料编织袋年产量也已超过 1Mt，其中相当部分出口到欧洲、美洲、亚洲、非洲等地。随着中国经济的发展，必然会给新型材料的需要越来越多、要求越来越高。塑料制品不仅在国计民生上占据重要地位，而且展现出兴旺和蓬勃发展的前景。

据农业部统计，中国每年地膜覆盖面积已达 1.8 亿亩（1 亩 = $666.6m^2$）以上，地膜的年需求量达 450kt 以上；棚模覆盖面积达 2250 万亩，年需求量 650kt 以上，农地膜实际消费量已超过 1.10Mt，居世界首位。为促进农业发展和提高农民的收入做出了巨大贡献。“十五”期间，突出发展无公害农产品，促进生态农业产业化，到“十五”末，生态农业覆盖耕地将达到 3 亿亩。农地膜的生产已使农业的稳产高产和农民收入的增加成为现实；节水农业所需的喷灌、滴灌等塑料节水器材的生产，以及防渗膜、土工膜等也为农业的发展做出了重要贡献。

（二）产品品种显著增加，可以满足国民经济各个领域和人民日常生活需求

1958 年中国聚氯乙烯树脂生产装置投产以及少量酒精法低压聚乙烯树脂投入生产，为中国塑料制品加工工业的兴起奠定了基础，许多竹、木制品作坊、五金铁器加工厂等纷纷转产，利用当时橡胶工业的一些生产设施，兴办起了塑料制品加工厂，使不怕雨水、质轻耐用、耐酸耐碱的塑料鞋和各种薄膜、容器及其日用小商品进入寻常百姓家。正是这些简单实用的塑料制品开始了人们对塑料的了解和认识。

1964 年国家将农用、日用塑料制品的生产划归全国手工业联社管理，1965 年 4 月又明确规定，全部塑料制品由第二轻工业部归口管理。由于国家的重视和人们对塑料材料认识的深化，从 60 年代起塑料这个新兴产业显示出强大的生命力，先是围绕着聚氯乙烯树脂，加工出薄膜、硬管、软管、鞋底、全塑凉鞋、板材和人造革等制品，随着聚乙烯、尼龙、聚苯乙烯等树脂在中国生产或从国外进口，以及塑料加工用的一些重要助剂如二盐、三盐和硬脂酸盐等热稳定剂和增塑剂、发泡剂、润滑剂等相继研制成功并投入生产，生产的塑料制品的品种大大增加，如渔业用单丝、鞋用人造革、针织布人造革、电线电缆护套料、唱片片基、塑料编织袋、瓶和桶等中空容器、打包带、绝缘胶带、农用喷雾器、收音机外壳、电器元件骨架等相继亮相并进入市场。

70 年代由于加工业快速发展，面临原料奇缺的困境，许多加工厂走上“收旧利废”的道路，加强废弃塑料回收再利用的研究，并取得显著的成效，1978 年全国塑料制品加工业利用废塑料达到 90kt，为同时期塑料制品年产量的 10%以上。

从 70 年代末开始，国家发展轻工业的“六优先”和“对内改革、对外开放”方针为全国塑料制品工业提供了迅猛发展的机遇。在当时那个大发展时期，塑料制品的花色品种数增加到数以千计，几乎所有各种用途的塑料制品在中国都能够生产，基本上可满足国民经济各个领域和人民日常生活对塑料制品的需求。

这里，就重点应用领域做一简要叙述：

1. 包装器材是塑料制品加工行业发展最快的领域

塑料包装一举改变了传统铁、木、纸、玻璃材料包装的格局，提高了人们生活的质量。很多新的包装材料、包装方法出现，包装效果也大为改观。例如作为许多包装材料基材的双向拉伸聚丙烯薄膜（BOPP）已拥有 70 余条生产线，总生产能力达到 500kt/a 左右；双向拉伸聚酯薄膜（BOPET），生产线 30 条，生产能力超过 100kt/a；还有诸如 BOPS 片材、CPP 薄膜、三层及

五层甚至七层共挤薄膜、真空镀铝或其他各种复合薄膜、高阻隔性 PVDC 肠衣膜和涂覆膜等多功能和特色各异的包装用薄膜、多种规格和各种工艺生产的饮料瓶、中空容器、泡沫塑料和挤出网、挤出发泡片材、真空吸塑制品等广泛使用。目前塑料包装材料年产量超过 3.50Mt，已占到塑料制品总产量的 18%以上，是塑料制品加工行业发展最快的领域。

2. 塑料材料用于建筑领域已被证明极具发展前途

20 世纪 80 年代引进生产技术并工业化生产的建筑用给排水管材、异型材门窗等制品现已被广泛采用，并成为国家鼓励使用、积极组织推广的新型建材。目前塑料管材和异型材在建筑用管材及门窗中使用比例已分别达到 30%和 15%，今后的需求总数量将达到每年 800kt 以上。其他塑料制品如贴墙纸、地板革、地板块、地毯以及防水卷材等也成为现代建筑材料中不可缺少的品种。

3. 工业领域应用的塑料种类繁多，数量大幅度增加

电缆、光缆的绝缘材料和护套材料均已从橡胶、铅、纸等材料转为全塑材料；计算机、洗衣机、电冰箱、电风扇、空调器、吸尘器、电视机以及众多的家用电器使塑料材料真正找到用武之地；汽车工业发展的一个重要标志就是使用塑料材料的数量不断增加，目前几大汽车企业所使用的各种塑料材料和零部件在国内均可以生产。塑料制品加工业有力地支持了汽车工业的发展，加快了汽车零部件生产国产化的步伐。

4. 健康消费理念驱动制品发展，抗菌塑料需求日渐旺盛

抗菌塑料制品在国外已广泛应用，美国、日本、英国等国已大量使用抗菌塑料生产冰箱、洗衣机、饮水机、洗碗机、卫生洁具、塑料水管、玩具、电脑键盘、鼠标、各类遥控器、食品器皿、周转箱和医用卫生材料等。中国抗菌塑料制品近年才显现，20 世纪 90 年代中后期，工程塑料国家工程研究中心与海尔集团的“产、学、研”联合，取得了抗菌塑料产业化研究的重大突破。据不完全统计，目前中国的抗菌塑料家电的销售额已达 140 亿元。据专家预测，塑料是抗菌剂应用最广的领域，抗菌塑料继在家电和日用品中应用后，将主要应用在建材、室内装饰以及轿车的内饰件。最近，美国 ARP 公司生产的抗菌母粒已进入中国市场，抗菌塑料制品在中国市场情景看好。

此外，塑料的应用领域日益广阔。与人民生活息息相关的吃、穿、住、行均已和塑料材料及制品结下了不解之缘，在丰富人民群众的五彩缤纷生活的同时给人们带来方便和实惠，已成为人们日常生活不可缺少的一部分。

（三）一批大中型骨干企业成长起来，行业的整体素质有了明显提高

对外开放不仅引进了国外先进的技术和装备，还带来了先进的管理经验，使中国塑料加工业的管理水平和职工素质显著提高。一批骨干企业集团，发挥集团整体优势，拓展高新产品市场，促进了塑料工业的发展。面对市场激烈竞争、销售价格大幅度下降的局面，积极采取应对措施：一是进一步加强市场观念和销售力度，提高业务人员素质；二是调整和优化产品结构，大力开发高新技术产品；三是拓展国际市场、扩大出口。从而使一大批企业在重重困难条件下仍保持了较好的业绩。这些企业集团生产经营运转良好，经济效益显著，具有较强的市场竞争力，有不少企业在参与国际市场竞争中，站稳了脚跟，已立于不败之地。塑料行业已有 10 多家企业上市，在企业结构上逐步向大型方向发展，形成了一批规模化、集团化生产的企业，有效地促进了国民经济的发展。

此外，还有许多企业通过资产重组、明晰产权以及兼并、合并、参股等形式成为国有大中

型塑料骨干企业。塑料加工企业绝大多数仍为中小型企业，包括乡镇企业、民营企业和三资企业等。根据第三次全国工业普查统计结果，三资企业已占塑料制品加工企业总数的7.5%。中国塑料制品加工业已形成大中型国有企业为骨干，三资企业、国有或集体公有制和民营、股份制等多种经济成分共存的格局。

(四) 合成树脂、助剂、加工设备及模具制造等行业和塑料制品加工行业，相互促进协同发展

塑料制品加工业的迅猛发展，取得举世瞩目的辉煌成就，得益于塑料制品生产所用的原、辅材料生产行业以及加工设备及模具制造行业的快速发展，同时塑料制品加工业的快速发展也极大地促进了相关行业的发展。

1. 合成树脂

中国合成树脂工业于1958年锦州建成第一套聚氯乙烯树脂生产装置起步，同样走过了从无到有、从小到大的快速发展历程。1975年中国合成树脂产量仅为330kt，1990年增加到2.268Mt，占当年全世界合成树脂产量的2.29%；1990年至1999年10年间，合成树脂的年平均增长率高达15.34%，为世界年平均增长率的3倍。2000年生产量已超过10Mt，比1999年(8.417Mt)增长15.83%。1999年中国共生产合成树脂13.407Mt（包括台湾省4.99Mt)，占当年亚洲各国合成树脂总产量的27.44%，是全世界合成树脂总产量的8.55%。在全世界主要合成树脂生产国中已接近排名第二位的日本（14.569Mt)，而和第三位的德国基本持平（13.86Mt)。

在合成树脂品种上，目前五大通用树脂仍占据绝对主导地位，聚乙烯、聚丙烯、聚氯乙烯、聚苯乙烯和ABS的总产量占全部合成树脂总产量的94.5%，其中聚烯烃树脂占总产量的63%，聚氯乙烯树脂占23%，聚苯乙烯占6%，ABS占2%以及聚醚、聚甲醛、聚四氟乙烯、聚酰胺等各种工程塑料共计占5%左右。在聚烯烃塑料中，低密度聚乙烯（LDPE)、线性低密度聚乙烯（LLDPE)、高密度聚乙烯（HDPE）和聚丙烯（PP）所占比例分别为9%、14%、9%和31%。合成树脂的种类与牌号基本上都符合加工业的要求，为塑料制品加工业的发展创造了有利条件。

2. 塑料助剂

塑料用助剂是生产具有预期性能的塑料制品的必需材料，正是塑料助剂的快速发展为塑料制品的生产提供了必要条件，极大地丰富了塑料制品的种类和增加了塑料材料的功能性。

塑料加工助剂通常是在塑料加工过程中加入少量化学物质，用以改善熔融物料的流动性和成型性，如热稳定剂、抗氧剂、润滑剂等，而塑料材料的功能性是通过添加一定比例的无机或有机物质来实现的，如填料、颜料、增塑剂、抗冲击改性剂、光稳定剂、发泡剂、抗静电剂、防雾滴剂等等。塑料品种的增加和塑料制品多方位实用性的要求，使塑料助剂的研制、开发和生产取得了重大进展，不仅在种类和功能上已能满足各种塑料材料及制品的加工，而且产量的增长远远高于4%的世界年平均增长率，达到10%以上。例如用于填充改性的无机非金属矿物粉体材料，如轻质碳酸钙、重质碳酸钙、滑石粉、高岭土、硅灰石粉、云母粉等，年消费量已超过2Mt；增塑剂的年生产能力已达900kt左右，年产量750kt，除通用的邻苯二甲酸酯类(DOP、DBP）外，耐寒型、阻燃型、耐迁移型等各种用途的增塑剂均可以生产；抗氧剂年生产能力已达到17kt，年产量14kt，其中以1010、1076为代表的高分子量受阻酚类抗氧剂及与亚磷酸酯的复合物已逐渐占据主流产品的地位，而应用效果已能和进口产品相当；又如聚氯乙烯型材和管材生产所需的抗冲击改性剂氯化聚乙烯（CPE）年产量已达30kt，其性能更为优异的

ACR、MBS 等品种也已能够生产；农用棚膜的功能化得益于相应助剂的开发和生产，如高分子量受阻胺类光稳定剂（622、944、GW－540 等）可以大大提高聚乙烯薄膜光稳定性，将使用寿命从几个月延长至 1.5～2 年，中国自行研制的无毒受阻胺光稳定剂 6911，不仅在长期光稳定性方面超过进口产品 622 和 944，而且可有效的防止塑料大棚骨架处出现“背板效益”，达到国际先进水平，其他功能农膜所需的流滴剂、红外线阻隔保温剂、将植物光合作用效率提高的转光剂等都已能够大批量的生产，为农业的高产和稳产做出了重大的贡献。

3. 塑料机械设备与模具

60～70 年代，中国塑料加工机械设备制造整体水平很低，很多制品加工企业使用的是橡胶加工设备，或简单粗糙的挤出机及模压成型设备，仅有的几台大型的压延成型设备也是全套从国外进口的。80 年代塑料制品加工行业花费数十亿美元引进大批先进的加工机械设备和模具，其加工能力占全行业的总生产能力的 25%左右，同时，轻工机械制造行业也引进先进的塑机制造技术 13 项。这些装备技术的引进不仅直接将塑料制品加工的水平提高到新的高度，而且极大地促进国产塑机制造行业的技术进步。

目前，中国塑料加工机械设备制造企业已达 500 多家，从业人数 10 万多人，年生产各种成型机械设备 10 万多台套。在注塑、挤出、吹塑等主要成型加工设备方面已能满足国内生产一般塑料制品的要求，而且种类规格和档次多样化，为从个体、家庭企业到大中型加工企业等各类企业各种用途的使用提高了选择机会。特别是塑料加工机械本身的技术含量和制造水平已发生了质的飞跃，不仅结束了单纯仿制的历史，而且在某些方面已有自主开发，具有独立知识产权的新型加工设备制造技术。如华南理工大学发明的电磁动态挤出、注塑、吹塑成型设备及技术，在世界多个国家和地区注册了专利，取得了从聚合物加工到实际制造应用方面的重大突破；又如广东秦川恒利塑机有限公司，开发成功四缸直锁二板式注塑机，在精密注射成型技术上创出了中国自己的特色，已在欧洲、美国、日本等 8 个国家和地区注册了专利。积木式同向旋转平行双螺杆挤出机和异向旋转锥形或平行双螺杆挤出机的制造企业已达 100 多家，每年可提供上千台小至实验室使用，大到每小时产量达数百公斤的各种型号产品，其使用功能达到发达国家的同类设备的水平，成为中国填充、共混、增强等改性塑料母料及专用料的生产以及聚氯乙烯管材、板材和异型材的生产快速发展的决定性因素之一。

塑料成型加工模具的设计和制造起步晚，发展快。从仅能制造简单的管、棒、丝、膜等挤出成型机头模具很快发展成为普遍应用 CAD/CAM 技术的、大型、复杂、精密的注塑成型模具，异型材挤出模具、非对称中空吹塑成型模具都可以设计制造的模具制造行业，年产值达 100 亿元。近年来国际上才出现的气体辅助注射成型新技术、热流道新技术都已得到应用。模具寿命延长，水平不断提高，根据需要可达到 100 万次以上，同时很多模具制造企业的加工技术和装备都已堪称国际一流，有先进的机械加工中心，主轴转速达到 8000r/min 的机床，甚至达到 25000r/min 以上的高速铣床也引进多台。先进设备的使用，不仅使模具的精度和表面光洁度大幅度地提高，而且可大大缩短了模具制造周期。目前国内几乎全部中、低档次的成型模具和 60%的高档次、大型、复杂、精密的模具都可以在国内生产。

（五）积极推行 ISO9000 族标准和采用先进技术与产品标准，实现产品质量与管理和国际接轨

1984 年 6 月全国塑料制品标准化技术委员会（TC48）成立。国家质量监督检疫总局（原国家质量技术监督局 CSBTS）授权全国塑料制品标准化技术委员会（CSBTS/TC48）归口有关塑料

制品的国家标准、行业标准制、修订工作，并与国际标准化组织ISO/TC61/SC10、SC11和TC138《流体输送用塑料管材、管件及阀门》对口联系，负责参与相关ISO塑料制品标准工作。全国塑料制品标准化技术委员会下设SC1塑料制品，SC2泡沫塑料，SC3塑料管材、管件及阀门三个分技术委员会。

10多年来，全国塑料制品标准化委员会（CSBTS/TC48）有计划地组织制、修订国家标准和行业标准，逐步地将国际标准和国外先进标准中最精华的部分转化为中国标准，已制定了塑料制品国家标准、行业标准200余项，其中国家标准124项，行业标准85项，采用国际标准和国外先进标准的比例在50%以上，有力地促进了中国塑料工业的发展，并为中国进入WTO与国际接轨做了积极而又有效的工作。

中国的质量体系认证工作从1993年开始起步。1993年4月至2000年12月由中国质量体系认证机构国家认可委员会（CNACR）认可的认证机构共向各行各业的27707家企业颁发了质量体系认证证书。1998年获证企业4318家、1999年获证企业7447家、2000年获证企业11853家，由此可见国内质量体系认证工作发展之快。橡胶和塑料行业也不甘落后，1998年获证书296张（占证书总数3.59%）、1999年获证书642张（占证书总数4.25%）、2000年获证书1231张（占证书总数4.80%）。获得认证的企业主要集中在东南沿海发达地区。

产品质量标准管理的强化和质量体系认证工作的开展，为塑料制品企业提高市场竞争力和进入国际市场创造了必要条件。

（六）泡沫塑料行业CFCs替代工作进展顺利，成绩显著

根据蒙特利尔议定书，中国承担相应的义务，逐步淘汰消耗臭氧层物质（ODS）。在2010年以前，中国泡沫塑料PS/PE挤出泡沫塑料片材和聚氨酯（PU）泡沫生产中完全停止使用CFCs。近几年来，通过实施《国家方案》和有效使用多边基金，替代工作进展顺利。截止到2000年底，采取单个项目和伞形项目相结合的方式批准了163个替代项目，计划CFCs替代量15.139kt先后共获得“多边基金”赠款8400万美元。1998年开始编制聚氨酯泡沫行业整体淘汰ODS的计划，针对尚未申报项目的剩余的CFC消费量，提出到2010年之前逐步替代战略、政策设计、运行机制、费用分析的行业战略《中国聚氨酯泡沫行业CFC－11整体淘汰计划》，该整体淘汰计划在加拿大蒙特利尔市召开的第35次多边基金得到批准，获得赠款5384.6万美元，用于替代聚氨酯泡沫行业剩余的10.651kt CFC－11的发泡剂。

中国泡沫塑料生产发展迅速，自上世纪80年代开始平均年增长率达6%以上。据1996年统计，PS/PE挤出泡沫片材或网套生产线有200多条，生产企业160多家年产量为60kt，消耗CFC－12达6.078kt。各种聚氨酯泡沫塑料制品包括硬泡、软泡、结皮发泡制品、夹芯发泡制品等年产量已超过300kt。截止到上世纪末PU泡沫生产企业已从1991年不到100家，发展到400余家，CFC－11的年消耗量17.5kt，其中硬泡制品消耗5.16kt，管材发泡消耗6.12kt，箱式发泡消耗6.22kt。

中国塑料加工工业协会和国家环保总局外经办在总结以往CFCs替代工作的基础上，开创以伞形项目为代表的新的运作方式，将淘汰ODS工作和推动产业结构调整和行业技术进步相结合，支持替代产品开发，支持企业重组，优化经营模式。如1999年多边基金批准在山东烟台万华合成革集团建立组合配料中心，将周边地区的31家企业组织起来，原来分散进行的组合料混配，小而全的经营格局得于改变，使硬泡生产企业走上专业化、规模化之路。

二、塑料工业发展的成功经验

中国塑料工业发展50年所取得的辉煌成就，特别是1978年改革开放20年来所取得的举世

瞩目的进步，已引起海内外人士的关注和重视。回顾塑料工业50年来所走过的历程，我们可以得出以下几方面的宝贵经验。

（一）国民经济特别是石油化学工业的发展，为塑料制品加工工业奠定快速发展基础

塑料工业的核心是塑料制品加工工业，是一门新型的材料工业。随着国民经济持续、稳定、健康发展，特别是石油化学工业的迅速发展和不断增长的社会需求，为塑料制品加工工业的发展，奠定了基础，带来了机遇，多年来其发展速度始终高于国民经济整体发展速度。

（二）注重引进后的消化吸收，提高自身技术水平，使行业整体技术装备水平不断提高

改革开放，通过大规模引进国外先进技术与装备，既大胆又慎重地对行业进行技术改造，更新加工设备和提高加工技术，使中国塑料制品加工工业与国际先进水平的差距大大缩小。同时国内机械制造行业通过消化吸收、加强自行研制的能力，设计制造出大批水平与国外同类机型相当，甚至可制造出达到国际先进水平的成套生产线，为塑料工业提供了良好的技术装备，各种档次和不同规格的国产化塑料加工机械及各种配套辅机在塑料制品加工行业中已成为主要生产设备。

（三）通过资产重组培育行业骨干队伍，组建起一批大型企业集团

为增强企业实力和市场竞争能力，一大批通过资产重组的大中型企业脱颖而出，成为塑料工业骨干企业和样板企业，无论在技术装备方面，还是经营管理方面，均处全国先进水平。塑料行业和与塑料行业直接相关的骨干企业集团有几十家，其中上市公司（集团）10多家，产品的产量、产值、利税占有相当的比重，在行业中起着极重要的作用。

（四）通过转换经营机制和调整产业结构，使大批企业重新具有了活力

进入90年代，随着计划经济向市场经济转变、行业管理的方式和内容发生巨大变化，从部门、系统管理转向全社会、全行业管理，不再区分所属系统、部门，国有、集体、民营、三资等各种所有制企业具有同等地位。在体制和经营机制改革中，注意吸收国外先进企业的管理方法和经验，以促进中国塑料制品加工行业经营机制的转化。塑料制品行业所有制结构的调整和完善是历史的必然，很多国营大中型企业通过改制，采取兼并、联合、拍卖和实行股份制等办法摆脱了困境，重新走上快速发展之路；积极支持鼓励非公有制经济成分的成长，也大大促进了塑料制品工业的发展。

（五）加强国际交往，增进国际间交流与合作

自80年代以来，利用外资先后建成三资企业累计2000多家；每年在国内举办国际塑料橡胶工业展览会，许多地方还举办区域性的展览暨研讨会；由国家或地方组团赴国外参观、考察以及先后邀请美国、德国、日本、意大利、英国、法国、韩国等数十个国家以及中国台湾及港澳地区的数百家厂商和公司来华进行技术交流和经贸洽谈、合作，这些措施和活动使中国塑料行业的科技人员和企业管理人员开阔了眼界，增强了对世界各国先进设备与加工技术的了解，激发了塑料制品加工行业深化改革，推动技术进步的积极性。中国塑料加工工业协会自90年代以来，先后与美国塑料工业协会（SPI）、加拿大塑料工业协会、英国塑料工业协会（BPF）、意大利橡塑工业协会、日本合成树脂协会和韩国塑料协会以及亚洲塑料论坛（APF）日本、印度、泰国、马来西亚、新加坡、印度尼西亚、越南和菲律宾八国等十几个国家的协会签署了友好合作协议，建立了密切的合作关系。

（六）加强信息和技术成果交流，发挥信息资源的传递、传播作用

企业在市场经济环境中要求及时得到原辅材料、机械设备、产品需求等国内外动态情况，

同时也需要及时了解国家有关方针政策的法律法规，更需要通过传媒及时了解最新科技成果和通过技术转移实现自身的技术进步。中国塑料加工工业协会主办和支持了《中国塑料》、《塑料信息》、《国外塑料》、《中国塑协通讯》、《中国塑料工业信息》等科技刊物和信息刊物，许多省市也积极创办了《塑料工业》、《工程塑料应用》、《塑料》、《塑料科技》、《中国塑料信息》、《塑料市场》、《塑料加工》、《上海塑料》、《广东塑料》等刊物。中国塑协、各省市行业管理部门和许多生产企业都纷纷利用最新互联风技术，上网发布有关塑料的信息。中国塑协建立了"中国塑协信息网（www.cppia.com.cn）"，结合协会工作需要，创建了专业论文信息资料库，开办了30余个专业栏目，及时准确地报道宣传行业动态、会议信息、政策法规、市场供求、科技成果等热点信息，并与国内外20余家协会和专业网站建立了链接，方便了浏览者查询，极大地促进了塑料信息的传播和利用。不仅可在国内各省市地区做到信息畅通，而且可以非常方便地与世界各国塑料工业协会、众多的塑料企业、公司随时沟通信息。通过互联网技术，过去要较长时间办的事，现在能尽快地办好，大大地提高了工作效率。

（七）加强塑料材料（制品）的推广应用工作，促进行业的新发展

塑料材料（制品）的性能及在各个领域中的应用需要一个逐渐加深的认识过程，通过积极宣传和一定规模的试点，才能为社会认可和接受，而一旦某种材料（制品）得到推广应用，就为塑料工业创造出巨大的发展空间。农用塑料、建筑用塑料等的推广应用和发展就有力地证明了这一点。

例如农用塑料棚膜、地膜，是建设高效优质高产农业、促进农业持续发展极重要的生产资料；又如塑料管道及膜片、节水灌溉用的防渗、输水、喷灌、滴灌塑料材料；农产品的保鲜、储存、运输，以及粮食的储运、防霉变等用的包装材料也是塑料材料；塑料异型材及门窗的产业化对森林资源贫乏的中国建筑业的发展至关重要，塑料建材系列产品已成为国家优先选用和推荐使用的产品；PVC管道是世界上最主要的给排水管道，现在已越来越多地应用于各种建筑物中和各种工程中。上述所列举的几方面大宗的塑料产品获得大面积推广应用都是其性能特点和使用方法被人们掌握后才被接受并大量使用的，从而为塑料制品工业的发展开辟广阔的市场空间。

（八）提高对废弃塑料处理的认识，做到塑料工业和环境保护协调发展是塑料工业可持续发展的一项重要战略

合成树脂是以石油等地球上的有限资源为主要原料的，塑料在使用后，还保持着一定的材料性能，特别是大量一次性使用的塑料包装材料，其材料性能仍然良好。因此将可以再加以利用的废弃塑料回收起来，做到资源再生，使地球上的宝贵资源得以进入循环使用，为人类社会更好地服务。无论从资源保护，还是从环境保护的角度都具有重要意义。

随着塑料工业的发展，废弃塑料回收及再生利用始终得到行业主管部门和塑料行业从业人员的普遍重视。60～70年代就已出现以"修旧利废"为主业的废弃塑料回收及再生利用企业，特别是80年代塑料加工业大发展，国产合成树脂生产的发展远远滞后，废弃塑料的回收与再生为制品加工业提供了原料，弥补了合成树脂数量上的不足。1993年中国塑料加工工业协会召开全国废弃塑料回收再生利用交流会，充分体现了行业主管部门对废弃塑料处理工作的重视。

近年来，由于国产合成树脂产量迅速增加以及大量树脂进口，塑料制品加工业的原料供应已从卖方市场转为买方市场，废旧塑料作为原料重要补充的作用大大下降，充分利用资源和防

止“白色污染”，保护环境的意义则凸现出来。由一次性聚苯乙烯泡沫塑料餐具造成对环境的视觉污染，引起了政府和社会各界的高度关注。由一次性聚苯乙烯泡沫塑料餐具产品引发的塑料工业与环境协调发展的问题得到塑料工业全行业人士的高度重视，为了塑料工业的持续快速健康发展，必须以科学的态度，积极地、合理地解决日益增多的废弃塑料的去向问题。“环保是一种科学，它必须依靠科学的方法来推行”，对于一次性聚苯乙烯泡沫塑料餐具的生产和销售，上海市人民政府提出的“源头控制、回收利用、逐步禁止、鼓励替代”的政府令深得人心，效果显著。在我国努力提高人们的环保意识，制定有关的政策法规，把治理“白色污染”作为一项全社会参与的系统工程来抓，不仅可以有效地控制“白色污染”的蔓延，而且也可以在塑料材料为人类社会更好地服务的同时，做到资源再生和保护环境。根据中国的资源、地理和经济实力的实际国情，我们应当牢固确立“废弃塑料以回收再生利用为主，以填埋、焚烧、提取热能和降解为辅”的处理方针，继续努力做好废弃塑料的回收及再生利用工作，为实现塑料工业和保护环境协调发展做出努力。

（九）塑料工业协会及所属专业委员会及地方性协会是实施行业管理的基础

自80年代末开始，随着中国改革开放的深入，具有中国特色的社会主义市场经济越来越深入人心。在政府职能转变的工程中，中国塑料加工工业协会于1989年应运而生，从此一举改变了政府管理企业，行业受部门限制的计划经济模式，打破原有部门所有的界限，走上完全依靠资源的最佳配置和市场为引导的发展道路。中国塑料加工工业协会作为全国塑料制品加工行业唯一的作为政府与企业联系桥梁的民间组织，承担起在市场经济条件下行业管理职责。中国塑料加工工业协会陆续组建或改建了农用塑料、改性塑料、管材、异型材与门窗、电缆料、编织袋等20多个专业委员会，通过直接吸收会员和各专业委员会在全国各地的成员，把遍布全国各省市区、各种所有制成分的、规模大小不等的成千上万家企业纳入了新的行业管理体系。新的行业管理模式使生产企业真正成为自主经营、自我约束、自我发展、自负盈亏的社会主体，同时行业协会和各专业委员会在为政府当好参谋和为企业做好服务的过程中，逐渐进入角色，成为行业管理的基础和主体，为在新形势下搞好行业管理工作，促进塑料工业的健康有序的发展积累了一定的经验。近年来，随着各省市政府机构的改革，一大批地方塑料工业协会陆续成立，做好在新时期行业管理工作对促进全行业的发展显得越来越重要。协会和各专业委员会十余年所取得的宝贵经验还将发挥更大的作用。

（十）坚持科技是第一生产力，重视科技成果转化、“产、学、研”结合及人才的教育和培养

塑料工业的发展离不开科学技术，无论是从国外引进先进技术和装备，还是开发具有自主知识产权的技术和装备，都极大地促进了中国塑料工业的发展和技术水平的提高。例如采用锥型或平行双螺杆挤出机生产用于门窗的聚氯乙烯塑料异型材就始于80年代技术装备和模具的引进，如今已成为新世纪化学建材发展十分重要的产品；又如同向旋转平行双螺杆挤出机的引进并加以消化吸收，已成为中国塑料加工机械制造业中举足轻重的拳头产品。全国60余家生产企业每年提供的各种型号、规格的双螺杆挤出机两千台，完全彻底改变了塑料混炼使用密炼机的落后局面，连续化生产、低能耗、高效率、产品质量稳定等优点使中国改性塑料行业整体水平接近或达到国际先进水平。特别应强调的是华南理工大学聚合物动态反应加工技术及设备拥有自主知识产权，在国内外享有专利权。天津丹海股份有限公司研制的淀粉细化疏水改性和高填充技术也拥有自主的知识产权。江苏江阴市新达涤塑机有限公司研制的往复式单螺杆混炼

挤出机属国内首创。事实证明科技是第一生产力，是塑料行业技术进步和全面快速发展的重要推动力。

广大科技人员为塑料工业整体技术水平进入世界先进大国行列做出了巨大努力，在党的“经济建设必须依靠科学技术，科学技术工作必须面向经济建设”方针的指引下，勇于开拓创新，十几年来取得多项成果。据不完全统计共获得国家和省部级科技进步奖350项，其中一等奖2项，二等奖35项，三等奖202项，四等奖111项，而且这些科技成果基本上都是从实践中来，与实际生产紧密结合，为赶超国际先进水平发挥了重要作用。

科技进步离不开人才的教育和培养。为适应科研、生产的需要全国已有30多所大学开设了高分子材料与加工专业，更多的专业开设了高分子或塑料加工专业课程，每年都有上千名本科毕业生和硕士、博士研究生走出校门，投身到塑料行业及相关行业。从事高分子材料与加工、加工机械制造等与塑料行业息息相关的科研院所，如中国科学院化学研究所、清华大学高分子研究所等积极推进产学研相结合，在培养专业技术人才的同时，陆续将自身建设成科技创新和行业共性技术研究开发基地。科技和教育产业的发展业为我们塑料工业持续快速健康发展打下了坚实的基础。

三、寻找差距，认真对待，采取措施，健康发展

中国塑料工业在过去的50年中取得了辉煌的成就，有了长足的进步和惊人的发展，但和发达国家相比，还存在差距，有的方面差距还比较大，我们要认真寻找差距，对存在的问题和不足一定要认真对待，采取积极的措施加以解决。

（一）总体装备水平低，工艺技术相对落后

近20年来中国塑料工业加快了技术改造的步伐，不断更新设备，从国外引进大量先进设备，开始注重采用先进的技术和管理，还建起了一批三资企业；实施技改的企业，少数采取进口设备，多数仍以采用国产设备为主，当然国产塑料加工机械的品种和质量都有显著的提高。新建和扩建的一大批骨干企业，拥有先进的设备和较先进的技术和管理水平，这些企业仅占全行业企业的四分之一左右。但就全行业来说，由于引进的设备产能仅占20%～30%，而且存在备件不足、消化吸收能力有限，且引进的设备和技术往往并不是当时最先进的，因此与世界塑料工业发达国家相比中国塑料制品工业仍然存在着装备水平低、工艺技术相对落后的问题。如BOPP、BOPET、BOPA和BOPS的生产设备以及宽幅四辊压延机等全靠从国外成套引进，滚塑、气体辅助注塑等技术仅有少数企业掌握。除几十个大型国有塑料企业集团公司拥有先进设备以外，绝大多数塑料加工企业仍然以国产塑料设备为主，正在使用的设备中大约20%属高能耗、低产能的设备，本应淘汰，但因种种原因至今还在使用。

（二）产品结构不合理，中低档产品偏多

中国塑料工业总体水平与发达国家相比还有相当差距。虽然产量上位居世界前列，但由于人口众多，按人口平均塑料制品的消费量仅为16kg，而且存在部分产品生产能力相对过剩、产品结构不合理的矛盾，表现为中低档产品偏多，高档与缺门配套产品少；通用技术产品多，高技术、高附加值产品少等问题。由于宏观调控力度不够，致使企业盲目上生产线，有的企业开工率不足，如铝塑复合管产品在短短几年中有100多家企业几百条生产线投产，造成供过于求；中低档长线产品生产严重过剩，如编织袋、贴墙纸等产品；一些高档产品仍在大量进口，如鞋用人造革、香烟包装用BOPP薄膜、4～6μm电容器薄膜、复合包装用的新型基材以及许多工程塑料制品。据1998年海关统计，人造革、合成革进口167.8kt，用汇5.14亿美元；而人造革、合成革出口仅为21.7kt，创汇仅5899.6万美元。2000年人造革、合成革进口154.3kt，价值5.44亿美元，分别比上年同期增长-5.3%，5.1%；而人造革、合成革出口共69.5kt，价值1.74亿美元，分别比上年同期增长96.3%，109.1%。由此可见，由于国内高档革需求旺盛，仍需大量进口，换言之，因国产高档人造革、合成革少，不仅出口受到影响，而且也满足不了国内市场的需要。

（三）科技投入不足，开发能力薄弱，具有自主知识产权自行研制的塑料制品少

多年来，中国培养了大批塑料加工专业技术人才，也涌现出一批具有开拓、革新精神的优秀的企业家和管理人才，他们在塑料制品工业发展中起着不可低估的重要作用。另一方面陆续花费100多亿美元（1993~2000年8年间为135亿美元，折合人民币1120亿元，平均每年150亿元）购置引进大量国外技术与设备，生产出具有国际水平的产品，也创造了较好的效益，但迄今为止我们依靠自己的力量研究成功的加工工艺或研制出的塑料制品不多。还应当看到我们引进的先进的技术装备，在当时并不一定是最先进的，而当我们在已引进的技术和装备上停步不前时，更加先进的技术又出现了或者成熟了，致使我们与发达国家始终存在着一定的差距。造成这种状况的原因首先是由于整个行业的科技投入不足。美国的科技投入占国民经济总产值的2.61%，日本为3%；从数额上看爱立信公司1997年科研投入为31亿美元，松下电器为33亿美元，IBM为39亿美元，美国通用汽车公司高达82亿美元，而我们目前的科技投入极小，而且认识上严重落后于发展变化的新形势。长期存在的另一个问题是科技成果转化为生产力的比例低，仅20%左右。有的企业把技术进步的希望寄托在不断购买和引进上，长期未能立足于自主研究开发。

（四）大中型塑料企业（集团）少，中小企业多，一些产品未能形成集约化规模经营

塑料加工企业由于可以单机生产，许多产品适合于分散、小批量、多品种生产，出现众多小规模的加工企业是不可避免的。但小企业存在着信息不灵，产品技术含量低，只能简单重复生产等弊端。一些企业因盲目上马，产品不能适销对路，出现一边匆忙建厂，一边下马倒闭的现象。目前虽然出现了一大批年产万吨以上的大、中型制品加工企业，而且有少数企业的产品代表了行业最高水平，占领了国内市场相当的份额，并获得名牌产品的称号，但这些大中型制品加工企业就其规模来看，与国外同行业企业相比仍明显偏小。现有的佛山塑料、河北宝硕、常州塑料、湖北凯乐、湖南安塑、烟台万华、大连实德、吉林喜丰、新疆天业、福建亚通、广东广洋、四川川路、山东三塑、安徽海螺、安徽国风、贵州润丰等16家企业集团的总产值约占全行业总产值的10%。但就其规模仍然不及国外一些公司企业。又如聚氯乙烯管材，2000年中国共有生产厂200多家，总产能约1Mt，其中万吨以上的企业有20多家，占总生产能力的60%，产量突破数万吨的仅有华亚、凯乐、川路、亚通等几家，而日本聚氯乙烯塑料管材产量约为550kt，其中积水化学与三菱化学两家产量之和就达到240kt，占总产量的43.6%。在中国不仅生产管材企业如此，农地膜生产企业数万吨级的也仅有河北宝硕、济南三塑、辽宁彩练、吉林喜丰等几家企业。

（五）塑料工业区域发展不平衡，差距不断扩大

中国塑料工业的发展迅速，其平均发展速度高于同期国民经济的增长速度。但就地区而论，塑料工业的发展很不平衡，东南沿海与西南、西北地区的差距在不断扩大，南方地区比北方地区发达，沿海地区比内地发展快。特别是我国西部地区相对落后，人均产量和消费量远远落后于全国平均水平。除了历史基础条件外，自然地理环境和当地经济发展水平都是形成这种

局面的原因。沿海塑料工业快速发展的经验表明塑料工业发展快慢与本地区的石化原辅材料工业和塑料加工机械制造工业的发展、以及周边经济环境、外贸进出口等都有关。

广东、浙江、山东、江苏四省是中国塑料工业发达的省份。这些地区塑料制品加工企业无论在数量上，还是在制品产量上都位居全国前列。据统计从事塑料制品生产的企业，广东省有4484家，山东省有2353家，浙江省有5795家，江苏省有3666家，四省共有加工企业16298家，占全国总数的47.62%；塑料制品产量约占全国的1/3以上，广东省塑料制品的产量达200多万吨，约占全国的1/6。

(六) 国产原料供不应求，必须依赖大量进口

中国自产塑料原料——合成树脂的产量、品种、质量在改革开放以来取得巨大成就，但仍无法满足全国塑料制品行业迅猛发展的要求。国内塑料用合成树脂国产部分由1985年的1.234Mt增加到1995年的4.893Mt，增长了2.74倍，但1995年合成树脂进口量多于国产树脂1.63Mt。改革开放20余年来，尽管国产合成树脂产量增长速度很快，但仅能满足当年国内塑料制品加工行业需求的40%。1998年国产五大合成树脂为6.76Mt，当年进口五大合成树脂9.62Mt，1999年进口合成树脂猛增到11.19Mt，成为历史上进口数量最多的年份。2000年中国合成树脂产量10.80Mt，比上一年（8.42Mt）增长22%。2000年中国合成树脂表观消费量为21.96Mt，比上一年增长15%。2000年进口合成树脂10.02Mt。在工程塑料制品生产方面，所用的合成树脂原料更多地依赖进口。1998年聚酰胺（PA）、聚碳酸酯（PC）、聚甲醛（POM）、聚酯（PET、PBT）和改性聚苯醚（MPPO）五大通用工程塑料树脂总消费量达到260kt，国产原料仅能满足市场需求的28%，其中PC、POM几乎完全由外资企业提供。2000年中国通用工程塑料消费量为320kt，是塑料制品总产量的1.6%，其市场需求潜力巨大。即使是通用树脂聚乙烯(PE)、聚丙烯（PP）、聚氯乙烯（PVC）、聚苯乙烯（PS）和ABS等许多牌号也必须大量进口，例如燃气管专用PE80、PE100、PPR管所用的专用原料，BOPP薄膜使用的PP专用料等，特别是每年国内使用100多万吨ABS树脂，其90%是依赖进口解决。

四、塑料工业发展展望及发展重点

中国塑料工业经过50年不懈努力、艰苦奋斗取得了辉煌成就，作为新世纪极具发展前景的朝阳工业，确定今后的发展基本思路和技术与产品发展重点对继续以持续、稳定、快速发展将具有重要的指导作用。

(一) 指导思想

以市场需求为导向，保持持续快速健康的发展速度，坚持改革开放，步入经济全球化，迎接“入世”挑战。在保持总产量适度增长的同时，着重增加塑料产品的科技含量和提高经济效益。大力开拓塑料产品的应用领域，为农业、工业、建筑业、交通运输业和人民的日常生活提供质优价廉、丰富多彩的多样化产品。

根据国民经济“十五”发展纲要，塑料制品发展重点的总趋势是：

农用塑料（包括农地膜、节水农用器材）和土工合成材料仍占着重要的地位，将得到更一步发展；包装材料和塑料建材将是塑料工业快速增长的主要领域；高科技、高附加值的工程塑料制品及复合材料，生产与应用领域将随着市场经济的发展不断扩展；几大类制品如：管材、异型材、压延制品、双向拉伸材料、薄膜等的生产将逐步向经济规模方向发展；为保护臭氧层，泡沫塑料生产进行无氟技术改造；为减少环境污染，将加强废弃塑料回收利用及降解塑料的研究开发；为增加塑料制品的品种和提高档次，必须重视塑料机械和模具的设计与制造。

中国是拥有13亿人口的大国，塑料制品人均消费水平还很低，因此无论从目前国民经济持续快速发展上看，还是从长远的潜在市场上看，塑料制品的生产和消费都将保持较高增长速度。据预测，今后几年塑料制品总产量增速将达每年10%左右，到2005年，塑料制品总产量将突破25Mt，而且在产品品种、功能、质量和应用领域等诸方面将发生显著变化。

（二）各类用途塑料制品的发展重点和预期目标

1. 农用塑料制品

中国是世界上人口最多而农业资源相对不足的发展中国家，农业的发展极大的促进了农用塑料行业的发展。大力推广应用具有增温保墒等性能的农用覆盖材料，对于防灾、减灾，建设高产、优质、高效农业，促进农业的持续发展、保证农产品的有效供应、增加农民收入、保持社会稳定都具有十分重要的意义。棚膜、地膜、青饲膜、遮阳网等是当前及今后一个时期应用和发展的重要农用覆盖材料。

据中国塑协农膜专业委员会不完全统计，目前全行业拥有大小规模不等的农膜生产企业近千家，年生产能力2Mt以上，实际年产量接近1Mt，其中年生产能力万吨级以上的企业约60家。大型骨干企业约30家，其生产能力和产量均占全国总量的60%，中国已成为世界上农膜产量和使用量最大的国家。根据农业部的预测，至2005年中国园艺设施栽培面积将达到2300万亩左右，全国地膜覆盖面积达3亿亩，还有包括氨化膜、青贮膜和缠绕膜的饲草用膜、塑料育苗容器、遮阳网、防虫网、捕捞网具、农产品贮藏保鲜材料、农药器械、泡沫塑料板材等，所需塑料制品将超过3Mt。

2. 农用塑料节水器材

由于全球的气候条件变化与人口的增长，全球水资源供需矛盾日益加剧。联合国于1979年曾召开“水”的大会，向全世界发出警告“水不久将成为一个严重的社会危机，石油危机之后的下一个危机便是水”，节约用水已成为举世瞩目的问题。中国更是严重缺水的国家，人均量仅为世界的1/4，位于世界的第109位。而在全国总用水量中，灌溉用水占70%，所以节水灌溉在节水工作中占举足轻重的地位。节水灌溉就是要通过兴修水利、加强农业管理等多项措施，以最少的水资源消耗，得到最高的农作物产出。减少从水源地到田间输水过程中水量损失的措施有渠道防渗、低压管道输水、喷灌与滴灌等，不但能减少输水损失，又能减少田间灌水损失。而这些措施均需要大量塑料节水灌溉器材，因此输水用塑料管、喷灌、微灌、膜下滴灌用配套管材和管件，质轻而刚度大的塑料井管等将会得到更大的推广应用。水利建设、公路建设、铁路建设、城市建设和机场建设用各种土工合成材料，如土工膜、土工编织布及复合材料、土工膜与无纺布复合材料、土工单向及双向拉伸材料等等，也将得到广泛的应用。

根据水利部门的初步规划，节水灌溉工程面积要在目前2.5亿亩的基础上在“十五”期间即到2005年新增节水灌溉面积1.4亿亩，累计4亿亩，其中喷灌7900万亩，滴灌1000万亩，管道输水1400万亩和渠道防渗5000万亩，需要各种塑料节水器材如各类管材与管件、灌水器、喷头、防渗用薄膜、土工布等1.70Mt。

3. 包装塑料制品

包装至今仍是塑料应用中的最大领域，其发展仍大大超过其他传统包装材料。以日本和美国为例，日本各种包装材料总消费量年均增长率为2.8%，其中纸和纸张4.7%，金属4.9%，玻璃3.3%，玻璃纸和木材均为负增长，而塑料则达到7.1%。美国各种包装材料增长率铝材为3.1%，钢1.8%，玻璃0.9%，纸张2.2%，而塑料为6.4%，美国年包装材料消费10~11Mt，其中纸张占18%，塑料占21%。中国近几年统计塑料包装材料总产量约占包装材料总产量的1/3，居各种包装材料之首，2000年达3.5Mt，增长幅度较大。

中国水泥、化肥产量均居世界首位，水泥年产量约500Mt，化肥30.7Mt（折合100%），中国水泥散装比例低（不到15%），目前水泥包装50%以上使用复合编织袋，还有矿产品、化工产品、合成树脂、原盐、食糖、棉花和羊毛等包装，由于中国纸张和黄麻资源缺乏，塑料包装作为主要包装材料是必然趋势。

中国是粮食生产大国，年产量接近500Mt，需要大量包装材料，同时随着市场经济逐步形成，人民生活水平和生活方式包括饮食结构也有了很大变化，所有这些对于粮食包装提出了改进要求。在发达国家粮食小包装占的比例很高，如美国、法国、德国、意大利等商品粮中，小包装占80%，大包装占20%。中国粮食的小包装在一些大城市中已有了起步并取得了进展。若粮食销售小包装的比例如能达到国际上先进国家的水平，至少需要各种塑料基材1.1Mt。

食品、饮料、药品、洗涤用品、化妆品、化工产品等在中国迅速发展，它们对复合膜、包装膜、容器、周转箱等包装制品有很大的需求，如饮料的产量基本上是五年翻一番，预测2005年将达到25Mt左右，其中50%将使用聚酯瓶，即需100亿个左右。还有几百万吨方便食品、乳制品、罐头食品、味精、糖果、饼干等等需要各种包装材料。药品包装也有很大市场。

综上所述，到2005年，每年包装材料制品总的需求量约为5.50Mt。

4. 建筑塑料制品

化学建材是继钢材、木材、水泥之后新兴的第四代新型建筑材料。塑料建材是化学建材的主要组成部分，主要包括塑料管、塑料门窗、建筑防水材料、隔热保温材料、装饰装修材料等，塑料建材在建筑工程、市政工程、村镇建设以及工业建设中用途十分广泛。塑料建材不仅能大量代钢代木，替代传统建材，而且还具有节能节材、保护生态、改善居住环境、提高建筑功能与质量、降低建筑自重、施工便捷等优越性。塑料建材的节能效益十分突出，其节能效益表现在节约生产能耗和使用能耗两个方面。以生产能耗计算，建筑塑料制品分别为钢材和铝材生产能耗的1/4和1/8，硬质PVC塑料生产能耗仅为铸铁管和钢管的30%～50%，塑料给水管相比金属管降低生产能耗可达50%左右。

建筑业是国民经济的支柱产业，今后5～15年中国建筑业将会有较大的发展，国家已明确住宅将成为新的消费热点和新的经济增长点，国家化学建材领导小组相继出台了“关于加强我国化学建材生产和推广应用的若干意见”、“国家化学建材推广应用‘九五’计划和2010年发展规划纲要”、“关于加速化学建材推广应用和限制淘汰落后产品的规定”和建设部“关于发布化学建材技术与产品的公告”等政策，这些政策大大加大了塑料建材推广应用力度。如塑料建筑排水管已经获得了普遍的应用，1998年有的省市新建筑中使用率已达到90%；在城市供水管道中，已铺设UPVC管道5000多千米，最大管径达800mm，1999年UPVC管材实际产量约500kt；1997～1999年塑料门窗的使用量约占建筑门窗的10%左右，到2000年底，中国的塑料门窗型材生产线达3300条以上，实际生产能力1.3Mt，型材产量超过700kt；门窗组装企业达到8000家，组装线约10000条以上，组装能力$2\times10^8m^2$，实际组装门窗约$0.8\times10^8m^2$。

塑料门窗等行业已开始进入产业化的发展阶段。到2000年塑料门窗全国建筑市场平均占有率达到15%。到2005年，塑料门窗在全国建筑市场上的占有率将达到20%，其中采暖地区的塑料门窗占有率达到50%以上，其他有建筑物地区按节能要求，塑料门窗应用比例不低于35%。硬质PVC发泡板材已有38家企业，引进43条生产线，生产能力达85kt，产品已用于家俱、室内装修，取代各种木材。新型防水材料发展迅速，产量逐渐增长，在工业和民用建筑中得到广泛应用。1999 年高分子防水卷材的生产能力达到了 $0.5\times10^8m^2$，销售量达到 $0.3\times10^8m^2$。在高分子防水卷材中，重点推广三元乙丙橡胶（EPDM）、聚乙烯（PE）和聚氯乙烯（PVC）等新型高分子防水卷材。到 2005 年，新型高分子防水卷材在全国防水工程市场的占有率将达到 11%，年用量约为 $0.45\times10^8m^2$。建筑密封材料的年用量约为 100kt。“十五”期间，各类防水材料除传统的应用于工业和民用建筑，特别是住宅建筑的屋面、地下室、厕所浴室、厨房地面外，还将广泛应用于新建铁路、公路、市政道路、轻轨交通（包括桥面、隧道）、水利建筑、城镇供水工程、污水处理工程、垃圾填埋场工程，以及建筑物外墙面等。

“十五”期间，随着塑料建筑制品的品种逐步系列化、配套化和标准化，产品质量进一步提高，工程应用技术标准与规范进一步完善以及推广应用的力度加大，需要各种塑料管、高分子防水材料、装饰装修材料、保温材料及其他建筑用塑料制品有较大幅度增加，因此 2005 年的总需求量约为 4Mt。

5. 工业、交通及工程塑料制品

该类塑料制品主要用作家电、电子、汽车、交通运输、邮电通讯、国防工业等配套件，使用的主要材料为 ABS 制品、HISP 制品、PA 制品、PC 制品、POM 制品、聚酯（PET 和 PBT）制品、改性聚烯烃（PO）制品等。

① 汽车用塑料

汽车工业特别是轿车工业在发达国家的经济起飞时期，都作为支柱产业，中国在 21 世纪的国民经济发展中，汽车也将成为重点产业得到较大发展。发达国家中汽车工业用塑料占塑料消费量的 7%～10%，中国约占 2%左右，每辆轿车用塑料量占车身的自重中国也低于发达国家的 7%～10%，所以汽车用塑料将有较大增长，预测 2005 年汽车产量将达到 320 万辆左右，其中轿车 110 万量左右将占 35%多，还有摩托车产量约有 1300 万辆，需要各种塑料配件 400kt。

PP/EPDM 在汽车保险杠、仪表板等方面的应用越来越广泛。按照单车消耗 PP/EPDM 20kg 计算，2010 年 600 万辆汽车生产能力，其中 400 万辆为轿车，PP/EPDM 需求量将达 80kt。

PA11 是汽车行业中有发展潜力的工程塑料，尤其在轿车生产中，50%的欧洲轿车和 20%的美国轿车都采用 PA11 做燃油管，如美国年产汽车燃油管约 2～2.5kt。未来 10 年间中国将发展成为世界第三大汽车生产大国，预计每年仅汽车工业就将消费 PA11 20kt。

② 工业、交通、运输业用塑料

PP/EPDM 塑料合金在电线电缆上的消费潜力很大。中国目前有电缆厂约 6000～7000 家，其中 2/3 为中小型电缆厂，若 PP/EPDM 用挤塑工艺生产，单位成本可降低 20%～50%，且性能优良。未来 5 年到 10 年中国电线电缆生产工艺将发生巨大变化，随着通信行业的迅速发展，原有电线电缆的生产工艺将随着与世界接轨而被取代，预计 PP/EPDM 在该领域全年需求量将超过 30kt。

PP/EPDM 密封制品，主要用于高档建筑物的铝合金门窗和火车、船舶、飞机门窗的密封条，使用寿命长，还用于国际运输使用的集装箱密封，属规定使用的产品。随着中国集装箱用量的增多，PP/EPDM 将会有很大增长，年需求量可达 20kt。

家用电器中现有洗衣机生产企业 80 余家，产量在 1200 万台以上，丙烯共聚物（PPC）年用量大约 60～70kt，现绝大部分进口，如能用 PP/EPDM 塑料合金替代 50%的进口料，每年需求量达 30kt。

③ 电子、电器、信息产业用工程塑料

中国对聚碳酸酯（PC）的需求主要在电子、电器产品、信息存储类产品、办公设施、交通工具等。从 1990 年至 1994 年，国内 PC 树脂的市场需求平均增长 67%。近几年中国 PC 消费量年均增长率 25%左右。目前，国内 PC 的消费总量超过 120kt，97%以上依赖进口，而一些高档专用 PC 树脂品种则完全由国外厂商垄断。在未来的 5～10 年内，中国 PC 树脂的年需求量将达到 350kt。国内的生产能力将会提升到 120kt 左右。

PC 树脂最早由德国 Bayer 公司于 1959 年投入工业化生产，目前世界上约有 50 家生产厂家。主要公司有美国 GE 公司、Dow 化学公司、德国 Bayer 公司、日本出光石油化学公司、日本帝人化学公司等。它们总产量占全球产量的 70%左右。1988～1998 年世界 PC 树脂生产能力年增长率为 9.1%，产量从 487kt 增长到 1.633Mt。而其中用量增长最快的是 CD、VCD 等光盘专用 PC，超过 10%。就光盘级 PC 而言，前两年中国有光盘生产线 200 条，年 PC 用量 24kt。电气与工程类 PC 需求也逐年增长。

邮电通讯用各种电缆料、穿线管、铁路公路建设用各种土工材料、国防军工用各种工程塑料件也将有较大幅度增长。

综上所述，到 2005 年预计工业、交通、运输业用工程塑料总需求量约为 4.5Mt。

6. 人造革、PU 革、合成革

中国人工革包括人造革、PU 革、合成革，行业发展以 80 年代至 90 年代最迅速，生产厂家大大小小有 2400 家，生产线 7200 多条，较大的生产线 1000 多条左右，设备生产能力 $30\times10^8m^2$ 以上。目前中国已成为世界人工革（俗称人造革）生产大国。

随着市场国际化的进展加快，服装革、箱包革和家具与室内装饰用革的产量将保持稳定增长。中高档、高附加值的超细纤维鞋类合成革和透气服装类合成革将随其开发不断拓展应用领域而快速增长。轿车工业配套车用内装饰材料也将得到长足发展。据此，人造革、合成革预测总的需求量每年为 780kt，合 $10.5\times10^8m^2$。其中服装革 $3.16\times10^8m^2$，鞋革 $2.63\times10^8m^2$，箱包革 $3.16\times10^8m^2$。

在“十五”期间，高技术含量的湿法 PU 透气革和超细纤维基材是今后 PU 革、合成革发展的方向，以适应本行业结构调整的需求，并为高新技术改造传统产业提供了有效的途径。透气透湿 PU 革、超细纤维薄型合成革用于服装，耐水解的 PU 合成革用于制鞋，市场前景都很好。还有用于汽车内饰件、文体用品用的人造革、PU 革与合成革的市场空间均相当大。

7. 医用塑料制品

医用塑料制品主要分为塑料人体器官和塑料医疗器具，为高附加值、高科技产品，在国内外发展较快，应用范围很广，消费量很大，如日本 1990 年医用塑料消费量 780kt，美国 1992 年消费量 1.62Mt。中国对医用塑料制品的应用和研制也有 20 多年的历史，近年来，医用塑料年使用量超过 100kt，年产量 50kt，而且应用范围小、品种少，主要依赖进口。

医用塑料制品的生产需要使用医用级树脂，要求对人体组织适应性强，无不良反应，无毒、无菌、耐化学药品性能稳定，有一定的力学强度、韧性、柔顺性以及高透明度等，医用塑料制品是现代医学和材料科学的结晶，需与医学研究部门结合起来，在无尘、无菌的净化车间内开发生产。常用的医用树脂主要有：PVC、PP、LDPE、UHMWPE、PTFE、FEP、PMMA、ABS、POM、PVA、PET、PUR 等。

塑料人体器官，如人工肾、人工肺、人工肝脏、人工心脏瓣膜、人造膀胱、人造食管、人造血管、人造髋骨、人造关节、义齿、义齿床等等。

塑料医疗器具，如一次性注射器、输液器、输血管、人工血袋、人工流产吸引器、遮护布、各种连接件、杯皿、医用手套、医用口罩、手术衣、围裙、手术覆盖膜、气管、插管、导气管、吸氧器、骨折用固位夹板、人造皮肤、护阴器、洗肠器、血管内插管、穿刺套管、各种引流装置等。2000年，医用塑料制品年产量已超过100kt。在“十五”期间医用塑料将大幅增长，是高新材料领域重要的角色。

8. 日用塑料制品

日用塑料制品涉及面更广，与人类生活的关系十分密切，因其花色种类繁多、轻捷方便、卫生舒适等优点，在越来越多的领域代替了传统的铁、木、竹等传统材料。塑料鞋、塑料箱、包、印花薄膜、家庭及个人生活用品等均已成为人类生活不可缺少的组成部分，在全新的领域服务于人类社会。预计其总产量每年将达3.2Mt。今后的主要任务仍然是努力增加花色品种，开拓更多的功能并尽可能做到物美价廉。

9. 电、热、光、磁、阻燃等功能性塑料

多数塑料在电、热、光、磁、阻燃等方面并不一定具备人们使用时所需要的性能，通过添加某些物质或者改变聚合物的结构，使塑料材料具备导电性、电磁屏蔽性、磁性、导热性、透光、感光性及阻燃性，是今后相当一段时期内重要发展方向。例如通过添加金属微粒或石墨或碳纤维可使塑料材料导电或导热；聚偏二氟乙烯导电塑料和热电材料能将机械能或热能转换为电能，或者做相反的转换；磁性塑料不仅具有金属磁铁的磁性而且具有可塑性，可方便加工成各种所需要的形状，不仅在冰箱密封条，悬挂棋盘棋子等方面得到应用，而且大量用于彩色电视机等电子、电器产品的关键部件上。近年来塑料光导纤维得到迅速发展，以聚苯乙烯塑料为芯、聚甲基丙烯酸甲酯为外皮的最简单的一种塑料光导纤维较之石英光导纤维显示出巨大优越性，如质轻、柔软、易加工、价廉等。

在把电、磁、光、热等方面的性能赋予塑料以后，可进一步扩大塑料的应用领域。

10. 填充、共混、增强改性塑料材料

填充、共混、增强改性塑料是对通用塑料材料性能某些方面不能满足使用要求的重要补充。

将无机矿物填料如重质或轻质碳酸钙、滑石粉、高岭土、针状硅灰石等添加到基体塑料中，在使塑料原材料成本有所降低的同时还能提高塑料材料的刚性、耐热性和加工尺寸稳定性。今后填充改性的主要任务是在保持填充材料拉伸强度和弯曲强度尽可能不变的情况下，改善填充材料的性能。近几年发展起来的无机刚性粒子增韧技术和纳米材料与塑料复合技术都能使填充材料的刚性和冲击性能得到提高，有的填充材料在矿物填料重量分数高达50%的情况下，其冲击强度还可比基体树脂高数倍以上。采用新的添料表面处理技术和填料与基体树脂之间的界面诱导技术，将使填充改性材料的性能达到全新境界，可为各个应用领域提供更优质和价廉的塑料原料。

五、实现塑料工业可持续发展的措施与建议

在新世纪里塑料作为新兴的高分子材料家族主要成员，正处在一个重要的大发展时期。1999年全世界塑料总产量为156.72Mt，比上一年增长5.1%，美国是全世界塑料制品生产的第一大国，1999年总产量46.20Mt，日本、德国、韩国、法国分别为14.57Mt、13.86Mt、9.08Mt和5.80Mt。2000年世界合成树脂总产量163Mt，比上一年增长3.6%。2000年中国合成树脂总产量10.80Mt，比上一年（8.42Mt）增长22%。2000年中国合成树脂表观消费量为21.96Mt，比上一年增长15%。中国塑料制品总产量近20.00Mt，仅次于美国，位于第二位，但在加工技术、装备、塑料制品应用领域和人均拥有量方面，与世界各发达国家仍有明显差距。为尽快赶超世界先进水平、为国家的经济建设和人民生活做出更大贡献，为此特提出如下六点措施与建议：

（一）切实做好企业结构调整与转制工作

中国塑料制品加工行业以中小企业为主，经济所有制以集体所有制为主。近几年"三资"企业与民营企业发展很快，从数量上已成为行业的主要组成部分之一。调整企业结构首要任务是通过兼并、联合、破产、债权转股权以及发展多元经济成分等手段，并与技术改造、技术创新以及加强领导班子建设、加强企业管理和建立现代企业制度结合起来，提高企业的整体素质。其次是根据市场需求和发展，对市场竞争中的优者、强者予以扶持，通过联合兼并，资产重组、改组和改造相结合，盘活存量，组建企业集团，使量大面广的适宜于规模经营的产品，形成经济规模，同时注意区域布局，以经济技术为纽带，优势互补，实现东西部联手，以推进企业改革，大力促进经济体制和经济增长方式两个方面的转变。

（二）依靠技术进步和提高装备水平，促进产品结构调整

企业的生存与发展，必须以市场为导向，不断调整产品结构，因而需加强技术的研究开发和科技成果的转化与应用。为此，要建立健全大中型企业技术中心，加速形成有利于技术创新和科技成果迅速转化的有效运行机制。根据优势互补，利益共享的原则，健全双边、多边技术协作机制，推进企业的技术进步，促进企业产品结构的调整。同时，积极采用新技术、新工艺和新的生产方式与经营管理模式，积极开发新产品以占领市场和实现市场价值，并注重新技术和传统产品的嫁接，大力开发有利于开拓国内外市场和竞争力的新产品，提高产品的质量档次和技术含量，实施企业产品的升级换代。

提高中国塑料机械与模具的设计与制造整体水平是塑料制品能否加快发展的关键所在，因此要切实加强引进设备的消化、吸收和创新工作，同时采用合资生产等多种合作方式以及购买必要的制造技术的方式，着重提高塑料机械及成套设备的设计制造水平。比如开发精密的大型注塑机、复合和大型中空成型机、平挤出塑料薄膜、片材、板材生产线，拉伸和共挤出设备等。同时必须抓好微电子技术在塑料机械上的应用开发，逐步实现注塑、挤出、中空、压延四类基本成型加工机械主机及后续设备程序计算机控制系统，以提高塑料机械的控制水平。

"十五"期间，中国模具行业应积极采用CAD/CAM/CAE技术并与高速铣削，CAD技术与快速制模技术等相结合，同时加快发展塑料模具、模架及模具标准件，以提高模具的质量与缩短模具的制造周期。塑料机械与模具水平的提高对塑料制品行业开发新产品，调整产品结构将产生积极的影响。

（三）开发产品新的应用领域，拓展新市场

无论是农用、包装、建筑用塑料领域，还是为其他工业产品配套用的塑料领域，以及和人民生活息息相关的日用塑料领域，都需要将塑料制品的应用领域加以拓宽和引向深化，同时还要不断努力开拓新的应用领域，只有这样才能提高现有装备的开工率，以较少的投入换回较大幅度的持续增长。主管部门和科技人员应当把拓宽塑料制品新的应用领域，寻找已有装备新的用武之地当成塑料工业可持续发展的头等大事。

（四）灵活利用市场机制，开发物美价廉、适销对路的新品

塑料行业的高速持续发展表明塑料作为一种新兴材料，其性能在许多方面是传统的木材、金属等材料所不可比拟的，且价格能适应社会整体消费水平。正确使用价格调控，把更多的塑料产品的价格降下来，不仅能促进行业内部技术和管理两个方面的竞争，做到优胜劣汰，而且能够扩大国内、国际市场份额，为更多的塑料产品进入国际市场打开道路。同时还要做好产品标准的制订和修订工作，在满足使用性能的前提下允许产品技术性能指标的多样化，以利于与假冒伪劣产品进行斗争。

（五）实施行业管理，发挥行业协会的桥梁与纽带作用

塑料行业协会是实施行业管理的主体，承担全行业的协调管理责任，在反映行业的愿望、研究行业的发展、举办各种行业活动方面能起到积极作用。

塑料行业协会要与各有关部门密切配合，重点研究解决行业中的共性问题，抓住重点地区、重点产品和企业运行中的突出问题，并注重生产和市场中的热点、难点问题，做好综合协调和分类指导工作。

塑料行业协会要把握行业正确的发展方向并为政府决策提供依据，同时要利用各种现代知识传播的媒介——电视、报纸、新闻发布会等进行各种宣传工作，传播科学知识，捍卫塑料行业的荣誉，纠正流传在社会上对塑料材料的错误认识。行业协会要面向全社会，为行业和企业服务，为塑料行业发展争取更加适宜生存与发展的空间。

（六）抓住机遇，迎接挑战，加快行业发展

当今世界政治经济格局，意识形态的影响力已逐步让位于经济与科学技术，当代生产要素配置不仅包括资本、劳动力和土地，科学技术、管理、信息、人才等都成为不可缺少的要素，一个以经济全球化为基础的无国界经济正在全球范围内形成。江总书记指出："经济全球化是世界经济发展的客观趋势，谁也回避不了，都得参加进去，问题的关键是要辩证地看待这种经济全球化的趋势，既要看到它的有利一面，又要看到它不利的一面。中国既要敢于又要善于参与这种经济全球化条件下的国际合作竞争，并学会趋利避害。各种不切实际的想法和心理都是没有前途的。关键的是要振作精神，迎接挑战，同时也应当充分把握住这一机遇，使之作为行业进步和发展的推动力。"向国际市场进军，向祖国中、西部地区进军，向塑料制品应用的广度和深度进军，只要善于把握住机遇，勇于迎接来自各方的挑战，就一定能够出现塑料工业的发展亮点。

六、结束语

中国塑料工业从无到有、从小到大、从弱到强的50年发展历程，已取得了辉煌的成就，迈入了世界塑料先进大国的行列。国家制定的第十个五年计划，阐明了发展重点与方向，要求采取行之有效的政策和措施，加快塑料工业的发展。为适应中国加入WTO，参与国际竞争，我们要加倍重视人力资源开发，提高全行业整体素质；要依靠科技进步，加快产业升级和技术创新；要不断调整产业结构，提高装备技术水平；要大力争创名牌产品，从而在激烈的国内外市场竞争中立于世界之林。当今，人类已进入21世纪，我们要在党的十五届六中全会精神指引下，以实际行动振兴塑料工业，迎接十六大，按照"三个代表"的要求，同心同德，奋发有为，让我们的国家不仅是生产大国、消费大国，而且也是生产强国、技术强国，让我们团结一心，为实现"十五"计划发展的宏伟目标，创造美好的未来而努力奋斗！

中国塑料工业历史回顾

（1949～1983年）

塑料制品工业是一个新兴行业。世界上塑料的产生和发展总共不过百余年的历史。

20世纪初叶，我国上海开始有了塑料制品的生产。当时，德商礼和洋行将赛璐珞片及其制品输入我国，人们称它为"洋翡翠"；一些手工业作坊将赛璐珞片制成装饰品出售，这是我国塑料制品工业的萌芽时期。1920年，由顾兆帧投资开设"胜德赛珍厂"，生产人造象牙筷子、图章、烟嘴等赛璐珞制品。1924～1929年，在上海先后有健华、国光、永红、中兴等赛璐珞片材厂及制品加工厂投产，生产装饰用品及皂盒、牙刷、三角尺等。与此同时，在广州、汉口、重庆等市也有了赛璐珞工厂。

1930年，许觃吾在上海开设大同电木粉厂。同年，黄宪斋创办了上海胶木制品厂，生产安全牌电器开关，产品不仅行销国内，还远销印尼、印度、墨西哥等地。1937年，上海市有一家英国洋行用进口原料和设备生产聚氯乙烯表带、裤带等产品。1942年，在天津市创办了华丰电木厂。抗战期间，重庆市的电木制品生产有了较快的发展，主要产品是灯头、开关、插头与插座等电工器材配件，同时生产纽扣、瓶盖等产品。其中规模较大的是七星胶木工业公司，既生产电木粉，也进行电木加工。当时，由于化工原料短缺，进口供应困难，徐僖利用五倍子等研制五倍子塑料，陈怀九用桐油或生漆研制电木粉，陈文瑛研制稻壳糠醛电木粉，分别取得了一定的成果。此外，还有人利用废胶片或土产紫胶等制成"代电木粉"，用来压制瓶盖等产品。1947年，上海胜德化工厂从美国进口注射机，开始了聚苯乙烯小商品的生产。1948年，上海明华五金机械厂制成我国第一批挤出机，供聚氯乙烯废旧料回收加工之用。

建国以前，我国的塑料制品生产大多集中于上海、广州、重庆等沿海和沿江城市，绝大部分是手工业作坊式生产，主要原料仰赖于进口，产品品种较少，应用范围有限。解放前夕，上海市共有胶木厂84家，从业人员1000余人；生产塑料小商品企业约二三十家，多数是三四人一户的个体手工业作坊，主要产品为电器零件、纽扣、文具、皂盒、发梳、表带、裤带等。1949年10月，广州市共有塑料制品厂约20家，从业人员约500人，主要生产赛璐珞眼镜架及电木制品。

一、塑料制品工业的发展

新中国成立后，塑料制品工业有了很大的发展。1949～1983年，我国塑料工业的发展大体上经历了下列四个阶段。

第一阶段：1950～1956年。这是新中国塑料制品工业从恢复、调整走向有计划地发展的时期。

建国初期，我国塑料制品原料供应不足，生产发展受到很大的限制。当时，重庆大学副教授徐僖继续研究五倍子塑料，获得成功。政府十分重视这一成果，拨款建立重庆倍酸塑料厂（现重庆合成化学厂的前身）。该厂于1953年建成投产，生产五倍子糠醛塑料制品，成为我国第一个倍酸塑料厂。

1955年7月，由地方工业部与化学工业部进行了全国塑料工业调查。调查结果表明，当时全国塑料制品企业共有743家（其中酚醛塑料制品为595家，占80%），职工总数为6514人（其中技术人员586人，占职工总数的9%）。这个行业的主要特点是：(1)私营企业比重大，工厂规模小，设备简陋，技术水平低。尤其是酚醛塑料制品的生产，大多为手工操作。(2)塑料品种不多，主要生产热固性的酚醛塑料，热塑性的塑料全部依赖进口，部分制品使用回收料。(3)地区分布极不平衡，主要集中于上海、广州两市，其中上海市的塑料制品产量占全国产量的60%。(4)经营管理落后，产品销售主要靠国家加工订货。

1956年上半年，在全国私营工商业社会主义改造的高潮中，各地私营资本主义塑料制品厂先后实行了公私合营。在一些塑料工业比较集中的重点城市，成立了专业公司，加强了统一管理。1956年7月，上海市成立了日用塑料制品工业公司。与此同时，天津、广州、武汉三市的塑料制品生产，分别由轻工业公司和化学工业公司管理。

1956年9月，地方工业部和化学工业部在天津市联合召开第一次全国塑料工业专业会议，会上介绍了塑料工业的国际水平及我国塑料工业现状，安排了1957年生产计划，讨论了第二个五年计划期间的规划设想。规划提出了今后两三年内要发展的主要塑料品种，研究了聚氯乙烯制品的方向，并作出了禁止在食具生产中使用酚醛塑料的规定。会议期间还举办了小型展览会，展出了国产塑料制品及国外样品约300件，这是我国塑料制品工业的第一次展览。这次会议对我国塑料工业的发展，起了积极的推动作用，使我国塑料制品工业开始走上了有计划发展的轨道。

第二阶段：1958～1965年。这是塑料制品工业逐步走向全面规划、统一管理的新时期。

1958年，国产聚氯乙烯正式投入生产。此后，随着聚氯乙烯制品加工技术的开发，聚氯乙烯制品品种日益增多，我国塑料制品工业开始有了较大的发展。据1962年统计，全国塑料制品行业共有284家工厂，职工人数增加到4.5万人，总产量达到48kt。当时，在塑料制品中，以聚氯乙烯为原料的产品有了较快的发展，聚氯乙烯制品所占比例逐步提高，使塑料工业进入了一个以聚氯乙烯原料为主的阶段。由于国产聚氯乙烯产量增大，各省、自治区、直辖市对发展塑料制品生产积极性很高，特别是一些手工业合作社（组、厂）纷纷转产塑料制品，出现了盲目发展的现象。1963年11月，轻工业部召开了全国塑料制品专业会议。会议要求会同商业部和全国手工业合作总社积极贯彻党的“调整、巩固、充实、提高”八字方针，切实加强行业管理。会议总结了塑料制品工业的生产建设成绩和经验，提出了进一步对塑料制品工业实行调整的工作方针和建议，作出了如下决定：(1)塑料制品工业应面向农村，城市兼顾，努力增加花色、品种，提高产品质量，降低生产成本，生产多种多样的经济、耐用、美观的塑料制品，为工农业生产和城乡人民生活服务。(2)聚氯乙烯软、硬质制品并举，积极扩大硬质聚氯乙烯制品品种和应用范围，逐步提高硬质聚氯乙烯制品的比例。在日用塑料制品中，以塑料鞋、塑料鞋底、薄膜、人造革为主，同时积极发展泡沫塑料、日用家具、小商品与工艺美术品的生产。(3)根据不同的原料、不同的工艺设备和不同的用途，结合地区供销条件，组织专业化生产，积极组织地区间、企业间的分工协作，减少企业间不必要的产品重复。(4)统一规划，加强领导，有计划、有重点地发展塑料工业。此后，在党的“调整、巩固、充实、提高”八字方针指引下，各省、自治区、直辖市先后对塑料制品工业进行了调整，并且根据各自的情况，进一步加强了行业管理。

1965年3月，第二轻工业部成立。同年4月，国务院正式批转了有关部门提出的关于划分塑料行业分工管理范围的报告。报告规定，除军工部门用的塑料制品由化学工业部管理外，全部塑料制品由第二轻工业部归口管理，全面负责行业的规划、计划、生产、建设、科研和援外等业务。据此，第二轻工业部召开了全国塑料制品专业会议，贯彻执行塑料制品行业实行归口管理的决定。部分省、自治区、直辖市也根据归口管理的意见调整了企业的领导关系，加强了对行业的统一领导，先后成立了16个专业公司和总厂，组织了专业化协作生产，为塑料制品工业的进一步发展打下了良好的基础。据1965年底统计，全国塑料制品企业已发展到725家，职工9.6万人，总产量130kt总产值12亿元，综合生产能力300kt。主要品种有压延薄膜、吹塑薄膜、板材、管材、单丝、人造革、塑料鞋及鞋底、泡沫塑料等13大类，塑料制品已应用于工业、农业、交通、建筑等部门。

第三阶段：1966～1975年。这一阶段，塑料制品工业在一度受到破坏后迅速恢复和发展了生产，并且扩大了产品的应用范围。

1966年5月"文化大革命"开始后，塑料制品工业生产受到严重的影响。1968年，全国塑料制品总产量为171kt，低于1966年的176kt的水平。1970年，第一、第二轻工业部与纺织工业部合并为轻工业部。同年，经国务院批准，将军用塑料制品由化学工业部划归轻工业部管理。自此，全国塑料制品即统归轻工业部归口管理。1970年，塑料制品总产量达到328kt较1965年的130kt增长1.5倍，平均年递增率为20.3%。在1971～1975年中，塑料制品工业获得了持续发展。1975年全国塑料制品总产量达到607kt，较1970年增长85%，平均年递增率为13.1%。

在这一阶段，特别是1970年以后，我国石油化学工业有了迅速的发展，为塑料制品工业的发展提供了丰富的原料。由于聚乙烯、聚丙烯的大量生产，农用薄膜、包装材料都得到迅速发展，进一步扩大了塑料的应用范围。同时，塑料制品工业开始由聚氯乙烯制品为主进入以聚氯乙烯和聚烯烃（聚乙烯、聚丙烯）两大类原料为主的新阶段。

第四阶段：1976～1983年。在这一时期，我国塑料制品工业的技术改造扩大了规模、加快了步伐，使产品品种迅速增加，质量显著提高，促进了生产的发展。1980年，我国塑料制品总产量突破1Mt大关，达到了1.144Mt的新水平（见表1），比1975年增长了88.5%，年平均递增13.5%。与此同时，塑料制品的应用范围继续扩大。1978年，农用薄膜产量达到196kt，占同年塑料制品总产量的21%，较1975年增长了1倍。塑料包装材料的发展也比较快。1980年，共生产各种编织袋、打包带、周转箱、瓦楞箱、捆扎绳、中空容器和包装薄膜等约200kt，约占同年塑料制品总量的17%。1981年后，塑料制品工业在实现技术进步和扩大应用范围的条件下，进一步加快了发展的势头。1983年全国塑料制品总产量达到1.912Mt，比1980年增长了67.1%，平均年递增18.7%。综上所述，我国塑料制品产量从1952年的2kt提高到1983年的1.912Mt，增长了955倍。塑料制品工业的迅速发展，不仅丰富了人民的生活，也为工农业生产和国防建设提供了大量塑料材料和配套产品，在国民经济中发挥了重要的作用。

二、基本建设和技术改造

（一）基本建设和技术改造的成就

1950～1983年的34年中，塑料制品工业的基本建设和技术改造工作有了很大的发展。据轻工业部统计，列入国家预算的投资总额为14.7亿元，新建和改建、扩建了一批塑料制品工厂和生产聚氯乙烯树脂、增塑剂、溶剂及其他助剂的工厂，使塑料制品及塑料原料的生产能力迅速增长。

在第二个五年计划期间，塑料制品工业基本建设的重点是发展聚氯乙烯的加工能力。在这段时期，为了配合国产聚氯乙烯树脂的大规模投产，上海化工厂和上海塑料制品一厂，先后从联帮德国引进了四辊压延机和人造革生产装置，开始生产聚氯乙烯压延薄膜和布基人造革。1960年，吉林塑料厂开始建设，这是我国塑料制品工业自己设计和制造设备的第一个列入国家计划的基本建设项目。此后，为改变塑料工业布局，又先后在北京、辽宁阜新、福建三明、江西九江、山东济宁、广东佛山与韶关、安徽合肥等地兴建了一批聚氯乙烯压延薄膜厂，迅速扩大了聚氯乙烯薄膜的生产能力。1983年，全国压延薄膜生产能力已经达到500kt以上。

1965年以后，为了发展聚氯乙烯板材的生产，先后在甘肃兰州、贵州遵义、辽宁营口等地建设了一批板材生产厂，除生产层压板外，还发展了挤出板材工艺。1983年，全国各种板材生产能力已达100kt以上。

表1　1952～1983年全国塑料制品产量增长情况

年　份	塑料制品产量/kt	各　时　期	年平均递增速度/%
1952	2	—	—
1957	14	“一五”时期	47.6
1962	48	“二五”时期	27.9
1965	130	1963～1965年	39.4
1970	328	“三五”时期	20.3
1975	607	“四五”时期	13.1
1980	1144	“五五”时期	13.5
1983	1912	“六五”时期前3年	18.7

1975年以后，为了适应化肥包装的需要，加强了以聚乙烯为原料的重包装薄膜袋的生产。根据国家计划委员会的统一安排，总共投资5200万元，建设13家重包装薄膜袋厂，每个厂年生产能力为3.5kt，总生产能力为45kt。在13家重包装薄膜袋厂中，有8家由轻工业部系统安排建设。这些厂分布在北京、广州、南京、成都、哈尔滨和辽宁盘山、河北沧州、山东淄博等地。这一批工厂的建设和投产，及时满足了化肥生产的包装需要，促进了化肥工业的发展。

1960年以后，我国还积极开发了泡沫塑料的生产。从1965～1983年的19年中，先后在上海、北京、天津和山西阳泉、辽宁大连等地建设了泡沫塑料生产基地，生产聚氨酯及聚苯乙烯等泡沫塑料制品。生产总能力已达到年产50kt。

1975年以后，随着我国塑料原料生产的发展，国家决定对一批塑料制品工厂进行技术改造。在1975～1978年的4年期间，国家集中投资5000万元，对石家庄东风塑料厂、秦皇岛塑料厂、辽源塑料四厂、淮南塑料一厂、三明塑料厂、运城塑料厂、南阳塑料厂、开封塑料厂、保定塑料厂、重庆塑料一厂、云南省塑料厂、贵阳塑料一厂、陕西兴平塑料厂等20多家农膜、管材生产厂以及生产渔丝、渔具为主的天津塑料五厂、宁波塑料厂、普陀塑料厂等进行技术改造，总计增加生产能力50kt，比新建厂节省了一半投资。1960年以后，为了发展少数民族地区塑料制品的生产，由天津支援新疆建设乌鲁木齐塑料厂，由上海支援青海建设青海塑料厂。1970年以后，还由北京支援西藏建设拉萨塑料厂。此外，青海湟源塑料厂、甘肃兰州西固塑料厂、广西南宁塑料厂等在70年代中期也先后进行扩建和改造，对于改变塑料制品工业的地区布局起到了积极的作用。从1978～1984年7年间，国家还拨款1亿元，制订和实施了170多项技术改造项目，着重发展了“以塑代木”、塑料包装材料及日用塑料制品的生产。在60年代和70年代中期，由于农用塑料薄膜需要量迅速增加，聚氯乙烯供应不足的矛盾日趋突出。为此，在国家计划委员会的统一安排下，由中央和地方先后拨出了3亿元投资，在邯郸、张家口、牡丹江、镇江、南通、南昌、宜昌等地先后新建了30多家小型聚氯乙烯原料生产厂，总生产能力为100kt/a。与此同时，还在衡阳、江门、汕头、武汉、石家庄等地建设了10多家增塑剂和溶剂厂。这些工厂的建设对于弥补塑料原料和助剂不足起到了一定的作用。但是，由于多数工厂的生产规模过小，建设周期较长，技术基础较差，在投资效益上很不合算。

（二）先进技术和设备的引进

塑料制品工业的技术和设备引进是从50年代末期开始的。当时，引进的重点放在开发聚氯乙烯制品上。从50年代末到60年代中期，先后从联邦德国和日本引进四辊压延设备，建设了以聚氯乙烯薄膜为主的工厂，迅速扩大了聚氯乙烯在日用生活品、农用薄膜、化肥包装等方面的应用。还从德意志民主共和国、波兰引进油压机及小型注塑机，发展压制和注塑制品。1965年后，从日本、英国和瑞士引进了挤板、吹膜、层压、挤管等生产设备，进一步扩大了聚氯乙烯在工业方面的应用1970年后，技术引进的重点转入加工聚烯烃制品，扩大塑料在包装和工业生产配套方面的应用。1974年，浙江杭州新丰塑料厂、广东汕头塑料二厂首批引进了日本编织袋造丝设备，配合国产织机，建设塑料编织袋工厂。从1976～1979年间，又先后从德意志民主共和国购进大批塑料注射机和聚氨酯浇铸机，扩大了我国周转箱、电视机外壳等注射制品以及硬质、半硬质聚氨酯泡沫塑料的生产。

1979年以后，在中央对内搞活经济、对外实行开放的方针指导下，塑料制品工业加快了技术引进的规模和步伐。轻工业部和地方轻工业部门采取多种多样的方式，引进了生产各种塑料制品的工艺和设备，主要包括下列几方面：

（1）在农业用地膜和薄膜方面，从日本、意大利和联邦德国等引进设备300多台（套），其中一部分设备由国内及时组织消化吸收，迅速扩大了生产能力，以适应农业和包装方面的需要。

（2）在人造革方面，上海、北京、广州、徐州等地引进成套压延法聚氯乙烯人造革生产设备，武汉、佛山、石家庄等地引进了成套的离型纸法生产设备。引进设备总能力在$1\times10^{8}m^{2}/a$以上，为增加人造革的花色、品种创造了技术条件。

（3）在复合包装用膜及包装用袋方面，引进了双向拉伸聚丙烯、聚酯膜的生产设备，复合薄膜、印刷及制袋设备以及吹薄膜－印刷－制袋设备，较快地提高了我国包装膜的生产技术水平，不仅使包装膜在国内得到普及，也改善了出口产品的包装。

（4）在聚氯乙烯膜、片、板生产方面，杭州、上海、常州、南通、阜新、天津、武汉、泸州、淄博、深圳等地引进了日本、联邦德国、意大利、美国的四辊压延机，设计能力约100kt/a,扩大了我国聚氯乙烯薄膜、硬片、壁纸、装饰膜等产品的生产，为有关部门提供了多种新型的配套材料。

（5）在塑料异型材、管材生产方面，先后从奥地利、联邦德国、意大利等引进100多台（套）生产设备，主要用于生产建筑业用塑料上下水管和塑料窗、塑料门等，总生产能力约100kt/a。

（6）在塑料编织袋方面，全国引进将近100条生产线，生产能力接近100kt/a，使塑料编织袋成为塑料行业新发展的大宗产品。

（7）在泡沫塑料生产方面，上海、天津、北京、广西柳州、河南洛阳等地从挪威、美国、联邦德国等引进了聚氨酯泡沫连续发泡设备，一部分厂还引进硬泡生产设备，总生产能力超过50kt/a。

（8）在塑料铺地材料方面，无锡铺地材料厂引进美国栽绒地毯生产设备，使该厂的产量、质量大幅度提高，成本大大降低，开创了我国塑料地毯生产的新局面。

1982 年 9 月，轻工业部在常州市召开了塑料行业设备引进工作会议，总结和交流了有关省、自治区、直辖市开展设备引进工作的经验，互通信息，协调了设备引进的规划和步调，进一步推动了这项工作的开展。

(三) 烟台合成革厂的建设

烟台合成革厂是我国塑料制品工业用引进技术装备建设的一个最大项目，是国家“六五”期间重点建设项目之一，总投资达 4.6 亿元。主体工程的生产装置从日本引进，配套设施和公用工程由国内设计和施工。

烟台合成革厂的主要产品为合成革。这种合成革的组织结构类似天然革，具有天然革外观的某些特点，还有一定的透湿和透气性，适宜制作鞋类、服装等。二苯基甲烷二异氰酸酯和聚酯多醇是生产合成革的主要原料，也是生产聚氨酯泡沫塑料、聚氨酯弹性体、聚氨酯弹性纤维、聚氨酯优质涂料的主要原料。它们在家具制作、汽车制造、房屋建筑、冷藏保温和服装生产方面有着广泛的用途。这家工厂的建设，为我国发展聚氨酯塑料制品开拓了广阔的前景。

该厂自 1980 年 4 月破土动工兴建，1983 年 5 月基本建成，1984 年 11 月由国家组织验收，1985 年 1 月 1 日正式交付生产。

三、科学研究和技术交流

(一) 科学研究工作的进展

塑料制品工业的科学研究工作主要是从 60 年代发展起来的。1960 年以后，上海、天津、北京和辽宁的大连等地的轻工业部门先后筹建了专业的塑料研究所（室）。1963 年 7 月，在国家科学技术委员会的组织下，轻工业部制订了日用塑料制品工业 1963～1972 年科学技术发展规划（草案）。规划提出 10 年内塑料制品工业的科学技术发展方针是：充分利用国产塑料原料代替或节约农副产品原料及金属材料，扩大塑料在制鞋、衣着、包装材料、生活用品和其他方面的应用范围，合理采用新工艺、新设备，逐步提高产品质量，提高劳动生产率，争取在 10 年内改变塑料制品行业的落后面貌。为此，规划确定的科学研究任务，主要包括塑料鞋、人造革、聚氨酯泡沫塑料、塑料包装薄膜及包装材料、渔业用塑料、塑料助剂、塑料模具、加工工艺和测试方法等。规划还确定以上海轻工业研究所塑料室、轻工业部皮革研究所和北京宣武塑料厂、上海塑料制品一厂、二厂、三厂、六厂以及大连塑料二厂等为一些重点科研项目的主要承担单位，广泛开展对塑料制品加工和应用的科学研究。

1966 年，经国家科学技术委员会批准，由第二轻工业部在重庆筹建塑料工业科学研究所．总投资为 280 万元，人员编制 300 人。这一项目在“文化大革命”中被迫停办。在十年内乱中，一些省和直辖市的塑料研究机构也被迫停办或者与工厂合并。1976 年 10 月粉碎“四人帮”后，许多塑料研究机构得到了恢复和加强。1978 年，塑料制品行业共有省、直辖市和省辖市级研究机构 20 多个，职工 1796 人，其中技术人员 667 人。当年，轻工业部决定在北京重建全国塑料科学研究机构。根据中国政府与联合国工业发展计划署的协议，以轻工业部筹建的塑料研究机构为基础，由该署援助我国建立塑料加工应用中心。中心的第一期工程从 1980 年 12 月开始，为期一年半，由该署资助 45 万美元。该项协议已于 1982 年执行完毕。1983 年，经国家科学技术委员会批准，在北京建立塑料加工与应用研究所，已投入建设。

20 多年来，许多塑料研究所（组）与有关单位、企业通力合作，在开发塑料制品，扩大应用范围，提高产品质量等方面，付出了艰巨的劳动，作出了应有的贡献。

50 年代中期，先后开展了聚氯乙烯日用小商品、吹塑薄膜、人造革和电缆料等产品的研究。60 年代初期，以塑料原料代替天然橡胶、破布、黄麻、皮革等原料研制聚氯乙烯鞋底、拖鞋、凉鞋、泡沫人造革等制品。其中由轻工业部皮革研究所等单位承担的塑料微孔鞋底的试制及制鞋工艺的研究项目，通过了国家鉴定。在此期间，还研究、推广了聚氯乙烯农业育秧薄膜、聚氯乙烯单丝、聚氯乙烯板材、管材和聚氨酯泡沫料等产品。在70年代中期，着重研制了聚乙烯重包装袋、聚乙烯农用薄膜及包装薄膜、聚乙烯管材、塑料编织袋以及各种复合包装膜、打包带等包装材料。与此同时，还开展了“以塑代木”的研究，试制和生产了周转箱、瓦楞箱等新产品。80年代，随着塑料原料产量的增加，塑料制品的新工艺、新设备、新产品有了进一步的发展。

1980年，轻工业部召开了第一次轻工科技成果授奖大会。在各省、自治区、直辖市上报的1978~1980年125项塑料科技成果中，有67项获得轻工业部科技成果奖，其中二等奖5项，三等奖14项，四等奖48项。1981年5月，轻工业部在北京举行了全国塑料制品第一次展销会，共展出制品2193种，其中新产品531种。展销期间，接待观众50万人次。这次塑料展销会，既是我国塑料制品工业生产成就的一次大检阅，也是对塑料制品工业科研工作的一次总结。

1983年，轻工业部再次组织了对1980年以来的科技成果的评选工作。在各省、自治区、直辖市上报的193项塑料科技成果中，有75项获得轻工业部科技成果奖，其中二等奖4项，三等奖18项，四等奖53项。

在塑料制品的研究与开发中，广大科技工作者作出了积极的贡献。特别是上海塑料制品二厂寿金发工程师，长期坚持生产与科研相结合的方针，在塑料制品的研究与开发中作出了突出的贡献。1955年，他研制出聚氯乙烯表带、裤带、软管、发绳等塑料小商品，被评为上海市劳动模范。1957年，他研制聚氯乙烯吹塑薄膜，并用这种薄膜加工成吹气枕头等制品，使日用塑料生产增添了新产品。为抢救大面积烧伤的钢铁工人邱财康的生命，他专门设计制作了充气床垫。1958年，他研制成功聚氯乙烯电缆料，为国家节约30万元资金。1959年，他被评为上海市先进生产者，光荣加入中国共产党，并出席了全国群英会。1959年以后，他又试制成聚乙烯吹塑薄膜和聚苯乙烯吹塑薄膜等包装和绝缘材料。此后，他为国防工业和感光材料工业试制铝塑、纸塑等复合封存包装材料，为发展通讯电缆生产研制了聚乙烯黑色护套电缆料。1978年，他再次当选为上海市劳动模范。1983年9月，他在退休之后还积极协助无锡县电缆厂的建设，使该厂投资比预算节约近10万元，受到无锡县荡口乡人民政府嘉奖。

(二) 标准化和质量鉴定、评比工作

塑料制品标准化工作是从1961年开始的。1961年，化学工业部颁布了塑料检验方法暂行标准22项和软聚氯乙烯压延薄膜、硬聚氯乙烯管材、硬聚氯乙烯板材、电缆工业用软聚氯乙烯塑料和聚氯乙烯管、带等5种聚氯乙烯制品暂行部标准。1963年，聚氯乙烯塑料鞋及鞋底大量生产，轻工业部及时制订和颁布了聚氯乙烯塑料鞋底和鞋的部标准。1964年，经轻工业部和化学工业部两个部协议，在塑料标准化工作上进行了分工，由轻工业部负责塑料制品的标准化工作，化学工业部负责基础标准及合成树脂的标准化工作。截至1983年，塑料制品已有国家标准和部标准43个，其中聚氯乙烯制品21个，包括聚氯乙烯鞋底及拖鞋、电缆料、板材、管材、管件、薄膜、印花膜、人造革等；聚乙烯制品8个，包括聚乙烯管材、薄膜、单丝、重包装袋、吹塑桶、地面复盖膜、瓦楞箱等；聚丙烯制品4个，即薄膜、编织袋、捆扎绳、管材；聚苯乙烯制品2个，即泡沫板、泡沫包装材料；聚氨酯制品1个，即软质聚氨酯泡沫塑料。

1978年，根据国家标准总局的安排，我国参加了国际标准化组织138技术委员会。1980年1月，我国翻译、出版了该委员会制订的有关塑料管材、管件、阀门的标准草案和标准。1980年9月，根据国家标准总局的要求，成立了全国塑料标准化技术委员会，负责进行本专业的全国标准化工作。1983年7月，该委员会派出小组参加了138技术委员会在西班牙马德里召开的塑料上、下水管标准会议。1983年8月，化学工业部、轻工业部和城乡建设环境保护部协商，并经过国家经济委员会和国家标准局同意，除了全国塑料标准化技术委员会以外，又新成立了全国塑料制品标准化委员会和全国纤维增强塑料标准化技术委员会，分别受化学工业部、轻工业部和城乡建设环境保护部建筑材料工业局的领导。

为了切实贯彻执行产品标准，促进产品质量的提高，轻工业部门还开展了对塑料制品的质量评比工作。1979年以来，在国家经济委员会的统一领导和各级轻工业部门的具体组织下，塑料制品工业开展了每年一次的产品质量评比活动。在1979～1983年的5年里，先后有白鸽牌微孔拖鞋、金杯牌注塑泡沫凉鞋、建设牌针织布基涂饰泡沫革、菱花牌印花膜、水晶牌唱片基、三环牌硬管、双色牌板材、灯塔牌聚氯乙烯绝缘级电缆料、新芽牌地面覆盖膜等17种产品获得国家银质奖。另外，还有钻石牌1～5升聚乙烯中空容器、盾牌聚乙烯桶等17个品种获得全国优质包装产品奖。

（三）技术交流和科技情报工作

塑料制品工业的技术交流和科技情报工作是在60年代初期开展起来的。1963年11月，轻工业部召开的全国塑料制品工业会议，强调了开展行业的技术交流工作的重要性。会后，根据与会代表的建议，轻工业部作出了关于组织与开展全国塑料制品行业技术协作及交流活动的决定。按大区分成华东组、华北西北组、中南西南组、东北组，负责组织各大区的技术交流活动。在这次会议上，还决定开展塑料科技情报工作。轻工业部编辑的《轻工业科学技术通讯》出版了日用化学工业专刊，着重刊载国内外塑料制品工业的科技动态，这是我国塑料制品工业最早的科技情报期刊。1964年，为了进一步搞好农用薄膜的生产，提高产品质量，有关部门组织了全国农用薄膜技术交流活动。1965年，轻工业部日用化工局塑料处编译、出版《塑料工艺译文选》，结合我国实际情况，有选择地介绍国外塑料加工工艺的先进技术经验和新的成就。"文化大革命"开始后，《塑料工艺译文选》的编印工作被迫停顿。70年代初期，轻工业部责成上海轻工业研究所成立塑料技术情报中心，广泛收集国内外资料，编辑、出版《轻工塑料》，起到了交流经验，互通信息的作用。但是，由于地方管理体制的变化，轻工塑料技术情报中心不久即告解体，《轻工塑料》也因之停刊。1976年10月，粉碎"四人帮"后，塑料制品行业的情报交流工作得到了恢复和发展。1980年，轻工业部塑料工业局在编印内部资料《塑料工业标准化简讯》及《塑料工业科技简讯》的基础上，公开出版了《塑料工业简讯》，加强了全国塑料制品行业科技交流工作。1981年9月，轻工业部在北京召开了全国塑料制品工业技术情报工作座谈会。根据会议统计，当时全国共有塑料制品科技情报室（组、站）30个，情报工作人员224人，其中技术人员91人，翻译47人，出版定期刊物17种，不定期刊物及专题资料68种。

塑料制品行业的对外技术交流，是从1958年开展起来的。当年，日本聚氯乙烯树脂专家古谷正之来华进行技术访问，对我国聚氯乙烯加工及应用起了一定的引发作用。此后，通过接待国外技术交流访华团、参观团和国外来华举办工业展览会等方式，我国塑料工业界开始了与日本、西欧诸国及美国塑料工业界的广泛接触，引进了一些新工艺、新技术、新产品。1975年，联邦德国在北京举办工业展览会，展出了塑料原料、塑料制品及塑料专用机械设备仪器，并进行了新工艺、新技术、新产品的技术交流，促进了我国对聚烯烃制品的开发及应用。1979年以后，塑料制品工业对外技术交流活动更加频繁，贸易往来也日益增多，相继在北京、上海、天津、广州、福州、南京、沈阳、武汉、大连等城市举办一国或多国的塑料工业展览会。通过展览会，一方面洽谈进口业务，引进先进技术，另一方面进行专题技术讨论，使我国科技人员开阔了视野，对发展我国包装塑料、建筑塑料、装饰用塑料、农业及工程塑料等收到了良好的效果。与此同时，我国塑料行业先后派出了许多技术或技术贸易小组访问了德意志民主共和国、匈牙利、罗马尼亚、朝鲜、日本、英国、意大利、法国、联邦德国、荷兰、奥地利、加拿大、西班牙、美国等。1980年以来，还先后派出17人（次）参加联合国工业发展组织在奥地利主办的塑料工艺与模具讲习班，并选送5名技术人员去联邦德国及美国的塑料工厂或研究单位进修。我国还派出6人（次）考察农用塑料及塑料科研工作，并请3名国外塑料专家来华讲课。1983年8月，我国派出了有13名代表参加的、由中国国际贸易促进会组织的赴欧洲共同体国家参观、访问的塑料工业代表团。上述活动，加强了我国塑料工业界与国际同行的联系，学习与借鉴了国际先进技术，促进了我国塑料制品的科技进步。

我国塑料制品工业在积极学习和借鉴国际先进技术的同时，也积极开展了对第三世界国家的技术经济援助。1963年，我国为朝鲜民主主义人民共和国培训生产塑料鞋底及鞋的技术人员。1965年11月，我国接受越南实习生来我国上海进行技术培训。1974年8月，我国援建的阿尔巴尼亚都拉斯塑料厂正式投产。

（四）学术团体的活动

中国塑料工程学会是群众性的研讨塑料科学技术的学术团体，是有关工业部门的技术咨询和参谋部。在一部分省、自治区、直辖市还成立了中国塑料工程学会的分会。

1979年11月，在河北省保定市举行了中国塑料工程学会成立大会和第一届技术讨论年会。与会代表约200人，交流论文133篇。会议期间，代表们就塑料制品工业的科研、教学，企业的技术改造以及聚丙烯制品的开发与应用等专题进行了座谈。会后编辑、出版了《中国塑料工程学会成立大会文集》。

1981年5月，在北京市举行了中国包装技术协会塑料制品包装委员会成立大会和技术交流会，到会代表92人，交流论文21篇，会后汇编成册，出版了《塑料包装通讯》第一期。

1983年4月，中国塑料工程学会和中国包装技术协会塑料制品包装委员会在成都市联合召开第二届年会。到会代表190多人，交流论文79篇，会后出版了《年会论文集》。

1983年9月，中国塑料工程学会氟塑料工程委员会在北京成立，并进行了技术讨论。大会交流论文20多篇，会后编辑、出版了《含氟塑料专辑》。

四、品种的开发与应用范围的扩大

现在，随着塑料制品产量的增加，我国塑料制品的应用领域已经扩大到农业生产、工业配套、建筑装饰和产品包装等各个方面，生活日用制品所占的比例已下降到30%左右。

（一）日用塑料制品的发展

我国塑料制品工业的发展是从日用塑料制品起步的。1958年4月在全国轻工业展览会上，日用塑料制品的展出占了重要地位。当时展出的日用聚氯乙烯制品，只有薄膜、雨衣、皂盒、表带、裤带等少数品种，规格、花色也比较少。塑料制品，只是初步进入人们的生活领域。1960年以后，随着聚氯乙烯原料生产的大发展，塑料鞋、鞋底、印花薄膜、床单、票夹、吹气玩具、人造革制品先后投入市场，日用塑料制品进入了大量和广泛发展的新时期。1983年，全国的日用塑料制品总产量已经增加到610kt，花色、品种越来越多，对丰富人民生活、活跃轻工市场发挥了重要作用。在我国的日用塑料制品中，已经发展了许多大类制品，形成了具有我国特色的日用塑料制品门类。

塑料鞋与鞋底是日用塑料制品中的最大宗产品。1983年，全国塑料鞋产量是7.2亿双，合230kt塑料，占塑料制品总量的12%。用塑料制作的鞋和鞋底，在我国鞋类生产中已占重要位置。塑料鞋底已基本上取代了布鞋底。以各种纺织面料与塑料鞋底配合的价廉物美的布面塑料底鞋，已基本上取代了由千家万户自己衲绱鞋底的布鞋。这对解放妇女劳动力，解决10亿人口的穿鞋问题，是重要的贡献。目前，我国塑料鞋的产量和销量在全世界占首位。福州塑料二厂和华侨塑料厂生产的白鸽牌微孔塑料拖鞋，不仅在国内享有盛誉，而且远销东南亚、中东、非洲及美洲市场，成了我国塑料制品中出口批量最大的产品。

人造革是我国日用塑料制品中第二个大的品种。近30年来，人造革及其制品发展极其迅速。1983年，全国人造革总产量已达到$1.2\times10^8m^2$，合88kt塑料，占当年塑料制品总产量的4.6%。按使用面积计算，已经超过了天然皮革的总产量。目前，在箱包、手套、手提袋、沙发面等领域，人造革制品已经基本上代替了天然革，适应了广大人民的生活需要。

在日用塑料制品中，薄膜制品和泡沫塑料制品的品种、花色不断增多。塑料玩具、餐具、茶具、文具、教具和各种各样的盆、涌、盘、碟类产品，五颜六色，琳琅满目。这些塑料制品，不仅深入到上亿户家庭，也广泛供给机关、学校、部队、企业、港口、码头以及农村基层组织，已成为广大人民生活中不可须臾离开的东西。

（二）农用塑料制品的推广

在我国塑料薄膜生产中，农用塑料薄膜占了一半以上。1983年，我国塑料薄膜总产量596kt，其中农用薄膜300kt。1983年，我国农用薄膜在产量和用量上都居世界第一位，对促进我国农业生产的发展起到了重要的作用。

我国农用薄膜首先是在广东省沿江农村社队推广使用的。1961年前后，这些社队先后采用进口的聚乙烯薄膜用于水稻育秧，为提前栽插创造了条件，取得了增产1~3成的效果，引起了农业部门的重视。为此，农业部总结了这一经验，希望轻工业企业及时生产和提供所需的育秧薄膜。1964年8月，轻工业部召开了全国农用薄膜生产技术交流会，总结了搞好农用薄膜生产、提高农用薄膜质量的经验，并制订了农用薄膜试行技术标准。1965年，轻工业部会同农业部进一步扩大了农用薄膜的使用面积和使用范围。首先在全国10多个重点省、直辖市的部分地区推广，使用薄膜的作物由水稻扩大到红薯、玉米等粮食作物以及棉花、烟叶、甘蔗、药材等经济作物，大都获得了显著的增产效果，进一步引起了各级政府有关部门的重视和支持。1965年，经财政部批准，对农用薄膜定期免征工商统一税，并实行全国农用薄膜统一降价，有的地区还实行了财政补贴。如福建省当时生产每吨聚氯乙烯薄膜，工厂出厂价为3400元，销售价定为2000元，财政补贴1400元。上述政策措施大大促进了对农用薄膜的大面积扩大使用。

周恩来总理对农用薄膜的生产和发展甚为关注。1971年，在全国农业机械化会议期间，周恩来总理亲自确定农用薄膜是实现农业机械化重大措施之一。1979年9月28日，党的十一届四中全会通过的《中共中央关于加快农业发展若干问题的决定》中明确指出，要“迅速增加农用塑料的生产”，“特别是农用薄膜”。党中央的上述决策促进了农用薄膜生产迅速而又持续地向前发展。当年，全国农业薄膜总用量已达到195kt。近几年来，在农用薄膜中，塑料地面覆盖薄膜（俗称地膜）的发展尤其迅速。1983年，全国地面覆盖薄膜产量达到了90000多t。与此同时，除努力增加农用薄膜产量、提高农用薄膜质量外，还发展了许多新品种，如宽幅膜、耐低温防老化膜、有色膜、多层膜等，以适应广大农村不同地区不同作物的需要。

农用喷雾器、农机配件、农用沼气管和农村饮水用管等塑料制品，也都获得了发展。塑料渔网和渔具已经在渔业生产中广泛应用。塑料渔网成功地代替了棉、麻网，改变了我国渔民数千年“三天打鱼，两天晒网”的传统作业方式，深受渔民的欢迎。

（三）包装材料的开发

第二次世界大战以后，以石油化工为基础的聚乙烯、聚丙烯等合成树脂的生产得到了迅速的发展。聚乙烯、聚丙烯制品的开发，带来了包装材料的革命，使许多传统的包装材料如纸、玻璃、布、麻、金属制品、木材等部分地被塑料所代替，促进了商品包装和转运的现代化。1983年，我国用于包装的塑料已经超过400kt，约占当年塑料制品总产量的21%。

在我国，塑料用作包装材料，大致始于60年代中期，90年代中期得到了大发展。1975年，由于高压聚乙烯的大批量生产以及进口大型尿素化肥装置的投产，促进了聚乙烯重包装袋的发展，1980年生产量超过40kt。但是，由于我国的装运工具落后，中转环节多，使聚乙烯化肥重包装袋破损率高达30%，严重影响了这种包装袋的推广使用。为此，国家经济委员会要求化学工业部、轻工业部、铁道部、交通部和全国供销合作总社等单位共同组织专门的研究小组进行调查研究，国内一部分化肥厂逐步推广使用塑料编织袋包装化肥，扩大了塑料编织袋的应用领域。此后，塑料编织袋还扩大应用到农药、糖、盐、矿粉、水泥、饲料、谷物等产品的包装，使塑料编织袋的生产量逐年上升。1983年，全国塑料编织袋产量已达8亿条以上，超过了我国黄麻袋的产量，取得了显著的社会经济效益。

随着我国对外贸易的扩大，出口商品的包装要求越来越高。为了改进粮油食品和轻工产品的出口包装，我国从70年代中期开始试制和生产复合包装膜及袋。经过10年来的努力，各种复合包装材料已经大量生产和使用。

为了扩大硬质聚氯乙烯制品的用途，积极发展塑料包装材料的生产，轻工业部于1981年12月在山东泰安市召开了全国聚氯乙烯硬制品生产会议。会议确定全国将发展硬质聚氯乙烯透明片的生产，改善国内市场产品包装。近年来，由于玻璃制品短缺，加上某些农药禁止使用易碎的玻璃瓶装，从而促进了塑料瓶、桶、罐生产的迅速发展，形成一大类新的包装材料。

（四）“以塑代木”产品的发展

我国木材资源短缺，“以塑代木”的发展较快。目前作为“以塑代木”的主要品种有：塑料周转箱、瓦楞箱、楼梯扶手、电线槽板、地板条、地板块、门窗及家具等。

我国塑料用于建筑用门窗始于60年代。1965年，天津市建筑科学研究所与天津现代塑料厂（即现在的天津第十四塑料厂）配合研制塑料门窗成功。在1965年和1969年两年，共计生产塑料门4000樘，在天津、北京、山西等地民用建筑和地下工程中应用。经过12～15年的实际使用检验，用户反映良好。1979年，重庆塑料科学研究所与重庆塑料十二厂合作，研制成高填充的聚氯乙烯异型材，可用作客车地板和建筑用楼板、门框、门板、窗框等，目前已大量生产。重庆市已普遍采用这种材料代替木板条作车内地板，使用寿命比本地板提高1倍。北京塑料七厂生产的楼梯扶手，成功地代替了松木扶手；仅在北京市建筑工程中应用，每年即可代替松木1200m^3，还节约了油漆，简化了安装工序。

“以塑代木”工作已经引起了有关部门的重视。建筑用的塑料管材和型材发展尤其迅速。有的省、自治区、直辖市兴建的以塑料型材为主要产品的工厂，每年能生产数百万套塑料门或窗。与此同时，国家科学技术委员会正组织有关部门协作攻关，以便将塑料门窗纳入建筑设计规范，为扩大应用塑料门窗创造更好的条件。

（雷在忠等）

大 事 记

2000年塑料行业大事记

【1月】

中国塑料加工工业协会公布全年工作计划

国家经济贸易委员会《关于加快培育和发展工商领域协会的若干意见》，进一步明确了新形势下行业协会的地位和作用，确定了行业协会为企业服务，自律、协调、监督和维护企业合法权益以及协调政府部门加强行业管理的三大职能。中国塑料加工工业协会（以下简称中国塑协）本年工作主要是：

（1）为企业提供全方位的服务；

（2）培育专业市场，促进国际交流；

（3）做好协会秘书处日常工作。

中国塑协异型材及门窗制品专委会召开年会

18～20日 中国塑协异型材及门窗制品专业委员会在北京市召开2000年年会。会议由中国塑协副理事长程浩明主持。出席会议并做重要讲话的有：建设部科技司副司长、全国化学建材协调组秘书组组长陈宜明，国家轻工业局行业管理司副司长吴曼云和中国塑料加工工业协会理事长廖正品。国家轻工业局全国化学建材协调组秘书组成员吴建安副处长传达了全国化学建材工作会议上建设部副部长叶茹棠题为《总结经验　丰富开拓　创新纪录　加快我国化学建材产业化发展》的报告。

廖正品理事长宣布了异型材及门窗制品专业委员会第四届理事会名单，并召开了第四届理事会第一次会议。理事会结合全国化学建材工作会议精神，就当前型材、门窗行业的现状与问题进行了热烈讨论并审议了专业委员会章程。

来自全国塑料异型材、门窗生产的企业以及原料、设备、科研、质量监督等部门，以及国外原料、设备厂商的代表约160余人参加了会议。

全国塑料制品质量检测中心、天津塑料研究所、河北宝硕集团、安徽国风集团、芜湖海螺塑料异型材有限公司、山东鲁宏塑窗机械集团、中山中标建材有限公司、北京化工研究院、济南光明机械有限公司以及国外厂商UDI联合发展有限公司、美国万邦化工有限公司、美国科美基颜料有限公司等10多个单位代表就有关本行业的现状与问题、典型经验、原料、设备、技术、标准制定与实施、产品统检与质量分析等问题做了专题发言。

会议安排参观了河北宝硕集团，与会代表受到了宝硕集团领导以及全体员工的热烈欢迎，并相互交流了经验。

泡沫行业ODS物质替代工作组开展行业调查

我国政府自1991年加入《关于消耗臭氧层物质蒙特利尔议定书》以来，在国家环境保护总局的领导下，各相关行业、部门相继开展了ODS物质替代工作。1998年，国家环境保护总局外经办和中国塑料加工工业协会联合成立了泡沫行业ODS物质淘汰特别工作组，组长廖正品副组长付永彬、周晓芳，在国家环境保护总局外经办的领导下，具体负责泡沫塑料行业伞型项目及行业机制的准备、执行工作，为泡沫塑料行业深入、全面地开展替代工作奠定了组织基础。截止1999年初第二次“多边基金”执委会，泡沫塑料行业共有99家企业获得资助，赠款额5504万美元。

泡沫行业ODS物质淘汰特别工作组自1999年5月开始组织开展全行业调查，并于1999年7月在成都召开了泡沫塑料行业CFCS物质使用调查研讨会，组织了11家企业在全国18个省、自治区范围开展了更大规模调查。在相关企业的配合支持下，已经收集到377家企业的信息。2000年初，组织包括我国西北部地区企业参加的研讨会，掌握80%以上的企业情况，为申报整体淘汰方式奠定了良好基础。

【2月】

中国塑料加工工业协会成立WTO工作小组

按照国家经济贸易委员会、国家发展计划委员会、轻工业联合会等有关部门的要求，中国塑协成立了“WTO工作小组”，对塑料制品行业加入WTO的利弊进行了探讨，并起草了《关于塑料制品行业加入WTO的应对措施（讨论稿）》、《关于加入WTO农膜行业分销服务的应对措施（草案）》、《加入WTO对中国聚酯薄膜（BOPET）行业的影响》、《加入WTO塑料异型材行业应对措施》、《加入WTO对中国人造革行业的影响》、《加入WTO对MDI行业的应对措施》等文稿，并分别按时上报给有关部委，受到了国家经济贸易委员会等部门的高度评价。

无氟组合料供料中心筹建

“无氟组合料供料中心”由万华合成革集团公司筹建。国家环境保护总局外经办主任刘亿，中国塑料加工工业协会理事长廖正品、副秘书长傅永彬，万华合成革集团公司总经理曲进胜等几方面领导一起进行了讨论。对万华合成革集团公司前期所做的大量工作，予以了较高的评价，肯定了万华合成革集团公司的综合实力，同时强调万华合成革集团公司作为中国聚氨酯工业的基地，要发挥出应有的带头作用。

ODS 物质替代工作会议召开

由国家 ODS 物质淘汰特别工作组布置，川渝联大（集团）公司承办的川渝地区 ODS 替代改造及利用多边基金赠款加速产业调整步伐，推动行业技术进步工作会议，在成都市召开。国家 ODS 物质淘汰特别工作组领导、川渝联大（集团）公司等 10 余家成员企业代表参加了会议，河南省获嘉县润华实业有限公司等同行业单位代表应邀列席会议。会议总结了前期工作，重申了 ODS 替代改造的紧迫感和重要性，特别工作组的领导做了专题报告，同时根据国家经济结构调整和产业结构调整方针，结合西部大开发的战略决策和加入 WTO 后面临的国际竞争，集中讨论了民营企业在新的经济形势下，实行产业重组，建立集团公司，摒弃陈旧的经营意识，建立现代工业理念的深远意义。

【3 月】

《国家轻工业局关于行业协会管理的暂行办法》发布

1 日　国家轻工业局发布了《国家轻工业局关于行业协会管理的暂行办法》。《暂行办法》分“总则”、“行业协会的职能”、“行业协会的权利和义务”、“国家轻工业局对中国轻工行业协会联合会和行业协会的管理”、“行业协会的内部管理”、“附则”，共六章三十一条，明确了轻工行业协会的 17 项职能。本办法是根据国务院《社会团体管理条例》和国家经济贸易委员会《关于加快培育和发展工商领域协会的若干意见》（试行）的通知要求，结合轻工行业实际修改而成的。《暂行办法》的实施，对培育和发展行业协会，加强行业协会管理，规范行业协会行为，发挥行业协会作用将起到极其重要的作用。

轻工行业工作会议召开

2 日　轻工行业协会联合会（简称轻协联）在北京市召开了轻工行业协会工作会议。国家轻工业局局长、轻协联主任陈士能到会并做重要讲话。国家轻工业局副局长、轻协联副主任杨志海、潘蓓蕾、朱焘、张善梅以及国家轻工业局各司局、直属单位、轻工行业协会办公室和 44 个行业协会的领导出席了会议。陈士能局长在讲话中指出：轻工行业协会应当在加强对企业的指导和引导上、在维护行业利益和反映企业呼声上、在协调行业内企业间竞争与合作关系上、在研究行业发展战略上、在为政府职能部门做好基础工作等五个方面有所作为。同时他殷切地期望通过大家的努力，轻工各行业协会要逐步在社会上、在行业和企业中树立权威，尽快发展壮大，适应经济体制改革和轻工业发展的需要，努力实现自立、自治、自养。朱焘副局长做了“开拓创新，把行业协会和轻协联工作推向新水平”的工作报告，他对 1999 年轻协联和行业协会的工作给予了充分的肯定，并要求各协会要继续加强自身建设，增强实力和凝聚力，要深入研究加入 WTO 的应对措施，加大结构调整和技术创新力度，适应机构改革的新形势，在行业管理中发挥更大作用，并提出要继续开拓创新，把行业协会和轻协联的工作推向新水平。会议还邀请了国家经济贸易委员会政策产业司副司长刘治、中国经济工业联合会副会长顾家麒及中编办、民政部民间组织管理局的领导出席会议。

中国注塑制品考查团赴意大利考查交流

9～29 日　应意大利塑料橡胶机械和模具制造商协会的邀请，中国塑料加工工业协会组织，无锡塑料一厂、苏州塑料一厂、杭州万里塑料厂、烟台塑料一厂、哈尔滨塑料九厂、福州塑料八厂、浙江远翅塑料厂、浙江经纬集团有限公司、天津市芙达塑料制品有限公司等 10 个单位参加的中国注塑制品学习考察团，对意大利塑料注塑技术、设备和模具进行了考察和学习。

在意期间共参观了 15 家工厂，其中塑料机械厂 6 家，塑料模具厂 2 家，塑料加工厂 6 家，热流道制品厂 1 家，分别听取了题为《意大利塑料机械和模具行业的概况及其国际地位》、《塑料加工热力学基础理论》、《注塑工艺理论和实践结合经验介绍》的报告，实地观看了注射机规范操作演示。在米尔（MIR）公司和尼格里·波西（NEGRIBOSSI）公司参观了新研制的电动和液压相结合的新型节能注塑机。在新得多（SANDRETTO）公司，该公司的气辅注塑专家（Gino Ferreo 先生）介绍了气辅注塑的基本原理、特点（节能、节省材料）、注气方式（连续式和间歇式）及注意事项等，使考察团成员对气辅注射技术有了进一步的了解。在普雷斯玛（PRESMA）公司，实地看到多组分、多工位低发泡注射成型机用于生产塑料鞋、鞋底、鞋跟、鞋楦、电插头、折叠家具、刷子把等。

在都灵考察团参观了生产制造热流道产品的厂家 PLAST HINGLTD。除生产各种规格型号的内热式、外热式热流道注嘴外，还生产加热器和温度测量、控制设备，其温度控制精度在 ± 1℃以内。该厂生产的加热器的特点是升温快，节电，使用寿命长。与其他国家同类产品比较，该厂的产品价格比较便宜。

在佩鲁加考察了该公司专门生产制造废旧塑料回收再生设备的考斯塔列里公司（TARELLIS Y.I.）。其设备已销售到奥地利、比利时、德国、英国、希腊、匈牙利、墨西哥、罗马尼亚、瑞士、美国等国家。考察团参观了在罗马附近的用该厂设备和技术回收废旧塑料的生产厂，该厂共安装了三条生产线，可回收各种不同的废弃垃圾类塑料。这些回收再生的粒料销售给塑料加工厂，用于生产挤出管，大口径缠绕管(500~1500mm)，各种地砖，农业、林业用的热挤冷压产品等。

在意期间考察团还了解了意大利和欧洲使用聚苯乙烯发泡塑料(EPS)的有关问题，意大利和欧洲都没有禁用一次性EPS包装盒的规定。有关专家认为EPS是一种很好的材料，现在还没有一种材料能全面地取代它(在经济和性能两个方面)，造成环境污染是管理和人的素质问题。据考斯塔列里公司称，他们生产的团粒机(DENSIFYING SYSTEM)可以解决EPS的回收问题。该公司将在7月4~8日上海国际塑料橡胶工业展览会上，介绍他们的废旧塑料回收再生技术和设备。在意大利的麦当劳餐厅，就是用彩色EPS盒包装汉堡包，用土黄色EPS盒包装巨无霸，用浅蓝色EPS盒包装麦香鱼，用粉红色EPS盒包装麦香鸡。

【4月】

中国塑协PVC低发泡板材专委会研讨会召开

12~14日 由中国塑料加工工业协会低发泡板材专业委员会组织的“2000全国PVC低发泡板材生产技术与原料优化研讨会”在京召开。中国塑料加工工业协会理事长廖正品、中国塑料机械协会、国家石油和化工局规划院、中国石油化工集团公司经济技术研究院、北京化工研究院、北京化工大学等十几位专家和38家企业的80多名代表出席了会议。PVC低发泡板材是一种新型材料，具有相对密度小、强度高、耐磨蚀、难燃、防潮、隔音、保温绝缘等优点，越来越被社会各界所认可，现已在交通运输、建筑、车船制造、广告、公用设施、展览展示、工业应用和旅游娱乐等行业中广泛应用。

此次会议就行业的有关政策与导向、市场信息、技术发展与动态以及相关领域的生产技术与原料优化进行了专题讲座；同时还举行了专场技术交流会，为PVC低发泡板材的技术革新与推广应用提供了契机，促进了企业间的沟通与合作，受到了与会代表的欢迎。

【5月】

中国塑协管道制品专委会年会召开

4~7日 中国塑协塑料管道制品专业委员会2000年年会在山东济南市召开。中国塑料加工工业协会理事长廖正品、山东省建设厅、山东省塑料公司有关领导以及会员单位代表共140多人参加了会议。会上，中国塑料加工工业协会廖正品理事长介绍了我国塑料工业发展的现状与问题。廖理事长指出，当前要贯彻全国化学建材协调领导小组的文件精神，塑料管材、型材及门窗要沿产业化、规模化的方向发展，特别是铝塑复合管，PP-R管要作好调查，不能盲目发展，同时要依靠先进科学技术进行产品结构的调整；加强行业协会协调、服务工作。中国塑协塑料管道制品专业委员会理事长贺建军作了管道制品专业委员会1999年工作总结及2000年工作安排。他指出，根据当前管材的问题，2000年重点抓推广应用工作，争取在应用中有新的突破，同时搞好产品质量，加强信息交流、编制管材“优秀论文集”和“新会员名录”，并拟于下半年在西部组织一次西部塑料管材开发研讨会。

此次会上，中国氯碱协会秘书长张国民、全国塑料制品标准化技术委员会TC48/C3主任委员刘秋凝等有关负责同志和专家，分别以《国内外聚氯乙烯树脂供求状况与价格波动》、《塑料管材标准化工作状况和存在问题》、《建筑用塑料管材和管件的调查》、《塑料压力管的力学破坏和对策》和《国内新型管材性能分析》为题做了报告。

会议还邀请了美国万邦化工有限公司、联塑机械制造有限公司、奥地利辛辛娜提公司进行了复合稳定剂和管材设备的技术交流。

浙江省塑料行业工作会议召开

11日 浙江省塑料行业工作会议暨浙江省塑料工业协会二届三次会员代表大会在萧山市召开，来自全省各地行业主管部门、塑料生产企业及有关单位的118名代表参加了会议。这次会议，认真学习、贯彻执行党的十五大会议精神和最近召开的全省二轻工作会议所确定的工作目标，总结了协会1999年的工作，明确了协会2000年工作任务，并探讨了浙江省塑料工业21世纪发展战略。

中国塑料加工工业协会副秘书长丁言行出席会议并讲了话。她在讲话中简要介绍了近几年来塑料行业的发展状况以及进出口情况，并对浙江省塑料工业协会对中国塑料加工工业协会工作的大力支持表示衷心感谢。

浙江省二轻集团公司副总经理戴震华应邀出席会议，并就网络经济、建设塑料强省、完善企业法人治理结构及行业协会等四个方面的内容作了重要讲话。

会议听取了浙江省二轻集团公司副总经理、协会理事长孙惠德所做的题为《新世纪、新形势、新任务》的工作报告；对协会1999年的工作进行了全面总结；提出了2000～2005年浙江省塑料工业战略目标、主要措施，为全省塑料工业的持续快速发展指明了方向。

会议对“1999年度浙江省塑料行业十佳经济效益先进企业”进行了表彰，并颁发了荣誉证书，对其法人代表给予了一定的物质奖励。

会议期间邀请了浙江省化工研院、浙江大学、浙江工业大学的专家及部分先进企业的代表在会上作了高新技术专题讲座和企业管理经验介绍。

浙江省皮革塑料工业公司总经理、协会常务副理事长王锡祥同志作了大会总结。他指出，今后协会将真正成为政府赋予一定权力的社会团体，行业管理仍是协会今后的工作重点，希望在各有关部门的支持下，在全体理事及会员单位的共同努力下，把协会真正办成受企业欢迎的协会，为在21世纪使浙江省真正成为全国的塑料强省而努力奋斗。

全国塑料加工工业信息中心年会召开

21日 全国塑料加工工业信息中心2000年年会在云南省昆明市召开。中国塑料加工工业协会理事长廖正品出席了会议，并就中国塑料工业已迈入世界塑料大国之列介绍了情况，提出要学习先进国家经验，谋求合作，促进塑料行业蓬勃发展。他指出：中国塑料制品工业是新兴的大行业，已被视作为“朝阳工业”，正处于一个新的发展阶段。我国塑料制品工业随着国民经济的持续、快速、健康地发展从无到有，从小到大，50年来获得蓬勃发展。总之，塑料已是我国国民经济及生活中不可缺少的新型材料。

“十五”计划和2015年规划专家论证会召开

22日 根据国家经济贸易委员会、国家发展计划委员会和国家轻工业局关于制定“十五”计划和15年规划工作的部署，国家轻工业局规划发展司和中国塑料加工工业协会在北京市主持召开了中国塑料工业“十五”计划和2015年规划及塑料工业人造革行业“十五”计划和2015年规划专家论证会，邀请了国家发展计划委员会、国家经济贸易委员会、中国科学院、清华大学、北京大学等18个部门和单位的22位专家参加论证。

中西农业温室技术－设施园艺研讨会召开

29～30日 天津中西农业温室技术示范中心在天津宾馆举办“中西农业温室技术－设施园艺研讨会”。参加会议的单位来自农业院校，科研单位和部分塑料农膜生产企业。

会上，西班牙雷普索尔公司专家介绍了该公司农业大棚膜的产品品种和技术特性，主要介绍PE033、CP124、CP129、CP638、CP119、CP632和CP119/632三层共挤薄膜的性能，包括：可见光渗透度、保温性、防雾滴性等。主要是PE＋EVA＋添加剂共聚合成产品。

中国农业大学张福墁教授做了题目为《农业现代化浪潮中的中国设施园艺工程》的报告。报告论述了中国设施园艺工程发展的现状，指出目前设施园艺工程事业正处在前所未有的大好时机，但也存在一些急待解决的问题。山东省农业科学研究院做了题为《山东新型日光温室蔬菜系统技术研究初报》的报告；天津市农业科学院蔬菜研究所做了题为《天津市冬季气候特点和发展节能型日光温室的技术对策》的报告；上海市蔬菜工作领导小组办公室做了题为《上海蔬菜温室工程的实践和思考》的报告。西班牙专家做了《椰子纤维——无土栽培替代物》的报告。会议期间还参观了正在建设中的“天津中－西农业温室技术示范中心”。

【6月】

开发无氟替代品可行性研究报告论证会召开

8～9日 为了执行1999年11月批准的PU硬泡伞型项目，开发无氟替代品的生产，国家环境保护总局外经办和中国塑料加工工业协会组织中国轻工业北京设计院编制了《无氟组合料供料中心可行性研究报告》。由中信国际经济咨询公司组织，在烟台市召开了《烟台万华无CFCs组合料供料中心可行性研究报告》（以下简称“可研报告”）的论证会。参加会议的有：国家环境保护总局外经办副主任刘亿、项目管理三处副处长马琪、副处长熊康等；中国塑料加工工业协会理事长廖正品、副秘书长傅永彬；项目的国内执行机构中信国际经济咨询公司经理缪培松；特邀评审专家温和平、陈志洁、申江、王立瑜；轻工业北京设计院副院长张建新、编制组成员封伟梁等；项目承担单位烟台万华合成革集团公司董事长李建奎、总经理曲进胜、副总经理于文祥等。会议成立了由温和平、廖正品、熊康、陈志洁、申江、王立瑜六位专家组成的论证委员会，温和平为主任委员，廖正品为副主任委员。国家环境保护总局外经办副主任刘亿、中国塑协理事长廖正品分别在会上做了指导性讲话。“可研报告”编制小组就建设“烟台万华无CFCs组合料供料中心”（以下简称“供料中心”）的可行性作了详尽论述。论证委员会从各个不同的角度对“可研报告”提出了有益的见解，并达成共识。

会议一致通过了“可研报告”，认为在烟台万华合成革集团公司建设“供料中心”条件完备、方案可行。国家环境保护总局将汇同有关单位把这个项目作为一个示范工程来抓。国家环境保护总局将给予资金上的支持。“供料中心”应是无 CFCs 组合料替代品的新技术开发和生产基地，对于整个泡沫行业 CFCs 替代产品的生产体系建设，要尽快制订出框架方案。“特别工作组”和塑料工业协会要多组织研讨会，吸收有代表性的企业参与策划。今后在 CFCs 的替代方面还有一定的赠款数额，将努力争取并使用好这部分资金，以组建集团式企业、调整产业结构、提高泡沫行业的整体素质、促进泡沫行业健康有序的发展，增强加入 WTO 后的市场适应性。

【7 月】

中国塑协会员代表大会召开

2～4 日 2000 年中国塑料加工工业协会会员代表大会暨塑料高新技术、成果推广和技贸洽谈会在上海市举行。参加会议的代表来自北京、天津、上海、江苏、浙江、安徽、山东、河南、河北、山西、湖北、湖南、广东、四川、辽宁、吉林、黑龙江、新疆等 20 多个省、市、自治区的 230 多家单位，共 400 多名代表。

中国塑料加工工业协会理事长廖正品为大会致开幕词，上海轻工控股集团公司副总裁俞友涌、上海塑料制品公司总经理徐惠和出席会议并讲话。廖正品理事长做了《全国塑料行业“十五”计划和 2015 年规划》的报告。中国科学院化学所漆宗能教授、中国塑料加工工业协会工程塑料专业委员会理事长王德禧教授、北京化工研究院副院长陈宇高级工程师、北京塑料协会理事长张玉川高级工程师、中国石油化工股份有限公司赵红高级工程师、财政部税政司李智高级工程师等分别做了题为《纳米塑料》、《世纪之交塑料工业热点评述》、《我国塑料管发展的历史机遇》、《我国合成树脂现状及发展》的专题报告。

按照专题分成两个会场进行技术交流和讲座，涉及农用塑料、包装塑料、建筑塑料、纳米塑料、抗菌塑料等领域。会议期间，相关的机械设备厂、配件厂、原料供应厂、电子商务等企业和公司也分别在会上做了发言。

会前，经过精心筹备，特约上百位专家、学者、企业家撰稿，编辑出版了《2000 年塑料高新技术成果论文集》。

会议期间，全体会议代表参观了第十四届国际塑料橡胶工业展览会。

第十四届国际塑胶工业展览会举办

4～8 日 第十四届国际塑胶工业展览会在上海市举办，由欧洲塑胶工业机械制造商协会和香港雅式展览服务有限公司主办、中国塑料加工工业协会协办。本届展览会规模为历届之首，展出面积 30000 多 m^2，有来自中国、美国、英国、奥地利、比利时、加拿大、芬兰、法国、德国、意大利、新加坡、香港特区和台湾省等 21 个国家和地区的 400 多家国际知名塑胶厂商参展，奥地利、德国、意大利、韩国、英国及美国均组织了庞大的官方展团参与此次盛会。展览会盛况空前，吸引了海内外观众 6 万多人参观。

国家轻工业局副局长张善梅为展览会剪彩并发表了《加强国际交流，促进行业发展》的讲话，他说：“我很高兴参加第十四届国际橡胶展览会。首先，我代表国家轻工业局对展览会的召开表示热烈的祝贺。本次展览会是塑料界的一次盛会，其规模超过了历届，吸引了来自 20 多个国家和地区及国内百余家参展商。我相信，通过这种卓有成效的国际间的交流，将极大地促进我国塑料工业的发展，对推动我国改革开放和现代化建设具有重大的意义。”

他还希望与会代表在展览会期间广泛交流经验，为企业更好地参与国际竞争创造良好的条件，通过国际展览会，促进我国塑料工业在科研开发、生产销售等方面更上一个新台阶。

此次展览会的内容丰富，不仅有大量的文字、音像资料和图片，而且实物展品及产品也较多。展出的设备、原料等除应用于塑料和橡胶工业外，还包括汽车、建筑、电子、包装及饮食等不同行业，展品琳琅满目，包括吹/注塑机、挤出系统、后处理及印刷设备、测试及控制仪器、辅助设备、化学工业品、原料和添加剂、模具及其他塑胶加工设备等。展场内特设展品展区，重点介绍化工及原料、辅助及测试仪器、饮料及塑料包装机械、橡胶机械、模具等方面项目的最新发展，以满足市场对各方面的需求。经过认真组织，国内馆展出面积 180m^2，120 多家厂商参展。首次展出的 SJM－70 型脉动式单螺杆挤出机，以其独特的脉动式设计及螺杆、螺筒结构，吸引了来自国内外的许多厂商驻足参观。

【8 月】

中国塑协召开农膜行业税则、税目座谈会

2～4 日 根据国务院税委办《关于征求税则税目调整意见的函》及国轻行生字（2000）第 037 号文

的要求，为了做好加入WTO后税则、税目的调整工作，使现行关税税则、税目与塑料行业内通常使用的项目、名称更加相符，中国塑料加工工业协会在北京市召集了由农膜专委会组长单位石家庄东风塑料厂、浙江省塑料协会、山东省塑料协会、河北省塑料协会、河北宝硕集团、北京华盾公司等单位代表参加的座谈会，对现行的关税税则、税目提出了相应的调整、修改、增加等意见。如：对出口量逐年增加的编织袋（编织制品），建议予以单独统计；对不同原料制成的板、片、膜等，建议按原料及所生产的板、片、膜等分别划类统计；对一些英译中的商品名称不够准确的，予以了纠正。经与会者的认真研讨，总共提出了30多条修改建议。总之，通过这次会议，初步理顺了与塑料相关的原料、制品、机械等方面的商品名称及相关的统计方法，为行业内人士查阅有关情况，制定进出口方案，提供了更有利的数据，为企业发展打下了良好的基础。

"产"、"学"强强联合

哈尔滨工业大学和国内重点农膜生产企业哈尔滨塑料五厂共同出资组建合资公司。中国塑料加工工业协会理事长廖正品应邀出席了成立大会，并代表中国塑料加工工业协会向哈工大五塑实业公司表示祝贺。

该公司拥有哈尔滨工业大学自行研制和开发的光生态高产农膜，是以光生态理论为指导研制出的"有机共轭分子荧光助剂"生产的成本低廉、性能稳定可靠、工艺成熟的光生态农膜，经济效益和社会效益十分显著，有广阔的发展前景。

中国塑协改性塑料专委会年会召开

24～27日　中国塑料加工工业协会改性塑料专业委员会年会在辽宁省大连市召开，会议期间举办了"跨世纪塑料发展学术交流与高新技术信息发布会"。来自全国20多个省市、200余家企事业单位的285名代表参加了会议。中国塑料加工工业协会理事长廖正品出席会议并讲了话。他在讲话中说："改性塑料专业委员会是中国塑料加工工业协会所属的专业委员会中办得最好、最具活力和影响力的专业委员会之一。"对本届年会上将产生的新一届专业委员会领导机构，廖正品理事长衷心预祝他们不辜负广大会员的期望，认真总结经验、发扬成绩、团结会员，为改性塑料乃至整个塑料工业发展继续做出应有的贡献。大连市经委副主任兼大连市轻工业总公司总经理张健胜以及大连冰山橡塑股份有限公司（原大连橡胶塑料机械厂）、大连通用橡胶机械有限公司、大连大九集团的领导也到会表示热烈祝贺。

会上，轻工业塑料加工应用研究所刘英俊教授级高级工程师向代表介绍了我国塑料加工工业"十五"计划和2015年规划的起草情况和计划与规划的主导思想与主要内容；清华大学赵安赤教授和张增民教授分别做了题为《纳米技术与纳米塑料》和《聚丙烯塑料改性的新进展》的学术报告；中国石油化工集团公司经济技术研究院陈乐怡教授级高级工程师介绍了我国合成树脂及工程塑料发展动态、市场前景；中国科学院长春应用化学研究所张利华研究员报告的题目是《辐射在聚合物加工中的应用》；北京化工大学陈耀庭教授、耿孝正教授和哈尔滨理工大学邹元传教授分别就阻燃塑料、塑料改性用连续混炼设备以及电缆料行业中应用改性技术前景等方面的问题做了专题论述。10多家科研单位和工厂企业进行了信息发布，内容涉及到农用转光棚膜、往复式单螺杆混炼机、新型塑料用复合抗氧剂、芯层发泡内壁螺旋PVC－U排水管材、同向平行双螺杆挤出机、TA系列光亮分散润滑剂以及塑料用无机抗菌剂等。大连通用橡胶机械有限公司将传统的密炼机与单螺杆挤出机巧妙结合，制造出混炼、喂料、挤出、造粒集一体的连续生产线，它在大连塑料九厂用于生产农膜用多功能母料，生产效率高、助剂损失少、设备运行稳定，给大家留下了深刻印象。大会组织代表参观了大连冰山橡塑股份有限公司（原大连橡胶塑料机械厂）和大连实德实业公司，后者拥有158条聚氯乙烯门窗异型材生产线，全部为进口设备、并由计算机控制，其加工能力已逾100kt/a。

年会上，赵安赤主任委员就中国塑料加工工业协会改性塑料专业委员会成立10年来以及中国塑料工程学会塑料改性专业委员会成立13年来取得的成绩与经验做了工作报告。刘英俊秘书长做了1998年至2000年5月专业委员会财务收支报告，并且就专业委员会第四届领导机构选举的办法做了说明和布署。根据国家对社团管理的要求和改革开放所提出的新问题建议对1991年通过的专业委员会章程进行修改，经过到会会员单位代表表决，一致通过了新的专业委员会章程。由理事单位派出的代表做为专业委员会理事。第四届理事会第一次会议上经过上届理事长办公会议提名和与会理事酝酿，选举产生了中国塑协改性塑料专业委员会第四届常务理事会，共有41个单位的43位同志当选为第四届常务理事单位和常务理事。依据类似办法，中国塑料工程学会塑料改性专业委员会第四届理事会选举产生了由66人组成的第四届常务理事会。在两个专业委员会的常务理事会第一次会议上推举产生了理事长、副理事长、秘书长，并根据理事长办公会议提名，确定了副秘书长人选。本届理事会任期为4年。

由刘英俊、王锡臣两位副主任委员主编的我国改性塑料行业第一部大型工具书《改性塑料行业指南》已出版面世；在《塑料改性技术与应用百篇优秀论文集》征文评奖活动中，共有200多篇论文应征，经过国内11位知名专家教授认真评审，共选出108篇论文编辑成册，在这次大会上发给每位代表，成为永恒的纪念。专业委员会还组织领导和专家对申报单位进行现场考察，本着公开、公平、公正的原则，并考虑到企业的地区性、代表性和在行业中的作用，决定命名“北京建成机械有限公司”等二十家企业为我国改性塑料明星企业，对这二十家明星企业进行了表彰并颁发了铭牌。

国际农业节水技术和塑料灌溉设备应用研讨会召开

为推动中国节水农业持续、快速、健康地发展，扩大塑料节水灌溉设备，特别是塑料管材的应用领域，由中国塑料加工工业协会和北京海淀农业实用新技术推广协会联合主办了首届“国际农业节水技术和塑料灌溉设备应用研讨会”及“喷灌与微灌规划设计、使用维护培训班”；讨论的中心议题是：中国农业节水、生态环境与微灌技术的发展。

培训班由教材编著者亲自讲授，提出要点，解答疑问，指导自学。

【9月】

中国塑协复合膜专委会年会召开

8～11日 中国塑料加工工业协会复合膜专业委员会2000年技术交流会在南昌市举行。有关科研院所、生产厂家的180余名代表参加了会议。中国塑料加工工业协会副秘书长周延龄在会上发言。交流会邀请了美国科罗炼有限公司、美国杜邦公司、日本三井化学公司、巴顿非尔德设备有限公司、巴斯夫集团、北京市化学工业研究院、深圳深日油墨有限公司等多家国内外知名企业集团的专家，对复合膜生产设备、原料、助剂、工艺、测试等进行现场讲解。美国科罗炼公司研制开发的平挤流延设备配料块，通过粘度销调节不同复合材料厚度的设计具有国际先进水平。杜邦公司关于复合膜剥离强度与剥离角度、剥离速度、粘合层厚度等影响因素的关系的研究，获得与会代表的一致认同。巴顿非尔德设备有限公司介绍了共挤吹塑设备独有的料筒冷却设计及利用风环控制薄膜厚度的技术。北京市化学工业研究院则介绍了新近开发的包装薄膜助剂，如抗静电剂等。此次交流会充分体现了高新技术、新材料对复合膜类制品发展的推动作用，同时也是工程技术人员相互交流共同提高的良机。

中国塑协异型材及门窗制品专委会年会召开

10～12日 中国塑料加工工业协会异型材及门窗制品专业委员会2000年年会于在北京市召开。会议由中国塑料加工工业协会异型材及门窗制品专业委员会秘书长王存吉主持。出席会议的有：国家轻工业局副局长张善梅，建设部科技司副司长、全国化学建材协调组秘书组组长陈宜明，原化工部副部长潘连生，原国家质量技术监督局副局长李志民，国家轻工业局行业管理司司长钱桂敬，国家质量技术监督局总工程师宣湘，建设部科技司处长柴文忠，建设部住宅产业促进中心处长章林伟，中国塑料加工工业协会副理事长程浩明、副秘书长曾家华、丁言行，专业委员会理事长单位代表宝硕集团副总经理韩连贵，欧洲门窗协会秘书长海伯特，欧洲门窗学院及门窗技术研究院院长侯恩斯坦，欧洲门窗技术研究所西伯拉特博士以及新华社、《人民日报》、《市场报》、《经济日报》、《经济参考报》、《中国轻工报》、《中国房地产报》、《中国建设报》、《门窗幕墙与设备》杂志等新闻媒体。来自全国塑料异型材、门窗生产的企业以及原料、设备、科研、质量监督等部门的400余名代表参加了会议。国家轻工业局副局长张善梅对我国当前加速化学建材产业化发展的重要意义以及行业的科技创新、规模效益等方面问题做了重要论述。国家建设部科技司副司长、全国化学建材协调组秘书组组长陈宜明从客观角度阐明了发展我国化学建材的过程中值得注意的问题。原化工部副部长潘连生从三个901项目谈到我国化学建材产业的现状和发展设想，并对我国当前塑料异型材、门窗行业如何进一步贯彻全国化学建材工作会议的精神，更好地推进我国塑料异型材、门窗行业健康发展等方面问题做了重要论述。原国家质量技术监督局副局长李志民的讲话重点是加强业内管理、监督机制、打击粗制滥造以及协会未来发展前景。国家轻工业局行业管理司司长钱桂敬也就如何搞好本行业发展做了重要论述。中国塑料加工工业协会副秘书长曾家华就当前本行业的现状与问题做了讲话。理事长单位河北宝硕集团副总经理韩连贵，副理事长单位安徽国风、大连实德、芜湖海螺等的代表在会上发言。

欧洲门窗协会秘书长海伯特介绍了欧洲门窗协会的情况并对双方协会建立长期合作关系发表了意见；欧洲门窗学院院长及门窗技术研究院院长侯恩斯坦博士介绍了欧洲门窗学院和门窗技术研究院；门窗技术研究院的西伯拉特先生介绍了欧洲标准和欧洲质量方

案以及塑料门窗的发展历史和现状。

会议期间还举行了以突出和体现专业委员会在行业中的技术和标准化优势，充分展示此次年会以技术研讨、技术交流、技术合作、技术咨询、技术攻关、技术开发和技术服务为特征的各类专业技术讲座。如:《高速挤出》、《如何获得最佳焊角强度》、《欧式门窗五金件》、《新一代高速模具》、《有机锡热稳定剂在硬质聚氯乙烯型材、管材和管件中的应用》、《PVC用稀土多功能稳定剂及其在门窗型材加工中的应用效果》、《追求产品至上品质，满足用户最高要求》、《介绍几种含ACR抗冲剂及有机锡稳定剂的低成本高质量的型材配方》、《国产五金件的选配与安装》、《浅谈东北地区冬季塑料异型材生产与门窗的技术跨越》、《PVC塑料门窗组装工艺、设备现状与最新发展》、《进口模具与国产模具的性能、成本区别与维护维修方法》等专题。

会议还举行了本专业委员会第四届二次理事会，理事会就当前型材、门窗行业的现状与问题并结合全国化学建材工作会议精神，如何搞好本专业委员会工作，做好本行业的合作交流，更好地为政府、为本行业、为企业做好服务，促进型材、门窗行业发展进行了热烈讨论，并达成了共识。会议期间还参观了国际展览中心和北汽福田公司。

【10月】

台州日用商品交易会举办

19～22日 由国家轻工业局信息中心和台州市政府主办，中国塑料加工工业协会协办的中国（台州）日用商品交易会在台州市路桥区中国日用品商城会展中心隆重举行。原轻工业部部长杨波参加了会议。塑料制品市场是中国（台州）日用商城的骨干市场，年交易额30多亿元，占商城总交易额的三分之一。台州塑料制品生产企业和个体加工户达8000余家，以生产日用塑料制品为主，产量近百万吨，是全国最大的日用塑料制品生产基地之一。

本届台州日用商品交易会有来自美国、日本、巴基斯坦等国和我国24个省、市、自治区及香港特区、台湾省的800多家企业及100多所高校和科研单位参加。交易会设立会展中心 $1.4\times10^4m^2$，展位670多个，参展商品达5000多种。会上，参展各方达成意向合同76亿元。北京大学、清华大学、浙江大学、上海交通大学和中国科学院等70所院校、科研院所与企业签订技术转让合同105项，技术转让费7000多万元。

浙江废塑城开业

26日 全国废塑再生利用协作会暨浙江废塑城开业典礼在浙江省东阳市画溪镇上坞工业区隆重举行。与此同时，由中国塑料加工工业协会与浙江废塑城组建的中国废塑再生利用研究开发基地正式挂牌，中国塑料加工工业协会废弃塑料再生利用专业委员会重新组建。此次活动由中国塑料加工工业协会、浙江东阳市人民政府主办，浙江画溪镇人民政府、浙江废塑城承办。中国塑料加工工业协会理事长廖正品、浙江省人民政府省长助理徐鸿道、省二轻工业总公司副总经理孙惠德、东阳市市长卢子跃、金华市副市长严高文、浙江废塑城董事长方文龙等为浙江废塑城开业剪彩。出席本次会议的还有国家环境保护总局污染控制司固体废物及化学品管理处正处级调研员马鸿昌，中国塑料加工工业协会副理事长杨力行，中国塑料加工工业协会副秘书长丁言行，浙江省皮塑公司总经理王锡祥，浙江东阳市副市长楼振荣等。

浙江废塑城的前身是浙江东阳塑料市场，位于东阳市画溪镇上坞工业区宁画公路旁，该地具有30多年经营废旧塑料的历史，现有经营户1000多户，年交易额4亿多元，是全国规模最大的废旧塑料集散地之一。市政府为培育市场提供了一些优惠政策和有利条件，是广大企业、客商的理想经营场所。浙江废塑城主要经营塑料原料、废旧塑料回收料及利用废旧塑料加工的防雨布、PVC硬片、塑料工艺装饰用品等各类产品。

中国塑料加工工业协会废弃塑料再生利用专业委员会重新组建会议于10月26日在东阳市东阳大厦举行。中国塑料加工工业协会理事长廖正品对重新组建专业委员会做了说明；中国塑料加工工业协会副理事长杨力行主持了中国塑料加工工业协会废弃塑料专业委员会理事会选举，并做了章程修订说明。会议决定将参会的致力于废弃塑料再生利用研究、开发、生产的企业、科研院所等共计35个单位，作为新一届废弃塑料再生利用专业委员会的发起单位，同时推选为理事单位。会议通过了修订后的中国塑料加工工业协会废弃塑料专业委员会章程。会议选举中国塑料加工工业协会理事长廖正品兼任新一届废弃塑料再生利用专业委员会理事长，选举浙江废塑城董事长方文龙为常务副理事长，选举中国塑料加工工业协会工程师马占峰为秘书长，中国塑料加工工业协会工程师陈燕为联络秘书，浙江废塑城总经理金惠娟为常务副秘书长。新当选的常务副理事长方文龙宣读了2000～2001年中国塑料加工工业协会废弃塑料再生利用专业委员会工作要点。会后，轻工业塑料加工应用研究所刘英俊教授级高级工程师做了《关于塑料“白色污染”的治理对策及PS泡沫回收技术进展》的报告；德国捷高机械工程有限公司介绍了德国REMAPLAN公司完全用废弃HDPE、PET制造塑料托盘的大型注压设备；北京宇信中良注塑机械有限公司介绍了以废弃塑料为原料一次注射量达200kg的注射机组。

全国废塑再生利用协作会成立、浙江废塑城开业、中国废塑再生利用研究开发基地挂牌、中国塑料加工工业协会废弃塑料再生利用专业委员会重新组建必将为推进资源回收利用，优化环境起到良好的作用，从而推进整个塑料行业的发展。

中国塑协人造革专委会理事会和年会召开

10月31日～11月4日 中国塑料加工工业协会人造革专业委员会第四届八次理事会及2000年年会在江苏省常州市召开，中国塑料加工工业协会派员参加了会议。理事会由人造革专业委员会理事长、上海塑料制品一厂副厂长沈士华主持，他向各位理事汇报了专业委员会一年来的工作。人造革专业委员会一年来在中国塑料加工工业协会的领导和各理事单位及会员单位的大力协助和支持下，在组织行业调研、制订行业“十五”计划和2015年规划、抓质量监督、信息交流和发展会员等方面做了大量工作，取得了一定的成绩。他希望大家今后一如继往地支持专业委员会的工作，在搞好国营企业改制、加强管理、提高产品质量上共同努力，把人造革行业发展推向新的高潮。会上各理事单位间进行了工作交流，并就专业委员会明年的工作计划进行了商榷。会议还讨论了非人造革企业的入会问题。

2000年年会由北京塑料三厂厂长冯庶君主持。专业委员会理事长沈士华做了专业委员会一年来的工作报告；苏州百畅塑料公司总工程师杨秉正代表专业委员会介绍了起草制订行业“十五”计划和2015年规划的情况；中国塑料加工工业协会经济信息交流站秘书长邹鉴清对塑料制品生产加工需求情况进行了分析介绍。湖南安塑集团、烟台万华合成革有限公司、常州市涂塑机械厂、广东广恩隆实业有限公司、江苏锡山市前洲印纺机厂等就人造革的环保问题、进口设备国产化等进行了交流。代表们参观了常州武进市广宇花辊厂和在常州举办的首届塑胶机械展览会。

【11月】

第十届亚洲塑料论坛举办

13～15日 第十届亚洲塑料论坛在日本名古屋市召开，会议由东道国全日本塑料制品工业联盟主席石原富祥先生主持，中国、日本、印度、马来西亚、新加坡、泰国、越南、孟加拉等8个国家塑料工业代表团以及日本有关的塑料原料、设备、加工企业（集团）的代表约100余人参加了会议。会议的主要内容有：

（1）召开了第十届亚洲塑料论坛理事会。出席会议的各国塑料工业代表团的主要负责人参加了理事会，并讨论通过了由亚洲塑料论坛第二任常务秘书国马来西亚起草的亚洲塑料论坛章程，章程条款进一步明确了亚洲塑料论坛的名称、目的、任务、论坛的主题内容以及每年论坛召开的时间、地点等有关事宜。亚洲塑料论坛主要目的是通过塑料论坛更好地交流亚洲各国塑料工业发展有关的信息，包括原料、设备、加工、经贸与合作等各方面新动态、新技术，从而促进亚洲各国塑料工业的发展。

本次理事会提出今后应进一步扩大成员参加亚洲塑料论坛，决定下一届即2001年第十一届亚洲塑料论坛在泰国举行，并邀请亚洲其他一些国家参加。

（2）各国代表团在会上做了报告。本届亚洲塑料论坛有日本、中国、马来西亚、印度、孟加拉、新加坡、越南、泰国等8个国家的代表分别在会上做了报告，各报告着重介绍了当年各国塑料工业的现状及前景等问题。由于各国的基础水平以及国情的差异，反映出来的问题也各不相同。

（3）亚洲塑料论坛上还安排了塑料技术交流专题报告。此次会议邀请了日本几家厂商的专家到会就当前在塑料原料、加工设备、加工技术等方面的问题进行了专题报告。

新世纪塑料与环保研讨会召开

13～16日 由中国塑料加工工业协会、中国塑料工程学会塑料改性专业委员会、泉州市人民政府主办，福建师范大学环境材料开发研究所、泉州市生产力促进中心、清华大学化工系承办的“新世纪塑料与环保研讨会暨塑料改性与加工技术交流会”，在福建省泉州市隆重召开。

出席本次会议的领导及专家有：中国塑料加工工业协会理事长廖正品，中国塑料加工工业协会副理事长杨力行，中国塑料工程学会塑料改性专业委员会理事长、清华大学化工系赵安赤教授，中国塑料工程学会降解塑料研究会理事长唐赛珍高级工程师，轻工业塑料制品加工应用研究所所长刘万禅，福建师范大学副书记、常务副校长张金栋教授，中国塑料工程学会塑料改性专业委员会副理事长、福建师范大学高分子研究所所长章文贡教授，泉州市人大常委会副主任周子澄，泉州市副市长黄少萍，泉州市政协副主席薛天锡。中国科学院院士、四川联合大学博士生导师徐僖教授因故不能与会，特为大会发来贺电，并寄来“高分子材料绿色化技术发展动向”讲话稿。在大会开幕式上，中国塑料加工工业协会理事长廖正品就我国塑料行业的可持续发展，塑料改性、回收利用与环境材料的开发应用发表了讲话。

本次大会同时举行了“泉州市人民政府与福建师范大学科技合作协议”的签字仪式和中国塑料工程学会改性塑料专业委员会宣读授予福建师范大学环境材料开发研究所“塑料改性研究试验开发基地”的决定并授牌。

大会组委会汇编了《新世纪塑料与环保研讨暨塑料改性与加工技术交流会论文集》。内容包含了近年来国内塑料改性、回收利用、降解等塑料材料的研究、生产、治理等方面的新材料、新工艺、新设计、新技术，也涉及到有关环境保护对策、环境监测与评价以及城市垃圾无害化处理技术。

大会组织10个主题报告。与会代表围绕着新世纪塑料与环境保护的两大主题：“推广塑料回收改性技术，规范、扶持环境友好材料的有序发展”和“加快高新技术在塑料改性加工中的应用”展开讨论，大家认为这也是进入新世纪的塑料行业所面临的机遇和挑战。在这世纪之交，科研、生产和使用单位在设计、生产和消费塑料制品时应尽可能地考虑其可回收性，减少资源的浪费，而难于回收或在使用后没有回收价值的塑料制品应设计出可环境消纳的塑料材料；同时塑料行业应密切关注高新技术的发展动态，应用新技术、新工艺、新设备、新思维来改造老企业，创办高新技术塑胶企业，以提高经济效益和适应清洁生产的新要求。

另外，有些厂家和科研单位也在会上发布了最新成果和产品信息。并参观了有关的基地。

本次会议的成功召开，促成了福建石化塑料基地的所在地——泉州市泉港区政府与福建师范大学环境材料开发研究所联合成立“石化下游产品研发中心”，目的在于通过这一研发中心加强与国内外塑料同行的联系与合作，促进石化塑胶一体化的进程。

【12月】

广东省塑料工业协会理事会召开

4～6日 广东省塑料工业协会理事会扩大会议在广东省东莞市虎门镇召开。出席会议的领导有：中国塑料加工工业协会副理事长杨力行、副秘书长丁言行，广东省二轻工业集团公司总经理朱淇，东莞市虎门镇镇长钟淦泉。杨副理事长代表中国塑料加工工业协会在会上讲话，对广东省塑料加工工业的快速发展，对广东省塑料工业协会长期以来为广东省塑料工业发展作出的努力予以肯定；并介绍了中国塑料加工工业近年来的基本概况，“十五”计划及发展前景。广东省塑料工业协会理事长符岸在会上介绍了广东省塑料工业协会的概况及现状，对省塑料工业协会近几年来的工作及省塑料行业现状进行了总结，并提出了行业存在的问题及今后的发展方向，同时对协会今后工作的努力方向提出了具体要求。朱淇总经理在会上也做了讲话，对广东省塑料行业的美好未来提出了更高的要求。钟镇长在会上简要介绍了东莞市虎门镇的整体情况，恳切希望企业多加深对虎门的了解，以促进虎门的发展。

虎门塑料五金机械交易会开幕

5日 由中国塑料加工工业协会、广东省塑料工业协会、广东省东莞市虎门镇人民政府联合主办，东莞市虎门连线机械城发展有限公司承办的首届“中国（虎门）塑料五金机械交易会”在虎门镇隆重开幕。中国塑料加工工业协会副理事长杨力行、副秘书长丁言行、广东省塑料工业协会理事长符岸、东莞市副市长蓝佛安、虎门镇镇长钟淦泉、虎门连线机械城发展有限公司董事长陈桂文、总理经张伯伦等领导为开幕式剪彩，并为交易会祝词。

本届交易会设在新落成的虎门连线机械城，占地46000m²，建筑面积13000m²，内设600多个国际标准展位和100多个固定商铺，为厂商提供了专业的展馆和经营场所及永久性的展示基地。本届交易会有近200家企业报名参展，其中，来自台湾省、香港地区的参展商有70多家，会前及会中许多媒体进行了报道。

本届交易会与其他交易（展览）会的不同之处在于：(1) 将展览与贸易联成一体，是一个永不落幕的交易会，或者可以说是“虎门机械城天天交易会”；(2) 将成为整个珠江三角洲，及至全国塑料、五金、电线电缆企业提供机械设备、原材料、辅料的“配送中心”；(3) 将成为中国大陆与香港地区、台湾省两岸三地经济、技术交流的优良场所。

全国塑料研究所技术信息协作网年会召开

10～12日 全国塑料研究所技术信息协作网第十三届年会在苏州市召开。本次会议由苏州富事达塑业公司即苏州塑料研究所、轻工业塑料加工应用研究所主办，与会代表近百人。全国塑料研究所技术信息协作网理事长包建成为大会致开幕词；中国塑料加工工业协会陈燕工程师介绍了塑料行业情况及该协会近期工作。

协作网理事会选举苏州富事达塑业公司即苏州塑料研究所为理事长单位，推选轻工业塑料加工应用研究所、燕山石化公司树脂研究所、齐鲁石化股份有限公司树脂研究所、南京科亚公司（南京挤压研究所）、广西塑料研究所、福州塑料研究所、佛山塑料工业研究所等单位为副理事长单位，会议决定吸收企业及个人加盟协作网。

会议期间，中国科学院化学研究所王德禧教授做了《层状硅酸盐改性超高分子量聚乙烯应用研究》的报告，并展示了用此技术生产应用的成果图片。北京塑料工业协会张玉川高级工程师做了《塑料埋地排水管的发展机遇》的调研报告；中国科学院理化技术研究所工程塑料国家工程研究中心李毕忠博士就纳米复合农用棚膜专用树脂的研制做了报告，这是国内首次将纳米技术用于农用薄膜的介绍，因此吸引了众多与会代表的关注。此外，北京市化学工业研究院陈宇院长介绍了国外农用功能性聚烯烃覆盖材料的发展动态；轻工业塑料加工应用研究所杨惠娣高级工程师介绍了塑料成型技术进展；华南理工大学工业装备与控制工程系吴舜英教授介绍了微孔泡沫塑料成型机理；南京科亚公司张宏革高级工程师介绍了同向双螺杆技术在塑料工业中的若干发展与应用；江苏江阴新达涤塑有限公司孔祥明总经理介绍了往复式单螺杆挤出机的原理及特点。秦川恒利有限公司、德马格海天塑料机械有限公司等多家企业在会上发布了信息。大会还特别播放了科技部规划发展司司长齐让关于“十五”计划的录像，深受与会代表欢迎。

根据国家关于科研院所向科技型企业转化及股份制改造的有关精神，此次会议特别安排了塑料研究所深层次改革经验交流会，会上各塑料研究所代表畅所欲言，介绍了为推进塑料研究所转制中所采取的多种行之有效的方法与措施。

中国环境降解塑料和环境友好材料研讨会召开

17～20日 中国环境降解塑料和环境友好材料研讨会在北京召开。应邀参加会议的领导和嘉宾有：中国国际人才开发中心高科技专家委员会副总裁徐蓓蕾，国家经贸委政策法规司副司长吴德超，国家环境保护总局政策法规司司长李恒远，中国塑料加工工业协会副秘书长丁言行，中国环保产业协会副秘书长蒋小玉，中国包装技术协会塑料包装委员会秘书长蔡明池，中国包装总公司科技部主任苏彦华，上海复旦大学教授（联合国工业发展组织科学与高科技国际研究中心顾问）江明，台湾省废弃物资源回收推广协会秘书长陈铭通等。他们分别在会上做了指导性发言和重要讲话，对我国研究开发的降解塑料在环境保护中的作用、对降解塑料研究会在艰苦条件下持之以恒的工作进行了充分肯定；对我国当前从事降解塑料研究开发的教授、科研工作者以及企业家的辛勤劳动和取得的进展表示赞赏；并对今后加快发展提出了要求和希望。中国塑料工程学会降解塑料研究会理事长唐赛珍以“环境降解塑料，方兴未艾，任重道远，前景看好”为题，传达了参加 IUS—UNIDO 召开的环境降解塑料国际研讨会的精神。出席会议的代表有来自全国 20 多个省市的 40 多名专家、教授、企业家、环保工作者以及中央人民广播电台、中央电视台、中国轻工报、科学时报、全国轻工信息等单位的新闻工作者。本次会议共提交论文 30 篇，内容包括专论、近期研究成果、评价方法与标准、经验和对策等。

（中国塑料加工工业协会　丁言行）

政策法规

国家与塑料行业相关的政策法规

一、《当前国家重点鼓励发展的产业、产品和技术目录》(2000年修订)

为推进经济结构的战略性调整，促进产业升级，提高竞争力，国家计委、国家经贸委特颁布《当前国家重点鼓励发展的产业、产品和技术目录（2000年修订)》。确定当前国家重点鼓励发展的产业、产品和技术的原则是:

① 当前和今后一个时期有较大的市场需求，发展前景广阔，有利于开拓国内市场;

② 有较高的技术含量，有利于促进企业设备更新和产业技术进步，提高竞争力;

③ 国内存在从研究开发到实现产业化的技术基础，有利于技术创新，形成新的经济增长点;

④ 符合可持续发展战略，有利于节约资源和改善生态环境;

⑤ 供给能力相对滞后，提高其供给能力，有利于促进经济结构的合理化，保持国民经济持续快速健康发展。

本着上述原则，当前国家重点鼓励28个领域，共526种产品、技术及部分基础设施和服务的发展。《当前国家重点鼓励发展的产业、产品和技术目录》(2000年修订）是国家引导经济结构战略性调整，改善投资结构以及审批投资项目的主要依据之一。有关经济管理部门，要依据本目录，采取相应的措施，保证经济结构战略调整的顺利进行。

对符合本目录的国内投资项目，在投资总额内进口自用设备，除《国内投资项目不予免税的进口商品目（2000年修订)》所列商品外，免征关税和进口环节增值税。各地区要根据本地区的实际情况，认真分析国内外场需求和供给条件的变化，从实际出发，量力而行，选择录内有可能形成本地比较优势的领域发展，避免盲目重复建设。

在《当前国家重点鼓励发展的产业、产品和技术目录》中，部分与塑料加工工业有关的产业、产品和技术如下:

—水利工程用土工合成材料开发制造

—高效输配水、节水灌溉技术及设备制造

—易回收、可降解农膜生产

—工程塑料及通用塑料的高性能化生产

—新型膜材料及制品生产

—无机纳米材料生产

—大型合成树脂及合成树脂新工艺、新产品制造

—大型合成橡胶和橡胶性弹性体先进工艺、新产品制造

—大型合成纤维单体及聚合物制造

—工程塑料及新型塑料合金生产

—乙烯氧氯化法制聚氯乙烯

—土工合成材料原料生产

—新型墙体材料、新型保温材料、新型防水材料及新型建筑密封材料生产

—利废建材生产

—优质塑料复合门窗及年产万吨以上塑料管生产线

—20t/h及以上树脂砂铸造设备制造

—城市垃圾处理技术开发及设备制造

—废旧塑料回收利用设备制造

—非金属制品模具设计、加工、制造

—农用塑料节水器材制造

—新型包装材料生产

—新型复合材料制造

—单系列日产400t及以上聚酯生产

—高技术的轻工、纺织机械及关键技术和零部件制造

—住宅高性能外围护结构材料与部件制造

—墙体吸收噪声技术与材料开发

—生态及环境整治工程

—废弃物综合利用

—消耗臭氧层替代物开发

—农膜回收及无害分解技术开发

二、国家经济贸易委员会　国家税务总局关于公布《当前国家鼓励发展的环保产业设备（产品）目录》(第一批）的通知(2000年2月23日　国经贸资源［2000］159号

环境保护是我国的一项基本国策。环境保护产业是环境保护的重要物质基础和技术保障，是国民经济新的经济增长点之一。大力发展环保产业是实施可持续发展战略的重要措施。为此，国家经贸委、国家税务总局公布了《当前国家鼓励发展的环保产业设备（产品）目录》(第一批)，并就有关问题作以下通知:

（一）确定当前国家鼓励发展的环保产业设备（产品）的原则是:

(1) 符合当前和今后一个时期环保产业市场需求，有比较广阔的发展前景。

(2) 有较高的技术含量，有利于企业的设备更新和技术改造，能促进环保产业的结构优化和升级，提高企业经济效益。

(3) 国内存在从研究开发到实现工业化生产的潜在技术基础，经过努力后可以填补国内技术空白，有

利于形成新的经济增长点。

(4) 供给能力相对滞后，提高其供给能力有利于促进环保产业产品结构的合理化。

(5) 满足环保治理要求，效果比较明显。

(6) 有可靠的运行实践。

(二) 目录公布的环保产业设备（产品），包括水污染治理设备、空气污染治理设备、固体废弃物处理设备、噪声控制设备、环保监测设备、节能与可再生能源利用设备、资源综合利用与清洁生产设备、环保材料与药剂等8类，共62项，其中与塑料加工工业有关的1项。

(三) 根据中央关于采取积极财政政策，促进经济快速、健康发展的精神，对环保设备（产品）给予鼓励和扶持的政策。

(1) 企业技术改造项目凡使用目录中的国产设备，按照财政部、国家税务总局《关于印发〈技术改造国产设备投资抵免企业所得税暂行办法〉的通知》(财税字［1999］290号）的规定，享受投资抵免企业所得税的优惠政策。

(2) 对企业使用目录中的国产设备实行折旧政策。企业使用目录中的国产设备，经企业提出申请，报主管税务机关批准后，可实行加速折旧办法。

(3) 对专门生产目录内设备（产品）的企业（分厂、车间），在符合独立核算、能独立计算盈亏的条件下，其年度净收入在30万元（含30万元）以下的，暂免征收企业所得税，超过30万元的部分，依法缴纳企业所得税。

(4) 为引导环保产业发展方向，国家经贸委将在技术创新和技术改造项目中，重点鼓励开发、研制、生产和使用列入目录的设备（产品）；对符合条件的国家重点项目，将给予贴息支持或适当补助。

(5) 使用财政性资金进行的建设项目或政府采购，应优先选用符合要求的上当中的设备（产品）。

(四) 切实落实好优惠政策，防止骗取税收优惠。国家经贸委会同国家税务总局等有关部门对享受上述税收优惠政策的企业及设备（产品）进行确认，具体办法可参照国家经贸委和国家税务总局联合发布的《资源综合利用认定管理办法》（国经贸资［1998］716号）执行，其中，技术改造项目国产设备投资抵免企业所得税的国产设备的确认按有关规定执行。对经确认符合条件的设备（产品）及企业，主管税务机关根据确认凭证予以办理有关减免税事项。

(五) 各地区可根据本地的实际情况，认真分析国内外市场情况，从实际出发，量力而行，选择本目录内有可能形成本地比较优势的产品，支持其发展。同时，可参照本通知的精神，制订相应的支持措施，保证国家产业政策的有效实施。

(六) 国家经贸委将会同有关部门根据国内外市场需求变化和环保产业技术发展的情况，陆续分批颁布鼓励发展目录，并对原有目录进行调整和修订。

三、建设部、国家经贸委、国家质量技监局和国家建材局关于在住宅建设中淘汰落后产品的通知

为了贯彻落实《国务院办公厅转发建设部等部门关于推进住宅产业现代化提高住宅质量若干意见的通知》(国办发［1999］72号文)，加快推进住宅产业现代化，提高住宅质量，强制淘汰不符合资源节约和环境保护要求与质量低劣的材料和部品，积极采用符合国家标准的资源节约型优质材料和部品，建设部、国家经贸委、质量技监局和建材局联合发出通知，有关内容如下：

(一) 自2000年1月1日起，在大中城市新建住宅中禁止使用螺旋升降式铸铁水嘴，已立项但尚未开工的住宅建设项目也应限制使用螺旋升降式铸铁水嘴。

积极采用符合《陶瓷片密封水嘴》（JC 663—1997）及《水嘴通用技术条件》（QB/T 1334—98）标准的陶瓷片密封水嘴。

陶瓷片密封水嘴生产行业要尽快完善陶瓷密封芯片标准化工作。生产企业要确保产品质量和售后服务。积极开发生产、推广应用新型节水水嘴。

(二) 自2000年6月1日起，在城镇新建住宅中禁止使用长江、黄河上中游等天然林保护、生态建设工程地区的天然林及天然珍贵树种为原料生产门窗、地板。

使用速生丰产林木材生产门窗、地板要经过干燥、防腐、防虫、防潮、阻燃、改性处理，提高其使用寿命。

要提高木材综合利用率，积极开发生产、推广应用新型复合木质门窗、地板。鼓励采用木材采伐加工的剩余物、竹材、农作物秸秆、回收旧木材为原料生产复合门窗、地板。

(三) 自2000年6月1日起，各直辖市、沿海地区的大中城市和人均占有耕地面积不足0.8亩的省的大中城市的新建住宅，应根据当地实际情况，逐步限时禁止使用实心粘土砖，限时截止期限为2003年6月31日。

各地应采取切实措施，抓紧做好实心粘土砖的替代材料及制品的衔接工作，积极推广采用新型建筑结构体系及与之相配套的新型墙体材料。要加大研究开发力度，完善配套技术，落实生产企业，提高产品质量，尽快解决新型墙体材料的有关技术、质量问题。并根据可能的条件逐步限制其他粘土制品的生产和

使用。

各地征收的新型墙体材料专项基金要专款专用，制定相应用款计划，用于新型墙体材料的研究开发和推广应用。

各地对积极使用新型墙体材料的开发企业、设计单位、施工企业给予相应的奖励；对违反《民用建筑节能管理规定》的企业按规定予以处罚。

（四）自2000年6月1日起，在城镇新建住宅中，淘汰砂模铸造铸铁排水管用于室内排水管道，推广应用硬聚氯乙烯（UPVC）塑料排水管和符合《排水用柔性接口铸铁管及管件》（GB/T 12772—1999）的柔性接口机制铸铁排水管。

自2000年6月1日起，在城镇新建住宅中，禁止使用冷镀锌钢管用于室内给水管道，并根据当地实际情况逐步限时禁止使用热镀锌钢管，推广应用铝塑复合管、交联聚乙烯（PE－X）管、三型无规共聚聚丙烯（PP－R）管等新型管材，有条件的地方也可推广应用铜管。

（五）自2000年12月1日起，在大中城市新建住宅中，禁止使用一次冲洗水量在9升以上（不含9升冲洗水量）的便器，推广使用一次冲洗水量为6升的坐便器。积极开发生产新型节水便器，并完善相应的标准规范。

便器与水箱配件要实行成套供应，保证便器的密封性能和冲洗性能。便器生产企业作为产品质量的第一责任人，保证其配套产品的节水功能和质量，并在产品上标明冲洗水量。

（六）自2000年12月1日起，在大中城市新建住宅中，禁止使用不符合建筑节能要求的32系列实腹钢窗和25系列、35系列空腹钢窗。

推广应用具有节能、密封、隔音等优良性能的，符合《民用建筑节能设计标准》（JGJ 26—95）要求的建筑用窗。当前应重点推广应用符合《PVC塑料窗》（JG/T 3018）标准的PVC塑料窗，以及符合《平开、推拉彩色涂层钢板门窗》（JG/T 3041—97）标准的彩色涂层钢板窗等新型节能窗。

积极开发生产、推广应用木塑和铝塑复合窗、钢塑复合共挤节能保温窗及隔热保温型铝合金窗等新型节能窗。

（七）各省、自治区、直辖市建设行政主管部门会同当地有关部门，负责对本辖区住宅建设中禁止使用落后产品、推广应用优质产品工作的监督实施。

（八）对违反本通知规定，采用禁止使用产品的住宅建设项目，不予通过设计审查，不予通过竣工验收，不得发放《商品房顶预售许可证》。对违反规定的开发企业、设计单位和施工企业，按国办发［1999］72号文件规定处理。

（九）在小城市及村镇住宅建设中，各地可根据实际情况，参照本通知执行。

各省、自治区、直辖市建设行政主管部门要依据本通知的规定，认真落实禁止使用落后产品、推广应用优质产品的工作，并将执行情况报建设部住宅产业化办公室。

四、我国2000年海关关税税则

税则号列	商　品　名　称	2000税率	暂定税率	配额税率
29012100	乙　烯	5.00		
29012200	丙　烯	5.00		
29337100	6－己内酰胺	16.00		
29337900	其他内酰胺	10.00		
38122000	橡胶或塑料用复合增塑剂	8.00		
38123010	橡胶的防老剂	8.00		
39011000	初级形状比重＜0.94的聚乙烯	18.00		
39012000	初级形状比重≥0.94的聚乙烯	18.00		
39013000	初级形状乙烯－乙酸乙烯酯共聚物	16.00		
39019000	其他初级形状的乙烯聚合物	18.00		
39042100	初级形状的聚丙烯	16.00	9.00	
39022000	初级形状的聚异丁烯	16.00		
39023000	初级形状的丙烯共聚物	16.00		

续表

税则号列	商　品　名　称	2000税率	暂定税率	配额税率
39029000	其他初级形状的烯烃聚合物	16.00		
39031100	初级形状的可发性聚苯乙烯	16.00		
39031900	初级形状的其他聚苯乙烯	16.00		
39032000	初级形状苯乙烯－丙烯腈共聚物	16.00		
39033000	丙烯腈－丁二烯－苯乙烯共聚物	16.00		
39039000	初级形状的其他苯乙烯聚合物	16.00		
39041000	初级形状的纯聚氯乙烯	16.00		
39042100	初级形状未塑化的聚氯乙烯	16.00		
39042200	初级形状已塑化的聚氯乙烯	16.00		
39043000	氯乙烯－乙酸乙烯酯共聚物	16.00		
39044000	初级形状的其他氯乙烯共聚物	16.00		
39045000	初级形状的偏二氯乙烯聚合物	16.00		
39046100	初级形状的聚四氟乙烯	16.00	9.00	
39046900	初级形状的其他氟聚合物	16.00		
39049000	初级形状的其他卤化烯烃聚合物	16.00		
39051200	聚乙酸乙烯酯的水分散体	16.00		
39051900	其他初级形状聚乙酸乙烯酯	16.00		
39052100	乙酸乙烯酯共聚物的水分散体	16.00		
39052900	其他初级形状的乙酸乙烯酯共聚物	16.00		
39053000	初级形状的聚乙烯醇	16.00		
39059100	其他乙烯酯或乙烯基的共聚物	16.00		
39059900	其他乙烯酯或乙烯基的聚合物	16.00		
39061000	初级形状的聚甲基丙烯酸甲酯	16.00		
39069000	其他初级形状的丙烯酸聚合物	16.00		
39071010	初级形状的聚甲醛	16.00		
39071090	其他初级形状的聚缩醛	16.00		
39072000	初级形状的其他聚醚	16.00		
39073000	初级形状的环氧树脂	16.00		
39074000	初级形状的聚碳酸酯	16.00		
39075000	初级形状的醇酸树脂	14.00		

续表

税则号列	商 品 名 称	2000 税率	暂定税率	配额税率
39076010	聚对苯二甲酸乙二酯切片	16.00		
39076090	其他初形状聚对苯二甲酸乙二酯	16.00		
39079100	初级形状的不饱和聚酯	16.00		
39079900	初级形状的其他聚酯	16.00		
39081010	初级形状聚酰胺切片	16.00		
39081090	其他初级形状的聚酰胺	16.00		
39089000	初级形状的其他聚酰胺	16.00		
39091000	初级形状的尿素树脂及硫尿树脂	16.00		
39092000	初级形状的蜜胺树脂	16.00		
39093000	初级形状的其他氨基树脂	16.00		
39094000	初级形状的酚醛树脂	16.00		
39095000	初级形状的聚亚氨酯	16.00		
39100000	初级形状的聚硅氧烷	16.00		
39111000	初级形状的石油树脂等	16.00		
39119000	其他初级形状的多硫化物、聚砜等	16.00	3.00	
39121100	初级形状的未塑化醋酸纤维素	14.00	5.00	
39121200	初级形状的已塑化醋酸纤维素	14.00	7.00	
39122000	初级形状的硝酸纤维素	14.00		
39123100	初级形状的羧甲基纤维素及其盐	14.00		
39123900	初级形状的其他纤维素醚	14.00		
39129000	初级形状的其他未列名的纤维素	14.00		
39131000	初级形状的藻酸及盐和酯	14.00		
39139000	初级形状的其他未列名天然聚合物	14.00		
39140000	初级形状的离子交换剂	14.00		
39151000	乙烯聚合物的废碎料及下脚料	16.00		
39152000	苯乙烯聚合物的废碎料及下脚料	16.00		
39153000	氯乙烯聚合物的废碎料及下脚料	16.00		
39159000	其他塑料的废碎料及下脚料	16.00		
39161000	乙烯聚合物制单丝、条、杆及型材	16.00		
39162000	氯乙烯聚合物制单丝、条、杆及型材	16.00		

续表

税则号列	商品名称	2000税率	暂定税率	配额税率
39169010	聚酰胺制的单丝、条、杆及型材	10.00		
39169090	其他塑料制单丝、条、杆及型材	16.00		
39171000	硬化蛋白或纤维素材料制造人造肠衣	16.00		
39172100	乙烯聚合物制的硬管	16.00		
39172200	丙烯聚合物制的硬管	16.00		
39172300	氯乙烯聚合物制的硬管	16.00		
39172900	其他塑料制的硬管	16.00		
39173100	塑料制的软管	16.00		
39173200	其他未装有附件的塑料制管子	16.00		
39173300	其他装有附件的塑料管子	16.00		
39173900	塑料制的其他管子	16.00		
39174000	塑料制的管子附件	16.00		
39181010	氯乙烯聚合物制糊墙品	16.00		
39181090	氯乙烯聚合物制的铺地制品	16.00		
39189010	其他塑料制的糊墙品	16.00		
39189090	其他塑料制的铺地制品	16.00		
39191010	丙烯酸树脂塑料板片	16.00		
39191090	其他材料制的，宽度≤20cm 的塑料板片	16.00		
39199000	其他自粘塑料板、片、膜等材料	16.00		
39201000	非泡沫聚乙烯板、片、膜、箔及扁条	16.00		
39202000	非泡沫聚丙烯板、片、膜、箔及扁条	16.00		
39203000	非泡沫聚苯乙烯板、片、膜、箔及扁条	16.00		
39204100	硬质聚氯乙烯板、片、膜、箔及扁条	16.00		
39204200	软质聚氯乙烯板、片、膜、箔及扁条	16.00		
39205100	聚甲基丙烯酸甲酯板片膜箔及扁条	16.00		
39205900	其他丙烯酸聚合物板片膜箔及扁条	16.00		
39206100	聚碳酸酯制板、片、膜、箔及扁条	16.00		
39206200	聚对苯二甲酸乙二酯板片膜箔扁条（涤纶片基）	16.00	7.00	
39206300	不饱和聚酯板、片、膜、箔及扁条	16.00		
39206900	其他聚酯板、片、膜、箔及扁条	16.00		

续表

税则号列	商 品 名 称	2000 税率	暂定税率	配额税率
39207100	再生纤维素制板、片、膜、箔及扁条	16.00		
39207200	钢纸制板、片、膜、箔及扁条	16.00		
39207300	醋酸纤维素制板、片、膜、箔及扁条	16.00	10.00	
39207900	纤维素衍生物制板、片、膜、箔及扁条	16.00		
39209100	聚乙烯醇缩丁醛板、片、膜、箔及扁条	16.00		
39209200	聚酰胺板、片、膜、箔及扁条	16.00		
39209300	氨基树脂板、片、膜、箔及扁条	16.00		
39209300	氨基树脂板、片、膜、箔及扁条	16.00		
39209400	酚醛树脂板、片、膜、箔及扁条	16.00		
39209910	聚四氟乙烯制的非泡沫塑料板片	16.00	10.00	
39209990	其他塑料制的非泡沫塑料板片	16.00		
39211100	泡沫聚苯乙烯板、片、带、箔及扁条	16.00		
39211210	泡沫聚氯乙烯人造革及合成革	20.00		
39211290	泡沫聚氯乙烯板、片、带、箔及扁条	16.00		
39211310	泡沫聚氨酯制人造革及合成革	20.00		
39211390	泡沫聚氨酯板、片、带、箔及扁条	16.00		
39211400	泡沫再生纤维素板、片、膜、箔及扁条	16.00		
39211910	其他泡沫塑料制人造革及合成革	20.00		
39211990	其他泡沫塑料板、片、膜、箔及扁条	16.00		
39219010	离子交换膜	8.00		
39219020	以聚乙烯为基本成份的板片	8.00		
39219090	未列名塑料板、片、膜、箔及扁条	14.00		
39221000	塑料浴缸、淋浴盘及盥洗盆	20.00		
39222000	塑料马桶坐圈及盖	20.00		
39229000	塑料便盆、抽水箱等类似卫生洁具	20.00		
39231000	塑料制盒、箱及类似是	20.00		
39232100	乙烯聚合物制袋及包	20.00		
39232900	其他塑料制的袋及包	20.00		
39233000	塑料制坛、瓶及类似品	20.00		
39234000	塑料制卷轴、纡子、筒管及类似品	16.00		

续表

税则号列	商品名称	2000税率	暂定税率	配额税率
39235000	塑料制塞子、盖子及类似品	20.00		
39239000	供运输或包装货物用其他塑料制品	20.00		
39241000	塑料制餐具及厨房用具	20.00		
39249000	塑料制其他家庭用具及盥洗用具	20.00		
39251000	塑料制囤、柜、罐、桶及类似容器	20.00		
39252000	塑料制门、窗及其框架、门槛	20.00		
39253000	塑料制窗板、百叶窗及类似制品	20.00		
39259000	其他未列名的建筑用塑料制品	20.00		
39261000	办公室或学校用塑料制品	20.00		
39262000	塑料制衣服及衣着附件	20.00		
39263000	塑料制家具、车厢及类似品的附件	20.00		
39264000	塑料制小雕塑品及其他装饰品	20.00		
39269010	塑料制机器及仪器用零件	14.00		
39269090	其他塑料制品	20.00		

（中国塑料加工工业协会　杨力行）

全国塑料工业生产、经营情况统计

塑料制品企业分布全国各地，大中型工业企业约占10%，小型工业企业占90%，产品产量主要集中在广东、浙江、江苏、山东、福建五省。2000年塑料制品产品产量比上年增长约13%，出口创汇比上年增长19.3%；在轻工业20个行业的10项主要经济指标排序中，塑料制品行业名列前茅。

一、主要经济指标

根据国家统计局2000年统计资料（统计范围为塑料行业全部国有企业和年产品销售收入500万元及以上的工业企业），2000年塑料工业企业数为6230家，占轻工行业（52535家）的11.86%，塑料产品产量10.3576Mt，与上年同比增长12.98%，工业总产值（不变价）1866.36亿元，工业增加值（当年价）464.43亿元，占当年总产值的24.45%，占轻工行业（5027亿元）的9.24%；工业销售产值（当年价）为1836.63亿元，其中：出口交货值（人民币）为489.15亿元，出口占销售产值的26.63%，产品销售率为96.68%，与轻工行业产销率（96.8%）基本持平。资产合计为2052.16亿元，资产负债率为59.12%，产品销售收入为1799.73亿元，利税总额为129.03亿元，占轻工行业的8.83%，利润总额为70.82亿元，利润占利税的54.89%，亏损总额18.35亿元，从业人员平均人数为111.44万人，劳动生产率为41675元/人，高于轻工全行业（40472元/人）1203元/人。塑料制品出口5.1055Mt，创汇52.37亿美元，比1999年增长19.3%；塑料制品进口1.6386Mt，用汇38.86亿美元。

二、塑料制品在轻工20个行业中的地位

据中国轻工联合会轻工业统计年报统计，轻工20个行业主要经济指标排序来看，塑料行业名列前茅。塑料制品行业在10项主要经济指标排序中，排第二位的有5项，排第三位的1项，排第四位有4项。

(1) 按工业总产值（当年价）排序，塑料制品为第二位，仅次于食品加工业；

(2) 按工业增加值排序，塑料制品为第三位，仅次于食品加工业，饮料制造业；

(3) 按工业销售产值排序，塑料制品为第二位，仅次于食品加工业；

(4) 按出口交货值排序，塑料制品为第二位，仅次于皮革毛皮羽绒；

(5) 按产品销售收入排序，塑料制品为第二位，仅次于食品加工业；

(6) 按平均人数排序，塑料制品为第四位，在食品加工业、造纸及纸制品、皮革毛皮羽绒之后；

(7) 按利税总额排序，塑料制品为第四位，在饮料制造业、食品加工业、造纸及纸制品之后；

(8) 按利润总额排序，塑料制品为第二位，仅次于饮料制造业；

(9) 按资产合计排序，塑料制品为第四位，在食品加工业、饮料制造业、造纸及纸制品之后；

(10) 按负债合计排序，塑料制品为第四位，在食品加工业、造纸及纸制品、饮料制造业之后。

三、塑料制品产量

塑料制品2000年总产量达10.3576Mt，比上年增长12.98%，其中增长最快的是塑料合成革，增长39.3%，其次是泡沫塑料增长19.8%，塑料棒管材增长19%，其他塑料制品增长16.62%，塑料薄膜增长13.65%；增长在10%以上的还有，塑料板片材13.01%，塑料丝及编织制品10.58%，塑料人造革10.39%。

按产品结构看，其他塑料制品2.3943Mt，占23.1%为第一位；其次，塑料薄膜2.291Mt，占22.1%；塑料丝及编织制品1.4363Mt，占13.9%；日用塑料制品1.2426Mt，占12%；农用薄膜0.8128Mt，占7.8%；塑料棒管材0.7464Mt，占7.2%；塑料板片材0.6551Mt，占6.3%，其余比例均在5%以下。

按地区分析：塑料制品企业遍及全国各地。从塑料制品总量看，主要集中在广东、浙江、江苏、山东、福建五省，产量共计6.7241Mt，占全国塑料制品总计的64.9%。其中：广东省2.64Mt，占25.5%，居第一位；其次，浙江省1.5386Mt，占14.8%；江苏省1.2454Mt，占12%；山东省0.7431Mt，占7.2%；福建省0.557Mt，占5.4%。

从品种结构看：

(1) 塑料薄膜：全国产量2291kt，广东省460.5kt，占20.1%，为第一位；其次，山东省226.4kt，占9.9%；江苏省217.6kt，占9.5%；河南省190.7kt，占8.3%；浙江省176.5kt，占7.7%；这五省产量共占全国产量的55.5%。其中：农用薄膜全国产量812.8kt，第一位是山东省167.5kt，占20.6%；其次是河南省92.8kt，占11.4%；河北省75kt，占9.2%；新疆68.5kt，占8.4%；上海市53.1kt，占6.5%，五省产量共占全国的56.1%。

(2) 塑料板片材：全国产量655.1kt，江苏省200.4kt，占30.6%，为第一位；其次，广东省105kt，占16%；安徽省67.5kt，占10.3%；浙江省63.6kt，占9.7%；山东省53.2kt，占8.1%，五省产量共占全国的74.7%。

(3) 塑料棒管材：全国产量746.4kt，浙江省94.6kt，占12.7%为第一位；其次，福建省94.3kt，占12.6%；广东省91.8kt，占12.3%；山东省82.9kt，

占11.1%；江苏省61.8kt，占8.3%，五省产量共占全国的57%。

（4）塑料丝及编织制品：全国产量1436.3kt，浙江省301.7kt，占21%；山东省191.8kt，占13.3%；广东省127.6kt，占8.9%；河南省114.2kt，占8%；安徽省94.4kt，占6.6%，五省产量共占全国的57.8%。

（5）塑料人造革：全国产量410kt，江苏省146.2kt，占35.7%；广东省110.1kt，占26.8%；浙江省72.2kt，占17.6%；福建省25.4%kt，占6.2%；上海市8.8kt，占2.1%，五省产量共占全国的88.4%。

（6）塑料合成革：全国产量131.5kt，浙江省46.2kt，占35.1%；江苏省27.1kt，占20.6%；广东省25.7kt，占19.5%；辽宁省15.5kt，占11.8%；安徽省7.4kt，占5.6%，五省产量共占全国的92.6%。

（7）泡沫塑料：全国产量361.4kt，江苏省146.1kt，占40.4%，为第一位；其次，广东省91.3kt，占25.3%；浙江省29.9kt，占8.3%；山东省18.7kt，占5.2%；北京市12.1kt，占3.3%，五省产量共占全国的82.5%。

（8）塑料包装箱及容器：全国产量511.3kt，广东省138.8kt，占27.1%；浙江省62.1kt，占12.1%；上海市62kt，占12.1%；江苏省54.7kt，占10.7%，五省产量共占全国的67.7%。

（9）塑料鞋：全国产量172.6kt，广东省81.4kt，占47.1%，为第一位；其次，福建省49.1kt，占28.5%；浙江省9kt，占5.2%；河北省7.1kt，占4.1%；重庆市6.9kt，占4%，五省产量共占全国的88.9%。

（10）日用塑料制品：全国产量1242.6kt，广东省580.5kt，占46.7%，为第一位，其次，浙江省246.7kt，占19.9%；江苏省83.8kt，占6.7%；河南省60.3kt，占4.9%；河北省42.1kt，占3.4%，五省产量共占全国的81.6%。

（11）其他塑料制品：全国产量2394.3kt，广东省827.5kt，占34.6%，为第一位；浙江省436kt，占18.2%；江苏省213.9kt，占8.9%；辽宁省192.8kt，占8.1%；福建省151.5kt，占6.3%，五省产量共占全国的76.1%。

四、塑料制品按规模和经济类型分析

【企业数】 全国塑料工业企业6230家，其中：大中型工业企业615家，占9.9%，也就是说，塑料制品工业企业90.1%均是小型工业企业。其中：国有工业企业967家，占15.5%，集体工业企业1539家，占24.7%，外商投资和港澳台投资工业企业1888家，占30.3%，三者共占70.5%，其余不到30%为股份制、有限责任公司、私营及其他工业企业。

【工业总产值】 （不变价）全国1866.36亿元，其中：大中型工业企业573.44亿元，占30.7%；其中：国有工业企业237.45亿元，占12.7%，集体工业企业365.66亿元，占19.6%，外商投资和港澳台投资工业企业800.84亿元，占42.9%，三者共占75.2%。

【工业增加值】 （现价、生产法）全国为464.43亿元，其中：大中型工业企业136.1亿元，占29.3%；其中：国有工业企业55.09亿元，占11.9%，集体工业企业96.8亿元，占20.8%，外商投资和港澳台投资工业企业205.84亿元，占44.3%，三者共占77%。

【资产合计】 全国2052.16亿元，其中：大中型工业企业818.69亿元，占39.9%；其中：国有工业企业462.85亿元，占22.6%，集体工业企业330.32亿元，占16.1%，外商投资和港澳台投资工业企业925.55亿元，占45.1%，三者共占83.8%。

【产品销售收入】 全国1799.73亿元，其中：大中型工业企业538.68亿元，占29.9%；其中：国有工业企业223.07亿元，占12.4%，集体工业企业351.1亿元，占19.5%，外商投资和港澳台投资工业企业791.66亿元，占44%，三者共占75.9%。

【利税总额】 全国129.03亿元，其中：大中型工业企业43.89亿元，占34%；其中：国有工业企业16.03亿元，占12.4%，集体工业企业23.58亿元，占18.3%，外商投资和港澳台投资工业企业55.69亿元，占43.2%，三者共占73.9%。

【利润总额】 全国70.82亿元，其中：大中型工业企业24.81亿元，占35%；其中：国有工业企业7.61亿元，占10.7%，集体工业企业11.07亿元，占15.6%，外商投资和港澳台投资工业企业为34.32亿元，占48.5%，三者共占74.8%。

【亏损企业亏损总额】 全国总计亏损额为18.35亿元，其中：大中型工业企业为6.61亿元，占36%；其中：国有工业企业5.05亿元，占27.5%，集体工业企业2.73亿元，占14.9%，外商投资和港澳台投资工业企业10.27亿元，占56%，三者共占98.4%。

【全部从业人员平均人数】 全国总计为111.44万人，其中：大中型工业企业为26.03万人，占23.4%；其中：国有工业企业为16.79万人，占15.1%，集体工业企业为26.48万人，占23.8%，外商投资和港澳台投资工业企业39.57万人，占35.5%，三者共占74.4%。

【劳动生产率】 全国为41675元/人，其中：大中型工业企业为52284元/人；其中：国有工业企业为32818元/人，集体工业企业为36556元/人，外商投资和港澳台投资工业企业 52022 元/人，可以看出大中型工业企业劳动生产率最高，其次是外商投资和港澳台投资工业企业；集体工业企业，国有工业企业劳动生产率为最低。

五、塑料制品按地区分布分析

【企业数】 全国前六位有：广东省 1278 家，占 20.5%；浙江省 854 家，占 13.7%；江苏省 712 家，占 11.4%；上海市 453 家，占 7.3%；山东省 411 家，占 6.6%；福建省 307 家，占 4.9%，六省市共占全国塑料企业总数的 64.4%。

【工业总产值】 （不变价）广东省为 520.58 亿元，占 27.9%；浙江省 265.46 亿元，占 14.2%；江苏省 251.97 亿元，占 13.5%；山东省 141.67 亿元，占 7.6%；上海市 121.86 亿元，占 6.5%；福建省 101.84 亿元，占 5.5%，六省市共占全国塑料制品总产值的 75.2%。

【工业销售产值】 （当年价）广东省 509.55 亿元，占 27.7%；江苏省 265.56 亿元，占 14.5%；浙江省 225.67 亿元，占 12.3%；山东省 145 亿元，占 7.9%；上海市 134.9 亿元，占 7.3%；福建省 101.34 亿元，占 5.5%，六省市共占全国塑料制品销售总产值的 75.2%。

【出口交货值】 （人民币）广东省 251.98 亿元，占 51.5%；福建省 68.41 亿元，占 14%；浙江省 52.68 亿元，占 10.8%；江苏省 40.44 亿元，占 8.3%；上海市 26.7 亿元，占 5.4%；山东省 23.57 亿元，占 4.8%，六省市共占全国塑料制品交货总值的 94.8%。

【资产合计】 广东省 535.92 亿元，占 26.1%；江苏省 229.62 亿元，占 11.2%；上海市 178.69 亿元，占 8.7%；浙江省 177.11 亿元，占 8.6%；山东省 140.77 亿元，占 6.9%；福建省 92.93 亿元，占 4.5%，六省市共占全国塑料制品总资产的 66%。

【利税总额】 广东省 24.28 亿元，占 18.8%；江苏省 19.81 亿元，占 15.4%；浙江省 19.76 亿元，占 15.3%；上海市 12.73 亿元，占 9.9%；山东省 9.3 亿元，占 7.2%；天津市 7.8 亿元，占 6%，六省市共占全国塑料制品利税总额的 72.6%。

【利润总额】 广东省 12.7 亿元，占 17.9%；浙江省 10.63 亿元，占 15%；江苏省 9.82 亿元，占 13.9%；上海市 8.06 亿元，占 11.4%；天津市 5.69 亿元，占 8%；山东省 5.18 亿元，占 7.3%，六省市共占全国塑料制品利润总额的 73.5%。

【全部从业人员年平均人数】 广东省 28.99 万人，占 26%；浙江省 12.77 万人，占 11.4%；江苏省 11.13 万人，占 10%；山东省 8.86 万人，占 7.9%；福建省 6.43 万人，占 5.8%；上海市 6.09 万人，占 5.5%，六省市共占全国平均人数的 66.6%。

【劳动生产率】 江苏省 59950 元/人，为最高，其次是上海市 56475 元/人，山东省 43103 元/人，广东省 42471 元/人，福建省 39816 元/人，浙江省 38131 元/人。

【亏损企业亏损额】 全国亏损总额为 18.35 亿元，广东省亏损额为 5.16 亿元，上海市为 1.88 亿元，江苏省为 1.75 亿元，天津市为 0.98 亿元，浙江省为 0.92 亿元，北京市为 0.84 亿元。六省市共 11.53 亿元，占全国亏损额的 62.8%。

六、塑料制品按产品结构分析

【企业数】 其他塑料制品有 1408 家，占 22.6%；塑料丝绳及编织品有 1031 家，占 16.5%；塑料板管棒材 813 家，占 13.1%；塑料薄膜 714 家，占 11.5%；泡沫塑料及人造革、合成革 706 家，占 11.3%，前五类共占全国塑料企业总数的 75%。

【工业总产值】 （不变价）其他塑料制品 384.73 亿元，占 20.6%；塑料薄膜 345.05 亿元，占 18.5%；塑料板管棒材 256.88 亿元，占 13.8%；泡沫塑料及人造革、合成革 242.32 亿元，占 13%；塑料丝绳及编织品 190.83 亿元，占 10.2%，共占塑料制品总产值的 76.1%。

【产销率】 全国 96.68%，前五位有塑料薄膜 97.76%，塑料鞋 97.43%，塑料零件 97.24%，其他塑料制品 97.1%，塑料丝绳及编织品 96.55%。

【资产合计】 塑料薄膜 465.57 亿元，占 22.7%；其他塑料制品 369.95 亿元，占 18%；塑料板管棒材 305.07 亿元，占 14.9%；泡沫塑料及人造革、合成革 254.03 亿元，占 12.4%；塑料丝绳及编织品 183.55 亿元，占 8.9%，共占塑料制品总资产的 76.9%。

【利税总额】 其他塑料制品 29.44 亿元，占 22.8%；塑料薄膜 20.68 亿元，占 16%；塑料板管棒材 20.52 亿元，占 15.9%；塑料零件 13.26 亿元，占 10.3%；塑料包装箱及容器 12.94 亿元，占 10%，共占塑料制品利税总额的 75%。

【全部从业人员年平均人数】 其他塑料制品 25.69 万人，占 23%；塑料丝绳及编织品 18.79 万人，占 16.9%；塑料薄膜 16.45 万人，占 14.8%；塑料板管棒材 12.32 万人，占 11%；泡沫塑料及人造革、合成革 10.33 万人，占 9.3%，共占塑料制品全国平均人数的 75%。

【劳动生产率】 塑料零件 55973 元/人为最高，其次是塑料包装箱及容器 55038 元/人，塑料板管棒材 53831 元/人，泡沫塑料及人造革合成革 47575 元/人，塑料薄膜 45846 元/人，以上五类均高于全国塑料制品平均劳动生产率 41675 元/人。

详见附表 1、附表 2、附表 3。

附表 1　塑料产品产量

产品名称	2000 年总产量/kt	与上年同比增长/%	比例/%
塑料制品总计	10 357.6	12.98	100.0
塑料薄膜	2 291.0	13.65	22.1
其中：农用薄膜	812.8	6.86	7.8
塑料板片材	655.1	13.01	6.3
塑料棒管材	746.4	19.00	7.2
塑料丝及编织制品	1 436.3	10.58	13.9
塑料人造革	410.0	10.39	4.0
塑料合成革	131.5	39.30	1.3
泡沫塑料	361.4	19.80	3.5
塑料包装箱及容器	511.3	7.77	4.9
塑料鞋	172.6	0.74	1.7
日用塑料制品	1 242.6	5.78	12.0
其他塑料制品	2 394.3	16.62	23.1

附表 2　2000 年塑料加工企业主要经济指标

项目	合计	其中:大中型工业企业		其中:(1)国有工业企业		(2)集体工业企业		(3)外商和港澳台投资工业企业	
		绝对值	比例/%	绝对值	比例/%	绝对值	比例/%	绝对值	比例/%
企业数/家	6 230	615	9.9	967	15.5	1 539	24.7	1 888	30.3
工业总产值(不变价)/亿元	1 866.36	573.44	30.7	237.45	12.7	365.66	19.6	800.84	42.9
工业增加值(现价)/亿元	464.43	136.10	29.3	55.09	11.9	96.80	20.8	205.84	44.3
资金合计/亿元	2 052.16	818.69	39.9	462.85	22.6	330.32	16.1	925.55	45.1
产品销售收入/亿元	1 799.73	536.68	29.9	223.07	12.4	351.10	19.5	791.66	44.0
利税总额/亿元	129.03	43.89	34.0	16.03	12.4	23.58	18.3	55.69	43.2
利润总额/亿元	70.82	24.81	35.0	7.61	10.7	11.07	15.6	34.32	48.5
亏损企业亏损额/亿元	18.35	6.61	36.0	5.05	27.5	2.73	14.9	10.27	56.0
全部从业人员年平均人数/万	111.44	26.03	23.4	16.79	15.1	26.48	23.8	39.57	35.5
劳动生产率/(元/人)	41 675	52 284		32 818		36 556		52 022	

附表 3　2000 年各省、市、自治区塑料制品产量　t

省　区	塑料制品	塑料薄膜	农用薄膜
全国总计	10 357 612	2 290 965	812 754
北　京	109 957	22 027	16 037
天　津	153 962	51 304	9 407
河　北	423 254	144 524	74 996
山　西	43 050	17 473	15 827
内蒙古	18 931	3 548	2 378
辽　宁	438 767	85 879	44 678
吉　林	69 803	45 301	44 821
黑龙江	86 960	34 660	17 869
上　海	393 741	116 270	53 095
江　苏	1 245 436	217 563	28 625
浙　江	1 538 617	176 541	26 052
安　徽	321 435	28 057	16 464
福　建	557 010	152 325	311
江　西	45 442	4 369	1 560
山　东	743 125	226 446	167 515
河　南	468 841	190 741	92 845
湖　北	253 141	36 412	7 073
湖　南	72 852	10 053	1 942
广　东	2 639 988	460 504	9 962
广　西	124 860	18 912	6 340
海　南	12 260	3 739	
重　庆	46 229	3 804	2 210
四　川	162 673	49 474	37 417
贵　州	32 681	12 514	3 947
云　南	80 788	46 095	25 470
西　藏			
陕　西	24 138	5 891	1 648
甘　肃	75 976	41 879	33 314
青　海	709		
宁　夏	16 750	3 081	2 444
新　疆	156 237	81 577	68 504

续表

省区	塑料制品中				
	塑料板片材	塑料棒管材	塑料丝及编织制品	塑料人造革	塑料合成革
全国总计	655 131	746 425	1 436 305	410 043	131 514
北京	5 206	8 216	10 820	5 314	1 791
天津	8 712	3 905	21 378	986	960
河北	15 606	52 358	76 947	6 915	
山西	6 353	7 551	4 623		386
内蒙古	106	5 736	5 484		
辽宁	11 797	11 093	73 807	8 461	15 532
吉林	4 686	713	6 934	2 788	
黑龙江	3 560	6 283	22 532		
上海	31 647	13 434	15 178	8 786	1 418
江苏	200 420	61 799	87 583	146 198	27 121
浙江	63 589	94 630	301 703	72 185	46 244
安徽	67 500	34 564	94 402	1 856	7 444
福建	11 839	94 310	17 991	25 359	1 393
江西	1 257	3 763	13 331	132	
山东	53 185	82 886	191 767	5 751	680
河南	3 104	21 866	114 239	3 375	
湖北	20 657	48 512	71 918	3 980	
湖南	21 172	3 248	10 185	6 341	2 834
广东	104 952	91 780	127 619	110 076	25 652
广西	814	12 225	44 671	11	
海南	24		5 345		
重庆	20	4 225	3 889	233	
四川	8 404	42 436	31 225	1 287	
贵州	803	963	9 861		
云南	2 033	1 449	13 989	8	
西藏					
陕西		3 086	6 812		60
甘肃	529	5 229	21 225		
青海			676		
宁夏	950	1 403	9 757		
新疆	6 206	28 762	20 414		

续表

省　区	塑料制品中				
	泡沫塑料	塑料包装箱及容器	塑料鞋	日用塑料制品	其他塑料制品
全国总计	361 353	511 269	172 640	1 242 614	2 394 347
北　京	12 077	15 990	22	3 502	24 992
天　津	3 313	14 987	3 918	1 718	42 781
河　北	11 430	23 046	7 144	42 052	43 232
山　西	546	964			5 154
内蒙古	238	252		1867	1 700
辽　宁	4 562	7 258	681	26 909	192 789
吉　林	1 574	3 762		1 203	2 842
黑龙江	1 644	2 356	233	1 018	14 675
上　海	5 672	61 995	1 263	36 163	1 019 515
江　苏	146 097	54 674	6 227	83 820	213 934
浙　江	29 902	62 116	8 995	246 740	435 972
安　徽	2 172	11 403		10 630	63 406
福　建	9 772	6 441	49 143	36 943	151 494
江　西	259	1 838	166	8 297	12 030
山　东	18 674	29 203	173	39 153	95 206
河　南	8 589	16 988	3 373	60 255	46 312
湖　北	520	22 688		18 558	29 895
湖　南	402	10 470		4 281	3 865
广　东	91 331	138 782	81 362	580 466	827 465
广　西	1 198	3 274	2 076	19 696	16 976
海　南		2 120			1 032
重　庆	2 720	6 541	6 864	6 090	11 843
四　川	2 575	6 292		1 036	19 943
贵　州	90	1 022		2 650	4 777
云　南	4 599	1 460	966	1 593	8 598
西　藏					
陕　西		712			7 577
甘　肃	11	638	36	2 697	3 734
青　海	33				
宁　夏	3	106		513	937
新　疆	1 350	3 893		4 766	9 270

（中国塑料加工工业协会　王惠芳）

综　　述

固定资产投资

据国家统计局资料，塑料制品业2000年固定资产投资完成额为66.66亿元。按管理渠道分：基本建设投资完成额为27.7亿元，占41.6%；更新改造投资完成额为38.96亿元，占58.4%。按建设性质分：其中，新建26.29亿元，占39.4%；扩建29.3亿元，占44%；改建6.85亿元，占10.2%。本年新增固定资产为53.81亿元，固定资产交付使用率为80.7%。本年施工项目为555个，其中：新开工项目为412个，占施工项目的74.2%；全部建成投产项目为315个，项目建成投产率为56.8%。

2000年基本建设投资完成额为27.7亿元。其中：新建20.53亿元，占74.1%；扩建5.07亿元，占18.3%；改建0.32亿元，占1.2%。本年新增固定资产为20.93亿元，固定资产交付使用率为75.6%。本年施工项目为210个，其中：新开工项目为146个，占施工项目69.5%。全部建成投产项目为124个，项目建成投产率为59%。

2000年更新改造投资完成额为38.96亿元。其中：新建5.76亿元，占14.8%；扩建24.23亿元，占62.2%；改建6.53亿元，占16.8%。本年新增固定资产为32.88亿元，固定资产交付使用率为84.4%。本年施工项目为345个，其中：新开工项目为266个，占77.1%，全部建成投产项目191个，项目建成投产率为55.4%。在更新改造投资完成额中，限额以上的施工项目为27个，其中：新开工项目为13个，占全部施工项目48.1%，全部建成投产项目为7个，项目建成投产率为25.9%。

2000年更新改造限额（3000万元）以上建成投产项目

建设项目	建设单位
平山县塑料门窗	平山县四强公司（河北省石家庄市）
保定宝硕集团有限公司PVC树脂	保定宝硕集团有限公司
河北省廊坊市开发区华创二期	华创天元有限公司
塑料异型材及塑料门窗生产线	通化东宝波菲丽斯有限公司
新增30000t复合型塑料型材项目	上海开捷门窗公司
年产10000t多层共挤流延薄膜	南京中达制膜集团股份有限公司
薄膜三期工程	中包云梦塑料薄膜厂（湖北省孝感市）

塑料制品业按建设性质分的固定资产投资（2000年）

项目	投资额/亿元	新建	扩建	改建
基本建设	27.70	20.53	5.07	0.32
更新改造	38.96	5.76	24.23	6.53
合计	66.66	26.29	29.30	6.85

塑料制品业固定资产投资施工、投产项目个数（2000年）

项目	施工项目/个	新开工/个	全部建成投资项目/个	项目建成投产率/%
基本建设	210	146	124	59.0
更新改造	345	266	191	55.4
合计	555	412	315	56.8
限额以上	27	13	7	25.9

塑料制品业固定资产投资和新增固定资产（2000 年）

项 目	投资额/亿元	新增固定资产/亿元	固定资产交付使用率/%
基本建设	27.70	20.93	75.6
更新改造	38.96	32.88	84.4
合 计	66.66	53.81	80.7

塑料制品进出口统计

表 1 塑料制品海关进口情况

主要产品名称	2000 年海关进口		2000 年比 1999 年增长/%		2000 年进口产品平均单价/美元
	数量/kt	金 额/万美元	数 量	金 额	
塑料制品	1 638.6	388 590	－1.1	12.7	2 371
(1) 塑料丝及异型材	8.7	1 907	52.6	44.5	2 192
(2) 塑料管材	24.1	9 903	18.7	31.8	4 109
(3) 塑料板片	857.1	145 964	－2.0	6.6	1 703
(4) 人造革、合成革	154.3	54 357	－5.3	5.1	3 523
(5) 塑料铺地制品	17.0	2 513	－2.9	35.0	1 478
(6) 其他塑料制品	577.5	173 946	0.2	19.8	3 012

表 2 塑料制品海关出口情况

主要产品名称	2000 年海关出口		2000 年比 1999 年增长/%		2000 年出口产品平均单价/美元
	数量/kt	金 额/万美元	数 量	金 额	
塑料制品	5 105.5	523 749	15.7	19.3	1 026
(1) 塑料丝及异型材	2.4	662	33.3	49.4	2 758
(2) 塑料管材	46.6	6 584	4.5	12.9	1 413
(3) 塑料板片	253.4	38 532	9.9	7.5	1 521
(4) 人造革、合成革	69.5	17 427	96.3	109.1	2 507
(5) 塑料铺地制品	108.0	8 469	25.9	30.8	784
(6) 其他塑料制品	4 625.6	452 075	15.2	18.3	977

（中国塑料加工工业协会 王惠芳）

通 用 树 脂

一、概述

随着我国石油化工的迅速发展，尤其是“七五”、“八五”和“九五”期间，一大批大中型乙烯装置建成投产，加速了我国合成树脂工业的发展。我国合成树脂产量由 1985 年的 1.2327Mt 增加到 2000 年的 10.967Mt。在这 16 年间，我国合成树脂产量年平均增长率达 15.7%。其中，聚乙烯（PE）、聚丙烯（PP）、聚氯乙烯（PVC）、聚苯乙烯（PS）、ABS 树脂等五大合成树脂产量由 1985 年的 1.018Mt 增加到 2000 年的 9.6254Mt。在这 16 年间，我国五大合成树脂产量年平均增长率达 16.2%。

到2000年底，我国已拥有五大合成树脂生产装置225套，生产能力达10.577Mt/a。其中，中国石化集团拥有65套生产装置，生产能力为4.315Mt/a，占总生产能力的40.8%；中国石油集团拥有49套生产装置，生产能力为2.13Mt/a，占总生产能力的20.1%。中国石化集团在PE和PP的生产能力上占有明显优势，分别为1.628Mt/a和2.0805Mt/a，占61.5%和65.9%（详见表1）。

表1　2000年我国五大合成树脂生产能力统计　kt/a

品　种	中国石化集团		中国石油集团		地方企业		全国合计	
	装置套数	生产能力	装置套数	生产能力	装置套数	生产能力	装置套数	生产能力
聚乙烯	14	1 628	10	876	3	143.0	27	2 647
聚丙烯	42	2 080.5	30	929.5	14	147.5	86	3 157.5
聚氯乙烯	1	230	1	30	77	2 940	79	3 200
聚苯乙烯	8	376	5	94.5	7	637	20	1 107.5
ABS			3	200	10	265	13	465
合　计	65	4 314.5	49	2 130	111	4 132.5	225	10 577

据统计，2000年我国五大合成树脂生产装置平均开工率为91.0%。其中，聚乙烯113.3%，聚丙烯102.6%，聚氯乙烯74.6%，聚苯乙烯73.5%，ABS仅为39.7%。

二、现状

（一）聚乙烯

聚乙烯是由乙烯等单体聚合而成的一种热塑性塑料。由于聚乙烯的原料来源非常丰富，而且聚乙烯产品具有优良的物理力学性能、电绝缘性、耐化学腐蚀性、耐低温性和优良的加工性能，同时其产品可用于制造薄膜、管材、瓶、桶、贮罐、汽车零件、电线电缆、玩具等，广泛应用于工业、农业、通讯，以及日常生活等各个领域，因此，聚乙烯得到较快的发展，并在合成树脂生产中一直占据首要地位。

聚乙烯按其密度可分为高密度聚乙烯（HDPE）、低密度聚乙烯（LDPE）和线型低密度聚乙烯（LLDPE）；按其生产方法可分为高压聚乙烯（生产低密度聚乙烯）、低压聚乙烯（生产高密度聚乙烯）及全密度聚乙烯（生产线型中低密度和高密度聚乙烯）。

我国聚乙烯工业始于60年代，经过30多年的发展，现已基本形成了LDPE、HDPE、LLDPE品种配套，淤浆法、气相法、管式法、釜式法、溶液法工艺类型比较齐全的生产体系。2000年，我国聚乙烯生产能力2647kt/a，比1995年增加了63.8%。在已建成投产的27套生产装置中，LDPE管式法装置5套458kt/a，釜式法装置2套223kt/a，共计生产能力681kt/a，占聚乙烯总能力的25.7%；HDPE淤浆法装置7套671kt/a，气相法装置1套140kt/a，共计生产能力811kt/a，占聚乙烯总能力的30.7%；LLDPE气相法装置10套975kt/a，溶液法装置1套80kt/a，淤浆法装置1套100kt/a，共计生产能力1155kt/a，占聚乙烯总能力的43.63%。其中，国产化淤浆法装置4套，生产能力228kt/a，占聚乙烯总能力的9%。

2000年，我国聚乙烯生产能力2.647Mt，产量3Mt，进口量2.9671Mt，表观消费量5.9578Mt，产量消费比0.50。在五大合成树脂中，聚乙烯进口量和表观消费量居第1位。近年我国聚丙烯供需状况见表2。

（二）聚丙烯

聚丙烯具有原料易得、价格低廉、重量轻、无毒、透明度高、可在较高温度下使用、易加工、抗挠曲性好、抗冲击强度好等优点，被广泛用于生产薄膜、管材、板材、医疗器械、包装袋、捆扎绳、渔网、周转箱、编制袋、洗衣机内桶及底座、汽车保险杠、汽车内饰件及仪表盘、家用电器壳体及配件、丙纶衣衫、地毯等，成为轻工、化工、纺织、建材、包装、汽车等工业领域中一种较为重要的产量增长较快的合成树脂。

我国聚丙烯工业始于1970年兰州化学工业公司50kt/a装置的投产。随后，1976年燕山石化公司80kt/a溶剂淤浆法装置、1979年辽阳化纤公司35kt/a溶剂法装置相继投产，1987年扬子石化公司建成1套140kt/a液相本体法装置。80年代中期，国内许多炼厂利用炼厂丙烯建成了一批千吨级的小本体聚丙烯装置。进入90年代，我国陆续引进了10多套采用Himont公司和三井油化工艺的聚丙烯生产装置。1998年以后，采用国内设计的液相本体-气相法聚丙烯生产装置相继投产，标志着我国聚丙烯工业的发展进入了新的阶段。

2000年，我国聚丙烯生产能力3.1575Mt，产量

3.2395Mt，进口量1.6403Mt，表观消费量4.8696Mt，产量消费比0.67。在五大合成树脂中，聚丙烯进口量和表观消费量居第2位。近年我国聚丙烯供需状况见表3。

表2 近年我国聚乙烯供需状况

时　间	生产能力/(Mt/a)	产　量/Mt	进口量/Mt	出口量/Mt	表观消费量/Mt	产量消费比/%
1998年	2.4908	2.2921	2.4625	0.0349	4.7197	49
1999年	2.6105	2.7140	2.5990	0.0114	5.3016	51
2000年	2.6470	3.0000	2.9671	0.0093	5.9578	50

表3 近年我国聚丙烯供需状况

时　间	生产能力/(Mt/a)	产　量/Mt	进口量/Mt	出口量/Mt	表观消费量/Mt	产量消费比/%
1998年	2.6187	2.0749	1.5451	0.0283	3.5917	58
1999年	3.0560	2.6877	1.4727	0.0087	4.1517	65
2000年	3.1575	3.2395	1.6403	0.0102	4.8696	67

（三）聚氯乙烯

聚氯乙烯具有阻燃、绝缘、耐磨损、耐腐蚀、价格低廉、原材料来源广泛等优良的综合性能，其加工方法主要有：挤出、注塑、压延和吹塑等。聚氯乙烯经加工后可以制成管材、管件、棒材、型材、薄膜、片、电线电缆绝缘材料、人造革、地板砖、玩具、鞋、瓶子、唱片、防腐材料、防水材料等制品，广泛用于轻工、建筑、农业、电力、电子电气、包装、日常生活等多方面。聚氯乙烯是五大热塑性合成树脂之一，其产量仅次于聚乙烯（PE）和聚丙烯（PP）居第3位，其消费量占合成树脂总消费量的29%左右，也居第3位。由于聚氯乙烯消耗氯碱生产中30%的氯气，因此，聚氯乙烯对碱、氯平衡和氯碱工业的发展具有极其重要的作用。

我国聚氯乙烯开发及生产始于50年代，70年代以前我国聚氯乙烯原料生产均采用电石法工艺。70年代中期北京化工二厂引进80kt/a聚氯乙烯悬浮聚合生产装置，其原料路线是采用乙烯法工艺制氯乙烯。经过几十年的发展，我国聚氯乙烯工业取得了长足的进步。氯乙烯生产主要有乙烯法和电石法两种工艺。除此之外，有一些聚氯乙烯生产企业还采取进口氯乙烯（VCM）或二氯乙烷（EDC）来生产聚氯乙烯。2000年我国氯乙烯和二氯乙烷进口量分别达到470kt和324kt。受多种因素的影响，一些原采用电石法原料路线的中小企业改用进口的聚氯乙烯或二氯乙烷。从生产原料来看，我国采用乙烯为原料生产聚氯乙烯的企业有4家，生产能力820kt/a，占全国总生产能力的25.6%；采用进口二氯乙烷、氯乙烯单体为原料的企业有4家，生产能力620kt/a，占全国总生产能力的19.4%；其余企业采用电石为原料，生产能力1.760Mt/a，占全国总生产能力的55.0%。由此可以看出，我国聚氯乙烯生产仍以电石法为主。

近几年来，我国聚氯乙烯消费仍然以薄膜、人造革、塑料鞋、电缆等软制品为主，约占聚氯乙烯总消费的60%，管材、管件、异型材、板片材等硬制品的比例占40%左右。随着我国建筑业的大力发展，我国聚氯乙烯硬制品的比例仍将进一步提高。

2000年，我国聚氯乙烯生产能力3.2Mt，产量2.3873Mt，进口量1.9241Mt，表观消费量4.2706Mt，产量消费比0.56。近年我国聚丙烯供需状况见表4。

表4 近年我国聚氯乙烯供需状况

时　间	生产能力/(Mt/a)	产　量/Mt	进口量/Mt	出口量/Mt	表观消费量/Mt	产量消费比/%
1998年	2.0760	1.5991	1.5770	0.0400	3.1361	51
1999年	2.5665	1.9156	1.7973	0.0303	3.6826	52
2000年	3.2000	2.3873	1.9241	0.0408	4.2706	56

（四）聚苯乙烯

聚苯乙烯是由苯乙烯单体通过游离基聚合反应而得到的，在工业上一般用本体法或悬浮法工艺制得。聚苯乙烯主要有3个品种：通用型聚苯乙烯（GPPS）、抗冲型聚苯乙烯（HIPS）和可发泡聚苯乙烯（EPS）。通用型聚苯乙烯具有良好的透明性、耐水、耐光、电绝缘性能和低吸湿性，加工流动性好、易于成型加工、容易染色。

我国聚苯乙烯生产始于60年代。1960年，我国第1套自行设计的500t/a悬浮法聚苯乙烯生产装置在上海高桥石化公司投产，1961年，兰州化学工业公司引进了1套1000t/a本体法聚苯乙烯生产装置。此后，我国采用国产化技术陆续建成了一些小规模生产装置。进入80年代以来，我国开始引进国外先进技术建成万吨级生产装置，并取得了较快的发展。目前，国内聚苯乙烯生产厂家有30余家，大部分生产能力在30kt/a以下，只有镇江奇美化工有限公司、江苏兴达泡塑集团、扬子－巴斯夫苯乙烯系列产品有限公司、汕头海洋（集团）公司和宁波LG甬兴化工有限公司等几家生产规模达到100kt/a，其中，江苏兴达泡塑集团仅生产EPS，扬子－巴斯夫苯乙烯系列产品有限公司既生产GPPS/HIPS，也生产EPS，其他厂家生产GPPS/HIPS。

2000年，我国聚苯乙烯生产能力1.1075Mt，产量814.1kt，进口量1.5283Mt，表观消费量2.2768Mt，产量消费比0.36。近年我国聚丙烯供需状况见表5。

（五）ABS树脂

ABS树脂是由丙烯腈、丁二烯和苯乙烯组成的三元共聚物，具有卓越的综合物理和机械性能，并具有较高的冲击强度。ABS树脂无毒、无嗅、坚韧、质硬、呈刚性，具有较好的耐低温性和耐蠕变性。ABS树脂的耐磨性能很好，虽然不能用作自润滑材料，但由于有良好的尺寸稳定性，故仍可用于中等负荷的轴承材料。ABS树脂是无定形聚合物，加工性能优良，可用一般加工成型设备加工，如注塑、挤出、中空成型、真空成型、发泡、压延等成型方式，还可以进行喷涂金属、电镀、焊接和粘合等二次加工。ABS树脂以其优良的性能，广泛用于汽车、电器仪表和机械工业，此外，还适宜做建材、家具、日用品、办公用品、体育用品和玩具等。

我国早在1963年就开始研制开发ABS树脂。1970年兰州化学工业公司合成橡胶厂建成我国第1套乳液接枝法ABS树脂生产装置，1975年正式投产时的能力为2kt/a。1978年上海高桥石化公司自行开发乳液接枝－乳液AS掺合法ABS树脂生产装置开车成功，1986年实际生产能力达到2kt/a。

上述2套ABS树脂生产装置不仅生产技术落后，而且还很不完善，一些工序尚不配套，自动化水平较低，产品质量难以进一步提高。直至80年代初，全国ABS树脂产量始终在3kt/a左右，远远满足不了市场需求。此后，我国陆续引进了多套ABS树脂生产装置，不仅使我国ABS树脂产能和产量有了较大的提高，品种增加，而且，生产技术水平也有了较大的飞跃。到了90年代，ABS树脂生产装置的引进趋向于大型化，技术水平、产品质量、市场竞争力均有一定的提高，但与世界水平相比仍有较大差距。

2000年，我国ABS生产能力465.0kt，产量184.5kt，进口量1469.7kt，表观消费量1626.7kt，产量消费比0.11。在五大合成树脂中，ABS产量消费比最低。近年我国聚丙烯供需状况见表6。

表5　近年我国聚苯乙烯供需状况

时　间	生产能力/(Mt/a)	产　量/Mt	进口量/Mt	出口量/Mt	表观消费量/Mt	产量消费比/%
1998年	0.6542	0.4575	1.3759	0.0976	1.7358	26
1999年	0.7092	0.5429	1.5170	0.0279	2.0320	27
2000年	1.1075	0.8141	1.5283	0.0656	2.2768	36

表6　近年我国ABS供需状况

时　间	生产能力/(kt/a)	产　量/kt	进口量/kt	出口量/kt	表观消费量/kt	产量消费比/%
1998年	190	98.6	1 070.8	29.1	1 140.3	9
1999年	240	135.3	1 334.2	21.3	1 448.2	9
2000年	465	184.5	1 469.7	27.5	1 626.7	11

三、发展规划

(一) 发展重点

坚持装置大型化、产品系列化、结构均衡化、技术独特化、服务优质化的原则,在以更快的速度扩大总量的同时,重视品种牌号的开发,特别是合成树脂专用料比例的提高,缓解总量不足和结构性短缺双重矛盾。

1. 发展总量，解决品种上生产和消费之间的矛盾

占五大合成树脂消费量80%的聚乙烯、聚丙烯和聚氯乙烯仍是今后发展的重点。特别是聚氯乙烯消费增长较快，“十五”期间要增加产量，改进工艺。聚苯乙烯和ABS目前主要依赖进口，生产和消费的矛盾比较突出，要采取多种投资方式，结合合资大乙烯和现有乙烯改扩建，建设和改造聚苯乙烯和ABS装置，逐步提高国产聚苯乙烯和ABS在合成树脂总产量中的比例和市场占有率。

鼓励国有企业、民营企业和国外投资者采取独资、合资等不同形式，配合乙烯改造和新建乙烯项目，采用先进的工艺技术改造和新建经济规模的合成树脂生产装置。

2. 调整结构，提高合成树脂专用料比例

调整合成树脂品种牌号的生产，提高档次，促进其向多样化、系列化、专用化、高性能化的方向发展。开发生产诸如低密度聚乙烯、高强度拉伸缠绕膜专用树脂、重包装袋专用树脂和电缆专用树脂；高密度聚乙烯薄壁注塑成型制品专用树脂、汽车油箱专用树脂和纤维专用树脂；聚丙烯洗衣机内桶和底座专用树脂、薄壁注塑制品专用树脂以及聚丙烯吹塑容器等市场急需的专用树脂。

3. 注重国产化与创新，提高合成树脂整体技术水平

“十五”期间，合成树脂技术发展的重点：继续完善超冷凝气相聚乙烯、环管本体法聚丙烯国产化成套技术以及共聚单体、催化剂等配套技术。要重视研究开发塑料回收、再利用技术和合成树脂新产品。

(二) 发展预测

据预测，2005年我国聚乙烯、聚丙烯、聚氯乙烯、聚苯乙烯、ABS树脂等五大合成树脂生产能力将达到18Mt/a，需求将达到25～27Mt。五大合成树脂需求年增长率预计将达到7.0%～8.0%，其中，聚乙烯、聚丙烯和聚氯乙烯增长较快。五大合成树脂各品种发展预测见表7。

表7 2005年我国合成树脂发展预测

品　种	生产能力/(Mt/a)	需求量/Mt	2001～2005年需求量年均增长率/%
聚乙烯	5.40	7.95～8.40	7.0～8.0
聚丙烯	4.70	6.65～7.10	8.4～9.6
聚氯乙烯	5.20	5.75～6.10	7.7～8.8
聚苯乙烯	2.20	3.17～3.30	4.6～5.2
ABS	0.59	2.05～2.15	5.5～6.4
五大合成树脂	18.09	25.57～27.05	7.0～8.0

(中国石化集团公司经济技术研究院　陈　杰)

工 程 塑 料

工程塑料以其具有密度小、比强度高、电性能、热性能和耐化学腐蚀性能好，容易成型加工等特点，已成为现代工业，特别是高新技术产业必不可少的新材料之一。在世界发达国家被竞相发展，并成为衡量一个国家工业发展水平的重要标志。近年来随着我国电子信息产业、汽车运输产业机械仪器行业以及航空航天等国防尖端技术的快速发展，工程塑料的生产、加工、应用也不断得到了加强，在国民经济和人们日常生活中的产品所占的比重在日益增加，表1列举了近年来五大工程塑料的国内需求量。

一、尼龙 (PA)

1999年，国内尼龙聚合能力已达480kt，实际产量370kt，其中用于工程塑料23.7kt。由于国内和尼龙数脂品种少、牌号单一、质量不稳定，加之专用助剂缺乏，造成了近几年大量国外尼龙树脂和改性材料占据市场，尤其是中高档改性材料市场几乎被国外产品占有 (见表2)。

表1　五大工程塑料的用量　kt

品　种	1998年	1999年	2000年	2001年	2002年（预计）	2005年（预计）	年平均增长率/%
PA	62	67	83	92	130	165	23.7
PC	87	130	164	213	250	280	
POM	66	82.4	96	107	115	130	
PBT/PET	24	35.6	41	44	48	57	
MPPO	5.7	9	8	9.2	10	14	
合　计	244.7	324	392	465.2	553	646	

表2　我国尼龙树脂生产情况　kt/a

生产厂家	品　种	生产能力	生产厂家	品　种	生产能力
新惠美达	PA6	66	青岛中达化纤	PA6	6
岳阳化纤厂	PA6	48	顺德锦纶厂	PA6	7
慈溪金轮	PA6	60	高要锦纶厂	PA6	13
鹰山石化总厂	PA6	13	青岛国棉	PA6	12
石家庄化纤公司	PA6	25	张家港骏马	PA6	30
开平锦纶厂	PA6	10	济南化纤厂	PA6	4
烟台华润公司	PA6	5	海安尼龙厂	PA66	0.8
河南神马集团	PA66	17	天津中和化工厂	PA1010	0.4
辽阳石化公司	PA66	10	合肥化工厂	PA1010	0.5
上海赛璐珞	PA66 PA1010	1	镇江塑料厂	PA6 PA1010	1
上塑十八厂	PA6 PA66	1	温州锦纶厂	PA6	12.5
黑龙江尼龙厂	PA6 PA66	1			

我国尼龙工程塑料的主要消费领域是机械工业、交通运输、电子电器、体育器材和部分民用产品，预计今后几年的消费增长率在18%左右，其中汽车工业、运输业和包装业将成为新的消费增长点。

近年来国内塑料级树脂需求趋旺，利润空间较普通纺丝用切片大，许多原生产纺丝用切片的企业转向塑料市场推广产品。

除了尼龙6和尼龙66外，随着我国汽车工业的发展，一些长碳链尼龙，如PA11、PA12的用量逐年增多，目前用量已超过3000t/a，原料全部依靠进口。为了解决市场需求，国家已批准了一套尼龙11的生产装置的项目建议。同时我国自行开发的生物发酵法生产尼龙1212也已进入工业化开发阶段，经过改性后有望替代尼龙11和尼龙12。在尼龙树脂的改性方面，国内的科研成果和新产品也有很多，特别是合金技术和纳米技术的应用，使尼龙成为21世纪最具魅力的新型材料。纳米尼龙6的负载耐热可以从60～70℃提高到120～150℃。同时拉伸强度提高50%～75%，目前中国科学院化学所、岳阳石化总厂研究院等单位采用蒙脱土插层法制备尼龙6纳米复合材料已接近工业化程度。

据统计1999年全世界共销售纳米复合塑料1000t，全部都是以尼龙为基材，预计到2004年，世界纳米复合塑料销售量能达到125kt，尼龙仍占大多数比例。尼龙的合金技术近几年在应用与产品开发方面取得了较大的成功，使尼龙的抗冲击强度和拉伸强度有了很大的提高。另外，一种新型尼龙聚合物正在引起人们的观注，它是采用三元酸与己内酰胺共聚使原来呈带状的高分子结构，变为星型枝状结构，分子半径减小，从而流动性增加，在玻璃纤维与矿物质填充量为65%时，仍保持较好的流动性和加工性。新型制作表面光洁度好，尺寸稳定，国外刚刚工业化生产，国内的研究成果4年前就已完成，但没有形成生产能力。

解决我国尼龙工程塑料的关键问题是加强跨行业部门的紧密合作，针对市场共同加快产品的开发应用步伐和助剂配套，制定工程塑料树脂的质量标准，以及品种单一和成本高等问题。

二、聚碳酸酯（PC）

由于近几年来电子电器、计算机、通讯、建材等行业的快速发展，国内PC用量快速增加，已超过尼龙的用量，成为工程塑料应用量最大的品种，目前绝大多数树脂依靠进口，表3列了近年来PC的需求情况。

聚碳酸酯是一种非结晶型的热塑性材料，具有优异的综合性能，尤其以耐冲击强度著称，其透光率在90%以上，且有非常好的电绝缘性、延伸性、尺寸稳定性、化学稳定性、无毒、卫生、易阻燃、易着色等优良特性，被广泛用于机械、汽车、航空航天、电子电气、建筑、信息存储、办公用品、家用电器、光学、体育、包装、医疗、照像器材、纺织器材、安全用品、食品机械、饮水瓶等各个领域。

我国是PC开发最早的国家之一，早在1958年由沈阳化工研究院开发成功酯交换法生产工艺，1965年在大连塑料四厂建成100t/a生产装置，70年代先后又建成了不少光气法的小装置，1985年国内生产能力为2300t/a，1989年产量达到2300t，生产技术还曾转让到东欧。常州合成化工总厂3000t/a光气法PC投产后，国内总生产能力达到了5800t/a。进入90年代，在国际市场激烈竞争形势下，国内装置由于工艺落后达不到经济规模，产量逐年下降，许多厂先后停产。1998年产量只有225t，2001年产量为1000t左右，表4列出了国内PC的生产情况。表5列出了国内PC的消费结构。

表3　历年PC进出口情况

t

年　份	进口量	出口量	生产量	表观消费量	增长率/%
1992	23 251	913	860	23 198	
1993	23 262	310	799	23 731	2.3
1994	35 350	537	774	35 557	50
1995	41 471	269	593	42 795	20.3
1996	65 553	4 069	798	62 295	45.5
1997	81 884	19 814	675	62 745	7.2
1998	108 831	23 060	225	85 996	37
1999	160 560	53 544	147	107 153	24.6
2000	236 357	54 540	870	182 687	70.5

表4　国内聚碳酸酯生产能力及产量

t/a

企　业	工　艺	投产年份	生产能力(产量)			
			1985年	1989年	1995年	1997年
上海中联化工厂	酯交换法	1973	1 200(1250)	1 600(1256)	1 600(302)	1 600(97)
常州合成化工总厂	光气法	1971	150(115)	300(192)	3 000(55)	3 000
重庆长风化工厂	酯交换法	1979	750(448)	1 200(728)	1 200(216)	1 200(137)
天津有机化工二厂	光气法	1970	100(114)			
杭州塑料化工一厂	光气法	1970	200(170)	200(156)		
合　计			2 300	3 300	5 800	5 800

表5列出了国内PC的消费结构。

表5 聚碳酸酯国内消费结构

消费领域	比例/%
电子电器（包括家电通讯）	36
汽 车	4
机 械	7.2
包装材料	9
建筑材料	14
轻纺工业（包括光学器材，玩具）	8.4
光媒介	18
其 他	3.4

最近，一些PC的生产工厂正在筹划建设，德国拜耳公司与上海氯碱公司投资建设的100kt/a装置预计2003年投产。常州合成化工总厂利用晨光化工研究院技术生产光盘用PC的装置也在建设。蓝星公司准备投资上马酯交换法PC工厂，产能在10～50kt/a，另外日本帝人、出光也都有计划在中国投资建设PC生产装置。

三、聚甲醛（POM）

聚甲醛的生产装置在我国曾经建立过两套，但都因生产规模小，装置不配套生产工艺不稳定而先后下马，1998年国内已无生产，市场需求全部依靠进口。云天化引进波兰技术建设10kt/a的项目已于2000年底试车成功，并准备将现有装置的单线生产能力从10kt/a扩建为15kt/a；蓝星公司准备恢复上海溶剂厂3kt/a生产装置，并在此基础上扩建20kt/a的工厂；日本宝理公司在南通60kt/a的项目已获江苏省批准，正在积极筹备建设中。在国家计委申请立项的几个单位中，大庆油田甲醇厂和山西兰花科创集团的项目建议书已经通过，进入可行性研究阶段。日本旭化成公司和美国杜邦公司也有计划在国内建立20kt/a的聚甲醛生产装置。

在应用方面，这几年需求上涨幅度较大，表6、表7分别列出了近年来POM的进口情况与应用情况。

聚甲醛的填充、改性近年来研究开发的比较多，特别是增韧、耐磨方面，通常采用异氰酸酯、聚氨酯类弹性体和乙烯烃弹性体或SBS、MBS作为增韧改性剂，缺口冲击强度能有明显提高。目前，奥迪、捷达、桑塔纳汽车和长春拖拉机上都使用有TPU增韧的聚甲醛。一般耐磨改性添加PTFE、硅油、MoS_2、Cu粉等，使POM的摩擦系数从0.4降到0.1，加上POM所具有的优越机械性能和化学性能，可以制作各种精密仪器，仪表部件以及轴承齿轮等，用途十分广泛。最近清华大学还研制出了采用界面活化后的碳酸钙增韧POM的改性树脂，并且效果十分明显，这为今后聚甲醛的改性又开出了一条新路。

四、热塑性聚酯（PBT/PET等）

热塑性聚酯是一个比较大的家族，它包括了PET（聚对苯二甲酸乙二酯）、PBT（聚对苯二甲酸丁二酯）、PCT（聚对苯二甲酸环已烷二酯）、PEN（聚对萘二甲酸乙二酯）和PTT（聚对苯二甲酸丙二酯）、以及聚芳酯、聚酯弹性体等。其中做为工程塑料最常用的是PBT和PET。

我国PBT树脂于80年代初开始生产，到目前为止，年生产能力已超过335kt，在五大工程塑料中是开发最成功的一个。国内树脂主要生产厂家情况如表8，用途分配情况如表9。

PBT市场增幅在17%～20%左右，进口树脂和进口粒料占了大部分市场，国产PBT只满足中低档产品需求，市场份额比例不高且供过于求，价格竞争十分激烈，大部分厂家开工不足。今年在发展PBT工程塑料时应着重提高RTI上下功夫，并在防析出产品品种、非卤阻燃体系、防翘曲品种以及表面改性方面做工作，形成多品种、高性能、高附加值、专用材料的配套产品系列。

表6 聚甲醛进口情况

kt/a

年份/年	1994	1995	1996	1997	1998	1999	2000
进口量	19.4	26.4	39.4	57.1	63.4	90.6	99.1

表7 聚甲醛用途分配情况

电子电器	汽 车	轻 工	机械工业	农 机	其 他
32%	9.6%	24%	15.5%	4.5%	14.4%

表 8 国内主要树脂生产厂情况

t/a

厂　家	产　能	产　量
仪征化纤公司	20 000	12 000
南通合成材料厂（星辰）	5 000	2 000
南京江宁化纤厂	3 000	1 000
江阴三房巷集团	800	400
岳化涤纶厂	1 000	不详
上海涤纶厂	500	—
乐凯集团第二胶片厂	3 000	不详
苏州香雪海	700	—
张家港	1 000	1 000
合　计	35 000	16 400

表 9 国内 PBT 用途分配情况

电子电气	汽车机械	轻　纺	其　他
62%	14.5%	4.5%	19%

PET 近年来用于工程塑料的日渐增多，它的耐热性和表面光洁度都高于 PBT，因此国外在汽车与电气上用量非常大，2000 年美国用于汽车行业的 PET 超过 140kt，占总需求量的 50%以上。我国 PET 工程塑料的工业化水平很低，目前为止还没有大规模工业化生产，只有少数几个厂有少量试产替代进口材料。2000 年北京联科纳米公司利用中国科学院化学所技术与燕山石化公司联合开发了纳米材料改性 PET 取得了较好效果，并在生产装置上试车成功，正处于开发应用阶段。PEN 与 PET 某些性能相似，是一种新型高性能工程塑料，它耐热、机械强度高、气阻性好、易加工，长期使用温度可达 155℃以上，目前大多用在瓶子包装和胶片基等方面，国内有些厂家正在筹划生产这种材料，但由于原料来源问题，短期内很难形成生产规模。

五、改性聚苯醚（MPPO）

MPPO 是一种电性能优异、耐热性、阻燃性、耐热水性和耐候性都非常好的材料，长期使用温度在 -120～120℃，在 -40～+80℃范围内其力学性能随温度、湿度的变化很小，相对密度小（仅 1.06），因此广泛用于电子、汽车、办公设备、医疗器械、航天航空等领域。目前国内用量在 10kt/a 左右。90 年代初，我国曾建成两套聚合装置，形成了 2kt/a 树脂生产能力的 4kt/a 的掺混能力，但目前已停产，只剩下国内其他几个共混工厂，共混能力在 4kt 左右，根据国家计委和科技部安排的“十五”期间项目，到“十五”末期，国内 PPO 的生产能力可达 1kt/a。

六、特种工程塑料

主要指以聚苯硫醚（PPS）、聚砜（PSF）、聚酰亚胺（PI）、聚醚醚酮（PEEK）、聚醚砜（PES）、液晶聚合物（LCP）等高分子聚合物及其合金材料，近年来国内用量增长迅速，用量较大的有 PPS、PSF、PI、LCP 和 PEEK。

（一）聚苯硫醚

主要用在电子电器、汽车、仪表、家电、航空、纤维以及涂料行业，它具有电性能好、耐高温、易成型、尺寸稳定等特性。2000 年用量 5700t，其中 60%～70%是以制件形式进口的，预计 2005 年用量将超过 10kt/a，国内目前一些百吨级的装置在生产。“十五”期间，部分扩建 PPS 项目将陆续上马（见表 10），逐步解决长期依赖进口的局面。

（二）聚酰亚胺

主要用于机电仪表结构、石油化工以及火箭、宇航等尖端科技领域。我国 1962 年开始研制，全国现有生产能力超过 1kt/a，2005 年将达到 1.7kt/a，需求量 2000 年为 4kt，2010 年预计将达到 8～10kt。

（三）聚砜

由于具有耐热性、耐水解性、高温下对酸碱和热水稳定、低温性能好、容易注射、挤出和中空吹塑成型，其合金性能相当优越，强度可与某些钢材相比。上海塑料工业公司已着手建立 PSF 生产装置。作为工程塑料，主要开发方向是塑料合金产品。

表10　PPS准备上马项目情况　　t/a

项　目	项目规模	承担单位	预计完成日期
国家计委	2000	四川绵阳	2003年
国家经贸委	1000	吉林、四川大学合作	
山东省经贸委	3000	山　东	尚未建设
四川省纪委	2000	自　贡	2004年
四川芙蓉集团	1000	成　都	2003年

（四）液晶聚合物

主要是随着我国计算机系统、通讯设备小型化，用量逐年增加，且在加工过程中能够形成微纤分散于共混体中，构成原位复合材料，从而提高聚合物的力学性能。如LCP/PC、LCP/超高分子量聚乙烯等。目前国内北京大学、浙江大学、天津合成材料所、武汉化工学院、中国科学院化学所、清华大学等都在进行合成与应用的研究工作。

（五）聚醚醚酮

具有很好的阻燃性，耐放射性、耐化学性和机构性能，因此用途十分广泛。目前主要用于大规模集成电路芯片的清洗托架、压缩机闸片、汽车摩托车配件和特殊泵体配件。国家“863”成果产业化的示范工程，国家计委已批给了桂林大学特种工程塑料厂，规模为年产500tPEEK、PES、PEEK和其他特种工程塑料。

七、国内工程塑料的发展趋势

(1) 采用新单体合成新品种聚合物，由于难度高、周期长、投资大，目前不太容易，而改进催化剂、改变分子结构而提高材料性能（如SPS、星型尼龙、茂金属催化剂等）并通过合金化共混改性等技术制成新品种材料，满足不同市场需求，即塑料工程化、工程塑料高性能化、低成本化将成为今后发展的主要趋势。

(2) 环境问题是可持续发展战略中十分重要的一环，今后开发产品不仅要考虑它的经济性，而且要考虑环境因素，以往的材料科学与工程总是以追求最大限度发挥材料的内在性能为出发点，而对资源环境未予重视，今后则必须考虑以节约能源、节约资源、有利于环保为前提，同时废旧材料的回收利用将成为塑料工业的战略性课题，企业的环境战略将直接影响企业的竞争能力。

（中国工程塑料工业协会　郑　恺）

塑料助剂

塑料助剂是塑料工业的伴生产业，也是精细化工的重要分支。广义上讲，塑料助剂是指由树脂合成到制品加工整个过程所涉及的化学品或添加剂。其中，树脂合成过程所涉及的添加剂称之为合成用塑料助剂，包括引发剂、阻聚剂、乳化剂、分子量调节剂、终止剂和防粘釜剂等，其作用在于引发或终止聚合反应、调节分子量范围和分布等。由树脂加工成制品的过程所涉及的添加剂则称之为塑料加工助剂。相比之下，塑料加工助剂所包含的功能要比合成用助剂广的多。按照功能与作用的不同，塑料加工助剂一般分为稳定化助剂、加工助剂和功能化助剂等三大基本类型。稳定化助剂旨在抑制聚合物树脂及其制品在加工和应用中的老化降解，延长制品的使用寿命。具体地讲，包括抗氧剂、光稳定剂、热稳定剂、微生物抑制剂等。加工助剂用于改善制品的加工性能、节能降耗、提高单位时间的产能等，通常包括加工改性剂、润滑剂、爽滑剂、脱模剂和近年来出现的聚烯烃加工用氟聚物加工助剂等。功能化助剂一般赋予制品特定的功能，以便满足不同应用领域的要求。功能化助剂涉及范围极广，一些文献也称其为性能扩展剂。根据功能化助剂赋予塑料制品功能的不同，包括增塑剂、阻燃剂、抗静电剂、流滴剂、消雾剂、红外线阻隔剂、发泡剂、成核剂、抗冲改性剂、降解剂、防鼠（蚁）剂等，而且，随着科学技术的发展和塑料制品应用领域的拓展，塑料功能化助剂的范围还将不断扩大。应当指出，由于合成用助剂与树脂的合成工艺密切相关，而且所涉及的范围较窄，一般不在塑料助剂的统计范畴。因此，文献中所报道的塑料助剂概念实际上就是塑料加工助剂的专指。

2000年是“九五”计划的最后一年，与塑料工业的发展相适应，助剂行业取得了令世人瞩目的成就，产耗量全面超过“九五”规划的目标，新功能、高效能助剂品种的开发基本顺应了世界发展潮流，满足了塑料加工和应用的要求。据统计，2000年度国内塑料助剂总消耗量约1Mt（不包括填充剂和增强剂），消费额近80亿元，其中增塑剂的消费量最大，表观消费量达到700kt，约占整个塑料助剂消费量的70%以上，消费额也在55%左右。聚烯烃成核剂和抗菌剂的年平均增长率最高，分别较1999年度提高了50%和35%。表1归纳了2000年度中国塑料助剂的产耗量。从中可以窥见国内塑料助剂的现状与发展。

表1 2000年中国塑料助剂的产耗量与年平均增长率

分类	产量/kt	消耗量/kt
增塑剂	450	700
热稳定剂	90	85
阻燃剂	130	130
加工和抗冲改性剂	120	120
抗氧剂	13	8
光稳定剂	1.5	1.2
润滑剂	30	30
抗静电剂	2	2
偶联剂	2.6	5
成核剂	0.05	0.15
抗菌剂	0.2	0.2

一、增塑剂

增塑剂是增加PVC等极性聚合物树脂塑性，赋予制品柔软性的功能化助剂，多系高沸点液体或低熔点固体化合物。根据增塑剂的化学结构，一般分为邻苯二甲酸酯类、脂肪二元酸酯类、偏苯三酸酯类、磷酸酯类、氯化石蜡类、柠檬酸酯类、环氧酯类和聚酯类等。尤以邻苯二甲酸酯类最为重要，其消费量约占增塑剂总消费量的70%。邻苯二甲酸二辛酯（DOP）是邻苯二甲酸酯类增塑剂中产耗量最大的品种，2000年国内表观消费量达到300kt，较1999年增长10%左右。一个值得注意的动向是，线性长碳链邻苯二甲酸酯类增塑剂的消费比例明显提高，由于国内长碳链脂肪醇供应不足，邻苯二甲酸二异壬酯（DINP）、邻苯二甲酸二异癸酯（DIDP）进口量迅速增加。与此同时，用于高温电缆料的耐热增塑剂偏苯三酸酯类和聚酯类增塑剂需求量亦呈增长之势，增塑剂的消费结构更趋合理。2000年国内相继投产或正在建设的邻苯二甲酸酯类增塑剂生产能力约150kt，这些装置的建成和投产将使增塑剂市场的竞争进一步加剧。合理调整产品结构是未来我国增塑剂行业面临的主要任务。

二、热稳定剂

热稳定剂一般特指适用于聚氯乙烯及氯乙烯共聚物等含卤树脂，旨在抑制其在加工温度下降解的稳定化助剂。通常包括铅盐类、复合金属皂类、有机锡类、有机锑类和某些纯有机辅助热稳定剂。近年来，聚氯乙烯作为塑料建材的主体得到了迅速发展，与之相适应，中国聚氯乙烯的产品结构发生了显著变化，硬制品的消费比例明显提高，热稳定剂的消费量呈现较快的增长势头。统计表明，2000年全国热稳定剂的总消费量为85kt，超过九五规划指标。就消费结构来看，铅盐类产品在热稳定剂中仍然居于主导地位，接近总消费量的50%左右。有机锡、稀土稳定剂等高效、无毒或低毒稳定剂的消费比例增幅较大，热稳定剂的消费结构逐步趋于合理。

限制镉皂、改造铅盐、发展无毒高效热稳定剂是2000年聚氯乙烯热稳定剂行业技术开发的主题。其突出的标志是甲基硫醇锡国产化装置顺利投产，稀土稳定剂开始走出国门，β-二酮、2-苯基吲哚等新型有机辅助热稳定剂开发成功。同时，铅盐稳定剂的无尘化和复合化进程明加快，无尘复合铅热稳定剂的销费量在铅盐稳定剂中所占比重稳定提高。顺应世界发展潮流，取代铅、镉等有毒重金属是未来中国热稳定剂工业发展的必然趋势。

三、抗氧剂

抗氧剂主要用于聚烯烃及工程塑料的加工和应用，其作用在于抑制树脂在加工和应用环境下的热氧降解，提高制品的商品价值和使用价值。根据功能和作用，抗氧剂通常分为主抗氧剂、辅助抗氧剂和重金属离子钝化剂三种类型。其中，就化学结构而言，塑料用主抗氧剂以受阻酚类化合物为主，辅助抗氧剂则以亚磷（膦）酸酯和硫代酯类化合物为重要类型，重金属离子钝化剂能够钝化变价金属离子，消除其对树脂氧化降解反应的催化作用，一般为酰肼类和草酰肼类化合物。实际应用中，主、辅抗氧剂协同配合，由受阻酚与亚磷（膦）酸酯构成的二元复合抗氧体系是目前塑料等聚合物抗氧稳定化的主要途径。2000年全国抗氧剂总生产能力约12kt，消费量在8kt左右，市场竞争异常激烈。通用型抗氧剂产品的售价跌至建国以来最低水平，甚至也是当今世界价位最低的国家和地区。

就通用品种的生产和供应而言，中国塑料抗氧剂已经达到或接近国外先进水平，1010、1076、168以及由其为主要组分的复合型抗氧剂B215、B225等产能和指标基本满足了国内聚烯烃树脂的市场需求。然而，总体来看，专用化、高性能结构的品种数量不足，相当数量的品种仍需依赖进口。可喜的是，2000年国内在抗氧剂新品种开发方面取得了明显的进步，代表世界发展潮流的碳自由基捕获剂、半受阻酚抗氧剂、新型高效亚磷酸酯辅助抗氧剂的研究都有新的进展，标志着我国抗氧剂工业正在走向成熟。

四、光稳定剂

光稳定剂属于耐候性稳定化助剂，旨在通过屏蔽、吸收紫外线或猝灭紫外线激发的激发态分子能量、捕获自由基等方式达到抑制光氧化降解，延长制品寿命之目的。目前应市的品种主要包括二苯甲酮类、苯并三唑类、三嗪类等紫外线吸收剂，镍盐类激发态猝灭剂和受阻胺类光稳定剂等。光稳定剂多用于户外制品，农用塑料大棚膜是国内最大的光稳定剂消费市场。据统计，2000年中国光稳定剂总消费量为1200t，其中70%为耐侯农膜所用，30%为户外管材、型材、片材等消费。从结构来看，受阻胺光稳定剂的产耗量最大，以622、944为代表的聚合型受阻胺光稳定剂品种已经成为农膜用光稳定剂的支柱产品。值得注意的是，以苯并三唑类为代表的紫外线吸收剂产能迅速增加，也使国内光稳定剂品种产耗结构趋向合理。

2000年中国光稳定剂技术开发异常活跃。在受阻胺品种开发方面，继第一代低分子量品种GW－540、770和第二代聚合型高分子量品种622、944之后，第三代、第四代复合型和反应型品种783、628研发成功，预示着我国受阻胺光稳定剂正在接近国外先进水平。在紫外线吸收剂领域，苯并三唑类新品种UV－329（UV－5411）、三嗪类高效紫外线吸收剂UV－425（UV－1164）和全新结构的无色高效紫外线吸收剂UV－419开始应市。这一切无疑丰富了国内光稳定剂市场的品种和结构。

五、加工和抗冲改性剂

加工和抗冲改性剂是一种高聚物类助剂，主要用于硬质或半硬质聚氯乙烯制品的加工领域。其中，加工改性剂旨在促进树脂熔融，改变熔体的粘弹行为和强度，改善制品加工性能和表观性能，市售产品以丙烯酸酯类聚合物为主。抗冲改性剂多用于硬质PVC制品加工，是以弹性体增韧为基本原理的抗冲改性途径，作为抗冲改性剂，主要类型包括氯化聚乙烯(CPE)、丙烯酸酯类聚合物（ACR）、甲基丙烯酸甲酯－丁二烯－苯乙烯共聚物（MBS）、丙烯氰－丁二烯－苯乙烯共聚物（ABS）、乙烯－醋酸乙烯共聚物(EVA）等。其中，ACR抗冲改性剂的抗冲改性和耐候性优异，并兼具一定的加工改性效果，因而在抗冲改性剂领域具有突出的地位，也是当今世界PVC抗冲改性剂发展的主要方向。MBS系透明硬质PVC制品的抗冲改性剂重要类型，但由于分子内具有丁二烯不饱和键，耐候性差，一般用于户内制品。CPE廉价易得，是通用型抗冲改性剂品种。20世纪90年代以来，中国PVC制品软硬结构发生了显著的变化，硬质品比例的增加带动和促进了加工和抗冲改性剂工业的发展，2000年全国加工和抗冲改性剂总消耗量约120kt，其中，加工改性剂为30kt，抗冲改性剂为90kt，加工改性剂基本为ACR，同时也有少量的类苯乙烯加工改性剂应市。抗冲改性剂以CPE的消耗量最大，估计占95%左右。应当指出，基于PVC型材市场竞争的加剧，国内塑料加工行业对ACR抗冲改性剂出现了明显的市场需求，一些企业正在积极应对市场，开展了产学研联合攻关的倾向。预计未来几年ACR抗冲改性剂在整个PVC抗冲改性剂市场的销售份额将逐年增长。

六、润滑剂

润滑剂属于加工改性助剂的范畴，多用于硬质PVC、ABS、POM等塑料制品的加工，同时热固性塑料的脱模剂、聚烯烃薄膜使用的爽滑剂亦在润滑剂的统计之列。其所涉及的化合物包括烃类（石蜡、聚乙烯蜡、氧化聚乙烯蜡等）、高级脂肪酸及其金属皂、高级脂肪醇、脂肪酸酯、脂肪酰胺和有机硅等。2000年国内润滑剂总消耗量达30kt，其中热塑性塑料加工用润滑剂约占70%。就消费结构来看，硬脂酸、石蜡、聚乙烯蜡、硬脂醇等通用型品种消耗比例较高，但高效的脂肪酸酯（尤其是复合酯）、脂肪双酰胺等增长幅度较大。硬脂酸丁酯、GMS以及类似德国汉高公司结构的G16、G60、G70、G70s、G74脂肪酸酯类润滑剂均已大面积上市，脂肪双酰胺类润滑剂EBS及其改性品种的产能进一步扩大，在脱模剂方面，一些适应环境要求的水基品种开发成功，这一切都是中国塑料润滑剂行业技术进步的标志。专用化、功能化仍是今后润滑剂品种开发的重要方向。

七、阻燃剂

塑料等高分子材料具有易燃性，随着聚合物制品应用的日益普及，火灾隐患对人类社会构成的威胁越来越突出。阻燃剂作为难燃化助剂是一类能够有效地抑制燃烧，降低烟雾和有毒有害气体的功能性助剂。根据化学组成，市售阻燃剂主要包括无机类和有机类。无机阻燃剂以氢氧化铝、氢氧化镁、硼酸锌、三氧化二锑为主，同时包括一些具有抑烟作用的金属氧化物（如氧化钼等）。有机类阻燃剂涉及卤系（含氯系和溴系）、磷系、氮系、硅系等。2000年全国阻燃剂总消费量达到130kt，其中无机类阻燃剂所占比例超过50%，基本顺应了国外阻燃剂的发展趋势。值得关注的是，尽管无机类阻燃剂价廉易得，抑烟且有利于燃烧气体的无毒害化，但由于阻燃效率有限，添加量大，势必造成制品机械性能的损失，提高无机阻燃剂的阻燃抑烟效果已成为国内外阻燃行业研究的焦点。2000年国内无机阻燃剂已不局限于传统的氢氧化铝、氢氧化镁等单一结构的产品，而以其为基础的高效复合阻燃抑烟剂品种付诸实用。有机阻燃剂中溴系阻燃剂最为重要，90年代以来，源于欧洲的溴代联苯醚类阻燃剂燃烧滋生“二噁英”和“苯并呋喃”致癌物的风波对中国阻燃剂市场直接或间接地产生着影响，一些出口欧美市场的塑料制品不得不寻求溴代联苯醚类阻燃剂的替代品。为此，在溴系阻燃剂的消费结构中，溴代联苯醚类（如十溴联苯醚）的消耗量呈下降趋势。而与之相对应，磷系阻燃剂（诸如微胶囊化红磷）、膨胀型N－P阻燃剂等新品种不断见诸报道。显而易见，发展高效无机阻燃抑烟剂、溴代联苯醚替代品和膨胀型阻燃剂仍是今后一段时期阻燃剂行业面临的主要任务。

八、发泡剂

发泡剂是一种轻量化助剂，能够使聚合物制品在加工条件下发泡，以求制得具有微泡结构的发泡制品。发泡剂依其结构可以分为物理发泡剂和化学发泡剂两大类型，化学发泡剂一般包括无机发泡剂和有机发泡剂，有机类发泡剂在塑料加工中尤为关键和重要。随着塑料建材、制鞋业等制品加工和应用技术的进步，发泡异型材、泡芯管等产耗量逐年增多，对发泡剂的需求趋旺，2000年估计国内化学发泡剂的需求量近30kt，其中偶氮类发泡剂（发泡剂ADC）及其改性品种的消耗量最大，约占化学发泡剂总需求量的80%左右。另外，苯磺酰肼类发泡剂产品（如TSH，OBSH等）亦开始批量供应市场。一个显著的变化是，发泡剂ADC不再仅仅以单一结构的商品形式应市，而以其为主要组分，配合不同的发泡助剂、成核剂的专用化、精细化复合发泡剂品种开始抢滩市场，有些公司的产品还出口国外，结束了我国发泡剂ADC产品单一化的局面。展望未来，塑料用发泡剂的开发将趋向专用化、精细化、功能化，高温发泡剂、低温发泡剂，符合环境保护要求的物理发泡剂CFCs替代品是发泡剂发展的主要方向。

九、防雾滴剂

防雾滴剂是适用于包装薄膜和农膜的功能化助剂，其作用在于消除和抑制由于被包装和农用大棚内部水分蒸发到薄膜表面而凝缩成雾滴的现象。根据防雾滴剂的功能，一般分为流滴剂和消雾剂。流滴剂实际上是表面活性剂的应用，涂敷或添加的流滴剂能够在薄膜表面形成一个极薄的取向分子层，降低聚合物薄膜的表面张力，使蒸发到表面的水分以水膜形式存在，有效地抑制水分凝缩成滴，避免水滴滴落对包装物和大棚植物造成危害，并改善其感官性能。由于流滴剂使薄膜表面水分以水膜形式顺壁流下，因此形象地成为流滴剂。流滴剂多为脂肪酸多元醇酯、脂肪烷醇酰胺、烷基胺环氧乙烷加合物等非离子表面活性剂及其复合物，目前农用大棚膜是流滴剂的最大消费领域，2000年全国流滴剂消耗量约4kt。消雾剂旨在消除大棚内的雾气，一般为有机氟、有机硅等特殊表面活性剂。中国消雾剂的应用历史不长，但随着高效农业的发展，近年来引起了广泛关注，市售产品多为日本进口，2000年国内有关单位已经开展了消雾剂的研究与开发工作，由此将带动农用大棚消雾技术的发展。尽管近年来我国防雾滴剂技术开发取得了显著成效，但在防滴持久性、防滴性与消雾性的平衡方面仍存在一定的不足，解决上述问题是未来防雾滴剂开发和应用领域面临的主要课题。

十、抗静电剂

抗静电剂作为消除聚合物表面静电的功能化助剂，在矿用塑料、电子器械包装等领域具有重要作用。综合文献报道，迄今用于塑料制品的抗静电剂包括涂敷型和添加型两种类型，工业上以添加型为主。从化学结构来看，涉及表面活性剂和亲水聚合物。亲水聚合物是近年来出现的永久型抗静电剂，目前尚未广泛使用。因此，国内市售抗静电剂基本上属于表面活性剂类，包括阳离子季胺盐型、阴离子磺酸盐型、脂肪酸多元醇酯和烷醇（酰）胺非离子型等。矿用塑料和包装塑料制品是抗静电剂的主要应用领域，2000年估计国内消费量约2000t。应当指出，基于塑料制品加工温度的提高，对抗静电剂的耐热性提出了更高的要求，因此，永久型和高耐热型抗静电剂开发非常关键。

十一、偶联剂

偶联剂是填充材料表面有机化的改性剂，包括有机硅烷类、钛酸酯类、铝酸酯类、锆酸酯类、铝钛复合类、铝锆复合类、脂肪酸类以及近年来出现的高分子量官能聚合物类等。一般地，偶联剂对填充/增强材料的活化改性具有选择性，例如，硅烷偶联剂多用于含硅填料或增强材料的活化处理，钛酸酯类、铝酸酯类、锆酸酯类、铝钛复合类、铝锆复合类则主要用于$CaCO_3$等非硅填料或增强材料的表面改性。相对而言，中国偶联剂工业的发展比较成熟，迄今为止，几乎所有的国外产品结构国内都有生产，而且拥有以铝酸酯类、铝钛复合类为代表的具有自主知识产权的偶联剂产品。近年来，基于塑料建材、通用塑料填充改性以及高填充可降解塑料的发展，偶联剂的市场规模逐年递增，据估计，2000年全国偶联剂的总消费量为5000t，其中近一半的市场被硬脂酸等廉价产品占有。值得注意的是，随着纳米改性聚合物应用技术开发的发展，满足其改性要求的偶联剂品种开发将越来越引人注目。另外，一些具有特殊官能团结构的聚合物类相容剂（如马来酸酐接枝聚烯烃）对无机填料或增强材料亦有偶联改性功能，其在无机填充或增强材料改性中的地位不容忽视。

十二、成核剂

成核剂是一类新功能塑料助剂，适用于不完全结晶聚合物树脂（尤其是聚丙烯）的结晶改性，市售产品几乎无一例外地应用于聚丙烯制品。根据成核剂诱导聚丙烯树脂成核结晶形态的不同，一般分为α晶型成核剂和β晶型成核剂。α晶型成核剂通过提供晶核，诱导聚丙烯树脂以α晶型结晶，提高制品的结晶速度、结晶温度和结晶度，并使晶粒尺寸微细化，最终达到增光、增透、增刚、提高热变形温度和缩短成型周期之目的。迄今为止，见诸报道的α晶型成核剂的化合物主要包括二苄叉山梨醇（DBS）类、芳基磷酸酯盐类、取代芳基羧酸盐类、脱氢松香酸皂类等，尤以DBS类应用最为普遍。β晶型成核剂能够诱导聚丙烯树脂以β晶型结晶，提高制品抗冲击强度、热变形温度并增加透气性，改善印刷性和涂饰性。β晶型成核剂使抗冲改性和提高热变形温度达到统一的特性在聚丙烯的工程化改性方面具有特别重要的意义。我国成核剂的开发和应用历史不长，但近年来发展速度很快，2000年全国成核剂的总消费量约150t，绝大多数用于增透改性，主要市场仍为国外产品占据。可喜的是，这一年国内聚烯烃成核剂的开发和研究取得了举世瞩目的成绩，一方面以增透为主要功能的二苄叉山梨醇类成核剂品种产能不断增加，生产企业已经不再局限于为数不多的助剂科研单位，透明剂的国产化基本成为现实。另一方面成核剂的品种开发更加深入，山西省化工研究所继TM系列DBS成核剂产品应市之后，2000年又有TMB系列β晶型成核剂和TMA系列取代芳基羧酸铝盐类α晶型成核剂问世，中国科学院化学所报道了脱氢松香酸皂类成核剂开发成功。从品种开发的角度来看，中国成核剂和聚烯烃结晶改性技术正在接近世界水平。

十三、抗菌剂

抗菌剂是一类具有抑菌和杀菌功能的新型助剂，其作用是赋予聚合物制品卫生自洁性和防止由微生物引起的老化降解，又有微生物抑制剂之称。根据化学组成的不同，抗菌剂一般分为有机抗菌剂和无机抗菌剂。有机抗菌剂多系有机砷、有机锡等有毒金属的有机化合物和含硫、含磷、含氮的杂环化合物，具有杀菌性强、即效性好之特点，同时存在卫生安全性差、可能使微生物产生耐药性、在高温等苛刻条件下易分解等缺陷，通常用于加工温度较低的增塑聚氯乙烯、聚乙烯等热塑性塑料。无机抗菌剂是利用金属离子的抗菌杀菌作用抑制细菌的繁殖和生长的，目前实际使用的抗菌离子基本上局限在对人体安全无害的银、锌、铜等为数不多的无毒金属离了方面，尤以银离子的抗菌能力最强。抗菌离子一般附着在沸石、磷酸盐、羟基磷灰石、可溶性玻璃等无机物载体上，通过缓释作用提高抗菌的持久性。与有机抗菌剂相比，无机抗菌剂的耐热性高，抗菌持久性好，不产生耐药性，特别适合在聚丙烯、工程塑料等高温加工的塑料和化纤材料。近年来，基于人类社会活动的日益频繁，公共卫生安全越来越受到重视，抗菌剂正面临着一个快速发展的市场机遇。据报道，2000年全国塑料抗菌剂产量200t，主要用于家电产品和儿童玩具等塑料制品。

塑料助剂的类别远不至上面所述，除着色剂、交联剂等传统助剂外，相容剂、保温剂、光转化剂、光降解剂、螺杆清洗剂等新功能助剂随着科学技术的发展和塑料制品应用领域的拓展还在不断增加，这些新功能助剂的开发和应用预示着中国塑料助剂工业已经步入成熟期。

（山西省化工研究院　王克智）

我国塑料助剂的发展及需求预测

一、概述

塑料加工助剂一般指在树脂加工过程中，能改善加工性能，使整个加工过程顺畅，并赋予制品特殊功能及能延续其使用寿命的助剂。大体可分为稳定化助剂，如防止制品在加工和使用过程中热氧化降解的抗氧剂，防止因光氧化降解的光稳定剂，防止PVC因受热而降解的热稳定剂；第二大类为功能化助剂，如赋予制品柔软性的增塑剂，赋予制品难燃、抑烟功效的阻燃剂，赋予制品韧性及抗冲击功能的抗冲改性剂，赋予制品海绵状减轻重量等功能的发泡剂，改善填料性能增强有机相和无机相亲和力的偶联剂，改善薄膜制品的云雾状增强透光性的防滴流剂等；另一类为加工改性剂，如促进树脂熔融，改善加工性能的加工助剂，改善树脂与机筒、模具间及树脂分子之间摩擦力的润滑剂或脱模剂等。

原料树脂、加工助剂、加工机械称之为塑料加工的三大要素，加工助剂虽添加量不多，但能使整个加工过程顺利，并赋予制品特殊功能使其有使用价值。因此，加工助剂是重要的精细化工领域之一，也是全球销售量较大、销售额可观的市场。2000年全球塑料加工助剂市场消费量达8.60Mt，较1999年增长5%，销售额达160亿美元，其中亚太地区是全球增长最快，也是最有潜力的市场，均占总销售额约30%，北美地区约占30%，欧洲约占28%，其他地区占约10%。按销售量计，亚太地区占35%，欧洲占25%，北美占27%。

塑料制品广泛应用于工业、农业、国防、电子电器、交通运输、城镇建筑、医疗器具、印刷包装、高新科技各个领域，"以塑代钢"、"以塑代木"、"以塑代棉"的21世纪必将呈现出充满塑料的世界，塑料已成为与人们衣、食、住、行密切相关，不可分开的一部分。因此，国外生产塑料加工助剂厂商非常看重塑料助剂的技术进步、新产品的开发研制，特别是寻求代替有毒品种的研制，以符合越来越严格的环保要求；市场销售、售后服务，特别注重了解用户对新产品、多功能助剂品种的要求；为了使产品有稳固的销售渠道，助剂生产厂商与使用单位密切配合，想用户之想，急用户之急，积极有效地解用户出现的各种问题，并使助剂生产厂与塑料加工单位双盈，共同发展。

北美、西欧、日本三地区是全球经济最发达的地区，也是目前塑料加工助剂消费最大的市场。1999年上述三地区共消费塑料加工助剂约4.83Mt，其中北美地区消费约1.99Mt，占42%；西欧消费约1.91Mt，占42%；日本消费约0.93Mt，占19%。据预测到2004年，北美、西欧、日本三地区分别需塑料加工助剂达约2.33Mt、2.00Mt、0.93Mt以上，1999年至2004年北美、西欧、日本塑料助剂需求年均增长率分别达近3.2%、1%。

塑料加工助剂门类繁多，每类别的增长速度视各地区的具体情况及消费结构也不尽相同。如1999年至2004年，北美地区塑料加工助剂消费增长速度达3.2%，其中高于平均增长率的有，光稳定剂达6.5%，抗氧剂达5.1%，阻燃剂达4.9%，热稳定剂达4.2%，抗氧剂及加工改良剂达4.1%；西欧地区塑料加工助剂年平均增长率近1%，而抗氧剂增长率达5.1%，光稳定剂达6.5%，阻燃剂达4.9%，热稳定剂达4.2%，抗冲改性剂及加工改良剂达4.1%，抗静电剂达3.9%，发泡剂达3.5%，均高于平均增长率，仅增塑剂、润滑剂增长速率较低；日本塑料助剂增长速率最高的为抗冲改性剂达3.5%，光稳定剂达2.0%。以上三地区塑料加工助剂消费量最大的类别仍为增塑剂、阻燃剂、抗冲改性及加工改良剂、热稳定剂。详见表1、表2、表3。

表1　北美地区塑料添加剂消费结构及需求预测

kt

名　　称	1999年	2004年	1999～2004年增长率/%
增塑剂	1 103	1 218	2.0
抗氧剂	57.2	73.5	5.1
抗静电剂	8.9	10.8	3.9
发泡剂	8.6	10.2	3.5
阻燃剂	350.2	445.0	4.9
热稳定剂	81.6	100.2	4.2
抗冲改性及加工改良剂	217.2	265.8	4.1
润滑剂	154.2	188.7	2.9
光稳定剂	9.8	13.4	6.5
合　　计	1 990.7	2 325.6	3.2

表2　西欧地区塑料添加剂消费结构及需求预测

kt

名　　称	1999年	2004年	1999～2004年增长率/%
增塑剂	1 116	1 167	0.9
抗氧剂	35	42	3.5
抗静电剂	7	7.9	2.5
发泡剂	14	17.5	4.5
阻燃剂	294	347	3.5
热稳定剂	162	170	1.0
抗冲改性及加工改良剂	143	160	2.5
润滑剂	68	76.5	2.5
光稳定剂	7.5	8.5	5.0
合　　计	1 909.5	1 997	0.9

表 3　日本塑料添加剂消费结构及需求预测　kt

名　称	1999 年	2004 年	1999～2004 年增长率/%
增塑剂	518	539	0.8
抗氧剂	20.5	21.5	1.0
抗静电剂	5.0	5.2	1.0
发泡剂	4.9	4.9	—
阻燃剂	152.1	159.4	1.0
热稳定剂	69.7	69.8	—
抗冲改性及加工改良剂	72.0	86.0	3.5
润滑剂	40	43	1.5
光稳定剂	4.0	4.4	2.0
合　计	886.2	933.2	1.1

二、当前国外塑料加工助剂发展动态及发展趋势

目前国外塑料加工助剂发展动态为：

(1) 各国塑料加工助剂厂商对市场信息、技术动向、推广应用、售后服务高度重视，并加大力度，通过各种渠道，捕捉各种信息，与用户建立紧密关系，了解用户对助剂的要求，寻找新课题，开发新产品，真正树立以用户为上帝，以服务为宗旨，以用户满意为原则，以达双盈为目的。

(2) 组织结构、产品结构调整，通过兼并、收购、转卖等措施，保持或扩展各助剂生产厂商在其技术、市场，或某一产品领域中的优势，以增强市场占有率，扩大竞争优势，获取更大的利益。

(3) 增加科技投人，加强新产品的开发力度，满足塑料加工企业对多功能复配型产品的特殊需求，以保持各自技术领域的竞争优势。

(4) 塑料助剂生产厂商普遍重视环保法规及对健康、安全、卫生等法律的要求，积极寻找代替有毒、粉尘污染的新产品、新剂型。

(5) 各国有实力优势或在某一领域有竞争力的塑料助剂生产厂商，都把亚太地区视为助剂的巨大市场，在中国境内或周边地区投资建厂，以占领中国市场。

当前国外塑料加工助剂总的发展趋势是向高效、持效、低毒、无毒、无公害化的复配多功能化方向发展：

(1) 适宜环保要求的严格化，无公害化助剂倍受青睐。热稳定剂中无镉低铅无尘化及代替铅盐已成为该行业的发展重点。目前无镉化比无铅化进展迅速，无尘化已成为热稳定剂的主流，无毒或低毒的钙/锌、钡/锌、有机锡增长幅度较大，新产品、新剂型成为研制的热门。

阻燃剂向低毒、无毒、低烟、低腐蚀产品提出要求，无机阻燃剂的细化、分级、表面处理、高流动性、易分散性更加严格。由于电子设备及电器元件的发展，阻燃剂的无卤化呼声强烈；磷基阻燃剂由于具有增塑、阻燃、耐磨、抗菌等功能，前景良好；氮－磷基膨胀型阻燃剂、氮基型阻燃剂将倍受青睐，研制将越加活跃；阻溴系阻燃剂由于其高效，市场将继续使用；抑烟剂将引起人们的关注。

(2) 多元复配多功能化专用助剂将成为热门发展品种，由各种功能性助剂，根据协同效应，按一定的比例，采取有效的复配技术，制成不同应用领域或制品的专用化助剂，在市场出售，这对使用单位既简便又科学，保证了制品的质量。

(3) 抗冲改性剂及加工改良剂仍将以具有核－壳结构的具有优良综合性能的丙烯酸脂类（ACR）和 MBS 为重点发展方向，并将扩展其应用领域。

三、我国塑料加工助剂现状

1999 年，我国塑料加工助剂总生产能力约 1.23Mt，产量约 0.65Mt（指增塑剂、热稳定剂、光稳定剂、抗氧剂、阻燃剂、抗冲改性及加工改良剂等 6 大类别）。实际消费量达约 0.88Mt，当年进口量 0.34Mt（含库存量）。

目前我国塑料加工助剂行业已具有一定的生产规模，成为门类较齐全、品种较多的精细化工领域之一，已形成一批技术水平及装备水平较先进的国企、合资、民营企业。如山东、江苏的增塑剂，山东的抗冲改性剂、复合热稳定剂，北京的有机锡，广州的稀土复合热稳定剂，上海、浙江的抗氧剂、江苏的光稳定剂等；少数产品质量优良，在国内外具有一定的竞

争力，并已出口国外，如氯化聚乙烯、稀土类热稳定剂、光稳定剂等。特别应指出的广洋高科技实业有限公司，利用我国丰富特有的稀土资源，利用国内自主开发研制的技术，在原有6kt/a稀土热稳定剂基础上，成功地建起了世界规模最大的20kt/a生产装置，并顺利投入生产，产品得到国内塑料加工企业的首肯，并销往海外，取得国外公司的认可。由于稀土类热稳定剂无毒、低毒无公害化且热稳定性能良好，价格与性能皆适中，对改善我国热稳定剂产品结构、规模结构、调整技术结构创造了一条可操作的途径。但国内塑料加工助剂总体技术水平、装备水平仍比国外工业发达国家落后10~15年，其应用水平比国外落后10~20年。国内塑料加工助剂行业发展不平衡，大部分生产装置规模小，技术水平偏低，各助剂行业内的产品结构不太合理，如增塑剂行业中磷酸脂类、环氧脂类、聚酯类型的增塑剂比重过低；抗冲改性剂中氯化聚丙烯比重过高，而有核-壳结构的丙烯酸酯类（ACR）技术不过关，产量甚微，而以加工型ACR为主；阻燃剂中氯化石蜡比例过高，而70型氯蜡偏低，无机系阻燃剂比例过低；热稳定剂中有机锡类、复合型过低，而铅盐及单硬盐类偏高；光稳定剂处于推广应用阶段等。另外，塑料助剂科研经费投入量少，缺乏开拓创新能力，仍以仿制为主；管理机制落后，行业内普遍采取各自为阵，单兵作战，未形成联合作战，更未形成"航空母舰"，缺乏竞争能力；服务意识落后，没有真正形成懂技术、熟悉经营、深知加工、解决问题的技术骨干型营销队伍；助剂生产企业与塑料加工单位未形成互相信赖、密切协作、相互促进的融洽的伙伴关系等。如将助剂的一部分盈利合理转移给塑料加工企业，将会使利益均衡，达到制品质量升级，社会受益。

中国加入WTO，这对我国塑料加工助剂行业既是一种严峻的挑战，又是一种大展宏图立志发展壮大的良机。我国是一个发展中的大国，是一个合成树脂需求量很大的国家，是一个塑料制品需求量大的国家，必然也是一个塑料加工助剂巨大的消费市场。据预测，我国在"十五"期间，仅聚乙烯、聚丙烯、聚氯乙烯、聚苯乙烯、ABS等五大通用树脂需求量达25Mt左右，再加其他橡胶加工、合成纤维等行业的需求，塑料加工助剂的市场是巨大的。详见表4。

表4 我国塑料加工助剂需求预测

kt

名称	1999年实耗	2005年需求	1999~2005年增长率/%
增塑剂	673	750	1.8
热稳定剂	97	140~150	6.9
抗氧剂	4.5	12	17.8
光稳定剂	0.95	2.2	15.0
抗冲改性及加工改良剂	42	110~120	17.4
阻燃剂	62	140~150	13.1
合计	879.5	1 164.2	3.9

我国塑料加工助剂市场前景广阔，国外各大助剂生产厂商都看好中国市场，瞄准中国市场，进军中国市场，国内各助剂生产企业在进行规模调整，产品结构调整，技术装备调整中，依据各自的优势，捷足占领国内市场。在采用国内科研成果或利用国外技术、资金进行合作，加快技术更新的步伐和力度，满足塑料加工业对助剂品种、质量、数量的需求，为我国塑料制品的升级、高档化，促进我国塑料加工助剂行业健康、可持续发展做出贡献。在"十五"期间，我国塑料加工助剂行业必将有更多的明牌产品，更好的质量标准，在激烈的市场竞争中，发展壮大。

（中国石化集团股份有限公司
北京化工研究院　张志新）

我国塑料机械制造工业概况及对新世纪初的展望

一、概况

20世纪90年代我国塑料机械制造工业是继80年代后又一个持续高速发展的10年。而2000年达到了历史的最高点。

（一）经济指标和主导产品

2000年我国塑料机械工业总产值85.29亿元，比1999年增长22.32%，是1995年的1.80倍。销售值72.66亿元，同比增长19.73%，是1995年的1.68倍。出口值2.38亿美元，同比增长77.61%，是

1995年的5.45倍。利润6.23亿元，同比增长21.40%，是1995年的1.83倍。实现了产值、销售和利润的同步增长，两年里出口上了1亿美元和2亿美元两个台阶(表1)。

表1　90年代我国塑料机械工业主要经济指标

年　份/年	1991	1992	1993	1994	1995	1996	1997	1998	1999	2000
工业总产值/万元	204 688	243 225	372 336	407 795	474 070	514 614	511 220	541 702	(697 279)	852 856
销售金额/万元	180 611	237 966	359 105	382 379	431 394	464 015	468 665	487 141	(606 879)	726 617
利润/万元	12 991	24 464	40 625	43 645	34 131	40 008	47 114	40 364	(51 355)	62 345
利润/销售/%	7.19	10.28	11.31	11.41	7.91	8.62	10.05	8.29	(8.44)	8.58
销售金额增长/%		31.75	50.91	6.48	12.82	7.56	1.00	3.94	(24.58)	19.73
利润增长/%		88.31	66.06	7.43	−21.81	17.22	17.76	−14.33	(27.23)	21.40

主导产品为塑料注射成型机、挤出成型机和吹塑成型机。2000年注射机产量29311台，比1999年增长7.38%，是1995年的1.62倍；挤出机7784台，同比增长11.75%，是1995年的1.29倍；吹塑机1425台，同比增长13.09%，是1995年的2.04倍。其产值分别为40.25亿元，25.33亿元和4.43亿元，分别占全行业总产值的47.19%、29.70%和5.19%(表2)。

表2　90年代我国塑料机械主导产品生产销售情况

年　份/年		1990	1991	1992	1993	1994	1995
注射机	产量/台	5 885	7 131	11 142	15 887	17 177	18 109
	销售量/台	5 696	8 920	10 356	15 046	15 673	17 482
	销/产/%	96.79	125.09	92.95	94.71	91.25	96.55
	销售增长/%			16.10	45.29	4.17	11.54
挤出机	产量/台	2 124	3 856	5 858	5 480	5 973	6 031
	销售量/台	2 210	3 463	5 630	5 110	5 021	5 750
	销/产/%	104.04	89.81	96.11	93.25	84.07	95.34
	销售增长/%			63.58	−9.24	−1.74	14.52
吹塑机	产量/台	164	157	479	636	597	699
	销售量/台	153	138	395	562	535	670
	销/产/%	93.29	87.90	82.46	88.36	88.42	95.89
	销售增长/%			186.23	42.28	−4.80	25.23

年　份/年		1996	1997	1998	1999	2000
注射机	产量/台	19 296	19 288	19 853	(27 316)	29 331
	销售量/台	16 806	18 373	19 053	(23 341)	27 629
	销/产/%	87.10	95.26	96.17	(95.19)	94.20
	销售增长/%	3.87	9.32	3.70	(22.25)	18.37
挤出机	产量/台	7 355	7 690	6 145	(6 965)	7 784
	销售量/台	6 764	7 090	5 715	(6 446)	7 176
	销/产/%	91.96	92.23	93.00	(92.54)	92.20
	销售增长/%	17.63	4.82	−19.39	(12.79)	11.32
吹塑机	产量/台	964	899	1 095	(1 260)	1 425
	销售量/台	806	771	1 023	(1 081)	1 138
	销/产/%	83.66	85.81	93.38	(85.75)	83.80
	销售增长/%	20.30	−4.34	32.68	(5.67)	5.27

（二）队伍基本情况

目前从事塑料机械及相关产品制造的企事业单位约600个，其中可提供塑料成型设备及重要的专业制造企业有250家左右。在中国轻工机械协会和中国轻工业机械总公司塑机中心塑机行业年度统计基础上进行测算，这250单位2000年就业人员为4.95万人，比1995年的6.40万人减少了29.29%。其中工程技术人员8205人，比1995年的6535人增加了25.55%，具有高级职称的有1043人，比1995年的529人增加了97.16%。工程技术人员在职工中的比例已从1995年的10.21%提高到2000年的16.58%。减员增效、优化企业人员结构取得了明显效果。2000年全行业全员劳动生产率达17.17万元，为1995年7.41万元的2.32倍。

在中央抓大放小，机制改造和建立现代企业等一系列方针政策的指引下，企业的经济性质发生了很大变化。现在我国塑料机械制造工业已经建立起一支多种经济成分共存、既有竞争又互相补充的队伍。在80年代中期打破国有和集体企业一统天下的基础上，90年代尤其“九五”期间，其他经济性质的企业发展迅速。2000年上述统计范围内各种经济性质的企业所占比例为国有和集体企业的38.32%，合资企业11.21%，股份制和民营企业50.47%。目前前者仍呈下降趋势，后者在继续上升。加入WTO后，中外合资或外商独资企业将有较大的发展。

从生产经营方式上看，我国塑料机械制造企业大体上分为生产型、生产经营型、技术生产经营型和“外包型”四种类型。生产型企业是计划经济时代的产物，在市场经济条件下不能生存，已基本上退出。近年发展较快的是生产经营型和技术生产经营型企业。生产经营型企业技术力量薄弱，技术开发以大专院校和科研单位为主，但离产学研结合的效果差距甚远，由于企业技术力量薄弱，科技成果难以产业化。这样或相似这样条件的企业在我国塑料机械制造企业还占有相当大的比例。多数企业为技术生产经营型，这种企业技术力量较强、具有一定技术开发能力，重视企业装备水平的提高，销售能力也较强。其中有少量企业正向着“哑铃型”模式发展，即弱化生产环节，强化技术开发和营销活动。如有一企业职工人数280人，全员劳动生产率达42.14万元，生产人员不足100人，技术人员有90余人，绝大多数人员从事技术开发和营销活动；产品性能居国内同类产品领先水平，除国内建立了较完善的营销网络外，还在美国、俄罗斯、伊朗、泰国和马来西亚等设立分公司或销售中心。我国有少数单位尝试过“外包型”经营方式。所谓“外包”即经营单位只管技术开发和产品营销，生产全部由另一企业承包。生产塑料机械的装备绝大多数为通用机械，我国机械加工能力十分充裕并有一定的水平。除少量规模较大、基础较好、资金充足的企业外，大部企业应走“哑铃型”或“外包型”经营方式的道路，减少投资、降低风险，有利于提高产品水平和占有市场。

专业化生产近年有长足地发展，为我国塑料机械制造工业的高速发展和制造技术水平的提高创造了有利的条件。80年代塑料机械辅助装置如上料装置、干燥料斗、冷却装置等已基本实现了专业化生产。90年代专业化生产得到了进一步发展提高。目前专业化生产已遍及螺杆、机筒、减速器和快速换网装置等塑料机械的核心或重要的零部件，不仅满足了国内市场需求，还有一定的出口量。部分专业生产企业年产值已超过亿元，装备条件也有了一定改善。但整体上开发能力不强，开发单位提供的新技术知识产权难以保障，造成整机性能雷同。提高技术开发能力和装备水平，为主机厂提供个性化的服务，是专业生产企业必须解决的问题。

在队伍迅速扩大、行业迅速发展和激烈竞争中，涌现出了一批规模较大、市场占有率较高、发展速度较快的一批骨干企业。它们中多数企业具有同外商合资或合作生产的背景及产品出口在国际市场竞争的经验。在企业管理和产品技术上代表了我国塑料机械制造工业发展水平，也应该是我国加入WTO后参与国际竞争的基本队伍。其中可从部分企业2000年产品市场占有率和2000年与1995年工业总产值比看其发展速度，见表3和表4。

表3 2000年部分企业产品市场占有率

企业 / 市场占有率①/%	海天（注射机）	无锡格兰（注射机）	震德（注射机）	东华（注射机）	华冠（挤出机）	华丰（吹塑机）
同类产品	21.29	11.33	10.98	8.67	16.50	37.47
全行业	10.05	5.35	5.18	4.09	4.90	1.95

① 本处市场占有率是指各个企业的产品在国产产品中所占的比例，按产值计。

表 4　部分企业 2000 年和 1995 年产值比

产值/亿元 \ 企业	海　天	无锡格兰	震　德	东　华	华　冠	华　丰
2000 年	8.57	4.56	4.42	3.49	4.18	1.66
1995 年	2.25	0.74	2.05 (1996 年)	0.94	4.05	0.89
产值比	3.80	6.16	2.16	3.71	1.03	1.87

(三) 产品结构、技术水平

首先是彻底扭转了注射机和挤出机产量严重失调的局面。根据生产效率和应用领域，参照发达国家生产装备的实际，注射机和挤出机数量比较合理的比例应为 4～6:1。而我国 1985 年近于 1:1，1990 年不及 2:1,2000 年已接近 4:1。其次是挤出成型设备中主辅机的比例也从 1990 年的 1:0.7 提高到 2000 年的 1:1.07。这两个比例的变化不仅显示了我国塑料机械生产供应逐步趋于平衡合理，同时也显示了我国塑料机械制造工业逐步走向成熟。吹塑设备虽然在 80 年代初就开始开发推广，但主要用于液体包装容器生产，进入 90 年代后才逐步向生产工业制件方向发展。用于生产工业制件和包装容器的较合理比例应为 7:3 或 6:4，即吹塑设备应主要用于生产工业制件，而目前我国吹塑设备仍然以生产包装容器为主，要适应应用领域的变化，我们还有相当大的差距。

产品品种规格有所增加，制造水平有显著提高。

过去我们多年希望解决注射机"一大二精"问题，即发展大型、超大型和精密注射机，近年取得了一定进展。目前可向市场批量提供锁模力在 25000kN 以下包括二板机在内的各种规格的注射机。2000 年锁模力 8000kN 以上的注射机销售量超过 200 台，用于生产大型周转箱、集装箱托盘、汽车保险杆和家电塑料件等。同时已具备了制造锁模力 36000kN 的超大型注射机的能力。国产低压无拉杆注射机注射容量已达 50000cm^3，适用于再生塑料生产集装箱托盘、水泥预制板模架和工地用脚踏板等塑料件。目前还具备了制造注射容器 100000cm^3 的注射机的能力。同国外比较，国产设备除了价廉的优势外，供货期短也是突出的优势，已由过去的一年半到二年缩短为目前的半年到三个季度。制造大型注射机不仅体现了我国的设计水平，而且也体现了我国企业的装备条件和生产能力。国内精密注射机发展相对滞后，但目前已批量投向市场的四缸直锁注射机可用于生产包括视听光盘等精密注塑件。全电子注射机也已面世，正在推广应用中。

挤出成型设备的特点与难点在于成型工艺的多样性，从机械制造上说是多品种小批量。作为挤出成型基础装置的挤出机，近年来发展较快的是双螺杆挤出机，包括混炼双螺杆挤出机、异向旋转平行和锥形双螺杆挤出机。由于填充共混、反应挤出是改善提高塑料制品理化性能的重要途径，且投入少，产出快，混炼双螺行挤出机最近几年发展很快，2000 年产量已达到 800 多台，而且形成了江苏科亚化工装备有限公司、甘肃化工机械厂等 20 多家企业为骨干的队伍，能够制造螺杆直径 ϕ30～130mm 的系列产品。制造异向旋转平行双螺杆挤出机我国已经有 20 年的历史，锥型双螺杆挤出机也有 15 年左右的历史。80 年代中期分别引进了奥地利辛辛那提、德国莱芬豪舍和维伯的制造技术，但真正快速发展的是 1992 年和 1993 年后，由于聚氯乙烯制品在建筑、电讯、农业等广泛地推广应用，从 1993 年起，异向平行和锥形双螺杆挤出机年产量均在 1000 台左右，2000 年达到 1200 多台。目前全国门窗异型材生产装备有约 2400 条生产线，其中三分之二为国产设备。90 年代我国同向平行双螺杆挤出机和异向平行及锥形双螺杆挤出机的生产销售情况见表 5、表 6。

表 5　90 年代我国同向平行双螺杆挤出机生产销售情况

年　份/年	1991	1992	1993	1994	1995	1996	1997	1998	1999	2000
产量/台	120	267	371	423	447	480	412	550	(697)	844
销售量/台	118	247	332	297	430	347	380	520	(656)	791
销/产/%	98.33	92.51	89.49	70.21	96.20	72.29	92.31	94.49	(94.05)	93.71
销售增长/%		109.32	34.41	－10.54	44.78	－19.30	9.51	36.84	(26.15)	40.00

表 6 90 年代我国异向平行及锥形双螺杆挤出机生产销售情况

年 份/年	1991	1992	1993	1994	1995	1996	1997	1998	1999	2000
产量/台	50	359	1 008	1 086	879	880	1 045	685	(970)	1 255
销售量/台	51	285	991	972	800	883	1 033	608	(909)	1 209
销/产/%	100.20	79.39	98.31	89.50	91.01	100.34	98.88	88.76	(93.66)	96.34
销售增长/%		458.82	247.72	-1.92	-17.70	10.38	16.99	-41.14	(49.51)	30.00

包括单螺杆挤出机在内，国产挤出成型设备近年来的进步突出表现在成套供应能力上。目前可提供型材、管材、板材、片材和膜类等各种挤出成型生产线及其后续加工设备，其中发展较快的是管材和薄膜生产技术及其设备。可基本满足国内发展建筑、农业、交通、通讯、水利和矿山等及包装、农用和土木工程等塑料制品对中低档、部分高档设备的需求。

吹塑设备在成型方式和适应原材料多样化及发展大型、生产非对称塑料制品的技术有较大的进展，为提高塑料容器对被包装体的适应性及扩大工业制件的生产应用打下了良好的基础。

国产设备在品种规格上仍有很多空白，在制造水平上同发达国家相比差距依然较大。但是近年开发品种规格的速度正在加快，同时有越来越多的产品主要技术经济指标接近或达到国际先进水平。

挤出机和注射机国内外产品部分技术经济参数比较见表 7 和表 8。

表 7 国内外塑料挤出机部分技术参数比较

机型 \ 性能	国别、厂商	螺杆直径/mm	螺杆转速/(r/min)	电机功率/kW	产量/(kg/h)
锥形双螺杆挤出机	奥地利 CMT	80/172.6	38.2	77.5	750
	普通国产	80/143	37.0	55.0	360
	新型国产	80/172.6	38.04	80	680
单螺杆挤出机	意大利 AMUT	70	100，160，200	44.5，57.84	250
	普通国产	65	100 左右	22	80~100
	新型国产	65	160		180~200
混炼双螺杆挤出机	德国 JP	60	450	48	100~350
	普通国产	60	300	37~45	80~250
	新型国产	63	400/500	55~75	250~400

表 8 国内外塑料注射机部分技术参数比较

厂商 \ 规格参数	锁模力/t	螺杆直径/mm	注射容积/mm	注射压力/(kg/cm²)	注射速率/(cm³/s)	螺杆转速/(r/min)
德国 Battenfeld	250	55.60	522.622	1 874.1575	243.288	220.180
日本 JSV	220	53.58	463.555	1 820.1520	208.250	165(137)
国 产	250	52.60	595.792	2 485.1867	189.252	233
德国 Battenfeld	550	1 150	580×580	30(37)	15.6	
日本 JSV	500	1 000	560×560	30	16.15	
国 产	575	1 175	620×570	37.5(45)	20	

国产设备中电控和液压系统国际化和社会化程度比较高。变频、比例技术得到了广泛应用，部分设备实现了联线控制。电脑控制自动注射机已占注射机全部产量的50%左右。关键电器液压元件采用进口件，提高了可靠性。总体上说国产塑料机械的控制技术和当前国内的市场承受能力是相适应的。

我们已经有部分产品如聚氨酯反应注射机，无论在计量精度、生产效率、控制技术还是在应用领域上都达到了国际先进水平。近年成功试制的土工膜生产线，采用内冷装置、管泡径向尺寸反馈控制等技术，代表了我国塑料管泡法薄膜生产技术的最新水平。超高分子量聚乙烯管连续生产技术及其设备实现了工业化生产，正在推广扩大应用领域。

华南理工大学瞿金平教授发明的电磁动态挤出机被国外专家誉为塑料成型技术上的一项“真正的发明”。经过多年的努力，目前已实现产业化并在注射、挤出、混炼和吹塑等多种塑料成型技术中得到了应用。北京化工大学朱复华教授等研制的全视窗挤出机在同一领域中处于国际领先地位，在教学科研上发挥了积极作用。

二、展望

在这里主要讨论我国塑料机械发展空间问题。

持续高速发展的国内塑料加工工业为我国塑料机械制造工业的发展提供了广阔的空间。改革开放以来，特别是进入90年代后，我国塑料机械制造工业的高速发展缘于下列因素：国内塑料加工工业的高速发展；对更高技术水平的需求带来设备的更新，包括陈旧设备的淘汰；出口的增加和加工部门由于各种原因造成的设备储备的增加等，其中影响最直接和最大的是国内塑料加工工业的持续高速发展。从表1和表9可看出塑料机械销售值的增长和塑料制品产量增加的关系。从1991年到2000年塑料制品年均增长27.09%，塑料机械销售值增长17.38%。

我国塑料工业长远规划为塑料产品的产量在2000～2005年之间的年增长率达到10%，2006～2015年之间的年增长率达到8%。到2005年塑料制品的产量将达到25Mt，2015年预计总产量翻一番，达到50Mt。塑料加工工业的良好的发展前景仍将是我国塑料机械制造工业高速发展的首要动力。

提高国产设备在国内市场的占有率，也可以为我国塑料机械开创一定的空间。从表10看，如果国产设备在国内市场占有率能提高5个百分点，销售值就上一个10亿元的台阶。

表9　历年中国塑料加工制品产量①

年份/年	1990	1991	1992	1993	1994	1995	1996		1997	1998		1999	
产量/kt	3 668	4 435	5 368	6 690	8 427	9 944	12 803	15 742	15 340	16 625	8 468	19 607	9 359
增减/%	4.06	20.91	21.04	24.63	26.01	18.00	28.75	58.31	19.82	8.38	—	17.94	9.7

① 摘自《中国塑料》2000年6月刊。其中1996年、1998年和1999年右栏为国家统计局发布的产值在500万元以上企业的统计值，左栏为拟作为全部塑料制品产量的粗略修正值。

表10　近年我国塑料机械市场容量、进口和国产设备所占份额

年份/年		1993	1994	1995	1996	1997	1998	1999	2000
市场容量①/亿元		164.43	159.41	174.96	202.79	149.19	140.59	179.61	206.88
进口设备	美元/亿	15.83	17.90	16.34	19.29	13.02	12.49	15.72	18.61
	折人民币/亿	130.91	423.22	135.13	159.53	107.28	103.29	130.00	153.90
国产设备/亿元		33.52	36.19	39.83	43.26	41.91	37.30	49.61	52.98
进口设备比例/%		79.61	77.30	77.23	78.67	71.90	73.47	72.38	74.39
国产设备比例/%		20.39	22.70	22.77	21.33	28.10	26.53	27.62	25.61

① 市场容量为进口设备和国产设备国内销售部分总和。

但要扩大这一空间，从目前我国塑料机械制造整体水平看难度较大。表 10 显示，国产设备在国内市场占有率提高 5 个百分点，整整花了 8 年时间。所以这样难，首先是进口设备和国产设备价格差别大，如果平均以 4 倍计，国产设备的市场占有率则提高到 57.93%；其次是相当数量的进口设备是外商以投资的方式带进来的，这是国外正常的推销产品的一种手段；第三是部分进口设备属于批量小、制造难度大、需要制造厂商有雄厚的资金和国际市场的产品，如大型的 BOPP 生产线。尽管如此，我们还是应该知难而进，增加品种规格、提高制造水平和附加值，逐步提高国产设备在国内的市场占有率。

同替代进口比较，我们更应该也更可能从增加出口来开拓我国塑料机械的发展空间。塑料机械是国际贸易的重要产品，年贸易值在 200 ~ 300 亿美元之间。发达国家十分重视塑料机械的出口，如意大利 1997 年产值 35.50 亿美元，出口 25.5 亿美元，达到产值的 71.83%；德国近年来出口产品也均占其产值的 70%左右。而我国出口塑料机械多年在 5000 万美元上下徘徊，占产值的 10%以下（见表 11），即使出口最多的 2000 年也只有 2.38 亿美元，占当年产值的 23.07%。

表 11　近年我国塑料机械出口情况

年　份/年		1993	1994	1995	1996	1997	1998	1999	2000
出口	创汇/亿美元	0.29	0.25	0.44	0.38	0.60	1.38	1.34	2.38
	折人民币/亿元	2.40	2.07	3.64	3.14	4.96	11.41	11.08	19.68
占当年产值/%		6.45	5.08	7.68	6.77	10.58	21.07	18.26	23.07

在国际市场中我国塑料机械的优势在于实用、廉价，在发展中国家具有广泛的市场，即使对发达国家的市场也发挥了重要的补充作用。我国出口北美、欧洲和日本等发达国家或地区的塑料机械近年来处于上升趋势，2000 年占全部出口的 70%以上，其潜在市场更是大于发展中国家。

增加出口，我们存在许多困难，如对国际市场的了解与销售渠道，外贸知识与经验、产品技术水平等，而最大的障碍在于我们大多数企业领导缺乏出口产品参与国际竞争的强烈意识，没有以国际市场的需求为参照制订企业的发展规划、新产品新技术开发、市场营销活动及人力资源的开发利用等。对此应该是我们加入 WTO 后首先要解决的问题。

如前所述，我国机械加工能力是十分充裕的，生产塑料机械的潜力是巨大的。过剩的生产能力带来了市场的过渡竞争，从规模上我国塑料机械工业是处于高速发展中，但是多年来企业的利润一直保持在 10%左右，近年甚至呈下降的趋势。尽管我们应该努力提高国产设备在国内市场的占有率，但是其空间毕竟有限，而且在加入 WTO 后，可能不仅不能提高甚至还要下降。我们的出路只能在提高产品的出口上。采取别人打进来，我们走出去的方针，在国际市场上扩张我国塑料机械制造工业的发展空间。

我国政府为国产产品出口创造了许多有利条件，加入 WTO 后企业更容易取得产品出口权。但是对于中小企业占绝大多数的我国塑料机械行业一时还难以适应。我们相关的商会、行业组织、中介团体等有更好的条件和更多的机会为增加我国塑料机械产品出口发挥重要作用。

（中国轻工机械总公司　许政仓）

塑 料 模 具

模具是制造工业生产中的重要工艺装备。模具设计、制造水平的高低已成为衡量一个国家制造工业水平的重要标志之一，很大程度上决定着产品的质量、效益和新产品的开发能力。随着科学技术的发展，塑料的应用范围日益广泛，已从轻工业扩展到机械、电子、国防、通讯、建筑、农业等各个行业，几乎涉及到从工业用品到生活用品的各个领域。塑料模具在国民经济中的重要性也日益突出。九十年代以来，我国的塑料模具发展异常迅速，已成为模具行业中最大的一个门类。

【基本情况】

（1）到 2000 年，我国专营和兼营塑料模具的生产企业约有近万家，从业人员近 30 万人，产值近 100 亿元，约占模具工业总产值的 40%。

（2）目前全国所需用的塑料模具，除少数大型集团公司主要依靠自给外（约占 3%），大多由民营、乡镇和个体模具企业供给（约占总量的 75%）。产品厂自产自用模具的比例已由 50%下降到不足 10%。国有塑料模具企业的供给量则进一步减少，已不足总需求量的10%。少量大型、精密塑料模具则仍需依靠进口（约占总量的5%），每年需花费约2亿美元左右的外汇。

(3)“九五”期间，随着国家体制改革的深入和市场经济的发展，塑料模具行业在体制创新方面取得了较大的进展和突破。随着党的十五大关于“非公有制经济是我国社会主义市场经济的重要组成部分”论述的贯彻落实，在大批乡镇模具企业取得长足进展的同时，私人模具企业也得到迅速发展。一些从几千元起家的小厂，在市场经济的大潮中迅速发展成为拥有上亿元资产、技术力量相当雄厚、具有一定规模的塑料模具企业。目前，大量的民营模具企业已成为塑料模具行业的主体，在行业中发挥着越来越大的作用。

(4)“九五”期间，由原轻工总会与余姚市政府共建了中国轻工（余姚）模具城。该模具城集塑料模具材料和标准零件、塑料模具制造和检测、培训等于一体，聚国有、集体、民营、外资企业于一城，以余姚市三城（浙江远东工业城、塑料城、模具城）为纽带，以余姚塑料模具行业优势为特色，充分发挥现有市场、技术、人才、政策等方面的优势，逐步向形成我国的塑料模具工业产销中心发展，成为我国模具工业中突破旧体制的试验基地。这一举措，必将对我国塑料模具工业的发展产生深远影响。

(5)随着社会主义市场经济不断发展，汽车、家用电器、通讯器材等产品需求增长，一些大集团公司对模具的作用和价值有了新的认识，为加快对市场的响应和新产品的开发速度，纷纷加大对模具的投入，建立自己的模具制造中心、模具分厂，以减少对昂贵进口模具的依赖，提高市场竞争能力。其中如海尔模具有限公司、科龙模具有限公司、美的模具有限公司、天津通讯广播公司模具厂、安徽荣事达塑料模具公司等企业均投入大量资金，引进了一批世界一流的精密模具加工设备、先进技术和计算机软件，不仅使这些模具企业在厂房设备水平、高新技术的应用、人材素质等方面均居国内同行业领先地位，其模具产品的设计和加工工艺水平、模具质量、加工周期等方面已接近或达到国际同行业先进水平。

(6)总体技术水平有了较大提高：由于塑料模具企业已较多地应用了数控机床等先进加工设备和计算机辅助设计/加工/分析软件，加之人员的素质也有了较大的提高，我国塑料模具的设计制造水平有了较大的提高。目前我国已可设计、生产诸如48英寸电视机的外壳、6.5kg大容量洗衣机桶和汽车保险杠等大型塑料模具及钟表精密齿轮等精密塑料模具以及多达600腔的塑封模具等。塑料件的尺寸精度可达IT6～7级、塑件型面的粗糙到Ra 0.05～0.025μm。塑料模具使用寿命可达100万次以上。

【存在的主要问题】

(1)民营模具企业已成为我国塑料模具行业的主力军。要发展就要技术改造，要改造就要大量资金。但民营企业的融资渠道一直不畅，已严重影响了民营模具企业的发展，从而也制约了行业的发展。

(2)虽然一些大集团公司所属的模具企业和少数力量雄厚的民营模具企业的技术水平已跨入国际先进水平的行列，但从行业整体上看，由于行业起步晚，技术基础差，与国际先进水平仍存在相当大的差距。具体表现为：模具制造精度约相差一个数量级；制造周期约长2～3倍；模具材料品种、规格少且质量不稳定；模具寿命短，表面质量差；模具标准化程度低，模具标准件仍未达到商品化程度。

(3)劳动生产率低。目前我国塑料模具行业的平均全员劳动生产率约为150000元/人·年，约为日本的1/7，意大利的1/5。

(4)塑料模具行业中的许多企业仍未完全摆脱小而全的模式，尚未形成专业技术优势。

(5)企业人员素质有待进一步提高。人员素质不高既影响了企业管理水平的提高，也影响了对新技术、新装备的应用。这是造成这些企业生产成本高、制造周期长、经济效益低、竞争力差的重要原因之一。

(6)大多数企业的先进加工进口设备数量少且不配套；计算机辅助技术的应用尚不普及；专业化协作程度尚不高。

【市场前景】

(1)国际市场：工业发达国家由于人工费用不断的增加，为降低成本，已开始并逐渐扩大对东南亚等发展中国家的模具进口。以模具出口大国日本为例，其1980年模具进口额为24.98亿日元，至1989年已上升到132.32亿日元，10年间提高了5.3倍。1996年更上升到258.69亿日元。塑料模具特别是中低档塑料模具的国际市场潜力十分巨大。

(2)国内市场：根据有关行业规划，需用塑料模具的主要相关行业或产品，其2010年的预计产量将比2000年有较大幅度的增长，如：塑料制品行业将增长100%；电冰箱（含冷冻柜）将增长66%；家用洗衣机将增长46%；房间空调器将增长41%；吸尘器将增长33%。而电视机2010年将达到2500万台；录音、录相机、收音机2010年将达到8000万台等等，这些都将对塑料模具不仅在数量上，而且在质量上提出更高的要求。此外，随着市场新的消费热点的出现以及通讯设备、PVC塑料门窗和上下水管道及管接头等产品的发展，都将为塑料模具行业提供新的增长点。以需要塑料模具量大的家电和塑料制品行业为例，其“十五”和到2015年发展情况预测如下：

	单　位	2005年	2015年
家用电器行业			
电冰箱（含冷冻柜）	10^4台	1400	2200
家用洗衣机	10^4台	1500	2400
空调器	10^4台	1600	2600
微波炉	10^4台	1200	1800
洗碗机	10^4台	400	1000
电热水器	10^4台	800	1500
塑料制品行业			
农用塑料产品	Mt	4.7	9
包装用塑料产品	Mt	5.5	11
建筑用塑料产品	Mt	4	8
工业配套用塑料产品	Mt	4.5	9
日用与医用塑料产品	Mt	4.72	9.44
人造革、合成革产品	Mt	0.78	1.6
其他塑料产品	Mt	0.80	1.6

我国加入WTO组织后对塑料模具行业发展影响分析：

(1) 目前我国是国际市场中的模具进口大国，年进口模具的外汇额以亿美元计。自“九五”以来，随着我国模具行业的发展，进口数额已连年下降。加入WTO后，进口数量不会有大的变化，从而不会对国内市场造成大的冲击。

(2) 由于模具是高技术与高技艺相结合，是技术劳动密集型行业，而我国劳动力市场丰富且从业人员大多具有勤劳和创造精神。加入WTO后不仅不会影响就业，还由于竞争环境改变而更激发从业人员的主观能动性。

(3) 中国加入WTO后，由于进口关税的降低，国际上先进的模具加工机床、刀具和适应性更强的模具材料会更广泛地被模具企业应用，将会提高我国模具行业的制造效率和质量。从另一角度看，将会促进国内机床、刀具以及模具材料行业的进步，有利于模具行业的发展。

(4) 中国加入WTO后，由于市场竞争更加激烈，这对塑料模具行业过去存在管理体制和经营机制方面的弊病将有较大冲击，在客观上迫使一些经营不善的企业转变机制，使之更趋适应发展规律。

塑料模具行业只有采取市场化、国际化的发展战略,依靠技术进步和建立与市场经济相适应的经济管理体制,参与国内外两个市场的竞争,才能不断发展。

（中国轻工模具协会　于润波）

科技进步

高分子粉体复合材料

无机粉体是由各种矿物质经粉碎而成的天然材料，或是以这些矿物质为原料经化学反应而成的合成材料，包括各种氧化物、氢氧化物、碳酸盐、硫酸盐、硅酸盐等。由于各种无机粉体可以提高高分子材料的刚性，并能大幅度地降低材料的成本，因此长期以来人们就开始利用这些无机粉体制备高分子复合材料，但由于无机粉体的加入往往会使材料的强度和韧性有较大的下降，而且由于长时期以来在高分子/无机粉体复合材料技术上未能有效地解决这些问题，因此人们至今只能基于无机粉体必然会导致材料强度及韧性降低这一传统认识，习惯上把无机粉体称之为“填料”，不言而喻，它们和高分子材料的复合，多是以降低材料成本为主要目的的。此外，碳酸钙因其广泛地存在于自然界中，具有价格低廉、无毒无味、白度高、硬度低、化学稳定、易干燥等种种优点，至今为止都是使用最为广泛，用量最大的塑料填充材料，占高分子材料用填料总用量的70%以上。因此在某种意义上，高分子/碳酸钙复合材料技术发展和进步的过程，就代表着高分子/无机粉体复合技术发展和进步的过程。

目前，碳酸钙在高分子材料中的应用量越来越多，应用面越来越广泛。其主要对应的工业领域和产品有物质流通产业：各类塑料编织袋、彩条苫布、容器、打包带等；食品工业或商业：各种食品用大小型托盘、周转箱、瓶桶罐类容器、冷库或速冷食品用托盘等；汽车工业：保险杠、仪表盘等；摩托车工业：档板护板等；建筑工业：施工用的各种模壳、模板或配管；煤炭工业：洗煤板排水管等；环保：高填充垃圾袋、大型垃圾桶等；纸品工业：合成纸等；家电产业：洗衣机洗碗机内桶、各种扇叶、照明灯具底座外遮光罩等；化学工业：各种压滤板框；矿粉制造行业：高效活化矿粉；精细化工行业：碳酸钙专用偶联剂；塑料加工行业：各种高性能母料、制品专用料等。各种制品中所添加的碳酸钙用量不等，但在各相关行业及重要制品中，碳酸钙所涉及的产业规模是相当大，这也是我国近年来碳酸钙需求量不断增加的一个主要原因。

一般工业碳酸钙产品有3种主要的形态，即重质碳酸钙、轻质碳酸钙和纳米碳酸钙。其中重质碳酸钙（略称重钙）是采用天然石灰石经粉碎、分级而直接制造的，根据加工方法不同有干法重钙和湿法重钙之分，但干法重钙占绝大多数；轻质碳酸钙（略称轻钙）是以天然石灰石为原料，经煅烧、消化、合成、干燥等化学过程而制造的；而纳米碳酸钙也是采用合成法制造的，只是在合成时应采用特殊的技术控制碳酸钙的尺寸（< 100nm），并使之分离出来。80年代以前，由于粉体加工技术和高分子材料复合技术上的原因，我国在高分子材料工业中使用的碳酸钙主要是轻钙，而发达国家使用的主要是重钙。90年代以后，重钙在高分子材料中的使用量逐渐增加，目前和轻钙持平或略超轻钙。但随着重质碳酸钙尤其是超细重质碳酸钙的开发，及高分子材料复合技术和应用技术的进步，我国在高分子材料产业中的重钙用量迅速增加，今后必将大大超过轻钙。而纳米碳酸钙技术是90年代发展起来的，我国广东最初从日本导入生产线，可生产90nm的碳酸钙，而后在上海又利用自己的技术建成生产线，生产70nm的碳酸钙，最近又在广东、内蒙古、河北等地建造40～30nm碳酸钙的生产线。纳米碳酸钙工业制备技术发展很快，尽管其在高分子材料中特别是在塑料制品中目前还不能达到工业规模的应用，但伴随着高分子材料纳米复合技术的进步，纳米碳酸钙必将展示出更加美好的应用前景。

在我国，碳酸钙在高分子材料中的应用技术经历了几个发展阶段，第一阶段是60年代轻质碳酸钙在聚氯乙烯中的大量应用，主要用于制造聚氯乙烯人造革、聚氯乙烯鞋底、聚氯乙烯管材等塑料制品，而60年代后期轻质碳酸钙也开始应用于某些聚烯烃塑料制品中。第二阶段是80年代初，以无规聚丙烯为载体的填充母料技术的出现，并开始将重质碳酸钙应用于聚丙烯、聚乙烯等制品。而80年代后期至90年代初期，A.USUKI、由井等人先后在研究中揭示了无机刚性粉体促进高分子材料脆韧转变的可能性，我国漆宗能、王贵恒、傅强等人也证明了描述弹性体增韧的逾渗机制在高分子/无机刚性粉体复合体系中的适用性。此后，我国一些研究单位也以聚烯烃特别是聚乙烯为基体进行了类似的研究探讨，并取得了一定的进展，但有关技术的发展并不顺利，一般仅能在有限的条件下提高和改善材料的性能，特别是对增韧难度较大的聚丙烯树脂，当时在无机刚性粉体增韧技术上还未取得根本意义上的突破。而90年代的中后期，伴随着我国无机粉体加工产业大发展时期的到来，伴随着磷系、钛系、铝系、硼系和稀土复合系等各种新型偶联剂的不断问世，以及人们对高分子/无机粉体复合体系中表面与界面、体系中各种物质间的作用关系等基本问题认识的不断深入，对复合体系中微观相界面设计与调控方法的建立，高分子/无机粉体复合材料技术也取得了一系列重要的发展和长足的进步。

其中较典型的复合技术的技术形态如下：

基于新型偶联剂的复合技术：例如，对碳酸钙采用具有一定烷基长链的磷酸酯类偶联剂、羧酸盐类偶联剂等进行表面处理，对高岭土采用具有一定烷氧基长链的硅烷类偶联剂等进行表面处理。由于长链烷基能和HDPE树脂、而烷氧基长链能和尼龙树脂产生良好的相容，导致偶联剂和基体之间具有较大的结合强度，则在材料受力破坏时，容易使碳酸钙或高岭土粒子和基体树脂之间产生良好的应力传递，并有效地促进基体树脂使之发生屈服和塑性形变，其结果可吸收更多的冲击能量使材料的韧性得到提高。此外，对尼龙/高岭土复合体系而言，由于高岭土的层片状粒子形状效果，材料的拉伸强度也将得到较大的提高。

基于对基体树脂改性的复合技术：例如，通过对HDPE等聚烯烃树脂进行辐照处理，使其表面生成一定数量的含氧型极性官能团，当利用处理的树脂和碳酸钙等无机粉体复合时，这些极性官能团可和碳酸钙作用使其和基体树脂之间的界面强度提高，其结果使复合材料达到同时增强增韧的效果。通过对基体树脂的极性单体接枝，或在基体树脂中部分混入进行极性单体接枝的树脂，可较好地防止复合材料拉伸强度的降低，并能有效地改善材料的刚性。

基于对基体树脂调整的复合技术：该技术特别是对聚丙烯复合材料有较多的应用，其特点是通过掺混等方法，将EPDM、EPR、POE等弹性体，或将具有不同熔体流动速率、不同聚合特征（共聚或均聚、共聚单体含量等）的聚丙烯树脂进行直接混配，或采用动态交联的混配技术对基体进行调整，加入一定量的如滑石粉或云母等具有层片状特征的无机粉体，可使复合材料具有较好的综合物理机构性能，如流动性、冲击韧性、刚性、拉伸伸长率等。

基于对无机粉体进行弹性体包覆的复合技术：例如，先将EPDM、EPR、POE等弹性体进行极性单体接枝处理，并利用其对碳酸钙、高岭土或滑石粉等无机粉体进行挤出包覆，而后将其加入到基体树脂中混合混炼，该技术可使树脂的韧性、刚性等得到较好的改善。

基于第三相界面导入的复合技术：根据基体高分子和无机粉体所组成的复合体系中各种相界面的特征（即基于材料体系中组成物质之间的作用关系），将其分类为3种基本的相界面。其中基于第三相界面导入法的复合技术包括助偶联剂法、反应性助偶联剂法、超薄界面（层）法等不同的技术方式，可以在同样的材料体系条件下，只需通过改变偶联剂和助偶联剂的种类，调控其微观相界面的形式方式，就可达到对聚烯烃树脂进行增韧、超韧、增强增韧、耐热、耐低温、阻燃改性等不同的目的。

基于界面诱导的复合技术：界面诱导法是遵循热力学的基本原则而确立的对复合材料中相界面进行调控的技术，该技术的基本原理是利用官能团之间的反应、氢键或分子间力的作用，使添加在体系中的特定物质自行组装在导入到无机粉体表面上的偶联剂附近，而达到所要求的改性目的。可从界面诱导机制、诱导条件、相态结构、界面自由能等角度证明界面诱导技术在高性能或功能性复合材料制备中的应用价值，例如利用界面诱导法可确立高强增韧型、超韧型、永久抗静电型等高性能化或功能化的聚丙烯、聚甲醛等无机粉体复合材料的制备技术。

基于共复合法的复合技术：共复合法是在有效的界面设计与调控的基础上，利用2种或2种以上物理化学性质、形状要素等不同的无机粉体的合理组合，达到对材料进行增强增韧、阻燃等不同改性目的的复合技术。以高分子材料中是较常用的填充剂滑石粉和碳酸钙为例。由于碳酸钙表面活性较大，用特殊的偶联剂对其进行表面处理，可使复合体系韧性大幅度提高，但碳酸钙粉体呈近球状的形态，其添加往往容易引起材料拉伸强度的大幅度下降，而且对提高材料刚性的作用效果较小。与之相比，滑石粉是一种典型的呈层片状结构的粉体，具有较大的径厚比，其添加可以在较大程度上提高复合材料的拉伸强度、刚度、表面硬度、耐热性及高温下的抗蠕变性等诸多性能，但由于滑石粉表面活性较小，且至今未能发现有效的偶联剂，其添加一般将引起材料韧性的大幅度降低。将滑石粉和碳酸钙对HDPE树脂进行共复合，可使体系综合片状粉体和近球状粉体的优点，得到综合力学性能较好的复合材料，不仅冲击强度提高数倍，而且拉伸强度、刚性等均较基体树脂有较大的提高。

基于直接复合法的复合技术：自80年代人们首次获得采用插层聚合法制备的PA6/蒙脱土插层复合材料以来，至今几乎各种高分子和蒙脱土插层复合体系均已有文献报导，有些体系已经进入了产业化或已开始了产业化的探讨。但由于聚丙烯分子的非极性且无反应性官能团等原因，事实上有关聚丙烯/蒙脱土纳米复合材料方面的研究进展一直较慢。目前，有关PP/蒙脱土复合材料的制备方法主要有原位复合法和熔融复合法，但这些复合方法需要通过较复杂的过程，而且所达的复合效果也未必很突出。因此，有关聚丙烯插层复合这一研究领域一直引起着人们的广泛关注。而采用直接复合法，可直接经注射成型制备聚丙烯/蒙脱土复合材料（不拘泥于是否制备成概念意义上的纳米复合材料）。该方法可将PP树脂、有机化蒙脱土及少量的插层剂混合后，直接加入注射机成型，则得到的制品的冲击韧性能有较大的提高。复合体系的冲击强度和硅酸盐层片层间距是相关的，插层剂可以使蒙脱土中硅酸盐片层层间距的增大，而且可以提高蒙脱土颗粒和PP基体之间的作用强度，均有利于使PP/蒙脱土复合体系的冲击强度得以提高。而且可在对该方法改进的基础上，制备出超韧性聚丙烯复合材料，并在功能化方面也表现出很好的前景。

综上所述，近年来随着无机粉体加工技术和高分子材料复合技术的进步，在高分子材料中应用的无机粉体已从传统意义上的填充剂变为高性能改性剂或功能性助剂，其使用范围越来越广。然而，由于无机粉体的种类繁多，其本体的化学组成、表面物理化学特征和物理形态学特征上存在着多样性，目前的复合技术还远远不能做到对每一种无机粉体都能最大限度地发挥其应用价值。我国是一个无机粉体资源大国，目前我国的粉体应用量名列世界前茅，但粉体应用技术却是比较落后的。因此，今后如何提高无机粉体在高分子材料中的应用水平，不仅对高分子/无机粉体复合技术的进步，而且对提高国内高分子材料的工业水平都有着重要的意义。

（清华大学高分子材料研究所　于　建）

纳米塑料

纳米塑料是指用层状硅酸盐作为分散相，利用插层聚合、熔融插层等特殊工艺方法制备的聚合物/层状硅酸盐纳米复合材料。层状硅酸盐主要来源于天然蒙脱土，故又称聚合物/粘土纳米复合材料［见于学术刊物包括美国“科学”（Science）和英国Nature杂志］。纳米塑料一词主要出现于工业性和商业性杂志中。蒙脱土的基本单元结构片层厚约1nm，长宽约100nm，用插层聚合等工艺所制备的纳米复合材料形成特殊的“纳米马赛克”结构，类似在有机聚合物基体上贴上了一层无机纳米马赛克，具有一般塑料所不具备的优异性能，特别是气体阻隔性和熔体粘度反常下降。

利用蒙脱土具有离子交换反应特性制备有机化蒙脱土，有机蒙脱土能进一步与单体或聚合物熔体反应，在单体聚合或聚合物熔体混合的过程中原位生成纳米尺度的结构片层，均匀分散到聚合物基体中，从而形成纳米塑料。纳米塑料能够将无机物的刚性、尺寸稳定性和热稳定性与聚合物的韧性、可加工性及耐腐蚀性完美地结合起来，是典型的轻质高强材料。插层复合技术在传统工艺基础上不需要新的投资，环境友好，易工业化。

20世纪80年代末日本首先发明了两步法制备尼

龙-6/蒙脱土纳米复合材料。随后，美国康奈尔大学和宾西法尼亚大学等进行了系统的理论研究。美国于1995年成立Nanocor公司，开始聚合物/粘土纳米复合材料的工业化试制。中国科学院化学所于1993年在国家基金委、“863”新材料专家委员会和科技部等项目资助下，开始了纳米塑料的系统研究，到2000年已成功地开发出了以聚酰胺、聚酯、聚乙烯、聚丙烯、环氧树脂、硅橡胶、聚苯胺、聚氨酯等为基材的一系列纳米塑料，申请专利13项，其中公开专利8项，授权5项，纳米超高分子量聚乙烯(n-UHMWPE)管项目通过省级鉴定，获得河北省科技进步二等奖，2000年成立了北京联科纳米材料有限公司，部分产品已出口日本。纳米PET在燕山石化聚酯厂成功地进行了工业化放大，完成了部分产品的工业化应用。

一、经济实用的制备工艺

纳米塑料中用作纳米无机相材料的蒙脱土(MMT)，是我国丰产的一类天然粘土矿物，是一种层状硅酸盐。其结构片层是纳米尺度的，包含有三个亚层，在两个硅氧四面体亚层中间加含一个铝氧八面体亚层，亚层之间通过共用氧原子以共价键连接，结合极为牢固。整个结构片层厚约1nm，长宽约100nm，由于铝氧八面体亚层中的部分铝原子被低价原子取代，片层带有负电荷，过剩的负电荷靠游离于层间的Na^+、Ca^{2+}和Mg^{2+}等阳离子平衡，因此容易与烷基季铵盐或其他有机阳离子进行离子交换反应生成有机化蒙脱土，有机化蒙脱土呈亲油性，并且层间的距离增大，因此有机蒙脱土能进一步与单体或聚合物熔体反应，在单体聚合或聚合物熔体混和的过程中剥离为纳米尺度的结构片层，均匀分散到聚合物基体中，从而形成纳米塑料。这种插层复合技术是基于在传统工艺基础上的技术革新，不需要新的高昂设备投资，工艺简单，操作方便，环境友好，特别适合于聚合物改性，容易实现工业化生产。

二、优异的物理力学性能

（一）高强度和耐热性

插层复合技术能够实现有机物基体与无机物分散相在纳米尺度上的复合，所得的纳米塑料能够将无机物的刚性、尺寸稳定性和热稳定性与聚合物的韧性、可加工性及介电性完美的结合起来。纳米塑料中含蒙脱土的量较少，一般在10%（质量分数）以下，通常仅3%~5%（质量分数），但其刚性、强度、耐热性等性能与常规玻璃纤维或矿物填充增强复合材料（填充量30%（质量分数）左右甚至更高）相当，因而纳米塑料的相对密度较低，比强度和比模量高而又不损失其抗冲击强度，能够有效地降低制品重量，方便运输。同时，由于纳米粒子尺寸小于可见波长，纳米塑料具有高的光泽和良好的透明度。

（二）高阻隔及自熄灭性

由于聚合物基体与蒙脱土片层的良好结合，通过控制纳米硅酸盐片层的平面取向，纳米塑料制品表现出良好的尺寸稳定性和良好的气体（包括水蒸气）阻隔性。如尼龙6纳米复合材料（含蒙脱土质量分数2%）氧气透过率与纯尼龙6相比降低了一半，水蒸气的透过率降低了三分之一以上。一些纳米塑料还具有阻燃自熄灭性能。

三、优良的加工性

纳米塑料熔体强度高，结晶速度快，熔体粘度低，因此注塑、挤出和吹塑的加工性能优良。尤其是挤出级、注塑级纳米超高分子量聚乙烯，解决了超高分子量聚乙烯加工的难题。

四、纳米塑料的应用领域

与一般复合材料相比，含有少量蒙脱土的纳米塑料表现出优异的综合性能，因此它们比常规填充复合材料要轻。美国权威机构发表的“NANOCOMPOSITE MARKET OPPORTUNITIES”一文中称纳米塑料是21世纪前几十年塑料工业的超星。良好的性能组合、简单的加工工艺和合理的价格使得纳米塑料在各种高性能管材、汽车及机械零部件、电子和电气部件、啤酒罐装、肉类和奶酪制品的包装材料市场等领域中有广泛的应用前景。

五、典型纳米塑料举例

（一）尼龙6纳米塑料(n-PA6)

普通尼龙6具有良好的物理机械性能，例如拉伸强度高，耐磨性优异，抗冲击韧性好，耐化学药品和耐油性突出，是五大工程塑料中应用最广的品种。但是，普通尼龙6的吸水率高，在较强外力和加热条件下，其刚性和耐热性不佳，制品的稳定性和电热性较差，在许多领域的应用受到限制。

我们应用天然丰产的蒙脱土层状硅酸盐作为无机分散相，发明了一步法制备尼龙6纳米塑料，现已获得中国国家发明专利。该复合材料与纯尼龙6相比具有高强度、高模量、高耐热性、低吸湿性、高尺寸稳定性、阻隔性能好，性能全面超过尼龙6，并且具有良好的加工性能。与普通的玻璃纤维增强和矿物增强尼龙6相比，相对密度低、耐磨性好，具有良好的综合性能，其应用领域非常广泛。可用于制造汽车零部件，尤其是发动机内有耐热性要求的零件，还可用于办公用品、电子电器零部件、日用品等，此外还可用于制造管道等挤出制品。尼龙6纳米塑料是工程塑料行业的理想材料，该产品的开发为塑料工业注入了新的概念。其性能指标参见表1。

在 n－PA6 作为工程塑料的基础上我们还制备了高性能 n－PA6 膜用切片，该切片适用于吹塑和挤出制备热收缩肠衣膜、双向拉伸膜、单向拉伸膜及复合膜。与普通 PA 膜相比，n－PA6 膜具有更佳的阻隔性、力学性能和透明性，因而是更好的食品包装材料。其性能指标参见表 2。

（二）PET 纳米塑料（n－PET）

聚对苯二甲酸乙二酯(PET)用于纤维、瓶及薄膜，工程塑料用只占其总量的 1.6%。目前国内 PET 树脂的年生产能力为 649kt,因此开发工程塑料级 PET 成为关注的焦点。PET 作为工程塑料应用存在三大制约因素:熔体强度差、结晶速度较慢、尺寸稳定性差,因而不能满足工业上快速注塑成型的需要。有鉴于此,世界上各大公司纷纷在快速结晶化助剂的开发上投入大量人力、物力、财力,开发出了各具特色的快速结晶助剂。并在此基础上推出了各自的商品化 PET 工程塑料产品,较为突出的有美国 GE 公司、德国 BASF 公司、日本三菱公司的系列玻璃纤维/矿物增强 PET 工程塑料,这些产品都具有较高的结晶速率,但在加工过程中加入的成核剂价格昂贵,成为制约其大规模应用的一个瓶颈。我们的研究表明,当无机组分以纳米水平分散在 PET 基材中时,可显著改善 PET 的加工性能及制品性能,开发出了 PET/蒙脱土纳米复合材料 n－PET(中国专利申请号:97104055.9)。结合 n－PET 原料开发出的增强型阻燃 n－PET 工程塑料,经工程塑料国家工程研究中心测试,结果均表明该种新型 n－PET 工程塑料的各项性能指标均达到或超过了国内外 PET 工程塑料产品,其性能指标参见表 3。

（三）超高分子量聚乙烯/粘土纳米复合材料(n－UHMWPE)

超高分子量聚乙烯是指平均分子量在 150 万以上的线型结构聚乙烯，其耐磨、抗冲击、耐腐蚀、自润滑、吸收冲击能力为现有塑料中最高值，故被称为“令人惊异的塑料”。但由于粘度极高，成型加工困难。我们研制成功的 n－UHMWPE 与均一分散层状硅酸盐充分混合，利用层状硅酸盐片层间摩擦系数小，减少 UHMWPE 分子链的缠结，起到了良好的自润滑作用，使得 n－UHMWPE 能用普通挤出成型方法连续生产管材和异型材。聚乙烯纳米合金系列，具有优良的耐磨、耐腐蚀、高强度、无毒性能，其性能指标参见表 4。制品易于运输、安装、保养，并具有优良的抗震性，在性能价格比优于铁管、铝管、铝塑管，是理想的大、中、小口径的给水管和煤气管道，工业液体输送管道，江河疏浚排泥管道，粮食、粉煤灰、矿砂输送管道材料。

（四）纳米无规共聚聚丙烯（n－PPR）

无规共聚聚丙烯(PPR)具有聚丙烯的刚性、耐热性和聚乙烯的韧性和抗应力开裂性,是优异的绿色化学建材,广泛应用于室内冷、热供水管线。目前我国 PPR 的质量不过关,主要依靠进口。中国科学院化学研究所与成都正光科技股份有限公司合作,采用国产的共聚 PP 为原料,成功的开发出纳米 PPR(n－PPR)。与一般 PPR 相比,它具有更好的化学稳定性、抗冲击性和耐高温性,尤其是 NPPR 的收缩性小,抗蠕变性能优异,具有超常的使用寿命,特别适用于冷、热水管及地面采暖管道。此产品经东泰(成都)工业有限公司、成都安诺塑胶公司和成都新艺塑料厂使用,效果良好,特别是加工性和产品外观皆优于进口。经“化学工业合成树脂及塑料质量监督检测中心”和“四川省产品质量监督检验所”的对比测试,其全部物理力学性能达到或超过北欧化工 RA130E(Borealis RA130E)和德国 DSM Vestden P9421 的标准(见表 5)。

表 1 尼龙 6 纳米塑料（n－PA6）的性能

项　目	PA6①	注射级	n－PA6 挤出级	增韧级
密度/(g/cm^3)	1.14	1.15～1.17	1.15～1.17	1.15～1.17
拉伸强度/MPa	75	96	102	74
拉伸模量/GPa	2.5	4.2	4.7	3.5
断裂延伸率/%	30	14	10	56
弯曲强度/MPa	115	152	170	139
弯曲模量/GPa	3.0	3.4	4.1	2.9
Izod 缺口冲击强度(23℃)/(J/m)	40	127	107	240
热变形温度(1.82MPa)/℃	65	155	145	128

① PA6 为未加蒙脱土,用作参比的尼龙 6。

表 2 n－PA6 薄膜的性能

项 目	商品 PA6 膜	n－PA6
拉伸强度(纵/横)/MPa	33/53	80/56
热收缩率(纵/横)(190℃,10min)/%	3.0/3.0	3.0/3.0
断裂伸长率(纵/横)/%	332/268	380/212
撕裂强度(纵/横)/(kN/m)	116.0/151.7	150.8/165.7
水蒸气透过系数(38℃,RH 90%)/(g·cm/m^2·s·Pa)	2.1	1.7
氧气透过系数(23℃,RH 60%)/(cm^3(STP)/m^2·24h·atm)	1.44	0.58

表 3 PET 纳米塑料的性能

项 目	PET①	n－PET	增强型 n－PET		
			G10	G20	G30
粘 度	0.55～0.65	0.55～0.70			
拉伸强度/MPa	70	75～80	90	121	140
拉伸模量/GPa			5.5	7.2	8.1
断裂延伸率/%	15	7～11	5.6	3	1.7
弯曲强度/MPa	108	100～120	158	180	200
弯曲模量/GPa	1700	3600	5.1	7.5	10.2
Izod 缺口冲击强度（23℃）/（J/m）	35～42	25～30	54	69	75
热变形温度（1.82MPa）/℃	76～85	100～120	190	210	218
熔点/℃	259～261	257～262	250～260	250～260	250～260
分解温度/℃	410～415	410～430	469	453	448
半结晶时间（216℃）/min	3.9	0.71			
阻燃性 UL94			V－0	V－0	V－0

① PET 为未加蒙脱土，用作参比的聚对苯二甲酸乙二酯。

表 4 超高分子量聚乙烯纳米塑料的性能

项 目	UHMWPE①	n－UHMWPE			
		EX－n－UPE	RF－n－UPE	RF－n－PE	n－PE
分子量/10^6	2.5	2.5	2.5		
密度/（g/cm^3）	0.94	0.96	1.15	1.15	1.15
熔体流动速率（190℃，5kg）/（g/10min）	<0.1	0.25	0.2	0.2	0.5
拉伸模量/GPa	1.8	0.9	2.6	2.6	2.0
拉伸屈服强度/MPa	22	26	50	35	28
断裂延伸率/%	450	300	10～20	30	50
Izod 缺口冲击强度（23℃）/（J/m）	500	不断	不断	450	400
脆化温度/℃	－70	－80	－80		
热变形温度（0.46MPa）/℃	85	85	100	95	90
砂浆法磨耗率（400r/min，8h）/%	0.019	0.018	0.018	0.065	0.12
制品工作寿命/年	50	50	50	50	50
加工性	好	好	好	好	

① UHMWPE 为未加蒙脱土，用作参比的超高分子量聚乙烯。

表 5 纳米 PPR 和北欧化工 PPR 及德国 DSM 公司 PPR 性能对比

测试性能	单位	DSM Vestolen P 9421	中科 n－PPR	北欧化工 RA130E
密度/(kg/m^3)	0.895	0.930	0.905	ISO 1183
熔体流动速率/(g/10min)				ISO 1133
230℃/2.16N	0.24	0. 26	0.25	
190℃/50N	0.41	0.33		
摆锤冲击强度/(kJ/m^2)				ISO 179
+23℃	无破裂	无破裂	无破裂	
+23℃(缺口)	30	46	20	
0℃	无破裂	无破裂	无破裂	
0℃(缺口)	4	18	3.5	
−10℃	无破裂	无破裂		
−10℃(缺口)	2.5	11		
Izod 冲击强度/(kJ/m^2)				ISO 180
(+23℃,缺口)		15	44	
拉伸测试				ISO 527
拉伸屈服强度/(N/mm^2)	27	30	25	
拉伸断裂强度/(N/mm^2)	32	33		
弹性模量/(N/mm^2)	850	1070	900	
弯屈测试				ASTMD 790
弯曲模量/(N/mm^2)	900	1540	800	
维卡软化温度/℃				
10N	130	155		ISO 306/A
50N	61	89.6	65	ISO 306/B
熔点(DSC)/℃	146	169		ISO 3146
液压试验(95℃)/h	>1000	>1000	>1000	ISO 1167
线性膨胀系数/K^{-1}	1.5×10^{-4}	1.5×10^{-4}	1.5×10^{-4}	DIN 53752
热传导率/(W/mK)	0.24	0.24	0.24	DIN 52615

(五)纳米聚乙烯高阻隔膜(n-PE)

中国科学院化学研究所与杭州兆丰包装公司研究开发的纳米聚乙烯高阻隔膜已达到了适用阶段。以吹塑 PE 膜为例其氧气透过率为 7.500$cm^3/m^2\cdot24h\cdot0.1MPa$,当加入 3%(质量分数)的蒙脱土,其氧气透过率为 2.800 $cm^3/m^2\cdot24h\cdot0.1MPa$,当加入 6%(质量分数)的蒙脱土,其氧气透过率为 1.640 $cm^3/m^2\cdot24h\cdot0.1MPa$,蒙脱土的加入不但大幅度地降低其透氧系数,而使纳米 PE 的力学强度有所提高,特别是撕裂强度提高60%~100%。

(中国科学院化学所工程塑料国家重点实验室 漆宗能)

聚合物电磁动态塑化技术应用

塑料成型加工的重要设备是用来塑化塑料的螺杆挤出机,传统的螺杆挤出机虽然有其特点,但存在着能量利用率低、能耗大、噪声大、体积大、制造成本高等问题。

塑料电磁动态塑化挤出设备是在华南理工大学瞿金平教授提出的聚合物电磁动态塑化挤出新概念的基础上,由他发明研制成功的,该项技术已获得中国、美国、日本、奥地利、德国、西班牙、法国、英国、意大利等 9 个国家的发明专利。本发明的原理是从挤出机的换能方式入手,提出了直接电磁换能、机电磁一体化(机械、电子、电磁技术的有机结合)和动态塑化挤出新概念。具体的科学内涵是:将振动场引入聚合物塑化挤出过程,克服了传统聚合物塑化挤出成型方法所固有的一系列问题。挤出装置置于驱动电机的转子内腔中,实现了机械、电磁、电子技术的有机融合,简化并缩小了挤出机结构,提高了能量利用率,减小了工作噪音,成功地解决了机械结构集成化后聚合物塑化挤出过程中质量、动量、能量传递的问题。依据本专利研制的新设备与传统设备相比,体积重量减少约 60%;制造成本降低约 50%;能耗降低约 50%;噪声降低至 77dB 以下;对物料适应性广;挤出制品质量提高等优点。

由于电磁动态塑化技术表现出的巨大优越性,

1997年11月国家专利局和世界知识产权组织授予华南理工大学聚合物新型成型装备国家工程研究中心“电磁动态塑化挤出方法及设备”中国专利发明创造金奖；1997年12月，被国家授予“聚合物电磁动态塑化挤出方法及设备”发明创造二等奖。1999年2月，国家知识产权局批准“塑料电磁动态塑化挤出设备项目”进入“促进专利技术产业化示范工程”。

电磁动态塑化技术的一项重要应用，是以它替代传统的塑料注射机的预塑、计量、注射装置。传统的塑料注射机是塑料成型加工中最主要的设备之一，它是以液压动力传动、螺杆转动塑化并往复运动作计量、注射，由于它一直沿用稳态塑化注射机理和多系统分立结构形式，特别是采用复杂的液压传动系统，造成了机台结构复杂，体积与重量庞大，噪音大，制造成本高，液压控制系统稳定性和可靠性差等一系列问题。

为了从根本上解决注塑机所存在的一系列问题，同时使我国在注射成型加工领域跨入国际领先水平，“八五”期间，我们把聚合物电磁动态成型原理到注射成型的全过程，采用动态塑化、动态锁模注射的方式，开发一种完全摒弃液压传动系统、结构简单、性能稳定、能耗低的新型注塑机。1995年12月，“电磁动态塑料注塑机的研制开发”通过了技术鉴定和验收。由来自全国高分子材料、塑料机械、塑料加工工程等领域的、包括两位中国科学院院士在内的13位专家组成的鉴定委员会认为：“电磁动态塑料注塑样机将塑化装置、合模装置和控制系统巧妙地结合在一起，采用无拉杆、双动模板的结构方式，抛开了一整套液压传动系统，完全打破了传统设备的结构模式，结构简单、独特。它将振动场引入塑料塑化、注射、成型全过程，实现了低压低温注射，工作原理新颖、正确，方法独特、可行，属世界首创，是高分子材料成型加工领域的重大创新，在科学上具有很高的理论价值”。

我们研制成功的动态塑化、注射成型机是集两模板、无拉杆、全电动、电磁动态塑化等四大技术特色的注塑机，不论从注射成型机理还是结构上都是全新的技术。这一技术填补了国内外技术空白，使我国在世界塑料机械领域内处于领先地位，是一项世界发明。该项技术已申请了13个工业发达国家的发明专利，现已获得美国、俄罗斯、澳大利亚、奥地利、德国、西班牙、法国、英国、意大利、中国等10个国家的发明专利授权。

而塑料电磁动态挤出设备目前已在全国各省市推广应用近800台套，取得的直接经济效益达1.5亿元人民币，而获得的社会经济效益则更大。例如：进口一条传统的塑料发泡片材生产线最少需外汇近50万美元，而采用电磁动态发泡片材新生产线约需40万元人民币，即一条线可节约外汇近45万美元，该生产线近两年仅在广东省就为国家节约外汇近1600万美元，而且同规格的新型生产线的生产能力比进口的生产线高65%，新生产线的单耗为0.714kWh/kg，进口生产线单耗为1.3 kWh/kg。即单耗比进口设备降低45%，一年可节约21万度电，况且片材质量高而稳定，因此，深受市场客户欢迎。再如：开发生产的新型电磁动态注射机，在生产PS（聚丙烯）光学放大镜时，在机台规格、模具、原材料等相同、新型与传统型机台都调整至最佳工艺状态的情况下，新型注射机产量比传统机提高32%，节能达56%，每台机每年可增加经济效益350万元人民币，而且质量分散显著均匀，废品率几近于零。由此可见，新设备与传统设备相比表现出明显的技术优势和市场竞争力，显露出对传统设备更新换代的端倪。另外，新设备还解决了传统设备难以胜任的一系列问题（诸如：茂金属树脂加工、热敏性树脂加工、可降解树脂加工等）。

电磁动态塑化原理与技术的另一重大应用是在反应挤出领域，本中心在“九五”期间，承担并完成了国家“九五”重点科技攻关项目“聚合物动态反应加工技术及设备开发”及多项相关配套项目。率先提出用振动场强化与控制聚合物反应过程及产物的凝聚态结构与性能的大胆而科学的设想，进行了相关的基础理论研究工作，在应用基础与工程技术方面开展了实验与开发，成功地将电磁场引起的振动力场引入聚合物反应挤出的全过程。经过三年多的奋战，攻克了许多技术难关，终于实现了对传统聚合物反应挤出理论与技术的突破，创新性地完成了PC、PA11动态缩聚反应器及用于通用塑料高性能化反应挤出设备的开发，并通过了教育部主持的鉴定，由包括科学院院士、工程院院士等专家组成的鉴定委员会一致认为：该项目研制成功的缩聚反应器及反应挤出设备，工作原理正确、新颖、可行，方法独特，是国内外聚合物反应成型加工领域的重大创新，在科学上具有很高的理论价值，该技术处于国际领先水平。

研究开发成功的缩聚反应器与传统的设备相比，具有化学反应过程方便控制、化学反应速率提高、化学反应产物质量高、能耗低、噪音低等显著特点。该技术为我国在该领域赶超世界先进水平找到了捷径，并将丰富聚合物反应成型加工理论和促使传统反应挤出加工技术与设备的技术更新。可解决我国工程塑料、特别是数字光盘专用料、汽车用功能材料等生产用缩聚反应器依赖进口的问题，同时可解决我国通用塑料功能化所需反应成型加工设备的升级换代问题，这将为我国塑料工业带来数以亿计的经济效益。由此，该项目被国家两部两委评为“九五”国家重点科技攻关计划“优秀科技成果”。

电磁动态缩聚反应器的研究开发成功，是电磁动态塑化挤出原理与技术的重大发展，有关这一成果的发明专利申报工作正在进行中。

电磁动态塑化挤出方法及设备的研制成功，为我中心开拓了广阔的研究空间，中心将继续围绕着核心技术和设备进行基础研究、技术开发和产业化，并把该技术推广到橡胶、化纤、金属成型加工等领域，开展新技术、新材料的研究及工程化、产业化工作。“十五”期间，我们将充分利用专利技术的优势，努力争取并出色完成国家“十五”科技攻关、国家“863”、“973”等重大项目的研究基础理论与工程开发任务，力争尽快在“聚合物光纤动态成型技术与装备”、“信息光盘盘基直接动态反应成型成套技术与装备”、“振动场下镁合金半固态成型加工技术与装备”、“聚合物纳米热塑性弹性体制备与动态成型加工技术与装备”等课题的研究开发上取得新的重大成果，并与相关企业实现强强联合，优势互补，促使科技成果转化与产业化，再创“十五”辉煌。

（华南理工大学聚合物新型成型装备国家工程中心　韩烈欣）

可视化技术及其实验方法在我国的发展

【概述——发展可视化技术的背景】

众所周知，无论是验证理论计算的精确性，或者是开发某些新型成型加工设备、改进成型工艺或改良配方，都必须用实验来验证最终的结果是否与人们的预想相符合。为此就必须发展各种实验方法、设备和仪器。在20世纪60年代之前，一般是在普通的装备上加装各种测试仪表，分别测量聚合物加工过程中的料压、料温、能耗、轴向力、扭矩等参数。通过这些参数来分析主客观之间的差异；或者是通过各种显微镜及其他仪器来直接观察制品微观形态的变化：再将它与各种力学、热学性能等测试装置测得的结果相比较，从而达到理论研究与工程实践一致的目的。这两条研究思路一直延续到现在，仍是目前重要的研究方法。

事实上，多年来的研究结果表明，主观设想与理论计算和实测数据之间总有相当大的差距。在某一工况下二者可能吻合较好，而当输入的原始参数变更时，二者又出现较大的误差。可以分析，这是由挤出过程多变量的交互影响、数学模型的复杂性以及各段数学模型边界联结的困难等因素引起的[1]。对这一发生在密闭的高压、中温、钢质外壳（如机筒）中的物理化学过程，人们往往只知其大致规律，而对其物理规律及数学模型的分析，可以说始终不尽人意。

在这种情况下，科学家们往往将聚合物加工过程及其装备称之为“黑箱（Black Box）”。所谓黑箱，指的是对某一重要过程，输入的变量是已知的，输出的目标函数是可以测得的，而对发生在装备内的变化，则只能知其大概发生了哪些物理化学现象，但对这些过程却难以直接观察与测定。按传统的观念，对聚合物加工过程而言，输入的变量一般包括物料性能、加工工艺条件和设备参数等约30多个自变量，而输出的目标函数一般认为是产量、料温、压力和能耗等。通过研究，笔者认为：输出的目标函数还应包括微观结构、力学、热学、电学等挤出物的各种性能(图1)。

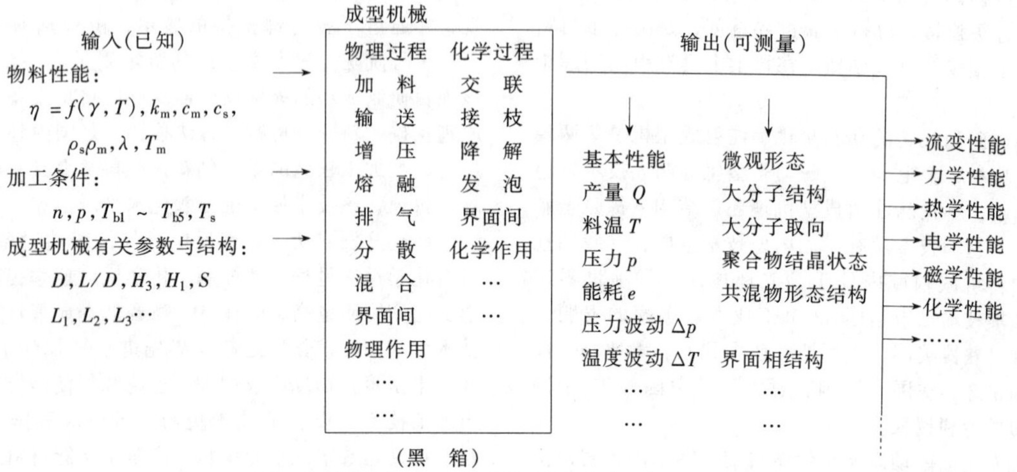

图1　对聚合物加工机理的了解尚如同一个“黑箱”

为了打开这个“黑箱”，建立比较准确的聚合物加工物理数学模型，从60年代开始，国际聚合物加工科学界就开始借助可视化技术来建立或完善聚合物加工基础理论，同时解决聚合物加工中出现的各方面的问题——如优化制品配方和加工工艺、改进设备设计等等。

可视化通常是指人们对所研究的对象的状态变化和特征所实施的视觉观察。而实现这种观察必须有专门的设备和仪器，与其有关的技术称为可视化技术。我国和国外一样，发展和应用的聚合物加工可视化技术大致有下列三大类，主要集中在挤出加工领域。

一、静态可视化技术

大约在50年代末，在欧美和日本，分别采用了静态观测可视化技术来研究聚合物加工过程尤其是挤出过程，主要的方法有顶出螺杆法和剖分机筒法两大类。

（一）骤冷顶出法

这种方法的实质是：当塑料在挤出机中达到稳定挤出状态后，采取不同的办法尽可能快地冷却机筒，以使螺杆上的熔料最快冷却以固定稳定挤出时之物态。为了方便地从机筒中抽出螺杆，在顶出螺杆之前要短时间加热机筒，使机筒内表面产生一层薄薄的熔膜，它在顶出螺杆时能起到润滑作用。最后，用油压装置将螺杆往前顶出。从螺杆上仔细地剥下卷绕在螺槽上的料带，按规定位置切出各断面。通过观察、测量各螺杆中已熔部分和未熔部分的百分比和位置，分析熔融等挤出过程。直至20世纪90年代，一些国外专家来我国指导工作时，仍采用停车后靠人力用大锤将螺杆从尾部往前击出的办法来进行切片静态研究。

快速骤冷的方法是多种多样的。B.H.Maddok采用了直径为50mm，长径比为15∶1的蒸汽加热挤出机。当需要取样时，便用冷却水来代替加热蒸汽，同时还往螺杆中通入冷却水。Z.Tadmor使用了直径为63.5mm，长径比为26∶1的挤出机，为冷却机筒，在机筒的左右两侧分别安装了5个喷嘴，同时也往螺杆中通入大量的冷却水。这两种方法都能在5～15min内达到机筒骤冷的目的。

（二）剖分机筒法

比顶出法进一步的是剖分机筒法。它避免了顶出时因螺杆移动带来的切片上缘（靠近机筒熔膜处）形象的歪曲，同时还可一面冷却一面最快露出螺杆。1981年，北京化工大学研制了我国第一台剖分机筒挤出机，它可以在螺杆停车后3min内取掉上半个机筒，露出全部螺杆。

90年代末期，国外继Buss混炼挤出机之后，还生产了上半个机筒可拿掉的用来进行实验研究的双螺杆挤出机。

采用静态可视化技术有几个明显的缺点：一是由于取样时必须停车，无论是顶出螺杆或拆去半个机筒，都难免引起标本的局部畸变，甚至破坏。在挤出粘附性较强的熔料如聚烯烃时，这个缺点更为明显。第二个缺点是，骤冷和取出螺杆总是需要一定的时间（10～20min），此时看到的物态和停车时的物态会有一定的差别；第三个缺点是更主要的，这种方法只能观察重新凝固后静止的物态，无法看到动态的、连续的、尤其是无法看到那些精细的物理过程，当然，这种方法也有一个显著的优点，即由于可对料带进行切片，因而可测量和观察螺槽深度方向的物态变化及保留样品。

二、宏观动态可视化技术

所谓动态可视化，指的是在与生产条件完全相同的工作情况下，连续、实时、在线地观察挤出过程的有关技术与装备。国外早期的动态可视化技术，是在由有机玻璃制成的全透明挤出机中，加入某种室温下为液体而已冷冻成小块固态物的“物料”，观察在室温下它在螺杆上的熔解实际上是熔化过程，并由此来模拟塑料的熔融过程。

1968年，日本住友公司报道了用双层耐热玻璃制成的ϕ25挤出机，在玻璃夹套中通入加热用的透明硅油，这样便可沿螺杆全长观察物料挤出过程。但这种实验机无法承受挤出时的高温高压，因此与实际情况差异较大。1981年，北京化工大学的研究人员开发了我国第一台全程视窗单螺杆挤出机。

该机除装有7个沿程Dynisco熔体压力及温度传感器、轴向力传感器和扭矩传感器之外，还在机筒两侧交替开有9个视窗，每个视窗的面积不小于20mm×120mm。这样除能直接用肉眼观察物料在螺杆全长上的物理化学过程的变化之外，还可通过高速摄影机、摄像机将挤出过程全部记录下来。

显然，这种方法能在最短的时间内，通过改变工艺参数和配方，得到大量的沿螺杆全长的实时的、在线的、动态的实验图片。不仅如此，这种办法还能看到许多其他办法看不到的精细过程。而在前述的静态可视化实验机上，每改变一种操作条件，取得一组切片便大约需要3h左右。这是由于每次操作过程中必须完成加热机筒、保温、稳定挤出、骤冷、顶出螺杆、取试样、装回螺杆和重新预热机器等复杂的操作程序之故。

在单螺杆可视化挤出机的基础上，1994年，北京化工大学又研制了国产第一台完全由计算机控制的双螺杆可视化挤出机。该机最大的特点有两个。第一是三向，即可同时从机筒的左、右、上三个方向观察与摄影。事实表明，只有这样才能更好地观察到许多重要的物理化学过程。第二个特点是全程，即观察范围要包括螺杆全长上的各点。

三、微观可视化技术

以上有关可视化技术的研究是完全建立在宏观可视化基础上的，也就是说，建立在肉眼观察、摄影及摄像基础上，其观察尺度一般为毫米级。作为研究加料、输送、熔融等过程应该说可以了。但是，由于聚合物加工过程中还发生了聚合物形态、结构以及流变性能等方面的大量变化。在不同的挤出压力、温度、剪切速率等力和能量的作用下，制品的性能也会有很大的不同。因此如果能将一般成型机理的研究与材料科学中有关聚合物形态、结构及流变性能的研究结合起来，必将对聚合物加工工程及科学的全面发展起到重要的作用。

除此之外，还可以进一步加装在线红外巡回测温系统 M、在线小角激光散射测试系统 F 和在线红外光谱测试系统 L，以便更为全面地进行研究。这些研究方法的使用目的如表 1 所示。

表 1　微观可视化在线测试方法一览表

	使 用 目 的	使用特征
在线取样系统	在不停车的情况下从螺杆各点取料样，快速冷冻后通过电镜、DSC、红外光谱等仪器作各种分析研究	在线、沿程
在线流变仪	获得螺杆测量点处的物料流变数据的变化规律等	在线、沿程、动态
光学显微系统	研究聚合物及其共混体系在挤出过程中螺杆全长上的熔融、分散过程，建立聚合物挤出过程的“亚宏观”挤出理论等	在线、巡回、无损
红外测温	测量螺杆上任一点物料的温度，以研究挤出过程的物理化学变化和螺杆挤出理论等	在线、巡回、无损
小角激光散射系统	研究聚合物材料体系在挤出过程中球晶半径、相容性、微观亚微观及超分子结构等的沿程变化情况等	在线、巡回测试、无损
红外光谱检测系统	定性或定量地研究复合材料体系在共混过程中，界面层所发生的反应及发展，各种助剂（相容剂、偶联剂等）在挤出过程中的作用，反应挤出过程中的反应速度，反应程度（转化率）等	在线、动态、沿程安装
超声检测系统	测量液相与固相的变化比例、压力与温度分布、结晶情况等	在线、沿程、动态、无损

近年来在聚合物加工工程的基础研究中可视化技术应用得愈来愈多，1997 年在美国新泽西州举行的 PPS－13 会议上便发表了大量有关可视化技术的论文。

美国 K.B.Migler 用光散射光度计和显微镜来测定挤出机中 PS－PE 共混物的形态结构；加拿大 S.A.Jaffer 和 P.E.Wood 借助激光激发加在熔体中的萤光染料，通过多普勒激光测速仪和粒子图像测速仪来测定熔体的流动速度；英国 C.Nakason 在挤出物料中加入 SiC 示踪粒子，通过流动双折射和图像分析技术对口模附近的收敛流动进行了可视化研究，从而得到了剪切应力分布和第一法向应力差分布；美国 N.Faridi 用微型像机和压力传感器来在线地测定气体在可发性聚合物中的溶解性，以及不发泡时的最低压力；德国 R.Pallas 将微量放射元素加入到物料中，通过它产生的射线来研究共混物在挤出机中的停留时间，以及共混物相结构动力学；美国 K.B.Migler 还将对温度敏感的萤光染料加入聚合物中，再用紫外光照射，根据激发态萤光的强度来测量熔体中的温度分布；法国 T.Nietsch 将蒽类化合物加入物料中，这些蒽类化合物吸收紫外光后，将发出不同波长的紫外光，从而测定聚合物在挤出机中的停留时间等。在我国，除了北京化工大学塑料机械及塑料工程研究所在挤出领域之外，70 年代末华南理工大学在机头流道方面，80 年代天津大学在密炼机方面，也分别利用可视化技术在研究聚合物加工机理方面做了一定的工作，并取得了相当成绩。北京化工大学还开发了带可视化料筒的注射机、反应注射成型机的可视化混合头、可视化食品双螺杆挤出机、还在端面混炼挤出机上加装了透明视窗等等。

总的来说，我国的可视化技术已发展到在线、动态、实时及无损阶段。所谓在线，指的是与生产线连接而不影响挤出过程的一种监测方法；所谓实时，是将在线测试的数据通过计算机系统即时地进行分析、比较，其响应时间为毫秒到秒级不等；所谓动态，指的是观测时不停车；所谓无损，指的是不破坏或不干扰正常的成型加工过程。在线全程摄影、摄像和在线流变测试等都属于无损之列。在挤出工程与科学的可视化技术及装备方面，我国目前在国际上处于前列。我们相信，可视化技术必将进一步发展，成为聚合物加工基础理论研究、配方及加工工艺研究、加工装备的开发及改进各方面发挥愈来愈大的作用。

（北京化工大学塑料机械及塑料工程研究所　朱复华）

双螺杆挤出机的发展与进步

用于聚合物加工的双螺杆挤出机分为同向旋转与异向旋转两大类，异向双螺杆又有平行与锥形两种。我国的双螺杆挤出机技术经过了20多年的发展，已进入较为成熟的阶段。现在已经有了一批研究、开发、制造单位，他们具有较强的基础研究、新产品开发与设计能力、较好的加工制造能力并形成了较为完善的质量保证与技术服务体系。同向双螺杆挤出机有较强的混合能力，主要用于改性、填充、增强及塑料合金的生产等混料作业，其挤压系统大多采用模块化结构，通过变换各机筒组件、各螺杆元件的组合来满足特定混料过程对输送、熔融、混炼、脱挥、均化等方面的特殊要求。由于对用于特定场合、具有特定性能的新型高分子材料的大量需求，同向双螺杆挤出机的应用面十分广阔。高效是其最主要的发展趋势。高效意味着高转速、高扭矩、大挤出量和低能耗。围绕这一点，同向双螺杆挤出机技术正在向下列几方面发展：

(1) 螺杆转速逐步提高。这是提高产量最直接的因素。在较长一段时间里，同向双螺杆挤出机的最高螺杆转速转速为300r/min，而目前我国此一指标已达到400～600r/min（技术先进国家小规格同向双螺杆转速为1000r/min）。

(2) 传动系统承载能力的逐步提高。采用新的传动方式如多路齿轮传动带动一根输出轴的方式、主要零部件如芯轴、螺杆元件、输出轴、齿轮选用更好的材料及更先进的冷加工与热处理工艺、选用高性能关键轴承，已大大提高了挤出机传动系统所能承受的扭矩。这些技术方面的进步，使得用量最大的中等规格（螺杆直径约在30～100mm之间）的同向双螺杆挤出机市场已被国产设备所占有。

(3) 新型螺杆元件的开发与应用。从1978年同向双螺杆自洁型元件啮合原理公开发表以来，其应用逐渐增多，成为目前使用最为普遍的元件。而高转速使物料的停留时间缩短，促使人们不断研制新型高效螺杆元件来保证混炼质量。现已有若干此类新型元件出现，一些元件的开发已突破了传统的自洁型原理。而一些专用元件如用于纳米塑料材料制备的新型双螺杆混合元件的开发也值得关注。

(4) 以挤出机为核心建立成套自动化配料混料系统。在螺杆混炼之前，有贮料、计量配料和上料：在其后有造粒、筛选、称量分装和堆码等工序，这些都是自动化的，或大多是自动化的，来适应高速的趋势。这要求双螺杆的配件附件及辅机精度高、可靠性高、噪音低。我国已有厂家在作此项工作。

此外，在以下几方面也有较大进步：(1) 对螺杆组合的研究及应用。包括相当多的设备制造厂家都在进行螺杆组合的试验研究，以期向用户提供全面的技术支持，但总体来说，此项工作大多针对具体过程，系统性研究尚待深入。(2) 在同向双螺杆上一次完成混炼造粒与成型挤出，即所谓的直接挤出。直接挤出可以降低加工能耗和成本、缩短生产周期、避免物料经历过多的热历程而性能下降。同向双螺杆直接挤出技术已经尝试用于PPR管材、高填充木－塑复合型材等的直接挤出中，有的已经获得成功，投入工业化生产。(3) 基于双螺杆挤出机技术的多螺杆挤出机的研制开发。如正在研制的三螺杆挤出机和双螺杆相比，啮合区域数量增多、面积增大，分布与分散混合能力得以增强，还可能缩短长径比。

异向旋转双螺杆可以建立较高的压力且流量稳定，主要用于要求截面尺寸准确的制品的成型挤出，在我国无论是设计制造还是实际生产使用，锥形双螺杆的数量都远多于平行双螺杆，作为其主要应用领域之一的门窗型材成型挤出几乎全部采用锥形双螺杆挤出生产线。主要原因是其特别适合用于UPVC的挤出，并具有比能耗低的优点。异向旋转双螺杆最基本的特点是正位移输送能力强但混合能力相对较差，因此现已有关于提高锥双混合能力的研究，方法是开发新型混合元件配置在螺杆上，在不降低正位移能力和挤出产量的情况下提高混炼效果。

常用锥双的螺杆小端/大端直径约在35/80～80/172之间，其中大规格品种的产量达350kg/h，可满足异型材生产线的要求。从技术、经济各方面考虑，更大直径异向旋转双螺杆采用平行的形式更合理。

由于对大口径管材需求的大量增加和异型材挤出中一模多腔技术的出现与发展，对直径为120mm以上的的异向旋转平行双螺杆挤出机的需求也将增加，而我国目前此类设备产品还较少。

我国双螺杆挤出机较为普遍地存在以下问题：(1) 大规格机型少；(2) 不够注重外观设计，梁、架、钣金件加工较粗糙；(3) 配套设备较落后，如加料装置的计量精度不高、造粒装置噪音大。(4) 比能耗较高。还不能准确把握加热、冷却等对比能耗影响较大的操作参数。

异向旋转螺杆挤出机机筒、螺杆的磨损仍是生产中的突出问题。国外有厂家在研制具有“负侧角”的螺棱构型来减小磨损。在我国，这些研究仍未开展。

（北京化工大学　耿孝正　郭奕崇）

我国抗菌塑料发展的回顾和展望

抗菌塑料作为抗菌材料领域具有代表性的材料，其发展和应用在抗菌材料行业中处于领跑地位。本文以抗菌塑料的发展过程为主线，对抗菌材料及其应用情况作一回顾，并简要论述国内外该领域近期的技术和产业发展趋势。

一、抗菌塑料及其技术发展回顾

（一）抗菌塑料和抗菌性的技术概念

抗菌塑料是表面具有抑制或阻止细菌、霉菌、酵母菌、藻类等微生物生长和繁殖作用的塑料。目前，抗菌塑料主要通过在普通塑料中添加少量抗菌剂的方法制得。抗菌剂是一些细菌、霉菌等微生物高度敏感的化学成分。一般说来，抗菌剂具有高效、广谱、长效的抗菌性，抗菌塑料及其制品无毒、无异味、对环境无害，达到国家规定的卫生安全标准。

抗菌塑料通过抑制微生物的生长繁殖，可保持本身卫生清洁，同时也改善了其微生物环境。抗菌塑料作为一类具有特殊功能的新型塑料，其开发和应用在国际上虽已开展了近20年，但导入我国并得到产业应用则是在90年代后期。近年来，国际抗菌材料和技术应用的发展非常迅速，这首先得益于对抗菌塑料的功能特点的正确理解和合理应用。我国发展抗菌塑料的时间较短，但市场发展很快，这对抗菌材料技术的发展提出了很高要求，对行业的健康发展也是一个严峻的挑战。

在抗菌概念上，对抗菌材料功效的理解是非常重要的，这直接关系到抗菌材料的正确应用。抗菌材料研究是卫生学和材料学的交叉学科领域，来自卫生界的专家和来自材料学界的专家由于其专业背景的差异，对抗菌材料概念的理解有所不同。卫生界的专家往往用“消毒”的概念来理解抗菌材料的抗菌功能。而事实上，在抗菌材料的许多应用场合，阻止细菌等微生物生长繁殖的自清洁功能是其主要特征，而不是体现在对周边环境及物质的灭菌消毒作用上。加上抗菌冰箱等抗菌产品在市场导入期，某些商业宣传对抗菌功能的表述不到位，使部分消费者误以为抗菌产品就是消毒产品，抗菌冰箱可以和消毒柜那样来“消毒”其中的食品，使得抗菌产品和抗菌概念一时遭到一些非议，甚至部分人对抗菌制品的卫生功能产生疑义。但是，通过近年来材料界、卫生界、生物界对抗菌材料研制、评价实验的共同参与和日益加强的学术交流，对抗菌材料和“抗菌”概念的认识在业界中已日渐趋同，这对于抗菌材料产业的健康发展是非常有益的。中国科学院和海尔集团合作项目“抗菌系列家电及抗菌塑料研制应用”荣获2000年度国家科技进步二等奖，标志着我国抗菌材料的发展得到了业界的认同，也标志着我国相关研制和应用技术已跨入了国际先进行列。

（二）抗菌材料及其应用

人们的现代环保意识已比较成熟。人们关注合成化学品对人类赖以生存的地球环境的负面影响，包括森林、动植物、河流湖泊、地下水、大气等，已是不争的事实。但是，在环保领域，人们直至近几年才注意到在我们周围无处不在的细菌等微生物对人类生活和人类疾病所带来的危害。这是因为近年来发生了一系列由微生物引起的恶性事件。据世界卫生组织1996年的统计，全世界1995年死亡5200万人，其中因细菌传染引起的死亡为1700万，约占1/3。这些传染病包括霍乱、肺炎、疟疾、结核和肝炎等。英国苏格兰电报电话公司调查资料表明，在日常生活中使用电话等物品时，感冒、咽炎、流行性脑膜炎、肝炎、红眼病、皮肤病、肺结核等十几种传染病会被传播。近来出现了因家用冰箱中受细菌污染而产生的肠胃炎、咽喉疼痛、恶心、头晕的“冰箱综合症”。1996年日本发生了O-157致病性大肠杆菌引起的全国范围内的食物中毒。1997年，2000年，英国两度发生疯牛病。2000年，日本、韩国、蒙古等国相继爆发口蹄疫。以及2001年美国“9.11”事件后出现的炭疽恐怖活动。这些微生物恶性事件的发生，一次次地向我们敲响了警钟：细菌等致病性微生物是人类健康的严重威胁。因此，抗菌材料的发展和应用具有十分广泛的空间。

目前主要应从两个方面入手用抗菌材料来控制微生物危害。一是使用抗菌制品阻止致病性微生物的交叉污染和交叉传播，预防疾病。二是用抗菌材料制品控制微生物的繁殖，防止其在食物腐败或引起环境恶臭等负面作用，进而创造经济效益和社会效益。

迄今国内外抗菌材料的主体应用是在第一种用途。例如，抗菌家电是通过应用抗菌塑料制成的抗菌部件后获得抗菌功能的。在家电、厨卫、日用品、玩具、信息通讯、医院用品等行业中得到应用后，抗菌塑料将在建材、涂料和室内装饰材料中将越来越多地应用。高档轿车的内饰也将越来越多地采用抗菌材料。

抗菌材料的第一种用途较多地体现在普通人“看不见摸不着”的方面，往往要通过科学的测试分析来确认制成品的抗菌功能，而其直接效果要从时间和空间的统计数字得到证实，所以消费者自身的体会并不是特别明显。而抗菌材料的第二种用途，则可给消费者以“立竿见影”的功效，因而其应用价值更有说服力。例如，在卫生保健、食品、农业、纺织化纤等领域，抗菌材料具有重要的应用价值。

据估计，我国现在从事抗菌研究的科研单位和院校已有20多家，专业抗菌剂、抗菌材料生产商、贸易商20多家，用户300余家。据估算，我国2000年无机抗菌剂销售量达到200t，2005年将发展到500t抗菌剂，抗菌制品达400亿元。与此对比，在无机抗菌剂的开发和应用处于国际领先地位的日本，1993年日本抗菌协会成立时，参加协会的抗菌剂和抗菌塑料的生产和用户等企业已达250家之多。1999年日本抗菌剂市场的年生产销售达280亿日元，其中无机抗菌剂占60～80亿日元，日本国内全部抗菌制品的生产总额高达6000亿日元。估计目前全球的抗菌材料市场如果以日本使用的抗菌剂为100计，欧美则为1，中国仅0.1～1，所以发展潜力巨大。

经过十几年来跟踪研究国际无机抗菌剂的发展，我国在该领域已取得成效，一个抗菌材料相关行业已初具规模。伴随着我国抗菌材料产业的初步形成，行业内对抗菌材料及其应用制品的相关技术、组织、标准和行业规范的要求越来越突出。

二、抗菌塑料发展的展望和几个问题

尽管我国抗菌材料产业发展十分迅速，但由于长期以来该领域的研究条件和投入的起点较低，未能形成自己的研究开发体系，整个行业总体上与国际先进水平仍有较大差距。但我国经济发展和人民生活水平提高较快，这为抗菌材料的发展提供了很大的机会。

（一）成立抗菌材料产业发展促进会

由于抗菌材料产业已初步形成，成立自己的行业组织的时机已经成熟。国际上，日本从80年代开始研究开发抗菌塑料等抗菌材料，发展到1993年成立了行业组织“银等无机抗菌剂制品协议会”，并于1998年更名为“抗菌制品技术协议会”。

（二）制定抗菌材料和抗菌制品的标准

由于抗菌材料发展迅速，各企业在开发产品的同时，也纷纷制定自己的产品标准。目前在抗菌防霉性的测试方法上，对不同的被试样品，国内外有多种抗菌测试方法，如卫生部《消毒技术规范》（1999年）中的抑菌圈实验、奎因法、摇瓶震荡法，纺织行业标准FZ/T 01021—92《织物抗菌性能试验方法》，GB 15979—1995《一次性使用卫生用品卫生标准》，日本抗菌制品技术协议会（SIAA）在1995年提出《薄膜密着法》（贴膜法），GB 2423.16—1990《电工电子产品基本环境试验规程　试验J：长霉试验方法》，ISO 846—1978（E）《塑料——在真菌和细菌作用下的行为的测定——用直观检验法或用测量质量或物性变化的方法评价》等。由于国内没有统一的行业或国家标准，因此企业往往根据自己产品的用途需要和对标准的理解而采用其中某些标准，或依据这些标准中的一些内容制定出自己的企业标准。由此而带来的问题是，各家抗菌测试结果的可比性差，测试结果的权威性不够，所以急需有组织地对标准进行统一。

（三）抗菌材料和技术的发展趋势

1. 抗菌材料的应用更倚仗于技术开发

由于抗菌制品的多样性及其应用环境的不同，对抗菌性、防霉性、防藻性等功能的要求不同，因此开发性能合适的抗菌塑料是十分必要的。这种产品开发和应用的密切联系，就犹如“量体裁衣”一样。例如，抗菌输水管材对抗菌的高效性和长效性的要求就十分高，必须研制出高效长效的抗菌塑料配方；又如，纳米抗菌剂将在高效抗菌材料和超细纤维纺丝等领域找到其应用价值。

2.“立竿见影”式的抗菌技术将领引风骚

抗菌材料的现实价值将越来越需要通过其实用价值得以体现，否则抗菌材料和抗菌技术难免会被笼罩上一层“商业炒作”的阴影。抗菌塑料将在保鲜包装材料方面大有可为。抗菌纤维和纺织品的抗菌防臭和保健功能将使成千上万的消费者从中受益。

（中国科学院理化技术研究所工程塑料
国家工程研究中心　李毕忠）

精密注塑机技术的发展

随着VCD、DVD与微电子通讯产品的迅猛发展，以及塑料“合金”零件在仪表、机械制造业中的广泛应用，精密塑件在整个注塑产品中所占的比重不断上升。为此，国内外一些注塑机厂家加大了精密注塑机的研制开发力度。

全液压式注塑机在成型精密、复杂形状制品方面有许多独特优势。它从传统的单缸充液式、多缸充液式发展到后来的两板直压式，种类较多，差异也很大。单缸充液式作为传统全液压式的代表，许多大厂都曾生产，如日本的东芝机械、日精树脂、三菱等，但这种注塑机体积庞大、容易内泄外漏、升压速度慢、耗能多。20 世纪 90 年代初在欧洲以德国为首推出了许多新的全液压式，其中以两板直压式最具代表，它解决了单缸充液式的上述缺点，但其控制技术难度大、液压技术也较难掌握。

早在 20 世纪 70 年代我国就已推出了第一台锁模力为 3500kN 的复合型二板机，80 年代初从原民主德进口了复合型二板机，80 年代中期仿制成功并有小批量生产。但仿制并没有提高我国的塑机技术水平。1989 年，广东顺德市秦川恒利塑机有限公司总经理、总工程师黄步明发明并成功研制出双动模注塑机和四缸差动合模注塑机，该项技术已获得美国、日本、德国、意大利、英国等 7 国发明专利，被列入首批国家火炬计划项目，1992 年获广东省科技进步一等奖。在此基础上又研制成功四缸直锁二板式精密注塑机，并将发明专利直接转变成商品，形成产业化。经过不断改进提高，该注塑机于 1999 年被列入国家重点新产品项目，2000 年通过省级新产品新技术鉴定。目前，顺德市秦川恒利塑机有限公司已形成 10～850t 四缸直锁二板式精密注塑机系列产品，并开发成功光盘注塑机。该机生产的厚度 1.12mm 光盘，精度达到 0.005mm，整机循环时间小于 4s。

秦川恒利塑机有限公司生产的四缸直锁二板式精密注塑机中拉杆与活塞设计为一体，四个锁模油缸利用四根拉杆作为活塞杆。因此，其开模行程比肘杆式及一般液压式锁模机构要大，由于四缸直压锁模，可确保模具受力均衡。动模板的开合模动作通过两个移模油缸完成，无需润滑后调模。合模后，注射机构开始注射，同时液压增压系统通过锁模油缸以物料注射压力 1.5 倍大小的油压锁模，确保锁模压力大于注射压力，尤其适合于生产精密制品。在整个充模、保压、冷却阶段，锁模油压一直随注射油压的增减而同步变化。这样不仅节能而且减少了模腔变形，有利于提高制品的精度，延长模具使用寿命。该产品的合模结构及液压系统为世界首创，使产品具有明显的节能、精密、可靠、运行稳定、应用范围广等一系列突出优点，各项性能指标均达到甚至超过国际先进水平，填补了国内外空白，完全可以替代进口精密注塑机。

近两年来，在国内外各种展览会上全电动式注塑机越来越多见，但认为全电动式注塑机时代已经来临尚为时过早。1983 年 FANUC 公司研制出世界上第一台 DC 伺服电机驱动的全电动式注塑机，主要以伺服电机取代肘杆式注塑机的全部液压装置。到 20 世纪 80 年代中期，全电动式注塑机得到进一步的发展，除日本的 FANUC、新铁工所、日精树脂等公司之外，日本的东洋机械金属、美国的辛辛那提、德国的巴登菲尔德等公司也都完成了开发并投入市场。现在，美国 UBE 机械公司可提供合模力超过 1000kN 的全电动式注塑机，合模力 4000～5000kN 的全电动式注塑机也不再罕见。

早期的全电动式注塑机由于采用直流伺服电机，换向器与电刷摩擦易出现故障，因此在后来 FANUC 和美国辛辛那提公司共同研制开发了交流伺服电机驱动的纯电子式自动注塑机。全电动式注塑机机械部分原理与普通注塑机大同小异，只是控制部分采用伺服电机代替以往的液压装置。在锁模装置方面，采用滚珠丝杆和伺服电机，动作准确、重复精度高；另外，由于采用伺服电机可使肘杆在不同角度停下来，这有利于锁模力的改变及可进行压缩成型。而且由于没有油压冲击惯性的影响，所以其噪音低、控制精度高。但是这样的结构设计也导致原来肘杆式机所存在的问题继续存在，如加工及安装精度要求高、易磨损、调模困难等。而且，滚珠丝杆的磨损会导致精度下降。在注射装置方面，采用伺服电机控制螺杆塑化计量精度较高，转速也较稳定，还可进行多级速度控制。在注射螺杆传动上也采用滚珠丝杆，可达到高灵敏度和高压注射，但此处滚珠丝杆负载大且处于高速旋转，故其磨损也较大。与全液压式整机性能比较可知，全电动式在节能上比全液压式有一定优势，但其锁模精度还没有全液压式的高。而且，全电动式的精度会随使用时间的增加而下降。

目前，国外生产全电动式注塑机的厂家主要集中在美国和日本，其中日本的 FANUC 公司和美国的辛辛那提公司排在前列。今后，随着高精度塑件应用范围的扩大和注塑机制造成本的降低，全电动式注塑机将有很大的发展空间。在 Delphi 的研究中指出：到 2010 年，28%的注塑机将是全电动式的，34%为全液压式的，38%为混合式的。但这一预测是否准确有待时间验证。

（广东顺德秦川恒利塑机公司
许忠斌　黄步明）

我国复合导电塑料的研究状况

一、概述

复合导电塑料是指以塑料为基体，加入各种导电物质经混合、分散、成型而制得的具有导电功能的复合体系，它具有塑料的许多优异特性，可以在较大范围内根据需要调节材料的电学、力学和其他性能，成本较低，易于成型和大规模生产，因而得到了广泛的应用。国外对导电塑料的研制较早，始于20世纪60年代末期，70年代中期开始投入工业化应用。我国导电塑料的研制始于80年初期，在国家科技攻关、国家自然科学基金等资助下，四川大学黄锐等、中山大学曾汉民等在这一方面进行了工作，对炭黑、石墨、金属粉末、金属纤维等填充聚乙烯、聚氯乙烯等塑料的导电性能、力学性能和其他性能等进行了基础和应用研究。进入90年代后，由于经济的发展对导电塑料的需求越来越大，使得我国在导电塑料的研究和应用领域取得了迅猛的发展，国内众多的研究单位如中国科技大学、浙江大学、吉林大学、中国科学院长春应用化学所、华东理工大学、北京航空航天大学等相继开展了对导电塑料的研究，国家科技攻关项目、863项目、国家自然科学基金项目等都将导电塑料作为一种新型的功能材料而加以重点研究和开发。目前我国已发表的有关导电塑料的研究论文已达上千篇，在基础理论方面取得了一些有价值的研究结果，同时已开发出各种体系的导电塑料广泛用于电子元器件、仪器、设备的抗静电、导电、电磁波屏蔽材料、电缆等的自控温发热材料、热敏电阻、气敏元件等。

二、导电塑料的分类

导电塑料（这里所指不包括加入抗静电剂的，只在一定时间内有效的抗静电塑料和聚合物本身具有导电性的结构型导电塑料，而专指具有永久导电性的复合型导电塑料）可以根据不同的应用要求选择不同的树脂作基体，可供选择的导电填料的品种也十分丰富，目前其范围还有继续扩展之势，归纳起来可以分为以下几类：

（1）粉末导电填料按物质类别不同又分为以下几种：

金属粉末　如铁、铜、铝、镍、银、金、锡、锌、钯等，是导电塑料最早采用的传统导电填料。但金属粉末密度大、价格较贵。粒子尺寸较大（几十至数百微米），表面易氧化，产生的皮层效应会降低填料的电导率，并且通常要赋予复合物较高的导电性能需要较大的填充量，从而会导致复合物的成型加工性能和力学性能等变差。

金属氧化物　如硫化物如V_2O_3、VO_2、TiO、TiO_2、Fe_3O_4、RuO_2、SnO_2、CuS等，这类填料要使复合物达到较低的室温电阻率也需要较大的填充量。

碳系导电粉末　如炭黑、石墨等，是被广泛采用并重点开发的导电填料之一。炭黑除了能赋予复合物优良的导电性能外，还兼有增强、吸收紫外线、导热等功能，价格低廉、品种多，缺点是色彩单一，成型时易污染环境等。

陶瓷粉末　如钛酸钡（$BaTiO_3$），铅酸钡（$BaPbO_3$）、硼化物（$TiB_2ZrB_2NbB_2$）、硅化物（$NbSiWSi_2MoS_2$）、碳化物（TiC）等。$BaTiO_3$和$BaPbO_3$被广泛用于制备具有正温度系数（PTC）效应的陶瓷热敏电阻，但其室温电阻率相对较高，不易调节PTC转变温度，生产成本高，成型较为困难，然而它们是与聚合物复合制备高分子PTC材料极具潜力的导电填料之一。硼化物、硅化物和碳化物等的电阻率低，对表面氧化的敏感性小，价格相对较低，也是开发高分子PTC材料的重要填料之一。

导电聚合物填料　如聚吡咯、聚苯胺等，将这些结构型导电聚合物与通用的热塑性塑料进行共混是解决结构型导电聚合物力学性能差、成型困难的有效途径之一。

超导体粉末如$YBa_2Cu_3O_{7-x}$、Bi(Pb)－Sr－Ca－O等。随着具有较高零电阻转变温度的超导体的发现，人们希望利用超导体所具有的优异性能开发超导体/塑料复合材料，一方面解决超导体易脆、难以成型、力学性能和化学环境稳定性差等缺点，另一方面也希望开发超导复合塑料，但采用常规的混合和成型方法，复合物在大多数情况下显示出较高的室温电阻率，在直到液氦温度时都未出现预期的超导转变，这主要是由于超导体粒子在塑料基本中的连通性较差的缘故，将超导体与少量塑料进行烧结虽然可以获得超导性材料，但塑料仅仅起着类似于粘合剂的作用。

（2）片状填料。如石墨片、铜片、钢片、铝片、镍片等。在达到相同电导率的情况下所用片状填料的填弃量低于粒状填粒，且材料的电导率存在着各向导性。

（3）维状填料。如碳纤维、石墨纤维、不锈钢纤维、铝纤维等。由于纤维特殊的几何尺寸使其形成导电逾渗通道的临界体积分数很低，在很低的填充量（体积分数一般小于10%）下就可达到较高的导电性能。纤维的长径比越大，临界体积分数越小，纤维状填料复合物的导电性能也存在着各向异性，纤维的表面处理、混合和成型是应重点解决的问题。

（4）针状和晶须状填料。如碳针状单晶、氧化锌晶须等。这类填料在塑料基体中更易形成三维导电网络结构，所需的填充量很少，对塑料具有很强的增强和增韧能力，是今后导电填料重点发展的方向之一。

(5) 表面镀金属填料。如镀金属聚合物粒子、镀金属玻璃珠、镀金属碳纤维、镀金属石墨纤维、镀金属玻璃纤维等。聚合物粒子表面镀金属后进行压制或烧结成型，控制成型工艺条件不使聚合物充分流动，则镀金属壳层被保存下来并在复合物中形成连续的金属导电网络，可以有效地降低金属的临界体积分数。碳纤维等表面镀金属后也可以显著地提高导电性能、降低填充量。这类填料也是目前以至今后重点开发的导电填料之一。

三、导电塑料的研究进展

目前导电塑料的研究主要围绕以下方面进行：

(1) 导电逾渗涌转变。复合导电塑料的电导率在导电填料达到某一含量时急剧增大，出现绝缘体—导体转变，这一转变通常非常剧烈，电导率升高幅度可达几个数量级，转变区域很窄，这时对应地在复合物中形成了一个贯穿整个基体的导电网络。这一现象可以很好地用逾渗理论描述，被认为是连续逾渗相转变，电导率出现急剧增大时的填料临界含量称为逾渗阈值。

(2) 电流－电压的非线性行为。在低电压下，复合物的电流—电压为线性欧姆关系，当电压高于某一值时，电流－电压偏离线性。出现这一现象的原因是体系内部出现一新的额外导电通道。从物理学上讲，这些额外导电通道是由体系内部特殊的无序结构中发生的不同的物理机制所引起的，例如在体系内部通常含有许多很薄的聚合物绝缘层隔离的导电粒子或聚集体。因此可以发生量子隧穿或电子跃迁而产生新的导电通道使电流明显增大。

(3) 电导率对频率的依赖性。复合物的交流电导率在低频下不随频率变化，在某一频率以上时随频率升高而增大，目前认为主要是由于体系内部导电逾渗集团间的电容极化所致。

(4) 电阻的正温度系数(PTC)和负温度系数(NTC)效应。在低温下复合物的电阻随温度升高略有上升，当温度升高到聚合物基体的熔化温区内时电阻急剧跃增，升高幅度可达几个数量级，呈现出明显的PTC效应。目前认为PTC效应主要是由于聚合物基体的热膨胀和晶相熔化对导电网络结构的破坏所致，NTC效应是由导电粒子在熔融的聚合物基体中发生的附聚效应所引起。

(5) 电阻的负压力系数(NPC)和正压力系数(PPC)效应。复合物的电阻在低压力下随压力增加而降低，呈现NPC效应；在高压力下随压力增大而升高，呈现PPC效应，在恒压力下表现出电阻蠕变行为。电阻对压力的依赖性被认为与导电网络在压力作用下的破坏，重组有关。

(6) 电阻随气体浓度变化。复合物的电阻对各种化学气体的性质和浓度很敏感，复合物吸收气体后发生溶胀，电阻增大。

四、导电塑料的应用

导电塑料的应用领域主要有以下几个方面：

(1) 抗静电和导电材料。这是导电塑料应用最多和最广泛的领域，在电子电气行业中可用作通讯设备、仪器仪表、电气设备、计算机等的壳体，集成电路、印刷电路板及电子元器件等的封装材料，架空或埋地电缆的半导电屏蔽层等。

(2) 热敏材料。利用复合物的PTC效应可以制备自控温加热装置和加热电缆，以取代传统的金属导线或蒸汽加热方法，这种自控加热装置和加热电缆除兼有电加热、自调功率、自控温三项功能外，还具有加热速度快、节省能源、使用方便、控温保温效果好、性能稳定且使用寿命长等优点，还可以制成各种热敏电阻、温度补偿和测量元件、过热以及过电流保护元件等。

(3) 压敏材料。这种材料的电阻随压力而变化，分为两种：一种是开关型，压力小于某一值时材料具有较高的电阻呈绝缘态；高于该值时，电阻急剧降低呈导电态，能实现通断幼作，可以制成触摸控制开关。另一种是模拟型，电阻随压力连续变化，可以制成各种压力传感元件。

(4) 气敏材料。这种材料的电阻对各种化学气体的性质和浓度很敏感，可以制成各种气敏探测元件，对各种气体及其混合物进行鉴别、定量化检测和监控。

(5) 电磁波屏蔽材料。由于聚合物是绝缘体，对电磁波几乎不能吸收和反射，易透过，毫无屏蔽作用，因此采用高分子材料作壳体和封装材料的电子电气产品必须进行电磁波的屏蔽处理，阻止外部发射来的电磁波进入产品内部，同时防止产品内部产生的电磁波发射到外部去。一般要求电子电气产品的屏蔽效果达到中等(30db)以上水平，根据屏蔽效果与频率的关系，屏蔽材料的体积电阻率要求在1Ω·cm以下，要达到如此高的导电性，通常采用填充金属纤维或镀金属玻璃纤维、碳纤维、石墨纤维等。因为所需的填充量较小，易于成型，材料也具有较好的力学性能。

五、导电塑料的发展趋势

今后导电塑料的发展方向主要有以下几个方面：

(1) 高性能。主要目标是在提高复合塑料导电性能的前提下，降低导电填料的用量；提高复合导电塑料的力学性能、成型加工性能和其他性能；进一步提高复合塑料的导电性能，开发超导复合塑料；使复合塑料多功能化。

(2) 新品种。一方面是开发新型的导电填料，如针状单晶、晶须、纳米导电粒子等是今后开发的重点填料之一；另一方面是复合塑料新品种的开发；多组分聚合物共混体系和新型导电填料与聚合物复合体系是今后重点发展的方向。

(3) 应用探索。包括成型工艺、新的成型方法和材料的器件化。在成型工艺方面，主要研究填料的表面处理、混合分散、配方优化和成型工艺条件；新的成型方法方面，主要探索一些能够获得特殊的材料微观结构并进而提高复合塑料导电性能的新方法；材料的器件化主要研究如何将导电塑料制成满足实际使用要求的各种形状和尺寸的产品。

(4) 理论研究。无论是导电机理还是材料的形态、结构和性能还有大量的课题有待研究。复合导电塑料是一综合性的全新的研究领域，跨学科交叉是必然的趋势，理论的深化必将更好地指导材料的开发和应用。

(四川大学高分子科学与工程学院
张雄伟　黄　锐)

微孔及超微孔发泡塑料

塑料中加入气体形成气泡，减轻塑料的重量，降低成本，已广泛的用于各种塑料制品中，这种加工工艺叫塑料发泡工艺，制品则称发泡塑料；这已是常用的工艺及制品。将泡孔直径减小到 10～100μm，单位体积孔的数目增加到 10^9～10^{12}个/cm^3 时，称为微孔发泡塑料；当泡孔直径小到 0.1～1μm，单位体积的数目增到 10^{12}～10^{15}个/cm^3 时，称为超微孔发泡塑料。微孔或超微孔发泡塑料由于泡孔直径小，孔的数量多，它将聚合物材料中的空穴和某些缺陷均用气体填充，不但减轻材料的重量，节省了原材料，而且制备时释放压力使气体膨胀，导致气泡之间相互竞争。气泡的形状不能维持球形，变成近似 12 面体的五边形，五边形界面的夹角相等，使气－液两相由毛细管形成的界面尺寸也相等，气泡的形态和尺寸能保持稳定，在气泡相互膨胀和竞争的情况下塑料熔体的分子链在三维方向得到伸直取向，使到材料的相对密度减小，而比强度、比刚度等反而提高，如微孔发泡塑料的抗冲强度，比韧性均比未发泡塑料提高 5 倍，比刚度提高 3～5 倍，使用寿命提高 5 倍，界电常数及热传导系数降低。这些性能的提高和改善使微孔发泡塑料的应用范围不断扩大。但要使气泡孔直经达到微米级，又要在 1cm^3 内产生这么多的气泡，使加工成型的难度增加，这也是这一技术在理论和生产方面得到广泛重视的原因。也是目前世界上研究开发的热点之一。

微孔及超微孔发泡塑料的研究开发在模压、挤出、注射等方面已做了大量的工作，如挤出成型方面，已生产了第一台挤出微孔发泡异型材生产线。美国 MIT、加拿大多伦多大学等对 CO_2 作为发泡剂的微孔发泡塑料多集中在成核、发泡等方面研究，华南理工大学工业装备与控制学院彭玉成等也从气体注入熔体中各参数之间的关系及气泡形态变化、气液二相流变过程、气泡的破裂、扩散、成核发泡等方面进行了系统的研究，为微孔塑料发泡生产过程提供了理论与产业化开发的依据。从 CO_2 液体进入聚合物熔体后，经过相变成为气体，在聚合物熔体中受到压力和温度的作用，又变成超临界 CO_2，它是气液的混合体，扩散成均相，成核，发泡。这一过程涉及多学科的研究，因此它是一个很丰富的多学科的边缘研究课题。

CO_2 为惰性气体，在加工过程中有多次相的变化，当输入到较低压力的熔体中时，它由液态变成气态；当进入高压区时，变成超临界 CO_2，发泡时又变成 CO_2 气体。这些过程导致了气液两相介面自由能不断变化，使 CO_2 在聚合物熔体中起到增塑和润滑作用，对多组分的共混改性起到协同的效应。它与 N_2 气相比，扩散速率快 20%，溶解度高，加入量比 N_2 气高 3.5 倍，在超临界状态时，具有高扩散系数，强的溶解能力，流体粘度低，表面张力小对微孔介质渗透力强。当超临界流体在短时间的快速膨胀过程中，喷嘴端部产生高频脉动压力波，并在膨胀射流中传播，使界面膨胀粘度迅速下降，达到低的界面剪切粘度及高的成核速率。从而保证了气泡直径小，数量多，分布均匀等特点。

以注射成型为例，David Pierick 的研究得出：注射微孔发泡塑料制品时，注射压力比注射不发泡塑料的制品降低 60%，锁模力降低 30%～80%，降低能耗达 36%，注射循环时间降低 50%，制品收缩率减小，已用于 ABS、PC、PC/ABS、PP、PS 等制品，预计生产成本可降低近 50%。

综上所述，微孔及超微孔塑料制品的开发研究是目前一个很重要的领域，它为共混改性，以及有机、无机纳米复合制备过程提供了高的增塑、分散效应及低粘度介面性质等优点，使纳米复合材料在加工流场的控制和设计方面更加容易。

(华南理工大学工业装备与控制学院
彭玉成)

塑料在设施农业中的应用

一、前言

中国是一个发展中的农业大国，又是一个水土资源相对贫乏的国家，地处北半球中纬度两大自然灾害频发地带的交汇处，是全球自然灾害种类多、次数频繁的地区。在我国 $9.6\times10^6km^2$ 的面积上，耕地面积只有10%左右，70%是山丘，多于1/6的区域是沙漠，还有1/3的耕地受水土流失的危害，每年流失土壤总量达 5×10^9t，荒漠化总面积，已达国土面积的8%；加之近十年来，城市和工业的现代化及乡镇企业的崛起，使有限的耕地正以 $3\times10^5m^2/a$ 的速度锐减，目前我国人均耕地面积不足1.6亩（1亩=$666m^2$）。中国又是世界贫水大国，人均水资源占有量 $2300m^3$，仅为世界人均水平的1/4，每公顷平均水资源占有量 $27000m^3$，仅为世界每 10^4m^2 平均水平的2/3，居世界第121位。据有关权威部门预测："到21世纪20～30年代，中国人口将达16亿，那时人均耕地将下降到 $800m^2$，人均水资源只有 $1800m^3$，是全球人均占水量的1/4，属世界12个贫水国家之一"。届时我国将处于历史上水土危机最严峻和载着最多数量人口的关键时刻，以水土为中心的农业资源将达到承载能力的临界状态。如何解决2030年16亿人口的吃饭问题已严峻地摆在我们面前，农业的可持续发展将成为我国政府关注的焦点和科学家长期面临的重大课题。农业现代化即以现代化科学技术和工业化为强大支柱，用先进农业技术和生产手段改造农业，现代管理方法管理农业，进而建立产业化、科学化、社会化与企业化的现代化农业科学体系；另一方面现代农业科学的发展呈现出向微观和宏观两方面发展，并向自然和社会科学不断渗透和交融，从而形成新的学科、交叉学科、边缘学科与横断学科。设施农业就是在农业现代化进程中应运而生的新兴交叉学科，它使材料科学、建筑科学、高分子科学、计算机科学和农业科学等有机地联系在一起，必将成为未来10年中国农业可持续发展战略部署中重要组成部分。设施农业就是利用人工建造的设施为养殖业及其产品的生长、贮藏保鲜提供良好的环境条件，调节光、热、水、气和矿物质营养五大生活要素，使水土资源合理利用、分配和保护。现阶段我国设施农业的主要模式为：塑料大（中、小）棚；日光温室；现代化温室。中国农业部对我国不同年份园艺设施栽培面积的统计结果见表1。

预测到2010年我国园艺设施栽培面积将超过2500万亩。然而无论是塑料大中棚、日光温室，还是现代化温室的开发，都离不开骨架材料、保温材料、覆盖材料、防渗材料、灌溉材料及配套材料的使用和开发。而上述材料的选择，很大程度上得益于高速发展的塑料工业，可以说，没有塑料就没有新型的设施农业；与此同时在现代塑料工业发展进程中，随着新型机械设备、配方工艺及原材料不断涌现，使农用塑料在发展中得到改善和完善，随着设施农业的推陈出新和塑料工业的不断进步，将会给传统的农业带来一场革命，而且必将使塑料工业开拓出新的技术与经济增长点。以下将介绍设施农业中正在开发和使用的骨架材料、保温材料、覆盖材料、防渗材料、灌溉材料及配套材料。

二、骨架材料

随着大棚不断地普及，要求有价廉物美的骨架材料不断问世，以推动工厂化高效农业在我国的蓬勃发展。大棚的稳定性与骨架材料有关，骨架材料的选择直接关系到大棚的使用寿命和覆盖材料的使用寿命。目前我国经济发达地区大多采用镀锌钢管结构作为大棚框架，由于大棚内湿度大、温度偏高，使镀锌钢管

表1 我国不同年份园艺设施栽培面积表

10^4 亩

设施 \ 年度			1986～1987	1987～1988	1988～1989	1989～1990	1990～1991	1991～1992	1992～1993	1993～1994	1994～1995	1995～1996	1998～1999
合计			64.4	101.6	150.0	170.3	221.7	248.0	313.7	389.3	854.0	1 047	2 148
塑料棚	小计		55.1	87.4	127.9	143.4	191.6	211.9	267.9	318.9	640.9	781.2	1 598
	大棚		11.2	17.7	25.1	28.9	38.3	47.3	74.5	92.2	175.0	280.0	690
	中小棚		44.2	69.7	102.7	114.5	153.4	164.6	193.4	226.7	465.9	501.2	908
温室	小计		9.0	14.3	22.1	26.8	30.1	36.1	45.9	70.4	213.4	265.9	550
	加温温室		2.7	3.5	4.1	4.8	6.6	6.5	7.2	7.4	10.3	7.2	22
	日光温室	小计	6.3	10.8	17.7	22.1	23.4	29.6	38.7	62.9	202.8	258.7	528
		普通	5.9	10.2	16.8	20.5	18.8	19.2	18.8	16.0	82.2	104.1	528
		节能	0.4	0.6	0.9	1.6	4.6	10.4	19.9	47.0	120.6	154.6	

极易生锈，加之镀锌钢管与覆盖薄膜间产生的热效应，使覆盖薄膜极易在镀锌钢管接触面产生热老化，缩短温室大棚的使用寿命。而在欠发达地区，则大多采用竹木结构，由于我国森林资源紧缺，国家已明令限制采伐，这样便给竹木结构大棚的资源带来困难。为解决这问题，需要寻找成本低、寿命长、施工费用低的结构材料，取代现有的大棚骨架材料。目前中国科学院化学研究所、鞍山市园艺设施研究所、青岛蓝天环保设备制造公司和山东莱州市河镇洪达机械制造厂等单位先后开发出一代新型钢塑和塑料管材。

（一）涂塑钢管骨架

由中国科学院化学研究所开发的涂塑钢管是采用高频焊管，外部连续挤出涂塑工艺加工而成，涂覆材料为PE，涂布厚度为2mm，单机可涂塑90m/h，产量为1800m/d。采用薄壁高频焊管为骨架材料，具有钢材承载力大、抗风能力强、稳定度高的特点，再经塑料涂覆后，又具有抗腐蚀、轻量化、廉价和长寿等特点，具备镀锌钢管大棚的稳定性和竹木大棚廉价的双重优点。单拱大棚为长60m、宽8m、高2.4m（占地0.72亩）。

（二）PP骨架

由鞍山市园艺设施研究研制开发的新型大棚骨架是以共聚聚丙烯为原料，加入改性剂设计HPT核心配方，经高压整体一次成型，管材采用三角内壁支撑结构，具有受压不折、受力均匀、可随意组合等特点。用这种管材建造的温室大棚采光面大、透光性好、覆盖面宽，可大大提高棚内耕作率。

（三）PVC异型材骨架

山东省莱州市沙河镇洪达机械制造厂研制出新型双层无立柱塑料大棚骨架挤出成型机组。该机组能够连续自动挤出成型PVC塑料型材，可以单机挤出成型三种不同结构尺寸的通用型型材，用这些型材组装大棚骨架，纵向用钢丝牵拉，覆盖两层棚膜，质轻耐用，防水防潮，耐候性极好，不会因温度变化而变形，折装方便，经加热弯曲可制成多种弧度的大棚结构。用该骨架搭建的塑料大棚，跨度可达10m，高度可高于4m，具有双层和无立柱支撑的显著特点。

（四）PVC－U中棚骨架

中国科学院化学研究所开发的塑料中棚骨架采用PVC－U挤出管材，管材内部采用“人”字结构，用以增加管材的刚度，每根PVC－U管材长8m，采用水泥柱预埋金属嵌件浇涛，整体埋入地下的方法固定管材。中棚跨度为6m，中高为2m，棚长60m，中间有木柱支撑，杆为镀锌钢管，镀锌钢管与塑料管材之间的搭接采用塑料合金卡具，门为木质材料，中棚工程总体占地0.5亩。

三、保温材料

（一）墙体保温材料

（1）聚乙烯发泡板材。聚乙烯发泡板材具质量轻、保温隔热、不吸水、耐腐蚀、耐老化等优点，最近被用做墙体的保温材料。聚乙烯发泡材料是PE在挤出成型时，采用化学发泡或物理发泡的办法生产的闭孔泡沫塑料，作为墙体保温材料要求密度为26kg/m^3，导热系数为0.03W/m^3，吸水率为0.2%，使用寿命15～20年。

（2）聚苯乙烯发泡板（EPS）。模塑聚苯乙烯发泡板材，由于具有质轻、导热系数小、耐水、耐低温、耐老化、容易加工、易于与其他建筑材料结合，价格较低，被广泛用于建筑领域。有文献报道，在温差40℃，相对湿度80%条件下，50mmEPS发泡板材的隔热效果等于1075mm厚砖墙的隔热效果。EPS应用于建筑物墙体的保温有“内保温”、“外保温”、“中间保温”三种形式，密度在15～60kg/m^{3}之间，EPS作为日光温室墙体保温材料正处在试用阶段。模塑型聚苯乙烯发泡板材是用可发型聚苯乙烯EPS为原料，经几步加热发泡，最后在模具箱内发泡成块型，再经过切片成板材，作为日光温室墙体保温材料要求密度为15～18kg/m^3，导热系数为0.046W/m^3，吸水率为1%。

日光温室一般都采用红砖砌成保温墙体，烧制红砖需大量优质粘土，我国每年因烧砖造成大面积良田毁坏，环境污染，红砖已被建设部列为淘汰产品。多年来，人们一直设法寻找新型建筑材料以代替红砖并设计出组装式日光温室，使日光温室朝着组装式、工厂化、批量生产的方向发展。最近北京建造的组合式日光温室采用无砖结构，将EPS作为日光温室的墙体，解决红砖结构不耐风雨侵蚀和强日光曝晒而产生和风化、腐蚀或断裂的难题。使用EPS板材作为墙体具有很好的保温性，且保温性持久，内墙面有一定的吸热、储热和放热能力，造价适宜。

无砖组装式轻体日光温室具有以下优点：不用红砖砌墙、工厂化生产、现场组装、安装速度快、拆装方便、可重复使用、墙体占地面积小、提高土地利用率、外型美观和造价合理等。

（二）后坡保温材料

以前的日光温室后坡内大多数填充炉渣、秸杆、稻草等保温材料，但其保温性能随着吸湿量的增加而明显下降。另外，填充材料吸湿后其本身重量急剧增加，从而导致骨架的负荷强度增加，造价随之上升。为解决这一问题，目前后坡填充材料普遍采用聚乙烯发泡或聚苯乙烯发泡轻体材料，从而减少后坡的重量，减少钢骨架的负荷，并且安装方便。

（三）外覆盖保温材料

长期以来，日光温室前屋面夜间的保温主要依靠覆盖草苫来实现。尽管草苫、蒲席等传统保温覆盖材料在日光温室的发展进程中起到过举足轻重的作用，但随着温室向集约化、规模化方向发展，草苫的笨重、不防水、易腐烂、质量不均、使用寿命短、机械化作业困难、对薄膜的磨损破坏严重等缺点日益突出，而且又是天然材料，使资源日趋紧张。因此，开发轻质、防水价格适中、适于工厂化生产的新型保温覆盖材料替代传统的草苫、蒲席，已成为时代的潮流，受到了温室科研、生产和企业等各个部门的重视。

近两年来，市场上出现一些保温性能较好的材料，有的已投入批量生产，在生产应用中收到良好的效果。作为阶段性总结和评价比较目前市场上保温被的保温性能以及为今后进一步推广应用和改进提高保温被的性能，中国农业工程研究设计院等单位对国内目前批量使用的六种规格保温被进行相同条件下的保温性能试验，并给出6种保温被结构（见表2）。

表2 各种保温被结构

保温被种类	重量①/ kg/m^2	幅宽/m	保温被结构（由外到内）
草　苫	3.25	1.5	稻草苫
1号被	1.10	3.2	白色防水布+3mm厚发泡聚乙烯+800g/m^2无纺布毡+铝箔
2号被	0.96	3.0	银灰色防水布+800g/m^2针刺布毡+银灰色防水布
3号被	0.36	4.0	不防水绸布+8mm厚自防水发泡聚乙烯+铝箔
4号被	0.99	2.2	PVC塑料+毛毡+铝箔+毛毡针刺为一体，总厚度5mm
5号被	1.67	3.0	绿色防水布+无纺布+1000g/m^2无纺布毡+无纺布+防水布
6号被	1.92	3.0	白色无纺布+薄膜+10mm厚针刺麻毡+薄膜+无防布

① 保温被重量系根据测试样品实际测量称重后计算而得，可能与厂家提供的数据有些出入。

从各次测试结果看1、2、3号保温被覆盖的拱棚内夜温分别比草苫内夜温高0.7℃、0.75℃和0.4℃，4、5、6号保温被覆盖的拱棚内夜温与草苫覆盖的拱棚内夜温分别相差-1.9℃、0.8℃、0.6℃。本次试验除4号保温被由于保温芯层（毛毡）较薄（约5mm）且密实不够蓬松，保温效果较差外，6种保温被中其他5种保温被的保温效果均优于试验用草苫。这说明这几年开发的新型日光温室前屋面保温被其保温性能已基本接近或超过草苫的保温性能。但同时也看到，仅限于比草苫高1℃的范围内，也就是说这些保温被仅限于使用在冬季室外最低温度在-10℃以上，太阳光照比较充足的地区，对于室外温度更低的地区，使用这些保温被种植喜温果菜仍然有很大困难。

在1、2、5、6号保温被覆盖下的棚内温度的变化。经一夜间（16:00~8:00）棚内下降的温差来看，1、2、5、6号保温被下的棚温分别下降14.1℃、12.1℃、13.2℃和13.1℃；2号保温被下温差较小，说明温度下降较缓，其保温效果较好；5、6号保温被的保温效果基本相当；1号保温被略逊。

四、覆盖材料

（一）聚碳酸酯板

PC板是一种新型温室覆盖材料，用共挤出方法生产，产品有三层或两层中空强力结构，也有波纹板产品，具有与玻璃相近的透光性，而质量仅为玻璃的1/3，保温、阻燃、耐冲击、耐天候，安装方便，经得起狂风暴雨的考验。但PC板价格高，一次性投资大，加之板材要有支撑，使温室建筑成本大大上升。对于温室改造工程来说，PC板为拱型或弧型，欲想改变现在温室结构，并非是一件容易的事，为此农业部农业技术推广中心现阶段不推荐使用此产品。

（二）薄膜

从1976年至1980年Kaminsky等将茂金属催化剂用于乙烯聚合的相催化体系以来，这种聚合物所具有的独特的立体规整性及优良的力学性能引起了材料学界和产业界的极大关注。1991年EXXON公司采用茂金属催化技术（85℃）首先合成出m-LLDPE。产物具有以下优点：分子量高且分子量分布窄、短支链、支链少、低密度、高纯度、高透光、耐冲击、耐穿刺，被广泛用于缠绕膜、复合膜。近来EXXON等国外公司也将m-LLDPE推向中国市场，除以上用途外，也用于农用棚膜试验。

由于m-LLDPE分子量分布窄，给成型加工带来一定的困难。为解决这一问题，EXXON公司从挤出工艺上提出驼峰式加工温度曲线，即机尾温度低（155℃），机身温度（二区、三区）特高（200~300℃），机头温度（四区、五区）较低（175℃）；另一方面从改造加工设备入手，其方式为：① 加大螺杆与螺筒间隙；② 减少螺杆长径比在26以下，*L/*

$D24$为宜；③ 过滤网采用 40 目，机头安装压力表，以控制模头压力。为解决纯 m－LLDPE 加工困难的问题，EXXON 公司推荐用 m－LLDPE 与 LDPE 共混，将约 10% 的 LDPE 加入 m－LLDPE 中，以改变 m－LLDPE 的分子量分布，改善 m－LLDPE 的加工性。

为改善传统农用聚乙烯薄膜耐冲击强度低、耐穿刺性能差、透明性不佳的情况，EXXON 公司推荐将 LDPE 中加入 30% 的 m－LLDPE。目前这两项工作正在北京华盾塑料公司和北京雪花集团公司展开。据悉，中国石油化工股份有限公司北京化工研究院目前已生产出茂金属催化剂，并在齐鲁石化公司试生产。随着茂金属聚合物加工技术研究的深入和国产茂金属聚合物的问世，m－LLDPE 不久将成为 LLDPE 生产农膜的理想代用品。

（三）遮阳网

我国传统的遮阳、降温、防暴雨覆盖材料是芦帘。80 年代初，一些出国访问学者将国外的现代遮阳降温覆盖材料——遮阳网带回国内进行试验研究，收到遮阳、降温、防暴雨的效果。80 年代中期，北京市塑料研究所指导北京塑料五厂研制成功这种产品，1987 年又帮助江苏武进塑料二厂投产这个产品，并进入生产性试验示范。遮阳网是用聚乙烯（HDPE）树脂加入耐老化助剂拉伸成丝后纺织而成，有黑色或灰褐色等不同颜色。与传统的芦帘相比，具有质轻、耐候、防蛀、不霉烂、易保管、遮阳、降温、防雨效果好等优点，可防旱、保墒、减轻病害，优化作物生长环境，提高作物品质的效果。遮阳网国内骨干生产企业有江苏武进塑料二厂、武进长青塑料厂、浙江嵊舟塑料制品厂和广州长虹塑料厂等。目前年用网量达 $1.6\times10^8m^2$，覆盖面积近 8 万公顷，年需求量达 6000 公顷约 3500t，遮阳网售价在 0.5～1.0 元/m^2，为满足浮动覆盖的需求，国内应开发宽幅遮阳网。

（四）遮荫网（膜）

遮荫网是用于控制日照时间而不形成膜下热量的积累和室内温度的升高。该产品是塑料镀铝后编织而成，铝箔具有极佳的反光特性，可使温室内遮光率达到 99.9%，节能率为 75%。该产品能防止凝结水滴的形成，减少植物表面产生斑点和病害的可能，可使室内温度保持理想水平，从而为温室内的作物和工作人员提供良好的环境条件。

目前，进口产品售价为 50 元/m^2 左右，使用寿命 10 年。由于产品价格高，在国内很难推广应用。目前，上海长征塑料编织厂与中国农业大学共同合作，开发出新一代铝箔反光遮阴保温材料，该材料是以聚乙烯真空镀铝薄膜为基材，经干法复合工艺，用粘合剂将两层聚乙烯真空镀铝膜镀铝面之间紧密粘合，然后分切成条，再编织成网的材料。由于材料表面为聚乙烯，因而透水、透气率极小，避免镀铝面与水蒸气接触引起铝的腐蚀和铝箔脱落，镀铝膜代替纯铝条，降低了原材料成本，节约铝资源。该产品成品售价 13 元/m^2 左右。其力学性能见表 3。

（五）防虫网

防虫网是以高密度聚乙烯为主要原料，添加防老化助剂，经过拉丝，编织工艺制成的塑料纱网。采用防虫网生育期全封闭栽培，能够有效地防止害虫侵入和害虫传播而引起的病害蔓延，从而实现基本上不用农药生产，可配合一些大、中城市实现“放心菜工程”。国内的防虫网、网眼密度一般为 22 目。密度过

表 3　国内外铝箔反光遮荫保温材料力学性能对比

项　目 ＼ 样　品		瑞　典（劳德维森）	韩　国（爱若泰克）	上　海（农园新材料）
抗拉强力/N	原始值	14	12.5	61.3
	老化 144h	9.8	4.5	57.3
	老化 288h	—	—	55
	老化 432h	10	4	54.8
	老化 576h	11.3	1	45
强力保留率/%（老化 576h）		81	8	73
断裂伸长率/%	原始值	92	36	86
	老化 144h	0	0	78.5
	老化 288h	0	0	20
	老化 432h	0	0	21
	老化 576h	0	0	10.2
伸率保留率/%（老化 576h）		0	0	12

小防虫效果降低，密度偏大则不利通风降温排湿，容易造成烂菜，在江苏、上海、安徽、浙江一带已推广 $3\times10^6m^2$，覆盖栽培面积 1500 公顷左右。

五、配套材料

配套材料包括塑料钵体软盘、穴盘、护根钵、花盆及各种夹子、引夹、压膜线等。塑料钵体软盘主要用作水稻、抛秧育苗容器。1998 年水稻抛秧面积在 500 万公顷左右，塑料钵体软盘的用量 30 多亿张，1999 年水稻抛秧面积可达 660 多万公顷，塑料钵体软盘的用量增至多 40 多亿张，原材料耗用量约 15 亿张合 82.5kt/a；预计 2000 年水稻抛秧面积将达成 4000 公顷，塑料钵体软盘的用量增至 90 亿张，原材料耗用量约 165kt/a。塑料穴盘，护根体主要用于蔬菜、瓜、果、育苗移栽，至少有 400 亿株苗需要用塑料穴盘和护根钵来培育，每年耗用的塑料穴盘和护根钵大约在 5 公顷左右，花盆主要用于观赏花木的培育每年需要花盆 3 亿个左右，大约 3kt。随着我国温室面积和蔬菜果类品种的增加以及立体栽培等的需要，各种嫁接夹子、引夹、挂钩也会不断增加，为国外温室中使用的各种配套材料。

目前，国内生产的塑料钵体软盘易脆裂，耐老化性差，塑料穴盘和花盆保型性不好，易脆易老化。而各种夹具中嫁接夹需量较大；压膜线虽然产量不少，但质量都不高，拉伸强度差，随着温度的升高压膜线伸长，这些问题有待于在今后工作中得到解决。

六、结论

设施农业是实现农业现代化的必由之路，设施园艺工程的发展方兴未艾。据农业部全国农业技术推广服务中心预测，到 2030 年我国设施园艺面积将达成 170 万公顷，是目前总面积的 2 倍，足以看出发展势头的强劲，到那时设施生产的蔬菜人均占有量将达 50kg/a，占蔬菜人均占有量的 20%，比目前提高 51.5%，所以要做的工作很多，任重而道远。愿塑料行业的科技工作者及企业家与从事设施园艺工程的人士共同携手，在即将到来的知识经济时代中，相互学习，相互弥补，交流信息，为我国设施农业和塑料工业的腾飞寻找闪光点，发现新机遇，做出新贡献。

（北京市塑料研究所　杨明锦）

挤出理论及应用

【单螺杆挤出超高分子量聚乙烯管材技术】

超高分子量聚乙烯（UHMW－PE）为分子量在 150 万以上的线性聚乙烯，具有普通聚乙烯和其他工程塑料所无可比拟的耐磨性、耐冲击性、耐腐蚀性、自润滑性、吸收冲击能等优异的综合性能，被称为“令人惊异的塑料”，但其成型加工困难，长期以来受限于生产效率极低的压制烧结法或柱塞推压法。北京化工大学塑料机械及塑料工程研究所于 1994 年研制出 Φ45 型 UHMW－PE 专用单螺杆挤出机（$D=45$，$L/D=25$），并进行了系统的实验及理论研究。在此基础上，承担中国石化总公司科技开发项目，于 1997 年取得了 Φ65 型单螺杆挤出管材生产线（管径 ≤ Φ110mm）的成功，此后又研制出管径 Φ100～400mm 的大口径系列管材生产线。

UHMW－PE 单螺杆挤出生产线的装置组成如图所示：

堆放台 ← 切割机 ← 牵引机 ←

冷却定型台 ← 管材模具 ← 挤出机

该生产线采用了适合 UHMW－PE 物料特性的专用单螺杆挤出机，其结构包括：加强输送能力以克服物料打滑现象的组合式特殊机筒，增强推力以克服堵塞现象的特殊螺杆和必要冷却和加热机构。而管材模具则采用了不同于常规管材模具的设计，遵循适当降低机头阻力、改善熔体融合效果及提高出料均匀性的原则，以克服管坯开裂或“爬行”的现象。冷却定型、牵引等辅机也相应进行了改造，其操作与主机的运转有效配合，从而保证生产过程的连续稳定。

其工艺过程为：将粉末状 UHMW－PE 树脂（北京助剂二厂 M2，分子量 250～300 万）与其他少量白色粉末状助剂在高速混合机混合均匀后，加入单螺杆挤出机，在螺杆剪切和机筒外热作用下，粉末状 UHMW－PE 树脂逐步熔融塑化并连续不断地向前输送，在模具中形成管坯，并进一步定型冷却，形成表面光滑、圆直度较好、壁厚均匀的最终管材制品，在履带式牵引机的牵引下，连续而均匀地送至飞刀式切割机进行定长切断，并由堆放装置自动堆放整齐。

该技术由于采用设备与工艺相结合的方式，因而大大提高了加工能力和生产效率，降低了配方的流动改性要求，不仅原料组分价格低廉，而且无需专门对原料进行造粒即可直接挤出，加工温度适中，从而可得到具有优良外观和内在性能的白色本色制品。其工艺过程简便，生产过程连续稳定，生产成本得到了有效控制。

该技术已被授予国家实用新型专利、发明专利。经国内同行专家鉴定，一致认为：“该设备主要性能达到国际同类技术的先进水平，填补了国内超高分子量聚乙烯管材高效连续挤出技术的空白”。

目前，由该技术生产的 UHMW－PE 管材在江苏、天津市、太原市、上海市、湖北省应用均取得良好效果。

（北京化工大学 薛 平）

科技奖励情况

轻工业科技奖是由1980年开始设立，于2000年为止，共评审了15届，获奖项目是由1978年1月1日至1998年12月31日期间内完成的，授奖单位历经了轻工业部、中国轻工总会和国家轻工业局三个阶段，共评审出获奖项目4600项，其中一等奖41项，二等奖590项(其中发明奖1项)，三等奖2952项(其中发明奖1项)，四等奖1017项(仅在1980和1983年设有四等奖)。塑料行业获奖项目共391项，其中一等奖1项，二等奖50项，三等奖225项，四等奖115项，获奖单位涉及了全国24个省、市、自治区。

1998年国家科学技术部规定由2000年起取消各部委的政府系列科技奖，保留省、市、自治区的科技奖。各部委可设立非政府系列、不以赢利为目的的科技奖，并须报请国家科技部批准。国家轻工业局按照科技部的要求，于1999年进行了轻工最后一次科技进步奖的评审工作，共评出中国轻工业科学技术进步奖110项，其中二等奖24项、三等奖86项，评审结果于2000年3月公布。有关塑料行业的项目有8项，其中二等奖3项（见表1）、三等奖5项（见表2）。

表1 中国轻工业科学技术进步奖二等奖项目

序号	项目名称	完成单位	获奖人
1	含油尼龙制品在冶金行业的推广应用	河北省轻工业厅科技处，石家庄市稀土工程塑料厂	雷秋芬、李玉平、杜利民、赵德才、秘 宏、刘金生、陈志云
2	高适性热封型双向拉伸聚丙烯薄膜	佛山市东方包装材料有限公司	吴耀根、郑少华、崔天齐、王云、何广锋
3	1250航空航天复合材料热熔预浸料生产设备	中国轻工总会杭州机械设计研究所、浙江省宁海精工机械厂、中国航空工业总公司、航空材料研究院	桑如岳、张 立、刘安江、刘宝峰、廖子龙、尤德贤、王 澍

表2 中国轻工业科学技术进步奖三等奖项目

序号	项目名称	完成单位	获奖人
1	多功能彩色涂料	太原市塑料研究所	张玉英、武六旺、田 萍、白启荣、张家林
2	聚氯乙烯水晶膜	高明第二塑料集团股份有限公司	李永枝、郑日洪、陈 青、林焕源、李永东
3	食品包装用聚对苯二甲酸乙二醇酯(PET)流延片材	佛山中田塑胶有限公司	孙荣秋、林俊健、利 伯、陈燕生、李天始
4	UN－720电脑型注塑机	广西壮族自治区柳州塑料机械总厂	韦熊然、徐 峻、梁卷诚、吴道伦、曾玉龙
5	牧草保鲜材料的研究开发	轻工业塑料加工应用研究所、海拉尔市第一塑料厂	钱汉英、张延东、许国志、王秀娴、赵 冬

（中国塑料加工工业协会 李国俊）

塑料企业质量管理体系的建立及认证

在质量合格评定范畴中，合格评定包括认证和认可两类，认证又分为产品质量认证和质量体系认证。由于质量认证对促进经济贸易，提高质量水平，消除贸易技术壁垒的积极作用，因而 ISO 9000 现象已日渐为国人所关注，越来越多的企业在实施认证工作。特别欣喜的是，一批塑料企业业已按 ISO 9000 标准要求建立了质量管理体系、并通过认证，在企业的质量管理方面又向前迈出了坚实的一步。

根据中国质量体系认证机构国家认可委员会（CNACR）公告，已有 37706 家组织（企业）持有带国家认可标志的质量体系认证证书，按国际上通用的质量体系覆盖产品所属专业范围分为 39 类的统计，塑料企业主要划为 14 类：橡胶和塑料制品专业范围，该专业获证企业数为 1895 家，占全部百分数的 5.03%。与其他专业相比较，仅有下述专业范围的企业数高于橡胶和塑料制品获证企业数：19 类．电子、电气及光电设备（17.27%），28 类．建设（14.93%），17 类．基础金属及金属制品（12.21%），18 类．机械及设备（10.56%），12 类．化学品、化学制品及纤维（6.59%），22 类．其他运输设备（5.07%）。通常说塑料工业还应包括原料和机械，已通过质量体系认证的塑料企业将可能统计到 12、18 类等专业范围内。考虑到此因素，按此分类，获证的橡胶和塑料制品企业数实际会高于此比例。

一、ISO 9000 族标准和“ISO 9000 现象”

在质量体系认证方面，“ISO 9000”这一词出现的频次很高。我们首先探讨有关 ISO 9000 族标准的有关概念。

（一）ISO 组织

国际标准化组织（The International Organization for Standardization），简称 ISO。它是世界范围内 140 个国家或地区标准化组织的联盟。乍看起来，缩写应该是 IOS。事实上，ISO 不是英文字头的缩写，它衍生于一个希腊单词 isos，含义为“相同”，常作为一个前缀使用（iso－），如“isometric”等轴、等比、等容的，“isonomy”法律等同性。选用该词头作为国际组织的名称，可避免不同语言对组织名称翻译的不同而引起的混乱。比如，前述英语字头缩写是 IOS，法语是 OIN（Organization Internationale de Norm），而使用 ISO 这样的形式，既突出了标准的“同一性”这一精髓概念，又达到了使用一个非常简单的形式 即可代表国际标准化组织的目的。

ISO 是非政府性标准化组织的国际联盟，ISO 的技术工作是通过其 224 个技术委员会（TC——Technical Committee）、700 个分技术委员会（SC——Subcommittee）和 1900 多个工作组（WG——Working Group）共 2850 个技术机构，3 万余名技术专家工作来完成的。ISO 的技术成果是国际标准，它由 ISO 中央秘书处以英文和法文版本发布，现 ISO 所发布的各种标准已达 13000 个。顺便提及，ISO 标准在世界范围内有效，但并不是强制要求各成员国执行。

我们经常提到的 ISO 9000 族标准，系指由国际标准化组织（ISO）第 176 技术委员会，即 TC176 质量管理和质量保证技术委员会所制订的全部技术标准，实际为一族，称之为 ISO 9000 族标准。

TC176 下设 3 个分技术委员会：SC1 概念和术语分技术委员会；SC2 质量体系分技术委员会；SC3 支持分技术委员会。TC176 自 1979 年成立后极为活跃，每年举行大会。最近几年连续召开会议，修订 ISO 9000 的 1994 年标准，于 2000 年 12 月 15 日颁布 2000 版标准并组织在全世界范围内贯彻实施。

（二）“ISO 9000 现象”

自 1987 年 3 月 ISO 9000 族标准发布以来，即为包括政府在内的广大采购商和供应商所认同，把它作为贸易活动中相互信任的基石；国际间建立了质量体系评定国际承认制度；各国相应建立了体系认证机构；ISO 9000 族标准迅即被 70 个国家等同采用，截止到 1994 年 6 月，开展质量体系认证的国家和地区已达 76 个。1987～1995 年全世界通过质量体系认证的企业已达 13 万家。所有的一切，对世界工业的发展产生了巨大的影响。自 1987 年 ISO 9000 族标准第一版发布，短短的几年该国际标准迅即为世界各国接受，形成了始料未及的、持久不衰的 ISO 9000 热，在国际标准推广工作中极为少见，被称为“ISO 9000 现象”。

（三）我国标准化政策

积极采用国际标准和国外先进标准是我国的一项重要的技术经济政策，是技术引进的重要组成部分。国际标准指国际标准化组织（ISO）和国际电工委员会（IEC）所制订的标准以及国际标准化组织公布的国际组织和其他国际组织所制订的标准。国外先进标准是指国外技术标准中具有先进水平标准的统称，即国际上有权威的区域标准、世界上主要经济发达国家标准和通行的团体标准，以及其他国际上先进的标准。

自 1949 年我国发布第一个国家标准《工程制图》以来，共发布国家标准 18176 项。现有的国家标准有 41%采用了国际标准和国外先进标准，有些重点行业如电子、汽车、冶金、邮电等国家标准采用国际标准的比例达70%以上。

对ISO 9000族标准我国在内容上是等同采用，根据我国的标准系列号码进行了调整。如“ISO 9001：2000质量管理体系　要求”，我国等同采用后为“GB/T 19001—2000质量管理体系　要求”。又如，“ISO 9000：2000质量管理体系　基础和术语”，我国等同采用后为“GB/T 19000—2000质量管理体系　基础和术语”。

二、ISO 9000族标准结构

（一）ISO 9000：2000标准结构

核心标准	辅助标准	技术报告	小册子	转入其他技术委员会	规　范
ISO 9000:2000 质量管理体系基础和术语（代替ISO 8402）	ISO 10012 测量控制系统	ISO/TR 10006	质量管理原则、选择和使用指南,中小企业实施指南	ISO 9000-3	TC/TS16949 汽车行业的应用
ISO 9001:2000 质量管理体系要求	ISO/TR 10007	ISO 9000-4			
ISO 9004:2000 质量管理体系业绩改进指南		ISO/TR 10013 质量管理体系文件指南			
ISO 19011 质量管理体系审核指南		ISO/TR 10014			
		ISO/TR 10015			
		ISO/TR 10017			

（二）ISO 9000族的1994版标准结构

目前1994版的ISO 9000标准仍在执行，其过渡期至2000版发布之日的3年内，即2003年12月。

ISO 8402质量管理和质量保证——术语（共67个，13-19-16-19）

ISO 9000质量管理和质量保证标准选用或实施指南

9000-1　质量管理和质量保证　第1部分：选择和使用指南
9000-2　质量管理和质量保证　第2部分：9001～9003的实施
9000-3　质量管理和质量保证　第3部分：9001在软件开发、供应和维护中的使用
9000-4　质量管理和质量保证　第4部分：可信性大纲管理指南

质量管理指南	质量保证要求
9004-1　质量管理和质量体系要素　第1部分：指南	ISO 9001　质量体系——设计、开发、生产、安装和服务的质量保证模式
9004-2　质量管理和质量体系要素　第2部分：服务指南	ISO 9002　质量体系——生产、安装和服务的质量保证模式
9004-3　质量管理和质量体系要素　第3部分：流程性材料指南	ISO 9003 质量体系——最终检验和试验的质量保证模式
9004-4　质量管理和质量体系要素　第4部分：质量改进指南	
9004-5　质量管理和质量体系要素　第5部分：质量管理原则	

ISO 10000　支持性技术标准

10005　质量计划指南
10011-1　质量体系审核指南　第1部分：审核
100011-2　质量体系审核指南　第2部分：质量体系审核员的评定准则
100011-3　质量体系审核指南　第3部分：审核工作管理
10013　质量手册编写指南
10016　产品检验和试验的客观证据

三、2000版9000标准的基本原理

新标准中突出了8项质量管理原则，它既是新标准的理论基础又是组织领导者进行质量管理的基本准则。

（一）以顾客为关注焦点

组织依存于顾客。因此，组织应理解顾客当前和未来的需求，满足顾客要求并争取超越顾客期望。ISO 9001标准的名称已由“质量保证”改为“质量管理体系　要求”，反映了除了产品质量标准以外，还旨在增强顾客满意。“ISO 9004质量管理体系　业绩改进指南”指出：标准强调实现持续改进，这可通过顾客和其他相关方的满意程度测量。

（二）领导作用

领导将组织的宗旨、方向和内部环境统一起来，并创造使员工能够充分参与实现组织目标的环境。

长期从事质量管理工作的朱兰博士，经过长期质量活动实践发现，质量活动效果的好坏80%在于领导的责任，20%是由于工人的原因，从而提出了8020原则。因此，质量活动的成败在领导，领导的作用不是一句口头的空话，而是起着实实在在的作用。

（三）全员参与

各级人员是组织之本。只有它们的充分参与，才能使它们的才干为组织带来最大的收益。

（四）过程方法

将相关的资源和活动作为过程进行管理，可以更高效地得到期望的结果。

按照ISO 9001建立的质量体系分为：管理职责，资源管理，产品实现及测量、分析和改进四大部分。ISO 9000族标准基于这样的思想：所有工作是通过过程来完成。质量体系也是通过过程来实施的，对质量体系评价首先看是否确定过程，过程是否按要求展开，过程是否有效实施。每一个大过程实际又分解为若干个小过程。ISO 9000族标准的管理与过去各种质量管理的最大区别在于将不合格控制于产生之前，而不是不合格的事后处理。质量体系标准规定了一系列必须要做到的要求，如控制采购的质量：选择合格的分承包方并按文件要求的质量供货；控制生产过程的质量：工艺条件、生产设备、人员技能；纠正和预防措施：对已产生的不合格应分析产生的原因并采取相应措施，防止再发生；而对潜在的不合格亦可根据情况采取措施，防止发生。

（五）管理的系统方法

针对设定的目标，识别、理解并管理一个由相互关联的过程所组成的体系，有助于提高组织的有效性和效率。

（六）持续改进

持续改进是组织的一个永恒目标。

ISO 9000族标准要求管理者确保其质量体系能推动和促进持续的质量改进。使顾客满意和实现持续的质量改进应是各级管理者追求的永恒目标。ISO 9001标准“管理职责”要求最高管理者进行“管理评审”。比较管理评审和质量体系审核可以看出，就目的而言，前者为检查体系的“适应性、有效性”，后者为检查体系的“符合性、有效性”，可以看出共同处是检查质量体系的有效性，但管理评审还侧重于体系对顾客需求的满足程度即适应性。就审核依据而言，管理评审自然还应依据“受益者期望”，而体系审核仅依据质量体系文件。

而称之为“PDCA”的方法可适用于所有的过程，即：策划（Plan），根据顾客的要求和组织的方针，为提供结果建立必要的目标和过程；实施（Do），实施过程；检查（Check），根据方针、目标和产品要求，对过程和产品进行监视和测量，并报告结果；处置（Act），采取措施，以持续改进过程业绩。每一个过程的循环往复上升达到一个新的水平。

（七）基于事实的决策方法

对数据和信息的逻辑分析或直觉判断是有效决策的基础。

（八）互利的供方关系

通过互利的关系，增强组织及其供方创造价值的能力。

四、进行质量认证的现实意义

（一）提高信任增加订货，适应国内外贸易需要

实施ISO 9000族标准的最大优势是提供信任，使顾客对供方所能达到的质量能够充分信任。信任的依据是供方质量体系的建立和有效实施，且对质量管理体系的有效性和适宜性能得到证实。通常的证实方法是：供方的合格声明、文件证据（质量手册）、其他顾客认定的证据、顾客审核、第三方审核 、认证证据。当然，由第三方进行审核并授予合格认证证书的方式，将提供充分的信任，其结果将增加供方的订单。在国外，许多政府采购，包括英国和新加坡国防部、美国海军部，签订大宗合同时都要求供方取得ISO 9000认证证书。

（二）避免重复检查

通常订货时客户出于对质量的要求，往往对组织提出质量体系要求，组织常常需要接受重复检查。经认证的企业出具证书，是避免重复检查最行之有效的途径。特别是质量体系国际互认的实施，可满足供应商通过ISO 9000“一次认证、一个证书世界通用”的需求，这样对确定组织、选择合格的供方都提供了有

效的保障，减少了不必要的重复检查评定。

（三）提高组织的管理水平

对于组织而言，安全、质量、效益是三个永恒的主题，其基础是管理。因此，为质量管理的需要建立质量体系选用 ISO 9000 族标准有两种途径：管理者推动和受益者推动。管理者推动即组织管理者意识到贯彻执行 ISO 9000 族标准将增强自身在市场经济中的竞争力，以便有效地提高产品质量，管理者处于主动地位。在这一方式中，首先选择 ISO 9004 标准为指导建立质量管理体系，提高管理水平、质量水平。此后，按“ISO 9001 质量管理体系　要求”建立质量体系、进行认证；在目前通行的受益者推动中，组织的管理者亦应发挥重要作用。而后，以此为基础增加“ISO 9004 质量管理体系　业绩改进指南”中的内容，建立一个更加全面的质量管理体系。事实表明，无论按那种途径建立的质量体系，供方都会发现其产品质量、成本和内部运行机制都有明显的改进。

五、质量认证的实施

（一）建立质量体系

质量管理的中心任务是建立质量体系，ISO 9000 族标准的管理要求组织建立一个文件化的质量体系。

质量体系文件通常分为三个层次：质量手册、程序文件及其他质量文件（作业指导书、记录表格等）。文件要符合“ISO 9001 质量管理体系　要求”的全部规定并完全反映该组织的实际运行状况，具有可操作性及检查性。

建立质量体系的流程如下：质量体系文件的建立、体系运行、内部审核及管理评审的检查。

首先，组织（企业）根据实际情况建立体系文件：其顺序可为程序文件（层次 B）、质量手册（层次 A）及作业指导书等（层次 C，又称 3 级文件）。

“ISO 9001 质量管理体系”对企业在管理职责、资源管理、产品实现及测量、分析和改进各过程提出了完整的要求：“组织应……”，“组织应……”。这些要求必须规定在质量体系文件中。

“程序”的定义是为进行某项活动或过程所规定的途径。程序可形成文件也可不形成文件，形成文件时称为程序文件。1994 版标准规定对应 20 个要素至少要有 20 个程序，而 2000 版 ISO 9001 对 6 个程序文件提出了要求：4.2.3 文件控制，4.2.4 记录控制，8.2.2 内部审核，8.3 不合格控制，8.5.2 纠正措施，8.5.3 预防措施。当然，企业认为在 1994 版建立的其他程序适用时，仍可继续使用。

建立程序文件的任务是：以文件的方式来解决为达到标准要求的“应”要怎样去做？即对实际操作时由谁、何时、何地、做什么、为什么及怎么做，提供具体的操作规定。故程序文件要与组织质量体系的实际运行相一致。

其后，以程序文件为基础抽出要点编写质量手册，再编写作业指导书等三层次文件。对于已按 1994 版建立质量管理体系的企业，转换为 2000 版时，作业指导书等三级文件一般不需作很大变动。此外，对企业而言，在长期运行中已积累了相当的管理经验，建立质量体系不是把过去的经验推倒重来，而是按 ISO 9000 族标准要求纳入其中。

通常文件定稿后由最高管理者发布执行，体系运行 3 个月以上进行内审并结合出现的问题修订文件和进行管理评审。

（二）质量体系认证

质量体系审核认证主要有四个阶段：申请、体系审核、审批、监督管理。企业结合自身特点与认证机构协商后，选定认可的质量认证中心并提出认证申请。而后认证机构派出审核组进行质量体系现场审核。认证机构根据审核组报告进行审批，确定该组织是否可通过认证。审批通过后颁发证书，证书的有效期限为 3 年，3 年有效期内定期进行监督审核。

六、我国塑料工业实施质量管理体系的状况

（一）我国“组织”质量体系认证概况

再此说明一下术语“组织”，在 ISO 9001：2000 版中明确提出用术语“组织”取代过去的术语“供方”，用术语“供方”取代术语“分承包方”，而形成一条由供方、组织和顾客组成的供应链。事实上，“组织”包括了公司、集团、企事业单位、研究机构等多种形式，而不是单一的生产企业。个中也体现了 ISO 9000 广泛适用各行业的指导思想。即不仅适用于企业还广泛适用于服务行业、教育、金融、商业、旅游业，甚至包括政府部门等。

根据国际惯例，我国建立了质量认证国家认可制度，国内的认可机构为中国国家认证认可监督管理委员会。由于历史的原因，现经常有两个名称出现。其一，为 1993 年由国家经济贸易委员会、技术监督局、机械、电子、轻工、纺织等 20 个部门组成的中国国家质量体系认证机构认可委员会（CNACR）。其认可质量体系认证机构 36 个、产品质量认证机构 17 个、审核员培训机构 4 个、认证咨询机构 22 个。其二，为 1992 年经对外贸易经济合作部、国家进出口商品检验局和国家产品进出口办公室授权成立的认证机构认可组织——中国国家进出口企业认证机构认可委员会（CNAB），依法从事中国进出口领域认证机构认可工作和相应的认证评审员注册工作。该委员会已认可的认证机构 22 个，颁发质量体系认证证书 1609 份。目前在 CNAB 注册的评审员为 3038 人。

1998年，包括中国国家质量体系认证机构认可委员会（CNACR）、中国国家进出口企业认证机构认可委员会（CNAB）在内的17个国家的16个国家认可机构获准签署了质量体系认证国际多边承认协议（IFA/MLA），它们是欧洲的荷兰、德国、英国、瑞典、西班牙、意大利、丹麦、瑞士、法国、挪威、芬兰，美洲的美国、加拿大，亚洲的日本、中国，大洋洲的新西兰、澳大利亚。我国是国际认可论坛（IAF）成员中实现国际互认的唯一的发展中国家。1月24日，在太平洋认可合作组织（PAC）特别全体会议上，包括中国在内的5个国家的认可机构签署了亚太地区质量体系认证多边承认协议（PAC/MLA）。我国获准签署上述协议，表明我国建立的质量认证制度、国家认可制度满足了国际准则的要求，达到了国际水平，具有国际等效性、互认性，实现了与国际接轨。

（二）我国塑料企业积极投入质量认证工作

在实施质量认证过程中，受益者推动这一原则充分显示其作用。因此，认证首先在涉及消费者安全、卫生及健康的电子、家用电器、食品等行业展开。随着人们质量意识的提高，国际间贸易的发展，如今我国塑料企业已意识到实施ISO 9000族标准的重要性。已通过ISO 9000质量体系进行认证的塑料企业有三类：塑料原料、塑料机械及塑料制品生产企业。主要有：

生产塑料原料的企业，如北京燕山石油化工公司合成橡胶厂（生产SBS）、北京燕山石油化工公司化工二厂（生产PP）、吉林化学工业公司长松化工厂（生产PP）、北京有机化工厂（生产EVA）等。

我国塑料机械行业中，生产挤出机、注射机的大型企业如山东华冠集团、邕江塑机厂、无锡格兰机械有限公司、宁波海天塑料机械有限公司、汕头市金明塑胶设备厂等。

塑料制品生产企业，如保定宝硕塑料集团中产公司、广东新会电容薄膜厂、东莞恒通塑胶制品厂、广东海洋南方塑料工业公司、广东高明第二塑料集团股份有限公司、浙江天乐塑胶公司、齐齐哈尔塑料二厂、海南塑胶工业有限公司、四川万事达塑胶制品有限公司、湛江包装材料企业有限公司、江苏玛维斯德塑料制品有限公司、宁波拓展橡塑有限公司、建镇塑胶电业制品厂等。

自1996年以来，我国塑料制品产量已持续超过15Mt，面临21世纪挑战，今后的任务已不仅仅是数量的发展，更多的应着眼于质量的提高，特别是我国已进入WTO形势更为严峻。而建立并实施ISO 9000族标准恰恰是解决质量保证及可持续发展的有力措施，现列举几点说明：

第一，获取合格原料供给“有法可依”。过去，谋求得到合格原料这一简单的合理要求始终困扰着加工企业。在农业用塑料制品加工中，注射料用于吹膜、非专用料用于加工农用棚膜屡见不鲜，其他如树脂熔体流动速率不符、牌号不对等问题更彼彼皆是。至于加工农膜用功能助剂的匮乏、无选择余地，更令加工企业一愁莫展。进而，不问生产厂家、不问型号，拿来原料就用的“饥不择食”现象时有发生。故常出现老化膜不耐老化，无滴膜不防雾滴，“爆棚”现象。ISO 9001标准“7.4 采购”规定“组织应根据供方按组织的要求提供产品的能力评价和选择供方”。应制定选择、评价和重新评价的准则，以确保所采购的产品符合规定要求。此处含义包括：供方评价、采购信息及采购产品的验证诸方面，从制度上保证了企业合格原料的投入。

第二，严格控制生产过程。ISO 9001标准“7.5 生产和服务提供”规定“组织应策划并在受控条件下进行生产和服务提供”。确保这些过程在受控状态下进行。受控状态主要指：工艺文件要求、生产设备、测量装置等。虽然“7.5 生产和服务提供”中的7.5.1和7.5.2条款没有提到关键过程，但生产中确实存在关键过程，即对产品质量起决定性作用的过程。如BOPP薄膜的厚度及外观是产品的重要指标，其后可通过产品检验判定合格与否，即控制厚度外观是关键过程。而特殊过程，其定义为当过程的结果难以通过以后检验和试验完全验证的过程。在塑料加工中注射制品生产时注射压力、保压压力、保压时间等条件很重要，会直接影响制品性能，但合格与否并不会在加工后立即检验出。实际上，加工过程控制不好制品使用一段时间后可能会发生翘曲、产生裂纹。因此，对这些过程的质量应由具备资格的人完成或对过程进行连续监控。

第三，服务是产品寿命周期的重要环节。ISO 9001标准的8项管理原则之一是以顾客为关注焦点。7.5.1生产和服务提供的控制中规定“放行、交付和交付后的活动的实施”。现国内不少企业已把服务作为质量的重要组成部分，通常的说法是“没有尽善尽美的产品，只有尽善尽美的服务”。

总之，已建立并实施ISO 9000族标准后的塑料企业，管理水平迈上了一个新的台阶，产品质量有了明显提高，加强了国内外市场的开拓，使顾客、员工、所有者、供方及社会获益匪浅，正在有力地推动着我国塑料工业的全面发展。

（全国塑料制品标准化技术委员会
钱汉英　曾新榕）

通过ISO 9000质量体系认证部分企业名单

北京百正威塑胶制造有限公司
北京风华工具厂
北京科工塑料加工中心
北京绿源塑料联合公司
北京瑞达门窗有限公司
北京市朝阳隆华门窗厂
北京市东管头塑料制品厂
北京市海尔科化工程塑料国家工程研究中心有限公司
北京雪花电器集团公司北京市塑料制品厂
北京永恒宇塑料制品有限责任公司
北京众友工贸有限公司
天津开发区力峰发展有限公司
天津美和工业发展有限公司
天津万新精密制品（天津）有限公司
河北宝硕管材有限公司
河北省保定德菲尔建筑材料有限公司
河北省保定市胜达塑料制品有限公司
河北省保定中产新型塑料包装材料有限公司
河北省高阳县东风电力器材有限公司
河北省衡水市华北塑胶有限责任公司
河北省廊坊东晖科技有限公司
河北省宁晋县塑料厂
河北省香河县华鑫泡沫厂
河北省涿州市新华门窗幕墙有限公司
河北唐山广建塑料品集团公司
山西五华塑胶有限公司
内蒙古邮电通信设备厂
内蒙古裕隆塑料包装厂
辽宁辽源市佳林造革有限责任公司
辽宁辽源市力扬塑料有限公司
辽宁省大连大诺印刷包装有限公司
辽宁省大连华迪实业总公司
辽宁省大连经济技术开发区金源塑料建材厂
辽宁省大连亚泰塑胶有限公司
辽宁省锦州彩练塑料集团有限责任公司
辽宁省锦州石化实业公司
辽宁省锦州市瑞龙实业总公司
辽宁省锦州意达制革有限公司
辽宁省辽河油田热收缩带厂
辽宁省沈阳住三塑料有限公司
辽宁省沈阳宗利塑料制品有限公司
吉林省长春力得汽车工程塑料制品有限公司
吉林市吉辰刚结构压型彩色钢板有限公司
黑龙江省大庆风华塑胶建筑材料制品有限公司
黑龙江省大庆庆联防腐保温材料工程有限公司
黑龙江省东府塑料实业有限公司
黑龙江省哈尔滨金大塑胶有限公司
黑龙江省佳木斯市塑料二厂
黑龙江省牡丹江爱迪电力技术有限责任公司
黑龙江省牡丹江市华安钢管有限公司
上海长征塑料编织厂
上海除尘设备厂
上海港沿电缆桥架厂
上海格氏过滤器技术开发公司
上海光仁塑胶制品有限公司
上海华东制药机械有限公司
上海纪威机械工业有限公司
上海龙达包装有限公司
上海南联塑料制品有限公司
上海轻工机械二厂
上海清芸线缆有限公司
上海三花薄膜厂
上海市奉贤塑料管厂
上海斯汇明机械有限公司
上海塑料制品公司塑料三厂
上海汤臣塑胶实业有限公司
江苏国达线路成套有限公司
江苏三强环境工程有限公司
江苏省常熟市第二塑料厂有限公司
江苏省常州市成松防水材料有限公司（金坛市成龙橡塑制品有限公司）
江苏省常州市恒昌干燥设备有限公司
江苏省常州市水车汽车配件制造有限公司
江苏省江苏省宜兴市华能环保机械设备厂
江苏省江阴市华丰橡机有限公司
江苏省江阴市华士新宁塑料制品厂（江苏省江阴市新宁塑料有限公司）
江苏省江阴市铝塑制品有限公司
江苏省江阴市塑料纺织配件厂
江苏省江阴市塑料容器包装厂
江苏省江阴市银达来塑料制品有限公司
江苏省溧阳市东宇箱包有限公司
江苏省连云港星球塑料有限公司
江苏省南京中雪胶粘带制造有限公司
江苏省苏州格林塑业有限公司
江苏省苏州工业园区和昌电器有限公司

江苏省苏州市顺达电塑品有限公司
江苏省苏州吴县市苏晨化工塑料有限公司
江苏省泰州市东方印刷版材厂
江苏省无锡国泰彩印有限公司
江苏省无锡锦峰塑胶电器有限公司
江苏省无锡龙舜实业有限公司（江苏省无锡金源电力电信塑胶有限公司）
江苏省无锡市东升汽车配件制造有限公司
江苏省无锡市飞达汽车窗框厂（江苏省江苏省无锡市皇信管业有限公司）
江苏省无锡市光荣塑料造粒有限公司
江苏省无锡市厚桥电子塑料厂
江苏省无锡市华信安全设备有限公司
江苏省无锡市江南集装袋有限公司
江苏省无锡市矫直机厂
江苏省无锡市南长区兴达像制品厂
江苏省无锡市神洲塑胶制品有限公司
江苏省无锡市塑料七厂
江苏省无锡市天马塑胶制品厂
江苏省无锡市现代喷雾干燥设备有限公司
江苏省无锡市鑫盛银材有限公司
江苏省无锡市永大管业有限公司
江苏省吴江市达胜热缩材料有限责任公司苏州达胜西核管道防腐有限公司
江苏省吴江市金晓空调净化有限公司
江苏省吴江市新兴玻钢设备有限公司
江苏省武进市东方聚氨酯制品有限公司
江苏省武进市江南色母粒厂
江苏省锡山市东新硫化器厂
江苏省锡山市湖光电力机械厂
江苏省锡山市佳顺塑胶制品有限公司
江苏省锡山市中兴塑料厂
江苏省盐城方行集团有限公司
江苏省盐城轻通机械有限公司
江苏省宜兴市东方玻璃钢环保实业公司
江苏省宜兴市精益机械厂
江苏省宜兴市绿宙环保有限公司
江苏省宜兴市三金排水器材厂
江苏省宜兴市新潮环保设备有限公司
江苏省宜兴市星晨水汽净化设备有限公司
江苏省宜兴市展宏环保设备有限公司
江苏省宜兴市振华水处理设备有限公司
江苏省宜兴市振华塑料机械厂
江苏省镇江惠通包装材料公司
江苏省中国石化集团金陵石油化工有限责任公司塑料厂
江苏无锡昌和欧埃表面环保技术有限公司
江苏无锡格兰机械有限公司
江苏镇江市塑料四厂
浙江大东南塑胶集团公司
浙江富通塑料包装有限公司
浙江嘉善三方塑胶有限责任公司
浙江金华威邦塑胶有限公司
浙江绍兴县山西工贸有限公司
浙江申达塑料机械有限公司
浙江省慈溪市横河镇东方塑料模具厂
浙江省慈溪市红邦服装模型有限公司
浙江省慈溪市华安化纤设备有限公司
浙江省慈溪市汽车配件有限公司
浙江省海盐荣盛塑胶有限公司
浙江省杭州亿通塑胶实业有限公司
浙江省嘉善金泰工程塑业有限公司
浙江省临海市伟星新型建材有限公司
浙江省宁波德业金塑模具制品有限公司
浙江省宁波海天股份有限公司
浙江省宁波亨润塑机有限公司
浙江省宁波亨润甬米人造革有限公司
浙江省宁波衡山模塑有限公司
浙江省宁波吉德电器有限公司
浙江省宁波市三元塑料机械有限公司
浙江省宁波信高塑化有限公司
浙江省宁波甬江塑料机械有限公司
浙江省勤县夏利汽车附件厂
浙江省瑞安市大伟工程塑料实业有限公司
浙江省萧山航民非织造布有限公司
浙江省义乌市百思得彩印包装有限公司
浙江省佑利管道有限公司（温州市佑利塑胶实业公司）
浙江省余姚市肖东洗衣机配件厂
浙江省张家港华明机械有限公司
浙江双环塑胶阀门有限公司
浙江温州福尔昌塑钢有限公司
浙江温州市瓯江液压机械有限公司
浙江诸暨金海三喜空调网业有限公司诸暨金海三喜塑胶制品有限公司
安徽省潜山县塑料制品厂
安徽省滁州市博康模具塑料有限公司
安徽省滁州市嘉诚包装有限公司
安徽省滁州市琅琊塑料五金厂
福建省乐清市永泰塑胶有限公司
山东华冠股份有限公司山东塑料机械厂
山东华亚东营塑胶有限公司

山东莱光塑料制品股份有限公司
山东省东营信义塑料板有限公司
山东省即墨市振兴塑料制品厂
山东省龙口市海龙橡塑厂
山东省龙口市合兴塑业有限公司
山东省龙口市南关塑料厂
山东省蓬莱市兴平塑胶制品有限公司
山东省青岛华西塑料有限公司
山东省青岛中新华美塑料有限公司
山东省泰安华塑建材有限公司
山东省威海滨田印刷机械有限公司
山东省威海市金泓化工集团有限公司
山东省烟台三垒塑料管材有限责任公司
山东省烟台塑料一厂
山东省烟台万华聚氨酯股份有限公司
山东兴鲁化工股份有限公司
山东星王集团有限公司
山东省济南方信集团管道有限公司
山东省济南华亚机械有限公司
河南省济源三兴环境工程有限公司
河南省南阳神龙塑胶集团有限公司
河南省濮阳三龙塑胶有限公司
河南省濮阳中油建材总厂
湖北百科药业股份有限公司
湖北省天门市第一轻工机械厂
湖北省中国轻工业机械总公司武汉轻工业机械厂
湖北武汉神光模塑有限公司
湖南省常沙创成塑料机械有限公司
广东深圳市红达生物环保股份有限公司
广东省潮州市海湾橡塑科贸有限公司
广东省从化市聚赛龙工程塑料有限公司
广东省佛山市日丰企业有限公司
广东省广州海洋南方塑料工业有限公司
广东省广州市白云区富强塑胶实业有限公司
广东省广州市实力体育设备有限公司
广东省江门市华彩塑料印刷有限公司
广东省汕头市汕樟轻工机械厂
广东省顺德市乐从镇福隆塑料泡沫包装有限公司
广东省中国人民解放军第七四五一工厂中国广州金墩总公司
广东省珠海斗门金海三喜空调网业有限公司
广东省珠海杰事杰有限公司
广西省柳州鱼峰 PVC 型材门窗厂
重庆（上海）汇丽建材有限公司
四川峨眉山万佛塑料有限责任公司
四川省德阳华远人造革有限公司
四川省广汉九天高分子材料有限公司
四川省温江强力实业有限责任公司
甘肃省张掖市金鹿铝塑复台管有限公司
新疆阿拉尔塑料制品厂
新疆天业股份有限公司塑料制品一厂
新疆天业股份有限公司塑料制品二厂

（全国塑料制品标准化技术委员会秘书组　曾新榕）

塑料标准化工作及塑料工业标准目录

2000年是处于世纪之交的一年，是第四届全国塑料制品标准化技术委员会换届后工作的第一年，各种工作头绪多、要求高。秘书处在各级领导的关心支持及各分技术委员会单位共同协作下，工作十分活跃，开展多种方式为企业标准化工作服务、积极采标与国际标准接轨、努力完成下达的标准制定、修订计划等方面作了大量工作。

一、标准制、修订工作

根据国家轻工业局国轻行［1999］402 号文《1999 年轻工业制定、修订国家标准、行业标准项目计划》，1999 年塑料制品标准共 24 项：其中国标 14 项、行标 10 项；新开 18 项、接转 6 项，到 2000 年底为止已完成 19 项。2000 年上报标准计划 40 项：其中国标 37 项、行标 3 项。发布的行业标准 7 项，发布的国家标准 6 项。

【2000 年发布的行业标准】

1. QB/T 1125—2000　未拉伸聚乙烯、聚丙烯薄膜（代替 QB/T 1125—1991）　实施日期 2000 年 8 月 1 日

2. QB/T 2471—2000　聚丙烯（PP）挤出片材（代替 QB/T 3629—1999）　实施日期 2000 年 8 月 1 日

3. QB/T 2472—2000　农业用软聚氯乙烯压延拉幅薄膜　实施日期 2000 年 8 月 1 日

4. QB/T 1614—2000　难燃绝缘硬聚氯乙烯电线槽及配件（代替 QB/T 1614－1992）　实施日期 2000 年 8 月 1 日

5. QB/T 2479—2000　埋地式高压电力电缆用氯化聚氯乙烯（PVC－U）套管　实施日期 2000 年 10 月 1 日

6. QB/T 2480—2000　建筑用硬聚氯乙烯（PVC）雨落水管材及管件　实施日期 2000 年 10 月 1 日

7. QB/T 2490—2000　聚乙烯（PE）挤出板材（代替 QB/T 3630—1999）　实施日期 2001 年 2 月 1 日

【2000年发布的国家标准】

1. GB/T 18042—2000　热塑性塑料管材蠕变比率的试验方法　实施日期2000年9月1日

2. GB/T 1038—2000　塑料薄膜和薄片气体透过性试验方法　压差法（代替GB/T 1038—1970）　实施日期2000年9月1日

3. GB/T 13663—2000　给水用聚乙烯（PE）管材（代替GB/T 13663—1992）　实施日期2001年5月1日

4. GB/T 12026—2000　热封型双向拉伸聚丙烯薄膜　实施日期2001年5月1日

5. GB/T 18251—2000　聚烯烃管材　管件和混配料中颜色料或炭黑分散度的测定方法　实施日期2001年5月1日

6. GB/T 18252—2000　塑料管道系统　外推法对热塑性塑料管材长期静液压强度的测定　实施日期2001年5月1日

二、与ISO/TC 61及ISO/TC 138的对口工作

秘书处一直承担与ISO/TC61/SC10、SC11及ISO/TC138的对口联系工作并设专人负责，经常与国家技术监督局有关部门联系，保障与ISO联系渠道畅通，2000年共收到文件需要表态的35份，全部表态，表态率为100%。10月组团参加ISO/TC 138在瑞士召开的2000年年会，几年来塑料管材、管件及阀门分技术委员会积极开展工作：参加国际标准年会、跟踪国际标准，使我国管材、管件标准有长足的发展。

三、继续开展标准化咨询服务及标准宣传工作

多年来，秘书处一直坚持了标准化咨询服务工作，由秘书处发行《标准化资料》能及时地将国内已通过审定并上报批准、但还未发布的标准及编制说明等材料及时打印发给相关企业，使大家能及时了解标准的制、修订进展情况，同时使企业能及早作好贯彻新标准的准备，为配合企业搞好生产、提高产品质量起到了很好的作用。除此之外，还将国外先进标准及时翻译发给大家，以供参考。在日常工作中，TC秘书处还积极为各单位作好标准咨询服务工作、回信回函、查找资料、进行标准化水平认证等。

根据企业需要组织企业标准化人员进行业务培训，2000年8月请统计抽样方案标准化技术委员会主任委员张玉柱教授讲解了国家抽样方案标准；请北京工商大学管理系教师讲授顾客满意度的测量；2000年组织培训质量体系内审员40多名。

2000年11月，由标准化技术委员会秘书处和SC3秘书处共同举办《聚乙烯给水管材》标准研讨会，会上聘请了国内外技术专家针对该产品的原料、生产、设备、检测及聚乙烯给水管材的施工进行讲座。SC3秘书处还组织翻译国外最新的技术文件发给有关单位。通过此次活动，为原料生产企业、管材生产企业以及设计使用单位提供了一次沟通的机会。

（全国塑料制品标准化技术委员会秘书处　曾新榕）

塑料管材、管件及阀门分技术委员会2000年工作情况

全国塑料制品标准化技术委员会管材、管件及阀门分技术委员会（CSBTS/TC48/SC3）在国家质量监督检疫总局的领导下，负责组织国内的国家标准和行业标准的制修订工作，并承担中国与国际标准组织ISO/TC 138［流体输送用塑料管材、管件及阀门］技术委员会的技术对口工作。2000年标准技术委员会换届，换届后的分技术委员会有正式成员47名。

塑料管材、管件及阀门分技术委员会在2000年的主要工作有：

1. 标准计划和计划的完成情况

2000年塑料管道制品标准计划项目：国家标准26项，其中制定17项，修订9项，行业标准制订一项。它们是：

国家标准制订：

液体输送用热塑性塑料管材（PP）用简支梁方法测定摆锤冲击强度

承担单位：上海建筑材料厂　已完成

压力管材和管件用热塑性塑料材料　分级和命名总体使用（设计）系数

承担单位：轻工业塑料加工应用研究所　已完成

冷热水PP管道系统，第二部分：管材；第三部分：管件

承担单位：上海建筑材料厂　已完成

交联聚乙烯管材与管件交联度测定方法

承担单位：轻工业塑料加工应用研究所　已完成

铝塑复合压力管，第一部分：搭接焊；第二部分：对接焊　国家标准制订

承担单位：无锡永大企业制造公司

冷热水用PEX管道系统，第一部分：总则；第二部分：管材

承担单位：北京化工大学

流体输送用热塑性塑料管材　耐裂纹扩展（RCP）的测定　小尺寸试验

承担单位：亚大塑料管材公司　山东胜利股份有限公司

聚乙烯管材　耐慢速裂纹增长　椎体试验方法

承担单位：亚大塑料管材公司　山东胜利股份有限公司

冷热水系统用热塑性塑料管材和管件分级

承担单位：轻工业塑料加工应用研究所　已具备审查条件

塑料管材、管件及阀门术语

承担单位：北京二轻总公司

氯化聚氯乙烯热水管　第一部分：总则；第二部分：管材

承担单位：中山寰宇实业有限公司

冷热水聚丁烯（PB）管道系统，第一部分：总则；第二部分：管材

承担单位：上海 GF 管路系统有限公司

实业用氯化聚氯乙烯管材　国家标准制订

承担单位：浙江佑利管道有限公司

聚乙烯（PE）电熔组件的制备

承担单位：山东胜利股份有限公司

聚乙烯（PE）电熔组件的剥离试验方法

承担单位：山东胜利股份有限公司

聚乙烯（PE）电熔组件的挤压剥离试验方法

承担单位：山东胜利股份有限公司

聚乙烯（PE）给水管件　国家标准制订

承担单位：山东胜利股份有限公司

国家标准修订：

燃气用聚乙烯 PE 管材系列标准：第一部分：总则；第二部分：管材　强制性国家标准

承担单位：亚大塑料管材公司

流体输送用热塑性塑料管材—耐内压—试验方法

承担单位：河北宝硕管材有限公司

热塑性塑料管材—拉伸试验方法

承担单位：华亚（芜湖）塑胶有限公司

热塑性塑料管材—环刚度的测定

承担单位：轻工业塑料加工应用研究所

硬聚氯乙烯注塑管件—热烘箱试验

承担单位：川路塑胶有限公司

热塑性塑料管材—纵向尺寸回缩率的测定

承担单位：河北宝硕管材有限公司

热塑性塑料管材通用壁厚表

承担单位：轻工业塑料加工应用研究所

热塑性塑料管材和管件维卡软化温度测定

承担单位：河北宝硕管材有限公司

热塑性塑料管材—外冲击的测定—时针旋转法

承担单位：沈阳久利塑料管材有限公司

行业标准制订：

硬聚氯乙烯管材用粘接剂

承担单位：华亚（夏门）夏门塑胶有限公司

2. 组团参加国际会议

会议时间：2000 年 10 月 15 日 - 20 日，地点：瑞士；中国代表团一行 3 人；

会议为 ISO/TC 138 的两年一度的大委员会的年会，七个分技术委员会同时召开会议。我国曾于 1978、1985、1986、1988、1992、1996、1998、2000 年参加国际标准 ISO/TC 138 会议。我国积极采用国际标准，各方的反映良好。

3. 申办国际会议

经委员会努力，国际标准组织 ISO/TC 138/SC1、2、5 于 2001 年 10 月 14 日 ~ 18 日在北京开会。

4. 访问瑞典 BODYCOTE 公司

于 2000 年 10 月组团 3 人前往瑞典的国际知名试验室 BODYCOTE 进行访问，并讨论了双方的合作前景，标准分会协助检测中心与这个试验室建立了合作关系。

5.2000 年分委员会的主要活动

2000 年初成立五个冷热水管标准起草小组起草预备小组成立和工作会议，明确了标准的基本要求；

3 月 2 日，就热水管标准工作，召开专家讨论会。重点研究分级相关的问题；

3 月 25 日至 29 日，热水管标准工作会议，组织了冷热水管标准的学习，各标准工作组同时召开了工作会议；

4 月 28 日，于无锡召开了铝塑复合管标准工作会议；

5 月 27 日至 30 日，分委员会应邀参加氯碱协会的工作会议，研究 PVC 管材专用料问题；

6 月 29 日至 7 月 4 日，在青岛审查 8 个标准。

审查的八个标准是：

热塑性塑料压力管材管件用料 - 分级和命名 - 安全使用系数

热塑性塑料管材 - 通用壁厚表

GB 6671《热塑性塑料管材 - 纵向回缩率的测定》

GB 8802《热塑性塑料管材 - 维卡软化温度的测试》

GB 8803《PVC - U 管件 - 热烘箱试验方法》

GB/T 14152《热塑性塑料管材耐外冲击性能试验方法》

流体输送用热塑性塑料管材 - 简支梁法摆锤冲击强度的试验方法

流体输送用聚烯烃管材 - 耐裂纹扩展的测定 - 切口管材裂纹慢速增长的试验方法（切口试验）

7 月，在北戴河召开了 PVC - U 管材原料研讨会，部分 PVC 管材生产单位和部分原料生产单位参加了

会议；

9月18日，召开PVC－C热水管标准工作会议；

9月，召开铝塑复合管标准工作会议；

10月8月至28日，组团参加国际会议ISO/TC 138，2000年年会；

11月6日至9日参加在北京召开的TC48和SC1、SC2的2000年年会；

11月21日于北京召开核心成员扩大会议；

11月22日至25日举办PE管材标准研讨会；

（全国塑料制品标准化技术委员会管材、管件及阀门分技术委员会　刘秋凝）

2000年发布的塑料行业国家标准、行业标准

2000年全国正式发布的塑料行业以及相关质量管理的国家标准、行业标准近50项，这些标准涉及到化工、轻工、建材、农林、卫生及机械等部门制定、修订的标准，包括塑料制品、检验方法、塑料加工设备以及卫生规范等方面的标准，具体标准代号及名称如下：

标准代号	标准名称
CJ/T 111—2000	铝塑复合管用卡套式铜制管接头
CJ/T 120—2000	给水涂塑复合钢管
CJ/T 121—2000	再生树脂复合材料检查井盖
CJ/T 123—2000	给水用钢骨架聚乙烯塑制复合管
CJ/T 124—2000	给水用钢骨架聚乙烯复合管件
CJ/T 125—2000	燃气用钢骨架聚乙烯塑料复合管
CJ/T 126—2000	燃气用钢骨架聚乙烯复合管件
CJ/T 129—2000	玻璃纤维增强塑料外护层聚氨酯泡沫塑料预制直埋保湿管
CJ/T 205—2000	建筑给水交联聚乙烯(PE－X)管材
GB 18072—2000	塑料厂卫生防护距离标准
GB 18173.1—2000	高分子防水材料第一部分片材
GB 18173.2—2000	高分了防水材料第二部分止水带
GB 18242—2000	弹性体改性沥青防水卷材
GB 18243—2000	塑性体改性沥青防水卷材
GB/T 1633—2000	热塑性塑料维卡软化温度（VST）的测定
GB/T 9707—2000	密闭式炼胶机、炼塑机
GB/T 12783—2000	橡胶塑料机械产品型号编织方法
GB/T 3260.4—2000	铝化学分析方法　铝量的测定
GB/T 3260.11—2000	铝的化学分析方法　镉量的测定
GB/T 4103.1—2000	铅的铅合金化学分析方法　铅的测定
GB/T 1038—2000	塑料薄膜和薄片气体透过性试验方法　压差法
GB/T 3681—2000	塑料大气暴露试验方法
GB/T 3682—2000	热塑性塑料熔体质量流动速率和熔体体积流动速率的测定
GB/T 9341—2000	塑料弯曲性能试验方法
GB/T 12026—2000	热封型双向拉伸聚丙烯薄膜
GB/T 13663—2000	给水用聚乙烯（PE）管材
GB/T 18042—2000	热塑性塑料管材蠕变比率的试验方法
GB/T 18052—2000	套管、油管和管线管螺纹的测量和检验方法
GB/T 18251—2000	聚烯烃管材管件和混配料中颜料或炭黑分散的测定方法
GB/T 18252—2000	塑料管道系统用外推法对热塑性塑料管材长期静液压、强度的测定
JG/T 124—2000	聚氯乙烯（PVC）门窗推手
JG/T 125—2000	聚氯乙烯（PVC）门窗合页（绞链）
JG/T 126—2000	聚氯乙烯（PVC）传动锁闭器
JG/T 127—2000	聚氯乙烯（PVC）滑撑
JG/T 128—2000	聚氯乙烯（PVC）撑档
JG/T 129—2000	聚氯乙烯（PVC）滑轮
JG/T 130—2000	聚氯乙烯（PVC）半圆锁
JG/T 131—2000	聚氯乙烯（PVC）增强型钢
JG/T 132—2000	聚氯乙烯（PVC）固定片
NY/T 390—2000	水稻育秧塑料钵体软盘
YS//T 432—2000	铝塑复合板用铝带
YS/T 434—2000	铝塑复合管用及铝合金带材
GB/T 19016—2000	质量管理项目质量指南
GB/T 19000—2000	质量管理体系、基础和术语
GB/T 19001—2000	质量管理体系要求
GB/T 19004—2000	质量管理体系业绩改进指南

GB/T 19022.2—2000	测量设备的质量保证第2部分测量过程控制指南
GB/T 19024—2000	质量经济性管理指南
GB/T 1.1—2000	标准化工作导则第一部分：标准的结构和编写规则
QB/T 1125—2000	未拉伸聚乙烯、聚丙烯薄膜
QB/T 2471—2000	聚丙烯（PP）挤出片材
QB/T 2472—2000	农业用软聚氯乙烯压延拉幅薄膜
QB/T 1614—2000	难燃绝缘聚氯乙烯电线槽及配件

（中国塑料加工工业协会　曾家华）

塑料制品质量监督

塑料制成品的产品质量国家监督抽查主要由国家塑料制品质量监督检验中心（北京）和国家塑料制品质量监督检验中心（福州）承担。

国家塑料制品质量监督检验中心(北京)在2000年再次通过了国家质量技术监督局和中国实验室国家认可委员会的国家计量认证、国家实验室认可和国家质量监督检验中心授权复查验收[国家计量认证((2000)量认(国)字(C0458)号),国家实验室认可(CNACL No.0372)和国家中心授权(国质监认字(103)号)],同时也通过了国家轻工业局塑料产品质量监督检验测试中心的复查[国轻检认字第(117)号]。中心授权的范围由复查前的116项产品标准增加到192项,同时还有12项试验方法(参数),涵盖了塑料薄膜、片、容器及其他塑料包装材料,塑料卷材、板材、管材、管件、型材及其他塑料建材,人造革,合成革,泡沫塑料,日用塑料,合成树脂,土工合成材料等各类产品。

除了设在北京和福州的国家塑料制品质量监督检验中心外，国家轻工业局分别授权了国家轻工业局塑料产品质量监督检测中心和国家轻工业局塑料产品质量监督检测大连站，国家轻工业局塑料产品质量监督检测武汉站、国家轻工业局塑料产品质量监督检测兰州站。原中国轻工总会塑料产品质量监督检测重庆站现暂时停止工作。

产品质量监督检验机构除了承担国家监督抽查和政府部门下达的其他任务外，也接受社会各界的委托检验工作，以与为政府服务相同的质量提供检验服务。

除了上述国家和行业两类监督检验机构外，还有一些测试机构，如冠以某测试中心或某实验室的测试机构，在获得一定级别的计量认证后，可以进行社会委托的测试工作，在没有国家质量监督授权时不能承担监督抽查任务。

在国家质量技术监督局、国家轻工业局和瑞典驻中国大使馆的关心下，国家塑料制品质量监督检验中心（北京）与瑞典 Bodycote Polymer AB 建立了合作关系，这一合作有利于我国塑料管材产品质量检测技术的提高。

按照国家有关规定，实行产品质量监督的重点是：(1) 有关人身安全和健康的产品；(2) 关系国计民生的重要产品；(3) 获得优质荣誉的产品；(4) 同群众关系密切的市场商品。产品质量国家监督抽查不向企业收费。

国家质量技术监督局在2000年组织安排了农业用聚乙烯吹塑薄膜和聚乙烯吹塑农用地面覆盖薄膜，给水用硬聚氯乙烯（PVC－U）管材、管件和喷灌、排灌用塑料管材产品质量国家监督抽查。

(1) 农业用聚乙烯吹塑薄膜和聚乙烯吹塑农用地面覆盖薄膜产品共抽查了14个省、市、自治区的51家生产企业，78个样品。抽查企业合格率为90.2%，产品抽样合格率为93.6%。其中，农业用聚乙烯吹塑薄膜抽查了36个样品，合格34个，产品抽样合格率为94.4%；聚乙烯吹塑农用地面覆盖薄膜抽查了42个样品，合格39个，产品抽样合格率为92.9%。

本次共抽查了23家大中型企业的34个样品，占全部被抽查企业数的45%，所抽查的样品全部合格，其产品抽样合格率为100%。抽查了28家小型企业的44个样品，合格的样品有39个，其产品抽样合格率为88.6%，低于综合合格率5%，说明以国有、集体企业为主的大、中型企业产品质量高于小型企业的产品。本次共抽查了3家私营企业的5个样品，合格的企业只有1家，企业合格率为33.3%，合格的样品只有3个，其产品抽样合格率只有60.0%。

仍有地膜生产企业不遵守强制性国家标准的规定，生产厚度小于0.008mm的超薄地膜。

(2) 给水用硬聚氯乙烯（PVC－U）管材、管件产品共抽查了9个省、市的37家生产企业，51个产品。抽查企业合格率为62.2%，产品抽样合格率62.7%。其中给水用硬聚氯乙烯管材抽查了30个样品，合格16个，产品抽样合格率为53.3%；给水用硬聚氯乙烯管件抽查了21个样品，合格16个，产品抽样合格率为76.2%。

在抽查的3家大型企业的4个样品中，合格3个，产品抽样合格率为75%。

一些施工单位为压低工程造价选用价低质劣的产品，扰乱了流通市场，影响了给水用硬聚氯乙烯管材的声誉。

(3) 喷灌、排灌用塑料管材产品共抽查了北京、河北、辽宁、山东、江苏、福建等6个省、市的19家企业，实际抽到样品22个。其中低压输水灌溉用薄壁硬聚氯乙烯管材（PVC管材）8个，喷灌、排灌用聚乙烯管材（PE管材）7个，硬聚氯乙烯双壁波纹管材（PVC波纹管材）3个，喷灌、排灌用聚丙烯管材（PP管材）3个，聚乙烯双壁波纹管材（PE波纹管材）1个。

本次抽查的19家企业、22个样品，经检验合格的企业有18家，企业合格率为94.7%；合格的样品有21个，产品综合抽样合格率为95.5%。其中PVC管材8个，合格8个，产品抽样合格率为100%；PE管材7个，合格7个，产品抽样合格率为100%；PVC波纹管材3个，合格3个，产品抽样合格率为100%；PP管材3个，合格3个，产品抽样合格率为100%；PE波纹管材1个，合格0个，产品抽样合格率为0%。排灌用塑料管材的产品产量合格率为97.4%，产品产值合格率为97.3%。

共抽查了12家大中型企业的13个样品，占全部被抽查企业数的63.2%，所抽查的样品全部合格，其产品抽样合格率为100%。本次抽查还抽查了7家小型企业的9个样品，合格9个，产品抽样合格率为88.9%。

所抽查企业生产的喷、排灌用聚乙烯管材都能符合相应标准的要求，但由于采用标准不同，实际产品的质量水平却存在较大的差异。

本次计划抽查40家，而实际抽查19家，是计划抽查企业数的47.5%，超过一半的企业因无订单停产或转产。

本次抽查中没有发现经过质量体系认证或产品认证而产品不合格的企业。

（全国塑料制品质量监督检测中心
陈家琪 何 芃）

泡沫塑料行业氯氟烃（CFC）替代情况

泡沫塑料以其特有的产品性能，广泛应用于管道保温、节能建筑、水果冷藏、水果包装、家具制造等领域。但是传统工艺生产泡沫塑料所使用的氟里昂发泡剂对大气臭氧层有破坏作用，减少和最终不用氟里昂发泡剂成为保护环境的重要举措。为此联合国建立了专项多边基金，我国多家企业获得资助，在逐步淘汰目前大量使用的氟利昂发泡剂，保护大气臭氧层的同时，进行结构调整，壮大规模，实现技术升级，提高泡沫塑料行业整体竞争实力。

一、联合国“多边基金”的背景

（一）“多边基金”的形成

20世纪70年代，科学家发现在泡沫塑料、空调冰箱、电子清洗、灭火剂、烟丝膨胀等生产中大量使用的氟氯碳物质通过光化学反应，正在迅速破坏大气臭氧层，从而造成人类皮肤病变，免疫系统受损等疾病，同时危害动植物的生长。该现象引起国际社会的广泛关注，我国政府于1989年9月加入《保护臭氧层的维也纳公约》，1991年签署、批准了《关于消耗臭氧层物质的蒙特利尔议定书》，并分别于1993年、1999年经国务院批准了《中国逐步淘汰消耗臭氧层物质国家方案》、修正案。基于发达国家最早大量使用氯氟碳物质并造成臭氧层破坏的现实，发达国家同意捐款成立了“多边基金”组织，在技术和资金上支持发展中国家对本国使用氟氯碳部门开展淘汰活动。

（二）我国保护臭氧层工作管理机构

1991年成立了中国保护臭氧层领导小组，国家环保总局为组长单位，外交部、国家计委、经贸委、科技部和财政部为副组长单位，各行业部门为成员单位。领导小组负责履行国际公约，组织实施《国家方案》，审核各项执行方案和提出决策性意见。

领导小组下设保护臭氧层协调小组，办公室设在国家环保总局，具体实施国家方案，协调各部门关系，制定有关政策、法规。同时设立保护臭氧层多边基金项目管理办公室（PMO），PMO下设各行业ODS淘汰特别工作组，负责项目选择、准备和报批工作，并对项目实施进行统一协调、管理和监督。1998年国家环保总局外经办和中国塑料加工工业协会联合成立了泡沫塑料行业ODS物质淘汰特别工作组，具体负责以伞形项目和行业整体淘汰方式开展泡沫塑料CFC-11、12发泡剂的替代工作。

（三）我国保护臭氧层工作进展

截止到1999年底，中国获得多边基金资助项目360多个，批准资助金额5.3亿美元，已经到位资助总额超过3.3亿美元。根据我国生产和消费ODS物质企业多、数量大的特点，我国采取更为有效的淘汰方式。从单个企业项目方式过渡到伞形项目方式，最后发展到行业整体淘汰方式。迄今为止，已经有6个行业计划得到批准，它们是化工生产（获赠款1.5亿美元）、消防灭火（哈龙）（获赠款6200万美元）、聚氨酯泡沫（5384.6万美元）、汽车空调（获赠款770万美元）、溶剂清洗（获赠款5200万美元）和烟草行业（获赠款1100万美元）。另外，家电制冷、工商制冷、甲基溴和化工助剂等行业整体淘汰工作也正在准备过程中。

中国塑料加工工业协会和国家环保总局合作大力

开展泡沫塑料行业 CFCs 替代工作。目前，采取单个项目和伞形项目项结合的方式准备了 166 个替代项目，计划 CFCs 淘汰量 16.440kt，获得“多边基金”赠款 8869 万美元。同时，双方和世界银行自 1999 年开始准备泡沫塑料行业整体淘汰计划的编制工作，该文件以 1999 年未申报项目的剩余消费量 10.651kt 为基础，提出了到 2010 年我国淘汰战略、政策设计、费用分析、运行机制和行动计划。

二、中国泡沫塑料行业 CFC 消费现状

我国泡沫塑料以原材料和加工方式可分为聚氨酯（PU）水平法、垂直法、箱式法软泡、聚氨酯（PU）管材、板材、喷涂硬泡及冰箱、冷柜等家电用硬质泡沫、聚苯乙烯（PS）挤出泡沫、可发性聚苯乙烯（EPS）蒸汽发泡、聚乙烯（PE）挤出泡沫、聚乙烯（PE）化学发泡等多种泡沫品种。本部分仅介绍采用 CFCs 为发泡剂的 PU 软硬质泡沫和 PS/PE 挤出泡沫行业情况，由于冰箱、冰柜等家电泡沫另由其他部门负责其 ODS 淘汰工作，除特别说明外，文中数据不包括此项内容。

（一）PU 泡沫行业 CFC－11 消费现状

1. 中国 PU 泡沫生产消费概述

我国 PU 软质泡沫有三种加工方式：水平法、垂直法、箱式法，其产品柔软、弹性好，主要应用于沙发座椅、床垫制造、装饰布艺衬里等。硬质泡沫包括管材、板材、喷涂制品，由于其优异的保温隔热性能，产品广泛应用于石油等液体输送管道，装配式冷库及工业民用建筑墙体，运载火箭，运输车辆、轮船等节能保温场合。1999 年中国泡沫企业生产及 ODS 消费见表 1。

表 1　1999 年不同类别的泡沫行业企业数目及其 ODS 消费量

类　别	主要产品类型	企业数量	ODS 种类	ODS 消费量/kt	泡沫生产量/kt
水平垂直软泡	家　具	~300	CFC－11	~7.5	~170
箱式泡沫	家　具	~250	CFC－11	~1.4	~30
PU 硬泡	绝缘材料管材、板材、汽车零件、家具	~550	CFC－11	~10	~80
家电制冷泡沫	绝缘泡沫，冷藏	~30	CFC－11	4.8	~40
合　计		~1 130		~23.7	320

2. 对 PU 泡沫企业的调查、统计和分析

为准确的了解我国聚氨酯泡沫行业现状，科学的开展 CFCs 替代活动，中国塑料加工工业协会和国家环保总局外经办于 1999～2000 年采取问卷调查和实地走访的方式对 31 个省、直辖市、自治区的未获“多边基金”赠款资助的 600 余家 PU 泡沫生产企业进行了调查，取得了 408 家企业的有效数据。调查结果分析如下：

① 前提说明

* 企业规模分类标准见表 2。

* 发泡设备分类：以下符合赠款条件的简称“合格”

（1）于 1995 年 7 月之前安装的设备符合申请赠款条件，后称第Ⅰ类。

（2）安装于 1995 年 7 月之后，但其仅作为 1995 年前安装设备的替代设备而没有增加新的生产能力。这类设备也符合申请赠款条件。后称第Ⅱ类。

（3）指 1995 年 7 月之后安装的设备，不符合申请条件。后称第Ⅲ类。

② 未获资助的 PU 硬泡企业调查分析

* 未获资助的硬泡企业调查结果见表 3。

* 未获资助的硬泡企业地区分布及 1999 年消费量见表 4。

表 2　不同规模企业分类标准　ODP/t

	大　企　业	中 型 企 业	小　企　业
PU 软泡①	>150	25～150	<25
PU 硬泡①	>30	10～30	<10
自结皮①	>30	10～30	<10

① 分类标准取自 UNEP/Ozl.Pro/ExCom/19/54。

表 3 未获资助的硬泡企业消费量调查结果

	企业数量	设备数量	合格设备数量[①]		消费量/t					1999 年企业合格率/%	平均规模/t	1999 年合格消费量/t
			1995 年7月前安装（第Ⅰ类）	更换后（第Ⅱ类）	1995 年	1996 年	1997 年	1998 年	1999 年			
所有企业	179	586			3 235	3 941	4 258	5 066	5 160	87.4	28.8	
大型企业	59	227			1 689	2 341	2 719	3 266	3 420	90.3	58.0	
中型企业	84	290			1 253	1 318	1 288	1 575	1 561	84.1	18.6	
小型企业	36	69			294	281	251	224	179	60.6	5.0	
合格企业	152	552	461	60	3 116	3 761	4 038	4 698	4 762	94.7	31.3	4 510
大型企业	55	221	175	34	1 689	2 263	2 689	3 171	3 266	94.6	59.4	3 089
中型企业	72	272	237	23	1 162	1 261	1 142	1 363	1 374	95.6	19.1	1 313
小型企业	25	59	49	3	265	236	208	164	123	88.1	4.9	108
不合格企业	27	34	0		120	180	220	367	398		14.7	
大型企业	4	6			0	78	30	95	154		38.5	
中型企业	12	18			90	57	147	212	187		15.6	
小型企业	11	10			29	45	43	61	56		5.1	

表 4 未获资助的硬泡企业地区分布及其 1999 年消费量

序 号	地 区	企 业 数	1999 年消费量	
			t	百分率/%
1	浙 江	14	723	14.0
2	山 东	25	705	13.7
3	黑龙江	15	543	10.5
4	甘 肃	16	457	8.9
5	广 东	10	388	7.5
6	江 苏	12	300	5.8
7	新疆维吾尔自治区	7	296	5.7
8	北 京	8	279	5.4
9	湖 北	8	204	4.0
10	辽 宁	9	192	3.7
11	上 海	4	178	3.4
12	河 南	8	153	3.0
13	河 北	5	122	2.4
14	陕 西	9	117	2.3
15	宁夏回族自治区	8	105	2.0
16	吉 林	5	81	1.6
17	四 川	1	76	1.5
18	山 西	3	55	1.1
19	云 南	2	53	1.0
20	青 海	1	36	0.7
21	海 南	1	30	0.6
22	重 庆	2	20	0.4
23	福 建	1	18	0.3
24	天 津	1	12	0.2
25	西藏自治区	1	10	0.2
26	湖 南	2	6	0.1
27	广西壮族自治区	1	1	0.0
总计		179	5 160	100.0

③ 未获资助的软泡企业调查结果分析

* 未获资助的软泡企业调查结果见表 5。

* 未获资助的软泡企业地区分布及其 1999 年消费量见表 6。

3. 中国 PU 泡沫原辅材料及设备供应情况

PU 泡沫由其主要原料异氰酸酯 MDI（用于硬泡）、TDI（用于软泡）和聚醚反应生成。MDI 国内只有烟台万华合成革集团有限公司一家生产，TDI 生产厂有沧州大化 TDI 有限公司和甘肃银光化学工业有限公司两家。3 家异氰酸酯生产企业生产能力约 70kt，而中国需求量近 200kt，其余依靠进口。国际 MDI、TDI 生产商包括有 BASF、BAYER 等。中国聚醚生产企业有天津三石化、南京金陵石化化工二厂、辽宁锦化、江西九江化工厂、山东东大化学公司、浙江太平洋化学公司、上海高化三厂等企业，1998 年统计中国聚醚生产量 160kt。

我国 PU 软、硬泡沫的设备国内均能生产，但设备档次、技术水平与国外有较大差别。设备基本以仿制为主，未能形成自己的开发研制能力。国外的设备供应商主要包括 HENNECKE、CANNON、BEMACH 等软泡设备厂和 CNNON、OMS、GLAS - CRAFT、GUSMER、HOVEMAND、GRACO 等硬泡设备厂。

（二）PS/PE 挤出泡沫行业现状

1. PE 挤出泡沫行业现状

我国 PE 挤出泡沫在 80 年代后期开始生产，最早的产品是水果网套，主要用于出口水果的包装。随着国内工农业生产的发展及人民消费水平的提高，国内对水果网套需求量直线上升，同时对包装材料提出了新的要求，逐渐开发出新品种如片材、管材、棒材、填充材料等。PE 挤出泡沫产品的主要用途如表 7 所示。

表 5 未获资助的软泡企业消费量调查结果

	企业数量	设备数量	合格设备		消费量/t					1999 年合格率/%	平均规模/t	合格消费量/t
			安装于 1995 年 7 月之前	替代设备	1995 年	1996 年	1997 年	1998 年	1999 年			
所有企业	225	250			3 952	4 758	5 292	5 892	6 222	85.8	27.7	
中型企业 - Ⅰ	62	75			1 820	2 463	2 741	3 844	4 316	90.7	69.6	
中型企业 - Ⅱ	36	43			1 226	1 600	1 922	1 457	1 333	74	37	
小企业	127	132			906	695	629	591	573	76.8	4.5	
合格企业	200	224	214	0	3 789	4 482	4 930	5 495	5 753	92.8	28.8	5 341
中型企业 - Ⅰ	60	73	68	0	1 820	2 463	2 741	3 844	4 202	93.2	70	3 914
中型企业 - Ⅱ	28	34	31	0	1 226	1 440	1 667	1 177	1 082	91.2	38.6	987
小企业	112	117	115	0	743	579	522	474	469	93.9	4.2	440
不合格企业（第Ⅲ类）	25	26	0		163	276	362	397	469		18.8	
中型企业 - Ⅰ	2	2			—	—	—	—	114		56.8	
中型企业 - Ⅱ	8	9			—	160	255	280	251		31.4	
小企业	15	15			163	116	107	117	104		6.9	
连续发泡	125	150	123		3 770	4 659	5 186	5 780	6 120	85.7	57.7	
中型企业 - Ⅰ	62	75	68		1 820	2 463	2 741	3 844	4 316	97.4	69.6	
中型企业 - Ⅱ	36	43	31		1 226	1 600	1 922	1 457	1 333	81.2	37	
小企业	27	32	24		724	596	523	479	471	79.4	17.4	

续表

	企业数量	设备数量	合格设备		消费量/t					1999年合格率/%	平均规模/t	合格消费量/t
			安装于1995年7月之前	替代设备	1995年	1996年	1997年	1998年	1999年			
合格企业	109	133	123		3 609	4 384	4 826	5 389	5 658	92.7	51.9	5 246
中型企业-Ⅰ	60	73	68	0	1 820	2 463	2 741	3 844	4 202	93.2	70	3 914
中型企业-Ⅱ	28	34	31	0	1 226	1440	1 667	1 177	1 082	91.2	38.6	987
小企业	21	26	24	0	563	481	418	368	374	92.3	17.8	345
不合格企业（第Ⅲ类）	16	17	0		161	275	359	391	462		28.9	
中型企业-Ⅰ	2	2			—	—	—	—	114		56.8	
中型企业-Ⅱ	8	9			—	160	255	280	251		31.4	
小企业	6	6			161	115	104	111	97		16.2	
箱式发泡	100	100	91		182	99	106	112	102		1	
中型企业-Ⅰ	0	0	0									
中型企业-Ⅱ	0	0	0									
小企业	100	100	91		182	99	106	112	102			
合格箱泡企业数量	91	91	91	0	180	98	103	106	95		1	95
不合格箱泡企业数量（第Ⅲ类）	9	9			3	1	3	6	7		0.8	

表6 未获资助的软泡企业地区分布及其1999消费量

序号	地区	管材发泡		箱泡		1999年CFC-11总消费量	
		企业数	1999年消费量/t	企业数	1999年消费量/t	t	百分率/%
1	四川	12	1 067	42	47	1 113	17.9
2	河南	13	979			979	15.7
3	河北	15	809			809	13.0
4	江苏	21	800	1	1	801	12.9
5	浙江	14	548	8	7	555	8.9
6	山东	6	328	2	2	329	5.3
7	广东	7	316	7	8	324	5.2
8	上海	7	224			224	3.6
9	安徽	4	198			198	3.2
10	云南	5	149	12	9	158	2.5
11	辽宁	2	140			140	2.3

续表

序号	地　区	管材发泡		箱　泡		1999年CFC-11总消费量	
		企业数	1999年消费量/t	企业数	1999年消费量/t	t	百分率/%
12	陕　西	3	114			114	1.8
13	贵　州	3	89	24	25	114	1.8
14	福　建	2	106			106	1.7
15	山　西	3	61	1	0	61	1.0
16	湖　北	2	61			61	1.0
17	新疆维吾尔自治区	1	60			60	1.0
18	黑龙江	3	33	3	3	36	0.6
19	内蒙古自治区	1	20			20	0.3
20	宁夏回族自治区	1	20			20	0.3
21	重　庆	0	0			0	0.0
总计		125	6 122	100	102	6 222	100.0

表7　PE挤出泡沫塑料主要品种的用途

产品名称	主要用途	市场趋势
网　套	主要用于水果包装，少量用于玻璃器皿、陶瓷等圆柱型易碎、耐磨性差等物体包装	市场需求量仍上升，能力过剩、产品价格持续下跌
片　材	用于电脑、电视、冰箱等电器产品包装，平板玻璃、家具、地板等工业品包装，作为防潮隔热层用于室内装修等	市场需求量大幅上升，产品价格基本稳定
片材后加工产品	主要用于替代EPS发泡成型制品，用于电器等定位包装	市场需求量大幅上升，产品价格基本稳定。

据不完全统计，全国EPE发泡制品总生产能力约40kt，实际生产量约30kt。其中网套、片材占全部EPE发泡制品产量的70%。泡沫网套生产企业主要分布在山东、新疆、陕西、山西、安徽、河北等水果产区，生产设备一般采用ϕ50、ϕ60挤出机，数量约300台。该行业的最大企业新疆梨花包装有限公司拥有93台挤出机，占中国网套市场近50%，其他有200家以上的个体经营的小型企业。PE片材企业主要集中在广东、江浙、北京周边等家电、家具、地板生产和销售地区，企业规模和设备技术水平均强于网套企业，设备规格一般在ϕ105以上挤出机。由于用户对其品牌的重视，对包装物的质量提出较高要求，因此PE发泡片材的主要生产企业大多采用在挤出发泡有多年经验的韩国设备。

PE挤出发泡制品设备规格包括ϕ50挤出机组到ϕ160挤出机组多个品种。该机采用高压计量泵将发泡剂以高压液态方式注入到挤出机压缩段，为使发泡剂和PE混合均匀，因此要求螺杆长径比在50以上。中国PE挤出泡沫制品的生产设备和技术开始主要从日本、韩国等引进，除ϕ150以上挤出机外，基本实现了设备的国产化。

2. PS挤出泡沫行业概况

PS挤出发泡制品主要为一次性快餐盒,在我国始于20世纪80年代中期。目前约有50余家企业,130条发泡生产线,主要为中国台商独资企业。由于环境污染问题,国家经贸委已下令禁止生产。但在上海等部分城市,则采取回收利用等综合治理的方式。由于目前尚没有完全成熟的替代品,泡沫餐具在某些已禁止的地区采取非法交易的方式被市场和消费者接受。但泡沫餐具市场缩小、能力过剩,已成不争的事实,建议企业应及时调整经营思路,避免被市场淘汰。支持采取回收利用的地区的生产企业作好回收工作,在解决了环境污染的前提下逐渐推广成果;开发PS挤出泡沫片材在汽车装饰、展板制作等方面的应用;研究对PS发泡挤出机的改造,如开发板材的生产等。

三、泡沫塑料行业CFCs替代进展及面临问题

(一) 工作进展

1. 申请"多边基金"赠款项目情况

泡沫塑料行业共有148个投资项目用于泡沫生产企业的替代改造活动,获赠款额142537783美元。19个非投资项目用于项目准备和技术援助,获赠款额191万美元。项目计划总淘汰量为27276t ODP(见表8)。

2. 泡沫塑料行业ODS淘汰工作管理机制的变化

泡沫塑料行业自1994年开始进入大量准备和申请项目阶段。为提高工作效率,便于协调、沟通,1998年中国塑料加工工业协会和国家环保总局外经办联合成立了泡沫行业ODS淘汰特别工作组。通过和国际机构的交锋、合作,逐渐争取到对我有利的工作环境,并不断完善工作机制,实现了以下4方面的转变:

① 项目申报由单个项目向伞形项目和行业机制方式转变

在1998年以前,泡沫塑料行业以单个方式申报赠款项目。由于泡沫塑料企业数量多,1998年与联合国工业发展组织(UNIDO)合作开展了多个项目组合申报、联合执行的伞形项目方式。截止目前,已经有7个伞形项目得到批准,获赠款额2728万美元。并于1999年与世界银行(WB)合作开展泡沫行业整体淘汰计划的编制。将中国剩余的泡沫塑料企业以一揽子的方式进行申报,增强淘汰工作的计划性、政策性、可控性。

② 项目准备由国际专家准备向由国内专家准备转变

在伞形项目的准备过程中,开始尝试采用国内技术专家编制项目文件,并取得成功。这一方式的转变,不仅培养了国内技术力量,为培养扩大国内技术队伍打下基础。而且使项目文件的内容更趋合理,为我国争取了更多的资金。

③ 项目执行由国际机构执行向由国内机构执行转变

第一个伞形项目批准后,我国就开始就执行机制问题和UNIDO进行了磋商,确定了伞形项目由国家环保总局为执行机构的委托协议。对以后的行业整体淘汰计划的执行,现在正在与"多边基金"研究"国家执行"模式的全新方式。这些新的执行方式,不仅使我国在赠款的使用上有更多的自主权和灵活性,而且为开展行业结构调整奠定了基础。

(二) 中国泡沫行业整体淘汰CFC-11计划简述

泡沫行业整体淘汰计划将在世界银行的监督管理下,通过制定政策控制措施,建立技术支持系统,采取资金和技术结合、单纯技术手段等方式,依靠国际通用的项目管理模式,在2010年以前完成泡沫塑料行业的CFCs替代改造工作。中国泡沫塑料行业ODS淘汰年度计划见表9。

表8　泡沫行业获得的资助基金与淘汰目标

子　行　业	项目数	投资项目资助/美元	非投资项目/美元	计划淘汰量 ODP/t
软　泡①	41	16 820 849		3 876
自结皮	10	1 914 095		180
硬　泡	62	42 485 921		6 096
交叉项目②	2	852 600		77
PS/PE②				185
聚氨酯泡沫行业计划	1	53 846 000		10 651
小　计		115 919 465		21 065
PS/PE②	29	25 613 318		6 211
其　他				

续表

子　行　业	项目数	投资项目资助/美元	非投资项目/美元	计划淘汰量 ODP/t
Polyol 聚氨酯生产	3	1 005 000		
技术援助	5		880 019	
项目准备（PRP）	14		1 030 000	
总　计	167	142 537 783	1 910 019	27 276
总批准资金/美元				144 447 802

① 4 个总淘汰目标为 303t，资助资金为 1 889 559 美元的软泡项目已经退还给多边基金。

② 交叉项目和 PS/PE 生产企业的 CFC－11 淘汰量分别为 77t 和 185t。

表 9　中国泡沫塑料行业 ODS 淘汰年度计划

	基准年（1999）	2001 年	2002 年	2003 年	2004 年	2005 年	2006 年	2007 年	2008 年	2009 年	2010 年
淘汰目标和项目实现的淘汰量/t											
国内消费量目标	19 162	14 212	14 143	13 830	11 666	9 646	7 164	3 821	3 553	102	0
行业计划淘汰目标			2 000	2 500	2 500	2 500	600	551	0	0	0
已批项目实现的淘汰量		2 241	1 847	1 135	349						
行业计划实现的淘汰量		0	0	0	1 000	2 000	2 250	2 500	2 500	1 821	0

（三）泡沫塑料行业 CFC 替代工作面临的问题

基于我国泡沫塑料行业现状和设备技术水平，CFCs 替代改造工作本着改造与发展并举的原则，面临挑战。主要为以下几点：

1. 需要有效的淘汰方式

大部分泡沫企业是非常小的私营企业，而且分布广泛。通过单个项目的淘汰方式将需要较多时间以致不能完成议定书规定的淘汰要求。随着中国经济从计划经济向市场经济的转变，政府对企业的直接管理能力逐渐下降，通过管理手段完成淘汰是十分困难的。

2. 生产和消费淘汰的同步问题

由于 CFCs 生产行业整体淘汰计划已于 1999 年 3 月获准，执委会和中国在 CFCs 生产淘汰上达成一致。既然 CFCs 生产控制已经开始，则泡沫行业的 CFCs 消费淘汰必须与其供应的削减相一致。

3. 没有足够的符合中国国情的经济合理的替代技术供企业选择

（1）安全和健康问题。虽然现有一些可选的替代技术，但需要在安全和健康方面的投资和培训。

（2）产品质量和操作难度。与 CFC－11 技术相比，替代技术更为复杂、更难确保产品的质量。

（3）HCFC－141b 的淘汰。做为 HCFC 类化学品，HCFC－141b 是过渡性替代品，其使用将被限制。选择使用 HCFC－141b 技术的企业将面临第二次淘汰问题。

（4）资金问题。由于增加费用域值的限制，许多企业不得不一次性投入资本进行替代，对于资金短缺的小企业来讲是非常困难的事情。

4. 企业缺少对 CFCs 淘汰的了解

企业对 CFCs 淘汰缺乏足够的知识。尤其是中小企业，对 CFCs 淘汰政策不了解；企业对在 CFCs 淘汰过程的责任和权益不了解；由于研究、宣传及教育网络不健全，企业缺乏替代品和替代技术的知识，没有足够的机会获得替代技术。

5. 不公平市场竞争

由于替代技术生产方式和 CFCs 生产技术共存，形成了相同产品但不同生产成本的局面，导致不公平的市场竞争；尤其对那些想早淘汰 CFC 却没有机会获得多边基金资助的企业是不公平的。

6. 给原本落后的设备和原料供应技术水平带来更大难度

由于信息渠道和研究手段的限制，我国原以 CFCs 为发泡剂的 PU 设备及原料供应的加工及技术开发体系需要投入更多的资金和力量，适应 CFCs 替代过程中造成的各种变化。否则不仅与国际先进水平差距加大，而且会严重阻滞替代工作的正常开展。

四、借多边基金赠款之力，促进西部乃至中国泡沫塑料行业的发展

利用多边基金赠款进行 CFCs 替代改造的过程，挑战与机遇并存，风险与发展同在。因此如何化弊为利，是摆在项目管理者和企业间的共同课题。我们将本着支持优秀企业、开展结构调整、兼顾上游供应、促进技术进步、提升整体实力的原则，使中国泡沫塑料行业走向可持续发展的健康道路。特别是在我国西部大开发的战略指导下，力争实现扩大西部泡沫塑料行业总体规模，提高西部泡沫塑料行业竞争能力，更好的为西部大开发服务。

（一）支持优秀企业，开展企业重组活动

我国泡沫塑料行业存在企业数量多、规模小、技术水平落后的现状，特别是有大量不规范的个体手工作坊式小型企业。市场供需严重失衡，过度激烈的恶性竞争导致企业资金周转不灵、效益不佳，也不可避免的造成部分企业以低劣质量产品冲击市场的不法竞争手段。给实行规范化管理、设备技术力量雄厚、产品质量好的企业带来进一步发展的难度。而随着我国国民经济的发展，人民生活水平的提高，市场越来越需要质量上乘、经久耐用的泡沫制品。行业的正确引导，市场的有序竞争，行业整体技术水平提高是保证我国泡沫塑料行业在越来越开放的市场中走向重质量、重管理、规范竞争、健康发展之路的重要因素。

我们在 1998 年支持国内最大的 PE 发泡网套生产企业——新疆梨花包装有限公司准备了我国第一个 PE 泡沫伞形项目。新疆梨花包装有限公司下属 24 家分公司，共有生产线 43 条。该项目资金总额 448 万美元，在执行过程中，我们提出了合厂并线的改造模式，在新疆梨花包装有限公司的配合下将其 24 家企业合并为 5 家进行替代改造。该项目已经在 2000 年内改造完毕，我们聘请技术经济专家对该项目进行跟踪分析、同期对比得出：通过合厂并线，节省了项目公用工程的资金投入，更加有效地利用资金，提高了淘汰质量和进程；有助于公司总体的资金运转，减少一倍多的资金占压；合厂并线前后职工人数减少三分之一，提高了劳动生产率；降低了消耗定额，提高了资源利用率。通过改造，企业的设备技术水平、综合竞争实力得到加强。为达到扶优淘劣，优化行业结构的目的，我们又支持新疆梨花包装有限公司收购、兼并了 27 家企业 47 条 PE 挤出泡沫生产线，再次申请到 530 万美元的赠款支持，在进一步合并到 5 个合并点的基础上，销毁了原有 26 条生产线，利用赠款向韩国购买了 6 条大型 PE 挤出发泡片材机组，不仅调整了该公司的产品结构，同时减少了网套行业过剩的生产能力，而且增加了处于朝阳时期的片材的供应能力。

这个项目的改造成功，调动了各地区有代表性的大企业的积极性，并根据设备工艺不同、产品种类区别、分布地域差异不断摸索出不同的工业重组模式。在 PU 软泡行业，成都锦江泡沫总厂组织当地 11 家企业提出了建立股份制企业集团模式，河南获嘉润华实业有限公司提出收购、联营组建集团的模式。通过集团的组建，根据市场需求，内部削减生产线数量，并通过赠款资金引进国外先进技术设备，提高技术水平，节能降耗，优化资产。使得江浙、东北、西北地区的甘肃、新疆等一些有实力的企业提出加入到工业重组的活动中。

（二）支持替代品开发，优化企业经营模式

PU 硬泡行业及其在 CFCs 替代改造过程中面临一些现实问题：

（1）由于市场竞争的过度激烈，为降低成本，我国 PU 硬泡企业多数自己进行组合料的混配。此种经营模式，使组合料的开发研制资金、技术力量过度分散，造成产品质量得不到更新、提高，技术开发水平难以提升。

（2）无 CFCs 硬泡原料体系的开发牵涉到单体聚醚、催化剂、表面活性剂的开发研制和配方技术的发展。按中国现有的 PU 工业基础，很难在近期得到根本解决。作为单个硬泡生产企业，自行开发组合料技术困难更大。

（3）由于目前普遍采用的 141B 替代技术，产品成本高于 CFC－11 为发泡剂的泡沫成本。而多边基金赠款仅资助两年的差价补偿。因此，应扩大无 CFCs 体系组合料的供应能力，不断缩小差价。

1999 年多边基金批准了由山东周边 31 家企业组成的 PU 硬泡伞形项目，该项目设备改造资金 174 万美元，差价补偿 378 万美元。经研究，决定用差价补偿费在具有较强 MDI 生产能力和组合料开发能力的山东烟台万华合成革集团有限公司建立组合料配料中心，以提供无 CFCs 组合料的方式向下游企业进行补偿，保证了替代效果。同时发挥了大企业技术优势，建立起先进的现代化配料系统。同时，资助建立组合料开发研究中心，提高开发研制手段和技术水平。力争通过该种模式，改变企业小而全、小而弱的经营局面，使硬泡行业趋于专业化分工明确，技术先进，注重产品质量的发展态势。

（中国塑料加工工业协会　傅永彬）

各地区塑料工业

北　京　市

【基本情况】

北京地区的塑料工业自50年代起步，50年来，特别是改革开放20多年来，从原材料工业到塑料制品加工工业都有了飞速的发展。随着生产技术的不断创新，产品结构的更新换代，北京的塑料工业已初步形成了一个生产工艺比较齐全、品种繁多、应用领域不断拓宽的行业。

在计划经济时期，北京地区的塑料工业结构比较简单，塑料原材料企业集中在北京市化工系统和北京燕山石化系统，塑料加工企业主要隶属于北京市二轻工业系统。当时的企业都是国有或者集体所有制。改革开放以后，北京塑料工业结构发生了较大的变化。塑料原材料企业多数是国有大企业，根据北京市政府规划正在向燕化集团集中。塑料加工企业则以中小企业为主。产权结构日益多样化，国有（包括国有控股的上市股份制企业）、集体（包括股份合作制企业）、民营、中外合资、外商独资等种类很多，变化也比较大。同时产品结构也有明显的变化，过去北京塑料加工业是以服务于农业为特长，近来的发展重点转向建筑用塑料市场。劳动密集型塑料加工企业在萎缩，而为高新技术产业配套的塑料产品成为今后发展的方向。

北京地区共有塑料加工企业617家，年生产能力约在300kt。近年实际产量在150kt左右。

在617家企业中，以生产能力在千吨以下为小型企业，5kt以下的为中型企业，5kt以上为大型企业，划分如图所示：

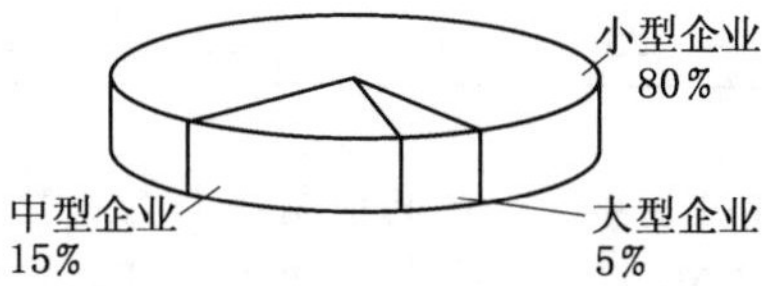

表1

	大型企业		中型企业		小型企业	
合　计	数　量	占　%	数　量	占%	数　量	占%
617	33	5.4	94	15.2	490	79.4

可以看出，小企业占企业总数的79.40%，这些企业大部分分布在北京八个城近郊区。在城区中以区管企业、校办厂、福利厂及民营个体企业为主，而远郊区县则大部分以乡镇村办企业为主。尽管大企业的数量只占企业总数的5.4%，但大型企业基本为国有企业，或高科技合资企业，主要隶属于二轻（现名隆达控股）、化工、建材、燕山石化公司等系统。大型企业的数量不多，但总的生产能力超过全市总生产能力的70%，预计可达200kt，是北京市塑料加工工业的骨干企业。

按企业所有制形式划分：

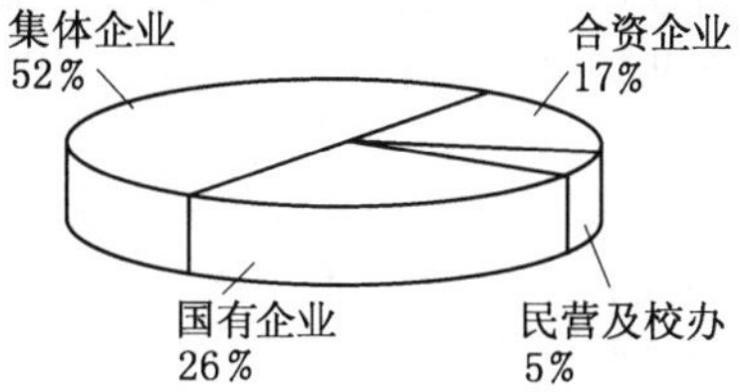

表2

	国　有		集　体		中外合资		民营及校办	
合　计	数　量	占%	数　量	占%	数　量	占%	数　量	占%
617	160	25.9	319	51.8	106	17.2	32	5.1

从企业性质划分，国有企业占27.4%，接近三分之一，这部分企业目前是塑料加工行业的骨干企业，企业大都隶属于二轻、化工、建材和石化等系统；而集体企业数高达50.8%，大都分布在十八个区县；随着改革开放的进一步深入，合资企业及民营企业在未来的几年将会有较大发展，企业数量还会增加。

塑料加工企业常常同时生产多种产品，本次调查按企业主要产品分五类：板材类，管材和型材类，薄膜类，中空成型和注射成型类，以及其他制品类。

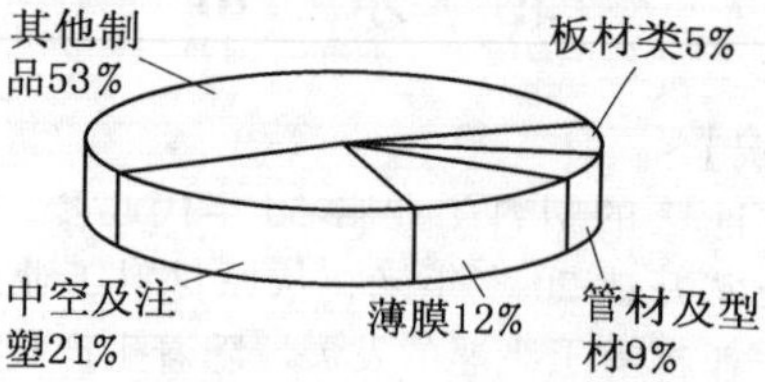

表3

	板材类		管型材		薄膜		中空注射		其他制品	
合计	数量	占%	数量	占%	数量	占%	数量	占%	数量	占%
617	28	4.5	58	9.4	76	12.3	131	21.3	324	52.5

上述分析中，生产其他制品的企业数多达324个，占52.5%，主要原因是把编织拉伸制品及人造革的生产厂家均划在此类，企业数占的比重较大。

【发展趋势】

北京塑料加工工业的产品种类比较齐全，在各个领域都有广泛应用。近几年的发展趋势是：

1. 建筑用塑料面临历史机遇

我国传统建筑材料的生产量和使用量很大，不但耗费大量资源而且不利于环境的保护。近几年，国家大力提倡和推动化学建材的发展和应用，为发展建筑用塑料创造了良好的条件。北京地区建筑材料的市场巨大，为迎接2008年奥运会的各种建设工程更为北京发展建筑用塑料创造了空前的历史机遇。

近年北京已建成一批新的建筑用塑料加工企业，如北新建材集团生产型材的建筑塑料公司和生产管材管件的塑管公司、北汽福田集团的福田建材机械公司(也生产型材)、生产PC阳光板的拜尔独资企业光塑遮阳板公司等。同时北京原有企业中调整产品结构发展各种建筑用塑料及配套制品的工作也取得可喜的进展，北京泡沫塑料集团公司的由聚苯乙烯泡沫和彩色钢板复合的夹芯板已从单一的产品发展成为设计、钢结构、施工一条龙的经营方式，在工业建筑、商用建筑和住宅建筑各个领域做了大量工程。占地200亩、投资6000万的新生产基地已建成投产。北京塑料制品厂领先开发的宽幅土工膜已经大量应用在水利工程和环境保护工程中。目前还有一些国内外的企业在调查投资北京地区发展建筑用塑料的可行性（不少建筑用塑料制品适合在使用地附近生产）。各地经营比较成功的建筑用塑料企业或集团，很多已经在北京设立销售分公司或办事处，如福建亚通塑胶有限公司、河北涿州亚大塑胶有限公司等，少数已经在北京地区投资建生产厂，如广东龙发公司。

2. 农业用塑料正在调整结构

北京地区是我国农业用塑料制品的重要生产基地，近几年，每年生产的农业用薄膜在20kt以上。随着市场经济的发展，对于农业用塑料的优惠政策逐步取消，生产低附加值的普通农业用塑料制品很难经营。北京地区的塑料加工企业正在逐步转向附加值比较高的产品。如农业用薄膜转向生产多功能薄膜，农业用管材管件主要发展各种滴灌和喷灌器材。

3. 劳动密集型塑料产品逐步在淘汰

北京地区，劳动力费用比较高。近年来，北京地区劳动密集型塑料制品的生产明显萎缩。如过去曾经达到相当规模的制鞋业、箱包业等大量使用人造革和塑料薄膜的二次加工业日益衰退，并间接影响到北京地区人造革和塑料薄膜等产品的发展。北京地区的塑料加工业必将淘汰劳动密集型产品，重点发展附加值比较高的产品。

4. 为高新技术产业配套的塑料产品是发展方向

北京地区以信息业为代表的高新技术产业发展迅猛，高新技术产业是塑料产品的巨大市场，主要是各种精密注塑的工程塑料件。例如北京推广使用新型电度表一项就带来了几百万套塑料部件的市场用量。北京地区在这个领域还在起步阶段，预计将成为北京地区塑料加工业的发展方向。

【原材料工业的结构情况】

北京市的塑料原材料工业是建国以后逐步发展起来的，尤其是70年代初期燕山石化装置陆续投产，80年代北京市化学工业总公司拳头产品聚氯乙烯改乙烯路线，东方化工厂丙烯酸产品投产，以及90年代北京市160kt乙烯工程上马，北京燕山石油化工公司乙烯由年产300kt增加到450kt年改扩建投产，北京市已形成了集石油化工、煤化工、有机、无机等综合的、门类齐全的化工生产基地。目前，北京市塑料原材料生产企业17家，其中，北京燕山石油化学总公司三家企业塑料原料生产能力765kt，北京化工集团总公司14家生产企业塑料原料生产能力超过200kt。

北京地区现有塑料原料生产能力已近1Mt，是我国最主要的塑料原料生产基地之一。

（一）北京塑料原材料生产企业结构分析

北京市目前生产塑料原料的企业共有17家，主要隶属于北京燕山石化公司和北京化工集团总公司，以国有大型企业为主。

1. 按企业生产规模划分

	企业数	其中			主要产品
		大型	中型	小型	
燕山石化公司	3	3			LDPE、HDPE、PP、PS、PET
化工集团	14	11	2	1	PVC、HDPE、EVA、超高分子PE
合　计	17	14	2	1	

2. 按企业所有制划分

	企业数	其中		
		国有	集体	合资
燕山石化公司	3	3		
化工集团	14	11	3	
合　计	17	14	3	

（二）北京塑料原材料生产能力状况

北京塑料原料生产基地主要是燕山石化公司和北京化工集团：

1. 燕化公司塑料原料基本状况

（1）燕化公司合成树脂能力（见下表）。

（2）产品品种多样化。

北京燕山合成树脂生产门类比较全，包括LDPE、HDPE、PS、PET、PP等，更具优势的品种牌号逐年增加，以适应市场不断变化的需要，如PE树脂，有农用棚膜专用料、电缆护套级专用料、涂层专用料、管材专用料、中空容器专用料、以及达到国外进口同级性能的高强度薄膜专用料；PP树脂已生产出适合双向拉伸、流延工艺需要的专用牌号，纤维地毯无纺布专用料，烟用丝束专用料以及洗衣机高流动专用料，满足了市场不断发展的需要。截止目前为止，燕山石化公司合成树脂已发展到了四大类，数百个牌号，为北京塑料加工业的发展创造了条件。

2. 北京化工集团塑料原料基本情况

北京化工集团是一个综合性化工企业集团，石油化工作为该集团四大系列产品之一，为塑料加工业提供塑料原材料主要有：塑料、工程塑料、塑料助剂。

（1）化工集团合成树脂装置能力206kt。

	合计	LDPE	HDPE	PS	PET	PP	PP
年能力/(kt/a)	765	180	140	50	40	155	200
技术路线		高压釜式法	浆液法	釜式连续法	PTA法	浆液法	气体本体法

续表

合成树脂	生产企业	装置能力/t	备注
HDPE	北京助剂二厂	8 000	
超高分子 PE	北京助剂二厂	8 000	国内唯一厂家
PVC	北京化二股份公司	150 000	居国内第三
EVA	北京有机化工厂	40 000	

(2) 产品向多样化发展。北京化工集团的塑料原料以 PVC 树脂为支柱产品，生产企业已成为上市公司。随着体制改革推动技术进步，PVC 树脂已从通用型向专用型发展，目前已开发出生产牌号 10 多种，北京助剂二厂生产的超高分子量 PE 也成为国内唯一生产厂家，目前已外销至其他国家，走向国际市场，逐步成为化工集团的拳头产品。

(三) 北京塑料原材料的发展趋势

北京的塑料原料工业已成为北京市工业的支柱产业之一，在北京市国民经济中占居重要位置。随着经济的发展，北京的塑料原料还将会发展新品种，扩大生产规模，有一个快速的增长。根据“十五”规划，北京燕山石化公司乙烯生产装置能力从 450kt/a 增加到 660kt/a，目前该项改扩建工程已接近投产，除合成树脂产量将增加外，重点将开发国民经济各行业所需要的新规格牌号品种，如 LDPE 的专用牌号将达到 18 种，EVA 共聚产品将有 4 种不同 VA 含量的产品；PS 原料将随着电子科技的发展，重点开发家电外壳专用料。

北京化工集团公司“十五”期间除增加 30kt PVC 生产能力外，超高分子量 PE 生产能力将由年产 8kt 扩建到 13kt，还将重点开发工程塑料，如 PBT、磁性材料，使工程塑料在规模和品种方面再上一个台阶。

（北京塑料工业协会　张玉川）

天　津　市

【基本情况】

2000 年，天津地区共有塑料加工企业 679 家，其中国有企业 47 家，集体企业 335 家，合资企业 109 家，私营企业 68 家，其他经济类型企业 120 家。

构成天津地区主体塑料制品企业 216 家，2000 年末，从业人员 28058 人，实收资本 20.05 亿元，资产总计 71.29 亿元（其中，流动资产平均余额 25.99 亿元，固定资产净值平均余额 24.77 亿元）。2000 年，完成工业总产值 49.21 亿元，工业增加值 13.43 亿元，产品销售收入 46.56 亿元，利税总额 7.79 亿元，利润 5.69 亿元，塑料制品产量 154kt。

【企业经营】

天津塑料制品企业中，国有大中型企业 7 家，2000 年末，从业人员 4070 人，实收资本 3.42 亿元，资产总计 13.74 亿元（其中流动资产平均余额 3.78 亿元，固定资产净值平均余额 4.8 亿元）。2000 年完成工业总产值 3.23 亿元，工业增加值 0.52 亿元，销售收入 3.46 亿元。，主要品种完成情况见表 1。

随着对外开放的不断深入，外商及港澳台在津投资的塑料制品企业已达 109 个。2000 年从业人员 13618 人，完成销售收入 34 亿元，利润 5.53 亿元。

表 1　2000 年天津地区塑料制品主要品种完成情况

产品名称（类别）	2000 年产量/t	较上年同期相比/%	产品名称（类别）	2000 年产量/t	较上年同期相比/%
塑料薄膜	51 304	15.7	塑料鞋	3 918	26.3
其中：农膜	9 407	－20.5	塑料人造革	986	－19.6
塑料板片材	8 712	11.6	塑料合成革	960	152.6
塑料棒管材	3 905	25.0	泡沫塑料	3 313	4.5
塑料丝及编织制品	21 378	57.1	日用塑料制品	1 718	20.2
塑料包装箱及容器	14 987	－6.8			

经过“八五”、“九五”期间的技术改造，部分塑料制品企业已具有一定的经营规模和实力。初步统计，年加工能力在3kt以上的企业17个。其中：加工能力3kt以上的企业见表2。

表2 2000年天津地区年加工能力3kt以上的企业

企业名称	经济类型	重点产品	加工能力/t
天津市塑料集团有限公司	国有独资	农用薄膜	20 000
		PVC压延薄膜	5 000
		BOPP薄膜	3 450
		PU泡沫制品	4 000
		PVC人造革	3 600
天津市第一塑料制品厂	国有	PVC片材	5 235
天津市四维包装有限公司	有限责任	PE包装薄膜	6 800

为推动天津塑料工业发展，于1996年组建了天津塑料集团。天津塑料集团以天津市塑料集团有限公司为核心，联合所属全资及控股子公司、参股企业及部分国有、集体、合资企业组建。2000年末，天津塑料集团有工业企业53家，资产总额18.01亿元（其中：流动资产平均余额6.19亿元，固定资产净值平均余额5.84亿元），占地面积$56.6\times10^4m^2$，建筑面积$26.2\times10^4m^2$，在册职工11591人，塑料制品加工能力79.1kt，其中，塑料包装材料加工能力37kt，农用塑料加工能力20kt。产品中的三层共挤多功能农膜、聚丙烯双向拉伸薄膜、聚氯乙烯新型片材、拉幅4m聚氯乙烯压延薄膜、医用塑料制品、聚四氟塑料制品、建筑用夹芯保温板材及泡沫塑料制品等，具有一定的技术优势和市场优势。集团还设有专门的塑料研究所和技术开发中心。2000年，天津塑料集团完成工业总产值5.06亿元，工业增加价值0.6062亿元，销售收入5.56亿元，出口供货值1664万元，出口创汇144.9万美元，塑料制品产量37kt。集团的核心——天津市塑料集团有限公司为大型一档企业，有进出口经营权，是天津市计划单列和国有资产授权经营单位，拥有6个直属分公司，21个全资及控股企业，3个参股企业，兼管11个集体企业和部分合资企业。

【设备技术引进】

天津塑料集团的技术优势主要集中在农用、包装、医用塑料和建筑用夹芯保温板材。

农用塑料：从美国戴维标准公司引进三层共挤复合吹膜机组，具有90年代先进水平，所生产的“兰花”牌三层共挤宽幅复合农膜，具有良好的长寿、无滴、高保温和透光率高等性能。

塑料包装材料：先后从德国布鲁克纳公司引进了三层二步法双向拉伸膜生产线，从意大利鲁道夫公司和德国贝尔斯托夫公司引进了PVC片材生产线，从台湾引进了PVC压延拉伸膜生产线，从日本、丹麦等国家引进PE包装膜及印刷设备，形成了技术先进、品种较为齐全的包装制品系列。

医用塑料：以天津塑料研究所为中心，开发研制生产的深静脉插管、主动脉插管、体外循环配套管路、氧合器、血液微栓过滤器等产品在国内技术领先，应用于全国400余家医院。天津塑料研究所被国家医药总局批准为一级医用塑料产品生产厂家。

建筑用夹芯板材：以意大利引进的连续生产线进行生产，与金属钢结构相结合，并以先进的工程设计及成房技术以及完善的售后服务体系，形成一定实力。

【存在的问题】

天津塑料加工工业发展的主要问题：一是企业分散，不利于形成行业管理和行业发展规划；二是老体制企业尚占一定比例，历史包袱沉重，缺乏新的投入，竞争力亟需提高。

塑料制品是新兴产业，市场前景良好，预测“十五”期间仍能快速发展。根据天津塑料集团“十五”发展规划，主要是做精做强农地膜产品、高档塑料包装膜片产品、新型建筑板材、医用塑料和以工程塑料、填充改性材料、专用功能母料为重点的高新技术产品共五大类产品。

（天津市塑料集团有限公司　杜国田）

河 北 省

【基本情况】

截止2000年底，河北省塑料工业入统企业共有

148家。其中国有企业25家，占16.89%；集体企业40家，占27%；私有企业26家，占17.57%；股份制及股份合作制企业16家，占10.81%；中外（含港、澳、台）合资企业25家，占16.89%；其他所有制形式企业16家，占10.81%。2000年末共有职工人数为40957人，其中工程技术人员2100多人；全省年生产能力380kt，实际生产量288kt；实现产值54.6亿元，工业增加值14.69亿元，出口交货值3.45亿元，产品销售收入49.86亿元，利税总额4.58亿元，利润2.92亿元。

河北省塑料工业生产原料来源充足，周边及境内有燕山石化、齐鲁石化、吉林石化、濮阳石化等大中型原料生产基地，同时还有沿海港口便于提供进口原料。

从塑料制品需求看，省内及境内的北京和天津两大城市从高科技产品、家电产品、汽车行业制品、农用品等均有较大的需求，为塑料制品行业提供了广阔的市场需求环境。

河北省塑料工业制品主要有薄膜、管材、板材、棒材、编织、注塑、人造革、包装制品等主要产品。省内有许多地区的塑料制品工业形成了一定的规模和优势。如雄县、宁晋两地，主要以薄膜制品为主，形成了薄膜制品生产基地；廊坊、邢台、沧州地区有十余市县主要以汽车配件、自行车配件、家电配件为主形成了注塑产品生产基地；衡水、平山、东光等市县主要以塑料编织、印刷制品为主，形成了塑料编织和印刷制品基地；石家庄、保定、唐山等市主要以建筑用塑料管材、型材为主，形成了塑料管材、型材生产基地。随着市场经济形势的发展，河北省的塑料加工业基本上遍及全省。

【重点企业】

宝硕集团是河北省塑料工业龙头企业，该集团2000年综合加工生产能力达160kt，实际生产量为93.4kt，实现产值10.3亿元，上述三项指标分别占全省塑料工业的42.1%、32.4%和18.9%。该集团经过多年的努力发展，已经建设形成塑料建材、软包装材料、基础化工、农业塑料与研究4大生产基地，主要产品有BOPP包装膜、PE农用膜、PVC管材管件、PVC异型材及门窗、化工产品、高新农业产品等系列。其中BOPP系列包装膜拥有4条从日本东芝公司、德国布鲁克纳公司、德国W&LH公司引进的具有20世纪90年代国际先进水平的BOPP薄膜生产线，2000年BOPP膜生产能力达24kt，实际完成生产量19kt；PE系列农用膜拥有60多台（套）具有国内国际先进水平的加工设备，2000年生产能力60kt，实际完成生产量54kt；PVC管材管件拥有12条从德国克劳斯·玛菲公司引进的具有20世纪末世界一流水平的管材生产线及管件注塑机，2000年生产能力50kt，实际完成生产量15kt；PVC异型材及门窗拥有21条从德国、奥地利引进的具有国际先进水平的生产线，2000年异型材生产和门窗组装能力分别为50kt和$30\times10^4m^2$，实际完成异型材生产量5700t、组装门窗$15\times10^4m^2$。

年产能力3kt以上企业一览表

序号	企业名称	生产能力/kt/a	2000年生产量/t	主要产品
1	河北宝硕集团有限公司	160	93 366	农膜、管材异型材、BOPP膜
2	沧州东风塑料集团有限责任公司	10	7 925	管材、农膜
3	邢台市四方塑料有限责任公司	5	3 353	农膜、打包带
4	邯郸科伦塑料有限公司	3	2 810	农膜
5	唐山市塑料总厂	4	2 600	人造革
6	石家庄市东风塑料厂	5	3 005	农膜
7	河北田纳西塑胶有限公司	10	7 454	聚氯乙烯膜
8	河北平山县四强工业集团公司	6	5 775	管材、波纹管
9	唐山广建塑料品集团公司	12	9 352	建筑塑料材料
10	赵县塑料制品有限责任公司	3	2495	编织袋
11	河北田野汽车集团文安塑料有限公司	3	2 135	工程塑料制品
12	邯郸市亚东塑胶有限公司	10	8952	聚氯乙烯薄膜

【发展趋势】

河北省是我国内陆省分轻工业经济较为发达的省分之一，其地域环绕北京、天津两大城市，加上便利的交通，丰富的资源，活跃的市场，给塑料制品工业打下了良好的基础，发展前景十分广阔。但是，河北省塑料工业的发展自起步起就与南方和沿海省市有较大的差距，主要原因是思想观念上的差距，推行经济体制改革速度上的差距，缺少自己的名牌产品，企业缺乏市场竞争力。河北省塑料工业主管部门已经充分认识到了这些差距，正积极采取措施迎头赶上。省轻工业主管部门在制定“十五”发展规划中，已将塑料工业作为河北省轻工业重点发展的行业之一。“十五”期间，将对塑料工业的行业结构和产品结构进行重大调整。行业结构的调整，主要是以大型骨干企业为依托，利用资金、技术、信息、管理、人员素质等优势，依靠科技进步和先进管理经验推广先进科技成果，生产技术含量高，高附加值产品，以较高的产品质量、先进的技术性能、较低的产品价格占领市场；重点扶持有一定基础的中小企业和产品生产较集中的地区走联合、兼并的道路，充分发挥其规模优势和区域优势。在产品结构调整方面，重点是发展农用塑料制品、包装用塑料制品、建筑用塑料制品、工业配套产品和日用塑料制品的生产。通过实施结构调整，可以预计，河北省塑料工业在“十五”期间将会有较快的发展。

（河北省轻工业办公室　周国银）

山　西　省

【基本情况】

山西塑料工业经过近50年的发展，特别是自改革开放20年以来，已形成拥有设计、制造、生产、销售、情报、信息、科研、教育在内的比较完整的工业体系。发展最快的是化学建材业（包括塑料管材、管件、塑料异型材及塑钢门窗等），其次是塑料包装业（包括包装膜、包装袋、包装瓶、包装箱及容器），塑料农膜、泡沫塑料、日用塑料等行业。全省塑料行业现有工业企业600余家。山西省有改革开放以来承担过国家、部、省、市30余项科研课题的太原市塑料研究所；有以高分子材料为主体的太原理工大学材料工程学院；华北工学院塑料工程专业。其研究领域有高分子合成和改性，结构与性能的关系，新材料应用等。研究的材料有通用塑料、工程塑料、特种工程塑料等。

【主要产品】

1. 塑料异型材、门窗

山西塑料异型材、门窗行业的发展始于80年代初期，但1997年以来才进入快速发展时期。现全省有塑料异型材生产企业13家，塑料门窗组装厂350余家。PVC异型材生产能力达50kt/a，门窗组装能力达$2\times10^8m^2$。全省涌现出了一批以临汾塑胶管道有限公司为龙头的骨干企业，2000年塑料门窗在全省的市场占有率约为30%。

2. 塑料管材

山西塑料管材的发展始于60年代，发展至今已有30多年历史，直到90年代中期随着建筑业的发展及政府部门的大力宣传，建筑用塑料管材大幅增加。目前UPVC管生产能力达60kt，1998年以来，铝塑复合管、交联PE管、无规共聚聚丙烯管、PVC芯层发泡管等多种管材相继投产，现有各类管材生产线40余条。2000年塑料排水管和穿线管的市场占有率超过90%，全省拥有山西新派塑胶有限公司、山西乾通塑胶有限公司、山西天星新型管业有限公司等骨干企业。

3. 农用塑料膜、包装膜

山西农用塑料膜、包装膜生产企业有30余家，有一定规模的数十家，全省农膜年生产能力约40kt，2000年农膜产量为30kt。农膜重点企业有山西民生塑料制品厂、运城第二塑料厂、山西侯马塑料有限公司等。

4. 泡沫塑料

山西软泡沫塑料始于60年代中期，1964年山西阳泉泡沫塑料有限公司建成第一条软聚氨酯泡沫塑料生产线，年生产能力为6kt。到90年代初期才进入快速发展时期，目前已有数十家企业，20多条生产线。销售及消费市场主要集中于沙发及家具行业。硬泡沫塑料起步较晚，于90年代建成第一条生产线。

【重点企业】

山西塑料行业经过近50年的发展，现已形成了一批在省内外有一定影响的骨干企业。现将部分重点企业介绍如下：

芮城众和新型建筑料有限公司

芮城众和新型建筑料有限公司是以生产“红象”牌钢塑共挤型材为主的高新技企业。公司位于秦、晋、豫三省交界的“黄河金三角”，是通向华北、中原、西北的交通枢纽。公司实力雄厚，具有集精轧钢衬、钢塑共挤型材、节能保温门窗产品为一体的综合生产能力，目前年产型材15kt，年产保温节能门窗系列产品$1\times10^6m^2$。现批量生产的产品规格有配套功能非常完善的40平开、50推拉、60推拉及75推拉系列。尤其是该公司开发研制的75系列产品，成功解决了纱扇一体化问题，受到用户的一致青睐。该产品采用国际首创的钢塑共挤专利技术和结皮微发泡工艺技术，具有高强度、高气密水密性、保温节能、仿天然木纹、易组装等特点，在传统塑窗工艺技术的制作方法方面有了重大突破。被列为《国家化学建材推广应用"九五"计划和2010年发展规划纲要》重点推广项目之一。

（景碧丽）

山西新派塑胶有限公司

山西新派塑胶有限公司系中国国家特大型企业阳泉煤业（集团）有限责任公司与新加坡豪利机械有限公司合资创办的专业生产新型环保健康塑胶管材、管件为主的新型建材企业。该公司成立于1995年，创建之时引进先进设备技术生产UPVC管材、管件系列，根据市场需要不断推出新品种，现公司主要产品有建筑给、排水用UPVC管材、管件，5个规格、140个品种；1999年1月该公司通过ISO 9002国际标准质量体系认证，最新开发的产品有冷热水用无规共聚聚丙烯（PP—R）管材、管件，9个规格，160个品种。作为塑料管道行业的排头兵，新派公司为塑料建材市场树起了一个值得信赖的品牌，2001年8月被中国农业银行山西省分行评为AA级信用度企业。目前产品在省内的市场份额为50%。

（毛宝琪）

山西华龙塑料有限公司

山西华龙塑料有限公司是山西省重点民营企业，1992年建成投产，该公司是集科研、生产、贸易于一体的实体性企业，拥有资产业500万。山西是煤炭之乡，全省拥有5000多家煤矿，该公司是以生产煤矿用塑料假顶网(带)、阻燃母料为龙头的企业，塑料假顶网(带)年生产能力2000t，产值1000万；阻燃母料年生产能力2500t，产值850万。该公司注重人才战略，大中专以上学历的占职工总人数的80%。多年来在产销规模、产品质量、市场经营、企业知名度方面均在行业内保持了领先地位。随着农村水网的改造的城市供水、排水网络及供气网络改造，需要大量的大口径塑料管材，该公司决定投资生产200~600mm的大口径管材以及PP—R管材，作为该公司发展的后援产品，从而填补山西省没有生产大口径管材的空白。

（丁开明）

山西民生塑料制品厂

山西民生塑料制品厂位于山西省太原市小店区，厂区占地25亩，企业创建于1995年，以生产塑料薄膜为主，拥有各种吹膜设备16台，年生产能力6kt。拥有员工80余名，主要产品有农用大棚膜、功能大棚膜、农用地面覆盖膜、工业包装膜等。产品已覆盖全省各地、市，为山西省农膜方面龙头企业，在省内市场占有率达70%。2001年产量4500余，产值3500余万，销售额5600余万元。在继续保持现有生产品种和生产量的基础上，该厂计划投资生产三层共挤EVA宽幅大棚膜，年生产量为3kt。

（赵国民）

太原明坤科工贸有限公司

太原明坤科工贸有限司位于太原国家高新技术开发区内，是山西省科委批准成立的高新技术企业，集科、工、贸为一体。公司注册资金1073万，总投资1880万。下设环保管材厂和地暖工程公司。公司拥有职工地70人，其中大专以上学历30人，中、高级技术职称人员20人，从事高新技术产品研究人员工10人。该公司生产的冷热水给水交联聚乙烯管材属太原市首家引进的国家推广项目，是21世纪更新换代的绿色环保管材。该产品列入"建设部科技成果转化指南项目"、"山西省人民政府'1311'规划项目"和"火炬计划项目"。公司致力于利国、利民、节能、环保产品的开发和生产，立足本地，全方位发展。

（梁俊明）

阳泉市泡沫塑料有限公司

阳泉市泡沫塑料有限公司（原名阳泉市泡沫塑料厂），始建于是1964年，是国内建厂最早聚氨酯泡沫塑料专业生产企业之一。目前公司拥有固定资产880万，总占地面积$5\times10^4m^2$，公司主要产品有软质、硬质聚氨酯泡沫塑料制品；聚苯乙烯泡沫塑料制品，其中软质聚氨酯泡沫塑料产品年生产能力为6kt，该公司是山西省生产聚氨酯泡沫塑料的龙头企业，其产品质量稳定，从20世纪80年代起，已连续多次荣获"山西省优质产品"称号。深受用户好评。

（杜克亮）

介休市塑料工业有限公司

介休市塑料工业有限公司是山西省塑料制品定点生产骨干企业，始建于1954年，占地面积$8000m^2$，拥有固定资产1500万元，年生产能力5kt。采用具有国际先进水平的生产线的检测系统，现生产的产品有硬质聚氯乙烯和高密度聚乙烯双壁波纹管管材、管件；SYSR、SYSY多孔通讯光缆套管管材、管件；排水用硬聚氯乙烯管材、管件；硬聚氯乙烯阻燃刚性可冷弯电线套管、管件等。产品广泛应用于通讯、交通、建筑、电力、农业、环保、民用等领域，特别是多孔通讯光缆套管系列产品深受用户好评。该公司正本着“以科技为先导，以质量为生命”的经营方略逐步向高新技术、高新产品的现代化企业迈进。

（胡连生）

山西乾通塑胶有限公司

山西乾通塑胶有限公司系高科技企业，地处省会太原市，拥有固定资产区1.2亿元，占地$10\times10^4m^2$，现有职工800人，其中工程技术人员450人，资金雄厚，技术先进。公司采用德国先进的技术、设备及管理，引进三条全自动生产线，百分之百家使用欧洲进口原料，专业生产PP—R管材、配套管件及相关工具等。年生产能力3000t，管材规格为ϕ16mm～ϕ110mm共十种，管系列有S5、S4、S3.2、S2.5、S2五个等级，管件的品种规格与管材配套，包括球阀、活节等共二百余种，有纯PP—R和带有金属嵌件两种类型。整个生产过程自动化程度高，并具有完整的检测体系。公司通过了ISO 9002国际质量体系认证，近材、管件均获得了中国工程建设标准化协会颁发的《工程建设推荐产品证书》，并由建设部评定为《科技成果推广转化指南项目》。

（张晋华）

山西天星新型管业有限公司

山西天星新型管业有限公司是集建材、商贸、能源为一体的多元化企业集团。公司投资8000余万元引进具备国际先进技术水平的生产线和检测设备，主要产品有铝塑复合管、PP—R管、大口径中空壁缠绕管、硅芯管、多孔穿线管、HDPE/MDPE燃气管和供水管等产品。年生产能力达8000t。企业已通过ISO 9001国际技量体系认证和ISO14000环境管理体系认证，产品由中国人民保险公司承担责任保险。产品广泛应用于建筑给排水、市政建设、

电信通讯、燃气输送、石油化工、农业灌溉等到领域。

（山西省塑料行业协会　张玉英）

内蒙古自治区

【基本情况】

2000年，我区全部国有及规模以上非国有塑料加工企业共15家，其中国有及国有控股企业6家，共有职工3500人，总资产54543万元，实现工业总产值（现价）28991万元，工业增加值（现价）9390万元，产品销售收入22560万元，利润124万元，税金883万元。全区塑料产量15kt。

【发展综述】

内蒙古自治区的塑料工业始于1958年，起步较晚，但一度曾发展很快，到90年代中期，全区塑料制品生产企业超过200户，产量近40kt，一些产品不但荣获自治区优质产品奖，还出口进入国际市场。但近几年随着企业的转制，我区塑料制品企业多数已转为民营，由于规模小，生产设备陈旧，技术落后，新产品开发跟不上市场需求等诸多原因，不少企业停产或倒闭，全区产量日趋减少。1997年全区塑料制品的产量为36kt，1998年为28kt，1999年为23kt，2000年则为15kt。产品主要有编织袋、农地膜、塑料管材、包装袋、塑料容器等。

【设备引进情况】

包头市引进一条浪板生产线、一条PE隔板生产线。

【塑料制品进出口】

2000年从德国进口PE粉79t，二氧化硅175t。出口PE隔板$11\times10^4m^2$，主要出口埃及、古巴等国。

【外资利用】

合资企业2户，外资投资额1306万元，重点投资编织袋、浪板。

【新产品开发】

包头市第一塑料制品厂正在开发稀土PVC管材、纳米合金PPR管材，包头市黄河高新塑材有限公司的超高分子量PE蓄电池隔板8月份开始投产。

（内蒙古自治区塑料行业管理办公室）

辽　宁　省

【基本情况】

辽宁省塑料工业起步较早，50年代后期开始发展。由于合成树脂产品结构的历史状况，我省塑料制品工业曾以发展聚氯乙烯制品为主，在全国同行业中居较先进地位。70年代，随着我国石油化学工业聚烯烃树脂生产的发展，聚乙烯、聚丙烯制品生产迅速增长。

80年代以来，我省部分塑料加工企业完成了重点技术改造项目计划。一批企业引进国外先进技术和设备，加快技术进行的步伐，以发展聚烯烃、硬聚氯乙烯、工程塑料制品为重点，开发了农业、包装、建筑、工业、日用塑料制品等一批新产品，促进了行业的发展。

截止2000年底，全省拥有各类塑料加工企业163户，其中国有企业19户，集体企业99户，合资企业13户，其余均为民营企业。塑料制品的年产能力为600kt。2000年全行业塑料制品产量308kt，其中，轻

工系统塑料制品产量 117.7kt，同比增长 16.11%，其中聚氯乙烯制品 53.7kt（农膜 15.6kt），同比增长 32.77%，聚乙烯制品 31kt（农地膜 17.8kt），同比增长6.93%，聚丙烯制品 18.2kt，同比增长 8.42%。重点企业情况如下：

【设备技术引进】

2000 年全省塑料行业共有 6 户企业利用外资，总额为 5311.25 万美元。他们是：大连盛道集团（聚乙烯膜、塑料软包装、塑料彩印包装）1011.75 万美元，大连实德集团（塑钢门窗）200 万美元，大连长兴塑料管材有限公司（塑料管）3000 万美元，大连纪伊塑料有限公司（塑料制品）248.5 万美元，鞍山贵星酒业有限公司（塑料瓶）251 万美元，抚顺恒山实业集团（塑钢门窗）600 万美元。大连盛道集团引进在线涂布 BOPP 专用膜生产线一套。

【塑料制品进出口】

本年塑料制品共完成出口交货值 2892 万元，比上年同期减少 38.84%，主要原因是：由于受市场变化的影响，出口主导产品 PVC 地板革和 PVC 手套大幅度下降，出口到俄罗斯的 PVC 地板革仅有 320 万元，同比减少了 62.92%，出口到美国的 PVC 手套只完成了 1311 万元，同比减少了 52.05%。

【新产品开发】

全年共有三家企业开发的新产品获 2000 年辽宁省轻工业优秀新产品奖。他们分别是：锦州彩练塑料集团有限责任公司的 EVA 茄子栽培专用棚膜（二等奖），大连第九塑料厂的 EVA 长寿保温流滴膜（三等奖），盘锦市塑料厂的 UPVC 芯层发泡管材（三等奖）。

【发展趋势】

塑料包装制品——重点发展新型彩印复合包装材料、耐蒸煮防微尘辐射、防腐、防霉、防锈、无菌包装材料，形成以大连为主的塑料包装制品生产基地。

年产量 3kt 以上企业基本情况表

序号	企业名称	利税/万元	产量/t	主要产品
1	沈阳塑料集团公司	36.3	3 692	管材、薄膜等
2	沈阳久利塑料有限公司	1128.7	14 780	PVC 管材、异型材
3	大连盛道集团	4251.1	26 530	塑料印刷品、薄膜
4	大连第九塑料厂	－82.7	6 980	塑料薄膜、农地膜
5	锦州彩练塑料集团	1356.8	32 930	农膜、塑料助剂
6	阜新塑料厂	－390.5	3 355	硬片、木纹膜

工程塑料制品——发展高新技术、高附加值的工程塑料制品。如为汽车、电子、家电、军工等部门配套的工程塑料制品，形成以鞍山、盘锦、沈阳为主的工程塑料制品基地。

农用塑料制品——农膜向多功能、耐老化方向发展；地膜向易回收、降解型方向发展。农用管材重点发展微滴灌等节水器材，重点支持辽西、辽北地区的现有企业改造，促进跨地区的联合，实现规模经济，形成以锦州、盘锦、大连为主的农用塑料生产基地。

塑料建材制品——着力发展塑料门窗、管材、管件及室内装饰材料等产品，实现标准化、系列化，形成以沈阳、兴城、盘锦为主的塑料建材生产基地。

【重点企业】

锦州彩练塑料集团有限责任公司

一、企业基本情况

锦州彩练塑料集团有限责任公司是国家重点生产聚氯乙烯、聚乙烯制品的综合性塑料加工的国有大型企业，是辽宁省最大的塑料制品生产基地和高新技术企业。下设十二个子公司、两个直属分公司。占地面积 199620m^2，现有员工 1400 人，各类专业技术干部 300 人。

主要产品有七个门类，分别是聚氯乙烯、聚乙烯农膜、聚氯乙烯硬片、民用制品、人造革、注塑制品、塑料管材、精细化工等。主导产品聚氯乙烯无滴消雾棚膜、聚乙烯普通农膜、聚乙烯三层共挤多功能复合膜。年生产能力 60kt。经济效益居辽宁农膜行业之首，经营规模居东三省行业之省，在全国农膜行业位居第二。

公司生产的产品已覆盖全国 23 个省、市、自治区、直辖市，其中意达制革有限公司生产的服装革远销美国、意大利、日本、法国、南非等 20 多个国家和地区。公司的产品具有较高的信誉，通过了 ISO 9002 质量体系认证。“彩练”牌商标被认定为中国驰名商标，成为中国农膜行业和中国塑料行业唯一驰名商标。

二、企业运行情况

1. 2000 年主要经济运行指标

工业总产值31810万元，为上年同期24109万元的132%，绝对额增加7701万元；产品产量32930t，为上年同期24762t的133%，绝对产量增加8168t；产品销售收入31759万元，为上年同期的18965万元的167%，绝对额增加12794万元；利润总额1056万元，比上年同期130万元，增加926万元。

2. 企业改革和管理创新情况

公司自1994年由锦州塑料厂整体兼并锦州塑料制品厂，组建锦州彩练塑料集团有限责任公司以来，四年奋斗、四年发展，四年上了三个台阶，每年均以增产5 000t的幅度递增，等于为国家再建了一个中型企业。2000年公司经济运行质量明显提高，各项主要经济指标不仅增幅较大，而且产品产量、销售收入、效益、员工收入分别再创四个历史新高。

实现上述结果的根本原因就是公司“抓住了一个根本”。坚持以人为本，解决怎样做人、怎样用人、怎样做好彩练人的问题，最大限度地调动了员工的积极性。

“突出了两个重点”。改制、创新，拉动经济增长，增强发展后劲。通过改制，规范子母公司制、实行投资主体多元化的机制，实行低成本扩张组建了锦州彩练阜新公司，壮大了实力。目前，公司对下属五个子公司进行了股份制改造。2001年拟将农膜一公司、农膜二公司改造成股份制公司。加快技术进步的步伐，重点研制开发了PVC农用无滴消雾抗菌膜；PVC无滴消雾花卉膜；PE/EVA三层复合多功能减雾膜、日光温室棚膜；紫光三层复合多功能减雾棚膜；EVA草莓栽培专用棚膜、高透明无滴减雾长寿棚膜。其中研制开发PE/EVA茄子栽培专用膜获2000年省轻工总会优秀新产品二等奖，轻工总会科技进步三等奖。2000年公司被确认为省级技术中心单位。

“实施了三个确保”。使资金筹措、原料供应、产品质量三个重点指标到位，确保2000年各项经济指标的完成。

“现代化管理贯彻始终”。公司自被列入现代企业制度试点以后，所有的工作正在按着现代企业制度进行规范。2000年公司紧紧围绕“创建花园式工厂、比价采购、压缩库存”三大战役开展了一系列活动，健全了物资采购制度；开展清查清欠；加大现场管理力度；实行专检与抽检，月检与季检相结合，使现代化管理上档次、上水平、上台阶。

公司在抓好各项改革的同时，分配制度改革成效显著。企业内部“多创效益多得、少创效益少得、不创效益不得”的分配机制，越来越被员工所认可和接受。奖勤罚懒、重奖重罚，充分的调动了员工的积极性和创造性。

3. 市场营销情况

组建公司的四年来，公司加大改造力度，使聚氯乙烯、聚乙烯农膜生产线得到了改造，可以说经营规模逐年扩大，产品规格齐全，成龙配套。因而，公司领导班子把市场营销工作做为重中之中。营销方式采取三种：一委托经营；二联合经营；三直销。不断扩大市场占有率，增加市场份额。营销方法：实行灵活销售，一场一策，根据市场确定营销策略和营销重点；实行区域价格，封闭销售，限价统一，避免货物横流，即控制卖价，又控制出厂价；设计“双赢”模式，同商家划定势力范围，利用低价格供货等优惠政策，扶持营销网络中的网员。“网员”按合同方式完成销售任务，使厂方与经销商组成利益的共同体，达到促销；公司历年来都有一个完整的营销思路、营销重点、营销策略，在全国设16个经销处，600多个营销网点，省内市场占50%左右，省外市场销售占50%左右。分布在山东、河北、河南、陕西、内蒙、新疆、黑龙江、吉林等地。

三、企业发展情况

农膜是公司的主导产品。面对“十五”期间继续发展“两高一优”农业的根本任务，大力开发菜棚、地膜覆盖又给我们提供了广阔的发展空间与市场。因而，我们将利用品牌的优势，全力搞好省内、国内农膜市场的开发，逐渐向已开发领域延伸，根据实际需要向未开发领域拓展，真正实现凡有棚膜的地方就有彩练的农膜。

（辽宁省经贸委行业办公室　王希库）

吉　林　省

【基本情况】

2000年，吉林省塑料制品生产加工企业共71户，产量69.8kt，实现工业总产值11.67亿元，工业增加值3.51亿元，完成销售收入10.85亿元，产品出口交货值527万元，创利税6125万元，利润2337万元；产销率达到98.16%。资产贡献率4.45%，资金利税率3.38%，全员劳动生产率29810元/年·人；年内完成固定资产投资29110万元，新增固定资产24526万元，行业内有大中型企业15户，实现产值5.45亿元，销售收入4.9亿元，利税3350万元，全行业现有固定资产净值6.25亿元，生产能力200kt，职工11770人；有省级塑料应用开发研究所1个，企业办科研开发机构5个。目前行业产值占全省轻工业的14.6%，是吉林省轻工业中除造纸以外的第二大行业。

“九五”以来，吉林省塑料行业按照实现两个根本性转变的要求，努力适应社会主义市场经济体制的需要，深化改革，加快结构调整，行业获得了新的发展。

(1) 经济运行质量得到明显改善。以提高经济效益为中心，抓好扭亏增盈，实施增产增效。行业产值增长 51.4%，工业增加值增加 1.68 倍，利税增长 12.5 倍，亏损企业户数由 44 户减少到 24 户，亏损企业亏损额减少 58.7%，全员劳动生产率提高了 45.7%。

(2) 企业组织结构调整不断深入。积极进行资源的合理配置，转换机制，推进兼并、破产、转让、联营、合资、合作、股份合作、股份制，建立现代企业制度，进行公司制改造，推进股权多元化，形成了白山喜丰塑料集团、图门民塑集团、长春力得汽车工程塑料制品有限责任公司等一批新型骨干企业，长春兰宝成为省内轻工系统首家推荐的上市公司。

(3) 产业提升取得积极效果。面向国内外市场需求，依靠科技进步，加快技术改造和技术开发，大力调整产品结构，增加产品科技含量和附加值，企业技术水平不断提高。5 年完成固定资产投资 3.64 亿元，新增生产能力 64kt，淘汰落后生产能力 68kt。开发重点新产品 27 种，实现新产品产值 5.14 亿元，利税 8018 万元，新产品产值率达到 18%。行业主导产品实现了由普通农膜、塑料管材、编织袋、中空包装容器等向多功能农膜、工业配套件、节能化学建材、大型高强度复合集装袋等转移，产品不断升级，应用领域不断拓宽。

(4) 企业管理水平进一步提高。积极推行先进的管理办法，加强财务管理、成本管理和质量管理，大力培育名牌产品。目前有喜丰、燕子等吉林名牌产品 5 种，有 3 户企业通过了 ISO9000 质量保证体系认证。

【存在的问题】

"九五"期间，吉林省塑料行业虽然有了较大发展，但与国内先进省份和全国平均水平相比，还存在很大差距。

一是行业发展缓慢。在全国塑料行业中的相对位置后移，产量和产值占全国塑料行业的份额，分别由 1995 年的 2.58% 和 1.99% 下降到 0.67% 和 0.63%，行业排位由 1995 年的 15 位下降到 2000 年的 21 位。随着市场竞争加剧，沿海发达省市依托资金信息技术优势进军我省市场，省内塑料行业竞争力弱的问题更加突现，使得以本地市场销售为主的日用塑料和包装塑料生产大幅萎缩，产量下降了 70% 以上。

二是企业组织结构调整滞后，经营管理水平低。企业规模小，布局分散，效益差的问题比较突出。全行业产量超过 20kt、销售收入超过 2 亿元的企业只有 1 户。2000 年产量只占全部生产能力的 36.7%，有近三分之二的能力闲置，行业生产能力没有得到有效发挥。当年行业内亏损企业 24 户，亏损面 33.8%，亏损企业亏损额达到 2276 万元，相当于全行业的净利润。

三是产品结构调整不到位。我省塑料行业的主要产品是农膜，产量占全行业的 64.2%，近几年受省外主销地同类产品的冲击较大，而新型节能化学建材、工业配套及市政工程塑料制品还没有形成应有的规模优势和技术优势，对行业支撑力度不足。大多数企业缺乏自主开发能力，开发新产品主要依靠改造引进，特别是塑料模具的设计加工水平低下，成为制约行业发展的瓶颈。

四是企业工艺装备落后，管理水平低。改革开放以来，虽然对行业内重点企业进行了改造，但大多数小企业的工艺装备还只相当于 80 年代初的水平，与沿海地区存在 15～20 年的差距。企业还没有适应市场经济的发展，实现由粗放式经营向集约化经营的转变，生产效率不高，全员劳动生产率比全国平均水平低 63.7%。

【发展趋势】

"十五"期间，是吉林省塑料工业进一步深化结构调整，实现由恢复性发展向跨越式发展的关键时期，在认识国际国内行业形势，分析我们存在的优势与面临的挑战基础上，确定预期发展目标，明确工作方向。

加入 WTO，对我省塑料行业利弊并存，总体上挑战大于机遇，形势十分严峻。一方面：随着进口原料价格的降低和品种的增加，通过改善原料结构，有利于采用先进技术，改善产品质量，增强行业竞争力。同时随着关税壁垒的消除，有利于我们发挥劳动密集的优势，开拓出口市场。另一方面：我省塑料产品以内销为主，缺乏具有国际竞争力的企业和产品，自主开发能力不强，技术含量不高，企业规模小，管理水平低，在同行业竞争中将处于弱势地位。

面对新形势，"十五"期间要加快对塑料行业的战略性调整，通过不断推进技术创新、体制创新、管理创新，加速行业发展。根据行业基础和地域资源条件，要面向国内国外两个市场，发挥比较优势，实施重点突破，实现由跟进式发展向跨越式发展的转变。集中力量抓好四大类产品，即：围绕农业产业化，发展效益农业，加快发展农用塑料产品；面向汽车消费和家电产品升级换代，大力发展工业配套及工程塑料产品；着眼于住房产业化和加快城市化进程，积极发展新型建筑及市政工程塑料制品；突出出口创汇，努力发展出口塑料产品的生产。加快技术进步，选择对全行业发展有较大带动作用的重点企业和产品，积极用高新技术进行改造，实现产业提升。实施科技创新，加快产品结构调整。优化结构，尽快实现由粗放型生产向集约化生产的转变，提高经济增长的质量和效益。实施名牌发展战略，积极培育名牌产品。继续深化改革，积极推进企业组织结构的调整，调动社会力量发展塑料行业。推进建立现代企业制度，抓好中小企业的改革。扩大对外开放，加快与国际接轨的进程。通过结构调整和优化，实现我省塑料行业的跨世纪发展。

2005年主要预期目标：工业产值16亿元，增长46%，年均增长8%；形成年销售收入3~5亿元，利税5000万元以上的企业3个，产值利税占全行业的60%以上。经过努力，在"十五"末期，全行业整体水平达到国际90年代中期水平。主要产品发展方向：

（1）农用塑料　要根据农业和农村经济结构调整的需要，着眼于提高农业效益，发展高效农膜和塑料排水灌溉产品，地膜要提高保温性能，降低成本，增强除草、抗虫效果，减少对环境的污染。棚膜要逐渐提高多功能膜的比例，由目前的10%提高到"十五"末期的50%以上。根据种植反季蔬菜的需要，开发生产适合不同作物生长特性的大棚膜产品，重点攻克解决聚乙烯类膜无滴期短的问题，提高耐老化性能，延长使用寿命，降低使用成本。适应农村分散种植和专业化种植的不同市场需求，开发生产不同规格品种的产品。深层次开发光功能增效膜、表面接枝高强度多功能膜等产品。发展农用灌溉排水塑料产品，适应缺水干旱地区农业生产及发展无土栽培种植水果蔬菜等高科技农业的需要，有针对性地开发节水塑料喷灌、滴灌、微灌及渗水隔水材料等产品。根据农田水利建设的需要，发展农田排水管道、农用土工塑料编织布等产品，结合实现粮食转化，发展畜牧养殖业的需求，发展保温性能好、强度高的畜牧养殖专用膜等产品。通过多层次系列化开发产品，使我省以农膜为代表的农用塑料产品在国内市场中保持较强的优势，实现由生产大省向产品强省的转变。逐步缩短与国际水平的差距。

（2）工业配套和工程塑料制品　围绕汽车、家电、电信、化工等产业开发配套产品，面向一汽奥迪A6车国产化、A2捷达车换型改造及扩大载重汽车生产，发展汽车用新型塑料保险杠、燃油箱、导风道、复合塑料仪表面板、水箱保护罩、密封条及各种内外装饰材料，逐步提高塑料配件占整车的比重。抓住家电产品由高档消费品向日用消费品转化，从城市向农村转移，以及城市家电消费更新换代的时机，系列开发生产电冰箱、洗衣机、电视机、空调器及各类视听产品配件和小家电产品配件。面向通信、电力产业的迅速发展及化工、机械等行业的特殊需要，开发通讯、电力电缆塑料套管、热缩密封套管、双壁波纹管及耐油、耐高电压、耐腐蚀材料、导电塑料、屏蔽塑料、磁性塑料制品等。积极开展通用塑料工程化的研究工作，提高性能，降低成本，拓宽应用领域。

（3）建筑及市政工程塑料制品　把握建筑材料和市政工程配套产品节约能源、降低消耗的要求，开发以塑代钢、以塑代木配套产品。面向城镇住房建设，发展节能建筑配套产品的生产，开发双色双料门窗异型材、钢塑复合异型材、夹层发泡消音塑料下水管、无毒卫生上水管等产品。搞好基础研究，提高材料的耐候性、尺寸稳定性能。面向居民住房的二次装修改造，开发高档塑料卫生洁具、厨房用具、整体卫生间及其室内装饰产品。围绕市政建设，发展大口径耐压供水管、煤气管、排污管、供热管等，如三层共挤微发泡管、铝塑复合管、玻璃钢增强管、尼龙内增强软管、聚乙烯交联管等产品。

（4）出口创汇塑料制品　提高出口产品的质量和技术含量，调整和优化出口产品结构，努力增加技术密集和附加值高的产品出口比重。组织好大宗出口产品的开发生产，塑料编织袋产品要向集装袋、复合袋方向发展，抓住我国加入WTO的机遇，利用国内劳动力价格较低的优势，在巩固现有出口市场的基础上，扩大对欧洲市场的出口。发挥我省延边少数民族地区特色，发展对韩国、日本等东亚地区的日用塑料制品出口，扩大主导产品塑料席垫的出口，不断增加花色品种，提高产品档次。

（5）医用塑料及其他制品　医用塑料与金属、玻璃制品相比，因其具有综合卫生性能好、成本低，一次性使用可避免医源性感染的特点，在国外发达国家获得了广泛应用。开发生产医用塑料制品，对提高塑料行业的加工技术水平，增加产品附加值，具有积极的意义。医用塑料制品在我国的市场潜力巨大，我省医用塑料的研制开发工作起步较早，具有一定的基础，要进一步做好深度开发工作，在医用塑料器械及人造器官组织的研制方面取得新的进展。加强科技成果转化工作，实现产业化经营。要适应环境保护和生态建设的要求，积极做好废旧塑料降解回收的研究工作，逐步提高废旧塑料的回收利用率，减少对环境的污染。

为实现"十五"预期发展目标，需要全行业经过艰苦的努力，切实采取积极有效的措施来保证。

（1）采用高新技术，大力提升传统产业。塑料行业属于传统产业，针对目前行业存在的技术水平低，工艺装备落后的问题，在原材料、制品加工、市场营销等方面，积极应用电子信息、生物工程、新材料技术，改善经济增长的质量，提高行业整体素质。应用纳米添加技术，实现在微观条件下改善塑料材料性能；应用计算机生产程控技术改善制品精度，提高生产效率；应用计算机辅助设计（CAD）和辅助制造技术（CAM），提高塑料模具设计与加工制造水平；应用网络技术，开展电子商务，增强营销能力，扩大产品销售；应用生物及光转换技术，进行新型多功能农膜的开发及废旧塑料的降解研究等。

（2）实施技术创新，加快产品结构调整。依靠科技进步，加快生产力的变革，提高科技对塑料行业的贡献率。促进科技成果转化，兴办科技型企业。加强产学研联合，促进科技与经济的有机结合，提高企业开发创新能力。按照国家产业政策，淘汰落后的生产能力和工艺设备，避免重复建设。限制普通农地膜、管材、普通编织袋，双向拉伸包装膜等产品的生产，淘汰增加亏损、增加库存、增加财务占用的产品生产。加快技术改造步伐，近期重点抓好多层共挤复合功能膜、表面光接枝高强度农膜、塑料喷滴灌器材、大口径管材等项目。调整产品结构布局，在“十五”末期，形成以农用塑料、工业配套和工程塑料、建筑及市政工程塑料、出口创汇塑料为主的产品生产体系，使产业结构得到优化。

（3）加快改革，积极调整企业组织结构。适应市场规律，合理配置资源，按产品内在关联科学合理组合企业资产，实现大有规模，小有特色。积极培育企业集团，根据集约化经营的需要，组建农用塑料、汽车配套、塑料编织袋、日用塑料等企业集团，增强实力，提高企业有效资产的利用率。对产品有一定市场，规模相对较小的企业，要努力扶持向“专、精、特、新”的方向发展，成为“小巨人”企业。积极调整行业所有制结构，逐步改变所有制结构单一的状况，轻工塑料行业市场化程度高，属一般竞争性领域，国有企业要逐步收缩战线，有进有退，积极发展混合型经济，通过投资主体多元化和股权结构的多元化，放大国有资本功能。积极鼓励非公有制经济参与发展塑料产业，增强行业活力，实现多元投资、多种经济成分相互渗透融合，共同发展。

（4）培育名牌拳头产品，实施名牌发展战略。增强品牌意识，面向经济全球化发展，瞄准国内国外两个市场，扩大产品知名度，提高市场占有率。积极培育多功能农膜、汽车塑料保险杠、燃油箱、柔性集装袋、出口民族席垫等成为名牌产品。抓住国内西部大开发的契机，充分发挥我省企业在品牌、技术、管理等方面的比较优势，进一步开拓市场。加强质量管理，继续抓好质量管理和质量保证体系的贯标认证工作，建立科学规范的质量保证系统，提高产品质量，为培育名牌创造良好的基础条件。

行业主要产品是农用塑料薄膜和工程汽车配套零部件两大类，产值占行业的 80%以上。2000 年农膜产量 37kt，销售主要分布在国内长江以北，其中 PE 膜 17kt，PVC 膜 20kt。塑料汽车配套产品主要为一汽、一汽大众公司同步配套生产塑料燃油箱、塑料保险杠、导风管等产品，在同类企业中具有较高装备水平和开发能力。

（吉林省轻工行业管理办公室　石春平）

黑龙江省

【基本情况】

2000 年全省塑料制品加工企业数为 1600 户，国有企业 36 户，集体企业 500 户，合资企业 12 户，其他为股份制和个体企业。其中年销售收入 500 万元以上的工业企业 72 户，从业人数 14638 人，制品产量 86959t，产值 133213 万元，利税 8792 万元。

全行业从业人员 5 万人。生产加工能力 500kt。

2000 年全省塑料制品产量 200kt，工业总产值 18 亿元。

【企业经营】

塑料工业在我省是一个新兴的工业，其产品广泛应用于工业配套、农业、建筑与装饰、包装、家电、医疗及人们日常生活各个领域，生产 300 多种规格不同花色各异的塑料制品，支持了相关工业的发展。经营形势较好的品种有农膜、纺织袋、管材管件、汽车配件、电缆料、门窗型材、土工布、防水卷材、彩色印刷等。效益较好的产品有防水卷材、汽车配件、土工布等，而生产大路货的产品，农膜、中空容器等效益较差。有些管理差，不讲产品质量、搞掺混使假的如地膜等企业亏损。

【设备技术引进】

（1）齐塑塑料制品有限公司与台湾翔发机械股份有限公司合资生产 PP、PE 合成纸生产线。年产能力 3000t。

（2）大庆油田长垣总公司采用哈尔滨工业大学星河有限公司的专利技术，引进德国“钢骨架塑料复合管”生产线。拟上 10 条生产线。年加工能力 1000km。总投资 19498 万元。

（3）哈高科绥棱矩圆新型防水材料有限公司引进意大利 5.1m 宽幅乙丙复合防水卷材生产线，该项目总投资 8251 万元，新增能力 $1800\times10^4m^2$，新增利税 6000

万元。该条生产线可生产芯层厚度在0.2mm~5mm，LLDPE防渗土工膜、H(M)DPE环保级防渗土工膜、EVA高弹性土工膜、针刺(长丝)无纺布土工膜、复合防水卷材、金属箔防护防水卷材、复合防水防卷材料。

(4) 七台河塑料二厂购进台湾生产PP片材、降解片材生产线。

(5) 肇东石油化工总厂引进奥地利辛辛那提铝塑复合管生产线。

【塑料制品进出口】

出口的品种有：编织袋、地膜、啤酒箱、机械设备等。出口交货值1766、4万元。出口国家：俄罗斯、韩国、南非。

【重点企业】

企业名称	产量/t	加工能力/kt	主要品种
哈尔滨市塑料四厂	2 978	11	管材管件、箱、建筑网等
哈尔滨市塑料五厂	8 524	26	棚地膜、家禽饮水喂料器
哈尔滨市塑料九厂	1 669	5	汽车配件、箱、盆、筐等
冠天塑料有限责任公司	4 500	7	棚地膜、育秧片、育秧钵
哈尔滨市南直塑料厂	4 500	14	棚地膜
哈尔滨特种塑料有限公司	3 000	5	管材管件、设备
五常塑料有限公司	6 967	10	棚地膜、箱、鱼网丝等
齐塑塑料制品有限责任公司	43 458	10	汽车配件、土工膜、棚膜
海伦塑料制品厂	10 354	15	编织袋、热收塑膜、土工布
利达电缆材料股份有限公司	4 300	16	电缆料、交联管
绥棱第二塑料有限公司	$350\times10^4m^2$	4	防水卷材
黑龙江美城集团公司	3 000	35	门窗、PC板装饰板
东雷塑料有限公司	4 000	8	棚地膜
大庆塑料二厂	3 000	6	棚地膜、管材、容器
大庆塑料五厂	3 500	6	棚地膜
林港塑胶实业公司	3 000	6	BOPP膜

【新产品开发】

项目名称	企业名称
绥棱第二塑料厂	$1800\times10^4m^2$ 5.1m宽幅乙丙复合防水卷材生产线
大庆油田长垣总公司	钢骨架塑料复合管项目
利达电缆料股份有限公司	交联聚乙烯管材料、红色护套料
齐塑塑料有限责任公司	PE、PP合成纸
齐塑塑料有限责任公司	PVC土工膜
哈尔滨市塑料四厂	PPR管材、管件；PE草皮网；PE土工网、养禽网
哈尔滨市塑料四厂	5gal矿泉水周转箱、PET瓶坯
哈尔滨特种塑料有限公司	系列螺旋管材、管件及机械设备、通讯多孔管等
哈尔滨特种塑料有限公司	PPR供热管材管件
哈尔滨工大塑料五厂	蓝光生态棚膜
肇东石油化工总厂	铝塑复合管
牡丹江塑料二厂	220L中空容器
海伦塑料制品厂	纺织土工布
哈尔滨绿环公司	降解餐盒
哈尔滨市塑料九厂	气垫膜
鸡西美成集团	阳光板材

【存在的问题】

我省塑料加工业是1956年起步的，“六五”虽经过近十几年来技术改造和技术引进，有了很大的发展，但仍存在一些问题：

一是技术装备水平落后，跟不上发展的新形势，现有企业形不成规模生产，形不成拳头，缺乏竞争力。

二是现有产品结构不合理，中低档制品多，竞争激烈，经济效益不理想，缺乏宏观调控手段，出现一哄而上，一哄而下盲目发展的局面，造成很大浪费，也失去了抢占市场的时机。

三是原材料产需矛盾突出，主要是专用料跟不上发展。有的共混料掺混使假的多，质量不稳定。

四是管理失控，行业发展规划实施困难，部分产品盲目投资、重复建设，造成不小的损失。

【发展趋势】

指导思想：以质量、品种、效益为中心，以发展农用产品为重点，加速技术改造、开发高、精、尖、新、少、稀的高附加值产品为突破口。加大深化改革步伐。使塑料制品行业走向持续健康发展的轨道。

今后发展总的趋势：除扩大原有产品外，技术上不断向纳米技术、纳米材料上发展。其产品向轻量化、复合化、功能化方向发展。因地制宜，我省仍以农用塑料制品为主导，发展功能膜、有色膜、节水灌溉制品、有利牲畜、家禽生长高光功能材料等。建材装饰产品，向高科技、高附加值的工程塑料制品及复合产品发展，如石化、电力、煤气、供热、供水、排水等领域的保温材料，为减少环境污染开发降解塑料和节资节能产品等。产品规模化，赶超先进水平是企业生存和发展关键。

（黑龙江省塑料工业协会　关亚芹）

上　海　市

【合成材料制造业】

1. 合成材料制造业现状

2000年上海合成材料制造业有独立核算工业企业136户，年末从业人员25197人，工业总产值（当年价格）87.1890亿元，销售产值（当年价格）87.7901亿元，产销率94.07%，销售收入92.6388亿元，产品销售利润12.9900亿元，实现利税6.6920亿元，其中利润3.2020亿元，人均利税26558元，合成树脂及塑料总产量1045.8kt，其中：通用塑料（PE、PP、PVC、PS系列产品）总产量912.6kt，总产值（现行价）59.4262亿元，销售收入59.0926亿元，利税总额8.4885亿元，职工4510人，人均创利税188215元，工程塑料及功能高分子材料（PA、PET、PC、POM、PI、PF、塑料合金等）总产量31.4kt，总产值（现行价）5.6645亿元，销售收入5.6878亿元，利税8088万元，职工2390人，人均利税33841元．热固性树脂及塑料（酚醛、尿醛等）总产量19.9kt，总产值（现行价）1.4236亿元，销售收入1.3969亿元，利税总额736万元，职工981人，人均利税7502元。其他合成树脂与塑料（环氧树脂、不饱和聚酯树脂、离子交换树脂、有机硅、赛璐珞、纤维素塑料、聚醚树脂，聚甲基丙烯酸甲酯等）总产量81kt。

经过10多年的建设，通过引进、消化、吸收、创新，上海通用塑料生产已经有了相当基础，质量、品种、品牌的开发取得了很大进展。如上海石油化工股份有限公司生产的Q200薄膜料、涂覆专用料、棚膜专用料、BOPP专用料、非膜级无规共聚透明聚丙烯专用料、可漆性聚丙烯汽车保险杠专用料等先后获得国家新产品奖和国家新产品证书。上海氯碱化工股份有限公司生产的PVC树脂（其中M－1000医用级聚氯乙烯树脂获2000年上海市优秀产品奖），上海高桥石油化工公司生产的EPS，上海金菲塑料有限公司生产的高密度聚乙烯等在国内均处于领先地位，达到或部分达到国际同类产品的先进水平。当前存在的主要问题是：生产装置规模小、技术经济指标低、综合能耗高，七、八十年代引进的技术在国际上已属一般。品种单一、专用牌号少。以PVC树脂为例，国外许多生产PVC树脂的公司通过调整聚合反应体系和工艺条件，生产出不同牌号的树脂，改善了树脂使用性能，使通用树脂专用化，PVC树脂达到2000多种（包括粒料），西欧有800种，日本600种，美国300种，此外还发展了多种用途的混合料和系列专用料。

上海本是我国工程塑料及功能高分子材料制造业的开发基地，一些主要的工程塑料与功能高分子如尼龙1010、聚甲醛、聚碳酸酯、聚酯、聚酰亚胺、氟塑料、聚砜等都是上海率先开发生产并推广应用的，近年来由于投入少、装置小，工艺技术停滞不前，在与进口产品的竞争中处于下风，目前除氟塑料、尼龙尚有一线生机外，总体上生产萎缩，产量滑坡，许多国营老厂每况愈下，已处于接近全面退出市场的边缘。塑料合金、改性树脂的开发与应用（接枝、嵌段、无规共聚、辐射交联、共混、增韧、增强、填充、复合等）还处于初级阶段，品种、质量、价格、服务等都不能满足市场需求，汽车、家电、通讯等领域用料仍需大量进口。

2. “十五”期间发展趋势

根据现有规划，上海“十五”期间合成树脂与塑料工业将上一个新台阶。上海化学工业区大型乙烯项目、上海石油化工股份公司四期乙烯扩建项目、华谊集团吴泾化工基地项目建成投产以后将使上海的聚乙烯、聚丙烯、聚氯乙烯、聚苯乙烯、ABS、聚碳酸酯、聚甲醛、TDI、MDI等通用塑料、工程塑料、特种高分子材料的生产能力在现有1Mt的基础上增两倍，接近3Mt。由于这些装置规模大，技术先进，生产一体化，资源循环利用、流程合理，产品质量、品种、成本均有较强的竞争力，是上海新世纪塑料工业的希望所在。但我们应该看到当今全球塑料工业的整体发展趋势，跨国公司塑料产业的重组、合并及收购现象在不断进行。如巴斯夫和壳牌的聚烯烃合并重组为Basell；BP.Amoco和Arco公司与苏威集团的联合；陶氏和Union carbide的合并；Totalfina和埃尔夫；雪佛龙与菲利浦的合并计划；加上三菱化工，Shopwa Denko、Tonen化工与日本石化就聚乙烯领域合并以及PVC标准塑料工业、热熔塑料产业内的互运协议和第一批合资生产企业的出现，都说明该领域内的集中化也正在进行。生产商希望此行业在全球的竞争最终能压缩至只在少数几家公司之间进行。因此像上海化学工业区世界级合资项目，外商独资项目也只能是跨国公司全球化塑料工业中的一个部分。为此上海应当全面把握住我国加入WTO以后对合成树脂、塑料工业的发展机遇与挑战，加快技术进步，使引进有利于促进自主开发，有利于建立企业为主体的科技创新体系，加大公司、高校和科研院所在聚合工程、新材料和工程化学等领域的合作力度，特别在通用塑料品种上的专用化、工程化、功能化、商品化方面很下功夫，当前可重点开发的有各种包装塑料基材专用料。如BOPP、CPP；各种建筑塑料专用料，如塑料门窗专用料，高强度大口径U-PVC管道专用料；供水、燃气输配系统用聚乙烯管道专用料；PE热水管专用料；Ⅲ型聚丙烯专用料；各种家用电器；电子元件专用料；如高熔指洗衣机内桶料；高体积电阻PVC、PE电缆基料等。进一步优化产业结构，壮大发展规模，尽快融入国际市场，参与国际竞争。

近年的“转制”和“改制”，使国有企业基本上退出了工程塑料、塑料合金、改性塑料及热固性酚醛、氨基树脂等领域。目前尼龙生产规模虽不大，但一些新的技术和工艺正在研制开发，如有突破，则另有一番生机；上海塑料合金和改性树脂生产企业规模在5kt/a以上的有4~5家，其所有制成分为股份制、民营和三资等多种形式，经营业绩大部分较好，个别平平。从发展前景来看，汽车、电子工业对塑料合金、改性树脂的需求量十分巨大，但许多大企业倾向通过全球网络采购其所需的产品，若要作为网络的合作伙伴，能在全球市场中占有一席，还需拥有足够的工程资源和承接来样加工的发展能力，上海现有的企业，目前还达不到上述要求，应高瞻远瞩，顺应潮流，积极应对；上海现有一大批民营、村办（个人承包）企业生产酚醛、氨基等热固性树脂及玻璃钢，由于转制等原因，产量有所回升，但这些产品技术含量低，劳动力密集，对环境有一定的污染，故不应作为上海发展的主导产品。

【塑料制品业】

1. 塑料制品业现状

2000年上海塑料制品业有独立核算工业企业1101户，年末从业人员86974人，工业总产值（当年价格）160.2159亿元，销售产值（当年价格）157.7558亿元，产销率96.61%，销售收入157.5171亿元，（其中：薄膜制造业21.3685亿元，板管棒制造业18.8760亿元，丝、绳、编织品制造业8.3880亿元，人造革、合成革、泡沫塑料制造业14.7481亿元，塑料包、箱、容器制造业19.6828亿元，塑料鞋制造业2.3280亿元，日用塑料杂品制造业10.3783亿元，塑料零件制造业19.7841亿元，其他塑料制造业41.9634亿元），产品销售利润19.9811亿元，实现利税14.2368亿元，其中利润8.6390亿元。

进入90年代以来，在国家改革开放政策的推动下，上海塑料制品加工业有了高速的发展，塑料加工企业从600多个发展到1100多个，产量从20多万吨发展到上百万吨。一些骨干企业通过资产重组，引进外资，发挥了多元化经济的集团优势，先后引进了一大批大型先进的技术装备，拓展了高新产品市场，使塑料制品加工工业水平上了一个新台阶。如上海金浦塑料包装材料有限公司投资2997万美元建成的14kt/a BOPP生产线，是国内同类产品最大的装置之一，可生产本色膜、真空镀铝膜、珠光膜、亚光膜、胶带膜、香烟膜等多种产品。上海紫东化工塑料有限公司投资2998万美元，引进三菱重工高中档聚酯薄膜生产线（BOPET），年产10kt，主生产线工作区域达到100000级净化标准，整个生产经营过程均按ISO 9002质量管理体系起步运行，保证了产品质量的稳定性。上海紫藤包装材料有限公司，投资1000万美元，引进国内最大聚丙烯三层共挤流延膜（CPP）生产线，年产量6kt，有热封型、镀铝型、蒸煮型等，性能与质量已达到进口同类膜水平。上海达凯塑胶有限公司投资2000万美元，引进90年代世界一流全电脑控制五辊压延生产流水线及VKW公司软件，生产聚氯乙烯（PVC）IC卡、有价卡基材、高档透明片、高档印刷片、文具用片材，产品质量达到德国DIN标准，超过日本、中国台湾省同类产品。上海开捷门窗有限公司投资4亿人民币，从德国、奥地利引进具有90年代国际先进水平的PVC型材挤出生产线及门窗装配生产线，全自动电脑控制，可高质量，高效率的完成挤出、切割、铣孔、四角焊接、内外清角、清除焊渣等工序。一期、二期工程20kt $220\times10^4m^2$ 塑钢门窗的生产能力已建成投产，型材性能达到德国DIN 7748—82《硬质聚氯乙烯异型材》标准。上海皇家房屋建设系统有限公司是加拿大皇家集团技术有限公司的独资子公司，首期工程投入3100万美元，全部设备与技术由加拿大直接引进，生产塑钢门窗及建筑系统(RBS)，通过模组化设计理念把房屋所有构件，经过精确设计和工厂化生产，在施工现场结合混凝土灌注成型，使造房子不再使用砖瓦木石。上海华德塑料制品有限公司，投资2250万马克，引进德国系列电脑精密注塑设备，生产自行车反光器、道路诱导反射器、道路反光轮廓标等产品，其中自行车反光器是国内唯一达到美国CPSC和英国BS6102—2标准的产品。汽车塑料配套件是该公司生产的另一大类产品，获得上海市人民政府轿车国产化协调办公室颁发的一等奖，目前是上海大众汽车公司（桑塔纳）A级供应商，企业经济效益显著。此外，上海近几年建成投产且技术含量较高的塑料制品还有PVC芯层发泡管、大型PVC特种硬管、铝塑复合热水管、一步法硅烷交联PE热水管、Ⅲ型聚丙烯（PPR）热水管、5gal PC饮用纯水桶（注、拉、吹）、200L全塑桶、PVC、PE铝塑板、PC（中空）透明阳光板等等。目前上海塑料制品加工能力已超过1Mt，经有关专家评估，其中包装用塑料制品（膜、片、带、袋、衬填防震、捆扎、中空容器等）约占30%，建筑用塑料制品（管材、型材、铺地材料、装饰材料、防水材料、保温隔热材料、轻型墙体材料等）约占20%，工业配套件塑料制品（白色家用电器、黑色家用电器、电子产品、汽车、通讯、电线、电缆、国防工业等）约占23%，农用塑料制品（农膜、地膜、棚膜、灌溉排水、农田设施、渔业、牧业、林业、水利工程等）约占5%，日用塑料制品（鞋类、箱包、家具、玩具、餐具、文具、洁具、桶、盆、箱、盒、架等）约占15%，其他约占7%。当前存在的主要问题：经历了这些年塑料制品加工业的大发展，在一些新兴企业脱颖而出的同时，有一大批国营、集体的中小企业，在激烈的市场竞争中困难重重，难以为继。还有一批企业在近年产品结构调整过程中缺乏对市场的深入调查，对行业总体情况又不甚了解，投资决策失误，引进项目失败，陷入了严重的债务危机之中。由于塑料应用面广，配套性强，市场容纳量巨大，上制品加工项目资金投入少，流程短，工艺简单，劳动密集，效益明显等特点，吸引了不少东南亚国家及港、台地区的中小企业来上海投资设厂，加上乡镇企业、民营企业的投资设厂。重复建设、重复生产、重复引进的问题相当突出，如上海地区建筑用UPVC排水管、UPVC塑钢门窗。1993年行业调查时，产量只有几百吨，上海市场的需求基本上来自江苏、浙江邻近地区。时隔七年，上海先后发展了近百家生产相同产品，年生产能力达200kt，三倍于上海市场需求的企业，目前开工严重不足。再如，5galPC饮用纯水桶，前几年一下子上了30多条生产线，投资近2亿人民币，生产能力超过1000万只，由于供大于求，出现竞相削价，由90元/只，削价到30元/只，为了降低成本，有些企业不得不多掺回料，不仅影响质量，效益也大幅度滑坡。

2. 塑料制品业发展趋势

上海塑料制品工业在经历了十多年持续高速发展，产品品种显著增加，为国民经济和社会服务的能力大大增强，技术、装备水平大大提高以后，在我们加入WTO以后，有必要进行冷静的深层次的反思。上海作为塑料制品工业的老基地，作为全国科技、经济的中心城市，塑料制品不仅与世界发达国家有明显的差距，而且，在国内也没有处于领先的地位。主要表现为市场竞争能力一般，企业经济效益低下。上海有1000多家塑料加工企业，8万多名在职职工，努力发展塑料制品工业是有关国计民生的大事。为尽快赶、超国内先进水平，缩小与发达国家的先进水平，上海塑料制品工业应考虑以下发展思路。

(1) 继续调整企业结构，促进塑料制品行业新发展

上海塑料制品行业大多为中小型企业，其资产结构、组织结构、产品结构、装备水平、市场营销能力，均存在较大的问题。目前，很多中小企业处境困难、亏损有增无减。近年引进大型、先进技术装备的企业，企业结构、产品结构有的也很不合理，很多是一个企业一条线，或同水平的重复引进，其产品的生命期有限。目前的出路是采取兼并、联合、拍卖和实行股份制改造，增加非国有经济成分，发展多元化经济企业等企业结构调整措施。在实施中可以根据塑料制品的结构分类指导：对塑料包装基材、建筑塑料中的管材、型材等适合大规模集约经营的产品应引导实行股份制改造，通过兼并、收购、联合等方针组成大的企业集团，使之能成为按现代企业制度运行，具有自我完善自身机制和结构能力，推进高新技术发展，不断实施技术改造，迅速扩大生产规模，达到年产100kt以上，充满活力的骨干企业；对汽车、通讯、家用电器、电子元件等工业配套件塑料制品企业，可

以通过竞争、招标等比较规范的做法，逐步建立相对稳定的专业化供求网络系统。具体的做法是：选择一批基础条件比较好的塑料制品企业，通过参资、入股等方法，实行多元化经济改造，在这些企业中，要把积极推行 ISO 9000 族标准和采用先进国家的技术与产品标准，尽快地实行产品质量和管理与国际接轨，作为突出的重点来抓；对属于市场调节的一般日用塑料制品，可以通过增加非国有经济成分或出售给职工或私人，使其运作更贴近市场。

(2) 加强产品结构调整

主要方向是提高现有产品的质量与档次，同时采用国内外先进的科技成果、先进的加工技术和先进的加工装备，开发出一大批新的产品

今后几年，上海塑料包装发展重点有 (1) 高阻隔性材料。开发适宜于食品、饮料包装以及提高其保鲜功能，延长货架寿命的包装材料，如在 PP、PA、PET 膜上涂覆 PVDC；含有 EVOH、PVDC、PVA 的复合膜、蒸煮膜、氟化聚烯烃容器等。(2) 耐热性塑料包装材料，开发适应蒸煮包装、微波炉加热包装制品，PET、PA/Al/PE、PP 多层复合薄膜；开发无机物填充 PP、CPET 片材，PET/纸板复合材料。(3) 功能保鲜包装材料。选择透气性树脂的共混型、吸水性树脂型、乙烯吸收型及多层复合型等包装材料。(4) 无菌和抗菌性、水溶性 (PVA) 等健康型包装材料 (5) 导电性（抗静电）包装材料。开发含碳性（碳墨、碳纤维、石墨）、含金属性（金属粉末、金属氧化物、金属碎化、金属纤维）等包装材料。(6) 复合基材。开发双向拉伸高密度聚乙烯薄膜 (BOPE)，使膜的透明性更高，可与各种材料进行显法复合，能在低温状态下热封。(7) 异型、热灌装、多层共挤型中空容器的开发。(8) 聚烯烃发泡衬填包装材料等。

上海建筑用塑料制品的发展重点：(1) 塑料门窗。针对华东及南方沿海地区台风多、降雨量大的气候特点和这些地区经济比较发达，高层建筑的使用特点，开发高强度和高水密性的外门窗，特别是推拉窗，改进型材断面结构，进一步提高推拉窗的密封性、隔音性能，研究解决保温窗双玻璃在长期使用不结露和灰，尽快形成门窗安装、型材拼接、零配件和玻璃装配的构造尺寸等标准化、系列化，实行模具的计算机辅助设计 (CAD)，辅助工程 (CAE) 和制造 (CAM)，开发一批功能好、外观好的五金零件。(2) 塑料管道。品种开发的重点为：UPVC 给排水管、PE 城市供水管、PE 城市燃气管、PPR、PE－X 建筑冷热水管和挤出成型钢骨架钢塑复合管；管配件的开发重点：大口径塑料供水管、排水管专用管件、铝塑复合管、交联聚乙烯管专用速接管件、聚乙烯管电熔管件系列。

大力发展技术密集，附加值高的工业配套件塑料制品，是上海塑料制品工业产品结构调整的又一个重要方向。上海汽车、通讯、家用电器、办公自动化机器等塑料配件的需求量已经十分巨大，且与日增长。工业配套件塑料制品人量使用工程塑料，高性能聚合物，聚合物合金，功能高分子材料，纳米复合材料等高科技材料。塑料成型技术的发展趋势是改进传统的成型设备，配置新型的辅助设备，使传统的成型工艺逐步完善，如反应注射成型 (RIM)，增强反应注射成型 (RRIM)，液体注射成型，注射热成型，多组分注射成型，共注射成型，失芯注射成型，气体辅助注射成型，注射结构发泡成型，立式、低压注射结构发泡成型，深拉伸双壁吹膜技术等。特别是计算机技术在成型工艺中的应用 (CAE)，包括提供熔融指数在充模阶段的流动纹理，熔合线，体积收缩，应力松弛，翘曲变形等数学模拟程序，以取得高质量产品的方法已被广泛采纳，从而使工业配套件的生产质量与效益更符合汽车、通讯、家用电器、办公自动化机器等产品的生产要求与方式。

发展工业配套件塑料的生产是一个系统工程，涉及到主机厂的塑料件设计，原材料供应，高性能模具加工，高水准塑料制品专业厂的加工工艺、设备配置、质量保证体系与测试标准、测试手段的建立等等环节。上海有强大的产、学、研体系，有横向联合，协作攻关的优良传统，在市场经济的条件下，充分调动各方面的积极因素，一定能把上海工业配套塑料搞上去，开创上海塑料制品产品结构调整的新局面。

农用塑料制品的发展方向：农业在上海国民经济中所占比例虽然较小，但上海每年生产的农用塑料制品有 50kt，有国家定点的具有一定生产规模和较强技术力量的农膜生产企业数家。上海农用塑料制品应在品种、质量、开发新品方面继续为农业生产作出贡献。针对我国农用覆盖材料棚膜防老化性能较差、使用寿命偏短，普通膜只能越过一个夏季，连续使用只能达到一年以下，而国外防老化寿命可达 3～5 年甚至更长。当前要解决基础树脂的选用问题，采用分子量分布窄，熔体流动速率 0.3～0.7g/10min 的专用树脂，并稳定货源。在助剂的使用方面，除要提高助剂本身的效能外，还要考虑不同助剂配套使用的协同效应。我国防雾滴棚膜的流滴持效期也偏短，国产 PE 双防膜的流滴持效期只有 2～4 个月，PE 多功能复合膜流滴持效期 3～4 个月，EVA 多功能复合膜的流滴持效期也不过 6～8 个月，而日本防雾滴持效期长达 10 年，基本上同防老化膜寿命同步。主要问题是防雾滴剂的功能不全、效能不高、种类及工艺路线单一，今后除研制内添加型外，还应研制表面喷涂型，

并结合防尘工艺，协作攻关目标是流滴持效期达到14~18个月。我国保温棚膜、转光棚膜等功能性棚膜品种少，效率低，不能满足农艺的要求，园艺设施的塑料构件、用具还有待大力开发，总的方向是节约树脂原料，降低农业成本，推动农用塑料制品向优质、高产、高效、低耗的方向发展。

【环境保护】

上海人均塑料消费量已经达到中等发达国家的水平，据有关方面统计，上海废弃塑料已经占到整个城市固体垃圾总量的8%左右，每年达300kt。塑料是一种高分子聚合物，被废弃以后不易降解，几十年、上百年都不腐烂消失。如听之任之，就会造成所谓的“白色污染”，成为一个严重的社会问题。但是我们应该清醒地认识到，废弃塑料造成的环境污染并不是使用塑料的过错，而是我们对废弃塑料污染的防治与管理滞后。所以，不能简单地用行政命令的方式，禁止使用来解决，应采取切实可行的方法加以疏导，变废为宝，走可持续发展的道路才是正确的选择。发达国家对废弃塑料，目前通常采用回收再利用；焚烧转化能量利用；地下掩埋等三种方法处理。当然，这三种方法各有利弊，回收利用有收集、分类、去污、成本等问题；焚烧发电需投入大量资金建设垃圾发电站，且部分塑料在燃烧过程中会产生二噁英破坏臭氧层等问题；掩埋要占用大量场地。当前，比较迫切的问题是，通过立法，使废弃塑料的防治与管理走上规范的道路，其原则应是实行加强管理和生产；销售、使用者自律相结合；回收利用；市场运作和行业管理；部分禁止和产品替代；生产者承担回收义务；全面规划，分步实施。

关于降解塑料：上海自80年代以来，有关科研院所及企业的科技人员，通过不同的技术路线和途径，分别对光降解塑料、生物降解塑料、光－生物双降解塑料，开展了较为广泛的研究，并开发出一些降解制品。近年来，有十多家企业在上海生产降解母粒，降解塑料膜袋制品，降解一次性塑料快餐盒等产品。降解塑料开拓了有效处理废弃塑料的新途径，但目前生产技术和应用技术尚处于探索阶段。对降解塑料的定义、测试和评估还无完善的标准。因此，应持积极又慎重的态度，不宜采用行政手段强制推行、盲目生产。又要投入一定的人力财力，大胆探索创新，以期使降解塑料得以健康、有序的发展。

【若干建议】

(1) 上海塑料工业在国民经济中的地位和作用十分重要。由石油化工带动的塑料制造业将有大量的投入，许多技术、经济、市场方面的重大问题有待作出正确的决策。塑料制品业的情况更为复杂，针对目前的总体情况，一定程度上的破产、兼并、重组是不可避免的。产品升级换代，技术工艺的改造、创新也任重道远。由于塑料企业的分布跨度很大，结构，产品调整不可能在一个集团公司范围内合理的得到解决。因此，建议市经委指定一个部门负责塑料行业规划的实施和进行宏观调控和协调。

(2) 国家经贸委最近以1016号文下发“关于加快培育和发展工商领域协会的若干意见”（试行）的通知，其中对完善和落实协会的职能有17条规定，其中对参与制订行业规划，对行业内重大的技术改造、技术引进、投资与开发项目进行前期论证等都有规定。但由于目前体制改革尚未到位，行业协会还处于相对弱小的地位，能发挥的作用极其有限。建议政府作出具体的，带有一定约束力的授权，使行业协会的工作落到实处。

(3) 塑料助剂是塑料制品工业中最主要的配套用料，大都属精细化工范畴，其消费量通常占制品总量的10%左右，有巨大的市场潜力。建议有关部门在制定“十五”规划时，充分考虑到塑料助剂生产的重要性，促进其加速发展。当前，塑料制品对各类塑料助剂的需求趋势是：①热稳定剂：调整结构，改造铅盐，取缔镉皂，发展稀土，有机锡，复合钙/锌等无毒热稳定产品。②抗氧剂：发展品种，提高性能，使其具有高耐水解，高耐热抗氧活性的结构。③光稳定剂：长寿农膜是光稳定剂的主要市场，用量占77%左右，当前主要是缺乏高效品种，1/3的市场被国外产品瓜分。④阻燃剂：为顺应世界阻燃剂市场低烟雾、低毒性、无害化的发展趋势，应提高磷系阻燃剂，无机阻燃剂的生产与消费比例，开发高效复合阻燃抑烟新品种。⑤抗静电剂：开发高分子量、永久型抗静电剂。⑥加工和抗冲改性剂：我国抗冲改性剂工业目前比较落后，80%是氯化聚乙烯。应重点发展高效能抗冲改性剂产品，热变型改性剂和用于工程热塑性树脂及聚合物合金的专用抗冲改性剂品种。⑦化学发泡剂：主要发展复合或改性发泡剂，聚氯乙烯发泡异型材及耐热ABS和聚碳酸酯等高温发泡制品的发泡剂，开发适应低发泡异型材等制品加工要求的泡沫调节剂。⑧其他助剂：主要有防雾滴剂，成核透明剂，红外线阻隔剂及氟聚合物加工助剂等。

（上海塑料行业协会　张思农）

江　苏　省

【基本情况】

江苏是我国主要的塑料加工工业基地之一，改革开放给江苏的塑料加工工业发展带来了巨大的生机和活力，随着改革开发的不断深入而有了突飞猛进的发展。通过引进国外的先进设备与技术，兴办三资企业，改造了一大批中小企业，涌现了大批的具有新的形象和活力的新企业；产品质量和档次显著提高，产品品种不断的增多，应用领域不断扩大，出口创汇逐年增加，全行业整体水平上了新台阶。

江苏塑料加工工业始于60年代初，是当时的新兴行业。初期的产量仅1200t，1969年产量才超过10kt。1979年，江苏塑料制品总量在全国同行业中率先突破100kt。江苏塑料制品总量曾连续11年位全国居同行业第一，约占全国总产量的十分之一，是中国为数不多的、主要的塑料加工业基地之一。

【企业经营】

全省具有一定规模的企业3300余家，其中销售收入500万元以上的企业800多家。全行业制品生产能力达3Mt，2000年完成生产吨位1.58Mt，实现工业总产值260余亿元，销售收入240亿元；实现利税17亿元，其中利润8.2亿元。连续多年保持13%～15%的递增。

产品的涉及领域从农业，工业品和消费品包装，到建材、汽车、机械、军工、电子通讯 等等；几乎当前国内外塑料界所有的塑料产品都涉及，主要差别在于优级品的比例和高档次产品的覆盖面。从品种上分析，农用薄膜的产量随着宽辐大棚膜的推广应用和长寿无滴膜的新型多功能膜的兴起，无论在品质、档次上还是在总量上都有了显著的提高和增长。工业用膜（包括收缩膜、双向拉伸膜、缠绕膜、内衬膜及食品服装、玩具日用品包装膜等）仍然占薄膜总量的75%以上。板材中的ABS、PS复合板、铝塑复合板、PC板以及为家电、汽车配套的用量逐年上升。编织袋产量仍然保持增长的趋势，在品质上有了很大改善，吨装袋的出口量逐年增长。管材和型材以惊人的速度在发展，已出现五万吨级的厂，出现该类产品对规模效益的要求，但泡沫制品和桶类包装容器的产量增长速度有下降的迹象。

“八五”和“九五”期间，各企业都投入了大量的资金进行技术改造，使整个塑料加工行业从质和量两个方面取得了突飞猛进的发展。全省各类技改项目的成功实施，大大提高了企业新产品的开发能力和市场竞争力，先后开发出一批技术含量高、紧跟市场热点的新产品，如：汽车燃油箱、保险扛、仪表板、大口径管材管件、多功能复合膜和多功能农膜、双向拉伸聚酯、双向拉伸聚丙烯、双向拉伸聚苯乙烯、共挤复合膜、聚碳酸酯板、光导板、铝塑复合板、信用卡基材、装饰广告用材料、防水材料等。为包装、电子、汽车、机械、通讯行业的发展作出了贡献。

随着改革开发的深入发展，技术装备的引进和自身技术开发能力的提高，江苏塑料工业已形成成型工艺齐全、产品品种繁多、生产规模持续趋大、社会效益和经济效益较好的基本格局，成为全省经济发展的重要支柱行业之一，继续保持着在中国塑料界举足轻重的塑料工业基地的地位。

【存在的问题】

在整体水平上升的大趋势下，江苏塑料仍然存在一些共性的问题，主要有：

（1）在原材料来源结构上，仍处于大路货为主的现象，国产原料在品质和品种上不能满足塑料工业发展的需要。尤其是专用牌号原料例如汽车配套件专用料、高绝缘电缆专用料、高速BOPP、CPP、共挤复合吹塑等专用料、高品质聚甲醛、聚碳酸酯、聚偏氯乙烯等原料的供应主要依赖进口，严重影响塑料行业结构的合理调整，制约着塑料工业的发展。

（2）产品结构的不合理性一直困扰着江苏的塑料工业，高精尖产品开发不够足，低水平产品重复交叉，没有一个权威机构能够协调和真正做到适应性调整。

（3）重量级塑料加工企业所占比例不高，除南京中达制膜、常州巨力集团、江阴申龙创业、江苏琼花集团、常州创佳型材、盐城珠花集团、镇江金益集团、连云港中金医药包装、昆山彩华包装、江阴龙山集团、无锡环宇包装、无锡环亚包装、无锡国泰包装、常州光明塑胶、无锡巨龙、苏州富事达等重量级企业以外，大多数塑料加工企业规模不大，原材料消耗和能源消耗偏高，大部分中小企业的经济效益偏低。

【发展趋势】

新型塑料建材和多功能塑料复合包装材料仍将是江苏塑料制品工业的重点发展和快速增长的主要领域；农用塑料不但继续占据重要位置，而且将会随着农业种植结构的优化调整出现新的发展机遇；科技含量高的高附加值的工程塑料、工业配套塑料件及其他改性复合材料的应用领域将不断扩大。重点大类塑料产品如工业配套件、管材、建材、软/硬压延制品、薄膜、片材、及高档包装材料的生产将朝着规模经济的方向发展，为减少对环境的污染，将加大塑料回收利用和降解塑料应用。功能性塑料的开发和研究将是今后的发展重点。

塑料管材的主要发展领域是各种规格（尤其是大口径）、多材质和多种结构的管材管件；燃气管将出现发展的大机遇，将有可能成为热点产品。塑料建材的发展将要超出仅仅是型材的格局，型材也应朝着优化结构的方向发展，增加品种，提高档次。结构发泡材料、轻型墙体、隔断材料将进入活跃期。加强设计和应用的研究是建材产品的发展关键，在发展的过程中必须同步考虑标准化、系列化、适用化、配套化、美感化等新型建材发展的几大要素。

塑料包装材料的发展经历了简单包装、复合包装阶段，现在已进入多功能复合包装阶段。其发展方向应是复合化、多功能化、环保化。按食品药品等包装物的要求开发多功能性包装材料，提供被包装物性能保护功能，延长货物保质保鲜寿命的高阻隔、防渗透包装材料，无菌包装材料，热灌装材料，保味包装材料，耐蒸煮包装材料。水果、蔬菜等的气调环境保鲜包装材料，粮食等储存、运输的防霉防蛀包装材料。

农用塑料的发展重点是果蔬、花卉、经济作物、育苗等用途的长寿、无滴、防雾、高强度、高透明、保温等多功能塑料棚膜及其相关配件制品，除草、防虫等多功能地膜。深入发展农田水利建设用的各类塑料管道、管槽、管件、节水型微灌、渗灌、滴灌以及水利建设中的水渠、大坝建设用土工材料。

工业配套件的开发重点是工程塑料、汽车、家电、电子信息产品的配套件。邮电通讯用新型电缆、穿线管。信息、通讯、机械、国防工业配套的各种科技含量较高、附加值较高的配套产品。汽车工业中的塑料比重将大幅度增长，十年后的汽车塑料件将有一半以上采用复合材料和回收利用材料。航空航天工业技术进步的着眼点之一是减轻自重，高分子复合材料将大有作为，塑料将担当非常重要的角色。电子电器工业的配套将围绕节能省料的方针，对高电磁性能塑料合金、超导电塑料、电磁屏蔽材料、光机能性材料、光学纤维复合材料、新型传感高分子材料、信息处理用各种计录、储存材料、CAD 静电记录膜、微缩用胶片等的需求将急剧上升。

日用塑料制品的发展仍然有着不可估量的前景。关键是设计理念的突破，能否侧重以人为中心，追求现代美学设计观，朝便捷、舒适、适用、经济、美观的方向发展，提高质量和降低成本是这一领域极其重要的行业发展要素。

【对策措施】

一、紧紧抓住机遇，敢于面对挑战，进一步转变观念，理顺体制深化改革

塑料加工工业经历了从计划经济相市场经济转变的历程，企业在从计划经济模式转向市场经济的过程中，遇到许多困难，面临许多问题，为数不少的企业步履艰难，原有的历史烙印影响着企业的发展和管理。因此，解决塑料企业今后发展中的矛盾和问题的根本出路在于真正实现深化改革。不进一步转变思想，就谈不上深化改革，就难以实现经济体制的改革，就难以尽快建立起具有活力的现代企业制度。

二、正确判断市场，自觉调整产品结构

塑料制品企业应根据市场需求调整产品结构，加速发展短线、三高产品，根据不同品种适度掌握产品规模。下决心停掉一批低档产品和长线产品。坚持市场决定生产的导向原则，坚决从数量主导型过渡到质量、品种、出口、效益主导型。并重点抓好一批大型企业、特大型企业、重点企业、明星企业。以名优产品为龙头，以经济效益为中心，以资本投入为纽带，以市场发展为导向，组建具有实力的、复合经济规律的、有利于企业发展的企业集团，实现适应市场需求产品的规模效应。尽快改变老、小、散、差的落后状况。

三、继续坚持大力利用外资、发展外向型经济企业的发展方针

江苏省塑料制品的出口量占总量的比例相对较低，制品技术含量不高。应继续研究国际市场的需求情况，研究国际市场新产品，在提高原有出口产品质量、巩固和扩大原有产品的出口量的同时，重点开发热点产品，重点发展新市场。应鼓励和引导有条件的企业跨出国门，直接参与国际竞争。可将国内渐趋饱和的产品生产移到其他仍然有着较大需求的国家，境外办企业应从输出技术和设备为主。

四、重视产品的技术含量，以新技术促进企业的持续、快速发展

当今世界的经济发展显著特点之一，是技术已成为推动企业发展和经济增长的极其重要的因素，更是企业能得以持续发展的基本要素，技术含量低的产品和企业不可能有持续的生存空间。塑料加工业的技术发展非常迅速，出现了许多新技术新工艺，许多新产品的出现本身就伴随着新技术的开发和应用。企业应格外重视技术工作，应根据自身的条件和发展需要，选择开发研究、综合吸收、引进消化、技术合作、购买软件等各种方式，积极采用高新技术。在引进先进装备的同时注重引进软件和技术。

五、加大技改投入，增强企业后劲，提高企业活力

塑料行业改革开放以来的实践证明，只有选择好的项目，加大合理投入才能迅速上规模和上水平。只有加大投入，才能做到竞争有实力，发展有后劲，才能做到稳步前进，立于不败之地。江苏塑料应通过新一轮技改投入的实施，是全行业的整体实力提高到一个更新的水平，更上一个新台阶。

六、重视人才，吸引人才

实现现代化，人是决定因素。企业和产品的竞争，越来越表现为人才的竞争。为此，江苏塑料界应进一步提高职工队伍的素质，注重职工技术的培训，大力培养和吸引人才。包括管理人才、外向经济人才、中高级技术人才。企业应从制度、分配机制上解放思想，引入激励机制、股份机制，高薪用人才、创造条件留住人才，用好人才，确保技术塑料的持续高速发展。

七、重视行业管理，克服盲目发展

塑料作为一门新兴的材料工业，与传统工业相比，其发展历史不长，但发展速度相当快。新项目的上马已从计划经济式的逐级审批制转向市场经济体制下的市场主导化。企业对项目的实施与否具有绝对的决定权。社会主义市场经济体制下的集体企业投资风险主要由投资单位而非经营者或单位领导承担，对投资项目的可行性研究存在诸多不确定因素和投资项目的目的不明确性。这是上一轮投资热潮中为数不少的项目失败的主要原因，也是造成不少企业效益严重滑坡的不良因素。盲目投资、盲目发展不仅对单位本身造成重大损失，也对金融界构成严重风险威胁，最大的伤害是国家利益的受损。一哄而上，不仅使投资单位在一开始就步履艰难，也对原来生产销售较能维持的单位构成严重威胁。因此，呼吁政府重视行业的管理和协调，尤其是项目的管理方面，要尽可能找出一条可行的审批程序，急需改变目前项目由政府综合部门中不懂项目的人审批项目的状况。

八、应加大力度重视废旧塑料的回收利用工作

(1) 应加强宏观指导与管理，建立切实可行的回收激励机制，建立回收利用体系。

(2) 建议尽快制定有关塑料回收利用的法律法规，规范回收利用的工作，杜绝不良形象的发生。

(3) 从提供条件设立塑料回收利用基金，从税收政策等方面鼓励塑料回收利用工作。

(4) 与治理白色污染工作相结合，加强立法工作，从优化人们的良好消费习惯，提高人的行为素质入手，变废为宝。在找到更经济有效、更有利于环保的新型替代材料成功研制之前，切忌因噎废食。

【设备技术引进】

(1) 苏州氯碱化工集团 PVC 型材挤出生产线 6 条（奥地利泰森公司）。

(2) 江苏华信塑胶有限公司信用卡基材生产线 1 条（意大利鲁道夫公司和 EVC rigid 公司）。

(3) 江苏琼花集团 PVDC 涂布生产线 1 条德国 PAGANDA公司，真空镀铝生产线 1 条（德国莱堡公司）。

(4) 南京金中达制膜公司超宽 CPP 共挤流延生产线 1 条（美国）。

(5) 江阴申达包装集团 6m 宽以上 BOPP 生产线 1 条，德国布鲁克钠公司 8m 宽以上 BOPP 生产线 1 条（日本三铃总工）。

(6) 常州创佳型材有限公司 PVC 型材生产线 24 条（奥地利泰森公司）。

(7) 江阴华士公司电缆料生产线 1 条（德国 WP 公司）。

(8) 昆山彩华包装有限公司 7 层共挤吹膜生产线 2 条（加拿大 BE 公司）；5 层共挤吹塑生产线 1 条（加拿大 BE 公司）。

(9) 苏州工业园嘉合有限公司 7 层共挤吹塑生产线 3 条（加拿大 BE 公司）。

(10) 扬州塑料一厂五层共挤流延生产线 1 条（奥地利兰精公司）。

(11) 连云港华东铝塑包装公司五层共挤流延生产线 1 条（德国 ER/WE/PA）。

(12) 中金医药包装公司 共挤复合生产线 1 条（日本富士公司）；凹版印刷生产线 1 条 CERRUTTI；柔版印刷生产线 1 条（日本 AISOMA）。

(13) 常州光明塑胶有限公司 BOPS 生产线 1 条（德国布鲁克纳）；五层共挤流延生产线 1 条（意大利 COLINS）；真空镀铝生产线 1 条（英国通用真空公司）。

(14) 镇江四达塑胶有限公司 BOPS 生产线 1 条（美国玛歇尔公司）。

(15) 江阴龙山集团超宽软质 PVC 压延线 1 条（台湾省）。

(16) 江阴华诚塑胶有限公司 PVC 压延人造革生产线 1 条（台湾省鑫昌公司）；小五辊压延生产线 1 条（台湾省鑫昌公司）。

(17) 昆山翔峰塑胶有限公司人造革压延生产线 2 条（台湾省翔工机械）。

（江苏省塑料公司　韦　华）

浙　江　省

【基本情况】

浙江省塑料加工业始于 1958 年，至今已有 40 多年的历史。

40 多年来，特别是改革开放的 20 多年来，取得了突飞猛进的发展，加工工艺和技术水平不断提高，产品质量和档次相应提高，应用领域不断扩大，为农业、包装、电子电讯、汽车、建筑、机械、军工等相关工业的发展作出了积极贡献。目前全省塑料制品产量和销售收入均列全国第二位，其中塑料编织袋、各种包装材料、鞋类、板片材等制品名列全前茅。

全省有乡及乡以上塑料制品加工企业近3000家，其中膜类加工企业230家；板、管、型材加工企业230家，丝编织制品加工企业500余家，包装箱及中空容器生产企业150余家，人造革、日用制品生产企业500家，零部件生产企业487家，其他900余家，职工约17万人左右，个体和家庭式加工厂数万家。

在以上的3000余家企业中，国营企业从原来10家通过改制已减为3~5家，合资、独资企业约50余家，集体企业减为1115家（其中60%已改制为股份公司和责任有限公司），其余均为私营和个体企业。

全行业的制品生产能力达3.8Mt，2000年制品产量达3Mt以上，销售额达455亿元，产值440余亿元。

在“八五”、“九五”期间，通过技术改造，引进了一批具有80年代末和90年代初世界先进水平的塑料成型加工设备，使行业整体水平有了显著的提高，涌现出了一批优势产品，如软包装制品、BOPP膜、多层PP流延膜、食品及药品包装用硬片、PVC管材及管件、纺织用塑料沙管、编织袋、电力电缆及通讯电缆用护套料等产品，这些产品在国内也具有领先地位。

浙江省塑料制品加工业通过“九五”期间产品结构的调整，使全行业实现了快速稳步发展，产品结构发生了明显变化，应用范围不断扩大，其主要成绩为：

（1）按684家被统计的企业统计工业总产值从1995年的141.58亿元增到2000年的268亿元，年均增长13.6%。全行业创利税从1995年的7.35亿元增至2000年的18.41亿元，其中利润从1995年1.82亿元增至2000年的8.37亿元。

全行业的全员劳动生产率从1995的10.81万元/人上升到2000年的19.31万元/人。

（2）全行业塑料制品总产量从1995年的1.12Mt上升到2000年的3Mt，年均增长21.2%。其中农地膜从1995年的28.7kt上升到2000年的54.1kt，年均增长13.5%；包装塑料制品从1995年的400kt增至2000年的750kt；年均增长11.37%；工业用各种塑料制品从1995年的300kt增至2000年的490kt，年均增长11.1%；建筑及装饰用各类塑料从1995年的40kt增至2000年的330kt，年均增长52.3%；日用塑料制品从1995年的163kt增至2000年的460kt，年均增长23%；废塑料再生制品从1995年的72kt增至2000年的263kt，年均增长29.7%。

（3）全行业的固定资产净值从1995年的42.75亿元上升到2000年的76.6亿元。年均增长12.35%。

据不完全统计全省塑料制品加工业“九五”期间固定资产实际投资额48亿元，其中用于技术改造投资28亿元，用汇2.42亿美元以上，引进各类塑料加工设备148余台（套），使一批企业的技术工艺装备水平有了较大的提高。

（4）企业基础管理工作不断加强。随着我省塑料制品加工业的飞速发展，企业的基础管理工作不断加强和提高，加快了与国际现代化水平接轨的步伐，浙江永高塑业发展有限公司、浙江三友集团集团公司等30余个企业先后通过了ISO 9000质量体系认证。

（5）全行业对外合资合作和引进工作取得了一定成效。“九五”期间，全行业累计引进外资1.1亿美元以上，创办合资、独资企业54家。

通过引进外资和兴办合资企业，有力地促进了我省塑料作品加工业技术水平的进一步提高，扩大了我省塑料制品的出口，推动了我省塑料制品加工业的发展步伐。

（6）全行业的产品结构发生了明显改变，应用范围逐步扩大，竞争力显著提高。90年代以来，由于加快了技术改造的步伐，大大提高了全省塑料制品的技术含量，使各类塑料包装制品、工业制品、农用塑料、化学建材和日用塑料制品的应用领域不断扩大。包装制品重点发展了双向拉伸薄膜及片材、真空镀铝薄膜、PVDC肠衣膜等。

【企业经营】

2000年全行业年产品销售收入在500万元以上的企业共有856家，完成工业总产值268亿元，比上年增长19.3%；实现工业增加值50.5亿元，增长17.8%；完成塑料制品总产量153.9万吨，增长17.2%；产品销售收入225.8亿元，增长24.8%；实现利税20.0亿元，增长23.6%，其中利润10.8亿元，增长26.5%；企业亏损面为11.3%，略高于上年的9.2%；亏损企业的亏损总额为9033.6万元，比上年增加547.6万元。主要特点是：

1. 大中型企业发展形势喜人

2000年，我省塑料制品加工业中一部分大中型企业不断增强市场应变能力，加大技改投入，努力调整产品结构，取得了显著的成效。据统计，浙江大东南塑胶集团公司、浙江永高塑业发展有限公司、浙江瑞安华滨包装材料厂、海宁长海包装印刷有限公司、浙江永庆塑胶股份有限公司、浙江众大塑料有限公司、浙江三友集团有限公司、浙江富天集团、浙江华泰塑胶股份有限公司、浙江远翅塑料有限公司、慈溪翔龙实业总公司等21家企业2000年完成塑料制品产量170kt，实现工业总产值34亿元（1990年不变价），利税3.1亿元，其中利润1.9亿元。这些企业对行业具有较大的支撑作用，是促进行业稳步发展的骨干力量。2000年塑料行业主要经济指标完成情况及制品产量位计见表1、表2。

2. 加强企业管理 提高产品质量

2000年，全行业加强企业管理，紧紧把握“质量为本”的宗旨，积极推进ISO9000系列质量认证工作，目前全行业已有40家企业通过了ISO9000系列质量认证。浙江富天集团、浙江万马集团公司严格执行ISO9000标准，加强管理，狠抓产品质量，使企业产品质量稳步提高，市场覆盖率不断扩大，受到了用户的好评，上述二家企业生产的“富天牌”通信电缆用PE护套料、“万马牌”交联电缆用PE绝缘料2000年被省政府授予“浙江名牌”称号。浙江三友集团有限公司努力加强企业内部管理，把提高产品质量作为开拓市场的重要手段，使塑料纱管的产量和质量始终保持全国第一的位置。该公司2000年完成塑料制品产量2079t，实现工业总产值1.75亿元，利税1503万元，利润410万元。

3. 加速技改步伐 增强企业发展后劲

全行业加大技改投入，努力调整产品结构，取得了明显的社会和经济效益。

据统计，2000年全省856家年产品销售收入在500万元以上的企业固定资产投资总额为16.8亿元，比上年增长18.2%，其中用于技术改造投入9.4亿元，增长35.9%，全行业列入省级新产品开发项目60项，当年完成鉴定的项目20项。浙江永庆塑胶股份有限公司加快技改步伐，投资1000万元购置聚烯烃万通板、PVC宽幅软板及PE板材生产线，现已竣工投产，并取得了较好的经济效益。该公司2000年完成塑料制品总产量10083t，工业总产值1.0亿元，实现利税1065万元，其中利润678万元，取得了较好的社会效益和经济效益，是目前省内最大的塑料板材生产企业。浙江永高塑业发展有限公司通过技术进步和技术改造，努力开发建筑用塑料制品，逐步建立了U-PVC给、排水管材及管件；电工管材及配件；U-PVC型材及塑钢门窗、PVC芯层发泡管材、PVC球阀、PP-R管材及管件生产线，2000年共开发新产品10余个，其中各类管件规格品种特别齐全，深受用户欢迎，2000年该公司完成塑料制品总产量23792k，产值2.1亿元，实现利税2412万元，其中利润1600万元，是目前省内建筑用塑料制品品种和规模最大的企业，也是国内建筑用塑料管件产量和规模最大的企业。

4. 塑料包装材料发展迅速

塑料包装材料是我省塑料制品加工业中发展速度较快的产品之一。进入90年代，特别是“九五”以来，随着国民经济的不断发展，包装材料日新月异，应用领域不断扩大，从而加速了塑料包装材料的发展。2000年全省有塑料包装材料生产企业200余家，塑料包装材料总产量约560kt，主要品种有编织袋、网眼袋、食品及药品用PVC硬片、PE薄膜、PP薄膜、PVC薄膜、PP共挤流延膜、BOPP薄膜、BOPET薄膜、BOPS片材、真空镀铝膜、PVDC肠衣膜、PVDC涂覆膜、各种复合软包装膜、PP共挤片、PET共挤片、多层PP热收缩薄膜、蒸煮薄膜及各类中空包装容器等。由于许多塑料包装材料具有高阻透、无毒、抗老化、强度高等特点，所以满足了相关行业的需求。目前温州地区已成为全国最大的塑料编织袋生产基地，拥有各种规格的圆筒织机12000多台，年产各类塑料编织袋80多亿条，占全国塑料编织袋年产量的2/3；宁波五洲包装有限公司年产14kt的BOPET生产线是目前亚洲最大的BOPET生产线；BOPS片材生产线国内共有7条，其中3条生产线分布在我省的嘉兴、宁波地区，年生产能力达26kt，居全国首位。

海宁长海包装有限公司努力开发适应市场需要的塑料包装材料，使企业产品出现了供不应求的局面。2000年该公司完成塑料制品产量6375t，产值2.9亿元，实现利税2309万元，其中利润1773万元。浙江大东南塑胶集团公司是省内最大的塑料包装材料生产企业，也是国内生产塑料包装材料的大型企业之一，年生产能力达55kt，2000年该公司塑料包装材料产量达46398t，实现工业总产值106108万元，利税12236万元，其中利润7855万元，居全行业榜首。

【设备技术引进】

据统计，856家年产品销售收入在500万元以上的企业拥有固定资产净值达64.96亿元，2000年全行业固定资产实际投入额为12.5亿元，引进大型BOPP生产线3条，生产能力达到40kt，大型PVC压延生产线6条，能力达42kt，PU/PVC人造革、合成革生产线达6余条，能力达35kt，CPP流延膜生产线2余条，生产能力达6kt以上，三层共挤热收缩膜生产线3条，管材、异型生产线4条，新增能力25kt。此外，新增国产500~10000g以上的大型注塑成型机250余台，挤出管材异型材30余条，挤出、吹塑工艺和技术水平的提高，使得塑料制品的质量不断提高，应用面不断扩大，竞争力显著提高。

表 1 2000 年塑料行业主要经济指标完成情况

项目	单位	2000 年实际	1999 年实际
企业单位数（列入统计的单位）	个	856	838
其中：亏损企业	个	97	77
产品销售收入	万元	2 258 213.6	1 809 466
利税总额	万元	2 00 306.3	162 006.9
其中：利润	万元	107 634.4	85 078.5
亏损企业亏损额	万元	9 033.6	8 486
固定资产投资总额	万元	168 369.8	142 443.5
其中用于技术改造	万元	94 068.7	69 209.7
工业总产值（现价）	万元	2 399 793.6	1 948 799.9
工业总产值（90 不变价）	万元	2 679 580.8	2 246 254.5
工业增加值	万元	505 221.1	428 826.6
从业人数	人	128 106	115 179

表 2 2000 年塑料行业制品产量统计（864 家企业）

产品名称	2000 年产量/t	产品名称	2000 年产量/t
塑料制品总计	1 538 616.75	塑料合成革	46 244.00
总计中：塑料薄膜	176 540.93	泡沫塑料	29 902.37
其中：农用薄膜	26 052.36	塑料包装箱及容器	62 115.55
塑料板片材	63 588.79	塑料鞋	8 995.13
塑料棒、管材	94 629.85	日用塑料制品	246 739.85
塑料丝及编织制品	301 702.65	其他塑料制品	435 972.28
塑料人造革	72 185.35		

【重点企业】

序号	企业名称	主要产品	生产能力/t	产量/t	产值/万元
1	浙江大东南塑胶集团公司	BOPP 膜、CPP 膜、注塑制品等	50 000	46 398	108 108.00
2	浙江华泰塑胶股份有限公司	PVC 压延膜	25 000	15 464	13 924.00
3	浙江省富天集团有限公司	电缆用护套料	20 000	10 731	11 341.00
4	浙江远翅塑料有限公司	汽车塑料配件等	10 000	1 635	9 300.00
5	杭州市塑料工业有限公司	PVC 压延膜片、聚四氟乙烯制品等	7 068	6 640	13 305.00
6	温州光华塑料企业集团公司	软包装塑料制品	8 380	3 884	8 407.00
7	海宁长海包装印刷有限公司	复合软包装塑料制品	7 300	6 375	29 103.00
8	浙江永庆塑胶股份有限公司	PVC、HDPE、PP 板、管	20 000	10 083	10 441.00
9	杭州紫江包装有限公司	PET 瓶	3 000	2 590	7 459.00
10	杭州万里塑料制品总厂	注塑料制品及吹塑制品	2 600	2 665	3 192.24
11	数源科技注塑模具分公司	注塑料制品	2 500	1 100	2 577.36
12	杭州新光塑料有限公司	挤吹塑料制品，农膜	17 500	9 163	8 658.00

续表

序号	企业名称	主要产品	生产能力/t	产量/t	产值/万元
13	浙江华江塑料有限公司	挤出发泡，复合制品	4 500	3 789	5 065.00
14	杭州市包装工业公司	复合软包装制品	7 400	4 103	10 781.00
15	宁波塑料厂	吹塑制品	12 000	6 316	5 040.00
16	宁波亨润甬米人造革有限公司	PVC/PU 合成革	8 200	4 210	7 200.00
17	瑞安市电线电缆材料实业公司	PVC 电缆料	10 000	4 435	2 883.00
18	瑞安东威塑胶有限公司	PVC 压延膜	13 000	5 080	4 574.00
19	温州渔网厂	尼龙渔网	1 300	1 308	5 010.00
20	温州光华塑料企业集团公司	复合软包装制品	6 000	3 884	8 407.00
21	瑞安市塑料三厂	PVC 人造革	5 000	3 000	2 487.00
22	温州薄膜厂	农用薄膜等	7 000	2 409	1 879.00
23	浙江省嵊州市塑料厂	农用塑料遮阳网	4 600	1 884	3 245.00
24	黄岩永高塑业发展有限公司	PVC 异型材，管材及管件	50 000	23 792	20 934.00
25	海宁海松塑胶有限责任公司	PVC 压延膜及防雨布	20 000	11 234	37 133.00
26	湖州新大林橡塑制品有限公司	EVA/PE 改性泡沫塑料片等	2 000	1 770	2 340.00
27	湖州第二塑料厂	挤出及注塑制品	2 800	2 355	35 970.43
28	浙江华昌塑胶有限公司	PVC 人造革	8 000	6 336	5 795.00
29	浙江东阳塑料工业有限公司	PET 片材，钙塑瓦楞板	7 000	5 591	9 333.40
30	衢州原野塑胶制品有限公司	农膜等	16 540	2 660	2 419.00
31	浙江三友集团有限公司	塑料纱管	4 500	2 079	17 574.00

【塑料制品进出口】

全省塑料制品的出口情况呈现良好的势头，据不完全统计2000年完成出口交货值达28.51亿元，主要出口的产品有：各种塑料薄膜、编织制品、鞋类、PP无纺布、塑料衣架、注塑制品、垃圾袋、板、软包装、PVC玩具膜、PVC泡沫塑料鞋片、PVC硬片及PVC圣诞树叶片、BOPP膜、瓦楞板、塑料纱管等。其中出口交货值达1000万元以上的有杭州塑料工业有限公司的PVC硬片、浙江大东南塑胶集团公司的CPP、BOPP薄膜、东阳塑料工业公司的瓦楞板、PP板、海宁长海包装有限公司的软包装制品等。

【外资利用】

全行业对外合资合作和引进工作取得了一定成效。“九五”期间，全行业累计引进外资11000万美元以上，创办合资、独资企业54家。

通过引进外资和兴办合资企业，有力地促进了我省塑料作品加工业技术水平的进一步提高，扩大了我省塑料制品的出口，推动了我省塑料制品加工业的发展步伐。

2000年底新增外资合资企业5家，注册资本达1.5亿元，新增生产能力21kt。其中，独资企业2家，注册资本6500万元．预计今后仍将有增加的趋势。

【新产品开发】

全行业科研和新产品开发取得了一定成效。“九五”期间列入国家、部、省级新产品开发项目210项，通过省级新产品鉴定的98项，有近100项新产品已完成并投产。

CFCs替代工作取得了可喜的成绩，有四个企业获联合国赠款180余万美元，有力地促进了CFCs替代进程。

先获轻工业部科技进步三等奖三项、省科技进步奖三项、省星火奖二项、省优秀新产品奖七项、省二轻科技进步一等奖二项、三等奖二项。其中，2000年完成省级以上的新产品23个，新增产值1.35亿元，获省科技进步和科技成果奖3项。

【市场需求】

据初预测，目前市场对塑料制品的总需求约在5Mt以上，其中，包装需求市场潜力约在2.3Mt，农用塑料约150kt，化学建材约280kt，板、片等300kt，工业配件等约550kt，日用制品约850kt，其他制品约

1.5Mt。

【存在的问题】

随着市场竞争的日益激烈，行业管理水平低，产品结构不尽合理的矛盾日益突出，阻碍了行业的快速发展，全省塑料加工业也存在着一些突出的问题：

1. 产品结构不尽合理，竞争能力不强

全行业由于前几年的低水平重复建设，导致部分产品生产能力过大，产品档次低，企业之间靠相互压价来进行所谓的“竞争”，加剧了市场竞争的激烈程度。

2. 质量意识欠缺

部分企业不重视产品质量，没有健全的质量管理体系，规章制度不严，只讲效应，不讲质量，而是以价格来制定配方组织生产，使得产品质量低劣，市场覆盖率低。

3. 装备水平低，应变能力差

全行业的装备水平相对较低，加工工艺技术相对落后，缺乏开发新产品的能力，市场应变性差。

4. 企业规模小，技术力量薄弱，管理水平低

据省统计局统计，全省3000余家乡及乡以上的塑料加工企业，年产值在500万元以上的企业只有856家，其余均为年产品销售收入在500万元以下的小企业，这些小企业技术力量薄弱，管理水平低，缺乏市场竞争力。

【发展趋势】

1. 行业发展趋势

随着国民经济以及塑料加工设备、原辅材料工业的迅速发展。

(1) 工业总产值：根据我省塑料制品加工业的实际情况，“十五”期间年均增长速度以8%为宜。2005年工业总产值为460~500亿元。

(2) 制品产量：2005年达到4.4Mt，年递增8%，其中，农膜64.6kt，递增15%。包装制品1.15Mt，递增12%，化学建材120kt，递增15%。

(3) 出口交货值：要加大对外开放力度，努力增加出口，到2005年完成出口交货值42亿元，年平均增长速度为16.6%，占全行业工业总产值的12%。

(4) 经济效益：为改变我省塑料制品加工业效益相对较低，产品结构不尽合理的局面，要努力加快产品结构调整力度，提高全行业经济效益，力争2005年全行业利税达28亿元，平均增长速度为16.6%，其中利润13万元。

(5) 全员劳动生产率：目前我省塑料行业普遍存在人浮于事，效率低下的现象，“十五”期间通过减员增效，力争全行业全员劳动生产率达26.6万元/人·年，年均增长速度为8%。

(6) 固定资产投资：通过技术改造，努力调整产品结构，力争2005年的固定资产净值达76.54亿元，年均增长幅度为3%。

(7) 20%的企业通过ISO9000质量体系认证。

塑料制品加工业发展的总趋势是：

(1) 大类塑料产品如管材、压延制品、薄膜以及注塑产品的生产逐渐向规模经济方向发展。

(2) 各类合成树脂生产的产品品种和用途分类更进一步明确，如LDPE与LLDPE以薄膜为主；HDPE主要以中空容器和注塑制品为主；PP主要以纤维薄膜和编织制品为主，同时逐步扩大在注塑产品中的应用；PVC主要以人造革、管材、型材及其他装饰材料为主。

(3) 包装与建材仍是今后塑料消费的主要领域。

(4) 根据我国国情，农用塑料制品仍将占主要地位。

(5) 随着汽车、电子电讯、家用电器、信息产业等相关行业的发展，高科技、高附加值的工程塑料制品的应用量将不断增加。

(6) 为消除环境污染，保护生态环境，废旧塑料的回收利用、降解塑料的研制开发将显得越来越重要。

2. 发展方向

根据我省塑料制品加工业的现状和各个产业领域结构调整对塑料制品的需求变化以及国家当前鼓励发展的产业、产品和技术政策，“十五”期间我省塑料加工业产品发展方向是：

以农用塑料、包装塑料为重点，以化学建材和工程塑料为突破口，同时发展工业配套件和日用塑料等制品，并注意环境保护，加强废旧塑料的回收和利用。

主要产品开发方向

(1) 农用塑料制品：开发国家当前鼓励发展的农地膜，并向长寿、保温、无滴、防虫害、降解、大型、宽幅、多功能复合膜及其他特种农用膜及农用硬片、硬膜等。开发聚酯（PET）、聚四氟乙烯（PTFE）、EVA等特种农用薄膜，推广农用无纺丰收布、大口径波纹管及配件等产品，从而改变目前农村水渠灌溉的落后状况，节约水资源，实施农用塑料节水措施，开发农用喷滴灌管材及节水器材、防渗片等配套塑料件，同时开发农用抗渗膜、青储饲料膜、粮食包装、粮食贮仓、畜舍用覆盖材料、海水营养缓释功能膜、高吸水性材料及其他农民需求的农用塑料制品。

(2) 包装塑料制品：发挥行业现有设备、技术和大市场的有利条件，采用新材料、新技术，开发一批具有“高、新、特”及结构新颖的包装制品。

(3) 各类薄膜及薄膜袋：功能性包装薄膜，如无毒包装膜、抗静电膜、防锈膜、微孔膜、抗菌膜、耐高低温膜、高阻隔包装膜、耐蒸煮膜、高抗渗薄膜、新型双向拉伸薄膜、多层流延膜、热收缩膜、水溶性薄膜及可降解性包装膜等。

(4) 编织制品：主要扩大其用途，发展大米、水泥、化肥、邮件、机械、水产、果蔬等包装袋、复合编织布、土工布要提高防水、防震、耐热等功能，扩大其在公路、水利、铁路、建筑等领域的应用。

(5) 片材制品：塑料片材要加速推广应用 BOPS 片材、高阻隔多层共挤 HDPE、PET、PP 片材及成型制品，开发各类高阻隔的复合片材，扩大在食品、医药包装上的应用，稳步发展 PS、PE 挤出发泡片材。

(6) 包装箱及容器：要以改进功能、外观和结构设计为重点，提高中空容器的耐高低温性、高透明性、高耐渗透性、高阻隔性、高耐油性，采取多层共挤、复合、注拉吹、内涂覆办法提高其综合性能，扩大其应用领域，加快开发 PET、PEN 等中空容器在啤酒、饮料、农药、医药及热灌装等方面的应用。要开发细瓦楞和重型瓦楞箱、多用途多功能周转箱及开发其他适销对路包装的产品。

(7) 化学建材：根据国内外的实际情况，随着政府加大调控力度，塑料建材应用将进一步加快，需求量将有较大的增长。要巩固和提高产品质量，加强管理，拓展市场，异型材及塑料门窗要向系列化、高档化方向发展，并采取销地建组装厂的办法，加强推广应用。要扩大 PVC 管材、管件及芯层低发泡管、泡沫绝缘材料、PE 交联管、铝塑复合管、PPR 管、煤气管、ABS 管、铝塑复合板、防水卷材等产品的应用领域。要在巩固现有产能的基础上，提高质量，增加品种和档次。加速高强度塑料网络板在公路、铁路、水利防洪堤坝上的应用。

(8) 工业用塑料制品及工程塑料：结合我省四大主导产品—家电、机械、医药、石化的发展需求，重点开发为化工、家电、机械、医药配套的塑料制品。特别要开发汽车配件如仪表板、汽车座椅、火车座椅、保险杠、汽车燃料箱、排气管及汽车内装饰板、各类塑料板材（HDPE 板、PC、PE 中空板、铝塑复合板、高透明度板）、各种电力电缆及通讯电缆用绝缘料及护套料、电容器用绝缘材料、仪器和设备壳体、塑料光纤以及公路、铁路、造船等及其他工业上需要的各种塑料配件。

(9) 日用塑料制品：开发中高档日用塑料制品以适应人民生活的需要和扩大出口量。日用品在造型设计、装璜设计、原料选择等方面要重视造型艺术化、色彩协调化、功效实用化，提高产品的魅力和作用。人造革要加强产品后整饰等深度加工技术，提高人造革的内在质量和外观质量，还可以采用在线或线外进行复合加工的技术，提高产品的档次和附加值。日用制品要高中低产品并举，要在"仿真、仿金、仿银、仿瓷、仿木、仿皮、精细化"上下功夫，以适应不同地区和消费层次，同时，无纺布、ABS、PP 箱包等要扩大出口。

(10) 工程塑料制品：为适用国民经济发展的需要，努力开发工程塑料（PET、PBT、PA、PPS、POM、PEN、PC 等）、功能性塑料及特殊塑料（电功能、光功能、热功能、化学功能、磁功能、生物功能、高智能高分子材料、偏光膜、有机分离膜等），以扩大塑料制品在汽车、交通、航空、航天、现代信息、通讯、医疗等领域中的应用，要加快为加工这些材料配套的高新技术开发的步伐。

(11) 医用塑料制品：研究开发生物降解医用材料、功能性医用材料及其他人体器官材料及制品，扩大塑料制品在医疗卫生领域中的应用。

3. 关键技术

(1) 研究开发高填充、塑料改性及合金化技术

(2) 生物技术：运用生物降解机理，根据不同地理条件或不同农作物，研究农用生物降解材料。

(3) 研究微电子技术在注塑、挤出、压延等成型技术中的应用。

(4) 在模具的设计与加工中，逐步采用和推广 CAD/CAM/CAE 技术，以提高模具的设计和制造水平。

(5) 研究开发新型成型技术，如结构反应注塑、陶瓷注塑、多组分共挤注塑、气体辅助注塑及制品薄壁化技术。

(6) 研究开发节能、节料和三废处理技术，重点研究废弃塑料的回收和利用、生物降解及泡沫塑料中 CFCs 的替代技术。

（浙江省塑料工业公司　周理水）

附：

温　州　市

【基本情况】

2000 年温州市塑料制品行业，年销售收入 500 万元以上企业有 217 家，截至 2000 年底，资产总额为 34.81 亿元；2000 年塑料制品产量 43.76 万吨，比上年增长 14.6%；产值（不变价）60.99 亿元，比上年增长 18.65%；现行价产值 51.57 亿元，比上年增长 22.11%，其中新产品产值 1.34 亿元，比上年增长 27.44%；产品销售收入 47.56 亿元；出口交货值 8.20 亿元，比上年增

长36.43%；工业增加值11.66亿元；利税总额3.58亿元，其中利润1.46亿元；亏损企业15户，亏损额228.6万元，亏损面6.91%，亏损率1.55%。全年平均人数3.43万人，全员劳动生产率3.40万元/人/年。

2000年全市塑料制品产量（包括年销售收入500万元以下企业）约980kt，产值150亿元左右，是温州市重点产业之一。

塑编产量占全国三分之二　温州是我国塑料编织袋、网眼袋生产最早的地区之一。改革开放以来，塑料编织生产迅猛发展。2000年，有关县、市为了进一步发展编织袋生产，推出一系列优惠政策，建立编织工业园区，招商引资拓展编织行业。“中国塑编之乡”平阳县，在萧江镇建立塑编科研工业园区，引来大批企业。园区内有200条塑编生产流水线，年生产能力达120kt。为提高塑编工艺水平，调动行业技术骨干积极性，平阳县首开全国塑编工艺系列职称评审工作。全县10多家塑编企业的27名专业技术人员经过考评，取得专业技术职务任职资格。他们还开设“平阳县萧江镇塑编陈列馆”，从各方面促进塑编工业的发展。苍南县通过兼并，资产共组、进入工业园区等措施，使全县编织袋生产企业向大型、高档、具有特色转变。至2000年底，加入县塑编协会的43家企业，共有圆织机2996台，从业职工8599人，全年销售量达115kt，比上年增长27%。年销售收入在1000万元以上企业有22家。占会员企业的51%；超过5000万元的有3家。19家企业通过ISO 9002国际质量体系认证，占会员企业的44.19%，全县塑编行业的整体质量管理水平上了一个新台阶。到2000年底，温州全市有编织袋、网眼袋专业生产企业400多家，拥有编织袋生产线1000多条，各种圆制织机1.2万多台，年产塑编袋80多亿条，计650kt左右，全年销售收入近70亿元，占全国编织袋产量的三分之二。

2000年各县（市、区）塑料制品产量①

（按国有和年销售收入500万元以上企业统计）

地　区	年产量/t	比上年增减/%	占全市产量/%
温州市	437 561.78	14.6	
市直企业	8 245.00	18.9	1.89
瓯海区	53 354.59	25.5	12.19
瑞安市	114 130.81	25.3	26.08
平阳县	127 641.00	6.3	29.17
苍南县	130 633.21	11.5	29.86
乐清市	1 625.00	−27.0	0.37
泰顺县	1 928.00	12.4	0.44

① 本表国有和年销售收入500万元以上企业，由于企业产值变化列入统计的单位与上年有所不同，本表“比上年增减”栏的比例为今年列入统计企业的同比数。

2000年温州市各类塑料制品产量

（按国有和年销售收入500万元以上企业统计）

品　种	产　量/t	比上年增减/%	占全市产量/%
塑料制品总产量	437 561.78	14.6	
塑料薄膜	62 843.68	31.9	14.36
(其中农膜)	(1 050.21)	(−10.0)	(0.24)
塑料板、片材	4 321.28	128.0	0.97
塑料棒、管材	162.00	−16.5	0.04
塑料丝及编织制品	268 612.81	9.6	61.40
塑料人造革	38 922.30	30.6	8.90
合成革	17 181.00	89.8	3.90
泡沫塑料	961.00	13.2	0.22
包装和容器	732.16	32.9	0.17
塑料鞋	4 958.13	17.3	1.14
日用塑料制品	27 575.60	−8.3	6.30
其他塑料制品	11 381.82	−8.2	2.60

温州是中国最大合成革生产基地　温州制鞋业的发展带动了人造革、合成革业的迅速崛起。从90年代初第一家合成革企业——温州海滨人造革厂诞生，到2000年底，投资2000万元以上的合成革企业已近80家，有200多条生产线、日生产能力达$240\times10^4m^2$，有数千个品种，年产值60多亿元。新华社和《人民日报》海外版报道温州合成革产业情况时，称温州已经成为"中国最大的合成革生产基地。"温州合成革生产企业绝大部分集中在龙湾、瓯海二区。近年来，龙湾区出台一系列优惠政策和扶持措施，招商引资，促进合成革行业快速壮大。2000年再度形成投资热潮，仅温州扶贫开发区就引进合成革项目13个，生产线36条，总投资超过2亿元。全区现有合成革生产企业40多家，年产量占全国总产量近40%。有3家企业年产值超亿元。温州合成革企业十分重视高新产品开发。合成革色泽鲜艳、手感柔软、透气性好。近期还开发出具备夜光、抗腐蚀、吸收红外线、防雷达侦察等功能，科技含量高的新品种。使产品广泛应用于众多行业及国防、军工和航天领域。许多合成革品牌在华东地区及全国享有较高声誉，合成革销售网络拓展到全国大部分地区，并向东南亚、中东、南非、东欧、北美等地区出口。温州人造革有限公司2000年出口额超过1亿元。龙湾区全年出口额达4000万美元。

【技术改造】

为使企业上规模，产品上档次，温州市塑料行业企业2000年投入大量资金搞技改。据不完全统计，列入省、市及上报国家经贸委的技改项目共53项，总投资7.5亿元。其中1亿元以上项目2项，1000万元以上项目7项。按产品分，编织袋、彩印、复合最多，有19项，投资1.49亿元；人造革、合成革10项，投资6487万元；各种薄膜6项，投资2.06亿元；管材及门窗异型材6项，投资5744万元；真空镀铝膜2项，投资2763万元；其他9项，投资1.22亿元。随着这批项目的完成，将使温州市塑料制品行业在产品质量、品种及产量上有一个新的提高。

向高新技术进军　利用高新技术改造传统产业，温州市一些塑料制品企业2000年有大举措，并获得可喜成果。

平阳县温州广银集团、浙江白马包装厂等5家企业联合成立浙江大江南塑胶有限公司、投资1.8亿元，引进具有国际一流水平的年产15kt万吨高速宽幅双向拉伸聚丙烯（BOPP）薄膜生产线，经国家经贸委发文同意，列入2000年国家重点技术改造"双高一优"（即高新产业、高新技术、优势产业产品）项目，也是温州市2000年最大的企业技改项目。瑞安市华滨包装材料厂投资1.25亿元，从日本三菱重工公司引进年产15kt BOPP生产设备。BOPP薄膜具有质轻、透明、无毒、防潮、透气性低、机械强度高、尺寸稳定性好、印刷性良好等优点，广泛用于食品、医药、日用、轻工、香烟等产品包装，享有"包装皇后"美称，是温州市塑编袋彩印复合和彩印软包装行业的重要原料。

2000年4月22日，俊尔高聚物有限公司与晨光研究院达成合作协议，通过合作，晨光研究院成为俊尔技术依托单位，俊尔成为晨光在中国东部沿海地区拓展市场，实现科技成果产业化基地。晨光、俊尔及浙江省科委三方共建"浙江省聚合物改性工程技术中心"。到2000年底，俊尔已有3个产品列入《国家高新技术产品目录》，即030301新型工程塑料及塑料合金、030302功能高分子材料、030313改性高分子。俊尔的工程塑料及合金技术具有国内领先水平，产品大批被长虹电子、康佳电子、TCL电子、海尔电子、小鸭电器、大众汽车、昌河汽车、正泰电器、德力西电器、富康汽车、一汽等国内著名企业使用。俊尔公司获"温州市高新技术企业"称号，是中国塑料加工工业协会改性专业委员会副理事长单位、中国工程塑料工业协会理事单位、中国兵工学会阻燃协会团体会员单位。

超维工程塑料公司成立"超维工程塑料科学研究所"，从清华大学、北京化工大学和研究院（所）引进中高级职称的专家、教授6人。科学专业人才以知识入股，最高持股可达15%。公司开发了"对接铝塑管"，采用"原位复合新技术"，制造了世界上第一根直径达700mm的超高分子量聚乙烯耐磨管，填补了国内空白。2000年又研制成功PE煤气管、PP－R管。公司获"温州市高新技术企业"称号。

苍南顺发塑料厂与浙江大学无机材料研究所合作，利用纳米技术改进编织袋生产，第一步试验已通过鉴定。顺发从事塑料编织袋生产多年，遇到最大的困难是编织袋易褪色，且拉力强度不理想。这也是编织袋行业存在的普遍难题。他们从3月份开始与浙江大学合作将纳米材料应用于编织袋项目研究。项目核心技术是在编织袋生产常用的粉末聚丙烯原料中加入无机纳米材料，运用溶胶—凝胶技术，使其改性。第一步试验表明，在保持编织袋生产成本不变的前提下，拉伸强度提高10%，抗紫外线老化性能提高50%以上，在相当长时间内可保持颜色鲜艳。该项目开发成功对传统编织袋产业将起巨大作用，对其他传统产业也将产生深远影响。

浙江明云实业有限公司，高薪聘用北京化工研究院专家，投资300余万元，研究利用深冷粉碎聚乙烯技术。经反复试验，攻克了涂料难导电、难贴附、难粉碎等难题，开发出高档次聚乙烯粉末涂料，用于自来水管内壁防腐涂料，并通过中国预防医学院检测。该材料多项指标优于国外同类产品，但市场价格只是国外产品一半，被国家科技部、外经贸委等五个部(委、局）列为国家重点新产品。有关专家认为该项新成果的出世，将对我国饮用水管网改革和镀锌管厂的生产复兴，起到重大影响。

【走向西部】

近年来，瑞安市塘下、莘塍二片区塑编企业纷纷西迁陕西、四川、青海、新疆、宁夏、甘肃等省和重庆市。至2000年底，在西部投资办厂有50多家，整体西迁20来家。塘下片区的旺盛塑料制品厂、新宇塑料制品厂和创新塑料圆机编织厂，2000年上半年整体搬迁西安市后，不到半年，先后投产，产值和利润成倍提高。东瓯塑料制品有限公司和立胜塑料编织厂举迁四川省和重庆市后，因产品质量好、成本低、市场销路好，产品供不应求。平阳麻步地区一些塑编企业，2000年也迁往西部，利用当地低价原料、低价劳动力和优惠政策，发展塑编生产。

【行业协会工作】

2000年温州市塑料工业协会及平阳、苍南两县塑编协会开展一系列有利于行业发展的活动，市、县两级协会共同组织企业家去香港参观“第十七届亚洲国际塑料工业展览会”，同时考察了马来西亚、泰国等东南亚5个国家及地区；平阳县组织会员厂参加国家乡镇企业局举办的“2000年中俄边境贸易暨乡镇企业经济技术合作洽谈会”；市、县两级协会组织会员企业去北京参观“第十三届国际塑料橡胶工业展览会”；市协会组织召开塑料编织袋出口生产座谈会；平阳、苍南两县塑编协会为有利于企业生产发展，避免行业内不公平竞争，制定了一系列行规、行约，为提高产品质量、加强企业管理、维护企业利益、努力为企业排忧解难等方面办了许多实事，并在企业与政府之间衔接、协调方面提了不少建议。

（浙江省温州市塑料协会）

安　徽　省

【基本情况】

安徽塑料制品工业起步于20世纪50年代；60年代初有国家投资兴建的工业化企业，生产得到了初步的发展；70年代发展速度加快，形成了一个新兴行业；80年代已经具备了一定的规模，企业着重于技术改造，调整产品结构，增加品种，成为省内轻工业的一个组成部分；进入90年代后，以迅猛的发展态势，已成为安徽轻工业的支柱产业，为农业、包装、建筑及装饰、土木工程、汽车、机械、家用电器等相关行业的发展发挥了重要的作用。据统计，2000年，全部国有及规模以上非国有工业塑料制品工业企业156个，完成工业总产值（现价）467476万元，拥有固定资产原值306393万元，净值216140万元，完成工业增加值132576万元，完成出口交货值12429万元，实现利润总额35332万元，资产负债率55.49%，全员劳动生产率为46679.3元/人年，产品销售率为96.92%。其中，按统计口径和轻工业主要行业分，塑料制品工业为45个，完成塑料薄膜43kt（含农业用膜18kt），成为安徽轻工业的六大主要行业之一。

【重点企业】

国风集团

国风集团。2000年，该集团完成工业产值11亿元，同比增长8.7%；实现利税1.2亿元，同比增长5.2%；塑料管材、塑料建材和塑料薄膜三大主导产品产量48.6kt，同比增长22.4%，其中塑料建材增长16.7%，塑料管材增长53%，塑料薄膜增长18%。主导产品销售收入占集团总销售收入比重由上年的75.1%上升到85.2%。根据全国塑料加工行业统计，该集团综合经济效益名列全国第一位，塑料加工产量名列全国第二位。

该集团为加快推进技术进步，不断加大科研投入。技术中心计算机管理和检测中心的硬件建设完成，配备了先进的精密检测仪器，集团检测中心成为省级门窗幕墙检测单位。同时，集团产学研合作进入实施阶段，健全了一个中心四个研究所的技术创新体系，即集团技术中心、国风—北化研究所、国风—同济研究所、国风—中科院纳米研究所和国风—安大研究所。2000年，集团被国家科学技术部认定为“国家级高新技术重点企业”，塑窗型材一项实用新型专利、三项外观设计专利也被国家授予专利权。集团在中外合资、中外合作项目实施中，包括与奥地利史泰纳公司合资生产大型注塑件、与德国合资生产门窗五金件等，双方均已进入实质性操作阶段，取得了明显的成效。

海螺集团

海螺集团。2000年，海螺型材累计生产PVC型材3万吨，同比增长92%，销售PVC型材63.2kt，同比增长117%。该集团通过与“红星宣纸”进行了100%资产置换，“海螺型材”于2000年5月11日在深圳证券交易所上市，成为中国塑窗行业首家以塑料型材为主的上市公司，拓宽了海螺集团从资本市场募集资金的空间，增强了企业的发展能力。“海螺型材”

不仅是海螺集团继海螺水泥H股后的第二只上市股票，也是安徽省首家资产重组上市公司，在资产重组过程中，“海螺型材”股价屡创新高，受到国内外媒体和广大投资者的关注。这不仅提高了海螺品牌的知名度和品牌地位，也为我国塑料门窗行业在证券市场上树立了良好的形象。

合肥逍遥津塑料制品厂

合肥逍遥津塑料制品厂。该厂生产的自来水HDPE、LLDPE管材管件具有耐腐、不生锈、重量轻、可扳丝、安装方便等特点，并生产不同规格的直管、盘管、管材管件，广泛用于城乡兴建自来水厂、住宅用水、农村喷灌、滴灌、园林喷灌、菜棚滴灌，为改善饮用水质量，节约水资源提供了最佳选择。

此外，宁国双津集团，界首天安集团等也是安徽塑料工业的重点企业。

【存在的问题】

近年来，随着新型包装材料、化学建材、工程及交通用塑料制品的发展，产品的结构性矛盾日益突出，低档产品的生产能力严重过剩，而高档产品与相关产业配套产品生产水平低下，开发能力不足。同时，原材料缺少，供需矛盾尖锐，也制约了塑料工业的发展。企业经营规模小，生产分散，管理水平低，造成了企业原材料消耗大、能耗高、经济效益低下。塑料模具制造水平落后，也制约了塑料工业的发展，安徽大部分塑料企业是从其他行业转产而来，其生产设备60%以上是国产或自己组装的，因此产品能耗高、物耗大、产品档次低、市场竞争力差。如塑料容器，国外容器生产多层多点控制，而安徽一些企业还是单点控制一次挤出，不少企业的吹薄膜机还是一些老设备。特别是一些大型精密加工设备和高档的大型复杂模具，仍依赖于进口。

【发展趋势】

安徽塑料工业调整的重点是发展建筑塑料、包装塑料，培育工业及工程塑料制品，巩固和提高农用塑料，降低日用塑料的比重。

在产品结构方面，在塑钢门窗和塑料管材的基础上，发展适用不同地区、不同建筑类型的多层次、系列化各类塑料门窗型材、管材和管件以及门窗五金件；工业及工程塑料重点发展为集团、荣事达集团等家用电器产品和汽车工业配套的塑料件；为满足农业栽培技术和节水的需要，加快调整发展各种功能性大棚膜、双降解薄膜、微滴灌器材等。

在技术结构方面，研究塑料共混、填充、改性及合金技术，着力开发新型工程塑料、功能高分子塑料、塑料合金和复合材料，同时努力提高表面处理和涂饰技术，开发专用印刷、焊接、喷涂、复合成型二次加工技术；广泛应用先进的微电子技术改进结构发泡注射、气体辅助注射、中空成型、多层共挤等塑料成型工艺，利用微机自动检测技术改造宽幅薄膜生产线，逐步淘汰以CFC－11为发泡剂的各种塑料发泡工艺项目和对环境有污染、不能降解的塑料地膜、包装膜、快餐盒等产品，加快扶持塑料型材、发泡门板、大口径双壁波纹管、双降解薄膜、真空镀铝膜、真空镀铝香烟包装纸、防伪印刷复合包装膜等重点技改项目的实施。

在企业组织结构方面，对有规模经济要求的产品，通过优胜劣汰，以资产为结束纽带，适当集中，在更高层次上组成若干个大型企业集团，以提高他们的市场占有率和覆盖率。国风集团、海螺集团、宁国双津集团、界首天安集团等企业通过资产重组，加快发展，不断巩固和提升在国内塑料行业的地位，对适合小规模生产的缺口，包括塑料模具和家电塑料件在内，坚持小而精、小而专，形成一批质量高、成本低、效益好的优势小企业和配套生产群。通过结构调整，塑料制品工业将达到一定的生产规模，其中，塑料型材进入全国同行业的前列。

作为农业大省的安徽，市场上所需的农用塑料仍将占有重要的地位，因此必须依靠科技进步和结构调整，重点发展塑料地膜和棚膜、农田水利建设用的塑料管道以及微滴、滴灌等节水农用器材。在新型化学建材方面，重点发展塑料管材、管件、塑钢门窗及防水材料等，并向标准化、系列化、配套化及高档化方向发展。在工程塑料制品方面，重点开发与汽车、家电和电子产品用塑料等。在新型包装材料方面，开发各类适应食品、药品的包装，提高保护性能的包装材料；水果、蔬菜气温环境的保鲜包装材料；粮食等防霉、防虫包装材料以及传统的水泥、化肥各类化工产品的包装都要开发新产品。此外，在日用塑料制品方面，重点开发新品种，提高产品档次。

（安徽省经济贸易委员会　吴学海）

福　建　省

【基本情况】

我省塑料制品工业从无到有，从小到大，50多年来，获得蓬勃发展。特别是改革开放以来的20多年，在国家发展轻工业“六优先”方针的指引下，塑料工业获得了迅速发展的机遇。我省塑料制品工业通过外资兴办“三资”企业及老企业技术改造，引进大量发达国家的先进加工设备及工艺技术，大力加强科研开发力量，通过对引进技术的消化吸收，并通过“产、学、研”联合开发，开发了许多新工艺、新技术、新产品，行业面貌发生了很大的变化。塑料工业的经济规模在全国的位置从我国改革开放初期的第十位上升到了第五位。2000年，全省“规模以上（国有及年销售额500万元以上的企业，下同）”塑料制品生产企业307家，从业人员6.4万人。全省完成塑料制品产量557kt，实现工业总产值103.5亿元，占规模以上工业总产值的4%，比1999年增长13%。

福建省塑料加工行业企业情况

	企业数量/家	从业人员/万人	生产能力（两班）/kt	产量/kt	产值/亿元
国　有	38				6.5
集　体	27	0.5			7.48
三　资	186				85.5
私　营	56				4.07
合　计	307	6.4	395.2	557	103.5

【企业经营】

福建省塑料加工企业主要集中在福州、厦门、泉州等沿海地区及三明市，基本形成了三明高新技术塑料生产基地，厦门、福州塑料管材、管件、薄膜制品及型材生产基地，泉州市塑料小商品、树脂工艺品出口基地，晋江鞋材、鞋料生产基地的布局，带动了全省中、小塑料制品企业的发展。

全省塑料生产工业企业（规模以上）固定资产原值46.9亿元，净值30.7亿元，资产负债率57.6%，劳动生产率3.98万元/人·年，企业亏损面29%，资产负债率57.6%。完成出口交货值68.4亿元，实现利税4.70亿元，其中利润2.55亿元。塑料制品工业企业污染治理情况：废水排放量2.385Mt，排放达标率97.82%；废气排放量279882×10^4m^3，排放达标率87.49%；固体废物产生量15.3kt，综合利用率79.74%。

塑料及共聚物产量139.5kt，聚氯乙烯树脂产量58kt，酚醛塑料产量9.5kt，氨基塑料产量2kt。

福建省主要塑料产品生产情况一览表

	企业数	产量/kt	工业产值/万元	出口交货值/万元	新产品产值/万元
塑料制品	307	557	1 018 433.1	684 071.2	2 092.0
塑料薄膜	20	12	235 090.5	154 384.2	278.9
塑料板、管、棒材	31	112	104 889.6	7 758.6	22.2
塑料丝、绳、编织品	20	25	27 966.3	18 736.0	
泡沫塑料及人造革、合成革	40	18	116 576.8	59 814.6	
塑料包装箱及容器	13	49	15 748.5	965.0	56.9
塑料鞋	78	37	191 186.3	170 906.7	640.0
日用塑料杂品	30	151	56 217.4	39 265.9	
塑料零件	9		19 061.0	13 849.7	
其他塑料制品	66	02	251 696.7	218 390.5	1 094.0

福建省名牌产品（塑料制品部分）

企业名称	商标	产品名称
福建连城彩印厂	连达	彩印复合薄膜
福建省宏明塑胶股份有限公司	飞鸽	聚氯乙烯硬片
晋江市浔兴拉链集团公司	SBS	拉链
福建亚通塑胶有限公司	亚通	建筑给、排水用硬聚氯乙烯管材管件、建筑用绝缘电工套及配件
晋江福兴拉链有限公司	FFF	尼龙、注塑拉链
福建振云塑胶有限公司	振云	硬聚氯乙烯建筑排水用管材管件、塑料光（电）缆用护套管
福鼎新华树脂化工有限公司	佛鼎	工艺品不饱和聚酯树脂

【重点企业】

单位名称	工业产值	销售产值	出口交货值	产　量/t
福建省宏明塑胶股份有限公司	175 964	158 275	17 926	17 776
三明明鑫塑胶有限公司	25 347	29 136	0	3 379
三明福昌塑料有限公司	125 401	82 606	63 836	10 076
永安市冠华塑料有限公司	46 018	37954	37 954	5 288
福清市明达塑胶（福建）有限公司	944 567	1 024 223	1 023 970	79 514
太平洋塑胶（福建）有限公司	913 303	617 728	617 648	70 556
福清利亚塑胶有限公司	108 815	96 717	96 717	4 474
福清市冠钧塑胶有限公司	206 255	206 255	211 515	11 467
福建宝利特制革工业有限公司	49 998	80 523	77 737	3 744
福清永大塑胶有限公司	61 257	56 567	42 964	3 425
福建亚通塑胶有限公司	136 801	239 316	0	24 138
福清市茂山塑料制品有限公司	130 954	119 810	119 810	3 829
福清市达人塑胶有限公司	40 253	38 175	38 175	4 206
福建大东亚塑胶有限公司	32 659	30 931	0	7 471
福清振云塑胶有限公司	70 773	58 891	0	8 448
福清福捷塑胶有限公司	75 133	75 133	49 447	3 833
融林塑胶（福建）有限公司	56 570	54 892	0	6 268
福州佳通第一塑料有限公司	61 681	40 958	0	3 480
福州三威橡胶化工有限公司	35 236	35 318	0	3 492
镒得塑胶（福建）有限公司	488 159	480 000	459 985	30 579
福州市叶下塑革厂	130 925	135 890	92 564	7 383
福州永和鞋帽有限公司	28 889	28 889	28 889	3 016
泉州龙盛塑胶有限公司	19 369	21 762	21 762	3 054
泉州兴源塑料有限公司	47 027	50 023	0	4 770
泉州华美密胺塑料制品有限公司	40 205	45 272	44 995	5 647
莆田县赤港华侨第一塑料厂	37 518	40 306	40 306	4 312
金冠（龙海）塑料包装有限公司	28 778	37 801	37 515	4 635
厦门利恒股份有限公司		33 746		
华懋（厦门）织造染整有限公司		30 780		
厦门洪氏企业有限公司		17 765		
华亚（厦门）塑胶有限公司				30 000
厦门武峰塑料有限公司				20 000
厦门新亚塑胶有限公司				3 000

【塑料制品进出口】

年　份/年		1998	1999	2000
出　口	金额/万美元	42 928	53 173	71 853
进　口	金额/万美元	4 609	8 082	6 018

1999年橡胶或塑料加工机械进口4534万美元，拉链及其零件进口1200万美元。

2000年橡胶或塑料加工机械进口6762万美元，拉链及其零件进口1162万美元。

【外资利用】

福建省塑料制品企业外资利用情况表

万元

年 份/年	1990	1995	1999	2000
外商投资企业工商注册企业数	254	769	953	833
外商投资企业工商注册资本	68 625	465 501	594 766	617 406
外商投资企业工商注册投资额	78 970	628 450	803 363	919 827

福建省塑料制品企业（规模以上）资产情况表

万元

	企业数	资产合计	固定资产	外商资本
塑料制品	307	929 323	307 254	70 298
塑料薄膜	20	184 355	63 994	31 675
塑料板、管、棒材	31	135 407	58 068	6 253
塑料丝、绳、编织品	20	36 168	11 978	953
泡沫塑料及人造革、合成革	40	121 649	41 372	3 897
塑料包装箱及容器	13	17 637	6 695	30
塑料鞋	78	136 647	41 009	4 156
日用塑料杂品	30	78 720	25 737	3 751
塑料零件	9	14 593	3 282	
其他塑料制品	66	204 147	55 119	19 583

【新产品开发】

产品结构得到调整，名牌产品不断涌现。长期以来，我省大部分塑料制品突出存在“老产品多、新产品少”、“单一品种多，花色规格少”，经过近年来的大力调整产品结构，塑料产品结构不合理的状况已有很大的改观。

“九五”期间，据不完全统计，共进行省部级新产品开发100多项。全省塑料制品已创省名牌7项，省著名商标3项，有15家企业通过ISO9000质量体系和产品认证。

新产品及研制单位

研制开发单位	产品名称
福建省二轻工业研究所 南安长利塑胶有限公司	聚烯烃高透气流延薄膜专用树脂
南安长利塑胶有限公司 福建省二轻工业总公司技术中心 福州大学化学系	色粒料 高耐热高浓度食品卫生流延薄膜 高抗冲、抗静电、阻燃粉状聚丙烯接枝共混改性工程塑料
福建亚通塑胶有限公司 福建省二轻工业研究所 厦门涌泉实业有限公司	高聚物复合材料 可降解滴塑环保防护系列手套
三明元发树脂有限公司	特种聚氨酯树脂

【存在的问题】

改革开放以来，塑料制品行业有了长足的发展，取得了较大的成就。但进入90年代以来，塑料制品业面对市场化进程的加快和国内买方市场的形成，以及国际竞争加剧的新形势，表现出较大的不适应，也暴露出塑料制品行业在发展中的问题和矛盾。其主要问题表现为：

(1) 技术装备落后，技术创新能力弱。除少数重点骨干企业通过引进改造后的技术装备水平比较先进外，从总体上看，塑料制品企业的技术装备水平仍停留在60~80年代水平，与国外先进技术水平差距很大。很多中小企业基本无技术开发能力，技术人员匮乏，缺少科研设备和资金。企业工程技术人员占职工总数的比例和企业科研开发经费的投入占销售额的比例分别不足5%和1%。

(2) 产品结构不合理化。表现为以通用树脂为原料的产品中，中低档产品所占比例高，高技术、高附加值产品少。如以PVC树脂为原料生产的薄膜，人造革、鞋类等软质PVC产品所占比例仍占50%以上，而硬质PVC制品和管材、板片材仅占PVC制品总量的29%，一些中低档产品积压严重，无序过度竞争的现象普遍。

(3) 行业协会力量薄弱。我省塑料行业协会在“六五”、“七五”期间在反映行业的愿望、研究行业的发展、举办各种行业活动方面起到了积极作用。但是，目前，行业协会的工作有所削弱，在发挥行业协会的桥梁与纽带作用方面没有起到应有的作用。

【发展趋势】

1. 原料结构

塑料制品的原料结构仍以PVC、PE、PP等通用树脂为主，兼顾其他合成树脂。“十五”期间我省石化工业，4Mt/a的原油加工，与外商合资的8Mt/a原油加工扩建，600kt乙烯工程一体化工项目，300kt/a聚氯乙烯生产装置及一系列合成树脂装置建设项目的实施，为解决我省塑料加工业原材料供应紧缺问题及开发“炼、化工一体化”下游系列产品，促进我省塑料工业快速发展将起到积极的推动作用。

2. 产品结构

“十五”期间，我省塑料行业重点发展中高档鞋用材料，塑料建材，节水灌溉器材及功能性农用薄膜，塑料复合包装材料，汽车、电子电气用塑料材料及制品五大类产品。农膜塑料（包括农地膜、节水农业器材）和土工合成材料仍占着重要的地位，将得到更进一步发展；包装材料和塑料建材将是塑料工业快速增长的主要领域；高科技、高附加值的工程塑料制品及复合材料，生产与应用领域将随着市场经济的发展不断扩展；几大类制品如：管材、异型材、压延制品、双向拉伸材料、薄膜等的生产将逐步向经济规模的方向发展；为减少环境污染，将加强废弃塑料回收利用及降解塑料的研制开发等。

(1) 农用新型材料、新品种：针对当前农用（包括盐业、渔业）薄膜存在耐老化性差、寿命短和功能塑料薄膜缺少等问题，重点抓多功能、耐老化、易回收、成本低的防污染可降解农地膜，耐老化易回收地膜和农业排灌用塑料器材、配套性好的微灌滴管系列及输水管材，同时研究农地膜回收利用，减少污染，努力开发用料省、强度高、成本低等特点的超薄复合农膜、蔬菜水果保鲜材料和高强度渔用材料等。重点发展耐老化、防雾滴、高保温、光转换等功能性农用棚膜，提高农作物的光合作用，促进作物早产、增收。同时，继续发展驱虫、除草、可控降解塑料地膜。

(2) 包装用新材料、新品种：具有耐热性、防腐、防霉、无毒、防锈、光降解等包装用新材料、新品种、研究开发可应用印刷、制袋、焊接、喷涂、烫印、压花等二次加工的塑料制品。①包装薄膜：重点发展PET/PO（聚酯/未拉伸聚丙烯）、PA/PO（聚酰胺/未拉伸聚丙烯）、PET/PE（聚酯/未拉伸聚乙烯）、PET/PVDC/PE（聚酯/聚偏二氯乙烯/聚乙烯）、PA/PVDC/PE（聚酰胺/聚偏二氯乙烯/聚乙烯）等具有高阻隔、耐蒸煮、防霉、防虫、保鲜、无菌包装等含高阻渗层多层复合功能性薄膜，高透气性流延薄膜和多层共挤流延薄膜。②包装容器：重点发展一步法注射拉伸吹塑PET瓶（聚酯）和以二氧化碳为发泡剂的PP发泡片材及包装容器。淘汰以氟利昂为发泡剂的塑料包装材料及容器。

(3) 建材：主要开发高耐候性外墙贴面材料、阻燃、防虫、防霉室内装饰等系列产品，扩大异型塑料材料在建筑上的应用。

①塑料异型材：重点发展PVC塑钢门窗异型材，形成规模化（企业生产规模达4万吨/年以上），高起点、有特色。同时发展塑料层发泡，型材表面有仿木效果的新型PVC异型材，限制并淘汰劣质PVC异型材。②塑料管材：重点发展双机共挤PVC蕊层发泡管，埋地式大口径双壁波纹管，工业矿用耐热级PVC管材，PVC导热管材，PVC抗静电管材，PVC阻燃冷弯穿线管。发展PPR管，交联聚乙烯管、铝塑复合管、硅蕊复合管，HDPE双壁波纹管，满足供水，燃气输送、通信电缆等方面的应用。③装饰材料：重点发展低发泡PVC板材以及表面具有木材纹理或其他突出装饰效果的低发泡塑料板材。④防水卷材：重点发展高分子塑胶系列改性防水卷材，包括改性PVC卷材、CPE卷材、丁基橡胶卷材和SBS（苯乙烯）卷材

及聚烯烃复合卷材，淘汰传统的沥青砂浆油毛毡卷材。

(4) 工程塑料：主要研究开发汽车、机械、电子、电讯、化工、纺织、医疗、矿山等工业的配套产品。重点发展 ABS/PC、ABS/PVC、TPU/ABS、PA/POE、PP/PA、PVDF/CB、PVC/MBC、PS/PE、PET/LCP等耐低温性，高阻燃、低烟、高抗冲、高韧性、高透光性、导电等功能性改性、合金和高分子原位复合材料和制品。同时，继续发展日用塑料制品、旅游制品，以满足各行业发展的需要。

(5) 开发适销对路的日用塑料制品，趋向轻型化、工艺品化、多功能化、装饰与使用相结合的产品。

(6) 废、旧塑料回收处理技术。

(7) 医用高分子材料、塑料合金的研究。

(8) 中高档鞋用材料：重点发展注射成型高发泡EVA鞋材及 PU、TPR 鞋材，配套运动鞋和旅游鞋产品，增大出口创汇比例。同时继续发展 EVA 高发泡模压鞋材。注重组织攻关解决制鞋业所需粘合剂，及其成型工艺对环保影响的热点、难点问题，淘汰落后产品和工艺。

3. 技术结构

采用高新技术，改造塑料产业，开发功能性和高机能性的塑料新品种，提升技术含量，使塑料制品往功能化、复合化、轻量化方向发展。

通过共聚、共混、填充、增强、复合等技术，赋予塑料制品有电、光、热、磁、阻燃、高强度、高耐磨，高韧性等功能。采用共挤和复合技术提高塑料包装薄膜的阻隔，保鲜、防霉等性能，扩大应用领域。采用发泡技术，尽量节省原材料，降低制品成本，提高资源利用率。对此，还要应用各种新工艺，新技术(如利用紫外光、电子束、X 射线，微波辐照等)，使聚合物在加工过程中获得预期结构，在聚合物中引进极性基因，使复合材料高性能化，高附加值化。同时还应注意纳米复合材料的开发应用，互穿网络（IPN）技术在塑料合金中的应用，原位复合技术在塑料改性中的应用，以及废旧塑料的回收、再生综合利用技术，以保护生态环境，促进塑料工业的可持续发展。

4. 企业结构

塑料工业企业以中小企业为主，在国际上也是十几个人的企业居多，但根据国情、省情和产品生产本身要求决定，从事某些塑料产品的生产必须达到一定的规模才能具有理想的经济效益和较强的市场竞争力。建立现代企业制度，通过“联合兼并、资产重组，改组改造”相结合等方式，盘活存量，按市场经济规律，组建企业联盟，走专业化、规模化道路。使量大面广、适宜于规模经营的产品（如管材、异型材、薄膜等产品）形成经济规模，扩大市场覆盖面。

经分析测算至 2005 年，全省塑料制品产量由2000年的 557kt 发展到 1050kt，具体发展目标见下表：

经济指标＼年份		2000 年	2005 年
产　量/kt		557	1050
其　中	出　口	360	600
	内　销	197	450
出口交货值/亿元		68.4	100
企业个数		307	200
企业平均规模/（t/个）		1 814	5 250

（福建省城镇集体工业联合社
余卫平　邱一德）

江　西　省

【基本情况】

2000 年江西省塑料制品生产企业有 246 个，从业人员 10974 人，年末塑料加工生产能力为 85.1kt，当年完成塑料制品产量 66.1kt，工业总产值完成 81991 万元（当年价）和 78313 万元（1990 年不变价），工业增加值完成 30289 万元，利税总额为 2648 万元。其中利润为 287 万元。亏损企业有 62 户，亏损面为 25.2%规模以上企业 56 个，亏损面为 34%，全省塑料制品生产企业多数处于微利经营状态，企业负债率为 71.42%。

2000 年本省内塑料制品销路较好的产品有 PVC 异型材、UPVC 给排水管、PVC、PE 穿线、导线管、土工格栅、宽幅彩条 PP 编织布、EPS 轻质墙体材料、PE 复合板、大棚膜；用于粮食、化肥、水泥、糖、盐、矿产等包装用编织袋，包装用膜（袋）及复合制品，食品、饮料、药用、化工包装用容器；为家电、汽车、摩托车、通讯等配套用工程塑料制品及部分日用塑料制品等。本省企业生产的塑料制品中销往省内的为 70%，30% 销往省外，省外主要销往湖北、湖南等地。在省内塑料制品市场中，外省产品约占 60% 左右，外省产品进入省内的主要制品有 PVC 异型材、PVC－U 管材、复合膜及基材、宽幅彩条布、棚膜、土工材料、日用塑料制品等，这些产品主要来自广东、浙江、湖北、福建、江苏、安徽等地。

2000 年江西省对塑料制品的需求量约 115kt。其中农用塑料制品为15kt，主要品种有地膜、大棚膜、农用打井用管、灌溉器材、育秧材料、渔用器具、渔网、水利工程用土工材料（土工膜、布、土工网、防渗膜）及农用喷雾器材等；建筑用塑料制品需求量为35kt，主要品种有PVC-U异型材、PVC上、下水管、PVC电力导线、护套管、PE穿线管、PE复合板、轻质墙体材料、宽幅彩条布、拦护网等；包装用塑料制品年需求量35kt，主要品种有：粮食、化肥、水泥、盐、矿产品等用编织袋，食品、饮料、日化、化工、药用膜（袋）及复合制品；中空容器、周转箱、包装箱等；塑料制品在家电、电器、邮电通讯、汽车、摩托车等配套用工程塑料制品；电缆料、城市电力工程、公路、铁路，城市道路用导线管材、土工材料等年用量在15kt；日用塑料制品年需求量为10kt以上，主要品种有PU、PVC人造草、塑料鞋、日用杂品等；其他塑料制品如医用塑料也有较大需求，主要品种有：一次性注射器、注射液用容器、输液、输血管、袋等。

2000年本省对树脂原料的需求量为62kt，主要品种是PE树脂19kt（其中LDPE 5kt，LLDPE 5kt、HDPE9kt）、PP树脂18kt、PVC树脂20kt、HIPS、PS树脂2.5kt、ABS2kt、PET树脂0.5kt等，本省对树脂原料的使用国产料基本可以满足，由于农膜料部分计划分配及树脂价差因素，2000年本省使用进口料约占15%，主要来自韩国及台湾地区等。

江西省塑料主要生产企业

企业名称	主要产品	年生产量/t
江西腾飞塑料总厂	日用塑料制品、周转箱、中空容器、HDPE双壁螺旋管	9 050
江西樟树富达实业公司	PVC异型材、门窗 UPVC给排水管（件）	7 100
江西康乐塑胶有限公司	UPVC给排水管（件）	6 500

【存在的问题】

江西省塑料制品工业发展现状与周边省份，特别与沿海发达地区相比，无论是产量、生产规模、产品品种、质量、新产品开发速度与水平、工艺装备与技术水平等都存在较大差距，发展相对滞后。

1. 产品结构不合理，缺门产品多

中低档产品，传统产品多，高附加值，高技术含量产品少，包装制品中，劳动密集型，低值产品的PP普通编织袋和以PE为原料的单层膜（袋）产量比例大，而复合膜（袋）、软包装材料产量小，复合膜基材BOPP、BOPET等，在省内一直是空白。具有高附加值的工程塑料制品产品少，特殊的工程塑料制品生产几乎为空白，市场用量较大的土工材料，宽幅彩条编织布品种少，省内缺门产品多。

2. 企业规模小，经济效益差，产品缺乏市场竞争力

全省塑料加工企业246个，年生产能力在5kt以上的有8个，其中超万吨规模的有2个，2000年塑料制品生产量2kt以上的有8个，其中超3kt的有3个；无一户生产企业达万吨。生产PVC异型材企业有10个，产量超千吨的2个，其中超5kt的1个，其余均在百吨级。企业规模小，经济效益差，与周边省份，特别与广东、浙江、江苏省沿海省企业的产品在市场竞争中难以取得优势地位，省外塑料制品大量进入江西省内。

3. 企业投入少，工艺装备与技术水平低

全省塑料制品生产企业历年来，投入改造资金处于低水平状态，2000年全省行业投入基建及更新改造资金完成2200万元，企业资金投入规模小，工艺装备更新慢，90年代起基本没有引进国外先进技术与装备，全省大部分企业工艺装备水平基本处于80年代初、中期水平。企业制造模具能力差，水平低，塑料机械制造在省内是空白，全省行业企业严重缺乏发展后劲。

4. 人材缺乏，技术与经营管理水平低，新产品开发速度慢

全省塑料制品生产企业技术人员相对比例低，90年代起省内技术人员向周边发达省份流动加快，新的技术力量进来又少，造成省内企业技术力量更趋薄弱，全省尚无塑料制品研究单位，企业科技开发能力又差，经营管理水平较低，新产品开发投入资金少，造成新产品开发速度慢，新产品开发滞后，新产品开发少。2000年全省开发的新产品有硅芯管、PPR管、HDPE双壁螺旋管（件）。

5. 行业的外向度差

2000年本省塑料制品仅有编织袋少量出口，当年交货值883万元，塑料加工外资企业在我省落户少，到2000年末，全省仅有3家中外合资企业，生

产规模也小，总共生产能力为3kt/a，约占全省生产能力的35%，生产的主要制品有PP－C管（件），PVC异型材、PVC热收缩膜。

【发展趋势】

本省"八五"期间塑料制品发展速度年均递增率为12%，"九五"期间发展出现负增长，1997年年产量108100t，创本省历史最高年产量记录，90年代中、末期，占本省行业总产量60%的轻工系统生产企业改革、改制、重组、调整速度步伐慢，在激烈的市场竞争中，部分企业处于停产或减产状态。2000年民营、股份制、私营企业得到发展，省内、外一些民营企业界人士带资陆续步入本省塑料制品工业，给本省塑料加工业的发展带来良好机遇。"十五"期间社会对塑料制品的需求量在增加，国家大力发展和推广新型化学建材，塑料制品的应用领域在扩大，江西省全省经济发展运行速度在加快，必促进本省塑料制品工业的快速发展。预计"十五"期间本省行业发展速度年递增为18%（前两年为15%，后三年为20%），到2005年本省塑料制品产量为150kt（此产量仍大大低于周边省份产量，低于全国人均产量水平），产值达16.5亿元。

（一）产品的发展方向

本省"十五"期间重点发展建筑用塑料制品和包装用塑料制品，大力发展为汽车、家电、电子、通讯、交通运输工程等行业配套用塑料材料和工程塑料。重视农用塑料制品的发展，增加日用塑料制品品种，提高产品质量与档次。

（1）重点发展建筑用塑料制品和包装用塑料制品

① 建筑用塑料在今后相当长时间内迎来高速发展期，本省各地将新型化学建材纳入"十五"计划中，并强制性淘汰镀锌管、钢窗等的使用，省内发展的建筑用塑料制品主要有PVC异型材、门窗、UPVC室内给排水管、UPVC自来水用管、PE室外给水管、PE室外排水管、PE燃气管、PE复合材、电线电缆护套管、轻质墙体材料等。到2005年产量达50kt。

② 包装是塑料应用的主要领域，本省要提高塑料包装，材料的档次和质量，增加其品种，主要发展的品种有宽幅复合编织布、集装袋、缠绕膜、热收缩膜、复合膜（袋）、降解膜（袋）、PET、PEN饮料瓶、周转箱、中空容器等。到2005年，包装制品产量达40kt。

（2）大力发展为汽车、家电、电子、通讯、交通运输工程等行业配套用塑料材料和工程塑料，发展的主要产品有无氟冰箱用板材、家电部件；汽车、摩托车配件；铁路、高速公路、城市道路用土工格栅、土工网垫、硅芯管；电缆料等。到2005年产量达到25kt。

（3）重视农用塑料制品的发展。江西省为农业大省和蔬菜输出省，农用塑料制品的发展对本省农业的发展有举足轻重作用。要发展的产品有长寿、耐老化、防雾防滴、光转化功能性大棚膜；防虫、有色、降解地膜；农业输水管，节水灌溉喷滴管（件）；遮阳网、渔用器具、育秧器材等。农用塑料制品到2005年产量达到20kt。

（4）要增加日用塑料制品品种，提高产品质量与档次，江西腾飞塑料总厂生产日用塑料制品品种多，其规模在全国同行中名列前位，产品销往全国多省。本省日用塑料制品要通过淘汰、改造、发展、创新中发展高档人造革、塑料鞋及日用制品等，提高产品系列化程度，到2005年日用塑料制品产量达15kt。

（二）行业发展的主要措施

（1）抓住机遇，特别是抓住当前发展高新技术机遇，抓住国家大力推广塑料建材的机遇，抓住省内正大力推进工业化，加快经济发展的机遇等，努力加快本省塑料工业的发展。

（2）加大结构户整力度，通过兼并、重组、改制、改造加快企业结构调查与转制，要扩大企业规模，有条件时要建立企业集团，提高企业产品市场竞争力。

（3）依靠科技进步同时，要加大企业投入，加快技术改造步伐，淘汰落后工艺与生产能力，提高技术装备水平，到2005年，省内重点企业工艺装备要达到国际90年代中期水平，增强企业发展后劲，促进产品结构调整加快，提高高附加值、高科技含量产品比例，努力开拓国内外市场。

（4）扩大开放，请进来，走出去，抓住地方政府在大力改善投资环境的机遇，积极参加国内外招商活动，吸引境内境外投资，本省企业利用外部投资是促进省内塑料制品工业发展的重要途径，有条件的企业，要抓住我国加入WTO的机遇，力争尽快走出去。

（5）省内各级政府和企业，要采取可行措施，制订优惠政策，吸引人才，留住人才，提高企业自身的科技和经营管理水平，同时要扎实加强与省内外高校，科研机构合作，提高产品开发水平，加快企业新产品开发和产品升级换代速度，加快塑料加工新技术、新工艺和新型树脂材料的应用与推广。

（江西省塑料工业协会　雄　辉）

山东省

【基本情况】

2000年山东省（含青岛市）塑料加工行业企业总数量约3000家，其中年产值百万元以上的企业2000

多家。年产值500万元以上的企业约500家。在这500家企业中，国有企业42家，集体企业209家，中外合资合作企业85家，私营企业164家。

全行业从业人员约25~30万人。

全行业生产能力（制品加工能力）约3.6Mt/a（按3班300天计算）。

2000年制品产量约2.6Mt，工业总产值300亿元，其中，规模以上企业产值150亿元。

【企业经营】

2000年山东省塑料加工行业企业总体经营情况较好，农膜、PVC－U型材、PVC、PE管材、土工合成材料、编织类产品等销售情况较常年好，特别是土工合成材料（土工膜、土工格栅）、PE管道、PVC波纹管等产品的生产销售有较大增长。多数企业有盈利，一些民营企业、改制成功的企业以及生产市场需求热点产品（土工合成材料、塑料管道、防水卷材等）的企业，效益都有明显增长；而一些老企业（多为国有或集体企业）、生产传统产品的企业（如电缆料、人造革、普通注塑产品、普通中空产品等）效益较差，有的甚至亏损；部分盲目上马项目（如铝塑复合管、降解塑料、PPR管）的企业，由于市场原因或技术原因，经营困难；一些不讲究产品质量、搞假冒伪劣产品（如农膜、建筑安全网）的小企业，经营艰难，甚至倒闭。

山东省塑料加工行业2000年销路较好的产品有：土工膜、土工格栅、PE燃气管、PVC－U双壁波纹管、电讯穿线用管、PE农膜、PVC棚膜、高档包装基材、高分子防水卷材、PVC－U塑钢门窗型材等。山东省是农业和经济大省，对塑料制品有大量需求，其中，农用大棚膜（PE、PVC）用量全国最大，年需求量在350kt以上。山东省PVC－U塑钢门窗型材推广使用较早，已普遍被市场接受，有较大的使用量。农用低压灌溉管道、农村改水管道、编织袋、渔用网绳等海水养殖用品、家电零配件等，山东省都有较大的市场规模。

山东省塑料制品大多数在本省市场销售，其余为省外销售和出口。在省外销售的产品有PE棚膜、地膜，主要市场在华北、西北地区；PVC－U塑钢门窗型材主要销往华北、东北地区；土工合成材料销往全国各地，节水灌溉器材销往西北地区，PVC波纹管销售到上海周边地区等。

2000年规模以上企业产品销售利润128273万元，约占产品总销售收入（1318099万元）的9.73%。

【重点企业】

2000年山东省塑料制品产量在3000t以上的塑料加工企业共计70家，重点企业名单见下表。

山东省2000年产量在3kt以上企业名单

序号	企业名称	主要产品	产能/（kt/a）	产量/（kt/a）
1	山东三塑集团（济南市）	PE农地膜、PVC压延膜、PVC地板革、复合土工膜	总能力：60 其中：PE农膜46；PVC压延膜8；其他6	总产量：27.92 其中，PE农膜16.32；PVC压延膜5.65；地板革480×10^4m^2；复合土工膜230×10^4m^2
2	山东鲁宏集团（济南章丘）	PVC型材、PVC管材	总能力：20 其中，型材18	总产量：11 其中，型材10；管材1
3	济南方信集团	PVC型材、管材、防水卷材	总能力：20	总产量：6 其中，型材3；管材2；防水卷材1
4	山东三联新型建材有限公司（济南市）	PVC型材	10	5

续表

序号	企业名称	主要产品	产能/（kt/a）	产量/（kt/a）
5	山东胜邦塑胶管道系统有限公司（总部在济南市）	PE燃气管、水管、夹克管	30	15
6	济南塑料四厂	PE、PS泡沫塑料	6	4
7	济南鸿发电讯工程塑胶制品有限公司	PE、PVC多孔穿线管	4.5	3.5
8	山东兴业塑料有限公司（济南市）	PE吹膜、制袋	6	4
9	章丘市塑胶有限责任公司	PVC板材、PP板材	6	3.5
10	烟台塑料一厂	PVC管材、PE周转箱	10	总产量：5.6 其中，PVC管材4.6；PE周转箱1
11	烟台华兴塑料包装材料有限公司	BOPP、CPP	总能力：7 其中，BOPP 3 CPP 3.5	总产量：4.5 其中，BOPP 2.5
12	烟台塑料六厂	编织袋、编织布	12	8
13	山东南山集团型材厂（山东龙口）	PVC型材	5	3
14	山东金金潮科技发展有限公司（山东招远）	PPR管材、管件；PE－X管材	总能力：13	3
15	山东海阳正丰塑料有限公司	PE农膜	5	3
16	烟台万华合成革集团	PU合成革及原料	销售收入：81 500万元	利税总额：5 501万元
17	山东龙口兴隆道恩化学有限公司	改性专用料、色母料	10	4
18	烟台环球塑业有限公司（山东龙口）	PE管材	20	6
19	淄博塑料二厂	PVC压延硬片	6	4

续表

序号	企业名称	主要产品	产能/(kt/a)	产量/(kt/a)
20	淄博庄园塑料制品公司	PE农膜、功能母料	15	4.6
21	齐鲁武峰塑胶有限公司	PVC管材、管件	10	5
22	齐鲁石化公司职工大学齐大实业公司	PE农膜	25	8
23	淄博博威门窗制造有限公司	PVC型材	4	3
24	齐鲁石化齐华塑料型材公司	PVC型材、装饰扣板	5	3
25	淄博齐鲁塑编厂	PP编织袋、编织布	20	总产量：13 其中，编织袋10；编织布3
26	齐鲁塑料制品有限公司（淄博）	PP编织袋	4	3
27	淄博市张店万利塑料厂	PE农膜	12	4
28	淄博万丰塑料制品公司	PE农膜、PVC双壁波纹管	总能力：9.5	总产量；7 其中，PE农膜3；PVC波纹管3；其他1
29	淄博齐能清源塑膜厂	PE农膜	30	11
30	山东曙光塑料厂（淄博临淄）	PVC、PE电缆料	15	8
31	淄博欧齐塑胶有限公司	电缆料	8	6
32	齐鲁乙烯塑料厂（淄博临淄）	PE农膜、扭结膜	12	5
33	齐鲁石化公司星月塑料厂	PE农膜	6	4

续表

序号	企业名称	主要产品	产能/（kt/a）	产量/（kt/a）
34	山东潍坊三星塑胶有限公司（潍坊塑料总厂）	PE农膜、PVC型材、PE管材、PVC管材、注塑产品	18	总产量：4.7 其中，PE农膜3.2；PVC型材1
35	潍坊塑料建材有限公司	PVC排水管材、管件；PP-R管材、管件	8	总产量：3.5 其中，发泡管1.5；内螺旋管0.5；PVC管件1.5
36	潍坊新立克塑胶有限公司	BOPET膜	14	12
37	潍坊海特塑胶有限公司	PVC增强软管、PU、PA软管	5	总产量：3.5 其中，PVC软管3
38	潍坊乐富实业集团公司	PE吹膜、制袋	10	7
39	山东天虹包装彩印有限公司（山东青州市）	复合、彩印、制袋	4	3
40	山东塑料制品试验厂（山东济宁市）	PVC压延膜、PE农膜	20	总产量：12.6 其中，PVC压延膜8.6；PE农膜4
41	山东鑫塑集团公司（山东泗水县）	BOPP膜、PE农膜、彩印复合包装袋	总能力：8 其中，BOPP吨	总产量：4.024 其中，BOPP 3.454 PE农膜0.57
42	山东微山德鑫实业发展总公司	PVC霓虹灯带；PO、PVC热收缩膜	3.6	总产量：3 其中，热收缩膜2
43	泰安华塑建材有限公司（泰安塑料一厂）	土工格栅、挤出网	5	总产量：3.6 其中，土工格栅2.5；网材1.1
44	山东泰峰土工合成材料有限公司（泰安市塑料厂）	土工膜、土工格栅、土工网	总能力：8 其中，土工膜4；土工格栅4	总产量：6 其中，土工膜3；土工格栅3

续表

序号	企业名称	主要产品	产能/(kt/a)	产量/(kt/a)
45	泰安永佳塑料有限公司	塑料绳	9	7
46	山东莒南县塑料厂	PE农膜、PP纤维	20	总产量：12 其中，农膜7；PP纤维5
47	山东郓城县塑料厂	PE农膜	8	总产量：4.249 其中，棚膜4；地膜0.249
48	山东莱芜塑料制品(集团)总厂	节水灌溉器材、PE农膜、PVC管材	12	总产量：5.760 其中，农膜1.190；PVC管材1.74；节水灌溉器材3
49	聊城华塑工业有限公司	PE农膜、功能母料	10	总产量：7 其中，农膜4；母料3
50	山东省阳谷县仙农塑化有限公司	PE农膜、PVC型材	总能力：17 其中，农膜15；型材2	总产量：10 其中，农膜8.5；型材1.5
51	山东莘县十八里堡塑料厂	PE农膜	4	3
52	山东茌平县塑料厂	PE农膜、功能母料	5	3
53	山东冠县国强塑料厂	PE农膜	8	4
54	山东东昌农业机械集团塑料建材公司	PVC型材	4	3
55	山东德州石化总厂塑料厂	PVC管材、管件；PVC型材；PP片材；PE包装膜	总能力：9.5 其中，PVC管材2.5；PVC管件0.5；PVC型材3；PE包装膜3；PP片材1	4
56	华亚塑胶(东营)有限公司	PVC管材	30	15

续表

序号	企业名称	主要产品	产能/(kt/a)	产量/(kt/a)
57	山东大明恒泰塑料建材有限公司(东营市)	PVC型材	15	6.5
58	威海市塑料工业集团公司	编织袋、PE农膜、PVC管材、塑料网、绳	60	总产量:18.4 其中,包装袋2.001;网、绳7.442;PVC管材1.547;PE农膜4.425
59	烟台聚氨酯公司	PU制品	5	3
60	青岛崂山塑料建材实业公司	异型材	20	10
61	青岛百龙型材有限公司	异型材	20	11
62	青岛宏达塑胶有限公司	薄膜、管材、板材	30	20
63	威海医用高分子有限公司	医用材料	15	10
64	青岛英格尔钢塑制品有限公司	钢塑制品	20	10
65	青岛交河塑料有限公司	防水帐篷、PE涂料	35	30
66	青岛成进塑料有限公司	防水帐篷、PE涂料	30	20
67	龙口福利橡塑雨布厂	涂塑布	60	40
68	荣成渔网绳索总厂	塑料网绳	8.6	6.3
69	青岛胶带有限公司	胶带	12	10
70	威海光威渔具有限公司	渔具	15	12

【设备技术引进】

由于国产塑料机械近年发展较快,已能满足大多数产品的生产要求,国外塑料机械设备价格高,一些企业资金有限,近年来对国外技术设备引进不是很多。2000年山东省塑料加工行业引进国外技术设备主要情况如下:

(1)山东三联新型建材有限公司引进德国克劳斯·玛菲公司4条PVC型材生产线及奥地利格瑞娜公司型材模具。

(2)山东泰山贤文电子产业有限公司引进日本东芝、三菱公司大型注射机4台,其中,1300t的2台;1800t的2台。

(3)山东胜利股份有限公司引进德国克劳斯·玛菲公司PE大口径管材生产线2条。

(4)招远山东金金潮科技发展有限公司引进德国巴顿费尔德公司PP-R管材生产线8条。

(5)烟台西蒙西塑料包装制品有限公司引进德国拜雷尔公司五层共挤复合软管(包装用)生产线1条

及相应制管设备。

(6) 烟台华润汽车内饰件有限公司引进德国切割机、模具，配套生产环保型复合轿车顶棚（为奥迪A6配套）。

(7) 今隆（烟台）迪威迪电子有限公司引进德国、瑞士4条DVD碟片生产线。

(8) 山东大明恒泰塑料建材有限公司（东营市）引进美国戴维斯标准公司6条平行双螺杆型材生产线。

(9) 山东枣庄讯达塑料管材有限公司（鲁港合资）引进韩国大口径缠绕管材生产线4条。

(10) 山东德鑫实业发展总公司济宁东美包装材料有限公司引进台湾产POF三层共挤热收缩膜生产线2条，引进德国产PVC透明复合包装膜生产线1条。

(11) 青岛百龙大亚绿色建材有限公司引进韩国共挤发泡管材生产线1条，引进德国高速PVC型材生产线1条。

(12) 青岛现代塑料有限公司引进韩国高强度缠绕管生产线1条。

【塑料制品进出口】

2000年山东省塑料制品进口90kt，金额9147万美元，主要品种有：电缆材料、包装材料、管材、装饰材料、人造革、家庭用品等。进口国家和地区为：日本、韩国、中国台湾地区、美国等。

2000年山东省塑料制品出口约20kt，出口金额约2.2亿美元。出口的主要品种有：塑料编织袋60000吨；薄膜、包装袋（垃圾袋、购物袋）50kt；塑料绳索15kt；塑料网具10kt；钓鱼用具20kt；PVC硬片6kt；

其他制品38kt。出口国家和地区有：北美、日本、东南亚、中东、西欧等。

【外资利用】

近年山东省塑料制品行业利用外资情况进展不快，2000年利用外资情况如下：

2000年新成立合资企业数量30家，投资额85005万元人民币，主要投资产品有：包装膜、农膜、塑料管材、汽车配件等。至2000年底，全省塑料行业外资企业数累计达85家，外资企业2000年销售收入合计32.34亿元。主要投资领域为：管材、包装材料、绳网等。

【新产品开发】

2000年山东省塑料加工行业共鉴定新产品60余项，部分重点新产品开发项目如下：

(1) 济南方信集团奥凯氟塑料有限公司的大截面油井加热电缆用PTFE薄膜。

(2) 济南方信集团奥凯氟塑料有限公司的半球状填充PTFE心盘衬垫。

(3) 济南方信集团有限公司的聚苯乙烯发泡制品的回收与装饰型材的研制。

(4) 济南保飞乐塑胶玩具有限公司开发的异型滚塑儿童玩具及中空制品。

(5) 济南欧凯管材公司的PPR管材。

(6) 济南田园塑胶助剂有限公司开发的塑料（ABS、AS、PS、PP、PE）专用复合阻燃剂及阻燃安全网专用母料。

(7) 济宁毕生塑料印刷集团公司的轧花防滑膜。

(8) 泰安市塑料厂的土工格栅。

(9) 泰安市塑料厂的土工格栅（单向拉伸）。

(10) 泰安市塑料厂的建筑用复合土工膜。

(11) 泰安市塑料厂的热可贴土工膜。

(12) 泰安阳光矿业集团公司的铝塑复合管。

(13) 烟台华兴塑料制品有限责任公司的双向拉伸聚丙烯离型薄膜。

(14) 烟台华润汽车内饰件有限公司（与黎明化工研究院合作）的轿车内饰顶棚聚氨酯新材料的研制与应用。

(15) 烟台宏发电讯工程塑胶制品有限公司的地下通信管道用塑料多孔管。

(16) 烟台宏发滤材有限公司的新型改性PP烟用滤材。

(17) 烟台万华合成革集团有限公司的高耐久性超细纤维特种仿真人工皮革技术开发。

(18) 烟台文德塑料制品试验厂的高保温阻燃塑料护套。

(19) 文登中达轿车内饰件厂的汽车用塑胶内饰地毯。

(20) 新汶矿业集团公司华丰煤矿的高强度铝塑复合管。

(21) 齐鲁塑编股份有限公司的消光防滑编织袋。

(22) 齐鲁乙烯塑编厂有限公司的耐光老化编织布。

(23) 潍坊塑料建材公司、招远金金潮科技发展有限公司等开发的PP-R管材。

(24) 淄博市临淄塑胶厂的超高分子量PVC改性CPE防水卷材。

(25) 微山德鑫实业发展总公司的聚烯烃（POF）三层共挤双向拉伸收缩膜。

(26) 微山华联塑胶制品有限公司的流延单面自粘捆包拉伸膜。

(27) 山东三塑集团的PVC压延宽幅灯箱膜。

(28) 山东三塑集团的PVC压延宽幅熏蒸膜。

(29) 山东三塑集团的三层共挤高透光多功能膜。

(30) 山东三塑集团的6m宽PE复合土工膜。

(31) 山东三塑集团的PVC压延复合防水卷材。

(32) 山东三塑集团的聚乙烯转光膜。

(33) 山东胜利股份有限公司的盘卷式喷灌机用聚乙烯管材。

(34) 山东莱芜塑料制品总厂的农用高效节水灌溉设备的研制开发。

(35) 山东鲁宏集团的整体挤出塑料门板。

(36) 山东塑料制品试验厂的汽车内饰用PVC压延膜。

(37) 山东胜利股份东营塑料厂的深海养殖用专用塑料管道。

(38) 山东宁津华宏化工有限公司的超高分子量聚乙烯管材。

(39) 山东省莱芜塑料制品集团总厂的脉冲滴灌系统。

(40) 山东声乐鞋业集团公司的金属涂层透气服装革。

(41) 山东省阳信县绿环降解塑料有限公司的双降解塑料制品开发(杯、餐具)。

(42) 山东滨州久安公司开发的PP土工拉伸网。

(43) 青岛宏达塑胶总公司的高档仿木纹装饰型材。

(44) 青岛海尔工装研制有限公司的海尔出口冰箱用新型密封材料及其制品。

(45) 青岛崂山塑料型材厂稀土研究所开发的PVC型材用稀土复合稳定剂。

(46) 海尔科化工程塑料国家工程研究中心有限公司青岛家电工艺装备研究所的家用电器用耐候聚丙烯材料的研制应用、高性能PC/ABS合金。

【市场需求】

2000年山东省塑料制品需求量约为2.2Mt,品种及数量如下:

农用塑料薄膜约350kt,农业塑料管材约30kt,输水膜约30kt;塑料绳网等水产用品约80kt;塑料包装膜袋100kt,编织袋100kt,包装容器及箱类70kt,其他包装产品80kt;塑料建材及装饰材料250kt;生活日用品200kt;塑料配件(家电、车辆等)200kt;基础设施用塑料(管道、土工材料等)40kt;工业配套产品(电缆材料、工业用板、管材等)120kt;其他约450kt。

2000年全省塑料原料需求约2.2Mt。其中,PE约1Mt;PP约350kt;PVC约400kt;PS约100kt;ABS约100kt;其他约250kt(包括回收料、工程塑料,但不包括填料、助剂)。

在所有材料中,国产树脂约占55%,进口树脂约占45%。

【存在的问题】

山东省塑料行业存在的主要问题如下:

(1) 企业机制落后,管理水平较低,发展速度下降,与南方沿海地区的差距拉大。部分老企业经营困难、效益下降、亏损。

(2) 企业结构不合理,缺少有影响力、有实力的企业集团和上市公司,一些产品生产规模偏小(如BOPP、CPP、管材)。小企业产品专业化程度不高、产品质量不稳定。

(3) 企业融资渠道单一、困难,招商引资、利用外资不够,影响了行业发展。山东省由于民间资本较弱,又缺乏上市公司,一些企业生产发展基本靠银行贷款。银行贷款条件苛刻、种类繁多、周期长,成功率低,造成一些企业生产发展资金紧张。

(4) 产品结构不合理,低档产品如普通农膜、地膜、编织袋、吹膜袋等在总产量中所占比例高,而高档产品如高档包装基材、复合包装产品、工程塑料制品、机电产品配件等在总产量中所占比例低。低档产品盲目投资严重,企业开工率低,效益下降。一些高档、高附加值产品还不能满足本省需求,如:高性能大棚膜、家电配件、高档包装基材等。

(5) 国产树脂、助剂、机械设备等还不能满足塑料加工行业需求。国产树脂自给率低,价格受国际市场影响大,价格波动大,使一些企业很难把握。国产助剂、机械设备的品种、性能等还不能完全满足国内需求,而进口产品在价格、交货期等方面,与用户的期望和要求还有较大差距。

(6) 行业管理与指导不够。行业发展缺少规划,对中小企业、新企业的指导不够,部分产品盲目投资、重复投资、给企业带来不少损失。

【发展趋势】

1. 塑料企业规模发展趋势

山东省不少行业都在积极投资办塑料加工企业,例如:电力部门、煤炭部门、旅游部门。新建塑料加工企业规模逐年扩大,万吨级塑料制品加工企业数量逐年增加。

2. 塑料制品发展趋势

山东是一个经济大省,各个领域对塑料制品的需求都在不断增加,今后一段时间内,塑料制品发展的重点,仍然是农业、建材、包装、汽车、家电配套产品等领域。除扩大原有品种的产量,还要不断研究开发、试制、生产新产品,满足市场的需求。例如:胜利股份塑胶有限公司正在利用深海网箱养殖发展的大好时机,开发养殖专用管材。农用节水灌溉器材、土工合成材料、大口径排污管材、包装基材等都将得到较快发展。估计"十五"期间山东对塑料制品的需求量约为3.5Mt。其中,薄膜类800kt、管材类400kt、防水卷材、土工材料100kt、型材300kt、包装材料800kt、汽车、家电300kt、其他制品800kt。

3. 新技术发展趋势

纳米技术和纳米材料将受到塑料加工企业重视，一批新产品将不久会在市场出现。今后一个时期内，塑料制品加工技术发展趋势主要体现在塑料制品的轻量化、复合化和功能化三个方面。即从满足使用要求出发，认真改进制品结构设计，优化工艺配方，采用新设备、新工艺、新材料，提高生产效率，保证产品质量，节约资源，增加产品的技术含量，提高企业的经济效益。不断开拓创新，赶超国内外同行业先进水平，是每一个塑料制品加工企业保持兴旺发达的必由之路。

（山东省塑料工业协会
杨绪典　刘圣军　国殿才　宋修华）

湖　北　省

【基本情况】

湖北塑料工业始于1972年。当时从业人员不足50人，仅生产发夹、扣子、肥皂盒一类的小商品，设备简陋，品种单一。经过几十年的发展，特别是改革开放以后，全省塑料工业进入了一个飞跃发展时期。现拥有包装塑料、农用塑料、建筑装饰材料、工业配套塑料和日用塑料等五大行业，广泛应用于农业、包装、建材、交通、电子、电气、机械、能源等工业以及人民生活、医疗卫生、国防军工等国民经济各部门，已成为经济建设中不可缺少的工业门类。截止2000年，湖北省塑料制品行业国有及500万元以上非国有企业218户，拥有固定资产原值31.2亿元，净值22.66亿元，从业员工36560人，其中工程技术1800人。生产能力达到330kt。

【企业经营】

2000年，湖北省轻工系统内塑料工业保持了持续、稳定、快速发展的势头，生产经营、经济效益、技术进步等方面都取得了明显的成效。

一是生产快速增长。规模以上企业完成工业总产值32.37亿元，同比增长43.63%，在全国居第10位；完成工业增加值7.86亿元，同比增长42.06%，列全国第7位。其中管棒材生产企业实现工业总产值9.1亿元，同比增长53%，实现工业增加值2.7亿元，同比增长49.55%；编织类产品企业实现工业总产值2.66亿元，同比增长33.28%，实现工业增加值0.65亿元，同比增长25.43%，泡沫塑料产品企业实现工业总产值2.47亿元，同比增长75.08%，实现工业增加值0.63亿元，同比增长87.83%；包装及容器产品类企业，实现工业总产值2.4亿元，同比增长63.22%，实现工业增加值0.46亿元，同比增长95.21%。其他制品业完成产值8.7亿元，同比增长93.36%，完成增加值2.3亿元，同比增长90%。

二是主要产品发展迅猛。2000年，全省塑料制品总量达到253.1kt，其中轻工系统完成产量156kt，同比增长14%。主要产品中塑料薄膜36kt，与同期持平；塑料板片材25.4kt，同比增长76.08%；塑料棒管材48.5kt，同比增长68.68%；塑料包装箱及容器22.7kt，同比增长18.52%，日用塑料制品18.6kt，同比增长46.23%。

三是经济效益显著。2000年，全省塑料产品行业实现销售收入47.33亿元，利税4.67亿元，利润2.59亿元，均位于全国第9位。其中系统内财口61户企业，全年实现销售收入14.4亿元，利税1.89亿元，利润1.4亿元。固定资产原值16.14亿元，净值达12.2亿元。

四是技术进步取得进展。2000年全省塑料行业完成技术改造投资2.26亿元，有12个项目完成投产，新增固定资产2.14亿元。中包云梦塑料薄膜厂、武汉塑料集团股份有限公司、湖北永祥塑胶股份有限公司、湖北力特塑料制品有限公司等四家企业建立成为省级技术开发中心。湖北凯乐塑料管材股份有限公司正在申报国家级技术中心。中包云梦塑料薄膜厂还是全省CIMS应用的示范单位。全行业开发重大新产品30余项，高新技术产品产值达6亿元。

五是重点骨干企业取得突破性发展。全省塑料工业8家重点骨干企业2000年完成工业总产值12.33亿元，占全行业完成产值38%，同比增长60%；实现利税2.3亿元，占系统内61户财口企业实现利税的121%，为全行业发展作出了突出贡献。武汉塑料工业集团股份有限公司率先于1995年在深圳上市，是全国塑料行业的首家上市公司，成为公众媒体关注的焦点；湖北凯乐塑料管材股份有限公司在塑管行业中无论其规模还是效益，均居全国同行首位，为全国塑料行业的一面旗帜。

【重点企业】

湖北凯乐塑料管材股份有限公司全年完成工业总产值3.94亿元，销售收入3.63亿元，利税1.15亿元，生产塑料制品36.2kt，其中管材24.5kt，板材8711t，生产能力达到60kt。

中包湖北云梦塑料薄膜厂全年完成工业产值2.86亿元，实现销售收入1.81亿元，利税1890万元。生产塑料制品14.5kt，完成项目投资1.99亿元，形成生产能力30kt。其“德纳尔”品牌为湖北省政府授予的名牌。

武汉塑料工业集团股份有限公司全年完成工业产值1.65亿元，实现销售收入4.43亿元，利税4861万元。主要产品塑料汽车油箱4.96万套，生产能力为15万套。

湖北永祥塑胶集团股份公司全年生产“首相牌”塑料箱包97万支，完成产值1.58亿元，实现销售收入9000万元，利税485万元。

湖北力特塑料制品有限公司全年实现工业总产值1905万元，销售收入1242万元，利税87.5万元，生产土工强力格栅网1500t，生产能力3000t。

武汉紫江包装有限公司（合资企业）完成工业总产值1.27亿元，销售收入1.1亿元，利税3133万元，生产PET聚酯瓶9356万只，生产能力达1.5亿只。

黄石华亿塑胶有限公司完成产值2514万元，实现销售收入1852万元，利税145万元，生产塑料制品3000t，其中硬板2200t，生产能力达5000t。

赤壁塑业有限公司完成产值5987万元，实现销售收入4253万元，生产电缆料5058t，生产能力突破万吨。

【存在的问题】

湖北省塑料工业2000年虽取得了较大发展，但与沿海发达地区相比仍存在较大差距，在全国塑料行业位次相对滞后。影响湖北塑料工业发展的主要因素是投入不足，导致企业规模偏小，产品结构不够合理，行业经济的外向度低，行业发展的增长基础比较脆弱等问题，严重制约湖北塑料行业的快速发展。

【发展趋势】

“十五”期间，湖北塑料工业发展总体思路是：以加快发展为主题，以结构调整为主线，以市场为导向，以效益为中心，依靠科技进步，加大技术改造力度，壮大骨干企业，培植名优产品，提高经济增长质量和效益，增强市场竞争力，力争2005年全行业生产量达400kt，年均增长10%。

主要工作措施：

1. 以市场需求为导向，加速产品结构调整

紧紧围绕汽车工业、西部大开发、农田水利建设、通讯、交通等行业发展需求，加速产品结构调整。膜类产品以武汉、荆州、咸宁、黄冈等地农膜生产企业为主，重点开发蔬菜、花卉和其他经济作物栽培所需的各种功能性棚膜、地膜和饲草用膜，研究推广可降解薄膜；管材类产品以湖北凯乐公司为主体重点开发节水灌溉、微灌、滴灌、渗灌器材，渠道防渗的管材、光纤护套管材及与之配套的各类管材、管件；包装材料以孝感云梦、黄冈中基、武汉紫江等企业为主重点开发各种食品、饮料、药品等包装产品，以提高保护功能、延长货物寿命的高阻隔包装材料、热灌装包装材料、保鲜材料及粮食储运的防霉防虫材料；土工材料类产品以湖北力特公司、凯乐公司为主体重点扩大植被网、土工格栅等产品生产规模；汽车工业配套产品以武汉、襄樊、十堰等地主要配套企业为主重点开发轿车前后保险杆及灯罩、装饰板等配套产品。通过以上调整，形成湖北塑料工业较为合理的产品格局。

2. 以科技创新为动力，加快技术改造步伐

紧紧围绕结构调整这条主线，加大技术改造力度，推进技术进步和产品升级。重点推进武汉塑料集团轿车前后保险杆及彩色涂装的技术改造项目，实现年产30万套的水平；推进襄樊5710厂汽车配件项目实施，形成年产20万套的能力；推进凯乐集团系列项目实施，形成以管材管件为主，土工合成材料、铝塑复合板材、装饰扣板等规格齐全系列产品，实现年产100kt的产出水平；推进黄冈中基公司、云梦塑料薄膜厂高阻隔多功能包装材料技术改造，使两厂的生产能力分别达到30kt和50kt；推进湖北力特公司双向拉伸土工格栅技术改造，形成单、双向拉伸土工格栅、植被网、三维土工网等系列产品，生产能力突破万吨。使重点企业主导产品产出量由目前的25%上升到50%以上。同时推进武汉、荆州、黄冈、咸宁等地农膜生产企业运用高新技术改造现有技术装备，促进产品的升级换档，提高市场竞争力。

3. 以改革为动力，推进集团建设

通过上市、兼并、联合重组等形式，以优势产品、企业为核心形成若干拥有自主知识产权、重点突出、核心能力强的企业集团，使之成为全省塑料工业组织结构调整、产业升级、行业发展的骨干和依托。重点培植和发展以武汉塑料工业集团股份有限公司为主体的塑料汽车配件集团、以湖北凯乐塑料管材股份有限公司为主体的塑料管材集团、以中包云梦塑料薄膜厂、黄冈中基塑料公司为主体的塑料包装材料集团，并积极推进该集团上市。以集团建设带动相关中小企业的发展。与此同时，深化企业改革，积极推进其他中小企业改革改制和改造，使中小企业逐步形成所有制结构多元化、经营机制灵活化、产品生产专业化、特色化，促进其快速发展。

4. 坚持扩大开放，推进塑料行业快速发展

抓住我国加入WTO后的发展机遇，以更加积极的姿态吸引外资、技术参与湖北塑料企业的改组、改造，重点抓好具有区位优势的武汉、荆州、宜昌、襄樊等市利用外资、引进技术改组、改造塑料行业重点企业。同时积极鼓励优势企业到境外投资设点办厂，带动国内出口或合作开发利用资源，扩大湖北塑料产品出口国际市场的影响力。抓住国家实施西部大开发

战略的历史机遇，充分发挥湖北得天独厚的区位优势，敞开大门、吸引东部沿海发达地区资金、技术向湖北转移，全国知名品牌产品向湖北延伸，带动湖北塑料工业产品结构的调整优化。充分发挥湖北塑料工业的比较优势，找准服务和参与西部大开发的切入点，努力提高湖北产品的市场占有率，从而推进湖北塑料工业的快速发展。

5. 强化企业管理，努力提高塑料企业整体素质

强化企业管理，在塑料企业改革改制完善企业内部法人治理结构的基础上，重点抓好质量、成本、营销决策管理，推进企业整体素质提高。继续在全行业推贯ISO9000、2000系列质量标准，重点骨干企业全部通过认证，促进企业质量管理水平上档次；推广邯钢、武汉晨鸣管理经验，坚持“以人为本”，推进企业成本管理上水平；推行运行现代信息技术等手段，加强企业经济活动审计监控，建立科学民主决策机制；运用电子商务等现代营销手段，建立信息反映灵敏的市场网络体系，努力提高市场占有率；积极培育蓬勃向上的企业精神和构造企业文化，努力提高塑料企业管理水平和整体素质。

（湖北省轻工行业管理办公室　高　杰）

湖　南　省

湖南塑料制品工业的主要产品有塑料薄膜、塑料板片材、塑料丝及编制制品、塑料包装箱及容器、塑料人造革、合成革、棒管材、日用塑料制品等，前五类产品的产量占出了塑料制品总产量的80%。到2000年，塑料制品的生产能力已达到200kt。

【基本情况】

2000年，湖南塑料制品工业拥有工业企业89家，其中国有企业14家，集体企业73家，股份合作制企业2家，从企业的规模来看，有大型企业2家，中型企业9家，大中型企业占企业总数的13%。年生产塑料制品的能力为200kt。大中型企业及其生产能力的分布主要集中在怀化（占总能力的20%）、常德（占总能力的17.65%）、湘潭（占总能力的14.71%）、岳阳（占总能力的20%）、常德（占总能力的9.27%）五个地区，这五个地区集中了全省塑料制品的74%的生产能力。

2000年，湖南塑料制品行业完成不变价工业总产值11.08亿元，工业增加值3.67亿元，产品销售收入10.98亿元，利税总额0.88亿元，其中利润0.39亿元。产品销售率为98.54%，资金利润率为4.75%，劳动生产率为6.87万元/人，塑料制品的产量为113.3kt，25年间平均以8%的速度递增。2000年塑料制品的出口金额为1636万元（人民币）。

【重点企业】

湖南省塑料研究所

湖南省塑料研究所是一所专门从事高分子材料应用研究和技术开发的省级专业科研机构，现有固定资产800余万元，专业技术人员78人，其中高级专业技术人员24名。该所先后完成了省级科研开发应用课题68项，其中“玻纤增强聚丙烯”荣获全国科学大会奖；“新型复合包装材料”；“热烫印金属光亮箱及刷纹箱”、“特种结构泡沫塑料”、“PVC有色无滴农膜”、“兰光转化母料”等9项获部优奖；“电器改性聚丙烯”、“聚烯烃着色母料”、“大型计算机用密封垫”等8项获省级奖；另有37项获厅局奖或特种奖。已推广应用成果27项，其中年产值达1000万元以上的有3项。“色母料”，“特种泡沫材料”研究成果在所内转化，已成为创收的拳头产品，农用“大棚膜防雾滴母料”、“摩托车改性专用塑料”等已转化为产品，批量生产。

该所引进意大利先进生产设备兴办了一座年产500t的色母料工厂，成为全国最早研制和生产塑料着色母料的单位之一，生产的着色母料品种达100多个，畅销大江南北。1996年以来，又兴建了改性增强工程塑料开发中心，塑料建材厂、膜片厂，并形成了一定的规模，年产各种改性增强塑料600t，聚氯乙烯阻燃波纹管及冷弯管等塑料建材300t。目前，又完成了“阻燃绝热高抗冲结构材料”技术攻关项目的研究和小试任务，引进的德国中试生产线已安装调试，年内可中试生产，其年生产能力可达500t，增产2000万元。

湖南安塑股份有限公司

湖南安塑股份有限公司是一个以生产中高档人造革为主、兼有农地膜、注塑、机印制袋、彩印等产品的国家大型三档企业，现有固定资产3.6亿元，年销售收入1.74亿元，实现利税3000万元。企业“资本增效目标管理法”荣获第四届国家级企业管理现代化创新成果二等奖，“中国企业管理杰出贡献奖”，成为省经济效益百强企业和全国同行业经济效益百强企业，湖南省政府于1996年发出“远学邯钢、近学安塑”的指示。

企业在进行管理创新的同时，不断进行技术改造，先后从台湾、日本、意大利引进四套大型的PU、PVC人造革生产线，并加以消化吸收，形成了年产各类服装、沙发革、包装革、鞋革等十大类系列2000多个花色品种，1800万平方米的生产能力，产品畅销全国和世界十全多个国家和地区。该厂开发生产的高

档服装革、沙发革填补了国内空白，并获得国家专利，具有很大的市场前景，为提升产品档次增加品种，目前企业投资 2988 万元，实施年产 1200 平方米的高透气 PU 革后处理及检测设备技术改造。

深圳石化塑胶集团株洲塑胶有限公司

该厂是一家以生产 PVC 板材、管材、膜、片、电缆料、注塑制品和氟塑制品为主的中型企业，现有资产 98.47 万元，年生产加工能力 25kt，是国家氟塑料军工科研定点单位。

该厂有 22 项产品先后获国家及省、部级奖励，其中 PVC 电缆料获 1990 年全国质量评比第二名，PVC 透明膜获 1990 年全国轻工产品博览会银奖，PVC 硬板 1991 年被国家经委评为全国优秀新产品一等奖，PVC 管材和管件获 1991 年全国优秀新产品奖，PVC 挤出软板获 1989 年全国优秀新产品奖，PVC 挤出硬板获 1990 年全国轻工业产品博览会铜奖。工厂先后完成了国家下达的军工科研课题 10 项，其中“传递塑膜工艺及设备”获国家科技进步二等奖，FEP—46 热交换器获国家经委“金龙奖”，热收缩管、PEA 吹膜、PEP 大品径薄壁管、PVDF 挤出研究 4 项获轻工部科技进步奖，其余 4 项获湖南省科技进步奖，这些科研成果广泛应用于航空、航天、航海、兵器、核工业、电子、石化、冶炼、化工、纺织等领域，为国防科技现代化和国民经济的发展作出了重要贡献。

湘潭市塑料四厂

该厂是一家以生产塑料编织袋、水泥袋、方底阀口袋和内膜袋为主的大型二档企业，现有固定资产 5700 万元，全年工业总产值 2500 万元，工厂成功地引进了德国和奥地利的年产 2000 万条复合塑料编织袋的成套设备，建立了主体封闭车间，产品畅销全国 10 多个省市、自治区及欧美和东南亚，年实现利润 300 多万元。1998 年，工厂与中国化工进出口公司开发有限公司美国公司合资成立湖南丰润塑料制品有限公司，共同从德国引进第二条先进设备——国际通用型方底阀口袋生产线，使工厂由内向型企业转变为外向型企业。1992 年又与香港全球国际企业公司合作成立了湖南汇利聚酯片材有限公司，从德国进口了具有 90 年代先进水平的 PET 片材成套生产设备。

工厂的主导产品轻、中型编织袋先后荣获市、省、部优和全国质量评比第一名，全国轻工业首届博览会银质奖。

湘潭市塑料九厂

该厂是一家以生产 PP 捆扎绳柔集装袋和土工布为主的中型一档企业，拥有固定资产 4300 万元，塑料制品年生产能力 3000 吨。

企业成功地引进了德国、奥地利具有 90 年代世界先进水平的成套塑料编制设备，扩大了生产规模。企业的主导产品 PP 捆扎绳、柔性集装袋、裂膜丝机织土工布均获省优秀新产品称号填补了省内空白，其中柔性集装袋还荣获中国包装 10 年成果银奖和省内同类产品评比质量第一名，目前柔性集装袋的规格达 100 多种，生产能力达 50 万条，裂膜丝机织土工布年生产能力 800 万条，已形成了四种规格、产品市场前景良好。

【发展趋势】

1. 设备和技术装备水平不断提高

据不完全统计，全省塑料制品加工行业近几年来共有 45 家企业引进塑料加工项目 86 个，总投资 30100 万元人民币，其中用外汇 2200 万美元，用汇额度占全省二轻行业的三分之二，人民币投资额占全省二轻行业的 40%，这巨大的投入为全省塑料制品工业的进一步发展打下了殷实的基础。

2. 名、优、新产品的开发工作取得了一定的成效，一批具有较高科技含量的塑料制品相继出现

由于设备和技术装备水平的不断提高，名、优、新产品也得到了进一步的开发，产品质量提高，产品在市场上有了竞争能力，给企业创造了良好的经济效益，如安江塑料厂从日本引进的人造革生产线投入生产后，其产品由于品种齐全、花色繁多，产品一进入市场就取得了十分可观的经济效益，不到三年就归还了近四千多万元的银行贷款，成为当地的一大支柱产业。湘西自治州塑料厂从德国引进设备生产的双向拉伸聚丙烯膜，这一产品也填补了我省的空白。一批高附加值的塑料制品，如株洲塑料厂开发的偏氟乙烯压电膜，省塑料公司开发的兰光、红光光转换薄膜及省塑料研究所研制成功的各种塑料合金、防火阻燃塑料、各种防菌保鲜塑料复合薄膜（袋）和各种建筑用塑料制品等，也成批地进入了市场。

3. 企业不断发展壮大，形成了一批较具规模的大中型企业

80 年代以前，湖南塑料制品行业大多是一些几十人、百余人组成的小型集体企业，规模小，技术力量薄弱。随着改革开放政策的进一步深入，国外先进技术和设备的不断涌入，进入 90 年代，湖南塑料制品行业已迅速发展壮大，除前述的几个重点企业外，还有如湖南润和塑胶实业有限公司、湘潭市塑料一厂、常德塑料一厂、常德塑料七厂、永州塑料厂、黎家坪塑料厂等，都是具有一定规模的中型企业。

4. 企业管理日趋完善，职工素质大大提高、专

业技术人员和优秀管理型人才不断涌现

然而，与发展较快的其他省（市）相比，湖南塑料制品行业仍存在着一定的差距，较直观的一点就是塑料制品的产量不大，增长的步子迈得不快，临近的湖北、河南塑料制品的产量分别达到了250kt和460kt。湖南市场上的日用塑料制品也多为外省的产品，塑料农地膜的市场也越来越窄小，产量也越来越少，等等。今后，不断地开发新产品，增加花色品种，提高产品质量，开拓新的市场，仍是湖南塑料制品行业的当务之急。

（湖南省二轻行业管理办公室　蔡梅春）

广　东　省

【基本情况】

2000年，广东省塑料制品工业总产值完成520.58亿元，比上年增长20.55%；产量完成2.64kt，增长11.26%，销售收入完成509.55亿元，增长23.18%；产品出口交货值完成251.99亿元，比上年增长19.96%。主要产品市场产销两旺。如BOPP薄膜、BOPET薄膜、BOPA薄膜、CPP薄膜、胶粘带等出现近年来难得一见的产销两旺局面，而且产量分别比上年有所增长，产品出口走出低谷。出口较好的产品有：胶粘带、人造革、PVC压延膜、BOPET薄膜等。

各企业根据市场变化,把生产增长点主要放在调整产品结构上,着重于生产经营成本控制、产品技术创新、产品市场开拓和生产现场管理。挖掘现有生产设备潜力,加大对高技术含量产品的销售和研发力度,压缩低值产品的生产,取得良好效果。如佛山塑料集团股份有限公司生产的主导产品BOPP薄膜中,通用型光膜产量比上年减少10.23%,而附加值高的产品占总量的比例达到33.22%,在注重对产品结构调整的同时,各公司加大了产品市场销售的力度,主要产品如BOPP薄膜、BOPET薄膜、CPP薄膜及编织布都建立起辐射全国的销售网络,并在实践中摸索出一条符合企业产品特点的销售方法,增加了集团公司的盈利能力。为企业谋求更大的发展空间创造了条件。佛山塑料集团股份有限公司的佛塑股份在深交所上市,这是广东省塑料制品行业第一家上市的股份公司,这不仅使该集团公司的商标、知名度等无形资产大大增值,更为佛塑集团进入资本经营赢得新的发展机遇。

【重点企业】

（1）广东新会电容薄膜厂。聚丙烯电容薄膜和金属化电容薄膜，聚丙烯电容薄膜年产量（台套）1540t，金属化电容薄膜年产量（台套）473t。

（2）佛山市东方包装材料有限公司。双向拉伸丙烯薄膜（BOPP膜，CPP膜，CPE膜，BOPA膜，彩印复合薄膜，镀铝薄膜，PVDC涂复膜吹塑薄膜，年产量9500～52000t。

（3）深圳石化塑胶股份有限公司。聚氯乙烯（PVC）硬质透明、各种彩色片材及其吸塑制品。

（4）珠海市中富工业集团公司。PVC、BOPP食品饮料标签，PVC、LDPE、LLDPE热收缩包装膜，HDPE、LDPE、LLDPE塑料薄膜包装袋，PC饮用水罐，冷热饮用纸容器（杯、碗、碟），特种塑料封瓶盖，年产量为：（LDPE、LLDPE）塑料薄膜和收缩膜3000t，冷热饮用纸杯8亿只，PC饮用水罐年产600万个。

（5）中亚工业（广州）有限公司。硬聚氯乙烯（UPVC）和高密度聚乙烯（HDPE）工业用管材和管件，年产量：6000t硬聚氯乙烯管材管件和1500t高密度聚乙烯管材。

（6）广州市金威实业股份有限公司。塑料印刷复合加工产品（铝/塑复合、塑/塑复合、塑/纸复合），吹塑薄膜（农用膜、地膜、工业包装膜、热收缩膜、宽幅膜、环保膜、垃圾袋）；流延薄膜（共挤型复合包装基材膜、压纹膜、保鲜膜、缠绕膜），管材（PE、PVC管），年产量超万吨。

（7）佛山塑料集团塑料二厂有限公司。PVC压延薄膜、PVC人造皮革、PVC复合材料；PU合成皮革；植绒产品；PVC、PE、PP管材、管件；UPVC管材、管件；注塑日用制品，年生产能力50kt。

（8）佛山杜邦鸿基薄膜有限公司。高质量聚酯薄膜，年产20kt。

（9）高明第二塑料集团股份有限公司。无基材聚氯乙烯塑料卷材地板，各种布基聚氯乙烯人造革，干、湿式PU合成革，PU/PVC合成革，压延薄膜。

（10）汕头海洋第一聚酯薄膜有限公司。双向拉伸聚酯薄膜。

（11）八达塑胶（深圳）有限公司。UPVC建筑给、排水用管材、管件，PVC电线导管。

（12）深圳石化宝狮塑胶有限公司。给水用UPVC管材管件，建筑排水用UPVC管材管件，PVC电线导管。

（13）南塑建材塑胶制品（深圳）有限公司。UPVC供水、排水、电线、埋地电缆套管及工业、农业用管材、管件，年生产能力已超过20kt。

（14）顺德顾地塑胶有限公司。电线槽管、电表箱、U－PVC给水管、冷弯阻燃电线套管及配件，年产量超过万吨。

（15）高明顾地塑胶实业有限公司。电线槽管，

U-PVC排水管材、管件，年产量逾万吨。

(16) 佛山市日丰企业有限公司。铝塑管材，生产能力达7000m/d。

【塑料制品进出口】

根据2000年1~12月广东省企业进出口海关统计，出口塑料制品2131kt，价值252亿元。出口的国家和地区有：香港、日本、马来西亚、沙特阿拉伯、新加坡、韩国、泰国、德国、欧盟、美国、澳大利亚。进口塑料制品181kt，价值30亿元。

【发展趋势】

“十五”期间广东省确定了重点支持和鼓励发展的高新技术产业化领域中塑料行业部分如下：

1. 工程塑料生产技术及装备和通用塑料高性能化

工程塑料以其优良的性能在航空、航天、汽车、船舶、建筑等行业具有广泛应用，对减轻重量、降低能耗具有重要意义。而通用塑料的高性能化改善了其机械性能、耐热性能和加工性能，扩大了其应用范围。产业化的重点是：对PP、PE、PS、PVC等通用塑料进行改性，建设万吨级专用材料生产基地及超高分子量PE管材等产品加工生产线；建设万吨级酯交换法PC生产装置和PA11千吨级生产线，逐步实现万吨级高绝缘性通讯和电力电缆用聚烯烃材料、油气输送用聚烯烃管材料生产。开发无毒、高效、多功能化、高性能化、专用的高分子材料添加剂，如阻燃剂、稳定剂等。

2. 塑料成型新技术与新设备

塑料电磁动态成型技术及其塑化挤出设备、注射设备与传统塑料成型设备相比，具有体积、重量降低50%，能耗降低约40%，对物料适应性广，生产的制品质量显著提高等特点。产业化的重点是：进一步完善并优化塑料电磁动态成型工艺，尽快形成规模化生产能力，初步满足国内市场对新型挤出机、注射机的需求。同时，开发超小型和特大型塑料电磁动态注射、反应成型和塑化挤出设备，并形成系列化生产能力。

3. 可降解农膜母料和农用新材料

农业生产对农膜（地膜、棚膜）的需求量迅速增加，对农膜的性能要求也越来越高，其中着色地膜、保温棚膜将逐渐占主导地位。同时节水灌溉技术的推广对灌溉用塑料管材的需求将越来越大，迫切需要具有耐老化、强度高等性能的塑料管材。产业化的重点是：万吨级着色地膜母料生产装置，万吨级保温棚膜专用料及千吨级阴离子型层状结构红外吸收材料生产装置，百吨级稀土有机物光功能助剂合成装置，万吨级高性能防雾滴棚膜专用料生产装置，万吨级可降解农膜生产装置；各种口径、各种应用环境的农用灌溉管材。

4. 新型防水建筑材料

随着高层建筑、大型工业建筑的迅速发展，框件结构建筑、大板装配式建筑和玻璃幕墙结构的广泛采用，以及节能措施的实施，迫切要求防水建筑材料与之相配套，也对防水建筑材料的品种、物理化学性能提出了新的要求，使防水建筑材料不断向高性能、低成本、多品种、机械化施工方向发展。产业化的重点是：在沥青基卷材基础上发展的新型柔性防水材料、三元乙丙（EPDM）橡胶、聚氯乙烯（PVC）等高分子防水片材；橡胶改性沥青、聚氨酯等防水涂料；弹性硅酮、聚硫和聚氨酯等密封材料；刚性防水材料等。

发展对外合作与交流，围绕广东发展高新技术产业的需求，积极引进发达国家的资本和技术。努力扩大同国际大跨国公司、大企业、大财团的合作。吸收更多的跨国公司来广东设立地区总部和技术研究开发中心。

坚持高起点引进国外先进技术，注重引进技术的整体性和消化吸收，鼓励多引进“软件”技术，少进口生产线。按照“有所为，有所不为”的原则，有效运用专利战略，选准重点领域、关键核心专利技术，加强引进、消化吸收和创新，取得突破，带动相关产业的技术进步。

支持一批有自主知识产权的高新技术产品向海外拓展，鼓励技术出口带动成套设备出口，扩大国际技术贸易。鼓励科研机构、科技企业和工程中心到国（境）外创办分支机构，申请国外专利，参与国际市场竞争。

加强粤港澳台在高新技术产业方面的合作。利用港澳台的资金优势、信息优势、市场拓展优势，和广东的科技优势、人才优势相互补充，相互促进，共同发展。继续办好“中国国际高新技术成果交易会”和“广东经济发展国际咨询会”。

（广东省塑料工业协会　黄晓薇）

广西壮族自治区

【基本情况】

广西塑料加工行业企业数为61家，从业人数为3535人，全员劳动生产率86742元/人。

全行业生产能力约130kt。

2000年塑料制品产值88518万元，产量100941吨，比上年减少6%。

【企业经营】

广西二轻塑料制品行业规模以上企业有10家。2000年亏损企业有4家，二轻规模以上企业2000年产量为38kt，比上年减少5%，产值35000万元，利润为-245万元。

2000年广西塑料制品行业销路较好的产品有：聚乙烯农地膜及管材、聚氯乙烯管材、塑料编织袋、泡沫拖鞋、UPVC塑料给水管材及管件、大规格塑料包装容器、柔性集装袋、墙纸、PVC管材、PE管材、地面覆盖膜、网状电缆填充绳。

广西塑料制品原料的年需求量在120kt左右。

【存在的问题】

（1）企业机制落后，技术人才奇缺，整体素质不高，管理水平较低，部分老企业经营困难，效益下降、亏损。

（2）产品结构不尽合理、产品老化严重，老产品比重大、档次低，缺乏市场竞争力，产品销售不畅，致使企业增加亏损，负债增多。

2000年塑料制品行业产量统计

产品名称	产量/t
塑料制品总计	100 941
其中：塑料板片材	814
塑料棒管材	12 225
塑料丝及编织制品	44 671
塑料人造革	11
泡沫塑料	1 198
塑料包装箱及容器	3 274
塑料鞋	2 076
日用塑料制品	19 696
其他塑料制品	16 976

2000年广西塑料制品产量在3kt以上的企业

	产量/t	产值（当年价）/千元	利润/千元	主要产品
柳州市塑料编织水泥袋厂	3 091.2	31 381	379	塑料编织袋
梧州市五一塑料厂	4 906	52 041	82	塑料管材、管件
南宁市塑料制品总厂	7 703	49 509	2 180	聚乙烯农地膜、管材及聚氯乙烯管材

【新产品开发】

新产品及研究开发单位

研制开发单位	项目名称
广西塑料研究所	汽车灯用热熔胶 豆奶包装膜 PE发泡材料在汽车装饰上的应用 高阻隔鲜奶包装膜 有机锡热稳定剂
广西柳州市塑料编织水泥袋厂	复合塑料水泥袋（双面复合）
广西桂林市第二塑料厂	PVC—U多孔集束通信光缆护套管

（3）企业规模小，技术力量薄弱，装备水平低，加工工艺技术相对落后，企业开发新产品的能力不强，阻碍了行业的快速发展。

（4）企业引进项目、利用外资少。企业融资困难，产品结构需要调整，缺少招商引资、与外资合作，引入境外先进技术少是造成广西塑料行业与先进地区差距拉大的主要原因。

【发展趋势】

根据广西二轻塑料制品行业的现状，为加快行业的发展，缩小与国内先进地区的差距，“十五”期间广西塑料制品行业要进入高调整和优化结构新阶段，主要是提高塑料制品的质量，增加花色品种，千方百计地扩大塑料应用领域，与国际市场接轨。

利用外资、引进技术。对一些有好的项目，产品结构调整方向明确，资金困难的企业，积极利用外资，与外资合作，引入境处先进技术进行技术改造，提高企业的整体素质，使企业焕发活力。

“十五”期间塑料制品行业重点发展是向高科技，高附加值的工程塑料制品及复合材料的应用领域拓宽，重点大类制品如管材、建材、压延制品、薄膜、包装材料等生产逐渐向经济规模方向发展。

采用塑料改性及合金技术，提高产品技术含量，开发高阻隔产品，增强家用电器，汽车、机械、电缆、电子等领域配套产品供给能力，提高产品质量和档次，增加花色品种。

（广西壮族自治区二轻工业总公司）

重 庆 市

【基本情况】

重庆成为直辖市后，又趁西部大开发之机遇，重庆塑料工业企业以前所未有进行调整、重组、转换经营机制，强化加强改革步伐。一批外资、合资等不同所有制性质企业迅速屈起，蓬勃发展，以市场为导向，以优质高效、信誉至上为原则。开发新产品，畅销全国各地，远销东南亚国家和地区，乃至中东部分地区，使重庆塑料工业产值、产量不断增长提升。

350余家不同所有制性质企业中，国有企业8家，集体企业150家，外资、合资、民营、私人企业等192家。2001年完成塑料制品总产量172kt（设备技术总能力可达450kt）。

塑料制品主要有建筑、包装、工业配件日用品等四大类。各类塑料制品产量分别为：

塑料制品名称	年产量/kt	占塑料制品总量/%
塑料管板材	45.5	26.5
塑料异型材	40.6	23.6
日用塑料制品	33.4	19.4
塑料包装	22.4	12.8
塑料薄膜制品	18.3	10.6
其他塑料制品	12.2	7.1

【重点企业】

48家骨干企业的平均年产量为1730t，其中年产量在3000t以上的重点企业如下：

单 位	主 要 产 品	产能/（kt/a）	产量/（kt/a）
重庆庆兰塑料制品有限公司	土工格栅带、波纹管系列	20	5
重庆顾地塑胶有限公司	管材、型材	50	10
南亚塑胶重庆有限公司	管材、型材	60	6
重庆跃华塑胶（集团）公司	日用制品	10	5
重庆捷成塑胶（集团）公司	包装制品	8	4
重庆创造者新材料有限责任公司	纳米复合工程塑料	10	6
重庆康乐塑胶制品有限公司	管材、型材	7	3
重庆巨翁塑料制造公司	板材、管材	7	3

重庆塑料工业战线的30000多名从业职工以江总书记"三个代表"为指导，西部大开发为契机，以经济效益为中心，大胆改革，勇于创新，为重庆塑料工业的发展发挥着巨大作用和贡献。将会促进重庆塑料工业持续、稳定、健康发展。

（重庆市塑料行业协会　刘汉龙）

四 川 省

【基本情况】

四川省塑料工业经过50年的发展，已形成拥有设计、制造、安装、生产、销售、信息、科研、教育在内的比较完整的工业体系。主要有塑料建材（包括塑料管材、管件、塑料异形材及门窗制品等）、塑料包装（包括包装膜、包装袋、包装瓶、包装箱及容器）、塑料丝及编织品、农用塑料制品（包括农用薄膜、塑料节水器材）、工业配套件、泡沫塑料、日用塑料等行业。全省塑料行业现有工业企业一千余家。按国有及年销售收入500万元以上非国有企业口径统计，2000年纳入统计的共104家企业，2000年实现工业总产值（不变价）23.6亿元，产品销售收入23.0亿元，利税2.6亿元，生产塑料制品162673t。2000年四川塑料制品产量、工业总产值、利税总额3项指标均在西部十二省市中名列第一位，产品销售收入在西部十二省市中名列第二位。目前，四川塑料工业已拥有一批行业排头兵和知名品牌，其中，2000年销售收入超过亿元的企业有3家，即四川宜宾五粮液集团环球塑胶有限公司4.8亿元，川路塑胶集团2.45亿元，四川天府能塑料有限公司

1.13 亿元。利税总额超过千万的有 3 家企业，即四川宜宾五粮液集团环球塑胶有限公司、川路塑胶集团、四川中富容器有限公司。其中，川路塑胶集团已成为国内 PVC－U 排水系列产品配套最为完善的企业，“川路”品牌已成为全国知名品牌；四川华塑建材公司已成为四川省异型材及塑料门窗行业的龙头企业，对四川塑料门窗的推广、使用和发展起了很大作用。东泰公司在化学建材和建筑新材料研发上处于领先地位，研发的孔网钢板塑料复合管生产线项目，被国家科技部列为 2001 年重点科技成果推广指南项目，配套的管材、管件被列为 2001 年国家级新产品。四川塑料工业的科研、教育也居全国前列，四川有我国第一个以高分子学科为主体的学科型学院——四川大学高分子科学与工程学院。其高分子材料与工程学科是国家级重点学科，其研究领域有高分子合成和改性、材料制备与成型、结构与性能关系、新材料应用。其研究的材料种类有通用塑料、工程塑料、特种工程塑料、复合材料、生物医用高分子等。“九五”期间承担国家自然科学基金项目 22 项、“973”项目 1 项、国家“九五”攻关专题 9 项。

2000 年主要产品产量

产　品　名　称	产量/t
塑料制品总计	162 673
其　中：	
塑料棒管材	42 436
塑料板片材	8 404
塑料丝及编织制品	31 225
塑料薄膜	49 474
其中：农用薄膜	37 417
塑料包装箱及容器	6 292
泡沫塑料	20 000

备注：按国有及年销售收入 500 万元以上非国有企业口径统计。

2000 年四川塑料工业五强排序（按销售收入）

名次	企　业　名　称	销售收入/万元
1	四川省宜宾五粮液集团环球塑胶有限公司	48 000
2	川路塑胶集团	24 500
3	四川天府能塑料有限公司	11 341
4	四川中富容器有限公司	9 704
5	四川华塑建材有限公司	7 728

2000 年四川塑料工业五强排序（按利税总额）

名次	企　业　名　称	利税总额/万元
1	四川省宜宾五粮液集团环球塑胶有限公司	15 000
2	川路塑胶集团	5 353
3	四川中富容器有限公司	1 152
4	四川中达新材料有限公司内江分公司	885
5	四川华塑建材有限公司	573

四川省塑料制品工业协会成立于 1989 年，是四川省塑料行业的企事业单位、科研院校等自愿组成的社会团体，协会挂靠四川省轻工行业管理部门。2000 年 9 月，四川省轻工总会以川轻生（2000）32 号文正式明确，“由四川省塑料制品工业协会协助轻工行办负责全省塑料行业的管理。”四川省塑料制品工业协会现有会员单位 400 余家，协会下设塑料编织制品专业委员会、塑料门窗专业委员会，根据四川塑料工业发展情况，将逐步筹备设立塑料管道、农用塑料制品等专业委员会。2000 年协会开展的主要工作有：组织编写四川塑料工业“十五”规划；组织企业申报落实技术改造资金；组织、协调、落实国家定点农膜企业进口农膜原料工作；协助有关部门协调、管理省调控农膜生产；协助有关部门做好省名牌产品审查工作；为来川投资塑料加工的国内外客商提供咨询服务；开展经济技术信息交流活动。

【企业经营】

1. 塑料门窗

四川塑料门窗的发展始于 80 年代，但直到 90 年代末才进入了快速发展时期。现全省有塑料门窗组装厂 500 余家，型材生产厂 13 家，PVC 异型材生产能力达 70kt/a，门窗组装能力达 $1200 \times 10^4 m^2/a$。2000 年全省塑料门窗行业产值达到 3.8 亿元，其中塑料门窗产量为 $80 \times 10^4 m^2/a$，型材产量 15kt。全省涌现了以四川华塑建材有限公司为龙头的一批骨干企业，其中型材年生产能力在 10kt 以上的企业有 3 家，即四川华塑建材公司、川路塑胶型材厂、四川康乐塑胶制品有限公司；门窗年组装能力在 $10 \times 10^4 m^2/a$ 以上的有 8 家，即四川华塑建材有限公司、成都恒升塑钢门窗制造公司、川路塑胶型材厂、四川康乐塑胶制品有限公司、成都蓝灵塑钢门窗有限公司、成都威格佳塑钢门窗制造有限公司、成都汇源华利科技塑窗公司。2000 年塑料门窗在全省的市场占有率达到 20% 以上。

2000 年塑料门窗行业重点企业情况表

序　号	企　业　名　称	年生产能力			
		型材/t	门窗/m²	型材/t	门窗/m²
1	四川华塑建材有限公司	10 000	40 万	8 000	20 万
2	川路塑胶型材厂	10 000	10 万	300	1 万
3	成都成实福田塑胶建材有限责任公司	5 000	5 万		
4	四川康乐塑胶制品有限公司	10 000	15 万	1 000	0.5 万
5	成都新航实业有限责任公司	3 000	5 万	800	3 万
6	成都飞机工业集团塑钢有限公司	3 000	5 万	500	0.8 万
7	成都蓝灵塑钢门窗有限责任公司		10 万		8 万
8	成都威格佳塑钢门窗制造有限公司		10 万		7 万
9	成都汇源华利科技塑窗公司		10 万		5 万
10	成都恒升塑钢门窗制造有限公司		20 万		10.8 万
11	成都龙虎型材有限公司	3 000	5 万	800	3.5 万

2. 塑料管道

四川塑料管道的发展始于 80 年代中期，经过十余年的发展，目前 UPVC 管生产能力已超过 100kt。近年来，又相继开发生产了铝塑复合管、交联聚乙烯管、无规共聚聚丙烯管等多种管材，有各类管材生产线 80 余条。2000 年，全省塑料管道的销量已超过 40kt，塑料排水管和穿线管的市场占有率超过 80%。全省涌现了以川路塑胶集团为龙头的一批骨干企业。年生产能力超过 1 万吨的有 3 家企业，即川路塑胶集团、四川康乐塑胶制品有限公司、四川华西德顿塑料工程有限公司。

2000 年塑料管道行业重点企业情况表

序　号	企业名称	产品名称	年生产能力/t	产　量/kt kt
1	川路塑胶集团	给、排水，电气、煤气、排污管材、管件系列产品	30	20
2	四川康乐塑胶制品有限公司	给、排水，电气穿线管材，管件系列产品	15	15
3	崇州市岷江塑胶有限公司	PVC 给、排水管材、管件	7	6
4	德阳森普工业有限公司	PE、PPR 管材及管件	5	0.58
5	自贡川玻南华实业股份有限公司	UPVC 管材、管件	3	2.1
6	四川华西德顿塑料工程有限公司	UPVC 管材、管件 PE 农用给水管 PPR 管	10 3 2	6 1 1

3. 塑料制品

四川农用塑料制品主要是农用薄膜和节水器材。节水器材生产企业有两家，年销售额约 5000 万元。农用薄膜生产企业有几十家，企业平均规模较小，有一定规模的企业有十余家，全省农用薄膜年生产能力约 100kt，2000 年农用薄膜产量为 37417t。四川有 8 家国家定点的农膜生产企业，即四川永跃塑料纸业有限公司、绵阳市塑料厂、成都市塑料四厂、四川省德阳市塑料厂、成都市塑料十二厂、四川省南充市东风塑料厂、内江市工程塑料薄膜厂、四川攀西塑胶有限责任公司。民营企业中，四川天府能塑料有限公司产量最大，2000年生产农膜11916t。

4. 塑料编织制品

四川塑料编织制品企业多、规模小，目前具有一定规模生产能力的企业有70家，其中，生产吨装集装袋的企业3家，全省共引进国外生产线10条。四川省塑料编织制品行业在1988年就成立了四川塑协塑料编织制品专业委员会，每年定期召开会员代表大会，发布塑编行业动态信息、组织经济技术交流，专业委员会还编辑发行了“编织信息”，至今已发行105期，为全省塑编企业提供政策、技术、原材料等多方面的信息。

2000年农用薄膜制品行业重点企业情况表

序　号	产品名称	生产能力/kt	产　量/kt
1	四川永跃塑料纸业有限公司	15	5.797
2	绵阳市塑料厂	11	3.2
3	四川天府能塑料有限公司	15	11.916
4	成都市塑料四厂	6.5	3.172
5	四川省德阳市塑料厂	5	3.2
6	成都市塑料十二厂	5	3.2
7	四川省南充市东风塑料厂	3.5	2.5
8	四川攀西塑胶有限责任公司	4	1.5
9	内江市工程塑料薄膜厂	3.5	2.5
10	四川省康茂塑胶有限责任公司	5	2

2000年塑料制品行业部分重点企业情况表

序　号	企业名称	产品名称	生产能力	产　量
1	四川省宜宾五粮液集团环球塑胶有限公司	各类塑料瓶盖	4.6×10^8 只/年	3.3×10^8 只
		各类瓶胚	1×10^8 只/年	1×10^8 只
		铝塑复合管	1 500t/a	2.14Mm
		POM管件	630×10^4 件/年	200×10^4 套
2	四川中富容器有限公司	PET瓶	1.3×10^8 只/年	1.1×10^8 只
3	成都中富容器有限公司	PET瓶	1×10^8 只/年	0.3×10^8 只
4	四川省德阳市孝感股份有限公司	PVC电缆料	5kt/a	1 893t
		APP填充母料	3kt/a	1 775t
		ABS板材	2kt/a	672t
5	成都锦江泡沫总厂	聚氨脂软泡	10kt/a	4 000t
6	成都市塑料七厂	聚氨脂软泡	5kt/a	840t
		聚苯乙烯泡沫	1kt/a	150t
7	四川省塑料厂	PVC片材、板材、薄膜	10kt/a	2 666t
8	绵阳龙华化工有限公司	聚碳酸酯薄膜	4kt/a	250t
9	四川广汉锐星塑胶有限公司	中空制品	3kt/a	2 000t
		注塑制品	2kt/a	800t
		板材及热成型	1kt/a	200t
		模　具	300t/150套	200t/100套

5. 泡沫塑料

四川泡沫塑料行业起始于80年代中期，1987年，成都塑料七厂首家建成第一条机制连续发泡流水线，但那时仍是外地产品占主导地位，直至90年代初，才进入快速发展阶段。1990年成都洞子口机泡厂建成，1992年成都锦江泡沫厂建成，随后几年内，慧宇、云德、新都、永胜、琉璃等机泡厂纷纷建成投产，形成了以成都锦江泡沫总厂为龙头的一批骨干企业，到目前为止已有20余家企业，20多条机制连续发泡流水线，集中了整个西南地区70%的机制流水线，而且全部集中在成都市。据估计，到目前为止，全省软泡工业投资规模已逾1.5亿元。2000年全省软泡产量已达20kt，销售及消费市场主要集中于成都的沙发及家具行业。

【重点企业】

四川塑料行业经过50年的发展，已经形成了一批在省内外有一定影响的骨干企业，现将部分重点企业介绍如下：

四川省宜宾五粮液集团环球塑胶有限公司

五粮液环球塑胶有限公司是五粮液集团先期投资6亿元人民币，于1997年成立的全资子公司。2000年，全年实现销售收入4.8亿元，利税1.5亿元，列四川省塑料行业第一位。该公司现有制盖、制瓶、管道、薄膜、包装产品、注塑产品、模具等七大类产品。其中，塑料瓶盖是塑胶公司最早开发的主导产品，通过与世界一流公司合作，已开发出新型运动饮料盖、四件套盖、五件套盖、六件套盖等国内一流的塑料瓶盖。公司还引进加拿大HUSKY公司设备，生产从13g至43g多种型号系列瓶胚，且引进法国和日本吹瓶设备，生产各种规格的聚酯瓶，广泛用于矿泉水、饮料、酒类等的包装，同时还生产高档5加仑水桶。此外，还引进意大利设备、生产各类薄膜、包装袋；引进韩国的铝塑复合管、PE管生产线、开发新型管材、管件；生产各类塑料托盘、周转箱。在塑胶公司还有一个以“高起点、高科技、高品质”为基点的模具中心，在这里汇集了美国、日本、德国、法国、瑞士、英国等世界最先进的模具设计、制造加工设备，云集了国内外各界专业技术人才。目前公司已具备日产塑料瓶盖上百万只，各类聚酯瓶上百万套，管材近两万米的生产规模，成为四川省最大的塑料加工企业之一。

川路塑胶集团

川路塑胶集团是专业生产塑料管道及异型材、塑料门窗系列产品的企业，下属6个生产分公司，产品包括：硬聚氯乙烯（PVC－U）管材管件，用于建筑给水、排水、电工绝缘导管等；冷热水用无规共聚聚丙烯（PP－R）管材管件；PVC－U型材门窗系列。目前川路已成为国内PVC－U排水系列产品配套最完善的企业之一。川路创建之时，引进国外先进设备技术生产排水PVC－U管材管件系列，并且根据市场需要不断推出新品种，如引进先进技术设备生产了三层共挤芯层发泡管，又进一步开发了降噪旋流器，新型阻燃材料——FC阻火圈等。在开发的新品种中“多功管道接头”和“可调式管卡”获得国家专利。

四川华塑建材有限公司

四川华塑建材有限公司是四川省为实施国家“901”工程生产塑料异型材及塑料门窗而组建的全国三大示范性企业之一，是中国塑料加工工业协会异型材及门窗制品专业委员会定点生产企业。公司引进全套德国、奥地利挤出、组装生产线，年生产PVC型材10kt、门窗$40 \times 10^4 m^2$，并率先在同行业里通过ISO9002国际质量认证，产品被评为“97建材推荐产品”、“98用户满意产品”，公司是中国塑协异型材及门窗制品专委会副理事长单位，四川省塑协塑料门窗专委会主任单位。为了在四川更好地推广塑料门窗，华塑公司勇于探索、创新，相继开发了一系列适应当地不同需求的103种塑料异型材及各类塑料门窗。华塑公司在新产品研发、创新上主要体现在：研发多腔室型材，门窗更具保温、隔音性；斜面窗框排水设计，适应西南多雨气候；开发多系列型材品种，满足门窗优化选型；采用型材彩色喷涂技术，解决颜色单一的缺陷；引进型材覆膜、热转印新工艺，增强天然质感。华塑公司目前已成为四川塑料门窗行业的排头兵，得到了快速发展。

东泰公司

东泰公司是一家科技创新创业型企业。近几年来在化学建材、建筑新材料上开发了不少新产品，目前关于管道技术已经申请获得40多项专利，其中有代表性的产品和设备有1998年研制成功的UPVC排水管阻火圈；1999年研制成功的我国第一条对接焊铝塑管生产线及其制品；1999年在省内率先研发的PPR管材生产线管材、管件系列；2000年研发的PE通讯用硅芯管生产线及硅芯管制品；1999年研发的钢丝骨架增强复合塑料管生产线及其管材、管件制品；2000年研发的孔网钢板塑料复合管生产线及其管材、管件制品。

四川天府能塑料有限公司

四川天府能塑料有限公司是四川省重点民营企

业、四川省“小巨人”企业和达州市优势重点企业之一，下辖四川省太阳能塑料厂，四川省盛兴房地产开发公司、达州市恒基经济开发有限公司。现有职工300余人；拥有资产9000万元；固定资产5500万元；公司占地面积 $8 \times 10^4 m^2$；有各类塑料生产加工设备150余台套。年可加工各类塑料薄膜和宽幅塑编彩条布50kt。公司主要产品有：薄膜类的农膜、地膜、微膜、长效无滴膜、遮光膜、除草膜、降解膜、多功能大棚膜和包装膜、工膜等百余个规格品种；彩条布类的聚乙烯、聚丙烯4m至8m各规格品种60余个，产品已覆盖云、贵、川、陕、渝、鄂、新疆等地。公司被省政府工业经济考评办公室评为“四川省塑料制品业工业企业最大市场占有份额10强”之一；“四川省塑料制品工业企业最大规模10强”；2000年度实现产值1.04亿元，销售收入1.13亿元，创利税300余万元。

成都锦江泡沫总厂

成都锦江泡沫总厂是四川省最大的软泡生产企业，该厂于1992年引进国外（挪威）先进生产流水线建成，至今已形成投资1500万元，产销规模已达4kt/a，销售额5000万元/年，员工60人，其中大专以上学历占40%，迄今为止，多年来在产销规模、产品质量、市场经营、企业知名度等诸方面均在行业内保持了领先地位。1998年获得蒙特利尔多边基金环保专项赠款，并以此进口德国享内基聚氨酯软泡专用设备，企业设备水平由此达到国际先进水平；同时，在中国政府有关职能部门的指导下，由成都锦江泡沫总厂、重庆锦江泡沫厂牵头，叶庆宪出任法人（董事长）的集团公司正在组建中，预计在几年内将建成总投资1亿元，产销规模达2.5亿元/年的现代化集团企业，成为中国最大的聚氨酯软泡企业。

德阳市孝感股份有限公司

德阳市孝感股份有限公司主要生产经营：塑料制品、纺织、电线电缆、商业贸易等。引进有奥地利CM－80型全封闭式PVC电缆料生产线一套，意大利产ABS板材生产线及高级密码箱生产线一套。2000年公司塑料制品的年生产能力为：PVC电缆料5kt，产值3500万元，ABS板材2kt，产值4000万元，注塑、挤出塑料制品产值2000万元，文化用品产值1000万元，电线电缆产值5000万元，从业人员408人。2000年公司实现销售收入5236万元，利润35.02万元，产品主要销往成都、德阳、绵阳、重庆、云南、贵州及川内其他地区。产品质量稳定，深受用户好评。

绵阳市塑料厂

绵阳市塑料厂始建于1967年，是四川省轻工系统中型企业，是全省进入省政府“小巨人”企业计划的唯一塑料制品企业，1999年经省政府评价认定为“稳定增长型企业”。

绵阳市塑料厂主要生产“开元”牌塑料薄膜和家电、汽车、摩托车、建筑用模壳各类周转箱及日用品等六大类，大、中、小型工程塑料和通用塑料注塑制品，年综合生产能力达15kt，市场占有率位居全省塑料制品业前10强之列。“开元”牌农地膜质量稳定，被评为“四川名牌产品”。2000年产量4kt，完成工业总产值3250万元，产品销售额3700万元。

成都市塑料四厂

成都市塑料四厂组建于1965年，地处成都市外南红牌楼，是生产经营各种聚丙烯塑料编织袋；农业用、工业用、民用塑料薄膜；聚氯乙烯、聚乙烯热收缩膜；聚丙烯缠绕拉伸膜；打包带、捆扎绳；新型建筑材料－EPS彩钢夹芯板等产品的重点中型一类企业。1989年被评为四川省先进企业和国家二级企业。

工厂占地面积 $1.9 \times 10^4 m^2$，建筑面积 $1.8 \times 10^4 m^2$，拥有总资产6442万元，流动资产2155万元，企业负债15%左右。现有各型设备263台（套），年生产能力12kt，其中从日本、德国、奥地利引进设备生产能力占70%。工厂注重产品质量，主要产品“永丰牌”塑料编织袋1991年被评为轻工部优质产品；“永丰牌”农膜1988年被评为国家优质产品。

四川华西德顿塑料工程有限公司

四川华西德顿塑料工程有限公司是一家中美合资企业，专业从事UPVC、PPR、PE等新型化学建材生产的企业。公司自创建以来，坚持“质量求生存、创新促发展、管理增效益”的经营原则，不断钻研，不断创新，产品不断升级换代，从UPVC建筑排水用管到UPVC市政供水管，又先后引进多条PPR、PE管材管件生产线，成功研制出了PPR冷热供水管、PE农用节水管、PE燃气管等新产品，其中PPR冷热供水管已于今年3月份通过了科技成果鉴定，PE管材管件也正在鉴定过程中。公司生产的“华西牌”产品列入了国家建设部“科技成果重点推广项目”，并获得两项国家专利，今年又被评为“四川省名牌产品”。过硬的品质，良好的口碑，促使公司生产规模不断扩大，目前，公司年综合生产能力已达15kt。2000年，公司销售各类产品8000吨，实现销售收入9500万元，创利税1277万元。

四川广汉锐星塑胶有限公司

四川广汉锐星塑胶有限公司前身四川省广汉塑料厂创建于1965年，拥有各类塑料制品加工设备16台，塑料模具加工设备28台。先后从西德引进了克劳伯－考特斯公司的KB25、KB50中空制品生产线两条，从广东金明公司引进BM—230大型中空制品生产设备1台；从日本引进了东芝公司的4000g注塑机3台，日本池贝特工公司的挤板生产线和大型热成型机各1台。模具设计和加工也推广应用了计算机CAD/CAM技术。公司已发展成拥有一个研究所、三个制品厂、具有吹塑、注塑、挤出、热成型及模具加工和塑料辅机制造，年产各类塑料制品6kt，大中型塑料模具300t（150套）、年产值达5000万元的综合性塑料加工企业。

公司的主要产品是2—200L塑料吹塑容器、各类塑料周转箱、各种塑料板材、家用电器配件、热成型制品、塑料模具加工和塑料辅机制造等。广泛用于出口化工产品、食品包装、建筑装饰、家用电器、生活日用等领域。公司"鱼跃"牌塑料制品质量稳定可靠，已成为四川省出口包装定点厂。

（四川省塑料制品行业协会
张振綦、隋佩侠）

贵　州　省

【基本情况】

贵州的塑料工业是50年代末期才开始发展的新兴工业。1965年全省才有2个塑料制品加工厂，年产量只有200t，占全国总产量的0.17%，仅能生产一些酚醛电木粉、赛璐璐、简单的酚醛塑料制品及改性有机玻璃笔杆等产品。

贵州塑料行业虽然起步晚，起点低，但发展速度却较快，发展到80年代生产已达到6158t。90年代初，全省已能用聚氯乙烯、聚丙烯、高密度聚乙烯、低密度聚乙烯；线型低密度聚乙烯、聚苯乙烯、聚氨酯、聚碳酸酯、聚砜、尼龙、ABS等树脂品种的生产薄膜、管材、板材、包装品、工程塑料等各类塑料制品。适用于各行各业及人民生活用品300余种产品。全省塑料行业轻工系统内生产厂为32家，全省已经形成塑料薄膜、塑料管及板材、塑料包装制品、工程塑料制品和日用塑料制品等五大类别，生产能力达30000t，2000年制品生产15799t，工业总产值44200万元；销售收入37200万元，利税1300万元。

在五大类别塑料制品中，吹塑薄膜是贵州省塑料制品中产量最多的一类；省内有11家农用薄膜定点生产厂；总生产能力达15kt，占全省塑料制品总能力的53.6%。

贵州塑料制品已广泛应用于农业育秧、排灌管道、化肥、农药、医药、食品的包装以及建筑材料。家用电器部件、机械零件等。1977年贵州塑料二厂研制的"聚苯乙烯—聚丙烯全塑料气象火箭壳体"获得成功。火箭射程高达3500m，比冲高达113m；获全国科技大会奖。该厂还从贵州高原地形特点出发，研制了"黔喷79－Ⅰ型"塑料喷头，适应喷洒山区梯田及小块土地，并可兼施化肥。贵州塑料厂利用省内炼铝废渣—红泥和PVC树脂。稳定剂、增塑剂经捏合—密炼—压延—层压工艺研制成功红泥/PVC印花地板，成为市场受欢迎的装饰材料。该厂还研制出PVC彩色透明硬板。具有强度高、透光度好，表面光洁平整、不易破碎、色泽淡雅等优点，可以代替有机玻璃和普通彩色玻璃板，适用于高层建筑作装饰材料及家具玻璃板、仪器仪表，价格比有机玻璃低二分之一。成为当时全国采用压延—层压法生产PVC透明硬板的第二厂家。

【重点企业】

贵州润丰（集团）实业有限公司

贵州润丰（集团）实业有限公司，是在原贵阳塑料二厂的基础上兼并了贵阳骨胶厂、贵阳塑料三厂、九厂和贵阳制鞋厂等单位，于1993年建立的贵州润丰（集团）公司，1997年更为现名，该公司下属9个分厂、11个第三产业部门（包括经营部、汽生运输服务部、茶叶贸易部、房屋开发、装饰装璜公司、鞋店、餐厅、招待所等多元化发展的企业集团。）是贵州省最大的塑料制品专业生产企业。拥有奥地利兰精公司流延膜生产线。日本东芝彩印生产线等先进技术设备60多台（套），年生产能力6000t，公司下属9个分厂分别按专用设备与性能组织生产：润丰、包装器材厂，主要生产各种中空容器；润丰彩印复合膜厂，主要生产彩印复合软包装袋；润丰编织袋厂，主要生产编织袋；润丰薄膜厂主要生产塑料薄膜、农地膜；润丰制鞋厂，主要生产各式布鞋；润丰绿色保健药品厂，主要生产"大自然"健身和保健饮料；遵筑塑料联合厂，主要生产注塑制品；润丰机修模具厂，主要为各分厂机修与模具生产服务；塑苑公司，主要生产软管。公司生产的通用型周转箱获全国优秀包装产品奖和贵州优秀包装产品奖，20升聚乙烯塑料桶、聚乙烯工膜获省优秀包装产品奖。塑料桶获省优质产品称号，"大自然"保健滋获国际保健药品银珠奖。

公司现有职工320人。其中大中专以上学历128人。公司占地面积$6 \times 10^4 m^2$，建筑面积$2.5 \times 10^4 m^2$，固定资产6000万元，公司享有外贸自营进出口权。

2000年实现工业产值7000万元，利税350万元。

（贵州省轻纺行业管理办公室　李应珍）

云　南　省

【基本情况】

在我国加入WTO之际，被誉为“朝阳产业”的塑料行业迎来了新世纪的春天，正在加快步伐向塑料制品生产强国迈进。地处祖国西南边陲的云南省塑料行业，50年来从无到有，从小到大取得了长足的发展。解放时不知塑料制品为何物的边疆人民，在党的领导下，于1955年11月3日组建了第一个塑料生产企业——昆明市四区第一供销生产小组，主要产品为化学手镯，化学口杯，化学牙刷柄，几经改组整合扩大产量，1958年生产65t产品。1960年上海永丰牙刷厂迁入昆明，在此基础上，改建为我省第一个地方国营的塑料企业——昆明市塑料厂，全部职工160人。60年代末70年代初，随着云南塑料厂，昆明市塑料二厂、个旧市塑料厂，大理市塑料厂、曲靖塑料厂等先后建成投产，我省塑料进入了高速发展期，1972年全省共有塑料企业15个，固定资产原值672万元，年综合生产力6500t，产量2619t。

党的十一届三中全会后，昆明、曲靖、楚雄等地企业进行技术改造，从国外引进了先进的设备和技术，生产能力，产品质量有很大提高，云南塑料制品生产有了质的飞跃，步入了迅速发展的快车道。1985年，生产企业发展到61个，其中：国有企业10个，集体企业32个，城镇或个体企业19个，生产能力30kt，是1972年的4.6倍；产量26kt，是1972年的10倍；产值1.1亿元，销售收入1亿多元。

社会主义市场经济在我国的确立，为塑料行业的发展提供了广阔的舞台，在激烈的市场拼搏中新企业不断涌现，一些老企业焕发了青春，企业生产不断发展，实力不断增加，他们共同为云南塑料行业的发展作出贡献。至2000年，我省有独立核算的塑料企业约146户，其中：国有企业和销售收入500万元以上非国有企业为59户，亏损25户占统计数的42.3%，亏损面较大的是国有企业，17个企业中有10个亏损，占58.8%。产品产量的105kt，产值10.7亿元，销售收入10.5亿元。分别是1985年的4倍，9.7倍和10倍（详情见表1）。经过多年的发展，云南省塑料行业形成了以薄膜和编织制品为主导产品，各大类品种基本齐全，企业布局较为合理，以少数骨干企业为支撑，培养了一批经营管理技术人材，行业初具规模，并可持续发展的产业。

表1　云南省塑料行业2000年产3kt以上企业情况表①

企业名称	主要产品	产量/t	产值/万元	销售收入/万元	利润总额/万元
云南塑料厂	农地膜 给排水管	5 238	4 111	4 639	121
云南曲靖塑料集团有限公司	农地膜，中空制品	5 586	5 181	5 509	162
玉溪市第一塑料厂	农地膜，塑料编织袋	5 276	4 097	5 173	143
个旧市塑料厂	农地膜，中空制品	3 400	2 850	2 690	190
昆明市卷烟厂服务公司地膜厂	农地膜	3 500	3 500	3 500	200
云南红塔塑胶有限公司	双向控伸膜	6 190	10 438	10 438	1 931
合　计		104 770	107 241	105 000	8 398

①基本情况统计数为全部国有及年产品销售收入500万元，以上非国有独立核算企业。统计数年源于云南省统计局。

回顾过去展望将来，在我国加入WTO之后，我们面临的是一个崭新的局面，在经济全球化，市场全面开放的大环境中，充满了挑战和机遇，我们是成为“世界制造车间”“中国制造”的一部分，还是被别人冲击，打跨，甚至“全军覆没”是摆在我省这个既不强大也无优势可言的行业面前的重大问题。历史的经验值得注意，回顾我省塑料行业发展的历程，有以下几点：

第一，依靠基础产业发展壮大自己。农业是我国之根本，其发展历来受到党和国家的高度重视，塑料农地膜在种植业中的推广使用，对粮食作物的增产效果十分显著。云南地处高原，多变的气候，农作物对农地膜的需求处于快迅增长状态，为我省塑料行业的发展提供了坚实的基础，也迎来了一个较大的发展时期。1964年昆明市塑料厂试制成功了聚氯乙烯农地膜供农业部门实验，1971年云南塑料厂投产后生产了564t聚乙烯农地膜，1977年为1660t，企业也由一家扩大到曲靖等六家企业。1984年产量达5018t，至2000年农地膜产量达28.4kt，占行业总产量的27.2%。许多企业克服了种种困难，为我省粮食和经济作物的增产，为边疆各民族的脱贫和解决温饱问题作出了贡献。

第二，在大产业中拓展自己求得发展。塑料制品以其性能的优异和产品的多样，在各个领域大放异彩，为塑料制品制造业展现了无限光明的前景。在建筑这个大产业中，塑料管材和异型材经过多年的推广和使用已得用户认可。

第三，看准包装大市场，以大宗产品为对象，发展塑料包装业：凡是商品都需要包装，大宗商品的包装被多个行业和企业所重视，塑料包装材料替代了许多传统包装物品。粮食、白糖、水泥等大宗物资成了塑料包装首选目标，以塑料编织袋为主产品的企业发展较快，并形成了我省塑料行业的又一个主要产品。2000年产量达20kt，产值1.96亿元。其他包装制品如薄膜、中空容器、周转箱等也有很大发展。

【重点企业】

曲靖塑料集团有限公司、玉溪市塑料一厂就是其中的佼佼者。曲塑集团建厂始于1974年，由一个40多人，固定资产40多万元的缝纫社转产塑料，生产塑料鞋底起家，其后生产农用膜，经营有方实力不断增强，特别是现任公司董事长总经理卢建书同志任厂长后，团结一班人，大刀阔斧进行机制改革，在生产经营中始终坚持以市场为导向，以农地膜为主导产品进行产品结构调整，加强科研，自主开发了微膜、棚膜、中空制品等新产品投放市场，获得较好效益。近年来，在我省增速减缓的情况下，公司领导锐意进取，改善经营环境，重视品牌运营，阿诗玛牌地膜1998年获《云南名牌产品》称号，产量跃居全省第一，综合生产能力突破万吨大关。

玉溪市第一塑料厂在农地膜生产中，发展也十分迅速。该厂以灵活有效的经营机制，大力拓展市场，使市场份额不断加大，在生产中严把质量关，严格成本管理，严格节能降耗考核制度，2000年完成农地膜5065t，比上年增长19.67%，是我省增幅最大的企业，产量跃居全省第二。

云南塑料厂是我省最早生产建筑用给、排水管的企业，他们不断开发新产品适应市场需求，现已成该厂主要产品之一。云南红塔集团投资1.8亿元组建了云南红塔新型建材有限公司，于2000年从德国引进了3条铝塑管生产线，年生产能力达20Mm，门窗组装线一条，年生产能力$30\times10^4m^2$；从奥地利引进异型材生产线6条，年生产能力10kt，此外还引进了部分化验检测设备。该公司经过紧张基建和设备调试安装，于2000年12月26日开工试生产，经过一年的试生产，型材生产近2000t，铝塑管940km，产品质量良好，除在本省销售外，已开拓了北京、西安、武汉、成都等省外市场，随着市场的开拓，将会迎来一个较大的发展。

个旧市塑料厂闻风而动抢占了先机，厂长李克平同志和他领导的班子，认真分析了我省经济发展态势，以云南经济发展重点找准自己企业发展的目标，果断调整产品结构，投资1500多万元引进精密的上档次的医用中空包装瓶生产线，形成年产2kt的聚丙烯、聚酯等中空包装瓶，届时销售收入可达3000万元，今年全年已有可观效益，同时实施厂校挂钩开展技术合作，先后和西安交通大学、浙江大学合作联合开发以降解树脂为主体的功能母料，已初见成效。现在，该厂形成了以农地膜，医用中空包装瓶和降解功能系列母料三个支柱产品，增强了入世后抗风险能力。省行业协会鼓励并支持其他企业，以个旧市塑料厂为榜样，以我省经济发展目标为依托，描准省内优势产业和大产业，结合自己的实际，不失时机地作出产品结构调整，在整体上促进塑料行业的发展。

云南塑料厂就是一个典型实例，该厂科研能力在云南省塑料生产企业中首屈一指，历史上曾创我省我多个第一，在这些第一中尝到了科技是第一生产力的甜头，该厂近年来，在厂长柴本桐同志领导下，根据云南气候特点，将开发大棚膜作为农地膜产品生产的突破点，采用三层共挤技术，使膜达到防雾、保温，延长使用寿命的目的，产品深受全国著明花卉生产、交易集散地昆明市斗南花农的欢迎。开发取得了完全的成功，该产品获得了《云南名牌产品》称号，2000年产量1400t，占该厂产量的30%。协会鼓励并支持企业根据自己的实际和对市场信息的调研，自主开发或与省内外科研单位、大学等联合开发技术含量高，市场竞争力强的新产品，促进自身产品的升级换代，使整个行业健康发展。

【存在的问题】

云南省塑料行业虽然有了长足发展，但是我们也清楚的认识到我省的不足与劣势，加入WTO后，这些问题将更加凸现出来。一是企业结构不合理，小企业多，上规模、上档次、上水平的骨干企业没有几个，而且生产规模上3kt以上的企业大多都是薄膜生产农业，产品较单一，没有形成企业规模和行业规模优势，受不住市场的强烈冲击。二是加工技术水平不高，以薄膜制品为例，全省产量51.2kt，其中普通农膜产量28.4kt，在20kt的其他薄膜中一半以上属一般包装膜。而技术含量高，性能好的产品不多。三是消费市场容量不大，我省缺少用塑大户，例如家电、电信等，再加上高水平的加工产品不多，影响了行业总量的发展。四是特殊区位限制了进一步的发展，云南地处祖国西南一隅是交通末稍，产品流进后难于继续向前流走，市场竞争更显激烈。四是入世后，塑料原料价格因关税的降低而下降，制品制造成本也随之降低，境外省外大量产品拥入云南，省内许多企业将失去市场，处于十分困难的境地，对我省来讲是挑战大于机遇。但是，云南塑料行业也并非等着被淘汰出局，从长远看仍然充满了希望与机遇，是一个充满潜力又可快速发展的地方。

【发展趋势】

为此，根据我省实际，近期内，行业发展的基本思路是：解放思想，更新观念。加强科技投入，调整结构。以省支柱产业、优势产业为依托，稳固发展农用薄膜和塑料编织制品；大力发展塑料建材、室内外装饰品和中空等各类包装品。平均每年递增 10%，至 2005 年产量达 168kt，产值 15 亿元。

第一，调整产品结构适应云南经济发展。根据云南省政府规划，在未来十年时间要把云南建设成民族文化大省和绿色经济强省，其中绿色食品和天然药物是发展的重点，为塑料包装业提供了很好的发展机遇。

第二，以科技进步为动力，努力开发新产品，促进行业健康发展。纵观我省一些起步于 70 年代的老企业都以生产塑料鞋底、凉鞋起家，并取得了成功，现在已没有一家再继续生产，分别被其他产品所取代。增大科技投入，努力开发新产品被每个企业列为企业求生存，求发展的重大举措。

第三，大力整顿市场经济秩序，维护公平竞争。入世后，国外、省外产品进入云南市场，将有大幅增长，虽然大多数省内外、国外生产经销的产品质量是好的，对云南经济发展起到了推动作用，但是也有一些厂商无视产品质量，大肆制造劣质产品，低价冲击市场，坑害消费者，有的造成安全隐患，造成市场的混乱，劣质地膜、劣质给排水管、导线穿线管等就是实例。为了营造一个良好的市场经济秩序，维护行业合法权益，保护企业正当的公平竞争，必须坚持开展市场经济秩序的整顿，要配合政府有关部门加大打假力度，使劣质产品得到一定程度的遏制。对一些重要产品又无国家标准和行业标准的，已准备制定地方标准，一些比较特殊的小产品要制定企业标准，严禁无标准生产的产品在市场流通。另外要对省内外制造和营销的一些主要产品实施行业检测，结果要向社会公开，同时加强宣传把一些好产品、好企业介绍给消费者，对那些制劣、贩劣者给予暴光，使市场秩序得到好转。

第四，加强省塑料行业协会工作，促进行业的健康发展。云南省塑料行业协会成立时间较晚，是在国家和省市政府机构改中在企业支持下成立的，协会把为会员服务，维护会员和行业合法权益，促进行业健康发展作为自己的宗旨。入世后，协会的作用和重要性将会进一步显现出来。为了充分发挥协会的服务，协调、自律职能，加强协会自身建设十分重要。首先，组织机构要健全，协会工作人员办事要民主、公开，要自律，有损于协会信誉和行业、会员共同利益的事不做，第二，协会要做好为行业和会员服务这篇大文章。协会要加强塑料行业产业政策导向，不仅是政府有关部门和业内人士清楚，要让社会各界也要清楚，尽量避免重复建设和资源配置的浪费；协会要加强技术咨询服务，充分发挥技术顾问的作用，开展技术咨询，同时和省内外科研部门，大专院校建立广泛的技术合作，为企业的新产品开发牵线搭桥；协会要开展信息服务，为会员和行业提供各类信息，同时要采取措施改变信息源较为单一的局面；协会要加强和政府部门之间的联系，反映行业和会员的要求，维护会员合法权益。

云南省塑料行业的发展，离不开中央和省市各有关部门的支持，虽有长足进步，但和沿海省市相比差距很大，我们希望在西部大开发的战鼓声中，在中国东盟自由贸易区的建立中，云南这块热土欢迎省外和境外有识之士前来办厂、投资和开展卓有成效的经营，促进我省塑料行业更快发展。

（云南省塑料行为协会　李如华）

甘　肃　省

【基本情况】

我省塑料加工业起始于 1963 年，经过近 40 年尤其是改革开放的 20 多年来，取得了突飞猛进的发展，由于技术装备和工艺水平的不断提高，产品质量和档次也相应提高，应用领域不断扩大。为农业、化工、轻工、家电、食品、医药、机械等领域的发展作出了积极的贡献，起到了支持和带动相关行业发展的重要作用，已成为国民经济建设不可缺少的组成部分。

据不完全统计，我省目前有各种类型塑料加工企业约 120 家，从业人员高达 1.3 万人，设备生产能力 18kt/a。主要产品有 PE 农膜、工业膜、各类包装膜、包装袋、大型中空容器、周转箱、日用包装容器、各种类型的管材、片材、电缆料、PVC 上下水管、异型材、门窗、板材、PPR 各类管材、编织袋、集装袋、PS 发泡片材等。

2000年全省共完成塑料制品产量85580t，产值6.7亿元。

我省在近20年中，通过引进技术和装备，更新改造，使企业整体面貌发生了很大变化。生产的许多产品填补了我省乃至西北地区的空白。随着经济建设的不断发展和日益增长的社会需求，塑料制品工业得到了迅猛发展。1980年我省塑料制品产量仅为6693t，1990年增长到26470t，比1980年增长4倍；2000年产量为85580t，比1990年增长了两倍，比1980年增长了12.7倍，翻了3番多。就我省而言，是取得了较好的成绩，但与国际水平和发达省份相比仍很落后。我省塑料制品产量仅占全国的0.5%左右，人均消费不足3kg，远远低于发达国家人均消费50~100kg，也低于全国人均消费12kg的水平。

【经营状况】

2000年我省塑料制品加工中一部分大中型企业不断增强企业应变能力。加大技改投入，努力调整产品结构。以市场为导向，加强内部管理，降低成体，提高产品质量，以致涌现出如兰州塑料厂、兰州宏达公司、天水塑料厂、天水电缆材料厂，兰州定元塑料制品有限责任公司，甘肃省塑料编织袋厂等一些有规模、产量大、效益好的企业。这些企业在2000年完全塑料制品产量已超过全省总产量的50%以上，这些企业对行业具有较大支撑作用，是促进行业稳步发展的骨干力量。纵观2000年的整个生产、销售情况，这几家大中型骨干企业的主要作法是进一步加强市场观念和销售力度，提高业务人员素质；调整和优化产品结构，大力开发新产品；加强企业管理，紧紧把握“质量为本”的宗旨，积极推进ISO9000系列质量认证工作，已通过ISO9000系列认证的有兰州塑料厂、天水塑料厂、天水电缆材料厂、兰州宏达公司、甘肃省塑料编织袋厂。产品质量标准管理的强化和质量体系认证工作的开展，为这些企业提高市场竞争力创造了有利条件，从而使企业在重重困难的条件下仍保持了较好的业绩。也有一些老字号的国有企业，积极改制，利用自身的一些优势，采取融资、合资等各种形式创造条件，发展新产品，使企业走出困境。如兰州塑料三厂是个有35年历史的国有企业，多年来一直生产中空容器，由于产品老化，市场竞争激烈，曾一度陷入困境，从1998年开始完成了200L双L环型全塑桶技改项目，产品填补了省内空白，投放市场后，产值、利润、销售收入逐步递增，取得了可喜成绩，1999年与台湾某公司签约立项总投资2000万人民币的超大中空生产线，生产1000L的液体集装箱，大型塑料托盘等产品，将填补西北特大中空容器空白。该产品符合国际货运和海上危规标准，可进行公路、铁路、海洋及航空运输，广泛用于石油化工、医药、食品、及危险品的Ⅱ、Ⅲ类包装，发展前景广阔。

另有一些小企业（主要在县以下），由于装备水平低，工艺相对落后，信息不灵，产品技术含量低，只能生产一些简单产品来维持生存，这些企业约占全省企业总数1/3多一些。

【重点企业】

（1）兰州定元塑料制品有限责任公司：产量15kt；产品主要是农膜。

（2）天水塑料厂：产量9218t；主要产品农地膜。

（3）兰州塑料厂：产量5245t：主要产品PVC管材。

（4）天水电缆材料厂：产量4270t；主要产品电缆料。

（5）兰化宏达公司：产量10200t；主要产品农地膜。

（6）甘肃省塑料编织袋厂：产量3500t；主要产品编织袋。

【存在的问题】

我省塑料制品工业在过去的几十年中特别是改革开放的20年中取得了较好的成绩，但就在发展过程中仍面临着一些困难，存在着一些问题主要是：

1. 产品结构不合理

这主要表现在中低档制品偏多，高档与缺口配套产品少；一般技术产品多，高技术、高附加值的产品少等问题。我省生产塑料企业有一百多家，生产农地膜的企业占60%。由于宏观调控力度不足，致使生产线重复建设，全行业开工率不足。形成了一方面能力过剩，产品滞销积压，一方面满足不了市场需求。比如日用小商品，在兰州的主要商场、超市的塑料制品专柜中，本地产品上柜率是零。在街头巷尾的地摊上，外地产品和私营企业生产的塑料小商品占居了主导地位。

2. 总体设备水平低，工艺技术相对落后

近20年来，我省虽然加快了技术改造步伐，从国外引进了一些先进设备，大大地改变了我省塑料制品加工落后的局面，起到了推进作用。但绝大多数是80年代中后期的设备，除少数几家大企业拥有较先进设备外，相当一部分企业仍然以国产塑料加工设备为主，正在使用的设备中约有20%属落后淘汰范围。

3. 企业规模偏小，技术力量薄弱

我省塑料加工企业中，万吨以上规模仅有六、七家，90%的企业能力在1kt以下，这些小企业技术力量薄弱，管理水平低，缺乏市场竞争力。

【新产品开发】

2000年我省塑料加工企业积极开发新产品，研制了“PE 转光大棚膜”、“高熔体强度 LLDPE 专用料”、“大口径 PVC 管材”、“大型中空容器”等有鲜明特色、市场欢迎的一些产品，经过努力取得成效。厚土工片已能生产 0.8～1.5mm 厚的产品，并广泛应用于铁路、遂道、防渗等工程中。

【发展趋势】

根据对当前塑料行业存在的问题的分析，为使塑料制品在“十五”期间能够持续稳定的向前发展，以保证国民经济各部门和市场消费的基本需求。我们的指导思想是：以市场为依据；以质量为中心；以效益为前提；以科技为导向；以管理为基础；以改革为动力。努力发展和生产适销对路的塑料制品，为国家建设和国民经济需要服务，为企业增加效益。

“十五”期间年增长速度以 8% 为宜。2005 年制品产量达到 12.5kt，其中农用塑料 50kt，包装制品 30kt，建材及工业配套产品 35kt，其他 10kt。

发展的重点是：优先安排农用塑料（包括农、林、牧等方面所需的农地膜、滴灌、输水、节水管、防渗膜等）；大力发展塑料包装材料（采用新技术、新材料、开发具有高、新、特及结构新颖的包装制品和出口产品配套的包装材料）；积极推广和生产塑料建材（主要是上下水管、塑料门窗等）；努力发展适销对路的日用塑料制品（包装用膜、袋、家电、食品、日化、饮料等轻工业所需的配套塑料制品）；加快高附加值产品和工程塑料制品的研制和开发。

【相关政策与措施】

1. 加强行业管理和宏观调控

为保证规划的实施，必须加强宏观调控和行业管理工作，否则重复建设的情况必将重现，造成该增加的加不上，该压的压不下来。并将给国家在投资上造成极大的损失，给企业带来许多困难。

2. 积极推广新技术、新产品、新工艺

我省绝大部分塑料加工企业是地县小企业，由于设备落后，技术力量薄弱，产品结构不合理，产品缺乏市场竞争能力。需要花大力气，下大功夫做好引进吸收工作，结合自身的优势和条件，加速技术改造的步伐，提高管理水平，提高产品的附加值，多创效益。

3. 积极推动质量保证工作

发挥重点骨干企业的作用，力争 10% 的企业通过 ISO 9000 系列质量体系认证。

我们相信通过全省塑料加工行业广大干部职工的积极努力，随着国家向西部地区倾斜政策的不断落实和各级部门的大力支持，我省塑料工业一定会有新的发展，对国民经济建设起到积极作用。

（甘肃省皮革塑料公司　张学仁）

新疆维吾尔自治区

【基本情况】

2000 年新疆共有乡及乡以上塑料加工企业 216 家，从业人数约 1.8 万人，塑料制品年生产能力 400kt，各种塑料制品总产量 196kt，实现工业总产值 18.29 亿元。

新疆塑料工业是以塑料加工业为主体形成的新型产业。经过改革开放二十年来的不断发展，正在逐步向包括制品加工、树脂合成、辅料生产、模具与设备制造、科研开发等于一体的相对完整的塑料工业体系过渡，并在塑料制品加工与合成树脂生产方面已初具规模。产品主要门类有农用塑料制品、包装用塑料制品、建筑用塑料制品、日用塑料制品、工业配套用塑料制品五大类。

【企业经营】

2000 年新疆塑料工业结束了短期调整的走势，制品总产量首次突破 1998 年 168kt 的前期高点，并向 200kt 大关逼近。2000 年新疆塑料工业实现工业总产值 18.29 亿元，较上年增长了 35.08%，占全新疆工业总产值的 1.72%。各类塑料制品产量见表 1。

行业经济运行质量明显好转。34 家重点企业实现产品销售收入 8.524 亿元，较上年增长了 29.23%，利润总额盈亏相抵后盈利 2202 万元，比上年的 112 万元增加近 20 倍，基本摆脱了行业亏损的局面；产品产销率为 97.33%，较上年的 95.36% 提高了近两个百分点。主要产品产销率分别为：农地膜 100%，与上年持平；PE 管材为 90.16%，较上年下降 7.6 个百分点；PVC 异型材为 92.78%，较上年有所提高；PVC 管材为 89.11%，较上年下降 10 个百分点；编织袋 100%，保持上年水平。实物劳动生产率为 22.53t/人·年，较上年的 15.32t/人·增长了 47.06%；全员劳动生产率（增加值）为 3.18 万元/人·年，较上年 2.02 万元/人·年增长了 57.43%。

从市场分布分析，随着西部大开发战略的实施，各类塑料制品的市场需求都逐步有效放大，特别是受大农业开发和基础设施建设的拉动，塑料管材、节水器材、异型材及门窗、土工合成材料等一批配套用塑料制品已经发展成为新疆塑料工业新的增长点。

【重点企业】

“九五”期间，新疆塑料工业加大了结构调整力度，通过产品结构、企业组织结构、所有制结构的调整，形成了一批具有一定市场竞争能力的骨干企业。见表 2。

【设备技术引进】

2000年新疆塑料行业设备技术引进主要集中在大中型企业中，且各有特色：新疆屯河新型建材有限公司为提高企业异型材生产的装备水平，提高产品在其所在领域的竞争力，利用国外资金从德国引进了7条PVC型材生产线及配套模具，加上其他国产设备，使之一跃成为西北地区生产规模最大、装备最好的PVC异型材生产企业。新疆天业集团为配合企业技术开发和新产品开发，分别从瑞士、德国等国家引进了具有国内先进水平的4台（套）加工设备和2条塑料制品生产线。其中企业吸收消化国外同类技术后，开发出具有自主知识产权的“大田膜下滴灌”技术。

表1 2000年各类塑料制品产量

品种	产量/kt	占总量比率/%	较上年同期/%
塑料制品总量	196.10	100.00	40.57
薄膜制品	93.05	47.45	17.15
农地膜	82.20	41.92	11.07
管材制品	28.60	14.57	66.28
异型材制品	14.34	7.31	101.0
丝及编织制品	18.46	9.41	3.9
泡沫塑料制品	1.48	0.75	-44
包装箱及容器	4.471	2.28	8.44
日用塑料制品	3.94	2.01	16.2
其他塑料制品	27	13.77	

表2 2000年塑料制品年产量过3kt的企业

序号	企业名称	主要产品	生产能力/(kt/a)	产量/(kt/a)
1	新疆天业（集团）塑料厂	地膜、滴灌器材、管材、型材	60	22.326
2	屯河新型建材工业公司	型材、管材	30	5.782
3	新疆天山塑料厂	地膜、型材、管材	17	5.064
4	独山子天利高新股份公司	地膜、编织袋、无纺布	17	3.100
5	阿拉尔塑料制品一厂	地膜	10	5.461
6	新疆三维鲁宏建材公司	型材	4.5	3.431
7	新疆梧桐塑料厂	地膜	6	3.155
8	芳草湖双降解薄膜厂	地膜、管材、滴灌带	16	2.992
9	奎屯阜兴塑料制品厂	地膜	15	3.300
10	乌石化总厂塑料厂	编织袋	5	4.663
11	新疆塑料总厂	地膜、管材	15	3.354
12	石河子总场塑料厂	地膜	3.5	3.151
13	新疆西龙土工新材料公司	土工合成材料	8	2
14	广汇塑钢门窗制品有限公司	钢塑共挤型材、管材管件	10	2.1
16	阿拉尔塑料制品二厂	管材、薄膜	10	3
合计			227	72.879

【外资利用】

由于新疆塑料工业的结构特点，利用外资数量不大、种类不多。本年度主要有两方面，一是新疆屯河新型建材有限公司利用世行贷款 280 万美元引进了 7 条 PVC 异型材生产线。该设备的引进，使该企业快速实现了技术水平上档次、生产能力上规模、产品品种成系列的转变。二是由新疆梨花包装有限公司等利用联合国蒙特利尔议定书的多边基金对其所属企业 PE 发泡制品生产线进行了无氟生产改造，年内使用资金约 22 万美元，引进了关键的消防设备，使其装备水平达到了国内同行业领先水平。

【主要特点】

(1) 新疆塑料工业生产区域性分布更加明显，沿天山北坡经济带塑料制品生产已占全区总产量的 70%以上。2000 年塑料制品生产在区域分布上已较 1997 年发生了明显变化，北疆地区产量占全区总量的比重由 34.94%上升为 53.33%，增长了 18 个百分点；乌鲁木齐地区由 32.1%下降到 24.92%，南疆地区由 31.29%下降到了 19.41%，东疆地区由 1.67%增加到 2.34%。其中乌鲁木齐、昌吉、石河子、阿克苏的产量分别占到了总量的 24.92%、23.4%、13.83%和 10.82%，名列 15 个地、州的前四位，而吐鲁番地区、克孜勒苏自治州、阿勒泰地区三地的产量之和不足全区总量的 1%。引人注目的是由乌鲁木齐、昌吉、石河子至独山子的沿天山北坡的经济带上，塑料制品产量已高达 152.7kt，占到全区总量的 77.91%，成为新疆塑料工业发展的主要经济支撑。形成这种格局的主要原因有三：一是在产品结构上主导产品农地膜的市场趋于饱和，增长速度放慢，在总量中所占比重已由 1999 年的 53.05%下降到 2000 年的 41.94%，而南疆地区仍以农地膜生产为主，一些新的热点产品如节水灌溉器材、管材、管件、门窗异型材、土工新材料等的开发生产又主要集中在天山北坡经济带上；二是随着农地膜经营的放开和市场经济秩序的不断规范，北疆企业以其自身的机制、资金、规模、技术、经营理念等方面的优势，加大了对南疆市场的竞争与拓展力度，使南疆部分企业的生产出现了萎缩；三是新疆天业、屯河塑业、天利高新、西龙土工等一批具有较大优势的塑料企业在天山北坡经济带上迅速崛起，使塑料工业在北疆的发展势头更加强劲。

(2) 新疆塑料原料供给状况进一步改善

目前，新疆已有 6 家合成树脂生产企业，总供给能力为 310kt，其中：独山子乙烯厂 190kt（PP 树脂 70kt，PE 树脂 110 ~ 120kt），新疆氯碱厂 PVC 树脂 25kt，新疆天业石河子化工厂 PVC 树脂 25kt，天利高新股份公司本体 PP 树脂 30kt，乌石化炼油厂本体 PP 树脂 20kt，克拉玛依炼油厂本体 PP 树脂 20kt。新疆地产树脂生产已成为塑料加工业的主要原料来源。随着独山子乙烯厂等企业的改造与扩建，塑料工业在原料数量和品种结构上都将得到更进一步的改善。在原料供给上，除上述原料生产单位外，新疆二轻集团公司、新疆天业化轻公司、新疆化轻总公司等一批原料流通企业也在原料供给、品种调剂、价格信息、丰富市场等方面发挥着积极有效的作用。原料供应的市场化和供应渠道多元化已经形成，这无疑会加剧原料生产、供应部门的市场竞争，同时也将推进塑料原料市场的丰富和繁荣，为塑料制品生产企业提供有效的原料保障。

(3) 农用塑料制品在新疆塑料工业中占有主导地位

农地膜生产形势稳定，农用输水管材、节水灌溉器材已成为农用塑料制品的新亮点。农地膜是新疆塑料工业的大宗产品，产量占制品总量的 41.9%，保持着地膜产量全国排名第一的地位。目前，新疆农地膜覆盖面积已超过 2000 万亩，地膜年需求量保持在 80 ~ 100kt左右，并逐年略有增长。地膜覆盖作物以棉花、玉米为主，并向小麦、蕃茄等其他经济作物扩展。地膜主流品种为普通共混地膜，产品规格也随着农业栽培技术的改进向超宽幅方向发展。转光膜、有色膜、高强度膜、降解膜等功能性地膜的研制开发与推广应用正在进行之中。全区农地膜设备能力已超过 250kt/a，技术装备保持了全国同行业先进水平。生产企业中，私营企业相当活跃，但新疆天业、阿拉尔塑料一厂、天利高新等一批规模化发展的骨干企业在市场竞争中占居主导地位。

另外，伴随着“西部大开发”战略的实施，生态环境建设、节水农业的发展是新疆经济发展的一项战略性措施，输水管材及管件、塑料节水器材的发展已成为新疆塑料工业的又一新亮点。按照自治区规划，到 2005 年新疆节水灌溉面积要达到 1000 万亩，这为塑料节水器材展示出了广阔的市场空间。目前，新疆天业股份公司已经在产品品种开发、农业推广、技术储备等方面做了大量卓有成效的工作，取得了可喜的成绩，特别是“大田膜下滴灌技术”和一次性滴灌带及配套器件的开发成功，在新疆乃至全国产生了强烈的反响，也为节水灌溉的大面积推广和塑料节水器材的规模化生产奠定了坚实的基础。

(4) 高速发展的塑料建材成为新疆塑料工业的新支点

塑料建材是新疆塑料工业的新兴门类，主要产品有 PVC 异型材及门窗、各种管材及管件、土工合成材料等，2000 年异型材产量较上年增长了 101%，今年1~4月PVC管材较去年同期增长了78.6%，PVC异型材增长率高达547%，发展速度居各类塑料产品之首。在国家和自治区大力推广新型化学建材的政策引导下，经过新疆天山塑料厂等一批老企业的不懈努力和屯河塑业、西龙土工等一批新企业的开拓进取，塑料门窗、塑料管材、土工材料、装饰材料等新型塑料建材制品已得到社会认可，市场份额逐年扩大，发展前景一片光明。屯河塑业通过引进设备、优化重组，形成了拥有30条型材生产线，6条管材生产线，年产能力超过20kt的生产规模，一举成为新疆塑料建材生产龙头企业；广汇塑钢门窗制品有限公司采用国家专利技术和先进装备，形成了年产10kt PVC结皮微发泡钢塑共挤型材的生产能力，填补了新疆门窗型材生产的一项空白；西龙土工、天利高新等企业通过设备引进与改造，形成了年产土工膜、土工复合材料10kt的生产规模，成为新疆和西北地区最大的土工膜生产基地；阿拉尔塑料二厂、广汇塑钢等企业还相继开发生产了PPR管、铝塑复合管、钢塑复合管、玻纤复合增强管、纳米复合管等新产品。总之，一批新企业的进入，一批新技术的应用，一批骨干企业的形成，已给新疆塑料建材发展注入了新的活力，把塑料建材事业推向了一个新的水平。

(5) 包装产品市场广阔，技术进步相对滞后

塑料包装制品是新疆塑料工业主导产品之一，但近两年发展速度放慢，技术进步工作相对滞后。新疆包装塑料制品是由传统的编织袋、普通包装膜发展起来的。特别是在90年代中期步入了一个发展高峰期，相继开发出了各种专用周转箱、瓜果包装网、大型中空塑料容器、复合彩印包装膜、无菌复合包装袋、复合蓬布、集装袋等一批新产品，涌现出乌石化塑料厂、珠江塑料厂、新疆塑料总厂等一批塑料包装优势企业，但进入90年代末，特别是近两年包装塑料的技术创新、产品开发速度明显放慢，除克拉玛依合力公司引进德国设备，配套建设了10kt润滑油高档小包装生产线，新疆塑料总厂开发了三层共挤复合包装膜外，其他改造规模较大、产品水平相对较高的项目基本没有。与之相反，一些小编织袋、小购物袋等初级塑料包装产品的生产和市场却显得十分活跃。一些市场热点产品如塑料托盘、热收缩包装膜、缠绕包装膜、超大型容器、复合包装材料、纳米材料复合容器等技术含量较高的产品尚无企业涉足。所以在新疆主导的塑料制品中，包装产品的发展显得相对平淡，未形成有效的经济增长点。

(6) 塑料企业发展出现两极化发展趋势

随着企业改革的深化和企业所有制结构的调整，新疆塑料行业发展出现了“两高一低”现象，一“高”是以新疆天业、天利高新、屯河塑业为代表的一批经过股份制成功改造的企业及上市公司表现出高成长性，他们起点高，负担轻，在行业发展中起着主导作用；二“高”是私营独资和民营企业发展很快，他们虽然企业规模小、有的生存周期也很短，但由于这一群体量多面广，经营机制灵活，在行业中所占比重逐年扩大，且不断有企业从中脱颖而出；一“低”是曾经在行业发展过程中起着支柱作用并为行业发展做出过重大贡献的一批老牌国有、集体企业，步履维艰，出现了停滞和痿缩，部分企业已开始因破产或被兼并而退出塑料行业。

(7) 企业技术改造投入加大，行业装备水平提高

由于市场竞争的加剧，近两年新疆塑料行业技术改造力度明显加大，大多数企业都在进行不同层次的技术改造，使行业整体装备水平得到提高。技改资金的主要投向集中在农地膜、节水器材、各种管材及管件、异型材及门窗等制品上，新增设备能力超过50kt。技改规模较大的企业有新疆天业、屯河塑业、广汇塑钢等。技术水平较高的项目有：新疆天业引进德国、瑞士等国外先进设备，配套开发的UPVC管材、滴灌管、滴灌带及配件等项目；屯河塑业引进7条德国高速门窗型材生产线项目；广汇塑钢开发的具有国内独立知识产权的结皮发泡钢塑共挤型材及门窗项目；广汇塑钢、阿拉尔、金盛源等企业开发的PPR管材及管件项目；华创天元实业公司、中油复合材料公司新建的大钢塑复合管、玻纤增强防蚀管项目；西龙土工的土工膜加糙及土工复合材料项目；新疆经协公司在建的纳米粘土/超高分子量聚乙烯复合管材项目；以及部分农膜企业进行的超宽幅农地膜改造项目等。这批高起点、高水平项目的建成，使新疆塑料工业产业结构得到了有效调整。

【存在的问题】

总体上讲，新疆塑料工业主要存在着八个方面的突出问题：一是产品结构老化、品种单一，主要产品仍限于一些加工工艺简单、技术要求不高、结构单一的大宗产品，在使用性能、产品造形、表面处理、原料耗用等方面都呈现出明显衰退与老化，无法满足社会各部门的多种需要。二是技术结构不合理，科技开发投入不足，虽然也引进了部分国外较先进的设备和工艺，部分重点企业得到了扩大与改造，但所占比例不高，在相当部分的企业中80年代的设备所占比重较大，效率低、能耗高、工作环境差、工艺控制水平低下。科研技术开发力量十分薄弱，专业技术人员十分缺乏，技术改造、科研及技术开发、人员培训等方面资金投入严重不足，致使新产品、新技术、新工艺、新材料开发速度缓慢。三是企业组织结构不合

理，年产500t以下的小地膜、小管材、小编织袋企业的比重过大。目前全疆216家塑料加工企业中，34家骨干企业的平均年产量为3400t，其余84%的企业产量仅占总量的41%，企业平均年产量不足450t，这种规模的企业很难有技术开发和创新能力。四是低水平、小规模重复建设现象严重，像地膜、编织袋这样能力严重过剩产品，仍在继续小规模地分散扩大，甚至无质量保障的手工作坊式塑料门窗组装点还大量存在。这造成了产品质量混乱、原料单耗增加、质量风险加大、行业效益下降。五是区域结构有待进一步调整，除农地膜外，塑料制品生产仍集中在乌鲁木齐－石河子－独山子和阿克苏一带，塔城、哈密、吐鲁番地区及博州塑料工业比重较小，阿勒泰地区塑料工业几乎空白。在塑料工业相对发达的地、州结构趋同化现象也较严重。六是经营管理水平有待提高，部分企业产品质量不够稳定，原料一次性消耗较高，产品更新速度缓慢、产品附加值低、生产能力在低水平上盲目扩大，企业内部管理粗放，致使行业经济效益较差。七是原辅材料品种不全，虽然区内已有31万吨的原料生产能力，使聚乙烯、聚丙烯、聚氯乙烯原料供需矛盾已彻底缓解，但品种不全的矛盾仍然存在。一些特殊牌号的上述原料以及低密度聚乙烯、聚苯乙烯、ABS、尼龙、聚甲醛等塑料原料仍需进口和调进解决。塑料加工中应用的稳定剂、抗氧剂、加工助剂等辅助材料的生产在新疆大多属于空白。八是与塑料加工业相配套的塑料机械和塑料模具制造业起步艰难，发展缓慢。

【发展趋势】

“十五”期间，新疆塑料工业的发展思路是：充分把握“西部大开发”所带来的机遇，以市场为导向，以技术创新为动力，以调整产品结构和完善企业所有制结构为突破口，加快产业结构调整步伐；通过农用塑料、建材塑料、包装塑料三大门类产品的稳步提升与有效扩大，特别是通过加强对新兴农用塑料节水器材的开发应用，形成结构合理、特色鲜明、具有比较优势的新疆塑料工业。

（一）发展目标

新疆塑料工业起步相对较晚，市场导向性与原料优势明显，具有良好的成长性。为缩小与内地同行业的差距，“十五”期间我区塑料工业应保持高于全国（10%）的发展速度，根据“九五”的实际递增速度（14.2%）和“十五”的发展趋势，“十五”发展速度定为13%～15%。即到2005年新疆塑料制品总产量应达到360～390kt，工业总产值（90不变价）将突破30亿元。见表3。

表3 “十五”及后十年塑料工业主要产品规划产量

	2000年完成	2005年计划	2015年规划
产值/亿元	18.29	33	70
主要产品产量/kt	196	380	630
农用塑料制品	106	240	300
包装用塑料制品	36	55	100
建筑及工程用制品	20.3	45	100

农用塑料在塑料产品中继续占主导地位；包装制品与塑料建材将是塑料产品中快速增长的领域；为水利、交通、油田等基础设施配套的具有较高科技含量和附加值的工程用塑料将会逐渐活跃起来并在后10年形成行业新的增长点；为减少“白色污染”有关降解塑料及废弃塑料回收再生利用技术将引起高度重视；作为塑料行业重要组成部分的塑料机械、模具及助剂也应协调发展。对综合实力要求较高的注塑成型技术在行业中所占比重大幅提高。

（二）产品发展重点

农用薄膜：要在农地膜大面积推广使用的同时提高其功能性，积极适应农业栽培宽膜化、功能化的要求。注重长寿耐老化、消雾、无滴、有色、高透明高保温、光能转化、避虫、除草、可控降解等多种功能性农地膜的开发应用。特别是发挥各级企业技术中心的作用，组织和协调各方技术力量，承担起新型农地膜的开发任务，尽快改变目前品种单一的现状。在地膜产品厚度上，要有可持续发展的思想，严格按国家标准控制产品厚度，杜绝0.008mm以下的非标产品流入市场。为了有利于废旧农地膜的回收，要通过合理调整原料配方，使普通地膜向高强度易回收地膜过渡。要控制总体生产规模、加快装备更新步伐、进一步增加生产集中度。在南、北疆主要用膜区形成若干个管理先进、产品创新能力强，市场引导作用明显的万吨级骨干企业。

节水灌溉器材：治理生态环境，发展节水农业，是实施西部大开发战略的重要内容的前提。正如江总书记要求：要“把推广节水灌溉作为一项革命性措施来抓”。“十五”期间，新疆规划节水灌溉面积为1000万亩，由于新疆属荒漠绿州灌区，以滴灌为代表的先进的地面灌溉将是节水灌溉的主要方式，若按80%采用滴灌计，并以新疆天业的一次性滴灌带“大田膜下滴灌”系统进行塑料节水器材用量测算，到2005年，节水灌溉将年需求滴灌带70kt，5年累计需用各种管材及管件200kt。农用塑料节水器材的市场空间是巨大的，它成为继地膜之后新疆塑料工业的又一个闪光点。在塑料节水器材发展过程中，要借鉴地膜发展中的经验和教训：一是要做到高起点、高水平、上规模、上档次，积极与农业、水利部门配合，按农业发展要求，做好塑料节水器材配套发展的规划与布局；二要加强新建项目前期工作，力求产品定位准确，配套性好，形成各具特色的骨干龙头企业，防止低水平重复建设和产品趋同化发展所造成的恶性竞争；三是加强技术创新能力，与农业科研技术部门密切协作，适时开发和配套生产出适合不同地区、不同作物的各种类型喷灌、微灌、滴灌专用塑料管、带、管件、喷头及配套器件等，加快节水器材的塑料化进程。同时要把合理降低农业一次性投入做为现阶段研发新产品的重要前提以适应农业的承受能力；四是强化售后服务与技术指导工作，要逐步建立起以农业灌溉技术为支撑的塑料节水器材销售服务体系；五是要高度重视土壤环境保护工作，塑料节水器材项目建设单位要把废旧器材的回收做为项目建设的一个重要组成部分来同步落实，以保证塑料节水器材的可持续发展。“十五”期间，节水用灌溉管，喷、微灌用配套管材和管件及塑料井管等将会以超常规速度发展。要把握机遇，发挥新疆天业股份公司在滴灌产品生产技术上的优势，完善技术、配套开发、尽快有序放大生产规模，扩大产品市场占有率，使节水灌溉器材成为新疆塑料工业中具有相对优势的新兴门类，引导农用节水器材市场健康发展，满足新疆及西北地区节水器材需要。

建筑用塑料：新疆建筑用塑料的生产与应用已进入高速发展时期，塑料门窗异型材的生产技术和推广应用技术已经成熟，生产规模、企业规模、市场占有率逐年放大，装备水平不断提高，今后要加强门窗型材结构、品种设计开发能力，加强门窗主辅材料的新产品开发，提高专用五金配件质量档次和综合配套能力，要逐步建立“订单市场化、加工工厂化、安装专业化、维修服务定点化”的市场体系。注重共挤、发泡、表面装饰等新型塑料门窗异型材的开发应用；建筑排水管要做好质量成本控制、完善应用规范等工作，开发芯层发泡管、内壁螺旋管、加筋双壁管等新型管道；适时开发推广纳米复合聚乙烯管、交联聚乙烯管、铝塑复合管、PPR管等新兴建筑冷、热水管；建筑装修装饰材料要大力推行以塑代木，除扩大现有PVC扣板等产品的规模和品种外，要加强低发泡聚氯乙烯板材市场开发，鼓励开发表面装饰效果突出的低发泡聚氯乙烯装饰型材、板材及其他室内装饰材料。

包装用塑料：重视包装材料的功能化、轻量化，如高阻隔性、耐高温和保鲜功能等，同时也应防止功能过剩、过度包装造成资源浪费和环境问题。在编织类大宗包装产品上，以配套包装为主，走配套包装与规模生产并举之路。重点搞好现有企业技术改造，提高质量，完善品种、降低成本，在大型、重型包装、专用包装、蓬布遮盖材料、网眼袋等包装产品方面有所发展。在薄膜类包装材料上，完善传统产品的花色品种，重点开发新型包装材料，立足区内、瞄准西北地区及周边国家市场，要下决心引进一批国际流行的新型包装材料和后加工生产线，如：拉伸薄膜、多层共挤复合膜、热收缩膜、缠绕膜、复合制袋、真空镀膜、装饰膜等，以适应包装功能化的要求。在中空、注塑、旋转成型等包装制品上，加强各类容器和包装用具的造型设计和配套开发，除稳步发展常用制品外，应在大型中空桶、吨以上包装罐、专业配套包装箱、塑料托盘等工业用产品上加大开发力度。通过引进先进设备和采用新技术，提高包装产品档次。密切关注聚酯瓶和其他种类塑料包装容器在热饮料及啤酒包装方面的动态，及时利用新技术新材料（PEN、改性PET、纳米改性材料等）跟进开发塑料啤酒瓶和其他饮料包装容器。

工程用塑料：要重视土工合成材料的发展，在保持现有土工膜、复合土工布、塑编土工布稳步发展的基础上，积极开发土工格栅、土工格室、土工护坡材料、防护网、垃圾掩埋材料等新工程材料。做好开发高科技、高附加值工程塑料制品的技术储备工作。围绕相关产业的发展，积极做好工程塑料制品的配套开发。重视塑料改性技术，通过通用塑料工程化，扩大独山子乙烯原料优势，使塑料合金及其他改性塑料进入区内外市场。

废弃塑料回收和再生利用：为解决“白色污染”的问题，保障塑料工业的可持续发展，应将加强废弃塑料回收和再生利用工作摆到首要位置。要在南、北疆和乌鲁木齐逐步建立废弃塑料回收再生利用中心，加强废弃塑料回收再生技术的引入与开发工作，提高回收率与加工水平。加快对可控生物降解技术的研究与应用示范工作，为将来该类技术和产品的推广做好准备。

（新疆维吾尔自治区塑料加工工业协会 孔德海）

香港特别行政区

【概述】

塑料工业是战后才开始发展的一种轻工业，除了一般性的小桶、小杯、家庭用品和玩具外，还包括电动遥控玩具、电器制品、电子产品、塑料花、装饰品和旅行用具等，可谓琳琅满目。50年代香港的塑料花厂如雨后春笋般的涌现，成千上万的家庭用塑料花装饰成为香港的特色，香港经济就是在这样的环境中起飞的。80年代初，是香港的塑料工业的全盛时期，那时全香港就有10000余家塑料厂，香港的巨富李嘉诚当年也正是以生产塑料花起家的。

从1983、1984年开始，香港的塑料厂纷纷北移内迁，现在95%的塑料厂都已在内地建厂，在内地竞争对手的技术不断进步的压力下，香港的厂家也纷纷采用更高更新的塑料生产技术，以改善塑料工业在加工、控制和提高质量等生产环节的管理工作，向更先进的塑料制品市场进军，与此同时，香港的塑料工业也由过去一个独立的支柱行业，变为一个与玩具业、钟表业、家庭电器业、电子业、礼品业等相结合的辅助性行业了。

香港的塑料厂数目不断下降，1998年为1499家，1999年为1378家，2000年12月则跌至1171家，行业的总就业人数为7108人，比1999年下降了15.5%，其中男性4713人，女性2395人。

【产销情况】

香港塑料工业的出口产品主要有包装用塑料材料及容器、聚乙烯包装袋、餐具及家庭用品和卫生用品，而包装和塑料材料及容器多为收缩性薄膜、填塞用发泡塑料和气垫膜、塑料盒、泡罩、瓶子和瓶盖、饭盒、杯子以及杯盖等，聚乙烯包装袋则有购物袋、手提袋、垃圾袋、服装套装包装袋、工业用包装袋、食物储存袋，餐具及家庭用品通常是聚苯乙烯刀叉餐具、台布、保鲜膜、手套、床褥套、雨衣和鞋套等，卫生用品则以清洁帽、手术手套最多。

2000年主要塑料进口、出口、转口值及与上年相比的变化率

	2000年进口值/亿港币	进口值变化率/%	2000年出口值/亿港币	出口值变化率/%	2000年转口值/亿港币	转口值变化率/%
初级形状的塑料	444.4	+29.5	28.4	+13.9	353.0	+20.1
非初级形状的塑料	100.9	+7.6	5.6	-11.6	65.2	+9.1
初级形状乙烯聚合物	43.1	+5.7	—	—	42.2	+4.7
初级形状苯乙烯聚合物	150.2	+55.1	23.8	+21.1	121.2	+29.9
初级形状氯乙烯聚合物	33.9	+10.3	1.8	-22.4	32.0	+3.2
塑料管	5.7	+8.3	1.1	-4.6	2.0	+12.8
塑料板、片、膜	94.8	+7.4	4.4	-13.8	62.5	+8.6

此外，香港的塑料工业也为其他行业的产品提供强大的动力，为电子、电脑、钟表、家用电器、办公室设备、通讯器材、光学设备、汽车设备提供包装材料及精密塑料零部件等。

目前美国、欧盟和欧洲是香港塑料产品的主要出口市场，本地食品及饮食店也是港制发泡塑料饭盒及杯子的重要买家。整体而言，欧美地区是香港塑料工业产品的最大销售市场。

【新动向】

目前香港塑料工业面临的困难与其他制造业一样，主要是租金、薪酬等成本高昂，以及原料大部分依靠进口而造成的价格大幅上涨，由此带来的经营压力，导致该行业所得边际利润较低。

目前，欧美各国大多提倡使用可降解的塑料制品代替不可降解的发泡餐盒和塑料袋盛装食品。香港环保署于2000年底推出《容器及袋的降解性及食物安全测试指引》，其中涉及到了十二个测试项目，香港已在2001年开始使用可完全降解的塑料。

香港比较有实力的塑料企业已转向生产高档次的产品，如医疗及保健产品。香港现有数十家塑料厂生产一次性医用手套、针筒、实验室容器、口罩、输血袋、盐水袋等，在欧美市场双色塑料产品（两种塑料共混）的需求日增的情况下，香港塑料工业企业家已赴欧洲考察，考虑引进相关技术的可能性。

（资源来源：香港工业年鉴2001）

台湾地区合成树脂工业

1999年，台湾地区通用塑料年产量达5.79Mt，较上年4.33Mt增加了15%，工程塑料年产量近210kt，由于台湾地区石化基本原料的年产量几年前已呈现明显不足，导致合成树脂进口依存度高达29%。

近年来，合成树脂工业面临着上游石化基本原料自给率偏低，研究开发投入不足，工程塑料发展形成瓶颈，通用塑料发展出现隐患，环保及无公害要求高涨，以及受到气候变化纲要公约的影响等问题。展望未来，必须加强研发能力的培养，提高乙烯自给率并且要分散石化基本原料的供应来源；积极调整产业结构，生产具有高附加值的合成树脂，利用外移厂商开拓合成树脂市场，加强上中下游企业共同发展的观念；落实环境保护及工业安全工作，消减公害纠纷，以及节约能源，提高能源利用效率等，只有这样才能实现台湾地区合成树脂工业的健全发展。

【基本情况】

一、现状分析

（一）厂家

由于合成树脂厂的资本密集程度相对其他行业较高，为了实现规模经济效益，厂家都在扩大企业规模。目前台湾地区生产通用塑料的企业约有20余家，包括台塑、台聚及奇美等，热固性合成树脂厂有数十家，其中少数大规模厂家所生产的产品项目相当广泛，如长春、长兴等，小厂生产的项目相对较少，工程塑料生产厂家约有10家，每家仅生产单一或至多二种产品，通用塑料及热固性合成树脂在台湾地区生产较早，已有三四十年历史，厂家数量现已呈现稳定，而工程塑料近10年才开始生产，厂家数目仍在增加中。

（二）通用塑料的现状

台湾地区合成树脂的生产量最大的是通用塑料，表1及表2为1999年的生产量、生产厂家以及近3年的生产量、进口量及需求量。目前通用塑料的年产量为5.79Mt，但因限制于上游基本原料不足，且部分基本原料不易进口，导致PE及PP等的生产设备利用率偏低，进而造成供不应求。PS及ABS由于可以进口原料，使该等设备的利用率得以提高，产量除可以满足台湾地区需求外，还会有余量外销。1999年台湾地区通用塑料需求量较1998年增长13.8%，在生产面临瓶颈难以增加的情况下，进口量则居高不下，1999年的生产量为4.33Mt，进口量为950kt。

表3为各种通用塑料的进口依存度以及出口比率，平均而言，进口依存度自1984年的6.9%增至1999年的29%，其中以LDPE变化最大，从10%增至75%，其中仅PS的进口依存度低于10%，ABS的台湾地区产量虽远超过需求量，然而，因为特殊规格产品仍需进口，因此进口依存度仍达15%，出口比率方面，LDPE的出口比率远低于进口依存度，仅ABS及PS的出口比率超出进口依存度较多。

表1 1999年通用塑料产量及生产厂家

产品名称	年产量/kt	生产厂家
PVC	1 553	台塑/华夏/大洋
LDPE	440	台塑/亚聚
HDPE/LLDPE	540	台塑/台聚
PP	835	福聚/永嘉
PS	1 026	奇美/台达/高福/台化等
ABS	1 400	奇美/台达/国乔/台化等
合计	5 794	

表2 近3年通用塑料产销量 kt

项目	1999年	1998年	1997年
PVC生产量	1 397	1 160	1 160
进口量	170	194	160
需求量	1 567	1 354	1 320
直接外销量	366	235	144
LDPE生产量	236	224	235
进口量	318	266	269
需求量	554	490	504
直接外销量	130	105	90
HDPE生产量	395	273	243
进口量	146	135	131
需求量	541	408	374
直接外销量	123	47	29
PP生产量	517	418	420
进口量	259	217	200
需求量	776	635	620
直接外销量	165	106	97
PS生产量	768	790	790
进口量	18	13	15
需求量	786	803	805
直接外销量	404	533	508
ABS生产量	1 016	899	906
进口量	34	44	53
需求量	1 050	943	959
直接外销量	826	644	701
合计生产量	4 329	3 764	3 754
进口量	945	869	828
需求量	5 274	4 633	4 582
直接外销量	2 014	1 670	1 569

目前，奇美公司虽然是世界上最大ABS生产厂商，但就整体而言，台湾地区合成树脂供不应求的情况相当严重。台塑六轻及其相关计划已于1998年起陆续完工投产，可增加数种合成树脂的产量，进口依存情况虽然可以得到一定程度的缓解，但是供不应求的现象依然存在。

表3 台湾地区通用塑料进口依存度及出口比率

项目	1999年	1997年	1994年	1991年	1984年
PVC 进口依存度	14.2	13.4	18.4	14.9	0.3
出口比率/%	26.2	12.3	4.2	5.1	3.4
LDPE 进口依存度	75.0	65.2	56.1	55.5	10.3
出口比率/%	55.1	37.9	20.0	24.7	2.8
HDPE 进口依存度	34.9	37.9	48.5	43.4	25.7
出口比率/%	31.1	12.4	6.4	1.9	4.5
PP 进口依存度	42.4	38.0	38.7	39.0	13.4
出口比率/%	31.9	23.7	17.3	6.6	0
PS 进口依存度	4.7	6.4	7.1	8.2	6.4
出口比率/%	52.6	70.0	62.9	46.1	8.1
ABS 进口依存度	15.2	21.3	23.9	16.1	22.5
出口比率/%	81.3	78.1	78.8	65.8	19.5
平均进口依存度	29.0	28.0	30.1	25.5	6.9
出口比率/%	46.5	42.7	35.8	25.8	4.4

（三）工程塑料的现状

工程塑料种类繁多，根据使用单体的种类，聚合物分子量及聚合度高低，可以分为不同规格与型号，其主要用于弹性体、合成板、建材、电子及机械组件、食品、纺织、电机、造纸、粘合剂、涂料等成型与非成型的领域，属附加值较高的高分子材料。以下是工程塑料的产销与进出口情况（1999年各种合成树脂的产销情况分述于后）。

1. 酚醛树脂

主要是以苯酚、甲酚及甲醛经缩合反应制成的树脂，是用于制造电子积层板、粘合剂、成型材料等工业。台湾地区现有李长荣、亚洲、长春、永长兴等27家酚醛树脂生产厂商，主要供应制造印刷线路基板或涂料，1999年产销资料详如表4。

表4 酚醛树脂产销统计

年份	生产/t	数量	销售/百万元台币	存量/t	进口/t	出口/t
1983	41 121	58 467	31 303	5 941		
1984	58 875	70 760	32 635	8 937		
1985	62 147	55 307	24 376	4 836		
1986	78 283	61 620	24 964	4 824		
1987	87 426	67 482	25 799	7 227		
1988	88 371	68 863	27 364	7 810		
1989	79 604	44 982	17 478	10 171		
1990	91 511	51 501	18 238	13 544	6 746	9 693
1991	122 741	63 983	22 490	21 782	7 092	12 418
1992	115 221	62 172	20 135	19 720	6 337	11 986
1993	133 721	71 987	23 156	14 774	6 780	16 684
1994	88 356	67 308	22 193	4 297	7 451	19 562
1995	92 998	68 881	24 855	3 698	7 944	24 066
1996	106 690	76 478	26 832	5 048	8 855	28 980
1997	115 632	84 151	28 181	3 961	9 209	34 885
1998	109 006	78 452	26 236	4 565	8 110	36 242
1999	119 800	87 500	26 196	4 401	8 151	49 015

1999年进口酚醛树脂8151t，平均CIF价格为58元（台币，下同）/kg，主要从日本进口，平均CIF价格为89元/kg，其次是从美国进口，平均CIF价格为67元/kg。

1999年出口酚醛树脂49015t，平均FOB价格为29元/kg，主要出口地区为香港，平均FOB价格为28元/kg，其次是出口到日本，平均FOB价格为34元/kg。由进出口统计资料可知，台湾地区自日本进口高价的酚醛树脂，而出口低价的酚醛树脂到日本，出口数量为进口数量的6倍。

2. 脲醛树脂

主要以甲醛及尿素为原料，经缩合反应而制成，用于成型及粘接为主，由于这种制品易释放出游离醛而造成污染，且下游合成板工业外移，产量及销售呈现逐年萎缩趋势。近年来台湾地区企业开发低游离甲醛的脲醛树脂产品的有：李长荣、长兴、胜一、长春等27家公司，1999年产销资料详如表5。

1999年进口2795t，平均CIF价格为57元/kg，主要从泰国进口，平均CIF价格为54元/kg，其次是从日本进口，平均CIF价格为84元/kg。

1999年出口7615t，平均FOB价格为38元/kg，主要出口地区为香港，平均FOB单价为39元/kg，其次是出口到越南，平均FOB单价为38元/kg。

3. 三聚氰胺树脂

主要以三聚氰胺为原料，与尿素、酚、甲醛等缩合反应而制成各种树脂，用于成型及粘接为主，此外也可以作为优良的烤涂原料。台湾地区现有李长荣、长春、长兴等35家厂商生产，1999年产销资料详如表6。

表5　脲醛树脂产销量统计

年　份	生产/t	数　量	销售/百万元台币	存量/t	进口/t	出口/t
1983	85 766	87 348	726.5	1 088		
1984	669 851	67 872	706.2	1 206		
1985	85 461	83 214	836.6	1 787		
1986	128 953	127 074	867.7	1 631		
1987	149 764	147 593	945.3	2 072		
1988	144 040	142 656	957.8	2 191		
1989	124 793	123 249	1 069.5	2 208		
1990	115 528	106 320	946.2	1 324	300	8 432
1991	119 716	114 547	1 132.4	1 585	575	9 590
1992	101 828	100 623	1 004.5	2 395	630	7 964
1993	84 875	78 124	770.6	2 241	1 352	9 060
1994	75 030	70 666	822.6	1 462	1 603	9 201
1995	69 530	64 474	810.4	1 238	2 065	13 298
1996	57 213	54 598	605.1	1 360	1 991	15 111
1997	53 315	51 906	552.9	1 222	2 428	18 763
1998	41 765	39 503	4 049	1 264	2 882	17 157
1999	42 104	40 326	418.6	1 098	2 795	7 615

表6　三聚氰胺树脂产销量统计

年　份	生产/t	数　量	销售/百万元台币	存量/t	进口/t	出口/t
1983	8 817	9 001	318.5	119		
1984	11 137	9 788	347.5	1 470		
1985	9 242	9 888	326.9	247		
1986	9 811	8 048	294.5	2 011		
1987	11 019	12 268	437.6	840		

续表

年 份	生产/t	数 量	销售/百万元台币	存量/t	进口/t	出口/t
1988	11 785	11 857	449.0	459		
1989	10 137	10 178	399.0	263		
1990	12 097	11 011	437.1	1 061	949	3 382
1991	11 380	11 362	438.5	1 018	1 140	4 243
1992	14 466	12 573	393.4	2 899	1 566	5 173
1993	16 046	18 047	403.0	713	2 358	5 968
1994	18 275	17 721	435.2	760	2 723	5 124
1995	20 163	19 126	5 901	1 789	3 829	6 851
1996	21 319	22 525	789.6	539	2 504	7 992
1997	19 773	19 993	719.2	333	2 663	10 926
1998	19 093	18 634	794.7	1 216	4 440	9 711
1999	20 491	21 540	620.8	1 032	5 682	11 857

1999 年进口 5682t，平均 CIF 价格为 58 元/kg，主要从印尼进口，平均 CIF 价格为 43 元/kg，其次是从美国进口，平均单价为 60 元/kg。

1999 年出口 11875t，平均 FOB 单价为 46 元/kg，主要出口地区为香港，平均 FOB 价格为 46 元/kg，其次是出口到越南，平均 FOB 价格为 42 元/kg。

4. 不饱和聚酯树脂

主要是以酸酐与多元醇经酯化反应而成，再以苯乙烯稀释至所需粘度，使用时依各种不同加工工艺加入增强剂与偶联剂后，用玻璃纤维增强树脂，再经过硬化成型，其主要应用于贮桶、建材、卫浴设备、运动器材等。台湾地区现有产协、帝兴等生产粉体涂料用饱和聚酯树脂，以外销为主，长兴、永纯、长春、英全、大立高分子等 23 家厂商生产不饱和聚酯树脂，1999 年详细情况如表 7。

表 7 不饱和聚酯树脂产销量统计

年 份	生产/t	数 量	销售/百万元台币	存量/t	进口/t	出口/t
1983	26 418	30 743	1 101.9	1 017		
1984	22 698	25 705	970.8	1 163		
1985	17 588	19 796	794.0	1 077		
1986	26 361	28 328	1 098.5	817		
1987	41 240	43 813	1 545.7	1 568		
1988	48 858	55 406	2 408.5	2 365		
1989	49 678	63 021	2 605.5	1 814		
1990	49 678	53 466	1 928.9	1 465	3 383	85 360
1991	60 988	60 636	2 108.3	2 012	3 097	127 429
1992	75 333	74 594	2 149.3	2 937	2 581	102 878
1993	83 636	83 393	2 261.4	3 305	2 622	94 022
1994	128 485	128 370	3 840.0	3 592	7 238	116 430
1995	133 863	133 558	5 364.5	3 153	7 993	130 148
1996	146 262	145 595	4 928.7	3 080	11 375	148 871
1997	170 703	169 424	4 978.6	4 413	5 806	154 340
1998	174 681	174 301	5 056.5	4 778	6 484	207 173
1999	206 282	205.875	5 450.8	5 517	9 743	313 454

1999年进口9743t，平均CIF单价为49元/kg，主要从韩国进口，平均CIF单价为23元/kg，其次是从日本进口，平均CIF单价为71元/kg。

1999年出口313454t，平均FOB单价为22元/kg，主要出口地区为香港，平均FOB单价为20元/kg，其次是出口到大陆地区，平均FOB单价为21元/kg。

5. 聚氨酯

主要用多元脂醇与二异氰酸酯反应聚合而成，主要用于软硬质泡沫棉、弹性体、合成革、合成纤维等方面，台湾地区现有大颖、立大、台精、南宝等43家厂商生产，1999年产销资料详细情况如表8。

1999年进口16248t，平均CIF单价为109元/kg，主要是从德国进口，平均CIF单价为109元/kg，其次是从美国进口，平均CIF单价为92元/kg，1999年出口31238kg，平均FOB单价为54元/kg，主要出口地区为香港，平均FOB单价为54元/kg，其次是出口到大陆地区。

6. 聚乙烯醇树脂

无法由单体直接合成，主要由PVAC水解而成，主要用于涂料、粘合剂、纤维加工、乳化或悬浮剂等方面。台湾地区目前生产厂商为大连化工、长春石化公司。其中长春石化公司因为技术完全是自行研发，所以产品规格齐全，使用方便，深受岛外企业重视，并被寻求技术合作，1999年产销资料详细情况如表9。

表8 聚氨酯产销量统计

年 份	生产/t	数 量	销售/百万元台币	存量/t	进口/t	出口/t
1983	17 304	18 680	1 262.3	592		
1984	30 249	29 913	2 147.4	1 266		
1985	42 736	40 606	2 895.6	1 018		
1986	58 158	56 671	3 483.6	1 596		
1987	67 800	66 691	3 662.4	2 107		
1988	65 014	64 534	3 510.8	1 923		
1989	67 690	71 198	3 563.1	2 619		
1990	72 995	71 514	3 428.5	2 199	5 411	6 114
1991	101 287	97 868	4 924.3	2 604	6 201	7 207
1992	109 422	95 629	4 740.5	2 587	9 131	10 000
1993	111 259	98 444	4 585.5	3 291	8 867	10 609
1994	97 371	96 849	4 489.4	8 524	9 890	10 831
1995	94 257	97 774	5 032.5	8 398	9 789	12 519
1996	108 044	109 034	5 699.7	8 309	10 573	16 710
1997	124 350	123 306	6 083.4	9 540	14 785	22 337
1998	115 361	114 086	5 982.2	9 135	13 259	27 018
1999	140 503	143 970	7 548.0	11 794	16 248	31.238

表9 聚乙烯醇树脂产销量统计

年 份	生产/t	数 量	销售/百万元台币	存量/t	进口/t	出口/t
1983	21 337	22 807	1 505.4	1 827		
1984	24 111	22 749	1 519.8	1 977		
1985	23 797	23 745	1 526.7	2 301		
1986	27 313	27 687	1 697.1	2 141		
1987	31 909	30 799	1 636.3	1 881		
1988	36 592	37 681	2 185.4	1 409		
1989	38 407	35 135	1 984.3	1 915		
1990	45 188	43 369	2 251.4	2 998	3 662	33 529

续表

年　份	生产/t	数　量	销售/百万元台币	存量/t	进口/t	出口/t
1991	42 784	40 662	2 123.3	4 340	3 881	29 721
1992	49 942	47 786	2 105.3	5 563	4 489	35 644
1993	47 538	47 297	2 036.8	4 884	3 800	37 272
1994	53 214	54 352	2 251.0	2 677	5 032	43 372
1995	57 357	47 968	2 289.6	7 690	2 787	38 885
1996	57 180	46 933	2 314.3	7 874	2 217	40 978
1997	67 833	55 642	2 469.7	9 380	1 232	20 984
1998	56 457	54 250	2 603.2	8 140	2 780	45 047
1999	65 200	62 294	2 641.7	8 089	3 579	53 286

1999 年进口 3579t，平均 CIF 单价为 75 元/kg，主要是从日本进口，平均 CIF 单价为 100 元/kg，其次是从美国进口，平均 CIF 单价为 42 元/kg。

1999 年出口 53286t，平均 FOB 单价为 37 元/kg，主要出口地区为香港，平均 FOB 单价为 32 元/kg，其次是出口到美国，平均 FOB 单价为 44 元/kg。

热固性合成树脂中以酚醛、脲醛及聚脲树脂的产量最大，1999 年的产量合计超过 300kt。台湾地区热固性合成树脂的自给率高于 80%，仅矽氧类合成树脂台湾地区尚未生产，还需依靠进口。

台湾地区约在 10 年前开始重视工程塑料的发展，近 5 年来台湾地区工程塑料的需求量剧增，如 PBT、Nylon、POM、PC 等的生产工厂已陆续完成或在规划阶段，1999 年的产量（包括规划中的）已近 210kt，如表 10 所示。表 11 及表 12 为近几年的进出口量，1999 年的进口量为 464kt，远超过出口量的 124kt。1999 年台湾地区工程塑料的需求量约为 400kt，估计未来数年平均年增长率将高达 12% ~ 15%。快速增长的主要原因是台湾地区下游产业的蓬勃发展，增加了工程塑料的使用量，另一原因是陆续开发成功新的应用领域，使工程塑料取代了更多的金属及其他材料。

表 10　主要工程塑料产量及生产厂家

名称	年产量/kt	生 产 厂 家
PBT	26	新光/长春/南亚
PA6	23	台化/大洋
PA66	18	杜邦远东
POM	40	台湾工程塑料/台塑
PC	100	奇美/台化
MPPO	—	中台化
合计	207	

表 11　工程塑料进口情况

名　称	1999 年		1998 年		1997 年		1994 年	
	进口量/kt	进口值/百万元	进口量/kt	进口值/百万元	进口量/kt	进口值/百万元	进口量/kt	进口值/百万元
PA6	100.1	4 058	89.7	4 962	86.5	5 269	48.9	1 896
PA66	61.2	3 394	47.2	3 000	50.1	2 747	27.9	1 402
其他 PA	170.2	8 292	1 056	9 658	487	4 109	16.1	1 595
POM	10.0	454	9.5	575	11.0	564	11.5	508
PC	113.0	573	65.6	5 506	602	4 199	38.1	2 238
MPPO	1.8	109	1.2	59	18	114	0.6	26
PBT	7.9	431	16.4	941	12.7	683	12.7	516
合　计	464.2	25 311	335.2	24 701	271.0	17 685	1 558	8 181

表 12 工程塑料塑进口情况

名 称	1999 年		1998 年		1997 年		1994 年	
	进口量/kt	进口值/百万元	进口量/kt	进口值/百万元	进口量/kt	进口值/百万元	进口量/kt	进口值/百万元
PA6	17.6	1 032	13.3	921	8.8	610	8.1	432
PA66	7.0	499	4.4	319	4.1	304	2.4	140
其他 PA	39.6	2 095	25.6	1 834	20.5	1 312	10.5	1 260
POM	22.9	1 068	16.6	918	13.3	751	10.6	580
PC	3.0	184	2.3	130	1.4	78	1.3	49
MPPO	0.4	20	0.3	12	0.3	7	0.1	4
PBT	33.3	1 919	18.1	1 273	13.7	900	8.8	446
合 计	123.8	8 736	80.6	5 407	62.1	3 962	41.8	2 911

二、面临问题

（一）上游石化基本原料自给率偏低

台湾地区合成树脂的上游基本原料如乙烯及丙烯等的产量严重不足，加以乙烯运输储存及进口均不易，导致乙烯类合成树脂厂的产量与经济发展的规模不相符合，形成发展瓶颈。虽然六轻已于 1998 年顺利完成，乙烯产量增为每年 1.46Mt，由于需求量不断增长，自给率也仅 45%。

（二）研究开发投入不足

过去台湾地区合成树脂工业多依赖于从外部地区购买现成技术，导致自行研发的能力不够。由于早期所生产的产品大都属于成熟期产品，具有稳定的市场，依赖过去有利的生产因素，如低廉的建厂用地，容易获得的劳动力及完备的体系以及其他有利环境，营业还算顺利，因而忽略了研发的重要性，久而久之，对研究开发的投入就愈来愈低。如今，由于台湾地区的技术程度已经达到一定的水准，外部厂商已不易将其拥有的技术转让到台湾地区，加以过去的有利条件已不复存在，若不积极进行研究开发，对台湾地区合成树脂工业的继续发展将形成不利的影响。

（三）工程塑料发展遇到瓶颈

台湾地区工程塑料的用途集中在电子、资讯、汽车等工业，但每种工程塑料的用量不大，加以外部厂商常指定使用特定的品牌，使台湾地区生产的工程塑料市场占有率偏低，目前台湾地区用量最多的五项工程塑料虽已达到一定的规模，但因进口产品的强劲威胁，使台湾地区生产的工程塑料如 POM 及 PBT 等的设备利用率偏低，而无法达到应有经济规模。这样形成的恶性循环导致竞争力无法提高。

（四）通用塑料发展出现隐忧

台湾地区通用塑料市场虽维持一定的增长率，主要是因为东南亚以及大陆地区的合成树脂加工业仍在向台湾地区采购原料，未来若无法充分掌握这种市场，则需求量必然大受影响，这可能是一大隐忧。

（五）环保及无公害意识高涨

合成树脂工业近年来面临了环保及无公害意识高涨的挑战，再加上一般人认为合成树脂工厂不但具有污染性，且生产设备占地大，常常会因为环保或无公害抗争造成围厂，停工或索赔事件，在经营上形成很大的困扰。

（六）气候变化纲要公约的影响

众所瞩目的“全球气候变化纲要公约第三次缔约国大会”，1997 年 12 月在日本京都召开，全球 100 多个国家的代表参加，签订《京都议定书》，对发达国家和地区强制规定了 21 世纪初期抑制温室气体排放的目标与时程。国际上针对近年存在的重大环境问题，如温室效应、酸雨、水资源枯竭、生物灭绝、臭氧层破洞扩大、森林消退等问题，各种国际公约相继出笼，有些已经具有经贸制裁的能力。为适应全球气候变化的新形势，各国各地区的产业结构都面临重大的调整。合成树脂工业属耗能产业，若台湾地区以后针对二氧化碳的排放量进行限制，必然会对合成树脂工业造成冲击，形成很大的影响。

【趋势与展望】

近年来台湾地区合成树脂工业处于艰难时期，多项扩建计划相继受阻，与此同时合成树脂工业的发展面临前述的多项问题，为了持续发展，必须积极突破瓶颈，才能达到既定的发展目标，建议可施行下列策略。

一、加强研究开发和提高技术能力

研究开发是提高竞争力的必然法则。台湾地区高等教育发达，培育相关研究人才的院所很多，且合成树脂工业厂商不乏大中型企业，有足够的资金及能力从事研究开发工作。过去企业对研究开发的投入不足，且缺乏整体性的规划与策略，导致成效不明显，现在应该从建立制度，鼓励研究开发及加强基础技术方面着手。

二、提高乙烯自给率并分散石化基本原料供应来源

为解决乙烯等石化基本原料的供应问题，东帝士集团及中油公司已提出筹建轻油裂解工程计划，若该项计划能顺利进行，将可大幅度提高石化基本原料的自给率。此外，由于台湾地区缺乏能源，轻油裂解厂的原料几乎全部从外部进口，较易受国际行情波动而影响原料成本，因此，分散原料来源或者到原料供应地区投资均是未来的可行途径。

三、调整产品结构，生产高附加值的合成树脂

合成树脂依其用途及性能的不同，可分为通用型及工程类，一般而言通用型产品产量大，附加值低，目前台湾地区生产的合成树脂多属这种类型。由于发展环境的变化，所生产的部分产品已逐渐失去竞争力，必须调整产业结构，转向生产高单价、高技术的工程类产品。

四、利用外移厂商开拓市场

为顺应国际间横向与纵向分工，并且为了获得最大利益，合成树脂加工业的外移是必然趋势。合成树脂企业应当善于利用这种优势，争取外移厂商向台湾地区采购其原料，以开拓合成树脂市场，扩大需求量。

五、加强上中下游企业共同发展的观念

过去台湾地区的合成树脂工业蓬勃发展，上中下游企业体系完整是主要原因之一。未来更应该把握这种优势，上游企业必须协助中下游企业研究开发新产品，注意市场的变化，使中下游企业保持与上游的联系，以共同应付竞争日益激烈的外部环境。

六、落实环境保护及工业安全工作，消减公害纠纷

合成树脂工业的发展必须兼顾环境保护及工业安全，以避免污染厂区附近的环境，维护居民的利益，进而消减公害纠纷。

七、节约能源，提高能源使用效率

一般认为合成树脂工业是能源消耗量比较大的产业，因此，节约能源及提高能源利用率仍不容忽视，这样做除了有利于降低生产成本，提高生产力外，还可以降低二氧化碳等温室气体的排放量，缓解空气污染问题，同时还可降低污染防治设备的制造成本及操作成本。

台湾地区塑料制品工业

1999年台湾地区塑料制品业的产值为新台币3127亿元，较上年小幅增长2.3%，出口值为1.813亿元，较上年减少2.4%，香港仍为最大的外销市场。

近年来，台湾地区塑料制品业面临劳动密集度偏高，原料进口依存度高，下游产品出口萎缩，出口市场过于集中，以及产业外移等问题。展望未来，必须加强开拓国际市场，引进生产技术，积极发展原料工业，提高产品质量，以及培育专业人才，才能使台湾地区塑料制品业得到顺利发展。

【基本情况】

一、现状分析

（一）产值与产量

台湾地区塑料制品业目前所采用的原料包括热塑性塑料、热固性塑料及工程塑料等，其中以热塑性塑料用量最大，表1为台湾地区主要热塑性塑料近三年的生产量，表2和表3为主要塑料制品的产值及产量。1999年的产值为3127亿元，占制造业生产总值的4.2%，各部分的产值如下：

表1 主要热塑性塑料产量 kt

名 称	1999年	1998年	1997年
PVC	1 397	1 160	1 158
LDPE	236	224	232
HDPE	395	273	241
PP	517	418	417
PS	768	790	726
ABS	1 016	899	896

表2 塑料制品产量 新台币百万元

分 类	1999年	1998年	1997年
塑料板材、管材	93 754	92 242	100 554
塑料膜袋	22 555	22 622	22 374
塑料日用品	16 642	17 015	17 560
塑料鞋	3 668	6 128	8 175
人造革、合成革制品	15 122	15 864	18 317
其 他	160 699	151 872	161 292
合 计	312 740	305 743	328 272

表 3　主要塑料制品产量

名　　称	1999 年	1998 年	1997 年
人造革/km	465 451	491 495	565 893
塑料布/t	875 433	820 053	847 743
塑料管/t	320 608	323 217	317 391
塑料板/t	85 662	79 416	90 139
压克力板/t	35 468	32 606	40 950
塑料袋/t	255 624	244 453	235 844
塑料鞋/千双	31 427	36 779	53 777
塑料手提包箱/千只	19 111	22 492	26 380
塑料地砖/km^2	47 225	41 205	35 466
胶带/Mm^2	2 475	2 322	2 219
塑料膜/t	180 613	168 333	168 701
塑料手套/千打	144 243	159 088	140 809

(1) 塑料板材、管材，1999 年产值为 938 亿元，占塑料制品业总产值的 30%，产值较上一年有所增长。

(2) 塑料膜袋，1999 年的产值为 229 亿元，占塑料制品业总产值的 7.3%，产值与上年相当。

(3) 塑料日用品，1999 年的产值为 166 亿元，占塑料制品业总产值的 5.3%，产值较上年有所下降。

(4) 塑料鞋，1999 年的产值为 37 亿元，占塑料制品业总产值的 1.2%，继 1998 年下降 25%后，1999 年又减少了 40%，主要原因是台湾地区多数鞋厂外移，导致台湾地区以外销为主的制鞋业产量减少。

(5) 人造革、合成革制品，1999 年的产值为 151 亿元，占塑料制品业总产值的 4.8%，产值较上年下降 4.7%。

生产量方面，仅塑料地砖、塑料板较上年增加较多，可能是为因为“9.21”地震后房舍重建，对这种建材的需求量上升所致，其他如合成革、塑料鞋、塑料手提包箱及塑料手套等均显著减少。

(二) 进出口值

表 4 及表 5 显示台湾地区主要塑料制品的出口值及进口值分别为 1813 及 385 亿元，前者较上年下降 2.4%，后者较上年增长 3.4%，部分原因是新台币兑美元汇率的贬值造成的。出口值及进口值分别占台湾地区总出口及总进口的 4.6%及 1.1%，前者较往年降低，后者与往年相当。比较表 2 及表 4，可得知台湾地区塑料制品约有 58%是以塑料制品的形态外销，其他伴随电子、资讯及纺织等产品外销的数量也相当庞大，但是出口的塑料产品仍以通用塑料作为原料的占大部分比重。

表 4　主要塑料制品出口值

新台币百万元

分　　类	1999 年	1998 年	1997 年
人造革	51 134	52 029	54 852
塑料单丝、棒	177	207	276
塑料管	1 280	1 189	1 516
塑料地板	35 264	2 816	2 446
塑料板、片、薄膜	35 198	36 101	34 063
塑料浴洗设备	1 243	1 318	1 456
塑料包装制品	8 614	8 550	8 842
家庭用品	8 880	8 762	8 154
塑料建材	4 068	4 407	3 708
塑料鞋	7 736	9 504	13 549
塑料手提包箱	4 970	6 070	7 339
其他塑料制品	54 767	55 920	53 674
合　计	181 331	185 782	189 873
出口总值	3 918 925	3 693 269	3 481 685

表 5　主要塑料制品进口值

新台币百万元

分　　类	1999 年	1998 年	1997 年
人造革	564	805	726
塑料单丝、棒	129	150	146
塑料管	1 464	1 650	1 586
塑料地板	514	426	428
塑料板、片、薄膜	15 590	14 757	12 731
塑料浴洗设备	119	258	143
塑料包装制品	3 290	2 408	2 305
家庭用品	731	656	571
塑料建材	298	477	217
塑料鞋	4 605	5 860	5 436
塑料手提包箱	1 880	1 629	1 370
其他塑料制品	9 274	8 120	7 798
合　计	38 461	37 196	33 457
出口总值	3 576 663	3 503 569	3 276 094

二、面临问题

(一) 劳动力密集度偏高

若以每百万元的生产值所需投入的劳动力作为衡量劳动力密集度的标准，由表 6 可看出，塑料制品业中各种行业的劳动力密集度均高于制造业的平均值，其中又以塑料鞋业的劳动力密集度最高，较最低的塑料板材、管材业高出 6 倍，分析其原因，主要是因为生产自动化程度低以及市场不振导致无法全面开工。

表 6　主要塑料制品劳动密集度

人/新台币百万元

分　类	1999 年	1998 年	1997 年
塑料板材、管材	0.48	0.37	0.35
塑料鞋	3.45	3.20	2.39
人造革	0.66	0.48	0.45
其他塑料制品	0.72	0.74	0.71
合　计	0.67	0.63	0.59

（二）原料进口依存度高

塑料原料的进口依存度可作为台湾地区塑料制品业增减的概略指标，表 7 为近年来塑料原料进口依存度，平均而言，进口依存度自 1984 年的 6.9%增至 1999 年的 29%，其中以 LDPE 变化最大，自 1984 年的 10.3%增至 1999 年的 75%，只有 PS 的进口依存度未超过 10%。这表明了台湾地区塑料原料供不应求的形势相当严重。

表 7　塑料原料进口依存度①　　%

品种	1999 年	1998 年	1996 年	1994 年	1984 年
PVC	14.2	20.7	15.2	18.4	0.5
LDPE	75.0	69.1	66.1	56.1	10.3
HDPE	34.9	37.4	43.5	48.5	25.7
PP	42.4	24.4	31.9	38.7	13.4
PS	4.7	4.8	4.4	7.1	6.4
ANS	15.2	14.7	19.1	23.9	22.5
平均	29.0	30.6	27.3	30.1	6.9

① 进口依存度 = 进口量/（生产量十进口量 – 出口量）。

（三）下游产品出口量萎缩

合成革是手提包箱及塑橡胶鞋的上游半成品，表 8 所列为 3 种产品出口量资料。近年来，手提包箱及塑橡胶鞋的出口量均明显萎缩，1984 年至 1999 年分别下降 87%及 84%。合成革则因主要受下游企业外移至东南亚及到大陆投资设厂，而仍旧回台湾地区采购原料的影响，直接出口量正在逐渐增加中，这可由 1984 年至 1999 年的增长率高达 582%得到证实，近 4 年来这种趋势已呈现缓和，表示工厂外移的企业已可自当地购得原料，因而逐渐减少回台湾地区采购的数量，这种现象对台湾地区塑料企业已构成隐患。

表 8　主要塑料制品的出口量及增长率

分　类	1999 年	1996 年	1992 年	1988 年	1984 年	1984 ~ 1999 年增长率/%
人造革/kt	505	511	313	194	74	582
手提包箱/kt	24	39	103	160	181	– 87
塑料鞋/百万双	88	73	225	568	544	– 84

（四）出口市场过于集中

表 9 为合成革、塑料鞋及手提包箱等产品出口市场占有率的变化形势。整体而言，早期出口市场主要集中于美国，1989 年以前超过半数，近年来逐渐减少，至 1999 年已降至 10%。相对的，出口至香港的比率在 1987 年很低，未超过 2%，自 1988 年起明显增加，至 1999 年已增至 51.7%，名列首位，主要以转口贸易为主。

表 9　塑料制品出口市场占有率　　%

地　区	1999 年	1997 年	1995 年	1991 年
香　港	51.7	53.8	50.5	18.2
美　国	10.0	11.6	17.6	37.4
日　本	5.7	7.0	7.9	8.5
其他地区	32.6	27.6	24.0	35.9

（五）产业外移

近年来已有一些劳动力较密集的塑料制品企业为掌握和开发国际市场，及利用外部特定地区廉价土地和劳工，并分散风险，赴大陆、东南亚地区及美国等地投资。表 10 为近年来塑料制品业经过有关标准对外投资案件的件数及金额。1993 年为塑料制品业的对外投资的高峰期，达 1 013 件，金额近 4 亿美元，其中的 1 008 件为赴大陆投资，金额占 98%。其后，对外部地区投资即大幅下降，直至 1997 年又再创高峰，投资金额高达 2.4 亿美元，其中又以投资大陆为主，1998 年再度降低，1999 年又有增加趋势，对外投资虽是大势所趋，但是否会造成台湾地区的空洞化，仍成为众所瞩目的焦点。

表 10　塑料制品岛外投资统计　　千美元

	大陆地区		亚洲其他地区		美　洲		其　他		合　计	
	件数	金额	件数	金额	件数	金额	件数	金额	件数	金额
1993	1 008	375 920	4	7 358	0	0	1	831	1 013	384 109
1994	82	73 302	6	2 873	0	0	0	0	88	76 175

续表

	大陆地区		亚洲其他地区		美洲		其他		合计	
	件数	金额	件数	金额	件数	金额	件数	金额	件数	金额
1995	27	62 736	7	10 122	0	0	0	0	34	72 858
1996	25	67 670	3	2 744	6	5 482	0	0	34	75 896
1997	433	234 169	5	4 409	1	2 000	0	0	439	240 578
1998	74	66 876	—	4 261	—	1 538	—	1 932	74	74 607
1999	25	104 846	2	1 702	3	17 392	9	20 390	39	144 330

【趋势与展望】

塑料制品业属劳动力密集型的传统工业。为协助传统工业提高竞争力，以迎接21世纪的挑战，台湾地区有关部门于1999年12月2日通过《提升传统产业竞争力方案》，企业可加以借鉴。此外，企业本身也应加强开拓国际市场，引进生产技术，积极发展塑料工业，提高产品质量，以及培育专业人才等，使台湾地区塑料制品业得以持续发展。

一、加强开拓国际市场

为促使台湾地区塑料制品业出口的持续增长，除遵守欧市及北美自由贸易协定，以争取这些国家的市场外，还应加强与东南亚、中南美、中东、非洲东欧及其他地区的关系，以达到分散外部市场的目标。台湾地区有关部门已于1998年7月开始实施《全球进出口拓销方案》，企业可加以利用。

二、引进生产技术

台湾地区有关部门已拟订《引进产业技术服务计划》，以提高各种技术媒介服务，推动相关产业的技术引进，同时，加强塑料产业技术供需间的交流，企业应充分利用各种机会，加速产业技术开发，深入研究，开发新产品，提高产品附加价值，改善产业结构，提高国际市场竞争力。

三、发展塑料原料工业

目前台湾地区仍有部分塑料原料及塑料添加剂，因为台湾地区还没有生产，或虽有生产，但质量不好，规格不符，仍然必须自外部进口，不但成本高，且技术不易掌握。台塑集团所投资的第六轻油裂解计划已于1988年完成，可供应较多的石化基本原料。企业应把握机会，选择具有关键性的塑料原料及添加剂建厂生产，以供塑料制品业使用，从而成为稳定塑料制品业的根本。

四、提升产品质量

企业应积极建立符合所输往各地区的产品安全技术文件、产品安全检测能力，以及ISO国际标准质量保证等，以使所有的外销产品均符合安全及质量标准。

五、培育专业人才

人才素质是产业升级的关键因素。由于塑料制品业的产品多样化，因此不论在制造、产品开发、经营管理、还是质量检验及销售等各方面专业人才的培育，都需要详细的加以规划，使质与量都合乎市场的需求。为协助企业培育其所需的人才，台湾地区有关部门已拟订工业技术人才、中小企业人才及商业人才的培训计划等。

（资料来源：台湾经济年鉴2000）

主要制品行业概况

农用薄膜

【行业现状】

我国农业的发展极大地促进了我国农膜行业的发展。目前农膜行业的整体素质、企业规模、技术装备、开发能力、产品应用范围和参与市场竞争的能力等方面与以往相比均有了较大提高。据不完全统计，目前全行业已拥有大小规模不等的农膜生产企业近千家，年生产能力2Mt以上，实际年产量超过1Mt，其中年生产能力万吨以上的企业约60家。大型骨干企业约30家，其生产能力和年产量均占全国总量的60%，我国已成为世界上农膜产量和使用量最大的国家。到2000年底我国农用薄膜年耗用量约1Mt棚膜覆盖1500万亩，地膜覆盖面积1.8亿亩。

我国的农用薄膜于60年代初期开始自行生产。地膜则是1978年之后由日本引入中国。农用薄膜的生产技术经历了一个从无到有，从普通白膜到功能性农膜的发展过程。目前，以防老化性能为基础的各种功能性农膜占全部棚膜的23%，与工业发达国家100%为功能性农膜相比，还有较大差距。

自20世纪80年代中后期以来，我国的功能性农膜有几次较快的发展时期：

(1) 1978年开始生产单一功能的防老化农膜，1985年后具有流滴、耐老化两种以上功能的PE、PVC双防农膜问世，十几年后年产量达到100kt以上规模。

(2) 1992年研制PE/EVA三层复合流滴长寿农膜。1996年后国产EVA树脂投产而实现工业化生产。继而又开发了EVA多层复合流滴长寿农膜。经过5~9年时间，EVA类复合功能性农膜年产量已达到30~40kt规模。

(3) 1995年以后各种专用棚膜获得迅速发展，目前有叶菜专用膜、番茄专用膜、茄子专用膜、青椒专用膜、水稻专用育秧膜、烟草专用膜、草莓专用膜等品种投放市场。

(4) 具有各种特殊功能的农膜相继问世。例如，漫散射农膜、光转换农膜、消雾型农膜、防尘性PVC农膜等。

(5) 1979年后，我国开始自行生产地膜。目前地膜的品种也获得长足进步。除有普通透明地膜外，具有除草、降温功能的黑色地膜已大量生产，兼具透明与黑色地膜各自优点的配色地膜(黑/透明/黑)也已实现规模效应。具有避蚜作用的银灰地膜、具有流滴、保温除草等特殊功能的地膜、光转换地膜、化学除草地膜也都实现了工业化生产。

目前，我国已实现商品化的农用棚膜、地膜品种有30多种。它们是：PE普通棚膜、PE耐老化膜、PE二年、五年长寿膜、PE流滴长寿膜、PE流滴保温长寿膜、三层复合功能膜、PE多功能膜、EVA与PE三层复合功能膜、EVA/EVA/EVA三层复合功能膜、PE转光膜、EVA转光膜、PVC无滴长寿膜、PVC转光膜、紫光膜、蓝光膜、日光膜、人参膜、流滴小棚膜、草莓专用膜、烟草专用膜、花卉专用膜、水稻育秧专用膜、辣椒专用膜、番茄专用膜等。

地膜品种有透明地膜、黑色地膜、银灰地膜、黑/白双色地膜、墨绿色地膜、红色地膜、流滴地膜、转光地膜、透明除草地膜等。

我国农用棚膜、地膜的生产虽然比工业发达国家起步晚20~30年，但经过努力，目前的技术水平差异约有10多年。主要表现在：

(1) 规格尺寸：宽度与厚度偏差仍较大。

(2) 外观质量：收卷平整度较差。

(3) 耐候性：我国通常生产和使用寿命12~18个月的棚膜，欧洲、美国、日本等国多为寿命3~5年的棚膜。

(4) 流滴性：我国内添加型流滴长寿膜，流滴持效期与国外差距不大(国外涂覆型流滴膜的流滴性与使用寿命同步，我国刚刚开发)。

(5) 消雾性：日本已开发生产10多年，我国开发历史只有2~3年。

(6) 保温性与透明性：棚膜保温性普遍低于欧洲、美国及日本等国的同类产品，透明性不如日本、韩国同类产品，优于欧洲漫光型农膜。

由于我国农业用户农膜消费水平低，因而棚膜中价格较低的普通白膜需求量较大，约占农用薄膜的77%，功能棚膜使用量占23%，随着农膜消费市场的进一步发展，功能膜的使用量将越来越大。同时，我国是一个农业大国，农地膜产品尚有广阔的发展空间。据测算，按目前的农膜覆盖栽培技术发展需求，我国地膜覆盖栽培的适宜推广面积为5.5亿亩，目前只完成了1.8亿亩的地膜覆盖栽培，仅占适宜推广面积的1/3，现状与目标之间还有很大距离。

“八五”至“九五”期间，我国农膜行业发展较快，部分企业引进或增加了一些大型农地膜生产设备，其中既有可生产2.5m超宽幅地膜生产设备，同时又有可生产折径为20m宽幅多功能膜的生产设备，并且农膜生产企业已开始由过去的“老、小、散、多”向集团化发展，生产集中度进一步提高，产生了一些大型农膜企业集团，生产布局日趋合理。

【专委会活动】

一、积极参与中国塑协组织的加入 WTO 课题研究

自 2000 年以来，我国加入 WTO 的步伐不断加快，由于我国是农业大国，并且我国农业正在进行产业结构、产品结构调整，已由粗放式农业向集约化农业模式发展，我们农膜加工行业为此作出了重要贡献。正是由于我国的农膜市场尚有很大的发展空间，在加入 WTO 的谈判中，韩国、日本以及欧盟等国家提出要进入我国农膜市场，由此引起国家经济贸易委员会的高度重视，要求中国塑料加工工业协会尽快成立课题组，确立研究方案。为此，农膜专委会积极配合中国塑料加工工业协会工作，先后选派了天津市第二塑料制品厂、上海三花薄膜厂、河南塑胶股份有限公司、白山喜丰塑料股份有限公司、石家庄市东风塑料总厂等骨干会员企业参与课题研究，分别对 WTO 的基本规则和分销服务承诺减让表等进行了研究，参与起草了包括本行业目前基本情况、国外同行业的水平及差距、加入 WTO 对本行业的利弊分析以及对策和措施等内容的"关于加入 WTO 农膜行业分销服务的应对措施"。通过上述工作，我们对加入 WTO 后，本行业所受到的影响有了一个比较清醒地认识，一致认为，有利的一面是：

(1) 为农膜行业提供了稳定开放，公开竞争的国际贸易环境，可以使我国享受缔约国最惠国待遇和发达国家的普惠制待遇，为我国农膜产品走向国际市场创造机遇，提供了条件。

(2) 入世以后迫使我们必须按照国际市场要求和国际惯例组织生产经营，加快农膜产品的更新换代，有利于加速我国农膜行业的结构调整。

(3) 有利于获得更多的技术和信息。"入世"后不但贸易往来更直接、广泛、迅速，而且有关的信息、技术交流也会更及时、全面。

(4) 可以借鉴和掌握国外农膜行业发展的经验和动向，在技术、设备、资金、管理等方面加强合作，促进我国农膜行业的发展。

(5) 加入 WTO 后，农膜加工企业选择原料时将有更多的品种可供选择，会得到更好的服务，在价格上与国际市场趋于一致。

不利的因素有：

(1) 加入 WTO 后，我国整体关税将大幅降低，这样将使我国农膜行业在产、供、销等各环节中竞争对手增多，市场竞争更加激烈，国产农膜的市场占有率将逐步下降。

(2) 受资金和技术等因素的限制，我国农膜企业要发展成为具有一定经济实力和规模的难度将进一步加大。目前我国农膜企业产品要换代，设备要更新，技术要进步，并且受现行体制影响，企业负担重、人员老化、素质低、流动资金短缺、机械化程度低，使得我国农膜行业难以与国外的农膜行业抗衡。

(3) 人才争夺更加激烈。加入 WTO 后，国外资金可通过合资或独资形式进入中国市场，由于中外企业人才激励机制存在巨大差距，可能会造成我国农膜企业培养的一批有经验、有技术、懂管理、懂经营的人才流失。

总之，加入 WTO 以后，机遇挑战并存，我们农膜行业必须保持清醒的头脑，根据自身的实力，积极研究对策，知已知彼，扬长避短，苦练内功，采取一切切实可行的办法，发展壮大我国农膜行业。

二、参加韩中农膜添加剂技术交流研讨活动

为了促进中国与韩国在农膜添加剂领域里的技术交流与合作，加强两国塑料加工行业的经贸往来，由中国塑料加工工业协会理事长廖正品、中国塑料加工工业协会农膜专业委员会理事长崔守信、中国农用塑料应用技术学会农膜分会理事长秦立洁、浙江省塑料公司工程师于希明等 5 人组成的中国塑料加工行业代表团应韩国塑料工业协会及韩国成进化学公司的邀请于 4 月 3 日至 8 日赴韩国参加了韩中农膜添加剂技术交流研讨会。

这次活动的主要内容有：与韩国农膜添加剂生产企业界人士进行技术交流，参观韩国庆尚大学农业研究所和三星化学研究所等科研部门以及韩国农膜生产企业，并与韩国塑料工业协会签订技术交流协议。

技术研讨会中，韩国代表介绍了本国农膜添加剂的发展状况并介绍了韩国成进化学公司生产的长寿剂、防雾滴剂、保温剂、转光剂等各类农膜添加剂的性能及使用效果，并展示了用于生产高附加值工业包装膜的防锈剂等最新添加剂科研成果，中国出访人员对成进化学公司生产的农膜添加剂产品进行了咨询。

考察团还先后到韩国的釜山、景海、晋州、庆州、汉城等地，对农膜在当地大田中的应用情况进行了实地考察，并参观了韩国永进薄膜厂、庆尚大学农业研究所、成进化学生产车间、三星化学研究所等部门。

上述参观访问活动，给我国出访人员留下了深刻地印象，一致认为，韩国农膜行业"产、学、研"结合较好，新产品开发力度大，科研检测等设施先进，农膜添加剂生产工艺先进，产品性能稳定，农膜生产企业产品质量优良，产品包装整齐，并且农膜大田应用也具有规模化、棚膜骨架、通风等设施规范化、配套化等现代农业特点，对我国农膜应用技术的发展具有指导意义。

三、推荐会员企业参加农用棚膜复合料技术座谈会

为加快农膜行业的技术进步，提高企业市场竞争力，2000年5月26日根据中国塑协的通知，农膜专业委员会推荐了20家农膜定点骨干生产企业参加了西班牙国际海斯坦集团、雷普索尔化学公司和天津中-西农业温室技术示范中心在天津市蔬菜研究所举行的农用棚膜复合料技术座谈会。

会议上，专业委员会会员企业代表就农用棚膜复合料的技术指标，与生产商进行了座谈，与会代表认为复合料是农膜规模化生产的发展方向，具有广阔的发展前景。会议期间，与会代表参观了用复合料生产的大棚膜温室，对复合料棚膜的应用效果进行了探讨。

【重点企业】

上海三花薄膜厂（原上海塑料薄膜厂）

该厂系上海轻工控股集团公司和上海塑料制品公司下属的国有中型企业，国家农地膜生产定点单位。2000年总产量18.084kt，总产值1.6308亿元。产品品种有长寿保温无滴农膜、棚膜，长寿农膜、棚膜，无滴保温农膜、棚膜，三层共挤长寿无滴光转换（棚）膜等，产品主要销往上海及周边地区。

山东三塑集团

该集团是从事塑料制品综合加工的大型企业集团，属国家大型一类企业，国家农膜定点生产企业，济南市十八家重点企业集团之一，各项经济指标在全国同行业名列前茅。该企业现有员工1500余人，合资子公司5家，占地面积400亩，拥有固定资产2.2亿元，资产负债率为24.5%。年生产能力660kt，产品通过ISO 9002质量保证体系认证。2000年集团农膜产品产量15.615kt，产值1.2124亿元。产品的主要市场区域为华东地区、华北地区、西北地区、东北地区、中南地区、西南地区。

新疆天业股份有限公司

该公司是1997年上市的国有控股公司。塑料制品一厂是天业股份有限公司下属专业生产农用地膜和PVC食品包装膜的生产厂家。拥有员工500名，其中专业技术人员121名。现有地膜吹塑机40台，其中超宽膜吹塑机10台，1998年该厂通过ISO 9002质量体系认证。2000年共生产农膜13kt，产值1.17亿元。产品行销新疆、甘肃、宁夏等省区及塔吉克斯坦及乌兹别克斯坦等国。

河南塑胶股份有限公司

该公司是国家农膜定点生产企业，2000年在新一届董事会的领导下，克服原材料价格不断上涨，产品价格难以上调的困难，采取压缩库存，消化积压，降低原材料采购成本，加强销售队伍建设等措施完成总产量12.058kt，总产值1.257亿元。该厂产品市场主要在河南、安徽、青海、云南、福建等地。

天津市第二塑料制品厂

该厂是国家大型塑料制品加工企业及国家农地膜定点生产企业，企业拥有固定资产1.5亿元，农膜年生产能力达30kt。2000年由于企业流动资金严重短缺，企业生产经营工作受到较大影响。2000年农地膜产品产量7.9kt，产值5622万元。农地膜产品主要销往东北、西北、河北、山东、津京地区及长江流域相关省区。

石家庄恒东企业集团公司

该公司系国家大型一类企业，国家指定农用薄膜生产企业，是中国塑料加工工业协会农膜专业委员会主任单位，是国家塑料加工行业中的骨干企业。公司始终以“科技创新为先导”，并于1987年率先研制成功了集耐候性与流滴性于一体的功能性农用薄膜。近几年，随着企业科技水平的不断发展，消雾型、保温型、转光型等多功能农用薄膜相继投入市场，深得用户青睐。2000年企业农膜产品产量12kt，产值1.31亿元。农地膜产品主要销往河北、山东、山西、河南、江苏、东北等地。

锦州彩练塑料集团有限责任公司

该公司是国家重点生产聚氯乙烯、聚乙烯制品的综合性塑料加工国有控股大型企业，是辽宁省最大的塑料制品生产基地和高新技术企业。下设1家控股股份有限公司、1家控股合资公司、7家有限责任公司、6个独立法人单位。公司占地面积199620m²，固定资产原值2.0734亿元，净值1.6276亿元，现有从业人员1559人，各类专业技术人员300人。

主要产品有八个门类，分别是聚氯乙烯及聚乙烯农膜、聚氯乙烯片材、民用薄膜、人造革、注塑制品、塑料管材、制版、精细化工品等。主导产品为聚氯乙烯无滴消雾棚膜、聚乙烯普通农膜、EVA/PE三层共挤多功能复合膜等，年生产能力60kt，经济效益居辽宁农膜行业之首。

2000年公司农膜产品生产情况良好，产品产量、产值均比上年同期有较大幅度增长，累计全年完成产品产量26.617kt，同比增长33%；工业总产值2.4764亿元，同比增长31%。农膜产品主要市场分布在辽宁、吉林、黑龙江、华北、西北、黄淮地区。

白山市喜丰塑料股份有限公司

该公司是以PVC及PE农用薄膜为主导产品的大型跨行业经营的股份制企业。公司总资产3.8亿元，固定资产1.48亿元，年生产能力50kt，是我国农用薄膜生产企业大型企业之一，并被列入全国1000家和吉林省15家重点企业。“喜丰”牌系列农膜荣获中国名牌和吉林省著名商标荣誉称号。

喜丰公司技术实力雄厚，拥有专业技术人员366人，占员工总数的31%，喜丰技术中心被列为省重点科研机构。曾代表国家起草PVC农膜行业标准，并在全国农膜企业中率先通过ISO 9002质量体系认证，农膜产销量连续多年在全国同行业名列前茅。2000年农膜产量24.492kt，产值2.35亿元。农膜产品的市场区域主要在山东、河北、黑龙江、沈阳、吉林、大连、辽西、西北地区及徐州等地。

【新产品开发】

（1）锦州彩炼塑料集团有限责任公司开发的聚氯乙烯农用无滴消雾抗菌膜、紫光三层复合多功能减雾棚膜。

（2）白山喜丰塑料股份有限公司研制的聚氯乙烯防雾无滴棚膜、可控光－生双降解地膜。

（3）山东三塑集团研制的SGD除草膜、西班牙除草膜。

（4）河南塑胶股份有限公司研制的双色地膜。

（5）石家庄恒东企业集团公司研制的稀土转光长寿无滴膜。

（6）上海三花薄膜厂研制的耐候光转换无滴农膜。

（7）新疆天业集团股份有限公司研制的2.35～3.5m超宽地膜。

【存在的问题】

我国农膜生产企业绝大多数规模小，冗员过多，生产工人占全员的40%，企业包袱重，社会负担过重（如：退休职工工资、医疗费及福利；技改项目贷款、财务费用等），造成了生产成本高，企业开工不足。

同时，我国用于农膜生产的基础树脂品种少，产量低，加工性能差，用于生产功能膜的助剂处于低级水平。国外已进入成熟期。国内农膜企业设备的自动化程度、精度及产能与国外相比普遍处于落后状态，基本上需要更新换代。这一切导致我国农膜产品质量、水平、档次较低。与发达国家相比农膜企业用于科研的经费少，科技力量薄弱，产、学、研未能较好结合，整体科技水平较低。

除上述问题外，我国农膜市场较为混乱。一些个体、乡镇企业纷纷盲目涌入农膜市场，由于其负担轻、赋税少、成本低，产品价格较低但质量差，这类产品大量冲击市场，严重影响了我国农膜行业的健康发展。

【发展趋势】

我国农膜行业应加速改组、改造，转变经营机制，提高行业的整体素质。农膜行业要从企业的实际出发，通过强强联合、参股、兼并、收购和实行规范化的公司机制，重组资产，实现优势互补，进一步提高生产集中度，组建几个超大型农膜企业集团。改变我国农膜企业“老、小、散、多”的现状，提高企业整体素质。

农膜行业要依靠科技进步，加速产品更新，积极调整产品结构。农膜企业要加速对现有设备的更新改造，淘汰那些能耗高、产量低、控制精度差、劳动强度大的陈旧设备，通过技术进步和创新，加大新产品开发力度，集中力量突破一批重点优势项目，农用薄膜产品应积极适应农业栽培宽膜化、功能化的要求。注重长寿耐老化、消雾、无滴、有色、高透明高保温、光能转化、避虫除草、可控降解等多功能性农地膜的开发应用，将功能膜比重由23%提高到50%，形成自己独特的核心技术，尽快将品种新、性能优、质量高、成本低的农膜新产品推向市场。同时要尽快实现向研制开发和创新战略转变，尽可能缩小与世界先进水平的差距。

（中国塑料加工工业协会农用薄膜专业委员会　史　勇）

节水器材

随着全球人口的急剧增长，可用水资源日益减少，如何缓解水资源的用水紧张局面及对水资源的合理使用与保护已经成为一个全球性的问题。在我们所用的仅仅为1%的可用地球水中，其中的2/3用于了农业灌溉，其是水资源紧张的根本环节，因此农业节水灌溉成为节约水资源的关键、是节约可用水资源最有效方式之一。

节水灌溉就是通过采用水利、农业、管理等多项措施，以最少的水资源消耗，得到最高的农作物产出。减少从水源地到田间输水过程中水量损失的措施有渠道防渗、低压管道输水，喷灌与微灌不仅能减少输水损失，又能减少田间灌水损失，而这些措施均需要大量塑料节水灌溉器材。由于塑料节水灌溉器材制品具有抗化学腐蚀、质轻、不透水、不渗水、耐张力及壁管光滑等优良性能，且易加工，价格也比铝、钢材便宜得多，因此输水用塑料管，喷、微灌、膜下滴灌用配套管材和管件，质轻而钢度大的塑料井管等塑料节水器材将会得到广泛应用。而且随着我国现代农业技术的不断发展与进步，随着高效节水灌溉技术逐步替代传统的灌溉方式不断发展与广泛推广应用，适合中国国情的塑料节水灌溉器材的研制开发具有广阔的产业化前景，我国塑料节水器材加工业快速发展也成为必然趋势。

【行业现状】

一、我国塑料节水灌溉器材行业发展历程

自1974年墨西哥政府赠送给我国3套滴灌设备引进现代的节水灌溉技术以来，其在我国已有20多年的发展历程。在此期间，通过有关部门、科研单位和生产厂家的相互配合、努力，微灌技术在设备研制生产和科学试验等方面都取得了突破性进展，已基本形成了灌水器、管材与管件、净化过滤设备、施肥设备、控制阀及安全阀等装置5大类设备产品和配套比较齐全、品种规格多样化的微灌设备产品系列。但回顾这段历程却充满了曲折与艰辛。

从70年代中期到80年代初，全国兴起了研究和推广喷灌、滴灌、微喷灌等节水灌溉技术的热潮。在不到10年的时间里，几乎当时世界上已有的喷灌、滴灌、微喷灌设备，我国都进行了引进、研制和应用(试用)。同时随着塑料工业的大发展与进步，塑料节水灌溉器材的生产得到快速发展，带来了节水灌溉面积快速的增长，短短10年，面积翻了几翻。随后，由于农村经济体制改变，加上一部分节水灌溉产品质量低劣、可靠性差等原因，节水灌溉设备的研制和应用很快进入低谷，一部分科研人员改了行，生产企业转了产。

到90年代初，由于在研究与推广的指导思想上急于求成，关键技术长期得不到解决，在工作中重技术、轻经济，不讲投入产出，技术指导力量薄弱，导致这一时期我国节水灌溉设备与技术进步发展缓慢，节水灌溉面积已发展到4000万亩左右。

但从90年代中期以来，自“九五”计划开始，国家对节水灌溉越来越重视，对节水灌溉的投入力度逐步加大，一批相关的新材料、新设备、新工艺和新技术得到了极大的发展，尤其是塑料材料,使节水灌溉产品质量和配套水平得到了大幅度提高,技术也趋于成熟,生产厂家也如雨后春笋般的发展起来,全国从南到北,从东到西节水农业大规模的开始发展起来。据专家测算,至2000年全国采用节水灌溉技术面积达1.5亿亩,占全国灌溉总面积7.6亿亩的20%。

二、我国塑料节水灌溉器材行业现状

自80年代中期节水灌溉的兴起和塑料工业的大发展开始，早期的塑料节水灌溉器材生产厂家、研究所大部分就是在此时开始成立和生产，可以说是一个较年轻的行业。由于市场前景良好，发展速度较快，至2000年底，生产厂家已达100多家，其中不包括一些只生产金属节水灌溉器材及只生产少量PVC给排水管材的生产厂家，并且还有不少塑料生产厂家开始逐步转型生产塑料节水灌溉器材。在这100多家生产厂家中，绝大部分地处北方，并且基本是较大的生产厂家，从事塑料节水灌溉器材工作的研究人员、推广人员、生产人员等从业人员也发展到50000多人。

以塑料为原料的节水灌溉器材主要包括灌水器、各类塑料管材和管件、过滤器、控制保护装置等4大类，其中以灌水器、管材和管件为主要制品。灌水器包括滴头、滴灌带、微喷头、小管灌水器、渗灌管、脉冲式灌水器、塑料喷头等，2000年全国年产各类灌水器约300kt左右，产值约50亿元，其中各类喷头性能达到国际同类产品水平，滴灌带更是达到了国际领先水平，价格也是国外水平的1/3到1/5。管材和管件包括PVC管材和管件、PE管材和管件、复合增强软管、农用大口径双壁波纹管等，2000年全国年产量约500kt左右，产值约为80亿元。通过近些年大力引进、消化吸收国外先进的设备及生产技术，管材和管件的性能达到了国际同类产品水平，2000年塑料管材出口46kt，创汇达6500万美元。

三、我国现有的灌溉设备市场

我国现有的灌溉设备市场主要集中在华北、东北和沿海经济较发达地区。1978年12国农机博览会后，中国引进和购买了大批喷灌和微灌设备，国家立题研究和仿制，80年代后诞生了生产喷头、小型和大型喷灌机、微灌设备生产厂家，在国家计划经济的指导下，形成了初级市场，虽经过体制改革的冲击，已逐渐成熟。目前，尽管我国生产节水灌溉设备企业已初具规模，但从巨大的需求和产品质量来看，尚处于幼龄期，企业小而分散，产品品种单一，质量得不到保证，由于一些节水灌溉设备不过关，造成不少已建节水灌溉工程不能发挥效益。生产国产优质的节水灌溉设备，是提高水资源利用效率的重要环节，必须从多角度来促进节水灌溉设备的产业化。从国家角度来看，采取措施，制订和尽快实施节水灌溉设备产业化计划，同时加强产品质量监控，规范市场行为；从企业的角度来看，实施创名牌的战略，有关企业通过强强联合，在国家有关部门的协调下，组织优势科技力量，创出一批名牌产品和若干龙头企业。

中国有待开发的灌溉设备市场主要分布在：(1)东北三省：灌溉面积占耕地的比例小、开始潜力大，如黑龙江灌溉面积占13%，吉林中23%，辽宁占33%，主要是早春干旱、需做补充灌溉，灌溉效益显著。(2)西北地区：属黄土、蒙新高原，水低田高，气候干旱，灌溉高程高于60m以上，必须采用喷灌、微灌技术，以提高灌溉经济效益。(3)西南云贵高原：气候特殊，地形复杂，能生长特殊的动植物，尤

以花卉、烟草、中草药著名，采用喷微灌技术，可提高其经济效益。

【重点企业】

新疆天业股份有限公司

新疆天业股份有限公司（简称“新疆天业”），位于新疆维吾尔自治区石河子市。公司创立于1997年6月，是新疆生产建设兵团国有资产控股的首家大型综合类上市公司。至2000年末，公司已拥有资产总额21.9亿元，净资产10.8亿元。现有员工12000余名，各类专业技术人员2000余名。新疆天业已拥有9家分公司，9家控股公司和6家参股公司。拥有外贸自营进出口权和国家认定的企业技术中心。

天业集团于1999年通过了ISO9002质量保证体系，与水利部中国农业科学院农田灌溉研究所、新疆自治区标准计量局合作，建立了天业节水器材质量检测中心，为节水农业的推广提供了可靠的质量保证。

新疆天业以农用塑料节水技术产业化为中心，不断与国内著名高等院校和科研机构联手，进一步加快科研成果向现实生产力转化进程，与西北农林科技大学、西安理工大学、石河子大学合作，建立“节水生态农业工程中心”，与四川大学合作建立“天业塑料研究所”，与国家水利部农科院农田灌溉研究所合作，建立“天业节水灌溉工程研究所”。

新疆天业是新疆最大的塑料制品生产企业，年生产塑料制品50kt。新疆天业积极落实国家提出的“把节水灌溉作为一项革命性措施来抓”的要求，发挥天业“企业技术中心”的创新能力，不断引进、吸收国外节水灌溉技术和先进设备，自主开发符合国情的、农户用得起的“一次性可回收滴灌带”及其配套的“天业滴灌系统”。2000年推广滴灌面积15万亩，2001年达到50万亩以上，拥有世界上最先进的滴灌带生产线200条，“十五”期间可形成600万亩节水器具的生产能力。新疆天业节水器具生产规模和技术推广应用已位居全国第一，生产塑料节水器材逾10kt，约占本行业塑料节水器材总产量的1%左右，销售区域主要为新疆本地和周边的西北干旱地区，尤为可喜的是新疆天业滴灌已走出国门，进入独联体国家。为适应市场发展的需要并满足用户的需求，2000年该公司开发的新产品主要有内镶式滴灌管、压力补偿式滴灌管等产品。

山东莱芜塑料制品股份有限公司

该公司位于泰山东麓、汶水河畔，莱芜经济开发区，交通便利，是集吹塑、注塑、滴塑、挤出为一体的综合性塑料加工企业集团，是具有一定规模和雄厚经济实力的国家大型二类企业。现有职工1000名，各类专业人员260名，公司占地面积85000m²，拥有全部资产1.4亿元，固定资产8900万元，各种大型进口设备及国内配套的先进设备90台（套），年产塑料制品10kt，滴塑手套500万副，其中塑料节水器材3kt左右，约占全国塑料节水灌溉器材产量的0.2%，销售区域主要面对华北和山东，并逐步向西北和华南扩展。

该公司成功的完成了国家“八五”重点科技攻关项目“新型微灌器材产品”及国家“九五”重大科技攻关项目“脉冲滴灌系统”、“压力流量调节器”、“网式自反冲洗全塑过滤器”等课题的研究与开发。在国内节水方面产生较大影响，莱塑灌溉系统技术总体水平处于国内较为先进的地位。

莱塑集团水生产的微灌器材采用国际标准，薄膜、PVC、PE管材管件、滴塑制品通过ISO9001质量体系认证和省、市级质量免检认定。

北京绿源塑料联合公司

该公司是于1994年1月由北京雪花电器集团公司与水利部中国灌排技术开发公司共同合资创立的企业，是主要从事新型微灌器材的研制生产及推广应用的专业厂家。公司成立至今，历经股东三个阶段的投入，已经形成了年产2kt微灌器材的能力，占全行业塑料节水灌溉器材产量的0.1%左右。现有固定资产4000万元，成为国内微灌行业的龙头企业，在全国微灌行业有着较大的影响力。

绿源公司现有职工93名，具有大专以上学历的职工占正式职工总数的33%，中专学历的职工占30%。绿源公司经过6年的发展，其产品在市场上立稳了脚跟，树立了绿源公司产品的品牌效应。公司已先后在新疆、山东、东北、甘肃、浙江、云南一带设立了办事处。

绿源公司自成立以来，先后承接了国家“八五”重点攻关项目：“新型微灌器材的研究开发”及北京市“农用微灌型料器材”研制等项目，取得了较好的成果，获得了北京市优质产品一等奖，产品被列为国家级新产品，其“新型微灌器材的研究开发”项目被列入了北京市重大科技成果推广计划。

福建亚通塑胶有限公司

该公司系由印尼HENGACT集团与归国留学生联合创办的高新技术企业。公司位于著名的侨乡——福清市镜洋工业开发区。该公司是全国化学建材骨干企业，福建省高新技术企业，国家科学技术部、建设部联合定点的福州国家科技成果推广示范基地。公司着力于研制开发具有国内领先水平的给排水管材管件、通信管道、电工套管、新型塑钢门窗、塑料异型材系列、高效节水灌溉系统。

1998年1月，该公司就在同行中率先通过了ISO9002“质量体系”和“产品质量”双认证。自创建以来，该公司与四川大学、中国农业大学、国家节水灌溉杨凌工程技术研究中心、福建省轻工业研究所等多家科研机构共同组建高分子材料研究所、节水灌溉技术研究所，致力于塑料节水灌溉器材高科技领域的经营，其产品已广泛应用于现代农业、园艺等行业，年产塑料节水灌溉器材约2000t。

2000年间，该公司在全国各地拓展了22个分公司、办事处、5个生产基地。业务网点已覆盖全国各地，为用户提供了快捷、便利的销售和售后服务，成为中国南方塑料节水灌溉器材生产行业中规模较大的企业。

河北龙达灌溉设备有限公司

该公司由武邑飞龙集团与以色列阿尔法环球企业有限公司合资兴建。公司注册资金180万美元，其中中方投资60%，外方投资40%。主要从事滴灌及微灌产品的研制开发与生产。公司现已被定为国家半干旱农业工程研究中心定点厂，河北高新技术企业，衡水市“十佳”三资企业。

该公司生产设备分别从德国、瑞士、美国、以色列等4个国家进口，生产过程采用微机控制，其中采用以色列LEGO技术生产的内嵌式滴灌管，性能居国际先进水平。年产塑料节水灌溉器材约3000t，占同行业的0.2%左右。

该公司的微灌产品，品种齐全，自成系列，配套性强，主要有：内嵌迷宫式滴灌管、微喷头、渗灌管、紊流扩张式滴灌带及大田喷灌产品；系列快接塑料管件；过滤器、施肥罐、吸肥器；各种规格型号的抗老化PVC、PE管材及配件。

该公司产品广泛用于果树、大棚、棉花、烟草、茶叶及城市园林灌溉等领域，已先后在乌鲁木齐市和兰州市建立了两个办事处。

以上为我国生产品种较全、生产技术较完备、规模较大的塑料节水器材生产企业。另外，全国还有上百家生产塑料节水灌溉器材的企业，但生产规模、推广范围相比以上企业较小，如北京顺义华霖灌排设备公司、廊坊市春源微灌工程公司、辽宁丰源节水灌溉技术开发公司、河南济源华源渗灌有限责任公司、河北保定华宇塑料制品有限公司、水利部中国农科院农灌所科技开发中心、天津英特泰克灌溉技术公司、北京北航润土科技有限公司、北京丰收喷灌设备有限责任公司、海南排灌技术开发公司等单位。

在塑料节水生产企业统计中，不包括国外的如美国雨鸟、以色列耐特费姆和普拉斯托等国外公司的驻华办事处，也未将适用于塑料节水灌溉器材范围内的大型管材及其他塑料器材生产企业如河北宝硕集团有限公司、湖北凯乐塑料管材股份有限公司、安徽国风集团有限公司等大型塑料生产企业计算在内，但生产的适用于农业节水灌溉的PVC管材和管件、PE管材和管件、复合增强软管、农用大口径双壁波纹管等产品计算在塑料节水灌溉器材制品范围内。

【存在的问题】

塑料节水灌溉器材行业是一个年轻、新兴的高科技行业，由于整个行业兴起的时间不长，因此带来的许多问题亟待解决。主要问题为：

(1) 没有统一的标准，影响到产品的应用；

(2) 行业整体产品质量不稳，制造偏差大；

(3) 过滤器产品性能是薄弱环节，致使微灌灌水器和渗灌管堵塞问题十分突出；

(4) 灌水器抗堵塞和出水均匀性有待提高；

(5) 产品成本有待降低；

(6) 原材料性能有待改进；

(7) 部分产品落后。

因此，塑料节水灌溉器材行业的任务可谓比较繁重，通过协调行业各会员之间的关系，加强其中的联系，通过会员之间的有力配合，以较快的速度解决以上问题，加快行业前进步伐。

【发展趋势】

展望未来，在我国，可用水资源将会是决定一个地区经济发展快慢的重要因素之一（尤其在北方），而农业灌溉是节约可用水资源的关键，因此发展以新型塑料为原材料制作的性能好、价廉的塑料节水灌溉器材为主的节水灌溉器材行业，带动节水农业的发展是十分必要和急需的。中国的农田现代灌溉设备行业，正在成长壮大，但是要挤身于世界强手如林的灌溉设备市场，仍显得十分嫩弱幼小，必须要把握方向，在吸收国外先进技术的基础上，生产和配套完善灌溉设备产品。

自“十五”大提出“把节水灌溉作为一项革命性的措施来抓”以来，节水农业灌溉技术已成为21世纪灌溉技术发展的总趋势。据预测，到“十五”期间，我国节水灌溉面积将由2000年的1.5亿亩达到3.4亿亩，比2000年增长2.3倍，需用各种节水灌溉器材将达到1.8Mt，2005～2010年全国发展节水灌溉面积10亿亩，需用各种节水灌溉器材5.2Mt，塑料节水灌溉器材将以其优势，在市场中占有较大的地位，塑料节水灌溉器材行业前景广阔！

（中国塑料加工工业协会塑料节水器材专业委员会　李双全　穆淑慧　蒋大勇）

塑料管道

【行业状况】

在80年代以前，中国已经在使用塑料管道产品，主要使用硬聚氯乙烯和底密度聚乙烯材料。产品的标准化工作还很薄弱，用量也不大。80年代以来，国家开始重视塑料管道产品的发展，成立了当时五个部委组成的化学建材领导小组、由国家科委下达了相关的研究项目、成立了全国塑料制品标准化技术委员会、积极组织参加相关国际会议、积极组团对国外进行考察。建设部对于塑料管道在建筑领域的推广应用作了大量的工作，经过近20年的发展，目前我国的塑料管道产品的品种、产量、企业数量、行业从业人员都有很快的发展。塑料管道产品已经进入千家万户，作为新型建筑材料得到建筑界广大设计人员的关注。从宏观上讲，塑料管道产品的发展速度是惊人的。伴随塑料管道产品的发展，带动了加工机械、助剂、原料、检测仪器等行业的发展。

目前我国的传统材料，硬聚氯乙烯管道产品约有80万吨的年产量，主要用于给水、建筑排水、电线护套、市政排水、农业灌溉等方面。随着相关标准和技术规范的建立健全，产品质量有了很大提高，从90年代末期开始，中国的硬聚氯乙烯给水用管材已经开始进入国际市场。目前我国的给水用硬聚氯乙烯管材最大已经用到800mm，除在一般的输水工程中使用外，在一些特殊的跨海输水项目中也得到成功的应用。近几年来，随着环保意识的加强，企业界正在积极研究国际上的不同稳定体系，在给水管的生产配方中采用美国倡导的有机锡稳定剂或欧洲目前推行的钙锌系稳定剂。我国的硬聚氯乙烯原料丰富，以齐鲁石化为代表的聚氯乙烯原料生产企业已经开始注意研究管材专用料和专用混配料的开发，在配合管道产品的发展的同时发展自己。

我国很早就开始使用聚乙烯管材，主要是低密度聚乙烯管材，用于农业灌溉和临时性输水管道。随着国际上聚乙烯管材专用料的不断进步，高性能的PE80、PE100等材料的推出，聚乙烯管道产品在世界范围内有了很大的发展，并同时成功开发了相关的电熔式焊接管件和各种焊接机具。尽管我国的原料生产与国际上还有比较大的差距，发展聚乙烯塑料管道的趋势已经不可阻挡。国际上公认聚乙烯管道用于天燃气输送具有很大的优势，特别是在日本阪田大地震中得到有力的证实，我国从十多年前就开始紧跟国际上的发展生产和使用燃气用聚乙烯管道。给水用聚乙烯管道也有一些企业在生产。目前有许多企业关注聚乙烯燃气管和给水管，有的企业提出准备生产1600mm的给水管材，目前其可行性正在研究之中。

随着环境保护的要求，上述两种材料的埋地市政排水管在这一、两年内也得到了广泛的重视。主要产品是硬聚氯乙烯双壁波纹管、硬聚氯乙烯肋管、聚乙烯双壁波纹管、聚乙烯缠绕管，同属结构壁管。已经出现了一些成功企业，很多企业也在关注和准备生产这些产品。

除此之外，五种冷热水输送用塑料管材在中国的管材市场上也很活跃，他们是：铝塑复合管、交连聚乙烯管、聚丙烯管、聚丁烯管和氯化聚氯乙烯管。其中已经在我国广泛使用的是铝塑复合管、交连聚乙烯管、聚丙烯管。这些管材主要用于建筑内的冷热水输送和供热系统。目前这些产品的生产和使用正在不断总结经验，逐步走向成熟，相关的国家标准已经完成，正在报批中。

电线护套用塑料管在这两年也得到很大的发展，主要产品有通信光缆用的硅芯管、通信电缆用双壁波纹管，包括硬聚氯乙烯和聚乙烯两种。还有发展比较早的建筑用硬聚氯乙烯电线穿线管，他们是口径比较小的硬聚氯乙烯管材。

工业用氯化聚氯乙烯管道产品也有生产和应用，量虽然不很大，但由于产品质量受到重视，在化工厂得到成功的应用。

【重点企业】

塑料管道产品的生产企业很多，在90年代以前，规模比较大的企业都是国营企业，多数是生产聚氯乙烯管道的。90年代后期合资企业、独资企业、民营企业、个体企业等不同经营方式的企业发展很快，国营企业中的规模大质量好的企业也得到了发展。现有的有代表性的企业有：

福建亚通新材料科技股份公司

地址：福建省福清市镜洋工业区

邮编：350304

电话：0591 5315921

传真：5311542

河北宝硕管材有限公司

地址：河北省保定市化纤北路33号

邮编：071051

电话：0312－3109398

传真：0312－3109376

成都川路塑胶集团

地址：成都西一环路扶琴西路115号川路塑胶大厦

邮编：610031
电话：028－87784916
传真：7798421

湖北凯乐新材料科技股份有限公司
地址：荆州公安县凯乐塑料工业城
邮编：434300
电话：0716－5223008
传真：5225379

联塑机械制造有限公司
地址：广东顺德市龙洲路江段联塑工业村
邮编：521318
电话：0765－3365136
传真：3389711

华亚（厦门）管件有限公司
地址：厦门市海沧新阳工业区新美路2号
邮编：361022
电话：0592－6510371－220
传真：6510974

亚大塑料制品有限公司
地址：涿州市松林店
邮编：072761
电话：0312－3952000
传真：0312－3952222

山东胜邦塑胶管道系统有限公司
地址：济南市黑虎泉西路139号
邮编：250011
电话：0531－6078888－8528
传真：0531－6034037

安徽国风制管有限公司
地址：安徽省合肥市长江西路478号
邮编：230088
电话：0551－5563737
传真：0551－5563093

上海白蝶管业科技股份有限公司
地址：上海市奉贤区泰日镇
邮编：201405
电话：021－57586421
传真：021－57586226

河北宇光工贸有限公司
地址：石家庄市北二环路副35号
邮编：050061
电话：0311－7757492
传真：7720943

佛山日丰企业有限公司
地址：佛山市张搓城西开发区华宝路
邮编：528000
电话：0757－2131054
传真：2205521

金德铝塑复合管有限公司
地址：沈阳市于洪区陵东乡田义村
邮编：110034
电话：024－86518888
传真：86516666

哈威（上海）塑料制品有限公司
地址：上海市青浦工业园区新业路800号
邮编：201707
电话：021－69211800
传真：021－69211777

上海乔治费歇尔管路系统有限公司
地址：上海浦东南汇康桥东路218号
邮编：201319
电话：021－58133333－807　13901633580

高明顾地塑胶有限公司
地址：广东高明市更楼镇白石工业区
邮编：528522
电话：0765－6383023
传真：0765－6683126

新疆石河子天业塑化（集团）有限公司
地址：石河子市北一路工三区
邮编：832000
电话：0993－2861543

沈阳久利化学建材股份有限公司
地址：沈阳市经济技术开发区大明湖15号
邮编：110141
电话：024－25366171－879
传真：25366184

浙江永高塑业发展有限公司 董事长
地址：浙江黄岩东城开发区椒西路2号
邮编：318020
电话：0576－4277360
传真：0576－4277383 13626658355

【存在的问题】

1. 缺乏研究和正确的引导，市场波动大

塑料管道制品在世界范围内近年来有很大的发展，在我国，几乎国外有的塑料管道产品我国都有。由于我国缺乏开发和应用的研究和经验，目前标准制修订工作主要是参照国际标准和国外先进国家标准进行的。工程应用方面的标准规范工作难度更大，各国的经济基础、气候地理条件、文化习惯、劳动力市场等情况不同，施工安装的要求也不尽一样，更需要在一定使用经验的条件下制订标准和规范。因此在没有足够的使用经验时很难完成和完善相关的标准和规范，这就需要政府部门制订相关的法规，规定在某个时间段里对产品的使用范围，规定试用、试点、推广等不同阶段，以利于产品的健康发展。

2. 对伪劣产品打击不力

伪劣产品以其低廉的价格冲击市场，还有一些工程不符合实际的压价，造成一些能够生产很好产品的企业不得不按价格水平生产产品。因此工程应用中，特别是重大工程在选择产品时首先应当选择成熟产品，在价格上应当合理定价，过低价格不会有好产品。由于伪劣产品的冲击，造成工程事故，严重影响了产品的发展。

3. 检测市场混乱

多差的产品都有办法得到一个合格的检验报告，生产方和应用方都不懂得如何辨别检测单位的资质，有资质的检测单位有时也不按照规定办事，缺乏法律的介入。

各地区、各个项目都虚设有质量检验机构，检验人员即不懂标准也不具备检验设备、不会使用检验仪器，但是他们有权利给生产企业设置障碍。

如此种种属于管理曾面的问题很多，需要加强行业组织的力量向政府反映情况，尽快进行整顿，以利于企业的健康发展。

以铝塑复合管为例，在1999年发展的高峰期，全国的生产线大约有500条，由于缺乏正确的引导和伪劣产品的冲击，铝塑复合管事故频频发生，市场拒绝使用，寻找其他材料的产品。部分企业坚持产品质量，使市场留存到目前的不到100条生产线在使用中。这就意味着有400条生产线，包括国产和进口线变成了废铁，这就是工作不利造成损失的一个例子。

【发展趋势】

目前我国的塑料管道产品的生产企业已经形成规模，成为我国的重要产业。生产企业将全力建立自己的行业组织，研究和解决行业发展中存在的各种问题，依靠自己的力量建立一个公平竞争的市场，学习国际上最先进的管理经验，努力提高产品质量，寻求同行业的共同发展。我国将产生一批具有规模的成熟的企业和企业家，随着我国进入WTO的步伐，在市场规范上向国际水平靠拢。

在产品的品种和产量上，所随着我国原料生产的进一步发展，齐鲁石化计划发展聚氯乙烯原料、上海石化即将投产引进最先进牌号的聚乙烯管材站专用牌号原料，应用部门加大推广力度，不断总结经验，我国的塑料管道产品将进一步发展。

（中国塑料加工工业协会塑料管道专业委员会 刘秋凝）

异型材及门窗

【行业现状】

异型材及门窗行业自80年代初至90年代初为探索发展阶段。在这个阶段，异型材及门窗行业走了不少弯路，也摸索出了许多成功的经验和失败的教训，并培养了许多专业技术人员，为我国的塑料异型材的发展奠定了基础。如今，在那个阶段投产的工厂都基本不存在了。自90年代中期，在国家大力发展化学建材政策的推动下和业内人士的不懈努力下，异型材及门窗行业取得到了迅猛的发展。经过近6～7年的努力，已由全国异型材不足300kt/a的总规模发展至现在的近1.5Mt/a左右的生产规模，年生产量在700kt以上。门窗组装企业近万家，可达$2 \times 10^8 m^2$/年以上的组装能力。（每天12h工作时间）可与$10 \times 10^8 m^2$建筑物配套生产塑料门窗，行业内相关企业的从业人员估计在100万左右。（东北三省区域市场占有率60%以上；全国总平均占有率约在15%。

一、产品情况

塑料异型材及门窗产品可生产满足除幕墙外的所有建筑物内、外窗的使用要求。受市场的影响，目前中高档产品约占30%，中低档产品约占70%，可生产各式各样的窗型，适用于我国绝大部分区域。可生产的窗型有：内外平开窗，推拉窗，提拉窗，内开翻转窗，上悬、中悬、下悬窗，推拉翻转窗，折叠窗，圆弧窗，异型窗等。塑料门产品因受材料的影响，一般适用于户内使用。制做户内单扇门的工艺较成熟，新投产的整板低发泡门，可供户内、户外使用，效果较好。根据使用要求，门窗产品均可实现：（1）多锁闭点、高密封性；(2)多层中空玻璃结构多道密封、高保温、高隔音性；(3)高抗风压性；(4)高防雨水渗透性；(5)较高耐候性等。现在的塑料门窗基本上可以满足高、中、低档不同程度的市场需求。近年来，塑料门窗的表观颜色与图案又有较多的新产品问世，有表面贴膜、表面烫印、表面喷涂、仿木纹挤出、表面双色共挤等多种颜色和图案的产品供消费者选用。

二、生产企业布局

(1) 异型材生产企业的生产能力依次为：东北、华北、华东、华南、西部等各省区，70%以上主要在东北、华北、华东三个省区。超大型 50kt/a 以上生产能力的异型材加工企业也在上述三个省区内。

(2) 门窗加工企业的分布较分散较均匀，但总体分布密度情况和型材分布相类似，只是相对密度较小而较大型的加工企业较少。

【专委会活动】

中国塑料加工工业协会异型材及门窗专业委员会于 2000 年 1 月在北京召开了第四届全体会议，会议进行了理事长、副理事长单位的换届改选，第四届理事长单位由河北宝硕集团担任，周山董事长任理事长，王存吉副总经理任秘书长。秘书处设在保定德玛斯公司。

换届后秘书处的工作人员以极大的工作热情、高度的责任感投入工作。近两年来，主要从事了以下方面的工作：

(1) 努力发展新会员，至今已发展会员单位近 400 家。

(2) 出访欧洲门窗协会，与欧洲门窗协会签署了长期友好合作协议。

(3) 成功举办了 2000 年行业年会，得到广大会员单位的肯定，会后编辑了 30 万字的《技术交流汇编》，在行业内反响很大，适用性、指导性极强。

(4) 组织了两批赴韩考察团，考察了韩国的建材行业新产品、新技术、新工艺，收获很大。

(5) 贯彻落实国务院《关于加快培育和发展工商领域协会的若干意见（试行）》的通知，调整行业工作重点，并对专业委员会的性质、任务、职责等认真进行了修订。

(6) 为提高专业委员会的整体素质，加强了自身建设，以适应日益发展的形势的需要。专业委员会着重做了以下几方面工作：

- 加强秘书处的建设；
- 筹备成立行业内专家委员会和行业管理小组；
- 建立专业委员会网站；
- 发展了一些理事单位和“定点生产企业”；
- 加强了对《塑料异型材》杂志的管理和改革。

(7) 贯彻落实《国务院关于整顿规范市场经济秩序的决定》，调整布置了以下方面工作：

- 和“中国质量万里行促进会”合作，开展行业自律、扶优、创名牌活动，并请“中国质量万里行促进会”领导在行业会议上举办了多次讲座。同时组织参加“质量万里行”各项活动。
- 在行业内开展行业自律、建立企业信用制度、建立行业内质量监督体系的三项活动。

(8) 与欧洲协会合作拟在中国组建 RAL 质量检测机构和型材门窗检测站。

(9) 走访副理事长单位、理事单位与会员单位近百家，了解企业情况，获取信息，征求对专业委员会的工作意见，为企业出谋划策，收到了良好效果。

(10) 协助并参与 GB 8814—1998 型材标准的修订。

【重点企业】

北新建塑有限公司
大连实德塑胶工业有限公司
芜湖海螺塑料型材科技股份有限公司
上海皇家房屋建设系统有限公司
常州创佳塑料型材有限公司
维卡塑料（上海）有限公司
中山市中标建材有限公司
辽宁忠旺集团
沈阳辽沈铝塑有限公司
安徽国风集团有限公司
上海开捷门窗幕墙工程有限公司
山东大明塑料型材有限公司
山东鲁宏塑窗机械集团总公司
济南方信集团有限公司
保定德玛斯新型建筑材料有限公司
秦皇岛开发区奥格塑料型材厂
山东三联新型建材有限公司
新疆屯河新型建材有限责任公司
宁波浙东塑料建筑材料有限公司
四川华塑建材有限公司

【存在的问题】

目前的生产能力与市场需求量基本上是 3:1 的关系。企业间竞争十分激烈，不少具有相当规模，产品质量好，信誉高的企业在销售旺季基本处于满负荷生产状态。一般的企业处于开停工各半的状态。许多规模较小的民营企业由于技术力量不足、产品质量不稳定，造成长年处于停产状态。目前由于东北、华北、华东三个区域生产能力过大，形成了十分激烈的竞争环境，造成了大量跨越最佳销售半径的越距离、跨区域销售。从各地反映的情况看，上述三个区域的一些大型加工企业盲目扩大生产能力的现象已经十分严重。这将会使已经饱和的市场，出现更加激烈的竞争。许多型材加工企业为了增加销售采取了逐步下调售价的措施，异型材售价现已接近 1 万元/t 的边沿。如一再下滑，这些企业的利润空间将变得更少，PVC 树脂价格一旦上涨，企业将更加步履艰难。同时，还将给整个行业的发展造成十分不利的局面。

【发展趋势】

(1) 从近几年的门窗需求情况来看，高档门窗的需求变化大于市场总需求变化，同时各地相关部门纷纷提出了对塑料门窗的限用和使用需求，这也促使塑料门窗向中高档产品的发展。在全国范围内，大中城市均在向使用中、高档方向发展，市场需求中的份额在逐渐产生变化，而中小城市和乡镇近几年内仍将以中低档为主。随着生产能力的过剩将会有一批人专门去从事小城镇和农村市场的开发，同时大中城市的旧房改造也将会引起重视，企业将会产生出新的灵活的生产销售形式去占领这些市场。

(2) 我国目前的发展情况基本上是从北向南、从东向西、从沿海向内陆逐渐发展。就目前情况看，浙江、福建、广东等省最具发展条件。而广东省因其经济实力雄厚和环境条件最适宜而占据首位。其次是中部内陆省的重点城市。西部地区的发展，将以四川、新疆、云南为重点。

(3) 随着塑料门窗业在全国范围的快速发展，门窗产品适应性的缺点越来越突出，随着 GB 8814—1998 标准的修订，型材与门窗产品将向以下几方面发展：向适应不同外部环境气候条件方面发展；向适用于多种建筑物使用要求方面发展；向适用于社会发展要求方面发展；向高新技术产品市场方面发展。只有这样，塑料门窗的产品适用性才会在近期有大的改变。

（中国塑料加工工业协会异型材及门窗专业委员会　王存吉）

包装材料

【行业现状】

我国塑料包装材料自 1980 年以来，在改革开放政策指导下，获得迅速发展。1980 年产量仅 191kt，经过 10 年的发展到 1990 年产量达到 850kt。进入 90 年代以来，引进设备及技术改造发挥了作用，取得了明显的效果，行业装备水平得到提高。涌现了一批新产品，市场需求迅猛增长，促进了塑料包装材料的发展。随着改革的深入发展，行业存在的老问题更明显地暴露出来。不少企业厂房老、设备旧、人员多、债务大，资金缺乏、产品雷同、低水平重复，影响经济效益的提高。针对上述问题，在全行业职工的努力下，进行产品结构的调整，开发新产品——多层共挤包装膜，占领新的应用领域，转变经营机制，增强了市场竞争能力，在克服困难中探索前进。据不完全统计，2000 年产量为 3.12Mt。就品种而言，包装容器及包装瓶、双向拉伸包装薄膜及复合包装薄膜增长幅度较大，市场需求量大，概括起来，塑料包装材料发展的新特点主要是：

(1) 复合基材——双向拉伸薄膜迅速发展。BOPP、BOPET 等双向拉伸薄膜的发展迅速。2000 年，又有一批项目建成投产，新建 BOPP 单位有浙江大东南、广东湛江包装公司、上海金蒲塑料包装材料公司、江阴申达集团公司、云南卷烟厂 BOPP 薄膜公司等。连同原有的生产线，已引进的 BOPP 企业有 54 家，共计生产线为 70 多条，其中从德国布鲁克纳公司引进 35 条，占 54%。总生产能力为 450kt/a，年产量为 340kt。2000 年，BOPET 同样是发展热点。新投产的有山东维坊新立克塑料公司和上海紫东公司等。连同原有的 BOPET 已有 20 多条线，总生产能力达到 150kt/a，年产量预计为 80kt。由此可见，建设的势头没有减下来，而且发展的相当快速。技术水平已有所提高，幅宽 8.3m 线速度 600m/min，一条年产量为 25kt 的生产线已在江阴申达工业园投产，世界最先进的同步拉伸 BOPP，也在成都建成。

(2) 复合薄膜占领了食品包装市场，效果显著。多年来，塑料包装材料仍然以较快的速度发展；其原因是国内市场的发展，农业的连续丰收，农村产品加工需要包装薄膜，水果、蔬菜需要保鲜薄膜，几千万吨的粮食食品、小食品、地方风味食品、食糖、食盐、水产产品等都需要包装薄膜。据调查，近年来，每年用于各类食品包装薄膜在 1Mt 以上，占塑料包装材料的 50% 以上，特别是各大中城市超级市场的兴起，给塑料包装行业带来了新的机遇，速冻面食、速冻蔬菜、速冻水产品的市场需求量增大，从而促进产品结构的调整，开发新的工艺技术和新产品。多层共挤复合薄膜已在保定、苏州、杭州、上海、福州、陕西、河南、山东德州、广州等地大量生产，并取得了显著的经济效益。特别是新疆、西安等地开发无菌薄膜包装袋的成功，使番茄酱、乳制品、水产品、调味品、化妆品、医药产品的包装，水果汁、蔬菜、原汁饮料的食品包装进一步改善，有着十分显著的经济效益。

(3) 中空容器向专业化应用领域发展。随着我国市场经济的发展，中空容器的产品结构发生了很大变化，小型中空容器向多品种、多样化、专业化发展。药用塑料包装容器采用 HDPE 瓶已达 10 亿个，随着淘汰铝锡软管药品包装，多层共挤塑料软管已广泛用于药膏包装，使用于化妆品及牙膏的包装也是大势所趋。特别是聚酯瓶饮料包装保持持续增长，使包装容器市场又活跃起来，矿泉水、果汁饮料的广阔市场，促进PET瓶的迅速发展。据调查，PET瓶全行业引进的PET瓶生产线50多条，加上国产设备，共有200多条，主要是加拿大HUAKY和法国SIDEI的两步法生产线，日本ASB的青木固一步法和两步法生产线，以及意大利SIPA的一步法生产线。除珠海中富、上海紫江等大型制瓶企业购置大量PET瓶设备外，像康师傅、娃哈哈、乐百氏等饮料厂也都引进了大批制瓶设备，总生产能力已超过600kt/a（45亿个）。2000年产量已达200亿个，比1999年有较大增长，主要是由于饮料、饮用水市场需求的迅速发展及PET瓶回收技术的进步。PET瓶以其优良性能占领了市场。随着注拉吹技术的进步，PET瓶的耐热性和阻透性等有了较大的提高，且具有抗冲击性、质量轻、外观美等优点，吸引饮料生产厂家积极采用新的包装容器。目前，为了适应茶饮料的灭菌技术，必须采用热罐装，新的耐高温聚酯瓶，有关企业已正在进行开发，不久即将问世。这是中空容器发展的新的趋势。

在大型包装容器方面，各种化学液体、石油产品的包装也有广阔市场。塑料密封桶是一种新型包装容器，由常州生产的HDPE密封桶，适用于涂料、化工助剂、食品添加剂、颜料、染料等包装。为适应大型包装的需要，一年来，滚塑成型包装容器稳步发展，500～2000L以上的大型容器及游艇、舢板等已先后在辽宁抚顺、大连、齐鲁、承德、江苏东台、郑州、湖南、福州、广东等地投入生产。随着饮用水市场的开发，聚碳酸酯水瓶的需要量明显增加。拜耳公司与上海公司合资兴建年产50kt PC装置正在进行中。

(4) 热收缩包装薄膜向多功能发展。近两年，特别是1996年热收缩包装薄膜的开发、生产得到迅速发展，已广泛应用于各个领域的包装。正从单一的PVC扩大到PE、PP、PVDC、PET和PA等多品种的收缩薄膜。随着市场经济的不断发展，对包装市场也提出了更高更新的要求，热收缩包装正适应经济发展的需要，向高层次、多功能性方面发展，出现了许多新产品。如：

• 具有凹凸纹的热收薄膜，其中一层拉伸，一层未拉伸，当加热收缩时，一层收缩，另一层不收缩，或两种不同材质的复合膜收缩率不同，从而形成凹凸纹；

• 双层热收缩薄膜，以PP作为发泡层，层面上有微小的网孔结构，另一层为热收缩层，一般采用LDPE；

• 多层复合热收缩包装薄膜，提高了阻隔性能，通过加热收缩和内外层薄膜的粘合作用自动封合，用于新鲜肉类、禽类的包装。

(5) 拉伸缠绕包装薄膜迅速发展。缠绕薄膜也称弹性薄膜或裹包薄膜，具有自粘性，在包装过程不需要进行热收缩处理，有利于节省能源，降低包装费用，便于集装运输，提高物流的效率，即托盘与叉车相结合的“集全装卸”方法，降低了运输费用。

近几年来，缠绕薄膜得到迅速发展，产品从LOPE、EVA、PVC、LLOPE的单层薄膜向多层共挤薄膜发展，拉伸率提高到200%～300%，达到了包装效果。

【发展趋势】

展望未来，塑料包装材料中要保持持续稳定发展，必须抓好下列两项工作。

一、努力寻求塑料包装材料新的增长点

当前，塑料包装材料将面临着什么样的局面？综观2000年塑料原料市场，由于世界经济减速的影响的蔓延和加深，国内消费市场增长缓慢，塑料原料销路不畅，企业仍然是举步艰难，而大多数塑料包装材料企业，企业素质差，产品老化，设备陈旧，债务大，效益差，已成为发展的难点问题。另一方面，从行业整体看塑料包装材料结构趋同化相当严重，低水平重复建设，科技开发能力薄弱，资金来源不足。上述因素阻碍了塑料包装材料的发展，为此，只有寻求新的增长点才能促进塑料包装材料的发展。当务之急就是依靠技术进步开发新的产品和应用领域。

塑料包装材料寻求新的发展出路在何方？根据国情及大量调查资料表明，重点在食品包装，仅食品包装薄膜使用量就在1Mt/a以上，占塑料包装材料50%以上，预计到2001年底包装薄膜达到1.5Mt/a以上。其次是塑料包装容器及包装片材。

随着食品包装要求的不断提高，功能性阻透性包装材料将成为发展热点，因此，双向拉伸薄膜及共挤薄膜及片材和容器将在满足食品耐高温、耐冷冻可蒸煮和无菌包装的特殊要求，为改进食品包装提高食品品质做出贡献，发展前景广阔。双向拉伸BOPP、BOPPT、BOPA等薄膜的现状及问题，已有大量资料分析，不再重复。重点介绍共挤片材的有关情况。据有关情况分析，国际上共挤工艺技术发展日新月异，在发达国家共挤薄膜已占包装薄膜总量38%，最多可达8～10层。而我国仅占6%左右，年产约50kt，差距较大。

共挤复合膜有许多优点，不仅有较好的阻透性、粘合性和热封性，同时，工艺设备简单，投资省，节省材料，生产成本较低。共挤薄膜可广泛用于包装肉制品、火腿、香肠、软罐头、饮料、休闲食品、冷冻食品等各类食品包装，共挤片材可用于制作各种杯、盒、瓶等食品容器，质好，质量轻，美观大方，成为中空容器发展的新特点，具有很好的发展前景。

根据当前市场的需求，应充分发挥行业现有潜力及技术。我们应该努力开发新的功能薄膜，包括无菌包装膜、抗静电膜、耐高、低温膜、耐蒸煮膜、微波用包装膜等和水果蔬菜保鲜膜等；在编织制品方面，要努力开发大米、面粉、水泥、化肥、邮件等包装袋，开发应用于水利、公路建筑工程的防水、防震等多功能无纺布和防渗膜、编织布、土工布；采用多层共挤、注、吹、内涂覆等先进技术，提高塑料包装瓶、包装桶、包装箱三大类包装容器的耐热性、透明性、阻透性和耐油性；开发高、精、美、中空瓶及日用化妆品容器。

根据有关信息，我国包装工业在"十五"期间将有较大发展，国家将对新型包装材料、大中型包装企业进行扶持和改造，塑料包装材料应抓住这个机遇。当前，应结合实际，新增市场急需的、可发展的塑料包装材料，主要有：

（1）PE 热收缩膜和缠绕膜；

（2）PP 或 HDPE 中空吹塑托盘；

（3）EVA 塑料瓶盖；

（4）PC（聚碳酸酯）3～5 加仑净水桶；

（5）PET 功能性薄膜；

（6）异形中空塑料油箱；

（7）聚丙烯泡沫片材；

（8）新型塑料软包装容器——箱中袋；

（9）茂金属聚乙烯保鲜膜。

塑料包装材料要追上国际先进水平，需要积极引进和开发新技术，包括：

（1）开发新的成型技术，如结构发泡、低压注射发泡、二氧化碳发泡技术、异型中空、复层中空、共挤成型技术，及容器薄型的技术。

（2）发展二次加工技术，开发包装薄膜印刷、涂覆、复合新技术。

（3）开发母料化技术。

（4）开发可降解塑料技术。

（5）发展微电子、等离子、超声波和红外线技术在薄膜、容器上的应用。

（6）开发塑料包装废弃物回收利用技术。

（7）开发食品、水果、蔬菜保鲜膜技术。

二、依靠技术进步，创名牌塑料包装

塑料包装材料行业要紧紧依靠科技进步，提高产品质量和档次，创造自己的名牌产品，才能在激烈的市场竞争中立于不败之地。像无锡国泰彩印厂那样树立名牌战略意识，创造中国名牌包装。世界名牌奥妙洗衣粉包装原来在西班牙、澳大利亚等国家生产，而上海紫江彩印公司、无锡彩印厂采用本厂的工艺技术方案，生产出一流的产品，达到了国际上的认可。同时，紧紧依靠技术进步，充分发挥技术人员的作用，先后开发了冷封包装、美国玛氏巧克力包装、英国陶氏液体包装、热封盖材等多项产品，形成了以高新技术为产品龙头的名牌包装体系。奥妙洗衣粉、康师傅方便面、汰渍洗衣粉、维维豆奶、乖乖食品、曲奇食品、三鹿牌奶粉等名牌包装，名扬五洲四海，出口大量增加。名牌产品迎来了名牌效益，使全公司经济发展，跨进全行业先进行列。

从国家对企业的改革战略来看，通过开展创名牌，使国营企业大型化和集团化，即"抓大放小"的政策，让大中型国有企业实现大型化和集团化，小型企业在市场经济大潮中实现优胜劣汰。在这场产品结构的调整中，具有名牌产品的企业才有大的发展。

（中国包装协会塑料包装委员会　蔡明池）

PVC 硬片

【重点企业】

名　称	地　址	邮　编	电　话
杭州塑料工业公司	杭州余塘路 95 号	310011	0571－8077888
常州勤业塑料厂	江苏省常州市怀德南路 104 号	213001	0519－6851642
深圳石化塑料胶份有限公司	深圳水贝工业区	518019	0755－5505009
福建宏明塑胶股份有限公司	福建省三明市长兴路 23 号	365001	0598－8337710
广东佛山振兴塑胶有限公司	佛山市佛山大道城门头干休所侧 817 信箱	528000	
佛山东建塑料厂	佛山市鲤鱼沙	528000	0757－2836458
天津塑料厂	天津市河东区张贵庄路 58 号	300160	
山东淄博塑料二厂	山东省淄博市张店区山家路 98 号	255067	0533－2980531
北京亚大塑料胶总公司	北京市通县北苑 149 号	101149	010－69546123

续表

名　称	地　址	邮　编	电　话
昆明塑料六厂	昆明市羊仙坡59号	650033	
江苏琼花集团	江苏省扬州市杭集镇	225111	0514－7273003
长春塑料一厂	长春市南关区东天街伊通河胡同	130041	
湖南株州塑料厂	湖南株州市清水塘	412004	
上海解放塑料制品厂	上海浦东高桥界浜路400号	200137	
沈阳市塑料厂	沈阳铁西区南八中路84号	110023	
西安市塑料制品六厂	西安市西关正街48号	710082	
四川省塑料厂	四川泸州市杜家街9号	64600	

（中国塑料加工工业协会PVC硬片专委会秘书处）

复合软包装

【行业现状】

我国的复合软包装行业自20世纪70年代末以来，在改革开放政策指引下获得了前所未有的迅速发展。1980年全国塑料包装材料年产量仅196kt，1990年达到850kt（其中包装用薄膜及复合薄膜约占30%）。进入90年代，由于引进设备及技术改造项目进一步发挥了作用，取得了更为显著的进步，行业装备水平进一步提高，新材料、新品种、新结构不断涌现，市场需求迅猛增长，促进了塑料包装材料的迅猛增长。至“八五”末的1995年，年产量已达到1.514Mt，5年平均发展速度为11%；“九五”期间的前3年（1996～1998年）平均增长速度仍为10%左右。1999年产量达到2.03Mt，至2000年，总产量已超过2.50Mt。其中，包装薄膜与复合薄膜的年生产能力达到1.30Mt，几乎占到塑料包装制品总量的50%。复合膜制品已发展成为技术比较成熟的主要包装材料之一，被广泛应用于人们的衣、食、住、行诸方面，在国民经济中亦占有一定的比例。

据不完全统计，全国现有包装薄膜与复合薄膜生产企业约2300家，几乎遍布全国各地。特别是在人口集中，工业基础历来较好的东南沿海地区以及全国各大中型城市，更是集中了一批装备精良、技术先进、产品开发能力有希望与国际上竞争的大、中型骨干企业。其中北京、上海、天津、江苏、浙江、广东、辽宁、河北、河南以及中部、西南某些省份生产企业数占了总数的60%以上，生产能力更占到全国总量的90%以上。近年来，在过去比较落后的中西部，特别是西北地区，也呈现了竞相引进人才、引进技术、引进设备的可喜局面。

纵观全国，至2000年（“九五”末），我国的软包装生产企业，经过10多年来的经济机制改革和结构调整，其组织结构由80年代几乎是清一色的全民与集体所有制企业，已从总体上起了根本性的变化。在全行业约2300家企业中，“三资”企业约占15%，各类股份制企业约占7%，民营企业、有限责任企业及个体经营企业约占40%以上，余下企业中的相当部分亦正处在改制或等待改制、清理过程中。其中绝大部分为中、小型企业。职工人数100～400人，固定资产在800万元以上的企业占总数5%～6%；固定资产在5000万元以上的企业仅占总数的0.5%。其中经济特区的企业一般与其他地区的企业在结构上存在着较大的差异。就技术和管理而言，中外合资企业作为一种生机勃勃的崭新力量，对我国软包装行业的发展起到了十分重要的促进作用。例如，1994年进军中国的美国国际纸业公司，投资3000万美元，在上海组建的上海国际纸业公司，专业生产供应针对中国市场的纸塑复合结构屋顶型牛奶、果汁、酒类制品以及洗涤剂软包装盒，在各大城市的超市随处可见，其年销售额达3亿美元。国际纸业，也始终把我国作为最有潜力的市场。另外，由于“三资”企业采取国际上先进的管理经验以及先进的技术与装备，同时，在其经营中可以享有比其他类型企业更多的自主权，包括以较低税率进口材料和机械设备，所得税可以“二免三减”，而且拥有进出口贸易权以至直接返销等等优惠政策，这些企业市场上的竞争力量明显的，也是最具实力参预国际竞争的希望企业。

“九五”期间，在全行业职工的努力下，通过开发新产品和产品结构调整，转变经营机制，增强了市场竞争能力，软包装应用领域不断扩大，出口量逐步增加，仅1998年出口塑料包装材料200kt，创汇25万美元（其中相当部分为复合软包装行业的产品）。国内，复合薄膜几乎占领了整个食品包装市场，效益显著。由于市场的拓展，农、林、渔、牧业的连续丰收，农副产品加工需要包装薄膜，蔬菜、瓜果等需要保鲜，几千万吨的粮食制品、地方风味食品、食糖、食盐以及禽兽肉、腊味制品、水产品等等都需要大量包装薄膜，特别是各大中型城市超级市场的兴起，给塑料软包装行业带来了勃勃生机。各类速冻食品、速冻菜蔬菜制品、速冻水产品以及琳琅满目的小食品、小杂货等等，对包装材料的需求量每年大幅度地不断增长，同时，也促使包装薄膜的结构调整，新产品的开发与新工艺，新技术的应用。这两年，以往比较薄弱的多层共挤薄膜材料也已在国内许多地区大量投产，并取得了显著的成效。特别是无菌包装复合膜、袋的开发，对诸如番茄酱、乳制品、水产品、调味品、化妆品、医药品的自动包装，以及水果汁、蔬菜汁等原汁饮料的包装改善，包装自动化程度的提高，都有着十分重要的意义。

从产品及技术结构方面来看，由于对软包装材料的巨大需求主要在国内，而国内市场对包装的技术、结构、质量以及价格等综合要求，一般来说，目前还不像对待出口包装那样要求苛刻，所以，包装生产企业则根据客户要求设计生产一些结构简单，用材低档廉价、技术含量相对较低的包装材料。当然，不少企业，也生产许多质量要求高、用材讲究、技术含量高的包装（如高档礼品、昂贵食品、药品，高阻性、高密封要求物品以及各种出口产品包装），但这两者在数量上的比例，相差还很大。

我国的包装薄膜，从结构形态分，过去以单膜为多，目前复合膜的品种迅速增长，常规的已达四五十种之多，以产量、产值计，已超过包装薄膜总量的50%。在技术和装备方面，由于同现代飞速发展的印刷复合、分切、制袋、罐装、密封等等加工技术密切结合，更添增了塑料薄膜作为包装材料的附加功能——美观装饰性，文化艺术性，商标宣传性，使用方便性，安全性，卫生性等等。我国目前已拥有从欧洲、美国、日本等引进的高速宽幅由凹版轮转印刷机300多台，印刷色数从4至12色。近年随着升级换代，不少企业已用上了国际上最先进的柔性版薄膜印刷机近100台；引进的宽幅高速干法复合机、无溶剂复合机近300台；挤出复合机200多台，以及与以上设备配套的分切、制袋、制版等前道、后道加工设备不下千台/套，如再算上国产的各种中、低档类设备，其数量和生产能力就更可观了。

软包装的印刷，我国目前仍以凹版轮转印刷工艺为主（有逐步向柔性印刷过渡的趋势），最早使用的窄幅转鼓或凹版轮转印刷机，普遍存在印速低、套印差、油墨适性不理想等缺点，但由于种种原因，在幅员辽阔的我国境内，目前仍到处可见其踪迹。

在印前系统方面，自1984年引进国内第一条电分照相腐蚀凹版制版生产线至今，10多年的发展和继续引进，各种凹版制版工艺，如照相凹版法、喷胶加网腐蚀法、电子束雕刻法及电子雕刻法、激光雕刻法等手段均已具备。单电雕机，目前已近50台/套。再加上印前设计系统，特别是近年CTP、DDCP等技术的应用配合基本已形成全国性的配套的印前系统。

另外，与软包装加工相配合的器材部分如版材易损件、专用油墨、电器电子元件、机械零件等等的制造、维修、供应、服务一应俱全，形成了完整的体系。

【专委会活动】

一、召开了专业委员会理事会议

2000年3月6~8日在上海召开了全国复合膜制品专业委员会第三届七次理事会。理事会成员单位共15个，其中14个单位及秘书长和副秘书长共16位代表出席了会议。会议由副理事长单位广州金威龙实业股份有限公司总经理陈清流主持。会上听取了秘书长关于1999年专业委员会工作总结。

理事们一致认为应进一步加强行业标准化工作。我国复合膜行业产品品种发展迅速，而适用的国家标准和行业标准尚不能满足生产发展需要；加之目前有相当一部分企业技术管理薄弱，往往是无标准生产。这不仅影响了企业产品质量的提高，也使质量事故不断发生，给企业和消费者在经济和身心健康上带来了不必要的损失。由于我们行业以往是根据产品结构来制订相应的标准，而实际产品结构的变化又相当频繁，使复合膜产品品种迅速增多，造成制订标准的速度跟不上生产发展的需要。因此理事们一致认为，在当前形势下，需要参照日本《JIS1707—1995》标准向国家申报计划，制订一个符合我国国情的国家标准，以尽可能满足上述形势的需要。

理事会商议同意以第三届现有15个理事单位作为下届理事会后选单位，于2001年举行选举。若在今后1年内若有理事单位情况发生变化或异议，有再作适当调整并与各位理事协商达成共识。

二、召开了第三届六次技术委员会会议

2000年3月9~11日在无锡召开了复合膜专业委员会第三届六次技术委员会会议。13名委员全部准时出席了会议。为广泛听取意见，这次会议还特邀了三位行业专家出席了会议。会议由技术委员会主任委员无锡国泰彩印有限公司总经理武永生主持。会上根据上海理事会会议精神，对2000年专业委员会的工作计划进行了充分的讨论，研究并提出了具体落实方案：

（1）提出了行业技术交流会应重点进行的交流题目，并针对题目落实到有关委员负责推荐厂商或专家到会讲座。

(2) 为使第二期技术培训班办的更好，委员们针对首期培训班教材全面提出建议，应增补"复合设备"、"无溶剂型胶粘剂及复合工艺"及"溶剂型胶粘剂及复合工艺"三部分教材内容的讲授。会上，汕头华鹰软包装总厂总经理许鹏委员、北京化工研究院院长王永江委员及上海申化科技公司总经理张烈银委员主动承担了上述三部分教材的编写及讲授。

(3) 针对第三届七次理事会提出的关于进一步加强行业标准的工作的意见，委员们提出了参照日本《JIS1707—1995》工业标准按我国复合膜产品用途分类来制定标准，来适应目前行业产品结构变化较快的形势是比较理想的。经委员们研究，标准题目暂定为《包装用复合膜袋》，由秘书组向全国标准化技术委员会申报，制订国家标准的计划。

三、举办了第二期复合软包装及辅助材料技术培训班

根据第三届七次理事会的决定，为了不断加强行业自身队伍的建设和人员素质的提高，以利促进企业管理水平和产品档次的提高，为努力赶超世界先进水平作贡献，决定在总结首届培训班经验的基础上再举办第二期培训班。承办单位仍为理事单位华东理工大学华明高新技术集团联合油墨有限公司。协办单位为：上海人民塑料印刷厂，上海紫江彩印包装有限公司，上海申化科技公司集团，上海喔喔集团，浙江黄岩树脂化工有限公司，上海塑料制品研究所，上海DIC油墨有限公司。培训班于8月12日顺利开学，8月26日结束，历时15天。学员共计25名，大部分为企业中层骨干，学员学习态度认真，遵守纪律。大家反映教材适用，教学方式灵活，"教学相长"、"理论结合实际"、"以解决实际问题为主要追求目标"是办班的宗旨。所以，"共同讨论、相互交流"，教师学员相互提问相互解答，讲授与参观工厂紧凑交替等形式贯穿始终。学员反映收获较大，尤其感到满意的是解答了学员们从企业生产实际中带来的许多技术难题。

于2000年9月10日在南昌举行了技术交流大会。

四、举行了技术交流大会

2000年9月10日在南昌举行了技术交流大会。出席会议代表达179人，绝大部分为成员单位，其次为非会员单位的业内同行或相关行业有关人士。参加大会的外商企事业单位达17个之多，其中不乏国际著名厂商机构。中国塑料加工工业协会副秘书长周延令，中国包装协会塑料包装委员会秘书长蔡明池到会做了重要讲话。他首先对复合膜专业委员会历年来的工作作了充分肯定，特别对理事会及秘书组始终如一的工作作风和奉献精神提出表扬，并对国内软包装近年来的发展情况进行了总结、回顾，与国际发展现状进行了对比，指出了我国软包装行业的发展方向。

大会在紧张、热烈、融洽的氛围中进行2天，先后有12个国内外单位18人次进行了大会交流和讲话。会议内容按理事会要求，集中在共挤出复合设备工艺、材料、助剂和特殊功能性油墨开发应用与展望方面。

美国CLOEREN公司及顺德巴顿菲尔公司等就各种领先共挤设备和工艺进行了精彩的演讲；美国杜邦（中国）公司，日本三井物产、宇部兴产及德国巴斯夫（中国）公司，日本旭化成公司等就共挤复合用各种功能性树脂材料的性能、加工工艺、质量评价等内容进行了详细交流。上海DIC油墨公司及黄岩新东方油墨公司分别介绍了各自在研究环保型复合软包装用油墨，北京化工研究院专家就软包装用加工助剂进行了讲座，日本岩正公司就"带插管装自动封口机"专利技术和设备进行了介绍和推荐，北京霍兰德公司专题介绍了"PE自粘膜用高浓度PFB母粒的最新发展"。最后大会安排了简明扼要的多方面技术信息发布。

【存在的问题】

"九五"期间，塑料软包装行业的发展虽然取得了较大的成绩，但与世界先进水平相比，还存在很大差距，当前面临着许多困难和矛盾，随着改革的深入发展，行业存在的老问题更突出地暴露出来。

(1) 经营规模小。就单个企业乃至"集团"公司而言普遍存在着经营规模小，国内年销售额在10亿元以上的复合较包装生产企业几乎没有（即使有，往往是附带其他非行业类型的产品）。国内排行前几位的几家软包装生产企业，如长江东部的紫江彩印、江阴申达、无锡国泰，北方的大连大富、石家庄软包装、埃卡以及南方的佛山、中山、艺美等等，这些企业，软包装材料的年销售额均不到10亿元，多数还不到5亿元。而纵观国际软包装行业，年销售额高于10亿元（人民币）的企业、集团比比皆是。例如日本的Dai Nippon印刷公司，1999年年销售额达12867亿日元，折合人民币约515亿元；Toppan印刷公司的群马工场（注：该公司从事软包装生产的其中一个企业，相当于分厂）一年的销售额达到21.6亿元人民币；韩国的包装印刷企业Dong - A（Doosen集团的公司）年销售额亦达到10.5亿元人民币；欧、美的那些特大型包装印刷企业更有年销售额达几十亿美元的。由此可以说，目前我国能到国际市场上参予大规模竞争的企业实在是少又甚少。

(2) 技术装备总体水平落后。近20年来，塑料软包装行业从国外引进了不少技术装备，并有了一批"三资"企业，国产的设备（印刷、复合及后加工配套设备等等）在品种和质量方面都有显著提高。但纵观全行业，技术装备总体水平与国外先进相比仍然较落后，且分布亦不合理，可以说，除“三资”企业外，拥有最好设备的都是国营大企业，而绝大多数中、小企业厂房老，设备旧，产品雷同，劳动力素质普遍低下。而且国有大企业往往“喜欢”拥有完整的生产流水线，从制版，印刷到最后的分切、制袋甚至产品外包装制造，所有设备装置应“有”尽有！但由于许多方面并非自己的专长，故又不能形成市场竞争能力。这些在很大程度上，直接影响到整个行业的国际竞争力。

(3) 企业发展资金短缺。目前众多企业发展受到资金短缺，债务繁重，研究开发能力差，产品水平低下，市场多极化等诸多因素的制约。由于国内经济结构正在逐步调整过程中，国家对机械设备进口以及一些原材料等的进口往往课以较高的税收，再有银行紧缩企业用汇，海关限制进口配额等等，加上企业本身经营不景气，导致许多企业谋求发展的原望较难实现。行业上级机构正处于体制改革过程中，近年来，较少顾及行业的宏观指导，未能大力扶持外向型企业集团，可能也是一个原因。窥测国内市场，一方面，软包装行业竞争激烈，但拥有精良设备的大企业考虑生产成本而不愿承接小批量业务，其他小企业又无法生产出令客户满意的高质量产品，造成市场需求得不到满足的状况。另一方面，竞争造成了生产企业之间的价格战，同一产品或同一结构的复合膜材料，出现无数种相差悬殊的报价；客户方面又采取延误付款，或采取不削减订货总量，却要求多批交货的办法，因而造成变相拖欠货款。相当部分企业，由于生产资金尚不足，便无能力在产品研究开发上较多地投入，且忽视了对职工应有的培训，也忽视了企业管理水平的不断提高。有的企业，特别是一些小企业常为降低生产成本而绞尽脑汁，只顾承接一些低质量要求的产品，长此以往，企业的竞争能力每况愈下，逐步滑入了恶性循环的深渊。

以上诸多问题在进入21世纪特别是在“十五”期间将成为阻碍整个行业发展的焦点，必须予以认真对待。

鉴于我国软包装行业的现状和存在的问题，以及面临加入WTO后给整个行业可能带来的情况变化，我们首先应该调整一下以往的有些思路，纠正行业发展重心过于偏在国内市场的做法，必须提出全新的更高的目标；把提高国际竞争力作为行业发展的核心和关键。

(1) 抓住契机，完善自我。加入WTO后，大量外资以及内资介入国内软包装行业，特别是可能招来大型跨国集团公司进军中国，这无疑应视为是好事，并应当作一个契机。对国内企业而言，可以借鉴先进的理念和管理经验与先进技术以完善自身的体制、机制和提高竞争能力；就政府部门来说，可以加紧出台一些针对性的配套措施及优惠政策来进一步完善投资环境和市场。

(2) 实行资源整合，避免重复建设。针对国内软包装行业存在的主要问题——盲目引进、重复低水平引进，我们建议，可通过全国范围的存量购并，形成相对集中的规模效应，致力发展有优势的大型外向型软包装生产基地，这不羁是一个良策。

(3) 面对国内软包装行业普遍缺乏众多优秀技术人才和管理人才的局面，以及熟炼工人也相当缺乏的事实，一定要从“科技为本，管理先行，信息至上”的理念出发，采取一系列强化措施，尽速求得超常规发展。如在大专院校设立相关技术专业或管理专业，有针对性地大批培养各种紧缺人才，通过各种渠道，举办全国行业性的专业技术培训班、短训班，当前尤其要注意高级工、技师及进口设备维修人员、管理人员方面的培训；并要致力拓宽培训人员的知识面，培养复合型人才。另外，要加强国内、外行业技术交流，走出国门学习先进经验，注意通过相关部门不间断地请国外专家举办专项技术讲座或介绍国外先进管理经验。

(4) 建立信息平台，加强信息交流和共享，迅速形成行业范围内的国内、外信息网络，并要充分发挥行业协会的信息、桥梁作用。必要时，建议通过一定的行政手段，赋于行业协会适当的行政权力。

(5) 有针对性地保护、扶持现已形成一定规模的部分薄膜基材生产企业，同时朔源至上游那些已形成相当规模的石化原料生产基地，发挥政府机构的调控权，使两者联手，协同作战，集中优势兵力，合理布局，逐步形成分类型、分品种的软包装专用基材薄膜生产基地。已有的，应着眼于扩大产量，提高质量，争取出口；尚无的，要迅速投产，各个击破，尽早满足国内需求，迎头赶上进口货。

(6) 为了保持技术进步的势头，在资源整合的基础上应尽快实施新一轮的引进。对此，要坚决摈弃过去计划经济的模式——根据需求量，算出“缺口量”，再由此去选择引进设备生产能力和档次，决定资金和规模。应该意识到，在当今科技高度发展的情况下，眼下似尚属先进的设备，也许2～3年甚至更短时间之后，就已变为“落后”的了，故在技术上应具备足够的超前意识。纵观国际上，当今一些行业的“巨无霸”，他们拥有主要的设备，往往都是当今世界上最先进的，其生产能力往往大大高于市场常规预设量，因其目光是着眼于全球。为此，才能增强国际竞争力，不断拓展和占领世界市场。中国完全应该有比日本“群马”更好，更具实力的企业集团。

(7) 对国内相关软包装设备制造企业，在一定时间内可给予政策性措施，加以扶持和保护。另外，要花大力气，吸引国际有实力的企业来参股合资、合作或技术投入，以求得快速的超常规的发展，以满足国内行业参与国际竞争的需要。

为了达到以上目标，必须依靠技术进步（包括科研攻关、新产品开发、新技术推广、技术改造、技术引进及其消化吸收）以及设备国产化，质量管理、人才培训各个环节的紧密有机的结合和衔接。

经济全球化已成为趋势，市场将全方位开放，国际竞争日趋激烈，我们一定要站在全行业的制高点，引导企业加速跻身跨国大型企业的行列，使行业内全体企业实体向“高度化管理、高质量的品质控制和具有高度的环境理念，职工人人具有高度敬业精神”的方向努力，并在开拓国际市场，实现产品国际化的道路上坚定不移地走下去！

（中国塑料加工工业协会复合膜制品专业委员会　文秀松）

双向拉伸聚酯薄膜

双向拉伸聚酯薄膜（BOPET）是一种非常优质的高档塑料基材，它集中了性能优良和成本低的优势，广泛应用于包装、电气、绝缘等传统领域。与BOPP薄膜相比，BOPET薄膜的透明度、挺度、强度及耐温性能均优于BOPP薄膜，因而虽然BOPET薄膜的价格稍高于BOPP薄膜，但它在其他新型领域如建筑、信息产业等方面具有更大的发展空间。此外，由于BOPET薄膜的环保性越来越受到重视，预期将会在很多领域替代其他基材。我国对BOPET薄膜的自行研制和开发始于20世纪60年代中期。从80年代开始我国BOPET薄膜行业经历了三次发展高潮，在90年代初得到迅速发展。如今国内BOPET行业已具有一定的规模，随着中国加入WTO，以佛山杜邦鸿基薄膜有限公司为代表的国内双向拉伸聚酯薄膜行业，在不断吸收国际市场新技术的同时，正致力于为正逐渐国际化的中国聚酯薄膜市场提供更多具高附加值的新产品，满足客户不断增长的需求。

【行业现状】

（一）2000年本行业的主要企业情况介绍

目前全国有22家BOPET骨干企业，年生产能力达到100kt，共有各类生产线28条，其中年生产能力在万吨以上的BOPET厂家计有佛山杜邦鸿基薄膜有限公司(4条生产线，生产能力32kt/a)、潍坊新立克塑胶有限公司(1条生产线,生产能力13kt/a)和上海紫东化工塑料有限公司(1条生产线，生产能力10kt/a)。具体情况请参见表1和表2。

（二）设备

目前国内BOPET行业的几家主要生产企业拥有的设备基本上都是80年代末和90年代引进的年产3kt以上的生产线。国内以佛山杜邦鸿基薄膜有限公司为代表，目前生产线最宽为6.2m和6.7m，生产线速可达300m/min，全线采用计算机控制，并采用世界居领先地位的杜邦帝人薄膜全球企业生产聚酯薄膜的技术和管理经验。国内另外三家BOPET生产企业的三条生产线也是年生产能力万吨以上代表国际先进水平的大型生产线。就生产设备而言，国内几家大型生产企业基本上与国际水平保持一致。

表1　中国BOPET生产企业一览表

单　　位	生产线/条	生产能力/(kt/a)
佛山杜邦鸿基薄膜有限公司	4	32
仪化东丽聚酯薄膜有限公司	1	6.5
山东新立克塑胶有限公司	1	13
汕头海洋第一聚酯薄膜有限公司	1	3
上海紫东化工塑料有限公司	1	10
南京金中达新材料有限公司	1	2.5
南京兰埔成实业有限公司	1	3
江苏常州绝缘材料厂	1	2
上海化工厂有限公司	1	6
乐凯胶片集团第二胶片厂	1	3
丹东塑料一厂	1	1
杭州大华塑业有限公司	2	4
四川东方绝缘材料公司	2	5
天津万华股份有限公司	1	6
中山普基	1	3
天津绝缘材料厂	1	2
天津远大感光材料公司	2	4(已停产)
其　他	5	2
合　计	28	108

表2　2000年BOPET行业基本情况

项　　目	数据
生产厂/家	20
生产线/条	28
市场需求 (=国内生产总量+进口量-库存)/kt	120
国内生产能力/kt	120
国内生产总量/kt	90
实际内销量/kt	80
产值/亿元	约13.8

（三）技术水平评价

由于国内 BOPET 生产企业在整体新产品开发能力和对原有生产设施进行改造和引进辅助设备方面不如在国际上占领先地位的知名生产企业，再加上各 BOPET 生产企业的水平参差不齐，虽然以佛山杜邦鸿基薄膜有限公司为代表的大型企业其总体水平已接近世界先进水平，甚至在某些方面已达到国际先进水平，但仍有大部分中小型生产企业与世界水平相比尚存在一定差距，国际竞争力相对薄弱，产品开发能力和技术不强，生产的产品大多数技术含量较低，附加值不高。

【专委会活动】

2000 年 BOPET 专业委员会召开了两次全体会议。

一、第一次全体会议

2000 年 3 月 16～17 日在佛山召开了 BOPET 专业委员会 2000 年第一次全体会议。这是继专业委员会在 1999 年底成立之后的第一次全体会议，全体会员就行业当时面临的实际情况共同探讨了市场形势，认为在 1999 年底国家有关部门发出对来自韩国进口薄膜采取临时反倾销措施后，市场形势有所好转，但仍需规范内部市场，加强行业自律性管理，培育聚酯薄膜市场的健康有序成长。另外，本次会议还交流了一些市场信息，并讨论了将来开展专业委员会工作的方式。

二、第二次全体会议

2000 年 8 月 14～15 日在杭州召开了 BOPET 专业委员会 2000 年第二次全体会议。此次会议积极讨论了反倾销以来存在的具体问题；世界聚酯薄膜行业协会会员佛山杜邦鸿基薄膜有限公司与到会成员分享了国际聚酯薄膜市场的一些最新信息。与会者一致认为，聚酯薄膜所具有的优良性能，环保性和其他优势在将来的发展具有很大的潜力，前景看好，但在发展过程中一定要以市场需求为导向，不能盲目增产。另外，与会者一致同意要避免同行间的恶性价格竞争，共同建立良性竞争秩序的市场环境。

除上述全体会议之外，专业委员会还不定期地就一些特殊议题召开了几次会议。

【重点企业】

佛山杜邦鸿基薄膜有限公司

该公司是由美国杜邦公司属下杜邦中国集团有限公司与佛山塑料集团股份有限公司属下佛山塑料三厂有限公司，于 1995 年 12 月合资创办，总投资额达 7000 多万美元，是当今国内产销规模最大和具有世界一流技术水平的双向拉伸聚酯薄膜（BOPET）生产企业。

1999 年底随着美国杜邦聚酯薄膜与日本帝人聚酯薄膜组成新的全球性合资企业与佛山塑料集团股份有限公司资产重组，中外双方股东分别变更为佛山塑料集团股份有限公司和杜邦帝人薄膜中国有限公司。杜邦与帝人的“双赢”联合提供了更为强大的技术支持，进一步巩固了本企业在国内聚酯薄膜行业的领先地位。2000 年 11 月在宁波开发区设立分公司生产聚酯薄膜后，现拥有 4 条具有国际先进水平的生产线，年产烫金基膜、食品和医药卫生用包装基膜、镀铝基膜、印刷复合包装基膜、护套卡基膜、粘结带基膜、激光防伪商标基膜、标签基膜、绘图纸基膜、投影胶片基膜、遮阳膜、压敏膜、半强化基膜、电气绝缘膜、电容器专用膜、触摸开关膜、在线预处理（涂复）膜等各类高品质聚酯薄膜达 32kt，产品厚度范围为 3.5～125μm。

作为国内最大的聚酯薄膜生产厂家，该企业曾荣获“中华之最”、“中国明星企业”、“高新技术企业”等多种荣誉称号。每年对研究及开发新产品进行的大量投资，确保了在市场主导的新发明及科学技术上长期居于领先地位。在众多的产品中，食品与医药卫生用包装膜获美国食品与药物管理局（FDA）认可，电气绝缘膜获美国 UL 认证，尤其是电容器专用膜已得到全球用量最大、质量最好的电容器制造商认可。同时多项产品获得了国家级和省级重点新产品称号，其中如医药卫生用双向拉伸聚酯薄膜于 1999 年 11 月获国家重点新产品证书。本企业以先进的技术、优良的质量、优质的服务赢得了国内外广大用户的赞许与信赖。

为确保所有产品达到最高品质，该企业生产线由中央电脑控制，车间安装了空调及净化设备，并特别设有配备先进测量仪器的品质检控中心，使原材料、半成品及产品在生产过程中均处于严谨的监控状态。1999 年通过的 ISO9002 认证，确保了贯彻执行质量方针——“立足世界，质量超群，顾客至上，信誉第一”，从而实现质量目标——“创造最受客户推崇的双向拉伸聚酯薄膜系列名牌产品”。

2000 年，杜邦鸿基生产了 20kt 聚酯薄膜产品，产值为 5.4 亿元，产量和产值稳占本行业第一，产品覆盖国内除西部地区以外的各个区域，达到产销平衡。展望未来，本企业将一如既往地恪守“安全、品质卓越、尊重员工、道德操守”的核心价值，利用杜邦帝人薄膜在技术和产品开发上的优势，引进世界先进管理模式，在未来几年间，实施 ERP 管理系统，继续扩大生产规模，开发世界一流的高附加值产品，以客户的成功和增长为依归，为客户提供最优质的产品和最完善的服务。

仪化东丽聚酯薄膜有限公司

该公司是仪化集团公司与日本东丽公司合资合作的企业，该公司目前采用美、法、英等国公司的双向拉伸聚酯薄膜生产设备和日本东丽公司的生产技术，年产双向拉伸聚酯薄膜6500t，年产值约一亿多人民币，产品主要面向华东地区进行销售，公司现有在职职工150多人，公司拟在未来1~2年间新增聚酯薄膜生产能力20kt。

仪化东丽公司近年来已进行开发的聚酯薄膜新品种主要有涂布膜、电容膜、特种护卡膜等三大类多个规格的品种。近年来该公司在生产经营方面做了大量的工作，取得了较大的成功，随着中国加入WTO，仪化东丽将在现在装置上大力开发具有高附加价值的新产品，同时采用日本东丽公司先进的聚酯薄膜生产技术扩大公司的生产能力，提高公司整体抗风险能力，强化生产线专业性能，以期获得更大的效益回报。

上海化工厂有限公司

该公司是国家大型一档企业，也是研究开发和生产工业用各类高分子塑料材料历史最久、规模最大的企业，先后开发生产了大量适应用户需求的上海市名牌高新技术产品，1992年被评审认定为上海市首批高新技术企业。并于1995年4月通过了上海质量体系审核中心认证，成为化工部首家通过ISO9001认证的企业。该企业生产聚酯薄膜已有20多年的历史，目前已形成具有当代先进技术水平的生产规模。

该公司自1969年起开始在自行设计和制造的双向拉伸设备上生产聚酯薄膜，至今已有30多年的历史，期间经历了多期改造，累计自行贷款投资逾1亿多元，产量由最初的100t/a发展到1995年的6000t/a，薄膜厚度从50~200μm，设备主要从德国、美国、日本进口。生产的产品品种包括护卡包装用膜、电器绝缘用膜、金拉线用膜、保丽板用膜等10大类产品，产品性能卓越可靠，1996年至1998年连续三年被列为上海市名牌产品，其中电器绝缘用膜获美国UL认可，1998年被国家经贸委授予国家级重点新产品证书。

2000年上海化工厂有限公司的薄膜产品产量为2513.24t，产值为3888.41万元，目前从事聚酯薄膜生产的在职职工为113人，产品主要的市场区域为浙江、广东、江苏等省市。

上海紫东化工塑料有限公司

该公司是国内著名民营企业上海紫江（集团）有限公司下属的中外合资企业，由上海紫江（集团）有限公司、日本国东棉株式会社、日本国三菱重工业株式会社以合资的形式组成。公司成立于1996年4月，建成投产于1999年8月，注册资本为2800万美元。一期工程总投资2998万美元，引进日本宽幅6100mm，年产10kt的先进生产线和技术；在建的二期工程总投资2600万美元，引进德国新颖的多层共挤与在线涂布流水线，是紫江集团工业企业中投资较大的企业，也是上海地区最大的包装用聚酯膜生产基地。

本着“高起点发展企业，生产一流产品”的宗旨，紫东公司主要生产双轴拉伸聚酯薄膜（简称BOPET薄膜），厚度范围为6~75μm，可以提供用户宽度为3300mm，长度为42000m的膜卷，是国内少有的生产供应单位之一。公司始终以顾客满意度为关注的焦点，对生产经营的各个环节的工作运行都制定严格的规章制度和操作程序，在整个生产过程中设置了5个过程控制点来进行自检、巡检，入库前又对产品的各项性能质量进行全检。1999年紫东公司通过的德国TUV管理服务公司的ISO9000贯标和认证工作，为创造一流的管理和一流的产品打下了扎实的基础。为此，包装用聚酯薄膜荣获1999年度上海市科技博览会金奖；产品性能经查新检索，被评为1999年度国家重点新产品；公司于1999年底获上海市高新技术企业称号（有效期至2003年12月31日）。2000年公司的ISO14001环境管理体系通过瑞士SGS通标标准技术服务公司和上海环境管理体系审核中心的认证。2000年公司所生产的产品主要用于包装、印刷、烫金、镀铝和电气绝缘行业，生产出的9180t膜已被国内30多家著名企业认可并大量使用，实现了1.46亿元的销售收入。

公司从筹建开始就把人才的引进和培养放在首要位置，先后从国内和日本引进技术专家和管理专家，引进各类工程技术人员和经营人员。公司现有正式职工170名，其中专业技术人员25名；经营管理人员57名；研究生以上学历5人，中高级职称12人。2000年，紫东公司除已生产出镀铝、印刷、烫金三大类的专用聚酯薄膜外，又成功地开发了全透明聚酯薄膜、亚光型聚酯薄膜、半强化聚酯薄膜、超薄型聚酯薄膜满足了市场和新技术的需求，赢得了市场，增加了效益。

汕头海洋第一聚酯薄膜有限公司

该公司的前身是汕头海洋聚酯片基厂，于1995年12月经改组后成为中外合资公司，生产线是引进德国布鲁克纳公司的具有国际先进水平的双轴定向拉伸聚酯片基生产设备和全套软件技术，年设计生产能力为2200t，经过几年来的技术改造，目前年产能力已超过3000t。目前企业从业人数为210人，主要产品为录音膜(年产1447t)、包装膜(年产775t)及低雾度膜、厚型膜和其他品种。2000年产量为3077t，产值1.1809亿元，产品主要销往华东、东北、华南、中南、华北和粤东地区，另外产品还外销到墨西哥、俄罗斯、土耳其和美国等地。

汕头海洋拥有优良的设备基础和雄厚的科技力量，目前一直致力于提高产品的质量档次，同时也正在加大力度开发高附加值的新特产品，公司正逐渐步入良性提升阶段。

天津万华股份有限公司

该公司现有职工463人，其中专门从事BOPET薄膜生产的有53人。主要BOPET薄膜产品包括包装膜、镀铝膜、印刷膜、电化铝膜、电容器膜、绝缘膜等。该公司拥有90年代后期引进的德国布鲁克纳公司生产线，处于国内先进水平，年产薄膜能力为7000t。2000年产量7000t，产值达1.8亿。产品的主要销售区域覆盖全国，重点销售到京津、华北、东北等地区。该公司期望在近期扩大生产能力，以满足不断增长的客户需求。

南京兰埔成实业有限公司

该公司现有职工84人，现有生产线年生产能力为2500t，2000年产量2709t，产值7233万元，产品主要面向江浙和华东地区。随着中国经济的不断发展，该公司将力求产品多样化，以满足不同客户的需求。

【新产品开发】

2000年国内双向拉伸聚酯薄膜行业顺应市场发展需求，为满足国内外客户对薄膜产品在质量和性能上的新需求，开发出了以下新产品：

(1) 在线预处理膜(涂覆膜)。由佛山杜邦鸿基薄膜有限公司首先开发出来的该产品通过在生产双向拉伸聚酯薄膜过程中对膜面进行化学处理来增强其与金属或油墨的附着力，从而解决了长期存在的薄膜表面与金属或油墨附着力差而产生的金属脱落或油墨脱落的问题，因而大大提高了复合包装的质量。

杜邦鸿基采用专用的涂覆液配方，生产不同型号的产品，分别适用于镀金属、油墨印刷用途。其中型号为121的产品对金属具有极佳的粘附力，即使在潮湿的环境下，甚至在水中浸泡五个星期(38℃的环境下) 仍能保持其优异性能。它可用于双层复合或三层复合(其层间的粘附能力将大大增强)。其中三层复合可用于“盒中袋”或“袋中袋”包装。

本产品填补了为国内包装市场所需求的、但又是国内多数聚酯薄膜生产厂所不能提供的双向拉伸聚酯薄膜性能上的一个空白。杜邦鸿基新开发的该产品使客户更能适应市场需求，从而使其产品更具竞争力。

(2) 超薄型电容器专用薄膜。由佛山杜邦鸿基薄膜有限公司开发的超薄型薄膜厚度已可达到最薄仅为3.5μm。由于该产品具有的体积小、耐压高、损耗小、容量大等优良性能，非常适合用于高档电容器介质。该产品符合IEC质量标准的高要求。

(3) 超低雾度（雾度 < 1%）的薄膜——特高透明度及高透明度薄膜。该新产品由佛山杜邦鸿基薄膜有限公司成功开发，可广泛应用于高档激光防伪用途、高档装饰面材、汽车和建筑物遮阳用途等。

(4) 高阻氧膜。佛山杜邦鸿基薄膜有限公司开发出了高阻氧膜，其阻氧效果可达到BOPA薄膜的效果，可应用于对氧气及水有阻隔要求的产品，如榨菜等食品的包装等。

(5) 高档滑纸用黑色聚酯薄膜。该薄膜产品由汕头海洋第一聚酯薄膜有限公司研究开发，以聚酯切片及特种黑色色母粒为原料，以双轴拉伸平衡膜生产线为基础生产的新型有色聚酯薄膜，产品既黑又亮，具有色度均匀、热收缩率低、抗拉强度高和尺寸稳定性好等优良性能，主要适用于制作高档黑滑纸产品和特殊包装膜。

另外佛山杜邦鸿基薄膜有限公司在2000年期间还成功开发出了适合高档包装材料使用的高亮度镀铝膜、双面处理的在线预处理薄膜（薄膜一面化学处理，另一面电晕处理），满足了客户对包装用途提出的新要求。

【存在的问题】

(1) 规模效应方面。中国的BOPET行业在90年代初才开始蓬勃发展，大部分企业生产规模仍然较小，效率低，除佛山杜邦鸿基年产量超20kt外，其他厂家的规模都不大，其中十几家生产企业的年产量仅80kt左右，尚处在BOPET行业80年代的国际发展水平。而外国大多数生产企业已形成规模化生产，例如仅韩国的四家生产企业的年产量就超过了250kt。

(2) 产品结构方面。目前国内绝大多数BOPET生产企业的产品结构较为单一，中低档产品偏多，高技术含量和高附加值产品少，因而造成国内市场上低档产品生产过剩，高档产品绝大部分尚需依赖进口的不合理的产品结构局面。目前我国聚酯薄膜市场的热点集中在三个领域：感光、印刷；包装、装饰；电气、绝缘。其中以包装装饰领域的需求量最为突出，国内现有4条万吨级生产线和6条5000t的生产线绝大部分都是生产此领域的产品，该类产品技术含量不高，旺淡季供需关系变化明显，旺时供不应求，淡时压价销售，而潜在的高附加值电子和IT工业的超薄型聚酯薄膜绝大部分依赖进口，超厚250μm的电机嵌线槽绝缘膜依赖进口，高透明膜、高雾度膜和低光泽度的压光膜也是大量由国外进口。产生这种问题的因素，首先是原料供应（聚酯切片）的品种单调，其次是设备的技术含量不够，再次是管理现场的能力不到位。虽然目前国内最大的BOPET生产企业佛山杜邦鸿基薄膜有限公司能生产用于印刷和镀铝的高档预处理膜、高品质的超薄型电容膜、触摸开关膜等高档产品，但不能满足国内市场快速增长的需求，目前国内聚酯薄膜行业急需重新调整其整体产品结构。

（3）市场环境。虽然在2000年8月国内BOPET行业成功获得对来自韩国的低价聚酯薄膜的反倾销终裁后，市场秩序有所好转，但目前市场仍然出现来自国外的经“改头换面”或经其他各种非正常渠道倾销到中国的低价聚酯薄膜，而且倾销数量有不断增长的趋势，扰乱了国内市场的正常秩序，严重破坏了国内正常的需求关系。另一方面，目前国内一些生产企业仍然靠压低售价来抢占市场，价格竞争异常激烈，造成了国内市场的无序竞争。另外部分用户存在恶意欠款，严重影响了企业资金运转，在某种程度上限制了企业的进一步发展。

【发展趋势】

随着中国加入世贸，中国聚酯薄膜市场将不断国际化，会有很多国外厂家进入中国市场，他们的生产中心将有一大部分移往中国，这是国内BOPET厂家难得的机遇。但同时关税的降低和市场的全面开放将使国内市场竞争更趋激烈。

根据目前行业存在的问题以及展望未来中国BOPET行业的发展，预计可能的发展趋势大致如下：

（1）企业的发展将更注重以市场需求为导向；

（2）在做好市场调查研究的基础上将有的放矢地进行增产计划，引进高技术含量的设备。

（3）在保持总产能适度增长的同时，着重于高科技含量和具高附加值产品的研究开发与市场化，增加对新技术研究和新产品开发的投入，建立企业的技术开发中心；

（4）加快产品结构调整的进程，使产品结构多样化、合理化，以满足客户不同的需求；

（5）扩大跟国外著名聚酯薄膜生产企业的合作；

（6）建立自主的原料供应基地；

（7）对环保的重视。

（中国塑料加工工业协会BOPET专业委员会　张福培）

拉伸薄膜

【行业现状】

建国以来，我国的塑料加工工业经历了从无到有，从小到大的发展过程。改革开放以后，我国塑料加工工业的年平均增长速度的百分数更是达到了两位数，远远高于世界平均增长速度。但我国拉伸薄膜的生产却是在80年代末到90年代初才得到迅速的发展，拉伸薄膜因其性能优越、质量稳定、成本相对低及后加工方便等特点在电子、工业、日用产品，尤其是包装行业得到愈来愈广泛的应用，成为复合软包装行业最主要的基材产品。

双向拉伸薄膜材料在我国的薄膜包装市场中一直占据着重要地位。目前我国的拉伸薄膜主要有双向拉伸聚丙烯（BOPP）薄膜、双向拉伸聚酯（BOPET）薄膜、双向拉伸聚苯乙烯（BOPS）薄膜和双向拉伸尼龙（BOPA）薄膜等。其中发展最快、所占比例最大的是双向拉伸聚丙烯（BOPP）薄膜。据统计，目前全国共有各种拉伸薄膜生产线140多条，年生产能力60多万吨，其中仅BOPP生产线就有60多条，年生产能力约460kt；居第二位的是BOPET，目前全国共有BOPET生产线28条，年生产能力达到100kt；还有几万吨的生产能力主要是BOPS产品及少量的BOPA产品。

一、生产能力及市场需求

BOPP产品虽然占据着我国拉伸薄膜行业绝大部分的市场，但其新产品发展较慢，产品品种变化不大，产品的类型主要有普通薄膜、珠光薄膜、复书薄膜、热封薄膜、收缩薄膜、电容器薄膜等几大类。按用途分，则大致可分为印刷复合、香烟包装、胶粘带等几大类。其中用量最大的是印刷，约占总量的60%。

据统计，目前我国共有BOPP生产企业约54家，生产线60多条，年生产能力约460kt，预计到2002年，全国BOPP的年生产能力将达到647.6kt，与2001年相比，产能扩张达到40%（见表1）。我国包装工业仍属“朝阳工业”，市场对BOPP薄膜的需求量仍将保持8%～9%的快速增长率。但随着国内快速的高产能扩张，以及加入WTO后来自国际的激烈竞争，BOPP企业将面临更大的挑战。

二、设备及技术水平状况

我国的BOPP设备主要还是依靠进口，从80年代初期开始从国外引进大型的BOPP薄膜整套生产设备，到90年代初逐渐有部分辅助设备由国产代替，但主要设备还是依靠国外引进。引进的设备主要以日本三菱重工和德国布鲁克纳为主，此外，还有法国和少量美国设备。据统计，我国目前共从德国布鲁克纳公司引进了 35 条 BOPP 生产线，约占总数的 54%。从 1993 年开始，我国引进的生产线都以中、高速为主，生产能力 8～15kt/a；估计，大型、高速、专业化将是今后引进生产线的发展趋势。

近年来，BOPP 薄膜行业发展迅速，产量的增长尤其迅猛，但整体技术水平与国际先进水平尚存在一定差距，技术及装备方面过多依靠购买、引进，依靠自身力量进行的创造、改良很少。行业产品品种发展不平衡，市场消费档次偏低，高技术含量的产品发展较慢，中低档产品市场竞争激烈。

三、生产线地区分布情况

我国的 BOPP 生产存在着企业规模大小不一，生产线地区分布不平衡的特点。企业年产能力从一千多吨到几万吨不等。2001 年全国平均开机率 90%左右。生产线主要集中在南部和东部等发达地区，如广东、浙江、江苏、河北、安徽等省份；而山西、陕西、西藏、内蒙古等西北省份还是空白。据调查统计，我国年产 20kt 以上包装薄膜的大型企业有 10 家，其中 8 家在沿海地区（表 2）。

表 1　2000～2002 年全国 BOPP 生产能力、需求量调查及预测

年　份	2000	2001	2002
生产能力/（kt/a）	415	460	647.6
总需求量/（kt/a）	440	480	535
其中：国　产	390	430	510
进　口	50	50	25
全国平均开机率/%	94	93.5	83

表 2　全国 BOPP 生产线地区分布情况

地　区	生产线/条	生产企业/家	生产能力/(kt/a)	所占比例/%
华南地区	32	14	249.85	38.58
华东地区	27	18	209.55	32.36
华北、东北	14	11	99.44	15.35
中西部地区	14	11	88.8	13.71
合　计	87	54	647.64	100

【专委会活动】

中国塑料加工业协会拉伸薄膜专业委员会于 1999 年 4 月在北京成立，有 49 个单位参加了会议，会议选举产生了佛山东方包装材料有限公司（现佛山塑料集团股份有限公司）为理事长单位。会议除了进行技术交流、行业热点问题讨论之外，还对专业委员会应开展的工作达成了包括企业间就价格问题交换意见、加强产品标准化工作以及行业统计信息工作等几点共识。

根据会议精神，行业统计信息工作主要由理事长单位组织进行，每个季度进行一次产品产量统计，每季度的第一个月由各生产厂家向理事长单位报上一季度的产量，理事长单位统计汇总后将统计情况反馈给各成员单位。这项工作持续了 1 年多，后由于种种原因暂停。

行业内，除上述工作之外，还有一些有组织、有规模的行业活动在广泛开展。

1999 年，国内 BOPP 产量快速增长、国外走私膜大量涌入，市场竞争异常激烈，国内的 BOPP 企业为了抢占市场份额，竞相跌价销售，市场秩序混乱，BOPP 企业面临全行业亏损。在这样的背景下，在佛山东方包装材料有限公司(现佛山塑料集团股份有限公司)、广州宏铭等 BOPP 企业的倡导下，广东省 BOPP 行业信息交流会率先成立。本着加强行业的自律性，保持行业良性有序竞争、共同发展的原则，BOPP 行业信息交流会议自 1999 年 6 月起至今一般情况下每月召开 1 次，逢年过节等特殊情况时，两个月召开 1 次。参加单位由最初的 4 家、8 家，增加至数 10 家，范围也由省内扩展至华东地区，到 2000 年初，全国的主要 BOPP 企业基本上都参加了 BOPP 行业信息交流会。行业信息交流会主要是针对国际、国内原油、原料行情，BOPP薄膜行情及市场走势，企业备品备件情况以及中间商、下游企业库存情况等进行交流、商讨。

BOPP行业信息交流会的性质属于松散型的行业活动，但却为企业提供了一个信息交流、取长补短、加强合作、共谋发展的舞台，对发挥行业整体协调，维护市场秩序、规范市场运作起到重要的指导作用。

【重点企业】

佛山市塑料集团股份有限公司

佛山市塑料集团股份有限公司是一家上市企业，主要生产经营各种塑料薄膜和片材、人造革及塑料编织复合材料等三大系列产品，为现代工、农业以及现代科技、交通通讯领域提供新型材料的高新技术企业集团。自1992年以来，公司的工业总产值、总产量、销售收入、利润、出口贸易额和全员劳动生产率、人均利润等主要经济指标均居全国前列，成为中国塑料加工工业的"排头兵"。2000年，佛山塑料集团实现产值超40亿元，产量217.6kt，销值38亿元，经济效益良好。

经过多年的技术创新和技术进步，不断调整优化企业的产品结构，公司已发展成为以大规模生产开发高技术新型材料为基础、资金和技术密集程度较高的专业化企业，其主要产品有双向拉伸薄膜（包括BOPP、BOPET以及BOPA薄膜）、PVC人造革、各类塑料片材和宽幅塑料编织复合材料。主要生产设备和工艺技术已达到国际90年代先进水平，其中双向拉伸工艺技术和设备更代表了我国当代塑料加工行业的先进水平。

双向拉伸薄膜（BOPP）是公司较早开发的新产品，因其优良的防潮性、高透明度和相对低的成本，成为复合软包装行业的最主要基材产品，之后又先后开发了BOPET（双向拉伸聚脂）薄膜、BOPA（双向拉伸尼龙）薄膜和CPP（流涎聚丙）薄膜，形成了较完整的塑料包装材料产品体系。通过近10年的不懈努力，以上薄膜产品已成为该公司在塑料包装市场领域的主导产品，其中BOPP膜的生产经营已达到80kt以上，国内市场占有率达16.25%；BOPET薄膜国内市场占有率11%；国家级新产品BOPA薄膜目前是国内独家生产，市场占有率达60%。

为了在激烈市场竞争中继续保持公司在技术进步和产品结构上拥有的优势，该公司在不断扩大产量、规模的同时，根据市场需要，在完善和优化现有主导产品的同时，不断开发、培育新产品、新品种。如在通用型BOPP膜的基础上，先后开发了消光型BOPP薄膜、珠光型BOPP薄膜、电力电容器用BOPP粗化薄膜、金属化型电容器BOPP薄膜、复书型BOPP薄膜、热封型BOPP薄膜、热封型BOPP收缩薄膜、金属化型BOPP薄膜以及高适性香烟包装薄膜等一系列高附加值产品；在BOPET方面，先后开发了触摸开关BOPET薄膜、超薄型BOPET电容膜、烫金基膜、强化膜、护卡膜等，成为电子、医药行业的特种工业材料；BOPA薄膜和透明宽幅塑料编织农用大棚膜则是公司通过自身科技力量，在引进技术基础上进行消化吸收和创新所取得的两个重大成果。

为了加大技术创新的力度，佛山塑料集团股份有限公司设立了广东省级重点技术开发中心，开发出多种高新技术产品，建设全行业首条多功能试验线，并且与中国科学院化学研究所、北京化工大学、中国科学院南海海洋研究所、华南理工大学、成都科技大学等研究机构和高等院校进行共建研究开发中心、多种专题攻关和协作，提高技术创新能力。

此外，为了实现低成本、跨地域扩张的战略布局，该公司还在无锡、河北、湖北、成都、宁波、山西、广东三水等地设厂成立合资企业，陆续把部分高成本的产品转移到成本低的地区生产，大大提高了竞争力。

【存在的问题】

（1）高技术含量、高附加值的产品比例偏低，而在大路货产品方面市场竞争日益激烈。

（2）近期生产能力迅速增长，远超出需求增长速度，从2002年下半年开始，近年投资的大型生产将陆续投产，供过于求日趋严重，开机率将会大幅下降，企业效益将会下滑。

（3）原材料方面，高性能要求的产品原料，国产原料与进口原料的质量仍有差异，国产原料在产品品种方面也与国外有较大差异。

【发展趋势】

行业未来的发展方向，在企业竞争方面，由于市场竞争的日益激烈，加之国家进入WTO后，目前生产企业小而分散的状况预计将会逐渐改变，企业的重组、兼并将会增多。在产品结构方面，今后各企业将会加大新产品开发的力度，产品种类将会按市场需求更加细分及专用化。例如具有高阻隔性、环保性、特别装饰性、适合高速自动包装等性能的新产品，将会成为产品今后的发展方向。

【新产品开发】

目前国内拉伸薄膜行业与国际先进水平相比，有着明显差距，首先，就行业整体技术装备水平来看，我们的生产企业过多依靠购买、引进外国技术及装备，而我们自己的发展、创造却很少。另一方面企业的技术水平参差不齐，设备主要依靠进口，大部分为80～90年代从国外引进的生产线，新产品开发整体水平不高，新产品品种发展不平衡，新产品开发总体水平较慢。

最近拉伸薄膜行业中开发出来的较能代表行业先进水平及附加值较高的新产品主要有：

新产品名称	研发单位
同步双向拉伸尼龙平衡薄膜	佛山塑料集团股份有限公司
高光泽、抗刮花BOPP收缩薄膜	佛山塑料集团股份有限公司
多层共挤EVOH高阻隔薄膜	佛山塑料集团股份有限公司
纸巾高速包装机专用薄膜	佛山塑料集团股份有限公司
紫外光降解BOPP薄膜	湛江包装薄膜公司
激光刻划香烟包装用BOPP防伪薄膜	海南塑料包装材料公司
触摸开关BOPET薄膜	佛山塑料集团股份有限公司
超薄型BOPET电容膜	佛山塑料集团股份有限公司

（中国塑料加工工业协会双向拉伸薄膜专业委员会　吴耀根　郑少华　欧　梅）

人造革合成革

【行业现状】

(1) 中国已成为世界人造革生产大国。行业自50年代末起，经历了从无到有、从仿形至仿真、甚至开发了超越天然革的高档人造革发展过程。据国家统计局统计，1998年我国人造革行业总产量$7\times10^8m^2$，企业数为85家，固定资产总值46.403亿元，净值40.87亿元，职工人数3.87万人。行业近二年发展势态尤为迅猛，而1998年、1999年仅浙江温州地区就新建人造革生产企业76家，生产线200余条。该地区年产量1999年已达$5\times10^8m^2$。据不完全统计，全国人造革生产主要企业约300余家。2000年行业生产总量达$10.5\times10^8m^2$。

(2) 2000年行业以16个主要企业统计，所完成工业总产值（现行价）为20.012155亿元，比上年同期增长了22.67%；创人造革总产值（现行价）为7.80171亿元，比上年同期增长了14.57%；人造革产品的销售收入为8.775238亿元，比上年同期增长了5.67%；塑料制品总产量为107.23139kt，比上年同期增长了11.69%。人造革产品总产量为$9670\times10^4m^2$，比上年同期增长了9.76%；其中PVC革为$7082.14\times10^4m^2$，比上年同期增长了2.45%；PU革为$2335.30\times10^4m^2$，比上年同期增长了34.81%。人造革产品出口总产量为$1356.40\times10^4m^2$，比上年同期增长了56.11%；其中PVC革出口为$2402.33\times10^4m^2$，比上年同期增长了17.68%；PU革出口为$236.90\times10^4m^2$，比上年同期增长了95.95%。

(3) 行业的设备及技术水平评估：

• 由于人造革行业目前正处于落后的、传统的与先进的装备和工艺三个不同技术档次的产品同时角逐市场，之中60～70年代落后的简陋的热挤热刮法、钢带法等不符合质量标准的低档人造革产品，稍经表面遮饰处理，同样与80年代传统的压延法、干法产品共同竞争市场，往往出现以次充好、鱼目混珠，由此也玷污了人造革制品的真实形象。

据估计，技术落后、产品低档的热刮法人造革和钢带法人造革约占行业生产总量的10%，传统的压延法、干法等中档产品约占行业生产总量的70%，技术含量高的合成革产品约占总量的15%，其他产品约占5%。

• 目前人造革产品已广泛应用于箱包、鞋类、服装、家具、车用内饰等各领域，但人造革的人均年消费量不足$0.6m^2$，低于发达国家地区水平，而日本、韩国和中国台湾地区已分别达到$2m^2$/人、$2.5m^2$/人和m^2/人，这充分说明我国人造革产品具有很大的潜在市场。

• 我国人造革产品的进出口逆差很大，不少高档人造革还依赖进口。据国家海关统计资料显示，每年用汇5～6亿美元，而出口创汇每年仅保持在0.6～0.88亿美元之间，进出口比例为85∶15，逆差甚大。我国与国际人造革行业有较大差距，进口产品技术含量高而出口的产品技术含量较低，附加值也低。

【专委会活动】

一、召开行业第四届八次理事会

2000年11月1日在常州召开行业第四届八次理事会，理事会由人造革专业委员会理事长沈士华同志主持。会议内容为：

(1) 讨论行业选择性吸收与行业相关的上下游企业（原材料厂、机械设备厂）加入协会；

(2) 讨论中国塑料加工工业协会组团去香港等地参观或参加皮革展；

(3) 讨论邀请有关专家教授举办讲座，介绍有关WTO。国外新品技术开发等内容；

(4) 建议环保行业标准事宜，交流了有关机制改革的经验。例如，北京塑料三厂从局部改革到全面改革，取得了成效。又例如，安塑集团公司实行股份制以后，进行了规范化管理，经济效益一直处于领先地位。

二、召开了2000年度人造革合成革专业委员会年会

11月2日至4日在常州召开2000年度行业年会，年会由副理事长冯庶君厂长主持。会议主要内容为：

(1) 中国塑料加工工业协会人造革专业委员会沈士华理事长作专业委员会年度工作报告；

(2) 中国塑料加工工业协会领导介绍了国内塑料的发展情况以及“十五”期间塑料工业发展的目标；

(3) 苏州百畅塑胶公司杨秉正总工程师详细介绍了人造革行业的“十五”计划和2015年规划；

(4) 烟台万华合成革集团有限公司李为富高级工程师介绍了透气透湿革等革类新产品的开发；

(5) 湖南安塑股份有限公司开发部郭序宁部长介绍他们厂多年来的经营管理和新产品开发的先进经验；

(6) 中国塑料加工工业协会经济信息交流站邹鉴清秘书长介绍了国内塑料制品加工需求；

(7) 年会上还邀请行业相关的原料、设备厂商大会交流介绍其产品。

三、经济信息交流工作

(1) 2000年1~12月的人造革产品经济技术指标汇总工作；

(2) 出版《人造革简讯》。

【重点企业】

一、重点企业

2000年本行业重点企业有佛山塑胶双龙分公司、烟台万华合成革集团有限公司、湖南安塑股份有限公司、上海益昌塑胶厂、南通华丰有限公司等。具体主要经济技术指标见附表。

附　表

单位		烟台万华合成革集团有限公司			南通华丰有限公司		
项目	计量单位	本期实绩	去年同期	同期比/%	本期实绩	去年同期	同期比/%
一、产品销售收入	万元	55 072	42 310	24	4 474.5	5 659.1	-20.9
其中：人造革产品销售收入	万元	3 379	3 208	5.1	4 474.5	5 659.1	-20.9
二、利润总额	万元	2 694	1 059	60	136.0	248.7	-45.3
其中：人造革产品利润总额	万元	163	82.3	49.5	136.0	248.7	-45.3
三、利税总额	万元	5 745	3 043	47	296.5	505.4	-41.3
其中：人造革产品利税总额	万元	348.5	115.6	67	296.5	505.4	-41.3
四、出口商品交货总额	万元	1 196	925	22.6	174.9	547.5	-68.1
其中：人造革产品出口商品交货总额	万元	865	851	1.6	174.9	547.5	-68.1
五、工业总产值(1990年不变价)	万元	57 586	43 372	24.6	4 968.8	5 847.4	-15
其中：人造革产品工业总产值1990年不变价	万元	2 854.4	1 648	42	4 968.8	5 847.4	-15
六、工业总产值(现行价)	万元	58 373	44 503	23.7	4 159.4	5 271.1	-21.1
其中：人造革工业总产值(现行价)	万元	3 071.1	1 691.1	45	4 159.4	5 271.1	-21.1
七、固定资产净值平均余额	万元	105 106	72 106	31	1 872.3	2 015.8	-9.4
八、流动资产平均余额	万元	85 044	55 664	34.5	4 271.2	5 159.1	-17.2
九、产成品存货	万元	9 349	12 640	-35.2	273.8	251.6	8.8
其中：人造革产成品存货余额	万元	1 665	2 774	-66.6	273.8	251.1	8.8

续表

单位			烟台万华合成革集团有限公司			南通华丰有限公司		
项目		计量单位	本期实绩	去年同期	同期比/%	本期实绩	去年同期	同期比/%
十、职工平均人数		人	5 206	5 257	－1	368	423	－13
其中:人造革职工平均人数		人	989	989		368	423	－13
十一、人造革单耗	(1)PVC 革单耗	kg 树脂/10^4m^2				2 762	2 682	3.0
	(2)PU 革单耗	kg 树脂/10^4m^2						
十二、塑料制品总产量		t	348.8	296.7	14.9	3 201	3 586	－10.7
其中:人造革制品总产量		10^4m^2	68.34	58.59	14.2	545.5	652.2	－16.4
(1)PVC 革		10^4m^2				545.5	652.2	－16.4
(2)PU 革		10^4m^2	68.34	58.59	14.2			
十三、人造革制品出口总产量		10^4m^2	14.44	12.38	14.2	27.3	66.2	－58.8
其中:PVC 革出口产量		10^4m^2				27.3	66.2	－58.8
PU 革出口产量		10^4m^2	14.44	12.38	14.2			
十四、人均创利税		元/人	11 035	5 788	47.5	8 257	11 948	－32.6
其中:人造革产品人均创利税		元/人	3 523	1 169	201	8 257	11 948	－32.6

单位		上海益昌塑胶厂			佛山塑料集团股份有限公司		
项目	计量单位	本期实绩	去年同期	同期比/%	本期实绩	去年同期	同期比/%
一、产品销售收入	万元	3 627	2 528	43.5	18 679.4	19 210.7	－2.8
其中:人造革产品销售收入	万元	1 088	1 289	－15.6	7 027.3	7 510.1	－6.4
二、利润总额	万元	8	5	60	757.0	1 046.2	－27.6
其中:人造革产品利润总额	万元	2	3	－33.3			
三、利税总额	万元	81	49	65.3	1 253.9	1 686.5	－25.7
其中:人造革产品利税总额	万元	24	25	－4			
四、出口商品交货总额	万元				2 280.0	3 498.1	－34.8
其中:人造革产品出口商品交货总额	万元				1 759.6	2 309.1	－23.8
五、工业总产值(1990 年不变价)	万元	4 872	4 160	17.1	13 420.1	13 655.6	－1.7
其中:人造革产品工业总产值 1990 年不变价	万元	1 462	2 122	－31.1	7 875.11	88 468.1	－11.0
六、工业总产值(现行价)	万元	3 255	2 616	24.4	13 142.6	12 362.3	6.3
其中:人造革工业总产值(现行价)	万元	977	1 334	－26.8	7 326.7	7 317.8	0.1

续表

单位			上海益昌塑胶厂			佛山塑料集团股份有限公司		
项目		计量单位	本期实绩	去年同期	同期比/%	本期实绩	去年同期	同期比/%
七、固定资产净值平均余额		万元	2 387	2 615	-8.7	9 036.9	9 692.4	-6.8
八、流动资产平均余额		万元	3 794	3 769	0.7	51 566.2	38 832.2	32.8
九、产成品存货		万元	442	619	-28.6	2 957.4	2 392.6	23.6
其中:人造革产成品存货余额		万元	133	316	-57.9	1 859.5	1 657.7	12.2
十、职工平均人数		人	400	526	-24	821.0	819	0.2
其中:人造革职工平均人数		人	160	298	-46.3	520	522	-19.8
十一、人造革单耗	(1)PVC 革单耗	kg 树脂/10^4m^2				2 462.0	2 211.0	11.4
	(2)PU 革单耗	kg 树脂/10^4m^2						
十二、塑料制品总产量		t	2 645	2 098	26.1	18 923.0	18 701.0	1.2
其中:人造革制品总产量		10^4m^2	127	140	-9.3	1 035.3	1 123.6	-7.9
(1)PVC 革		10^4m^2				1 011.1	1 085.7	-6.9
(2)PU 革		10^4m^2						
十三、人造革制品出口总产量		10^4m^2				261.4	352.0	-25.7
其中:PVC 革出口产量		10^4m^2				248.4	352.0	-29.4
PU 革出口产量		10^4m^2						
十四、人均创利税		元/人	2 025	932	117.3	15 272.8	20 592.2	-25.8
其中:人造革产品人均创利税		元/人	1 500	839	78.8			

单位	计量单位	宁波建华石化工业有限公司			湖南安塑股份有限公司		
项目		本期实绩	去年同期	同期比/%	本期实绩	去年同期	同期比/%
一、产品销售收入	万元	1 193	1 422	-16	8 856	6 584	4.13
其中:人造革产品销售收入	万元	1 193	1 422	-16	5 476	5 472	0.07
二、利润总额	万元	-210	-180	-16	638	949	-32.8
其中:人造革产品利润总额	万元	-210	-180	-16	508	889	-42.9
三、利税总额	万元	-194	-171	-13	826	1 337	-38.2
其中:人造革产品利税总额	万元	-194	-171	-13	601	1 185	-49.3
四、出口商品交货总额	万元	26	20	30	0	0	
其中:人造革产品出口商品交货总额	万元	26	20	30	0	0	
五、工业总产值(1990 年不变价)	万元	1 575	2 143	-26	6 709	6 613	1.5
其中:人造革产品工业总产值 1990 年不变价	万元	1 575	2 143	-26	4 779	5 249	-8.9

续表

单位			宁波建华石化工业有限公司			湖南安塑股份有限公司		
项目		计量单位	本期实绩	去年同期	同期比/%	本期实绩	去年同期	同期比/%
六、工业总产值(现行价)		万元	1 244	1 695	－26	7 216	8 334	－13.4
其中:人造革工业总产值(现行价)		万元	1 244	1 695	－26	5 818	6 177	－5.8
七、固定资产净值平均余额		万元	1 882	2 047	－8	7 699	8 268	－6.9
八、流动资产平均余额		万元	1 514	1 915	－21	44 232	15 038	194.1
九、产成品存货		万元	836	870	－4	1 369	1 069	28.1
其中、人造革产成品存货余额		万元	836	870	－4	502	496	1.2
十、职工平均人数		人	86	120	－28	770	766	0.52
其中:人造革职工平均人数		人				550	437	25.85
十一、人造革单耗	(1)PVC 革单耗	kg 树脂/10^4m^2				1 812	1 800	0.67
	(2)PU 革单耗	kg 树脂/10^4m^2				4 232	3 946	7.25
十二、塑料制品总产量		t				4 120	4 236	
其中:人造革制品总产量		10^4m^2				391	443	－11.74
(1)PVC 革		10^4m^2				34	122	－72.13
(2)PU 革		10^4m^2				357	321	11.21
十三、人造革制品出口总产量		10^4m^2				0	0	
其中:PVC 革出口产量		10^4m^2				0	0	
PU 革出口产量		10^4m^2				0	0	
十四、人均创利税		元/人				10 727	16 860	－36.38
其中:人造革产品人均创利税		元/人	－22 558	－14 250	－58	10 927	27 116	－59.70

单位		宏明塑胶股份有限公司			佛山市纬星塑料有限公司		
项目	计量单位	本期实绩	去年同期	同期比/%	本期实绩	去年同期	同期比/%
一、产品销售收入	万元	7 739	8 284.2		9 478	8 749	
其中:人造革产品销售收入	万元	1 928	2 248.5		7 582		
二、利润总额	万元	－158.5	－247.9		47		
其中:人造革产品利润总额	万元				38		
三、利税总额	万元	65	60.5		276		
其中:人造革产品利税总额	万元				221		

续表

单位		计量单位	宏明塑胶股份有限公司			佛山市纬星塑料有限公司		
项目			本期实绩	去年同期	同期比/%	本期实绩	去年同期	同期比/%
四、出口商品交货总额		万元	628	725.5		1 484		
其中:人造革产品出口商品交货总额		万元	403	290		1 187		
五、工业总产值(1990年不变价)		万元	8 760	8 585		9 746	10 464	
其中:人造革产品工业总产值1990年不变价		万元	4 464	4 156		7 797		
六、工业总产值(现行价)		万元	7 694	7 854.4		9 249	10 432	
其中:人造革工业总产值(现行价)		万元	2 600	2 290		7 399		
七、固定资产净值平均余额		万元	6 563.7	7 125.3		3 272	3 661	
八、流动资产平均余额		万元	13 647.9	13 334		10 331	9 361	
九、产成品存货		万元	2 536.8	2 755		194	269	
其中:人造革产成品存货余额		万元	760	612		155		
十、职工平均人数		人	809	929		212		
其中:人造革职工平均人数		人	144(估)	144		67		
十一、人造革单耗	(1)PVC革单耗	kg树脂/10^4m^2	1 138	1 256		3 500		
	(2)PU革单耗	kg树脂/10^4m^2						
十二、塑料制品总产量		t	8 704	8 891		9 294	10 153	
其中:人造革制品总产量		10^4m^2	772	730		864		
(1)PVC革		10^4m^2	772	730		864		
(2)PU革		10^4m^2						
十三、人造革制品出口总产量		10^4m^2	237	154		432		
其中:PVC革出口产量		10^4m^2	237	154		259		
PU革出口产量		10^4m^2						
十四、人均创利税		元/人				13 018		
其中:人造革产品人均创利税		元/人				32 985		

二、行业分布及市场区域

(1) 行业总体分布密度不一，东南沿海分布密度高，主要集中于浙江、广东、江苏等省。如人造革，1998年生产总量为470kt，合人造革 $7 \times 10^8 m^2$。按省排序，第一、二、三位分别为：浙江省161.7kt，合 $2.4 \times 10^8 m^2$；广东省128kt，合 $1.95 \times 10^8 m^2$；江苏省97kt，合 $1.34 \times 10^8 m^2$。

(2) 人造革行业总体发展速度不一，东南沿海发展速度较迅猛，浙江省温州地区尤为突出。据行业组织的专题考察，1998~1999年2年中，温州地区新建企业76家，投产200多条人造革生产线，1999年生产量达 $5 \times 10^8 m^2$。

(3) 行业性区域市场均以人造革市场集散地为中心，围绕其周边的中小型人造革生产厂及其制品的加工厂组合的企业群。具有代表性的区域性市场有河北白沟、四川成都、湖北武汉、福建晋江、广东花都、沈阳海城、浙江温州及温岭等。

【新产品开发】

(1) 湖南安塑股份有限公司在认真分析国际、国内市场的基础上，经过6年的科技攻关，于1997年研制成功湿法PU透气革，新产品具有普通PU革弹性好、手感好、柔软、耐曲折、耐低温、耐磨的特点，还具有显著的透气性和透湿性，结束了人造革不透气的历史，这是人造革行业产品发展史上的第二次革命。湿法PU透气革在柔软性、悬垂性、透气性、耐寒性等方面较天然皮革更胜一筹，而且便于加工制作成成品。该成果获两项国家发明专利，一项实用新型专利，采用针织布基的贴合和张力控制技术；采用针织布基湿法加工技术，湿法PU革表面印刷技术，双色印花及表面处理技术，“指型”孔的成孔技术及湿法机成品剥离技术等新技术，实现了工业化生产。经专家评审认为：技术先进，工艺合理可行，属国内首创，产品填补了国内空白，使我国成为90年代继日本之后世界上能生产湿法PU透气革的少数国家之一。该公司《湿法PU透气服装、沙发革项目》已被科技部列于“国家级火炬计划项目”（项目编号为00D231D7700769），并被列入“国家重点技术创新项目计划”。

(2) 烟台万华合成革集团公司1994年在消化引进装置的基础上，研制开发出《以束状超细纤维为基材的高档合成革制造技术》，并于1996年实现产业化生产，该产品是以束状超细纤维与聚氨酯树脂经特殊加工制成的高仿真合成革材料，经浸喷聚氨酯树脂、并经湿式凝固，形成具有开式微孔结的结构，达到天然革的高仿真效果，具有天然革的优点，并在耐化学性、大生产的加工适应性、质量整体均一性方面优于天然革，产品技术含量高、附加值高。束状超细纤维合成革1995年被列入国家重点新产品试制计划。该技术1996年获轻工业总会科技进步一等奖，1997年获国家科技进步三等奖。

(3) 人造革专业委员会成员单位苏州恩奇汽车内饰材料公司，为适应汽车工业配套发展，采用了先进的流延法热融复合工艺，建成了门幅2m国内汽车内饰垫材料门幅最宽的流水线，以地毯及纺织品为面层，弹性体改性的PVC为底层经热融复合成型的汽车复合内饰垫卷材。现已正常投产开始为轿车、大客车及火车软卧内饰配合。

【存在的问题】

对照市场全球化形势，人造革行业目前在产业结构、工艺技术装备水平及原辅料配套供给等方面还存在较大差距。主要是：

(1) 产品结构缺乏竞争力，行业大部分产品属中低档产品，共占行业总量70%，代表人造革产品高技术、高附加值的超细纤维合成革、透气服装市场仅占总量的15%，高档与某些产品还依赖进口，近年平均用汇5~6亿美元。

(2) 工艺技术及设备“三代同堂”拼争市场。行业内落后低档的、传统中档的、先进高档的工艺技术和技术装备三代同堂拼争市场。如60~70年代的简陋型热挤热刮工艺技术设备、落后的钢带法工艺设备还在生产。80年代传统的压延法工艺及其陈旧设备和干法PVC/PU革工艺设备占现有行业企业的65%~70%。先进的、已形成规模的超细纤维合成革工艺及装备仅烟台万华合成革集团公司及安江塑胶等少数厂家。

(3) 用于高档革的表面处理剂等特殊化工原料及主要辅料离型纸完全依赖进口。干法PU/PVC革所需离型纸完全从美国、日本、英国进口，1999年美国瓦伦公司提供中国离型纸就达3kt，用汇合1500万美元。一些高档人造革生产及表面处理所需的特殊化工原料也依赖进口，相对制约了我国高档人造革的开发和生产。

(4) 目前人造革企业已发展成为一个庞大的群体，并形成独立的专业特征，但国内各大学和研究机构尚未作为专项进行过系统理论的研究，行业协会对此也难以起到强有力的组织、协调和引导作用。

【发展趋势】

一、确立行业进入WTO后的基本思路和发展目标，提高行业总体参于全球市场竞争能力

(1) 行业在“十五”期间以国内外的市场需求为导向，确立以“限制、淘汰、改造、发展、创新”为调整优化方针，推动全行业产品质量、品种、档次的优化升级。

(2) 确立“以缩小人造革进出口逆差为调整产品结构的战略目标，依靠科技进步和技术创新、提升行业整体水平为基础，扩大直接和配套出口。

(3) 同时注重环境保护，走行业优化升级可持续发展的道路。

二、行业产品的发展趋势

根据世界人造革先进国家的发展方向及国内外市场的需求，预测行业的产品发展的主要趋势为：

(1) 以超细纤维作基材的合成革和透气透湿性合成革，将是行业产品发展的主要趋向。当前日本、韩国和台湾省等几个具有代表性的国家和地区，超细纤维聚氨酯合成革发展速度很快。韩国超细纤维聚氨酯合成革的产量1996年为$370\times10^4m^2$，1997年为$590\times10^4m^2$，1998年为$665\times10^4m^2$；台湾省超细纤维合成革产量1996年为$202\times10^4m^2$，1997年为$297\times10^4m^2$，1998年$323\times10^4m^2$；日本自80年开始一直是领导国际人造革潮流的国家，而且在超细纤维的制造技术和透气透湿性人造革的研发方面处于国际领先地位。

(2) 加速人造革后处理技术的研制开发和广泛推广，促进行业生产技术水平的整体提升，人造革生产技术经历了仿形、仿真阶段，目前已进入高仿真时期。如以日本为代表的聚氨酯合成革生产企业，甚至已发展到把染整技术应用到人造革生产技术中去，并在纤维和聚氨酯染色上作了大量的技术创新，结合化学方法、物理方法进行柔软性后处理，使产品在目感、手感、弹性、悬挂性、耐化学性等各方面同于或优于天然皮革。

(3) 高仿真聚氨酯合成革等高档产品的加工需求正在快速拉动人造革装备的发展。目前国外一些设备制造厂，已着手研制和生产超细纤维及其聚氨酯革的专门设备。但国内人造革装备企业现处于中低档生产设备的重复制作中。如：日本的市金公司、日坂公司、意大利的埃格利公司等。随着高仿真制革设备的发展，必将逐步淘汰传统的低档革生产设备。

(中国塑料加工工业协会人造革合成革专业委员会　杨秉政　沈士华　张楚玉)

聚 氨 酯

【行业现状】

我国聚氨酯工业起始于50年代末60年代初，在60~70年代相当长一段时期内长期停滞不前，1978年全国聚氨酯制品生产能力才11kt，产量仅0.5kt；1982年全国聚氨酯制品产量0.7kt。这一时期为我国聚氨酯工业的初创时期。

80年代后，在改革开放形势下，我国开始引进国外先进的聚氨酯原料和制品生产技术和装备，同时国家也通过“七五”、“八五”科技攻关项目的扶植，逐渐开发了反应注射成型、高回弹冷熟化泡沫、高活性聚醚、聚合物多元醇、改性MDI等一系列制品和特种原材料的新技术。到1991年全国制品总产量已达150kt，比1982年增长约20倍（见表1)。此段时期是我国聚氨酯工业在引进技术带动下高速发展时期。

表1　80年代我国聚氨酯原料和制品产量 kt/a

年　份	1982	1985	1987	1989	1991
原料总产量	7	24.4	30.8	32.2	53.0
制品总产量	7	47.9	78.4	99.2	150

90年代后我国进入新的改革开放时期，国民经济持续快速发展。聚氨酯作为新型多功能高分子新材料在汽车、建筑、致冷、保温、家具、冶金、采矿、石油化工、轻纺等方面获得广泛地应用。软质泡沫箱式发泡小企业遍地开花，冰箱生产基地的自动浇注硬泡绝热层生产线，夹心板材硬泡浇注生产线，连续法大块软泡生产线，模塑软泡生产线等总数已达数百条；数千吨－万吨级的聚氨酯涂料、胶粘剂生产厂已有十数家。此时，全国从事聚氨酯原料、制品、机器设备的生产、经营、科研开发单位已上千家，有较大规模的有上百家。制品总产量也由1991年的150kt增加到1998年的770kt，2000年已达1.024Mt。1991~1998年平均年增长率为25%以上，此段时期是改革开放带来的持续高速发展时期。

总的说来，由于近年来的高速发展，我国聚氨酯及其原料工业已具有相当规模和一定技术基础。我国异氰酸酯生产厂情况见表2，主要聚醚生产厂情况见表3，主要聚酯生产厂情况见表4。软泡已广泛应用于沙发、床垫、包装、服装衬里、汽车、摩托车坐垫等，其主要生产厂情况见表5。硬泡已应用于冰箱、冰柜、冷库、冷藏车等制冷绝热，工业管道、化工设备及建筑保温绝热，主要生产厂家为各大冰箱生产集团和数十个夹心板材和保温材料生产厂（此处略）。弹性体已用于汽车、油田设备另部件、纺织、印刷、冶金胶辊、矿山筛板、建筑、塑胶跑道、防水铺装材料、鞋底、合成革、纤维等，其主要生产厂情况见表6。涂料已用于木器家具漆、地板漆、设备防腐漆、汽车修补漆等，其主要生产厂情况见表7。胶粘剂已用于鞋用、复合薄膜、密封和通用粘接等，其主要生产厂情况见表8。

表 2　我国异氰酸酯生产厂情况

kt/a

异氰酸酯类别	生产厂家	生产能力	2000 年产量	备注
MDI 系列	烟台万华聚氨酯股份有限公司	25	22	现能力已达 60kt/a
TDI 系列	甘肃银光化学工业公司	20	—	事故停产，现已恢复生产
	沧州大化 TDI 有限公司	20	13	
	太原化工厂	20	—	尚未建成
	上海吴淞化工厂	10	—	未建成

表 3　我国主要聚醚多元醇生产厂情况

kt/a

生产厂家	生产能力	2000 年产量	计划改扩建后能力	备注
锦化化工（集团）公司	110		120	
天津石化公司化工三厂	60		60	
上海石化公司化工三厂	60		80	
金陵石化公司化工二厂	20		30	
山东东大化工有限公司	20		100	2005 年建成
九江化工总厂	20		20	
浙江太平洋化学公司	30		30	
海洋石油总公司（惠州）			185	2005 年建成
其　他	40		40	
合　计	360	261	645	

表 4　我国主要聚酯多元醇生产厂情况

kt/a

生产厂家	生产能力	备注
温州华锋工业集团公司	60	主要用于鞋底，合成革
烟台华大化学工业有限公司	10	主要用于鞋底，合成革
青岛宇田化工有限公司	10	主要用于鞋底，合成革
福建三明元发树脂有限公司	5	主要用于鞋底，合成革
江苏德发树脂有限公司	5	主要用于鞋底，合成革
广东高明明华树脂有限公司	5	
无锡市有机玻璃总厂	3	
天津鑫丰合成化工有限公司	1	

表 5　我国主要聚氨酯软泡生产厂情况

kt/a

生产厂家	生产能力	生产厂家	生产能力
北京新月泡沫厂	10	大连聚氨酯泡沫厂	3
邯郸惠生泡沫厂	15	山西阳泉泡沫塑料厂	4
河南获加泡沫厂	10	湖北汽车工程厂	3
上海桥福泡沫厂	5	辽宁庆阳泡沫塑料厂	3
天津聚氨酯制品厂	3	开封顺河聚氨酯公司	3
成都塑料七厂	3	北京亿丰海棉制品公司	2.5
金菱石化塑料厂	3	秦皇岛第三塑料厂	2

表6 我国主要聚氨酯弹性体生产厂情况 kt/a

生产厂家	生产能力	备注
温州华锋工业集团公司	100	革，鞋与氨纶
烟台华大化学工业有限公司	10	革，鞋树脂
青岛宇田化工有限公司	10	革，鞋树脂
温州盈丰化工公司	9	革，鞋树脂
烟台氨纶厂	6	氨纶
连云港氨纶厂	5	氨纶
金陵石化公司塑料厂	5	铺装材料及弹性体制品
扬州合成化工总厂	2	铺装材料及弹性体制品
保定长城化工厂	2	铺装材料及弹性体制品
南京橡胶厂	2	胶辊等
江都聚氨酯制品厂	4	弹性体制品
天津聚氨酯制品厂	1	热塑性弹性体

表7 我国主要聚氨酯涂料生产厂情况 kt/a

厂家	生产能力	厂家	生产能力
广东顺德华润涂料公司	20	广东顺德联邦化工公司	10
广东顺德金冠涂料公司	20	常州猴己涂料公司	10
上海华生化工厂	25	常州虎王涂料公司	10
宜兴太极化工公司	15	西安惠安涂料公司	6
湖南湘江涂料公司	15	常州光辉油漆厂	5

表8 我国主要聚氨酯胶粘剂生产厂情况 kt/a

生产厂家	生产能力	备注
广东南海南光树脂厂	30	鞋用为主
广东南海霸力树脂厂	20	鞋用为主
广东东成树脂公司	30	鞋用为主
福建东宝树脂公司	20	鞋用为主
北京市化工研究院	5	复合膜为主
上海新光化工厂	3	通用胶
广东潮州虫胶厂	3	通用胶

根据协会粗略统计，2000年我国聚氨酯制品产量约为1.024Mt，各类制品具体产量见表9。

表9 2000年我国聚氨酯制品产量 kt/a

名称	产量	备注
软泡	300	
硬泡	230	
弹性体	185	其中鞋用64，革用96
涂料	130	
胶粘剂	130	
纤维	9	
皮革织物涂饰剂	40	
合计	1024	

【存在的问题】

虽然我国聚氨酯工业已有相当规模和一定技术基础，但与发达国家相比仍然有很大差距。主要是产量仍不很大，应用普及程度仍不高，技术水平仍较低。特别是人均消耗量差距更大，如1998年美国聚氨酯软泡制品1.016Mt，硬泡制品673kt，其人口2.6亿左右；而我国人口12亿多，其时聚氨酯软泡制品240kt，硬泡制品150kt，人均消耗量均仅为美国的5%左右。此外，产品品种较少，性能较差，许多特种原料、助剂、中间树脂半成品及制品、加工应用机械和工艺技术还需进口；特别是基本原料的生产与需求有巨大的差距，如TDI、MDI均90%左右靠进口，聚醚多元醇也只能满足50%左右。最近国家和各企业都有引进和改扩建装置的宏大计划，“十五”期间原料供求紧张的情况将有根本的改变。

近年来我国聚氨酯制品及基本原料产量和进口量见表10、表11、表12。

表10 我国聚氨酯产量及进口量 kt/a

年份	产量	净进口量
1995	531	53
1997	640	74
1998	770	70
2000	1024	68

表 11 我国异氰酸酯产量及进口量 kt/a

年 份	产 量	进口量(MDI + TDI)
1995	11	85.8
1997	18	106
1998	18	137
1999	19	250
2000	35	265

表 12 我国聚醚多元醇产量及进口量 kt/a

年 份	产 量	进口量
1996	110	75
1997	124	103
1998	156	143
2000	261	190

【发展趋势】

在我国已经加入 WTO 组织，继续深化改革开放，国民经济持续快速发展的大好形势下，我国聚氨酯工业面临一个发展和挑战的重大机遇。我们应继续吸引外资，引进国外先进技术，建设新的规模化基本原料基地，同时重视扶植原引进技术的消化吸收和创新，扩大规模，完成和优化产业的原料配套体系；在制品的加工、应用、助剂、机械设备等方面加强自主知识产权的创新研究开发和产业规模化建设；大力发展适应环保、安全卫生和资源回收利用等聚氨酯工业加工工艺和制品技术，加强有关应用基础研究。

据预测，“十五”末我国聚氨酯基本原料生产能力将自给有余；软、硬泡大宗制品主要产品系列齐全，性能达到国外近期水平；主要助剂，一般加工机械，一般 CASE（涂料，胶粘剂，密封剂，特种弹性体）产品将完全国产化，特种 CASE 产品的国产化率将达 50%以上；制品总产量将达 1.6 ~ 1.7Mt/a；技术总体水平达国外 2000 年初水平。

“十五”末，我国与 BASF 等国外公司合资将在上海建成 160kt/a MDI 装置和 130kt/a TDI 装置。烟台万华聚氨酯股份公司计划建成总生产能力 240kt/a MDI 装置（1 套 80kt/a，1 套 160kt/a），Bayer 公司也计划在上海兴建 250kt/a MDI 装置和 130kt/a TDI 装置，沧州大化集团和锦化化工集团也计划各建 100kt/a TDI 装置。如果这些计划均顺利实现，我国“十五”末和稍后将形成 650kt/a MDI 和 500kt/a TDI 能力，将大大超过需求。届时聚醚多元醇能力也将达近 650kt/a，也将自给有余。

“十五”末，我国聚氨酯软泡将达 500kt/a，硬泡将达 350kt/a，弹性体将达 260 ~ 310kt/a（其中鞋用约 100kt/a，革用约 120 ~ 150kt/a），涂料 200 ~ 230kt/a，胶粘剂约180kt/a，纤维 30 ~ 40kt/a，涂饰剂约100kt/a，以上各种制品总产量为 1.6 ~ 1.7Mt/a。我国聚氨酯工业有着广阔而美好的发展前景。

（中国聚氨酯工业协会 翁汉元）

注塑制品

【行业现状】

中国塑料加工工业协会注塑制品专业委员会（原为全国塑料周转箱技术经济联合中心）成立于 1990 年。现有 60 家会员单位，职工总人约 1.2 万人，拥有从日本、美国、德国和意大利等国引进的注塑设备约 100 台套，其中大型万克注塑机 12 台，最大的注塑机是从日本和美国引进的 20000g 至 30000g 注塑机。设备年加工能力约 200kt 注塑制品。

由无锡市巨龙塑化股份有限公司（主任委员单位）、上海塑料制品公司塑料三厂（副主任委员单位）、天津市塑料制品模具厂（副主任委员单位）、黑龙江齐塑塑料制品有限责任公司（副主任委员单位）、北京亚大塑胶总公司、大连塑料七厂、常州市巨力塑料集团有限公司、杭州万里塑胶有限公司、济南塑料八厂、武汉兰光工程塑料有限公司、汕头农用塑料厂、四川广汉锐星塑胶有限公司、昆明民族塑料化工实业总公司、新疆珠江塑料厂和四川大学高分子材料与工程系等 15 个单位组成注塑制品专业委员会常务委员会。秘书处设在江苏无锡市巨龙塑化股份有限公司内（无锡市惠盛路 1 号，邮编 214035）。

2000 年全国轻工注塑制品行业 35 家生产企业完成产量 88.029kt，其中周转箱产量 22.779kt，日用制品产量 7.772kt，工业配件产量 4.176kt，家电配件产量 7.013kt，汽车配件产量 4.165kt，与 1999 年同期相比，工业总产值增长 4.5%，其中周转箱、日用制品、工业配件、家电配件和汽车配件产量分别增长 6.4%、9.2%、9.9%、85.4%和 55.1%。2000 年完成工业总产值(按 1990 年不变价）12.44 亿元，其中周转箱 2.6 亿元，日用制品 0.98 亿元，工业配件 0.74 亿元，家电配件 0.98 亿元，汽车配件 1.75 亿元，与 1999 年同期相比工业总产值增长 12.28%，其中周转箱、日用制品、工业配件、家电配件和汽车配件同比分别增长 4.1%、7.4%、202.5%、79.1%和 52.8%。完成工业增加值 2.45 亿元，同比去年增长 1.21%。销售收入 11.6 亿元，同比增长 28.17%，其中周转箱销售收入 2.4 亿元，同比增长 11.9%；利税 7530 万元，实现利润 4920 万元。“九五”期间注塑制品产量见表 1。

表 1 “九五”期间注塑制品产量① t

产量 \ 年份	1996	1997	1998	1999	2000	年平均增长率/%
产品总产量	83 326	79 674	82 574	83 640	87 359	1.2
其中：日用制品	7 202	6 568	5 882	7 119	7 772	1.9
工业配件	3 774	5 171	3 315	3 799	4 176	2.5
家电配件	4 753	2 259	3 479	3 782	7 013	10.2
汽车配件	2 181	2 050	2 557	2 686	4 165	17.5
周转箱	22 132	21 138	22 347	21 402	22 779	0.7

① 注塑制品专业委员会 35 家企业提供产量数据。

纵观“九五”期间行业塑料制品产量分析，经过产品结构调整，技术含量与附加值相对较低的日用制品和周转箱尽管产量有所增长，年平均增幅 0.7%，但其占总产量的比例逐年有所下降，而具有较高技术含量和高附加值的汽车配件、家电配件和工业配件产量迅速增加，产量成倍增长、占总产值比例逐年扩大，尤其汽车配件产量年平均增长率达到 17.5%，2000 年产量达到 4165t，产值 1.8 亿元。

行业重点企业，常州巨力塑料集团有限公司、广州洛民塑料有限公司和苏州富事达塑业有限公司 2000 年产量分别达到 19kt、12kt 和 9.1kt；销售收入分别为 2.95 亿元、1.55 亿元和 1.06 亿元；实现分别为利润 2204 万元、811 万元和 258 万元，成为行业中销售超亿元，产量达万吨的盈利大户。

行业产品结构也正在朝着适度规模发展，2000 年广州洛民塑料有限公司周转箱产量 4.274kt，浙江远翅塑料有限公司和哈尔滨塑料九厂汽车配件产量均超千吨。

通过企业改制，行业职工平均人数由 1996 年 11624 人减到 2000 年 8624 人，减员 3018 人，减幅 25.9%。经过几年努力，通过加大投入力度，提高生产集中度，扩大市场占有率，行业逐步形成一支在管理创新、技术创新、经济效益和发展前景等方面均显现出较大优势，成为带动行业与支撑地方塑料工业发展的中坚骨干力量。

【专委会活动】

（1）应意大利塑料橡胶机械和模具制造商协会的邀请，由中国塑料加工工业协会组团，无锡市巨龙塑化股份有限公司、苏州工业园区富事达塑业有限公司、杭州万里塑胶有限公司、烟台塑料一厂、哈尔滨塑料九厂、福州塑料八厂、浙江远翅塑料厂、浙江经纬集团有限公司、天津市津英达塑料制品有限公司等 10 个单位参加的中国注塑制品考察团，于 2000 年 3 月 9～29 日对意大利塑料注塑技术，设备和模具进行了考察和学习。

在意期间共参观了 15 家工厂，其中塑料机械厂 6 家，塑料模具厂 2 家，塑料加工厂 6 家，热流道制品厂 1 家，分别听了题为《意大利塑料机械和模具行业的概况及其国际地位》、《塑料加工热力学基础理论》、《注塑工艺理论和实践结合经验介绍》的报告，实地观看了一次注射机规范操作演示。

在米尔（MIR）公司和尼格里·波里（NEGRI－BOSSI）公司参观了新研制的电动和液压相结合的新型节能注塑机。在新得多（SANDRETTO）公司参观时，该公司的气辅注塑专家（Gino Ferreo 先生）为考察团成员介绍了气辅注塑的基本原理、特点（节能、节省材料）、注气方式（连续式和间歇式）及注意事项等，使团员们对气辅注射有了进一步的了解。在普雷斯玛公司（PRESMA），参观了多组分、多工位低发泡注射成型机用于生产塑料鞋，鞋底、鞋跟、鞋楦、电插头、折叠家具、刷子把等的成型过程。

在参观塑料模具厂时，考察了 CAD/CAM 技术在加工中心，电火花加工机床和线切割加工机上加工各种精密模具的工艺过程。在格菲特（GEFIT）公司参观了正在制做的一套采用热流道技术双层 80 个型腔的快速高效瓶盖生产模具，每 34s 一个生产周期。

在都灵参观了生产制造热流道产品的 PLASTHON-GOTD 公司。该公司专门生产热流道系统用产品，除生产各种规格型号的内热式、外热式热流道注嘴外，还生产加热器和温度测量、控制设备，其温度控制精度在 ±1℃以内。

在佩鲁加考察了考斯塔列里公司(COSTARWELLI·Y·I)。该公司专门生产废旧塑料回收再生设备，在 BMMOBILI 公司观看了该公司为菲利浦公司生产大型数字化彩电机壳的工艺过程，在 TERMOCTAMPI 公司考察了玻璃纤维增强塑料 SMC、MIC 等生产热固电器零部件的工艺。意大利的塑料制品厂自动化程度很高，一个工人看管数台注塑机，有的还负责零部件的装配任务。通过考察加深了我们对意大利塑料工业的了解，增进了友谊，建立了广泛的联系，为今后与意大利塑料行业的合作打下了良好的基础。

(2) 举办行业优秀科技征文活动。为了表彰历年来为我国塑料加工工业科技发展辛勤工作的广大企业的优秀科技人员、专家和第一线技师，并进一步促进注塑行业塑料加工学术交流和鼓励广大塑料工程技术人员为发展我国塑料加工工业作出贡献，举办了优秀塑料科技征文评奖活动，结果见表2。

【重点企业】

2000年度全国轻工注塑制品行业企业完成技经指标实绩排行榜(1~5名) 见表3。

表2 中国塑料加工工业协会注塑制品专委会 2000年优秀论文评选结果

序号	论文题目	作者及单位	获奖等级
1	新型双波状分离型螺杆	广州洛民塑料有限公司 张康生	一等奖
2	双色缠绕管生产与工艺流程浅谈	无锡市巨龙塑化股份公司 陆庭兴	二等奖
3	汽车发动机塑料冷却风扇静平衡	杭州万里塑料制品总厂 陈锡洪 宜爱敏	二等奖
4	关于塑料管道的发展历程	北京雪花集团塑料制品公司科技开发中心 冯新书 张守强	二等奖
5	LLDPE与HDPE共混改性的研究	广州洛民塑料有限公司 汤亚明	二等奖

表3 2000年度全国轻工注塑制品行业企业完成技术经济指标排行榜

排行名次	销售收入/万元	实现利润/万元	工业总产值(1990年价)/万元	工业总产量/t	周转箱产量/t
1	常州巨力塑料集团有限公司 29 538	常州巨力塑料集团有限公司 2 204	常州巨力塑料集团有限公司 33 057	常州巨力塑料集团有限公司 19 052	广州洛民塑料有限公司 4 274
2	广州洛民塑料有限公司 15 586	广州洛民塑料有限公司 811	广州洛民塑料有限公司 13 027	广州洛民塑料有限公司 12 147	苏州富事达塑业有限公司 3 129
3	苏州富事达塑业有限公司 10 695	哈尔滨塑料九厂 589	苏州富事达塑业有限公司 11 872	苏州富事达塑业有限公司 9 109	顺德市大良塑料二厂有限公司 2 715
4	浙江远翅塑料有限公司 6 609	浙江远翅塑料有限公司 301	浙江远翅塑料有限公司 9 300	齐齐哈尔塑料二厂 4 358	杭州万里塑胶有限公司 1 308
5	哈尔滨塑料九厂 5 447	苏州富事达塑业有限公司 258	哈尔滨塑料九厂 6 317	烟台塑料一厂 4 200	烟台塑料一厂 1 200

无锡市巨龙塑化股份有限公司（原无锡市塑料一厂）

该公司始建于1956年，45年来，公司从小到大，从生产塑料发夹、鞋底等日用小商品，发展形成拥有先进的80g至20000g注塑机群、塑料制品年加工能力7000t的专业化公司。年生产销售100万只/2000t八个系列、100多个品种规格塑料周转箱，系列大型塑料托盘和配套生产汽车、家电、电子、电器塑料配件以及高新技术工程塑料制品。公司现有员工370余人，其中工程技术人员占12%。产品荣获国家银奖质量，公司通过ISO 90002质量认证。

该公司引进建立注塑模具CAD辅助设计系统和CAD/CAM模具加工中心，模具职工人均年创产值8万元，达到国内模具行业的先进水平。

该公司是中国塑料加工行业的骨干单位。1990年以来一直担任中国塑料加工工业协会注塑制品专业委员会主任委员和中国包装协会塑料制品包装委员会箱包组组长的职务，是两个行业组织的秘书处所在地。

广州洛民塑料有限公司

该公司成立于1995年，地处海珠区珠江南岸，占地32000m²，是一家以生产注塑产品为主的中外合资企业。合资的主体之一——原珠江塑料制品厂，始建于1962年，是一家具有30多年塑料制造业历史的中型企业，对注塑制品的生产具有娴熟的操作经验和成熟的技术工艺。主要产品包括塑料周转箱、储运塑料卡板、塑料日用品，以及PVC压延薄膜。产品严格按国家标准和企业标准生产，历经市以上有关质量检验单位检验合格，具有耐酸碱、耐冲击、比重轻和安全卫生等特点。2000年塑料制品产量12.147kt，销售收入1.5586亿元，实现利税1502万元。

该公司拥有注塑类型的高中级专业技术人才30多人，技工100多人，熟练操作工200多人。凭着雄厚的技术力量，以及先进的管理模式、健全的质量监控机制，该公司已经发展成为华南地区乃至全国最大的注塑制品生产厂家之一。

该公司拥有数十台锁模力从几吨至2500t不同类型的注塑设备，其中六台为具有国际先进水平的大中型进口设备，能为客户加工各类高品质的产品。该公司销售网点遍布全国各地，主要销售对象是轻工产品加工企业。

苏州富事达塑业有限责任公司

该公司由原苏州塑料一厂整厂改制而成立的股份制企业。企业通过积极实施各项深化改革，不断进行技术改造和技术创新，凭着严格的管理，抵御了原材料涨价给企业带来的巨大冲击。全公司年销售额首次突破亿元，产量近万吨。

该公司主要生产设备为两大类：注塑设备近30台，锁模力由22～1500t，年生产能力7000t；挤塑设备12条生产线，年生产能力7000t。

产品结构为两大系列。注塑类：主要是汽车、机电、家电等工业配件，以及周转箱等物流产品；挤塑类：主要是塑料片板材、波纹管、发泡片材、异型材和专用改性材料等。

该公司共有员工463人，其中专业技术人员为104人。进行了用工制度及分配制度的改革；公司按需设岗、按岗付酬、易岗易薪、岗变薪变；员工实行上岗合同制，一年一聘，并几乎所有岗位开展了竞争上岗制度，工资实行日工资制，管理层的工资既要日考评，同时还要根据完成目标效益状况而浮动。

公司的质量体系在继ISO 9000获通过后，本年度内又获得QS 9000的质量认证，同时为后续的VDA6.1的质量认证进行了准备；公司对外的苏州市塑料研究所测试中心顺利通过CMA的认证。

在新产品开发方面，成功开发并批量投产了阻燃耐候彩色聚丙烯专用料及其制品，耐候聚甲醛专用料及其制品，开发了通讯专用异型材制品，以及多种规格的周转箱等，并取得了2项专利，全公司有近40个新产品进行了公司鉴定；新产品产值率占公司总产值的39%；投产率达83%。

浙江远翅塑料有限公司

该公司是国内最早开发生产汽车软、硬塑仪表板、保险杠、方向盘、公交座椅等汽车塑料件的企业之一。公司占地面积60000m²，总资产1.1亿元，有员工360余人，具有大中专学历的技术人员70余人。2000年公司共完成工业产值9300万元，同比增长17.8%，实现销售收入7732万元，同比增长5.1%，创利301万元，同比下降50.3%（由于投入开发的新品基本在2001年才发生效益）。

该公司具有较强的装备实力，拥有与悬挂流水线、涤表面涂装流水线、五条装配流水线。拥有德国产PU30、PU80高压发泡机组3台套及RL86/180热成型机、M8型八工位转台2台。产品理化性能检测设备20多台。拥有SM－3000G龙刨，数控机床、MAF2000镗铣床、71125大型电火花、X2010龙门铣床等模具加工设备30多台套。

该公司具有较强的技术力量和产品开发能力。被誉为杭州市级的企业技术中心拥有CAD辅助设计系统和CAD/CAM加工中心，2000、3000三座标电脑测量仪。2000 年，公司投入新品开发资金 1100 多万元，开发完成或正在开发的新品有 26 个（套），2001 年已投入新品开发资金 600 多万元，开发新品 11 个。

目前，公司的年生产能力为全塑（软、硬）仪表板 40 万套，方向盘 10 万只，保险杠 20 万根，公交座椅 20 万张。

哈尔滨市塑料九厂

该厂始建厂 1956 年，现有职工 300 余人。系原航空航天工业部汽车塑料配件定点生产厂。厂区占地面积 $10\times10^4m^2$，厂区分布在哈尔滨市道里区、道外区、平房区，建筑面积近 $2\times10^4m^2$。现有各种塑料加工设备 100 余台，注塑量从 100g 到 30000g 成系列配套。1999 年通过了国家 ISO 9002 质量体系认证。

该厂主要产品是大型注塑制品，以配套生产汽车塑料内外饰件为主。从 1991 年开始，先后为松花江中意、松花江百利、松花江赛马等车型配套，同时为汉江牌、北狮牌、一汽粤江牌等汽车配套生产汽车内、外饰塑料件；为康佳电视机、电冰箱配套生产抽屉、壳体等塑料件。周转箱制品有食品、蔬菜、啤酒、饮料、蛋类、奶类、豆制品等；日用小商品有各种规格的盆、桶、沙滩椅；其他有叉车托盘，劳保防护安全帽。塑料挤出制品有塑料加工所需要的改性塑料、各种规格的塑料薄膜、双壁波纹管、气垫膜等。热固性塑料制品（酚醛塑料），主要生产民用电器附件。

企业按照“科技进步、科技兴厂”的方针，逐步形成了高技术、高档次、高附加值、高市场占有率的产品结构优势。在“七五”、“八五”、“九五”期间加大技术改造力度，不断调整产品结构，使企业在技术装备水平，新产品开发，市场竞争方面都得到了提高和加强。2000 年实现产值 6317 万元，同比增长 53.58%；销售收入实现 5357 万元，同比增长 36.2%。近几年来，企业连续获得省、集体经济“百强明星企业”，1998 年被评为“小明珠企业”，并获得哈尔滨市第 28 届劳模大会“先进单位”称号，哈尔滨市科技示范企业；塑料配套产品被“哈尔滨飞汽车制造有限公司”、“康佳电器公司”评为“优秀配套产品”。2000 年在全国注塑制品行业排行榜中名列前茅。

天津市塑料制品模具厂

该厂始建于 1965 年 1 月 1 日，属中型国有企业，是国内著名的注塑加工专业厂和塑料模具制造专业厂。现任中国模协理事长单位和中国塑料加工工业协会会注塑制品专业委员会副主任委员单位，中国包装协会塑料制品包装委员会箱包组副理事长单位。主要生产经营注塑产品、挤出产品和模具。

该厂拥有日本、奥地利、德国、香港及国内生产的先进的注塑成型设备和挤出设备。年生产能力 4000t，并拥有日本产 NC 数控铣床及各种模具加工机床，模具制造能力 2400 标准套/年。

企业生产的“冰山”牌塑料周转箱系列产品为国内首创，多次荣获天津市及轻工业部颁发的优质产品称号。主要产品周转箱有 10 大系列 30 多个品种及规格。

该厂在塑料加工技术方面具有很大优势，各类专业技术人员在塑料加工技术和模具制造方面均有独到之处，其中部分人员在国外进行过多年研修。目前工程技术人员占全厂人员的 15%。

2000 年企业实现工业总产值 1677.7 万元，较 1999 年增长 49.66%；产量达到目前的 1352.86t，较 1999 年增长 39.74%；主导产品周转箱为 66.38 万只（1162.59t），占总产量的 85.93%。

杭州万里塑胶有限公司

该公司是由原杭州万里塑料制品总厂改制而成的专业生产各种塑料制品的中型企业。现为中国塑料加工工业协会注塑制品专业委员会常务委员单位，浙江省塑料工业协会理事单位。公司地处杭州莫干山路方家塘路，紧邻杭州汽车北站，交通十分便利。建筑面积 $12768m^2$，职工人数 282 人，其中各类专业技术人员 59 人。公司有从 45g 到 6300g 注塑机和从 $\phi45$ 到 $\phi150$ 挤出机等塑料加工专用设备 32 台（套），塑料制品年生产能力 4600t，各种塑料烫金、印刷、制版、加工辅助设备 6 台（套）。各种塑料性能检测和产品检测设备 18 台（套）。各种金加工设备 15 台（套）。

2000 年公司工业总产值 3129 万元，塑料制品总产量 2665t，产品销售收入 3352 万元，实现利税 190 万元。主要产品有 24 瓶啤酒箱、12 瓶啤酒箱、食品周转箱、饮料周转箱、活塞专用周转箱、扑克专用周转箱、各种规格的通用周转箱和多种规格的异型周转箱、周转筐等；各种规格的高发泡聚乙烯（EPE）片材、复合片材、管材、棒材；各种汽车和工业配套件；高档家电塑料件；中空制品和日用塑料制品等 500 余种。

该公司质量检测手段齐全，质量管理体系完善，取得由中国进出口商品质量认证中心颁发的 ISO9001 质量体系认证证书。公司生产的产品在历年国家、省、市质量监督检查中所有指标全部合格，其中塑料饮料周转箱和食品周转箱多次被评为轻工部优质产品和浙江省优质产品。公司的“万里”商标是杭州市著名商标。公司资信良好，自 1994 年起，企业信用等级每年被省和市银行评为AAA级。

昆明民族塑料化工实业总公司（原昆明市民族塑料制品厂）

现有职工180人，是1956年建厂的城镇集体所有制企业。从建厂至改革开放前的20多年间，主要从事烟斗烟嘴的加工生产，年产值也只有20多万元。改革开放以来，经过全厂干部、职工十几年的努力奋斗，工厂面貌发生了根本性的变化，各项经济指标成几十倍的增长。固定资产已由建厂初期的20多万元增加到3700万元，工业总产值由20多万元增加到上千万元，实现利税最高达500多万元，为国家作出了贡献。"七五"期间，公司上缴各种税金400多万元，"八五"期间上缴各种税金600多万元，"九五"期间上缴各种税金700多万元。

2000年公司实现工业总产值1468万元，比上年增长19.84%；销售收入1721万元，比上年增长8.9%；实现利税150万元，比上年增长11.1%。新产品产值率达50%以上。

【新产品开发】

一、包装物流仓储产品

新产品名称	开发研究单位
300L塑料周转箱 垃圾分类和的大型垃圾桶	昆明民族塑料化工实业总公司
系列塑料托盘	无锡市巨龙塑化股份有限公司
烟草配送周转箱	杭州万里塑胶有限公司
塑料保温箱	天津塑料制品模具厂
农用电表箱	天津塑料制品模具厂
邮电箱	天津塑料制品模具厂
中国人民银行专用箱	无锡市巨龙塑化股份有限公司
地台板系列	广州洛民塑料有限公司
密封包装桶系列	广州洛民塑料有限公司

二、汽车塑料配件

新产品名称	开发研究单位
汽车内、外饰塑料件	哈尔滨塑料九厂
仪表板（软、硬）、方向盘、保险杠	浙江远翅塑料有限公司
公交座椅	
新型依维柯护罩网格	杭州万里塑胶有限公司

三、家电、电子、电器产品

新产品名称	开发研究单位
数码式发电机塑配件	无锡市巨龙塑化股份有限公司
MK割草机	
高级足疗器	
通讯专用异型材制品	苏州富事达塑业有限公司
阻燃耐候彩色聚丙烯制品	
耐候聚甲醛制品	
水管护罩	杭州万里塑胶有限公司

四、日用制品

新产品名称	开发研究单位
塑料家具系列产品	昆明民族塑料化工实业总公司
塑料花盆（返销美国）	天津塑料制品模具厂
高级系列饮水器	无锡市巨龙塑化股份有限公司
塑料家具系列	广州洛民塑料有限公司
靠背椅系列	广州洛民塑料有限公司
高档座厕板系列	

【存在的问题】

（1）目前注塑制品专业化生产企业，大多数是原国家轻工部管辖下50～60年代建厂的塑料制品厂，其特点是生产规模小、分散、技术力量薄弱、中低档产品偏多，市场开发应变力弱，企业负担重、资金薄弱，而国内一些原料生产基地和大型家电集团、汽车制造厂、建材厂自己投资搞注塑配件厂，其生产规模、技术水平和产品市场拥有率大大超过我们这些企业的水平。市场竞争的地理化和本土化，这种上游产品往下发展，而下游产品向上发展，使处于中间状态的加工企业发展空间越来越小。单一注塑制品企业生存和发展、越来越困难。

(2) 注塑制品也存在市场混乱情况。一些乡镇私营企业，偷工减料以低档次、低价格倾销产品，冲击市场，阻碍了注塑制品行业的健康正常发展。

(3) 重复建设、产能过剩，产品互相削价，致使经济效益大幅度滑坡。

(4) 国内注塑制品企业整体技术、装备、水平与发达国家相比还处于比较落后的状态，产品开发能力差、创新少、深度加工跟不上市场需要。

(5) 注塑制品加工离不开注塑设备和模具，目前国内能制造的最大注塑机锁模力只有2500t左右。注塑量不超过30000g。另外，全国模具厂缺乏龙头企业，模具开制能力不及发达国家。我国塑料模具制造企业设备数控化和CAD/CAM应用覆盖比国外低得多，设备利用率低的现象十分严重，国产设备在精度、加工表面粗糙度、刚性、稳定性、可靠性及刀具和附件的配套性和精度保持性等方面与国外相比仍有较大差距。

(6) 原材料供应方面。国内自己生产原料品种牌号少，选择余地小，不能满足加工厂需求，每年还需大量进口原材料，解决国内原材料供需矛盾。

(7) 加入WTO后，我国的市场将进一步开放，国外产品将大量进入国内市场，势必对我国经济带来一定的压力，总量减少导致国内注塑制品配套生产量减少，直接影响生产发展。特别是我国汽车行业加入WTO组织之后，各种非关税壁垒的逐步取消，将对我国零部件工业造成潜在冲击。主要表现在：国际上汽车零部件实现全球化采购、系统配套、模块化供货方式的扩大，加入WTO之后，主机厂为了提高整车竞争力，会对质量和价格具有优势的国外零部件生产企业、合资企业的产品进行选购，这将对国内汽车零部件企业构成巨大威胁。同时企业因新产品开发、技改投资费用增多而造成资金的周转困难。另外，企业还存在着体制问题，机制灵活性差，管理相对薄弱等等问题。这些都在一定程度上制约了企业的发展。

(8) 人才竞争更加激烈。加入WTO后，国外的资金进一步可通过合资或独资形式进入中国市场，由于中外企业人才激励机制存在差异，外企可以用高薪聘用、委以重任、出国深造等优厚的条件以及科学的人才管理、挖掘人才，造成行业人才的大量流失。同时，国外注塑行业是技术资金密集型行业，国内长期存在轻配套的问题，造成注塑企业设备老化，人员素质低，资金缺乏，原材料需要大量进口的局面，使得我们难以与国外同行竞争。

(9) 生产总量不足，形不成大批量供货，成本上升，无法与国外专业化配套生产相比。例如：包装物流制品（周转箱）国内企业最高年生产4300t，国外42000t；汽车塑料配件国内企业最高年产配套仅12万辆、1600t。

(10) 目前塑料行业产品竞争激烈，存在一些假冒产品现象，影响企业的发展。

【发展趋势】

我国注塑制品行业产量预测目标见表4。

(1) 产品结构调整。“九五”期间随着我国家电、汽车、交通运输等工业部门经济发展，为其配套的注塑制品也得到迅速调整和发展，生产出大量的多档次的、品种规格繁多的零部件，如汽车保险杠、仪表板、内饰件、电子接插件、精密、特种工程塑料制品、洗衣机内桶、面板、电视机及电脑壳体、家用电器外壳、管件和大型托盘物流产品等等，逐步成为我国注塑制品行业主产品，而相对技术含量低，附加值低，传统日用民用制品将逐步退出市场。

表4 我国注塑制品产量预测①

10^4t

年份 \ 项目	农用注塑制品	包装储运物流产品	建筑注塑管件	工业、交通及工程塑料注塑件	日用制品	合计
2000	2.65	6.2	22.6	127	128.2	286.65
2005	4.7	11	40	225	227	507.7

①“十五”期间年平均递增率10%。

(2) 企业结构调整。根据我国国情和注塑制品的配套生产的要求，注塑制品企业趋向于小型化、走专业化发展生产模式，促使企业生产有规模和较强的市场竞争力，企业产业结构，根据国家相关“国退民进”政策和实施现代企业管理制度，实现多元化经济体制并存格局。同时，加强注塑制品行业与其他行业(如电子、信息、汽车、包装)的交流与合作。

(3) 国家鼓励和扶持注塑制品行业中高新技术单位的发展，给予优惠政策，向研究和开发、跟踪世界先进技术设备单位提供资助和鼓励；建立能与国外模具竞争的模具制作中心，缩小与世界先进水平的差距。促进计算机信息处理技术、网络技术和电子商务在注塑制品行业生产经济管理和销售中的应用。

(4) 行业协会规范企业生产经营管理活动，努力提高产品质量档次，骨干企业基本上通过 ISO 9000 质量体系认证；有条件的单位在改扩建和新建企业时采用 ISO 14000 标准组织生产。

(5) 抓住开发中、西部经济的良好机遇，利用中、西部地区在开发能力、技术装备和生产规模能力上的差距，通过技术转让、联合投资办厂等多种途径，支持中、西部的开发。

(6) 充分利用国家制定的支持环保、废旧制品的回收利用和可持性发展政策，大力开发和推广应用环保型(绿色)注塑制品。

(中国塑料加工工业协会注塑制品专业委员会　顾大全)

中空制品

【行业现状】

中空制品专业委员会成立时，成员为 56 个，当时据不完全统计，中空制品产量为 34.3kt，拥有塑料吹塑成型机 670 台/套，其中有从意大利、日本、德国引进设备数百套。专业委员会发展至今，已经历了十几个年头，生产规模不断壮大，同时也从国外引进新的技术，新的设备，并采用现代化管理办法，使行业逐步缩短与世界先进国家同行业之间的差距；但缩短的步伐不够大，特别是进几年来在激烈的市场竞争冲击下，专业委员会一些原来的骨干成员由于各种原因出现了亏损等，专业委员会经济技术指标完成值也有所下降。

这几年来，崛起的一些三资企业，乡镇企业在不断发展，而且前途可望，未被及时吸纳到本行业来，大大削弱了本专委会的广泛性和代表性，因此说，本专业委员会近几年来所完成的经济技术指标带有一定的局限性。

从经济技术指标与生产设备统计情况看，现专业委员会组员厂设备老化，技术、工艺落后，设备大多为 80 年代引进，而且生产 200L 以下的成型机，90 年代引进的设备为数不多。也就是说，生产设备陈旧，无论从产量、还是质量方面都不能适应竞争，而且产品单一都为吹塑桶，缺乏具有竞争力的拳头产品；产品结构落后于市场的需求变化，再加上企业技术进步缓慢，新产品开发能力不足，产品更新换代周期长，缺乏市场的竞争力。

外资企业与内资企业相比，除具有同样的廉价劳动力优势之外，还有先进的技术与设备优势，有先进的管理方式以及政府给予的优惠待遇，而且企业无沉重的社会包袱，具有明显的竞争优势。而内资企业由于历史原因，承担了大量由政府和社会承担的职能，再加上设备陈旧，管理方式落后，人的观念跟不上时代的发展等，很难与外资企业平等竞争。

【专委会活动】

(1) 向成员厂寄发塑料杂志；

(2) 向成员厂寄发有关塑料展览会参观券；

(3) 向成员厂征求开技术研讨会意见。

成员厂希望专业委员会提供国内外成功企业的一些经验、管理方法，国内外吹塑容器的发展情况进行跟踪及信息传递等。

【重点企业】

(1) 工贸合营常州市塑料厂

(2) 贵州润丰(集团)公司包装器材厂

(3) 宁波开发区新宇实业总公司

(4) 杭州万里塑料制品总厂

(5) 浙江省肖山塑料总厂

(6) 西安市塑料三厂

工贸合营常州市塑料厂始建于 1958 年，1980 年由中国包装进出口公司与常州塑料集团公司合资，成立工贸合营常州市塑料厂，专业从事塑料包装容器生产。该厂拥有专业生产设备 60 余台(套)，其中从日本、德国引进具有当代国际先进水平的塑料中空成型机组 11 台(套)，生产规模、技术装备水平、产量、市场覆盖面、质量水平属全国首位，并是全国塑料中空行业经济技术协作组理事长厂。该厂于 2000 年 3 月通过 ISO9002 质量体系认证。该厂现拥有 3 个独资企业：昆阳分厂、澄江分厂、鑫盛实业公司，4 个合资企业：常州兰鸿塑料有限公司、常州兰鹏塑料有限公司、常州常顺塑料有限公司和成都分厂。

工贸合营常州市塑料厂生产的产品符合出口质量许可证制度的规定要求，可出具商检证、卫生许可证。为我国化工、粮油、食品、土畜产、医药保健等出口商品提供优质的包装。该厂还可根据客户要求定制各种异型中空制品。

【发展趋势】

本行业由于经济体制的转换，总体发展缓慢，甚至有些滑坡，但从其他行业发展情况分析，其他行业的发展可以带动本行业的发展，随着国民经济的发展和人民生活水平的提高，化妆品、饮料、酒类、食用液体、果酱等需求量在逐年递增，这类中部分包装必然由塑料中空制品逐步代替。也就是说小型中空制品发展可望，但必须从规格、花色上着重考虑。发展中小型中空制品对本行业成员厂来讲不是一件难事，利用现有的设备就可以生产，而生产大型、超大型中空制品所需设备、厂房等因素需要考虑是否适合。

从 1998 ~ 2000 年行业技经指标完成情况看，本行业形势不容乐观，如何在目前的经济体制上以较快的步伐扭转局面是本行业急需探讨的问题。企业要转到以市场经济为主的轨道上来，关键是要调整经济和新产品结构。中、小企业要利用船小好调头的特点，在快速、科学的市场调研基础上事实、适时开发一些产、销对路的产品，对大、中型实力较强的企业来讲，从长远角度投资引进的新技术、新材料、新工艺，发展一些具有高要求的中空制品。

从整个国内、国际中空制品市场来看，要使中空制品市场上一台阶与国际接轨，中空制品必须向大型化、多层复合化、材料新颖化发展。

(1) 发展大中型中空制品。从行业成员厂设备来看，都为生产 200L 以下的吹塑成型机，而没有生产超过大型中空容器的成型设备。从包装的趋势来看，目前市场需要吨制品以上的包装，如集装桶、中空托盘、码头浮桶等制品。

(2) 发展多层复合中空制品和异型中空制品。由于一种原材料具有的性能不能满足于某些物品的包装，故发展多层复合中空制品，发挥几种原材料各自特有的性能来做包装，可以提高包装的适用性和包装档次，扩大适用范围，如 PE - PA 复合中空制品、PE 内涂 PF 作为农药包装，PE - PA - PE 作高档汽车燃油箱等。

随着材料工艺的不断发展，异型中空制品已越来越被广泛使用，例如各种工具箱、油箱、托盘、门窗、箱板、冰箱内衬、农用工具等。

(3) 采用新材料、新工艺。PEN 具有较高的阻隔性和较好的耐热性，耐热性变形温度为 100℃，可做热饮料瓶、啤酒瓶。

PFA 具有耐药性、耐试剂、非粉碎性、耐阻燃性，产品放在火焰上不燃烧，使用温度 260 ~ 190℃，可用来制作各种生物试剂瓶、试管等。

PE - PA - PE 共挤。目前中、低档轿车的燃油箱是用 UHMWPE 经吹塑氟化或磺化制成，但此类材料制成的油箱质量不是最佳，因为汽油的渗透力特强，如使用材料不当燃料箱会泄露，不仅造成安全事故，而且也有损外观。国际上高档轿车燃油箱是采用了三层（内外均用 HDPE，中间用 PA 作阻隔层），每层之间有选择粘接剂供吹塑成型，由于 PA 的阻隔性特别好，所以对用该种共挤法制成的油箱无需有泄露之忧。

（中国塑料加工工业协会中空制品专业委员会　王秋燕）

改性塑料

【行业现状】

随着塑料工业的迅猛发展，塑料材料及制品的数量剧增，其应用的广度和深度不断扩大。社会各方面对塑料材料的性能价格比以及塑料材料的功能性提出越来越多和越来越高的要求，塑料改性技术应运而生并不断得到发展。如今塑料改性技术已渗透到从原料到加工几乎所有的层面，它已成为降低塑料材料及制品成本，提高企业经济效益的有效办法，成为赋予塑料材料新的功能、开发塑料材料新用途的最佳途径。塑料改性技术已成为近二三十年来乃至在新世纪中高分子材料学术发展和技术进步的最活跃的领域，成为塑料工业持续快速发展的最具潜力的促进力量。

我国塑料工业几年来的发展历史中，塑料改性技术的应用和进步起了不可磨灭的巨大作用。在塑料材料及制品成型加工过程中，在聚合物原料中加入各种无机或有机物质，或者将不同种类的聚合物共混，或用化学方法实现聚合物的扩链、接枝、交联，使塑料材料及制品的成本降低，或使成型加工性能和制品性能得到改善，或在电、热、光、磁、阻燃等方面获得独特的功能，都称之为塑料改性。在塑料工业发展初期，这些技术手段或方法主要存在于某种具体塑料材料及制品的生产过程之中，是生产流程中的一个或几个工序，随着塑料工业的发展，出于对资源最佳配置和生产最优化考虑，一大批以塑料改性技术为主要依托的产品游离出来，成为单独的工段、车间乃至独立存在的企业，改性塑料行业应运而生。我国改性塑料行业起步于 20 世纪 80 年代初，以碳酸钙填充母料（APP 母料）为代表，出现了一批独立于大型石油化工合成树脂原料企业和塑料制品成型加工企业之间的，以生产专用中间粒料为惟一产品的塑料加工企业。特别是在 90 年代初中国塑料加工工业协会改性塑料专业委员会成立之后，提出改性塑料要走专业化、规模化、功能化的“三化”道路后，我国改性塑料行业乃至与此相关的原料、助剂和加工机械设备制造行业蓬勃发展起来，仅仅10余年就已形成就业规模近百万人、相关企业20000多家、改性塑料母料及专用料产品上百万吨的相对独立的行业，成为我国塑料加工行业一支重要的方面军，成为做为世界上一个塑料大国不可缺少的支柱力量。

截止到2000年，我国目前共有以填充母料、各种功能性母料及改性塑料专用料为主要产品的改性塑料企业500多家，其中生产能力达10kt/a以上的企业有50多家，如上海杰事杰新材料股份有限公司、上海日之升新技术发展有限公司、温州俊尔高聚物有限公司、横店得邦工程塑料有限公司、北京市大正塑料厂、河北省平乡县丰田塑胶厂等。大多数企业的生产能力为年产几百吨到几千吨。此处为改性塑料行业提供填料、加工助剂、改性剂等产品的企业有300多家，如生产碳酸钙、滑石粉、硅灰石粉、云母粉等非金属矿产品的企业；生产钛酸酯偶联剂、铝酸酯偶联剂、硬脂酸以及相容剂、交联剂、改性剂的企业；还有一大批以改性塑料加工机械设备制造为主业的机械制造企业，如生产各种规格同向旋转混炼型双螺杆挤出机的企业，如江苏科亚化工装备有限公司、南京橡塑机械厂，每年每家销售的混炼设备近200余台，总加工能力就达300kt左右。全国现有同向平行双螺杆挤出机制造企业60多家，全年总销售量在600台以上，即每年增加的生产能力就达一百多万吨。此外，还有填料表面改性所用的混合设备制造厂家约40家，制造为改性塑料生产线配套的切料机、上料机、单螺杆挤出机的企业就更多了，虽然很多企业的产品种类多、用途广，但改性塑料行业是这些企业产品的主要市场之一是毋庸置疑的。

做为改性塑料行业持续快速发展的技术后盾，高等院校和科研院所的教学科研人员是一支不可低估的重要力量。90年代初为纪念中国塑料工程学会成立10周年举办的优秀论文征文活动共征得论文235篇，其中以塑料改性学术及技术研究为主要内容的文章就占一半，是塑料加工科技发展最活跃的领域。截止到2000年，全国已有20多所大专院校和50多个研究所将塑料改性做为学科建设的主要方向或做为重点科研方向。在中国塑料加工工业协会改性塑料专业委员会举办的庆祝专委会成立10周年的征文评奖活动中，参与征文活动并被收集到“塑料改性技术与应用百篇优秀论文集”中的论文，涉及到80多所大专院校和科研院所的数百位教学科研人员，同时国内发行的10多种塑料加工类专业刊物刊登的有关塑料改性的科研成果，各种新材料、新技术、新设备方面的论文占全部刊登内容的30%以上。正是学术界的活跃和大批人材的培养，才使塑料改性技术迅速入众多企业，成为改性塑料行业技术进步的依托和动力。

我国就塑料材料及制品的年产量来说，已稳居世界第二的位置，成为塑料大国，但就其科技水平和自主知识产权来说，还远远不是塑料强国，我们的许多产品是靠外国的装备和知识产权生产出来的。但就其改性塑料行业来说我们目前的整体技术装备水平及科技含量并不比发达国家逊色，有的方面还具有我国独立自主开发，在技术上领先于其他国家的鲜明特色！

聚烯烃填充母料是以碳酸钙、滑石粉等为填料，以聚乙烯、聚丙烯或其共混物为载体树脂，配合以多种适量助剂，经混炼造粒而成的。自80年代初以APP母料的诞生为开端，20年来的发展举世瞩目，国内已有500多条生产线，总加工能力超过1Mt/a，实际年产量也达到近百万吨。APP母料即以无规聚丙烯为载体树脂的聚烯烃填充母料，是具有完全的、独立的、充分体现我国特色和知识产权产品和技术。之后随着原料来源的变化，90年代初原轻工业部塑料加工应用研究所率先研制成功以我国独有的液相本体法粉料聚丙烯为载体树脂的填充母料，将这一完全具有我国特色的，独立自主开发的技术与产品推向新的高峰。至今我国聚烯烃填充母料的生产，无论从科技含量上，还是从产品种类、数量及适应性等方面均居国际领先水平。

在功能性母料方面，包括色母料、防流滴母料、耐老化母料、抗静电母料、阻燃母料等，到20世纪末，国内均已大量生产，已可满足国内市场需要，有的还出口到国际市场上去，总产量达到150kt/a左右。由于功能性母料的技术关键在于助剂的质量和原辅材料配比，而配方的研究始终是我国科技人员的强项，因此各种功能性母料就其性能价格比和对下游产品的适应性来说，可以认为其技术水平处于国际先进水平。

改性塑料行业另一重要产品系列是专用料，即这些经过填充、共混、增强等手段加以改性的颗粒状产品，作为中间产品进入塑料制品成型加工车间或另外的企业，通过注塑、挤出、模压等成型工艺生产具有人们预期性能或功能的塑料材料及制品，如玻璃纤维增强聚丙烯专用料、玻纤增强尼龙专用料、耐老化聚丙烯家具料、TPR热塑性弹性体专用料、以代替ABS为主要目标的碳酸钙、滑石粉填充的聚丙烯专用料、汽车保险杠用三元共混改性聚丙烯专用料以及阻燃级电器零部件专用料等等。目前国内一批以各种改性专用料为主产品的企业其加工能力都已达到数千吨甚至超过万吨，可供品种也已从几种达到十几种，甚至几十种，有的已和下游汽车行业、家电行业、电器行业等形成固定的供求关系。在空调、彩电、汽车及各种电器、家具等产品中使用的塑料部件、壳体等，目前都可以在国内解决。我国目前进口的塑料基本上是大型石油化工厂生产的大批量牌号树脂，而针对各行各业不同要求的多品种、性能要求明确的专门牌号的树脂，基本上是由国内改性塑料企业提供的，不仅在性能价格比上占据明显优势，而且其性能的可调性很大，可以满足不同层次、不同档次的用户要求。我国在改性塑料专用料方面已达到国外同类产品水平，有的品种已为合资企业认定和接受，具有国际同类产品先进水平。

填充、共混、增强等各种改性手段和方法都需要有相应的添加剂和助剂。从20世纪80年代以来，我国的添加剂和助剂产品也已获得重大发展，特别是我国是非金属矿储量大国，不仅品种全、数量大、质量好，而且现在的深加工技术及设备也已达到国际水平。在煤系高岭土煅烧和纳米级碳酸钙产品等方面还具有独立知识产权，在世界上居领先地位。可以说用于塑料改性的非金属矿产品基本上应有尽有，为改性塑料企业提供了多种选择的可能性。改性助剂方面如偶联剂、光稳定剂、抗氧剂、防雾滴剂、抗静电剂、阻燃剂等，大部分已达到国际同类产品水平，有的如铝酸酯偶联剂是得到国际公认的知名产品。目前比较薄弱的是在共混改性中使用的相容剂以及具有特殊功能如阻隔气体、低烟无卤阻燃等方面的改性用助剂在品种、功能方面还不能满足改性塑料行业的需要，有的方面还和国际知名牌存在较大差距。

改性塑料行业发展另一个不可缺少的条件是混合、混炼加工装备。自80年代以来，我国以同向旋转混炼型双螺杆挤出机为代表的塑料改性用混炼设备迅速推广开来，一举改变了原来使用密炼机、开炼机的落后的、间歇式的加工方法，不仅提高了生产效率，节能降耗、提高了质量，而且减轻了工人劳动强度，改善了操作环境。1992年中国塑料加工工业协会改性塑料专业委员会召开以推广同向旋转混炼型双螺杆挤出机在塑料改性中应用为主题的学术及技术交流会，邀请国外知名公司和国内著名大学教授传授有关知识。会后一大批塑料加工机械制造企业将生产同向旋转混炼型双螺杆挤出机列入新产品开发的重中之重，年销售量从不足几十台发展到几百台。截止到2000年，国内累计已有2000多台各种型号的国产同向旋转双螺杆挤出机在从事改性塑料产品的生产，为改性塑料加工手段换代升级，提高整体装备水平奠定了基础。经过10多年的努力，我国生产的混合混炼用加工机械设备无论从规格型号方面，还是从满足物料加工要求方面，都已能满足改性塑料行业的要求，最近几年还不断有国产的同向旋转混炼型双螺杆挤出机生产线以及混合物料用的高速混合机出口到美国、埃及、印度、越南等国。除在使用的钢材和在制造精度和外观上还与国际知名品牌产品有明显差距外，在使用性能和使用稳定性及寿命方面，这些设备均已达到国外同类产品水平，由于其价格仅为同型号进口设备的几分之一，因此很受改性塑料行业的欢迎。

近年来在物料混合、填料表面处理所需的技术和设备方面有许多可喜的现象，但随着所使用的粉体颗粒粒径变细，一些原来不很突出的矛盾凸现出来，即微细粒子的凝聚问题在传统混合及表面处理设备中，表面处理效果很差，特别是对纳米级粉体颗粒几乎一筹莫展。将微细、超微细甚至纳米级粒子的表面处理问题解决好，是在粉碎和制备过程中解决，还是通过另外专门的加工设备进行处理，是摆在改性塑料行业及相关行业面前的一个重要的、不能回避的问题。因此，在改性塑料行业发展中应将超细、超微细乃至纳米粒子如何均匀分散到塑料基体中，并研究在高度分散（即分散相尺寸与粒子粒径相仿）的情况下材料的性能与结构的关系这方面的研究和实现产业化列为头等重要的任务。

塑料助剂的发展除现有各种助剂质量与功能要进一步提高外，应更加重视共混改性所需的相容剂及改性剂的研究开发。目前已有一些专门以嵌段或接枝化合物作为主要产品的企业，如吉林市长城新先化工有限责任公司已具有年产900t热塑性橡胶及接枝聚合物生产线，产品有马来酸酐接枝聚烯烃、聚合物合金相容剂、环氧接枝聚烯烃GWNF等；又如中国石油化工股份有限公司北京化工研究院及北京市北化研化工新技术公司研制成功并已形成工业化生产的，具有我国独立知识产权的新一代塑料增韧改性剂——超细全硫化粉末橡胶，这是十分可喜的现象。

在塑料改性所需的加工机械设备方面，除供填料表面处理的设备应不断改进外，还应对改性塑料体系的混合、混炼过程进行更为深入的研究，在此基础上设计制造出具有更强混炼效果，能够解决目前同向旋转双螺杆挤出机尚不足以完全解决的问题的新型混炼设备，如法雷尔连续混炼机，国内已有几家企业在研制，并已开始有生产型设备出售；又如往复式单螺杆混炼挤出机已在我国江阴市新达塑机有限公司研制成功，并已投放市场，该种混炼机不仅能完成一般同向平行双螺杆挤出机同样的工作，而且特别适合高浓度碳黑等较难分散的填充体系的混炼以及对剪切比较敏感的共混体系的混炼。通过实际使用，证明新达塑机有限公司制造的往复式单螺杆混炼挤出机已具有国外同类产品的使用功能，为我国混炼型改性塑料加工机械设备家族增添了一支新的生力军。

在21世纪中改性塑料行业面对农业、建筑、包装及汽车、家电等各工业部门发展提出的更多、更新的要求，有着良好的发展机遇。根据20余年来的发展情况，我国改性塑料行业已实现了专业化和规模化，今后在相当长一段时间内要将功能化做为发展重点。这不仅要求做为塑料改性技术后盾的学术研究及技术开发要有后劲，而且要加速科技成果的转化和新技术在行业中的推广。同时，也要求与改性塑料行业相关的添加剂助剂行业和混合混炼设备制造行业更加超前发展，为改性塑料行业的发展提供可靠的物质基础。

【专委会活动】

中国塑料加工工业协会改性塑料专业委员会是在中国塑料加工工业协会领导下，由从事改性塑料生产与研究开发的及相关行业的企业、事业单位自愿组成的全国性行业组织，其宗旨是根据我国塑料工业发展的总体规划，充分发挥行业组织在政府与企业之间的桥梁和纽带作用，认真贯彻执行党和国家的各项方针政策，积极开展经济、技术交流活动，努力为会员单位服务，反映行业要求、维护会员单位合法权益，促进行业经济的繁荣、技术的进步和管理水平的提高，致力于塑料改性技术和应用的发展，提高行业的经济效益和社会效益，为我国塑料工业持续快速发展作出贡献！

中国塑料加工工业协会改性塑料专业委员会是在我国改革开放、政府职能转变和机构改革、社会主义计划经济向市场经济转变的过程中应运而生的。经中国塑料加工工业协会批准，在原“全国填充塑料技术经济协作组”基础上，由原轻工业部塑料加工应用研究所牵头，包括清华大学、北京塑料八厂、河南省焦作市第一塑料厂、河北省平乡县东风塑料厂等全国各地57个企事业单位组成并于1990年8月宣告成立。

专业委员会成立10年中，以新的组织形式和现代行业管理思路，通过组织多种活动、出版会刊、树立示范典型等，引导行业健康发展。

随着改革开放的步伐向前迈进，行业协会的作用越来越凸现出来。国家经济贸易委员会于2000年底宣布撤消国家轻工业局等9个专业经济管理国家局，为强化行业协会的地位，发挥其政府与企业之间的桥梁和纽带作用带来新的机遇。国家经济贸易委员会于1999年发布《关于加快培育和发展工商领域协会的若干意见》，再次肯定“工商领域协会是社会主义市场经济的重要组成部分；培育和发展工商领域协会是政府机构改革和深化国有企业改革的重要内容”，同时提出完善和落实协会的“开展行业、地区经济发展调查研究，提出有关经济政策和立法方面的意见和建议”等17项职能。根据政府主管部门和上级协会的指示精神、政策法规，中国塑料加工工业协会改性塑料专业委员会于2000年8月召开第四届理事会，对1990年第一届会员大会上通过的专业委员会章程进行了修订。

专业委员会根据“广泛性、代表性、权威性”三原则吸收会员，每3~4年为一届，第四届理事会共有理事单位190个，在年会上依据专业委员会章程选举产生了50个常务理事单位，并推选出新一届专委会理事长、副理事长和秘书长等人选。除理事单位外，专委会还吸收20多所大专院校的60多专家、教授做为专委会理事或常务理事，做为行业发展的技术依托和后盾。专业委员会的组织建设为提高在行业中的凝聚力，为开展行业的技术、经济交流活动，促进科技成果转化和技术进步、经济发展打下了坚实的组织基础。

专业委员会根据行业发展需要，及时组织学术报告、技术交流及商贸洽谈活动。2000年适逢专业委员会成立10周年，专委会特意组织“塑料改性技术与应用百篇优秀论文集”征文活动，并召开第十四届塑料改性技术与应用学术报告会，对入选百篇优秀论文集的100多位作者给予表彰，并聘为专委会终身理事。

依据惯例，专业委员会在年会上为与会代表准备了充分宣传和开展业务的条件，通过大会发言和会下交流，新老朋友面对面交流和洽谈，当场成交大量业务，还为今后的多方合作打下了基础。

由于废弃塑料材料和制品的回收再利用，特别是一次性塑料制品用后丢弃容易造成对环境的危害，“白色污染”成为社会舆论的一个热点话题，如何正确认识并使塑料工业的发展与保护环境协调起来，专业委员会于2000年11月与福建省泉州市人民政府共同主办了“新世纪塑料与环保研讨暨塑料改性与加工技术交流会”。此次会议由于内容新颖，发表的科技论文和成果水平高，吸引了来自全国各地的大批代表。会议由福建师范大学环境材料开发研究所和福建省泉州市生产力促进中心联合承办，为今后举办类似的专题技术经济交流活动提供了新的思路和有益的经验。

专业委员会的会刊自1990年创办以来，每年出版3~4期，2000年配合纪念专委会成立10周年征文评奖活动，专委会出版了第34期“塑料改性通讯”，同时编辑出版了近600页的《塑料改性技术与应用百篇优秀论文集》。为了让业内、外各方面人士对改性塑料行业有一个深入的、准确的了解，同时也为了增进相互了解和加强联系，开展业务，由专业委员会主要领导主编，由中国轻工业出版社正式出版了《改性塑料行业指南》一书。书的上篇是改性塑料基本知识，长达20余万字，下篇是多达1000个与改性塑料有关系的社会团体、大专院校、科研院所、工厂企业的自然情况与业务介绍。该书出版发行深受社会各界欢迎。

随着社会主义市场经济的形成和发展，企业形象和铭牌效应越来越成为企业致胜的法宝。为了表彰为改性塑料行业发展做出艰辛努力和卓越贡献的企业，树立企业形象，肯定成绩、鼓舞士气、振奋精神、开拓进取，专业委员会还于2000年就庆祝成立10周年之际，推出评选“改性塑料明星企业”活动。由专业委员会主要领导亲自挂帅，聘请各有关方面专家组成评审委员会，根据“明星企业”考核评审条件，在专业委员会会员单位中评选出北京建诚机械有限责任公司等20家企业为“改性塑料名星企业”，并在年会上公布了评审结果，颁发了铭牌和证书。

为了落实党和国家关于科教兴国的战略方针，加快科技成果的转化，促进产、学、研相结合，自1997年起，专业委员会陆续在北京工商大学、浙江工业大学、南京挤压机械研究所设立了“改性塑料科研试验开发基地”，对促进这些单位的教学、科研工作，多出成果、多出人才，并为周边地区及整个行业服务起了积极的作用。另一方面为鼓励企业开拓创新，培养科技开发能力并为全行业树立典范，专业委员会还将河北省平乡县东风塑料厂、甘肃省天水市慧田塑料工贸有限公司设立为“改性塑料研究试验开发生产基地”。经单位申报，专业委员会主要领导及聘请的专家组实地考察，决定分别将“南京橡塑机械厂”、“温州俊尔高聚物有限公司”和“温州超维工程塑料有限公司”设立为“改性塑料科研试验开发生产基地”，并颁发了证书和铭牌。专业委员会对“基地”的命名和重点扶植不仅给承担单位带来更好的发展机遇，而且也为专业委员会在行业中通过典型示范推广新技术创出一条新路。

专业委员会秘书处为会员单位服务的经常性工作之一就是接待会员单位来访、接受电话、信函咨询。对于大家提出的问题和要求热情予以解答，力所能及地提供信息和书面资料。对一些重要技术关键问题或涉及到新产品研制、新技术推广、项目投资决策等重大举措问题，专业委员会则组织有关专家对其进行会诊或举行专门研讨会，或向主管部门汇报，请求给予支持。2000年7月经专业委员会推荐，原中国轻工总会组织了江阴市新达塑机有限责任公司研制的SJW－70型往复式单螺杆混炼挤出机的科技成果鉴定，为该产品走向市场，树立企业和产品形象，为改性塑料行业服务打开了通道。

【重点企业】

我国改性塑料行业就广义来讲几乎遍布整个塑料加工行业，在大多数产品的加工过程中，或多或少地都使用了塑料改性技术，有的产品所使用的原料是已经经过改性加工的专用料，有的企业把塑料改性作为最终产品成型之前的一个工序，作为企业的一个组成车间。因此塑料改性技术的进步时刻为全塑料行业所关注，并成为塑料工业持续快速发展的重要推动力。

改性塑料行业就狭义而言主要指以填充母料或功能母料、改性专用料为主产品，或其产品在企业所有产品中的比重达50%以上的企业，也就是指以大型石油化工企业的大批量生产的合成树脂为主要原料，经过填充、共混、增强及其他各种手段改性而成的母料或专用料为主产品的企业，这些企业的产品主要不是为本企业所用，而是作为商品出售，供下游企业作为原料使用的。

聚烯烃填充母料是以重质碳酸钙为主要原料，以合成树脂为载体，经混炼造粒而成的产品。由于历史上的原因，填充母料生产企业主要分布在河北、山东、河南、江苏和浙江等省，其总产量占全国60%以上。近年来重质碳酸钙生产大省提出将“资源优势”变成“产品优势”，也在以较快速度发展填充母料的生产，在四川、广西、贵州等省都有多条生产线投入运行。

河北省平乡县是填充母料生产大县，全县现有10多家企业从事以填充母料为主要产品的生产。如河北省平乡县丰田塑胶厂，填充母料的年生产能力已超过20kt，拥用8条ϕ60mm及1条ϕ110mm双螺杆挤出造粒生产线，年产值达2000万元。北京市大正塑料厂也以填充母料为主要产品，拥有ϕ60mm及ϕ75mm双螺杆挤出造粒生产线8条，年生产能力达16kt，年产值也已达2000多万元。其他年产数千吨，产值达几百万元的填充母料生产企业非常多，遍布全国各地。例如，河北省平乡县东风塑料厂、山东省枣庄市山亭塑料厂、浙江省建德市胜利改性塑料助剂厂、浙江省建德市莲花塑胶实业有限公司、湖北省宜昌双鹤塑业有限公司、广东省佛山市城区天奇塑料助剂厂、广西南宁市启仲化工有限公司、四川省宝兴县华明实业有限公司、陕西省宝鸡市云鹏塑料科技有限公司等。这些企业除生产聚烯烃填充母料外，还生产耐老化、防流滴、阻燃、抗静电等多种功能性母料。

填充母料及功能性母料的主要用户是聚丙烯编织袋、打包带、聚乙烯中空吹塑制品、聚乙烯管材、薄膜以及多种注塑成型制品等。多数生产企业的产品在半径500km以内的区域内销售，采用送货上门方式，以门对门汽运为主，少数产量较大的企业将产品销售到远处省份。目前国产的填充母料和功能母料还没有规模数量的出口，主要是在国内市场上销售，但随着塑料编织袋、家用电器和农膜、包装膜等产品出口，这些产品中通常含有百分之几到百分之十几的填充母料或功能性母料，从而实现了间接出口。

由于改性塑料专用料产品科技含量高，使用该产品的下游行业对产品的性能要求独特、严格，而且与下游产品的成型加工密切相关，因此改性塑料专用料生产企业大多分布在经济发达的地区，亦即对专用料产品能够提出明确、具体要求的下游行业云集的地区，如汽车、电器、家电、日用、包装等行业所云集的广东、浙江、江苏等省份以及北京、上海等大城市，山东、辽宁、河北等省也有一些较大规模的以专用料为主产品的改性塑料企业。

温州俊尔高聚物有限公司

该公司是近年来发展最快的，从事高分子新材料研究开发并产业化的新型企业，主导产品是改性塑料专用料，现有单螺杆及双螺杆挤出机12台套，年加工能力达12kt，是目前浙江省规模最大、品种最齐全、技术力量最雄厚的改性塑料专用料开发与生产基地，自1995年公司创建以来，各种产品大批量地被长虹电子、康佳电子、TCL电子、大众汽车、昌河汽车、正泰电器、德力西电器、远东电缆等多家驰名企业采用。由于公司创办了高分子材料技术开发中心并与中国科学院化学研究所、复旦大学、清华大学、北京化工大学等多家大专院校和科研院所建立了长期技术协作关系，因此公司产品的性能及对下游产品的适应性在国内同行业中处于先进或领先水平，许多产品还直接替代进口产品。

上海日之升新技术发展有限公司

该公司是从事工程塑料及改性塑料专用料研究、开发、生产和销售的专业公司，下设1家子工厂、1个研究所和1个上海塑料市场贸易部，现有6条生产线从事工程塑料及改性塑料产品生产，年生产能力达万吨，同时代理经营国际知名公司如美国杜邦、日本旭化成，瑞士Ciba等公司的特色产品。由于公司的技术力量雄厚且专业技术后盾强大，重视与国际交往和努力为用户服务，已成为一些大中型企业塑料材料的选材依托单位，如上海大众、一汽大众、二汽、南汽、海尔、春兰等大型汽车、家电企业。该公司主导产品有聚丙烯改性专用料（增强、增韧、耐候、透明、阻燃、抗静电、高光泽等品种），ABS、AS、苯乙烯系列增强及改性专用料，尼龙系列增强、耐磨、超韧、高结晶、耐热、阻燃等专用料，聚甲醛（POM）、聚酯（PET、PBT）、PPS等工程塑料改性料，以及特种合金、相容剂、功能母料及复配添加剂等。如马来酸酐接枝相溶剂，可分别用于填充改性、塑料合金（如PP/PA）、ABS、PC及尼龙增韧，还可用于改善塑料材料表面极性和可漆性、印刷性。

辽宁鞍山龙马塑料有限公司

该公司座落在我国东北地区的著名改性塑料加工企业，近几年已连续多年产值超过500万元。其主要产品有增强、增韧、阻燃、抗菌、高光泽、高流动等各型改性PP、PE、PA6、PA66、HIPS、ABS、AS、PC、PBT、POM、PET等专用料，同武汉塑料集团共同开发的“神龙富康轿车保险杠专用料”已经得到富康公司的认可并长期供货。

上海杰事杰新材料股份有限公司、上海涛浦斯实业发展有限公司、上海龙马工程塑料有限公司、南京聚隆化学实业有限公司、无锡市塑料造粒总厂、苏州市华佳工程塑料有限公司、南通合成材料实验厂、宁波华盛塑料有限公司、浙江省横店得邦工程塑料有限公司、河南洛阳高新利群石化科技工贸有限公司、广州市羊城工程塑料有限公司、深圳中刚实业有限公司、广东省东莞市巨力工程塑料实业有限公司、广东聚赛龙工程塑料有限公司等众多以改性塑料专用料为主导产品的企业均已快速发展成为年产上千吨至数千吨的具有一定产业化规模的企业，其主要特点是分布在东南沿海一带经济发达地区，而且与下游汽车、家电、电器、电子、玩具等行业紧密相连，具有很强的市场针对性和适应性。由于产品适销对路，各企业经营状况良好。因改性专用料价格通常高于基体树脂市场价格，其产品的附加值较高，通常的产值利润率均在15%以上，有些品种如具有阻燃、耐候、抗静电等功能的专用料，其产值利润率均在20%~30%。因此，从事改性塑料专用料生产的企业体现出发展速度快，发展后劲大的特点，成为塑料工业颇具活力的生力军。

【新产品开发】

由于改性塑料产品所包含的两个方面——填充母料及功能母料、改性专用料往往可在同一条混合混炼生产线上依据不同的原辅材料及配比，通过适当加工工艺就可以生产出来，因此产品的种类、牌号非常多。2000年在国内改性塑料行业中成为热点的主要新的改性塑料产品及相应的加工技术主要有木塑复合材料、纳米塑料、低烟无卤阻燃聚烯烃等。

研制开发木塑复合材料及制品的单位主要有北京

未来绿州塑胶技术开发中心、北京未来远景环保技术开发有限公司、江苏无锡南丰塑业有限公司以及安徽蒙城铝塑型材有限公司等。以天然植物纤维（包括木粉、秸杆粉、果壳、稻糠等）和废弃塑料为主要原料制成的复合材料具有塑料材料的种种优异性能，同时又避免了出口货物因木材包装需要严格预先处理的麻烦，因此首先在货物运输用的平托盘上得到应用，而且与其他种类的钢制托盘、中空吹塑全塑托盘相比，在性能价格比上有明显优势。木塑复合材料的开发也为我国日益增多的废弃塑料及大量焚烧处理的农作物废弃物找到新的应用出路，不仅有利于减少污染保护环境，而且也是变废为宝、资源再生，其经济效益和社会效益均十分显著。

此项目已在上述企业中实施，生产工艺及设备已趋成熟“组合型塑木平托盘”产品标准正在报批之中，还有一些大专院校和科研单位正在进行更深入的研究。

纳米塑料是近几年来改性塑料乃到整个塑料行业的热点之一。以中国科学院化学研究所为代表研制的，基于蒙脱土插层聚合复合或熔融插层复合理论的纳米塑料的制备和应用是已经实现产业化的品种，如尼龙6纳米塑料（NPA6）、PET纳米塑料（NPET）、超高分子量聚乙烯/粘土纳米复合材料（NUHMWPE）等。其他种类的纳米塑料如纳米硕酸钙在聚乙烯、聚丙烯、聚氯乙烯塑料的应用研究，纳米二氧化硅在聚乙烯农用棚膜中的应用研究都取得显著进展，中国科学院化学研究所、四川大学、浙江工业大学、北京化工大学等多所大专院校都有此领域的在研项目。

清华大学高分子研究所以微米级碳酸钙等无机非金属材料粉体为主要原料，开发了基于微观相界面设计与调控的高分子/无机粉体复合技术，并率先在聚乙烯、聚丙烯等塑料中应用成功，如使用第三相界面导入法在添加30%碳酸钙的情况下，可大幅度地提高聚乙烯塑料的冲击韧性，使用界面诱导法可制备高强增韧型 PP/$CaCO_3$、超韧型 PP/$CaCO_3$、永久抗静电性 PP/$CaCO_3$ 等。该技术对滑石粉、水镁石粉等其他无机粉体材料也有类似的效果。此项研究成果无疑将使我国填充塑料改性技术跃居世界领先水平。

随着人们对火灾危害的严重性认识的深入，国防工业、地铁、高档建筑等都要求使用的高分子材料遇火时不仅阻燃或难燃，而且要求烟雾越少越好。如一些重点工程使用的电线电缆其护套材料就是低烟无卤阻燃聚烯烃塑料。我国的一些高等院校和科研院所就阻燃消烟剂的制备，抑制烟雾的机理及在聚烯烃塑料、聚氯乙烯塑料中的应用进行了深入研究，如北京化工大学、北京燕山石化公司树脂应用研究所、天津轻工业学院、北京工商大学轻工业塑料加工应用研究所等。由轻工业塑料加工应用研究所与浙江温州化工阻燃材料厂共同研制的ZX系列阻燃消烟剂已经投入生产，甘肃天水聚乙烯电缆材料厂也已使用进口氢氧化镁生产出低烟无卤阻燃聚乙烯电缆护套料。

农用塑料棚膜的发展趋势是功能化，包括耐老化、高保温、防雾滴和转光。近几年因内多家大专院校和科研院所都在转光剂的制造及农膜中的应用进行了大量研究工作，如中国科学院长春应用化学研究所、上海师范大学、北京工商大学等。对日光中的紫外光和农作物的光合作用所不需要的绿光通过吸收再激发，可改变入射光线的波长，从而增加可见光的照度并促进农作物的光合作用，对农作物的增产功效显著。由北京工商大学与河南省焦作市第一塑料厂联合研制的碱土金属硫化物无机发光材料较之以往的有机荧光转光材料、稀土有机配位化合物转光材料具有更高的发光效率，而且光热稳定性好、可转光源丰富、发射谱带宽，是农用塑料棚膜功能化的又一重要飞跃。该种转光材料可制成母料与其他耐老化、高保温和防雾滴等功能母料同时使用，由河南省焦作市第一塑料厂生产的转光母料和具有转光功能的聚乙烯塑料棚膜已经实际应用，并取得良好效果。北京华盾塑料公司和徐州塑料一厂等单位也已开发各具特色的转光剂和转光型多功能农用棚膜，并已投入批量生产。

此外，抗菌塑料、透明聚丙烯塑料、防蚁防鼠食害电缆用塑料、对气体阻隔从而实现保鲜包装的阻隔塑料以及环境友好材料等，都有众多研究成果并已实现工业化生产。这些功能化的改性塑料专用料新技术成果和新产品的出现为我国改性塑料行业增添了绚丽的光采，更加显示出改性塑料行业的辉煌发展前景。

【发展趋势】

行业发展面临的主要问题仍然是“专业化、规模化和功能化”。企盼着在大型石化企业合成树脂产品与众多塑料材料与制品加工企业之间建立起一支从事生产改性专用料产品的队伍，这些产品的生产不再局限于塑料制品加工企业内的车间或工段，就是要走专业化道路，要形成规模，要上产品档次。

行业发展面临的另一个问题就是科技成果转化和先进技术推广问题。由于市场经济鼓励竞争，改性塑料企业对自己的技术和产品秘密严密封锁，而另一方面大专院校和科研单位的科技人员的关注点大多仍停留在发表文章和鉴定成果上，真正及时与企业联手迅速转化为生产的科技成果比例很低，影响了整个行业的技术进步和提高。为此，改性塑料专业委员会曾就行业中的共性创新问题召开多次会议，如在行业中推广使用同向平行混炼型双螺杆挤出机，与无机矿物粉体行业协会联合开会宣传粉体材料的深加工技术和应用，在行业中推广使用具有我国独立知识产权的填料表面处理剂——铝酸酯偶联剂等；我们还建立了若干“改性塑料科研试验开发”基地，力图将一些新技术、新产品在基地率先亮相，在取得经验和完善后向全行业推广。今后还应大力加强这方面的工作，坚持在维护各方面各自利益的原则下追求行业发展的共同利益。

行业发展的第三个问题是如何引导行业健康发展。机构改革使得企业成为自主经营、自主决策的独立单位，原来的部门所有，区域划分等制约因素均已消除，企业根据市场需求和产品性能价格自主决定生产和经营活动。但同时由于历史的原因和地区经济发展不平衡，企业竞争实际上并不处在同一条起跑线上，众多企业需要并渴望得到大量的市场动向、原辅材料供应、新成果、新技术等多方面的信息，希望在企业发展模式与产品结构上得到及时有效的指导。做为在新的形势下出现的新型行业管理模式的体现者——行业协会无疑将肩负起指导和引导行业健康发展的重任。而在这方面现有的行业组织还处于准备不足、缺乏经验、自身建设不适应的状态中。

行业发展面临的第四个问题是在改性塑料加工过程中，一些必要的改性剂，特别是相容剂等助剂国内还不能生产或不能提供工业化产品。通过国际市场特别是在加入WTO后，也许可以大量使用国外产品，但毕竟是制约改性塑料行业发展的薄弱环节。还有一些可能对改性塑料行业发展起重大推动作用的添加剂或助剂，改性塑料行业不熟悉，不会使用，影响在行业中推广。如纳米碳酸钙在国内已有十几家企业投产，生产能力达数万吨，但至今未能在改性塑料行业中推广应用，究其原因主要是纳米碳酸钙研制与生产企业尚未将应用技术开发成功，即纳米碳酸钙如何以纳米尺寸分散在塑料基体中的问题未能很好解决。由此可以得到有益的经验，即在开发着眼于在改性塑料中应用的材料时应当和改性塑料行业结合起来，从一开始就应对具体应用方面的问题给予高度重视。

改性塑料行业面临的问题有的也是整个塑料工业发展所面临的问题。随着我国社会主义市场经济逐步完善和加入WTO后面临国际市场大循环和全球经济一体化的新形势，改性塑料行业有着广阔的市场发展前景。我们要继续坚持专业化、规模化、功能化的发展思路，继续与相关行业密切合作，相互促进、共内繁荣，继续加强国内外交流，以科技促发展，将我国改性塑料行业在不太长的时间内进入到国际先进行列之中，广大从业人员应为此目标而坚持不懈，努力奋斗。

（中国塑料加工工业协会改性塑料专业委员会 刘英俊）

氟 塑 料

【行业现状】

我国含氟塑料成型加工行业是60年代初开始发展的，60~70年代含氟塑料主要用于国防工业，进入80年代以后加强了军民结合和推广应用工作，使含氟塑料成型加工行业得到迅速发展。经过40年的努力，我们已基本掌握了主要的成型加工方法。如模压、等压成型、挤压成型（柱塞挤出成型、螺旋挤压成型和糊膏挤压成型）、传递模塑成型、旋转成型、膨体成型、浸渍、喷涂、化学镀、吹塑、注塑成型等多种成型加工方法。其产品已广泛应用于国民经济各个领域。

目前世界含氟树脂总生产能力为138kt/a，其主要品种的生产能力分别为：PTFE 71 kt/a，FEP 12.6 kt/a，PVDF 20kt/a，PFA 3.5kt/a，15.9kt/a。美国是最早发展含氟树脂的国家，其生产能力占世界总生产能力的37.33%，日本次之占25.71%，而我国所占比例约7%。

从含氟树脂消费量来看，1996年美国、欧洲、日本分别占45%，29.7%，13.3%，而中国仅占6.3%。

我国含氟树脂的产量见表1。

2000年我国进口含氟树脂2399t，出口2601t。据不完全统计，2000年国内含氟塑料制品产量约为7500~8000t。以PTFE树脂为例，1999年的产量与1995年产量相比增加了1倍。这个发展速度是惊人的。我们希望含氟树脂生产厂今后在提高树脂质量，增加品种和品级方面多投入一些力量，使我国含氟树脂的质量水平有一个新的飞跃。

含氟塑料成型加工行业要不断进行产业结构和产品结构的调整，降低PTFE制品在含氟塑料制品中的比例，提高可熔性氟塑料制品的比例，使之更加合理

表1 国内含氟树脂产量 t/a

年 份	1995	1996	1997	1998	1999	2000
PTFE	3 198	4 005	4 486	4 272	6 457	8 377
FEP	154.5	182	159	207	209	
PVDF			~80	~100		

化。大力开展应用技术研究，提倡产、学、研相结合，加速科研成果向生产力的转化，实现全行业的技术进步，骨干企业的技术装备与工艺技术达到国际90年代水平，产品质量达到国际标准要求，努力加强质量体系认证工作。预计至2010年我国含氟塑料制品的产量将达到15kt左右。同时使含氟聚合物的消费结构达到：PTFE占75%，其他含氟树脂占15%，氟橡胶占10%。

生产概况如下：

一、聚四氟乙烯制品

（一）PTFE管材

可生产微型薄壁毛细管、推压管、柱塞挤出管等。目前国内柱塞挤出管最大直径320mm，长度4～6m。

（二）PTFE板材

模压板最大面积可达（1200×1200）mm^2。

车削板：用等压成型毛坯车削，板宽可达2m，用模压成型毛坯，板宽1.5m。

（三）棒材

可生产各种通用棒材。模压棒材最长可达1.5m，等压成型可达2m，柱塞挤出法可达4～6m。

（四）PTFE薄膜、彩色膜

PTFE薄膜有定向膜、不定向膜、半定向膜。彩色膜有红、黄、绿等13种颜色。目前国内薄膜最宽可达600mm。

（五）PTFE浸渍玻璃布

PTFE浸渍玻璃布由于受基材（玻璃布）和设备限制，目前只能生产宽度小于1.5m的产品，同时还可生产可粘接的PTFE浸渍玻璃布。

（六）生料带

PTFE生料带厚度0.075～0.1mm，宽度13、22、26、52mm等多种规格，国内许多单位均能生产并大量出口。生料棒作为密封材料使用，近年来发展较快，直径1～25mm。

（七）双向拉伸聚四氟乙烯微孔膜及其复合材料

聚四氟乙烯微孔膜可作为过滤材料，用于超纯试剂的过滤。也可与织物复合制成高级防水透湿的服装面料和耐高温过滤材料。目前国内只有北京、上海、新乡等几个单位生产，上海生产的复合材料幅面最宽达2m。制成的防寒服已经南极考察队队员试穿，效果良好。

（八）PTFE纤维

国外用PTFE纤维制成织物作为过滤材料，国内已有PTFE纤维和织物样品。

（九）PTFE填充改性制品

为了改善PTFE的蠕变特性和耐磨耗性能，对PTFE进行填充改性，主要材料有石墨、炭黑、二硫化钼、玻璃纤维、碳纤维、聚苯硫醚等。

（十）多孔管、板等过滤材料

主要用于过滤材料和分离材料，孔径100～150μm。

（十一）PTFE缠绕制品

用PTFE薄膜缠绕后制作直径较大的管材、异型件及外包覆制品，主要用于化工防腐。

（十二）波纹管和增强管

由二次加工制成的波纹管和纤维或钢丝编织增强的软管，具有耐高低温、耐压、耐腐蚀、不粘和使用寿命长等特点。适用于液压、气压、蒸汽输送等的软管连接件。

（十三）含氟塑料涂层、镀层

（1）含氟塑料涂层：含氟塑料涂层具有许多含氟塑料的特性，主要有防粘涂层、防腐涂层、隐声、降噪、疏水、疏油涂层。广泛用于航天、航空、造纸、石油化工、轻工机械、医疗卫生、食品机械、舰船等。

（2）含氟塑料非电镀镀层：含氟塑料非电镀镀层是通过非电镀的方法把聚四氟乙烯微粒在镀镍的过程中镀到金属基材表面，镀层厚度5～25μm，表面硬度HV未经处理的为150～250；经热处理的为300～400。镀层不脱落、不剥离，镀层具有自润滑性，摩擦系数在0.25以下。

（3）金属镍和聚四氟乙烯微粒复合电沉积：采用复合电沉积的方法将聚四氟乙烯微粒掺和到硬的金属镀层中，可得到不需高温烧结的金属－聚四氟乙烯复合材料，同时聚四氟乙烯也得到紧密的结合和支持，具有减磨、自润滑功能的复合镀层有着十分广泛的应用前景。

二、可熔融成型加工的氟塑料制品

（1）注射成型制品：用FEP、PFA、ETFE、PVDF可注射成型试验室用器皿、阀门、管件、电子行业用硅片承载器等。

（2）挤出成型制品：可挤出各种管材、棒材、异性材等，经二次加工可制成热收缩管，也可用挤出法生产厚膜及电线电缆。

（3）吹塑成型制品：可吹塑成型各种可熔性氟塑料薄膜，可用于防粘脱模、防腐及电器绝缘等。

（4）传递模塑成型制品：可制作阀门衬里、管件衬里等用于化工防腐。

（5）旋转成型制品：可制作各种容器及化工用防腐紧衬制品。目前国内热箱容积已达50m^3，可生产大型制品。

（6）功能高分子材料：国内能生产的只是PVDF

压电材料。目前已能制作厚 500μm 的 PVDF 压电膜。主要用于传感器、水听器等，广泛用于机械、医疗、军工等方面。

(7) 其他可熔性氟塑料制品：PFA 焊条、焊带，FEP U 型夹条，PCTFE 制品等。

根据近几年的统计，各种聚四氟乙烯成型加工制品构成表 2 所示。

表 2 成型加工制品构成

制品类型	构成比/%
模压制品(管、板、棒、液压制品等)	40.1
推压制品(管、棒、生料带等)	28.7
填充制品	8.3
浸渍和涂层制品	1.1
衬里制品	3.6
车削制品(板、膜、其他)	13.4
其　他	4.8

【新产品开发】

从 60 年代至 70 年代初期（“六五”攻关实施前）我国氟塑料成型加工为军工产品配套设置 30 余项科研项目。相继研制了聚四氟乙烯模压制品管、板、棒、填充制品、车削膜、定向膜、彩色薄膜、泡沫材料、微型管、大型板材、再生管、管件、机床导轨软带、微孔过滤膜(溶出法)、钢丝编织增强软管、玻璃钢隔套、喷涂制品等。可熔性氟塑料方面研制了 PCTFE 密封环、管；FEP 型材、棒、管、膜、单丝、热交换器、密封材料、双组元液体推进剂用氟塑料贮囊、硅片承载器等，并逐步推向民用。

在轻工业部军工办公室领导下，氟塑料成型制品从无到有，从军用到民用有了较快的发展。1981 年国家科委等组织了全国有机硅有机氟推广应用展览会，对我国含氟塑料成型加工行业的发展起了促进作用。1983 年国家开始制订“六五”科技攻关项目，轻工业部设置了氟塑料成型加工技术和推广应用等专题，完善了成型加工设备和工艺并开发了大规模集成电路用单向拉伸微孔过滤膜、钢丝编织增强软管、(系列化)机床导轨软带(Ⅱ、Ⅲ型)、氟塑料静电喷涂制品、FEP 热交换器、聚四氟乙烯再生制品(系列化）及其他一些新产品，并取得了良好的经济效益和社会效益，为我国含氟塑料成型加工打下了良好的基础。

通过“六五”规划的实施，我国塑料加工工业逐步向高性能和功能化方面发展。为了追踪世界先进水平，“七五”期间国家科委安排了科技攻关项目“氟塑料加工和应用技术开发”课题。该课题下设六个专题：

(1) 双向拉伸聚四氟乙烯薄膜及其复合材料；

(2) 传递模塑成型工艺及设备；

(3) 衬里技术；

(4) 喷涂技术；

(5) 聚四氟乙烯膨体成型技术；

(6) 可熔融氟塑料成型技术。

通过攻关，攻克了上述 6 项新技术，其产品已应用于国民经济各领域。例如，大规模集成电路超净过滤和海水淡化用的 PTFE 微孔过滤膜、PFA 量杯、硅片承载器等；化工防腐、精细化工等行业用的阀门、管件、磁力泵、膜、管和设备衬里；纺织印染、食品、办公机械、造纸、交通运输等应用的氟塑料喷涂辊筒、模具、复印机热辊、电气化铁路用绝缘子等涂层制品；医疗卫生用的丝增强人造血管、人工气管、胃镜导管、管件、心脏补片、肝穿刺及针灸用针等；军事工业、电子仪器、电声器材、医疗器械等用的压电材料等。并实现了部分含氟塑料制品国产化。通过攻关取得了 28 项重大科技成果，建立了 5 条生产线，6 条中试线，课题整体水平达到或接近国际先进水平，取得了明显的经济效益和社会效益，在国民经济各领域中有着广泛的推广前景。该课题获 1992 年轻工业部科技进步一等奖。1993 年获国家科技进步二等奖。

为适应国民经济发展的需要，“八五”期间国家科委安排了科技攻关项目“军工配套关键材料的研制”，其中轻工承担了“氟塑料制品的研制”专题。该专题设三个子专题：

(1) 氟塑料复合加工技术研究；

(2) 聚偏氟乙烯加工技术研究；

(3) 氟塑料合金加工技术研究。

专题共取得了 10 项重大科技成果，并使“七五”攻关成果转化为生产力，建立了 6 条中试生产线，取得了较大的经济效益和社会效益，6 种产品填补了国家空白，9 项成果达到国内领先水平，其中 8 项达到 80 年代中、后期国际先进水平。

“九五”期间承担的科技项目有：

(1) 氟塑料旋转成型及吹塑成型技术；

(2) 声纳用高性能透声材料。

现该二项攻关项目正在顺利进行中。

目前现有的主要氟塑料成型加工方法国内基本齐全，经过科技攻关使我国含氟塑料加工技术达到一个新的水平。我国经济建设和国防尖端技术所需的氟塑料制品大部分实现国产化。在不断缩小与国外先进水平的差距方面，突破了一些新技术、新工艺、新材料，为今后进一步开发氟塑料制品和应用打下了基础。

在各攻关阶段和军工配套过程中设计、制造和引进了一些含氟塑料成型加工设备，并建成了多条生产线，使含氟塑料加工行业逐步形成了一个门类较为齐全的加工体系，含氟塑料成型加工行业已经形成了具有技术密集型特点的高技术产业，为国民经济的发展提供了必要的保证。

【存在的问题】

（1）含氟聚合物消费结构和需求结构不合理。各种含氟聚合物的消费结构在世界随各地区的经济结构和发展水平而异。就全世界平均消费来说，PTFE 占 50%，其他氟树脂占 37%，氟橡胶占 13%。亚洲，PTFE 86%，其他氟树脂 8%，氟橡胶 6%。具体情况见表 3。

表 3 含氟聚合物消费结构

国 家	%		
	PTFE	其他氟树脂	FKM（氟橡胶）
美 国	45	44	11
欧 洲	70	14	16
日 本	54	32	14
中 国	90	7	3

从表 3 可以看出亚洲国家的市场是以 PTFE 为主的，今后随着氟树脂品级的多样化，产业结构的调整和市场的发展以及加强推广应用工作，可熔性氟树脂和氟橡胶的需求将会迅速增加。我国含氟聚合物的消费结构将会发生变化。含氟塑料的需求领域涉及航天、航空等军工领域以及化工、机械、纺织、电子电气、汽车、半导体、建筑、办公自动化、家电等领域。

（2）我国含氟树脂品级牌号少，难以满足加工和物理性能的要求。我国生产的含氟树脂品级和牌号少，这已是众所周知的。而且从国内 PTFE 的品种上看综合性能及加工性能较差的普通中粒度悬浮树脂比例占 60%以上，而加工性能较好的细粒度悬浮树脂还不到 40%，这直接影响了 PTFE 制品的开发和产品档次的提高。

从我国含氟树脂的消费结构来看 PTFE 高达 90%，今后化工部门不可盲目扩大 PTFE 的生产能力，应重点发展其他含氟聚合物以满足国民经济各领域的需求。在 PTFE 树脂方面，重点是提高产品质量、增加产品牌号，同时，调整 PTFE 产品结构，重点发展细粒度悬浮树脂、分散树脂及分散液。支持含氟塑料成型加工工业的发展，进一步开拓市场。

（3）含氟塑料成型加工设备和工艺较为落后。塑料制品成型加工除原料外还包括塑料机械、模具和塑料加工工艺。加工工艺与加工设备密切相关。含氟塑料成型加工设备大多为非标设备。目前大多数为70～80 年代的加工设备，90 年代的设备大多是引进的柱塞挤出机、生料带加工设备和可熔融含氟树脂成型加工用的注射机等。目前国内专门生产含氟塑料成型加工设备的厂家，制造的设备档次较低。

在模具方面，我国模具的设计与制造仍处于较落后的水平，与发达国家相比精度差、制造周期长、寿命短、表面处理质量差、标准化程度低等。

由于成型加工的装备水平不高，直接影响了加工技术和产品质量水平。

（4）企业新产品开发和市场开拓能力较差。由于大多数企业规模较小，设备、工艺较落后，再加上市场竞争激烈，制品利润低。近年来企业很少投入资金进行技术改造和科技开发，由于没有新产品的开发和市场的开拓，使企业效益下滑。对研究单位来说，科研项目虽然有资金支持，但科技成果转化为生产力的比例较低。

（5）缺乏技术和管理人才。目前国内氟树脂成型加工厂家达数百家，小厂、家庭作坊式的单位非常多，普遍缺少技术力量。多数搞些简单的模压制品或简单的二次加工制品。由于成本低、质量差，在市场上竞相压价，造成无序竞争。这种无序竞争损害了大多数制品加工厂的利益，损害了氟塑料成型加工行业的形象。从管理方面看，管理人员知识层次较低，有些企业是家族式的管理模式，因此必须改进经营管理，确立销售体制、技术服务体制和开拓市场的体制，向有成本竞争的企业转换是我们企业面临的一大课题。

【发展趋势】

随着国民经济的发展和高新技术领域对含氟新材料的综合性能或特殊性能不断提出更高的要求，为追踪世界先进水平，加速科技成果产业化，为推动行业进步，调整成型加工行业的产品结构，提高综合配套能力和研制水平，使我国氟塑料成型加工发展到一个新的阶段，为此要含氟塑料制品系列化、商品化；要积极开发高附加值、功能性的含氟塑料制品；为满足高科技领域对新材料的特殊要求，要开发许多全新结构的品种。

一、大力开展含氟塑料合金、填充纳米材料新技术的研究与推广工作

聚合物合金作为塑料改性的主要方法，代表着塑料工业发展的技术水平，作为特种工程塑料的含氟塑料具有独特的优良性能，但也有其不足之处，以氟塑料为基材或以氟塑料为改性填充剂开发而成的含氟塑料合金，综合了共混各组分的长处，实现了优势互补，与单纯的含氟聚合物相比，即明显改善了复合材料性能，改进了成型加工性能，又增加了品种，拓宽了应用领域，加快了实用化步伐，其广阔的应用前景和明显的技术优势为科技界和产业界所瞩目。

（一）含氟塑料合金

（1）LCP/PTFE 与 LCP/PVDF 合金。采用液晶共聚酯（LCP）作为 PTFE 改性剂，采用模压烧结工艺，研制成新型 PTFE 合金，可将 PTFE 的耐磨性能提高 100 多倍并保持了摩擦系数低的特性。

在 LCP 改性 PVDF 时，可明显提高 PVDF 的强度和耐磨性能。而且 LCP 的价格仅是 PVDF 的 2/3，因此这种新型的 LCP/PVDF 合金具有优异的性能价格比和广泛的应用前景。

（2）PTFE/PPS 合金。PTFE/PPS 合金解决了 PPS 熔体流动速率高，难以直接模塑成型问题。在 300℃ 以上仍能保持高的力学性能，主要用于耐腐蚀的泵、阀、垫圈，以及动态密封、轴承、汽车引擎阀盖、色谱仪的滑动密封件和导向件等。

（3）PTFE/PEEK 与 PTFE/PEK－c 合金。利用 PEK－c 良好的机械性能、热性能和 PTFE 的低摩擦系数，通过共混改性并加入少量的第三组分（例如石墨）研制出一种新型无油润滑的耐高温低摩擦材料。

当用 PTFE、炭纤维、石墨（填充量均为 10%）作 PEEK 的改性剂时，即使在潮湿环境中仍有较好的耐磨性，适用于汽车止推垫、密封垫、轴瓦等。

（4）PI/PTFE 合金。用热塑性聚酰亚胺（TPI）与 PTFE 进行共混或添加其他磨耗剂与填料的系列产品，可用于汽车发动机罩下部件、航空航天设备和办公电子设备等。

（5）PPO/PTFE 合金。聚苯醚（PPO）/PTFE 合金具有 PPO 的耐热性，力学性能和尺寸稳定性，又具有 PTFE 优异的摩擦系数低、润滑性能、吸水性小等性能。适用于制作要求刚性、强度、尺寸稳定的整体、大型的一体化轴承部件。

（6）POB/PTFE 合金。作为 PTFE 的改性剂，改善了 PTFE 的蠕变性和耐磨性，使其成为优良的滑动材料。在较宽的填充范围内，合金材料的摩擦系数都很稳定。

（7）PAS/PTFE 合金。在 PAS 中加入 PTFE 粉末和石墨等耐磨减摩材料后可作为高温负荷耐磨材料。

（二）开展含氟聚合物填充纳米材料复合新技术的研究

纳米材料科学是近几年刚刚兴起并受到普遍关注的一个新的科学领域。它涉及到凝聚态物理、化学、材料、生物等许多领域的知识。该科学的诞生和发展开辟了人类认识自然、改造自然的新途径，势必对凝聚态物理学和材料学产生深远的影响。纳米材料已被公认为 21 世纪重点发展的新型材料之一。科学界人士断言，“纳米带给人类的影响将像产业革命、技术革命、抗菌素以及核武器那样深远”。

纳米粒子以及其独特的性能与聚合物复合后，使聚合物的性能得到很大提高，主要是：提高热性能，改善力学性能，增强耐磨性，增加聚合物成型加工流动性以及其他性能。

用纳米材料填充改性聚四氟乙烯塑料的研究工作在国内刚刚起步，还要做许多深入的研究工作。同时加强应用技术的研究，尽快应用于生产实践中。

二、含氟塑料成型加工新技术的研究

（一）FEP 发泡电线和高速挤出成型新技术

目前在世界市场上对 FEP 电线、电缆的需求日益增长的情况下，国内随着建筑行业的发展，高层建筑的增多以及各种法规的日益完善，我国将对 FEP 电线、电缆的需求日益增长，因此，我们应开发 FEP 发泡电线和研究高速挤出成型的工艺及设备。

制作 FEP 发泡电线主要用于通讯电缆 。发泡电线与实芯电线相比，除质量轻外，介电常数也比实芯电线低（实芯 2.1，发泡 1.48），同时传输速度也比实芯快。

目前国外已有高速挤出和超高速挤出电线装置，并相应开发了具有优异的成型稳定性和高速成型的 FEP 树脂。除原料外，关键是研制高速挤出装置，包括挤出机口模，快速牵引装置，定型、测径及收卷装置等。高速挤出可降低产品成本，在市场上很有竞争力。

（二）自动模压成型和旋转成型技术

自动模压成型适合于加工一些批量大的小件制品如垫圈等。因此在今后要适当发展该技术包括引进必要的设备等，以使我国的氟塑料成型加工技术进一步完善。

氟塑料旋转成型技术近年来在我国已有所发展，目前国内旋转成型采用热箱加工方法较多，热箱容积已达 $50m^3$。成型用原料大多为单一材质。

随着电子工业的发展，大规模集成电路制造工艺中关键的技术因素之一是清洁工艺技术。为保证处理液的高纯度不受影响，就必须使用一种不会向处理液内析出任何物质的氟塑料容器或贮槽保存这些处理液。

用旋转成型方法制成纯氟塑料的贮槽，价格较贵。现在国外可用旋转成型方法成型多层复合氟塑料贮槽，可一次得到实用价值很高的超净化贮槽。这种贮槽基本由三层复合而成。里层多用氟塑料作超净衬层、中间层是粘接层，外层是增强保护层。如用PVDF作衬里层，外层用聚乙烯作保护加强层，两层之间采用粘接剂把两种不同的塑料连接为一整体。这种设计的特点是把外层聚乙烯的优良成型加工性能、机械物理性能、低成本和内层PVDF的优良的成型加工性能、优良的耐化学药品性、不粘性、耐磨性、高纯度等优点结合起来了，使贮槽的整体性能就极为理想。中间层则采用一种改性的聚乙烯合金，内含有与PVDF相容的材料，这种物质可以较好地把聚乙烯和PVDF粘接起来。用这种成型方法制造的贮槽可用于搬运、存贮超纯水、高纯度蚀刻液和有机溶剂。

（三）含氟塑料化学镀铜电路图形新技术

在电子和半导体行业中微型化是目前的发展趋势，目前国内制造PTFE基板印刷电路的方法是先制成PTFE敷铜板，然后通过蚀刻法制成印刷电路的工艺，该工艺使印刷线路板的高频特性受到限制。现国外已研制出形成电路图形新技术，使工艺简化，同时减少了电子线路的线宽和线间距，提高了电子线路的使用频率范围和降低电磁干扰。该技术是用化学镀铜法在含氟塑料基板上直接形成印刷电路图形。追踪国外1992年开发的新技术，为高速电子设备的开发提供高频低介的印刷微型电路图形的制造技术。这项技术将随着21世纪信息产业的发展而发展。

（四）膨体成型聚四氟乙烯密封材料技术研究

聚四氟乙烯膨体成型技术在国内已有研究，如双向拉伸聚四氟乙烯微孔材料与织物的复合材料、医用材料等，但作为密封材料还较少研究，现在国内使用的这类密封材料多为进口。这种材料不但具有聚四氟乙烯的优异性能，而且强韧多孔、高度纤维化，最重要的是解决了聚四氟乙烯的通病——蠕变性。因此要研究它的成型设备及工艺，以满足国内日益增长的需求。

三、加快科研成果向商品化的转变

“七五”～“八五”期间取得了几十项科技成果，建立了多条中试线，但由于各方面的原因，有许多市场急需的制品仍不能生产。今后应在市场经济条件下，采用市场机制，将科技成果迅速转化为商品。如作为化工防腐的衬里材料，大多用聚四氟乙烯板材经焊接作为松衬，而在负压时使用的可粘接聚四氟四乙烯板材和PVDF与织物复合板材料。两项目在“八五”期间均已通过鉴定，但未形成生产能力，目前市场需求这种产品，因此应在“十五”期间形成生产能力，使其商品化满足市场的需求。

再如氟塑料非电镀镀层工艺研究是指在没有电流的情况下将聚四氟乙烯颗粒加到化学镀镍液中，使之与金属共沉积，从而获得Ni－P－PTFE复合镀层。该镀层以Ni－P作为基材的支撑粒子，聚四氟乙烯均匀分布于镀层中间，作为固体润滑剂，使复合镀层兼备减摩和耐磨的性能，结合普通化学镀镍层的优点，就形成了一种尺寸精度高、配合公差小、厚度均匀且易控制、有较高硬度、良好的自润滑性能和耐蚀、耐温镀层。

目前国外已广泛用于塑料、橡胶的模具及加工机械泵、球（蝶）阀、精密器件、铝制气缸、轴、活塞、链、锁、滚珠、螺栓、螺母、厨房用具、医疗设备、电子器件、造纸机械以及石油、化工、航天、航空等领域。

该项目进行了中试工艺研究，在今后应进一步完善工艺和设备，制做完整的生产线和工艺配合作为商品推向市场。

四、开发含氟聚合物涂层新的应用领域

含氟聚合物涂层在十几年来里需求快速增长，从工业领域到民用，在国内基本已家喻户晓。但是这些年来一直用于传统产业，新的应用领域和市场还很少探索。随着含氟树脂涂料的改进和发展，最近已开发出一系列新的、能溶介于极性溶剂、可室温固化、可一次涂覆或多次涂覆的氟树脂涂料。因此应开拓含氟涂层新的应用领域。

（一）用于建筑物表面和钢板涂层

由于含氟聚含物涂层具有独特的性能，如杰出的耐候性、优异的耐化学药品性和低的表面能，目前已广泛用于大型建筑物表面和钢板涂层。无需保养的含氟聚合物涂层在土木工程和民用建筑中正发挥重要作用，这主要是含氟涂层具有美学的特性和它的质量保证。

目前以PVDF树脂制成的各种颜色的涂料涂于钢板上，用于屋面材料。美国、日本在这方面的技术、产品较为成熟。

彩色涂层钢板除了做屋面材料外，还可用于公共设施及工厂设施、商业系统、运输、农业等。

（二）低表面能防污功能涂层

浸入海水中的人造构筑物，如舰艇、船、浮标、桥墩、码头以及其他与海水接触的表面，常常附着海生物。海洋动植物污损会产生严重后果：船壳污损将明显地增加表面摩擦力，降低船速，增加燃料消耗，增加进湾维修次数；浮标污损，因质量增加而须经常更换，声呐罩污损会降低灵敏度等等，对于舰艇来说这些污损会影响它们的战斗力。

这些年来虽然各方面做了许多工作，但通常使用的涂料中添加无机、有机或复合的生物杀伤剂（如

铅、砷和汞化合物，氧化亚铜或有机锡化合物）配成的海洋防污涂料，具有污染海洋环境和易于被腐蚀的缺点。而无毒防污涂料虽然做了大量工作和试验，但至今还没有商品化，主要原因是防污时间短、价格高、工艺复杂等。

含氟高聚物的表面张力是高聚物中最低的，利用改性含氟高分子制成的涂层是一种低表面自由能防污降阻涂层，表面光滑，具有降阻节能和防污多种功效的新型涂层。我们应和海军等有关部门联合研制，以期提高海军舰艇的战斗力。

五、加强含氟塑料的推广应用

（一）含氟塑料在电子信息产业方面的应用

电子信息技术在全球范围内呈现着强劲的发展势头，电子信息产品的市场需求将会有较大的增长。据有关专家预测，到2005年我国电子信息产业市场总容量将达10000亿元，到2010年将达到60000亿元。国际舆论认为，21世纪的中国将是全球最大的电子市场之一。当然也是全球最大的电子材料消费市场。

据国际半导体协会预计，存储芯片、微处理机等需求将增长，2000年增长15.2%，2001年预计达18.2%，占半导体材料最终用途64%的计算机和通讯市场，未来5年有望增长到70%。目前全球4、5、6英寸硅片呈缺货状态，8英寸硅片也吃紧。我国目前集成电路市场1999年需求总量达到170亿片，但自己生产的只占20%，其余全靠进口。为此，“十五”计划期间将会通过营造良好的投资环境与政府支持，充分利用国内外资源，加强设计开发与芯片制造能力，使得年芯片产量达到500亿片，满足50%的需求。近10年来我国集成电路市场的需求，平均每年均以30%以上的速度增长。预计到2005年，我国集成电路市场需求将达到450亿片，销售额为1500亿元。国内集成电路生产厂家批量较小，目前国内正在兴建的电子信息材料单位主要集中在北京和上海，总体技术水准接近或达到当代国际先进水平。

电子信息材料产业的蓬勃发展，必然促进含氟塑料的发展，尤其是可熔融含氟塑料的发展。以日本为例，半导体行业大发展时期，含氟树脂的需求增加，行业就有较大的增长，反之，含氟树脂的需求为负增长。在日本含氟塑料需求构成中半导体部分占18.9（1998年1~6月），而我国所占比例很少，大部分靠国外进口。为迎接飞速发展的高度信息化的社会，相关的电子材料必将得到迅速发展，作为半导体、信息通讯产业的基础材料之一的含氟塑料的需求也将迅速增长。

电子信息材料工业对含氟塑料的需求主要在以下几方面：

（1）硅片承载器。目前国内十多家生产芯片的厂家，在生产过程中要将硅片放在用PFA树脂制成的硅片承载器上进行处理。高纯度的PFA树脂对硅片是无污染的，且耐高温、防腐蚀。厂家生产各种规格的芯片，对硅片承载器和提把的需求量较大，国内生产的硅片承载器是1.5~5英寸的，而且质量一般。应努力开发这种高附加值的产品，以满足电子信息产业的需求并替代进口。

（2）容器。目前国外研究PFA中空成型大型氢氟酸容器，现已制成20L的中空成型制品。为适应高度集成化对高清洁度、耐化学药品和低渗透率的严格要求，正在进行结晶度试验。国内已有用粉末旋转成型制成的容器，还需开发适于电子信息产业生产需要的多种容器。

（3）过滤材料。在半导体材料的生产过程中，对水的要求非常严格，要用经双向拉伸的聚四氟乙烯微孔膜制成过滤器芯子，对水进行过滤制成超纯水。

用双向拉伸的聚四氟乙烯微孔膜对化学试剂进行过滤制成超纯试剂用于半导体行业。

半导体行业对厂房的净化有很高的要求，用双向拉伸的聚四氟乙烯微孔膜作为高性能的空气过滤器的过滤材料，代替原来使用的玻璃纤维，能有效阻挡微小粉尘，压力损耗低，耐氢氟酸和无硼。在半导体材料生产过程中由玻璃产生的硼和BF_3等气体是半导体材料特性异常的主要原因，使用高性能的空气过滤器能大大提高产品合格率。目前国内有几家工厂生产双向拉伸的聚四氟乙烯微孔过滤膜，但大都是制成复合材料做服装用的。专门为半导体行业生产的过滤材料目前还不多，应在这方面加强应用技术的研究工作。

（4）含氟塑料管材、管件、泵、阀等需求量大。在半导体行业中输送超纯水、超纯试剂用的含氟塑料的管材、管件以及泵、阀的需求正在扩大，尤其对新建厂，用量更大。应针对该行业的需求生产系列配套产品。

（5）聚四氟乙烯覆铜板和聚四氟乙烯玻璃布层压覆铜板。在电子材料中结构材料如覆铜版的需求很大，目前国内覆铜板产量仍然不能满足印刷电路板行业的需要。1998年全国印刷电路板需要覆铜板$5100 \times 10^4 m^2$，但当年全国覆铜板的产量只有$3113 \times 10^4 m^2$，缺口率达39%。随着电子行业的高速发展，国内覆铜板的供求不平衡将维持一段时间。

印刷电路板材料的发展趋势主要在增强基础材料、低介电常数材料、绿色环保材料、软性基板材料几个方面。随着资讯与通讯产品高速传输的要求，低介电常数材料需求日渐增长，是近年来不变的发展方向。聚四氟乙烯塑料具有优异的电绝缘性且介电常数低，是优良的印刷电路板基板材料。

用聚四氟乙烯浸渍玻璃布制成的覆铜板和聚四氟乙烯覆铜板具有高耐热性，在高频范围内具有稳定的绝缘性和极小的损耗因素，主要用于相位调整器(PHS）和移动电话等移动通讯设备，卫星发射变频器、高频无线电通讯设备、人造卫星安装设备、检测仪器、天线、巨型电子计算机等。

(6）聚四氟乙烯微孔结构印刷电路板。将聚四氟乙烯特定品种的微细粉末，经高度拉伸形成微小细孔，由于是高孔隙结构，具有超低介电常数和固有的低介电损耗特性，有效地利用这些特性制作 10^9Hz 系的印刷电路基板，在超高频信息末端设备的需求正在增长。

(二）含氟塑料在汽车工业方面的应用

我国“十五”计划提出，为拓宽消费领域和拉动国民经济增长，将轿车、信息服务等列为新的经济增长点。未来 5 年是中国汽车工业发展的有利时机。2005 年我国汽车产量为 330 万辆，其中轿车产量为 140 万辆左右（2000 年汽车产量为 206 万辆，其中轿车产量 60 万辆）。

汽车工业的发展将为塑料工业的发展提供良好的机遇。据统计，1995 年汽车产量为 110 万辆，汽车用塑料量为 64kt。2000 年汽车产量为 206 万辆，车用塑料达 144kt。单车用量比 1995 年增加 20% 左右。目前国内各车型每车塑料用量与国外水平接近。经济型轿车每车塑料用量达 50 ~ 60kg，中型载货车为 40 ~ 50kg，重型载货车为 80kg，平均每辆汽车塑料用量占汽车自重的 5% ~ 10%。专家预测，2005 年汽车用塑料约 497kt（含维修），2010 年可达 785kt。含氟塑料在汽车上已有应用，但数量很小，如到 2005 年每车用含氟塑料为 1kg，以轿车计就是 1400t，这对促进含氟塑料行业的发展将起到很大的促进作用。

汽车用塑料零件与国际水平的差距主要是：

(1）厂家多，生产设备、制造工艺、品质检测、自主开发能力方面层次不一，基本都是被动配套。今后应主动参与主机厂新车型的同步开发，主动配套。

(2）车用零部件品种规格少、质量不稳定，有些品种主要依靠进口。

(3）大型或高精度汽车用塑料零部件模具仍多在国外加工。

随着经济一体化进程的推进和我国已加入 WTO 的现实，汽车用塑料零部件供应应立足国内。但这给我们提出一些新的问题：

(1）汽车工业零部件的国际采购问题，不仅要求企业要通过一系列的质量标准体系认证，而且要成为主机厂国际采购体系家族的成员。

(2）汽车用塑料件模块化供应问题。即将一个系统的零部件组装成小总成，供应主机厂配套。

(3）联合设计，车用塑料零部件的生产企业积极参与主机厂联合设计，并且应当成为塑料制件的主设计者，满足主机厂对性能、品质、结构、色彩、价格等方面的要求。

（中国塑料加工工业协会氟塑料加工专业委员会　陈　生）

工 程 塑 料

工程塑料(Engineering Plastics）顾名思义是指可作为工程材料能代替金属结构部件使用的一类塑料，它除具有一般塑料具有的相对密度小、比强度高、绝缘、隔热、耐化学腐蚀性好、易加工成型等优良特性外，还具有比通用塑料更高的使用温度。按照耐温等级可以分为通用工程塑料(长期使用温度 100 ~ 150℃）和特种工程塑料（长期使用温度高于 200℃）。就其总量而言，虽然只占全世界合成树脂总产量的 3.1% 但却是现代国民经济、高新技术产业发展不可缺少的新型材料之一。

【行业现状】

一、国内外发展现状

工程塑料诞生于 20 世纪中叶，距今已有 50 年的历史，由最初的 PA 问世到目前已经发展为一个包含聚酰胺（PA)，聚碳酸酯（PC)，聚甲醛（POM)，改性聚苯醚（mPPO 或 mPPE)，及热塑性聚酯（PBT、PET、PEN、PTT 等）五大通用工程塑料和聚苯硫醚（PPS)、聚砜（PSF)、聚酰亚胺（PI)、聚四氟乙烯（PTFE)、聚醚醚酮（PEEK)、聚芳酯（PAR)、液晶聚合物(LCP）等 20 多个品种的特种工程塑料构成的高新技术产业群体。

1998 年世界合成树脂总产量为 1.443×10^8t，其中工程塑料的总消费量为 4.148Mt，约占世界合成树脂总产量的 2.87%。1998 年世界工程塑料的生产和市场需求情况参见表 1。

表 1　世界工程塑料的生产和市场需求

工程塑料种类	产量/kt	消费量/kt	年均增长率%
PA	1 310	1 280	8
PA	1 500	1 470	17
POM	600	550	6
mPPO	370	370	9.2
PBT、PET	410	410	>15
特种工程塑料	80	75	10 ~ 15

工程塑料应用范围非常广泛，涉及到航空航天、原子能、电子电气、汽车、仪器仪表、机械、办公自动化设备、信息产业、化工建材、信号照明、车辆、食品加工、医疗保健、文化娱乐、运动器械等从国民经济到人民日常生活的各个领域。其主要市场及其份额如表2所示。

表2 工程塑料应用领域分布

应用领域	所占比例/%
电子电气	25
汽 车	22
机 械	20
日用消费品	10
其 他	23

如上所述，五大通用工程塑料中PC和PA的消费量最大，近年来PC中空格子板、窗玻璃、净水桶、光盘及PC/ABS合金的火爆导致了PC消费量激增，产量和消费量均超过了PA而跃升到通用工程塑料的首位。相比之下，特种工程塑料的产量和消费量仍处于弱势，重点发展的品种有PPS、LCP、PTFE、PI、PEEK。

我国工程塑料始于20世纪60年代，起步并不算晚，但由于整体工业水平低，工程塑料发展速度很慢，直到80年代初随着开放政策的实施，合资企业、来料加工贸易的增加，促进了工程塑料应用水平的发展，应该说消费市场的刺激拉动了中国工程塑料的发展。1998年我国各种工程塑料的生产和消费量如表3所示。

如表3所示，我国五大通用工程塑料的自给率只有28%，其中PC、POM和mPPO几乎全部依赖进口。

从1999年起，我国就已经成为世界上最大的工程塑料进口国。2001年我国通用工程塑料的消费量约320kt，占我国塑料制品总产量的2%，在未来几年内工程塑料的年均增长率可望达到10%。预计到2005年国内五大通用工程塑料的需求量将达到590kt。

表3 运用工程塑料生产、进口及消费情况

种类	产量/kt	净进口量/kt	消费量/kt	年均增长率(1994~1998年)/%
PA	27	35	62	6
PC	25.2	86	111	33
POM	11.1	56	67	33
PBT	10	4	14	20
mPPO	0.5	3.5	5.7	17

二、国内工程塑料树脂企业概况

（一）聚酰胺（PA）

国内现有三家PA6树脂厂规模最大：广东美达锦纶有限公司（年产21kt）、湖南鹰山石化厂（年产12kt）及岳阳石化总厂（年产8kt）。引进国外技术生产PA66的有河南神马集团和辽阳化纤公司，全国PA66树脂产能约23.3kt。

用蓖麻油生产尼龙1010是我国特有的长链尼龙产品，继此之后采用生物发酵法淄博矿务局与科研单位合作开发出尼龙1111及1212，并拟扩产6kt/a，以替代在汽车油管、刹车管方面广泛应用的PA11和PA12。

（二）聚碳酸酯（PC）

如前所述，PC是近年来五大通用工程塑料中市场需求发展最快的品种，国内PC生产有上海染料化工二厂、重庆长风化工厂、常州有机化工总厂等数家企业，总年产量约5kt。由于分子量低、品牌少，不能满足使用要求，大量PC产品树脂依赖进口，2000年PC树脂进口量已达200kt。上海焦化厂与拜尔合资拟建立100kt/a企业，国内兰星集团和常州有机化工总厂也向国家申报项目拟在“十五”期间建立10~50kt/a PC生产装置。据报道，日本帝人公司也在考虑在中国建厂事宜。

PC合金中应用最广的是PC/ABS合金，它是PC良好冲击韧性、耐热性、尺寸稳定性、机械性能和ABS良好成型性能的完美结合。在汽车、家电、信息产业中应用十分广泛。国内研发和产业化的单位不少，但未形成规模。GE公司在广东番禺的PC/ABS合金规模已从25kt/a扩至60kt/a，并在上海浦东新建一座25kt/a的新厂。

（三）聚甲醛（POM）

80年代我国有吉林石井沟和上海溶剂厂建立了POM生产厂，近年来已处于停产、半停产状态。国内市场全部依赖进口。据报道，1998年POM进口为67kt，1999年为90.6kt，2001年达100kt以上。目前在国内杜邦公司和宝理公司有独资的POM掺混工厂，云南天然气化工厂从波兰引进的10kt/a的POM生产装置近期可望投产。宝理公司拟在2004年在中国建立60kt/a的POM生产厂，国内一些企业也正在多方寻求POM的项目合作，预计至2005年国内POM的生产能力可达80kt/a，市场自给率约达30%。

（四）热塑性聚酯（PBT、PET）

PET因存在结晶速度慢及为了克服脆性而增韧的问题技术难度较大，尚未大规模进入工程塑料市场。PBT相对面言开发较为成功，但同国外相比在技术水平、生产规模及市场竞争力方面还存在较大差别。随着国内合资企业的增多，用料均选自国外，国内PBT市场的份额只占30%左右。

（五）改性聚苯醚（mPPO）

纯PPO很脆，单独应用很少，主要以PPO/PS合金为主要产品，由于PPO与PS的结构相近，它可以以任何比例混溶形成性能范围广阔的系列合金，加之此种材料除了良好的机械性能外还兼有优良的电性能、耐热性、尺寸稳定性、阻燃性、耐热水性等特点，在电子、汽车、办公、医疗、纺织、航空航天及民用生活领域应用十分广泛。80年代末，北京市化工研究院建立4kt/a的PPO生产装置，现因种种原因已下马。但国内对mPPO的改性研究一直十分活跃，已有不少PPO/PA、PPO/HiPS及PPO/HiPS/弹性体等多种合金的研究报道。

（六）特种工程塑料

特种工程塑料使用温度在200℃以上，价格昂贵，应用面相对较窄。用量虽然不大，但却是发展尖端技术和高技术产业不可缺少的关键材料。我国在这一领域的总体水平同国外的差距更大。除聚四氟乙烯（PTFE）已有一定生产规模，应用于高温机械密封和防腐设备外，其他几个品种仍在百吨规模左右。但我国材料界、产业界一直十分关注这一领域的进展，并投入了相当的研究力量，做了不少出色的工作。国内PPS生产企业有天津合成材料工业研究所、四川特种工程塑料厂、四川广汉高新材料开发有限公司、甘肃化机厂、北京化工研究院、四川内江高分子材料厂，广州化学试剂厂七家企业，总生产能力500t/a，实际产能不足200t，由于工艺不成熟，再现性差，应用推广受到了限制，目前国内广泛应用的是Phillips公司的Ryton系列品牌，日本出光也有产品在国内销售。目前国内PPS的年需求量约1kt，预计到2010年消费量将增至13kt。PEEK和PES国内中科院长春应用化学研究所和吉林大学在搞，并上报国家计委，拟建立200t/a的生产装置。LCP国内研究单位颇多，包括四川大学、郑州大学、湘潭大学、晨光化工研究院、中科院化学研究所、北京化工大学、清华大学等采用不同路线合成了热致液晶聚合物并有很多原位复合、微纤化增强复合材料的研究报道，目前尚未形成规模化生产。

【专委会活动】

在中国塑料加工工业协会廖正品理事长的亲切关怀和指导下，在青岛海尔集团的鼎力支持下，中国塑料加工工业协会工程塑料专业委员会在青岛召开了成立大会并举办了首届学术技术交流会、出版了论文集、通过了专业委员会章程。三年来专委会秘书处本着“为行业服务、为企业服务，不以营利为目的”的办会宗旨和强调广泛性、权威性、共同参与和起好桥梁作用的精神，以饱满的热情、踏实的工作，赢得了会员单位和上级领导的赞誉，现将取得的主要业绩列示如下。

一、播科技信息，办好定期出版物

1998年专业委员会定期出版物——《工程塑料通讯》第一期问世，共分8个栏目：政策法规要闻、行业动态及发展趋势、薄膜及包装材料、通用大品种塑料、通用工程塑料、特种工程塑料及复合材料、热塑性弹性体、加工助剂及其他。每期精选国内20多种期刊和信息中心的相关条目及部分国外信息，以文摘的形式刊登，使读者便于了解当今国内外塑料产业发展的最新动态。标明准确的出处，便于查找，对那些没设专人搞情报资料的企业十分有帮助。因而从诞生之日起就受到了广泛的欢迎，每期印数500份，对会员单位免费寄送，也送上级主管单位和进行业内交换。

二、好学术技术交流会，在科学家和企业家之间架起友谊的桥梁

专业委员会每年9月举办一次“塑料高新科技成果交流会”，同时出版一本论文集。

在广泛征集稿件的基础上，每次均根据当年业界最活跃的主题，邀请国内著名的专家撰写论文，到会讲演。

1999年根据国内外聚合物/纳米复合材料的发展趋势，在国内尚未形成纳米热潮的时候在北京召开了纳米有机复合材料应用技术研讨会，这在国内学术界也是较早以纳米为专题的专业活动之一。

2000年受中国塑料加工工业协会的委托专业委员会和中国塑料加工工业协会的活动合并举行。在上海召开了2000年塑料高新技术成果交流会，与会代表有300多人，是中国塑料加工工业协会近年来举办的最大的一次学术活动。廖正品理事长对专业委员会为这次会议的成功举办所做的贡献给予了很高的评价。

三、积极支持地方塑料产业的发展

2000年应江苏武进市科委的邀请，我们组织了15个科研单位，18名专家，携带了近30项科技成果参加了武进市科技大会，参加会议代表近万人，签署了20余项科技合作意向书，受到了地方政府的热烈欢迎，在科学家和企业家之间架起了合作的桥梁，对促进武进市塑料产业的发展做出了贡献。

随着专业委员会工作的深入开展，通过多种形式来访的人日益增多。本届专业委员会为会员单位研制开发和解决技术难题6项；日常咨询几乎天天都有。我们都能够做到有问必答，通过这些日常的活动，密切了专业委员会和企业间的关系，提高了专业委员会的影响力和知名度。我们有信心在中国塑料加工工业协会的领导下，把专业委员会办成一个最有进取心、最有活力、最讲实效、最受各界欢迎的群众性社会团体。

【重点企业】

上海杰事杰新材料股份有限公司

该公司是通过国家科技部和中国科学院认定的双高认证企业，是中国最具规模的专业从事工程塑料研究、开发 产业化的生产基地。公司成立于 1993 年，由中国首位工程塑料博士杨桂生创办。凭借科技优势和管理创新，杰事杰公司已发展成拥有 4 家股股公司和 5 家参股公司以及一批办事机构的高科技股份制企业，并通过了 ISO 9001、QS 9000 以及 ISO 14001 环境质量体系的认证。

公司秉承“万世基业，选材为本”的经营理念，不断开拓创新，产品已广泛为汽车、电子、通信、建材等行业配套，客户包括上海大众、上海通用、青岛海尔、江苏春兰、三菱电机等知名企业，产品屡获国家级新产品、中国科学研究院科技进步一等奖、上海市新产品等褒奖。

公司的长远发展目标是以技术管理创新和资本运营为重心，实现从创业企业向现代企业的跨越，向着新材料领域国际知名企业的目标大步迈进，

杰事杰公司在未来的 5 年内成为新材料领域的国际知名企业、为广大客户提供高附加值、环保型、令客户满意的产品及全方位的服务。

公司建立了以市场为导向的技术创新机制，利用高分子科学、材料力学、流变学、材料显微学原理对材料进行设计和微观形态学设计，实现材料替代；赋予材料以新的概念，如“绿色材料”等，引导新型工程塑料在市场上的广泛应用。

海尔科化工程塑料国家工程研究中心股份有限公司（以下简称“海尔科化”）

该公司由中国科学院化学研究所与海尔集团合资成立的股份制企业。1998 年 9 月 8 日获工商注册成为我国第一家“转制”有限公司的科研单位。海尔科化的成功经验受到了党和国家领导人的高度评价，对从事应用研究的各类院、所直接面向市场，实行企业化的运行机制，起了积极的推动作用。

作为一家高新技术企业，海尔科化目前还很年轻，要想在当今全球经济一体化，市场竞争日趋激烈的时代长期存在下去，必须有明确定位：以满足用户需求为基本出发点，立足于高分子聚合物为主的新材料领域，激励个体创新，支持团队协作，以“孵化器”-“创业子公司”的模式吸引全社会的人力资源，持续不断地推出适应市场的成熟、成套的工业化生产技术及产品，并形成在各自应用领域国内一流（前三名）、国际上有影响的产业化群体（集团）。

“保护环境，健康生命”，是 ERC 新的经营理念，这是我们的使命，它代表了公司的“绿色”形象。围绕着这一理念，ERC 涉足新的技术领域，在医疗用品、医疗器械、生物降解材料及环保家装方面都取得了突破性的进展。

科亚公司

该公司为中外合资高新技术企业，是研究设计、生产制造及销售高分子材料配混加工成套设备的专业化企业。主导产品为 TE 系列同向双螺杆配混挤出机、KY 系列双阶式挤出机、MD 系列连续混炼机、高温熔体泵等。产品产销量连续 8 年居中国第一、出口第一、被《人民日报》专题报道为“南京有个小巨人”。

雄厚的技术实力。科亚汇聚了国内最早从事双螺杆挤出机研究开发、生产制造、高分子材料及其后处理加工等专业的骨干力量和极具勃勃朝气、专业素质强的优秀人才,形成了科亚强大的研发队伍。所有产品的设计都已实现计算机 CAD 网络化,确保设计质量。多年来,科亚不仅自己探索、开发、研究,而且还积极消化、吸收国外的先进技术,形成了自己一整套的设计软件包,该技术软件包完全可与国外先进技术媲美。

丰富的经验积累。迄今为止，科亚已向国内外用户提供了上千台套各种规格的成套生产线，所涉及加工的塑料产品几乎包容了现今各个领域。大量的生产实践和信息反馈，极大地丰富了对高分子材料加工机械更深层的认识，促进了产品的发展和技术进步。行之有效的生产机制、严肃的质保体系和完备的售后服务是科亚提供优质产品的保证。

公司有两个机加工厂，各类机加工设备如车床、镗床、铣床、花键铣床、滚齿机、磨齿机、磨床、珩磨机、数控螺杆磨床、线切割机、抛光机、氩弧焊机、等离子焊机等共 103 台，特别是螺杆元件数控成形磨，国内独一无二。2000m^2 的设备总装和试验分厂，齐全的检验检测仪器确保了出厂产品的质量。

科亚产品不仅内销第一,而且还走出国门,进入美国、加拿大、中东、东南亚、南非、俄罗斯等国市场。

在科亚员工的共同努力下，公司先后获得国家科技进步三等奖 1 项（国内同行最高奖），专利 8 项，部省级科技进步奖 10 多项。

南京橡塑机械厂

该厂是从事橡塑机械设计制造的专业工厂。企业创建于 1959 年，目前企业总资产近 5000 万元，1998 年企业进行了产权制度的改革。企业现有高、中级职称工程技术人员近 50 人。企业拥有先进的电脑设计系统，有效的 ISO9002 质量体系，快捷完善的售后服

务体系。产品覆盖全国、远销欧美等国际市场。

企业主要产品：平行同向双螺杆挤出机组，直径规格 25～133mm；排气混炼单螺杆挤出机组直径规格 30～220mm；大、小口径塑铝复合管挤出成型机组；PP－R，PEX 管材挤出机组；全自动 32000g 以上大型冷喂料橡胶注射机。

南京橡塑机械厂长期以来坚持机制创新、技术创新，激励人才、推陈出新、服务市场，取得企业效益和社会效益的双丰收。先后被授予“江苏省技术进步先进企业”；中国塑料加工工业协会专业委员会“明星企业”；南京市政府“文明企业”称号；两类三个产品被评为“国家级优秀新产品”；多项产品获得了部、省、市 科技进步奖；拥有实用新型专利 5 个。

南京橡塑机械厂愿与国内同行一道，为我国橡塑工业的发展作出新贡献。

广州金发科技股份有限公司

该公司成立于 1993 年 5 月，是一家从事改性塑料研发、生产和销售的民营股份制高科技企业。总部坐落于环境优美的广州高新技术产业开发区天河科技因高唐工业区，1999 年经国家认定成为国家重点高新技术企业，2000 年 12 月经认定成为省级重点工程技术研究开发中心。

公司广泛吸纳各类优秀专业人才，公司科技人员结构合理，技术开发实力雄厚，现有职工 460 人，大专以上学历人数占职工总数的 35%，其中具有中高级职称的技术开发人员 95 人，占职工总数的 21%，包括博士 15 人，硕士 28 人，工程师数十名。公司拥有 26 条生产线；具备年产 80kt 改性塑料的生产能力，是目前国内最大的改性塑料生产基地。公司多种产品为国内首创，技术达到当前国际先进水平，完全可以取代进口同类产品，主要产品有树脂、塑料合金和功能母粒四大系列，共计 50 多个品种 700 多个牌号，部分产品已获美国 UL 认证和省、市科技成果奖，其中国家级火炬计划项目 3 项，国家级优秀新产品 2 项，广州市科技进步奖 3 项，申请国家专利 7 项。产品广泛用于空调、计算机、冰箱、电视及其他家用电器和汽车、建筑、军工等行业。

公司从创立之初就信奉“质量是企业的生命”把质量管理作为企业管理的重中之重常抓不懈，公司已形成了比较完善的质量保证体系，1998 年 12 月通过了 ISO 9001 质量体系认证，2000 年 7 月通过了 ISO 9000：2000 版换版认证。

常州丰盛塑料有限公司

该公司是目前国内最大的塑料板材生产基地，公司现已通过 ISO 9000 质量体系认证，拥有国际著名设备制造商 AMUT、OMJPA 等公司的 11 条双层及多层共挤板材生产线，产品厚度范围 0.6～10mm，最大宽度 2450mm，年生产 PO、PMMA、ABS、HIPS、PP、PE，EVA 等多种塑料板材能力达 25.8kt。产品大量应用到建筑装饰、广告、卫浴、冰箱、汽车、火车、包装、土建工程等行业。

南京聚隆工程塑料有限公司

该公司是一家以生产、经营、开发改性工程塑料为主，集、科、工、贸为一体的高新技术企业。公司坐落于南京高新技术开发区，主要产品为改性、工程塑料 PA66、PA6、PP、PBT、PC、ABS 等 6 大类 200 余个品种，已广泛应用于汽车、电子、铁路、家电、通讯、纺机、电器、机械、体育休闲用品等行业，产品行销全国 20 多个省市。

聚隆公司拥有先进的设备、完善的检测设备及精良的技术服务队伍。公司技术力量雄厚，拥有教授级高级工程师及多名从事改性工程塑料研制开发的资深工程技术人员。公司与行业内各大著名科研院校密切的合作，以保持技术的领先。

公司于 2000 年 4 月通过 ISO 9002 认证，并被神龙公司、意大利默洛尼公司认定为富康汽车、阿里斯顿热水器等著名产品的原料指定供应商。产品获美国 UL 认证。

2001 年，为保持企业快速发展的势头，公司投资兴建了 3000m^2 的厂房和 1000m^2 的科研大楼，新增的两条生产线也已竣工投产，全年实现了生产能力和销售额翻番。聚隆努力为国家创造财富，为用户创造价值。

辽阳市宏伟区康达塑胶树脂厂

该厂毗邻我国大型石化企业——辽阳化纤公司，是集改性工程塑料塑胶开发、生产于一体的科技民营企业。拥有职工 180 人，其中高、中级科技人员 35 名，年生产能力 8000t，并通过 ISO9002 质量体系认证的专业化企业。

康达塑胶树脂厂的主要产品包括：Kangd PP、Kangd PC、Kangd ABS/PC 三大系列几十个品种，在汽车行业中得到了广泛的应用。

特别 Kangd PP 的超高增韧 PP/EPDM 系列在性能上有突出的优势，其保险杠材料是国内惟一获德国大众公司认可的材料，1991 年至今独家为奥迪汽车配套。代表先进技术的注可喷涂专用料，是国内首家达到大众公司标准并获一汽大众认可，作为一汽大众捷达轿车涂装保险杠专用材料。增韧填充 PP 系列中仪表板专用料也获得武汉神龙公司/天津汽车公司/长安铃木公司认可并成为指定生产厂家。

优异的性能。稳定的质量，良好的信誉，使康达塑胶成为奥迪/捷达/富康/夏利/奥拓/解放/金杯/五十铃/松花江等保险杠/仪表板及内饰件的主要原料。

进入新世纪的第一年，康达共实现产值5000万元，利税500万元，企业总资产达3000万元。

【存在的问题】

(1) 产需存在巨大差距。我国工程塑料合成基础薄弱、规模小、品牌少、技术水平低，缺少竞争力。汽车工业、电子工业及机械工业的迅速发展和大量外资及合资企业的进入，带动了工程塑料消费量的激增。1997年开始我国便成为世界工程塑料进口大国，供需之间的巨大差异引起了政府和产业界的关注。"十五"期间乃至今后相当时间内我国应该力争在用量较大的工程塑料品种如PA、PC、POM上吸引外资、扩大规模、提高产品等级上下大气力，不断提高自给率。

(2) 研究和生产脱节，科研成果转化率低。从事工程塑料研发的机构大部分在大专院校和研究单位，客观的讲实力不弱，但他们对产业和市场情况不大熟悉，而从事产品生产的企业又缺少专门的人才和装备，或不大具备研发能力。长期以来，二者缺乏合作的机制和有效的沟通，致使科研成果转化率很低。国家已经注意到这一问题的严重性并设立了一批国家级工程研究中心，创造一些工程化的验证环境，这无疑会增加科技成果的实用性。现在省市一级也开始建立研发中心，一些企业甚至提出了基于信息网络的异地合作研究和开发的新模式——"虚拟研发组织"。力图有效的以产品开发为目标，跨地区、跨部门的开展合作，集中有限资源、提高工作效率、降低开发成本的好想法。

(3) 信息的交流缺少有效的通道。

21世纪人类进入了信息时代，网络技术的发展在商品社会中的重要性日趋明显。但对国内大多数企业而言仍然十分陌生。企业缺少超前意识、风险意识、更缺少竞争意识。关键之点就是缺少足够的有用信息，以及有效获取信息的渠道。随着政府职能的淡化，企业生存和竞争的能力更多的依赖于企业本身。因此对市场情况的准确了解和预测，对新产品开发的动向和产品技术发展趋势的及时、准确的了解就成了最重要的生存信息。中国塑料加工工业协会在国企机制转轨的关键时刻，决定整顿和扩展各专业委员会的活动职能，正好迎合了企业的需求，通过定期出版物的信息交流，通过专业委员会的科技成果交流活动，不仅使企业家能及时了解行业的最新科技成果和发展趋势，同时也促成了企业结交了一批有真才实学的科技专家，为企业的发展解除了后顾之忧。

【发展趋势】

(1) 通用塑料工程化，工程塑料高性能化。现有的合成高分子材料约有80%左右的品种是经过种种改性途径而加以应用的，今后这种趋势也不会改变。随着新型、高效催化剂的面市，单点催化、选择性催化改变聚合物结构和分子量分布制造新型合金材料，以及通过共混、反应成型改性等手段制造新品种、开发新用途、通用大品种塑料工程化和工种塑料高性能化将成为今后主要的发展趋势。

(2) 绿色产品和环境问题成为持续热点。绿色产品是指对环境无污染的产品，近年来兴起的环境友好材料颇为流行。绝大部分热塑性塑料可以回收再利用，基本上不存在环境问题。随着经济的发展，人均塑料消费会急剧增长，中国人均塑料消费是13kg/人·年，离世界平均水平32 kg/人·年还有2倍的差距，发达国家已达人均百公斤水平。因而塑料的回收再利用必须引起足够的重视，因为环境问题已成为可持续发展战略中的重要问题。目前发达国家对有迁移性能、对人体有危害的增塑剂、含铅盐稳定剂及含重金属的染色剂和含卤阻燃剂的应用颁布了一些相关的法规和条例，这些已经引起高分子界的关注。

(3) 聚合物/纳米复合材料的发展将成为新热点。20世纪90年代初迅速形成的纳米热潮已有的研究报道表明，纳米技术是一种使通用大品种塑料工程化和工程塑料高性能化的最简捷有效的途径之一。纳米的表面界面效应、小尺寸效应、量子化效应和塑料的各种优异性能的完美结合，3%～5%（质量）无机纳米材料的添加量就会导致新型的聚合物/纳米复合材料呈现出更好的物理机械性能，更高的耐热性，同时还会赋予材料一定的阻透性、难燃性、耐候性、保温性、杀菌、抗菌性等功能。这是一种投资少、见效快、蕴藏巨大商机的改性方法，应予以足够的重视。

（中国塑料加工工业协会工程塑料专业委员会 王德禧）

医用塑料

【行业现状】

一、国内外现状

当今，塑料已应用在人们生活的各个领域。作为医疗器械不可缺少的组成部分，应用在对人类疾病的诊断、治疗、监护及保健、康复、生殖健康方面的塑料制品，我们称之为医用塑料。医用塑料是生物医学工程产业的一个重要领域，它是随着现代医学发展起来的新兴产业。一个国家医用塑料的产量和消费水平，也反映了该国的经济和科技水平。

我国的医用塑料虽在塑料工业中所占的比重不大，但它具有技术含量高、附加值高的特点，其发展速度很快，具有极大的发展潜力。

我国的医用塑料发展起步较晚，从70年代的塑料输液袋，到80年代各类医用塑料产品的迅速发展。1987年卫生部颁发“关于推广使用一次性塑料输液器、输血器及注射器的通知”后，推动了我国医用塑料的发展。目前，全国生产一次性医用塑料的企业已达600余家，其医用塑料产品的产值已达38亿元，占全国医疗器械总产值的15%，从国家药监局公布的“中国医疗器械产品检索指南”2000版中即可以看出。我国医用塑料产品主要集中在输血（液）器、注射器、引流器和排污（大小便器）器具，化验检查用品等产品上，而氧合器、透析器及各种插管、导管等产品数量相对较少。由此可以看出，医用塑料产品中还是以批量大，技术含量低、附加值小的产品为主，而高技术含量的膜式氧合器、血液净化器及各类导管、插管与国外上千种产品相比，相差甚远。尤其是高技术含量，高附加值的医用产品差距尤为明显。市场供需不协调，一方面把注意力集中在产量大，附加值低，技术含量不高的产品和品种上激烈竞争，而另一方面，许多现代医学所需的高技术含量、高附加值产品，由于软硬件水平及资金等原因，市场被进口产品所垄断，这是目前我国医用塑料消费市场的概括体现。仅以北京某医院为例，就年耗百万美元进口国外的医用塑料产品，这在许多大医院并不少见。

一个国家的医用塑料生产和消费水平，除与该国人口数量有关外，同时也反映了该国的经济和技术水平，美国人均年消耗于医用塑料方面的费用为300美元，而中国平均只有30元人民币，差距很大。发达国家把医用塑料产品作为塑料工业的重要指标，以美国为例，1986年用于医用塑料制品的产品已超过1Mt。1992年美国医用塑料销售额达20亿美元，日本1992年本土生产的医用塑料产品已达20亿件（套），销售额达1900亿日元，发达国家医用塑料消费量正以每年5.8%的速度增长。

目前我国医疗器械生产企业的具体结构是原医药系统公有制企业占15%，乡镇企业占20%，中外合资企业占20%，军工转轨、科研单位及其他占50%，也就是说改革开放后新入盟的企业占大多数，医用塑料生产企业在原医药系统占的比例还不足15%。就医用塑料制品而言，虽以典型的塑料加工业为基础，但其应用上的特点，在产品设计、制造、包装、灭菌、检验上又结合了其他学科的知识和技术，形成了一门具有生命力的高技术产业。

二、医用塑料的原材料

一些主要的医用塑料产品的功能及所需的高分子材料见表1。仅以高分子材料为例，世界范围内在医学上应用的材料已有90多个品种，180余种制品，西方国家在医学上所用的高分子材料每年以10%~15%的速度递增。

目前用于一次性医用产品的塑料材料要集中在聚烯烃及聚氯乙烯类。据统计，我国仅医用PVC粒料的年消耗量已在40~50kt。主要用于输液（血）器各种血管路等产品上，而且以每年10%左右的速度增长。产品市场潜力巨大。据统计，国内对医用导管的需求是各类引流导管5亿根，介入治疗导管5万根，FOLEY氏导管5000万根，穿刺管2000万根，市场容量在10个亿以上。

目前我国专业生产医用PVC粒料企业10余家，其中不包括自产自用PVC粒料的企业。

几种常用的有机高分子材料：

（1）聚氯乙烯是常用的制造一次性医用导管的材料。由于PVC的熔点与分解温度非常接近，而且它的玻璃化温度较高，材料硬度大，加工成型困难，因此，一般都在PVC树脂中添加增塑剂及其他助剂以降低熔点及玻璃化温度，提高材料的柔韧性，以便加工成各种导管。近期研究表明，一些PVC制成的导管特别是一些介入导管生物相容性较差，影响生物相容性的主要因素是增塑剂的迁移与溶出物的毒性。迁移与溶出的多少主要还是取决于配方与制备工艺，其中增塑剂选择尤为重要。我国的医用PVC材料多用于各类血管路及输液（血）器管路的制造，其用量占其他医用高分子材料的1/5多。

（2）聚氨酯（PU）是聚醚，聚酯和二异氰酸酯缩聚产物的总称。在医疗上特别是导管与人体器官上所用的一类PU是一种聚醚型聚氨基甲酸酯。PU承受低应力负荷时，具有良好的延伸性和耐翘曲性，它还具有好的回弹能力，耐疲劳能力，尤其是不易被水解的耐水能力，及与血液相容性等特点，在介入性导管中得到广泛应用。但目前我国正处于研制过程中，还未得到推广应用。

（3）聚乙烯、聚丙烯，聚苯乙烯和ABS等塑料材料，由于材料性能和来源广泛、廉价，已在医用塑料制品中得到极为广泛的应用。

（4）尼龙、聚四氟乙烯等材料以及尼龙和聚氨酯或其他材料的合金则是生产高级介入导管的首选原料，这种导管加工难度较大，但附加值却极高。如PTCA导管，加工难度大，每支价格在1万元以上。

（5）聚乳酸酯材料是第一批被美国食品及药物管理局（FDA）认可的可降解材料，现正开发用于手术

表 1 医用塑料产品、功能及所用材料

用 途	功 能	主要使用的高分子材料
人工肾（血液净化器）	肾功能衰竭患者肾功能的替代	聚碳酸酯、聚砜、聚丙烯腈、醋酸纤维素、聚乙烯中空纤维、聚碳乙烯、吸附树脂、聚乙烯醇等
人工肺（氧合器）	替代肺进行血液气体交换	聚碳酸酯、聚氯乙烯、硅橡胶、聚丙烯中空纤维、聚砜中空纤维、聚氨酯等
人工关节	置换病变及损伤的关节	甲基丙烯甲酯与聚苯乙烯共聚物、多孔聚四氟乙烯、高分子量高密度聚乙烯
注射器	向人体输送液体药物	聚丙烯、聚乙烯、聚苯乙烯、聚氯乙烯
输液（血）器（袋）	向人体输液输血	聚氯乙烯、聚丙烯、聚乙烯、ABS 树脂、尼龙等
各种医用插管	治疗过程中的引流、检查、输液	聚氨酯、聚氯乙烯、聚乙烯、聚四氟乙烯
手术覆盖膜	替代手术圆孔中，防止汗液感染	聚乙烯膜、聚甲基丙烯酸压敏胶
各种医用导管及医护用具、大小便器等	诊断、介入治疗、排污、化验	聚氨酯、聚四氟乙烯、聚乙烯、聚酰胺、聚氯乙烯、聚乙烯、聚丙烯、ABS、有机玻璃、聚氯乙烯
齿科材料	齿修补、替代	尼龙、聚甲基丙烯酸四酯、环氧树脂、聚苯乙烯

缝线，骨钉等制造上有很好的发展前景。

医用塑料是产业化发展最快的领域之一，它的突出特点是产品临床应用范围广泛而且多为一次性使用，在医疗水平不断提高、医院向医疗用品一次性发展的今天，有着广阔的发展前景。

作为生物医用材料之一的医用高分子具有很高的附加值，随着医疗事业的迅猛发展，近 10 年来，医用高分子材料及制品的市场一直保持 20%左右的年增长率，发展态势已可以与信息和汽车产业在世界经济中的地位相比。随着国民经济的发展和人民生活水平的提高，对医用高分子材料和制品的需求急速增长。例如我国人工关节替换年增长率高达 30%，远高于美国的 4%。因此，开发生物医学材料（医用高分子）和制品有着巨大的潜在市场。

三、医用塑料制品

目前，国内的医用塑料制品有数百种，规格上千种，已广泛应用于医疗卫生领域的各个方面，其中有如膜式氧合器、透析器、介入导管这类，高附加值、高技术含量产品，也有如输液（血）器、注射器等用量大的低附加值产品。我国的医用塑料制品与国际上同类产品比较，还有相当大的差距，这种差距主要表现在高技术含量、高附加值产品少，而且一些产品的质量还不如国外同类产品，但价格差距比较大，我国同类产品的价格只相当于进口产品价格的 1/3～1/5。目前我国注册的生产输血（液）器、注射器及普通医用塑料的企业有近 400 家之多，而注册的生产氧合器、透析器、介入导管的企业不过 20 余家，从企业的数量上看虽说明不了太大问题（有市场需求量的问题及技术水平等因素），但也可以说明低技术含量的产品市场竞争是相当激烈的，而像高技术含量的氧合器、透析器及介入导管等产品，国内企业竞争的对手主要是生产进口产品的外国企业。

表 2 列出我国主要医用塑料产品的主要品种、生产企业数、用量及企业分布。

主要产品现状及发展：

（一）氧合器（心脏外科体外循环用品）

心脏外科体外循环一次性用品主要包括：鼓泡式氧合器，膜式氧合器，（人工肺）动脉微栓滤器，动静脉插管及血管路系统等。由塑料等高分子材料制成的体外循环心脏手术专用耗材约以每年 10%以上的速度递增。氧合器应用仍以鼓泡式为主，占 70%～80%左右。膜式氧合器以进口产品为主，占用量的

20%以上。专家认为，膜式氧合器在未来10年内将逐步取代鼓泡式氧合器而占氧合器的主导地位，因此发展（开发）膜式氧合器是一个趋势。目前我国生产膜式氧合器的主要企业共有4家，都处在起步阶段，有待提高完善。目前，每年进口膜式氧合器年需外汇上百万美元。

若国产化后可提升用量至每年1~2万个，包括配套产品产值可达4000~6000万元/年。随着国民生活水平的提高，心血管疾病患者不断增加，心脏外科手术量的增加，估计全国心脏手术量以每年5000~8000例递增。由于手术量的增加其体外循环一次性系列产品的消耗量也随之增加，市场潜力巨大。

（二）血液净化器

血液净化产品包括：人工肾（透析器），血液超滤器，血液吸附器，血浆分离器以及血液净化管路系统。

肾功能衰竭或药物中毒，需将患者血液引至体外进行透析，过滤或吸附以清除血液中有害物质，除设备仪器外，消耗材料均为高分子材料制成。血液净化器以其作用和原理不同，可分为中空纤维型和吸附型两大类。中空纤维型血液净化器主要用于肾衰竭的透析治疗，全国年收治病人数十万人左右，年消耗透析器及血回路近200余万套，价值达数亿元。吸附型血液净化器主要用于药物中毒的急救，我国目前消耗了数万支左右，以河北一家企业生产的碳肾为代表，年产值近1000万元。

据资料报道，我国目前每万人中3人患急慢性肾衰，以此推算全国有近30万人需得到透析治疗，年消耗透析器200万支，每支以150元，合计耗资3亿元人民币。透析器以进口产品为主（占全国用量的90%），主要是德国费森尤斯、美国百特、瑞典金宝和日本泰尔茂产品，国内主要是山西、福建、浙江等省生产企业产品，但竞争力差。

（三）输血、输液器、注射器等

输液（血）器、注射器是广谱性的一次性医疗器具，每年消耗数十亿支。目前我国仅生产此类产品的已注册企业近400余家，产品部分出口国外（东南亚、非州等），市场容量大，竞争激烈。由于该类产品生产规模大，技术含量不高，属较为成熟工艺的低价格、低附加值产品。据中国医药总公司统计，2000年本行业有关数据见表3。此表统计仅限于医药总公司系统。医药总公司系统仅占医用塑料企业的15%，因此，表3数据仅可视为全国的1/6(医用塑料产量)。

表2 医用塑料产品生产情况

产品名称	生产企业数	全国年用量	年产量	生产企业分布（省、市）
鼓泡式氧合器	5	4万个		陕西、广东、天津、上海
膜式氧合器	3	2万个		陕西、广东、天津
动脉微栓滤器	6	5万个		天津、浙江、广东、陕西
血液净化器（透析器等）	5	200万支		山西、福建、浙江
医用PVC粒料	10	6万吨		天津、上海、江西、广东等
介入导管	8	5万 + Foleyfe	5000根	天津、广东、浙江等
输血液器	300	30亿套		山东、天津、浙江、广东、上海、江苏等分布较广
注射器	200	35亿套		分布较广
其他插管导管、器具	100	2000万套		分布较广

表3 医用塑料产品出口情况

产品	产量	出口量
一次性输液器	39 326万套	8 956.6万套
一次性输血器	676.3万套	302.5万套
一次性注射器	45 569.28万套	7 399.1万套
一次性血袋	910万套	
一次性引流袋	590万套	311.5万套
医用PVC粒料	3 932.2吨	
氧气面罩	106 540个	74 162个
其他医用高分子制品	5 198万支（套）	1 405.2万支（套）

从表3数字看，普及型的一次性用品都有一定的产量和出口量。由于国家加强对这类一次性用品生产的管理力度，先进的生产条件，规范的生产管理和形成规模化生产是这类企业的立足之本，否则在市场竞争中同样会遭淘汰。

（四）各种医用导管及插管

医用导管及插管主要包括：(1) 心胸、脑系及泌尿科、妇科、儿科各种中心静脉导管等外科手术用各种插管管路。(2) 治疗及护理用各种监护营养、注入排污用管。(3) 诊断及介入治疗用各种导管，如冠状动脉导管，漂浮导管，冠状动脉扩张管，球囊导管，测压测温导管，造影导管等。

导管的种类很多，其加工的技术难度较大，技术含量高,附加值也高。导管的介入治疗是近年来发展很快的一种医疗技术，它主要依靠医用塑料导管为工具,借助X射线、超声等仪器的监视，将导管插入人体实施疾病的诊断、治疗及临床监护。目前应用较广的是在心脑及肿瘤疾病的治疗方面，已成为当前除手术、药物治疗外的一种更有效的治疗手段。

在介入性心脏病的治疗中，医用导管基本分为两类：一类是诊断用造影导管，一类是治疗用导管，品种规格多，工作原理各异。目前，各类导管大致有上百种，但不外乎是作为对患者的治疗、诊断和监护。而对导管按病种分类，可分为心内外科、脑系科、妇科、泌尿科、肾病科及肿瘤科等用。

80年代以来，在导管诊断技术日臻完善的基础上，利用导管进行介入治疗迅速得以发展，目前，全国各医疗机构已陆续开展导管的介入治疗。

医用导管是临床应用正在迅速发展的一种消耗性产品，介入治疗是一种微创治疗技术，有很好的发展前景。以心脏微创手术为例，在美国做一例心脏微创手术消耗4500美元的各种介入导管。

医用塑料管腔制品，其数量、品种和应用范围都在医用塑料产品中占有重要地位。据有关资料报道，日本1998年各种导管插管的消费量为6.8亿支，其中本国生产近3亿支，销售额为780亿日元。

在导管产品中，目前用量不大、但发展最快的产品是介入疗法用的系列导管产品。这类导管加工精细，质量要求较高，目前还主要依赖进口，但价格昂贵（每支从几十～几百或上千美元）。有资料介绍，北京某医院每年从国外购买导管的费用近30万美元。由此可见，发展我国的医用导管生产业从而替代进口产品，推动我国国内医疗技术的发展意义极大。我国每年用各种导管、插管5000万条左右，产值达数亿人民币。

（五）其他医用塑料制品

这类医用塑料主要包括：氧气面罩，大小便器，引流器，医用胶片，手术膜，化验室用产品，医院用垃圾袋及生物安全袋等产品。

这类产品其使用量亦不可低估，其加工工艺较为简单，有较大的市场需求。目前生产此类产品的企业，估计有上百家。该类同样是医用塑料制品的重要组成部分。它们也是用在对患者的诊断、治疗、监护、康复保健方面，其作用也是显而易见的。这一部分产品其产值占整个医用塑料制品的20%。仅垃圾袋的品种就有十几种之多，而一家大中型医院每年耗用垃圾袋大约在几万至几十万个不等。而生物安全包装袋则为一种耐高温、高强度的新产品，具有很好的出口前景。试验室用塑料制品则是品种多、规模全、滴管、器皿等应有尽有，多为一次性耗材。因为它们也都是一次性用品，市场需求持久，我们同样需在产品的更新，质量的提高上下功夫，使我国的这类产品更好地为全国患者的康健服务。

四、医用塑料产品的技术特点

临床医学的发展推动医用塑料产品的开发，许多医用塑料产品都是医务人员和工程技术人员共同合作的结晶。虽然产品的制造加工过程归属于塑料工业，但产品的设计、开发都是生物化学、材料及机、电、声、光等各学科的交叉渗透孕育而成，这是医用塑料的最突出的技术特点。

医用塑料产品的生产，除要求材料具有良好的加工性能，机械性能，价格低廉，原料易得以外，还特别重视材料的安全性。当前医用塑料产品的原料选自工业材料，但根据产品的使用场合和对人体健康影响程度不同，国家制定了产品的分类管理办法，对材料的化学性能、物理性能、生物性能做了严格的规定，原则上医用材料要求无毒、无刺激，良好的生物适应性和血液相容性。目前，国家药监局已出版的《医疗器械的生物学评价》对医用塑料产品的生物学评价做了详细的要求，制定了具体标准。

医用塑料产品很多是与人体组织或血液接触的产品，要求必须在净化的环境内完成生产，而且其产品应经过灭菌处理，密封包装，微生物检验后方可出厂。我国绝大多数医用塑料产品的生产虽然利用了通常的塑料成型方法，但如介入导管及插管等产品关键技术体现在二次加工上，需利用特殊的专用设备和方法，对产品进行最后的组装成型。可以认为导管类产品的加工技术关键是在二次加工成型。

由于医用塑料产品应用在医疗的各个领域，不同的使用要求决定了产品的品种规格的多样化，国外医用塑料产品已达数千种之多，美国的Portex公司的医用塑料产品已达1600多种，仅麻醉用气管插管就有经口、鼻，带气囊的、成人儿童的数十种规格。

许多医用塑料产品都围绕一个使用领域形成配套化、系列化，如：心外手术中氧合器需与血路回路，滤器、贮血器、插管、测压管、灌注装置等多种医用塑料产品配套使用。不少厂家均以某一领域系列产品为其代表产品而制定其发展方向。

【重点企业】

山东威海市威高集团

天津市哈娜好医材公司

吉林塑料研究所

西安西京医材公司

宁波天安生物材料有限公司

天津合成材料研究所

河北廊坊爱尔血液净化器材厂

杭州同济医疗器械有限公司

天津市医疗器械厂

北京福尔娜医材公司

江西南昌大学亨达实业公司

北京普惠生物医学工程公司

天津丹海股份有限公司

广东佛山医用导管公司

浙江拱东医用塑料厂

江苏武进医用塑料厂

大连JMS医材公司

西安正源高分子制品公司

天津市塑料研究所等

【存在的问题】

我国的医用塑料制品与国外先进水平的差距还很大，主要表现在：

(1) 由于基础工业落后，医用塑料产品所需的原料门类不全，质量标准不规范，缺少开发医用塑料原料的企业。如：作为介入治疗导管的最好材料之一的医用聚氨酯材料，市场很难购到，只能从国外进口，因此国内的导管材料大多采用PVC材料，其产品性能、质量与进口同类产品比较还有一定差距，使国内产品在市场推广上缺乏与进口产品抗衡的能力。

另外，像透析器、氧合器都是医疗临床上的成熟产品，它们所使用的材料中离不开医用PU做为中空纤维膜的灌封材料，每年耗用医用PU材料数十吨，全部依赖进口。因此，解决医用PU材料的国产化，对推动医用塑料的发展意义重大。

(2) 医用塑料生产企业的基本设施、管理水平较低，产品质量稳定性差，可靠性差。全国生产医用塑料产品的企业已近600家，其中很多企业基础设施落后，未能完全按一次性无菌医疗器具生产管理规范去做，加工设备落后，管理人员素质水平较低，甚至是作坊式的劳动密集型，生产环境达不到GMP标准，技术力量薄弱，这些都是制约我国医用塑料企业的发展。因此，国产医用塑料产品，往往质量问题不断出现，虽国家药监局已加大监管力度，加大处罚和打假的力度，但要使我国的医用塑料企业有一个快的发展，企业必须按法律、法规去做，通过ISO 9000质量体系认证，规范企业的行为，提高质量意识。

(3) 产品技术结构落后，于当代科技的发展。大多数材料和产品的技术性能属于中低档产品，相当多的产品未形成规模经济的产量，全员劳动生产率低下，缺乏市场竞争能力。

(4) 我国医用塑料是一个新兴的产业，起点较低，与国际先进国家比较差距还较大。例如，1982年我国医用塑料产值只有0.78亿元，即使是1997年医用塑料产值增加到30亿元(医疗器械240亿产值，按医用塑料占其份额的12.5%计)，1999年医用塑料产值38亿元，也只占世界医用塑料产值的1%～2%，国内人均消耗也只有国外发达国家的1%～5%。

【发展趋势】

20年来，随着医疗器械的发展，医用塑料在医疗事业中起到越来越重要的作用。1997年全世界医疗器械产值达到1370亿美元，而医用塑料已占其份额的15%；我国的医疗器械总产值，2000年已达300亿元，医用塑料约为40亿元，1999年全国注册医疗器械企业5700家，而生产医用塑料的企业占600余家企业，占10%。

从统计数字看，我国医用塑料近10年来已有突飞猛进的发展，近年平均每年以15%～20%的速度递增，但高新技术领域为数不多。据推测，到2005年我国医疗器械市场会增长40%，随之医用塑料可同比增长，其市场潜力巨大。

(中国塑料加工工业协会医用塑料专业委员会　曹常在　刘志民　向欣芳)

电　缆　料

【行业现状】

2000年是我国“九五”计划的最后一年，国内电线电缆行业的生产势头仍保持了一定的增长速度，一大批企业通过改制、转制，使参与市场竞争的能力得到了进一步增强，企业重现生机。由于我国城乡电网改造、西电东送、长江三峡水电站等一大批国家重点建设项目带动了国内对电线电缆产品需求，使电线电缆各类主要产品的销售情况比1999年有较大幅度的提高。作为电线电缆生产的主要原材料之一即电缆的绝缘和护套材料的市场需求也有了较大幅度的上升。电缆行业中目前主要使用的橡塑材料有两大类：第一类以橡胶为基的橡套电缆用橡胶及助剂的混合物，一般由电缆厂内部自行加工；第二类以塑料为基的配以配合剂混合而成的混合物，通常的塑料基为聚乙烯和聚氯乙烯树脂及其共聚物。第二类电缆料大都由专业厂生产供各电线电缆厂使用。电缆行业中，目前主要使用的有绝缘和护套两大类，即以聚氯乙烯树脂为基的聚氯乙烯绝缘和护套，和以聚乙烯树脂为基的绝缘和护套材料。全国目前电缆料的生产厂家超过200家，从业人数15000人左右。全年总产量在500kt左右，估计总产值在50亿元左右。2000年各种主要制品的产量及产值见表1。

表1 主要制品产量及产值

产品名称	产量/kt	产值/亿元
PVC电缆料	340	27.2
其中：PVC绝缘料	163	13.0
PVC护套料	177	14.2
PE电缆料	160	17.6
其中：可交联PE电缆料	40	4.8
通信电缆黑护套	40	3.6
光缆护套	30	3.0
市话及数据传输电缆	30	3.0
其他用PE电缆料	20	3.2

我国电缆行业生产电缆料所使用的主要设备有三大类：

一、可交联PE电缆料

我国的交联电缆使用量很大，可交联电缆料有三种类型：

(1) 就动力电缆而言，10kV及以上交联电缆生产工艺采用化学交联法生产，因此此类电缆生产所需的绝缘料称为可化学交联PE电缆料。目前我国有100多条10～220kV交联电缆生产线（包括10多条立塔生产线），可见可化学交联电缆料的需求之大。可化学交联电缆料生产对设备要求较高，由于该材料对温度敏感性较强，因此对设备的温控精度和混炼机的剪切效果都有严格要求。目前国内具有XLPE电缆料生产装备的厂家约有30家，年生产能力在60kt左右。在这些材料生产厂家中，有相当一部分是从国外引进带有连续精确加料计量的生产设备，最常见为瑞士Buss生产设备，国内已有20条左右，主要生产35kV及以下可化学交联PE电缆料。也有少部分电缆料厂采用经改进的国产平行挤出造粒机。国内也有用双螺杆生产设备来生产XLPE电缆料，但质量不够稳定，市场占有率不高。

(2) 交联电缆中另一种常用的生产工艺为硅烷交联法，它利用PE与不饱和有机硅烷接枝，在水和催化剂的存在下缩聚交联形成三维网状结构。这种工艺的最大特点是经接枝后聚乙烯与催化剂母料混合后可在普通PE挤出机上挤出电缆绝缘，然后只需在95℃的水中进行水解缩合反应，完成交联过程。因此，一些中小型电缆厂特别欢迎此类生产工艺。在不需要生产作大的调整和投资下就可达到生产交联电缆的目的。硅烷交联法生产的动力电缆大部分为10kV及以下的电力电缆。可硅烷交联电缆的生产对设备要求十分严格，要有精确的加料计量，又要求有足够的剪切效果，使PE得到充分的接枝，并在造粒后充分干燥，这类设备大多也是进口设备，国产设备很难保证产品质量的稳定性。

(3) 第三种交联电缆的生产工艺为辐照交联电缆生产法，即聚合物在高能电子束的照射下，大分子链上产生活性点，而彼此形成网状交联，交联过程在常温常压下进行，因此特别适合于软结构或小规格的低压电缆的生产。辐照交联电缆料的生产可以在一般的双螺杆生产线上进行，因此国产的双螺杆挤出造粒机已成为主要的生产装备。

可交联半导电屏蔽料，因加入炭黑量大，对混炼机的要求也很高，国内有影响的生产厂家也普遍采用Buss设备。

二、通信电缆和光缆用绝缘料和护套料

其主要生产设备，以国产双螺杆生产线为主，全国有此类生产线约400多条。国产双螺杆生产线系仿德国WP积木式平行双螺杆挤出造粒机。

三、以PVC树脂为基的电缆料

第一种：双螺杆塑料挤出造粒机生产线，目前有三种型号的设备，即锥形双螺杆挤出造粒生产线，平行双螺杆挤出机造粒生产线和双阶式双螺杆挤出造粒机。此类生产线以双阶式双螺杆挤出造粒机生产的产品质量较好，且产量较大能耗低。用于生产PVC电缆料的双螺杆国内约200条左右，年生产能力为300kt以上。

第二种：生产方式为密炼－开炼造粒生产线。此生产方式比较古老，但产品质量好，且稳定性好，对高填充料量的产品以此方式为好，但能耗大，工人的劳动强度大，在PVC的电缆料生产中已逐渐被淘汰。国内目前有此类生产线10条左右。

【专委会活动】

2000年电缆料专委会的主要活动如下：

时 间	活动名称	主要内容	地 点
2000.3.20	“10kV及以下黑色架空绝缘电缆用可交联聚乙烯绝缘料”机械行业标准工作组第一次会议	讨论该标准的审查稿	上海电缆研究所
2000.5	2000年电线电缆行业热点技术交流会	其中交流内容之一：电线电缆橡塑材料、北欧化工介绍常温硅烷交联电缆料	上海
2000.8	“电线电缆用软聚氯乙烯塑料”国家标准修订会	修订QB 3804—99的审查稿	烟台虹口宾馆
2000.11	2000年亚洲电线电缆国际展览会和2000年电线电缆产品材料及设备展上的学术研究讨论会	重点介绍一部分材料的开发和生产情况	上海国际展览馆 上海光大展览中心

【重点企业】

电缆料行业中的重点企业一般从该厂的生产量和产品的技术含量两方面来考虑，有的工厂虽然产值不大，但其产品对电缆的生产有重大影响，因此在考虑本行业的重点企业时，主要从以上几个因素着手。

2000年本行业重点企业的主要生产和经营状况、产量、产值基本情况见表2。

表2　2000年电缆行业部分电缆料经济指标

企业名称	主要生产品种	主要生产设备	产量/kt	产值/亿元
上海化工厂股份有限公司	(1) PVC电缆料 (2) XLPE电缆料 (3) 硅烷交联电缆料	Buss机2条，国产挤出造粒机3条	PVC 3 XLPE 5 SiXLPE 3	1.2
天水电缆料厂	(1) 黑色PE护套料 (2) PVC电缆料 (3) XLPE电缆料	双螺杆电缆料生产线6条	8.5	产值0.9 销售额0.8
江苏三角州塑料集团公司	(1) PVC电缆料 (2) PE黑色护套料	双阶式双螺杆生产线6条	16 2	1.4
浙江万马高分子材料厂	(1) PVC电缆料 (2) XLPE电缆料	ϕ180双螺杆双阶解机1条，ϕ60双螺杆双阶解机1条，Buss造粒机1条	PVC 10 XLPE 3.6	1.232
浙江富天集团	黑色PE电缆料护套料	ϕ70双螺杆挤出造粒机12条(国产)，ϕ90双螺杆挤出造粒机2条(美国进口)	10	0.95
杭州高新电缆料厂	(1) PVC电缆料 (2) XLPE电缆料	双螺杆生产线1条，ϕ150单螺杆生产线4条	11	1.2

续表

企业名称	主要生产品种	主要生产设备	产量/kt	产值/亿元
浙江通达公司	(1) PVC电缆料 (2) XLPE电缆料 (3) SiXLPE电缆料	双螺杆生产线4条，Buss生产线1条，进口硅烷交联生产线1条	PVC 15 XLPE 3.8 SiXLPE 1.5	1.78
青岛高科技园兴跃塑料制品厂	(1) PVC电缆料 (2) 35kV及以下XLPE电缆料 (3) 10kV及以下架空绝缘电缆料 (4) 黑色PE护套料塑钢门窗系列产品	Busss设备1套，RRG14－18国产双螺杆生产线20条	11.6	1.43
广东兴跃塑料制品厂	(1) XLPE电缆料 (2) SiXLPE电缆料 (3) PVC电缆料 (4) 黑色PE (5) 屏蔽料	PVC单螺杆和双螺杆生产线10条，PE双螺杆生产线4条，XLPE 2条，屏蔽线1条	PVC 12 PE及屏蔽料4	1.4
河南新乡万博塑料有限公司	XLPE电缆料	Buss设备1套	3	0.36
苏州双虎高分子材料公司	半导电内外屏蔽料	Buss机1条	3.6	0.65
上海华吉高分子材料厂	(1) 35kV及以下XLPE电缆料 (2) 半导电内外屏蔽料 (3) 可交联低密度聚乙烯 (4) 黑色架空电缆绝缘料	德国WP公司双螺杆挤出生产线3条，国产双螺杆生产线1条	2.5	0.3

【新产品开发】

随着我国四个现代化建设的纵深发展，许多高新技术产品被开发应用，因此，对电线电缆的要求也越来越高。从电线电缆的使用温度等级来说，电线电缆老产品中缺乏125～150℃系列产品电缆料。由于高温材料为硅橡胶和含氟高分子材料，价格昂贵，工艺复杂，无法取代量大面广125～150℃等级的电缆料。其次，材料和电缆的阻燃特性已被人们所重视，在许多重点工程中对电缆阻燃特性不仅要求阻燃而且要求在燃烧时低烟，无有毒性气体发生。因此低烟无卤阻燃电缆料的研究开发，也是电缆材料开发的重点。这两个项目都已由上海电缆研究所开发研究成功并已转让生产，填补了市场空白，使过去电缆行业仅靠进口的材料已完全被国内生产所取代。

可硅烷交联电缆料，长期靠进口解决，直到2000年通过各方努力，也完全由国内生产技术所取代。

【存在的问题】

电缆料的生产工艺比较简单，生产效率极高，但是这种产品占用流动资金比较大，技术要求高，因此竞争十分激烈。一些国企老厂逐渐衰退，被新型的股份制和私营经济所取代。主要存在问题是行业内部缺乏统一的质量管理和价格管理，使行业内部的价格战愈演愈烈，质量差异悬殊，影响了电线电缆产品的质量。今后电缆料行业中必须加强行业管理，经常开展行业质量检查和评比，共同商定各类产品的指导价格。其次行业内部也应加强学术交流，共同提高行业整体水平。

【发展趋势】

电缆料行业是电线电缆工业的附属产业，两者相互依存。随着国民经济的发展，电线电缆的需求量大幅上升，是电缆料的市场日益扩大。近几年来，新的电缆料生产厂家不断出现，原来电缆料厂的生产能力不断扩大，其结果电缆料厂的相互竞争很大程度上决定于资本的竞争。一些电缆料大厂资本雄厚，生产能力不断扩大，在电缆工业中有举足轻重的影响。因此电缆料行业的企业会逐渐向大型化发展。但这些大型企业往往产品比较单调，品种并不齐全，而一些中小型厂在资本实力不足的情况下，注重技术的发展，产品的多样化，完全从市场的多样化需求出发开发新品，求生存求发展，也得到了社会的认可。至于那些既不注重质量又无资本实力的小厂正在逐渐被淘汰，因此今后电缆行业发展必然朝着规模经济和高技术含量发展。

随着科学技术的发展，电缆新材料需求无论从品种和数量都在日益扩大，重点开发多功能、特种性能的产品。低烟无卤材料将成为电缆材料的主流，但就其品种而言，目前的数量是远远不够的，如耐油型、各种温度等级无卤材料是今后发展的重点。热塑性弹性体材料国内起步较晚，除PVC热塑性弹性体的应用比较成熟外，聚烯烃热塑性弹性体，聚酯类热塑性弹性体等国内的研究开发尚未成熟，这类产品必将成为电缆工业的重要材料，应该引起人们的关注。无重金属PVC电缆料的开发也是今后市场的热点。硅烷交联的低温交联电缆料的研究开发市场已经发出需求信号，超高压可交联电缆料，超光滑半导电屏蔽料都需要研究和开发。总之，电缆料的品种还有很多需要研究和开发。

（电缆料专业委员会）

降解塑料

【行业现状】

我国光降解塑料起始于20世纪90年代后期，80年代又有少数几家进行淀粉填充型降解塑料的实验室研究。进入90年代，随着环保呼声日烈以及受国外降解塑料热的影响，我国从事降解塑料研究开发的企事业单位有如雨后春笋般地蓬勃发展。降解塑料的研究开发成为全国的热点问题，并多次掀起降解塑料开发热潮。

目前，我国降解塑料事业经历了90年代初、中期的急躁发展、盲目上马，并夹杂一定程度的浮夸和商业炒作宣传，致使部分企业蒙受相当严重的经济损失后，现对降解塑料的发展已比较理智、冷静了下来，正面对国情，面对现实，围绕资源、技术、经济、市场、环保等多方位综合考虑，在积极改善工艺、提高性能、降低成本的同时，正大力研究新技术、开发新品种，开拓新用途。

我国研究开发的降解塑料品种有光降解、光/生物降解、光/碳酸钙降解、光/氧化/生物降解（可环境降解）、淀粉填充型生物降解、完全生物降解等塑料以及高填充碳酸钙环境友好材料等。其中光/生物降解、可环境降解塑料地膜先后列入国家“八五”“九五”重点科技攻关计划；变性淀粉及其生物降解功能母料及制品1999年被国家计委列为产业化示范工程项目；完全降解塑料聚3-羟基丁酸和戊酸酯共聚物（PHBV）、聚羟基烷酸酯（PHAs）、聚己内酯（PCL）、聚乙交酯等列入了国家和地方“九五”重点科技攻关及863计划。其中PHBV、PHAs、PCL已通过了中试鉴定，正在筹建扩试批量化生产装置及基地；脂肪族聚碳酸酯（二氧化碳和环氧丙烷共聚物）为国家自然科学基金会青年基金和中科院长春应用化学研究所创新基金项目，其中试已通过吉林省级鉴定；PVA/淀粉生物降解塑料也已进入了中试阶段。从总体而言，除合成型光降解、完全生物降解塑料外，中国降解塑料的研究开发进程与世界同步，技术水平和世界先进水平接近或相当。其中在淀粉细化、疏水改性技术和淀粉高填充技术等方面已拥有我国自主的知识产权。

据不完全统计，目前中国从事降解塑料有100多家，部分形成了产、学、研相结合的开发体系。已建成的双螺杆降解母料生产线近100条，能力约1000kt，降解塑料制品的生产能力除新建约60kt/a能力外，相当一部分是在现有塑料制品企业，利用原有薄膜（袋）、餐饮具的生产线，在PE、PP中加入降解添加剂和有关助剂制得。因此其实际能力难以计算。

目前开拓的应用领域主要有农用、包装和日用一次性消费品，开发的产品主要有地膜、育苗钵、肥料袋、堆肥袋、包装膜（袋）、食品袋、超市购物袋、垃圾袋、快餐餐具、饮料杯、台布、手套、高尔夫球座等。目前降解塑料地膜处于示范应用阶段，一次性包装材料及日用杂品正逐步推向市场，并有部分母料和产品已进军国际市场。完全生物降解塑料正处于中试阶段，其产品在医用材料、高档包装材料、涂敷料方面正在积极开拓市场。

【专委会活动】

2000年9月19～22日中国塑料工程学会降解塑料研究会理事长唐赛珍高级工程应邀参加联合国工业发展组织科学与高科技国际中心（ICS—UNIDC）与韩国生物降解塑料学会在韩国汉城联合召开的可环境降解塑料工业发展和应用研讨会。唐赛珍理事长在会上作了《中国降解塑料研究与开发》的报告，受与会专家和代表极大关注。

2000年12月17～22日中国降解塑料网、中国塑料工程学会降解塑料研究会联合在北京召开了中国环境降解塑料和环境友好材料研讨会，会上邀请了国家经济贸易委员会、国家环境保护总局、中国国际人才开发中心高科技专家委员会、中国塑料加工工业协会、中国环保产业协会、中国包装协会塑料包装委员会、中国包装总公司、中国环境科学研究院有关领导和专家与会指导并作了重要讲课。中国台湾省废弃物资源回收推广协会秘书长也应邀出席了会议。唐赛珍理事长以题为“降解塑料、方兴未艾、任重道远、前景看好”传达参加ICS—UNIDC环境降解塑料国际研讨会的精神和概况。出席代表有来自国内20多个省市50多名专家、教授、企业家、环保工作者和新闻工作者。

会议共收到论文30余篇。会议通过广泛交流，在对降解塑料的定义及其在环保中的作用，当前存在的主要问题，今后发展方向等方面取得了共识。

【重点企业】

天津丹海股份有限公司

该公司投资开发的变性淀粉及生物降解功能塑料母料产业化项目是天津20项重大科技成果产业化项目之一，1999年被国家计委确定为国家重大科技成果产业化示范工程。降解塑料薄膜1998年通过中国环境标志产品认证，2000年企业又通过了ISO14001认证。目前该公司已建成降解母料（专用料）和相关制品生产能力各30kt/a，是当前亚洲最大的降解塑料生产企业，并注册了“STARATE”（生态利）商标。

2000年生产母料（专用料）10kt，销售量10kt，销售全额1877万元，出口1.25kt，创汇1183万元，主要出口国家和地区有日本、美国、澳大利亚、泰国和我国台湾省等。2000年盈利2500万元。

研究开发和生产的主要产品有：光/生物降解、淀粉填充型生物降解、完全生物降解。母料（专用料）、地膜、育苗钵、包装膜（袋）、垃圾袋、餐饮具、无纺布、婴儿尿布、工作服等。

南京苏石降解树脂化工有限公司

该公司是江苏省石油总公司属下集科、工、贸为一体的企业，在引进美国淀粉/EAA/PE生物降解技术和设备的基础上，联合国内几所大学和专业科研所共同消化、攻关，在技术上有了较大创新。并形成了年产10kt生产规模，生产膜类、注塑类、泡沫类三大系列10多个品种母料（专用料）及部分制品。2000年产量2kt，其中出口约1.6kt，销售总金额2600万元。出口国家和地区主要有日本、美国、德国和我国台湾省等。

研究开发和生产的主要产品有光/生物降解、淀粉填充型生物降解、完全生物降解母料（专用料）、地膜、包装膜（袋）、高尔夫球座等。

吉林金鹰实业有限责任公司

该公司是集科、工、贸于一体具有高科技含量的环保型民营企业，公司研究开发的光/生物降解塑料被列为国家级火炬计划项目。目前已建成年生产能力6.5kt母料及薄膜2kt，餐饮具2kt的生产规模。1998年通过中国环保标志认证。2000年生产量约3kt，部分出口美国和日本。2000年被长春市政府评为先进民营企业。

生产的主要产品有：光降解、光/生物降解、光/钙降解、淀粉填充型生物降解母料及地膜、包装膜（袋）垃圾袋、餐饮具等。产品商标“绿叶”。

深圳市绿维科技有限公司

该公司成立于1997年5月，是专业从事降解塑料及相关制品的开发、生产与销售的环保型高新技术企业。研究开发并批量生产的“绿维”、“Greenplas”两大品牌，光降解、光/生物双降解、全生物降解等三大系列产品。产品经国家权威部门认证，符合国家环境保护总局HJBZ12—1997降解塑料包装制品的技术要求。作为新型的环境亲和性高分子材料，光/生物双降解母料、完全生物降解母料融合了独特的淀粉改性技术，使产品具有优良的降解性能和加工性能，深受国内及港台、日本、欧美等用户的好评。现正与泰州市合资兴建“泰州绿维塑胶股份有限公司”。

深圳德实利集团(中国)有限公司

该公司是一家合资企业，是一家集实业、环保、国际贸易、建筑、房地产开发等为一体的多元化构架较有实力的跨国集团公司。

该公司降解塑料产品企业设在广东东莞市，母料和制品年生产能力达数千吨，2000年产量主要供公司产品和包装，另为铁道部火车站标准化光/生物降解环保垃圾袋惟一指定产品。降解包装薄膜首家通过中国环境标志认证。

主要生产产品有：光降解、光/生物降解、光/氧化/生物降解母料、地膜、包装膜（袋）、垃圾袋等。

成都中润环保产业有限公司

该公司是一家以生产、研发可降解塑料为主的民营高新技术企业，专业化开发生产可控光/生物降解塑料母料和制品，已获批准“中润”牌注册商标。

公司光/生物降解母料年生产能力3.7kt，地膜10kt，购物袋0.76kt，2000年销售量分别为3.5kt、

9.5kt和0.7kt、销售总额1.3亿元，出口1.9kt，创汇1900万元，是目前中国西南地区产量较大、技术含量较高的降解塑料研发生产基地。

海南天人降解塑料股份有限公司

该公司是一家集科、工、贸于一体的高新技术企业。已形成降解塑料母料1kt，制品2.5kt的年生产能力。2000年降解塑料母料产量0.8kt，制品产量2kt，销售总金额3140万元。光/生物降解塑料薄膜已通过了国家环境标志认证。

生产主要产品有光/钙降解、光/生物降解母料及地膜、包装膜（袋）、垃圾袋等。

宁夏华西降解塑料制品有限公司

该公司为一家环保高科技民营企业，已形成了年产降解塑料母料2kt，制品2kt的生产能力，2000年母料产量1.8kt，包装薄膜2kt，地膜1kt。销售金额4000万元。包装膜已通过行业标准检测，是目前西部地区降解塑料生产基地之一。

生产主要产品有：光降解、光/钙降解、光/生物降解塑料母料及包装膜（袋）、地膜等。

【新产品开发】

(1) 聚羟基丁酸/戊酸生物降解塑料。杭州天安生物材料有限公司在中科院微生物研究所“九五”攻关项目“利用淀粉水解糖发酵生产羟基丁酸（PHB）中试基础上，与该所合作进行淀粉糖加丙酸发酵生产聚羟基丁酸/戊酸酯（PHBV）的中试试验，正在兴建年产1kt生产线，预计2001年年底建成。

(2) 聚己内酯生物降解塑料。聚己内酯是一种具有良好特性的合成高分子型完全生物降解塑料，由湖南国防科技大学及湖南煤炭研究所研制成功。目前由湖南中玉环保科技实业有限公司负责对其实施规模化、产业化生产。产品包括聚己内酯、改性聚己内酯以及聚己内酯/淀粉共聚物等，其主要优点不仅具有完全生物降解功能，而且其成本大大降低，接近普通塑料水平。

(3) 聚羟基脂肪酸酯PHA生物降解塑料。可生物降解塑料——聚羟基脂肪酸酯PHA为国家“九五”重点科技攻关项目，由清华大学生物系、化工系、高分子研究所以及中科院微生物研究所共同承担。并得到广东江门生物技术开发中心、广东汕头华逸生物工程公司、天津味精厂、杭州味精厂的大力协助，圆满完成任务。其中用废糖蜜为原料生产聚羟基丁酸酯（PHB）、基因工程菌生产PHB，用水解淀粉为原料生产PHB及其共聚物PHBV以及PHB改性和应用研究等课题都超额完成攻关任务。并在此基础上实现了国际上首次规模化生产第三代PHA羟基丁酸与羟基己酸共聚物，为我国可生物降解塑料工业化研究开辟广阔的前景。

(4) 可生物降解纺粘法无纺布。天津丹海股份有限公司利用其自行开发的纤维级淀粉填充PP生物降解专用树脂，在纺粘法无纺布生产线上试制成功一种可生物降解的纺粘布。该纺粘布不仅具有良好的物理性能和应用性能，而且用后具有良好的生物降解性能。可用于一次性无纺布产品，如婴儿尿布、老人失禁尿裤、妇女卫生巾、医用手术衣帽、工作服、口罩及防菌布帘等。

(5) 一次性发泡餐饮具专用生物降解塑料母料。天津丹海股份有限公司在其自行生产的变性淀粉SMA（78%）中，加入化学促降剂（2.5%）、助氧剂（1%）、专用胶联剂（0.5%）及高分子树脂（18%）制得一次性发泡餐饮具专用生物降解塑料母料，用其制得的餐饮具在一定环境条件下，经一定时间可以发生形态变化、力学性能下降、分子量降低，部分被微生物分解。可使塑料垃圾减容减量，达到减轻或抑制环境污染的目的。

【存在的问题】

降解塑料尽管研究开发历史不短，但由于其技术涉及化学、高分子、生物工程、环境保护等多门学科，属一类高新技术产品。而且其作为环保产品，又受诸多复杂因素和环境条件制约，至今还处于进一步研究开发和逐步推向实用化阶段，其技术性、经济性、实用性、政策性等方面还存在一定问题，有待进一步研究解决。

(1) 由于环境条件的复杂性和降解机理的多样性，对降解塑料的确切概念和它在环境中的作用目前尚缺乏统一认识和确切的评价，以致对它的发展引发不同的争议。

(2) 除光和完全生物降解塑料外，对其他降解塑料至今还没有建立起统一的试验评价方法和产品检测标准。另外，由于降解塑料在使用后，其降解程度，周期受限于产品内在因素和环境条件，存在较多不确定因素，因此实验与检测结果与实际处理效果差距较大，要建立一套科学、合理、完整的试验评价方法尚需时日。

(3) 目前开发的降解塑料中，除完全生物降解塑料外，均属短期内不能完全降解（崩坏性降解）塑料。这些降解塑料自身技术如更合理的工艺配方、更完善、更先进的成型技术和设备、准确的时控性、用后快速降解性和完全降解性以及边角料的回收利用技术等还有待进一步提高和完善，价格还有待进一步合理。完全生物降解塑料在合成工艺、加工性能、产品成品率以及时控性方面也还需进一步改善和提高，成本需大大降低。特别对降解塑料的应用，相当关键的是准确的时控性问题，因为它们面向不同的应用领域和不同的地理环境，要求降解的速率不一，而且作为商品，在使用前贮存期内和使用过程，要求确保性能稳定，而完成使用功能后，又期望它们快速降解，稳定与降解是一对矛盾，要求同一产品在不同阶段谐调解决，难度相当大。

（4）降解塑料制品生产中，往往需加入如降解剂、稳定剂、增塑剂、加工助剂、着色剂等不同的添加剂。这些添加剂随塑料降解过程而渐渐释放于自然环境中，对环境是否会造成影响以及在降解过程中的生成物和残留物是否会对环境造成影响或潜在影响，尚缺乏深入持续的跟踪研究。另外，降解塑料的应用研究与产品研发不同步，实践上对应用跟踪研究也不够重视，因此缺乏系统积累的评价数据，从而缺乏科学说服力，不利于市场的开拓。

（5）企事业间相互封锁、低水平重复研究以及一些单位在立项时，对其技术可行性、经济合理性、市场容量等方面缺乏深入调研和技术经济评估，以致盲目上马，一窝蜂现象严重，不仅给企业造成人力物力的极大浪费，背上沉重的包袱，同时也给技术市场、产品市场在思想认识上造成一定程度的混乱。

（6）当前我国降解塑料企业除 2～3 家企业具万吨级规模外，其余大部分均属中小型企业，规模小、成本高；而且企业布局也不尽合理，大部分企业在内地和沿海一带，西南、西北、东北地区较少。

（7）国家科技投入少，宏观正确引导不力，同时缺乏必要的法规、有力的监督和适宜的经济调控措施，生产、销售、应用也缺乏有序的管理。

【发展趋势】

一、母料专用料

根据我国国情，并从经济、技术、资源、环境、市场等多方位综合考虑，当前我国开发的各类降解塑料均有各自的特点、定位和不同程度的减量化、无害化效果，其中高淀粉含量的生物降解塑料、可环境降解塑料和高碳酸钙含量的光/（氧化）降解塑料更有利于减量化和无害化的发展战略及可持续发展要求，是我国当前发展重点。完全生物降解塑料是今后主要发展方向。

1. 光降解塑料

我国主要研究开发添加型光降解塑料母料，技术相对比较成熟，其物性、降解性、崩坏性较好，易加工，在用于地膜方面经多年的示范应用跟踪，有一定可控性，地面覆盖膜降解效果较好。但由于成本较高，且其降解是在太阳光作用下产生，从而受气候、地理环境以及作物品种的制约很大。因此，光降解塑料的主要定位应是用后曝露在自然环境中且难于回收利用的领域，近年来不少单位添加 20%～50%经处理的超细碳酸钙，达到减量化、省资源化的目的，并可降低成本及有利于实现垃圾焚烧、掩埋综合处理方式。因此，当前它仍占有一定的市场份额。

2. 可环境降解塑料（光/氧/生物降解塑料）

这一类降解塑料是通过添加光敏剂、生物降解诱发剂及氧化剂，使塑料同时具有光、氧化、生物降解等功能。降解性能、加工性能较好，应用性能也达到要求，性能价格比较好，在用于地膜覆盖方面经多年的示范应用跟踪，基本可控，保温、保墒及地面覆盖膜降解效果较好，埋地部分也发生形态变化，强度下降，并有微生物吞噬现象，证明在无光照条件下，也能有较好的降解性。目前除地膜外，已广泛应用于包装袋、垃圾袋、餐饮具等领域。其主要问题是其废弃物在较短期间内只能达到崩碎、粉化成为易被环境消纳的碎片或碎末，要完全回归自然仍需较长的时间。

3. 淀粉填充型生物降解塑料

这类降解塑料是通过加入高填充量改性淀粉及其他促降解剂、热氧化剂制得的生物降解母料或专用料，由其制得的薄膜淀粉含量可达 25%以上，最高可达 51%。育亩钵及注塑制品淀粉含量最高可达 70%。目前其降解机理已基本明确，塑料制品中的淀粉被微生物吞噬，使其表面形成多孔状，导致塑料强度下降，表面积增加，扩大与土壤的接触面，同时配方中添加的促降解剂、氧化剂与土壤中的金属盐生成氢过氧化物而使聚合物链断裂，成为易被微生物吞噬的低分子化合物，从而具有较好的生物降解性能。而且由于淀粉是可年年再生资源，石油在 21 世纪中末叶又将面临枯竭，因此该产品中淀粉含量可达25%～70%，既可节约有限的石油化工资源，又可达到垃圾减量化的目的。另外，其废弃物又有利于堆肥化处理，符合再资源化和无害化的环境治理对策。另其产品性能能满足应用要求，加之其价格又比较适中，易于被市场接受，是当前最受关注的发展方向。其主要问题是由于其仍采用了 75%～30%的不易降解的合成树脂（聚乙烯、聚丙烯等），在短期内仍只能崩碎成易被环境消纳的碎片（末），要达到完全生物降解仍需一定周期，但比普通塑料要大大缩短。另外由于添加大量淀粉，制品加工有一定难度，边角料回收利用问题也有待进一步解决。

4. 完全生物降解塑料

这是一类在一定条件下，能在分泌酵素的微生物，如细菌、真菌的作用下导致生物降解的材料，目前研究开发的品种主要有淀粉基降解塑料，聚－3－

羟基丁酸和戊酸酯共聚物（PHBV）、聚羟基烷酸酯（PHAs）、聚己内酯（PCL）、聚乳酸（PLA）、聚酯碳酸酯、聚乙烯醇/淀粉等。这类降解塑料相当一部分原料是来自可再生的天然资源或废物综合利用，原料来源丰富，而且在一定环境条件下，可在较短时间内降解成二氧化碳和水，又具有良好的生体适应性，是一类颇具市场潜力的环保材料和医用高分子材料。但其物理性能和加工性能还存在一些问题，特别是高昂的价格是影响它广泛应用的障碍，因此当前其主要用于医用材料或高附加值产品的包装材料。

二、制品

降解塑料是一类带环保功能的塑料，其适用范围有特定的应用领域，主要是在自然环境中用于较难回收利用、有利于堆肥化或医用材料等领域，近年来开发的添加型热氧化剂的高填充量淀粉或无机物的降解材料，不仅具有较好的环境适性，而更主要的出发点是资源替代，节约有限的石油资源，保持塑料工业的可持续发展。由此，其应用范围可进一步拓宽，用量可进一步增大。

（一）在自然环境中用于较难回收利用的领域

(1) 农业用资材，重点开发地膜、育苗容器和保鲜膜（片）

地膜：我国地膜产量、用量和覆盖面积均为世界首位，已成为农业增产必不可缺的农业资材，当前我国地膜用后回收利用率甚低，主要原因一是地膜厚度多为5～6μm不达标的产品，很难收集，即使强制收集，再生利用前需进行破碎难度也很大；二是废弃的地膜约沾附了高达其自身质量50%～60%的沙土，很难清洗干净，并且需耗费大量的水电，再生利用价值不大，成本高，因此目前相当一部分是听任其散落在农田中，造成较大的污染；一部分是捞到地头放火烧掉。对此，若采用降解塑料地膜则可以达到减轻或抑制环境污染的目的。

育苗容器：包括塑料钵体软盘、穴盘，护根钵、花盆等，迈入21世纪随着我国园艺、林业和花卉业的发展，对育苗容器的需求量也日益增长，过去育苗容器开始采用土坨、纸体，后主要采用聚乙烯或废旧塑料制造，由于其用后在环境中不易自然降解，因此待秧苗发芽成长后需取出移栽，一方面花费劳力，更主要是会伤及其须根，影响成活率。近年来开发的降解塑料育苗容器，淀粉含量可高达60%～70%，不但可降低成本，而且无需移栽，大大提高成活率和成长率。

保鲜膜（片）：我国是农业大国，每年果蔬产量很大，仅水果年产量达40Mt，但由于缺乏适宜价廉的保鲜技术和材料，致使在储运过程中失水、腐烂、变质，有些产品损耗率高达40%～50%。过去10多年我国研发了不少保鲜材料，但由于价高，市场承受乏力，难于推广。最近日本和我国进行了采用高淀粉含量的生物降解塑料制造保鲜膜（片）的研究和用于草莓、鲜蘑托盘包装应用试验，结果表明，其保鲜、保质期延长1倍以上，而且用后还具有较好的生物降解性能，有利于推肥化处理。

(2) 日用杂品：重点开发超市用购物袋、垃圾袋，这些用品量大、分散、脏乱，很难收集，特别是垃圾袋，不适宜也不可能收集再生利用，因此采用降解塑料，可以使塑料垃圾减容减量，也有利于堆肥化处理。

(3) 土木建筑用材料：重点开发山间、海中土木工程维修用型材、保水资材。该材料过去主要采用木材或普通塑料制造，用后长期遗留在山海中，严重影响景观，采用降解塑料，可在完成使用功能后，加速降解，回归自然。

(4) 运输用缓冲包装材料：重点开发发泡片材、型材。随着国内外贸易的不断发展，精密、易碎商品的运输离不开缓冲包装材料，过去主要采用聚苯乙烯泡沫塑料，由于其质轻、体积大，用后较难处理又不易降解，严重污染环境。为此，已有一些国家的州、市或地区立法禁用、限用。因此，尽快研发和生产可降解缓冲包装材料成为当前出口市场急需解决的热点问题。

(5) 野外文体用品：重点开发高尔夫球座，海上和登山运动一次性用品。这些用品用后很难收集，采用降解塑料可以减轻污染。

（二）有利于堆肥化领域

(1) 食品包装材料：重点开发食品包装膜（袋）、餐饮具、托盘等。目前我国食品包装膜（袋）年需求量高达900 kt，餐饮具和托盘需求量也近200 kt，这些用品用后由于受食品污染十分严重，很难收集也不适宜再生利用，也较难降解，因此其废弃物一部分随同生活垃圾进入城市固体废弃物处理体系，一部分被随意丢弃散落在庭院楼所、街头巷尾、江河湖海，被形象地比喻为“白色污染”。因此，开发降解食品包装材料，减少给环境带来的负面影响，具有重要意义。

(2) 卫生用品：重点开发一次性尿巾、生理卫生用品。随着经济的发展，人们生活的不断提高，一次性尿巾，生理卫生用品需求量迅猛增长，这些用品用后很脏，不适宜循环利用，因此采用降解塑料可以减轻污染，有利于堆肥化处理。

(3) 日用杂品：重点开发轻型购物袋、收缩膜、垃圾袋、化妆品容器等，这些物品均为生活中用后即弃的物品，很分散也难收集，采用降解塑料较为适宜。

（三）医用材料领域

重点开发一次性医疗用具和人体适性医用材料。前者因受污染严重，除沾染有害、有毒物质及病菌者必须采用特殊焚烧或深埋处理外，采用降解塑料可减轻环境负荷和减少交叉感染。医用材料如骨折夹板、药品缓释材料、手术缝线等是目前国际上开发的重点，对减轻病人痛苦、延长药品疗效、提高医疗效果有较大作用。

（四）有利于资源替代领域

这是当前十分值得重视的开发应用领域，既有较好的应用性能，用后又具良好的降解性能，可减轻环境负荷，而更有意义的是节约有限的资源，确保经济可持续发展。该领域当前开发较有成效的产品是食品保鲜袋、服装一次性衣架、旅游鞋衬底材料等，其他用途正在开拓中，潜力很大。

（中国塑料加工工业协会降解塑料专业委员会　唐赛珍）

废弃塑料再生利用

【行业现状】

近几年来，我国塑料工业以年均10%以上的速度发展，随着塑料制品的大量使用，全社会废塑料的总量也逐年递增。2000年我国合成树脂的表观消费量为21.96Mt，其中用于塑料包装约占16%，每年估计有90%以上被废弃；农用薄膜约占6%，每年估计至少有80%被废弃；泡沫塑料占5%左右，其中每年估计有20%的PS、PE一次性泡沫塑料被废弃；一次性医用塑料有40kt左右。建筑、电子电器、工业交通、汽车等用塑料以及日用塑料制品的使用寿命年限不等，每年产生的废塑料比例不易确定，如按每年25%被废弃估算，2000年废弃塑料量大约为5Mt。由于塑料原料属化学合成原料，不能够被自然分解，尤其是一次性塑料包装废弃物、塑料农地膜被人们随意丢弃而造成的视觉污染，即所谓的“白色污染”，以及废塑料对环境造成的潜在危害，已引起国家领导人、政府有关部门和社会的普遍关注。

随着我国塑料工业的不断发展，废弃塑料再生利用越来越成为我国资源再生利用和环境保护事业的一个重要方面。据不完全统计，20世纪90年代后期，在我国逐渐形成了十几个较大的废塑料回收交易市场和加工场所，主要分布在沿海经济发达省份，也是塑料强省，如广东、浙江、江苏、山东、河北等省，其中浙江、广东是废塑料最大的集散地。而在其他经济欠发达省份也分布着规模、数量不等的同类废塑料回收交易和加工市场。在这些市场中，回收废塑料的群体主要是农村剩余劳动力，虽然废塑料回收量很可观，但由于他们以利益为重，对废塑料回收分类、分离及加工技术缺乏专业培训和对环境保护的意识淡薄，处于简单土法回收，缺乏行业部门和有关专家的技术性指导和政府有关部门有效的管理措施，易造成资源浪费以及对环境的二次污染。

我国废塑料回收再利用企业发展步履艰难，这是因为从事废塑料回收工作难度大、环境差、收益小，如果这类企业的生产规模、技术路线、产品质量和管理措施没有达到相对先进的水平，很难有所作为，加之废塑料分散，回收网点不健全，废塑料集中度低，使得一部分企业被迫转产甚至倒闭。而一些有志于对废塑料进行环境友好处置的人士和企业坚信该事业是造福于人类和社会非常有益的事业，出于对社会责无旁贷的责任和对该事业美好前景的憧憬而进行了坚苦卓绝的努力，到目前涌现出许多在废弃塑料回收利用方面做出突出成绩的企业和个人。

现阶段，我国从事废塑料加工再利用的主体为中小企业，一直是推动我国废塑料行业发展的中坚力量，是经过多年的经验探索和市场大浪淘沙的结果。有些企业是在没有得到国家税收、资金等优惠政策的扶持下，经过艰苦的探索，解决了废塑料回收再利用的一系列技术难题，并且开发了具有自主知识产权的专用设备和适合市场需求的新产品，为我国废塑料回收再利用事业的发展开拓了一条适合我国国情的独特之路。但绝大多数的小企业依靠简单的技术和设备进行简单回收废塑料，处于惨淡经营状况，且没有安全、合理的无害处置的技术性措施，易造成对环境的二次污染，并且不时被市场无情地淘汰。

经中国塑料加工工业协会不完全统计，2000年我国废塑料回收率为消费量的15%左右，3Mt。另外，我国2000年还进口废塑料2.007Mt。一方面是对我国塑料原料紧缺的补充，降低生产成本，另一方面是对我国废塑料市场及加工行业健康发展的一个冲击。

中国塑料加工工业协会对废塑料的回收再利用一直很重视，一直在收集国内外关于废塑料回收再利用资料，关注其发展进程，鼓励和支持废塑料回收再利用企业的发展。早在1992年中国塑料加工工业协会废弃塑料再生利用专业委员会就成立了，专委会主任委员单位——北京华盾塑料公司以及从事废塑料回收利用的一批企事业单位和热心于废塑料回收再利用的专家为我国废塑料再生利用事业做了大量的工作。

中国塑料加工工业协会于2000年10月在浙江东阳重新组建的废弃塑料再生利用专业委员会就是广大

会员的家，组织大家致力于废塑料的合理处置，缓解环境矛盾，通过多种途径对废塑料再生利用，鼓励广大废塑料加工企业继续为这一崇高的事业献计献策，为节约资源和改善人类居住环境而努力。

我国废塑料回收技术研究领域主要有两个方面。一是将废塑料能源化，包括焚烧废塑料回收能量和将它催化裂解制成汽油等能源产品。废塑料催化裂解由于催化剂价格高、设备投资大、寿命短，成本较高和易对环境造成二次污染而难以推广，除非解决上述问题并且能规模化生产出国家标准要求的产品才能实施。二是将废塑料再资源化，即经过化学改性或与其他物质共混，使其达到回用的目的。

现阶段，我国废塑料回收技术仍然在以物理回收为主，回收利用工序主要为收集、分类分离、清洗、干燥、破碎或造粒，经过改性再加工成适合市场需求的产品或与新料混合使用。由此可以看出，废塑料回收再利用是一个较复杂的技术处理过程，关键的第一步是对废塑料进行鉴别和分离为单一品种，需要支撑整个回收过程的一系列成熟技术，而且它的科学化、实用化、使用成本低廉化是适合我国国情而得到推广的必要条件。

近几年，由于我国不同地区的塑料工业发展水平很不平衡，在塑料工业发达地区采用的回收、加工设备的技术水平高于欠发达地区，就使回收、加工的废塑料产品的质量、批量、技术含量有很大不同，直接影响到企业的经济效益和健康发展。现有多种经过技术革新研制出有独特功能用于废塑料回收、加工的设备和方法能够降低回收技术的成本，并不断推向市场，如新疆阿克苏双利塑料制品有限责任公司积多年经验，不断进行技术革新，研制出 300 ~ 6000t 多种废膜回收加工成套设备。其他公司如南京橡塑机械厂、湖南衡阳塑料机械厂等很多厂家都研制了适合我国国情的废塑料回收再利用专用设备。新型高技术的废塑料处理设备能够提高废塑料的回收利用率。

废弃塑料再生利用技术进展是直接推动我国废塑料再利用事业的发展进程的积极因素，集中体现在如何使回收工序简单化、回收技术实用化、再生资源产品化。研究如何提高废弃塑料改性产品附加值的方法，改进生产工艺，研制更为先进的、系列的、自动化程度较高的废塑料回收利用机械设备，是我们下一步工作目标。为达到环境保护的目的，研制废塑料安全处置的配套设备，如废渣、废气和废水的安全处理，形成综合治理系统，彻底解决废塑料回收的二次污染问题。总之，开拓新技术大力循环利用废塑料，提高产品质量、降低加工成本、增加市场竞争力是今后的努力方向。

【专委会活动】

2000 年 10 月 26 日，中国塑料加工工业协会与浙江废塑城组建的中国废塑再生利用研究开发基地正式挂牌，中国塑料加工工业协会废弃塑料再生利用专业委员会重新组建。与此同时，全国废塑再生利用协作会暨浙江废塑城开业典礼在浙江省东阳市画溪镇上坞工业区隆重举行。

中国塑料加工工业协会废弃塑料再生利用专业委员会汇聚了致力于废弃塑料再生利用研究、开发、生产的企业、科研院所等共计 35 家单位，为新一届废弃塑料再生利用专业委员会的发起单位，同时推选为理事单位。新一届中国塑料加工工业协会废弃塑料再生利用专业委员修订了该专业委员会章程。新一届废弃塑料再生利用专业委员会选举中国塑料加工工业协会理事长廖正品兼任新一届废弃塑料再生利用专业委员会理事长，选举浙江废塑城董事长方文龙为常务副理事长，选举中国塑料加工工业协会工程师马占峰为秘书长，中国塑料加工工业协会工程师陈燕为联络秘书，浙江废塑城总经理金惠娟为常务副秘书长。新当选的常务副理事长方文龙已制定了 2000 ~ 2001 年中国塑料加工工业协会废弃塑料再生利用专业委员会工作要点，并竭诚欢迎有志于废塑回收利用事业的同仁加盟。

【重点企业】

从 20 世纪 80 年代开始，从事废塑料回收再利用的企事业单位和专家就为我国资源再利用和环境保护作了大量的工作，在研究和推广新技术、新产品的过程中起到积极的导向作用，也涌现了一批致力于废塑料回收再利用加工的明星企业和废塑料加工交易市场。

下面介绍我国几个较大的、也具有代表性的废塑料加工企业及交易市场。

浙江(东阳)废塑城有限公司

目前,浙江废塑城周边已有废塑加工企业 30 多家,其中产值超千万元的有 2 家,周边经营范围达 10km^2,拥有 1600 经营户,6000 人经营,参与人员达万人以上,1999 年底经营总额达 4 亿元。

浙江废塑城——华东地区规模最大的废塑集散地,位于离浙江省杭州市 160 公里的腹地——东阳市画溪镇,该城始创于 1988 年 10 月,当时占地 1500m^2,设摊位 30 个。1998 年 4 月,经浙江省工商局批准为浙江废塑城有限公司。

浙江废塑城总体规模为 300 亩,总投资 4000 万元,一次规划 ,分三期开发,第一期工程占地 50 亩,已投资 1000 万元,建成 400 间摊位房,一幢 7690m^2 的综合楼;第二期工程占地100亩,投资1500万元,建摊位房1000间;第三期工程占地150亩,投资1500万元,建摊位房600间,扩大废塑深加工作业区。

新疆阿克苏双利塑料制品有限责任公司(原阿克苏生利塑料厂)

该公司于1988年建立以来,依靠自身技术力量相继完成了国家、自治区"八五"、"九五"多项重点科技攻关项目,自行设计、研制、开发、制造的国内首家千吨级回收加工处理废弃农膜的优质聚乙烯再生新工艺、新技术生产流水线,解决了当前国内外在回收加工处理0.008mm废弃地膜都还没有完全解决的6大突出难题,具有高质量、大批量、低成本、设备使用寿命周期长、易损易耗配件少、易操作、易管理的特点。该生产线工艺技术的科学性、合理性、先进性、可行性、经济性、实用性等目前在国内尚属领先水平,得到原国家科学技术委员会、国家轻工局和自治区轻工厅等领导和专家的高度评价和认可,为我国治理地膜污染、农田生态环境建设提供了一条成功的走回收加工处理、综合利用和避免二次污染的新途径。

依靠自己的技术优势,结合市场需求,利用国产设备,他们自行设计、研制、改造、开发了超厚、超宽规格三层共挤复合防渗土工膜新产品。还研制开发了彩色功能膜、可回收增产农膜和双色膜,三层共挤复合防雾滴光转换菜棚膜、保鲜膜、包装袋、垃圾袋等产品。

目前年回收、加工再利用废塑料能力达10000多t。2000年由于企业正在改制,实际加工废塑料3000多t。

安徽省鸿雁塑料集团股份有限公司(原五河县塑料制品厂)

该企业是以废塑再生料生产钙塑瓦楞箱为主的生产经营企业,坚持"技术求进步,质量求竞争,信誉求发展"的经营宗旨;奉行"高起点、快节奏、优质量、好效益"的运作方式。目前已形成年5000t的加工规模,1996~1999年4年累计实现销售收入1.2亿元,上缴税金753万元,创利788万元,利用废塑14kt。现正加快投资1550万元的国家级"万吨废塑资源综合利用项目",创建全国最大的废塑加工基地。该公司在充分发挥原有技术力量的同时,于1995年创建了"废塑再生科研所",增置相关设备与仪器,与三个科研单位和大学院校挂钩,外聘专家教授4名,增加了科技投入。几年来,累计完成再生工艺、制品的改性增强、抗老化、制品的色度与防低温脆化等技术成果83项,连续5年累计完成技改扩建投入1130万元,再生规模由200多t发展到5000多t。

河北望都县废塑料交易市场

望都县废塑料交易市场位于107国道165km处,距望都县城7km,是一个以废旧塑料交易为主、粗加工为辅的大型交易市场,是我国北方较大的废塑料交易市场,有包括红星市场在内的5个废塑料交易市场,加上顺平、满城周边市场,年交易量达60kt,年交易额2亿元。该市场主要以PE、PP、PET、PVC等废旧塑料交易为主。市场收购废旧塑料后全部进行分拣,并进行初加工,目前已有各种类型的废旧塑料加工摊点500多个,年加工能力逾30kt。另外,还加工生产地板革。

望都县废塑料交易市场交通便利,通讯发达,电力充足,原料来源丰富。目前塑料加工业已成为该县的主导产业之一,该县的废塑料再生利用计划被列入该县"十五"发展重点项目。

综上几个大的重点企业和市场有十几万吨的废塑料加工能力,销售额近8亿元,交易市场的平均价格为3000元/t左右,而且其规模及加工水平在不断提高。我国其他地区还有数量、规模不等的同类企业和市场,废塑料回收再生价值70亿元左右。

【存在的问题】

(1)废塑料回收再利用加工企业在规模、质量、管理上达不到一定程度,就不容易取得效益。在考察循环技术的经济性时我们发现对废塑料的收集和分类的处理费用占了近一半,如果不考虑此类费用,其预处理和加工费用与产品价值大抵相当。因此大多数回收、加工企业步履艰难,存在生存问题,除非政府在政策上给予扶持,对循环项目进行补贴和减免税收。

(2)我国从事废塑料回收的人员绝大多数是农村富余劳动力,其对废塑料回收的专业技术水平和环境意识亟待提高。在废塑料回收加工场所应对废塑料集中处置,避免造成回收资源的浪费和对环境的二次污染,应引起国家政府有关部门足够的重视,加强市场规范和综合治理措施。

(3)废塑料制品加工应用领域很广,但缺乏新产品、新技术的推广和应用开发。废弃塑料再生利用行业是一个松散型的行业,如何把我国废塑料加工优势企业有效地组织起来变成为紧密型行业是中国塑料加工工业协会废弃塑料再生利用专业委员会当前紧要的任务之一。关注废塑料回收再利用事业的人士和相关企业应积极联合起来,加强信息交流,开拓新产品,研究废弃塑料回收利用新技术以引导行业的健康发展。

【发展趋势】

(1)塑料材料能够回收利用,而且它的使用可节约了大量能源,是环境友好材料。我国废塑料回收利用行业正以前所未有的规模和速度发展,对我国可持续发展战略中资源再生和减轻以致消除废弃塑料对环境污染的事业起着越来越重要的作用,是一新型环保产业。

(2)我国废塑料再生制品正在由低质量、高能耗向高质量、低能耗、多品种、高技术的方向发展;我国废塑料再生利用企业通过技术革新、产品及产业结构调整,提升企业在市场的竞争能力和生存能力;我国废塑料回收再利用交易、加工市场通过市场杠杆作用不断规范经营,在全国逐渐形成十几个废塑料交易、加工基地,使废塑料行业逐渐由松散型向紧密型发展。

(3)废塑料再生利用应用领域不断扩大,不断开发出不同类型的具有较高使用价值的产品。以塑代木是一有前景的发展方向,如塑料托盘、塑料板材、护栏、界桩等,以及一些专利产品如下水井盖等。

(4)为使塑料材料有持续发展之路,在材料的制备及制品设计时就要考虑环境问题,使塑料材料对环境的影响控制到最小程度,包括废塑料类型回收标志的使用。

(5)我国正在建立或健全环境影响评价制度,参照国外谁污染谁付费的原则,制定环境保护方面的标准和出台环境保护政策,既要发展经济,又要保护环境。

总之,废弃塑料回收再利用的研究进展表明,废弃物对环境合理处置不单纯是技术问题,还有经济问题,它需要建立起全社会的处理体系,建立科学合理的资源回收系统,也需要政府及有关部门的配合以及制定相关法律加以保证。

根据行业发展和人类对环境保护的需要,废塑料回收再利用行业的发展越来越会受到有关部门领导的重视,国家经济贸易委员会正在制定再生资源发展“十五”规划和发展战略。废塑料回收再利用一定会成为我国的重要环保产业而蓬勃发展。

(中国塑料加工工业协会废弃塑料
再生利用专业委员会　马占峰)

上 市 公 司

2000年塑料行业上市公司情况

上市企业大都是行业的重要或龙头企业。随着我国塑料工业的迅猛发展，塑料行业涌现出一批大塑料企业集团，截止到2000年12月31日，已有十几家大型塑料企业上市。

经过几年的努力，一些地区的塑料加工企业通过加大投入力度，以增量投入带动存量调整，提高生产集中度，扩大市场占有率，实施资源优化组合等措施，形成一批大型企业集团。这些企业集团在生产规模、技术装备、技术创新、经济效益和发展前景等方面均显现出较大优势，成为带动与支撑塑料工业发展的中坚力量。

这些公司上市后资产规模急剧扩张，上市公司品牌的影响力成为拓展市场的强大推动力，各上市企业将这些品牌、规模、融资优势转化为巨大的市场竞争力，通过融资逐渐装备具有国内、国际先进水平的设备，为产品品质的保障奠定了坚实的基础。另外，这些公司上市后根据现代企业制度的要求，逐步建立了一套完善的现代企业制度，提高了管理经营水平。在技术方面，更有实力研制新的产品、引进国外先进技术，为塑料行业的长远发展做出了巨大贡献。

现将部分塑料行业相关上市企业的截至2000年末的情况简要介绍如下：

公司名称：湖南安塑股份有限公司

公司概况：
- 证券代码：0156
- 证券简称：安塑股份
- 法人代表：何述金
- 公司地址：湖南省洪江市安江镇大沙坪
- 电　　话：0731－8815031转8060 8026
- 上市日期：2000.9.6

与塑料相关主营业务：

PVC，PU人造革等塑料制品的生产与销售

股本结构情况　　单位：万股

总股本	国家股	发起法人股	法人股	A股
9650.00	194.70	3780.70	1524.60	4150.00

2000年经营情况

名　　称	2000年末期	2000年末比1999年末增长/%
主营业务收入/万元	13387.53	16.8%
主营业务利润/万元	3694.15	11.8%
其他业务利润/万元	121.72	536.9%
净利润/万元	2226.16	46.7%
未分配利润/万元	4034.69	63.9%
净资产收益率/%	4.790	－38.0%

历年分配情况（时间，每股收益，分红）：
- 2000末期，0.230元，每10股派0.4000元
- 1999年末期，0.25
- 1998年末期，0.15
- 1997年末期，0.24，每10股送红股1股
- 1996年末期，每10股派发现金红利1.20元

备注：安塑公司前身湖南安江塑料厂始建于1996年，原名黔阳县塑料一厂，1986年与黔阳县塑料二厂合并为黔阳县塑料厂。1990年，更名为湖南安江塑料厂。1992年10月，与意大利努瓦埃索德克斯公司共同组建中外合资企业湖南金利塑料制品有限公司，该公司注册资本为508万美元，湖南安江塑料厂持有75%的股权。1994年6月湖南安江塑料厂遂在部分改组的基础上，联合黔阳县汽车配件厂、黔阳县电石厂共同发起湖南中圆塑料制品股份有限公司。1997年6月25日，本公司正式将公司名称由湖南中圆塑料制品股份有限公司更名为湖南安塑股份有限公司。1997年10月，安塑公司吸收湖南金利塑料制品有限公司一条PU革生产线设备及专有技术入股。2000年8月，公司发行社会公众股3600万股，公司总股本增至9650万股。

公司名称：山东胜利股份有限公司

公司概况：
证券代码：0407
证券简称：胜利股份
法人代表：孙建国
公司地址：山东省济南市黑虎泉西路139号胜利大厦
电　话：（0531）6909240/6920495/6018518
发行日期：1996.6.19

与塑料相关主营业务：
塑胶管道及其相关产品生产和销售核准的进口贸易业务等

股本结构情况　单位：万股

总股本	国家股	发起法人股	法人股	A股
23958.88	5371.09	0.00	4168.13	14419.67

2000年经营情况

名　称	2000年末期	2000年末比1999年末增长/%
主营业务收入/万元	95504.25	-11.7
主营业务利润/万元	12601.58	-15.1
其他业务利润/万元	341.76	-58.7
净利润/万元	4153.23	-24.8
未分配利润/万元	10119.42	53.3
净资产收益率/%	7.210	-51.9

历年分配情况（时间，每股收益，分红）：
2000末期，0.170元
1999年，0.25元，中期：每10股送2股派0.5元（含税），公积金每10股转3股，每10股配2股，配股价8元/股
1998年，0.30元
1997年，0.33元，每10股送2股，公积金每10股转增3股，派0.5元（含税）
1996年，0.32元，中期：每10股送3股
1995年，0.32元

备注：由山东省胜利集团公司作为独家发起人采取定向募集方式设立的股份有限公司。1994年2月，公司发行前总股本为5000万股，1996年6月19日通过深交所上网定价发行1050万股A股，发行价为每股6.00元，形成了6050万股的总股本。同年7月3日公司1750万股（含内部职工股700万股）在深交所上市流通。

公司名称：芜湖海螺型材科技股份有限公司

公司概况：
证券代码：0619
证券简称：海螺型材
法人代表：郭景彬
公司地址：安徽省芜湖经济技术开发区
电　话：0553-3115338
发行日期：1996.10.23

与塑料相关主营业务：
塑料型材，板材，门窗，建材，装饰材料批发零售等

股本结构情况　单位：万股

总股本	国家股	发起法人股	法人股	A股
15000.00	9900.00	0.00	0.00	5100.00

2000年经营情况

名　称	2000年末期	2000年末比1999年末增长/%
主营业务收入/万元	55212.98	1286.6
主营业务利润/万元	10274.93	381.4
其他业务利润/万元	242.28	
净利润/万元	9765.58	823.6
未分配利润/万元	4600.62	1085.1
净资产收益率/%	38.000	

历年分红配股情况：（时间，每股收益，分红配股）
2000末期，0.651元，利润不分配不转增
2000中期，0.5920元，10股送4股转增6股并派现金0.8元
1999年，0.025元（中期）0.14元（全年），末期：每10股派1元（含税）
1998年，0.045元（中期）0.14元（全年），末期：每10股派2元（含税）（扣税后每10股派1.6元）
1997年，0.08元（中期）0.16元（年度）
1996年，0.28元，每10股送1股转增4股

备注：由中国宣纸集团公司独家发起，采用募集方式设立的股份有限公司。集团公司以其542厂和312厂的涉及宣纸生产的经营性资产投入到该公司，经安徽省国有资产管理局国资工字［1996］126号文批准，评估后净资产4876.38万元，按67.6%折成3300万股国有法人股。

公司名称：兰宝科技信息股份有限公司

公司概况：
证券代码：0631
证券简称：兰宝信息
法人代表：刘铁杲
公司地址：吉林省长春市二道区岭东路158号
电　　话：0431－4641596
发行日期：1996.11.22

与塑料相关主营业务：
塑料燃油箱、塑料制品

股本结构情况（2000年末期）　单位：万股

总股本	国家股	发起法人股	法人股	A股
17169.25	6579.25	2400.00	0.00	8190.00

2000年经营情况

名　　称	2000年末期	2000年末比1999年末增长/%
主营业务收入/万元	26919.83	57.4
主营业务利润/万元	9662.41	28.8
其他业务利润/万元	276.93	－51.5
净利润/万元	5157.09	7.2
未分配利润/万元	14431.81	43.6
净资产收益率/%	7.150%	－38.7

历年分配情况：
2000，0.300元，每10股转增4股派0.8000元，中期：每10股配3股，配股价9元/股
1999年，0.3319元
1998年，0.4314元，中期：10股送2股，转增8股
1997年，0.43元，每10配2.5股，配股价9元/股
1996年，0.54元，每10股送2股

备注：由长春君子兰工业集团（公司）、营口天力电机股份有限公司、中轻贸易中心共同发起，采用定向募集方式设立的股份有限公司。成立于1993年5月26日，股本总额为3600万股。公司于1996年11月7日在深圳证券交易所以上网定价发行方式向社会成功地发行了普通股1600万股，发行价为每股6.98元。

公司名称：珠海经济特区中富实业股份有限公司

公司概况：
证券代码：0659
证券简称：珠海中富
法人代表：黄乐夫
公司地址：广东省珠海市香洲区湾仔镇第一工业区
电　　话：0756－8821350　8821449
上市日期：1996.12.03

与塑料相关主营业务：
饮料容器制造，瓶坯制造

股本结构情况（2000年末期）　单位：万股

总股本	国家股	发起法人股	法人股	A股
37879.25	0.00	19308.50	810.00	17130.75

2000年经营情况

名　　称	2000年末期	2000年末比1999年末增长/%
主营业务收入/万元	73123.33	－12.6
主营业务利润/万元	18804.33	－15.6
其他业务利润/万元	134.97	335.4
净利润/万元	8938.26	－41.7
未分配利润/万元	446.23	－38.3
净资产收益率/%	7.530	

历年分配情况：
2000年末期，0.236元，每10股派现金2.000元（含税）
1999年，0.452元，每10股派现3元（含税）
1998年，0.327元，每10股派2元（含税）
1997年，0.603元，中期：每10股送3股（含税），积金每10股转增5股，每10股配1.66667股，配股价9.3元/股
1996年，0.757元

备注：公司前身是珠海市香洲区湾仔中富瓶厂，始建于1985年12月，是中国最早被美国“可口可乐”、“百事可乐”公司认可的PET饮料瓶生产厂家之一；1988年初进行了农村股份合作制改造，募集股本20.75万股，每股100元。1990年该厂正式改制为“珠海经济特区中富实业股份有限公司”。公司于1996年12月3日在深交所上市2887.5万股。

公司名称：武汉塑料工业集团股份有限公司

公司概况：
证券代码：0665
证券简称：武汉塑料
法人代表：刘文彦
公司地址：武汉市江汉区解放大道单洞路特1号武汉国际大厦A座12楼
电　话：027-85425727
发行日期：1996.12.10

与塑料相关主营业务：
高新科技工程塑料制品，汽车塑料零部件及其他塑料制品等

股本结构情况（2000年末期）　单位：万股

总股本	国家股	发起法人股	法人股	A股
14096.95	4297.53	0.00	4798.04	5001.38

2000年经营情况

名　　称	2000年末期	2000年末比1999年末增长/%
主营业务收入/万元	44311.06	41.5
主营业务利润/万元	8041.96	45.3
其他业务利润/万元	982.39	28.2
净利润/万元	2804.67	0.8
未分配利润/万元	5761.53	63.8
净资产收益率/%	6.490	

历年分配情况：
2000末期，0.200元，每10股配股，配股价11.50元，中期：每10股配3股，价11.5元/股
1999年，0.21元
1998年，0.21元，每10股派0.4元（含税）
1997年，0.50元，10股送5.2股转3.5股
1996年，0.44元

备注：1988年公司名称为“武汉塑料工业集团公司”，所有制形式为股份制企业。1992年10月，公司更名为“武汉塑料工业股份有限（集团）公司”，1996年11月21日公司名称变更为“武汉塑料工业集团股份有限公司”。

公司名称：北京化二股份有限公司

公司概况：
证券代码：0728
证券简称：北京化二
法人代表：孙绍刚
公司地址：北京市朝阳区大郊亭
电　话：010-67758106
发行日期：1997.6.16

与塑料相关主营业务：
聚氯乙烯，氯醋共聚物，烧碱，盐酸，液氯，二氯乙烷等产品的生产和销售等。

股本结构情况（2000年末期）　单位：万股

总股本	国家股	发起法人股	法人股	A股
34521.00	24121.00	0.00	0.00	10400.00

2000年经营情况

名　　称	2000年末期	2000年末比1999年末增长/%
主营业务收入/万元	114157.20	27.9
主营业务利润/万元	20406.62	153.3
其他业务利润/万元	-390.93	-5.5
净利润/万元	7534.61	1169.2
未分配利润/万元	7352.77	454.9
净资产收益率/%	6.900	

历年分配情况：
2000末期，0.220元
1999年，0.017元，每10股派0.8756元
1998年，0.014元，每10股派1元（含税）配3股，配股价5元/股
1997年，0.2904元
1996年，0.41元

备注：公司前身化工二厂始建于1958年。1985年，北京市化学工业局改组为北京市化学工业总公司。1991年北京化学工业总公司组建为北京化学工业集团公司，北京化工二厂成为其部分，同时被撤销法人资格。1995年12月31日改制为北京化学工业集团有限责任公司，成为国有独资公司，北京化工二厂仍为其组成部分。1996年8月9日，北京化工二厂更名为北京化学工业集团有限责任公司化工二厂。该公司是由化工集团公司独家发起，对其资产进行了重组，以募集方式设立的股份有限公司。

公司名称：大连盛道集团股份有限公司

公司概况：
证券代码：0769
证券简称：盛道包装
法人代表：刘丽春
公司地址：大连市中山区捷山街奋斗巷30号
电　　话：0411－2672121　2682013
发行日期：1997.5.30

与塑料相关主营业务：
塑料彩印包装制品，凹印版辊，BOPP与CPP塑料薄膜，玻璃器皿和包装

股本结构情况（2000年末期）　　单位：万股

总股本	国家股	发起法人股	法人股	A股
18540.00	10440.00	0.00	0.00	8100.00

2000年经营情况

名　　称	2000年末期	2000年末比1999年末增长/%
主营业务收入/万元	27345.53	－4.4
主营业务利润/万元	4123.68	－22.5
其他业务利润/万元	－9.10	－103.4
净利润/万元	219.57	－72.9
未分配利润/万元	5611.70	3.3
净资产收益率/%	0.500	

历年分配情况：
2000末期，0.012元
1999年，0.044元
1998年，0.261元，资本公积金每10股转增8股
1997年，0.535元
1996年，0.55元
1995年，0.49元
1994年，0.42元

备注：公司的前身是大连塑料包装材料厂，成立于1983年5月，主要生产和销售各种普通塑料包装材料。1984年3月，更名为大连塑料彩印厂。1995年7月在原大连塑料彩印厂的基础上组建了大连盛道彩印包装集团有限公司，1996年12月经批准大连盛道彩印包装集团有限公司改制为国有独资公司，更名为大连盛道集团有限公司。1997年2月4日，大连市国有资产管理局授权大连盛道集团有限公司对集团内国有资产进行统一经营。

公司名称：北新集团建材股份有限公司

公司概况：
证券代码：0786
证券简称：北新建材
法人代表：宋志平
公司地址：北京市海淀区西三旗环岛东路南
电　　话：010－62913831－2818
上市日期：1997.6.6

与塑料相关主营业务：
新型建筑用塑料材料

股本结构情况（2000年末期）　　单位：万股

总股本	国家股	发起法人股	法人股	A股
28757.50	17350.00	0.00	0.00	11407.50

2000年经营情况

名　　称	2000年末期	2000年末比1999年末增长/%
主营业务收入/万元	55920.10	19.3
主营业务利润/万元	10508.21	18.8
其他业务利润/万元	1087.95	17.6
净利润/万元	8097.45	26.3
未分配利润/万元	4000.00	－25.7
净资产收益率/%	6.900	

历年分配情况：
2000末期，0.280元，每10股派1.200元 配3股，中期：每10股 配3股，配股价为：15元/股
1999年，0.246元
1998年，0.467元，每10股送2股 配3股，配股价9元/股，资本公积金每10股转增3股
1997年，0.603每10股派1元（含税）
1996年，0.45元
1995年，0.40元
1994年，0.38元

备注：该公司唯一发起人北新建材（集团）有限公司是原国家建材总局投资兴建的国内规模最大的新型建筑材料生产基地。1996年12月经批准由中国新型建筑材料公司作为总厂的投资主体，将总厂改制为国有独资公司，更名为北新建材（集团）有限公司。经国家体改委“体改生［1997］48号文”批准，集团公司将三个厂的资产评估作价，折为国有法人股11000万股，并向社会募集4500万股社会公众股，募集设立该公司。

公司名称：安徽国风塑业股份有限公司

公司概况：
证券代码：0859
证券简称：国风塑业
法人代表：郑忠勋
公司地址：安徽合肥市马鞍山路1号
电　话：0551－2885333
上市日期：1998.11.19

与塑料相关主营业务：
塑胶建材及附件，塑料薄膜，其他塑料产品，非金属新型材料及金属制品的制造销售

股本结构情况（2000年末期）　单位：万股

总股本	国家股	发起法人股	法人股	A股
23580.00	14580.00	0.00	0.00	9000.00

2000年经营情况

名　称	2000年末期	2000年末比1999年末增长/%
主营业务收入/万元	47682.79	16.3
主营业务利润/万元	9491.85	3.7
其他业务利润/万元	95.10	
净利润/万元	4950.19	－16.4
未分配利润/万元	9027.34	25.8
净资产收益率/%	6.560	

历年分配情况：
2000末期，0.210元，每10股派0.80元，中期：每10股配2.5股，配股价为9.5元/股
1999年，0.33元，每10股转增2股
1998年，0.28元
1997年，0.388元
1996年，0.40元
1995年，0.226元

备注：该公司是由注塑总厂作为唯一发起人，通过募集设立方式组建的股份有限公司。注塑总厂前身为合肥电冰箱配件厂，创建于1984年，1992年企业更名为合肥电冰箱配件总厂，1997年6月，企业正式更名为安徽国风注塑总厂。经评估注塑总厂投入本公司总资产为49265.45万元，总负债为30995.57万元，净资产值为18269.88万元。评估后净资产按65.68%折成12000万股国家股，由注塑总厂作为国家股的持有单位，其余6269.88万元进入公司的资本公积金。经证监会批准，公司首次公开发行6000万股A股（其中向本公司职工配售600万股）。

公司名称：佛山塑料集团股份有限公司

公司概况：
证券代码：0973
证券简称：佛塑股份
法人代表：冯兆征
公司地址：佛山市汾江中路82－84号
电　话：0757－2297484
上市日期：2000.5.25

与塑料相关主营业务：
双向拉伸薄膜、人造革、塑料编织袋等新材料产品

股本结构情况（2000年末期）　单位：万股

总股本	国家股	发起法人股	法人股	A股
23580.00	14580.00	0.00	0.00	9000.00

2000年经营情况

名　称	2000年末期	2000年末比1999年末增长/%
主营业务收入/万元	148237.87	30.0
主营业务利润/万元	17472.85	15.5
其他业务利润/万元	1580.25	－43.9
净利润/万元	7562.86	14.8
未分配利润/万元	875.54	107.3
净资产收益率/%	7.440	

历年分配情况：
2000末期，0.200元，每10股派1.28元
1999年，0.237
1998年，0.216
1997年，0.208

备注：成立于1988年6月，登记名称为“佛山市塑料皮革工贸集团股份公司”。1994年6月公司更名为“佛山塑料集团股份有限公司”。1999年6月股份公司下属五家全资子公司全部取消独立法人资格，变更为股份公司的分公司。2000年4月，公司发行9500万股社会公众股。

公司名称：南京中达制膜（集团）股份有限公司

公司概况：
证券代码：600074
证券简称：南京中达
法人代表：张国平
公司地址：南京市汉中路89号金鹰国际商城20层C座
电　　话：025－4718467
发行日期：1997.6.23

与塑料相关主营业务：
生产、销售双向拉伸聚酯薄膜（BOPET）、双向拉伸聚丙烯薄膜等

股本结构情况（2000年末期）　单位：万股

总股本	国家股	发起法人股	法人股	A股
14460.00	4980.88	4259.12	0.00	5220.00

2000年经营情况

名　　称	2000年末期	2000年末比1999年末增长/%
主营业务收入/万元	49577.49	32.2
主营业务利润/万元	12889.20	38.7
其他业务利润/万元	683.41	－5.3
净利润/万元	6389.74	98.1
未分配利润/万元	7698.16	107.3
净资产收益率/%	11.900	

历年分配情况：
2000年，0.426元，每10股派现1元（含税）
1999年，0.223，每10股配2.0833股，配股价为8元/股
1998年，0.379，中期：每10股送2股，末期每10股送红股2股
1997年，0.347

备注：公司由南京塑料包装材料总厂、中国包装总公司内江包装材料总厂、申达集团公司、南京双惠新技术开发公司、北海中包工贸有限公司、江阴市黎明幕墙有限公司联合发起设立。前三家分别以所属聚酯薄膜一分厂、全资子公司万事达塑胶制品公司、聚丙烯车间和聚乙烯车间评估后的净资产折价入股，后三家以现金出资投资入股，采用社会募集方式设立。

公司名称：新疆天业股份有限公司

公司概况：
证券代码：600075
证券简称：新疆天业
法人代表：郭庆人
公司地址：新疆石河子市北一路94号
电　　话：0993－2866164　2864515
发行日期：1997.6.17

与塑料相关主营业务：
塑料制品，化工品生产和销售，汽车运输，维修，商贸及工民建筑等

股本结构情况（2000年末期）　单位：万股

总股本	国家股	发起法人股	法人股	A股
22680.00	12960.00	0.00	0.00	9720.00

2000年经营情况

名　　称	2000年末期	2000年末比1999年末增长/%
主营业务收入/万元	141249.23	94.2
主营业务利润/万元	23302.17	94.4
其他业务利润/万元	1065.93	－32.0
净利润/万元	8754.06	39.9
未分配利润/万元	14617.67	38.5
净资产收益率/%	8.070	

历年分配情况：
2000末期，0.386元，每10股派0.8000元
1999年，0.207元
1998年，0.90元，中期：每10股配6股，配股价为9.2元/股，末期：每10股送1.25股转增1.25股派现0.25元
1997年，0.289元（摊薄）

备注：新疆天业公司创立于1997年6月，是新疆生产建设兵团国有资产控股的首家大型综合类上市公司。2000年末，公司已拥有资产总额21.9亿元，净资产10.8亿元，总股本22680万元。现有员工12000余名，各类专业技术人员2000余名。新疆天业已拥有9家分公司，9家控股公司和6家参股公司。拥有外贸自营进出口权和国家认定的企业技术中心。新疆天业是新疆最大的塑料制品生产企业，年生产塑料制品50kt。新疆天业节水器具生产规模和技术推广应用已居全国第一，农膜生产规模及产品质量都居全国同行前列，其产品被评为“新疆名牌”。其中，“天业”牌农用地膜被农业部评为优质产品，被99中国国际农业博览会认定为名牌产品。

公司名称：河北宝硕股份有限公司

公司概况：

证券代码：600155
证券简称：宝硕股份
法人代表：周　山
公司地址：河北省保定国家高新技术产业开发区朝阳北路175号
电　　话：0312－3109607
上市日期：1998.9.18

与塑料相关主营业务：

塑料制品、塑料管材、大棚膜、地膜、复合包装材料、合成材料等

股本结构情况（2000年末期）　单位：万股

总股本	国家股	发起法人股	法人股	A股
23580.00	14580.00	0.00	0.00	9000.00

2000年经营情况

名　　称	2000年末期	2000年末比1999年末增长/%
主营业务收入/万元	105241.03	21.7
主营业务利润/万元	19403.25	11.1
其他业务利润/万元	552.23	－18.0
净利润/万元	8289.07	3.2
未分配利润/万元	15317.68	34.2
净资产收益率/%	10.060	

历年分配情况：

2000末期，中期：每10股转增3股
1999年，0.428
1998年，0.293

备注：公司发起人为河北保塑集团有限公司，始建于1957年，当时为保定市细菌肥料厂，实验生产细菌肥料产品；1959年改名为保定化工厂；1963年改为保定塑料厂；1988年，与保定第二塑料厂合并为保定塑料总厂；1993年，在保定塑料总厂的基础上组建河北保塑集团有限公司；1995年被国家批准为大型一档企业。1996年10月，经河北省和保定市人民政府批准，集团公司改制为河北保塑集团国有独资核心企业，并被省、市确定为现代企业制度试点单位，1997年1月被省政府批准进入河北省30家大型支柱型企业集团行列；1997年6月，保定市国有资产管理局［1997］第21号文授权集团公司对集团内国有资产进行统一经营。1998年，集团公司为独家发起人，以集团公司改组前的部分经营性资产及负债形成的净资产进行股份制改组，并以社会募集方式设立河北宝硕股份有限公司，其余的净资产留在集团公司。

公司名称：中国化学建材股份有限公司

公司概况：

证券代码：600176
证券简称：中国化建
法人代表：朱祖华
公司地址：北京市海淀区紫竹院南路2号
电　　话：010－68434863　88411072（73，74）
上市日期：1999.4.22

与塑料相关主营业务：

建筑材料，玻璃纤维及其制品，建筑塑料制品的研究

股本结构情况（2000年末期）　单位：万股

总股本	国家股	发起法人股	法人股	A股
22260.00	9884.50	4955.50	0.00	7420.00

2000年经营情况

名　　称	2000年末期	2000年末比1999年末增长/%
主营业务收入/万元	37188.01	0.6
主营业务利润/万元	11667.03	46.7
其他业务利润/万元	189.58	－80.1
净利润/万元	4651.67	66.8
未分配利润/万元	4883.57	8.0
净资产收益率/%	9.520	

历年分配情况：

2000末期，0.210元，每10股派0.8000元
1999年，0.1328元每10股送0.6股派现金0.36元（扣税）
1998年，0.262元
1997年，0.300元
1996元，0.214元

备注：公司于1998年8月由中国新型建筑材料公司、浙江永联集团公司和中国建筑材料及设备进出口公司等联合发起，在对江苏常州建筑塑料厂、中新集团南京新型建材有限公司、江苏江阴化工塑料厂、巨石集团有限公司进行整体改组的基础上，加上中新公司将所持有山东烟台渤海钢铁建材股份有限公司的投资收益投入和中国建筑材料及设备进出口公司的现金投入，以募集设立方式设立。公司建筑塑料制造业主营业务收入6170万元，主营业务利润625.5万元；在报告期内公司UPVC管材、管件产品实现销售收入3856万元，主营业务利润949万元；PVC卷材地板实现销售收入4156万元，主营业务利润－13万元。

公司名称：新疆广汇石材股份有限公司

公司概况：
证券代码：600256
证券简称：广汇股份
法人代表：孙广信
公司地址：新疆维吾尔自治区乌鲁木齐经济技术开发区上海路6号
电　　话：0991－2851134
发行日期：2000.5.26

与塑料相关主营业务：
塑钢门窗

股本结构情况（2000年末期）　　单位：万股

总股本	国家股	发起法人股	法人股	A股
35378.32	2096.25	16455.30	6826.77	10000.00

2000年经营情况

名　　称	2000年末期	2000年末比1999年末增长/%
主营业务收入/万元	71992.52	386.9
主营业务利润/万元	19341.07	172.1
其他业务利润/万元	295.07	－8.9
净利润/万元	14790.53	331.3
未分配利润/万元	11388.47	294.2
净资产收益率/%	24.580	

历年分配情况：
2000年，0.412，中期：每10股转增10股
1999年，0.27
1998年，0.28
1997年，0.20

备注：新疆广汇石材股份有限公司是由新疆广汇晨晖花岗岩石材开发有限公司整体变更而成，1999年4月10日在新疆维吾尔自治区工商行政管理局办理了变更登记。石材公司成立于1995年1月20日，是由新疆广汇企业（集团）有限责任公司和晨晖亚太有限公司共同出资组建的合资企业，注册资本1.2亿元人民币，其中新疆广汇企业（集团）有限公司占60%，晨晖亚太有限公司占40%。1998年1月7日，晨晖亚太有限公司将其持有的石材公司股权分别转让给新疆广汇企业（集团）有限责任公司、富高利建筑材料有限公司、新疆维吾尔自治区技术改造投资公司、新疆维吾尔自治区哈密地区国有资产投资经营有限公司、新疆棉花企业（集团）公司亚西亚新技术开发公司、托里县花岗岩资源开发总公司、北京中咨兰德工程技术开发公司。2000年4月，公司发行人民币普通股5000万股，形成总股本17689.16万股。

公司名称：湖北省凯乐新材料科技股份有限公司

公司概况：
证券代码：600260
证券简称：凯乐股份
法人代表：朱弟雄
公司地址：湖北省公安县斗湖堤镇城关
电　　话：0716－5237491
上市日期：2000.7.6

与塑料相关主营业务：
塑料硬管及管件，软管管材，塑料零件及塑料土工合成材料等

股本结构情况（2000年末期）　　单位：万股

总股本	国家股	发起法人股	法人股	A股
17588.00	1500.00	7570.40	600.00	7917.60

2000年经营情况

名　　称	2000年末期	2000年末比1999年末增长/%
主营业务收入/万元	30658.08	17.3
主营业务利润/万元	9446.94	11.4
其他业务利润/万元	0.00	－100
净利润/万元	6782.43	24.9
未分配利润/万元	11545.43	53.1
净资产收益率/%	8.540	

历年分配情况：
2000年，0.35183元
1999年，0.449
1998年，0.301
1997年，0.357

备注：1993年2月，由湖北省荆州地区塑料管材厂、公安县国资局、湖北省荆州板纸厂、湖北省公安县纺纱厂共同发起，以定向募集方式设立该公司。公司设立时总股本3022万股。1993年2月28日公司办理工商注册登记。1996年7月，公司按10:7的比例向股东送股，以10:3的比例向股东配股，公司总股本变更为7555万股。1998年1月，公司按10:3的比例向股东送股，以10:3的比例向股东配股，公司总股本达到12088万股。公司设立时名称为“省荆州地区塑料管材股份有限公司”，1995年9月，经股东大会决议，公司更名为“湖北省凯乐塑料管材股份有限公司”。1997年6月，经股东大会决议，公司更名为“湖北省凯乐塑料管材（集团）股份有限公司”。

公司名称：新疆独山子天利高新技术股份有限公司

公司概况：
证券代码：600339
证券简称：天利高新
法人代表：徐福贵
公司地址：新疆克拉玛依市独山子区北京路3号
电　　话：0992-3680703
上市日期：2000.12.25

与塑料相关主营业务：
高级润滑油系列添加剂产品，高级沥青系列产品，土工合成新材料等

股本结构情况（2000年末期）　　单位：万股

总股本	国家股	发起法人股	法人股	A股
17000.00	9980.44	0.00	1019.56	6000.00

2000年经营情况

名　　称	2000年末期	2000年末比1999年末增长/%
主营业务收入/万元	31176.94	35.1
主营业务利润/万元	8474.30	49.0
其他业务利润/万元	-62.34	
净利润/万元	3608.19	14.8
未分配利润/万元	2047.40	19.7
净资产收益率/%	5.930	

历年分配情况：
2000年，0.21元
1999年，0.286
1998年，0.265
1997年，0.263

备注：由主要发起人新疆独山子天利实业总公司联合新疆石油管理局等四家企业共同发起设立的股份有限公司。新疆独山子天利实业总公司以经评估确认的生产经营性资产包括塑料厂、添加剂厂、油脂厂、供应公司、销售公司（包括经营成品油零售业务的天利和群利两个加油站）以及其持有的新疆特变电工股份有限公司0.5%和克拉玛依市融兴城市信用社10%的股权投入该公司。经中国石油天然气总公司中油资产字［1998］362号文批准，新疆石油管理局以其下属独山子石油化工总厂经评估的部分生产经营性资产包括塑料成型车间、聚丙烯化工车间和沥青车间投入该公司。经新疆维吾尔自治区国资局新国评字［1999］157号文确认，以上两家发起人投入的生产经营性资产总额为24625.36万元，其中净资产为13714.12万元。乌鲁木齐高新技术产业开发区高新房地产有限责任公司、新疆特变电工股份有限公司和上海中大高新电子技术有限公司三家发起人则分别以货币资金850万元、500万元和51万元投入该公司认购发起人股份。新疆独山子天利实业总公司、新疆石油管理局分别占本公司总股本的50.96%和39.77%。

公司名称：沧州化学工业股份有限公司

公司概况：
证券代码：600722
证券简称：沧州化工
法人代表：周振德
公司地址：河北省沧州市南环中路18号
电　　话：0317-3030719
上市日期：1996.06.26

与塑料相关主营业务：
化工原料、塑料制品

股本结构情况　　单位：万股

总股本	国家股	发起法人股	法人股	A股
42142.00	30642.00	0.00	0.00	11500.00

2000年经营情况

名　　称	2000年末期	2000年末比1999年末增长/%
主营业务收入/万元	135763.58	102.4
主营业务利润/万元	24762.51	30.1
其他业务利润/万元	1151.18	875.4
净利润/万元	10416.83	-24.6
未分配利润/万元	22953.93	32.4
净资产收益率/%	10.220	

历年分配情况：
2000年末期，0.250元，每10股派0.60元
1999年，0.352元，中期：每10股送5股，转增5股，配1.5股，价7元/股
1998年，0.285元
1997年，0.294元，每10股配3股，配股价5-7元/股
1996年，0.31元，公积金10股转增10股
1995年，0.96元，每10股派6.2元
1994年，0.345元，每10股派2.4元

备注：由河北沧州化工实业（集团）公司独家发起并定向募集内部职工股的方式设立的股份有限公司。发起人以1996年6月4日至6月17日公开发行A股2312万股，发行价格9.18元，公司原有内部职工股188万股转为社会公众股，社会公众股共增加2500万股。公司总股份数为9810万股。1996年6月26日公司2500万A股（含内部职工股188万股）在上交所上市交易。

（中国塑料加工工业协会　罗　东）

专利技术

2000年公开发布的部分专利技术

【名　称】木粉增强聚丙烯模塑料及其制备方法
【公开号】1257890
【发明人】李铁骑　曾汉民
【摘　要】本发明涉及一种木粉增强聚丙烯模塑料及其制备方法。成分包括聚丙烯、木粉、大分子偶联剂、加工助剂。用双螺杆挤出制备的该模塑料，由于采用大分子偶联剂，使木粉的增强作用得到充分发挥，其拉伸模量、拉伸强度、冲击强度可分别提高100%～180%、16%～38%和15%。该模塑料具有良好的加工性能，易于用注塑或模压的方法成型，适合于制备各种外观和性能良好的制品。

【名　称】塑钢窗框
【公开号】1255578
【发明人】钮金陵
【摘　要】一种塑钢窗框主要由开有一条安装槽的窗框塑料型材和开有一条安装槽的内衬钢管及安装环组成，安装环能在安装槽内滑动，所以能方便地与墙体预埋件连接，使窗框安装简单方便，又整齐统一，符合现代建筑设计需要。配合使用带有翻边的连接钢管时，可使异型窗的窗框之间相互直接连接，具有结构设计合理、机械强度高、便于组装、又能方便地与墙体预埋件安装连接等优点，特别适合新建房屋使用。

【名　称】高分子热熔粘合剂及其制造方法
【公开号】1255523
【发明人】王剑　常旭生　刘震　延燕　栾翔　黄艳霞
【摘　要】本发明高分子热熔粘合剂及其制备方法属于高分子粘合剂领域。其特点是以热塑性塑料特别是聚烯烃为主要组分，配合以过氧化物类引发剂、带有反应性官能团（双键）的极性单体等组分，经共混挤出造粒，得到在热塑性塑料上接枝了极性单体的有机高分子粘合剂。该粘合剂粘合强度高，可用于有机填料（尤指木粉和废纸粉）与热塑性塑料（特别是聚丙烯）之间的粘结，制备连续挤出高强度板材，该板材可广泛用于制造汽车门板、顶棚、仪表板和包装、建筑材料等。

【名　称】塑料复合板材及其制造方法
【公开号】1255427
【发明人】王剑　常旭生　刘震　延燕　栾翔　黄艳霞
【摘　要】本发明涉及一种塑料复合板材。其特点是以热塑性塑料特别是聚烯烃为主要组分，配合以有机填料（尤指木粉和废纸粉）和一种高分子热熔粘合剂等，经共混挤出压延，制备出高强度板材。由于在挤出过程中高分子热熔粘合剂较好地渗入到木粉颗粒的空隙中，可使木粉和热塑性塑料紧密结合成一体，大幅度提高了复合板材的强度，且配方中可加入阻燃剂使该板材具有阻燃性能。这种热塑性复合板材易于加工，可广泛用于制造汽车门板、顶棚、仪表板和包装、建筑材料等。

【名　称】汽车热塑性塑料件损伤的修复方法
【公开号】1259429
【发明人】赵刚
【摘　要】本发明涉及一种汽车热塑性塑料件损伤的修复方法，其步骤包括清洗→焊补修复→焊补处填补→打磨→喷漆，其中焊补所使用的塑料焊条及大块的修补材料均是用与被焊补的塑料件材质相同的废旧件剪制而成的；并且利用加热的刮铲对焊缝处进行抹平处理，并根据被焊补的塑料件材质的软、中、硬分别选用不同的面漆进行喷涂。具有工艺步骤少、焊缝强度高、漆面不宜起皮脱落等优点。

【名　称】废塑料用于生产轻质混凝土建筑材料
【公开号】1259497
【发明人】孔凯旋
【摘　要】一种将废塑料用于制造轻质混凝土建筑材料的方法，包括制造轻质颗粒及制造轻质混凝土两步骤。先将不可降解的聚苯乙烯发泡类、聚乙烯类、聚乙烯发泡类废塑料制成1～8mm的片状或不规则颗粒，用水洗去油污，再按照常规生产轻质混凝土的方法，将轻质颗粒替代常用的轻集料，与水泥均匀混合。其工艺简单，耗用能源少，成本低廉，可节省水泥15%～20%，产品性能优良；并可彻底消除“白色污染”对环境造成的危害。

【名　称】内外双料双壁自来水管
【公开号】1258825
【发明人】任安煜
【摘　要】本发明公开了一种自来水管更新换代的新型双重材料和结构的领域，特别是内胚用玻璃陶瓷，外壁用工程塑料为原料双壁结构替代镀锌管和塑料管的自来水管。该材料质地纯洁坚硬、性质稳定、无味、无毒、细腻、不渗水、不消耗材料，不氧化、防腐性能好，使用寿命长，卫生、环保、没有污染。“以塑料代钢”节约金属材料、玻璃陶瓷内胚从进水口到出水口一系列配套产品保证水质的纯洁性。特别是该材料不污染水质与环境和使用寿命长，无需更换二大优势，可以安装在现代化功能型集成块墙壁内部。

【名 称】塑料、橡胶常温超细粉碎工艺
【公开号】1258593
【发明人】李凤生 叶明泉 韩爱军 李春俊 刘宏英 宋洪昌 白华萍 邓国栋 余大桂 王作祥
【摘 要】本发明公开了一种塑料、橡胶的常温超细粉碎工艺。其工艺流程为：将原材料加水后进入高速剪切研磨机内粉碎，并且边粉碎边过滤，然后经干燥、分散，得到超细塑料、橡胶颗粒，平均粒径小于110μm。本发明工艺简单、粉碎过程无需冷冻，在常温下进行，成本低，成品粒度细，操作简单，适用面广，适于工业化生产。

【名 称】一种金属塑料复合管的制作方法
【公开号】1260267
【发明人】陈惠峰
【摘 要】本发明公开了一种金属塑料复合管的制作方法，这种方法在制作金属塑料复合管时，直接采用无缝金属管，利用缩管技术，使金属管与预先设置在金属管内的塑料管紧密接触，然后在金属管的表面上再热敷上一层塑料后，从模眼中共同挤出，使之成型。就能制成符合要求的金属塑料复合管。

【名 称】一种复合型材
【公开号】1260439
【发明人】王进
【摘 要】一种复合型材，属于建筑材料技术领域。是由中空金属型材和泡沫塑料组成，中空金属型材内有泡沫塑料。中空金属型材可以是铝、铝合金、复合钢之一，泡沫塑料是可发生泡沫塑料，本发明制备方法，包括预发－放置－灌装－蒸流膨化－水冷工艺过程。本发明具有导热率低、减震能力强、隔音、保温性能好等优点。

【名 称】共挤法拉制塑料光纤生产装置
【公开号】1260498
【发明人】张耀明 张振远 郝思俊 马永红 陈强 孔维彪 江源
【摘 要】本发明公开了一种共挤法拉制塑料光纤生产装置，主要由挤出机、共挤模头、牵伸机构、收丝机构、张力控制机构组成。其中共挤模头的后端是设有芯料和皮料进口的流道段，前端为由分流锥和成型模嘴构成的成型口模。流道段的芯料进口经外环流道与成型口模处成型模嘴的内孔相通，流道段的皮料进口经内部的圆柱形流道与成型口模处成型模嘴的外环孔相通。本发明明显提高了POF挤出成型的稳定性，可靠地保证了产品质量，并且共挤模头拆装方便，收丝效率高，对于多品种的工业化POF生产具有理想的适应性。

【名 称】道路线条反光粘贴薄膜卷材
【公开号】1260272
【发明人】丁关金
【摘 要】一种用于划制公路黄白标志线条的高分子薄膜卷材。它由保护层、反光层、基质层、胶粘层，依次复合而成。它是由橡胶、塑料、环氧、聚氨酯系列高分子材料组成的混合体，表面渗以化学荧光剂，和具有物理反射特性的云母钛珠光颜料，玻璃微珠等，高折射的金属氧化物透明薄膜捏炼而成。本发明可以在工厂里预制盘存。现场施工快捷、方便、无污染。而且，晚上还有反光和荧光效果，使标志线条更为清晰明亮，故提高了道路行车的安全性。

【名 称】一种广效除草降解地膜及其生产方法和用途
【公开号】1260115
【发明人】赵志浩
【摘 要】本发明涉及一种广效除草降解地膜及其生产方法和用途。该地膜为含有农药Clomazone和厝莠胺的聚乙烯地膜，配方中含有助剂和降解剂。其制造工艺为用改性机械和双螺杆挤出反应机进行混合加工造粒，用普通塑料吹膜机进行吹膜。该地膜应用于除麦类以外的旱地农作物，如棉花、烟草、大豆、甘蔗、花生、马铃薯、油菜作物。具有一般除草作用外，更是一种对难除阔叶草也有极好去除效果的广效除草降解地膜。

【名 称】用于移动电话和它的零部件的抗菌塑料及其制造方法
【公开号】1262591
【发明人】刘铭 李向吉 安从真 李鹏
【摘 要】本发明是一种用于移动电话和它的零部件的抗菌塑料，其特征在于：抗菌母料是由如下材料配制而成（质量份）：$AgNO_3$0.1～2、$Zn(NO_3)_2$20～50、$ZnSO_4$30～40、ZnO20～40、分散剂0.1～0.5，沸石100、活性助剂5～15。本发明含有结合在无机基材中的活性物质，这些活性物质进入细菌或霉菌等微生物体内，与其体内多种酶结合，破坏了蛋白质的活性，随后死后。通过实验表明，对塑料表面附着细菌及霉菌的杀菌率在95%以上。

【名　称】 利用废聚苯乙烯泡沫塑料制作的油漆及其工艺方法
【公开号】 1263137
【发明人】 彭立军
【摘　要】 本发明涉及的是一种油漆及其制作工艺的方法，特征是利用废聚苯乙烯泡沫塑料制作的油漆及其工艺方法。该油漆由废聚苯乙烯泡沫塑料、松香或松香改性树脂、氯化石蜡、溶剂、防锈除锈剂助剂组成。工艺方法为首先将废聚苯乙烯泡沫塑料清洗干净，粉碎按配比量混合各组分原料，将溶剂、松香或松香改性树脂放入反应釜中搅拌，溶解后加入经粉碎过的废聚苯乙烯泡沫塑料，完全溶解后加入氯化石蜡、防锈除锈剂、助剂，搅拌混合均匀后经过碾磨过程，细度在325目以上即可。

【名　称】 加筋增强塑料管材及其制备方法
【公开号】 1263223
【发明人】 张国祥
【摘　要】 本发明涉及一种加筋增强塑料管材及其制备方法，所述管材的管壁塑料至少由两层组成，每层采用不同配方的同种塑料，塑料中加有环筋和/或纵筋。其方法步骤为：模具中连续穿入纵筋，在挤出机中将热熔的塑料挤出成型、冷却、刻槽、缠绕环筋，再包覆不同配方的塑料形成多层加筋增强塑料管。该塑料管强度高、内应力小、成本低、质量高。

【名　称】 大口径塑料－铝复合管成型装置
【公开号】 1263224
【发明人】 潘炯玺　谢雁　葛涛　刘新民　李玮　张雷　郭红革
【摘　要】 大口径塑料－铝复合管成型装置，具有机架（1），支座（2），铝带（3），胀紧装置（4），预成挤拉模具（6），圆管成型模具（5）和牵引机（10），薄壁带管焊接机（8），内、外层塑料挤出机（7）、（9），其特征是在圆管成型模具左、右两侧装有涂胶装置（12），圆管成型模具中心由金属丝连接的堵气吹胀装置。具有结构简单，成本低，易维护，所生产的大口径铝塑复合管比塑料管的强度大大提高，与金属管相比，具有不生锈，不改变水质的优点，是上、下水管的替代产品。

【名　称】 塑料水管接头
【公开号】 1264006
【发明人】 罗荣森　罗荣尧
【摘　要】 一种塑料水管接头，具有管状接头体，其特征是所述管状接头体具有内管层和外管层，内管层套置于外管层之内，所述外管层由聚氯乙烯（PVC）塑料制成，所述内管层由聚烯烃类塑料制成。本发明的水管接头既能实现与管道的牢固连接，让连接部位具有足够的强度，确保管道的正常工作，又不会对水质产生不良影响，尤其适宜于配合新型的塑料复合给水管使用。

【名　称】 暗处发光塑料制品的制备方法
【公开号】 1246491
【发明人】 杨夜合
【摘　要】 暗处发光塑料制品的制备方法，其将40%～90%的塑料原料、0.5%～5%的透明高粘度原料均匀搅拌后，加入5%～50%的发光原料及4.5%～5%的塑料着色粉和塑料色母料，再次搅拌，将上述混合料放入塑料成型机加热处理，使塑料原料熔融聚合，高粘度原料被排挤在塑料原料聚合体外，发光原料一同被均匀分散在塑料原料分子上，加压将熔融的塑料聚合原料注入模具，射出成型具有暗处发光特性的塑料制品。

【名　称】 大规模处理白色污染物废聚苯乙烯泡沫的再生压塑技术
【公开号】 1246493
【发明人】 韩财元
【摘　要】 本发明公开了一种新的大规模处理白色污染物废聚苯乙烯泡沫的再生压塑技术。这种技术是先把废泡沫溶于溶剂中，经过滤，再把它从溶液中析出，分离析出物和溶液，再把它压塑成型材。这种技术处理废聚苯乙烯泡沫速度快，规模大，又能再生成新型材，主要过程是物理过程，不产生有毒的废气、废液，因此这是具有重大的社会效益、经济效益的环保技术。

【名　称】 用废塑料和或重油生产汽油柴油的方法和设备
【公开号】 1246510
【发明人】 周继福
【摘　要】 本发明公开了一种用废塑料和或重油生产汽油柴油的方法及设备。本发明方法包括原料与热载体直接混合发生传热和裂化反应以及经过热裂解，催化裂解，分馏等过程。并公开了发明方法中使用的催化剂。本发明的设备主要包括挤塑机，槽形螺旋反应器，燃烧室，固定床，气化室，分离箱，旋风分离器及烃油收集装置。

【名　称】废旧聚乙烯和植物秸杆粉再生板材及其生产工艺
【公开号】1249316
【发明人】郭金平
【摘　要】本发明属于复合再生板材配方及其生产工艺领域。利用回收废旧聚乙烯塑料和粉碎后的植物秸杆为基本原料配上适量的阻燃剂加工制作而成。各成分质量百分比为：植物秸杆粉60%～65%，废旧聚乙烯塑料33%～40%，阻燃剂1%～3%。植物秸杆通常采用玉米、稻草或麦草秸杆。将废旧聚乙烯塑料和植物秸杆粉及阻燃剂按比例均匀混合，通过压塑机压塑成型。该板材具有吸音、隔热效果，加工性好，价格仅为同类产品的1/3～1/4，应用领域广泛。

【名　称】废聚苯乙烯塑料的处理方法
【公开号】1250063
【申请人】北京市海淀区中大环境技术研究所
【摘　要】本发明是一种废聚苯乙烯塑料的处理方法。其特点是固体废塑料先经溶解成液体，再经过两次催化裂解和蒸发塔处理，最后经精馏即得到符合要求的苯乙烯和混合苯产品。本发明由于采用液态进料，可提高工效2.5～4倍；采用拖板式搅拌器，可使裂解炉加热均匀，操作稳定；增加气相裂解和蒸发塔处理过程，使苯乙烯产率提高，轻焦油量降低，因此本发明为废聚苯乙烯塑料的回收利用提供一种先进的且具有实用价值的技术。

【名　称】橡胶塑料模具微孔排气塞
【公开号】1249987
【发明人】李洪海
【摘　要】橡胶塑料模具微孔排气塞，特点为气孔套内外设置有若干微孔，是用于气孔套材质，如铜、铝、铁等金属及合金或非金属80目以上颗粒在制造过程中形成的0.001～0.1mm的微孔，具有良好的排气性和防橡塑渗透性，在硫化或挤出过程中既能排气，而又不溢出橡塑胶条，是橡胶塑料模具中理想的、低廉的、高精度的排气装置，提高制造精度，降低了模具制造精度要求和造价，表面不需二次加工处理，节省大量人力、物力，避免了模具堵塞和原料浪费，保证了产品质量，宜于普及推广。

【名　称】以PVDC为中间层的耐高温蒸煮食品包装膜、袋及其生产方法
【公开号】1251809
【发明人】樊书德
【摘　要】本发明涉及食品包装膜袋。旨在解决国内现有复合塑料食品膜袋不能承受高温蒸煮、包装肉制品常温下不能长期储存弊端。这种透明型、对氧气水蒸气具有高阻隔性，耐高温蒸煮食品膜、袋是用PVDC薄膜作中间层、采用特制的无溶剂胶状液体粘接剂在无溶剂复合机上生产出来的。其制法保证PVDC薄膜在复合过程中不受热、不产生收缩、皱折，能达到121℃以上蒸煮之要求。该膜、袋达到了日本用PVDC薄膜预收缩、干法复合生产工艺生产产品性能。并经大同同风肉制品等厂使用，反映良好。

【名　称】聚炳烯核径迹膜的制造方法
【公开号】1254615
【发明人】何向明　严玉顺　张泉荣　张伟　樊诗国　王国欣
【摘　要】本发明涉及一种聚丙烯核径迹膜的制造方法。首先选用透明聚丙烯塑料薄膜为原材料，利用核反应堆的裂变碎片，辐照塑料薄膜，或利用高能离子加速器产生的重离子辐照塑料薄膜，再利用紫外线照射上述聚丙烯塑料薄膜，最后用化学试剂对塑料薄膜进行蚀刻，洗涤晾干，即为本发明的聚丙烯核径迹膜。本发明的方法具有良好的经济效益，制作聚丙烯核径迹膜的设备相对简单，易于实现规模生产，成品率高。

【名　称】新型交联剂制备方法及其所制备的自结皮聚氨酯泡沫塑料
【公开号】1256286
【发明人】万小龙　林志勇　林松柏　翁建新　兰心仁
【摘　要】本发明公布了新型交联剂制备方法及其所制备的自结皮聚氨酯泡沫塑料。其步骤是通过以下两种工艺中的任何一种，即（1）以聚醚多元醇为介质的原位法反应工艺或（2）事先用溶液法反应工艺制备目标物质，然后再以分散技术将其分散在聚醚多元醇介质中的反应－分散工艺，制备以下三种新型交联剂：（Ⅰ）环氧树脂胺解物多元胺或多元醇；（Ⅱ）蓖麻油醇解物多元醇；（Ⅲ）蓖麻油醇解物的环氧化合物的加成物多元醇。用于制备自结皮聚氨酯泡沫塑料的配方中含有上述新型交联剂中的任何一种或它们的若干种混合物或它们的聚醚多元醇溶液。

【名　称】聚醚－乙烯基聚合物之接枝共聚物的制备方法
【公开号】1257083

【发明人】 应圣康 黄昌国 万小龙

【摘　要】 一种聚醚－乙烯基聚合物之接枝共聚物的制备方法，属于聚合物合成领域。丙二醇在氢氧化钾催化下引发环氧丙烷、环氧丙烷苯基醚聚合，得含芳香结构聚醚。在催化剂存在下，含芳香结构聚醚与卤甲基化试剂或卤化剂反应，制得大分子引发剂。大分子引发剂在催化剂、配位剂作用下，引发乙烯基单体聚合得产品。本方法制得的产品结构清晰、可控，可改善聚苯乙烯等在聚醚中的溶解性，提高用之制得的弹性体的强度，可用废弃塑料作原料，减少白色污染。

【名　称】 隔热铝合金、塑料组合型材

【公开号】 1257152

【发明人】 王广武

【摘　要】 一种断热铝合金、塑料组合型材是由铝型材和塑料型材组成，塑料型材的两侧是铝合金型材，在塑料连接隔热型材两侧上下设置塑料联接翼板，塑料联接翼板端部有突出的防脱钩，铝合金型材与塑料型材联接翼板相邻处设置铝合金联接插板，铝合金联接插板端部有与塑料联接翼板突出防脱钩方向相反的铝合金联接插板突出防脱钩，铝合金型材联接插板通过塑料型材联接翼板的弹性变形插入塑料型材联接翼板的开口内，塑料型材联接翼板的弹性变形恢复后，铝合金型材端部联接插板的防脱钩与塑料型材联接翼板端部的防脱钩相互卡接，将塑料型材与铝合金型材联成一体。采用带有防脱钩的铝合金型材与带有防脱钩的塑料型材，依靠弹性变形连接，解决长杆型材的紧密连接问题。

【名　称】 塑料薄膜锂离子电池的制造方法

【公开号】 1241041

【发明人】 杨汉西 董全峰 艾新平

【摘　要】 本发明公开了一种新型塑料锂离子电池的制备方法。它是以同一种聚合物作为电极与隔膜的骨架网络，通过在聚合物溶液中溶入适当大小的有机分子，利用溶剂与添加剂分子的相互作用，在正负极极片与隔膜的成膜过程中直接得到具有合适微结构的膜片。将此法所制极片与隔膜复合后，注入适量的电解质溶液，即成为干态塑料锂离子电池薄膜。根据应用要求，可将锂离子电池薄膜裁剪加工成不同形状或尺寸的锂离子电池。

【名　称】 可降解可焚烧聚乙烯塑料

【公开号】 1240803

【发明人】 陈庆华 钱庆荣 李南芳 刘志耀

【摘　要】 本发明公开了一种可降解可焚烧聚乙烯塑料，其组成配方（以质量计）如下：(1) 聚乙烯树脂100份；(2) 光敏剂0.2～1份；(3) 超微粉体无机材料40～60份；(4) 超微粉体无机材料的表面处理剂1～2份。它制成的薄膜或包装袋具有焚烧促进降解，以及光照达到降解，降解周期短，焚烧完全，并有效降低焚烧放出的有害气体，达到环境保护目的。从而实现一次性使用塑料废弃物治理的多方式化，并减少对大气的二次污染。

【名　称】 一种纯金覆膜塑料卡及其制作方法

【公开号】 1242576

【发明人】 陈恩国

【摘　要】 本发明提供了一种纯金覆膜塑料卡，其特征在于塑料卡的表面覆盖有一层纯金薄膜，从而制成美观、气派且名副其实的实用金卡。同时，由于其表面覆盖有纯金的保护层，更具有不易变形、断裂的优点。本发明还提供了本卡的制作方法。

【名　称】 一种玻纤增强低发泡塑料建筑模板及其制造方法

【公开号】 1242462

【发明人】 余剑英

【摘　要】 本发明涉及一种建筑工程用的塑料建筑模板及其制造方法。模板由新的或回收再生的烯烃类热塑性塑料，与短切玻璃纤维、填料、发泡剂、发泡温度调节剂及润湿剂混合后，通过挤出机连续挤出成型成为具有硬皮层的低发泡塑料建筑模板。模板为中空结构，内有纵向加强筋连接。该模板具有其刚度和强度符合使用要求、质量轻、表面光洁、易于脱模、重复使用次数多、可连续化制造、生产效率高以及可使用再生材料为原料、成本低廉等优点。

【名　称】 可全降解添加剂及全降解塑料制品

【公开号】 1242395

【发明人】 赵海宴 赵增煜 马涛 王德生 赵韬

【摘　要】 本发明属于生化领域，涉及一种无毒、无害可生物全降解的添加剂及其生物全降解塑料制品。全降解添加剂的成分为聚羟基丁酸酯、有机氮类、醇类、纤维素类，按一定比例混合而成，并以此添加剂与有机高分子化合物为基料混合，搅拌制浆、加热、挤压成型，制成可全降解的塑料制品。该制品质高价低、百分之百降解，为彻底治理“白色污染”提供了高新技术，其废弃物无毒害，回收可作饲料和肥料，形成物质资源的良性循环。本发明的实施将会积极促进农村经济发展，给包装行业生产原料带来重大突破。

【名　称】光、生物双降解聚乙烯母料
【公开号】1242390
【发明人】刘兴学　刘彩霞
【摘　要】本发明提供一种光、生物双降解聚乙烯母料。其组分包括聚乙烯、改性淀粉、光敏剂、降解控制剂和滑石粉。用铝钛复合偶联剂处理淀粉和滑石粉制得的本母料组分简单，分散性好，制成的双降线塑料制品力学性能和降解性能好。主要用于制作双降解塑料包装膜、一次性塑料餐具和地膜等。

【名　称】高分子量脂肪族聚碳酸酯的制备方法
【公开号】1257885
【发明人】赵晓江　刘宾元　王献红　赵大庆　王拂松
【摘　要】本发明属于高分子量脂肪族聚碳酸酯的制备方法。本发明提供一个用稀土配合物与金属有机物组成的组合催化剂在高压下使环氧化物与二氧化碳在选定的溶剂中进行共聚合的方法。本专利实施的聚合反应的聚合物分离纯化十分方便，可得到白色粉末状聚合物，催化剂的催化剂效率超过 2.5×10^4g 聚合物/mol 催化剂，共聚物的分子量超过 20000，二氧化碳固定率（质量分数）高达 40%，共聚物中交替结构含量超过 95%。

【名　称】一种湿控保鲜膜
【公开号】2359237
【发明人】张天元　曹义鸣　邢丹敏　李晖　刘富强　刘桂香　邓麦村
【摘　要】一种控湿保鲜膜，其特征在于：该控湿保鲜膜由两层材料构成，一层为增强材料层，另一层为高分子材料层或活性分离材料层。所述增强材料层为无纺布、织布、增强纸之一种；高分子材料层为聚砜、聚醚砜、聚丙烯腈、聚碳酸酯、聚酰亚胺、聚醚酰亚胺、碳化聚砜、纤维素之一种；活性分离材料层为硅橡胶、聚-4-甲基戊烯-1、聚三甲基硅丙炔、硅酮之一种。本实用新型可以有效地延长蔬菜、水果保鲜时间，且制作成本低。

【名　称】多层共挤热收缩膜设备
【公开号】2367450
【发明人】朱烨锋　邢玉清　芦星吉　朱煜锋　轩福君
【摘　要】本实用新型涉及一种生产塑料多层共挤热收缩膜设备，由塑化挤出部分Ⅰ、多层共挤模头部分Ⅱ、一次冷却牵引部分Ⅲ、二次预加热双向拉伸部分Ⅳ、旋转卷曲牵引部分Ⅴ组成，其特征是在二次预加热双向拉伸部分Ⅳ和旋转卷曲牵引部分Ⅴ的之间增加热定型部分Ⅵ。该设备克服了已有多层共挤热收缩机组存在生产出的多层共挤热收缩膜自然收缩的缺点，提高了膜的质量和产品的利用率。

【名　称】一种用于无压膜绳日光温室及塑料大棚的全塑骨架
【公开号】2367078
【发明人】李彦斌　李磐挺
【摘　要】一种全塑骨架，适用于各种日光温室、塑料大棚等。该全塑骨架由制有凹槽的槽板和制有楔条的压条组成。压条的楔条压入槽板凹槽且被定位，同时压紧塑料薄膜。压条和槽板均用工程塑料制成。本实用新型无腐烂锈蚀之忧，强度高，寿命长，不损坏薄膜，不用压膜绳，提高光效。

【名　称】伸缩式波纹管
【公开号】2369052
【发明人】林楚旭
【摘　要】本实用新型涉及一种可伸缩定型的塑料波纹管。该波纹管由截面为上斜线段波壁、下斜线段波壁及连接上、下斜线段波壁的圆弧波峰和波谷构成；上斜线段波壁与波纹管中心线夹角为 45°，下斜线段波壁与波形中心线夹角为 25°~30°，且与圆弧波峰连接点处形成一个切线角，以便使下斜线段波壁能向上折叠，从而保证波纹管拉伸、收缩、弯曲均能定型；它具有使用方便，抗压强度高，平面稳定性好等优点，特别适用在水、油的排放连接上。

【名　称】聚苯泡沫塑料再生挤出机
【公开号】2368686
【发明人】林木洪
【摘　要】一种聚苯泡沫塑料再生挤出机，包括电动机 7、减速器 6、进料口 4、螺杆 3、溶化料筒 2、出料口 1，其特征在于：在溶化料筒 2 与减速器 6 之间连接一压缩料筒 5，进料口 4 装在压缩料筒 5 上，压缩料筒 5 内的螺杆的螺纹形状为螺旋桨状，且其螺杆外径从进料至出料处依次减小。该实用新型能不需粉碎而直接对泡沫塑料进行压缩、溶化、挤出。其结构简单，操作方便，成本低，生产效率高。

【名　称】不同塑料与具有孔口的金属骨架复合的增强复合管道
【公开号】2370242

【发明人】 甘国工 蒯一希

【摘 要】 本实用新型提供了一种不同塑料与具有孔口的金属骨架复合的增强复合管道。包括具有孔口的筒形金属骨架，位于筒形金属骨架内外壁上的与之复合的分别由不同性能或形态塑料制成的塑料内层和塑料外层。耐腐蚀性能好，耐温、耐压、耐环境老化、强度高，应用范围广，可输送不同的介质。

【名 称】 塑料防眩板

【公开号】 2370060

【发明人】 叶震 荣肇骏 吴永柏 郑卫

【摘 要】 一种塑料防眩板，设置在公路中间隔离带上，消除汽车前照灯眩光的影响，保证驾驶员的行车安全。它由主体1和设置在主体1一端的安装翼板2组成，所述的主体1的横截面为双面弧形。本实用新型具有质量轻、耐腐蚀、对风阻力小且外形美观等优点。

【名 称】 扣式杯盖

【公开号】 2369963

【发明人】 戴军

【摘 要】 扣式杯盖，包括纸质或塑料的一次压制成型的杯盖，杯盖上沿杯口外缘与杯盖边缘之间设有若干段切口，段切口两端开设有以杯口外卷边厚度为直径的小孔，在杯口外卷边处将盖卡紧，使杯内预置的食品、饮品盖严实，适用于饭店，商场、旅游等场合，方便卫生，不污染环境（可回收利用）。

【名 称】 制造螺旋焊金属孔板网骨架增强复合塑料管材的装置

【公开号】 2369851

【发明人】 甘国工

【摘 要】 本实用新型提供了一种制造螺旋焊金属孔板网骨架增强复合塑料管材的装置。本装置中有机架，装在机架上的使带孔口的金属板网被夹送和螺旋卷制成筒形骨架的包括至少一根筒形骨架定径成型的外辊和与外辊配合的至少一根内辊的筒形骨架成型机构，将骨架焊接的焊机，装置中还包括至少一个有熔融塑料流道的能使骨架通过且能被复合成塑料管材的复合模头。能生产出耐腐蚀、强度高、大直径规格的金属孔板网骨架增强复合塑料管材。

【名 称】 “双层无立柱塑料大棚”骨架生产设备

【公开号】 2369849

【发明人】 李晓明

【摘 要】 本实用新型涉及一种“双层无立柱塑料大棚”骨架生产设备。该设备通过高速捏合、挤出、冷却定形、牵引、切割等工序，利用专用机头坯条模具，生产三种不同形状一异型大棚骨架坯条。该生产设备主要由拖车、捏合机、挤出机、冷却定形、牵引机、切割机等部件组成，结构合理紧凑，设计先进，操作方便，加工精度高，移动式设计可使生产线的安装和移动更加灵活方便。

【名 称】 角钢加强型多用塑料门窗型材

【公开号】 2380656

【发明人】 李井冈

【摘 要】 一种角钢加强型多于塑料门窗型材，其门窗框型材内有一适于放置国标角钢的横截面呈L形或角形的加强腔，该加强腔内置有或可置有角钢；所述门窗扇型材内有一适于放置角钢的横截面呈L型或角形的加强腔，其内置有或可置有国标角钢，门窗扇型材上的加强腔和角钢的尺寸较门窗框型材的略小。本实用新型因为是按国标角钢尺寸设计加强腔，故而易于插入角钢作钢衬并为广大组装厂商接受，又减少了型材厂模具耗费并提高挤型材效率，可真正做到高层和低层建筑型材的统一，门窗型材规格大小的统一，具有档次高、成本低的优点，非常适用于中国建筑业门窗行业应用。

【名 称】 内胆式饮水桶

【公开号】 2380520

【发明人】 沈琦

【摘 要】 本实用新型是一种带有内胆的饮水桶。内胆为一次性使用的塑料薄膜袋，其形状与桶体一样，容积略大于桶体容积，上口固定于桶体上口外侧，桶体顶部或底部开有通气孔。桶体与饮水机连接采用密封盖和密封水管形式，密封水管直接与冷、热水龙头连接。本饮水桶可避免长期使用造成的二次污染，确保饮水质量。而且结构简单，制造方便，便于推广使用。

【名 称】 气密式方便卫生饮料盖

【公开号】 2380511

【发明人】 高建中 黄财兴

【摘 要】 本实用新型提供了一种气密式方便卫生饮料盖，用塑料制成，它与瓶口旋合的凸形盖体中心为饮料内流道，其内肩及旋套在盖体上的吸嘴分别设有供瓶口嵌入、供盖体上凸嘴嵌入或退拔的三点式弹性接触密封圈，吸嘴内密封圈的外侧设有多个饮料外流道孔。吸嘴旋松至限位时，内外流道沟通，即可饮用，旋紧时复又密封，既能直接对灌装饮料瓶密封，又能在瓶开启后多次饮用、密封，并加罩防尘帽配套，使瓶装饮料携带、饮用方便、安全、卫生。

【名　称】双层塑料口杯
【公开号】2380093
【发明人】胡志强
【摘　要】一种双层塑料口杯，由内壁、外壁、图案组成，图案附着于内壁外表面或外壁内表面，示温材料附着于内壁的外表面。由于示温材料附着于内壁的外表面，示温材料能感知杯中水的温度而显示不同颜色。内、外壁于端口处由卡套固定，生产制造容易。杯体的底部夹空层中设有永磁体，对杯中的水能起磁化作用。用透明塑料制作口杯，透明度高。

【名　称】搭接缠绕式钢塑复合管
【公开号】2379679
【发明人】赵培成
【摘　要】一种搭接缠绕式钢塑复合管，属用塑料生产特殊制品，用于建筑冷热水供水管道，煤气、空调管道，电缆穿线管，石油化工流体输送管等。其特征是该复合管由内到外依次由塑料内管、高分子内粘结剂层、钢带材加工搭接式钢圆管及横向缠绕于其上的薄钢带、高分子外粘结剂层和塑料外管构成。具有用于生产线连续生产，节约钢材，能大幅度降低成本，内外复合塑料不锈蚀，不需焊接，生产效率高，能确保大口径管材的刚性和强度等优点。

【名　称】塑料门窗型材下料中心
【公开号】2379576
【发明人】王志强
【摘　要】本实用新型属于塑料门窗组装设备领域，是一种具有切断、切V型口以及切玻璃压条三大功能塑料门窗下料设备。转动板上有4根导柱构成的坚固的框架。左、右锯头相互成90°，在导柱内滑动。两用靠料板具有不同的两面，一面是平面，另一面带凹槽分别可用来切割普通型材和压条型板。转动板能带动左右锯头旋转，可切异形角。本实用新型采用两次切削方式切割压条。切割中比双角锯省料。本实用新型具有一机多用占地面积小，操作方便，加工范围广泛，下料精度高，节省型材等优点，可替代双角锯、V型锯、玻璃压条锯三种设备。

【名　称】扣压组合式塑料防渗渠槽
【公开号】2379525
【发明人】张晓明
【摘　要】本实用新型涉及一种扣压组合塑料防渗渠槽，属于农田灌溉设备。本实用新型原材料采用废旧农膜、塑料薄膜经过热挤冷压成型，每个单元件首、尾部设有子扣、母扣，首部与尾部内凹面形状、尺寸相同，首部子扣为内表面上的横向条形凸棱，尾部的母扣为外表面上的横向条形凹槽，渠槽外表面上设有固定板和插腿。本实用新型结构简单，造价低，安装使用方便，输水流畅，不渗漏，易搬迁运输贮藏，特别是对治理白色污染，保护自然环境起了很大作用，适用于干旱和半干旱地区灌溉农田用。

【名　称】折叠式塑料菜篮
【公开号】2379002
【发明人】杨明　罗华
【摘　要】一种由塑料制成可折叠的菜篮，主要适用于家庭买菜用，也可用于商业中盛其他物品，由菜篮体和菜篮体上的提手所组成，在菜篮体的两侧各有一条折叠线，菜篮体的边缘有边框。菜篮体可制成网状，有利于透气、清洗和晾晒。该塑料菜篮可重复使用，不用时折叠后，体积小，便于运输、携带和保管。用破后的菜篮子可回收，避免环境污染和造成公害。

【名　称】快速换芯式热塑性塑料试样注射模
【公开号】2379287
【发明人】申开智　吴世见　柳凌　张昌怡　王树华　桑杰
【摘　要】本实用新型涉及的快速换芯式热塑性塑料试样注射模，由定模、动模、可换模芯、模芯定位夹紧机构和冷却水快速接通装置构成。其技术特点是冷却水快速接通装置的阴、阳快换接头内都装有单向阀，并依靠支架板导杆上的弹簧产生的压力导通，对接处安装有密封圈；模芯定位夹紧机构采用弹簧定位销；温度传感器安装孔垂直于分型面设置。本实用新型结构简单，模芯更换方便、快捷，自动化程度高，无漏水污染，试样样条性能稳定，符合要求。

【名　称】一种鞋底材料
【公开号】2378975
【发明人】徐金德　王宇红
【摘　要】防滑性好且对脚底具按摩作用的一种鞋底材料，具有发泡塑料基层1，基层1上面设有平面方向相互分离的具有不规则外形的硬度大于基层1的凸起。凸起2的上表面面积为0.5～60mm^2，该上表面设有压痕3。凸起2的硬度为60～90度，基层1的硬度为45～60度。凸起2的高度为1～3mm。凸起2于平面方向的间距为2～5mm。本材料可用作拖鞋底，具凸起的一面可作中底，也可作大底。

【名　称】能自动吹凉风的鞋
【公开号】2378972
【发明人】陈贵文
【摘　要】一种能自动吹凉风的鞋，在具有弹性的塑料或橡胶等材料制成的鞋底里设有前储气室和后储气室，在鞋底上面设有和前后储气室相通的脚趾通气孔和脚心通气孔。当穿用此鞋走动时能自动的向脚趾和脚心吹凉风，特别适用在炎热的夏天穿用。

【名　称】塑料接头装置
【公开号】2381871
【发明人】邝建新　冯小兵
【摘　要】一种塑料接头装置，包括接头本体、螺母、芯体、密封圈，芯体中部设有凸环，凸环的前侧设有一圈容纳管子端部的沟槽，密封圈装在芯体后端紧靠凸环的圆柱面上，在芯体前端圆柱面上设有内装密封环的密封沟，螺母内侧端面嵌有金属垫，在金属垫与芯体凸环之间置有追紧环。本接头装置具有连接强度高、密封性能好、易装拆、成本低的优点，可应用于弯头、三通和多通接头上。

【名　称】钢塑复合管
【公开号】2381865
【发明人】吴爱国
【摘　要】本实用新型公开了一种钢塑复合管，它包括金属管体、外塑料层，外塑料层覆盖在金属管体1的外表面。本实用新型用于给排水、化工、采矿、电子、农业等领域流体输送，耐腐蚀，质量轻，表面光滑、美观，其金属管体壁厚仅为普通钢管的一半，成本低，使用寿命长。

【名　称】多内腔推拉塑料窗型材
【公开号】2381743
【发明人】李荣兴　聂雷
【摘　要】本实用新型涉及一种上下推拉塑料窗用型材。它以安装底板为基础，安装底板的内层壁与塑板形成构造腔及排水腔，该构造腔可容纳推拉窗的弹性平衡装置以及内翻转枢钮。它较好地解决了上下推拉窗无专用型材的问题，是一种适用于上下推拉窗的理想型材。

【名　称】机动车辆发光号牌
【公开号】2381541
【发明人】黄文光　万广辉　邱军兴　黄宇飞　万崇刚　胡锋
【摘　要】本实用新型涉及一种机动车辆发光号牌，由壳体、导光板、控制电路及光源四部分组成，壳体为AS塑料注塑而成，导光板的正面为抛光平面打毛的透明有机玻璃，光源置于导光板侧面，通电发光后即形成发光板，将其置于壳体中，通过面板上的覆盖字形或图形，即形成发光号牌。本实用新型制作简单，成本低廉。

【名　称】型材制品的转角连接件
【公开号】2381827
【发明人】赵年高　周建平
【摘　要】本实用新型涉及型材制品的配件，特别适合于家具、建筑、装璜等行业。现有铝合金型材制成的框体，框面不平、螺钉暴露。本实用新型的特征是空心或实心的塑料转角的角平分线位置制有筋条，其中位于转角的角尖线的筋条顶面制成弧面，使组装更为方便，制品的框面平整，螺钉暴露少，外形美观。

【名　称】一种汽车警示牌
【公开号】2381540
【发明人】魏志刚　潘丙吉
【摘　要】本实用新型属于交通安全标志技术领域，公开了一种汽车警示牌。其主要特征包括由塑料或金属材料制成的平面或凹凸基板、支撑架、以及在基板上固定或涂有警示图案的自动发光材料，其余部分涂有反光材料，以及内部镶嵌有磁铁块的底座。该警示牌受自然光或灯光照射10~20min，可自动发光12h以上。具有结构简单，使用方便，可全天候发光的特点。当有光源照射时，反光材料反光警示，当无光源照射时，发光材料发光警示。

【名　称】贴封式真空存物袋
【公开号】2381589
【发明人】曹汝南
【摘　要】本实用新型涉及一种贴封式真空存物袋，其特点在于塑料袋四周密封严实，其一侧上方设有袋口部件，由具有中等挺度和强度的塑料片制成，开口的密封方式采用不干胶胶带粘贴而封口。袋内空气由吸气管抽出。抽气后，吸气管由截气卡直接压扁和卡死。抽气方式为人工手动和家用吸尘器二者兼用。本实用新型使物品防潮、防霉、防虫蛀、防氧化，缩小体积，节省空间，如衣物、文件、食物、仪器等。

【名　称】塑料压光机辊筒
【公开号】2381466

【发明人】 高学飞　闵凯　陈斌

【摘　要】 本实用新型公开了一种塑料压光机辊筒。本实用新型包括具有外壳和内胆的辊筒体，辊筒体的两端分别连接有一轴头，两轴头的内部为中空结构，辊筒体的外壳和内胆之间有一夹套，在夹套上开设有若干股均匀分布的螺纹槽，在内胆和两轴头之间分别有进水空腔和出水空腔。采用本实用新型能明显提高塑料片、板材的表面光洁度以及塑料片、板材的强度和质量。本实用新型主要用于塑料片、板材的压光、冷却和定型。

【名　称】 塑钢复合压力管

【公开号】 2382928

【发明人】 黄宗祥　兰由浦　刘楠冰　陆伟强

【摘　要】 本实用新型提供一种塑钢复合压力管，由五层构成，从内至外依次为塑料层、胶粘剂层、钢管层、胶粘剂层及塑料层。以钢管为加强骨架，内外塑料层为防材料，以胶粘剂将塑料与钢管粘结为一整体。耐内、外压性能好，强度高，耐腐蚀，流体阻力小，且外形美观，用作生活给排水管道和煤气管道。

【名　称】 建筑用塑料模板

【公开号】 2382783

【发明人】 郭绍军　张恩伟

【摘　要】 建筑用塑料模板，由长方形中空的塑料壳体、多个塑料加强筋板和塑料前、后封板组成。其特点是：多个塑料加强筋板设置在长方形中空的塑料壳体内，其上、下端分别与长方形中空的塑料壳体的顶板和底板固定连接，且为一次成型的整体结构。塑料前封板、塑料后封板分别设置在长方形中空的塑料壳体的两端，且分别与长方形中空的塑料壳体热合在一起。本实用新型是用废旧塑料制成，有利于环保和减少白色污染。由于该模板可代替木质模板，可反复使用，节省木材。

【名　称】 游泳加速器

【公开号】 2383544

【发明人】 钟永生　梁乃廉

【摘　要】 本实用新型设计一种游泳加速器，用塑料按一定的设计加工成顶尖锐角喇叭型的加速装置主体和可安装在小腿上的单向拍叶装置。在装置主体的底部开口处的两旁留下小孔，在单向拍叶的上、下端的两旁也开有小孔，并装有扣带。具有提高游泳速度，增加游泳者的兴趣，设计简单、易于生产，不增加游泳者的体力负担等优点。

【名　称】 塑轮折叠电动自行车

【公开号】 2383752

【发明人】 吴智文　朱靖

【摘　要】 一种塑料小轮可折叠电动自行车，采用高强度塑料小轮径整体化轮圈和宽胎型发泡塑料整体化轮胎1，可折叠定位结构的脚蹬3，6以及插管式可伸缩结构的车座12，不仅结构简单，制作方便，成本也低。这种电动自行车，平时，两只脚蹬平行前伸固定，成为电动自行车的脚踏，配以超矮车座，豪华、安全、舒适，不亚于高级坐式摩托车；需要时，可在2min内将脚蹬柄对折180°，将车座拉高固定后即成为人力自行车状态随意人力骑行，十分方便。

【名　称】 一种双玻璃卡槽门窗型材及门窗

【公开号】 2383937

【发明人】 刘朝凌

【摘　要】 一种双玻璃卡槽门窗型材及门窗，它是在铝合金及塑料型材上设计双玻璃卡槽，也可以是单凸型材，双玻璃卡槽上及单凸型材上安装双层玻璃，提高密封性能，同时在双玻璃卡槽门窗型材上设计数个形状各异的透气孔，以便空气对流，实现去雾除霜的目的。

【名　称】 塑料大棚卷帘机

【公开号】 2383956

【发明人】 刘满

【摘　要】 一种塑料大棚卷帘机，主要由减速箱、卷帘轴、控绳游杆、支架等组成。从电机到减速箱输出轴实现四级减速，其中减速箱是链轮链条的三级减速。减速箱输出轴带动卷帘轴。减速箱和卷帘轴都固定在支架上，支架固定在大棚的主梁上。游杆通过支座也固定在支架上。这种卷帘机停电时可实现手动作业，并备有刹车装置。

【名　称】 慢反弹海绵复合密封片材

【公开号】 2384042

【发明人】 袁卫文　荣钟汇　华明毅

【摘　要】 本实用新型涉及一种慢反弹海绵复合密封片材，包括慢反弹海绵层、隔离层，前者是经丙烯酸树脂处理的聚氨酯类软泡沫塑料，后者是涂有隔离剂的片材，二者粘结复合。该复合密封片材具有可压缩性、反弹慢、气密性好，密封片不偏离安装位置，成本低，使用简单、方便，尤其适用于塑料件的密封。

【名　称】 彩印塑编袋电脑控制裁切机

【公开号】 2384870

【发明人】 刘芝生 邱基甸
【摘 要】 本实用新型涉及塑料编织袋生产设备，特别是彩印塑编袋电脑控制裁切机。其特征是在机架上安装有电脑电器控制器、检测装置、电脑定量送料装置、旋转切刀装置和若干个过渡辊所组成。彩印塑编袋筒料需裁切的间距长度数据输入电脑储存器，且筒料上设置有间距长度的标线，旋转切刀装置上定切刀对准标线，检测装置对准下一个标线。该机采用电脑控制，数据化操作，使裁切速度快、精度高且没有积累误差，适合大规模自动化生产彩印塑编袋场所。

【名 称】 内齿防滑隔热复合管
【公开号】 2385194
【发明人】 殷伟 顾国勋 陈智
【摘 要】 一种内齿防滑隔热复合管，由内管、塑料外管组成。塑料外管内壁制成锯齿形或槽形。市场上销售的复合管在安装过程中容易打滑，产生跟转现象，而且保温性能差。本实用新型由于将塑料外管内壁制成锯齿形或槽形，既增加了摩擦力又增加了空气层，防滑隔热性能好，且工艺简单，制作方便。

【名 称】 金属骨架增强复合塑料管接头
【公开号】 2386311
【发明人】 甘国工
【摘 要】 本实用新型提供了一种金属骨架增强复合塑料管接头，包括管接头体。管接头体内有与之复合且形状相似的被塑料包覆的布满孔眼的金属骨架，其特征是管接头体接口处有圆锥形内腔，圆锥形内腔表面装有电阻丝加热器，正、负极接线柱固定在管接头体同一端，以轴向或径向方式引出与电阻丝连接。可减小制造难度，使用寿命长。

【名 称】 土质堤坝塑料防渗护坡板
【公开号】 2386080
【发明人】 彭继源 彭继业
【摘 要】 现行江河堤坝，大多数是泥土构筑，遇水则软化溃散，很容易由渗漏引起管涌、掏空、坍塌，造成溃堤垮坝。全部改由石料和水泥浇筑，又因成本高工期长难于实施。本实用新型提供的防渗护坡板是用塑料制成双面均等相对、凹凸不平的锯齿形状的薄板，铺敷时少量重叠，锯齿形状相互咬合，确保不滑移不渗漏，能有效地阻隔洪水对堤坝的浸泡。而且成本低，寿命长，施工易，是一种结构高效的防洪器材。

【名 称】 塑料薄膜扩幅加热固化装置
【公开号】 2385866
【发明人】 郝新敏 张建春 杨廷欣 张旭东 王西亭 赵鹏程
【摘 要】 本实用新型涉及一种塑料薄膜扩幅加热固化装置，有控制电路及加热器。所述点状加热器 1 按顺序安装在一个正梯形的安装板上 3，该加热器的行与行之间等距，株与株之间等距，每个点状加热器配有独立的安装座 2，通过该安装座固定在安装板上，由所述的控制电路对每一个点状加热器进行单独的功率控制。在所述的安装板后面，设有非接触式固化器，该固化器由多根条状加热器组成。

【名 称】 塑－铝复合异型材门窗
【公开号】 2387243
【发明人】 俞永基 谢茂恩 黄成胜 程国宏
【摘 要】 本实用新型涉及一种复合式异型材门窗，特别是一种可由塑、铝两种材料复合而成的塑－铝复合异型材门窗。主要由塑料基材、玻璃和铝材复层等部件组成，所述塑料基材可为一特制塑料异型材体的门窗框、扇，其上可设有能与其配合安装、并将其外表面相贴覆盖的铝材复层。具有安装灵活方便、配合紧密可靠以及可防止户外塑料基材变色、龟裂、粉化等特点，可广泛用于以 PVC 或其他塑料异型材体为基材的各类门窗框、扇及其他类似产品的生产中。

【名 称】 带螺旋翼的塑料落水管
【公开号】 2387182
【发明人】 罗希良
【摘 要】 所述的带螺旋翼的塑料落水管的主要特征是管壁圆周上设有沿轴向方向设置的通透的孔管，将这种带螺旋翼的塑料落水管对接安装并将每根孔管的两端封堵，这种孔管就成为很好的隔音体，因此，本实用新型既能减少落水对管壁的压力，又能大大降低落水噪音。

【名 称】 大棚用塑料支架管材
【公开号】 2387372
【发明人】 申纪国 张明山 陈明学 窦玉岭 王兴江
【摘 要】 一种大棚用塑料支架管材，它是中空塑料长杆状管材，管材中心有自中心向管壁放射状的加强支架。安装时，将其弯成所需弧度，两端用塑料管件插接，再与竖向管材连接，形成拱形大棚支架。本实用新型经塑化挤出一次成型，结构简单，加工方便，安装快捷；管材质轻，坚固耐用；耐湿性、耐候性、耐弯折性优良；管材颜色为白色，可反射阳光中的短红外光波，免除大棚支架过渡积热而使薄膜与支架粘接老化。适用于温室大棚支架。

【名　称】聚苯乙烯泡沫塑料废弃物制多用途乳液装置
【公开号】2388198
【发明人】李美庆
【摘　要】本实用新型涉及一种聚苯乙烯泡沫塑料废弃物制多用途乳液装置。由溶解釜1、乳化器2、脱水器3构成，溶解釜1由上盖5、釜体7、低速搅拌机4构成，上盖5上设有加料口6，乳化器2由上盖11、壳体13、低速振动机9组合而成，上盖11上设有两个以上的加料口10，脱水器3实为贮液器，溶解釜1、乳化器2、脱水器3之间由三通管连接。本装置设备简单、制造成本低廉，制成的乳液可进一步加工制成建筑涂料等高附加值的产品，还可消除聚苯乙烯泡沫塑料废弃物所造成的白色污染。

【名　称】自由摆动填料结构
【公开号】2388194
【发明人】林云明
【摘　要】一种自由摆动填料结构，它主要由轻质浮块、下连的填料体组成。所述的轻质浮块是一用塑料制成的扁平状浮球，在该扁平状浮球的下部固连有顶部支架，条状填料体的一端固连在顶部支架上，而其另一端则固连在一底部支架上，在所述的底部支架下面通过连接件连接在定位件上，从而使本实用新型具有结构简单、合理，安装、拆卸、检修极为方便，能有效地防止水流的断路，能大大提高污水处理的效果，提高污水处理的效率等特点。

【名　称】用注塑机生产注吹瓶坯的模具
【公开号】2388030
【发明人】宛长安　宛俊巍
【摘　要】本实用新型涉及一种塑料成型用装置，特别是一种用注塑机生产容量在500mL以上的注吹塑料瓶坯的模具。该模具只需在静模底板上开孔，装上与空压机送气管相通的气压阀门和回位弹簧，在静模外表面装上加热元件，就可在注塑阶段用压缩空气脱模，脱模下来的注吹瓶坯，不需经二次加热，即可直接在吹塑机上吹塑成瓶。

【名　称】包装筒
【公开号】2388125
【发明人】黄宝市
【摘　要】一种包装筒，筒底、筒体、筒盖之间是可拆卸的，筒体由片材卷折而成，片材的一侧设有若干插齿，片材的另一侧开有与插齿相应的插口。筒底、筒体、筒盖上印有装饰图案。由于筒底、筒体、筒盖之间是可拆卸的，筒体为可卷折相连片材，使包装筒的制造、使用方便。包装筒的整体是塑料件，包装筒抗压、防潮性能好且不易损坏。在筒底或筒体或筒盖上印有装饰图案使包装筒具有良好的观赏性。

【名　称】两用一次性输液器
【公开号】2388958
【发明人】王兰玲　郑玉秋　李艳春
【摘　要】两用一次性输液器，涉及有硬塑料针头、进气管、空气过滤器、软塑料管、毛菲氏滴管、橡胶管、硬塑料接头、三腔管、过滤器、头皮针软管和针头。硬塑料针头上有三个孔，上孔用于插入液体瓶，下孔接软塑料管，另一个孔是进气孔，接进气管，进气管的顶端设置有空气过滤器。三腔管的上端口接软塑料管，下端口接过滤器，第三个端口用于静脉推注药液。本实用新型所述两用一次性输液器，不论是静脉滴注还是静脉推注，其液体或药液可通过过滤器，避免了液体中的微粒进入人体，结构简单，使用安全方便。

【名　称】塑料圆织机热熔复合内衬膜的装置
【公开号】2389161
【申请人】东泰（成都）工业有限公司
【发明人】甘国工
【摘　要】本实用新型提供了一种塑料圆织机热熔复合内衬膜的装置。本装置包括机座，装于机座上的圆织机，一端伸入圆织机中的空心主轴，套装在空心主轴上的传动轮、编织凸轮，径向输送架。其特征是装置中有带热溶胶内衬膜的内衬膜架，包括扩展内衬膜的装于机座上的内衬膜输送导辊、位于导辊上的装于空心主轴内的扩幅架的撑膜扩幅机构，装于机座上的使圆织塑料编织布与内衬膜上的热溶胶热熔复合的包括热辊、冷辊的加热复合辊机构。

【名　称】线型塑料光纤输送装置
【公开号】2390217
【发明人】邹宁宇
【摘　要】本实用新型提供一种光源，它能在海水中和地下照明，而且无需能源的线型塑料光纤输送装置。其特征是塑料凸透镜1通过橡胶套圈2与倒置圆锥体3连接，线型塑料光纤4通过封装卡环5、防水橡胶6连接在倒置圆锥体3顶部。

【名　称】 塑料发泡地板
【公开号】 2389960
【发明人】 萧秀梅
【摘　要】 一种塑料发泡地板，包括面层和底层。其特征在于，所述面层采用塑料薄膜，可印刷各种图案，并采用特殊粘合方式与发泡乙酸乙烯树脂材料制成的基层粘合。本实用新型与传统的乙酸乙烯树脂地板相比，具有美观、经济、安全的特点。

【名　称】 改性塑料高分子防水板
【公开号】 2389952
【发明人】 吴世有
【摘　要】 本实用新型公开了一种改性塑料高分子防水板。防水板材为块状，两对应的边上分别设有凹槽和凸起，所述的凸起与另一块防水板材的凹槽卡接，其间涂有防水胶，所述的凹槽与又一块防水板材的凸起卡接，其间也涂有防水胶，另外两对应的边上分别设有与压条的凹槽相对应的凸部，两个相邻的防水板材凸部并列组合卡接在压条的凹槽内。它组合简单、运输方便、耐用且造价低廉，适用于房屋屋顶。

【名　称】 用废塑料生产燃油及液化气的装置
【公开号】 2389895
【发明人】 郭西方
【摘　要】 本实用新型公开了一种利用废弃塑料生产燃油及液化气的装置。该装置由粉碎进料部分，裂解部分和蒸发部分组成。所述的粉碎进料部分将原料粉碎后送入裂解部分内，裂解部分由裂解釜Ⅰ（5）、裂解釜Ⅱ（24）组成，其内均设有裂解腔（6）和加热炉（7），裂解釜Ⅱ的出渣口端与裂解釜Ⅰ的进料口端通过出渣装置（29# －［a]）连通，裂解釜Ⅰ的油汽出口（17）与裂解釜Ⅱ上端的粗馏塔（15）连通，粗馏塔（15）的出料口端经混油罐（32）与蒸馏釜（34）连通，蒸馏釜（34）上端精馏塔（39）的汽、液出料口端分别经汽油冷却器、柴油冷却器而得到汽油、柴油。本实用新型设备结构紧凑，性能安全可靠，可连续规模化工业生产，无污染，是解决“白色污染”、变害为利、变废为宝的换代产品。

【名　称】 兼有指压式锁合带和提手的塑料袋
【公开号】 2389851
【发明人】 田国
【摘　要】 兼有指压式锁合带和提手的塑料袋，其特征为：一个塑料袋上同时具有指压式锁合带和提手这两种结构，其提手为塑料袋开口处，指压式锁合带所密封空间以外的两片塑料膜上挖出一个封闭图形。从而使所包装商品节省掉里面的小塑料袋，用多少取多少，剩下的商品可继续密封保存，且外包装大塑料袋开启后完好无损，可继续做为防水手袋使用，不仅促销，而且增加了流动的广告，更利于环保。

【名　称】 塑料管加热器
【公开号】 2389776
【发明人】 柯福友
【摘　要】 一种用于两步法生产塑料中空容器的塑料管加热器，有一个机架，机架上安装传动机构和加热装置。所谓的传动机构是动力和动力带动的传动轴、传动轮和传动链，传动链一侧有靠板、支承座，支承座的转动轴安装自转齿轮和管托，自转齿轮与自转链相配合，自转链是主动自转链；其加热装置有红外线加热管和反射板，反射板安在两侧、上下四面，并在顶上有换气槽和换气扇。塑料管坯在该加热器中受热和辐射均匀，运行平稳，质量保证。

【名　称】 塑料成型机原料桶干燥机的空气过滤套
【公开号】 2389775
【发明人】 韩国基
【摘　要】 本实用新型公开了一种塑料成型机原料桶干燥机的空气过滤套。过滤套是用白色无纺布制成的高密度且滤净空气效率高的滤具，其背面设有套口，在套口周缘设有松紧带，以方便在鼓风机进风口上的拆装。在过滤套正面用白色漆料写有辨示记号，在过滤套使用变黑后，辨示记号仍保持白色，以提醒工作人员按辨示记号的提示更换。

【名　称】 双层可透光性塑胶握柄
【公开号】 2389758
【发明人】 杨美幸
【摘　要】 本实用新型提供一种内部有预设立体图案的双层可透光性塑胶握柄。其主要步骤是：（1）加入塑料添加物；（2）第一次注射；（3）更换塑料；（4）第二次注射。由上述的制造步骤所制造出的双层可透光性塑胶握柄不仅可以解决以往透光性塑胶握柄无法制出具有设计感的立体图案的问题，而且可解决以往透光性塑胶握柄内的添加物容易产生歪斜现象的问题，去除掉不美观、影响强度的各种问题。

【名　称】 超长单螺杆挤出机
【公开号】 2390740
【发明人】 李承芳
【摘　要】 本实用新型涉及地超长单螺杆挤出机，属塑料挤出设备，它是在现有的单螺杆挤出机的基础上通过改进而实现的，其特点是将螺杆、螺筒加长，在加长的螺筒13壁上依次设有出气孔12、冷水槽19、热电偶15、电热圈17，冷水槽19上各设一进水管20、出水管14，热电偶15通过电连线与温控表16相接，电热圈17一端接在温控表上，一端接在电源上，电源的另一端接在温控表上，在螺筒13的右端头通过内外螺纹连接一模头18。

【名　称】 螺旋式塑料薄膜送料机
【公开号】 2390739
【发明人】 李承芳
【摘　要】 本实用新型公开了一种螺旋式塑料薄膜送料机，是塑料挤出机的送料设备。它具有电机、主动轮、皮带、被动轮、减速器，其特点是在被动轮左端的减速器输入轴上依次套接平面轴承、弹簧、弹簧压力调整手轮，在被动轮右端的减速器输入轴上依次连接有摩擦片、摩擦轮、摩擦轮与减速器输入轴为键配合，在减速器输出轴上通过连接套连接一带螺纹的螺杆，在螺杆圆周上套一螺筒，螺筒的左端通过法兰盘与减速器外壁相连接。

【名　称】 塑料双壁打孔波纹管
【公开号】 2392060
【发明人】 赵启鹏
【摘　要】 一种塑料双壁打孔波纹管，该波纹管的光滑内管壁的外侧设有中空的波圈，在两个波圈之间的波谷处设有小孔。本实用新型结构简单，抗压强度高，耐酸碱腐蚀，柔韧性好，排水效果好，易于施工，可广泛用于公路、铁路建设中的路基、隧道及绿化带排水和防止因含水偏高的山体滑坡等，也可用于飞机场、停车场，以及高尔夫球场、田径场地的排水。

【名　称】 注塑机辅助中心加热螺杆
【公开号】 2391731
【发明人】 李志刚　陈廷超
【摘　要】 本实用新型涉及一种注塑机上的螺杆，它在以往螺杆的基础上进行了改进。它在螺杆杆体的内部沿轴线方向上开有一长孔，孔内安装有一电加热棒，电加热棒通过滑环和碳刷进行供电。本实用新型结构简单，操作方便，它可以在热源不足时作为辅助加热源对塑料进行加热。由于螺杆位于被加热的塑料原料的中心部位，所传递的热量基本可以被塑料全部吸收，散热损失极小，所以可以极大地提高热量利用率。

【名　称】 扣塞型液体软包装袋
【公开号】 2391834
【发明人】 曹烟仁
【摘　要】 一种用于包装各种液体物品的塑料软包装袋。在该塑料软包装袋上开有一个小口，一个塑料导管与该小口密封连接，通过该小口与软包装袋内部相通，在塑料导管的出口处有一个扣塞。塑料导管底部为封闭或半封闭，在导管底部上方开有一个小缺口。该扣塞型软包装袋结构简单，使用方便。

【名　称】 超强多层铝塑复合管
【公开号】 2392056
【发明人】 王良军　王勤富
【摘　要】 本实用新型涉及一种改良性能的铝塑复合输液管技术方案。普通铝塑复合管工艺复杂，设备投资昂贵，本实用新型由铝带层和内、外塑料层组成，其特征在于所述的铝带层有两层以上，每一铝带层连接处端边紧密叠压，相邻铝带层间设置定位连接的填充层。这种超强多层铝塑复合管省去了复杂的亚弧焊工艺或超声波焊接工艺，接口工艺简单，操作方便，节省一次性投资设备，降低电耗等生产成本，并且技术性能大大优于原产品。

【名　称】 超薄壁不锈钢塑料复合管件
【公开号】 2392058
【发明人】 江国平
【摘　要】 本实用新型涉及一种超薄壁不锈钢塑料复合管件，属管道连接部件。它由不锈钢薄壁层（1）和塑料层（2）组成，其特征在于：管状件的塑料层（2）外包裹有不锈钢薄壁层（1）。不锈钢薄壁层（1）的厚度小于所述管件外直径的五十分之一。它结构简单，质轻料省，成本低廉，耐腐蚀，耐压强度高，结实耐用，安装方便。

【名　称】 软带隔热对焊式钢塑复合管
【公开号】 2392962
【发明人】 赵培成
【摘　要】 一种软带隔热对焊式钢塑复合管，属金属管的基本无切削加工和用塑料生产特殊制品，用于建筑冷热水供水、煤气和空调管道，电缆穿线管和石油化工流体输送管等。其特征是该复合管从内到外依次由塑料内管、高分子内粘结层、隔热软带、钢带对接直焊缝钢圆管、高分子外粘结层和塑料外管构成。具有焊接速度快，便于操作，隔热软带和钢管贴衬紧密，易复合，生产效率高，成本低，有足够的刚性和强度，耐腐不生锈等优点。

【名　称】矿井支护用塑料布
【公开号】2392913
【发明人】黄仲兴　张渊淳　屠蛮
【摘　要】一种矿井支护用塑料布。它由阻燃、抗静电的改性塑料拉成扁丝与裂膜丝，经纬交织成致密圆筒塑料布，经热切成一定长度的布段。布段的每边有折叠层加强筋，加强筋用缝制线固定，在两加强筋重叠处采用铆钉铆接固定；在布段上有观察孔，在加强筋的内侧旁还有连接孔，本实用新型具有成本低，重量轻，贮、运方便，并具有对接方便、整体承载能力大的特点，还可及时发现可能发生的顶板昌落等险情隐患，可广泛地应用于矿井，尤其是作为煤矿井下回采工作面分层开采的假顶及用于巷道的护顶、护帮。

【名　称】塑料温室大棚开启装置
【公开号】2392368
【发明人】赵启宁
【摘　要】本实用新型提供一种塑料温室大棚开启装置。它包括设于大棚顶上的可移动齿条，与该齿条相配合的齿轮，驱动齿轮转动的传动轴和电机。其特征在于它还包括齿条行程限位装置。所述行程限位装置的移动齿条两端设置了限位块，同时在齿轮托架相应位置分别设置了行程开关，使齿条的移动限制在用户设定的范围内。因此，无论是大棚棚顶的开启，还是遮阳网的展开或收缩，都可有效避免由于意外原因或误操作而引起对大棚等设备的破坏，提高整个大棚操作的安全性和可靠性。

【名　称】多功能塑钢推拉门窗
【公开号】2393988
【发明人】郝长岭　林寿
【摘　要】多功能塑钢推拉门窗属于建筑门窗技术领域，它主要解决现有普通塑料推拉门窗性能差、功能单一的问题。实现方案是将框扇塑料型材内腔的钢衬由开口变为闭合钢管，两端插入塑料插件并整体焊接；框型材纱扇滑轨加宽，其顶端开口并插入增高滑轨，以挡住外漏雨水；在框型材内腔相通的适当部位开孔，使门窗关闭后室内外空气微量流通；门窗框扇的密封毛条中再增加隔条。这样可显著提高门窗的各项性能指标。

【名　称】一种塑料发泡专用加工装置改良
【公开号】2393706
【发明人】李清阳
【摘　要】本实用新型是一种塑料发泡专用加工装置改良，是利用圆盘式回转输送盘为主体部分，使圆盘面上的外环区成为供复数组发泡成型模具连续排列的载送面，并使各模具预温用的进、出水管接至圆盘面上中环区处所设集水管上，进、出两集水管各借一径向接水管引接至圆盘面中央一同转的架体上，形成循环式供水预温系统，又在中央轴的枢接管内穿设一真空吸气管道，使管道底端衔接至外置真空机，上端则接引至各模具内，达到降低成本，提高工作效率及安全性并减少空间。

【名　称】保温餐盒
【公开号】2393378
【发明人】张朝辉　王建英
【摘　要】本实用新型涉及一种能防止饭菜变凉的保温餐盒。该餐盒由盒体和盒盖构成：盒体为三层结构碗盆状，外层为工程塑料，在靠近底部处有一圈凸沿，内层采用不锈钢或铝合金，内层和外层在盒口处卡接在一起，中间层为现场发泡的泡沫塑料；盒盖为两片类半月形，能严密地对接成圆形，外圆弧边向下翻卷，可在盒体的盒口边缘卡住、滑转。本实用新型具有良好的保温效果并且使用携带方便。

【名　称】起垄铺膜机
【公开号】2393311
【发明人】贾振光　李景波
【摘　要】一种起垄铺膜机，主要包括起垄刀组件、成型板组件及铺膜三个部分。其结构是：起垄刀组件是由旋转刀轴及分左右设置的外旋刀、外旋刀架、内旋刀组件构成；成型板组件是由成型板支架、左右设置的成型罩及调宽板构成，成型罩上的调宽板可以根据需要调整宽度及高矮；铺膜部分主要由塑料薄膜卷支架、压膜体、压轮、波型轮、返土器、扶土板构成。使用时，将多功能管理机上的旋耕尾轮、旋刀组件卸下把起垄铺膜机装入所卸下部件的相应位置，并按放膜、压膜、压土、扶土的程序工作。该产品体积小，适于在各种地势的田间、果园、大棚做复合作业。

【名　称】蔬菜塑料薄膜大棚天窗开启机构
【公开号】2397721
【发明人】谢小妍　邹小平　杨丹彤　阎恩诚　区颖刚　冼标
【摘　要】蔬菜塑料薄膜大棚的天窗开启机构，其特征在于该天窗开启机构由撑杆、链条、链轮、传动轴、减速箱、手动链轮、锁链等组成，撑杆与天窗窗框一边铰接，撑杆中装有链条或加工成齿条，撑杆安装在传动轴的链轮或齿轮上，链轮通过链轮套用夹码固定在传动轴上，传动轴用轴承支承在大棚架上，减速箱固定在大棚横梁上，其输出轴通过联轴器与传动轴固定连接，其输入轴与手动链轮连接，手动链轮上装有锁链。本实用新型具有结构简单实用，成本低，使用方便，改善蔬菜塑料薄膜大棚的生态环境，对提高蔬菜塑料大棚的生产能力具有积极作用。

【名　称】屋面隔热保温板
【公开号】2398082
【发明人】姜然
【摘　要】一种屋面隔热保温板，属建筑物屋面的隔热保温技术领域。它由混凝土层和泡沫塑料层两部分组成。在成型泡沫塑料上有纵横交错的沟槽相通，使浇铸出的混凝土层上部平整，下部有纵横交错的沟筋。将其整齐的摆放在屋面上，可起到隔热保温作用。

【名　称】一种农用地膜打孔机
【公开号】2398065
【发明人】贾振光　李景波
【摘　要】一种农用地膜打孔机，主要包括驱动轮、打孔机架、打孔器、左曲柄、右曲柄、导向板及支撑轮。使用时，先将管理机的旋耕机及驱动轮胎卸下后将打孔机装于管理机机具连接架上，将驱动铁轮装在驱动轴上，打孔时，把支撑轮支架从打孔机架上卸下后旋转90°后再装回。调深手柄使导向板接触垄的侧面，将打孔调整到塑料薄膜所需的位置。管理机行走的动力通过驱动轴经皮带传递到曲柄轴上，带动曲柄旋转，曲柄带动打孔器做往复运动在塑料薄膜上打出所需大小的孔，孔的大小可以通过调深手柄来实现。

【名　称】一种荧光塑料型材
【公开号】2398374
【发明人】陈亚伟　吴蔚
【摘　要】本实用新型公开了一种荧光塑料型材，它以塑料型材为主体。其特征是：在塑料型材上设置带荧光的胶条，所述的荧光胶条位于塑料型材的表面，并且沿塑料型材的长度方向呈连续分布。荧光胶条的表面形状可以有多种变化，它与塑料型材的连接可通过镶嵌、共挤等方式来实现。本实用新型具有夜间连续导向作用，用作室内装饰材料，装修房间的踢脚板、走廊和楼梯等，使人们无论在家中还是公共场所，在夜晚起床或遇到停电或其他意外情况下仍能借助荧光安全行走。

【名　称】金属·塑料复合管压力试验装置
【公开号】2398626
【发明人】田志胜　张文平　梁立移
【摘　要】一种金属·塑料复合管压力试验装置，它主要解决金属·塑料复合管的压力试验问题及密封问题。安装在游动油缸和固定油缸上的内封器为机械膨胀式结构，可更换不同规格的封头。压紧机构带有可调节角度的Y形压头；V形托架为带有螺杆而升降可调的机构。可用于金属·塑料复合管压力试验，也可用于其他金属、非金属管子的压力试验，密封安全、牢靠，所试管子的规格广，压力范围大。

【名　称】塑钢窗代钢窗用的装饰盖板
【公开号】2395015
【发明人】张福茂
【摘　要】本实用新型属于建筑装修领域，特别涉及塑钢窗代替钢窗所用的一种装饰材料，目的是为塑钢门窗替代旧钢窗时无需拆除旧框而设计的装饰盖板。其由内面、顶面、外面组成的三面体由塑料一次挤出成型，其中外面3制成夹层结构，夹层底部制有可供螺栓穿过的孔或槽，使盖板将旧窗框罩入并与窗台墙体固定，节约施工成本。

【名　称】背面呈长方条形楞孔状的平面发泡塑料壁板
【公开号】2394979
【发明人】林丰钦
【摘　要】一种背面呈长方条形楞孔状的平面发泡塑料壁板，由正面为平面的主体及背面多个呈“长方条形楞孔”所构成，藉由该长方条形楞孔可垫高发泡壁板板面，并使孔座间的内藏空间扩大，可预藏埋设电话线、电线。链状呈长方条形楞孔结构及表面的硬质层可增加发泡壁板的刚性强度，且使塑料冷却均匀，改善板面收缩沟痕及减轻质量，具有美感、经济、厚实等三大特点，在长方条形楞孔内可直接插入塑料片，供互相套接及增加强度。

【名　称】一种超小型塑料圆织机
【公开号】2394923
【发明人】王滨　赫德昌　黄太源
【摘　要】一种超小型塑料圆织机，属纺织设备，它是在现有4梭圆织机的结构基础上，通过改进而实现的。其特点是在转盘上均匀设有6把驱动器，在直径860～1100mm的栅形轨道上均匀地放置6把梭子，滑块沿曲面滑道的爬升高度由125mm降到100mm，梭子的长度从470mm降到390mm。本实用新型的生产效率由1.5m/min提高到2m/min以上，是一种六梭圆织机。

【名　称】纤维增强塑料拉绕成型设备
【公开号】2395873
【发明人】徐春福
【摘　要】本实用新型公开了一种纤维增强塑料拉绕成型设备。它包括设有纵向纱架和供料装置，由供料装置中引入芯轴，在其另一侧分别装置热模、控制台和牵引装置，其中由供料装置与热模间的芯轴上设有缠绕头及其径向分布的径向纱轴，由缠绕头的尾部设置旋转驱动装置构成。具有环向、纵向强度高，表面性能好，外形尺寸适应范围广等特点。

【名　称】有螺杆顶出装置的塑料挤出机
【公开号】2395872
【发明人】张云满
【摘　要】本实用新型涉及塑料挤出设备，特别是有螺杆顶出装置的塑料挤出机。其技术特征是在包括机架、动力传动装置、减速箱、外伸轴承座、加料料斗、螺杆挤出装置、三通盘与模头的单螺杆塑料挤出机基础上，在减速箱的输出轴部位装有螺杆顶出装置。即输出轴是空心轴，其内装有丝杆，丝杆一端与空心轴端部螺纹连接，另一端抵住螺杆。解决了以往拆卸维修时用撬棍损伤螺杆的问题。在拆卸维修时，操作方便快捷省力，可靠地保护螺杆不受损害，提高整机的使用寿命。

【名　称】伸缩式全塑黑板擦
【公开号】2396984
【发明人】靖宽国
【摘　要】伸缩式全塑黑板擦，主要是由两节或两节以上的不同直径的金属管和全塑黑板擦组成。在内管的一端固定有连接头，另一端固定有与转动架相配的卡塞，在外管的一端装有手柄，另一端设有内凸起。全塑黑板擦由塑料泡沫擦、塑料前、后框并用螺钉固定而成。其中塑料前框设有的对称圆孔与转动架相配。采用本伸缩式黑板擦，不仅有效地克服了传统绒毛黑板擦的功能不足，而且还具有使用方便，便于携带的优点，是一种非常理想的文具用品。

【名　称】民用塑料粮仓底、盖焊接机
【公开号】2396955
【发明人】张运中
【摘　要】本实用新型公开了一种民用塑料粮仓底、盖焊接机，由机架、胎盘轴承座，固定在胎盘与机架上的胎盘转动装置，压板升降装置，压带轮锁紧装置，导带装置组成。当胎盘上放好塑料板，压板压紧，压带轮锁紧时，压带轮把导带轮送来的塑料带紧压在胎盘边上，在焊枪加热下，压带轮将塑料带与塑料板搭接粘牢，胎盘转动一周，粮仓底或盖焊成。该机结构简单，操作方便，投资少，成本低，与手工焊接对比提高工效4倍，特别适合塑料粮仓生产厂家使用。

【名　称】一种除静电卡
【公开号】2396834
【发明人】杨兆清
【摘　要】一种除静电卡，其横截面呈层状，由包覆有硫化铜层的纤维束编织物粘结塑料层构成。本实用新型可以有硬卡和软卡两种形式。本除静电卡携带在身上可将人体接触的静电除去，并可用作除静电衣服、手套，车间除电屏，精密仪器的除静电外壳、航空地毯等，它可长期反复使用，对人体健康有利。

【名　称】无缝衬塑铝合金管
【公开号】2397336
【发明人】郭少雄　胡为民
【摘　要】本实用新型公开了一种无缝衬塑铝合金管，其塑料或塑胶空心圆管的外壁紧密衬附在无缝铝合金圆管的内壁。采用上述结构的无缝衬塑铝合金管解决了塑料管或铝塑复合管存在的各种缺陷，尤其在阻燃、防火、刚性等方面优于其他化学材料管材，其强度高、外型华美、不易仿冒伪造，可广泛应用于给水、汽、油等范围及化工领域。

【名　称】一种可升降、百叶式玻璃窗
【公开号】2397248
【发明人】许建国
【摘　要】虽然目前也有可升降的塑料片式百叶窗，但其百叶不是钢性的，且不能采光，本实用新型提供了一种由窗框、玻璃支架、玻璃、旋转机构、升降机构组成的可升降百叶式玻璃窗，本实用新型有效利用窗洞的面积调节进风面积和采光面积，且结构简单。

【名　称】地工滤布
【公开号】2397136
【发明人】林全楚
【摘　要】一种地工滤布，由塑料细丝交织而成。其特点是：塑料细丝由具有耐腐蚀、抗紫外线、抗静电的聚丙烯、聚乙烯长丝交织而成的多孔片状体，用以海埔新生地与海堤的护土、护砂、稳定陆地、防止海水淘空、以及填海造陆、公路、铁路铁轨、坡地、桥梁、水土保持的强韧可挠性布板。

【名　称】 聚苯乙烯泡沫塑料制品废弃物回收装置
【公开号】 2397112
【发明人】 李大治
【摘　要】 本实用新型提供了一种聚苯乙烯泡沫塑料制品废弃物溶解回收装置，由溶解塔和溶剂贮槽组成，溶解塔由加料口、栅栏式螺旋推进叶轮、溶剂多嘴喷头及下降管组成。本实用新型体积小、废弃物溶解彻底且溶剂不易挥发，对环境无污染，实现了聚苯乙烯泡沫塑料制品废弃物的连续溶解。

【名　称】 激光全息安全线复合包装盒
【公开号】 2399334
【发明人】 孙建成
【摘　要】 一种激光全息安全线复合包装盒，主要由盒体和置于盒体外表面的外层薄膜复合构成，其特征在于所述的外层薄膜与盒体之间还同时夹有激光全息安全线，该激光全息安全线为经激光全息处理后分切而成的塑料薄膜。本实用新型结构设计合理，将制作难度较大、技术含量高的激光全息安全线牢固地附加在复合包装盒上，具有理想的防伪性能和鉴别效果。

【名　称】 不间断不中止塑料管坯加热器
【公开号】 2399193
【发明人】 缪墨龙
【摘　要】 一种不间断不中止塑料管坯加热器，是两步法生产中空塑料容器的配套设备。该加热器由机架中的传动机构带动转动轴、转动链轮和转动链组成的环形转动机构，在转动链一侧安装齿轮座和自转齿轮，自转齿轮与齿条或者链条配合，在环形转动机构一侧和一端或者两端的两旁安装由直线型加热管和半圆型加热管组成的加热装置，在加热管外侧安装反射板。本实用新型具有节省能源，加工质量保证，产品合格率高等特点。

【名　称】 铝塑门窗型材复合机
【公开号】 2399122
【发明人】 高德玉
【摘　要】 本实用新型公开了一种建材加工机械，尤指铝塑门窗型材复合机。本设备由机架，机架上布置的双排牵引导型滚轮，被复合的型材从两排滚轮之间通过。在两排牵引导型滚轮之间内外侧沿轴向间隔立排有轧制导型滚轮，使铝塑型材上下、左右均在滚轮接触作用下通过，使铝型和塑料型材紧密接触。

【名　称】 泡沫塑料蚕箔
【公开号】 2398829
【发明人】 涂道勇　廖明泉
【摘　要】 本实用新型涉及一种人工饲料饲养家蚕的泡沫塑料蚕箔。其主要特征是该蚕箔用无毒的可发性聚苯乙烯颗粒经高温蒸汽发泡制成矩形的泡沫塑料蚕箔整体。该蚕箔包括一个平整的箔底 1 和凸出于箔底 1 周边的箔沿 2，在该蚕箔背面的四个角上各设置一个垫脚 3，在该蚕箔背面还纵横交错地设置有起加强承重作用的梁 4。

【名　称】 手持式真空吸脂注射器
【公开号】 2399042
【发明人】 陈科　杨庆培　王威
【摘　要】 本实用新型公开了一种手持式真空吸脂注射器，它由针筒、活塞及其活塞杆和针管所组成。针筒主体由两个同轴套管构成，外为开有窗口的金属套管，内为标有科学分析刻度的玻璃或塑料透明管，两端套有前、后盖；活塞杆的中间开有圆柱卡环；针管尾端设有单向导通装置。断开单向导通装置，拉动活塞杆，可使活塞杆固定在针筒后盖孔的边缘，达到预先产生并能维持真空负压吸脂作业，而且具有设计合理、结构简单、操作方便的特点。

【名　称】 高抗腐蚀无立柱塑料大棚骨架
【公开号】 2398821
【发明人】 尚先站
【摘　要】 一种广泛适于种植业、养殖业用的高抗腐蚀无立柱塑料大棚骨架，由空腹钢管制成的多支横向拱架（1），彼此通过多根纵向拉梁（3）联结构成，其拱架（1）之后坡架（2）平直；拱架（1）和拉梁（3）之钢管外表面涂敷醇酸防锈漆及聚氨酯防腐涂料保护层，该大棚骨架耐腐蚀性强，耐候性好，使用寿命长。

【名　称】 电缆塑料接头盒
【公开号】 2399871
【发明人】 叶峰　叶柏青
【摘　要】 电缆塑料接头盒，主要由左体轴封、左体塑料本体、左体紧固弹簧、左体活动套环、外螺纹、右体塑料本体、右体轴封、右体紧固弹簧所组成。右体塑料本体和左体塑料本体通过右体塑料本体左端设置外螺纹与左体活动套环上设置内螺纹连接，结构合理，密封性好，适用范围广，操作方便，生产成本低，具有较大实施价值和社会经济效益。

【名　称】 用于制作绞制塑料管的带状塑料片材结构
【公开号】 2399582
【发明人】 齐乐蒙
【摘　要】 本实用新型公开了一种用于制作大口径绞制塑料管的带状塑料片材，片材的横截面呈“Z”状或反“Z”状，在片材两个较薄的侧边上分别设有与片材长度方向一致、位置相互对应且数量相等的凹槽和凸条；凹槽横截面呈口小肚大，凸条呈头大根小。当需要将带状塑料片材绞制成管状时，只需在片材的两个侧边接触面上涂以粘接剂，涂抹后挤压粘接，经过卷绕绞制后，使得凸条压进凹槽相互咬合并且粘接牢固即可。凸条可以严密地扣在凹槽内。用这种片材制作的大口径塑料绞制管绞接缝处光滑、牢固、密闭性可靠。

【名　称】 充气密封隔离门窗胆
【公开号】 2399503
【发明人】 孟铁玉
【摘　要】 充气密封隔离门窗胆是以塑料为主材组合制作安装充气后撑满窗（门）四周实现密封隔离的，泄气可自由取下或掀角开窗（门），可据不同形状大小采用充气胆框覆模式组合具体制作：已定形状大小者可采用整体充气胆式组合成批制造，采用透明材料不影响外视和透光，可把原窗（门）隔离成1～3个密封空间，加强其防寒暑、烟尘、飞虫噪音节能功能，整体或部分安装、上中或下部安装、换纱窗（门）或百叶窗（门）或加粘风景图案美化均可。

【名　称】 排水塑料盲沟材料
【公开号】 2399447
【发明人】 邢来保
【摘　要】 本实用新型为一种土工排水用塑料盲沟材料，它由一个排水滤芯及其外部裹覆的土工布滤膜组成。排水滤芯由若干热塑性塑料丝束构成，且呈丝瓜筋络状无规则分布，其可成型为方形或圆筒形，其优点是排水面积大，排水量大，且抗压强度高，而耐酸碱性能好，可广泛应用于堤坝、路基、隧道、运动场、护坡等需要进行排水处理的场所。

【名　称】 旋转式废旧塑料炼油装置
【公开号】 2399389
【发明人】 吴显积
【摘　要】 本实用新型公开了一种利用废旧塑料炼油装置。其结构特点是：蒸馏釜是可以旋转、并与水平面成一定角度的卧式釜，在釜的下端一侧设有排渣口，可在不停产的情况下进行排渣，在釜内紧靠釜内壁装有多把刮刀，该刀与釜内壁产生相对移动，以清除整个釜内壁上的残渣。该装置设计合理，结构简单，造价低，效益高。

【名　称】 铝塑复合管塑料接头
【公开号】 2400670
【发明人】 王志伟
【摘　要】 本实用新型公开了一种管路连接管件，尤指铝塑复合管塑料接头。它由塑料接头本体（1）、与接头本体（1）通口（7）拧接的螺帽（4）、压衬在螺帽（4）内的C型压紧环（5）、封在铝塑复合管（3）与接头本体（1）之间的密封圈（6）组成。其特征在于接头本体（1）通口（7）内孔处伸出有供与铝塑复合管（3）套接的衬管（2），具有密封可靠，连接方便，快速之特点。

【名　称】 塑料育秧盘复合模具
【公开号】 2400260
【发明人】 徐鸿
【摘　要】 塑料育秧盘复合模具，设有凸模1和凹模2，凸模1轴向中心处开设有冲针孔11，凹模2下方设有冲针3。本复合模用于制作塑料育秧盘，一次性成型与穿孔。

【名　称】 一种含水回收塑料加热挤出造粒装置
【公开号】 2400256
【发明人】 贾曙光
【摘　要】 一种含水回收塑料加热挤出造粒装置，省去了回收塑料清洗后的晒干工序，节省了晒干场地和时间，又不受气候影响。其方法是，在料筒进料口下方开排水孔，并在料筒下放置数个煤气炉加热烘干水分和熔化塑料。为加速这一过程，又将推进蜗杆变根径，由细变粗加压，继而又由粗骤然变细降压，使水汽从排汽口排出，再将蜗杆根径由细变粗加压挤出条状塑料，冷却后切碎完成造粒过程。

【名　称】 快速安全换网器
【公开号】 2400263
【发明人】 杜华恒　原兴顺
【摘　要】 本实用新型涉及塑料挤出机上使用的快速安全换网器。呈锥形体的托网板与底座上的锥形孔相配合，托网板上设有过滤网；在底座上设有升降托网板的装置。本实用新型结构简单，成本低，使用寿命长；密封性好，不漏料；换网方便、安全，只需要一人停机1min即可完成整个换网过程。不需要加温可直接正常生产，比原来提高工效20倍以上，提高产量10%以上，适用于各种型号的进口或国产的塑料挤出机。

【名　称】 金属复合管端部塑料层剥除器
【公开号】 2400234
【发明人】 江明榆　应明康
【摘　要】 一种金属复合管端部塑料层剥除器，属切割工具，用于将金属复合管端部的外层塑料管剥除掉便于金属管与新型管件粘合连接。其特征是该剥除器由相互套装焊接在一起中间夹层内装电加热丝的内外钢管套和安装于横截面上与复合管轴线相垂直的切刀及装于内钢管套壁上与复合管轴线相平行的刮刀构成。具有结构简单，使用方便，不耗费能源，体积小，质量轻，便于携带，能配合新型管件实现复合管的粘合连接，连接牢固，密封性能好等优点。

【名　称】 塑钢防腐容器
【公开号】 2401503
【发明人】 刘海侠
【摘　要】 本实用新型涉及一种塑钢防腐容器。该容器本体上设有三通阀座，阀座的一个通道连于容器本体和内衬之间，阀座的第二个通道上端装有真空计，阀座的第三个通道与真空泵的管接头相连。当抽真空后，塑料内衬与容器本体紧密贴合，不会产生鼓包，提高了防腐容器的使用寿命。通过三通阀座上的真空计可监视容器本体与塑料内衬间的真空状态，以及时采用措施保证真空度要求。本实用新型适用于装盛酸、碱等腐蚀性液体的容器及管道。

【名　称】 双桶洗衣机超保险溢水口
【公开号】 2401580
【发明人】 邬烈勤
【摘　要】 一种双桶洗衣机溢水口，其为防止电器在意外过量进水时引发漏电而设计的。其在全塑桶壁机壳一壁化的机壳左弧形后角部位制有内弧形桶壁，内弧形桶壁与后角壁之间形成夹缝作为一个不可堵溢水口，其特征在于内弧形桶壁与机壳后角壁基本上齐高，并且上面配以能溢水、防溅水的盖子。它具有防止电器进水漏电，加强塑料机壳刚性强度的优点。

【名　称】 自封式塑料液体包装袋
【公开号】 2401478
【发明人】 鲁东　史长生
【摘　要】 本实用新型涉及一种包装袋，特别是一种自封式塑料液体包装袋。它可以广泛应用于化工、食品、酒类等的包装行业中。本实用新型由塑料薄膜热压合制成开有灌装口的袋体，在本实用新型袋体内的灌装口1的两侧分别压合固定有一片PVC类薄膜片2、3。本实用新型具有结构合理，生产工艺简单，制造成本低，使用方便、可靠等特点。

【名　称】 瓶装饮料、酒塑料周转箱
【公开号】 2401492
【发明人】 薛冰
【摘　要】 本实用新型属于一种包装箱，特别涉及一种瓶装饮料、酒塑料周转箱。它包括箱体和箱体内若干个内格，箱体四面全封闭，箱体四个内壁上有若干个三角形的筋板，围绕箱体的顶部和底部四周有凹凸的条纹。各内格底部向下突起形成一个凸起的支撑面。本实用新型的优点是：（1）箱体内壁上设有筋板，增强了箱体的整体整度，减少了箱子的侧壁变形率；（2）堆垛时可实现横、竖交错码放，增强了箱垛的稳定性，减小了占地空间，具有整体美感；（3）使用寿命长。

【名　称】 用废旧塑料提炼无铅汽油柴油的装置
【公开号】 2401550
【发明人】 张锡荣
【摘　要】 本实用新型涉及石油化工机械的一种用废旧塑料提炼无铅汽油柴油的装置，是对现有装置的改进。它主要由：梯形炉底、热水炉、自动进料机、烈解炉、绞绊装置、催化罐、二次冷凝器、柴油净化罐、汽油净化罐、原油净化罐、排渣装置等组成。梯形炉底形状为圆台形，与烈解炉底部内壳焊接而成，热水炉套在裂解炉外壳上，与水箱及取暖设施相连接，该设备操作方便灵活，回收率高，无污染，特别适合东北寒冷地区使用。

【名　称】 电致发光机动车仪表盘
【公开号】 2401401
【发明人】 董贵滨　许宪志　杜明坤　杜明芬
【摘　要】 本实用新型公开了一种电致发光机动车仪表盘，包括表盘、托架、电致发光片和电路装置。表盘和电致发光片固定在托架上；电致发光片为塑料薄膜电致发光屏，该塑料电致发光屏包括顺序排列并依次贴靠的下保护层、ITO透明导电膜、发光层、绝缘层、导电反射层和上保护层；在ITO透明导电层和反射层上分别设有电极与所述的电路装置相连接。该仪表盘具有光照均匀、视觉效果好、结构简单、占用空间小、使用寿命长、功率损耗小、安装简便等优点。

【名　称】 超声雾化器雾化薄膜片

【公开号】 2401282
【发明人】 李君黎
【摘　要】 本实用新型涉及一种超声雾化器技术领域，尤其涉及超声雾化器的雾化薄膜片。该雾化薄膜片的技术特征是雾化薄膜片为平面型，厚度小于0.3mm，原料为无毒、无臭味的塑料薄膜。采用该雾化薄膜片使用可随意调节调雾开关，振荡出来都是雾，无小颗粒，使用效果更好，另外可连续使用20h以上雾化薄膜片不焦化，使用寿命大大延长，此外还有质量轻、造价低的优点。

【名　称】 多芯光纤热缩加固管
【公开号】 2401906
【发明人】 叶国建
【摘　要】 多芯光纤热缩加固管，在大的热缩塑料套管内布有许多热缩塑料子管，每个子管孔内能封固一根光纤，在大的热缩塑料套管的中心插入一根不锈钢钢丝。将原有单芯光纤热缩加固管改为多芯光纤热缩加固管，使每一盘纤盘上的容量成倍增加，进而可缩小接续盒的规格尺寸，使工程布设时更为方便。

【名　称】 变径塑料光纤拉丝机
【公开号】 2401905
【发明人】 王学忠　姚胜利　张军
【摘　要】 本实用新型公开了一种变径塑料光纤拉丝机。该机具有普通塑料光纤拉丝机的基本结构，其拔丝轮成对设置，变速电机通过减速机构向拔丝主动轮提供动力，而拔丝从动轮则固定在一个滑动块上，该滑动块配合有压簧，压簧的压力通过滑动块将拔丝从动轮紧紧地压配在拔丝主动轮上。利用本变径塑料光纤拉丝机，就能十分方便地生产出大长度及大锥度比的变径塑料光纤。

【名　称】 斜打式塑料打火机
【公开号】 2401795
【发明人】 王孝永　赵德良
【摘　要】 一种斜打式塑料打火机，包括斜打机构、放气机构、压电点火源和塑料机壳。斜打机构包括一个设在打火机上部的按钮，按钮下伸出一立杆，该立杆的两侧各伸出一个圆的突起；塑料机壳的两个内侧面都制有容纳立杆图形突起的导槽；一个槽形封片伸入导槽中封住图形突起；槽形封片外侧制有卡块，塑料机壳上有容纳该卡块的卡口。本实用新型按打手感轻巧，装配容易。

【名　称】 动力离合式塑料微型摆线减速箱
【公开号】 2401730
【发明人】 董晋丽
【摘　要】 一种动力离合式塑料微型摆线减速箱，箱内装有两级减速及动力离合装置，每级减速装置均由内套在摆线轮内孔中的偏心套驱动摆线轮与圆弧顶齿圈相啮合。两者不同之处为第一级齿圈固定，减速后的动力由柱销插在摆线轮销孔的浮动销轮输出，而第二级销轮固定、齿圈可转动，动力由与齿圈相连接的输出盘输出。第一级输出动力通过动力离合装置有选择（接合或脱离）地传递给第二级偏心套。本减速箱可广泛用于家电、玩具产品的传动装置中。

【名　称】 一种幻彩灯
【公开号】 2407224
【发明人】 高宇洲
【摘　要】 一种幻彩灯，包括塑料内管，其特征在于在内管的中央实体内贯穿3条电线，在电线的两边对称设有两个中空管，在中空管内分别放有一组灯串，在内管的外面包覆一层透明塑料。本实用新型的效果在于：降低了制造难度，简化了生产流程，可以省去串联连接导线及绝缘热导管。提高了安全性能，降低了短路的可能性。

【名　称】 内、外绝缘阻燃金属软管
【公开号】 2407212
【发明人】 王灿兴
【摘　要】 本实用新型涉及一种内、外绝缘阻燃金属软管。主要用作电线电缆的保护管。它是在普通金属软管内、外壁复合绝缘塑料层。改善了以往普通金属软管穿线时对电线的磨损现象，提高了绝缘性和阻燃性能，且穿线比以往大大方便、顺畅，提高了工效，保证了电线质量。

【名　称】 嵌入式塑料薄膜单向阀
【公开号】 2406936
【发明人】 柳隆
【摘　要】 一种嵌入式塑料膜单向阀，其特征是：具有形状大小相同并平行贴近的通过封闭道连结的上阀片和下阀片，上阀片和下阀片之间连结有2条以上走向沿上阀片和下阀片两个端口的狭长的封闭道，上阀片和下阀片之间有由上阀片、下阀片和封闭道所围成的物料通道。本实用新型与塑料薄膜袋一起制成包装容器袋，能方便地灌装液体、胶体、膏状体和干性物料，不必使用热熔封口机，并可防止灌装物料的倒流。

【名　称】 程控塑料型材熔接机
【公开号】 2406809
【发明人】 赵新　陈灵昶　李秀顿
【摘　要】 程控塑料型材熔接机是在其机架的滑轨上设多台电加热焊接机座，每台机座上设有特有结构的电加热焊接板挂接装置、焊缝宽度调节装置和纵、横塑料型材压钳板装置。这些装置全是由程控模块来控制的，所以通过程控模块可令熔接机架上的多台焊接机座，在同一时间、同一操作程序对一件塑料窗框或多件塑料窗框进行塑料型材的焊接操作，所以塑料型材的焊接过程是全自动化的。此程控塑料型材熔接机的工作精度高，劳动强度低，工效高，利于安全生产。

【名　称】 打包扣
【公开号】 2406946
【发明人】 肖连壁
【摘　要】 本实用新型涉及一种打包扣，由尼龙或塑料制成，由环形扣袢，用可折叠的连接部分与两个栓纽相连组成。扣袢内口的两侧上、下及栓纽外口的上、下都有阻力条纹，能加大摩擦力；配合相应的尼龙或帆布网纹带，结纽方便，用途广泛，可用于箱、包、衣扣、安全带；可重复利用，成本低。

【名　称】 无充气塑料膜筒带立体成型机
【公开号】 2406808
【发明人】 刘德祯　相正北
【摘　要】 本实用新型公开了一种无充气塑料膜筒带立体成型机。本实用新型包括机架底座和安装在机架底座上的收料装置，机架底座上设置一个立轴，在立轴上装有一个可以绕立轴转动的放料台，在立轴上方还设置有一调版台，在调版台的上方有一定形台，模具安装在放料台和定形台之间，在机架顶部的悬梁的下面安装有两个拉料胶辊轴，在拉料轴与收料装置上都设置有链轮传动装置。本实用新型具有结构简单合理、操作方便、图面对版准确以及节省原材料等优点。本实用新型主要用于塑料膜筒带的立体成型。

【名　称】 全塑可移动自动农用大棚
【公开号】 2407575
【发明人】 孙蕊　解会来
【摘　要】 本实用新型涉及一种农用大棚的改进，由塑料制成的两排后立柱的内侧放置有隔板，其中间设置有保温材料，棚骨架的下方设置有喷灌管及喷头，后立柱上方棚骨架上设置有卷帘电机，卷帘电机通过减速机及对轮与卷杠相连，卷杠由支架固定。该大棚具有结构原理简单，安装拆卸方便，自动卷帘，自动喷灌等特点。

【名　称】 夜光羽毛球
【公开号】 2407795
【发明人】 高强
【摘　要】 一种夜光羽毛球，在球体上装有发光体，发光体由含有荧光粉的聚烯烃塑料制成。发光体可以是圆球形，固定在球头处，或固定在羽毛处，也可以分别固定在球头和羽毛处，固定方法可以是粘接、热合或捆扎。本发明新型实用可以在夜晚发光，使人们在夜晚也可以打羽毛球，结构简单，性能可靠。

【名　称】 冲击电钻防震装置
【公开号】 2407892
【发明人】 姜卫亮
【摘　要】 一种冲击电钻防震装置，它采用硬塑料与软塑料注塑成型，以硬塑料制成支架，在支架的背面设有软塑料层，所述软塑料层与支架注塑为一体，成双层结构，安装于冲击电钻外壳的手持部位与手心接触处。由于在手心接触处设有软塑料层，使手感柔软降低震动感。

【名　称】 螺旋式塑料复合挤出装置
【公开号】 2407919
【发明人】 袁保宁　钱福兴　左锐
【摘　要】 一种螺旋式塑料复合挤出装置，由内芯轴和中轴组成。内芯轴（3）和中轴（1）之间是同厚度的模腔，内芯轴（3）和中轴之间的同心支承装置为：在内芯轴（3）的圆周上设有螺旋形的叶片（2），叶片（2）的外圆又与中轴（1）的内孔相滑配。本实用新型提供了一种既保证内芯轴与中间轴之间支承同心度要求，又使内层塑料能均匀挤出的装置，从而提高挤出管的质量。

【名　称】 一种塑料吹膜机中替代旋转机头的旋转装置
【公开号】 2407920
【发明人】 马镇鑫
【摘　要】 本实用新型涉及一种塑料吹膜机替代旋转机头的旋转装置。其特征在于：在采用固定机头的情况下，将带收卷板的底盘从固定改为旋转（盘通过底座支撑与地面连接）。采用固定机头却能产生与使用旋转机头相同或近似的效果。本实用新型适用于各种吹塑机。

【名　称】摩擦升温式废旧塑料再生机
【公开号】2407921
【发明人】彭献忠　余海深
【摘　要】摩擦升温式废旧塑料再生机，包括机身(1)、电动机(2)、皮带轮(3)、减速器(4)、联轴器(5)、轴承座(6)、螺杆(7)、螺杆套筒(8)和机头(10)。其特点在于集挤压脱水、排气、摩擦升温塑化挤出功能为一体，可直接加工湿料，由于充分利用摩擦升温塑化废旧塑料，故不需外加热源。整机结构紧凑，易于制造，成本低廉。使用本实用新型，将废心旧塑料再生利用，不仅可以变废为宝，而且减轻了塑料垃圾对环境的污染。普遍推广本实用新型，经济效益和社会效益十分明显。

【名　称】金属复合型断热保温节能推拉窗
【公开号】2408215
【发明人】梁焕铭　杨秋伟
【摘　要】本实用新型公开了一种金属复合型断热保温节能推拉窗。该窗的窗框、窗扇均是由塑料型材做骨架外包金属板复合层的型材制成。其特点是窗框和窗扇的型材均带有断热槽，断热槽内均无金属板复合层；在窗框的断热槽内均安装有型材条，其上、下边框的型材条做为窗扇的滑道，其二立边框的型材条与窗扇配合起封闭作用。本实用新型保留了现有金属复合框推拉窗美观耐用的优点，又提高了其隔热保温效果，是目前建筑业首选节能型的推拉窗。

【名　称】共挤法拉制塑料光纤生产装置
【公开号】2408472
【发明人】张耀明　张振远　郝思俊　马永红　陈强　孔维彪　江源
【摘　要】本实用新型公开了一种共挤法拉制塑料光纤生产装置。该装置主要由挤出机、共挤模头、牵伸机构、收丝机构、张力控制机构组成。其中共挤模头的后端是设有芯料和皮料进口的流道段，前端为由分流锥和成型模嘴构成的成型口模。流道段的芯料进口经外环流道与成型口模处成型模嘴的内孔相通，流道段的皮料进口经内部的圆柱形流道与成型口模处成型模嘴的外环孔相通。本实用新型明显提高了 POF 挤出成型的稳定性，可靠地保证了产品质量，并且共挤模头拆装方便，收丝效率高，对于多品种的工业化 POF 生产具有理想的适应性。

【名　称】实腹塑钢窗型材
【公开号】2409306
【发明人】孔令武
【摘　要】本实用新型提供了一种实腹塑钢窗型材。它是由槽钢为内骨架外部经挤塑包连塑料分别组成实腹塑钢的窗周框型材、窗扇框型材、纱窗扇框型材、窗上亮上边框型材、窗上亮底边框型材和由 T 型钢或双折联角钢为骨架外部经挤塑包连塑料所组成的实腹塑钢窗上亮中框型材。本实用新型内部结构连接紧密、整体强度高、型材横截面积小利于窗采光，其构造新颖、经久耐蚀、制作和组装简易、使用方便，系一种新型的制窗型材。

【名　称】一体式塑料组瓶
【公开号】2409151
【发明人】徐明
【摘　要】一种一体式塑料组瓶，包括瓶体和瓶盖，其中各自独立的瓶体之间有连接体，连接体端部与瓶体壁固接成一体。它将各自独立可分装不同液体的瓶体连接成一体，能有效地克服现有技术存在的独立瓶体拆封后易混淆或散失的缺点，具有使用可靠、存放方便、显著提高搭配液体使用效果的特点。

【名　称】带破膜刃的锡箔膜封口大塑料瓶
【公开号】2409170
【发明人】李途纯
【摘　要】带破膜刃的锡箔膜封口大塑料瓶，在大口大容积塑料瓶口上压贴一层带锡箔膜构成的保鲜膜密封，在锡泊膜外又加盖一螺旋外盖，为了开瓶方便又在螺旋外盖的外边沿设置一尖状破膜刃，破膜刃为刺状形物，与螺旋外盖为一体。通过在锡泊膜外再加带破膜工具的螺旋外盖的方式成功地实现了奶饮品及易液体的大容积，在瓶口的塑料瓶包装，具有密封可靠，使用方便，保质效果好的优点，将为奶饮品的大容器塑料包装实施提供了可行的方案，值得推广采用。

【名　称】高智能数码式电动注塑机
【公开号】2409042
【发明人】詹益晟
【摘　要】本实用新型提供了一种节电耐用、稳定可靠、高效率又环保的电动注塑机。它包括：交流伺服马达、传动组件、机铰锁模组件、导杆、后模板、前模板、顶针、感应器、射胶螺杆、射胶管、射胶嘴、压力测量仪、微调式电热恒温装置及底座。本实用新型运用数码式控制系统及交流伺服马达准确地控制熔胶及射胶；采用微调式电热恒温装置，监控塑料的温度，增加塑件的稳定性；再配合机铰锁模原理，进行开模及锁模，确保力度充足、行位准确。

【名　称】 塑料除湿干燥机
【公开号】 2409039
【发明人】 曾正辉　吴俊邦
【摘　要】 本实用新型是有关于一种塑料除湿干燥机，尤其指利用内部依序设置有冷凝管、散热片、风扇等除湿干燥机。将空气施以干燥，并引入送料桶内，同时对送料桶内的塑料粒子加以热风雾化，使表面干燥，如此，使射出成型的产品，无因湿气所引起的产品不良或因水分所引起的气泡。

【名　称】 镭射防伪酒瓶注塑标签
【公开号】 2403093
【发明人】 刘晓东
【摘　要】 本实用新型涉及一种利用激光全息技术而进行防伪的酒瓶注塑标签。在透明塑料体外表面或内表面上设置一层呈凹凸不平状的激光全息图案成像层，并在成像层的外表面设置一层反光层，在反光层的外表面设置一层保护层，具有制作技术水平高、防伪图像不易被破坏，不易被模仿、防伪效果好的优点，适于在各种瓶体上使用。

【名　称】 硬质塑料劈裂注浆管
【公开号】 2402727
【发明人】 蒋才荣
【摘　要】 本实用新型涉及一种硬质塑料劈裂注浆管。注浆管为每段内径相等、长度在 1 ~ 12m 之间、两端均有冷加工成型的外螺纹，各段注浆管由带有内螺纹的接头连接，每米注浆管上至少有 2 处以上的径向注浆孔，注浆孔外套有膨胀圈，膨胀圈两侧有与注浆管连接的定位圈。因此，具有垂直度好，使用操作方便和提高施工质量的特点。

【名　称】 组合可拆式水田埂
【公开号】 2402725
【发明人】 聂守田　王允超　刘兆祥　潘绪华　赵龙云
【摘　要】 组合可拆式水田埂属于农业生产设施中的作业设备。该水田埂是由塑料材质制做的立板、卡头和立柱装配构成，是一种在工厂中制造，尔后在水田中根据田地情况现场安装使用的水田设施，具有结构简单、组合与拆装方便、适应性广、蓄水效果好、方便机械化作业、提高土地有效使用面积等特点。

【名　称】 废旧塑料转化油炉
【公开号】 2402677
【发明人】 梁广勋
【摘　要】 一种不直接烧炉底，又达到炉腔内所需温度，加速熔化提炼的废旧塑料转化油炉，炉底下有一层耐火水泥封闭，四根导热管绕耐火水泥至炉底边四周插入炉腔内。本结构既避免了火源接触炉底，又加速了传热量，节省熔化时间，提高出油率。

【名　称】 清除塑料薄膜、漂浮物的水过滤机
【公开号】 2402375
【发明人】 应朝强　应存忠
【摘　要】 一种用于江河、湖泊滤除水中塑料薄膜等漂浮物的水过滤机。其特征在于有两个粗、细过滤室串连使用，粗、细滤室之间用隔板分开，粗过滤室由辐轮式滤片、刮刀及定时旋转驱动装置组成，细过滤室由插入式孔板组成。本实用新型具有结构简单、体积小、出水量大、精度可调、排污方便等优点，它适用于直接利用江河、湖泊为水源的化工、冶金等行业推广使用。

【名　称】 塑料罐式沼气发生装置
【公开号】 2402674
【发明人】 张辉
【摘　要】 本实用新型公开了一种塑料罐式沼气发生装置。它在塑料罐体的侧边设有进料管，在进料管的上端有存料斗，在进料管与存料斗之间设有活动翻板盖，在塑料罐体的底部有与进料管相通的进料口，在塑料罐体上还设有输气管、压力表、检测管，在检测管中装有液面指示浮动标尺并在其上设有溢液口。本实用新型适于工业化生产，具有质量轻、便于搬运、安装使用简单、成本低廉、不会腐蚀损坏、可自动加料等优点，它可深埋或露天安装。

【名　称】 塑料大棚覆盖层的手动、电动卷放装置
【公开号】 2402124
【发明人】 张新民
【摘　要】 本实用新型提供了一种结构简单，成本低廉，使用方便的塑料大棚覆盖层的手动、电动卷放装置，它主要由主动轮、从动轮、传输带以及卷杆等几部分组成。传输带的缠绕方式为：固定在卷杆的一端位于覆盖层之上，随覆盖层自上而下缠绕在卷杆上；然后传输带折向向上经从动轮后再向下绕过主动轮，再折向向上绕过卷杆以及覆盖层形成的卷筒，在覆盖层之下再折向向下，由固定件固定在塑料大棚的低端，覆盖层的卷起、放开都很方便。

【名　称】 缓释营养型可降解木塑复合种苗杯
【公开号】 2402123

【发明人】 秦特夫 周勤 阎昊鹏

【摘 要】 本实用新型涉及一种种苗杯，特别涉及一种在新型复合材料中加入植物生长过程中所需的各种营养成分作为材料而形成的一种新型结构的种苗杯。本实用新型由植物营养成分、木材或树皮、农作物秸杆、纸浆等植物纤维材料和热熔性塑料混合材料构成的杯体，在杯体下部设有透气部；透气部为网状结构。本实用新型可自行降解，滋润种苗，种苗可以自由生长，且结构简单，使用方便。

【名 称】 一种吹塑机的膜表面加糙装置

【公开号】 2403569

【发明人】 吴汉祺

【摘 要】 本实用新型涉及一种吹塑机的膜表面加糙装置。其特征在于只在塑料膜之外置若干加糙喷水头，向形成中的膜体喷水雾，令膜表面形成桔皮状的粗糙面；令加糙膜适应于例如隔水层用时与相接介质接合紧密。本实用新型尤其适用于单层膜吹膜时吹塑机的使用。

【名 称】 一种聚氯乙烯塑料容器口卷边装置

【公开号】 2403568

【发明人】 余少芬

【摘 要】 本实用新型涉及一种使聚氯乙烯塑料容器口卷边的装置。模板贴附在加热板上，该模板至少有一凹槽环，冲压机构与模板之间形成一个供放置聚氯乙烯塑料容器加工件的空间。该装置结构简单，实现已成型的聚氯乙烯塑料容器口的卷边，特别适用于用PVC片材制成的容器口的卷边，还能使容器口向里卷曲。

【名 称】 双料比例阀

【公开号】 2403564

【发明人】 吴一夫

【摘 要】 一种双料比例阀，属于塑料加工技术领域，为按比例混合不同的塑胶原料而设计。它包括（附带有物料的流体的）出口和不少于2个（附带有物料的流体的）入口。其特征是：在入口和出口之间，有一个扩容紊流室；正对着各个入口，设置有入口的封盖；各封盖分别固装在一个固装在扩容紊流室上的气缸的活塞杆上。其混合效率高，效果好。

【名 称】 塑料晒盘

【公开号】 2403246

【发明人】 洪旭彬

【摘 要】 本实用新型涉及一种适于晾晒、烘干蜜制品、干果类制品用的塑料晒盘。主要特征在于晒盘一次成型，在盘底上设置有盘托，盘托上套装有转动套，具有制作方便、机械强度高、可叠置多层、适于机械化烘干、替代竹、木制品等优点。

【名 称】 金属－木－塑料复合结构铸模

【公开号】 2403518

【发明人】 徐成林

【摘 要】 本实用新型涉及的是一种铸造用模。它是以金属或木材为骨架，固定在骨架上的内衬层和以ABS工程塑料板材为表层构成的一种金属－木－塑料复合结构铸型。该铸模具有尺寸稳定性高、抗冲击强度和韧性强、耐腐蚀、耐磨损，易于二次加工，生产周期短，节省木材、成本低的优点，尤其适于制作大型精密铸件的铸模。

【名 称】 保洁防污粘贴塑料膜

【公开号】 2403508

【发明人】 郑依健

【摘 要】 保洁防污粘贴塑料膜，其特征在于塑料膜的一面上设有可粘贴的胶水或胶带，该胶水或胶带可部分或全部分布，可水平直线分布，也可斜线交叉分布。该保洁塑料膜轻便、包装小、面积大，油漆时使用它可预防地面、墙面污损，减少垃圾量。

【名 称】 新型透气塑料囤底布

【公开号】 2403220

【发明人】 崔康元

【摘 要】 一种新型透气塑料囤底布，在塑料苫布（双面复合塑料彩条布）布面上设置透气孔，孔径1～3mm内，孔距26～50mm内，3个透气孔成正三角，三面间距相同，在整个囤底布布面上均匀排布。每一个透气孔周围设有距离相同的6个透气孔。

【名 称】 纤维内衬塑料管复合管

【公开号】 2405098

【发明人】 吴新章 吕召君 陈寿松 王青 田国江

【摘 要】 一种纤维内衬塑料管复合管涉及塑料复合成型管。在塑料管外径上敷设碳纤维或者玻璃纤维，主要结构特点是，在塑料管外径上设有环形沟槽，塑料管外径上的环形沟槽可以是螺旋状的环形沟槽。由于在塑料管外径上设有环形沟槽，受热受冷后轴向膨胀收缩时，在环形沟槽的作用下，使二者结合成一体同膨胀同收缩，不会造成脱粘剥离分层。适用于纤维内衬塑料管。

【名　称】 塑料注射成型机料筒加热装置
【公开号】 2404676
【发明人】 张立民　李宙按
【摘　要】 一种塑料注射成型机料筒加热装置。它是在已知的塑料注射成型机料筒外，绕制与料筒绝缘的感应线圈，料筒与感应线圈间有保温层，中、高频电源通入感应线圈，使金属料筒上感应产生中、高频短路涡流，从而使料筒发热。具有热效率高，控温精确，改装方便的优点。

【名　称】 气压热成型机
【公开号】 2404674
【发明人】 张茂兴
【摘　要】 一种气压热成型机，属于固相塑料气压热成型机的改进。它包括机座、拉杆、上固定模板、下固定模板、中移动模板、设在上固定模板上的上模具、设在中移动模板上的下模具，在所述的下固定模板与中移动模板之间设置双肘杆，所述双肘杆中的固定杆与合模油缸连接。本实用新型采用双肘杆结构，大大减化了原气压热成型机的构造，降低了制造成本，同时耗电量少，使用寿命长，是对气压热成型机的一次创改。

【名　称】 一种塑料定型绷带
【公开号】 2404504
【发明人】 吴涛
【摘　要】 本实用新型公开了一种塑料定型绷带。它包括纤维编织而成的网状织物和织物外围包裹着一层由热塑性塑料制成的受热变软、冷却硬化的定型层。其特征是：在所述的定型层外围还包裹了一层粘合层，该粘合层也是热塑性塑料层，该粘合层在受热时具有粘性，可使绷带自体搭接粘合，冷却后变硬，恢复受力强度，以实现对患处的固定。本实用新型可方便包扎，定型效果好。

【名　称】 水田作业防护袜
【公开号】 2404367
【发明人】 李国荣
【摘　要】 水田作业防护袜，是一种适用在水田中作业劳动穿着的防止泥水浸泡人的脚、腿的保护用品。它采用塑料薄膜制造，由构形袜片合制成有袜头、袜腰及系带的防水袜。可不脱换原用袜、裤而套穿其外，再穿上常用农田鞋。其袜腰高、材料薄、防水性能好、价格低、方便适用。

【名　称】 电蚊香片包裹物
【公开号】 2404340
【发明人】 万炜　杨和平
【摘　要】 本实用新型公开了一种电蚊香片包裹物。它包括一层具有耐热和导热性能的底层薄片，以及一层具有保护和隔离作用的面层薄片。底层薄片可以采用金属薄片或金属塑料复合薄片，面层薄片可以采用与底层薄片相同的材料或塑料薄片。底层薄片和面层薄片周边相封合形成一封闭体，电蚊香片设置在该封闭体中，面层薄片上开设有若干个透气孔。包裹后的电蚊香片不需拆封就能使用，避免了人体手指直接接触毒性杀虫剂所带来的危害，安全卫生可靠。

【名　称】 双向式调温塑料大棚
【公开号】 2405420
【发明人】 王少明
【摘　要】 本实用新型公开了一种双向式调温塑料大棚。它包括拱形棚顶（2），拱形棚顶的左右两侧双向设置了可独立上下开启的活动天窗（3，4），活动天窗（3，4）的框架分别由多根拱杆（5），铰链卡（8），开启撑杆（7），升降杆上固定卡（6）组成；拱杆（5）的一端通过铰链卡（8）与支撑杆（9）相互联接，开启撑杆（7）上可设置运动主传动器（14）和导向器（13）。活动天窗（3，4）的边框周围可加包泡沫塑料。其价格低，性能优良。

【名　称】 吸振套
【公开号】 2405616
【发明人】 陈秋明
【摘　要】 一种吸振套，由塑料制成，是在一薄胶层表面利用高频粘合方式固设有一不规则的合成材料层，而合成材料层的底部设有一止滑层，利用吸振套中的合成材料层，当用做各种包覆层或吸振垫时，可获得较佳的弹性及吸振效果。

【名　称】 塑料型材的冲口机
【公开号】 2405677
【发明人】 张文健　张文杰　张志友
【摘　要】 本实用新型公开了一种塑料型材的冲口机。该机包括：底座，固定在底座上的龙门轴架，铰固在该架横轴上的摇臂杠杆，安装在该杠杆长臂端的手柄，该杠杆的短臂端头线接触在弹力压臂上，该压臂远离该杠杆的一端通过铰链座铰固在底座上，该压臂的中部与底座之间嵌装有支撑弹簧，由该簧撑起的该压臂另一端臂下面安装有冲头，该冲头正好冲插入，固定在底座上的模板刃口中，在该模板前上方设有型材送料导向架，在与该刃口相对应的底座上设有落料孔。本机结构简单，操作省力，快捷，无粉尘，无噪音，加工精度高，切口整齐美观，维修方便，使用寿命长。

【名　称】 一号锌锰干电池用锌塑复合管
【公开号】 2406340
【发明人】 赵方禄
【摘　要】 本实用新型公开了一种一号锌锰干电池用锌塑复合管。该管由内层锌层管1和用塑料注塑而成的外层非金属管2用粘结层3粘结构成。使用时，可按制作一号干电池外壳需要的长度截取，再加底封盖即可。本实用新型的优点是：生产容易，使用方便，生产成本低，且有效地克服了干电池漏液现象，可广泛用于一号锌锰干电池生产。

【名　称】 光盘袋
【公开号】 2406311
【发明人】 兰高明
【摘　要】 本实用新型是一种光盘袋，包括袋体。其特征在于：袋体是袋底面和连接在袋底面上面的袋盖以及袋所构成，袋底面是由柔软的丝织布制成，袋盖和袋采用透明塑料膜制成。本实用新型实现了可集中大容量存放，便于查找和不会磨（划）伤光盘的目的。

【名　称】 车用安全装饰闪光器
【公开号】 2405847
【发明人】 屈茂新
【摘　要】 车用安全装饰闪光器是由透明放大罩，外壳大座和外壳座部件，电路总成所构成。透明放大罩是采用玻璃，有机玻璃或透明塑料制造。其特征在于利用光学原理在罩体本身没有放大功能部分，外壳下座上攻制有螺纹与各种车轮上的气门嘴配合；电路总成内装置有扣式电池，控制白天不发光的光敏电阻、离心触发开关，还设有一个或一个以上的发光体，以及控制闪光的IC芯片，当车辆在夜间行驶时，车用安全装饰闪光器的离心触发开头自动接通，使发光体发出彩色闪光点缀和美化城市的夜景；特别是对夜间行驶的自行车起到安全警示作用。

【名　称】 套标签机热收缩膜切断装置
【公开号】 2405869
【发明人】 杨崇祯　徐聪裕
【摘　要】 一种套标签机热收缩膜切断装置，包括一顶板、一底板及四周边侧板组成的壳体。上述顶板、底板上设有相对的轴承，供分别支持多数刀座承件、中间齿轮及上、下齿轮；该刀座承件是沿整个圆周以等角度方式间隔设置，刀座承件的中段设置齿轮，底平面结合刀座；刀座承件齿轮之间分别与中间齿轮啮合，该下齿轮分别啮合两最前端的中间齿轮，上齿轮则与机台主动齿轮啮合，于刀座上固定刀片，可将用于塑料瓶外包装的塑料膜按需要的长度切断。

【名　称】 塑料粉碎机
【公开号】 2408967
【发明人】 胡玉生
【摘　要】 本实用新型涉及一种塑料粉碎机械，包括机体、驱动机构和粉碎机构。在接料斗下设有分料器，其上设有水平凸台和控料滑块移动配合构成的出料防阻塞机构。本实用新型出料时速度均匀稳定，不会阻塞。而且，本实用新型机头两端设有可分离式轴承座，在更换设于主轴上的刀片时装卸很方便，不会损伤主轴。

【名　称】 一种大型塑料水管管件
【公开号】 2410514
【发明人】 陈自立
【摘　要】 本实用新型公开了一种大型塑料水管管件。其管壁以PE塑料为基体，以钢筋网构成与水管截面形状一致的柱形骨架，其中钢筋网骨架被包裹于管壁内，与塑料管同轴心，管件由专门的搪塑设备搪塑成型，其两端具有可对应的连接接口，以便管与管之间进行安装与密封。本实用新型不仅具有很好的韧性和抗挠度性，还能满足强度要求，两管之间的连接无须管接头和密封材料，施工安装方便，而且还具有很好的耐蚀性。

【名　称】 塑钢外螺纹保护环
【公开号】 2410465
【发明人】 刘玉文
【摘　要】 本实用新型涉及一种塑钢外螺纹保护环。它包括钢壳2和有螺纹的筒状塑料层3，该螺纹的形状与被保护螺纹啮合，钢壳2和塑料层3之间有支撑用钢管柱1，螺纹位于塑料层3的内表面，钢管柱1位于塑料层3顶端，塑料层3的螺纹消失点与钢管柱1之间有与被保护螺纹头部形状一致的空腔6如锥面或台阶面，钢壳2端部有连续的卷边5。与现有技术相比，本实用新型采用钢管和塑料有机结合，钢管安置在塑料中，可提高保护环的抗冲击和抗变形能力。

【名　称】 塑钢内螺纹保护环
【公开号】 2410464

【发明人】　刘玉文

【摘　要】　本实用新型涉及一种塑钢内螺纹保护环。它包括钢壳2和有螺纹的筒状塑料层3，该螺纹的形状与被保护螺纹啮合，钢壳2和塑料层3之间有支撑用钢管柱1，钢管柱1位于塑料层3顶端，塑料层3位于钢壳2外面，塑料层3的外锥面有螺纹，钢壳2的长度至少为塑料层3长度的2/3，钢管柱1的端面或圆柱面上有产品标志。本实用新型采用钢壳和塑料有机结合得到的内螺纹保护环，塑料层的螺纹位于其外锥面，钢管安置在塑料中，可提高保护环的抗冲击和抗变形能力。

【名　称】　一种塑料窗框型材

【公开号】　2410393

【发明人】　徐笑纡

【摘　要】　本实用新型公开了一种塑料窗框型材。它包括一长条形中框主体，中框主体下部具有两个轨道，上部具有一个边框，中框主体的断面呈“h”形，中框主体的下轨道可装推拉窗，上轨道为“L”形，既可安装亮子，即固定窗，又可安装平开窗。本实用新型外观轻巧美观，可有效地节省材料而提高出窗率，且具有防盗性能。

【名　称】　带有压盖的门线条

【公开号】　2410389

【发明人】　郭绍君　姜春祥　潘靖安

【摘　要】　本实用新型属于装饰材料。带有压盖的门线条，由门线条和弧形压盖组成。门线条的一侧有凹槽，弧形压盖扣设在门线条上的凹槽内。本实用新型结构简单，安装方便，降低了成本，缩短了装修时间，装修完以后不会看到钉子头痕迹，既美观又省力，不用刷油漆。而且，用塑料制作，节约了木材。

【名　称】　废塑料炼油温控分馏筒

【公开号】　2410299

【发明人】　岑益南

【摘　要】　一种废塑料炼油温控分馏筒，用于将废塑料炼成燃料油的分馏，属环境保护技术领域。本实用新型是一个平放的圆筒（3），在内部由挡油通气的大孔隔板（4）分隔成若干区间（2），油气从一端进入，沿筒长度方向的区间温度一个比一个低，各区间相应温度凝结成相应的油品，即重油，柴油或汽油其中的一种，再经过由温度控制电磁阀（10）分流入相应油品的集油管。解决了小规模废塑料炼油的连续分馏问题。

【名　称】　双管生产线辅机

【公开号】　2410107

【发明人】　赵桂旭　刘太功　李兵　吴军　蒋咏晖　王进功

【摘　要】　双管生产线辅机是一种与锥形双螺杆塑料挤出机配套使用，能同时生产出两根改性塑料管的辅机设备。其结构特征在于机头为能同时挤出两根管子的双管机头，水箱为能将两根管子同时定径冷却的双管真空定径冷却水箱，牵引机和切割机分别为双管牵引机和双管切割机，并连为一体。优点是结构更加合理，能充分利用挤出机的设备能力，提高生产效率。

【名　称】　灌溉用的滴灌管

【公开号】　2409767

【发明人】　马荣立

【摘　要】　本实用新型涉及一种灌溉用的滴灌管，特别适于在塑料大棚内灌溉之用。该管是由滴头芯及毛管构成，滴头芯体中部隔板两边有连为一体的毛管接头，隔板上有侧槽，并与进水毛管端头构成滴水孔，进水毛管内壁与滴头芯的外螺纹毛管接头间构成内流道。本实用新型其结构简单、新颖，安装、使用、维修方便，滴灌效果好，成本低，使用寿命长，有良好的经济和社会效益。

【名　称】　新型水处理滤料

【公开号】　2411246

【发明人】　吕道仁　崔树生

【摘　要】　本实用新型涉及一种新型水处理滤料。该滤料由塑料发泡后挤出成型，在其内设有过滤通道和微孔。本实用新型可用于精滤水质，过滤通道及孔隙大小可控，反冲方便、过滤精度高、损耗很少、使用寿命长，另还可用于曝气生物滤池作滤料，其生物附着性强、挂膜性能良好、反冲容易。

【名　称】　网篮塑料容器

【公开号】　2411216

【发明人】　苏干才

【摘　要】　本实用新型网篮塑料容器属于运输及包装材料领域，特别涉及塑料及塑胶容器上的盖子。它是由网篮和盖在网篮主体上的盖子组成，盖子的周边是一体的，在盖子的周边上没有设计工艺孔，消除盖子周边的工艺孔。本实用新型不易折断，使用寿命长，不会造成因盖不牢靠而使运输中的货品受到损失，是现有的网篮塑料容器的替代产品。

【名　称】　塑料软包装无菌灌装设施

【公开号】 2411210
【发明人】 范朝亮 范朝霞
【摘 要】 一种塑料软包装无菌灌装设施，由高位罐、恒位罐、包装机顺序管路连接构成。其改进为：高位罐、恒位罐及进风管内分别设有紫外线消毒灯。采用本实用新型生产包装的塑料软包装鲜奶产品，可将原0～4℃下保质1～5d提高到常温下保质30d，可免除低温储存和运输的麻烦，方便消费者食用，适用于塑料软包装灌装制品业，特别是中小型企业。

【名 称】 防蛀防霉文献装订封面
【公开号】 2411115
【发明人】 邓兵 何莉 王卫兵 胡正强 李维生
【摘 要】 本实用新型涉及防蛀防霉文献装订封面。它由两层纸1组成，两层纸1之间相互粘合并形成空腔3，空腔3内装有防蛀防霉药4；或，它由一层纸1和一层塑料薄膜5组成，纸1和塑料薄膜5之间相互粘合并形成空腔3，空腔3内装有防蚊防霉药4。本实用新型具有以下几点优点：(1) 能达到防蛀防霉的目的；(2) 不腐蚀文献纸张；(3) 使药效延长；(4) 操作方便。

【名 称】 便携式三用镜
【公开号】 2412228
【发明人】 郑庆生 田卢保
【摘 要】 本实用新型提供了一种便携式三用镜，包括物镜组、中间透镜组和目镜组以及显微镜支座。其中目镜组的目镜筒上开出三个均匀分布在圆周上的槽口，并在目镜筒的口部有一圈向外凸起的边，它的外径略大于中间透镜组的内径，目镜筒由精密工程塑料制成，目镜筒可相对中间透镜组灵活滑动又能可靠地调定在某一位置上，同时用来支撑显微镜主体部分的显微镜支架是用透明的工程塑料制作并开一缺口，以满足观看所需要的照明。

【名 称】 低损耗塑料光纤耦合器
【公开号】 2412226
【发明人】 杨春 孙小菡 张明德 丁东
【摘 要】 本实用新型公开了一种光传输用的低损耗塑料光纤耦合器。该耦合器由左端光纤、右端光纤、混合棒、左套管和右套管组成。在左套管和右套管中至少有一个为光反射膜套，在光反射膜套与混合棒和光纤相接端之间设有透光填充块，透光填充块为折射率小于光纤包层折射率的透光填充块。本实用新型光反射套膜等技术措施的采用，使得本实用新型的附加损失得以减小，使其具有低损耗的优点。

【名 称】 用于混合棒塑料光纤耦合器的光反射式套管
【公开号】 2412225
【发明人】 杨春 孙小菡 张明德 丁东
【摘 要】 本实用新型公开了一种用于混合棒塑料光纤耦合器的光反射式套管。该套管由填充块和反射膜组成，反射膜设在填充块的外部，在填充块和反射膜之间设有透光套管基体，填充块为其折射率小于待连接光纤包层折射率的填充块，透光套管基体采用折射率小于填充块折射率透光套管基体。本实用新型能够将由内向外辐射的光反射并辐射回光纤，所以，本实用新型降低了光纤耦合器的光损耗，具有光损耗低的优点。

【名 称】 板面为双层结构的槽型塑料地板条
【公开号】 2412061
【发明人】 辛德禄
【摘 要】 本实用新型提供了一种板面为双层结构的槽型塑料地板条，主要由中间带有若干个通孔的双层水平板面和两个竖直侧面，以及一个侧面下方带有的向外侧弯曲并且开口朝上的凹槽所组成，同时在两个竖直的侧面上分别设有一条以上相互对应的凸楞和凹槽。本实用新型限制了地板条的上下移动，保证了相邻地板条之间的缝隙始终处于紧密状态，防止了地板表面上的水渗漏到地板中去，有效地延长了地板的使用寿命。

【名 称】 按拉式瓶盖
【公开号】 2411984
【发明人】 田家坤
【摘 要】 按拉式瓶盖，主要特征是盖体内中间部位成V形孔结构，盖体上部对应V型孔有一圆柱体，圆柱体为上空心下实心结构，下端与V型孔配合，圆柱体外带有2～3道塑料片与盖体固定连接，塑料片的长度略大于圆柱体与盖体内部之间的直径，圆柱体空心部位上有对称的两个孔，圆柱体顶端带有与之相连的圆盖。在盖体的外围固定一外盖，外盖顶面对应圆柱体处有一圈刻痕。本实用新型提供了一种新颖的瓶盖结构，及利用该瓶盖所形成的防伪瓶盖。

【名 称】 方便酒瓶塑料内盖
【公开号】 2411982
【发明人】 肖玉珍
【摘 要】 方便酒瓶塑料内盖，其特征是在其端面上固联有伸缩式呈壶嘴状出液管，出液管顶部有开口，出液管自管底至管顶管径渐小。使用时，不需要取下内盖，酒液直接从可以伸出的出液管顶部壶嘴状开口中流出，不漏液。若是需要快速出液，可以将内盖取下使用。

【名　称】一次性塑料防伪瓶嘴
【公开号】2411978
【发明人】郭黎明
【摘　要】本发明公开了一种用于盛装物体瓶类器皿的一次性塑料防伪瓶嘴结构。这种结构的塑料瓶嘴在开启使用后，即刻呈现不可修复的使用破残痕迹，使之丧失了重复使用的性能。该发明的塑料瓶嘴结构主要由瓶盖、瓶嘴和防伪封口裂环撕带等构件组成，其主要特点是在使用时，将裂环撕带沿瓶嘴切线方向撕开，使之与原为一体的瓶颈破裂分离。同时也解除了对瓶盖的密封，并展示其使用过的破残痕迹，使原塑料瓶丧失了再次使用的价值，以达到防伪的目的。

【名　称】一种不易污染的注射器
【公开号】2411800
【发明人】路瑞音
【摘　要】本实用新型涉及一种不易污染的一次性注射器。在注射器的针筒尾部固定连接有一个可包容住针栓的塑料薄膜囊套，使注射器工作时针栓始终与外界隔绝，这样从根本上杜绝了因针栓被污染而造成的医源性交叉感染的发生，同时也方便了使用者操作。

【名　称】易撕口塑料包装袋
【公开号】2411974
【发明人】陈珉
【摘　要】一种易撕的塑料包装袋，包括塑料包装袋的热压口处边角有一易撕口压痕。其优点为易撕口容易撕开，使用十分方便，撕口整齐，使用不完，剩下的物品保存非常容易，不易变质。

【名　称】嵌埋式塑料电热丝管件
【公开号】2356837
【发明人】孙兆儿　许正奎
【摘　要】本实用新型公开了一种用于将热塑性塑料管件连接起来的嵌埋式塑料电热丝管件。其结构合理、耐氧化、耐机械损伤、焊接质量可靠、可以直观观察。用本实用新型所述的嵌埋式塑料电热丝管件连接的管道，可应用于燃气、给水、石油、化工、采矿、排灌、污水排放各领域中；可应用于塑料管材的热焊接上，尤其适用于不同形状的聚丙烯管件。

【名　称】金属玻璃钢中空腹异型材
【公开号】2357059
【发明人】张光杰
【摘　要】一种建筑材料，特别涉及制作门窗的金属玻璃钢复合材料。它解决了已有门窗复合材料——玻璃钢和塑料的强度低、成本高，组装门窗工艺复杂等问题。它由中空腹金属异型材和玻璃纤维复合固化而成，具有抗拉、抗弯强度高，生产过程中不易扭曲变形，成品率高、成本低的优点。广泛用于建筑物的门窗制作。

【名　称】烟叶夹板
【公开号】2356944
【发明人】李德明
【摘　要】本实用新型属一种包装用具，特别是包装烟叶的夹板。本实用新型采用ABS工程塑料注塑制成，其夹烟叶面为光滑面，而其背面则均布有加强筋并形成蜂窝状。本夹板既有适合的韧性，又有适合的硬度，质量恒定，便于打包过程中的计量，不怕碰撞及雨淋，便于机械化操作，提高工作效率，不会产生锈蚀、霉苔污染烟叶。

【名　称】手动电动两用塑料制袋机
【公开号】2356840
【发明人】徐念清
【摘　要】本实用新型提出了一种手动电动两用的塑料制袋机。它主要由机架、电动机、减速机、传动机构、原料架、热合板、热合连杆机构、缓冲定长连杆机构、手动转筒、绕袋架等组成，调节热合连杆机构的曲柄长度可改变塑料袋热合时间。调节缓冲定长连杆机构的曲柄长度和下调节横梁的高度即可改变塑料袋长度。本实用新型结构简单，性能稳定，操作方便，价格便宜，可手动电动两用。

【名　称】铝塑组合保温门框型材
【公开号】2357105
【发明人】张江涛　王临东　王成
【摘　要】本实用新型公开了一种铝塑组合保温门框型材，其在内、外铝型材上半侧面之间嵌固连接有硬质塑料隔撑型材，并填充有发泡保温材料。在两该铝型材的下半侧面的端边沿之间扣合在插嵌有内裹铁片的塑料角型材。在两该铝型材之间嵌装有电加热丝防以凝露。本型材组合紧凑，结构简单，连接牢固，保温效果好，适应于大型冷柜、冷库的门框制做，具有广泛的应用前景。

【名　称】一种塑钢复合管道

【公开号】 2357198
【发明人】 吴勤昌
【摘　要】 一种塑钢复合管道，其特征在于管件（1）的管壁结构设为中间衬层是带圆孔的钢板网（2），钢板网管内外侧复有紧密结合的塑料层（3），接头口（4）和接头（5）的管壁结构与管件（1）结构相同，接口与管件连接配合采用承插式或法兰连接，承插式接口的钢板网的复合塑料层配合面内设置可通电的电热丝（6）。本实用新型对比其他非金属复合管道具有强度高，管壁薄质量轻，无热胀冷缩的忧虑，安装方便快捷；对比钢铁管道，还有管壁光滑不结垢，输送阻力小，输冷送热保温好的特点，节约钢材和能源。

【名　称】 移位拉吹及并列锁模塑料成型机
【公开号】 2356835
【发明人】 王自强　施金享
【摘　要】 一种两步法加工塑料容器的移位拉吹及并列锁模的拉吹机，由机座、机座上的固定模板和活动模板、连接各模板的导杆、带动活动模板的锁模机构、安装在固定模板上的拉吹机构等所组成。其固定模板与拉吹机构之间是活动连接，在固定模板上安装导轨座板，导轨座板连接活动板，活动板通过支架与拉吹机构相连，活动板的一头由移位气缸中的活塞杆带动可在导轨座板上活动。本机有利于取出加工工件，并且锁模点平衡，锁模力平稳等特点。

【名　称】 塑料安全灯头
【公开号】 2358609
【发明人】 黄其全
【摘　要】 一种塑料安全灯头，特别适宜安装在自镇流灯及白炽灯上配套使用。由导电帽和灯头体连接成整体组成，而灯头体由塑料制成的一整体，灯头体上还固定连接有导电极。导电极为圆筒形，两对应处还各分割出一片弹性导电片，导电帽、导电极都与灯头体上的环形槽相连接。所述的导电片与灯头体上的凹槽配合。因灯头采用塑料代替原有的金属材料，使灯头可一次注塑成，制作方便，成本低。使用安全、可靠，达到 IEC 质量要求，彻底根除了不安全隐患。

【名　称】 多功效异型窗
【公开号】 2358194
【发明人】 丁柏彦
【摘　要】 一种用七种型材拼装的推拉平开两用窗、旋转平开窗、中悬窗等多功效异型窗，其窗扇、窗框全部采用断层切割重组及单框双玻璃结构，在窗框上设有断冷口，断冷口是由异型材纵向断开后由塑料连接件重新插装而成，解决了铝合金及其他材质的型窗因热传导、空气对流导致的保温不好、冬季产生霜雾的现象；在窗框的底部装有旋转轴，与旋转轴套滑动配合，窗扇可沿旋转轴转动 90°角，可在室内擦洗玻璃确保了人身的安全；在两扇窗中缝还设有中缝防水胶条，从而克服了外滑道内积尘和吸水内渗的不足，达到了既美观又防渗水的目的。使用时，可根据需要选取推拉平开或旋转平开的方式，解决了现有技术中的不足，方便实用。

【名　称】 一种隔振垫
【公开号】 2358116
【发明人】 钱国桢　宋新初　彭玉兔　许刚
【摘　要】 本实用新型涉及叠层隔振阻尼地基中使用的隔振垫。其特点是由上、下两层弹塑性物夹隔一编织物构成，其外部包裹有密封薄膜。弹塑性物为沥青与滑石粉或膨胀珍珠岩的拌和料。编织物为石棉布或麻布。密封薄膜为塑料薄膜。本实用新型造价低，由该隔振垫构成的叠层隔振阻尼地基为面支承设置，即在全部的地基中铺设，如局部损坏并不会影响全局安全。不接触空气，温度变化小，所以耐久性好，且耐火。

【名　称】 一种复合型胶粘带
【公开号】 2358077
【发明人】 申宝恒　李来文　金丽娟　翟若飞
【摘　要】 本实用新型提供了一个用纤维增强的具有塑料膜层的复合型胶粘带，即复合层中有一层为纤维布的胶粘带，提高了胶粘带刚度、抗撕裂强度，特别适用于做各种管道、设备保温材料的保护层，根据选料的不同还可制成各种颜色、阻燃型等。该复合型胶粘带制作工艺简单，成本低廉，施工便利，也可直接用于设备、管道的防腐工程和建筑工程上的防水抗渗。

【名　称】 抗洪防滑易收口编织袋
【公开号】 2358012
【发明人】 曾志毅
【摘　要】 实用新型抗洪防滑易收口编织袋主要由圆织的袋料上每隔若干根塑料扁纬丝即织有若干根粗纬丝（3），经缝底（1）成编织袋，并有绳索（4）缝联或穿装在近袋口处。这种编织袋容量适宜，装满袋后靠绳索收口容易快捷，便于人工搬运，并具有较大的结构强度，表面摩擦力大，料袋叠堆后既耐压、又防滑、不易倾移倒塌。是一种特别适宜于抗洪防汛现场叠筑临时砂包堤岸的有效抢险用品。

【名　称】隐形图案装饰板
【公开号】2357936
【发明人】李文成　徐少华
【摘　要】本实用新型隐形图案的装饰板包括透明薄膜层塑料1，玻璃纤维布层2，花纹纸层3，隐形荧光层4，透明薄膜塑料层5。其优点是装饰板图案昼夜不同，可以变化，这样增加图案新鲜感，美观居室环境。

【名　称】塑料气压热成型机自动送进片材机构
【公开号】2357904
【发明人】张茂兴
【摘　要】一种塑料气压热成型机自动送进片材机构，涉及片材自动送进机构的改进发明，包括机体、动力装置，还包括链条（2）环形外圆周位置连续设置有夹紧装置，夹紧装置的两顶杆（3）与平面凸轮（10）相应接触。按本实用新型主题设计的片材自动送进机构，工作平稳、运动精度好、工作效率高。

【名　称】塑料管坯红外加热器
【公开号】2357903
【发明人】蔡桂森
【摘　要】本实用新型涉及塑料制品生产装置，特别涉及中空容器吹塑装置的吹前设备。由机座、电机、减速机构、齿轮和红外加热板组成，机座上设置有多个齿轮座，每一齿轮座内安装有中空齿轮组，齿轮的中空部分放置一需预热的管坯，电机经减速与第一个齿轮啮合，每组齿轮连锁啮合成一排，齿轮组侧设有红外加热板。本实用新型各装有管坯的齿轮只自转而不公转，免除了庞大的公转机构，占地面积小、造价低；结构合理，管坯受热均匀而热效率高。

【名　称】加套式塑料扫帚
【公开号】2357672
【发明人】詹超
【摘　要】本实用新型涉及的是一种加套式塑料扫帚。它是在已有塑料扫帚的基础上改进。即在已有塑料扫帚扫毛上加一个能移动的塑料套子，达到套子将塑料扫帚扫毛压直的目的（如图1、图2），改变塑料扫帚塑料扫毛易弯曲带来的不便，提高产品使用寿命。

【名　称】塑料筛面罗
【公开号】2357841
【发明人】王俊彦
【摘　要】一种塑料筛面罗，具有罗框、筛网、圆环体，其特点是罗框为模具成型的整体结构，设于罗框内侧底部的圆环体由罗框内侧底部的收口边缘限位支撑，筛网固定于该圆环体上。本实用新型刚性好，制作时生产效率高，使用寿命长，而且节约木材。

【名　称】防水拉链
【公开号】2357551
【发明人】李训
【摘　要】本实用新型公开了一种具有防水功能的拉链。它主要是由塑料密封拉链构成。其特点在于：塑料密封拉链上叠合有常用拉链，通过同一拉链头控制开合。本实用新型构思巧妙，结构合理，不仅具防水功能，且能同时满足抗拉强度的需要，可广泛地与服装、箱包和雨靴等产品配合使用。

【名　称】一种蚕网
【公开号】2357501
【发明人】马景田
【摘　要】一种用于家蚕业生产领域中抬蚕除沙的蚕网。由于本实用新型利用无色无毒的聚乙烯塑料薄膜作为生产材料，在其上面可以方便地打网孔，每张蚕网网孔的直径中分别为5mm、7mm或13mm，克服了目前使用的线网和塑料网的不足，具有网质柔软、易清洗消毒、操作省时省力、生产成本低的特点。

【名　称】不锈钢塑料复合异型材
【公开号】2359422
【发明人】江明榆
【摘　要】一种不锈钢塑料复合异型材，属建材，用于制作门窗、组合家具、货柜、货架等。其特征是该异型材，从内到外依次由用挤出机挤出的塑料异型材、粘结剂层和用不锈钢带连续生产的冷弯异型材构成。具有产品可用专用生产线连续、稳定、大批量生产，生产效率和自动化程度高，节省人力，成本低，产品表面豪华、档次高，防紫外线，耐老化，隔热、节能，用途广，物美价廉等优点。

【名　称】带开合口的粉沫类塑料包装袋
【公开号】2359228
【发明人】张月光　蔡联华
【摘　要】本实用新型涉及一种粉沫类塑料包装袋，在塑料包装袋的一个角的内壁上设有钉孔吻合的软性塑料条带，软性塑料条带由带凸钉的条带和带凹孔的条带组成。软塑料条带分别相应地固定在角的两面内壁上。带凸钉的条带固定在角的一面内壁上，带凹孔的条带的一边固定在角的另一面内壁上。本实用新型使用方便，易于开闭，密封性好。

【名　称】 折叠组合式塑料周转箱
【公开号】 2359224
【发明人】 方德军
【摘　要】 一种折叠组合式塑料周转箱，在边框中镶嵌有由中空塑料板制成的边板，其长边框和短边框分别与上框和底框采用铰链连接，上框的两短边套在两短边框外，二者之间通过凹槽和与其配套的凸条相配合。本周转箱具有用料省、加工工艺简单、产品强度大、使用寿命长、成本低廉、折叠方式简单、折叠后所占空间小（约为展开体积的五分之一）以及用途广泛等优点，较好地克服了现有技术不足，是一种性能优良的塑料周转箱。

【名　称】 小型塑料薄膜制袋机
【公开号】 2359099
【发明人】 肖志学　方伟斌
【摘　要】 一种小型塑料薄膜制袋机，属塑料的加工设备，是用于塑料制成的制品成型设备。提供适于家庭、个体生产的全自动小型塑料薄膜制袋机。特征是机架上的传动装置使可调原料架、送料滚、调速滚、绕袋轮连续运转，热合器封合压制。自动送料、自动计数、自动封合、自动控温、一次成型。只需一人操作。用于各种食品袋、服装袋、保鲜袋、土特产品袋、化工产品袋、电子元件包装袋、药品袋等的生产制作。

【名　称】 小型塑料袋制作机
【公开号】 2359098
【发明人】 王先军
【摘　要】 本实用新型是一种小型塑料袋制作机。它采用交流电动机，经减速器减速后，通过皮带或齿轮，一路驱动机架一端的收袋成型机构和塑料封合机构的滚轮旋转，另一路通过两个锥形滚轮调速装置后驱动机架另一端的供料机构和印刷机构的滚轮旋转，完成塑料袋印刷和制作过程。该机体积小，质量轻，走带平稳，封合质量好，耗电小，成本低，且有自动印刷和电子计算器计数功能，操作维护简单，适合乡镇企业和个体经营户生产、使用。

【名　称】 旋转式塑料注塑机的转盘装置
【公开号】 2359089
【发明人】 陈金象
【摘　要】 一种旋转式塑料注塑机的转盘装置，其在座体周缘以若干具有滚轮的轮架枢设环状转盘，座体设有驱动转盘的传动机，转盘中心固设冷却进出水柱本体，上端枢设有旋头，转盘内缘与旋头外缘间设有两架板，架板上设有环状冷却管，两架板对接处分别设有固定杆，以枢杆锁设偏心轮，旋头周缘设有两定位槽，架板两固定杆的偏心轮嵌设于定位槽内。转盘以固定杆同时带动冷却进出水柱的旋头，利用固定杆上的偏心轮克服转盘的晃动，可避免冷却进出水柱受转盘晃动而损坏，延长使用寿命。

【名　称】 活动模具
【公开号】 2359088
【发明人】 蔡隆友
【摘　要】 一种用于制作注塑制品的活动模具，特别适用于需要安装铁线架的塑料塑胶制品的制造。它包括有左模块和右模块，右模块由两部分相结合而构成，该右模块有模具座和活动模块，模具座和活动模块的尺寸和结构相配合，并共同构成右模块。该制品的凹模也制作在活动模块上，其模具座被固定在机器预定位置上，活动模块可随时推入模具座中或拉出，采用两可互换的活动模块，以此提高生产率。

【名　称】 小型塑化挤出机
【公开号】 2359087
【发明人】 王先军
【摘　要】 本实用新型是一种与塑料注塑或造粒机配用的塑化挤出机，由机架、塑化管、进料斗、出料端盖、电热层及电动机等组成。其特点是：它采用一根塑化管，在塑化管上用两组电热层在温控器控制下分别加热，在塑化管中部设有排气阀，以排掉塑料糊中的气体，出料端盖采用带手柄的旋盖，通过螺纹连接在塑化管出料端上，旋盖内设有不同孔径和孔数的过滤板和过滤丝网。该机结构简单，操作简便，体积小成本低，产品质量好，适合乡镇或个体企业生产经营。

【名　称】 超薄壁不锈钢与塑料复合管
【公开号】 2365489
【发明人】 应明康　江国平
【摘　要】 本实用新型公开了一种超薄壁不锈钢与塑料复合管。其特征在于：复合管以超薄不锈钢为外壳体，内衬塑料管，经冷拔挤压复合成型。本实用新型具有用料省、成本低、质轻、耐腐蚀、耐压强度高及受温度变化影响小等特点。

【名　称】 塑料装饰围护栏
【公开号】 2365315

【发明人】 丁连通

【摘　要】 本实用新型属于一种栅栏，特别是涉及一种塑料装饰围护栏。它包括塑料材料制成的支架和护栏体，支架与护栏体联成一体，其特征在于护栏体的一端设有联接件，相邻两个护栏体之间能够由联接件相联。它具有结构简单、成本低廉、使用方便、安全的特点，并具有装饰、美化环境的作用。

【名　称】 一种磨砂塑料装饰板

【公开号】 2365310

【发明人】 邵新龙

【摘　要】 本实用新型属塑料装饰板制造技术领域，特别是涉及一种磨砂塑料装饰板，包括塑料装饰板体。其特征在于塑料装饰板体的全部或部分表面是磨砂、喷花面。所述的塑料装饰板体的全部或部分外表面或可涂有防火涂料。本实用新型在塑料板表面磨砂、喷花处理，结合其他饰面，其表面色调柔和且具遮形作用，特别适合制成塑料装饰画。

【名　称】 一种自行车、三轮车轮胎气门嘴

【公开号】 2365477

【发明人】 朱瑞林

【摘　要】 一种自行车、三轮车轮胎气门嘴，气门嘴座为平口式，气门芯由上芯和下芯构成，分别由橡胶和硬质塑料制成，为“T”字形。本产品的特点是不需要加装小皮。使用时将上、下芯装放在一起，拧紧气门箍即可充气。本产品结构简单，使用方便，避免了现有产品的小皮冬季怕冻、夏季变软发粘而使轮胎泄气的麻烦。

【名　称】 建筑工程塑料模板

【公开号】 2365324

【发明人】 季永照　吴其昌

【摘　要】 本实用新型公开了一种建筑工程塑料模板。底板（1）长边固接边框（2），面板（3）位于底板（1）上方且其长边与边框（2）之间固接，面板（3）与底板（1）之间由加强筋（4）联接；各部件通过整体挤塑成型及设置加强梁和加强筋满足了建筑施工对刚度和强度和要求，工程塑料与水泥不亲和，浇灌保养后拆卸时不会造成横梁或立柱表面损伤，提高了工程质量；同时模板之间的连接安装方便、快捷、牢固。

【名　称】 聚苯乙烯泡沫碎溶装置

【公开号】 2365220

【发明人】 肖占贵

【摘　要】 本实用新型涉及一种聚苯乙烯泡沫碎溶装置。它由横置的圆筒罐状外壳（1）和在中心轴（5）上至少设置有2组破碎叶片的连轴叶轮（2）组成。在外壳（1）内壁上分布有泡沫切割尖刀，连轴叶轮（2）与外壳（1）转动配合，它解决了现有技术破碎效果差、碎溶效率低等问题，主要用于处理废弃聚苯乙烯泡沫塑料。

【名　称】 保洁瓶盖

【公开号】 2365154

【发明人】 田晓光

【摘　要】 一种保洁瓶盖，它包括防尘盖、瓶盖壳、密封垫。其特征在于：瓶盖壳为一内壁具有凸肩，且在其的上侧壁具有坡角形凸起倾流口或顶部具有坡角形倾流口的筒状壳体。为防止尘土落入坡角形倾流口，在坡角形倾流口上方设有可掀弹开的防尘盖，防尘盖以弹力连接筋和较薄塑料构成的软体连接点与瓶盖壳相连。凸肩的上表面为斜面，下表面为平直面，紧贴下表面有一个密封垫，瓶盖壳的凸肩下段为带有内螺纹的管状体。

【名　称】 带胶圈的自行车塑料轮胎

【公开号】 2365096

【发明人】 陈华兴

【摘　要】 一种带胶圈的自行车塑料轮胎，是由塑料胎和胶圈组成的。塑料胎是内有加强筋、外侧有凹槽的、开口的环状的硬塑料胎；胶圈是紧抱在塑料胎凹槽内的、外侧有高出凹槽的防滑花纹的胎冠。装配在现有的或没有气门孔的自行车轮辋上。不需要充气，能承受压力，有一定的弹性，成本低。

【名　称】 热转移内置人像卡

【公开号】 2365063

【发明人】 黄桂中

【摘　要】 本实用新型涉及热转移内置人像卡，由PVC透明磨砂护膜基片、白色塑料磨砂基片及印刷油墨层等构成。其特征是：在面层PVC透明磨砂护膜基片与白色塑料磨砂基片之间设有一层能将纸基上的图像、文字热转移到PVC透明磨砂护膜基片上的热熔胶复合层，同时在白色塑料磨砂基片与底层PVC透明磨砂护膜基片之间也设有一层能将纸基上的图像、文字热转移到PVC透明磨砂护膜基片上的热熔胶复合层。由上述构成的人像卡不仅具有图像色彩还原性好，清晰度高，而且具有耐用耐磨，不变形等特点。可广泛应用于工作证、学生证、身份证、会员证及纪念卡等。

【名 称】 新型塑料薄膜热合机
【公开号】 2365043
【发明人】 鲁东 初登权
【摘 要】 本实用新型涉及一种塑料包装薄膜热合机。本实用新型包括机架和固定在机架上的机身、台面板以及传动机构。本实用新型传动机构的踏板通过安装在踏板座内的踏板轴与踏板联杆固定连接。踏板联杆、拉杆、杠杆之间通过销轴联接。杠杆与联杆在支承轴处联接。装有模具的滑枕，通过固定手柄联接在联杆上，滑枕装在机身的滑筒套内。拉簧联接在机架和踏板联杆之间。本实用新型滑枕及与之配合的滑筒套的横截面为大半圆形。其拉杆上和拉簧上分别装调节器和拉簧调节片。本实用新型机身用调整螺栓安装在机架上。

【名 称】 热保鲜食品柜
【公开号】 2364818
【发明人】 朱方汉 朱众
【摘 要】 一种热保鲜食品柜，柜体外壳与保鲜箱之间充填以聚氨酯泡沫塑料，柜内分成四层保鲜箱 A、B、C、D，保鲜箱外表面紧贴以电热膜加热元件，保鲜箱内可放置一搁板，柜内装有限温器，命名温度限定在 70℃左右，使食品可保鲜不致腐败，且保持其口味。耗电小，经济实用。

【名 称】 新型塑钢按扣扣合结构
【公开号】 2364717
【发明人】 陈德钦
【摘 要】 一种新型塑钢按扣扣合结构，包括可分离地彼此扣合的第一按扣元件和第二按扣元件。其中，所述第一元件包括可分离地并至少部分可装在所述第二元件的腔体内的塑料公元件，从而可分离地将所述第一元件扣合到所述第二元件，所述第一元件的公元件以球 – 窝联结方式与第二元件的腔体可分离地扣合。

【名 称】 无柄直筒渔轮
【公开号】 2364688
【发明人】 梁选奇
【摘 要】 本实用新型无柄直筒渔轮，与普通塑料、铝合金渔轮，制造同属一技术领域：注塑和压铸。它的特征是：在椭圆形外壳体的结构下，消除了普通渔轮局部表面上多余的部分，隐于壳中的“O”型内齿环手柄，达到了表面无“Z”型摇手柄渔轮的目的，藏于后部的储盒、相互兼用的轮套、螺扣接合的前后部更利于轮、套、盒、杆的组合使用。是供体育、娱乐活动用的一种垂钓工具。

【名 称】 镶嵌式楼梯踏步防滑条
【公开号】 2361717
【发明人】 刘茂春
【摘 要】 镶嵌式楼梯踏步防滑条是由镶条和嵌条两部分组成。嵌条是用金属或工程塑料加工而成。嵌条可用螺钉固定在楼梯踏步的立面与平面相交的阳角平面上。镶条可采用具有弹性的橡胶或塑料加工而成。镶条的镶足可镶入嵌条的嵌槽中。本实用新型从根本上改变了传统楼梯踏步防滑条的设计和构造，具有外形美观、安装方便等特点，有弹性，人们脚踏舒适。它的镶条是可依据人们的意愿任意更换，从而保证此防滑条的防滑功能始终良好。由于镶条可加工成各种颜色，也满足了建筑装饰的需要。

【名 称】 隔热保温环保板
【公开号】 2361710
【发明人】 曹月光 刘建新 黄端芳 杨佳锦 姚铁娥 肖高升
【摘 要】 隔热保温环保板由水泥泡沫层、竹筋层、水泥泡沫层和水泥砂浆层依次叠合而成。由于其结构层中掺有泡沫塑料，因此隔热保温效果大增，大约是现有水泥隔热板保温效果的 7.4 倍，同时还具有隔音、阻燃等优点。其自重轻，直接铺设在屋面上，无需在屋面另砌砖墩，施工和维修方便。造价较低，比水泥隔热板降低造价 21%。利用废泡沫塑料垃圾作为原料，既消除了白色污染，又实现了变废为宝。

【名 称】 吸盘式汽车玻璃遮光布
【公开号】 2361499
【发明人】 彭峻
【摘 要】 一种汽车用遮光窗帘，尤其是在夏天遮挡强烈的太阳光。它是由塑料吸盘和窗帘布组成，在窗帘布上缝上塑料吸盘，利用吸盘经轻压即能吸附在玻璃上的特点，将遮光窗帘布固定在汽车车窗玻璃上，从而达到遮挡阳光的目的。本实用新型易于清洗，成本也低。

【名 称】 吹袋机的塑料流量调整装置
【公开号】 2361457
【发明人】 郑月华
【摘 要】 一种吹袋机的塑料流量调整装置，由转角座和调整座配合习用的螺旋杆组及模头组成，转角座内设有止塞杆，其上设有出、入孔，分别与塑料的出、入口连接，供将塑料送入调整座；调整座内设有一调整杆体，该调整杆体设有与出料孔相对应贯穿的通孔，该调整杆体可偏转并通过定位板螺丝固定于调整座内，通过偏转调整杆体，令其上的通孔与出料孔连通的截面积发生变化，即可达到调整和控制塑料流量的目的。

【名　称】 自限温加热管挤出机机头
【公开号】 2361456
【发明人】 谭洪生　洪英　王雪梅　阎波　汪浩
【摘　要】 本实用新型涉及一种用于制备以热塑性PTC材料为基料的自限温加热管的塑料模具——挤出机机头。该机头安装在普通挤出机上，管口模的轴线与挤出机筒轴成一定角度。线型金属电极穿过机头并随熔体通过口模挤出成型，得到管壁中嵌有平行电极的管状加热元件——自限温加热管。该管可用于自来水、热水、易液化、易固化、易结晶及粘稠流体输送的管道、测量仪表支管等的保温和加热。

【名　称】 悬挂式一次性输液加温装置
【公开号】 2361301
【发明人】 张成林
【摘　要】 本实用新型属医疗辅助器械，用于输液时对药液适当加温，由微型保温箱和装在其中的水瓶、塑料导水管和加温囊、双孔管及流速调节阀等组成。微型保温箱和水瓶倒置悬挂在输液架上，双孔管扎在水瓶塞上，并通过导水管与加温囊连通，加温囊由两半可扣合的塑料输水腔组成，中间装夹输液管，出水管装有流速调节阀且通向地面的储水器。整个装置均用塑料制成，使用操作非常简便，易于被人们接受和使用。

【名　称】 一次性B超探头即时贴隔离膜
【公开号】 2361241
【发明人】 肖萍
【摘　要】 该隔离膜由透声塑料薄膜制成，在其一面的周边部分涂有压敏胶，平时粘贴在保护纸上，使用时将已消毒的隔离膜从密封袋中取出，从保护纸上揭下塑料薄膜，将塑料薄膜未涂胶的中间部分对准B超探头工作面，拉紧粘贴在探头外壳上。使探头不与人体直接接触，一例诊断完毕后即调换新的隔离膜，从而达到隔离探头无菌操作的目的。

【名　称】 日光温棚塑料拱架弯曲设备
【公开号】 2361074
【发明人】 周彤
【摘　要】 本实用新型提供了一种日光温棚塑料拱架弯曲设备。其主要特征是由可自由弯曲并可预定弧度的链式结构件和若干根等长的轴杆平行地把链式结构件结合成链带形状，将应加工的塑料型材附固于链带上进行加热后冷却定型即弯曲成理想的拱架。该设备结构简单，设计合理，性能可靠，使用方便，一次可弯曲数十根拱架材料，是生产日光温棚塑料拱架及其他用塑料拱架建筑快速装配式棚舍所理想的高效能弯曲设备。

（全国塑料加工工业信息中心
刘均科　陈碧波）

塑料期刊

塑料期刊

《中国塑料》

《中国塑料》是国家科学技术部和国家新闻出版署批准的全国性（中央级）科学技术期刊，国内外公开发行。由中国塑料加工工业协会、轻工业塑料加工应用研究所主办。属全国中文核心期刊，国家科学技术部中国科技论文统计与分析源期刊（CSTPCD），美国工程索引（EI）、美国化学文摘（CA）收录核心期刊。

《中国塑料》以推动塑料工业的科技进步和发展为己任，准确报道国内塑料工业的发展趋势，及时反映塑料工业的发展动态，注重创造性、新颖性、实践性、可靠性，以学术水平高、内容丰富为特色，得到了广大读者的充分肯定。围绕塑料工业发展这一主题，兼顾不同层次读者的需要，成为行业中最有影响的杂志之一。

《中国塑料》为月刊，每月26日出版，全国统一刊号为：CN11－1846，国内邮发代号为：82－371

邮编：100037

地址：北京市海淀区阜成路11号

电话：010－68905541 68457902

传真：010－68424051

网址：http：//www.plaschina.com

E－mail：chinplas@public.bta.net.cn

《塑料工业》

双月刊，创刊于1970年。国内外公开发行，是全国中文核心期刊，美国化学文摘收录核心期刊，中国科学引文数据库来源期刊。由全国合成树脂及塑料工业信息总站、国家受力结构工程塑料工程技术研究中心、中蓝晨光化工研究院主办。以技术性与信息性、合成工艺与加工应用相结合为特色，内容涉及塑料工业的各领域。主要栏目有：合成工艺与工程、树脂改性与合金、成型加工与设备、材料性能与应用、塑料助剂与混配、物化分析与测试、新技术与产品开发、国外动态、塑料市场、中国塑料专利。读者对象是从事树脂生产、塑料加工、制品设计、分析测试及塑料应用部门的科技人员、科技管理人员及高等院校师生。

邮编：610041

地址：成都市人民南路四段30号

电话：028－5570810 5558516

传真：028－5570801

网址：http：//www.plast－ind.com.cn

E－mail：office@plast－ind.com.cn

《工程塑料应用》

由中国兵器工业部第五三研究所、中国工程塑料工业协会、中国兵工协会非金属专业委员会、兵器工业非金属材料情报网主办。

报道范围：工程用树脂、塑料及其复合材料、功能材料等的合成、改性、加工、应用、测试、模具、设备等方面的科研成果；技术、学术论文、文献综述、市场动态和技术、经济信息等。是曾获得首届国家期刊奖的塑料专业期刊。

国内外公开发行，标准大16开本，每月10日出版。

邮编：250031

地址：山东省济南市108信箱

电话：0531－5816706

传真：0531－5947355

网址：http：//www.engplastics.net

E－mail：master@engplastics.net

《塑料科技》

双月刊，创刊于1973年，是国内最先公开出版发行的塑料加工专业期刊。该刊报道塑料新材料、新工艺、新产品，塑机与模具，专题评述，国内外塑料期刊文摘等内容，是从事塑料研制、生产的工程技术人员和相关专业高校师生不可缺少的读物。《塑料科技》是中国期刊网、中国学术期刊（光盘版）和中国学术期刊综合评价数据库的来源期刊、全文收录，CA收录。每逢双月6日出版。

邮编：116033

地址：辽宁大连市周家街11号

电话：0411－6601793（传真）

E－mail：dislyjs@mail.dlptt.ln.cn

《现代塑料加工应用》

双月刊，由扬子石油化工公司、扬子石油化工公司研究院主办。准确报道树脂合成、塑料改性、塑料加工应用、工程塑料应用、试验研究、塑料助剂、塑料机械及模具、塑料性能及测试等方面的研究成果和工业生产上的技术进步，国内外塑料技工应用最新进展、市场动态、发展方向及新知识、新工艺、新技术、新设备、新材料、新经验，并兼顾不同层次读者的需要，它成为在行业中最有影响的杂志之一。每逢双月20日出版。

地址：南京市大厂区平顶山邮局4801信箱

电话：025－7783344

传真：025－7784305
E－mail：slbj@ypc.com.cn

《塑料》

双月刊，创刊于1972年，至今已出版31卷，150余期。国内外公开发行。由北京市塑料研究所《塑料》编辑部主办。

特点：中国塑料业内最早的专业期刊，国家科协技术部中国科技论文统计与分析源期刊，美国化学文摘收录期刊。

特色：跟踪国内外塑料产业发展动态，把握行业热点，不断推出专题栏目及特辑，为读者提供准确、快捷、全面的信息服务。

栏目设置：塑料的合成、助剂、加工工艺、配方、机械设备、辅助装置、模具、测试、自动化控制系统的科研成果、学术论文、文献报道、生产经验、并特设读者与广告反馈信息卡。

设计领域：化工、轻工、机械、农业、建材、包装、汽车、环保、医学、电子、电讯、信息等产业。

读者对象：机械、加工生产厂家的厂工、经理、工程技术人员、销售人员及信息情报人员和政府、协会、学会、科研院所研究人员。

邮编：100009
地址：北京市旧鼓楼大街47号
电话：010－84022529　64034806
E－mail：plastics@163bj.com

《合成树脂及塑料》

双月刊，创刊于1984年，由北京燕山石油化工有限公司研究院、中国石油化工集团公司合成树脂新产品联合成开发中心、橡塑新型材料合成国家工程研究中心联合主办。《合成树脂及塑料》坚持面向生产、面向企业、面向市场，是我国唯一报道合成树脂研制、生产与加工应用全过程的专业科技期刊。内容报道以中国石油化工集团公司为基地，面向全国，全面宣传推广我国合成树脂和塑料领域中的新技术、新成果，以报道量大、面宽的通用合成树脂为重点，兼顾其他品种；反映塑料加工应用及分析测试领域的新进展、新信息。主要栏目有：专论与评述、研究与开发、工业技术、加工与应用、结果与性能、研究简报、综述等。读者对象：合成树脂及塑料行业的生产、科研、管理、教学和销售等部门的技术人员，也可供化工、机械、轻工等相关部门的科技人员参考。标准大16开本，每逢单月25日出版。

邮编：102500
地址：北京10041信箱
电话：010－69341924
传真：010－69344930
E－mail：resin@ribypec.com

《塑料加工》

双月刊，塑料加工专业科技杂志，创刊于1972年，由江苏省塑料工业总公司主办。全国公开发行。国内统一刊号CN32－126/TQ。

以提供塑料专业性技术、信息为主，刊登国内外塑料工业发展动态、科技成果、成型工艺、新技术、新产品研究开发应用以及塑料机械、模具，还有国内外塑料产品、市场行情，并为读者牵线搭桥，相互交流。适合于从事塑料工业的科研、生产、应用部门的管理人员、科技人员、大专院校师生阅读，亦可为领导部门决策参考。每逢双月出版。

邮编：210008
地址：江苏省南京市广州路104号
电话：025－32318884

（轻工业塑料加工应用研究所　李红艳）

科研院所

全国塑料行业科研院所

【轻工业塑料加工应用研究所】

轻工业塑料加工应用研究所前身为联合国开发计划署（UNDP）在中国援建的塑料加工中心，国家科学技术委员会于1983年12月批准建所，伴随着科技教育体制改革，根据国务院的决定，1999年科研院所转制过程中并入北京工商大学，实行“产、学、研”结合的系所合一体制，即仍然作为事业单位保留塑料研究所的建制，同时新建材料科学与工程系，实行“一套班子，两块牌子”。研究所下设科研室、检测室、标准室、信息室、办公室以及试验工厂等部门。根据国家授权，全国塑料制品检测中心、全国塑料制品标准化技术委员会以及全国塑料加工工业信息中心设于该研究所，并负责与国际标准化组织（ISO）TC138及TC61对口联系。研究所自“六五”期间至今一直承担着国家科技攻关项目并出版了国内外发行的《中国塑料》杂志，为经济建设服务。研究所主要任务是：从事塑料加工技术的研究开发、塑料制品质量监督、标准化、信息交流和技术培训工作。

一、科研开发部

科研开发部承担国家部委以及地方的各种研究项目，曾承担“六五”国家科技攻关项目《粉煤灰玻璃珠填充PVC应用研究》，“七五”国家科技攻关项目《白泥填充塑料研究》、《中日特殊地膜研究》，“八五”国家科技攻关项目《耐老化地膜研究》、《牧草青贮膜的研究》、《注射模CAD/CAM/CAE研究（物性数据库)》，“九五”国家科技攻关项目《PE膜专用快速粘接剂研究》和正在进行研究的国家863计划《可完全降解-聚乙醇酸（PGA）制备、性质及成型加工研究》，科学技术部专项资金项目等国家重点科研项目以及大量部门和地方的企业委托项目，其中《白泥填充塑料研究》、《废旧塑料制造半硬质塑料地板》已获国家专利，《数字显示回弹仪》、《SEM母料》、《仿牛筋底鞋底料》、《PBM母料》、《PPM型填充母料的研制》、《烟草育秧专用膜》、《特殊农用地膜》、《耐老化易回收地膜研究》、《聚氯乙烯冷弯电线管研究》等项目获轻工业部科技进步奖。

二、全国塑料加工工业信息中心

全国塑料加工工业信息中心（原全国塑料加工工业科技情报站）成立于1985年，面向全国塑料加工企业，出版网刊《中国塑料工业信息》，中国塑料工业信息网网址：www.chinaplastics.com.cn. 不定期举办各种技术交流座谈会、学术报告会，在各种国际、国内展（博）览会期间组织成员参加多种形式的活动。信息中心掌握全国塑料工业生产的情况，建有各种数据库，为网站成员提供技术咨询服务。信息中心每年召开一次年会，为成员提供信息和与同行交流的机会。

中国塑料工业信息网是全国塑料加工工业信息中心主办的塑料专业网站。面向整个塑料工业界，向所有从事和涉及塑料工业的公司、企业、商务机构及研究单位准确、及时、全面地提供最新的市场和科技信息，帮助了解市场行情和行业动态，捕捉商机，把握塑料行业的发展方向。

三、《中国塑料》杂志社

《中国塑料》是国家科委和国家新闻出版署批准的全国性（中央级）科学技术期刊，国内外公开发行，由中国塑料加工工业协会、轻工业塑料加工应用研究所主办。属全国中文核心期刊，中国科技论文统计与分析源期刊，美国工程索引（EI）、美国化学文摘（CA）收录。《中国塑料》以推动塑料工业的科技进步和发展为己任，准确报道国内外塑料工业的发展趋势，及时反映塑料工业的发展动态，注重创造性、新颖性、实践性、可靠性；以学术水平高、内容丰富为特色，得到了广大读者的充分肯定。围绕塑料工业的主题，兼顾不同层次读者的需要，成为在行业中最有影响的杂志之一。

四、北京科工塑料加工中心

北京科工塑料加工中心是该所中试基地，承担该所科研成果的转化、实施工业化生产的任务，定型产品有玻璃钢冷却塔和玻璃钢水箱。

中心依靠自身的技术优势，始终坚持走以科技求发展的道路。1994年自行设计制造的FHT新型冷却塔，荣获国家新产品证书；1998年又向社会推出全新面貌的FHT_2型冷却塔，该塔以其体积小、冷效高的特点而备受业内人士关注。

中心重视职工素质的提高，不断培养和引进人才，职工队伍中大中专以上学历的人员已占职工总数的30%以上。建立了以科研、设计、制造、安装、服务为一体的科技队伍。几年来，坚持积极采用新工艺、新技术，开创技术性收入，已于1997年被认定为北京市新技术企业。

中心率先在同行业中实施质量保证制度，建立了完善的质量管理体系，实现了产品质量的稳定提高，于1998年4月通过GB/T 19001-ISO 9001质量体系认证。取得了由CCLQ和CCXQ颁发的国际质量体系认证证书。

中心拥有先进的生产和检测设备，并建有热功试验装置。可为客户提供高质量的产品和特殊的设计服务。

五、国家塑料制品质量监督检验中心

国家塑料制品质量监督检验中心（北京）（简称中心）系国家质量技术监督局（CSBTS）授权的国家级质量监督检验机构（编号 103）。中心通过了中国实验室国家认可委员会（CNACL）的认可（证书号：0372），具有法定权威性和第三方公正性，是我国塑料制品质量检验的最高技术机构。

中心经国家质量技术监督局认可授权检验的产品有塑料薄膜，给排水管材及管件，型材，土工合成材料，降解塑料制品，软、硬泡沫塑料，包装用塑料制品以及各种板、片、膜、革、丝、带等 196 种产品。根据塑料行业发展的需要，特别开展了管材长期液压（寿命），光、生物降解（老化）等试验。同时，中心还为企业通过 GB/T 19000 – ISO 9000 质量体系认证提供咨询服务，并开通有中国塑料万维网（http://www.plastic.org.cn）。

地址：北京市海淀区阜成路 11 号
邮编：100037
电话：010 – 68905535
传真：010 – 68423957

轻工业塑料加工应用研究所现有职工 58 人，其中专业技术人员占 85%，具有高级职称者 23 人（其中正高级职称 3 人），中初级职称 25 人。

【北京塑料研究所】

该所始建于 1964 年，主要从事塑料加工成型技术及应用开发的研究，在功能性塑料、工程塑料的应用研究及塑料理化性能的检测等方面占有技术优势，特别是在农用塑料、降解塑料和氟塑料等方面的研究代表着我国较高的技术水准。

全所科技人员占全体职工总数的 50% 以上，有国家级专家、教授级高工、高工、工程师。

科研部主要从事以下产品的研究开发：

功能性塑料研究部：导电塑料、电磁塑料、电磁屏蔽复合塑料、微波吸收材料。

工程塑料研究部：超高分子量 PE 的挤出及注射成型的研究、PP、ABS 的共混增强、阻燃改性等。

农用塑料：多功能农用塑料棚膜的研究，降解解塑料的研究及开发应用。

氟塑料：双向拉伸微孔膜、喷涂技术及可热熔加工的 PFA、FEP、PVDF 的挤出、注射、共挤复合、传递模塑、旋转成型加工技术。

另外，还有板材、农膜、护卡膜车间、氟塑料等产品生产车间。

北京市塑料制品质量监督检验站负责北京地区的塑料质量监控。办有《塑料》杂志。

地址：北京市西城区旧鼓楼大街 47 号
邮编：100009
电话：010 – 64304448
传真：010 – 64057552
E – mail：slyjs@ .Public.bta .net .cn

【北京化工大学塑料机械及塑料工程研究所】

该所成立于 1993 年，前身为塑料机械研究室，目前有 5 名教授，13 位副教授，另外还有博士生与硕士生及工程师，技术力量雄厚。结合本所的研究课题，招收与培养“聚合物加工原理及装备”研究方向的博士生及硕士生。

设有 6 个研究室（挤出成型研究室；新材料及装备研究室；塑料成型研究室；可视化及共混改性研究室；新型建材装备研究室），8 个实验室，2 家企业及中国塑料工程信息中心。中国塑料工程学会塑料机械及模具分会与挤出工程分会一直挂靠在该所。

主要技术产品有：（1）高速高效挤出机螺杆；（2）可视化挤出技术及装备；（3）HPVC 食品包装膜生产工艺及装备；（4）化学交联聚乙烯管生产设备与技术；（5）超高分子量聚乙烯管生产设备与技术；（6）PPR 管生产设备与技术；（7）木塑复合材料挤出生产设备与技术；（8）土工格栅生产设备与技术；（9）双螺杆及三螺杆挤出机的研究开发。主要研究领域：聚合物加工原理，聚合物加工技术及装备，可视化技术。该所与美国、日本、加拿大、俄罗斯、荷兰、以色列、澳大利亚、香港和台湾的等世界许多国家和地区的相关研究所或企业进行着广泛的学术交流和技术合作。可提供该所的科研成果和技术设备。

地址：北京北三环东路 15 号北京化工大学 60 号信箱
邮编：100029
电话：010 – 64435015 64433912
传真：010 – 64413929
E – mail：ipme@sohu.com ipme@buct – ipme.com

【北京加成助剂研究所】

北京加成助剂研究所是由从事化工科研、设计、生产、检测、开发、营销、管理的专业人员及北京爱邦科技发展有限公司等出资组建的股份制科技企业。

北京加成助剂研究所现有人员中，教授级高级工程师、高级工程师约占 33%。约 40% 的人员为部级、北京市级科技成果奖、科学技术进步奖、新产品奖获奖者或国家发明专利拥有者。

北京加成助剂研究所有较强的新技术、新产品开发能力，有较强的工业性中间试验和将成果转化为工业生产的能力。

北京加成助剂研究所现有气相色谱仪、液相色谱仪、红外光谱仪、热老化试验机、全自动紫外光老化机等化工分析及产品应用测试仪器。完备规整的技术数据和严格的企业管理制度，一方面实现了对科研试验的指导，另一方面保证了生产及经营产品的质量。

北京加成助剂研究所在具备现代化企业制度的同时，继承了国有企业的技术实力和人才优势。以“技术创造助剂产品、产品支持塑料技术”为企业宗旨。

地址：北京市丰台区宋家庄顺八条（化工三厂内）

邮编：100078

电话：010－67621503

销售：010－67611464

电话：010－67633388 转 2261

E－mail：jiacheng@mx.cei.gov.cn

【天津市塑料研究所】

一、企业情况

天津市塑料研究所现有员工 104 人，大专以上学历 51 人，占公司总人数的 49%。该所 2000 年取得专利 3 项，开发了 5 种新产品，成果登记 15 项。建所以来，完成各部门下达的科研项目 150 余项，获国家、部、市级科技成果奖 22 项，申请并获得专利 15 项。

（1）注册地址、办公地址：天津市南开区黄河道 445 号

（2）注册资本：1025 万元

（3）法定代表人：曹常在

（4）企业性质：全民所有制

（5）经营范围和经营方式

经营范围：塑料制品技术开发、咨询、服务；塑料制品、医用高分子制品加工、制造；

塑料制品测试；塑料模具设计、加工。

经营方式：服务、加工、制造

（6）注册（创建）日期：1965 年

二、人员结构

具有优秀的技术学科带头人和素质高的技术队伍。科技开发人员中大专以上学历占 95%以上，10%曾出国学习考察。中级职称以上人员占 83%，科技开发人员专业技术过硬，综合能力强，团队合作精神好。形成了结构合理的科技人员配置。教授级高级工程师 2 人，副高级职称 12 人，工程师 12 人，助理工程师 11 人，技术员 5 人，享受特殊津贴的国家级、市级专家 4 人。

三、承接项目情况

承接国家“九五”项目 2 项和科技部、财政部科技型中小企业创新基金项目 1 项：

（1）国家重点科技攻关项目——长寿命多功能 PE 棚膜和双层充气棚及配套技术的研究开发。已于 2000 年 9 月通过国家验收。项目编号 96－A14－01－01。

（2）国家重点科技攻关项目——海水化学资源综合利用技术的研究与开发之子专题——须晶硼酸镁在塑料中的应用研究。项目编号 96－916－03－04－03。

（3）创新基金项目——医用介入疗法系列塑料导管。

邮编：300110

电话：022－27595629

传真：022－27590383

E－mail：tisuyan@eyou.com

【太原市塑料研究所】

太原市塑料研究所是太原市科学技术委员会直属的研究所，始建于 1958 年，现在是山西省塑料行业中唯一集科研、检测、咨询、技术服务等为一体的开发性科研机构。约有固定资产 400 万元，占地面积 7000m²，各类科研仪器、设备 132 台（套），职工 76 人，各类专业技术人员占职工总数的 80%，其中教授级高级工程师 2 名，高级工程师 14 名，工程师 24 名。所内设有四个科研室，并设情报室，财务、业务、科研办三个职能科室和一个中试基地。科研一室主要从事塑料成型工艺及各种功能性塑料薄膜方面的研究；科研二室主要承担各种高分子材料及塑料产（商）品的质量检测；科研三室主要从事各类防腐涂料及粘连剂的研究，科研四室主要从事高分子合成及塑料油墨方面的研究。中试基地可进行科研新产品的研制和中间试验。

该所紧跟科技体制改革的步伐，为适应市场需求，拓宽了研究领域。除从事高分子材料的合成及塑料成型的基础研究及新产品开发、塑料制品及各种功能薄膜研究外，还进行了精细化工如各类塑料油墨、新型金属涂料和特种防腐涂料、粘连剂等研究。出成果出人才，先后承担了国家、部、省、市级的科研项目 30 余项。获国家、部、省市级科技进步一、二、三等奖共 22 项，其中国家科技攻关项目“聚丙烯塑料油墨用氯化聚烯烃”中试，填补了国内空白，达到国际先进水平。获国家科技攻关先进项目奖和国家科技进步三等奖。并在广东、辽宁等省转让形成工业化生产，使科研成果转化为生产力，受到了国家经济贸易委员会、科学技术部、发展计划委员会轻工部的表彰。获国家科技成果推广一等奖。

科研成果还有各种功能性塑料薄膜、粘连剂、防腐涂料等。特别是金属用彩色喷塑涂料、醋厂专用防腐涂料均获山西省科技进步二等奖。金属用彩色喷塑涂料还获国家重点推广新产品证书，醋厂专用防腐涂料被列为省内推广应用项目取得了显著经济效益。

山西省技术监督局塑料产品质量监督检验站是山西省唯一国家授权的省级质检站，设在市场级所——太原市塑料研究所。该站是1986年经山西省计量局计量认证，山西省标准局授权认可建立的。是独立于塑料产（商）品技术开发研究、制造、销售、使用之外的具有第三方公正性的塑料产（商）品质量监督检验机构，具有公正性、科学性、权威性。目前该站有职工36人，其中教授级高级工程师2人，高级工程师6人，中级职称12人，初级职称11人。检验仪器设备共50台（套），价值200余万元，特别是氙灯人工加速老化机、智能型液压试验设备、塑钢门窗物理机械性能的全套检测设备等在省内是一流的。承担着建筑窗、塑料异型材、各类塑料管材、薄膜，泡沫塑料等100种产（商）品的产品质量抽查检验，定期监督检验、质量技术鉴定、行评创优（名）、质量仲裁检验、委托检验、质量评价等任务。建站15年来，不断投入壮大，现已拥有较强的实力，具备完善的质量管理体系和质量保证体系。可为国内外高分子塑料行业提供质量检测和技术服务、技术咨询。

地址：太原市迎泽桥西后王街5号

邮编：030024

电话：0351－6066538 6043060

传真：0351－6171227

【大连塑料研究所、大连塑料工程机械研究所】

该所始建于1965年，专业技术人员占80%以上，占地面积30000m²。现设有塑料加工工艺研究室、中试车间、机械加工车间、省市塑料制品检测站及轻工总会所属塑料制品质量监督检测中心大连站、辽宁省塑料工业科技信息中心、《塑料科技》杂志编辑部。

研究项目有：

塑料加工工艺：通用塑料及工程塑料的挤出、注射、模压、吹塑、压延、涂覆、浸渍、复合、缠绕、共混、填充及二次加工等各种工的开发应用。

塑料机械：机头、模具、辅机及专用机主的设计、加工制造。

塑料管材：塑料波纹管材成型机组及技术、塑料硅芯管成型机组及技术、共挤缠绕复合塑料螺纹管成型机组及技术、铝塑复合管成型机组及技术、聚氯乙烯包覆弹簧软管成型机组及技术、共挤硬聚氯乙烯芯层发泡管材成型机组及技术、三层复合保温管成型机组及技术、化学交联聚乙烯管材成型机组及技术。

塑料网材、型材：连续挤出塑料网材成型机组及技术、塑料土工格栅生产线及技术、三维网成型机组及技术、塑料异型材成型机组及制品开发。

塑料薄膜：PVDC肠衣膜成型机组及技术、共挤复合吹塑薄膜成型机组及制品开发、热收缩包装薄膜成型机组及技术。

塑料片材：塑料蜂窝复合装饰板成型机组及技术、PP（PE）片材成型机组及技术、硬质PVC片材成型机组及技术。

其他项目：塑料防滑发泡托垫成型机组及技术、塑料喷丝脚踏垫成型机组及技术、发泡PS一次性餐饮具回收生产线及技术 、塑料花纱成型机组及技术、滚塑成型设备及技术、仿陶瓷塑料成型机及制品开发、滴塑生产线及制品及应用开发、PVC塑料浮雕装饰制品成型机组及技术、塑料安瓿瓶自动灌装生产线及技术。

地址：大连市周家街11号

电话：0411－6601692

传真：0411－6601801

E－mail：dlslyjs@maildlptt.ln.cn

【沈阳塑料机械研究所】

建于1988年，主要从事塑料机械及塑料制品研究、开发、设计、制造 、生产。自行设计、制造的塑料机械产品有：单、双壁螺旋塑料管成套设备、PP－R、PP－C管材成套设备、高效自动育秧杯成型设备、各种挤出机、成型机、废编织袋、废发泡塑料再生设备、防水卷材设备、SPJ1100大型破碎机、多孔电缆护套成套设备等系列产品。

地址：沈阳市苏家屯区香杨路101巷37号

邮编：110101

电话：024－89814982 89812056 89126442

传真：024－89814982

【常州塑料研究所】

建所20多年，是以塑料新产品开发、塑料材料改性、塑料方面的技术服务、技术转让、技术咨询、塑料产品与材料检测为主的专业研究所。常州塑料产品质量监测中心也设在该所，质检中心是江苏省塑料行业唯一取得省一级技术监督局计量认证标识的专业检测机构。试验工厂是本所科研成果向生产力转化的主要手段，可提供FZ系列高科技塑料复合阻燃剂系列产品；ZRM600系列塑料阻燃母料、FLH系列聚烯烃防老化母料、聚烯烃抗静电母料、聚烯烃防雾滴母料等。

地址：江苏省常州市博爱路129号
邮编：213003
电话：0519－6620864
传真：0519－6601754

【福州市塑料科学技术研究所】

该所是主要从事塑料、橡胶类高技术和新材料产品研究开发、生产、销售及技术服务的科研机构。研究所成立于1982年，注册资本120万元，现有固定资产650万元，职工人数51人，其中高级工程师5人，工程师8人。主要产品有：光降解母料、生物降解母料、光－生物降解母料、超微细无机填充母料、阻燃母料、聚丙烯系列改性材料及合金材料（HDP－PVC/ABS合金、PC/ABS合金等）。目前在研项目有高耐磨工程塑料、农用高分子保水剂。

地址：福州市福马路浦东
邮编：350014
电话：0591－3665184 3663074
E－mail：fzplas@sina.com

【湖南省塑料研究所】

该所现有职工84人，其中技术人员为68人，高级技术人员14人，承担塑料及相关专业的科研、开发、技术咨询、产品检测和技术服务。所属单位竭诚为各位提供下列产品：

一、湖南省高分子材料应用技术重点实验室

- 超高强度结构泡沫
- 聚氨酯硬泡、软泡、半硬泡沫材料
- 阻燃绝热抗冲击酚醛泡沫材料
- 中央空调通风管道用酚醛泡沫复合夹芯板
- 有机硅泡沫材料
- PVC泡沫材料
- PE、PP、EVA类泡沫材料
- 电力机车用密封条、防震胶带、侧墙过滤器

电话：0731－4726240

二、湖南省塑料产品质量监督检验授权站

由湖南省质量技术监督局授权，承担塑料产品质量监督、检验、标准化工作等

电话：0731－4722348

三、阻燃材料分公司

- 铝塑复合板用PE卷材
- 防火铝塑板用阻燃PE粒料及板材（防火性B1级）

电话：0731－4726233

四、工程塑料分公司

- 玻璃纤维增强PP、ABS、PA、PET料
- 高光洁度PP料
- 阻燃PP、ABS、PA料
- 摩托车用改性PP料
- 碳纤维、金属纤维增强复合材料
- ABS/PVC、ABS/PC等ABS类合金材料
- PA/PTFE、PA/PP等聚酰胺类合金材料

电话：0731－4761687

五、色母料厂

- 聚烯烃、ABS、PS类色母料
- 增强、阻燃等功能母料
- 中高速通讯电缆用聚烯烃色母料
- 抗静电母料
- 蓝光转换母料
- 根据用户要求生产特别色相的母料

地址：长沙市远大一路东屯渡
邮编：410001
电话：0731－4726240 4727678 4729973 4729787
传真：0731－4727592 4735845
E－mail：hprir1st@public.cs.hn.cn
hprinsti@public.cs.hn.cn

（轻工业塑料加工应用研究所　李红艳）

高等院校

塑料专业教学单位

【清华大学高分子材料与工程专业】

专业历史：该专业建于1958年，是国内最早设置的高分子本科专业之一，最初的名称是“高分子化工”。10年前根据学科和我国工业发展的需要改为“高分子材料与化工”。1998年，根据教育部的要求又将其改成“高分子材料与工程”。这使该专业培养的学生具有理工交叉的综合素质。该专业是国家材料科学与工程一级学科的博士学位和硕士学位授予点和高分子材料与工程专业的学士学位授予点，是国家教育部先进材料开放研究实验室的成员之一

培养方向：该专业培养的人才主要从事光电、生物及医用高分子材料、纳米材料、高性能高分子复合材料、高分子材料加工过程的基础及应用基础研究与产品研发工作，涉及的工业部门包括信息与电子行业、航空、航天与汽车工业、医用材料与组织工程，轻工、化工、纺织及建材等。研究生阶段的研究方向包括：光电信息与新型能源材料，包括导电压电材料、光驱动材料、光存储光记录材料等；生物、医用、环境材料，包括生物可降解材料、生物医学工程材料、纳米乳液等；高性能高分子材料及其复合体系，包括液晶高分子材料、高分子合金材料、纳米复合材料等。

【清华大学高分子材料研究所】

该研究所现有教授5人（包括博士生导师4人），副教授5人和讲师2人，助教1人。每年有博士、硕士研究生和博士后共30余人以及本科毕业班学生30人参加各课题组的科学研究和技术开发工作。

该研究所的主要研究方向是高性能高分子材料、多相多组分高分子材料和功能高分子材料；同时还开展了合成胶粘剂和高分子材料力学性能与破坏机理以及聚合物近代仪器分析等方面的研究工作。研究所承担过多项国家“六五”、“七五”、“八五”、“九五”攻关项目、863高技术基础研究项目、国家自然科学基金重大项目、重点项目和面上项目、国家有关部委的科技攻关项目以及产业部门的委托研究项目。在我国科学技术发展的各个阶段，高分子研究所都为当时的高精尖技术开发做出了重要贡献。

该研究所于50~60年代，在我国首先研制成了有“塑料王”之称的聚四氟乙烯。70年代，研制成了当时工业部门十分需要的聚碳酸酯工程塑料，并在校内建立了中试车间，产品质量达到国内领先水平，为我国援助罗马尼亚建立聚碳酸酯工厂提供了重要的技术数据。利用聚碳酸酯共混改性材料研制的塑料纬纱管解决了当时聚酯纺纱中的一大难题，在纺织行业中迅速推广以塑代木，节约生产成本，提高生产效率，获国家科技进步三等奖。80年代，研制成了高强度、高模量、耐高温的具有液晶性的聚合物——芳香尼龙，纺出了高性能的芳纶Ⅱ纤维，取得了重要成果，获国家教委科技进步二等奖、国家“七五”攻关重大成果奖和亚太地区发明项目奖第二名，还获得了发明专利2项。

该研究所长期以来一直坚持基础研究、教学与技术开发并重的方针。基础研究方面，在原有的三个研究方向（高性能高分子材料、多相多组分材料和高分子功能材料）基础上，向分子设计与材料设计的层面深入，并结合生物科学、生命科学等新兴学科，发展新的学科生长点。

网址：http：//www.chemeng.tsinghua.edu.cn

【北京理工大学化工与材料学院高分子材料与工程专业】

专业历史：该专业于1952年建立。1982年批准为有权授予硕士和博士学位专业，是部级重点学科点。

师资力量：该专业现有教授9人，副教授5人。

培养方向：该专业致力于培养适应社会主义现代化建设需要，德智体全面发展，基础扎实、适应面广、素质全面、创造力强的研究发展型高等工程科学技术人才。培养掌握高分子改性的方法，掌握聚合物加工流变学、成型加工工艺、成型模具设计的基本理论和基本原理与技能，从事高分子材料设备、加工工艺设计、改性、研究开发的复合型的高级工程技术人才。主要研究高分子材料基本理论、生产过程、加工工艺，着重联系工业规模生产过程、工艺问题，研究材料的组成结构与性能关系的基本原理，从事工艺设计、材料改性及研究、开发工作。毕业生既能从事科研院所、企业的高分子新品种、新工艺、新技术的设计、研究、开发工作，也可从事其他化工行业的工作。

网址：http：//www.bit.edu.cn

【北京化工大学材料科学与工程学院】

师资力量：材料科学与工程学院现有教职工163人，教授35人，博士生导师15人，具有博士学位的教师42人，副教授41人，兼职院士2人，拥有本校最年轻博士生导师和首次教育部跨世纪人才基金和国家杰出基金获得者。拥有可控化学反应的科学与技术基础教育部重点实验室、高分子材料国家重点

学科、国家碳纤维工程技术研究开发中心、色母粒专业委员会、非银盐感光协会、中国腐蚀与防护学会教育、科普工作委员会和非金属材料腐蚀与防护专业委员会挂靠本院。1999 年发表论文 200 余篇，2000 年 260 篇。

材料科学与工程学院组成：五个系：聚合物科学系，聚合物工程系，功能材料系，碳及复合材料系，金属表面工程系；一个中心：材料测试与分析中心。

主要研究方向和领域：高分子材料，碳及复合材料，信息记录材料，先进陶瓷材料，金属材料，生物材料，压电陶瓷，人工晶体等。

一、聚合物科学系

主要研究方向：阴离子、阳离子活性聚合、可控自由基聚合的基础理论及应用研究；开发新的聚合方法、新的引发/催化体系；合成能满足 21 世纪国防、航空航天、工业、农业需要的高新性能材料；苯乙烯类热塑性弹性体的合成；丙烯酸酯橡胶生产技术；吸水膨胀橡胶制造技术；丁羟胶的合成；乙烯基单体（如异丁烯、苯乙烯及其衍生物）的均聚和嵌段共聚的研究；表面接枝聚合的改性技术及改性产品的开发，如 PE、PVC 长效无滴膜，多功能复合膜的研制。

二、聚合物工程系

主要研究方向：（1）聚合物及其多相组分的结构 - 相态 - 相能关系；（2）高分子材料流动形变基本规律、流变理论探索及描述、高分子流变理论的工程应用；（3）高强超韧高分子合金开发、聚合物改性及成型加工工艺研究；（3）橡胶及热塑性弹性体的研究与应用；（4）特种工程塑料研究；（5）多元多相橡胶、橡塑复合材料的结构、相态、加工流变及结构 - 性能关系的研究；（6）高强超韧高分子合金材料（如超高分子量 PE 增韧 PP、原位增容尼龙/聚苯醚等）；（7）聚氨酯发泡材料；（8）大口径管材专用 PVC 树脂；（9）色母粒与聚合物制品调色技术；（10）尼龙树脂扩链增粘技术；（11）改性硅铝炭黑；（12）新型 RR - TPV 热塑性弹性体防水卷材；（13）胶粉细化设备、活化技术及应用；（14）PI 膜制备技术；（15）短纤维增强 PEEK 复合材料制备技术；（16）尼龙/粘土、粘土/橡胶纳米复合材料。

网址：http://www.cmse.buct.edu.cn

【北京工商大学材料科学与工程系】

北京工商大学材料科学与工程系和轻工业塑料加工应用研究所（简称塑料研究所）是我校唯一实行“系所合一”的教学科研单位，具有雄厚的师资力量、先进的研究手段和大量的研究课题，能为学生的培养提供良好的条件。

塑料研究所 1983 年经国家科委批准建所，隶属于原国家轻工业部，承担国家塑料行业的科研开发、标准、检测、信息及人才培训等行业服务性职能。先后组建了国家塑料制品质量监督检验中心、全国塑料加工工业信息中心和全国塑料制品标准化中心，1987 年创办《中国塑料》杂志。1988 年根据原轻工业部的文件，塑料所划归北京轻工业学院领导，1992 年又决定整建制进入学院。原北京轻工业学院于 1991 年组建了塑料系（所）合一的单位，设立了现在的高分子材料与工程本科专业，同年 9 月开始招生至今。1997 年系（所）申报了材料加工工程硕士点，1998 年获硕士学位授予权。1999 年，当北京工商大学组建的同时，国务院决定 242 个科研院所转制，塑料研究所并入北京工商大学。前不久，校党委正式下达组建材料科学与工程系的文件，决定由高分子材料与工程专业教研室与塑料研究所组成系所合一的教学科研单位。这种有形资产和无形资产的结合模式可以最大限度地发挥人、财、物的优势，是资源的最佳配置，在学科专业建设中，具有明显的优势，有助于人才培养和学科建设。

在校生规模：本科生 240 名，研究生 12 名。

师资队伍：目前，系（所）在职人员共 58 名，其中研究员等正高职称 4 名，副教授（高级工程师、副研究员）19 名，讲师（工程师）等中级职称 25 名。这支队伍主要由六十年代以来毕业于清华大学、华东理工大学、北京化工大学、中科院等的人员组成，具有丰富的教学科研经验。

设备：现有仪器设备 820 多台套，约 699 万元。高分子材料加工和材料检测设备齐全，且许多检测设备为进口。

实验室：现有实验室（实际使用面积）：高分子化学（$100m^2$）、高分子物理（$80m^2$）、成型加工（平房 $240m^2$、楼房 $40m^2$）、检测室（$410m^2$）。

科研：先后承担了国家“六五”、“七五”、“八五”、“九五”等多项攻关课题，一项“八六三”课题，以及企业委托项目。目前，正在进行的项目有四项国家科技部的专项基金项目（总经费合计 223 万元）和北京市自然科学基金项目以及大量的横向项目。主要研究方向是塑料成型加工工艺、塑料改性、降解塑料、农用塑料、功能薄膜的研究，以及塑料管材长期寿命的研究等。

系（所）与本学科和行业的联系密切，在全国塑料行业具有举足轻重的影响，对外渠道畅达、交流频繁。

【北京石油化工学院材料与化工学院高分子材料与工程专业】

专业历史：该学院其前身是在化学工程专业基础上建立起来的化学工程系。化学工程系始建于1978年，相继开设了化学工程、工业分析、高分子化工、高分子材料、石油加工和化工工艺等专业。新专业目录调整后，目前开设化学工程与工艺、高分子材料与工程和应用化学3个专业。高分子材料与工程专业设有：橡塑加工与设计、高分子合成材料、功能材料、复合材料、超细材料、生物医学材料等专业方向。

培养方向：该专业培养具备高分子材料与工程等方面的知识，能在高分子材料的合成改性和加工成型等领域从事科学研究、技术开发、工艺与设备设计、生产及经营管理等方面工作的高级工程技术人才。也可继续攻读材料科学与技术等学科的硕士学位。

网址：http：//www.bipt.edu.cn

【南开大学高分子化学研究所】

高分子化学与物理学科1985年被批准为博士授权点，1988年被批准为博士后流动站和国家重点学科，1989年建立“吸附分离功能高分子材料国家重点实验室”，成为我国唯一的既为国家重点学科又有国家重点实验室的高分子化学与物理学科，曾获国家自然科学二等奖等几十项国家级和省部级奖励。

师资力量：高分子化学研究所拥有教师41人，其中中国科学院院士1人，教授15名（博士生导师13名），副教授及高级工程师16名，工程师和助理工程师9名，其中43岁以下有博士学位的教授（博导）、副教授18人，他们中有4人获得了中国化学会青年化学奖，1人入选人事部“百千万人才工程”，2人入选教育部跨世纪人才培养计划。

研究方向：吸附分离和生物医用高分子材料，受控聚合与新材料分子设计，分子组装制备新型纳米结构功能材料，交联聚合物凝胶网络的形成历程、物质传递关系，多组分聚合物的微观结构、物理性能及形态结果研究。

网址：http：//www.nankai.edu.cn

【天津大学高分子材料科学与工程系】

专业历史：该系成立于1958年（原化工系高分子化工专业），1997年经过专业调整，目前已形成集高分子材料教学、科研和产学研开发为一体的办学特色。该系现设高分子材料科学与工程1个本科专业，材料学（高分子材料方向）、生物医学工程和材料加工（高分子材料加工方向）3个硕士专业，材料学和生物医学工程2个博士专业。

师资力量：该系现有教授4人（其中博士生导师3人），副教授7人，讲师4人及工程师技术人员7人，其中具有博士学位的青年教师9人，形成了具有很强教学与科研实力的师资队伍。

研究成果：该系多年来承担了多项国家攻关和国家自然科学基金项目、“973”项目、“863”高技术项目、天津市攻关和天津市自然科学基金等项目，取得了丰硕的成果。

E-mail：xyuan28@eyou.com

【天津大学高分子材料研究所】

该所创建于1994年。以智能高分子材料、精细高分子材料、生物材料为主要研究方向，主要从事智能高分子凝胶、组织工程材料、纳米微粒等基础研究和胶粘剂和涂料等应用研究。目前承担多项国家自然科学基金项目、高技术项目以及其他攻关项目。高分子材料研究所围绕人口与健康等领域的重大科技问题，在材料学科、生命学科等学科前沿，实现学科交叉与融合，取得了实质性的成果。

E-mail：ripm@public.tjuc.com.cn

【天津轻工业学院高分子材料与工程专业】

专业历史：天津轻工业学院高分子材料与工程专业成立于1959年，到目前已有40多年的历史，是全国最早成立的塑料材料加工工程本科专业。该专业一直是原轻工部所属高校乃至全国相关专业高校中较有影响的专业，是国务院1985年批准的硕士学位授予权的单位。实验设施和实验室管理水平等方面，多次被国家教委和天津市评为先进单位，于1996年确定为轻工系统重点学科和重点实验室。计算机辅助模具设计、加工过程（注射、挤出、吹塑等）的动态模拟以及双螺杆挤出机混合分散过程的模拟研究取得了一定的成果，如与其他单位合作共同完成了国家“八五”计算机辅助模具设计的攻关项目，先后有四项研究成果通过了天津市科学技术委员会的专家鉴定，1项成果通过了国家发展计划委员会的专家鉴定，其中一项获天津市科技进步二等奖，一项获重点项目攻关奖。对功能性高分子材料的新领域进行了探讨，完成了10余项国家级，省部级科研项目以及横向课题并获省部级科技进步奖2项。其中“防震膨胀胶”替代日本产品用于天津微型汽车减震消音，获1990年天津市科技进步三等奖。“FA-1耐热型醇溶粘合剂”用于制造中高档彩电扬声器、大功率扬声器，其主要指标达到或超过日本特殊涂料株式会社中类产品，获1994年天津市科技进步三等奖。通讯电缆堵塞剂替代美国瑞侃产品在中国通讯建筑二公司得到扩大应用。天津市自然科学基金项目：多组分丙烯酸酯LIPN阻尼性能的研究，通过专家验收，所研制的高性能阻尼材料针对噪声污染的治理具有良好的应用前景。对高分子材料共混与复合进行了研究，主要研究了：增韧材料，阻燃材料，增强材料，新型功能性包装材料。曾完成国家、省部级和横向研究项目15项，其中，有6项通过省部级专家鉴定，1项获得轻工总会新产品发明一等获。如微波食品包装材料的研制与开发是国家重点科技项目，于1998年通过国家计委专家鉴定，其研究水平国内领先。

师资力量：该专业现有教师21人，其中教授7人，副教授11人，博士生导师1人，硕士生导师10人，承担着本科生和研究生的全部专业基础课和专业课的授课任务。主编教材和专著11部，发表论文200余篇，其中在国内外重要刊物及国际会议上发表论文40余篇，并有多篇论文被国际三大检索刊物SCI、EI和ISTP收录。

培养方向：该专业侧重于成型工程，以高分子材料（包括塑料、橡胶、涂料和胶粘剂）的成型加工、材料的改性、成型机械和模具CAD研究等内容为主，涉及高分子材料的成型加工工艺、改性、功能高分子材料的合成、成型机械、模具设计等。培养具备高分子材料与工程方面的基础知识与专业技能，能在高分子材料的合成改性和加工成型等领域从事科学研究、技术开发、工艺和设备设计、生产及经营管理等方面工作的高级工程技术人才。毕业生对所涉及高分子材料工程领域的基本理论和基本技能有良好的掌握，特别是在人与环境和谐、计算机模拟与控制技术上获得良好训练。毕业生除了具备工艺设计，生产管理，新产品、新技术开发的综合能力之外，还应具备政治思想、文化修养、身体心理等各种综合素质能力。

联系部门：高分子材料与工程教研室
地址：天津市河西区大沽南路1038号
邮编：300222
电话：022－28193528 28193529
传真：022－28340057
E－mail：plastech@etang.com

【河北科技大学材料科学与工程学院高分子材料工程专业】

专业历史：该学院从1977年开始招收本科生。根据国家教育部要求，学院对传统学科专业进行了调整，现设“材料成型与控制工程”、“金属材料工程”和“高分子材料与工程”3个本科专业。并设有“材料加工工程”学科专业硕士授权点。学院下设“现代成型技术与新材料研究所”、“材料成型与控制工程系”、“金属材料工程系”和“高分子材料与工程系”。

师资力量：该院现有教职工92人，其中教授6人，副教授18人，高级工程师（实验师）3人。教师中具有博士学位的6人，具有硕士及以上学位的教师占专任教师总数的78%。

研究成果：近几年来，已通过鉴定的科研项目达70余项，其中国家及省部级鉴定达40余项；获奖项目9项，其中省部级奖励4项；发表论著30余部；在各级刊物上发表论文近500篇，其中有20多篇论文被三大索引期刊收录。目前承担国家自然科学基金、省自然科学基金、省科学技术厅、省教育厅、校科研项目及横向课题30余项，研究经费达180万元。

该院培养、拥有一支学术水平较高、教学经验丰富的师资队伍，其中，教授6人，副教授18人、高级工程师3人、高级政工师1人、博士后和在读博士后3人、博士及在读博士12人、硕士及在读硕士32人。

培养方向：该专业培养从事材料的开发与研究、分析与测试、加工与成型、生产及经营管理等方面工作的高级技术人才，具备高分子材料与工程等方面的知识，能在高分子材料的合成改性和加工成型等领域从事科学研究、工艺和设备设计、生产及经营管理等方面工作的高级工程技术人才。

网址：http：//www.hebust.edu.cn

【大连轻工业学院材料科学与工程（高分子材料与工程）专业】

专业历史：该专业的前身是化学纤维和塑料工程两个专业。化学纤维专业于1972年开始招生，塑料工程专业于1978年开始招生。硕士点情况：该专业在两个学科上有硕士授予权。1986年材料学获得授予权。2000年材料加工获得硕士授予权，2002年开始招生。

师资力量：现有教师12人，其中教授4人，副教授3人，讲师5人。

研究成果：多年来从事塑料工程及化学纤维的教学、研究，在高分子材料改性及工程方面进行了许多工作。

培养方向：该专业培养的人才具有宽广的高分子材料科学与工程方面的基础理论、专业知识，熟练的计算机应用能力，能在高分子材料领域从事科学研究、高新材料研究、技术开发，应用计算机进行工艺和设备设计，在材料分析与检测、新产品开发及生产经营管理等方面具备创新意识的高级技术人才和管理人才。

该专业毕业生具有以下方面的知识和能力：

(1) 掌握高分子合成及高分子分子设计方法。(2) 掌握高分子组成、结构与性能之间的关系。(3) 掌握聚合物成型加工原理、成型模具计算机辅助设计的基本理论和基本技能。(4) 具有从事通用高分子材料、高分子膜分离材料、光电高分子材料、液晶高分子材料、生物高分子材料、天然高分子材料研究开发应用的能力及高分子科学前沿的新技术和新产品开发等方面的能力。(5) 具有熟练的应用计算机能力和外语交流能力。(6) 具有对高分子材料加工过程进行技术经济分析和生产经营管理、对外贸易的能力。该专业毕业生适应面广，既能在高校、科研部门胜任教学、应用基础研究和高技术研究工作，又能在企业中从事高分子材料生产技术工作、科学研究、管理等工作。还能胜任与该专业相关的外资企业和对外贸易高层管理工作。

地址：大连市甘井子区轻工苑大连轻工业学院材料系
邮编：116034
电话：0411－6307875
传真：0411－6307879
E－mail：qyclx@dlili.edu.cn

【吉林大学高分子材料与工程专业】

培养目标：该专业培养德、智、体全面发展，具有良好的科学素养，掌握化学基本理论、基本知识和基本技能，受到基础研究、应用研究、科技开发、科技管理初步训练的高分子材料方面的专门人才。

专业内容：该专业的学生与化学专业的学生一起系统地学习化学基础理论知识，受到严格基本技能训练。高年级学生进入专业学习阶段，运用化学和物理的基本原理和方法，研究高分子材料的分子设计、合成、结构与性能关系，开发新材料及其应用。重点研究方向为功能高分子及生物大分子、高分子理论、特种工程塑料。

毕业生适应的工作领域：适宜到科研院所、高等院校从事科研、教学工作；适宜到与石油化工、化工、轻工、工程塑料、特种复合材料、耐高温高分子材料及高分子功能材料等相关的科研单位、企业、公司等部门从事应用研究、科技开发、生产技术和管理工作。

网址：http：//www.jlu.edu.cn

【吉林工学院化学工程系】

专业历史：该系始建于1960年。现有化学工程、化工工艺、高分子化工、高分子材料4个教研室、化工、高分子2个实验室、化工研究所。教职工总人数68人，其中教授11人，副教授29人。该系是吉林省内化学工程工科教学的首家，在教学、科研等方面走在前列，为吉林省石油化学工业、轻工业的发展做出了巨大贡献。该系现设化学工程、高分子两个专业，其中化学工程专业含化学工程、工业催化、应用化学、生物化工、化工制药、玉米深加工等专业方向；高分子专业含高分子化工、高分子材料合成、高分子材料加工等专业方向。

师资力量：该系教师队伍中有博士（含在读博士）11人，硕士（在读硕士）15人。教师队伍中89%为硕士以上学历。

研究成果：该系在催化反应工程，化工热力学及分离工程，动量、质量、热量传递及应用，新型高分子材料的合成与研制，塑料增韧等研究方向进行了探索，并在上述方向的研究中达到国际、国内领先水平。先后承担国家级项目4项、省部级项目近30项。累计科研经费150万元。获国家级奖励2项、省部级奖励5项，应用于生产产生经济效益近7000余万元。

培养方向：该系培养的学生具备化学工程与化工工艺（制药工程与环境工程）或高分子材料与工程方面的知识，可从事工程设计、技术开发、生产技术管理和科学研究等方面工作。

电话：5955521－461

【复旦大学高分子学科】

专业历史：1958年在化学系设立高分子教研室，它是中国高等学校中最早形成的高分子学科点之一，并成为国家首批博士点和博士后流动站。进入90年代后，复旦大学高分子学科获得了更加迅速的发展：1994年2月国家教委“聚合物分子工程开放实验室”（1999年更名为“聚合物分子工程教育部重点实验室”）在此成立；1996年被上海市教委列为市重点学科；1997年复旦大学“211”工程正式启动，学科点成为重点建设单位之一；1999年，与上海市科学技术委员会共同发起组建了位于张江高科技园区的“上海市高分子材料研究开发中心”；2001年，在复旦大学“三年行动计划”的学科建设规划中，高分子学科又被批准为“重中之重”建设学科。

师资力量：该学科现有教师36人，其中有教授10人，副教授和高级工程师15人。教师中有16人具有博士学位；40岁以下的青年教师有19人。大多数人有独立的研究课题，其中5位获得过国家自然科学基金青年基金资助，2位曾获得国家杰出青年基金。

研究成果：多年来，承担了国家、上海市及各部委众多的基础研究和应用研究课题，与国内外知名公司和企业的合作研究也与日俱增。在科研项目数、科研经费、发表论文数、申请和获得专利数以及项目鉴定数均逐年增长。自 80 年代以来，出版的教科书、译著和专著共 16 册，撰写了较为齐全的高分子教材。其中《高分子物理》和《高分子实验技术》已发行了修订版，被多个兄弟高校所采用；《高分子科学中的 Monte Carlo 方法》一书还获得了"中国图书奖提名奖"等多个奖项。

培养方向：该学科在继续深入进行高分子物理方面基础研究的同时，正大力开展高分子材料的功能化、高分了工艺以及应用开发方面的工作，并已逐步与生命科学、凝聚态物理等相关学科相结合，以开拓如功能及医药和生物相关性高分子等新的研究方向。

网址：http：//www.fudan.edu.cn

【上海交通大学高分子材料专业】

专业历史：该专业从 70 年代开始建设，1981 年获高分子材料硕士学位授予权，1992 年获高分子材料博士学位授予权，设有材料科学与工程博士后流动站。其中功能高分子是国家 211 工程首批支持的重点学科。

师资力量：该专业现有教职工 35 人，其中中国科学院院士 1 人，教授 12 人，副教授 5 人。

培养方向：该专业主要的研究方向如下：高分子结构、性能与加工；高分子材料的组成、结构、加工对其性能的影响；高分子材料物理与化学改性；高分子反应加工；高分子加工的计算机辅助工程(CAE)；多组多相共浊复合高分子材料；高摩擦系数耐磨复合材料；橡胶及热塑性弹性体；高分子绝缘材料；高性能高分子合金；功能高分子材料（具有电、磁、光活性的高分子材料)；聚合物电解质；电磁波隐身材料；分子记忆存储材料；有机聚合物发光材料；非线性光学材料；高分子驻极体；高分子型助剂；高性能高分子材料；新型聚醚砜类和聚酰亚胺类耐热性高分子材料；热致液晶分子自增强聚合物；缩聚型多嵌段聚合物高分子材料的结构与性能、设计与改性、合成与表征、加工与应用。该专业以高分子结构与性能关系、反应机制以及加工流动理论等为基础，掌握有关的近代分析测试技术，探索聚合工艺、加工设备、加工工艺和各种环境因素对材料的结构和性能的影响，通过采用新技术、新工艺，对现有的生产和加工过程进行改造，以及计算机在高分子材料科学与工艺学中的应用，提高材料的质量和发挥材料的潜力，开发新材料和新的应用领域，满足国民经济发展的需要。

网址：http：//www.sjtu.edu.cn

【同济大学材料学院高分子材料科学与工程系（研究所)】

专业历史：该系组建于 1996 年 12 月，其前身是成立于 1978 年的同济大学建材系高分子材料教研室。现设有材料学专业高分子材料方向本科教学点、材料学专业高分子材料方向、材料加工工程专业高分子加工工程方向硕士点、博士点和博士后流动站。

师资力量：高分子材料系（研究所）为系所合一建制单位，现有教职员工共 24 人，教授（研究员）4 名（其中 1 名为"长江学者计划"特聘教授)，副教授 11 名，具有博士以上学位的教师 7 名，博士生导师 2 名，硕士生导师 10 名。

研究成果：高分子材料系（研究所）近 5 年来承担了 100 多项国家、省市部委和企业委托的科研、开发项目，许多研究成果已投入实际应用。近 5 年来出版学术专著、教材 16 部。在国内外学术杂志上年均发表学术论文 100 余篇，其中约 1/3 被 SCI 或 EI 收录。

培养方向：长期以来主要从事高分子材料的合成、改性和加工等方面的教学和科研，目前已形成高分子物理化学基础、高分子化学建材、高分子工程材料、高分子功能材料和高分子改性等稳定的、各具特色的研究方向。

地址：上海市四平路 1239 号同济大学高分子材料系

邮编：200092

电话：021－65983617

传真：021－65982461

【华东理工大学材料科学与工程学院】

教育部于 1952 年决定将交通大学、大同大学、复旦大学、震旦大学、东吴大学、江南大学等 5 校的化工系合并，在上海建立华东化工学院。刚刚成立的化工学院便设立了硅酸盐专业（即无机非金属材料系的前身)。1958 年 7 月，中国第一个"高分子化合物工学"专业在我校成立。1997 年，为了适应国民经济发展的需要，培养"宽专业、厚基础"的现代化人才，在各方面条件都已成熟的条件下，高分子材料系与无机材料系再次合并成了材料工程学院。

华东理工大学材料科学与工程学院是在 20 世纪 50 年代建校之初成立的硅酸盐工学和高分子工学专业基础上发展壮大。于 1981 年获得高分子材料博士学位授予权和无机非金属材料硕士学位授予权，1986 年获得无机非金属材料博士学位授予权和复合材料硕士学位授予权，1997 年按国务院学位委员会、国家教委颁布的研究生学科专业目录将上述学科调整为现在的材料学。

在近五十年的发展历史中，在“勤奋求实”的校训下，学院先后在李世瑨教授、应圣康教授、程继健教授等的带领下，为我国非金属材料事业的发展，培养了包括中国工程院顾真安院士在内的一大批优秀人才，学院现有在读博士生 33 名、硕士生 210 名。

学院现有 2 个系、5 个研究所，具有一大批在国内外学术界较有影响的学术骨干，现有教职工 140 人，其中正教授 32 人（其中 45 岁以下 11 人），副教授 36 人。

学院在“八五”至“九五”期间，建成了超细粉末国家工程研究中心，超细材料制备与应用教育部重点实验室，教育部军工复合材料科研生产基地，医用生物材料教育部工程研究中心，国家级宝石检测中心，上海市汽车非金属材料工程研究中心等国家级和省部级科研基地；并作为“211 工程”一期建设学科进行了重点建设并通过验收；2001 年被确定为上海市重点学科。设有“材料学”长江学者特聘教授岗位。

该学科主要从事非金属材料的研究，以高分子材料、无机非金属材料、纳米材料、生物材料等的制备、结构与性能、工程放大为主要研究内容，课题密切结合国家经济建设和国防建设重大项目，以应用基础研究和工程开发相结合、实现工程化为特色，在上述领域的某些方面的研究成果达到了国内领先水平，有些达到国际先进水平。“九五”期间获省部级科技进步奖 15 项，研究经费 5000 余万元，学术论文 1000 余篇，其中 SCI、EI、ISTP 收录近 200 篇，申请专利 23 项。材料学院分三个系：

1. 高分子材料科学与工程

（1）专业特色：高分子材料是当今世界发展最迅速的学科和产业，其应用已深入到国民经济的各行各业。高分子材料与工程专业含高分子材料、高分子化工和复合材料 3 个专业方向。高分子材料方向以聚合物为原料进行配方设计、、成型加工和改性，实现制备具有实用性能的高分子材料制品。高分子化工方向以高分子化合物的合成工艺与工程为主体，以聚合物的开发与改性、聚合物生产及优化与控制、聚合反应器及相关设备的放大设计、操作控制为研究方向，是发展高分子材料的基础。复合材料是由两种以上不同性质的原材料组合而成的具有单一材料难以达到的特殊性能的材料，是材料学科中发展起来的具有重要应用价值的新材料，已成为国内外材料研究的高新科技领域。本专业的发展方向为活性聚合理论及新材料开发、反应性加工、先进复合材料制备及应用、超细颗粒及纳米材料在聚合物的应用、生物高分子材料、新型功能材料、化学建材和化学纤维。

（2）培养目标：高分子材料与工程专业是培养德、智、体全面发展的，掌握材料 科学基本理论与技术和高分子材料工程研究、开发与应用的理论基础和实验技能，完成工程师的基本训练，了解材料学科前沿信息与发展趋势，能在材料科学与工程及相关的领域从事研究、教学、科技开发及相关管理工作的适应 21 世纪我国社会主义现代化建设的宽口径复合型高等工程技术人才。

2. 无机非金属材料工程专业

（1）专业特色：无机非金属材料工程专业以特种玻璃、精细陶瓷、硅酸盐工程以及宝玉石为主要发展方向，以无机材料科学和无机材料工程为知识结构的两大支撑点，并将两者有机的结合在一起。本专业不断将材料科学技术发展的最新理论及成果充实到教学内容中，并以此推动传统专业的提升和改造。

（2）培养目标：无机非金属材料工程专业是培养面向 21 世纪，从事无机材料及产品的生产、设计、研究、开发和企业管理，适应社会主义现代化建设需要，具有创新精神，求实作风、市场经济观念，环保意识，应变能力和团队精神，具有高度社会责任感和道德修养，德、智、体全面发展的高级工程技术人才。

3. 材料物理专业

（1）专业特色：材料物理是以功能材料、复合材料、超细颗粒和纳米材料，宝玉石优化及材料改性为研究对象，利用近代测试和分析方法，研究材料的组成、结构、制备工艺及其性能之间的关系，通过多学科交叉与渗透，将理论设计与工艺技术相结合，进行材料设计和性能预测。

（2）培养目标：材料物理专业将培养从事材料设计、制造与应用研究，具有扎实理论基础，初步掌握材料组成、结构、制备工艺与性能关系和近代测试技术与分析方法、面向 21 世纪的高级人才。

专业实验室

（1）高分子材料专业实验室

高分子材料系实验室有近 900 万元的固定资产，教学科研管理用房共计近 5500 平方米。有超过 10 万元的大型仪器设备 18 台，其大多数为进口的精密测试仪器。

（2）无机材料专业实验室

无机材料专业实验室仪器设备及固定资产设备总金额 250 万元，实验室面积近 1450 平方米。

（3）超细材料制备与应用教育部重点实验室；

（4）医用生物材料教育部工程中心；

（5）国家级宝石检测中心；

(6) 中国运动场地合成材料测试中心

(7) 这些学院机构成为学院师生优良的教学科研基地。

对外交流

1992年以来，高分子材料系、无机材料系及材料科学与工程学院与国际学术界开展了广泛的合作和交流，美国 Akron 大学、法国里昂国家应用科学研究所、德国梅因次大学、日本东京工业大学、俄罗斯门捷列夫化工大学先后与学院建立了合作研究、联合培养博士生及定期互访关系，杜邦、ICI 等著名公司主动提出合作要求，此外，材料科学与工程学院教授曾先后应邀在法国杜美大学、INSA、东京工业大学、Akron 大学、剑桥大学、巴黎六大、法国大分子研究所、东京大学莫斯科卡尔波夫研究所以及 Goodyear、Firestone 等 7 个国家 18 所大学、研究所和著名公司讲学和交流。一些有影响的教授也应邀在美国、英国、澳大利亚、日本等国家和地区的国际学术会议（如 IUPAC）做专题报告，并成功举办了《第十二届国际生物材料交叉学科会议》。

地址：上海市徐汇区梅陇路 130 号

邮编：200237

电话：021－64253362 64253365

【东华大学材料科学与工程学院高分子材料与工程专业】

专业历史：该学科的前身为化学纤维，由我国化学纤维学科的奠基人钱宝钧教授、方柏容教授、孙桐教授等创立于 1954 年，1959 年开始招收研究生。1984 年首批获得博士学位授予权。1986 年化学纤维学科被列为国家级重点学科，1991 年拓宽为高分子材料专业，1997 年调整为材料学。1992 年批准筹建纤维材料改性国家重点实验室。1994 年将金属材料等研究方向并入后成立材料科学与工程学院，1999 年将原轻工业玻璃搪瓷研究所（无机非金属材料等研究方向）划归材料科学与工程学院。1995 年与上海石油化工股份公司共同建设国家合成纤维工程中心。1996 年列为 211 工程重点建设学科——纤维材料。1998 年批准博士后流动站——材料科学与工程。1998 年批准“长江学者”特聘教授岗位，首批列为长江学者计划。2000 年批准一级学科博士学位授予权——材料科学与工程。2000 年列为上海市十大“重中之重”学科之一。

该学科的研究方向以纤维材料为特色，主要研究方向：纤维材料、生物医用及可降解高分子材料、先进复合材料、金属材料及表面强化、玻璃搪瓷材料。

研究成果：该学科目前承担国家自然科学基金项目、国家高新技术产业化项目、国防科工委项目、地方及企业委托项目共计 88 项。

师资力量：该学科现有博士生导师 20 名，教授 24 名，副教授 29 名，中青年教师具有博士学位的比例为 35%。

培养方向：高分子材料与工程专业是教育部的重点专业。目前，该专业有三个方向：高分子材料、化学纤维和复合材料，其任务是培养德、智、体全面发展的，具备高分子材料与工程等方面的知识，能在高分子材料的合成、改性和加工成型等领域从事科学研究、技术开发、工艺和设备设计、生产及经营管理等方面的高级工程技术人才。

网址：http://www.dhu.edu.cn

【上海大学高分子材料与工程专业】

该专业系统学习高分子材料的结构、性能、聚合方法、生产工艺和应用。主要研究方向是功能性复合高分子材料，以适应 21 世纪经济建设重点发展需要。该专业培养复合型的科技人才，既具有扎实的高分子基础理论，又能独立设计开发高分子新材料，还能适合对外合作和交流。主要学习高聚物化学与物理的基本理论和高分子材料的组成、结构与性能知识及高分子成型加工技术知识，具有对高分子材料进行合成、改性、加工、分析测试和开发新型高分子材料的能力。毕业后主要去向为工程塑料、信息材料、微电子材料、光学材料、特种涂料等国企和外资、合资公司、高新技术企业和研究单位。

电话：021－59532932－282（高分子材料系）

【江苏石油化工学院高分子材料与工程专业】

专业历史：该院始建于 1978 年，高分子材料与工程专业创建于 1980 年，为四年制本科专业。

师资力量：高分子材料教研室属于材料科学与工程系，现有教师 14 名，其中教授 2 名，副教授 7 名，讲师 5 名，任课教师均具有硕士研究生以上学历，其中博士 2 名，在职博士生 3 名。

研究成果：高分子材料教研室在完成本科教学的基础上，十分注重高分子材料方面的科研和开发，主要从事高分子材料改性及特殊加工、功能高分子等方向的研究工作。近 5 年来共承担了国家自然科学基金、江苏省“九五”重点攻关项目等国家、省部级研究项目 30 余项。先后获得国家科技进步奖、省部级科技进步奖及国家级新产品等多项奖。

培养方向：该专业主要培养从事塑料、橡胶、纤维、涂料、胶粘剂等高分子材料的合成、加工与应用的高级技术人才。毕业生具备产品开发和应用研究的能力，能适合高分子材料的合成、加工应用、生产管理、产品营销等方面工作的要求。

地址：江苏省常州市江苏石油化工学院材料科学与工程系
邮编：213016
电话：0519－3290259 3290252
传真：0519－3290011

【浙江大学材料与化学工程学院高分子科学与工程学系】

专业历史：该系创建于1992年，是理工结合、在国内具有明显优势的高分子系。该系目前设有高分子材料科学与工程、材料化学2个本科专业，建有高分子化学与物理二级学科博士点和浙江省重点学科，并与该校理学院共建化学博士后流动站，并设有“长江学者”特聘教授岗位。该系的高分子材料学科则与材料科学与工程学系共建材料科学与工程一级学科博士点和博士后流动站。

师资力量：该系现有教职工46人，其中教授17人，副教授、副研究员及高级工程师17人，现有在站博士后1人。

网址：http：//www.zju.edu.cn

【浙江大学高分子工程研究所】

该研究所（简称高化工所）的前身是塑料工学研究室（1958～1971年）、高分子化工教研室（1972～1989年）、高分子科学与工程研究所（1990～1999年），是化学工程国家重点联合实验室聚合反应工程实验室的依托单位。

该研究所主要从事先进聚合物材料、聚合动力学及聚合反应技术、聚合物系的物性与传递特性、聚合反应器和聚合过程特性、聚合反应过程的模型化和优化控制策略、聚合物加工改性等方面的研究。近10年来，承担了国家973重点基础研究项目、3项国家自然科学基金重大和重点项目、15项国家攻关项目以及百余项其他科研项目，获得了4项国家级科技进步奖和近30项省部级科技进步奖，发表了700余篇学术论文，是浙江大学17个重点研究所之一。

该所现有教授（博士生导师）7人，副教授和高级工程师13人。

E－mail：wengzx@mail.hz.zj.cn

【浙江大学高分子科学研究所】

该研究所成立于1990年，其前身为创建于1958年的浙江大学化学系高分子化学教研室。1984年设立“高分子化学与物理”博士点，1995年建立博士后流动站。1998年被批准为“长江计划特聘教授”设岗学科点。2000年“高分子化学与物理”成为浙江省重点学科。

该所共有教授12人，副教授及高级工程师11人。教师中有11人拥有博士学位。

主要研究方向为：稀土和过渡金属催化聚合及可控聚合研究；高分子光电功能与磁性材料；生物医用高分子材料；高分子分离膜材料与精细高分子研究；高分子物理及物理化学研究。

该所先后承担国家自然科学基金项目40余项（包括2项重大项目和7项重点项目），863高技术项目3项，973国家重点基础研究项目1项，省部级基金项目等70余项，企业委托研究50余项。近年来年均科研经费在250万元以上。已获国家级成果奖励3项，全国优秀博士论文1篇，省部级成果奖11项。年均发表学术论文60篇以上。聚烯烃微孔膜分离材料与器件、高效原油降凝剂、服装用高性能热熔胶等多项成果已转化为生产力，产生了巨大的经济效益。

电话：0571－87951342 87952131转8202
传真：0571－87951773
E－mail：fanzq@ipsm.zju.edu.cn

【浙江工业大学化学工程学院高分子材料与工程专业】

专业历史：该院经过近50年建设和发展，教学和科研工作具有坚实的基础。学院现有1个博士点（工业催化），6个硕士点（化学工程、化学工艺、工业催化、应用化学、材料学、农药学），3个省重点（重点扶植）学科，1个省级重点实验室和1个省级科研中心

师资力量：该学院有高级职称教师80余人。

研究成果：近20年来已先后取得80余项科研成果，其中国家发明奖4项，国家科技进步奖4项，省部级科技进步一、二等奖20项。

培养方向：该专业是理工结合型专业，主要培养基础坚实、适应性强、兼有熟练的外语和计算机应用技能的、能够从事高分子科学研究开发及应用的教学科研人才，以及能满足生产实际要求的高分子成型加工工程技术人才。

电话：0571－87951612 87951334

【合肥工业大学化工学院高分子材料与化学专业】

师资力量：该专业现有教职工16人，其中教师13人，实验员3人；教师职称结构为教授5人，副教授2人，讲师3人，助教3人，具有博士学位教师2人。

研究成果：该专业在增容剂的合成与分子设计、

加工流变学等方面的基础研究处于国内领先水平，为流变学中形态学的研究提供了一种新方法。在国际上首次用毛细管流变仪系统研究了5种CPVC共混体的性能和形态，为CPVC材料设计和加工提供了可靠的理论依据。通过多种聚合物共混合金与复合改性的研究，为聚甲醛的改性和性能优化提供了较完整的基础数据。利用高分子/无机杂化复合，对材料功能进行“剪裁”，利用“两步法”制备聚合物纳米复合材料。开发出的多种共混改性材料已在工业中应用。

该方向先后承担了国家和省部级项目20余项，获省部级以上奖励10余项，1995年以来发表论文120余篇，其中SCI、EI收录25篇。目前任务：在聚合物共混方面，继续开展高聚物共混物间相容性、界面特性、形态和尺寸控制及多种增韧机理等基础研究；在高分子复合体系方面，进行界面分子结合状态及优化、复合体系的力学性能、破坏机制及寿命预测等理论及应用研究,并对有机高分子/无机杂化机理、纳米复合体系物化性能及分子剪裁进行深入的理论研究和应用开发工作;在功能高分子方面,进行光热功能高分子材料、分离功能高分子材料、生物功能高分子材料、力学功能高分子材料等方面研究。此外开拓了新的专题研究,如:绿色可降解高分子功能材料的合成和表征研究;采用插层法制备聚合物/层状硅酸盐纳米复合材料及结构与性能的研究等。该学科曾获得国家科技进步奖4项,省部级科技进步三等以上奖10多项。

培养方向：该专业主要从事高聚物多相体系结构、性能与流变学、聚合物共混与复合改性、高分子/无机杂化复合及精细与绿色高分子应用基础研究与开发。学科主要研究方向包括：高分子纳米复合材料，高分子/无机杂化材料，绿色高分子材料，精细与功能高分子合成及应用，高分子冶金，高聚物多相体系结构与性能，树脂基复合材料和高性能粉末冶金材料等。本科生的专业培养目标是：(1) 掌握高分子材料研制的基本理论、方法和实验技能，了解典型的高分子生产工艺过程；(2) 掌握基本的分析方法、近代测试手段和计算机应用技能；(3) 具有扎实的英语基础知识，能熟练阅读专业文献和相关资料；(4) 具有正确认识社会的能力，能尽快地适应社会环境。毕业生可从事：(1) 工业部门的高分子材料、制品的设计、制造和技术管理工作；(2) 高分子材料的应用基础理论、实验研究和开发应用方面的工作；(3) 高等学校中高分子材料专业的教学、科研和管理工作。

网址：http: //www.hfut.edu.cn

【厦门大学材料科学系】

专业历史：该系成立于1997年，2000年经批准更名为材料科学与工程系。并有材料学，材料物理与化学和高分子化学与物理3个硕士点，部分专业方向被化学一级学科博士点所涵盖。材料科学与工程系设有“材料科学与工程”本科一级学科专业。

师资力量：该系现有在职教师20人，其中教授7人，博士生导师4人，兼职/荣誉教授3位，副教授/高级工程师9人，讲师3人，其他技术人员4人，具有博士学位的教师9人。

培养方向：该系发挥在材料合成、制备和材料化学、物理方面的优势和特色，瞄准材料学科领域的国际学术前沿和研究热点，致力于解决国民经济建设中的迫切需求和解决国家重点工程实际问题。主要研究方向为功能高分子材料（包括液晶高分子材料，阻燃高分子材料，导电聚合物材料，高效胶粘剂材料等；研究功能高分子材料的聚合方法，包括基团转移、激光引发、注入离子等新聚合法合成功能高分子材料。）

地址：厦门市思明南路422号

电话：0592－2182446

网址：http: //www.xmu.edu.cn

【福建师范大学高分子研究所】

该所主要从事有机金属高分子、天然高分子、高分子改性和生物高分子材料等方向和跨学科研究。现有研究人员40人，其中教授3人，副教授、高级工程师12人，讲师、工程师13人，此外还有各类专业技术人员和研究生。高分子研究所的“高分子材料学”是省重点学科，得到省政府及有关部门的大力支持和资助。

该所研究领域涉及新型偶联剂，稀土和变价金属有机高分子的合成及表征及功能材料开发，生漆和漆酚金属螯合高聚物，渗透气化分离膜与催化－分离膜反应器，海藻多糖，壳聚糖及其衍生物，高分子合金及增容剂，无机粉体的表面改性，聚合物助剂，精细化工产品。研究所地处校园内，毗邻校实验中心。

该所下设4个研究室：金属有机高分子研究室，天然高分子研究室，聚合物改性研究室，生物大分子研究室。其中聚合物改性研究室研究紧密与我国福建省经济发展和社会需要相结合，本方向的一批研究成果，如新型热溶胶、新型鞋用胶、新型电化铝材料、新型填充母料和热弹性新型鞋用材料等都很快转化为生产力，有力地促进了科技进步和经济发展。此外，本方向还建立了产学研性质的聚合物高新技术产业，专门从事将高分子改性材料的最新研究成果应用于生产。同时注意将学科的最新研究成果不断地应用到高分子改性研究中，如用本学科发明的新型铝体系偶联剂改性填料、颜料和无机阻燃剂，进行高分子填充改性；又如本学科研究发现的一类特殊增强材料，用于ABS、SBS或PS中，只要很小的用量，即可使抗冲、拉伸等机械性能提高30%～100%，因此在高分子改性的路线与方法上形成了不同于国内外的研究特色。

网址：http：//www.fjtu.edu.cn

【山东大学高分子材料与工程专业】

专业历史：该专业创建于1995年，同年招生。

师资力量：该专业现有教师10名，其中教授3名，副教授3名，讲师4名。教师中博士生导师1名，博士6名，硕士1名。

研究成果：该专业的教职工们多年来承担了多项国家自然科学基金项目、国家"八五"攻关项目、各部委省市科研项目、国际合作、校企联合项目等等，取得了丰硕的成果。目前正在碳纤维原丝聚丙烯腈的研制、碳纤维生产、新型火车闸瓦材料的研究、生物高分子材料、高聚物接枝、交联、共混改性、树脂基复合材料及材料设计、制备以及加工塑料模具、计算机辅助设计等方面的研究开发上具有优势和特色。编写教材2部。

培养方向：该专业培养出学生具有"厚基础、宽口径、强能力、高素质"。本科生毕业后可进一步深造，攻读硕士、博士学位，成为高级研究和开发人才；亦可去科研院所、大专院校、部队、机关、大中小企业、合资及外资企业。毕业后从事的具体工作内容范围较广，如聚合物的生产、加工、应用；塑料、橡胶、化纤、涂料、胶粘剂、石化、生物医用高分子材料、树脂基复合材料以及与高分子材料相关的工程技术领域，新材料研究、开发和应用等等。

联系单位：山东大学南校区材料科学与工程学院材料科学系

地址：山东省济南市经十路73号

邮编：250061

电话：0531－2955081－5614

传真：0531－2955999

【青岛科技大学高分子科学与工程学院高分子材料与工程专业】

该学院现有教职工70名，其中专职行政管理人员9名，教学科研人员61名；教授13名，副教授及高级工程师22名，讲师及工程师22名；博士12名，硕士25名；博士生导师3名，硕士生导师19名。

该专业是山东省重点学科，山东省高等院校教学改革试点专业。该专业始创于1950年，目前包括了原橡胶工程、塑料工程和高分子材料三个专业方向，拥有高分子材料、材料加工工程和高分子化学与物理3个硕士点。另设有高分子化学、高分子物理、高分子材料、橡胶工程、塑料工程和包装工程6个教研室及相关实验室。

近年来学院承担纵横向教学科研项目70多项，发表学术论文600多篇，研究经费2000余万元，获国家级奖3项，省部级奖12项，出版学术著作和专业教材18部。目前已招收同等学历在职人员硕士研究生，设有青岛市高分子材料质量测试中心、山东省橡胶工程研究中心。

该专业以材料科学与工程为主干学科，以高分子化学、高分子物理、高分子材料合成工艺与工程、高分子材料成型工艺与工程为主干课程，设有橡胶工程、塑料工程和高分子材料三个专业方向。该专业培养具备高分子材料与工程等方面知识，能在高分子材料的合成、改性和加工成型等领域从事科学研究、技术开发、工艺和设备设计、生产及经营管理的高级工程技术人才。

邮编：266042

电话：0532－4022725 4022936

传真：0532－4882744

网址：http：//www.qdict.edu.cn

【郑州大学橡塑模具国家工程研究中心】

该研究中心筹建于1996年。工程研究中心立足技术高起点，以市场为导向，以国家支柱产业各领域橡塑制品的需要为动力，专职从事橡塑模具计算机辅助工程技术研究、开发、教学和技术转移。该研究中心是集橡塑模具设计与制造、塑料制品加工、模具CAD/CAE/CAM基础研究和应用研究为一体的产学研机构。现已形成为我国集研究开发、技术推广和创新人才培养为一体的、具有国际水平的模具及橡塑制品成型技术研究基地。

该研究中心现有专职科研人员45人，工程技术人员52人，专业覆盖模具设计与制造、高分子材料与工程、计算机软硬件、计算力学、数控加工技术等，并拥有硕士及博士学位授予权。围绕模具及高聚物制品成型技术，"中心"承担完成了国家级和省部级科研项目及横向协作开发项目50余项，获得各种奖励10余项。"中心"重视将科研成果应用于工程实际，开发出具有自主版权实用化的注塑模CAE分析软件Z－MOLD，取得了显著的经济效益和社会效益。2000年，"中心"加工基地已为企业设计加工模具50余副，与多个企业形成了良好的合作伙伴关系。

电话：0371－3887600 3887567

0371－3887474

传真：0371－3887474

【郑州轻工业学院化学工程系高分子材料专业】

专业历史：郑州轻工业学院化学工程系成立于70年代末期。化学工程系下设：无机与分析化学、有机化学、物理化学、化工原理、化学工程与工艺、高分子材料与工程、应用化学7个教研室和分析测试中心、化学化工研究所，以及化学化工基础实验室、化学工程与工艺专业实验室、高分子材料与工程专业实验室、应用化学专业实验室4个实验室。应用化学实验室1998年评为学院和轻工总会重点实验室。

师资力量：该系有75名教师，其中，教授、副教授（含高工）38人，占教师总人数的51%，讲师和工程师37人，青年教师中硕士研究生以上学历者占80%。

培养方向：该专业是综合高分子材料学科及机械设计制造学科的宽口径专业，培养具有模具设计技能、塑料橡胶制品的开发研制、工艺设计能力的高级工程技术人才。学生毕业后能在塑料、橡胶制品厂、家用电器制造厂、汽车制造厂等与高分子材料相关的企业、科研院所从事塑料配制、塑件成型加工、产品质量分析测试、模具设计的技术、管理等工作以及新材料、新产品、新技术、新工艺的开发和教学工作。

网址：http：//www.ncwu.edu.cn

【华中科技大学塑性成型模拟及模具技术国家重点实验室】

该实验室以塑性成型模拟（CAE）、模具CAD/CAM、快速成型与快速制模、新型模具材料为主要研究方向。实验室下设塑性成型模拟、冲模CAD/CAM、塑料模CAD/CAE/CAM、快速成型与快速制模、精密成型工艺及模具、新型模具材料和模具表面技术等研究室和负责对外开放技术服务、承接模具业务的精密模具技术中心。

塑性成型模拟及模具技术实验室拥有一支高水平的研究队伍，具有雄厚的技术实力。实验室有教授11名，其中院士1人，博士生导师7人。

实验室在长期的科学研究中形成了一些具有特色和优势的研究方向：

(1) 模具CAD/CAE/CAM：在汽车覆盖件模具CAD/CAE/ CAM方面，重点研究覆盖件冲压成型过程的计算机模拟、覆盖件冲压工艺CAPP和模具结构CAD，研究覆盖件模具CAD/CAE/CAM系统，为我国汽车工业提供先进的技术手段。在注塑模CAD/CAE/CAM方面，研究塑料在注射成型中充模、保压和冷却过程的计算机模拟，开发集成化的注塑模CAD/CAE/CAM系统，并在大范围内应用。在多工位级进模CAD/CAM方面，研究冲压零件的特征造型、模具结构参数化设计、智能化和柔性化的多工位级进模设计制造技术，针对电子等行业的精密零件制造开发多工位级进模CAD/CAM系统。

(2) 新型模具材料及表面处理技术：在高性能模具钢方面，研究合金化理论，开发高强度、高耐磨性的新型模具钢。在精密陶瓷模具材料方面，研究陶瓷材料的气压烧结工艺及其组织结构形成规律，探讨物理冶金因素对金属陶瓷相界层微晶结构形成的影响，建立理论模型和工艺控制参数。在表面涂层技术方面，研究在可控气氛条件下激光熔覆的组织特征，研究模具表面的强化机理，以获得硬质相与自润滑材料的复合熔覆层。

(3) 快速成型/快速制模：在快速成型技术方面，研究分层物体制造（LOM）和选择性烧结（SLS）技术，研究快速成型的相关技术，包括控制技术、新材料开发等，开发新型的快速原型制造设备。在快速制模方面，重点研究天然饰纹塑料模具的等离子喷涂快速制模技术，以及基于快速原型的快速制模技术。本研究方向取得许多创新成果，并获多项国家专利。实验室已成为国内快速成型与快速制模研究中的一支劲旅。国家科技部批准在此建立了“快速原型制造技术生产促进中心”。

(4) 精密成型工艺及模具：本方向研究汽车和石油机械关键零件的精密成型工艺及模具，重点研究多向模锻、异形枝叉类零件精密模锻工艺及模具、复杂管件特种成型工艺及装置，镦锻新工艺，模具强度分析与优化设计等。

网址：http：//www.hust.edu.cn

【武汉理工大学材料科学与工程学院】

专业历史：该学院是武汉理工大学材料科学与工程学科的建设与实施主体，该学科是国内首批申请到硕士点、博士点的学科，是“211工程”重点建设学科，是该校在国际、国内最有影响的特色与优势学科。其中无机非金属材料学科为国家级重点学科。目前该学科已拥有1个国家重点实验室、1个国家重点工业性试验基地、1个教育部重点实验室及4个省级实验中心，拥有材料学博士后流动站。设有材料科学、无机非金属材料工程、金属材料工程、复合材料科学与工程、高分子材料科学与工程、材料加工工程、材料成型与控制工程等7个系。现有材料科学与工程一级学科博士点、硕士点，涵盖材料学、材料加工工程、材料物理化学3个二级学科博士点、硕士点；有材料科学与工程、材料物理、材料化学、高分子材料、复合材料、材料成型与控制等6个本科专业招生，涵盖材料科学、无机非金属材料、金属材料、材料物理、材料化学、高分子材料、复合材料、材料成型与控制等8个二级学科专业。

师资力量：材料学院现有教职工236人，其中正、副教授120多人。

研究成果：材料学院已承担并完成国家级教改项目1项，湖北省教改项目6项，学校教改项目30余项。2000年获湖北省教学成果一等奖2项，二等奖1项。目前正在承担国家教育部21世纪高等教育教学改革项目2项："无机非金属材料工程专业实验教学体系整体优化的研究与实践"，"材料科学与工程专业人才培养方案的综合改革与实践"。

在科研方面，"九五"期间在硅酸盐材料与工程，新型建筑材料与生态建筑材料，公路、铁路工程建筑材料，超细粉制备与处理，复合材料，高分子材料，功能材料等领域，承担了国家"九五"攻关项目6项，国家"863"项目2项，国家自然科学基金项目4项，国家教委基金项目12项，军工专项10项，省部级攻关及其他项目33项，横向科技开发项目121项。取得省、部级以上科技成果奖近20项。

培养方向：高分子材料与工程专业培养具有良好的思想道德素质、强烈的民族自豪感和社会责任感、健全心理和健康的体魄，能够德、智、体全面发展，基础扎实、知识面宽、能力强、素质高，富有创新精神的复合型人才和具有高分子材料与工程等方面的知识，能在高分子材料的合成改性和加工成型等领域从事科学研究、技术开发、工艺和设备设计、生产及经营管理等方面工作的高级工程技术人才。

网址：http：//www.whut.edu.cn

【武汉化工学院高分子材料与工程专业】

专业历史：该专业是在精细化工专业涂料方向的教学和科研工作的基础上发展起来的。它成立于1993年6月，并于当年招收第一届本科生。该专业自1990年起开始招收硕士研究生，目前，"材料学"硕士点被批准立项建设。该专业为湖北省重点学科"材料学"的重要方向之一，该专业的基础学科"高分子化学与物理"为武汉化工学院重点建设学科。

师资力量：该专业拥有一支知识结构、学历结构、职称结构、年龄结构合理的师资队伍。14名专任教师中有教授2人，副教授3人；全部教师都具有博士或硕士以上学位。

研究成果：该专业的科研工作围绕功能高分子材料制备、高分子材料加工改性和高分子材料应用三个方向。迄今为止，该专业承担国家、省部委及企业委托项目20项，其中，国家级项目2项，省部委项目6项，鉴定成果1项，发表论文近180篇，其中SCI、EI收录12篇，申请发明专利3项。通过国家"七五"攻关项目"颜料的分散性与稳定性研究"和国家自然科学基金项目"炭黑表面接枝聚合物改性涂覆材料及其性能研究"等纵向研究项目和大量的横向项目的研究，在炭黑和二氧化钛等颜料表面以氧化还原引发、阴离子引发和自由基引发极性单体接枝聚合方面做了卓有成效的工作。通过化工部科学研究项目"涂料用改性聚烯烃树脂研究"项目的研究，在国内首次采用固相接枝聚合技术实现聚丙烯的功能化，研究了功能化聚丙烯在尼龙6/聚丙烯共混复合体系的增容作用，制备了尼龙6/聚丙烯/硅灰石高性能共混复合材料。在合成过程中成功地制备出高吸水性树脂纳米粉体，利用高吸水性树脂纳米粉体制备了高性能遇水膨胀橡胶。利用橡塑共混技术开发出"闭孔阻燃橡胶隔热材料"生产技术并且已工业化。目前，该专业正致力于光信息记录用高分子纳米复合材料、聚合物/纳米复合非线性光学材料、玻璃纤维增强尼龙6和尼龙66复合材料、高性能聚酰亚胺材料和高分子吸水材料的研究开发以及低温等离子体对高聚物和纺织品改性的研究工作。

培养方向：该专业培养目标是：通过专业课程的学习以及实践性环节的训练，使学生成为具有从事高分子材料成型加工和改性以及合成设计、研究、开发和管理能力的高级工程技术人才。

网址：http：//www.whict.edu.cn

【湖北工学院高分子材料与工程专业】

专业历史：湖北工学院高分子材料与工程专业成立于1978年，1978年于原湖北轻工业学院化工系开办塑料工程专业，1985年专业名称改为"塑料与橡胶工程专业"，1996年建成省重点学科后，专业名称改为"高分子材料与工程专业"。1992年列为湖北省首批重点建设学科（1992～1996年），1995年建成高分子材料成型加工硕士点，2000年筹建材料科学与工程系后有高分子材料与工程、材料成型与控制、轻化工程（天然高分子）、材料科学与工程、包装工程、模具设计与制造、工业产品设计等7个本科专业；有材料学、材料加工工程、轻化工程、材料物理与化学等4个硕士点。2000年成立材料科学与工程系。

师资力量：该学科现有教授8人，副教授18人，中级职称人员28名，实验人员4名，专职科研人员4名，国外客座教授5名，40岁以下硕士毕业人员占60%，博士毕业占30%。

研究成果：近5年来，该学科完成省部级科研项目58项，国家自然科学青年基金项目1项，国家自然科学基金项目5项，省自然科学基金项目8项，省、市攻关项目40余项，“火炬计划项目”1项，国家技术创新项目1项，技术转让和与企业合作年均经费120余万元。发表论文500多篇，收录于四大检索刊物近122篇，出版专著13部，全国统编教材12部，译著3本。

培养方向：该学科现有9个方向（或专业）：(1) 高分子材料与工程（硕士点、省重点学科）；(2) 材料成型加工与控制（硕士点）；(3) 模具设计与制造；(4) 材料物理及化学（硕士点）；(5) 轻化工程（硕士点）；(6) 包装工程（省重点学科）；(7) 无机非金属材料；(8) 工业产品设计；(9) 纳米材料及其在电子、高分子中的应用。

地址：湖北省武汉市武昌南湖李家墩特1号

邮编：430068

电话：027－88032316

E－mail：jr.y@163.com

【中山大学高分子与材料科学系材料化学专业】

材料化学是涉及物理、化学和材料工程学的边缘学科。该专业包括高分子材料和无机材料两个分支。高分子材料研究高分子化合物的合成、结构和性能以及以高分子化合物为基础的各种新型合成材料的制备、加工和利用；无机材料研究无机固体的制备、组成、结构、相图与物理和化学性质，如光、电、磁、声、热、力学及化学活性的关系。

该专业培养适应材料工业发展的需要，具有良好的科学 素质，掌握材料化学基础理论、基本知识和基本技能，并得到应用研究、科技开发、科技管理初步训练的专门人才。学生毕业后适宜到塑料、化纤、橡胶、涂料、胶粘剂、无机材料、现代建筑、现代装饰材料、精细化工、石油化工等工厂企业、事业、技术和行政部门，从事应用研究、科技开发、生产技术的管理工作，以及在科研部门、高等学校，从事研究和教学工作。

网址：http：//www.zsu.edu.cn

【中山大学高分子材料工程国家重点实验室】

该实验室于1991年6月开始全面实施建设，是世界银行贷款重点学科发展项目建设的国家重点实验室，并被确认为7个试点实验室之一。建有高分子材料硕士点、博士点和博士后科研流动站以及高分子化学及物理硕士点。1995年4月通过了国家验收，1996年2月正式向国内外开放，1997年首次通过国家的评估。

1991年以来，该实验室共承担、完成国家重点项目及有关部委和产业等部门科研任务137项。获部委科技进步奖、何梁何利科技进步奖等18项，鉴定验收项目41项，获准发明专利3项，技术转让6项，发表论文400余篇，出版学术专著6部。

该实验室现有固定人员20人，其中中国科学院院士1名，教授2名（博士生导师5名），获博士学位5名。实验室学术带头人、中国科学院院士徐僖教授是我国高分子材料学科的奠基人之一。

该实验室研究方向为：多组分多相高分子材料、高分子材料成型理论与技术、新技术在高分子材料制备和加工中的应用、油田高分子材料。

【华南理工大学工业装备与控制工程学院塑料机械专业】

专业历史：华南理工大学工业装备与控制工程学院塑料机械专业创办于1958年。1984年，根据教育部统一专业名称的要求，塑料机械和橡胶机械专业合并为高分子材料加工及机械专业。1986年获得硕士学位授予权。1992年，塑料机械、橡胶机械与造纸机械专业合并（为学科），并取得当时全国唯一的轻工机械学科博士点。1996年，根据现代工业生产对宽口径专业人才的需要，引入信息技术，将轻工机械专业整合为“工业装备与控制工程”专业；同时轻工机械学科顺应学科发展的需要，牵头建设机械设计及理论、材料加工工程两个具有博士点和博士后流动站的学科。目前，机械工程领域开始招收工程硕士，至此形成了由培养本科、硕士、博士、博士后以及在职工程技术人员继续教育（工程硕士）的完整的教育体系。

师资力量：工业装备与控制工程学院现有教师88人，其中国家教育部“长江学者奖励计划”首批特聘教授1名，博士生导师5人，副高职以上教师57人，具有博士研究生学历的教师25人，中青年学术骨干已经成为教学科研的中坚力量。

研究成果：“九五”期间，利用学科交叉渗透的优势，取得和完成国家火炬计划、国家星火计划、国家“八五”攻关、国家自然科学基金、国家重大新产品孵化、省部级科研项目等共124项。获国家发明二等奖1项，国家科技进步三等奖1项，广州市科技成果金鼎奖1项。

培养方向：该专业培养掌握塑料机械等工业装备的设计、制造及其自动化、智能化基本理论、方法、和技能，并能从事工业装备与控制系统的研究、设计、制造及新产品开发、工业生产过程技术管理、机械系统性能分析和相关理论研究的高级技术人才。

地址：广州五山华南理工大学工业装备与控制工程学院

邮编：510640
电话：020－87114273
传真：020－87110562
E－mail：scutwxs@163.net

【广东工业大学材料与能源学院】

专业历史：材料与能源工程学院是由原材料科学与工程系和原机械工程系组建而成。学院下设金属材料工程、材料成型及控制工程、高分子材料与工程、热能与动力工程等4个本科专业和装饰材料与装饰设计专科。材料学、材料加工工程2个二级学科，具有硕士学位授予权。材料学学科，1985年定为广东省重点学科，1992年复评为广东省重点扶持学科；材料加工工程学科是广东工业大学成立后首批确定的校级重点学科。学院附设有模具与材料加工工程研究所（原机械工程研究所）、能源与材料研究所、计算中心和10个实验室。

师资力量：该学院现有教职工113人，其中教授10人、副教授37人，占教师人数的41.6%；具有博士学位的教师12人，具有硕士学位的教师21人，占教师人数的29.2%；享受国务院特殊津贴的专家有11人。

研究成果：该学院的科研方向颇具特色，在材料表面工程新技术、有色金属加工、复合材料工程、凝固过程控制及新材料、高分子材料改性、能源材料及节能技术、模具CAD/CAM等领域都取得了一定的成果，1995～2000年期间，承担国家级科研项目（含国家重点实验室）5项，省、部、厅级项目26项，其他各类纵横向科研项目54项，总计科研经费695.6万元。在各类刊物上发表论文539篇。

培养方向：高分子材料与工程专业（塑料成型加工及模具方向）培养具备高分子材料与工程等方面的知识、能在高分子材料的合成和加工成型等领域从事科学研究、技术开发、工艺和模具设计、生产及经营管理等方面工作的高级工程技术人才。毕业生可在有关企业事业单位从事塑料等高分子材料研究、塑料制品及模具的设计、生产、开发及检测工作；还可在材料、物资、外贸部门从事材料及产品的管理和经营工作，在商检、质检等部门从事材料的检测等工作。

网址：http：//www.gdut.edu.cn

【四川大学高分子科学与工程学院】

专业历史：1953年创立我国高校中最早的高分子化合物专业。高分子材料科学与加工工程是在高分子化合物专业的基础上逐渐发展形成的。50年代中期首先由高分子化合物专业分支出塑料工学、合成橡胶、化学纤维、皮革4个本科专业，在国内率先招收研究生；1961年组建国内第一个高分子化工系（1997年改建为高分子材料系）；1964年教育部审定成立了国内第一个高分子研究所；80年代，首批获得硕、博士学位授予权。随着我校高分子学科的不断发展，1986年，原高分子材料系形成了四系一所（高分子材料系、塑料工程系、化学纤维系、皮革工程系、高分子研究所）的学科体系。到了90年代，则形成了包括1个国家重点实验室、1个国家专业实验室、3个博士点、3个博士后流动站的高分子学科群体。1998年，原塑料工程系和高分子材料系合并成高分子科学与工程系。前不久学校决定以高分子材料科学与工程系和高分子研究所、高分子材料工程国家重点实验室为主体组建成高分子科学与工程学院，原轻纺学院的化学纤维专业方向和化工学院的高分子化学与物理学教研室也相继并入。高分子科学与工程学院成立，这是我国高校中第一个以高分子学科为主体的学科型学院。它是在原四川大学高分子材料与工程系和高分子研究所、高分子材料工程国家重点实验室基础上组建而成，现设有1个本科专业、“四系四所”及4个学科点：高分子材料与工程专业；高分子科学系、高分子材料系、塑料工程系和生物医用材料系；高分子研究所和塑料工程及机械研究所、特种高分子材料研究所、模具研究所；材料学（高分子材料）、材料加工工程（高分子材料成型加工）、生物医学工程（生物医用高分子材料）和化学工程（聚合物合成与工程）。四川大学高分子科学与工程学院已形成了包括1个国家重点实验室、1个国家专业实验室、3个硕博士点、3个博士后流动站的高分子学科群体。这些硕博士点和博士后流动站分别为：高分子材料学科硕博士点、高分子材料成型加工学科硕博士点、生物医用高分子材料学科硕博士点、材料科学与工程博士后流动站、轻工博士后流动站、生物医用高分子材料博士后流动站。

师资力量：学院师资力量雄厚，现有教职工近200人，其中有教授、研究员33人（博士生导师18人），副教授、副研究员和其他副高职、高级工程师、高级实验师68人。教师中有中国科学院院士1人、长江学者特聘教授1人、国家杰出青年基金获得者1人、教育部骨干教师计划人选9人，有34人具有博士学位，17人享受政府特殊津贴。

研究成果：“九五”期间承担国家自然科学基金项目22项（其中重点项目2项）、“973”项目1项、国家“九五”攻关专题9项、省部级项目44项、横向项目54项，进校科研经费达1700多万元，获国家和省部级奖励10项，发表学术论文500多篇（其中收入三大检索40余篇)。

培养方向：四川大学高分子材料与工程专业以培养"强基础、宽专业、高素质、创新性、复合型"的高分子材料与工程专门人才为目标，学生除掌握外语、计算机技术、高分子化学与物理学等专业基础知识和技能外，可得到从聚合物合成到材料制备、成型加工、结构表征和性能测试的全面系统的专业训练，成为掌握坚实的高分子材料理论知识和各种高分子材料制品的先进成型及技术，具有高分子材料开发应用、特种新材料研制、成纤聚合物的制备及纤维成型、塑料成型、高分子材料加工机械和模具设计能力的高分子材料与工程高级专门人才。毕业生可到石化、轻工、建材、电子电器、通讯、机械、交通、医疗和航天航空等大中型企业、公司、科研院所和大专院校等单位从事合成树脂、橡胶、化纤、涂料、胶粘剂、复合材料、通用塑料和工程塑料、电绝缘材料、特种功能材料、塑料机械和塑料模具等的研究、设计、生产、经营管理、技术开发和教学工作。

地址：四川省成都市一环路南一段24号

邮编：610065

电话：028－85405401 85405112

传真：028－85405402

E－mail：qianzq@email.scu.edu.cn

【西安交通大学高聚物复合材料研究所】

该研究所前身为高分子材料研究室，成立于1987年，主要从事橡胶及芳纶、尼龙和聚酯短纤维增强橡胶基复合材料的研究；同时，在芳纶、尼龙和聚酯纤维与橡胶的粘合体系和处理技术方面也进行了大量的研究工作；在导电、绝缘橡胶以及农业滴灌设备的研究中也取得了很多成果。现有教授和研究员2人，副教授1人，讲师2人。几年来，发表学术论文30余篇，先后完成并通过国家验收和部委鉴定的纵向科研项目多项。

电话：029－2668571

传真：029－3237910转化工学院

【西北工业大学高分子材料与工程专业】

专业历史：该专业(曾称航空非金属材料及成型专业等)是新中国建设的第一批国防配套专业，1958年起面向全国招生。本科生按：(1)高分子化学与物理；(2)高分子材料学；(3)高分子材料成型加工3个专业方向培养。在材料学科的材料物理与化学、材料学和材料加工工程3个二级学科点招收博士生；硕士生招生还包括高分子化学与物理学学科点。该校材料学科的3个二级学科均为全国重点学科，并设有材料科学与工程博士后科研流动站。

师资力量：该专业现有教授6人(其中3人为博士生导师)，副教授8人，高级工程师2人，讲师4人，他们中50%以上具有博士学位。

研究成果：该专业同时设有研究机构中国航空工业总公司工程塑料应用研究室，是航空工程塑料的归口和协调单位，为我国航空工程塑料的发展提规划和建议，制订相关技术标准，组织新材料研制和产品攻关。该专业的科学研究工作以国防应用和未来需求为背景，研制出诸如高性能复合材料树脂基体、高性能工程塑料、结构胶粘剂、功能透波材料、特种密封橡胶等先进的高分子材料，成功用于国防及航空航天多个型号，形成了该校高分子材料与工程专业国防应用的特色与优势。1995年以来，获得省、部级科技进步奖10余项，出版著作、教材10余部，发表学术论文200多篇。

培养方向：该专业的培养目标是培养适应社会主义现代化建设需要的德、智、体、美全面发展的，并在高分子材料科学与工程领域内获得工程师基本训练的高级技术专门人才。

地址：西安市友谊西路127号西北工业大学202信箱

邮编：710072

电话：029－8493549

传真：029－8491000

E－mail：rmwang@nwpu.edu.cn

【西安工业学院材料科学与工程系塑料工程专业】

该专业建于1993年，学制2年。该专业培养具有从事塑料、橡胶、纤维的合成、改性及成型加工等方面知识和技能的高级工程技术人才。该专业突出塑料成型模具的设计与制造，塑料成型工艺优化等方面能力的培养。培养方向包括：(1)塑料成型模具的设计与制造；(2)塑料、橡胶成型工艺；(3)塑料、橡胶材料的合成与性能检测；(4)计算机技术在塑料橡胶加工中的应用。

网址：http：//www.xait.edu.cn

(全国塑料加工工业信息中心
赵　冬　陈碧波)

重点企业介绍

重点企业介绍

北新建塑有限公司

北新建塑有限公司是北新集团建材股份有限公司与北京化工股份有限公司两家上市公司强强联合、共同投资建立的大型化学建材专业性公司。公司全套引进德国、奥地利90年代具有国际先进水平的设备、配方及工艺，主要原材料采用北京化二股份有限公司生产的卫生级树脂，设计年产高档UPVC塑料异型材30kt。

北新建塑有限公司拥有完善的质量控制系统和技术服务系统，公司已于1999年5月一次通过ISO 9002质量保证体系国家认证，并于2000年3月通过了ISO 14001环境管理体系认证，公司内部管理全部采用计算机ERP管理系统。

北新建塑有限公司所生产的60、80、88系列高级UPVC塑料异型材的断面设计科学合理并兼顾美观：获国家专利的50余种型材断面以及内外装饰条的配备可满足多种窗型和各种风格的设计要求，为广大门窗厂家和房地产开发商们提供了广阔的选择空间；北新型材始终如一地选用进口配方及国际知名品牌的抗冲击改性剂、紫外线吸收剂、稳定剂等添加剂，使其产品具有卓越的内在品质和优秀的表面光洁度，产品使用寿命可达50年，人工抗老化试验可达4000h以上；北新型材的各项性能指标均高于国家标准，尤其具有良好的焊角强度，其主产品推拉三轨框的焊角强度可达10400N，型材平均焊角强度可达6800N；北新型材的11种型材可通用一种钢衬，使其钢衬通用性强，加工存储方便，为广大北新用户节约了资金并提供了运输存储的便利条件。

地址：北京德外西三旗东建材城西路16号
电话：010-82914187(89) 82924052
　　　82915588转2296或2617
传真：010-82913550
网址：http://www.bnbmbp.com.cn

海尔科化工程塑料国家工程研究中心

海尔科化工程塑料国家工程研究中心股份有限公司(以下简称“海尔科化”)，是在ERC的基础上，由中国科学院化学研究所与海尔集团合资成立的股份制企业。2001年，海尔科化再次“改制”，吸收公司管理骨干和技术骨干共同作为发起人，成立了股份有限公司。

作为一家高新技术企业，海尔科化立足于高分子聚合物为主的新材料领域，激励个体创新，支持团队协作，以“孵化器”→“创业子公司”的模式吸引全社会的人力资源，持续不断地推出适应市场的成熟、成套的工业化生产技术及产品，并形成在各自应用领域国内一流(前三名)、国际上有影响的产业化群体(集团)。

北京奥赛凌科贸有限公司

北京奥赛凌科贸有限公司是由原北京助剂研究所长期从事科研、生产、测试、经营的专业科技人员为主体的科研生产及销售的股份制企业。同时利用科技优势为客户提供技术开发，技术咨询，塑料配方的设计与改进等多方位的服务。

主要生产与销售的产品：抗氧剂
地址：北京丰台区东铁营宋庄路顺八条八号(化工三厂内)
邮编：100078
电话：010-67687690 67626101
传真：010-67687690

北京至柔科技发展有限公司

北京至柔科技发展有限公司成立于2001年，主要从事新材料产品的技术开发和产品销售以及技术转让、技术服务和培训。注册资金400万元，是中关村科技园区的高新技术企业。由公司董事长（同时也是加拿大未来技术有限公司总裁）宋维宁博士主持开发的正在申请美国和中国专利的“天然纤维与塑料复合材料及其产品的工业新技术”是经过11年多的研究开发和生产，已完全成熟了的技术。该技术是利用天然纤维废料及废旧塑料生产的一种可以替代木材的新材料。现已用于生产木塑复合托盘、地板、楼梯扶手、门框和窗台等。并已在加拿大和中国建立了工厂。其木塑复合托盘的机械性能和耐用性能超过硬木托盘7倍，并有许多木制托盘和塑料托盘所没有的性能，已被许多知名公司采用。

这种复合新材料及其产品的市场前景广阔，除托盘外，可用于门窗、室外地板、建筑模板、家具以及汽车衬垫配件等。其主要原料为再生塑料或全新塑料和废弃木质纤维，包括锯末、枝叉木材、农业纤维，如糠壳、花生壳等。本技术变废为宝，有利于保护森林资源，减少树木的砍伐，减少因燃烧农业废料所引起的空气和环境污染，对于保护我国的生态环境有着重大的意义。

该技术设备全部由北京至柔科技发展有限公司总体设计，主要设备在国内制造生产，总体工艺设计科学合理、安全可靠，生产过程中不产生“三废”，制品不仅耐水、抗菌、卫生，经使用损坏后还能100%回收利用，是真正意义上的“绿色”环保型产品，也是一种理想的木材替代材料。它从根本上改变了环保产业社会效益高，经济效益低的弊端，使社会和企业在效益方面实现了双赢。另外，它对中国的环保、建材、塑料、森林、物资回收、仓储运输等都有革命性的意义。

合作方式：交钥匙工程；技术入股合资办厂；提供半成品颗粒原料。

北京实达丰商贸有限公司

该公司专业从事各种塑料助剂产品的经营，代理多家世界著名化工公司的塑料助剂产品：

油酸酰胺、芥酸酰胺、硬脂酰胺、乙撑双硬脂酰胺——EBS。

地址：北京市朝阳区北四环中路6号深蓝华亭A座18A

邮编：100029

电话：010-82840787

传真：010-82840790

网址：http://www.goodplastic.com

E-mail:lm823@sohu.com

北京加成助剂研究所

北京加成助剂研究所开发的助剂技术及生产、经销的助剂产品如下：

一、抗氧剂系列

二、光稳定剂系列

三、PVC热稳定剂系列

四、其他

荧光增白剂、高效阻聚剂、增塑剂等。

地址：北京市丰台区宋家庄顺八条(化工三厂内)

邮编：100078

电话：010-67621503(传真)

网址：http://www.beijing-additives.com.cn

北京建诚机械责任有限公司

该公司成立于1995年，我国重点化学建材生产设备制造企业。为北京市高新技术企业，2000年产值3500万元。

该公司致力于合成材料产品及加工设备的研究，以开发、生产合成木材装备为主要业务，占国内60%以上的市场份额。公司成功开发的钢塑共挤出塑料异型材加工设备为国内外首创，引起了法国、美国、加拿大等国有关部门的极大关注。2000年通过国家经贸委和建设部联合验收的“UPVC硬质结皮微发泡挤出设备”被科技部、财政部、国家经贸委、计委联合评为“九五”国家重点科技攻关计划优秀科技成果。

职工56人，其中专业技术人员31名，占职工总数的56%。公司与国内外相关单位建立了密切关系。公司的研发与管理正逐步与国际先进水平接轨，由德国莱因公司对所有产品进行了CE认证。

天津市塑料集团有限公司

其前身天津市塑料工业公司始建于1964年，1987年改制为企业性公司。1992年被国家有关部委确定为大型一档企业，授予进出口经营权。1996年进入天津市现代企业制度试点，实施二步改制，并以改制后的公司为核心组建了天津塑料集团。1999年经进一步重组成为天津市计划单列单位，授予国有资产经营权。目前公司拥有6个直属分公司。17个合资及控股子公司3个参股公司(其中境外1家)。

以天津市塑料集团有限公司为核心的天津塑料集团共有独立单位97家，其中主体企事业法人单位39家，总资产17亿元，占地面积560000m^2，建筑面积280000m^2，职工9200人，塑料制品加工能力80kt。主要产品为塑料包装材料、农用塑料、医用塑料、新型塑料建材、彩印制品、日用塑料制品、工业材料及配件，塑料机械及模具8类，近800个品种。在技术水平方面，不仅在多年的实践中形成了部分自有关键技术，而且通过从意大利、美国、德国、加拿大、英国、日本和台湾等国家和地区引进先进生产线及设备，拥有了部分具有国际和国内先进水平的技术装备，提高了产品档次和竞争力。其中PVC包装片材、BOPP薄膜、三层共挤多功能农膜、拉幅4米PVC压延薄膜、PVC双壁波纹管、医用塑料制品及轻钢结构建筑板材成房系列等，具有一定的市场优势。

地址：天津市西青区梨园头津淄公路西

邮编：300381
电话：022－83968682
传真：022－83960405

天津大沽化工有限责任公司

天津大沽化工有限责任公司前身大沽化工厂始建于1939年，是一家以食盐电解为基础，以发展海洋化工、石油化工为目标，生产烧碱、聚氯乙烯树脂、环氧丙烷、液氯、合成盐酸、塑料加工门窗异型材等20多种产品的综合性大型氯碱企业。

地址：天津市塘沽区兴化道1号
邮编：300455
电话：022－25393966
传真：022－25387908
电挂：1129
网址：www.daguchem.com www.大沽化工.com
E－mail：dginfo@public.tpt.tj.cn

天津市四维包装有限责任公司

该公司先后引进意大利、日本、德国、丹麦等国家的先进设备，形成了吹膜、制袋、制版、印刷等年产达6kt的系列生产能力。以优质原料并采用先进工艺配方和严格的测试手段生产高品质、应用领域广泛的聚乙烯工业包装膜，与国内外诸多名牌产品企业建立了良好的业务合作关系，其中垃圾袋，彩印袋产品已成为日本、德国、澳大利亚等国超级市场的畅销商品。最近推出的三层共挤复合薄膜和采用国外先进工艺标准生产的PE拉伸膜，又进一步拓展了产品应用领域。

地址：天津市北辰区千里堤
邮编：300400
电话：022－26652222
传真：022－26645963

中国石化集团天津石油化工公司

天津石油化工公司成立于1983年12月28日，是隶属于中国石化集团公司的国家特大型油、化、纤联合企业。该公司地处天津市大港区、东临渤海油田、南靠大港油田，占地面积$1324\times10^4m^2$，与天津市区和塘沽新港有铁路、公路相通，与大港油田和天津港南疆石化码头有输油管线相连，地理位置优越，海陆运输方便。

公司主要产品有：对二甲苯、精对苯二甲酸、对苯二甲酸二甲酯、纯苯、乙烯、聚丙烯、环氧乙烷、乙二醇、聚醚、聚酯切片、涤纶长丝和短丝等10多个品种、100多个规格。公司的产品在市场上受到用户的好评。

2001年200kt聚酯建成投产，通过了国家的竣工验收，现年产化纤原料PTA 250kt、对二甲苯250kt、涤纶短丝100kt、涤纶长丝90kt。

地址：中国天津大港区
电话：022－25990393
传真：022－25990747
网址：http://www.tpcc.com.cn
E－mail：yx－xsh@ctpcc.com

河北宝硕集团

河北宝硕集团是以河北宝硕集团有限公司为核心企业，以母子公司为主体，以产权为纽带，拥有37个成员企业，集科、工、贸、金、农为一体，主要从事塑料制品加工和基础化工的特大型综合性企业集团。现在总资产30亿元，净资产8亿元，职工万余人，塑料综合加工能力160kt以上，基础化工能力120kt以上，综合经济实力连续5年居全国塑料行业首位。“七五”、“八五”、“九五”期间，公司多次荣获国家、省、市级奖；1994年、1995年连续荣获全国轻工业优秀企业称号；1996年被河北省政府命名为河北省“八五”期间科技进步先进企业和轻工行业排头兵；1997年进入河北省30家大型支柱性企业集团行列；1998年创立上市公司——河北宝硕股份有限公司；1999年被列入全国520家重点企业行列；2000年被国家经贸委确认为特大型企业集团。

十几年前，宝硕集团还是一个职工不满300人，资产不到300万元的小型国有企业。经过不断的努力发展，宝硕集团已初步形成塑料建材、软包装材料、基础化工、农业塑料与研究四大生产基地。主导产品有BOPP包装膜、PE农用膜、PVC管材管件、PVC和PE/PP热收缩膜、PVC异型材及门窗、化工产品、生物制品、高新农业等八大系列，优质品率达到98%以上，远销全国各地。目前，宝硕集团共有富太、创业、管材等7个分公司通过了ISO 9000质保体系认证，管材公司还通过了ISO 14001环境管理体系认证。

保定宝康塑胶母料有限公司

该公司由德国·康斯坦普集团有限公司（简称CONSTAB）与中国·河北宝硕集团有限公司（简称宝硕集团）合资兴建，在保定国家高新技术产业开发区注册，合资期限15年。公司总投资900万美元，其中，注册资本金520万美元：由德国CONSTAB公司出资286万美元，占注册资本的55%：宝硕集团出资234万美元，占注册资本的45%。

公司引进德国具有世界先进水平的母料生产线和生产工艺技术及相应的实验和检验设备。通过精心挑选原材料，严格执行工艺要求并按ISO 9000：2000标准建立质量管理体系，不懈致力于新产品和高效产品的开发，除现有BOPP薄膜、PE农用膜以及CPP薄膜、PP/PE热收缩膜等母料的开发和生产外，公司还可根据用户的需要研制配方，生产特种母料，每年可向用户提供多达75个品种6kt高质量的专用母料和特种母料，是目前国内技术力量雄厚、设备先进、生产规模大的功能母料专业开发和生产公司。

地址：河北省保定市高开区保满路85号

邮编：071051

电话：86－312－3109509 3109538

传真：86－312－3109510

网址：http://www.baocon.com

E－mail：baoconmb@heinfo.net

河北省武强县宏远化工厂一分厂

该厂是生产有机锡PVC塑料稳定剂的专业厂家，技术力量雄厚，产品广泛应用于PVC塑料加工的各个领域。

主要产品有：

一、月桂酸丁基锡：TJ－626 TJ－606

主要用于：PVC塑料软制品。

二、马来酸有机锡：TJ－676 TJ－686

主要用于：生产包装香烟的PVC外包装膜。

三、硫醇丁基锡：TJ636 TJ－646 TJ－656

主要用于：生产工业用透明板材、片材、管材、彩色硬片、透明半硬片、半硬质波纹管、灌溉管、塑料门窗、墙板的异型材等。

四、其他产品：氧化丁基锡：DBTO MBTO 主要用于：粉末涂料的催化剂

地址：河北省武强县宋古河

邮编：053300

电话：0318－3793488

山西新绛长虹塑制有限公司

山西新绛长虹塑制有限公司，始建于1997年，位于山西新绛，是华北地区著名的集科、工、贸于一体的塑编生产企业。

该公司设备先进，技术力量雄厚，检测手段完善，公司新投资3000万元，引进国内外先进的塑编生产设备，并与高等院校及科研单位进行了广泛合作。其主导产品：塑料彩条布、复合多功能聚烯烃棚膜、柔性集装袋及水利工程用防透土工布，均达到或超过国际同类产品标准，成为华北地区实力强、产品规格全、品种多、质量好的塑编企业。其中塑编彩条布，被山西省技术监督局评为“质量信得过产品”、企业被评为“质量信得过企业”。公司产品覆盖华北及周边地区。

塑料彩条布是公司主导产品之一，年生产能力5kt，被广泛用于建筑、包装、运输、农业等领域，产品覆盖华北及周边地区。

复合多功能聚烯烃棚膜为该公司新开发的高科技支农产品，是普通农膜的换代产品，年生产能力1kt，被广泛用作蔬菜、稻苗培育、花卉养殖的拱棚、日光温室：水产、畜牧、养殖业防寒过冬的棚顶、侧墙、卷膜。

地址：山西省新绛县108国道狄庄段

邮编：043100

电话：0359－7600118

传真：0359－7600128

山西省化工研究所

山西省化工研究所研制出塑料助剂最新科研成果。

1. 聚烯烃成核剂

涉及TM系列α晶型成核透明剂和TMB系列β晶型成核剂两大体系。

TM系列α晶型成核透明剂包括TM－1、TM－2、TM－3三个品种，具有改善聚丙烯、聚乙烯等半结晶树脂结晶性，促使晶粒尺寸微细化的功能。达到提高制品透明度、刚性、拉伸强度、抗蠕变性等物理力学性能的目的。广泛应用于各种聚丙烯薄膜、片材、注塑制品，亦用于LLDPE等聚乙烯薄膜的透明改性。

TMB系列β晶型成核剂包括TMB－4和TMB－5两个品种，能使聚烯烃的结晶形态有效地转化为β晶型，提高制品的冲击强度、热变形温度和透气性。主要应用于改性聚丙烯工程制品、PP的合成纸、聚乙烯管材专用料等领域。

2. OL－AT系列铝钛复合偶联剂

包括OL－AT1618、OL－AT2260两个品种。兼具铝酸酯、钛酸酯等单一金属偶联剂的应用特点，色泽浅，呈低熔点固态，便于贮存和运输。偶联效果显著，适用于滑石粉、碳酸钙、白炭黑、氢氧化铝、氢

氧化镁等无机材料填充聚丙烯、PVC等改性体系，尤其在滑石粉填充聚丙烯体系中。其改性效果达到或超过硅烷偶联剂的水平。

3. 高效受阻酚抗氧剂 KY－586

一种半受阻酚抗氧剂。抗氧效率高，耐 NO_x 着色性好，与硫醚类、亚磷酸酯类辅助抗氧剂并用显示良好的协同效果。主要适用于 HIPS、ABS、POM、热塑性聚氨酯等工程或通用塑料加工。

4. 新型光稳定剂系列产品

包括新一代受阻胺光稳定剂 GW－628 和高效紫外线吸收剂 UV－419 两个品种。

GW－628 是一种全新结构的 HALS 品种，兼备添加型和键合型 GUANG 光稳定剂的应用特点，在成型时配合，随后迁移到制品表面，光照下键合在树脂主链上，形成永久的光稳定层，达到长期光稳定的目的。适用于各种聚乙烯农膜、聚丙烯薄膜、片材及注塑制品等。

UV－419 系新一类紫外线吸收剂。对低波段紫外线具有强吸收作用，最大吸收波长为 308nm，无色，尤其适用于 PC、PMMA、PET、PA 等工程塑料制品。

5. 新型 PVC 辅助热稳定剂 β－二酮系列产品

包括 T－386 和 T－224 两个品种。适用于固体钙锌、固体钡锌、稀土金属皂类等热稳定体系，具有改善初期着色性，提高热稳定效果之功效。其中，T－386 为无毒品种，可用于接触食品的制品，T－424 对稀土及复合金属皂稳定体系效果卓著。

6. 其他助剂

FZY 系列复合阻燃抑烟剂；ACR 系列加工和抗冲改性剂；RH 系列润滑剂；KY－L 液体酚类抗氧剂；KJ 系列抗静电剂。

地址：太原市万柏林区义井
邮编：030021
电话：0351－6076384
传真：0351－6071741
E－mail：spici@163.net

内蒙古蒙西高新材料股份有限公司

该公司生产纳米级活性轻质碳酸钙。

内蒙古蒙西高新材料股份有限公司纳米材料事业部

地址：内蒙古鄂尔多斯市蒙西高新技术工业园
邮编：016016
电话：0473－2552218
传真：0473－2551730
网址：http://www.mengxigroup.com
E－mail：nmxs@mengxigroup.com

大连冰山橡塑股份有限公司

大连冰山橡塑股份有限公司（原大连橡胶塑料机械厂）始建于 1907 年，从 1955 年开始生产橡胶塑料机械，是中国橡胶塑料机械行业主导厂，机械工业大型骨干企业和出口基地企业，中国机械工业 500 强之一，中国塑料机械工业协会理事长单位，中国橡塑机械行业第一家上市公司。

该公司开发实力雄厚，设有专业的技术开发中心和计算机管理中心，产品开发全部利用 CAD、CAPP 来完成；国家塑料机械产品质量检测中心和大连塑料机械研究所也座落在公司内，负责全行业产品检测、产品标准和进行科技信息咨询服务；公司拥有各种大型、精密和数控加工设备，技术装备精良，检测手段完备，是国内同行业中唯一的国家一级计量单位，并率先通过 ISO 9001 质量体系认证。

该公司可为汽车、石油化工、农业、水利、电线电缆、建材、包装等行业生产各种橡胶制品（轮胎、管、板和密封件等）、塑料制品（膜、板、管、型材、各类塑料造粒、人造革、土工膜等）提供高附加值的橡胶塑料生产线和大、中型设备，主要有橡胶、塑料密炼生产线，橡胶、塑料压延机生产线，塑料挤出生产线，各种开炼机、轮胎定型硫化机、各种塑料挤出机和塑料辅助加工及二次成型加工设备等近 150 多个品种，300 多个规格。

该公司拥有一支覆盖全国的专业化销售网络及维修服务中心，产品销往全国（包括香港、台湾、澳门）34 个省、市、自治区和特区，远销欧、美、亚、澳、非洲 60 多个国家。

地址：大连市周水子广场 1 号
邮编：116033
电话：国内销售 0411－6651029 6641804
进出口部 0411－6651697
售后服务 0411－6651362
传真：0411－6641645 6641873
网址：http://www.dlrpm.com
E－mail：saledlrpm.com

辽宁康达塑胶树脂厂

辽阳市宏伟区康达塑胶树脂厂毗邻我国大型石化企业—辽阳石油化纤公司，是集改性工程塑胶开发、生产于一体的科技型民营企业。拥有职工 180 人，其中高、中级科技人员35名，年生产能力8kt，并通过ISO 9002质量体系认证的专业化企业。

康达塑胶树脂厂的主要产品包括：Kangda PP、Kangda PA、Kangda ABS/PC三大系列几十个品种，在汽车行业中得到了广泛的应用。

特别是Kangda PP的超高增韧PP/EPDM系列在性能上有突出的优势，其保险杠材料是国内唯一获德国大众公司认可的材料，1991年至今独家为奥迪汽车配套。代表先进技术的可喷涂专用料，是国内首家达到大众公司标准并获一汽大众认可，作为一汽捷达轿车涂装保险杠专用材料。增韧填充PP系列中仪表板专用料也获得武汉神龙公司、天津汽车公司、长安铃木公司认可并成为指定生产厂家。

进入新世纪的第一年，该厂共实现产值5000万元，利税500万元，企业总资产达3000万元。

铁岭奇塑科技实业有限公司

该公司生产PP－R冷热水管。该产品适用于住宅、学校、宾馆及其他建筑的生活供水管道、纯净水管道、暖气热水循环管道。食品卫生、医药生产、及腐蚀性液体等输送管道。工业管网、压缩气体管网等。太阳能管道、空调管道及地热采暖管网、农用灌溉管网、园林管网等。

地址：辽宁省铁岭经济开发区

邮编：112000

电话：0410－4844153

传真：0410－4842361

辽宁省大石桥市天日滑石粉有限公司

该公司是国内生产滑石粉、重质碳酸钙的专业厂家，多年供应全国涂料、造纸及塑料制品等行业。以该地区所产优质滑石、方解石为原料、白度高、品位优、高温不变色而闻名，采用先进的超细粉碎生产线，可提供各种规格的优质产品。

地址：辽宁省大石桥市虎庄开发区

邮编：115102

电话：0417－5300108

传真：0417－5300747

喜丰塑料股份有限公司

白山市喜丰塑料股份有限公司是1992年由浑江市第一塑料厂为主改组而成的大型跨行业经营的股份制企业。公司下设12个子公司，生产经营塑料薄膜、汽车配件、化工制品、纸制品、建材制品、医用塑料六大系列49个品种。总资产3.8亿元，固定资产1.48亿元，年产能力50kt，是目前亚洲最大农用薄膜生产企业，列入全国1000家和吉林省15家重点企业之一。“喜丰”牌系列农膜荣获中国名牌和吉林省著名商标荣誉称号。2001年荣获国家工商总局首批“重合同、守信用”企业称号。

喜丰公司技术实力雄厚、拥有专业技术人员366人，占员工总数的31%；喜丰技术中心被列为省重点科研机构。曾起草PVC农膜行业标准。喜丰公司在全国农膜企业率先通过ISO 9002质量体系认证，农膜产销量连续多年在全国同行业名列前茅。

地址：吉林省白山市喜丰路9号

邮编：134300

电话：0439－3226889 3222970

传真：0439－3224298

网址：http://www.jlxf.com

E－mail：bsxf@public.bs.jl.cn

海伦塑料制品厂

海伦塑料制品厂是1976年创办的国有大型企业，是集科研、生产、经贸为一体的跨国、跨行业的综合经济实体。是黑龙江省水泥包装定点生产企业和哈尔滨铁路运输包装定点生产企业，是国家经贸委批准的全国首批土工布重点生产企业。

目前，该企业拥有4个独立的分厂和9个合资企业（国外一个，国内八个）。海伦市内工厂占地面积73141m^2，建筑面积31911m^2。现有员工638人，中、高级专业技术人员129人。固定资产13628万元。企业技术力量雄厚，工艺设备先进。拥有拉丝、编织、复合、吹塑、注塑、挤出等专业生产设备337台（套）。其中引进德国、瑞士、奥地利等国具有国际先进水平的专业生产设备44台（套）。年产塑料制品15kt，高新技术产品$360\times10^4m^2$，土工合成材料2kt，精细化工产品1kt；制药：复方18种氨基酸5%和12%浓度注射液250mL 400万瓶，脂肪乳注射液250mL 100万瓶；新型建材$50\times10^4m^2$。

主要品种有：塑料编织袋、复膜袋、二合一袋、三合一袋、纸塑复合水泥袋、柔性集装袋；塑料编织布、双面复膜布、涂覆苫材、彩色苫布；PP地毯基布；扁丝编织土工布、裂膜丝机织土工布、复合土工膜；工业用膜、农用薄膜、食品包装膜；渔网丝、草坪丝、PE管；打包带；中空容器；PVC装饰板材、UPVC型材、门窗及中空玻璃；激光全息防伪材料；

氯化EVA、氯化聚丙烯（CPP）；制药品种有18种氨基酸12%浓度、脂肪乳、田参氨基酸胶囊、活力康、口愈膜、胃肠宁。

主导产品"松雪牌"聚丙烯编织袋荣获国家最高质量奖－国家银质奖和轻工部优秀产品奖；聚丙烯编织袋荣获全国首届轻工博览会金质奖；PP地毯基布、PE热收缩膜分别荣获全国首届轻工博览会银质奖及省市优秀产品奖等。"安康牌"塑钢门窗异型材、装饰板材，由黑龙江省质量监督检验协会和省消费者协会授予黑龙江省知名品牌产品，并获中国质量万里行黑龙江分站"定点满意产品"。在1997年全国新型建材展示会上，被评为"最佳产品"。专利号：ZL96 3 10175.7、ZL96 3 10174.9、ZL000255.5。产品销往十几个省市，部分产品远销东南亚、北美等十几个国家和地区。

该企业连续二届全国同行业质量评比第一名，连续三届全省同行业质量评比第一名，先后荣获国家二级企业、全国优秀包装企业、全国职工教育先进单位、全国职工技协先进集体、轻工部优秀质量管理企业和省六好企业、省科技进步企业、省百面红旗标兵企业、省精神文明进步企业、省抗洪先进集体、省明珠企业等荣誉称号。

地址：黑龙江省海伦市雷炎大街130号
邮编：152300
电话：0455－5762825
传真：0455－5764014

上海杰事杰新材料股份有限公司

上海杰事杰新材料股份有限公司是通过国家科技部和中国科学院认定的双高认证企业，是中国最具规模的专业从事工程塑料研究、开发和产业化的生产基地。公司成立于1993年，由中国首位工程塑料博士杨桂生创办。凭借科技优势和管理创新，杰事杰公司已发展成拥有4家控股公司和5家参股公司以及一批办事机构的高科技股份制企业，并通过了ISO 9001、QS 9000以及ISO 14001环境质量体系的认证。

该公司秉承"万世基业，选材为本"的经营理念，不断开拓创新，产品已广泛为汽车、电子、通信、建材等行业配套，客户包括上海大众、上海通用、青岛海尔、江苏春兰、三菱电机等知名企业，产品屡获国家级新产品、中科院科技进步一等奖、上海市新产品褒奖。

该公司的长远发展目标：以技术管理创新和资本运营为重心，实现从创业企业向现代企业的跨越，向着新材料领域国际知名企业的目标大步迈进。

杰事杰公司在未来的5～10年内成为新材料领域的国际知名企业、为广大客户提供高附加值、环保型、令客户满意的产品及全方位的服务。

该公司建立了以市场为导向的技术创新机制，利用高分子科学、材料力学、流变学、材料显微学原理对材料进行设计和微观形态学设计，实现材料替代；赋予材料以新的概念，如"绿色材料"等，引导新型工程塑料在市场上的广泛应用。

上海申威达机械有限公司

该公司生产的SJSZ锥形双螺杆塑料挤出机系列、SJ单螺杆塑料挤出机系列和SJSY平行双螺杆塑料挤出机系列，具有高转速，大挤出量，塑化好等优良性能，可用于生产高质量的聚氯乙烯(PVC)，无规共聚聚丙烯(PPR)，聚乙烯(PE)和聚丙烯（PP）等各种上下水、冷热水、气体和压力输送管以及各种规格的型材、板材。

地址：上海浦东南路2266号
邮编：200127
电话：86－21－58891376（总机）
58394679（直线）
传真：86－21－58810161
网址：http：//www．shenweida．com
E－mail：swd－sales@shenweida．com

上海太恒机械有限公司

（原上海市北蔡轻工机械厂）

该厂是国内橡塑机械产品的专业生产厂。具有二十年的生产经验。固定资产2000多万元，员工200多人，各类高、中级技术人员120余名。产品行销全国二十九个省、市、自治区，并出口德国、泰国、印尼、孟加拉国、香港、台湾等十多个国家和地区。年销售额8000万元。

主要产品有：各种规格的塑料压延机及配套辅机、挤出板机、二辊炼塑机以及高速捏合机等四大系列，三十多个品种。

主导产品900－2850mm幅宽的四、五、六辊压延机组(钻孔辊筒油加热）属国内名优产品。并获得国家知识产权局颁发专利证书(实用新型专利专利号ZL00216467.1)。该厂还研制开发了技术先进的塑料挤出设备精密—WE系列两步式行星挤出机。

地址：上海市浦东新区沪南路1588号
邮编：201204

传真：021 - 58435816
电话：021 - 58911410 58912158
021 - 58430606 58435816

上海康复达机械制造有限公司

上海康复达机械制造有限公司是中国与加拿大在材料科学应用领域中合作，独树一帜的高新技术企业。该公司专业制造注射机、挤出机的新一代心脏部件——高耐磨耐腐蚀双金属溶胶机筒和双金属螺杆，以及高产量、高寿命的双金属单螺杆挤出机。公司并以专业双金属特殊工艺，制造材料独特、耐磨性优异的平行双螺杆挤出机各类组合筒体及组合螺纹块。

地址：上海市真陈路 406 号
邮编：200331
电话：86 - 21 - 62503579 62577880/239
传真：86 - 21 - 62578124 62508395

上海飞宏工贸有限公司

该公司是全国色母粒行业协会成员，专营进口颜（染）料和化工原料，并出口国内生产的颜(染）料、助剂。目前已形成四大系列数十个品种的经营规模。

一、色母粒
二、颜(染）料
三、助剂
四、油墨油漆类

该公司是日本 DIC 公司颜料(塑胶用)、色母粒的国内代理商；美国雷迪尔公司荧光颜料的国内代理商；日本三井化学公司聚乙烯蜡的国内代理商；通过以上公司及分布世界各地分公司的帮助，能够迅速及时地为客户提供世界上最新化工产品及信息。

地址：上海市大连西路 253 号 B 幢 902 室
邮编：200081
电话：021 - 56968812
传真：021 - 56711609
E - mail：feihonc@public7.sta.net.cn

上海化工厂有限公司

上海化工厂有限公司是国家大型一档企业，也是研究、开发和生产工业用各类高分子材料历史最久、规模最大的企业。70 年代以来，特别是近十几年来，公司依靠技术进步和科学管理来面对激烈市场竞争的挑战，先后开发生产了大量满足用户需求的上海市名牌高新技术产品，1992 年被评审认定为上海市首批高新技术企业。公司按照 ISO 9000 标准要求，建立和实施了符合 GB/T 19001—1994 idt ISO 9001:1994 要求的质量体系，并于 1995 年 4 月通过上海质量体系审核中心（SAC）认证，成为化工部首家通过 ISO 9001 认证的企业。该体系覆盖各类产品的设计、生产、服务全过程。1998 年公司技术中心被认定为上海市级技术中心，2001 年通过 ISO 9001 新版质量体系认证复评。江泽民总书记时任上海市市长期间还亲自到公司视察指导工作，并为公司亲笔题词：“依靠技术进步、加快技术改造、追赶世界先进水平”。

该公司重视产品创优，进行超前型的新品开发，不断提高产品档次，拓展高新技术领域，公司先后从德国、瑞士、奥地利等国家引进多条流水线，主要产品技术装备达到国际先进水平。公司生产上海市名牌“双花”产品 9 大类 200 多个品种，主要有：聚氯乙烯电缆料、汽车塑料配件粒料、聚氯乙烯医用输血粒料、交联聚乙烯电缆料、硅烷交联电缆料、无卤阻燃电缆料、聚酯薄膜、注塑产品、管材、聚四氟乙烯制品、离子膜、聚氯乙烯带胶膜等，年产量近 35kt，广泛用于电缆、电子、机械、建筑、汽车、国防工业、医疗、食品、包装和农业等国民经济的各行各业。同时，公司还配备了先进的检测设备，能够为众多的客户提供最佳的质量保证及一流服务，使顾客满意，为用户创造价值。

地址：上海市杨树浦路 1578 号
邮编：200090
电话：021 - 65193960
传真：021 - 65393513
网址：http://www.shanghai - chemical.com
E - mail：scpnetk@online.sh.cn

南京中达制膜(集团)股份有限公司

南京中达制膜(集团）股份有限公司(简称：南京中达，股票代码：600074)，是我国软塑新材料行业规模最大、现代化作业水平最先进、专业从事软塑新材料研究开发、生产与销售的国家级高新技术企业集团。总部设在南京。

南京中达拥有国际一流的软塑新材料生产线和配套设备，主要生产双向拉伸聚丙烯薄膜(BOPP)、多层共挤流延薄膜(CPP)、双向拉伸聚酯薄膜(BOPET)等三大系列高科技软塑新材料产品。产品广泛应用于香烟、食品、服装等包装领域；并被广泛用作烫金、电器绝缘、彩色印刷、粘胶带、感光胶片、真空镀铝、复合、蒸煮包装等行业的新型基材。是我国最大的 BOPP 香烟薄膜产销基地和国家烟草物资定点生产基地之一，1998 年即通过了 ISO 9002 质量体系认证。

地址：南京市汉中路 89 号金鹰国际商城 20 层

邮编：210029

电话：8625－4701180

传真：8625－4718465

网址：http://www.njzdzm.com

金陵石化有限公司塑料厂

金陵石化有限公司塑料厂是中国石化集团金陵石化有限公司所属的一个综合性的石油化工和塑料加工企业，2002 年通过 ISO 9002 质量体系认证。

塑料加工、聚丙烯、聚氨酯辅装材料是该厂的三大系列产品，其中塑料加工系列可生产大型塑料中空容器、大中型塑料托盘、周转箱、座板、座椅等新型塑料加工产品，现已成为全国最大的塑料加工基地之一，有从德国 MAUSER 公司引进的 1500t BM201 大型吹塑成型机、意大利 TRIULZL 公司引进的最大注射量 4kg/次的大型注塑机组，年生产能力为 115 万模/a。是中国石化集团重要的塑料加工和开发应用基地。

地址：南京市和燕路 390 号

邮编：210028

电话：025－5314180

传真：025－5311225

南京橡塑机械厂

南京橡塑机械厂是从事橡塑机械设计制造的专业工厂。创建于 1959 年，目前企业总资产近 5000 万元，2001 年销售 7000 多万元。1998 年企业进行了产权制度的改革。企业现有高、中级职称工程技术人员近 50 人。企业拥有先进的电脑设计系统，有效的 ISO 9002 质量体系，快捷完善的售后服务体系。产品覆盖全国、远销欧美等国际市场。

企业主要产品：平行同向双螺杆挤出机组直径规格 25mm～133mm；排气混炼单螺杆挤出机组直径规格 30mm～220mm；大、小口径塑铝复合管挤出成型机组；PP－R、PEX 管材挤出机组；全自动 32kg 以上大型冷喂料橡胶注射机；2001 年该厂围绕“西气东输”工程开发了大口径钢质管道 PE（PP）涂覆机组，受到广大用户的欢迎。该机组可生产直径 160mm～230mm 缠绕法 3PE 防腐管道。北京、上海、江苏、广东、四川、浙江及辽宁等省市相继用该产品新建了防腐管道生产企业，为国家“西气东输”工程装备的国产化做出了应有的贡献。

南京橡塑机械厂长期以来坚持机制创新、技术创新，激励人才、推陈出新、服务市场，取得企业效益和社会效益的双丰收。先后被授予“江苏省技术进步先进企业”；塑料协会专委会“明星企业”；南京市政府“文明企业”称号；两类三个产品被评为“国家级优秀新产品”；多项产品获得了部、省、市科技进步奖；拥有实用新型专利五个。

南京聚隆工程塑料有限公司

南京聚隆工程塑料有限公司是一家以生产、经营、开发改性工程塑料为主，集科工贸为一体的高新技术企业。该公司坐落于南京高新技术开发区，主要产品为改性工程塑料 PA66、PA6、PP、PBT、PC、ABS 等六大类 200 余个品种，已广泛应用于汽车、电子、铁路、家电、通讯、纺机、电器、机械、体育休闲用品等行业，产品行销全国 20 多个省市。

聚隆公司拥有先进的设备、完善的检测设备及精良的技术服务队伍。公司技术力量雄厚，拥有教授级高级工程师及多名从事改性工程塑料研制开发的资深工程技术人员。公司与行业内各大著名科研院校密切的合作，以保持技术的领先。2001 年“1800t 增强增韧高性能尼龙生产线”被批准列为国家火炬计划项目。

公司于 2000 年 4 月通过 ISO 9002 认证，2001 年 4 月通过 ISO 9001 认证。并被神龙公司、意大利默洛尼公司认定为富康汽车、阿里斯顿热水器等著名产品的原料指定供应商。产品获美国 UL 认证。

2001 年，为保持企业快速发展的势头，公司投资兴建了 3000m^2 的生产厂房和 1000m^2 的科研大楼，新增的两条生产线也已竣工投产，全年实现了生产能力和销售额翻番。

常州丰盛塑料有限公司

常州丰盛塑料有限公司是目前国内最大的塑料板材生产基地，公司现已通过 ISO 9000 质量体系认证，拥有国际著名设备制造商 UNION、AMUT、OMIPA 等公司的 11 条双层及多层共挤板材生产线，产品厚度范围 0.6～10mm，最大宽度 2450mm，年生产 PC、PMMA、ABS、HIPS、PP、PE、EVA 等多种塑料板材能力达 25800t。产品大量应用到建筑装饰、广告、卫浴、冰箱、汽车、火车、包装、土建工程等行业。

无锡桥联轻化机械有限公司

该公司是多年生产塑料挤出机械及塑料辅机机组的专业厂家，融科研、制造、营销于一体，拥有精湛的生产设备及专用工装。主要产品有 SJSZ45、50、65、80、100 锥形双螺杆挤出机；SJ30、45、65、90、120、200 单螺杆挤出机等主机，与其配套的有管材，型材、板材、片材、造粒等辅机；包括真空定径机、牵引机、切割机、胀管扩口机、塑料磨粉机、高低速混合机组；PPR、PE 管材生产线及高密度聚乙烯硅芯管、高密度聚乙烯（HDPE）大口径双壁波纹管生产线等。

地址：江苏无锡洛社镇 312 国道旁
邮编：214187
电话：0510－3311509 3314212
传真：0510－3312241
网址：http：//www.xsql－group.com
E－mail：xsql@pub.wx.jsinfo.net

苏州工业园区富事达塑业有限公司
（苏州塑料一厂）

苏州工业园区富事达塑业有限公司（苏州塑料一厂）前身是原苏州塑料一厂，从事工程塑料制品、塑料货箱、塑料片管材、改性塑料、大型真空成型制品和各种异型材的研制、开发、生产，是省政府认定的江苏省高新技术企业，并已注册进入苏州工业园区。已通过 ISO 9001、QS 9000 和 VDA6.1 质量体系认证，是上海大众汽车公司共同体成员单位之一，是美国上海通用汽车公司（SGM）供货商。近几年来，在激烈的市场竞争中，奋力拼搏，得到了迅速发展，凭借严格的管理、雄厚的技术力量和先进的设备，不断加强产品开发和市场开发，先后从德国、美国、意大利、日本等国家引进各类双螺杆挤出机、精密注射机、片板材生产线及检测仪器等近 30 台套；公司在科技开发能力和技术设备水平等方面已形成了较强的实力和规模。公司目前有 468 员工，各种专业人员 110 名，年产值 14000 万元。

主要生产产品有六大类，即注射产品（塑料货箱等）、片板材、波纹管、改性塑料及大型真空成型制品和各种异型材等，并根据各个领域的发展和需求不断调整优化产品结构，已初步形成了以汽车、家电、电子、农机、生物工程等以及出口为主的产品发展方向。公司已有 20kt 塑料制品生产能力和规模。

地址：江苏省苏州市养育巷 415 号
电话：0512－65223949
传真：0512－65239532
网址：http：//www.first－plastic.com
E－mail：worldsy@public1.sz.js.cn

常州合和塑料有限公司

该公司是专业生产高回弹聚氨酯模塑制品和聚氨酯自结皮泡沫制品的中外合资企业。拥有德国巴斯夫（BASF）公司制造的全电脑控制的聚氨酯高压注射反应成型生产线和国产低压发泡机，可生产制造各种形状复杂、独特阻燃要求的、不同密度与硬度的高回弹聚氨酯模塑制品，和不同密度和硬度的自结皮泡沫制品。

地址：中国江苏省常州市采华路 18 号
邮编：213004
电话：0519－8813977 8813994
传真：0519－8813977

常州市联丰镜面辊制造有限公司

该公司主要以制造、修复各种国产、进口规格的：冷铸辊、压光辊、压延辊、流延辊、压花辊、网纹辊、喷砂辊，热轧辊、消光辊、橡胶棍等辊类产品的专业公司，产品主要用于塑料板材、透明片材、防水卷材、造纸、人造革，皮革制品及无纺布等生产线上。

地址：常州市关河西路青山桥往西 300m（常州跃进五金厂内）
邮编：213002
电话：0519－6686200
传真：0519－6686200

张家港市亿利机械有限公司

该公司生产 PE 大口径中空壁缠绕管生产线，大口径 PVC 排水、排污管材生产线，PE 大口径煤气、供、排水管材生产线，PP、PE、PVC、PS、ABS 片材挤出机，SJ 系列单螺杆挤出机，SJZ 系列锥形双螺杆挤出机，SHL 系列冷却混合机，SRL－Z 系列混合机，SHR 系列高速混合机，SH 系列混合着色机，STG 系列塑料干燥机，ZJF 塑料粉末上料机，SWP 系列塑料破碎机，SJCF 塑料管材辅机，SJYF－240 塑料异型材机组。

地址：江苏省张家港市三兴镇沿江路9号
邮编：215624
电话：0512-58573188 58570056 58578518
13806227598
传真：0512-58570805
网址：http://www.yilicn.com
E-mail：uuchz@public1.sz.js.cn

江苏联冠科技发展有限公司

该公司生产PVC自动配混生产线：

- (3-3500)L系列加热、冷却混合机及机组；
- PEX、PE、PPR、铝塑管等成套生产线；
- 系列单螺杆挤出机及其管材、型材成套辅机；
- 系列塑料干燥机、上料机、模具控制器、新型破碎机；
- 塑木复合制品及其成套生产设备；
- 高性能纳米塑料复合管生产线。

地址：张家港市三兴镇白熊路2号
电话：0512-58578000(总机)
传真：0512-58570215
网址：http://www.Baixiong.com.cn
E-mail：huangxuexiang@ baixiong.com.cn

苏州市万邦环保化建有限公司

该公司与美国万邦有限公司合作，共同经销土耳其白洋化学公司生产的白洋牌复合稳定剂。白洋化学公司于1996年通过ISO 9002认证，年生产能力超过40kt，是中东地区规模最大的PVC助剂生产厂。

地址：苏州工业园区贵都花园15幢203室
邮编：215021
电话：0512-62525561 62525562
传真：0512-62525563

张家港华明机械有限公司

张家港华明机械有限公司主要从事研制生产塑料机械产品，注重技术改造，不断开发新产品。产品主要有平行双螺杆挤出机、锥形双螺杆挤出机、系列单螺杆挤出机、铝塑复合管材、塑料管材、塑料异型材、装饰板材、片材、造粒等成套挤出生产线及各种辅机。产品行销全国二十九个省、市、自治区，并出口泰国、加拿大、越南、印尼、伊朗、希腊、埃及、日本、俄罗斯等十多个国家和地区。

地址：江苏张家港市三兴镇雁行头(204国道旁876.2km处)
邮编：215624
传真：0512-58570336
网址：http://www.huaming.com.cn
E-mail：hmjx@huaming.com.cn

江阴市顾山东风合成化工厂
江阴市东风特种电缆材料厂

该厂已形成生产各类塑料加工助剂5kt/a，电力电缆材料3kt/a的中型企业。全厂职工100多人，拥有高级工程师2名，工程技术人员8名，现有固定资产800万元。主要产品有：塑料加工助剂——聚乙烯蜡、氧化聚乙烯蜡、聚丙烯蜡、微晶蜡、PVC复合稳定剂、PVC增效剂、PVC内外润滑剂、G32-1、S-70、乙撑双硬脂酰胺(EBS)，硅烷改性低分子蜡、EVA蜡等和电力电缆材料——辐照交联用聚烯烃半导电屏蔽电缆料、辐照交联用聚乙烯绝缘料、聚乙烯护套料、电力电缆附件用热收缩材料二大系列30多个品种。电缆材料产品获1996年度中国高新技术专利及新产品博览会金奖，1999年评为无锡市重合同守信用企业。1998年、1999年、2000年多次评为江阴市民营科技先进单位。企业经有关资信评估公司评为AAA企业，2000年度通过ISO 9002质量体系认证。

地址：江苏省江阴市顾山镇
邮编：214413
电话：0510-6321284 6321854
网址：http://www.dongchem.com
E-mail：zdcdf@pub.wx.jsinfo.net

江阴市新达塑料机械有限公司

该公司是国内独家制造SJW往复式单螺杆混炼挤出机的专业生产厂家。同时制造各种规格的剖分式同向平行双螺杆挤出机。

地址：江苏省江阴市璜塘镇
邮编：214407
电话：0510-6537763 6537178 6911537
传真：0510-6531436
网址：http://www.新达塑机.com
E-mail：jsxinda@pub.wx.jsinfo.net

无锡华亚机械制造有限公司

（原锡山市华晶机械设备有限公司）

该公司是多年从事生产塑料磨粉机的专业工厂。其特点是具备水循环冷却，并可24小时连续运转无筛一次成粉，排料温度低于60℃，每小时磨粉60～150kg左右，粒度为20～100目，是塑钢门窗、管材、板材生产过程中回收边角废料的专用设备。

该公司还可生产

1. 双螺杆挤出机组

2. PVC、芯层发泡管辅机、模具、配方、调试。提供全套服务

3. SWP 200—400型破碎机

4. SPL—2系列混合机组

地址：江苏省无锡市洛社镇万新工业区

邮编：214187

电话：0510－3312860

传真：0510－3318860

常州市勤业塑料厂

常州市勤业塑料厂始建于1964年，具有悠久的聚氯乙烯（PVC）塑料基材生产历史和丰富的生产经验。企业属“国家大型企业”，是常州塑料集团公司的支柱企业之一。

主要产品

一、PVC硬片：主要品种有PVC透明片、装饰片、药用片、圣诞树片等。

二、PVC薄膜：主要品种有PVC透明膜、雨衣膜、民用膜、复合膜等。

三、PVC人造革：主要品种有PVC镜面革、箱包革单面、双面等。

四、PVC硬板、淋水片：主要品种有PVC层压硬板、淋水片等。

五、PP/PE板及汽车内饰材料：主要品种有PP、PE板、片、汽车软、硬内饰材料等。

地址：常州市怀德南路104号

邮编：213001

电话：0519－6852524

传真：0519－6851244

网址：http：//www.qyplastic.com

E－mail：qinye449@public.cz.js.cn

江苏双乐化工颜料有限公司

该公司系生产商品味、专业应用型酞菁蓝、酞菁绿、铬黄、钼红颜料的集体股份制企业，是国内规模较大的颜料生产企业之一，其蓝、绿、红、黄四大色系，色光鲜艳、着色力强、分散性好、耐性优良，公司一直以其稳定的品质、优良的适用性立足市场、享誉国内外。

地址：江苏省兴化市张郭镇

邮编：225722

电话：0523－3761050 3764088

传真：0523－3761630 3762051

网址：http：//www.shuangle.com

E－mail：slhg.xh@public.tz.js.cn

江都市新真威试验机械有限责任公司

（原江都市试验机械厂）

该公司是测试仪器的专业制造厂，是我国首批获得测试仪器制造许可证的厂家之一，为国家二级计量合格单位，并多次获质量信得过明星企业称号。生产各种拉力试验机及其它测试设备。

地址：江都市真武镇真武路59号

邮编：225265

传真：0514－6271099

电话：0514－6271099 6274342

张家港白熊科美机械有限公司

该公司主要产品有系列干燥机、自动加料机、单/双螺杆挤出机、中空成型机、系列加热冷却混合机、破碎机、冷水机、管材、型材、板材、PP－R管、铝塑复合管、造粒成套生产线设备。同时承接各类塑料机械与制冷业交钥匙工程。产品行销全国各省市，并出口三十多个国家与地区。

地址：张家港市三兴白熊工业园白熊路68号

邮编：215624

电话：0512－58579188 58530888

传真：0512－58570513

E－mail：gongkai@publicl.sz.js.cn

南京智宁塑料填料研究所

南京智宁塑料填料研究所是专业研究及生产塑料填充改性材料的科研单位。多年来，该所以科技为先导、市场为导向研究和生产出可供用户选择的品种齐全、质量优、价格合理的填料，填料销售占领了国内大部分市场，并有一定量进入国际市场。

研制生产的塑料填充改性材料按产品的形状分有：

一、纤维填料：

(1) 研磨纤维

(2) 磨碎纤维

二、片状填料

三、颗粒状填料

四、球状填料

五、塑料填充

地址：江苏南京夹岗长塘108号

邮编：210012

电话：(传真)025－2421672 2456448

南京华立明科工贸有限公司

南京华立明科工贸有限公司是集科、工、贸为一体的股份制公司，与南京大学、东南大学等建立了良好的产、学、研合作关系。目前采用全新工艺与外商合作开发的紫外线吸收剂产品已远销欧美，并已拓展国内市场。该公司还专业代理了各种型号的光稳定剂、抗氧剂等系列产品，如GW－540、994；抗氧剂1010、1076、264等，并可按客户要求进行复配及提供各种规格的产品包装。

地址：南京市中山北路北四卫头8号华丰大厦1406室

邮编：210009

电话：025－3717382 3706929 3708671

传真：025－3717382 13605148771 13605148772

E－mail：ljz007903@sina．com

昆山市源源塑胶颜料有限公司

该公司提供的塑料用系列着色剂，根据选择可应用于下列多种塑料：PS、HIPS、SAN、SB、AS、ABS、372、PC、硬PVC、PE、PP，有机玻璃、装饰材料、制笔材料、纱管材料、有色母粒等的染色。

地址：江苏省昆山市亭林路99号

邮编：215300

电话：0512－57558288 57559102 57559074

传真：0512－57558668 57556948

电挂：4298

南京飞马高分子材料开发有限公司

（原南京嘉玉化工有限公司）

南京飞马高分子材料开发有限公司是南京市2000年度首批认定的民营科技企业，收购原南京嘉玉化工有限公司，从事粉状橡胶系列产品的开发研制、生产及经营。丁腈胶乳已有三个牌号，分别用于浸渍手套及无纺布。羧基丁腈橡胶粉的商品名为N型树脂增韧剂，有五个牌号，它是在乳状羧基丁腈橡胶胶粒的外球面上接枝含羧基不饱和烃而悬浮成粉的羧基丁腈橡胶。其结构特征为核壳结构，核是弹性体的羧基丁腈橡胶，壳是塑性的羧基不饱和烃聚合物，胶团成蜂窝状，光波可以在胶团内通过，可制聚氯乙烯透明制品。

地址：南京市和燕路400号5－201（公司）

邮编：210028

电话：025－5307099

传真：025－5316838

E－mail：feimachem@263.net

地址：南京市六合县玉带镇临河路17号（工厂）

邮编：211512

电话：025－7620744

传真：025－7621744

网址：http：//www.feimachem.com

无锡市巨龙塑化股份有限公司

无锡市巨龙塑化股份有限公司（原无锡市塑料一厂）是1956年创建的以注塑为主的工程塑料制品公司。公司拥有先进80g～20000g注塑设备，年生产销售100万只、七个系列、90多个规格塑料周转箱和大型塑料托盘等物流产品，配套生产汽车、家电、电子电器等高新技术工程塑料制品。产品曾荣获国家质量银质奖，1998年企业通过ISO 9002质量体系认证。

公司担任中国塑料加工工业协会注塑制品专业委员会和中国包协塑料制品委员会箱包组主任委员会单位职务，是两个行业组织的驻地。

地址：江苏省无锡市惠盛路1号

邮编：214035

电话：0510－3700441 3702495
传真：0510－3703864
网址：http://www.wuxijulong.com
E－mail：wxjulong@pub.wxjsinfo.net

江阴市华士助剂厂

江阴市华士助剂厂系股份合作企业，已有二十多年的精细化工生产历史，是集研究、开发生产销售于一体的综合型企业。主要以生产软包装复合粘合剂和化工助剂为主，拥有年生产粘合剂1kt、化工助剂600t的能力。

地址：江苏省江阴市华士镇
邮编：214421
电话：0510－6200912 6202080 13801528318
传真：0510－6211723
网址：http://www.huashi－chem.com
E－mail：mkdept@huashi－chem.com

张家港市田园降解塑胶机械有限公司

张家港市田园降解塑胶机械有限公司是与山东省塑料工业协会、山东省塑料研究中心、济南塑胶助剂有限公司协作共同组建的塑料机械制造企业，位于苏、锡、常金三角内的国家级卫生城市——张家港。

主要产品：

1. 一次性降解快餐盒生产线；
2. PVC、PE多孔管生产线；
3. PPR管材、PVC管材型材生产线；
4. PET打包带生产线；
5. 锥型、平型、双螺杆挤出机；
6. 高速、低速混合机；
7. 其经塑料工业专用机械设备。

地址：南丰镇西街
邮编：215628
电话：0512－58628668
网址：http://www.pr－agent.com.cn

江南塑料机械有限公司

该公司已有30多年生产塑料机械历史。近年来以技术创新为动力，制造水平和企业素质有突出提高，被江苏省评为高新技术企业，建立了江苏省首家博士后技术创新中心。2000年产值达8000万元。

该公司以挤出成型设备为主导产品，包括膜类、板材、型材等生产设备9大门类20多个品种。其中管材生产设备是近年来发展的重点，主要生产PPR管、铝塑复合管、三复静音管、硅芯管、多孔护套管、PE管等设备。PE燃气给水管设备被评为国家级重点新产品，主要技术指标达到国际先进水平。博士后技术创新中心首期项目纳米复合增强PP微孔板材挤出生产线在国内外处于本学科研究的前沿。

该企业加工检测装备较齐全、注重产品质量，已通过ISO 9001认证。重视技术队伍建设，吸收了50多名大专学生和专业人才充实职工队伍，同全国10多家大专院校和研究单位建立了长期密切关系。

无锡格兰机械（集团）有限公司

我国塑料注射机重点专业生产厂，中港合资企业。先后被评为“国家重点高新技术企业”、“中国最大千家高新技术企业”、“江苏省外商投资先进技术企业”、“江苏省高新技术企业”。2000年产值4.56亿元，利税4270万元，其中出口电脑全自动注射机100台，创汇250万美元。

产品有6大系列、近百种。锁模力800～27000kN，注射容量80～40000cm^3。产品曾获“国家级重点新产品”、“江苏省名牌产品”，得到德国SLC公司测试认可，取得了“CE”、“EMC”标识认证。采用公司知识产权“二板式合模机构”国家专利制造的中大型二板式注射机，专家鉴定为已达到国际同类产品先进水平。

该公司有职工1000多名，25%为专业技术人员，其中5%具有高级职称。工厂装备有从美、德、俄等国进口的加工中心、螺杆铣床、转塔冲床、组合式立体仓库等。

该企业通过了ISO认证并引入国际先进的ERPⅡ企业资源管理软件，建立了联系产供销各个环节高效运行的科学管理体系。

江苏科亚化工装备有限公司

该公司为目前我国销售量最大的混炼（同向平行）双螺杆挤出机重点专业生产厂。内地与澳门合资企业，组建于1993年。几年来企业发展迅速，2000年销售产品248台，销售值1.18亿元，人均达42.14万元。

产品以原化工部机械研究院国内领先的同向平行双螺杆挤出机制造技术为基础，产品包括TE系列同向双螺杆挤出机组，螺杆直径20～165mm；KY系列同向双螺杆/单螺杆双阶挤出机组；MD系列连续混炼机/单螺杆双阶挤出机组及脱挥型双螺杆机组。在螺杆长径比、转速、生产率和能耗等主要技术经济指标上达到或接近国际先进水平。

职工 280 名，其中科技人员 90 名，占全部职工的 32%。企业注重发挥同行中专家的作用，聘请了国内在塑机行业享有盛名的 30 多位专家教授指导新产品新技术开发。同国内有关院校、研究单位保持着紧密的合作关系。

张家港市轻工机械有限公司

该公司位于张家港市沿江开发区白熊工业园，下设一个营销中心和一个技术中心；三个职能部门；五个生产车间；一个新品研制中心。公司现有总资产近 5000 万元，占地面积 $52000m^2$，现有员工 258 名，大专以上 82 名，本科以上科研人员 28 名。公司专业生产系列塑料机械、饮料机械。塑料机械主导产品有：系列塑料混合机；单、双螺杆挤出机；各类异型材、管材、造粒成套生产线。企业十分重视技术创新，近年来成功开发了 PVC 全自动配混生产线、PPR 管材自动生产线、新型高速铝塑复合管生产线、高效节水农业器材设备生产线等多项高新技术新产品，主导产品多次获省、市科技进步奖和技术创新奖，其中 PVC 全自动配混生产线获 2000 年度国家重点新产品，同时列为 2001 年度建设部科技成果推广转化指南项目。1999 年企业率先在同行业通过 ISO 9001 质量体系认证，2000 年获江苏省高新技术企业认定和国家二级计量确认。企业还十分重视人才培养和引进，积极搞好与科研院所紧密联合，先后与清华大学、北京化工大学、无锡轻工大学、中国直升机设计研究所等单位建立了良好的技术合作关系，为企业创新和发展打下了坚实基础。

南通三德塑胶工业有限公司

南通三德塑胶工业有限公司系新加坡著名企业集团——三德集团在中国众多投资项目之一，专业生产 PVC－U 管材、管件。公司拥有当今世界先进水平的全自动原料捏合系统及德国 KRAUSS－MAFFEI 公司出品的全自动生产设备及模具，年产 PVC－U 管材、管件 25kt。该公司生产外径自 16～710mm 的各种规格管材、管件，能满足不同类型客户的需要。1998 年该公司一次性通过权威机构组织的 ISO 9002 质量体系认证。

地址：南通经济技术开发区广州路 9 号
电话：0513－3597637、3597638
传真：0513－3597639
网址：htpp://www.santehltd.com
E－mail：stp@public.nt.js.cn

武进市广宇花辊有限公司

常州武进市广宇花辊有限公司，地处苏南重镇——常州市南郊马杭镇，是全国著名的菊花之乡。

公司始建于 80 年代初，占地面积 $25000m^2$，建筑面积 10000 余平方米，拥有大型精密机 6 台套，电镀流水线三条，电子雕刻机、引进四轴模具雕刻机各 1 台，及全套电脑制版、分色、激光照排系统，年产各类压花辊 5000 余根。

公司专业生产多层次皮纹辊、消光辊、墙纸辊、单、双面金属压花辊、无纺布热轧辊等。另于 2000 年底引进日本等设备与技术，使花纹的仿真率达到 95%以上。

公司还专业生产各种压花、压光机械。产品有二辊、三辊压花、压光机、金属单、双面压花机及无纺布热轧机，各种规格流延膜机组。广泛使用于塑料、板材、金属、无纺布、纸张等行业。

地址：江苏常州武进市湖塘马杭街广电路 10 号
邮编：213162
电话：0519－6701036 6702036
传真：0519－6702056
网址：http://www.wj－guangyu.com.cn
E－mail：guangyu@wj－guangyu.com.cn

张家港市贝尔机械有限公司

张家港市贝尔机械有限公司是国内生产塑料机械的重点骨干企业，并联合北京化工大学从事塑料成套挤出生产线，及周边设备的研制、开发、生产。

该公司坚持以质为本、以诚为信的宗旨，近年来，又吸收引进德国、意大利的先进技术与管理方法，不断开发新技术产品，完善生产应用技术与服务。每一件产品都深得客户的赞许，同时也创造了贝尔机械的品牌。

最近该公司与北京化工大学又携手紧密合作，向市场推出了适合中国国情的柱塞式过氧化物交联聚乙烯管材加工生产技术及装备，同时联合北京化大光明科技有限公司研制成功过氧化物交联聚乙烯专用料。该技术为国内首创，已报申国家专利，结束了过氧化合物交联聚乙烯生产技术和设备依赖进口的局面。该产品投资少、见效快，并且已通过国家建材检测中心的检测，达到了国际同类产品的先进水平。

地址：江苏张家港市民营科技园
邮编：215600
电话：0512－58682198 59698128
传真：0512－58682126
网址：http://www.beierp.com

张家港市卓成机械制造有限公司

张家港卓成机械制造有限公司是国内生产塑料机械的重点骨干企业，公司吸收了国内外先进技术和管理方法，以“求实、创新、快捷”为宗旨，专业制造各类混合机组系列，干燥机、加料机、系列破碎机、上料机及各种辅机，以其国际先进技术，物有所值的价格，使产品畅销国内外。

地址：江苏省张家港市锦丰民营工业园
邮编：215625
电话：0512－58561001 58561008
传真：0512－58561007
网址：http://www.zhuocheng－jx.com
E－mail：service@zhuocheng－jx.com

浙江大东南集团有限公司

浙江大东南集团有限公司地处“西施故里”——诸暨，她的前身是诸暨塑料厂，始建于1975年，当时仅有7名职工，两间仓库，几千元资产，经过26年的努力，目前已发展成为“世界塑料制品业500强企业”、“中国塑料包装制品龙头企业”、“国家重点高新技术企业”，现拥有资产总额7亿元，技术力量雄厚，关键生产设备从国外引进，具有国内领先，国际一流水平，企业主要生产LDPE、HDPE、PP、CPP、BOPP等塑料包装基材和各种塑料包装制品，年生产能力达45kt，80%以上的产品销往国际市场，2001年完成产值118205万元，实际上缴税金1881万元、利润总额10821万元，出口交货值达84536万元，企业跻身于“全国乡镇企业出口创汇二十强企业”，西施牌塑料薄膜包装系列产品被评为“浙江名牌”产品，“西施”牌商标为“浙江著名商标”企业于1999年通过ISO 9002质量体系认证。“大东南”所创造和实施的“以创造市场为目的的技术引进战略决策管理”被评为全国企业管理现代化创新成果二等奖。

企业近十年间，先后投入5.27亿元，年年实施技术改造，引进国外先进设备，改造一项成功一项，其中年产12kt BOPP薄膜生产线项目被国家经贸委评价为我国包装行业，技改项目中最成功的典范。这些技改项目的竣工投产，使企业赢得了市场空间和主动权，同时也获得了最大经济效益。公司所开发的功能性BOPP薄膜，功能性CPP薄膜、功能性纳米透气膜，功能性可降解光转换农用薄膜等6个国家级及省级新产品，其中三个产品获得浙江省科技进步奖和优秀科技产品。

地址：浙江省诸暨市璜山镇建新路88号
电话：0575－7091468 7091828
传真：0575－7091508
网址：http://www.chinaddn.com
E－mail：ddn@chinaddn.com

杭州塑料工业有限公司

杭州塑料工业有限公司是由具有近50年生产经验，专业从事塑料加工的国有企业通过规范改制建立的有限责任公司。是全国轻工业系统先进集体，中国包装行业的龙头企业之一。

该公司拥有从德国、美国、意大利、奥地利和日本引进具有最新技术的自动化生产线和质量检测设备；生产以聚氯乙烯制品为主，产品有PVC复合硬片、PVC硬片、圣诞树叶用PVC硬片、PVC粒料和聚四氟乙烯模压制品。PVC复合硬片系列产品不仅填补国内医药包装领域的空白，且质量与国外同类产品相媲美。

为保证产品质量，该公司投资3000万元按GMP标准新建了洁净度达10万级、环境温度自动控制的医药包装材料生产厂区。

地址：中国杭州市余杭塘路95号
邮编：310011
网址：http://www.hs-zj.com
E－mail：market@hs-zj.com
电话：(总机)0571－88088788
传真：0571－88086419

三友控股集团有限公司

三友控股集团有限公司(前身为浙江三友集团有限公司)是三友控股集团的核心企业，系国内著名的塑料纱管生产基地。具有年产各类纱管5000万支的生产能力，现有固定资产1.7亿元，员工2700多人，其中工程技术人员600多人，公司占地面积$1\times10^5m^2$，建筑面积11万多平方米。

该公司主要产品有经纱管、纬纱管、粗纱管、宝塔管、毛纺管、气流纺管、并线管、网眼管、普纬管、化纤管、摆管箱、落纱箱等系列产品，产品荣获省、部优、中国名牌等几十项荣誉称号，是中国纺织机械工业协会重点推荐品牌，三友商标为浙江省著名商标，产品全部通过 ISO 9001 质量体系认证，并拥有自营进出口权，产品畅销全国及欧美，东南亚等国家，市场占有率达 40%，各项经济指标排名，连续 20 多年居国内同行业前列跻身中国纺织机械器材行业百强。

地址：浙江省台州市路桥区春桥
邮编：318058
电话：0576－2700362 2701161
传真：2700361
网址：http：//www.china-sanyou.com
E－mail：info@china-sanyou.com

舟山金海螺杆有限公司及其集团成员企业

舟山金海螺杆有限公司成立于 1985 年初，是开创我国螺杆、机筒专业化生产的著名企业。注册商标为“金海螺”，是金海螺家族企业集团的母企业。继舟山金海螺杆有限公司之后，相继派生出来的家族企业已有十余家，各以不同专业产品分工先后在上海、舟山等地组建有一定规模的专业公司，从事各种塑料机械生产线或专业产品。

舟山金海螺杆有限公司，以生产各种规格型号的螺杆机筒，目前为全国塑料机械用户的螺杆机筒更新修配提供零部件为其服务方向。

舟山金海机械有限公司，以生产批量、大型或高难度特种螺杆机筒，为全国大中型塑料机械制造企业提供长期批量订货的各种螺杆机筒部件。

浙江金海塑料机械制造有限公司，以生产普通单螺杆挤出机为主，为全国塑料行业用户提供单螺杆挤出设备。

上海金纬机械制造有限公司，以生产化纤挤出机械设备及成套后牵引纺线装置，如各种卷绕头等。为国内外化纤生产企业提供成套或非成套化纤纺丝设备。

上海金纬制造有限公司一、二、三分公司，分别生产塑料管线成套生产线、塑料板材成套生产线等成套塑料机械。

上海金湖挤出设备制造有限公司，以生产塑料异型材挤出成套生产设备、锥型双螺杆挤出设备为主。

上海金湖挤出设备制造有限公司一、二、三分公司，分别生产塑料板材、管材和其它挤出设备成套生产设备，为国内外塑料机械用户提供中高档次各种挤出设备成套生产线。

在上海的金纬机械和金湖机械公司是金海螺家族型集团企业对国内外客户的销售窗口和组装基地，此外在舟山还有浙江金湖机械制造有限公司和舟山金海电工机械有限公司二大配件生产基地，为上述各公司提供大量制造装配用零部件。

舟山金海螺家族企业集团目前拥有资产几个亿，年销售在人民币 6 亿元以上，产品远销世界各国，各专业公司大多已通过 ISO 9002 国际质量认证，是一家企业经营业绩优良，讲信誉、求质量，专业化程度高，被广大国内外用户好评的优良家族型民营企业群体。

地址：浙江省舟山市定海经济开发区 B 区(甬兴路)
邮编：316000
电话：0580－2680688 2680338
传真：0580－2680678

宁波方力机械有限公司

宁波方力机械有限公司是宁波方力企业发展有限公司下属的机械制造企业，主要生产 PP－R(PP－B)管材生产线、PE、PP、ABS 改性管材生产线、SJ 系列高效新型单螺杆挤出机、YF 系列异型材生产线、一模双出管材生产线、UPVC 管材生产线、以及冷水机、干燥机、模温机、油冷却器、真空上料机、塑料破碎机、磨粉机等塑料辅机。

该公司设有科研开发中心，由塑机专业设计人员进行产品开发设计，加工设备完善，拥有各种大、精、稀设备，检测手段齐全。

地址：宁波长丰工业区方力工业村
邮编：315192
电话：0574－8208811 8205865
传真：0574－8200002
E－mail：fanglinb@mail.nbptt.zj.cn

舟山市汉龙塑料机械有限公司

舟山市汉龙塑料机械有限公司位于中国最大的渔业基地——浙江省舟山群岛，濒临上海市，与宁波依水相连。公司占地面积 $2\times10^4m^2$，拥有 4 个生产车间共 $4000m^2$。主要从事各种塑料门窗异型材、塑料管材、片板材生产线的研究与制作。该公司技术力量雄厚，工艺装备先进，是大规模生产各种型号双螺杆塑料挤出机、单螺杆挤出机、塑料异型材辅机组、管材辅机组及挤出机螺杆、机筒的专业单位。

地址：浙江省舟山市定海区大丰经济开发区
邮编：316033

电话：0580－8040035 8043333
总机：0580－8040988
传真：0580－8040261

精诚模具机械有限公司

该公司拥有多年实际经验及先进的加工设备，已成功开发制造了各种单层，多层共挤模头，分配器，熔体计量泵，各种自动换网器。宽度 3000mm，厚度 40mm 以下任意订做。适用 PC，PMMA，PET，ABS，PS，HIPS，PVC，PP，PE 等原料生产各种高技术的高透明板，彩板，发泡板，中空阳光板，洁具板，防水卷材，专用地板革，以及各种包装材料，文具片材，平膜，压纹膜，淋膜，涂膜等。

地址：浙江台州黄岩
邮编：318020
电话：0576－423477 4013978 4226078 4218078
传真：0576－4217877 4013978 4226078
网址：http：//www.jingcheng.com
E－mail：jc@jingcheng.com

浙江省舟山市定海吉达塑料机械有限公司

吉达塑料机械有限公司（原金工螺杆机械厂）是国内较大规模生产精密塑料注塑机、挤出机、化纤机、电缆机、橡胶挤出机、橡胶销钉机的螺杆机筒及锥形、平行型双螺杆机筒；及锥形双螺杆、单螺杆系列塑料挤出机、造粒机及各种型材挤出机、橡胶挤出机、塑料磨粉机。

地址：浙江省舟山市定海金塘镇沥港第二工业区
邮编：316032
电话：0580－8051917 8051259 13705809861
传真：0580－8051917

舟山市金岛机械有限公司

金岛公司是国内较早成立的一家螺杆、机筒挤出机专业制造商，10 余年来，公司凭借研究、开发、制造于一体的专业技术，着重于单螺杆挤出系列的研究与开发。

主要可供设备

JD－CP 型色母粒（配混填充）专用挤出机组

适用于加工有色母粒，功能母粒，特种母粒。

三重复合螺纹结构，平面转子混炼组合，多头真空排气挥脱，成功实现从低剪切分布混合－高剪切分散混炼－低剪切混炼—脱气的工艺特点。一次拉条造粒即可达到母粒工艺要求。

地址：浙江省舟山市定海环南工业区兴丰路 3 号
邮编：316000
电话：0580－2861414 2860825
传真：0580－2861414

余姚华泰橡塑机械有限公司

该公司生产塑料中空成型机适合生产塑料制品范围

- 可生产 10～200L 塑料中空制品
- 各种食用油瓶、润滑油桶、化工塑料桶、大型集装化工桶
- 各种工具、量具箱包
- 各种体育场馆座椅、中空玩具
- 各种饮用水桶、灯罩
- 各种汽车、摩托车油箱

地址：浙江省余姚市长新路 38 号
邮编：315400
电话：0574－62820830
传真：0574－62820834
E－mail：yhuatai@mail.nbptt.zj.cn

浙江德清东来化学有限公司

该公司创建于 1982 年，是塑料助剂专业生产厂家，是首届全国塑料助剂专业委员会的理事单位。公司总经理施珣若高工担任专委会专家组专家。现拥有固定资产 4100 万元，职工 45 人，拥有年产 4kt，近 40 个牌号的各类液体热稳定剂；年产 2kt 环氧大豆油；3kt 环氧脂肪酸辛酯；1kt DOA 的生产能力。

地址：浙江省德清县新市镇环城北路
邮编：313201
电话：0572－8444772
传真：0572－8444594
网址：http：//www.chinadonglai.com

利广机械有限公司

该公司生产 POC、热固性、热塑性注塑机：

锁模力 80～1600t

注射量 88～10000g

世界名厂电控、液压元件

省电高效、超静、稳定

地址：浙江省宁波经济技术开发区 G7 花浦路

电话：0574－86227277 86225358 86221752
邮编：315803
传真：0574－86222066
E－mail：lgug@mail.nbptt.zj.cn

中国轻工业杭州机电设计研究院塑料机械设计研究室

中国轻工业杭州机电设计研究院（原名中国轻工总会杭州机械设计研究所）塑料机械设计研究室是专业从事塑料机械新产品开发的研究机构。长期以来为国内外塑料机械和塑料制品厂家提供新产品开发和技术转让服务。该机构拥有一支专业从事塑料机械、塑料模具设计开发和塑料机械设备成套的高级科技队伍。该机构下属一个机械加工厂和一个模具开发加工中心。

(1) 全自动注－吹中空成型机系列
(2) 全自动注－拉－吹中空成型机系列
(3) 全自动挤－吹中空成型机系列
(4) 橡胶注射成型机系列
(5) 塑料注射成型机系列
(6) 热固性塑料注射成型机
(7) 塑料编织袋扁丝生产线
(8) 多功能一次性卫生床垫生产线
(9) 多功能高速制袋机
(10) 高效低噪声塑料破碎机系列
(11) 纸浆模塑一次性快餐具成型生产线系列

地址：杭州市体育场路71号
邮编：310004
电话：0571－85182934
网址：http://www.cncowav.com
E－mail：cowaylitian@163.net

杭州新奥特种化学品有限公司

该公司是杭州市化工研究所改制企业。公司是国内从事研制、开发、生产造纸化学品、乙烯加工用助剂、塑料抗静电剂等精细化学品的科技型企业。公司生产的抗静电剂其主要产品有：聚乙烯、聚丙烯、聚氯乙烯、工程塑料抗静电剂及聚烯烃塑料抗静电母料等。产品技术处于国内先进水平，HKD系列产品多次荣获浙江省及杭州市优秀科技成果奖及新产品奖。

该公司生产的HKD系列产品适用于多种高分子材料，起到显著降低材料的表面电阻，有效地控制和消除静电的作用。产品主要用于石油化工、电子、煤矿、包装、纺织及塑料加工等行业。

地址：杭州市拱墅区石灰坝7号
邮编：310014
电话：0571－88313137 88031651
传真：0571－88313137
网址：http://www.xachem.com
E－mail：wangjianyi@mail.hz.zj.cn

温州市明珠塑钢门窗型材有限公司

温州市明珠塑钢门窗型材有限公司位于东海之滨，座落于经济繁华的永中镇牛桥工业区，距温州市区20km，与温州机场只有2km之隔，交通十分便利。

该公司首期建成年产PVC门窗型材60、77、80、88系列等多种规格近4000余吨，年组装门窗近4万平方米；二期技改项目已着手设计，将建计划年产超万吨，将成为浙南大型新型建材产品生产基地之一。

地址：温州市永中镇镇标路34－1号
邮编：325024
电话：0577－86373505 86874255
传真：0577－86870997
网址：http://www.plastic－pack.com/mingzhu
E－mail：MZSG@mail.wzptt.zj.cn

浙江省临安市永盛塑料化工厂

永盛塑化是生产塑料聚合体抗静电剂的高新技术化工企业。专业研究生产应于PP、PE、PA、ABS、AS、PVC等高分子材料的改性领域的抗静电剂。产品通过选择合理的复合配方，采用进口原料，质量达到国际同类产品水平。目前与全国20多家塑料科研单位和加工企业建立了合作关系。产品已广泛应用于BOPP膜、PE薄膜、PE片材、PP片材、PP包装箱、PP双抗矿带、尼龙梭子、丙纶纤维、人造涂布、HIPS、ABS家电外壳等多种防静电制品。能显著降低塑料制品的表面电阻，抗静电性能高效、持久。与树脂相容性适宜，抗静电分子迁移速度适当，并且不影响制品的加工和使用性能。因而在塑料制品中具有优良的加工性能和耐久的抗静电性能。

地址：浙江省临安市临安西墅街508号
邮编：311300
电话：0571－63702288
传真：0571－63701188

海天机械有限公司

海天机械有限公司系中外合资企业，现为国家大二型企业，分别为中国塑料机械工业协会、中国轻工机械协会副理事长单位，省乡镇企业协会副会长单位，浙江省文明工厂，技术进步优秀企业，宁波市明星企业，宁波市高新技术企业，宁波市320工程企业、实力工程企业，省四个一批、五个一批企业，被联合国技术信息促进系统（TIPS）认定为中国优秀民营企业。2000年主要经济指标再次名列前茅，年销售收入8.5亿元。目前，公司拥有总资产9.5亿元，占地面积$70\times10^4m^2$，是目前中国最大的塑料机械生产基地。现有职工1100余名，其中大中专生350名，企业通过了CE认证、ISO 9001质量体系认证。

本公司产品荣获轻工部新产品、新技术产品金奖、宁波市名牌、宁波市著名商标、浙江省名牌、中国乡镇企业名牌、中国机械工业名牌。企业被评为全国轻工企业200强之一（利税总额），1995～2000年连续保持全国轻工机械最佳经济效益第一名，1995～2000年公司各项经济指标名列全国同行前茅，全国名优产品售后服务优胜企业，原国家机械部在宁波惟一的技术进步试点企业，1998年通过国家级CAD应用工程示范企业。

海天公司是一家专业生产注塑机的高新技术企业主要产品是锁模力58t到2500t（注射量从50g到30000g）的塑料注射成型机，年产量近万吨。现拥有各类加工机床及全电脑控制加工中心共200多台。

“海天”牌系列注塑机的机械部分均以日本、德国、美国进口的CNC加工中心成型，以精度高，外观光洁而著称，采用世界名牌电器、液压元件组装配套，使“海天”牌注塑机不论从外形，而且从精度和耐用性上处于国内领先地位，产品已遍及全国各省、市，并批量出口美国、欧洲、南美洲、中东、东南亚等50多个国家和地区，而且在美国、巴西、土耳其、印度尼西亚、香港等国家和地区建立了海天分公司。

浙江申达塑料机械有限公司

浙江申达塑料机械有限公司（浙江塑料机械总厂）是我国最早生产塑料注射机的企业之一。浙江省“五个一批”重点骨干企业。公司占地面积$100000m^2$，其中$12000m^2$主体车间能适应锁模力3800t以内全系列注塑机生产，公司生产锁模力从40t至3800t，理论注射容积从$60cm^3$至$50000cm^3$的FT系列注塑机，尤其FJ系列大容量低压注射机属国内首创。两大系列特点，锁模强劲，移模行程大，塑化均匀，性能优越。充分具备了先进、便捷、安全、可靠的特点，深受用户欢迎。目前，该公司又合作开发了中空吹瓶成型机、模具及挤出机，力争通过二三年时间形成五大系列塑料机械。

该公司技术装备水平先进，拥有从德国进口的同行业中最先进的FMS柔性加工系统以及众多世界一流水平的数控加工设备。省级企业技术中心具有雄厚的技术力量和较强的研发能力。专业技术人员超过员工总数的20%，有3人享受国家政府津贴。公司不断加强信息化建设，推行ERP管理系统，设计开发实现和推行计算机辅助设计，并逐步向CIMS系统迈进。公司产品品质优良，通过ISO 9001、CE认证，多次荣获省、部、国家级各种奖励。

该公司近年来，销售额以30%速度连年递增，产值和上缴国家利税成倍增长。公司运用全球化战略，不断开拓国际市场，销售网络覆盖世界各地，产品畅销欧洲、中东、东南亚世界各地，是国家重点塑料机械出口基地。

杭州包尔得有机硅有限公司

该公司为杭州（国家级）经济技术开发区内从事有机硅新材料研发及科工贸一体的民营高科技企业。按照现代化环保规划要求建设，现拥有年产3kt装置的生产基地和科研仪器先进，中试设备配套的应用研究设施。

该公司的产品包括系列有机硅表面活性剂、特种硅油。

BDSIL－3055硅碳聚醚硅油，具有综合性能，在改善塑料材料的亲水性、抗静电性、润滑性、内脱模性及制品的耐候性、透气性和生物相容性、耐高温、抗降解等方面，具有不可比拟的优势。本品在塑料母粒中以0.5%～2%左右添加量时能显著改善塑料的加工性能；降低熔体粘度，提高熔体润滑性和内脱模性，有效解决熔体破裂问题，降低设备能耗，提高产品的成品率。作为内脱模剂和水基型外用脱模剂，本品使塑料制品的喷画、网印及描绘各种文字图案变得简单易行，并具亲水性。

该公司还生产BDSIL系列塑料加工助剂，BDSIL－3231流平剂，BDSIL－3826烷基聚醚硅油，BDSIL－3862防雾助剂，BDSIL－2020脱膜剂，BDSIL－3070抗静电剂，BDSIL－3071化纤油剂添加剂，BDSIL－3037自乳化消泡剂，BDSIL－3080聚氨酯软泡匀泡剂，BSDSIL－3141聚醚改性支链硅油，BDSIL－1206长链烷基硅油，BDSIL－1806长链烷基硅油等。

生产基地
地址：杭州下沙杭州经济技术开发区 M18 - 5 - 1 地块
市场推广部
电话：0571 - 86913796 8691779
传真：0571 - 86912876
手机：13606611997
营销部
地址：杭州采荷路 21 号采荷大厦 506 507 室
电话：0571 - 86525306 86525310
传真：0571 - 86510984

杭州德昌化学有限公司

杭州德昌化学有限公司是 1993 年同台湾德昌树脂股份有限公司共同创建的合资企业，总投资 370 美元，1996 年公司通过 ISO 9002 质量体系认证，近年来公司积极同高等院校及科研单位建立紧密的技术合作，成功开发和生产出 HDS 系列塑料抗静电剂。

地址：杭州临安市青山湖开发区
电话：0571 - 63711190 63727044
传真：0571 - 83711190 83727044
网址：http://www.dechang - chen.com
E - mail：sates@dechang - chen.com

三博高分子合金(宁波)有限公司

三博高分子合金（宁波）有限公司是一家以新加坡 ASIA WIDE 化学公司为技术支持，由新加坡 GRANDASIA 发展公司独资的高科技企业，专业从事研究、开发、生产改性高分子材料。公司技术力量十分雄厚，尤其是在热塑性弹性体（TPR、TPE）领域里，三博产品独树一帜。主要以中高档 TPE 为主，年产可达 9kt。

该公司几年来先后成功地推出对 PP、PE、HIPS、ABS、PVC、PC、PA 等树脂具有热熔粘合作用的 SanpoPRE 系列热塑性弹性体，如：系列工业脚轮专用 TPE；形状记忆功能级 TPE；车辆密封条用挤出级 TPE；半透明高透明级 TPE 以及对 PP、HIPS、ABS、PC 等树脂具有增韧增亮改性作用的系列改性剂。2001 年底公司成功推出了 Sanpolymer 系列功能性热塑性弹性体，如：耐高温级（最高可达到 150℃）；TPE 发泡、阻燃、吹塑级 TPE；食品级 TPE；医疗卫生级 TPE；耐汽油级 TPE。

地址：宁波市桑田路 688 号
邮编：315040
电话：0574 - 87804732
传真：0574 - 87805058

温州新力机械塑料有限公司

温州新力机械塑料有限公司（原瑞安市大伟工程塑料有限实业公司），始创于 1987 年 12 月。座落在东海之滨，飞云江北岸的浙江省瑞安市汀田镇工业区内，离沿海开发城市温州市区仅 25km，海、陆、空交通十分便利。公司占地面积 20000m^2，总资产 5000 万元，现有员工 215 人，高、中级管理人员、技术人员 51 名。

该公司曾荣获市星级企业、先进企业、AAA 级资信企业、文明单位、“重合同、守信用”等光荣称号。是中国工程塑料工业协会理事单位，中国塑料加工工业协会（改性塑料）委员单位，于 2000 年通过 ISO9002 国际质量体系认证，产品质量通过中国人民保险公司承保，工程塑料各项指标通过北京化工研究院检验合格，通过美国 UL 黄卡认证。

该公司专业生产“大伟”牌改性工程塑料：阻燃增强 PA66、阻燃矿物填充 PA66、阻燃 PA 66、阻燃增强 PP、阻燃增强 PBT、玻璃纤维增强 ABS、阻燃 ABS、PC/ABS 合金等，“新力”牌塑料机械：平行同向双螺杆挤出机 XINLI - 30、40、50、64、72、83、90 等型号。

企业的发展目标

（1）总体目标：在 2002 年底争创浙江省“重点骨干企业、三优企业”实现企业跨越式可持续发展；

（2）规模目标：计划在 2003 年建立新力工业园区，下设四个分厂集科研、生产、销售于一体的大型集团公司；

（3）质量目标：加速新产品开发，实现产品零缺陷，为用户提供优质、可靠的产品、售后服务，使顾客百分之百满意。

电话：0577 - 65507508 65101965
传真：0577 - 65504105
网址：http://www.dawei - cn.com
E - mail：master@dawei - cn.com

海门市宇龙助剂厂

海门市宇龙助剂厂，地处长江三角洲，西邻开放城市南通，与上海、苏州等市隔江相望。该厂主要生产酰胺系列助剂及电线电缆产品，畅销全国 20 多个省、市。该厂奉行“质量第一、信誉第一”、用户至上的经营宗旨，该企业已通过 ISO 9001—2000 质量标准认证。

该厂的产品有：油酸酰胺、芥酸酰胺、硬脂酸酰胺、脂肪酸酰胺。酰胺类助剂可作为聚烯烃、PVC爽滑剂、抗静电剂、脱模剂，能有效地解决薄膜之间的相互粘结（俗称“开口剂”）和粉粒料之间的结块问题；能加快挤塑（吹塑）速率，提高塑料制品表面的光洁度、爽滑度。在母料加工中，不仅可提高颜料的分散性的着色强度，而且可显著提高色母粒的产量以及色母粒的表面光洁度。酰胺类助剂还能用作油墨的添加剂，涂料、复写纸及各种蜡制品，纤维，油剂的配合剂，另外还可用作金属的保护膜、金属表面的润滑剂等。

地址：江苏省海门市人民中路268号

邮编：226100

电话：0513－2107980 2107981

传真：0513－2107982

安徽国风集团有限公司

安徽国风集团有限公司始建于1984年，目前已发展成为拥有8个子公司、2600多名员工、总资产达22.3亿元、年营业收入达12亿元、年实现利税1.4亿元的国家重点高新技术企业集团，安徽省18家重点企业集团之一，全国最大的塑料综合加工基地之一。国风集团连续九年荣获“省轻工系统创最佳经济效益夺魁单位”，近几年先后获得“安徽省百万职工跨世纪赶超工程功勋单位”、“安徽省文明单位标兵”、“全国‘五一’劳动奖状”、“中国企业最佳形象AAA级”、“全国化学建材工作先进集体”、“中国企业管理科学实验基地”、“全国企业管理现代化创新成果一等奖”等荣誉称号。

国风集团主导产业以塑料制品为主，兼顾发展塑料制品的上下游产品和生物制药。到2001年，主导产业包括塑料管材、塑料建材（主要包括塑料型材和门窗、塑料板材）、塑料薄膜（主要包括包装膜和农膜）和工程塑料（主要包括家电、汽车用工程塑料），正在开发的产品有塑料制品上下游产品（主要包括非金属矿超细粉和塑钢门窗五金件）和生物制药。国风集团塑料综合加工能力为200kt。

地址：安徽省合肥市马鞍山路1号

邮编：230001

电话：0551－2885333

传真：0551－2888835

网址：http://www.guofeng.com

合肥安诺轻工机械有限公司

该公司设有：塑料机械及配件经营部，塑料原料及色母经营部，塑料制品厂，塑料模具加工厂。

塑料机械经营部　主要从事塑料机械、辅机，塑料配件的销售和专业维修；其经营范围包括：注塑机(30～50000g)、中空成型塑机、挤出机、吹塑机、超声波焊接机、干燥机、破碎机、丝印机、移印机、冷水机、模温机、混色机、喷码机等塑机配件。

塑料原料部　主要经营进口、国产塑料、工程塑料、稀料、回料及改性塑料、色母（宁波象山总代理）、色粉（江苏高邮总经销）填充料等。

塑料制品厂　工厂拥有60g～2000g注塑机6台，挤出机1台，年加工塑料能力6000余吨。

塑料模具加工厂　工厂拥有先进的车、铣、刨、磨、钳专业设备及电火花，线切割等精密的模具加工设备几十余台；经验丰富的高级专业模具人才和CAD电脑辅助设计，具有年开发，加工模具300余套的能力。

地址：合肥濉溪东路108号

邮编：230011

电话：0551－4234308 4234318 4236171（公司）

传真：0551－4224318

电话：0551－5530823（厂部）

网址：http://www.anlocy.com

E－mail：anlolim@anlocy.com

福建亚通新材料科技股份有限公司

福建亚通新材料科技股份有限公司（福建亚通塑胶有限公司）创建于1994年，是全国化学建材骨干企业，科技部、建设部联合定点的福州国家科技成果推广示范基地，福建省高新技术企业，福建省明星侨资企业，福建省重点扶持的成长型企业。

亚通公司地处福建省著名侨乡——福清市，紧挨着福（州）厦（门）324国道线，距长乐机场、江阴万吨码头均不超过40km，海陆空运输极为便捷。公司占地面积125亩，厂房面积28000m^2，投资规模累计达1300万美元，现有员工1000多人。公司引进具有九十年代国际先进水平的生产设备及技术，年产各种管材及其他配套产品55kt。

公司研制开发给、排水、通讯、电力电缆护套等塑胶管道系列产品及高效节水灌溉系统，管材规格齐全。

亚通品牌产品经国家专业权威部门检测，各项物理性能和卫生性能指标均达到优等品标准和生活饮用水的卫生标准。产品在全国同行业率先通过了 ISO 9002 国际“质量体系”和“产品质量”双项认证。1998 年荣获“福建省名牌产品”称号。其中“建筑排水用硬聚氯乙烯芯层发泡管”列入 2000 年度国家级重点新产品计划；“固体自润滑复合材料”列入 2001 年国家级技术创新项目评审；“埋地式电力电缆护套管”列入 2001 年通过国家级技术创新项目计划；“塑料节水灌溉器材”被列入 2001 年国家重点技术改造项目计划（第六批国债专项资金项目）。

福建师大高分子实验厂

福建师大高分子实验厂始建于 1986 年，属福建师范大学校办企业，厂区坐落于福州市仓山区。

厂区占地面积 4000 多 m^2，现有工程技术人员、高职称员工数十人，拥有资产数百万元。主导产品铝酸脂偶联剂曾获国家发明金奖和省优部优称号。用户遍布国内、台湾地区及东南亚。

近几年来，福建师大高分子实验厂注重引进和培养人才，走科技兴厂之路，发挥自己的技术力量，并拥有福建师范大学高分子研究所和福建师范大学环境材料开发研究所（实验中心）的技术资助，使企业具有较强的产品开发能力。

地址：福建省福州市仓山区首山路 10 号

邮编：350007

电话：0591－3441324 3465108

传真：0591－3440760

江西省塑料工业总公司

江西省塑料工业总公司是江西省塑料行业历史最为悠久的专业性经营和管理公司，起源可追溯到 1960 年。公司前身为江西省皮革塑料工业公司，该公司是 1981 年 4 月由江西省人民政府批准成立的全省塑料、皮革行业专业性行业管理公司，1993 年 3 月由省主管部门批准改为江西省塑料工业总公司。在计划经济时期及以后的经济转轨时期，公司主要工作是协助省政府有关部门对江西全省塑料行业进行全面的行业管理。

公司设有塑料原料经营公司、江西省塑料制品质量监督检测站、江西省塑料工业科技情报站等分支机构，公司现有固定资产 1400 多万元，专有仓库 2000 多平方米，并在市区中心建有一座 12 层的江西塑料大厦。

地址：江西省南昌市二七北路 252 号

邮编：330077

电话：0791－8633294 8638610 8638711 8626194

传真：0791－8638740

胜邦塑胶管道系统集团

胜邦塑胶管道系统集团系由山东胜利股份有限公司（股票代码 000407）会同社会优势企业联合发起成立的专业从事聚乙烯管材、管件制造及应用的现代化企业，是中国塑料加工工业协会塑料管道专业委员会副理事长。集团公司被评为“山东省管理示范企业”，被山东省政府列入重点扶持的 100 家大型企业。

胜邦塑胶管道集团公司兴建了塑胶管道的生产基地——胜邦工业园，全面引进了德国和奥地利先进的聚乙烯管材主产技术和设备，形成了 30kt/a 的生产能力，成为国内最大的聚乙烯管材生产基地；通过了 ISO 9002 质量体系认证；先后出资控股成立了东营胜邦塑胶有限公司、陕西华山胜利塑胶有限公、山东胜邦管道安装工程有限公司、深圳市胜义环保有限公司、深圳向安泰加塑胶有限公司、青岛胜邦海水网箱工程技术有限公司等子公司，使集团公司走向了科研、生产、安装、服务一体的集团化发展、系统化服务的道路。

公司可生产公称外径 20～800mm 的各种规格和压力等级的管材，管件实现了全面配套，完全满足各类工程的需要。“胜邦”牌聚乙烯管道以其可靠的质量、优良的性能被广泛应用于燃气输配、给排水、热力护套、环保、化工和养殖等领域，产品被评为“山东省名牌产品”，中国工程建设标准化协会确认为“工程建设推荐产品”。

地址：济南市黑虎泉西路 139 号胜利大厦

电话：0531－6907951 0531－6078888－8805 8811

传真：0531－6038264

网址：http://www.vicome－pipe.com

青岛德意利集团

青岛德意利集团是一家涉足高分子材料学科，专门从事各种新型塑料建材设备及产品的民营高科技股份制企业，是建设部建材设备重点推广单位、青岛市十大高新技术企业、山东省先进民营企业、青岛市十佳民营企业和首批科技风险基金试点单位。公司成立于 1998 年底，现有员工 150 人，大专以上学历占 56%，公司占地 100 亩，厂房 20000m^2。公司主要产品有大口径中空壁缠绕管生产线、超级静音排水管生产线、大口径埋地聚乙烯管生产线、硅芯管、铝塑管、钢塑管、铜塑管、PPR & PPB管、燃气管等成套生产设备；其制品广泛应用于市政建设、建筑给排水、电信通讯、燃气输送、石油化工、农业灌溉等领域。主导产品多次获得国家、省、部级科技奖励，获28项国家专利，并享有自主知识产权，通过英国UKAS ISO 9001国际质量认证。

地址：青岛市流亭新型建材工业园
邮编：266108
电话：0532－4919646 4910470－8108
传真：0532－4914507
网址：http：//www.deyili.com.cn

淄博塑料助剂厂

该厂是生产系列助剂的专业厂，主要产品有PVC加工用无毒润滑剂、ACR加工助剂、发泡调节剂，氯化聚乙烯、ACR抗冲改性剂，稳定剂等十几个产品，其中ACR加工助剂是国内第一个万吨级加工助剂生产基地，也是北方地区生产最早，市场占有率最高的生产厂，多种产品填补国内空白，多次荣获国家、省、市级奖励，省优、市优产品6个。

该厂具有十几年的生产历史，有完善的质量保证体系，并于1998年在国内同行业率先通过ISO 9002质量体系认证。

地址：山东省淄博市临淄区中兴路5号
邮编：255400
电话：0533－7311451 7319619
传真：0533－7313272
网址：http://www.hxzj.com.cn
E－mail：hxzj@zb－public.sd.cninfo.net

潍坊中云机器有限公司

该公司是一家有着20多年塑料机械研究制造历史的中国塑料机械骨干生产企业，专业制造高性能、高品质的塑料挤出生产线，多项国家级科技成果持有单位，建设部指定的建材设备重点推广单位，省科技厅认定的省级高新技术企业和星火示范企业。随着中云公司在挤出技术和成型技术领域不断地取得重大进展，中云公司也稳步快速发展。2001年，中云公司被评为山东省先进民营企业。不久，公司又获山东省十佳民营高科技企业的殊荣。

作为国内一流的挤出设备制造商，中云公司在高聚物挤出领域一直享有盛誉，公司的多项技术均处于国内领先水平，如：一步法硅烷交联聚乙烯挤出技术、对接焊铝塑复合管生产技术、PPR管材生产技术、PE大口径管材生产技术、PE大口径双壁波纹管生产技术、木塑复合型材挤出技术等。中云公司取得这些研究成果，全部依赖于中云的专业化解决方案。针对不同的物料特性和成型工艺，都有与之相应的理论支持和加工系统。作为高聚物挤出领域前沿技术的反应挤出，一步法硅烷交联聚乙烯挤出技术是国内唯一拥有的一步法化学交联管生产技术，并且已成功地在国内推出数十条生产线。2000年，中云公司的对接焊铝塑复合管生产线成功出口到日本，成为国内唯一一家铝塑复合管生产设备出口到发达国家的设备制造商。同时中云公司还拥有处于国际领先水平的技术，如超高分子量聚乙烯连续挤出技术，这项技术克服了以往超高分子量聚乙烯不能连续挤出加工的缺点，并在美国、加拿大、日本等国家申请了专利。HDPE双壁波纹管生产线是中云公司在塑料管制造技术领域取得的最新研究成果。该生产线的领先技术将有力确保中云用户的产品在竞争中处于领先位置。

凭借领先的技术和卓越的品质，中云公司以及中云公司的挤出设备获得了高度认可，确立了中云公司在挤出领域的领先地位。

山东华冠股份有限公司

山东华冠股份有限公司是中国轻工总会所属研制生产塑料橡胶机械的专业定点厂家，国家大型一档企业，国家二级企业。公司于1998年被评为国务院确定的1000家重点骨干企业的首选300家，山东省100户重点国有企业，1995年被评为中国轻工业200强，1996年通过ISO 9001国际质量标准体系认证，2000年被评为全国CAD应用工程示范企业，技术开发机构在1998年获评为全国塑料机械行业第一个国家级技术中心。企业自1998年以来，连年被评为山东省技术创新先进企业和山东省高新技术企业。

该公司现有职工3700人，固定资产原值2.1亿元，占地面积$54.2\times10^4m^2$，拥有通、专用设备953台，其中稀有关键设备55台，动力机械总能力8860kW，主要生产经营塑料、橡胶、电工、纺织等机械产品和工业电气控制系统、塑料制品、模具等相关产品，是一个集科、工、贸、服务于一体的多元化综合型企业集团。

目前，该企业具备管、膜、丝、板、带、电缆、纺织、编织、中空成型、橡胶等11大类、90多个品种、140多种规格的塑料橡胶机械的生产能力，主导产品塑料、橡胶、电工机械年产量可达1500多台套

2000 年完成塑料电工机械年产值 60511 万元，实现销售收入 57754 万元。

山东华冠股份有限公司不断强化质量管理，多次被评为轻工部和山东省“质量管理优秀企业”，“华冠”牌 PC－65 地膜机组获得了迄今为止全国塑料机械行业惟一的国优银牌、“华冠”牌塑料挤出机和薄膜吹塑机组被省政府命名为“山东名牌”。迄今为止，公司共承担完成 18 项国家级技术开发和科研攻关项目，46 项省部级重点技术开发项目，并全部通过验收鉴定，其中有 24 项新产品填补国内空白，12 项产品达到国际同期先进水平。共有 2 项新产品 SJY180×80 锥形双螺杆塑料门窗异型材挤出生产线、3FM5300 多层共挤薄膜吹塑机组荣获国家级科技进步二等奖，4 项获得三等奖；8 项新产品荣获省部级科技进步二等奖，9 项获得三等奖。该公司每年都有 10 个以上的新产品问世，新产品产值率始终保持在 40%左右。

青岛中科塑料机械厂

该公司主要生产：

200/500 热炼混合机；

500/1000 冷却混合机；

塑料门窗异型材机组；

PP－R 管材机组；

梅花管机组；

硅芯管机组；

各种管材模具设计制造；

PVC 芯层发泡管材机组；

PVC 内螺旋管材机组；

单/双螺杆挤出机；

PVC 造粒机组；

PE－X 管材机组；

型材/管材专用破碎机。

地址：胶州市扬州西路 233 号

邮编：266300

电话：0532－7212770

传真：0532－7213330

网址：http：//www.qdzhongke.com

E－mail：info@qdzhongke.com

山东兴业塑料有限公司

山东兴业塑料有限公司是一家专业生产塑料袋的企业，公司占地 70000m^2，坐落于以泉水著称的山东省济南市。创业十年来，公司全体员工精诚合作，齐心协力，公司规模不断扩大，目前已发展成为年出口 6kt 的大型塑料包装袋生产企业。

该公司主要产品有：各种规格的印刷背心袋、平口袋、抽绳垃圾袋，八折垃圾袋，连卷背心袋、连卷袋、挂历袋、各种规格背心袋，HDPE、LDPE 单张膜等。产品远销欧洲、大洋洲、北美洲、亚洲几十个国家。

地址：中国济南市郎茂山路 42 号

邮编：250022

电话：86－531－2981353 2977395

传真：86－531－2970394 2979519

网址：http：//xingye plastic. chinasuppliers. alibaba. com

E－mail：tife@jn－public. sd. cninfo. net

泰安市现代塑料有限公司

该公司制造三维植被网生产线，塑料平网生产线，SJBOP－2000 双向拉伸网生产线，工程网生产线，格栅成套设备

地址：山东省泰安市文化路 64 号

邮编：271000

电话：0538－8213812

传真：0538－8253812

网址：http：//www.tamodern.com.cn

E－mail：xd560918@ta－public.sd.chinfo.net

泰安经纬塑料有限公司

泰安经纬塑料有限公司是一个以生产土工网垫、土工网、单、双向拉伸土工格栅及网状纤维等土工合成材料为主的企业。

地址：山东省泰安市大汶口经纬工业园

邮编：271026

电话：0538－8811867 8811849

传真：0538－8811868

冠县冠宇塑窗型材有限公司

冠县冠宇塑窗型材有限公司始建于 1996 年 5 月，属集体所有制，取名为山东冠宇塑料厂。建厂伊始，与轻工业塑料加工应用研究所建立了技术合作关系，成为其在冠县的生产科研基地。1998 年 10 月，企业进行了股份制改造，创立冠县冠宇塑窗型材有限公司。公司占地 23000m^2，干部职工 215 人，总资产 2455 万元，固定资产 968 万元。现已形成年产农地膜、包装袋 1kt，塑料异型材 5kt，塑料门窗 $8\times10^5m^2$

的生产能力，属中型二类企业。该公司是中国建筑金属结构协会的会员企业，属国家级星火项目实施单位，山东省塑窗型材定点生产企业，省级重合同守信用企业，聊城市星火示范企业，冠县明星企业。ISO 9000质量管理体系建立和认证工作正在实施。

该公司将在3~5年的时间内发展成为集PVC型材、门窗、管材、装饰材料于一体的综合性加工企业。

地址：山东省冠县振兴路东首
邮编：252500
电话：0635-5233960
传真：0635-5280227
网址：www.guanyu.cn.com
E-mail：guanyu@guanyu.cn.com

华亚东营塑胶有限公司

华亚东营塑胶有限公司是台湾台塑集团南亚塑胶工业股份有限公司投资的企业，厂址位于山东省东营市。厂区占地面积73000平方米，拥有职工110人，年产PVC管材30kt，管件12kt。台湾台塑集团下属的南亚塑胶公司拥有全球最大的PVC硬质管材与射出管件的生产工厂，产品行销国内外市场。

华亚东营塑胶有限公司的产品主要有给水管、排水管、电工套管三大类别，其中给水管规格自$\phi20$~$\phi400$mm，并有TS平承口放口管及弹性密封圈放口管两种；排水规格为$\phi20$~$\phi400$mm；电工套管规格为$\phi16$~$\phi40$mm；此外还有电信用管，规格为$\phi98$mm、$\phi100$mm、$\phi110$mm；农灌用管规格为$\phi90$~$\phi200$mm。管件方面：可供应203种给水管件，230种排水管件，35种电工用管件，同时可供应专用配套之硬质胶合剂。

地址：山东省东营市东二路27号
邮编：257091
电话：0546-8305238转营业处
传真：0546-8307178
E-mail：hydysj@dy-public.sd.cninfo.net

山东莱芜塑料制品股份有限公司

山东莱芜塑料制品股份有限公司坚持以技术进步为导向和以人为本的企业管理理念，面向市场，走向世界，促进了企业大跨度的发展，有30多个产品获得了国家专利和国家新产品证书，先后被评为省级先进企业，省级文明单位，山东省十佳高新技术企业，中国专利山东省明星企业，省工商局授予“重合同，守信用”企业，山东省农地膜定点生产厂、灌排产品协作厂、中国水利学会农水专业委员会微灌学组副组长单位，中国塑料加工工业协会理事单位，中国塑料加工工业协会节水器材专业委员会副理事长单位。1998年通过了ISO 9001国际质量体系，2001年底顺利通过ISO 2000版认证工作。提报的“国际新型滴灌及配套设施技术改造项目”被列为第六批国债项目，目前正在抓紧实施。

该公司以市场需求为导向，以科技开发为依托，跟踪国际节水灌溉技术和城市工业节水新技术的发展前沿，研究开发高适应性、高配套性、高质量低成本的节水系列产品，以满足多种地形，各种作物的灌溉和城市工业节水发展的需要。发展目标是在完成国债项目的基础上，再实施“九五”产业化项目，不断进行新产品产业化，到2010年使企业生产能力达到100kt，每年可铺设1000万亩以上的灌溉面积，为我国的节水农业、工业做出应有的贡献。

地址：山东省莱芜市鲁中东大街108号
邮编：271100
电话：0634-8805855 8808710 8808797
传真：0634-8807623
E-mail：sdlwslc@lw-public.sd.cninfo.net

威海天润塑料有限公司

威海天润塑料有限公司（威海市塑料四厂）建于1999年7月，国家大型二企业。现有职工1500余人，其中专业技术人员80余人。厂区占地面积60000m^2，建筑面积30000m^2。现有各种专用设备200多台（套），区有3.5万伏变电站1座，固定资产总值1.2亿元。

公司的主要产品有：塑料编织袋、集装袋（吨袋），年生产能力4000万条；长寿膜、无滴膜、花生覆盖膜、大棚膜等各种农用薄膜，年生产能力6kt；双向拉伸膜、塑料彩印、软包装、热收缩膜等中高档包装产品，年生产能力2500t。

“银梭”牌统制袋生产线的规模目前在国内处于领先地位，产品多次荣获多项质量奖。1997年公司被省商检部门评为该行业唯一出口一类免检单位。产品畅销国内10多个省市，远销美国、日本、韩国、意大利、加拿大、俄罗斯等30多个国家和地区，建立了长期真诚友好的合作关系，并在国外设立了以生产、销售包装产品为主的分公司。

“民丰”牌各种农用薄膜产品质优价廉，为定点农地膜专业生产厂家。产品曾获省优质产品称号。由国外引进先进设备生产的“天润”聚烯烃三层共挤双向拉伸热收缩薄膜（POF），是目前国际上最先进的环保型塑料包装材料。广泛应用于食品、音像制品、电讯制品、日用品等包装及集合包装。产品厚度从15～25μm；品种有热封型、印刷型和通用型多个品种可供选择。产品质量指标达到国内领先水平，年产量可达1500t。

地址：NO.4 NAIGUSHAN ROAD, WEIHAT, CHINA
邮编：264200
电话：0631－5817904 5819346
传真：0631－5819055
网址：http://www.plastics－packaging.com
E－mail：whhf@wh－public.sd.cninfo.net

淄博市临淄金宇塑化有限公司

该公司的产品包括塑料原料：LDPE、LLDPE、HDPE、PP、PS、PPR管材料等。

地址：山东省淄博市临淄区齐鲁化工商城内城
电话：0533－7314160
传真：0533－7556516

安阳塑化股份有限公司

安阳塑化股份有限公司1993年由安阳县塑料厂改制而成，国家中二型企业，地处晋、冀、鲁、豫四省交界的中州名镇——水冶镇，交通便利，地理位置十分优越。公司现有员工319人，占地面积23000m^2，建筑面积17000m^2，资产总额3980万元。拥有三层共挤、电磁动态、透光率－雾度仪等先进的薄膜生产、检测设备30余套及自主研发、国内领先的分布控制PE粒料气力配送系统。可生产幅宽400～13000mm，厚度0.004～0.18mm的各种规格农用膜，年生产能力35kt。主要产品有农膜、地膜、微膜、流滴膜、长寿膜、流滴长寿膜、EVA减雾流滴膜、EVA减雾流滴长寿膜、多功能转光膜、EVA茂金属减雾流滴长寿膜及各种色膜、包装膜、塑料管材等。

地址：河南省安阳县水冶镇辅岩东路正8号
邮编：455133
电话：0372－5882219 5882419
传真：0372－5881388
E－mail：asgs@371. net

沁阳市希望合成材料厂

该公司生产聚苯乙烯流变改性剂，本产品基本无毒，价格低廉，广泛应用于PVC和PVC共聚树脂的硬质和软质制品成型加工中。

地址：河南省沁阳市西万镇
邮编：454561
电话：0391－5988078
传真：0391－5986716

河南大同塑胶有限公司

地址：河南省漯河市铁西高新技术产业开发区湘江路东段
邮编：462000
电话：0395－2622936 2622937
传真：0395－2626773
网址：http://www.dtplastic.com

焦作咏春塑料有限公司

焦作咏春塑料有限公司是由原河南省焦作市第一塑料厂厂改制的股份改制企业，中国农用塑料应用技术学会农用塑料制品分会会员单位，中国塑料加工工业协会农用薄膜专业委员会理事单位，中国塑料加工工业协会改性塑料专业委员会副理事长单位，河南省科技企业，河南省一级先进企业。企业拥有资产2400万元，在职员工380人，各类塑料制品加工生产机械设备60多台（套），主要塑料制品加工生产设备技术水平达到国内外20世纪90年代先进水平，年加工生产塑料制品的生产能力为20kt，其中聚乙烯农用棚膜的生产能力在16kt以上。

自90年代以来，先后研制成了农业聚乙烯耐老化膜，农业用聚乙烯耐老化流滴膜、农业用聚乙烯多功能膜、乙烯－醋酸乙烯共聚物EVA三层复合膜等新产品，先后通过河南省经济贸易委员会和河南省科学技术厅组织的新产品新技术鉴定，产品技术水平达到了国内同行业同类产品的先进水平，并先后荣获轻工业部科技成果奖、河南省科技成果奖、河南省优秀新产品奖等荣誉。

2001年公司完成工业产品生产产量8408t，销售收入7085万元，利税100万元。

地址：河南省焦作市环城北路31号
电话：0391－2938455
传真：0391－2925098
E－mail：jzyongchun@sohu.com

新乡市中原振动设备厂

该厂集团内外新型技术研制出了新一代 XZS 系列旋振筛。该产品可广泛用于粉料、颗粒料的筛分及料浆过滤。

地址：河南省新乡市西干道 5 号
邮编：453002
电话：0373 – 2685104 2868516
传真：0373 – 2868516
网址：http://zy.xx.com.cn
E – mail：zhongyu 4742@sina.com

武汉塑料机械总厂

为中国轻工业机械总公司直属厂，是国内最早生产塑料挤出和吹塑成型设备的大型重点专业生产厂家之一。先后以生产许可证方式引进了奥地利辛辛那堤公司的平行双螺杆挤出机和德国巴登费尔德公司的非对称中空吹塑成型机的制造技术。

产品包括螺杆直径 30 ~ 50mm 系列单螺杆挤出机、80 ~ 100mm 的系列平行双螺杆挤出机、45、55、65 和 80mm 的锥形双螺杆挤出机、54、60、73 和 82mm 的同向平行双螺杆挤出机和制品容积 500L 以下的系列中空吹塑成型机。工厂具有良好的成套供应能力和丰富的售后服务经验，成套设备包括异型材、各类管材和 PVC 低发泡板材等化学建材加工设备，单层至三层包装和农用薄膜、片材生产机组及造粒、制袋、真空吸塑、圆织编织复合制袋等后续加工设备。

职工 769 名，其中专业技术人员 191 名，占职工总数的 25%。企业装备有加工中心、数控螺杆专用铣床等先进设备和较完善的检测手段。已通过 ISO 9001 认证，系列平行双螺杆和锥形双螺杆挤出机曾获得“湖北省最畅销产品”和“武汉质量信得过产品。”

十堰鸿鹄塑料制品有限公司

十堰鸿鹄塑料制品有限公司是十堰市金利威汽车装饰材料公司与韩国统一工业株式会社共同投资兴建的中外合资企业，公司从国外全套引进 XPE 自动生产线及技术，具有当代国际先进水平。公司生产汽车内饰件与多家大型汽车厂家配套，技术力量雄厚，开发力强。在 1997 年 7 月通过了 ISO 9002 质量认证。

地址：湖北省十堰市襄阳路 18 号
邮编：442012
电话：0719 – 8780248 8788810
传真：0719 – 8784230
电挂：6859

孝感市五岳传感器有限公司

该公司率先从国外引进技术及设备，产品广泛应用于化纤、塑料、橡胶等行业挤出机的测量与控制。同时维修美国 DABECO 及意大利 GEFRAN 德国等同类进口产品。

生产 PT 系列熔体压力传感器、变送器：PW 系列智能数显压力温度控制仪表

地址：湖北孝感市槐荫大道 268 号
邮编：432100
电话：0712 – 2839725 2842644 2842320
传真：0712 – 2842320

深圳石化塑胶集团株洲塑胶有限公司

该公司位于湖南省株洲市石峰区清水塘工业区。占地面积 13 万平方米，拥有固定资产 11000 万，是湖南省 100 家重点骨干企业之一，也是国家氟塑料军工科生产基地。公司拥有分别从日本、奥地利引进的压延膜片、层压板、挤出板等先进的生产线，拥有具有国家先进水平的氟塑料科研生产设备，配套完善的科研、检测系统。现有塑料板、管、膜、片、电缆料、氟塑料、注塑制品共七大类 102 种产品，年生产能力 25kt。产品广泛应用于包装、化工、冶炼、机械、建筑、农业、国防科技等领域，用户遍及全国 31 个省、市、自治区及港、澳、台等海外市场。2000 年 5 月，公司正式通过 ISO 9002 质量体系认证。

地址：株洲石峰区清水塘
邮编：412004
电话：0733 – 8621111 – 0
传真：0733 – 8632999

茂名石化乙烯工业公司

该公司隶属中国石化集团茂名石油化工公司。工程于 1992 年 8 月 8 日经国务院批准列入国家“八五”计划的特大型石油化工项目，总投资 150 多亿元，厂区占地面积 160 公顷，1993 年 11 月 8 日正式开工建设，1996 年 8 月建成并一次投料试车成功；1999 年 12 月茂名 300kt 乙烯工程通过国家竣工验收；1999 年 2 月经过改扩建，乙烯生产能力达 380kt/a；2000 年 10 月通过 ISO 9002 质量体系认证。

茂名乙烯拥有乙烯裂解、高压聚乙烯、全密度聚乙烯、聚丙烯等10套大型生产装置及13套辅助装置。现有职工2700多人，其中具有大中专以上学历的职工约占60%。主要生产装置分别采用美国、意大利、日本等国的专利技术，工艺技术达到目前国际先进水平，生产过程高度自动化。目前，茂名乙烯公司每年可为市场提供塑料、合成橡胶、有机化工原料等205种"南海"牌石化产品1100kt，产品性能优良、牌号齐全、能够适应各种加工方法，制造各类塑料产品。其中，线型聚乙烯电缆护套料、聚丙烯高抗冲注塑料、BOPP等多项产品在许多领域取代进口产品。

恒昌集团公司

恒昌集团公司成立于1992年。目前是中国工程塑料工业协会理事单位，全国树脂改性及合金专委会委员单位和我国色母粒专委会会员单位，是国内首家在塑料制品着色领域中以色母、色粉、油墨一条龙配套服务的专业公司。主要生产各类色母、色粉、功能母料、工程塑料、改性塑料及合金等产品。各类色母、工程塑料和功能母料年生产能力达10kt，色粉达250万份。在本行业中是全国第一家同时审办：ISO 9001：2000质量管理体系和ISO 14000：1996环境管理体系的企业。

恒昌集团公司在香港、广东、四川、重庆等地拥有2个生产基地公司和4家贸易公司，其中"广东盛恒昌化学工业有限公司"作为集团公司总部，是企业发展全国以及海外战略的指挥中心、监控中心、人才培训中心、技术和新产品研究发展中心。

恒昌国际产业集团（香港）有限公司
电话：00852-25599316
传真：00852-25485398
广东盛恒昌化学工业有限公司
电话：0765-7720883
传真：0765-7720788
网址：http://www.hengchanggroup.com.cn
http://www.gdshc.com.cn
E-mail：gdshc@163.com

茂名市塑料制品厂

茂名市塑料制品厂是固定资产总投资2250万元的中型塑料制品加工企业，拥有先进的生产设备50多台/套，年生产塑料制品5000多吨，有各类专业技术人员30多人，员工307人。主要产品有编织袋2500万条；复合编织袋BOPP彩膜复合编织袋；塑纸复合水泥袋2500万条；塑料薄膜2kt。产品广泛用于石油化工、食糖、粮食、饲料、化肥、水泥包装。

地址：广东省茂名市计星工业区
邮编：525000
电话：0668-2523135 2520663
传真：0668-2520889

巴顿菲尔·震雄塑料设备有限公司

巴顿菲尔·震雄提供单螺杆和双螺杆塑料管材（如PVC、C-PVC、PE、PPR，硅芯管，铝塑复合管，以及钢管PE涂覆）挤出生产线，平双和锥双型材挤出生产线，单层和多层吹塑薄膜系统以及PS、PP和PET热成型片材挤出生产线。巴顿菲尔·震雄是德国SMS塑料技术集团在中国的合资子公司，生产以上挤出系统并提供专业的技术支持。

地址：广东顺德市大良镇河西工业区凤翔路18号
邮编：528300
电话：0765-2380110
传真：0765-2211801

汕头海洋第一聚苯树脂有限公司

汕头海洋第一聚苯树脂有限公司是目前国内最大的聚苯乙烯生产企业之一，现年生产能力达150kt以上。公司科技力量雄厚，现有职工260多人，具有各类专业人员80多人，占员工总数的31%。

该公司经国家确认为全国百强高新技术企业，广东省百强高新技术企业。公司以科技创新和新产品开发为先导，产品质量不断改进、提高，拥有普通型和高抗冲型聚苯乙烯十多个专业牌号的产品、并研究开发出食品级聚苯乙烯、高透明耐热板材专用聚苯乙烯、双向拉伸片材专用聚苯乙烯、高光泽超白板材专用高抗冲聚苯乙烯、热塑性橡胶鞋底料改性专用聚苯乙烯、高光泽超高抗冲聚苯乙烯等省级新产品和国家级新产品，其中的双向拉伸片材专用聚苯乙烯、高光泽高抗冲聚苯乙烯质量达到国际同类产品的先进水平，公司正在进行完全依靠自己的技术与国内设计单位合作进行设计，并主要依靠国内的设备在泉州泉港工业区建设年产100kt聚苯乙烯的生产线，工程已于1999年年底动工，计划于2002年6月份投产，项目完成后公司的聚苯乙烯年生产能力将达250kt。另外还着手在汕头海洋工业区内进行100kt/a的技改扩容工程，工程计划于2002年底动工，2003年底建成投产。届时，公司聚苯乙烯的年生产能力将达到350kt。

广州金发科技股份有限公司

广州金发科技股份有限公司于成立于1993年5月，是一家从事改性塑料研发、生产和销售的民营股份制高科技企业。总部坐落于环境优美的广州高新技术产业开发区天河科技园高唐工业区，1999年经国家认定为国家重点高新技术企业，2000年12月经认定成为省级重点工程技术研究开发中心。

该公司广泛吸纳各类优秀专业人才，公司科技人员结构合理，技术开发实力雄厚，现在职工460人，大专以上学历人数占职工总数的35%，其中具有中高级职称的技术开发人员95人，占职工总数的21%，包括博士15人，硕士28人，工程师数十名。

该公司拥有26条生产线，具备年产80kt改性塑料的生产能力，是目前国内最大的改性塑料生产基地。公司多种产品为国内首创，技术达到当前国际先进水平，完全可以取代进口同类产品，主要产品有阻燃树脂、增强增韧树脂、塑料合金和功能母粒四大系列，共计50多个品种700多个牌号，部分产品已获美国UL认证和省、市科技成果奖，其中国家级火炬计划项目3项，国家级优秀新产品2项，广州市科技进步奖3项，申请国家专利7项。产品广泛用于空调、计算机、冰箱、电视及其它家用电器和汽车、建筑、军工等行业。

该公司从创立之初就信奉“质量是企业的生命”，把质量管理作为企业管理的重中之重常抓不懈，公司已形成了比较完善的质量保证体系，1998年12月通过了ISO 9001质量体系认证，2000年7月通过了ISO 9000：2000版换版认证。

广东省佛山市运通塑料助剂厂

佛山市运通塑料助剂厂是以塑料助剂为主的专业生产企业，几年来运通厂发生了巨大的变化，由原有固定资产110万元，增长到现在520万元，年产值由700万元增长到5000万元，年产量由1200t增长到3000余吨，现在厂房面积6000余平方米的中型企业。

该厂专业生产薄膜类添加剂，主要产品有BOPP薄膜、抗静电、爽滑剂、防粘连剂、珠光母料、消光剂、增挺剂、PP、PE吹膜、流延膜开口剂、白色母料、增粘剂等各类添加剂母料。

地址：广东省佛山市长槎镇古南开发区十三路
邮编：528000
电话：0757－2201688
传真：0757－2201788

深圳市新乐达实业发展有限公司

该公司是1996年3月成立的民营科技企业。主要致力于环保技术，新型高分子材料等高新技术的开发和应用。其中主要产品——特种工程塑料合金（超高分子量聚乙烯合金），是该公司拥有多项自主知识产权的新技术结晶。其性能特别优异，用途十分广泛，是“以塑代钢”的最佳材料之一。科技部、国家税务总局，对外贸易经济合作部，国家质量监督局，国家环境保护局等五部委已将其列入“2001年国家重点新产品计划”。

该公司的特种工程塑料合金生产厂，具有合金粒料生产线、合金管材生产线和中型注塑装置等，可以提供优质的原料和部分下游产品。

地址：深圳市沙头角沙深圳路121号301室
电话：0755－5369163 5352175
邮编：518081
网址：http：//www.szleader.com
E－mail：yzdl@public.szptt.net.cn

广东金明塑胶设备有限公司

我国重点中空吹塑制品和薄膜生产设备制造厂。为广东省级高新技术企业，拥有知识产权的专利技术35项。2000年产值5700万元，人均43.85万元。

该公司产品包括挤出吹塑、注射吹塑中空制品和挤出吹塑薄膜系列生产设备，挤出吹塑制品最大容积为230L，挤出吹塑薄膜幅宽达20m。其中SPIA－2型合自动塑料吹瓶机、SJ120×3－MJ－500型三层共挤农膜机组（制品幅宽10m）、SIC100型微电脑注射吹塑成型机、FT—3A型非织造土工膜复合机（制品幅宽6m）和SJ160×3－MJ－20000型三层共挤吹塑复合土工膜机组（制品幅宽20m）等产品先后获得国家级重点新产品称号和汕头市、广东省科技进步奖项。幅宽20m的土工膜生产设备使用了包括内冷装置在内的该公司8项专利技术，主要技术经济指标达到国际同类产品的先进水平。公司产品销售全国各地并出口到日本、俄罗斯、新加坡、印度等10多个国家和地区。

该公司有职工130名，其中专业技术人员38名，占职工总人数的29%。同国内外同行有广泛的交流合作关系，与德国莱芬豪舍公司技术合作生产的FAC全自动收卷机已批量供应市场。拥有进口的加工中心、精密磨齿机、数控车床等先进加工设备，检测装置较齐全。1997年已通过ISO 9001认证。

东华机械有限公司

东华机械有限公司是一家以研制生产全自动电脑注塑机及其附属设备为主的高新技术企业，于1986年5月成立，占地50000多平方米，现有人员550多人，拥有一整套先进完备的设计、生产、加工和装配检测设备，可一次性为不同规模的注塑制品厂家提供全套注塑机械及其配套设备，注射质量从43g至30000g，合模力从220kN至32000kN，年产值3亿多元。1993年，东华公司即在国内塑机行业首家获得高新技术企业认定证书和ISO 9001质量管理和质量保证国际标准认证合格证书。

1994年东华公司被广东省科委批准成立“广东省塑料机械工程技术研究开发中心”，这是全省惟一一家依托企业进行塑料机械行业工程技术开发的科研中心。公司凭借着雄厚的产品设计开发力量，在多个项目的研发上屡创佳绩。1993年在国内首先突破特大型注塑机的设计和工艺技术，成功研制生产出国内首台合模力为2500t的TTI-2500特大型注塑机，填补了我国的空白，获得了国务院颁发的“中华之最”荣誉证书，是我国注塑机设计和制造技术的重大突破。1999年又成功研制出国内第一台TTI-1800TON二板式注塑机，2000年研制出国内第一台环保节能高效的全电动注塑机，同时，公司于1998年采用欧美标准要求成功研制出L型、X型注塑机，产品以OEM方式已批量出口到欧美等发达国家，标志着东华公司的技术、生产水平已达到国际先进水平。

为了与世界先进技术保持同步，东华公司长期与北京化工大学、华南理工大学、广东工业大学等高等院校保持紧密的技术联系。同时，公司还与美国HPM公司、油研公司等世界著名公司保持紧密的技术合作，共同开发高新技术产品和非标产品。

为了实现管理现代化，东华公司于1998年开始大力推行CIMS管理系统，逐步在全公司实现电脑化管理。1997年公司开始使用MRPⅡ软件，目前已全面实现采购、生产、销售、财务电脑化管理。

华南理工大学聚合物新型成型装备国家工程研究中心

该中心是以高分子材料加工设备为对象的教学、科研、生产和服务相结合的国家级重点研究单位。现已形成以学术带头人瞿金平教授为首，由15名教授、研究员和高级工程师及30多名中级职称的研究人员组成的教学、科研、生产队伍。在校内已建成3000m^{2}的科研开发基地和拥有20世纪末世界先进水平的聚合物成型加工工程教育部重点实验室。在广州番禺区建有占地面积30000m^{2}的产业化基地，生产销售聚合物电磁动态成型设备。

该中心多年来从事聚合物电磁动态塑化成型技术及设备的研究，成功地将振动力场引场引入到聚合物塑化成型加工全过程。先后研究成功技术处于世界领先的塑料电磁动态塑化挤出设备、混炼设备、注射设备和聚合物动态反应加工设备等，分别获得中、美、日、俄等11个国家和地区的发明专利，其中塑料电磁动态塑化技术及设备还先后获得国家技术发明二等奖和世界知识产权颁发的知识产权证书，聚合物动态反应加工新技术及装备被评为“九五”国家重点科技攻关计划优秀科技成果。

该中心先后承担并完成了包括国家自然科学基金重点项目、“八五”、“九五”国家重点科技攻关项目、国家杰出青年人才专项基金项目等40多个项目。目前正承担国家“十五”重点科技攻关和“863”计划等一批重大项目。

该中心设有跨材料科学、材料加工工程、机械设计与理论等三个博士点。

震德塑料机械厂有限公司

我国塑料注射机重点专业生产厂，合资企业。先后被广东省评为“技术创新优势企业”，国家科技部认定为“国家火炬重点高新技术企业”、“国家级CAD示范单位”。2000年产值4.42亿元。

该产品有锁模力300~20000kN、注射容量30~15000cm^3、50多种注射机，分为M3、V、S三个系列，分别为全自动型、高效节能型和高速精密型注射机。1998年被国家机械工业局评定为“中国机械行业名牌产品”，其中M3系列产品获1999年广东省科技进步一等奖，2000年被认定为“国家级新产品”；S系列采用独特的双射移系统设计、双比例系统配置，实现流量与压力闭环控制，精度高、节能50%以上，被列为2001年国家级重点技术创新计划项目。

职工800多名，20%为专业技术人员，其中6%具中高级职称。

工厂装备优良，具有国内外购进的精密专用设备。企业已通过ISO 9001认证。

广东聚赛龙工程塑料有限公司

广东聚赛龙工程塑料有限公司是广州市高新技术

企业和民营高科技企业，公司成立于是 1997 年，注册商标为“聚赛龙”。主要从事工程塑料及制品的研发和生产销售，工厂位于从化市聚宝工业区，年设计生产各种改性材料能力 15kt，产品广泛应用于家电、通讯、汽车、医疗器械、办公用品等领域。

该公司自成立以来，坚持以市场为导向，借国际工程塑料发展的成功经验，瞄准国际工程塑料产业的发展方向，结合中国国情，立足自主创新，实现通用工程塑料的功能化。

该公司建立了以市场为导向的技术创新机制，保证技术创新价值的充分实现。公司产品开发不是简单的模仿和跟踪国外跨国公司的牌号而是通过材料的分子微观结构及结晶结构的设计来实现通用材料的高性能化。公司拥有先进的研发设施和强大的科研队伍，科研人员的比例达 40%，先后自主开发并工业化数百种高性能牌号和产品，有十几项科研成果通过鉴定，部分产品申报国家发明专利。为家电、汽车、电子和电信行业提供了数百种牌号的高性能工程塑料。

聚赛龙工程塑料有限公司率先在本行业通过 ISO 9001 国际质量体系认证，部分产品通过美国 UL 认证，公司产品包括 PP、ABS、PC、PA、PBT、PET 等系列阻燃材料、增强增韧材料、塑料合金和功能材料母粒，主要客户包括国内外知名企业，产品出口到美国、日本和东南亚各国。

地址：广东省顺德市容桂镇容桂大道 16A
广东省从化市龙潭镇(生产基地)
电话：07658899550

广东东莞市彩虹塑胶颜料有限公司

东莞市彩虹塑胶颜料有限公司，是一家生产销售原装颜料、染料的专业公司，主要产品有：油溶性，有机、无机、萤光系列等各种颜料，染料各种银白珠光粉，有色，幻彩珠光粉，黑粉、白种、珠光种、金种、银种、扩散剂、扩散油、增白剂、钛白粉、金粉、银数、金点、银点、云石点，镭射点，抗紫外光剂、挤氧化剂、抗静电剂、平光粉哑光粉、好滑粉、硫酸钡、透明粉、发泡剂，大理石流纹色母、光变温变色粉等。

地址：东莞市风岗镇油甘埔工业区
电话：0769 - 7779115 7779116
传真：0769 - 7770858

四川省宜宾五粮液集团普什有限公司

四川省宜宾五粮液集团普什有限公司为五粮液集团的独资子公司，作为五粮液集团多元发展，开拓新领域的排头兵，经过四年多不断的探索发展，普什公司的规模不断扩大，产品结构日益多样化，取得了令人瞩目的成绩。2001 年，公司实现销售额 7 亿元，完成利税 2 亿元。

目前，公司拥有职工 1300 多人，厂房占地面积 12 万 m^2，公司以精密、精细塑胶加工、PET 原料生产、模具制造加工为主，其主要产品为防伪塑胶瓶盖、塑胶管件、塑胶管、聚酯材料、塑胶镀铝膜、塑胶彩印膜、激光镭射膜、PET 瓶胚、PET 瓶、托盘、薄壁容器、手提袋等。

同时公司的模具制造业，汇集了国内外机械加工业最先进的加工设备与技术，已具有相当规模和国际水准，可面向全球设计、制造、经营。其设计、制造、销售的模具涵盖“大中小、高精尖、各行业”，有注塑模、冷冲模、压铸模，其范围涉及到汽车模具、IT 产业模具、家电产业模具、一般制造业模具等。

公司引进美国杜邦和意大利 SINCO 公司的世界一流设备和技术，可年产 PET 原料 150kt。

成都科强高分子工程公司

成都科强高分子工程公司成立于 1992 年，是中蓝晨光化工研究院与成都倍特发展集团股份有限公司合资兴办、四川省认定的高新技术企业。

该公司注册资金约 600 万，固定资产达 400 万。公司以中蓝晨光化工研究院为技术依托，拥有一批高分子材料研制和高分子化工专用设备开发方面的专家和学科带头人，现有在职职工 70 人，而专业工程技术人员占了 75%，专家级教授高工占公司总人数的 30%，拥有 4 名享受国家特殊政府津贴的专家和两名中青年学科带头人。

公司拥有一个工程塑料厂和一个化工专用设备厂，可年产改性材料 5kt、化工专用设备 80 台/套，并可为客户提供全方位的工程技术咨询、转让、研究和开发服务。公司具有完善的质保体系，通过了 ISO 9001：2000 国际质量体系认证（获准使用英国“UKAS”皇冠标志）并得到了国际权威认证机构的有力监督和持续保证。

地址：成都市人民南路四段 30 号

邮编：610041
电话：028－5532101 5589921
传真：028－5543911

四川美好塑业集团有限公司

四川美好塑业集团有限公司（原四川天府能塑料有限公司），是四川省重点民营企业、四川省“小巨人”企业和达州市优势重点企业之一，下辖四川天府能塑料有限公司、四川省太阳能塑料厂、四川省盛兴房地产开发公司、达州市恒基经济开发有限公司、大竹荷花池商贸有限公司。现有职工300余人，拥有资产近9000万元，固定资产5500万元，公司占地面积$8\times10^4m^2$，有各类生产加工设备150余台套。可年加工各类塑料薄膜和宽幅塑编彩条布40kt。2001年度实现产值1.21亿元，销售收入1.24亿元，创利税500余万元，生产农膜11419t，彩条布4140t。

公司主要产品有：薄膜类的农膜、地膜、微膜、长效无滴膜、遮光膜、除草膜、降解膜、多功能大棚膜和包装膜、工膜等百余个规格品种；彩条布类的聚乙烯、聚丙烯4～8m各规格品种六十余个，产品已覆盖云、贵、川、陕、渝、鄂、甘、新疆等地。

地址：四川省达州市南城杨柳垭工业小区
邮编：635000
电话：0818－2656447转8001 8009 8010
传真：0818－2656417
E－mail：absexe@dc－public.sc.cninfoo.net
paussig@sina.com

四川广汉锐星塑胶有限公司

该公司已通过ISO 9000质量体系认证评审。生产的“鱼跃”牌塑料制品质量稳定可靠，市场占有率及商标知名度不断提高，已成为四川省出口包装定点厂。产品得到四川省进出口检验检疫局、四川省技术质量监督局、全国行业质量检测中心及成都铁路局技术安全处等部门的技术质量认可，并获得相关的质量证书和荣誉称号。公司的“鱼跃”注册商标已成为德阳市知名商标。

该公司的主要产品是2－200L塑料各类吹塑中空容器、塑料周转箱、各种塑料板材、家用电器配件、热成形制品、塑料模具设计、加工和塑料辅机制造等。产品广泛用于出口化工、食品包装，建筑设计、家用电器、生活日用等领域。

地址：四川省广汉市南昌路二段
邮编：618300
电话：0838－5102222（传真）
网址：http://www.ghrxsj.com

四川华西德顿塑料工程有限公司

四川华西德顿塑料工程有限公司是一家专业从事UPVC、PPR、PE塑料管材、管件生产的企业（产品商标“华西牌”）是中国塑料管道专委会成员，四川省塑料协会副理事长单位。

公司固定资产5000万元人民币，银行信用等级2A，现有员工168人，其中大中专生占总人数的67%以上，工程技术人员占总人数的38.5%（主要是高分子材料专业、塑料成型工艺专业、塑料模具设计与制作及相关专业的硕士生、本科生、大专生）。公司主要设备（挤出机、注塑机及相应检测设备）从美国引进，具有90年代国际先进水平，可生产$\phi20$～$\phi630$mm UPVC塑料管件、$\phi20$～$\phi630$mm PE管材管件、$\phi20$～$\phi110$mm PPR冷热供水管和$\phi200$～$\phi1800$mm PE大口径双重壁结构管，是西南地区生产塑料管道种类齐全、规模大的厂家之一。公司生产的产品广泛适用于市政供水管、室内外给排水管、市政排污、化工用管、高效输水滴灌管、通信电缆管等。

地址：四川省彭化县城南经济技术开发区301号
邮编：620860
电话：0833－7641789
传真：0833－7641789

贵阳友信软塑包装材料有限公司

贵阳友信软塑包装材料有限公司，位于贵阳市南明区红岩轻工小区，系贵州润丰（集团）实业有限公司所属企业：贵州润丰（集团）东山塑料包装有限公司、贵州润丰（集团）包装材料有限公司、贵州润丰（集团）薄膜有限公司、贵州润丰（集团）彩印复合包装厂和贵州塑料原料有限公司五家企业进行内部资产重组而成立的。公司拥有固定及流动资产7000多万元，占地面积50亩，是贵州润丰（集团）实业有限公司的核心企业，也是贵州省生产软塑包装及材料的最大专业厂家。公司现有职工160余人，拥有各类专业技术及设计人员40余人，占企业总人数的25%，中高级职称人员占企业总人数的10%。

公司主要产品有：多层共挤聚丙烯流延膜（CPP）、彩印复合包装膜袋、三层共挤聚乙烯吹塑膜、液体包装膜、农地膜。

在技术装备方面，公司现有从奥地利兰精公司引进的多层共挤流延膜生产线一条，年生产能力4500t，能生产普通CPP热封膜、低温CPP热封膜、CPP镀铝基材膜、CPP蒸煮膜等品种；从日本引进的六色彩印复合软包装生产线一条和国产十色彩印复合软包装生产线一条，年生产能力达2000多t，主要生产中、高档食品、药品、化妆品用塑料彩印复合软包装膜袋；两条三层共挤聚乙烯吹塑薄膜生产线，年产1200多吨，主要生产彩印复合用聚乙烯基材膜、液体包装膜、功能性农地膜等产品。

地址：贵阳市云关乡红岩轻工小区

邮编：550005

电话：0851－5630414 5630572 5630602 5932271

传真：0851－5630610

云南省个旧市塑料厂

云南省个旧市塑料厂位于城区西部交通便利。在昆明市风景秀丽的滇池南湖畔设有分厂，工厂始建于1970年，现拥有职工200人，总资产3000万元。是云南省农地膜定点生产厂，国家医药局在云南省的医用塑料包装定点厂。云南省工商“重合同、守信用企业”，“高新科技先进企业”，“物质、精神双文明企业”，国家中二型企业。

该厂引进西安交通大学高新技术项目：光、热、生物多重降解塑料母粒（国内最新技术），并已转入工业化生产。该项目已列为国家经济贸易委员会“双高一优”项目，总投资1.5亿元人民币，生产能力实现年产降解及多功能母粒30kt。

地址：中国云南个旧市西口冲

邮编：661000

电话：0873－2122231 2123295

传真：0873－2131986

秦川塑料机械厂

秦川塑料机械厂是陕西秦川机械发展股份有限公司的直属企业，陕西秦川机械发展股份有限公司是由秦川机床集团有限公司控股的上市公司，在深交所上市，股票简称“秦川发展”（000837）。该厂依靠公司近40年研制精密机床的雄厚实力，生产出国内第一台中空成型机SK05、第一台最大的中空成型机SCJ230、第一台多层中空成型机SCJC500u、第一套具有自主知识产权的节水灌溉设备：塑料滴灌带生产线QCWS001、QCWS002……等。

该厂生产的主要成套设备如下

（1）20～1000L塑料中空容器（桶）生产线；

（2）30～200L单（多）层汽车塑料中空燃油箱生产线；

（3）10～500L多层塑料中空容器（桶）生产线；

（4）汽车塑料中空异形（三维）管件生产线；

（5）IBC吨包装化工箱、塑料中空托盘生产线；

（6）塑料中空桌面、工具箱包、医疗床板生产线；

（7）节水灌溉塑料滴灌带（管）生产线；

（8）石油（天然气）钢管包覆防腐（塑料挤出机组）生产线；

（9）$\phi45～\phi220$高效塑料挤出机系列产品；

（10）木塑成型制品生产线；

（11）PS泡沫塑料预发与成形、回收与造粒生产线；

（12）大中专院校液压教学实验台系列产品；

（13）接受顾客技术咨询与专用塑料机械设计制造。

地址：陕西省宝鸡市姜谭路22号

邮编：721009

电话：0917－3670885 3670876

传真：3671033

E－mail：suliaoj@qinchuan.com

宝鸡市云鹏塑料科技有限公司

宝鸡市云鹏塑料科技有限公司创建至今，已有四年的历史。

1999年8月公司生产的产品顺利通过了国家质量鉴定，正式投入工业化生产。

公司主要产品

母料：是由70%～88%经多次表面活化的重质碳酸钙和15%～30%的载体树脂（PP、PE、ABS）和其它十余种助剂经多次掺混和共混制成的圆柱状产品。

HDPE4K1B－3通讯电缆绝缘料是以HDPE为主体，含有适当助剂的本色粒料，它具有优良的力学性能、电性能及加工性能。HDPE4K1B－3通讯电缆绝缘料的各项性能经国家化学建筑材料测试中心检测，符合国际先进标准－美国REA PE－200及ASTM D1248中规定的指标。

地址：宝鸡市高新技术开发区峪泉路

电话：0917－3314868 3673786

传真：0917－3320770

网址：http：//www.ypsl.com

E－mail：info@ypsl.com

兰州兰泰塑机公司

兰州兰泰塑机公司是由化工部化工机械研究院橡塑机械研究所为主体组建的高科技企业。兰泰开发研制双螺杆挤出机已有二十多年历史，是中国同向双螺杆挤出机技术发源地。兰泰具有橡塑机械、化工机械、机械制造、电仪控制、高分子材料、金属材料及热处理、计算机工程等多专业技术优势及拔尖人才，兰泰研发的双螺杆挤出机产品类型齐全、功能独特，应用面覆盖整个塑料改性加工领域，现已在石油、化工、建材、农业、家电、汽车、通讯、电力、轻工、食品、环保等行业广泛应用。

地址：中国兰州西固区合水北路3号

邮编：730060

电话：0931-7311394 7311614 7369030 7369032

传真：0931-7315137

网址：http：//www.lantai.com.cn

E-mail:lantai@lantai.com.cn

甘肃金利达实业有限责任公司
（甘肃化工机械厂）

我国混炼（同向平行）双螺杆挤出机重点专业制造厂，有20多年生产历史，是国内最早开发这一类产品的厂家之一。已有上千台套产品生产、销售和服务的经验。市场包括全国各地及美国、日本、东南亚、中东及香港等国家和地区。

产品主要有螺杆直径30～166mm系列混炼双螺杆挤出机、锥型双螺杆挤出机、EPE专用挤出机、PVC/PE双阶交联机组和FTE食品专用挤出机。被列为国家级重点新产品的SHJ-50S可视化新型双螺杆挤出机经国家自然科学基金会组织专家评审，认定为“国内首创、国际领先”。最新研制的75/135串联圆盘螺杆挤出机，专用于其他混炼设备难以满足的高分子合金和高填充物粒及超细纳米级物料的混炼加工，填补了国内空白。

职工1100多名，22%为专业技术人员，其中16名具有高级职称。企业重视产学研结合，同北京化工大学等20多所高等院校、研究单位建立了长期的合作关系，聘请了国内40多位资深专家指导企业的各有关工作。加工检测设备优良、齐全，质量保证体系完整。

兰州塑料包装材料有限公司

兰州塑料包装材料有限责任公司组建于2001年，其前身兰州塑料包装材料厂始建于1980年，是“甘肃省一级企业”、“国家中二型工业企业”。是一个以引进国外先进技术和设备为主体，全国最早专业化生产塑料周转箱、聚苯乙烯发泡片材和塑料装饰材料的新型塑料包装材料和塑料装饰材料的现代化塑料加工企业。全厂占地面积29300m^2，建筑面积17000m^2。现有职工365人，其中各类专业技术人员65人。下设六个经营部门（五个分厂和经销公司）、三个职能管理部门和一个服务保障部门，拥有资产9630万元。

建厂以来，该企业先后从日本、德国引进了7kg、9kg大型塑料注射机、塑料发泡片材生产线和中空成型设备、复合印刷生产线，1995年又从意大利引进了国际九十年代先进水平的多层共挤出塑料板（片）材生产线，目前拥有各类设备179台（套），形成年加工能力4kt。产品主要有“方菱”牌塑料周转箱、电视机壳等家用电器塑料件及工业塑料配件、市政建设水泥地砖塑料模；“金城”牌塑料发泡片材、吹塑纸、彩板；“金城”牌超豪华弹性壁布、工艺地毯；“好利快”牌塑料镜面板、晶晶板、彩绘板及ABS、PP、HIPS板（片）材；一次性冷饮杯、冰淇淋杯、酸奶杯、糕点盒、超市托盘等食品包装容器；纸箱制品。

地址：中国甘肃省兰州市西固中路180号

邮编：730060

电话：0931-7532085 7567528

传真：0931-7588236

网址：http//www.lzslbz.com

新疆天业股份有限公司

新疆天业股份有限公司（简称“新疆天业），位于新疆维吾尔自治区石河子市。该公司创立于1997年6月，是新疆生产建设兵团国有资产控股的首家大型综合类上市公司。至2001年末，公司已拥有资产总额22.17亿元，净资产10.8亿元，总股本22680万元。现有员工12000余名，各类专业技术人员2000余名。新疆天业已拥有9家分公司，9家控股公司和6家参股公司。拥有对外经济技术合作权和国家认定的企业技术中心。

新疆天业主要从事农用塑料节水器材、塑料制品、化工产品、食品和农业种植，以及农副产品深加工的生产和经营。

新疆天业是新疆最大的塑料制品生产企业，年生产塑料制品 50kt。新疆天业积极落实国家提出的“把节水灌溉做为一项革命性措施来抓”的要求，发挥天业“企业技术中心”的创新能力，不断引进、吸收国外节水灌溉技术和先进设备，自主开发符合国情的、农户用得起的“一次性可回收滴灌带”及其配套的“天业滴灌系统”。2000 年推广滴灌面积 15 万亩，2001 年达到 50 万亩以上，今年形成 200 万亩节水器具生产能力，“十五”期间可形成 600 万亩节水器具的生产能力。节水技术也走出国门，在塔吉克等中亚国家推广成功。新疆天业节水器具生产规模和技术推广应用已位居全国第一，农膜生产规模及产品质量都居全国同行前列，其产品被评为“新疆名牌”。其中，“天业”牌农用地膜被农业部评为优质产品，被 99 中国国际农业博览会认定为名牌产品。

新疆天业是新疆最大的氯碱化工企业，拥有 10 万吨化工产品生产能力，其中，年产烧碱 40kt，盐酸 25kt，硫酸 30kt，聚氯乙烯树脂 30kt，液氯 3kt。

新疆天业拥有 8 万吨食品加工能力，其中番茄酱 60kt，柠檬酸 15kt，胡萝卜汁 6kt。

新疆天业所属天业北泉农场和天业东阜城农场，拥有耕地 44 万亩，是天业在石河子垦区建立的农产品深加工，贸、工、农一体化示范基地。

新疆梨花包装有限公司

新疆梨花包装有限公司（以下简称梨花公司），创建于 90 年代初，是专门生产用于水果、家具、地板底垫、家用电器、玻璃陶瓷等泡沫塑料包装材料的公司，其中聚乙烯发泡包装制品的产量居全国同行业首位。梨花公司还兼营塑料机械制造、鲜果贸易等业务。

梨花公司注册资本 320 万美元，拥有固定资产 7200 万元，资产总额 13000 万元，负债率 77%。现有员工 600 多人，其中工程技术人员将近 100 人（高级技术职称 5 人，中级技术职称 50 人）。目前，在全国各主要水果产区拥有近 20 家全资分公司及控股公司，拥有从 D55 - D120 聚乙烯挤出发泡生产线 120 多条（其中进口生产线 50 条），年生产能力达 12kt，2000 年实现销售收入 8200 多万元。

梨花公司作为 PE 发泡网行业中的龙头企业，也正是议定书和行业战略的主要受控对象。根据行业战略的要求，结合自身发展情况，梨花公司向国家环保总局和中国塑料加工工业协会提出使用联合国多边基金赠款进行替代 CFCs 改造的申请。得到了国家环保总局和中国塑料加工工业协会的大力支持。

将包括梨花公司在内的 25 家企业共计 46 条生产线组成了一个伞形项目统一申报，审批后集中进行替代 CFCs 改造。该项目经过国内专家和 UNIDO 的共同准备，于 1998 年 7 月得到联合国多边基金执委会第 25 次会议的批准，获得赠款 448.8516 万美元，通过项目的执行，可淘汰 ODS 1146t（即 PE - 1 项目）。“PE - 1 项目”的建设投资总额预计为人民币 5296 万元。其中利用联合国多边基金提供的赠款为 448.8516 万美元（折合人民币约 3725.47 万元），企业从银行贷款 1000 万元，企业自筹资金 570.53 万元。

该公司通过“合厂并线”，加快了 PE - 1 项目的实施进程。即在原来的 25 家申报企业中选择了 6 个合并点，这 6 个合并点为梨花公司（陕西）礼泉分公司、（四川）成都分公司、（河北）石家庄分公司、（安徽）砀山分公司、（山西）运城分公司以及（新疆）新复包装有限公司。由梨花公司牵头组织参加改造的企业进行合厂并线，将项目批准改造的 46 条生产线根据市场需要分别集中到上述 6 个合并点进行替代改造。

人物风采

人 物 风 采

周 刚

男，生于1916年，大学学历，1937年参加革命。抗日战争时期，在冀东游击区担任民主政府县长。解放战争时期先后担任热河省热西地区专员，热河省粮食局局长，参与了辽沈战役和平津战役的粮食供应组织工作。此后，担任热河省文教厅厅长，中共热河省委宣传部第一副部长。

新中国成立后，先后担任东北大区地质局局长，地质部水文地质、工程地质局局长，领导参与了大庆油田地质普查、酒泉卫星发射基地的水源勘探工作，丹江口水库和三峡水库的地质勘探。

从1965年起，在轻工业部工作，担任塑料工业局局长。在确定行业发展方向、引进技术、全面提高塑料行业的生产技术水平等方面，发挥了重要的领导作用。先后参与领导了烟台合成革厂等大中型塑料厂的建设工作。

周刚同志作风民主，胸怀宽广，光明磊落，尊重知识，尊重人才，受到业内专家、科技人员一致的好评。

从1980年开始，亲自领导中国包协塑料包装委员会的组建工作，并先后担任塑料包装委员会主任和顾问，支持、关心塑料包装工作，推动了塑料包装行业的发展。为我国塑料工业的发展作出了突出的贡献。

陈文瑛

男，湖北浠水人，1918年11月出生，教授级高级工程师。1943年毕业于重庆大学化学工程系。毕业后，从事热固性塑料研究及生产经营工作。新中国成立后，曾先后担任中南区地方工业局、国家地方工业部轻工局工程师；国家轻工业部日化局工程师兼化工处副处长；化工局工程师兼塑料处处长；国家第二轻工业部塑料局工程师兼生产处处长；国家轻工业部塑料化工局工程师兼技术处处长，同期受聘为国家科委化学建材专业组组员，国家科委全国发明评选委员会化学化工组组员（后转为轻工组组员），国家标准总局全国塑料标准化技术委员会副主任委员，全国塑料制品标准化技术委员主任委员。国家轻工业部塑料工业局总工程师。中国塑料工程学会副理事长兼秘书长，中国包装协会常务理事，中国包协塑料包装委员会副主任委员、主任委员，《中国塑料》杂志编委会顾问。

陈文瑛先生自1954年11月由中南区地方工业局调入国家地方工业部以来，虽工作机构名称几经更迭，但始终致力于发展我国塑料加工工业。近50年来作了大量的技术工作和工业管理工作，是我国塑料加工工业的开拓者之一。他工作认真，严于律己，治学严谨，学识渊博，德高望重，将毕生精力贡献于我国塑料加工工业的发展。

建国初期，进口甲醛短缺，影响电木粉生产与供应，上海等大城市电木生产纷纷告急，他指导生产企业进行试制工作，先后试制成功糠醛电木粉和脲醛塑料，填补了当时的国内空白。

20世纪60年代初，生胶进口困难，供应短缺，危及胶鞋生产，影响人民生活，积极组织有关塑料厂开发有关技术、引进消化国外技术，推动了聚氯乙烯注塑鞋及鞋底的生产，解决了橡胶短缺的困难，同时也解放了大批农村妇女劳动力。在此期间还积极利用国产PVC的问世，推广农用薄膜及渔用丝的生产，奠定了我国农用塑料制品生产的基础。

多年来，组织并指导了大量的技术装备引进工作，包括流程设计，设备选型，商务谈判验收索赔等。1980年担任联合国资助的塑料加工应用中心项目中方项目主任，组织了专家接待，专业考察和技术培训等项工作，圆满完成任务。

1982年以来，参与了国家聚氯乙烯建筑用管材推广应用的工作，并在1983年国家科委化学建材专业组工作会议上，提出了《大力推广PVC室内排水管系技术开发成果，促进我国塑料建材的发展》的意见与建议，推动了我国建筑塑料的发展。

先后翻译（或合译）了俄、美、德文塑料工程及工艺专著8种，共约100余万家，发表多篇文章，此外，先后审校了塑料工艺及工程出版物共7种，共计250余万字。1987年，受聘为中国大百科全书《轻工》卷编委会委员及塑料加工工业分支的主编，组织编写了17条专业条目。自60年代以来，为推动我国塑料制品标准化工作，倾注了大量的心血，作了许多开创性工作，奠定了我国塑料制品的标准体系。

1976年编著的《英汉塑料工业词汇》为我国最早的英汉对照塑料工业词典，收录4．6万个词条，至今已出三版，累计发行 达5万多册，深受塑料加工业技术人员的欢迎，为我国塑料工业术语规范化和我国塑料工业术语标准制订提供了参考和依据。

1986年退休后，陈文瑛同志仍然十分关心我国塑料工业，注视行业的发展，关注新技术的进展，发表了多篇有影响力的文章。在塑料与环境协调发展，降解塑料研究，人才培养等方面做了大量的工作。

徐　僖

高分子化学、高分子材料科学专家，中国科学院院士。现任四川大学(成都科技大学)教授、高分子研究所所长，上海交通大学教授、高分子材料研究所所长，《高分子材料科学与工程》、《油田化学》期刊和《塑料工业手册》主编。兼任浙江大学、西安交通大学、北京化工大学、华南理工大学、华中理工大学、南京化工大学等10余所高校教授，《高分子学报》、《化工学报》、《自然科学进展》、《高等学校化学学报》、《J. Mater. Sci. Technol.》、《International Materials Reviews》和《Progress in Polymer Processing Series》等期刊和丛书编委。曾任《中国大百科全书·化工卷》高分子化工分支主编，《中国大百科全书·化学卷》高分子化学分支副主编，《材料科学技术百科全书》高分子材料分支主编，成都科技大学副校长、高分子材料系主任，第三、五、六、七、八届全国人大代表等职。发表研究论文200余篇，出版著作、译著4本，申请专利20余项。曾获国家自然科学奖、国家发明奖等20余项国家、部委、省级奖励，以及高分子科学高层次人才培养国家级优秀教学成果奖、高分子化学育才奖、何梁何利基金科学与技术进步奖。曾被授予全国高校先进科技工作者和全国教育系统劳动模范等称号，是我国高分子材料科学与工程的奠基人和开拓者之一。

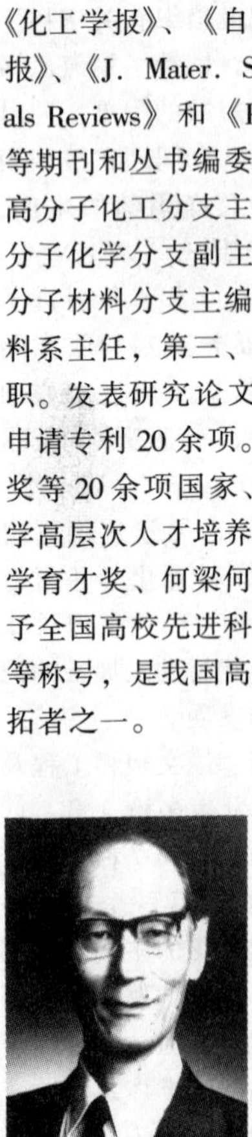

徐端夫

男，1934年出生于浙江杭州。1956年毕业于北京大学化学系。中国科学院化学研究所研究员，中国工程院院士，高分子化学和高分子材料科学专家。主要从事高分子凝聚态结构和高分子材料研究。

自20世纪70年代以来，他一直在研究纺织用聚丙烯纤维和产业用聚丙烯纤维的制造技术及推动促进这些新材料应用的基础性研究。他从高分子物理的角度研究聚丙烯纤维制造的科学原理——聚丙烯在纺丝过程中的结构生成、结构变化和结构/性能关系。针对我国聚丙烯纤维生产的实际情况，发明了一系列制造这种新材料的新方法和新技术，如聚丙烯纺丝用降温母粒、聚丙烯纺丝专用树脂、聚丙烯纤维制造新方法以及各种规格的聚丙烯纤维新品种。他认为，这些高分子材料科学的原理对薄膜、管材及塑料等各种高分子材料的研究制造有许多共同之处，彼此都有参考借鉴作用。

徐端夫经历了我国高分子材料从引进、仿制到独立自主创新开发的历史性转变时期。他认识到科研成果的推广应用和产业化是相当艰难的，因为新材料的应用研究和市场开发也是一项研究工作。因此他和他的合作伙伴经常主动把他们的研究成果和发明专利推向产业界和推向市场，通过这种办法他为国家培养了一批能适应新时代的科技新秀。

随着科学技术的进步，我国的化纤产业逐渐与塑料工业接轨交叉。因此，自90年代后他的研究兴趣逐渐由化纤新技术和功能性纺织品研究拓展到农用高分子新材料和高分子复合材料，特别是与设施农业和节省灌溉用水新技术所需的高分子新材料的使用成本，力图以当代高分子材料科学的新技术新方法来促进传统产业和农业科技的进步。为此，他主动把这些新材料用于盐碱地治理和荒漠化防治，用于恢复草原生态和沙尘暴防治等与生态科学交叉的基础性研究。

为了促进稀土资源的开发，他还参与稀土化学和含稀土高分子新材料的研究。考虑到21世纪生命科学的发展机遇，现在他还与化学专家和医疗专家合作，从事与临床医学有关的新技术和新材料研究。

总之，他主动参与这些跨度很大的学科领域，与其他领域的科技专家共同探索彼此都不甚熟悉的科技难题，其目标是想为高分子材料寻找新的机会，想使高分子新材料在21世纪发挥更多的作用。

研究兴趣：

高分子形态，高分子材料，有机/无机复合新材料，水资源开发和有效利用新方法和新材料，临床医学新方法和新材料等。

获奖情况：

(1) 1989年国家科技进步一等奖　“丙纶级聚丙烯树脂的研制、工业化生产和应用”

(2) 1980年国家发明三等奖　“降低丙纶纺丝温度新方法”

(3) 2001年北京市科技进步一等奖　“振动光谱的基础研究与学科交叉研究”

(4) 2001年中国分析测试协会奖(一等奖) "分子光谱的基础研究及应用"

(5) 2000年中国高校自然科学一等奖 "分子光谱研究生物分子、生物医学及其应用"

(6) 1997年国家教委科技进步一等奖 "稀土络合物结构性能关系和稀土光致发光新材料"

(7) 1996年中国科学院科技进步一等奖 "细旦、超细旦丙纶长丝的研究与应用开发"

(8) 1995年中国分析测试协会奖(一等奖) "稀土荧光复合新材料的谱学测定和结构性能关系的应用研究"

(9) 1989年中国科学院自然科学一等奖 "聚丙烯纺丝中结构与性能关系的研究"

(10) 1988年中国科学院科技进步一等奖 "丙纶级聚丙烯树脂的研制、工业化生产和应用"

(11) 1987年中国石化总公司科技进步一等奖 "丙纶级聚丙烯树脂的研制、工业化生产和应用"

毛炳权

男，广东东莞人，教授级高级工程师。1933年出生，1952年至1959年先后在大连工学院化工系、前苏联莫斯科门捷列夫化工学院高分子化工专业学习；1959年至1971年在成都工学院高分子化工系任教：从1972年起在北京化工研究院工作，1995年当选为中国工程院院士。

50年代参加过耐高温芳基聚酰胺的合成研究：60年代进行过醛酮类化合物的聚合反应研究：20年代，主持研究"聚丙烯络合Ⅱ型催化剂及聚合工艺"。在国内建成了当时世界上首套无后处理的聚丙烯装置。该项目于1982年获国家发明三等奖。80年代负责"六五"公关项目"以炼厂气为原料的千吨聚丙烯技术"获中国石化总公司科技进步一等奖，同时该项目于1995年获得国家科技进步二等奖。根据以上两项技术，全国目前已建成六十多套间歇法聚丙烯装置，年生产能力超过500kt，年产值约为三十亿元。这些装置所用的络合Ⅱ型催化剂，多年来一直由北京化工研究院提供。80年代主持开发的"新型高效聚丙烯N型催化剂技术"获得了1993年国家发明二等奖，已经得到中、美、日、欧洲多国专利，并已向美国一家石油公司转让了专利许可证。目前已在中国、美国建成生产装置，向国内和世界各国出售产品。N型催化剂的各项技术指标均已达到和超过世界先进水平，而价格仅为国外同类产品的三分之一或二分之一，国内已有多家大型聚丙烯装置在应用，每年可以为国家节省1500多万美元。90年代负责国家"八五"攻关项目"聚丙烯球型催化剂"的研究。1995年底，该技术中间实验通过国家鉴定和验收，并在千吨级间歇法聚丙烯装置试用成功。目前，该项目已经取得中国专利，在我院科学实验基地建成了生产装置并正式投产，产品在国内各大型聚丙烯生产厂中应用，并已经向国外出口。

目前从事的科研工作主要包括两方面：一是对已生产的催化剂的技术性能进行改进，以便降低成本、提高性能，以及研究新一代催化剂和开发具有性能更优越的聚烯烃新品种和牌号；二是对目前生产和应用的通用聚烯烃材料通过化学和物理方法改性，达到通用材料高性能化的目的。

近年来本人在国内外发表影响力较大的论文20多篇，曾培养十多名硕士、博士研究生，目前是北京化工研究院硕士生导师(该院不设博士研究生)，四川大学、北京化工大学兼职博士生导师，华南理工大学、大连理工大学兼职教授，是《石油化工》指导委员会副主任，《石油炼制与化工》指导委员会委员，《化工进展》指导委员会委员。

廖正品

男，高级工程师，司局级，1964年毕业于成都大学物理系物理专业。1965年分配到轻工业部塑料局工作。曾任轻工业部塑料工业局技术处处长，中国轻工总会体改司企业管理处处长，行业管理司皮革塑料办公室主任，中国轻工总会塑料办公室副主任，中国塑料加工工业协会副理事长兼秘书长；现任中国塑料加工工业协会理事长兼秘书长。担任国家科技奖和轻工科技奖评审委员会委员，兼任全国塑料制品标准化技术委员会(TC)主任委员；中国农用塑料应用技术学会副理事长，北京市第8届专家顾问团专家组成员、国家发展计划委员会产业发展司轻工纺织工业专家等职务。

廖正品理事长长期致力于塑料加工领域的技术开发和行业管理工作，在业内老前辈、老专家的指导帮助下，具有扎实的理论基础和丰富的工作经验。主动要求支援边疆地区，先后在西藏、内蒙古自治区工作达4年之久。

在西藏工作期间，亲自制定了西藏塑料厂建厂方案（多品种综合性厂），领导并参加设备的安装调试、配方的筛选、工艺的选择、各项管理规范的制定，是西藏第一个塑料厂建设的领导者之一，为西藏地区的塑料工业的发展奠定了基础。

“七五”期间任中日合作“特殊农用地膜研究开发”项目秘书长，参与和领导项目实施方案，使我国农地膜的技术指标达到或接近日本同类产品的指标，顺利完成国家经委和日本通产省签署的协议，有效地协调石化（原料）、农业（应用）和轻工（生产）系统的合作，受到国家主管部门的好评。

“八五”期间曾亲自制定内蒙古清水河县塑料总厂的总体规划，加强了该厂的内部管理建设，使该厂管理走向正规化，并建立了一个扶贫农膜分厂，得到中国轻工总会领导的表扬和肯定，取得了显著的经济效益和社会效益。

“九五”期间主管全国泡沫塑料 CFCs 替代工作，主持制定泡沫塑料 CFCs 替代战略研究方案的制定及具体实施。一直担任国家环保总局、中国塑协泡沫行业淘汰 ODS 特别工作组组长，主持项目方案的制订，指导具体工作的实施，工作业绩受到国家环保总局外经办及联合国多边基金执行机构 UNDP、WB 和 UNIDO 的充分肯定与赞扬。

在中国轻工业联合会和国家经贸委产业政策司的直接领导下，廖正品理事长负责的中国塑料加工工业协会，是中国塑料行业跨地区、跨部门的全国性行业组织，是会员与政府部门联系的桥梁和纽带，拥有数千家会员单位，分布于中国 30 个省、市、自治区，涉及制品加工、原材料、助剂、机械、模具等与塑料相关的领域。中国塑料加工工业协会下设 20 多个专业委员会，廖正品理事长十分重视这些专委会的工作，从组织和工作上给予积极的支持。指导制定塑料行业各个时期的发展规划，引导塑料行业蓬勃、有序发展，是中国塑料行业发展的带头人之一。

为加强国内外交流与合作，廖正品理事长多次率塑料代表团出国考察、进行技术交流；多次代表中国出席国际会议并做专题报告，与美国、英国、加拿大、意大利、日本、韩国、澳大利亚等国家的塑料或相关协会建立了密切的合作关系，推动了中国的塑料工业界与国际上的合作。

廖正品理事长分别担任《中国塑料》编委会主任、《塑料工业》编委及《塑料》名誉编委主任、《中国塑协通讯》编辑部主任；主编了《2000 年塑料高新技术成果交流会论文集》、《西部大开发塑料论坛论文集》、《聚氯乙烯生产应用与环境保护国际研讨会资料汇编》；撰写了《亚洲塑料论坛》国家报告——迈向21世纪的中国塑料制品工业；参与制定了中国塑料工业“九·五”发展规划和中国塑料工业“十·五”发展规划、撰写中国加入 WTO 塑料工业发展战略等重要文章；在杂志和报刊上发表各种文章数十篇，约百万字。

30 多年来，廖正品理事长以他突出的创新意识、开拓能力和卓越的组织能力，带领中国塑料行业与时俱进，为中国塑料工业的发展作出了突出的贡献。

金日光

男，朝鲜族。1933 年出生，吉林省图们市人。1956 年毕业于东北人民大学（现吉林大学）化学系物理专业。现任北京化工大学教授、博士生导师、校学术委员会主任。全国政协常委兼民宗委副主任、国务院学位委员会学科评审组成员，国家自然科学奖评审委员会委员，中国复合材料学会副理事长兼学报主编，中国化工学会和化学学会理事。

金日光教授是国家级有突出贡献的专家、全国化工系统有重大贡献的优秀专家、全国高等院校科技先进工作者，国内流变相态学研究基地创建者。被美国 ABI 评为“20 世纪全球 500 位有影响力的学术指引者之一”、美国化工工程学会国外特邀委员、东京理科大学等多所国外大学客座和兼职教授。1990 年被推举中日倡导的国际流变学术会议组织委员会主席。2000 年还主持了中日化工新材料、新能源学术大会。在国内外独立地提出了第四统计力学及其线性和非线性群子统计理论，解决了高合金非线性本构方程等许多高难度的理论问题，受到国际权威 Mena，Tanner，White，C. D. Han，Fierrel 等学者的高度评价。并依据该理论发明了我国第一代至第三代聚烯烃填充母料和多层次包覆的填充流动改性剂，先后获得国家科技进步二等奖、国家发明三等奖、全国发明金奖、国际博览会金杯奖，化学工业部、轻工业部、北京市等国家级、省部级奖 20 多项；有国家级、省部级奖 20 多项鉴定成果，其中许多项目达到了国际领先水平、国际先进水平；先后发表了 200 多篇论文和《模糊群子论》、《第四统计力学》等多部专著。还培养了研究生近 90 名，其中已毕业和在读博士生 30 多人。目前主要研究方向是高分子合金材料的高强超韧化工程技术和复合材料技术。

瞿金平

男，汉族，1957年生，工学博士

瞿金平教授现任华南理工大学副校长，兼任华南理工大学聚合物新型成型装备国家工程研究中心主任、聚合物成型加工工程教育部重点实验室主任。广东省发明家协会理事、中国塑料加工工业协会理事、中国改性塑料专业委员会常务理事、中国材料研究学会常务理事、《塑料》杂志编委、《中国塑料》杂志编委、《华南理工大学学报》编委。

瞿金平教授多年来一直从事新的聚合物成型理论及设备的研究，做了大量开拓性工作，先后取得了多项国际首创的科技成果。他成功地将振动场引入聚合物塑化成型加工全过程，开创性地提出聚合物电磁动态成型方法及原理，从根本上改变了传统的聚合物成型加工过程及设备的工作原理、换能方式和结构形式；他发明并研制成功的塑料电磁动态塑化挤出设备、混炼挤出设备、注塑设备、反应挤出设备，对国内外传统设备具有革命意义，将导致传统的聚合物成型设备的更新换代。

瞿金平教授先后主持包括国家级火炬计划预备项目、“八五”和“九五”国家重点科技攻关项目、国家自然科学基金等二十多项国家级重大科研课题，先后获得国家自然科学基金委员会优秀中青年人才专项基金，国家杰出青年基金、国家自然科学基金“九五”重点项目的资助。他的两项科研成果先后获得了中国、美国、日本、欧洲等8个国家和地区的发明专利权，近几年在国内外学术刊物及会议上发表论文40多篇。他主持的研究项目“塑料电磁动态塑化挤出设备”1995年获得了广东省科技进步特等奖，1997年获得国家技术发明二等奖和第五届中国专利金奖。由于在科学上的成就，1995年瞿金平教授获得了被誉为世界制造业诺贝尔奖的蒋氏科技成就奖。1995年被国务院授予全国先进工作者称号；1996年他荣获由共青团中央、中共中央组织部等主办的第三届中国青年科学家奖；1997年被国家人事部授予“中青年有突出贡献专家”称号，同年9月光荣地当选为中国共产党第十五次全国代表大会代表；1999年3月被教育部评聘为《长江学者奖励计划》特聘教授，同年9月被评为广东省“南粤杰出教师”，2001年3月荣获“九五”国家重点科技攻关计划突出贡献者称号和广东省高等学校“千百十工程”先进个人特等奖。

朱复华

男，1937年3月出生，北京化工大学塑料机械及塑料工程研究所所长、博士生导师。

朱复华教授先后承担了25项国家部委级科研或大型设计项目，6项国际合作项目和62项技术转让项目，16次获国家奖励。研究领域集中于聚合物加工工程及装备，尤其在化学建材、包装材料以及农用塑料、废旧塑料回收与利用、新型螺杆、高速高效挤出机方面做了大量研究及开发工作，取得了很高的经济效益。著书6本，国内外发表论文101篇，专利8项。建立了达到世界水平的我国第一个聚合物加工可视化实验室；提出了以七区模型、非塞流理论、固相破碎理论和两相团熔融理论为核心的挤出理论新体系。上述理论及研究成果在SPE(美国塑料工程协会)、PPS(国际聚合物加工协会)、PCR(太平洋地区流变学研讨会)、GPN（全球塑料网络会议）等学术会议上发表后获得了较高评价，被认为是聚合物加工可视化技术奠基人及挤出理论新体系开拓者之一。朱教授28次应邀在国外讲学或演讲，是我国“工程热物理学科聚合物加工原理及装备研究方向”博士点的第一位博士导师。鉴于在科研教学方面的成就，朱教授被评选为我国有突出贡献的中青年专家、北京市劳动模范和全国优秀教师。国内外报刊26次报导其事迹，还被聘为国际聚合物加工协会(PPS）顾问，1995年3月被推选为GPN 9人指导委员会成员之一。先后被聘为江苏石化学院、浙江工业大学、华东理工大学、南昌大学和四川大学的兼职教授。还担任香港政府资助局、我国火炬计划和中小企业科技创新工程评委、中科院高新技术企业上市评委、中国塑料工程学会挤出工程分会和塑机及模具分会秘书长、中国塑料工业协会和中国轻机协会常务理事等社会兼职。

由朱复华教授领导的北京化工大学塑料机械及塑料工程研究所(IPME）下设：特种薄膜及其装备研究室、生物高分子材料及其装备研究室、高效挤出研究室、可视化技术及其共混改性研究室、信息研究室、产业化研究室、精密挤出研究室、高分子材料厂、塑料机械厂、光明公司。同时与北汽福田和安徽国风股票上市公司联手合办北化福田塑料机械研究所和北化国风塑料工程研究所。

10年来，该所承担了国家“七五”和“八五”攻关、“八五”重点推广、化工部、轻工部、中国石化总公司、国家自然科学基金及国家博士点基金项目共21项，获国家部委级奖励16次，此外，还与国内外厂家签定了技术转让合同达87项，仅其中1个项目就先后推广了近50个厂，其中8个厂头两年统计新增产值即达5685万元，新增利税达1599万元。

黄步明

男，广东饶平人，出生于1956年，1982年毕业于华南理工大学塑料机械专业，分配至江苏无锡塑料机械厂从事注塑机的设计，1985年主持我国大型注塑机的研制，成为当时国内大型注塑机领域中最年轻的主设计师。1987年调顺德市精密注塑机厂任技术副厂长，1988年开始主持研制双动模精密注塑机。1994年该厂转制成立了顺德市恒利塑机有限公司，即顺德市秦川恒利塑机有限公司的前身，担任公司总经理和技术负责人职务。钻研注塑机19年，现为终身享受国务院政府津贴的有突出贡献专家，广东省化工机械类专业专家库专家。他是我国第一个获注塑机外国专利的发明者，他发明的“四缸直锁二板式注塑机”实现了国产注塑机走向世界的梦想，攻克了“全液压不适用于中小型注塑机”这个难关。标志着我国塑机技术已接近和达到国际先进水平，从而使塑料制品居世界第二的中国，终于拥有了可以与之相称的注塑机生产技术。该技术已达到国际先进水平。

1986年发明了“肘杆式合模装置”，是我国塑料机械第一项已授权的发明专利。

1989年发明了“双动模注射成型机”并于1992年获得美国、德国、日本、意大利、英国等多个国家发明专利。

1991年获广东省科技进步一等奖(项目负责人)。

1994年获广东省人民政府“有突出贡献的专家”称号。

1995年被国务院授予“有突出贡献中青年专家称号”(终身享受国务院政府津贴)。

1996年获广东省委、省人民政府“优秀中青年专家”称号。

1999年主持设计“四缸直锁二板式注塑机”被评为国家重点新产品项目。

2000年主持设计“数码光盘注射成型机”列入广东百项创新工程。

2001年“四缸直锁二板式注塑机”荣获1999—2000年度广东省科技进步二等奖、顺德市科技进步一等奖(项目负责人)。

王德禧

男，1940年出生，中国科学院化学研究所研究员，化学所学术委员会委员，中国塑料加工工业协会工程塑料专委会理事长。

王德禧研究员毕业于中国科技大学高分子系高分子物理专业。至今在中国科学院化学研究所从事研究工作已40年，曾从事玻璃纤维增强塑料、烧蚀材料等军工和国防任务的研究；碳纤维制造及其碳纤维复合材料应用研究；1981年～1984年在美国麻省大学高分子科学与工程系作访问学者，从事橡胶类材料的热力学研究。回国后，先后承担并主持了中国科学院重大项目及重中之重项目——“新型工程塑料”开发研究，“八五”期间主持了国家科技攻关项目“聚烯烃汽车专用料”、“聚烯烃热塑性板材”两个课题，六个专题的开发研究，是“工程塑料国家工程研究中心”的主要创始人之一。获得国家级和省部级科技成果奖项10项，其中包括：1978年中国科技大会“重大科技成果奖”——“东方红人造地球卫星仪器仓承力结构支架”；中国科学院科技成果二等奖两项——“PAN半导纤维及其防电晕材料”、“0.5mm合成树脂细铅芯”；国家星火计划三等奖一项，北京市星火计划二等奖一项——“电机塑料冷却风扇”；中科院科技成果奖三等奖两项——“催化法PAN碳纤维”、“PAN活性碳纤维”；中国汽车工业总公司科技进步三等奖一项——“IVECO汽车发动机塑料冷却风扇”；中科院科技进步一等奖一项——“聚烯烃汽车专用料开发研究”。取得了24项汽车专用料鉴定成果和16项认证成果。鉴于对中国汽车工业非金属材料研制和国产化方面做出的贡献，1996年荣获了由国家自然科学基金委和美国GM公司联合主办的“首届中国汽车科技成果奖”一等奖。现在正在从事的研究开发工作有聚合物/纳米粘土合金材料研究；层状硅酸盐改性超高分子量聚乙烯挤出及注塑制品研究；高强耐磨纳米尼龙工业管材及钢/塑复合管材开发研究。在国内首次推出纳米粘土母粒产品，对推广共混熔体插层纳米材料的应用将起到重要的作用。发表学术论文50余篇，申请中国专利8项。

王德禧研究员从事科研工作数十年，凭借着丰厚的学科基础、智慧、实践经验和工作热情，同企业界建立了密切的联系，成为中国塑料业界很有知名度和影响力的学者和专家，目前尚兼任中国塑料加工工业协会工程塑料专委会理事长、中汽相关协会非金属材料分会常务理事、专家顾问组组长、中塑协改性塑料专业委员会常务理事等职务。

如今，王德禧研究员仍以敏锐的洞察力关注着工程塑料研究前沿和发展趋势、开发领域和市场动向，仍以充沛的活力和对事业的执着追求投身于塑料行业的研究和推广工作中。

赵安赤

男，1939年3月出生，清华大学化工系高分子研究所教授。

赵安赤教授毕业于清华大学化工系高分子专业，留校任教至今。1986～1987年赴日本上智大学作为访问学者进行“直接缩聚合成共聚酰胺和共聚酯的研究”，1998年率“中国塑料改性”代表团赴欧洲参观访问进行学术、技术交流。他长期致力于高分子材料科学与工程的教学、科研及应用开发工作，理论功底深厚，实践经验丰富。他曾任高分子教研室主任和高分子研究所党支部书记，兼任中国塑料工程学会常务理事、中国塑料加工工业协会常务理事、中国塑协改性塑料专业委员会理事长、山东省济宁市人民政府首届客座专业技术拔尖人才、泉州市人民政府科技创新顾问《高分子通报》杂志编委、《塑料》杂志编委。他主要从事高性能、先进高分子材料的合成、加工及应用开发，先后参加或主持了国家“863基础课题研究”课题、“国家重点自然科学基金”、“国家“六五”、“七五”、“八五”科技攻关项目及科研课题20余项。几年来有多项科研成果问世，其中工程塑料——“聚碳酸酯的工业化生产技术”是我国70年代初援助罗马尼亚重点高科技项目之一。科技成果中获得国际、国家及省部级奖6项，其中“新型超高分子量聚乙烯耐磨合金”由于采用先进的“原位复合新技术”攻克了超高分子量聚乙烯熔融时难于流动、不能进行挤出或注塑成型的世界性难题，在加工技术上取得了重大突破，为超高分子量聚乙烯大规模推广应用开辟了一条新的途径，该技术在“’99第二届欧共体尤里卡世界发明博览会”上荣获国际金奖；“高粘度芳纶——Ⅱ树脂的合成工艺”获亚太地区发明、开发及革新发明项目银奖；“聚四氟乙烯合成工艺及中试生产”获得国家新产品发明奖；“氟塑料加工及应用技术开发”获得国家科技进步二等奖、轻工业部科技进步一等奖；“高强度、耐高温芳纶——Ⅱ纤维的研制”获得国家教委科技进步二等奖。他获国家发明专利3项，其中“挤出和注射级超高分子量聚乙烯专用料的制备方法”获得“’98中华优秀专利技术”及国家中小企业科技创新基金的资助。他发表论文60多篇，其中“发展新型塑料建筑模壳前景广阔”获中国塑料工程学会优秀论文二等奖；“超高分子量聚乙烯加工的高新技术”获得第二届华中地区科学技术推广大会二等奖；“PET/PHB热致液晶共聚酯序列结构的研究”获首届现代科技与管理优秀论文二等奖。

鉴于赵安赤教授多年来在科学研究方面取得的丰硕成果，被中华英才评选委员会授予“20世纪中华英才”荣誉称号。他的业绩已收录于“中国专家人才库”等国内十几种大型人物书刊中。

黄　锐

黄锐，男，1934年7月出生，1956年毕业于成都工学院（现四川大学）并留校在塑料及塑料工程专业从事教学、科研等工作至今。1958～1962年曾兼任成都化工厂工程师。1989年通过外语国家EPT考试。1990～1991年在（美）Tufts大学材料与界面实验室作访问教授。1988年晋升为教授。1992年获国务院政府特殊津贴。1993年经国务院学位委员会批准为博士生导师。从1960年起先后担任实验室主任、教研室主任、系主任、所长、副院长等，从事双向挑工作，直至1995年不再担任行政工作。现为高分子材料成型加工学科学术带头人。黄锐教授多年来从事专业教学工作，已培养硕士、博士生近50名。

从1977年以来，黄锐教授作为全国高校塑料工程专业教材编审委员会（后改为教材委员会、教学指导委员会）的副主任、主任（1988年后塑料机械专业也并入），全国高校轻工及食品类专业教学指导委员会副主任，兼塑料工程专业教学指导组组长。负责组织编审出版了我国高校塑料工程专业本科及专科的全部统编教材及部分塑机专业教材，为我国塑料工程专业大学教育的发展作出了自己的努力。黄锐教授积极参与各种社会、学术活动，在中国塑料工程学会、中国塑料加工工业协会从成立起就一直担任常务理事，并担任全国塑料标准化委员会委员及较长期担任过国家发明类、科技进步奖化工专业评委、主审员。此外还担任了《中国塑料》、《塑料工业》、《塑料》、《塑料助剂》、《国外塑料》、《塑料加工应用》、《功能高分子学报》等刊物编委及南京理工大学、华北工学院、湖北工学院等院校的兼职教授。

黄锐教授作为项目负责人、主研人先后在塑料成型工艺、填充、共混、增强、发泡、功能化、聚合物加工中的高分子物理问题、聚合物在高压下的行为、复合型导电塑料、高分子PTC材料等方面承担了国家科技攻关项目2项，国家自然科学基金项目7项(其中重点项目2项、863项目1项)，国家教委博士点基金2项，部省级项目4项及一些横向项目。获国家“七五”科技攻关重大成果奖，获四川省科技进步2等奖1项，国家教委科技进步3等奖1项，四川省教学成果2等奖1项。获国家发明专利3项(均为第1发明人)，实用新型专利1项，正申请发明专利10项。被评为省科协系统先进个人，省优秀博士生导师等。先后在《中国科学》、《科学通报》、《自然科学进展》、《中国塑料》等国内外刊物及会议上发表论文200多篇。出版了多种书籍：(1) 参与翻译了《聚氯乙烯大全》(第2卷)，化学工业出版社，1985；(2) 审校了《聚合物改性原理及工艺》，轻工业出版社，1984；(3)《塑料成型加工原理》，吉林科技出版社，1986；(4)《塑料注塑工艺》，四川科技出版社，1988；(5)《塑料成型工艺及设备》，中国轻工业出版社，1998；(6) 参与编写了《材料科学百种全书》(下卷) 820～821，泡沫聚合物加工方法，中国大百科全书出版社，1995；(7)《化工百科全书》(第9卷) 71～94 聚合物共混物，化学工业出版社，1995；(8)《塑料工业实用手册》上册第32章，1160～1192，塑料的固相成型，化学工业出版社，1995；(9) Handbook of Engineering Polymeric Materials, Chap. 20, P. 295～316, The Crystallization of Polythylene under High Pressure, Marcel Dekker INC, 1997；(10) 主编了《塑料成型工艺学》(第2版) 69万字，中国轻工业出版社，1997；(11) 主编了《塑料工程手册》，540万字，机械工业出版社，2000；(12) 参与编写了《高分子物理》第7章中聚合物高压结晶，化学工业出版社，2001；(13) 参与编写了《纳类型料》，中国轻工业出版社，2001。

耿孝正

男，汉族，1936年10月出生于山东省潍坊市，1960年12月毕业于清华大学机械制造专业，现为北京化工大学机电工程学院教授，博士生导师，兼任中国塑料加工工业协会改性专业委员会常务理事。1961年1月至今一直在北京化工大学任教。先后讲授过“机械原理”、“机械零件”、“塑料机械设计”、“塑料混合与设备”等课程；1995年度荣获北京市优秀教师称号；自1982年开始至今共培养二十多名硕士、博士毕业生；完成过多项科研任务：1992～1993年度完成轻工业部科学基金资助项目行星螺杆挤出机的设计和研制任务，填补了国内空白，通过部级鉴定；1993年完成河北省科技项目SJSW (SJSH) －40同向、异向可转换式双螺杆挤出机的设计、科研任务，通过省级鉴定；1992～1998与美国杜邦公司合作进行双螺杆挤出过程可视化研究，先后签订三期合同，1993年3月研制出国内第一台全程装有玻璃视窗的可视化双螺杆挤出机，取得的研究成果得到杜邦公司的高度评价；后为杜邦公司研制了三种规格的可视化双螺杆装置，在杜邦公司的实验性和生产性双螺杆挤出机上应用后非常成功，受到杜邦公司的好评，1993年获两项有关双螺杆挤出机的实用型专利；1998～2001年承接并圆满完成了国家自然科学基金重点项目“聚合物在挤出成型过程中的物理化学问题研究”，获得一系列研究成果，共在国内核心刊物上发表论文26篇，在PPS和ANTEC等国际著名学术会议上发表论文16篇，所发表的论文涉及面广，具有较高的学术水平，在国内居领先地位，一些研究内容和结果与国际保持同步，受到国外同行的注目。多次参加国内外学术会议，与国内同行及美国、德国、荷兰、加拿大等国的著名挤出理论研究机构建立了广泛的联系。

自1985年以来，耿孝正教授及其研究生一直从事各种双螺杆挤出机(包括啮合同向、啮合异向、非啮合双螺杆挤出机)的挤出理论研究，借助于自己研制的装有玻璃视窗的可视化双螺杆挤出机及简单方便的在线取样装置等实验设施对双螺杆挤出机的固体输送、熔融、熔体输送及混合机理进行了系统的研究，同时为适应双螺杆挤出机高速高效的发展，对新型螺杆元件也进行了研究开发，获得了许多有意义的成果。

在40多年的工作中，耿孝正教授共发表80多篇论文，同时出版的著(译) 作有：《塑料成型机械》(主编)，1982.1，轻工业出版社；《塑化挤出工程原理》(合译)，1984.4，轻工业出版社；《聚合物加工原理》(主译)，1990.7，化学工业出版社；《双螺杆挤出》(译著)，1987.3，轻工业出版社；《塑料混合及设备》(专著)，1992.2，轻工业出版社；《塑料机械的使用及维护》(主编)，1998.8，轻工业出版社。即将出版的专著《双螺杆挤出机及其应用》，得到国家出版基金的支持，是中国轻工业出版社2002年重点出版图书。该书约70万字，全面系统地论述了双螺杆挤出过程、双螺杆挤出机设计和双螺杆挤出机的应用，是国内第一本这方面的专著，其中挤出过程部分全面反映了作者十几年来关于双螺杆挤出过程的理论、实验研究成果。

耿孝正教授对塑料机械专业的教学、科研、研究生培养及双螺杆挤出理论的发展作出了重要贡献。

吕立新

男，汉族，教授级高级工程师。1929年生，1952年毕业于南京大学化学系，同年进入北京化工研究院前身北京综合工业试验所工作，以后一直在北京化工研究院工作至今。长期从事高分子材料科研工作。先后进行过的研究工作既有关于高聚物的合成又有塑料加工应用，兼及材料性能测试，涉及品种既有热塑性树脂如聚烯烃，聚氯乙烯，聚苯乙烯等，又有环氧，酚醛，聚酯等热固性材料，其实践经验丰富，知识面广，专业英语听读能力较强。20世纪50年代末在国内首先开发成功一步法生产聚苯乙烯可发泡颗粒和聚苯乙烯泡沫塑料成型技术，并将其推向工业应用。60年代在国内率先试制成聚氯乙烯泡沫人造革和偶氮二甲酰胺发泡剂。70年代参与聚乙烯高效催化剂的研究，并曾参加联合国工业发展组织在维也纳举办的塑料进修班进修。80年代参与聚氯乙烯塑料窗的研制开发以及聚氯乙烯冲击改性剂的研制。发表过聚氯乙烯加工原理和冲击改性剂-氯化聚乙烯之结构与改性功效间关系方面的论文。90年代初主持该院茂金属催化剂的研究。近年来专注于聚烯烃(主要是聚乙烯和聚丙烯）领域包括催化剂和聚合，树脂改性，结构性能和加工应用，以及树脂牌号开发等。为这一领域内有见识专家。因聚乙烯高效催化剂研制成功获国家发明三等奖。历任该院专题组长，塑料加工研究室主任工程师，塑料加工研究室主任(兼)，国家化学建材测试中心副主任(兼)，1987年被任命为副总工程师，技术委员会副主任，为硕士研究生导师(该院不设博士研究生)。曾培养硕士生多名。1995年退休。现为该院技术委员会顾问。曾担任过原化学工业部经济技术委员会专家网专家。汽车工业学会理事，塑料工程学会理事，石油化工学会和专业委员会理事，曾为《中国大百科全书-化工卷》，《材料大辞典》，《化学化工大辞典》等大型工具书撰稿并担任分编委委员或分编委副主任。现为“中国塑料”杂志编委。1999~2002年曾应聘为国家科技部高技术研究发展中心所属科学经济专家委员会专家。现为中国石化股份有限公司干部管理学院客座教授。近十年中发表或与他人合作发表介绍茂金属催化剂的综论和关于茂金属聚乙烯结构与加工流变性能，以及聚烯烃牌号开发方面的论文多篇。2001年参与《聚丙烯原理，工艺和技术》一书（即将出版）编写。

申长雨

男，汉族，1963年6月出生。申长雨教授1990年大连理工大学毕业，获工学博士学位；1993年晋升为教授。现任郑州大学常务副校长、橡塑模具国家工程研究中心主任、博士生导师；并为中国模协技术委员会委员、CAD/CAM分会副主任、中国塑料加工协会工程塑料专业委员会副主任委员、中国工程塑料工业协会加工应用专业委员会副主任委员、河南省学位委员会委员、大连理工大学兼职教授等。兼任《塑料》、《中国塑料》、《工程塑料应用》、《模具工业》等杂志编委。

1990年至今，作为学术带头人，申长雨教授相继负责筹建了郑州工学院模具研究所、河南省塑料模具中心、橡塑模具国家工程研究中心、化工部及河南省“高分子材料成型加工及模具技术”重点学科、“材料加工工程”博士学位授权学科、“材料加工工程及装备”河南省重点开放实验室等，并任这些机构的负责人。

申长雨教授自1987年开始投入橡塑模具及橡塑成型加工技术的研究与开发；作为项目负责人在该领域主持承担包括国家科技发展项目、国家重点科技攻关项目、国家重点技术开发项目、国家自然科学基金重点项目、国家攀登计划项目等在内的国家级和省部级各类纵向科研项目和横向协作项目近40项，项目总经费8000余万元。他所主持承担的各种科研开发项目均按计划完成，作为第一完成人在模具及橡塑制品成型技术领域获得包括国家科技进步二等奖、化工部科技进步一等奖、河南省科技进步一等奖、国家“八·五”科技攻关重大科技成果奖等在内的各类奖励12项。作为学术带头人，他组织了30多名年轻的博士和硕士，经过十余年努力，主持开发出具有我国自主版权的橡塑制品成型计算机模拟及模具优化设计集成系统(Z-MOLD)，现已在轻工、化工、汽车、电子等数十家企业的近百种精密复杂模具及制品的设计和制造中得到应用，并被国家版权局批准为具有自主版权的软件系统(国家版权局第0002138号)。

围绕模具及橡塑制品成型技术，申长雨教授近年来已出版专著4本，发表论文80余篇，撰写系列研究报告10余册，主持承办各类学术会议7次，并应邀6次到美国、日本、澳大利亚等讲学、访问及合作研究。他在学术和技术方面的主要贡献为：利用高聚物流变学、计算传热学、计算力学和计算机仿真技术等理论和方法，建立了较为系统和完善的注射、挤出等高聚物主要成型方式的物理和数学模型，构造了有效的数值计算方法，实现了橡塑成型过程的动态仿真分析和模具的优化设计，改变了传统的模具和橡塑制品的设计与生产方式，丰富和发展了橡塑成型加工和模具设计的手段和方法，围绕新产品开发和模具设计制造技术的应用，为150余家企业开发产品和设计制造塑料模具600余副，取得了显著的社会效益和经济效益。促进了橡塑工业的发展。

于 建

男，1953年10月出生。1975年毕业于天津轻工业学院，1987年毕业于日本新泻大学获硕士学位，1990年毕业于日本东京大学获博士学位。

工作经历：

1975年4月至1984年10月在天津轻工业学院任助教；1990年4月至1994年8月任日本三菱瓦斯化学公司主任研究员；1994年8月至11月任清华大学化工系副教授，1994年12月至今任教授；1996年5月至1999年10月任副系主任，1999年10月至今任研究所所长。

学科及研究方向：

学科：高分子材料

研究方向：高分子合金、高分子复合材料、高分子材料表面与界面

目前从事的课题领域：

1. 高分子/无机粉体复合材料的表面界面问题及其材料的高性能化、功能化研究

研究高分子/无机粉体复合体系中微观相界面的分子自组装形成的机制问题。如无机粉体表面的化学修饰方法；具有自组装能力的分子条件及微观相界面自组装形成的诱导动力；相界面的物理化学形态；相界面对高分子材料力学性能的影响；相界面对高分子材料功能性的赋予条件等等。以做到对高分子复合材料中的各种微观相界面进行自如的设计和调控，通过改变应力在体系中的传递方式，达到使高分子材料的高性能化的目的，或通过改变形成相界面的有机分子的性质，达到对高分子材料赋予功能性特征的目的。

2. 结晶型高分子材料的摩擦磨损机理研究及高耐磨自润滑性高分子材料的制备

以结晶型工程塑料为对象，研究其摩擦磨损机制、减磨作用机制及润滑作用机制。以及基体、摩擦副和各种添加剂之间的物理化学作用；材料表面层、亚表面层结晶构造形态等对摩擦磨损的抑制和促进作用；添加剂在基体中形成的析出、吸藏、取向、网络等现象对摩擦磨损性能的影响；表面裂纹的自愈合作用、裂纹尖端钝化作用、磨粒嵌入抑制作用的条件依据等。以制备各种高耐磨自润滑性高分子材料。

3. 有机高分子型纳米粒子的合成制备研究

以官能性基团植入技术、官能性基团转换技术、高分子合成技术为基础，研究合成制备有机高分子/无机粉体复合型纳米粒子和高分子型纳米粒子的方法。并探讨有机高分子型纳米粒子的应用技术。

4. 高分合金化方法研究

5. 纳米复合材料研究

6. 高分子材料老化机理及其方老化研究

7. 聚甲醛高性能化研究等

研究业绩(发表状况)

在国内外发表各种学术论文100余篇，申请美、日、欧洲及中国专利27项。

社会兼职：

中国塑料工程学会改性专委会常务理事；中国塑料工程学会工程塑料专委会副理事长；中国工程塑料工业协会理事、专家委员会副主任；中国机械工程学会材料分会常务理事；中国机械工程学会高分子专业委员会主任委员；《工程塑料应用》、《塑料》、《工程塑料通讯》等杂志编委。

陈晋南

女，1948年3月出生，北京理工大学继续教育学院，现代远程教育学院院长。

陈晋南教授1974年毕业于北京化工学院机械系，同年到北京工业学院化学工程系工作。1986年自费到美国攻读学位，就读于美国纽约市立大学研究生院，1988年获工学硕士，1994年获物理学硕士学位、工学博士学位。1994年作为博士后研究员在美国著名的约翰·霍普金斯大学化学工程系工作两年。1995年底辞去在美国的工作回到北京理工大学工作。在北京理工大学化工与材料学院任教和从事科研工作，曾任化工与材料学院教学院长，从事本科生、研究生教学、研究生培养和教学管理工作。2000年1月任北京理工大学继续教育学院院长，现还担任北京理工大学现代远程教育学院的常务副院长。回国后的六年来积极工作，以极大

的热忱投身教育改革、教学和科研工作，取得很大的成绩。被北京市教育工会授予“巾帼风采”荣誉，海淀优秀教育工作者。现任北京继续教育协会常务理事，北京女教授联议会常务理事；北京海淀女教授联议会副会长。她理论功底深厚，长期从事化学工程的动量、热量和质量传递的教学、科研及应用工作，进行“动量、热量和质量传递”三传机理研究和数值计算，进行高分子材料加工的计算机仿真和模拟。在美国工作期间她曾多次出席国际会议发表论文，如化学工程年会（AIChE（American Institute of Chemical Engineers）、工业和应用数学的协会（SIAM（Society for Industrial & Applied Mathematics）以及应用科学（APS，Applied Science）的国际会议，回国几年来，她发表了科技和教育管理论文30多篇，其中多篇文章被三大检索收录，她发表在国际著名期刊（Journal of Fluid Mechanics）上的论文在国际上多次被SCI检索的论文引用。1999年获90年代中国机械工业优秀科技成果，课题组“具有防粘功能的标牌”的研究成果，获中华人民共和国国家知识产权局的实用新型专利，近年来，她的课题组使用计算机软件Polyflow，Phoenix和Fluent，进行高分子材料加工的计算机仿真和模拟，以及化学工程中模拟和计算研究工作。2000年申请了国家自然基金，开展“聚合物双螺杆挤出的流变行为及模拟论文”。在这个研究领域里，已发表论文近10篇，其中“同向双螺杆机捏合段三维流动的数值模拟”获中国Fluent用户论文大会的优秀论文奖。

鉴于陈晋南教授多年在科学研究方面取得的成果，2000年9月被剑桥人物志评为20世纪杰出的知识分子（2000 Outstanding Intellectuals of the 20th Century）。

黄汉雄

男，汉族，广东龙川县人，1963年生。1984年毕业于华南工学院（现华南理工大学）化工机械系（现工业装备与控制工程学院）塑料机械及加工专业，获学士学位；1984~1986年在广东省佛山市塑料机械模具厂从事机械产品设计和开发工作；1989年毕业于华南理工大学轻工机械专业，获硕士学位，并留校工作；1991年在职攻读轻机专业博士学位，于1995年毕业，获博士学位，是我国轻工机械学科培养的第一个博士。1993年破格晋升为副教授，2000年晋升为教授，2001年被批准为博士生指导教师。现已指导博士生3人，硕士生12人。是华南理工大学首批优秀中青年学术骨干和广东省高校“千百十工程”省级培养人选。现任华南理工大学工业装备与控制工程学院院长兼轻工装备与控制工程研究所所长，机械设计与理论学科带头人，兼任中国塑料机械工业协会理事、全国橡塑机械标准化技术委员会委员、全国橡塑设计技术委员会委员、广东省材料研究学会理事和《橡塑技术与装备》编委会委员等职。

黄汉雄教授多年来一直从事高分子材料的机械设计与加工成型的理论和应用的教学与科研工作。先后讲授了《现代机械设计理论》、《流变学基础》等研究生课程和《工业装备设计方法学》、《机械优化设计及CAD》、《塑料挤出模具设计》等本科生课程。提出了“创造性思维与知识结构模型”，并发表在《高等工程教育研究》等刊物上。他积极投入教学改革工作中，尤其在工业装备与控制工程这个新专业的课程建设、教材编写与教学研究等方面。担任主干课程《工业装备设计方法学》编写的负责人与主编。该教材已被工业装备与控制工程系1996~1999级全系本科生采用，并被评选为“华南理工大学第五批校级重点课程”，还于1998年被全国高校化工类及相关专业教指委化工装备教学指导组规划为“过程装备与控制工程”专业的教材选题。黄教授主持了2项校级重点教学研究项目，作为主要成员，参与教育部面向21世纪教改重点项目1项。获得1998年国家霍英东教育基金会“第六届高等院校青年教师奖”（教学类）以及华南理工大学1997~1998学年度“优秀教师南光奖”和1999~2000学年度“优秀教学成果二等奖”等奖励。

黄汉雄教授既承担着繁重的教学任务，在科研方面也取得了丰硕的成果。研究方向主要有现代设计理论与方法、基于模拟仿真的机械模具创新设计和高分子材料加工过程的建模与仿真。主持国家和广东省自然科学基金、高校博士点专项科研基金、广东省重点科技攻关项目、广东省教育厅“千百十工程”优秀人才培养基金以及技术开发等项目13项，涉及流变学、高分子材料、机械设计以及计算机模拟与仿真、优化理论与方法和神经网络理论等学科与新技术，实现了学科交叉，特色是以机理研究为基础，促进成型机械的创新设计以及新型高性能材料的制备。（1）主要对聚合物挤出和吹塑机理及技术进行了较系统的研究。首次提出并研究了“聚合物分散熔融机理”。Gogos教授认为该理论对Tadmor教授（熔融理论的创立者）与他合著的“Principles of Polymer Processing”一书第九章中的内容作了新的发展，被Rauwendaal博士（曾任国际聚合物加工学会挤出分会主席）、Burkle博士等人在公开发表的多篇论文中重点引用。“跨世纪的高分子科学丛书”——《聚合物成型原理及成型技术》分册（国家自然科学基金委组织编写）有这样的评价：黄汉雄提出的吹塑机理研究项目的启动可谓中国关于聚合物吹塑理论研究工作的正式开始，使得我国聚合物吹塑方面的理论研究得到可喜的发展。(2) 研制出“多边螺槽对流式螺杆”和“微米至纳米复合材料用挤出和吹塑机械”，已获得和申请中国发明专利3项，并已被应用。(3) 成功制备熔体连续挤出自增强的聚烯烃（拉伸强度比普通制品提高8倍多）以及微米至纳米复合材料，其中一篇论文被作为 J. Mater. Sci. Lett. 杂志的封面论文发表。

黄教授已在国际著名刊物 J. Appl. Polym. Sci., Polym. Eng. Sci., Adv. Polym. Technol., J. Mater. Sci. Letters, J. Reinforced Plast. Comp., Polym. Test. 等以及国内核心刊物上发表论文60余篇，有20多篇次被国际三大索引收录，有40多篇次被国内外同行在公开出版的论文、专著和手册中引用。独立编著出版的《塑料吹塑技术》一书（化学工业出版社出版）被许多同行在发表的论文和编著、手册中引用。担任《橡塑成型加工及制品应用手册》丛书（化学工业出版社出版）副主编和“塑料工业手册”——《注塑、模压工艺与设备》分册（“十五”国家重点图书，化学工业出版社出版）主编之一的工作。应邀参与《机械工程手册》（第二版，机械工业出版社出版）、《塑料工程手册》（机械工业出版社出版）等五本手册的编写工作。作为第一完成人，获得2001中国高校科学技术二等奖和广东省科学技术三等奖。已申请中国发明专利3项。

黄教授重视学术交流，已在聚合物加工学会、塑料工程师协会等国际会议上发表论文9篇，受到国际同行专家的好评和引用。

周　山

男，汉族，大学学历。1944年12月出生，任职河北宝硕集团有限公司党委书记、董事长兼总经理、总工程师。

河北宝硕集团有限公司在周山董事长的领导下，企业各项工作连年取得显著成绩。2001年集团实现销售收入12.1亿元，实现利税9117万元，利润5217万元。综合经济效益指标持续增长，并在全国塑料同行业中排名前茅。

十几年前，宝硕集团还是一个职工不满300人，资产不到300万元，仅能生产小塑料制品的小型国有企业。周山自从1983年底任厂长后，他带领全厂职工，紧紧围绕消化、吸收、改造、创新、提高5个方面做文章，很快使企业发生了脱胎换骨式的变化，短短几年企业便确立了PE农地膜、PVC大口径管材、BOPP包装膜三大主导产品在国内生产经营中的领先优势。

近年来，在党“三个代表”重要思想指导下，周山以建立现代企业制度为根本，以深化改革为动力，以强化管理为重点，坚定地走资本运营之路，并于1998年完成了“宝硕股份”上市任务，开通了一条在资本市场上直接融资的渠道，继而又通过承债式兼并方式，连续兼并重组了两家大型企业和3家中型企业，有效地壮大了企业集团的实力。

在长期的企业管理中，周山始终坚持“以人为本”、“业绩报国”的企业经营理念，创造性地把思想政治工作有机地融入了现代企业管理的实践中，从而构建了有宝硕特色的企业文化，从而为企业发展战略的实现，起到了强有力的推动作用。

几年来，他先后获得了省科技进步一等奖、河北省劳模、省管优秀专家、省长特别奖、全国“五一”劳动奖章、省十大优秀人民公仆、中国包装企业十大杰出人物等荣誉称号。

郭庆人

新疆天业股份有限公司董事长郭庆人同志，1943年2月出生于上海，新疆工学院毕业，高级经济师，是省、市级优秀企业家。他以现代企业家的睿智和气度带领全体员工努力实践“三个代表”，把新疆天业发展成为全国最大的塑料节水器材生产经营企业集团。

1986年，郭庆人临危受命，担任濒临倒闭的石河子玻璃厂厂长，他凭多年塑料生产经验，果断地转型生产农用地膜，并深入田间推广农用地膜栽培技术，在新疆生产建设兵团垦区乃至周边地区掀起了一场农业种植革命，形成了农用地膜栽培新模式，使企业实现了第一步跨越。10年后，他抓住经济结构调整机遇，积极组建新疆天业塑化集团，迅速完成了塑料和化工行业的有机组合，推进塑料、化工向上、下游延伸，形成了企业产品链，使企业成为兵团师(市)支柱企业。实现了企业第二步跨越。

1997年，郭庆人抓住上市公司融资机遇，积极申请并成功上市，发挥上市公司资本运作功能。他一头抓技术创新，一头抓市场营销，形成企业哑铃式发展理念，构建起科、工、贸、农产业一体化发展新格局。1999年，他瞄准新疆乃至西北干旱农业大市场，与水利、科研部门合作，发展节水滴灌技术，逐步形成了机械化大田膜下滴灌栽培模式，掀起了节水农业一场新革命，对农业和水资源可持续发展具有划时代的意义。2001年，天业滴灌推广面积就已近50万亩，并在甘肃等地大面积推广，同时走出国门，在塔吉克斯坦等国进行了成功推广，实现了企业第三步大跨越。

郭庆人带领企业实施的节水滴灌技术，促进了现代农业的大发展，取得了巨大的社会和经济效益。

曲进胜

男，1949年12月出生于山东烟台，应用研究员，1997年6月任烟台万华合成革集团有限公司总经理。

自1985年7月至今，历任烟台市冶金工业公司总经理、烟台市政府副秘书长、市经委主任、万华集团副总经理、万华集团公司总经理。

荣获山东省劳动模范；1997年省级企业管理现代化优秀成果奖。

曲进胜同志带领公司以强烈的竞争、风险意识，勇于开拓创新的精神，大力推行制度、技术、管理三大创新工程，使万华集团加快向前发展，企业成为国家520户重点企业、国家级企业技术中心、国家级高新技术产业企业、全省23户重点企业集团之一。2000年，实现销售收入、利税和利润分别比上年提高38.65%、39%和138%。2001年，实现销售收入10.8亿元、利税1.16亿元、利润5021万元，同比分别提高28%、109%和293%，多项经济技术指标在全市工业企业位居前列。

曲进胜同志在改革方面，扎实推进制度创新工程；在管理方面，积极推行管理创新工程；在科技进步方面，加速推进企业技术创新工程。

积极推进“高精尖”的技术开发。在他的科技为先导的领导意识下，万华立足于自主研制开发，在北京建立了烟台万华北京研究院。每年用于技术开发的投入达到3370万元。开发成功80～100kt MDI/年的生产制造技术，形成自主知识产权。自主开发出具有国际先进水平的超细纤维合成革制造技术，在世界上居于领先位置。

积极实施“高水平”的技术改造。“九五”期间，完成技改投入3.58亿元，比“八五”增长了228%。MDI生产能力1997年10kt，2000年达到40kt，产品质量超过日本，部分指标国际领先。超细纤维革的生产能力由“九五”初期的年产$100\times10^4m^2$达到目前的$300\times10^4m^2$。万华技改投入与国际上建立同类规模投入相比，费用约低50%。

积极引进“高层次”的技术人才。他认为总经理是企业人力资源第一责任人，积极实施高科技人才开发与引进，现已选聘引进博士后1名、博士6名、硕士18名；近三年来累计投入2200多万元，购置科技开发的仪器和设施、提高科技人员的生活质量、改善科技人员的工作环境；把技术骨干选送到高等院校甚至国外培训深造。对于人才的管理和使用，不搞终身制，采取动态绩效考核的办法，起到了较好的激励作用。

进入新世纪，他带领一班人制订了“十五”发展规划，确定了“内部裂变、外部聚变、总体多变”建设大而强、高而新的新万华的总体思路，力争早日把万华集团发展成为能够与国际同行业跨国公司竞争的大型企业集团。

吴卫平

山东文登市人，1959年7月出生于福州，北京化工大学毕业，并赴德国亚琛工业大学IKV所留学，获工程学硕士学位，高级工程师，市级科技拔尖人才，香港政府技术顾问，第九届全国人大代表。曾任山东华冠集团副总工，山东塑料机械厂技术厂长，莱芜市九三学社主委，莱芜市政协常委，现任青岛德意利机械股份有限公司总经理兼技术中心主任。

吴卫平同志自1983年开始从事塑料机械的设计研发工作，20年来，先后主持开发新产品30余项。在华冠集团曾主持开发了SJ－1000MF吹塑农地膜和4000塑料棚膜等薄膜机组，SRG110、315软质管材、MDPE燃气管材、HDPE埋地给水管材、PVC供水管材、PVC芯层发泡管材、PVC空壁管材、硅芯管材、PPR管材、编织纤维增强矿用管材、微滴灌管材等管材机组；聚胺酯高压反应注射成型机、聚酯/环氧粉末涂料等混合设备，近年来又主持开发了超大口径(3m)中空壁缠绕管材、钢塑复合管材、超级静音排水管材、空壁内螺旋排水管材、PEX管材、高压输油管材等管材机组和缠绕管系列管件以及XPS连续挤出发泡厚板机组等项目。

在他设计的大量项目中，多次获得各种奖励。其中一次获联合国科技创新发明奖，首届全国专利新产品金奖，1次获国家科技进步奖，4次获省部级科技进步奖，6次获地市级科技进步奖，6项产品被评为国家级重点新产品，获得专利6项，发表论文近30

篇，著书2部。在他所开发的项目中，多次填补国内空白，达到国际先进水平，其中大口径缠绕管机组达到国际领先水平。

1999年，吴卫平被聘为青岛德意利机械股份有限公司任总经理，从一位科技型专家转变为一名管理者。几年来，他在公司董事会的领导和支持下，带领德意利机械股份有限公司一班人以严谨求实，诚信为本的工作作风，一手抓创新，一手拓市场，同步抓管理，不仅树立起了自己的威望，而且也大大提高了“德意利”的企业形象。使德意利从一个名不见经传的小机械公司发展成为集科研开发、生产经营、技术服务于一体的现代化高新技术企业，资产规模连年翻番。他精心组织成功开发了大口径中空壁缠绕管生产线、超级静音排水管生产线、大口径埋地聚乙烯管生产线、硅芯管、钢塑管、PPR&PPB管、燃气管等多种环保型管材生产线及管件产品，为公司培植了一个又一个新的经济增长点。这些新产品中有14项填补了国内空白，28项获国家专利，6项被列为“国家级重点新产品”6项获“香港国际发明奖”。因业绩突出，公司先后被确定为建设部“科技成果重点开发企业”、中国塑料加工协会“明星企业”、山东省先进民营企业、“青岛市十大高新技术企业”，并顺利通过了英国UKASISO 9001国际质量认证。

德意利机械股份有限公司将按照德意利集团的十五规划，在加快拓展国内外市场的同时，加强企业管理，转换经营机制，争取早日上市。

刘嘉藩

男，1945年3月出生，汉族。1962年7月于北京市房管局中等技术学校学习古建筑专业，1985年7月于天津大学建筑分校学习土木工程专业。1963年3月参加工作，天津丹海股份有限公司。

1995年2月至1997年2月在天津丹阳实业总公司任总经理兼总工程师主持益农塑料厂全面技术工作；

1997年2月至今任天津丹海股份有限公司任总经理，主持30kt生物降解母料产业化项目的建设及生产技术工作；主持丹海万吨级示范工程中淀粉深加工、超细化、液相脱水等技术创新及改造工程；独立承担天津市自然科学基金项目《关于塑料化学促进剂的研究》；并主持年产6000t“低温热氧化塑料降解促进剂”的开发实施、“年产6000t新型长效缓释肥料”、“可降解营养育秧杯(UMB)专用母料及制品”项目的开发实施、“一次性可生物降解非织造布—纤维级专用切片（NFBM)”项目的开发实施。

1999年参与制定了“包装用降解聚乙烯薄膜”行业标准（QB/T2461—1999)。

1999年至2000年申请了专利“降解母料及制备方法”、“可降解的一次性发泡餐具的配方及制作工艺”和“可生物降解纤维级树脂组合物及生产方法”。

1995年至1997年2月主持完成了4000t降解塑料生产线的建设，1000t变性淀粉及2000t降解母料生产线的建设并达产，取得良好的经济效益和社会效益：(1) 1995年生物降解母料荣获1995中国环保及绿色标志产品博览会金奖。(2) 生物降解母料规模化生产由天津市经委进行了科技成果鉴定。(3) 荣获1995年优秀科技组织管理者称号。(4) 荣获“八五”立功奖章。

1997年2月至今主持30000t生物降解母料产业化项目的建设、30000t相关制品的生产线的建设，项目取得良好的经济效益，政府和社会对此项目也给予了高度的评价。(1) 1997年光生物降解母料项目获得国内贸易部颁发的科技成果完成者证书。(2) 1997年11月被国内贸易部评为“内贸系统科技之星”。(3) 主持研究的降解母料1997年获得国家重点新产品证书。(4) 公司1999年被国家计委确定为高新技术产业化示范工程项目。(5) 2000年公司被评为中国200强先进包装企业。(6) 2000年获优秀包装企业家称号。(7) 2001年入选中华英才大典。(8) 2001年荣获世界科学技术发展成就奖。2001年丹海公司完成工业总产值8558万元，产量达11260t，销售收入9060万元，利润2500万元，公司注册资本由20000万元增至5000万元。

经过几年对万吨级生物降解母料产业化项目工艺创新、工艺改造，对原中试生产线及产业化生产线进行淀粉细化工艺流程的重新改造，使淀粉粒径小于8个微米的数目达到90%以上，节约设备投资1800万；提出了液相脱水工艺路线，杜绝了粉尘污染，节约资金300多万元；提出了淀粉覆羟改性的工艺路线，省去了价格昂贵的化工原料EAA，使降解母料的成本接近聚乙烯原料，此项技术填补了国内、国际上的空白。

陈力辉

男，1961年12月出生，大学文化，任福建亚通新材料科技股份有限公司(福建亚通塑胶有限公司)副董事长兼总经理，高级工程师。

陈力辉在管理及在建材行业上取得卓越成就。先后被评为“福建省优秀企业家”，“福州市劳动模范”；还担任建设部塑料管应用协作网、中国水利企业协会灌排设备企业分会副会长、中国塑料加工工业协会管道专业委员会副理事长、中国民营科技促进会理事、福建省建材工业协会副会长、福建省营销协会副会长、福清市工商业联合会副会长等职务。

陈力辉1994年与爱国侨胞余孔琳等人联合创办福建亚通塑胶有限公司。在经营管理上不断创新，经过七年的艰苦奋斗，亚通公司在内蒙古、承德、湖北、重庆、开封、郑州等地建立了生产基地。1998年1月公司在国内同行业中率先通过ISO 9002国际“质量体系”与“产品质量”双认证。2001年12月18日经国家外经贸部批准顺利改制为福建亚通新材料科技股份有限公司。

陈力辉同志非常重视技术和产品创新，亲自挂帅担任亚通技术中心主任。在他的组织下，公司不断开发配套齐全、质量稳定的产品共有11大类578种。各类产品都已通过福建省经贸委、福建省科技厅组织专家鉴定，其主要性能指标达到国际先进水平1项、国内领先水平3项、国内先进水平7项，并荣获福建省科技进步奖1项、福建省优秀新产品奖1项、福州市优秀新产品奖3项。其中“建筑排水用硬聚氯乙烯芯层发泡管”列入2000年度国家级重点新产品计划；“固体自润滑复合材料”列入2001年国家级技术创新项目评审；“埋地式电力电缆护套管”列入2001年通过国家级技术创新项目计划；“塑料节水灌溉器材”被列入2001年国家重点技术改造项目计划(第六批国债专项资金项目)。

在他的领导和参与下，亚通公司先后获得以下殊荣：①福建省技术监督局认定的“产品质量稳定企业”；②被科技部、建设部确定为“国家科技成果推广示范基地”；③福建省高新技术企业；④福建省名牌产品；⑤福建省明星侨资企业；⑥福建省重点扶持的成长型企业；⑦建设部、国家石油和化工工业局、国家轻工业局、国家建筑材料工业局、中国石油化工集团公司联合授予“全国化学建材工作先进集体”的荣誉称号。

何世钧

改革开放二十多年来，我国塑料工业迅速发展，新产品层出不穷。金海螺家族型集团企业的崛起是改革开放以后我国民营企业的发展史上的一个很有代表性的典型。

目前的金海螺家族型集团企业已拥有数亿资产，年销售在六亿以上，有员工2000余名，年创利8000余万元，上缴税收7000余万元，共有17家以生产各种不同专业产品的集团型塑机生产企业。产品运销世界各地，是国内塑料行业和塑机行业中均有一定影响的企业。

但她的发展史，从改革开放的80年代初说起来却颇具传奇色彩。

“金海螺”企业的创始人何世钧是一位具有大学文化、很有创新能力的机械工程师和具有一定科研水平的人才。但由于家庭出身——众所周知的社会历史原因长期湮没在农村乡镇机械厂当工人。

他勤奋好学，刻苦钻研，一心想以所学专业技能贡献社会。在他早年高中学习的50年代就用他对航空事业的向往和自学所得知识在学校老师的帮助支持下，设计制造并亲自调试好一台7kW、在当时称为大型的风力发电机组发电。其后在80年代初得到国家科委和省科委的支持，利用东海之滨的强大潮汐能取得潮汐发电的原理性试验成功，并在国内外专业性刊物上发表具有独创性的研究成果论文多篇，是第一个用潮汐发出电来的人。

由于他对技术的精湛钻研和对市场信息的关注，80年代初，我国塑料工业刚刚起步，大量引进国外先进塑料机械，在当时塑机配件奇缺的情况下，他发现塑机中的主要零部件——螺杆、机筒的专业化生产对提高该零部件、塑料机械的品质并降低成本至关重要。于是他向当地领导建议用他所在的机械厂生产塑料机械的螺杆、机筒但终因人微言轻不予采纳。相反以“有这样的好产品还是你自己去搞吧”而被逐出厂外。

身无分文又丢了饭碗的何世钧在去烟台参加海洋能源利用研讨会路过青岛时，青岛正在开第一次国际塑料机械展销会，会上他看到国外的螺杆在我国的销售价格是天价，他义愤地对围观的人说“这种螺杆我们国内应该专业生产，价格能比国外的省好几倍!”已被逐出乡镇企业的何世钧回家以后借贷几千元资金就干起了螺杆、机筒的专业生产之路。第一批十根$\phi 45/25$的螺杆在青岛烟台之行后的五十天内出厂，送到上海塑料电线行业中试用良好，得到该厂及其同行的好评，当时他的螺杆的价格只有进口螺杆的十分之一，性能却完全一样。

就这样我国第一家专业制造螺杆、机筒的厂家正式注册成立，之后申请了“金海螺”作为商标的金海螺牌螺杆、机筒以其价格便宜、质量精良，很快在国内市场打响，并大量接受国内塑料机械厂的批量订货，从此以其专业化的水平制造和销售螺杆机筒并逐步取代了进口螺杆。

他的专业生产螺杆、机筒的技术在当地乡镇普及，在短短几年之内在我国东海之滨的舟山市金塘岛成为我国螺杆之乡，是中国塑机行业中螺杆的生产基地，集中生产全国 70% 以上的螺杆。何世钧富了，金塘岛富了，一个以螺杆为产业的地方块状经济形成了。

致富后的金海螺家族，以螺杆生产为起点，发展延伸了挤出机的专业生产，继而又在上海开发专业生产化纤设备中的挤出机和塑料行业用各类挤出机。接着又发展成更专业的各类挤出机械及其配套的后牵引成型机组。何世钧的三个儿子都经过高等教育，各自都经营着自己的企业，如目前由何世钧的三儿子何春雷主持的以生产板材生产线、异型材生产线等为主的金湖塑机和二儿子何海潮主持的以生产化纤设备及中大型管材生产线设备为主的金纬机械等等。之后他们又在舟山市经济开发区 B 区建立了一个大型塑机配件生产基地。为迎接我国加入 WTO 以后中国塑机走向世界市场作了充分准备。

目前，一个以上海为销售窗口和组装基地、以舟山为塑机配件生产基地的上规模塑料机械生产企业集团新秀正在迎接世界级塑机行业同行的挑战并将在世界塑机行业取得她应有地位。

娄晓鸣

1982 年 1 月毕业于大连理工大学化工系化工机械专业，1982 年 2 月至今在化工部化工机械研究院橡塑机械研究所工作。先后任助理工程师、工程师、高级工程师、橡塑机械研究所所长、研究部副部长、院副总工程师等职，1995 年至今任兰州兰泰塑料机械有限公司总经理。历年来主要从事双螺杆挤出机系列及配套辅机开发研制(获部省级科技进步奖)；特种双螺杆(蒸发、脱挥、反应、干燥)挤出机试验研究及开发设计(获国家六五科技攻关项目表彰奖)；大型挤出造粒装置消化吸收及技术攻关；挤出造粒系统工程设计及设备制造。1985 年以来为中国化工学会化工机械专业学会会员；中国机械工程学会(甘肃) 会员；中国石油工业学会会员；中国塑料机械工业协会会员，2000 年任该协会理事。1994 年被批准为国家级“有突出贡献中青年专家”、1994 年 4 月获 “兰州市劳动模范”荣誉称号、1995 年获全国首届百名“中国青年科技创业奖”、1997 年被推荐为“化工跨世纪优秀拨尖人才”。

近年来先后组织、主持、承担和参与了科技攻关、设计开发、试验研究、生产制造、规划调研、可行性研究等各种类型的技术研发工作，致力于我国同向双螺杆挤出机技术及产品的发展与提高。

组织和承担了 4 万吨/年聚内烯装置大型混炼挤出造粒机的消化吸收项目，组织了科研、制造、工程设计等单位共同攻关，初步掌握了国外大型混炼挤出造粒机的技术及结构特点，进行了关键部件的软件开发及国产化设计，在我国大型双螺杆挤出机国产化方面迈出了重要的一步。

参加了国家“八五” 攻关项目万吨 POM 生产技术开发(大型双螺杆反应器消化吸收及攻关)，设计研制了螺杆、筒体等关键部件，为企业节省了大量外汇，为整机的国产化进行了积极的探索。

先后组织、负责、指导和参加了十多项新产品的开发，在螺杆直径 38mm ~ 168mm 的中小型同向双螺杆挤出机开发中已形成了完整系列，并获得部省级科技进步奖、国家级新产品奖多项。为国内塑料改性企业(填充、增强、共混、着色等)提供了优良的装备，替代了进口产品。

组织开发了酚醛模塑料、环氧电封料等热固性塑料专用剖分式双螺杆混炼机(TSHJ - 78、92、132)，该项目开发的带耐磨衬套剖分式双螺杆挤出机为国内首创，代替了传统的双辊式间歇落后工艺，是该行业的一项重大技术突破及技术创新。

近年来，在蒸发型、脱挥型、反应型双螺杆挤出机的开发中获重大突破(获国家六五攻关项目表彰奖：合成橡胶行业科技进步奖)，并将其推广应用到氯磺化聚乙烯(CSPE) 胶液脱溶剂；复合铅盐稳定剂脱水：丙烯酸系高级水性树脂脱水、交联、成粉：K 树脂胶液脱溶剂：氯化聚乙烯(CPE) 胶液脱溶剂；SBS 胶液脱溶剂；饱和丁腈胶液脱溶剂：高苯橡胶脱水等，探索和拓宽了特种双螺杆挤出机的应用领域，填补了国内该领域的空白。

负责起草了《同向双螺杆塑料挤出机》行业标准，为我国同向双螺杆挤出机的标准化、系列化奠定了基础，为我国同向双螺杆挤出机的发展做出了贡献。

附　　录

附录一：世界塑料工业近期主要进展及发展动向

一、世界塑料原料生产发展概况及预测

进入90年代，世界经济开始复苏，并呈现加快增长的势头，作为材料工业的世界塑料工业的生产与销售也一直保持稳定的增长趋势。2000年世界塑料产量163000kt，比1999年增长3.6%。1995~2000年年均增长速度6.3%。据预测：2007年全世界塑料需求量将达到210000kt，2026年将达到380000kt。2000~2007和2007~2026年年均增长速度将分别为3.7%和3.0%。其中通用性塑料将分别达到195000kt（占塑料总需求量92.9%）和350000kt（占92.1%）；工程塑料分别达到7000kt和1700kt；专用塑料将分别达到350kt和1200kt；复合塑料将分别达到100kt和430kt。

2000年世界主要地区塑料原料的分布欧洲产量占首位，为52000kt，占世界总产量31.9%；亚洲50700kt，占31.1%；北美洲由过去一直居首位而退居第三位，产量为50000kt，占30.7%；中南美洲8300kt，占5.1%；澳洲1100kt，占0.7%；非洲900kt，占0.5%。

1999年塑料原料产量占前十名的国家或地区是：美国46200kt，比1998年增长6.6%；日本14569kt，增长3.5%；德国13860kt，增长7.8%；韩国9083kt，增长7.4%；中国7600kt，增长8.1%；法国6250kt，增长4.2%；中国台湾省4990kt，增长7.8%；比利时4400kt，减少0.7%；荷兰4100kt，与1998年持平，意大利3975kt增长0.4%。

1999年人均塑料消费水平超过100kg的国家和地区有德国159kg、比利时158kg、美国134kg、意大利114kg、加拿大107kg、以色列104kg、西班牙102kg、丹麦100kg。据BASF分析预测，北美人均消费量1999年为88kg，到2010年将增长到145kg，未来10年增长46%；西欧人均消费量1999年为88.5kg，2010年将达到132kg，增长46%；拉丁美洲1999年人均消费量18.5kg，2010年31kg，增长68%；日本1999年人均消费量83kg，2010年121kg，增长41%。1999年世界人均消费量18kg，中国约12kg。2000年世界LD/LLDPE消费量为29500kt，HDPE 22100kt，PP 28500kt，PVC 25500kt，PS、EPS 13300kt，PET 6900kt。据预测到2010年，LD/LLDPE将达到45500kt，HDPE 38000kt，PP 28500kt，PVC 25500kt，PS、EPS 22000kt，PET 18500kt。

二、塑料工业近期技术进展

（一）原材料主要进展和动向

（1）近年来，塑料工业原料结构没有更多的变化，但在质量方面有较大的提高，改性塑料、功能性塑料、高机动性复合材料均以10%以上的高速持续发展，特别是被喻为明日塑料之星的“ABC”（即塑料合金Alloy、塑料共混物Blend和填充增强复合塑料Composite），通过基础研究和应用研究两方面共同努力，生产和加工技术获得进一步提高和完善，产品性能改进和系列化功能化方面也取得更大的进展，由于投资少，成本较低，不但满足市场发展需要，而且为塑料加工提供更多的原料选择。

据国外预测，进入21世纪后“ABC”材料将越来越广泛地进入工业和特殊应用领域。塑料合金近年来发展十分迅速，特别是现场（In－silu）聚合合金化技术，可大大提高力学性能和其他性能，如Himont公司近年来开发的Catalloy聚合技术，可以在聚合釜中直接生产出改性PP合金，使其制品的涂漆性、耐刮伤和耐热性大幅度改进和提高。互穿网络是合金化技术中最先进的技术，通过反应注塑和反应挤出加工，把两种或多种高分子聚合物很好地联结在一起，使其制品的力学性能得到明显改善。层状分散型塑料合金为特殊性能的塑料合金，包括永久抗静电、阻气、阻燃、生化医学等特性，将进一步满足包装、建材、电子电气、医疗卫生等产业和高新技术的需要。1998年全世界工程塑料合金需要量为720kt，其中PC类（PC/ABS、PC/ASA）和PPO类（PPO/PS、PPO/PA）各占总需求量的44.4%。据预测到2005年年均增长率7%，其中PA类增长最高，约9%~10%。

液晶高分子作为塑料增强剂实现原位复合，能够显著提高塑料的模量、强度和耐热性，为改性塑料提高性能带来新的飞跃。

特种功能性塑料如导电、超导电塑料、导磁塑料、光敏塑料、导热塑料、记忆性塑料以及功能薄膜如电渗析膜、微孔过滤膜、超过滤膜、血液渗析膜、逆渗透膜、气体分离膜等正逐步进入市场，更好地满足特殊要求。

电子束辐射技术在聚合物改性中无需催化剂，能耗低，生产效率高，环境污染轻，产品性能优异等，也正获得越来越广泛的应用。

（2）茂金属催化剂在合成高性能聚烯烃的生产和应用技术已日趋成熟，可为包装、汽车、电线电缆及耐用消费品等领域开发出强度大、透明性好、韧性高、耐热性和电性能优良的聚烯烃和聚苯乙烯。据EPN报道，1999年世界茂金属聚烯烃（MPO）消费量

1108kt，其中 MPE 89.9%，MPP 7.5%，MEPDM2.7%。今后将在高立体规整性 PP、齐格勒烯烃共聚物（COC)、乙烯－苯乙烯共聚物（ESI)、聚环已基乙烯（PCHE)、热塑弹性体等方面进行研究开发，并进一步开拓用途。另采用单晶点催化剂生产超低密度 VLDPE（0.88～0.890g/cm³)、VLDPE 弹性体等，大大改善加工性能，可替代乙丙橡胶在医用管、阻透和收缩包装及电线电缆中广泛应用。

(3) 热塑弹性体（TPE）由于综合了橡胶和塑料的特性，特别是新型热塑性弹性体，如动态硫化聚烯烃 TPE（TPO)、嵌段共聚 PP 和聚烯烃类 TPE 的共混物、聚酰胺类 TPE、含氟 TPE、带官能基的 SEBS 类 TPE 等的迅速发展，产量正进一步增长，用途和需求量也大幅度扩大，其中汽车和工业用品成为最大用户，医疗制品、粘合剂等也具有较大的市场潜力。如北美汽车工业中 TPO 的用量年增长率为 10%，2005年 汽车保险杠市场 TPO 将增长到 75%。欧洲目前汽车保险杠 TPO 用量占 80%。

(4) 精密聚合高分子设计研究十分活跃，可以使人们自由地进行高分子的链结构组合，以得到所期望的各式各样的高分子材料。20 世纪后期研究开发的乙炔扩散法聚合、阳离子活性聚合、立体特异性阴离子聚合、INFERTER 聚合、金属茂催化剂立体特异性活性聚合、乙炔立体活性聚合、稀土类立体活性聚合等，正向实用化迈进并成为今后重要的发展方向，预测到 2010 年其产品将实现产业化。

(5) 生物仿真技术在高分子合成中的应用发展迅速，如用光合作用和酶催化技术合成高分子材料既高效又节能。

(6) 热氧化降解、可环境降解、生物降解塑料的研究开发成为治理塑料废弃物污染环境的热点课题，受到世界瞩目，目前正在逐步进入实用化阶段。

（二）塑料成型加工技术的进展和开发动向

1. 当前塑料成型加工工艺的新进展

(1) 注射成型的主要技术进展是开发了多种新型注射成型技术，如超高速注射成型、精密注射成型、薄壁注射成型、气体辅助注射成型、水辅助注射成型、三维 MID 注射成型、层状结构注射成型、结构发泡注射成型、低压注射成型、注射压缩成型、嵌件注射成型、反应注射成型、结构反应注射成型（SRIM）等；特殊注射成型技术，如浇口止封成型、推－拉注射成型、夹芯注射成型、复合注射成型、回路基盘注射成型、光学部件注射成型等；以及特殊材料如高性能工程塑料、复合塑料、高粘度塑料、超高分子量聚乙烯、聚四氟乙烯、低粘度液状树脂（LIM)、热塑弹性体、金属粉末（MIM)、橡胶、陶瓷等的注射成型技术。此外为改进制品质量还开发了长纤维破断抑制成型、定向控制成型、表面光泽成型、表皮一体成型、表面装饰成型、熔融中子成型等。

(2) 挤出成型技术的发展从柱塞式间歇挤出到螺杆式连续挤出；从单螺杆到双螺杆、多螺杆；螺杆结构由普通型发展到分离型、屏障型、销钉型、波状、DIS、多角型等；长径比根据要求由原来十几增加到 30、48 甚至 60；挤出理论由固体输送理论，发展到熔融理论、熔体输送理论、粘性剪切理论、混炼理论等；新型挤出技术如高精度挤出、异型挤出、多层共挤出、反应挤出、机电磁一体化和动态塑化挤出等也蓬勃发展。据报导，利用低剪切熔融理论和新的高效喂料技术以及将双螺杆技术的某些理论应用于单螺杆上，是挤出技术未来发展方向。

(3) 中空成型及其他成型技术的主要进展：双壁中空吹塑技术、三维中空成型、多层中空成型、保留型芯吹塑成型、多层滚塑、固相多层成型、微孔发泡成型、空气发泡成型、多层双向拉伸、口模牵伸技术等。

2. 成型加工技术开发的总趋向

近年来，成型加工技术开发的总趋向是对与已有的原材料—成型加工—评价方法等有关的技术奥秘进行最大限度挖掘，根据外部技术导入，对满足特性要求的适应加工方法及其进展等有关技术进行综合性重新评价，可概括为以下几方面：

(1) 根据对原有加工技术的基本评价，通过简化工序、省力化、原料配方的最佳选择、复合化及与其他材料一体化加工等措施达到高性能化和降低成本。

(2) 开发适合材料物性的成型加工法，采用利用高次构造（高晶化、分子定向等）的成型加工方法，如利用熔融压缩性的加工法、利用 PVT 特性的加工法，SCORIM/SCOREX/SCORBEND 法的应用，浇口凝封注射成型等。

(3) 相接技术的研究，采用与其他成型加工技术组合的加工法，如注射压缩法、挤出－压延法、挤出压缩法、注拉吹成型法、挤拉吹成型法等。

(4) 研究开发和进一步完善新成型技术，如气体辅助成型技术、高空洞成型（H_2M)、利用超声波·高周波加工技术、注射·压缩·热成型技术、高焊接强度加工技术、高中空注射成型技术、夹芯注射成型技术、融积快速成型（FDM）技术、超大型注射成型技术、薄型注射成型技术等。

(5) 制品表面改性方法，如与热固性树脂一体化加工、模具温度可调成型法、复合、涂层、等离子喷涂等。

(6) 以回收利用再生料为对象的制品设计和加

工法。

(7) 通过技术突破和合作开发，提高生产效率，实例详见表1。

(三) 塑料机械和模具的主要进展和开发动向

1. 朝着组合结构、专用化、系列化、标准化、复合化方向发展

用户可以根据自己的实际要求，进行“组合和匹配”。另外围绕节能、省料的技术方针及满足专用材料和特殊用途的需要，开发了许多新型设备和特殊专用设备，如低压注射成型机、气体辅助成型机、夹芯注塑机、薄壁注塑机、结构反应注塑机、超高速注射机、注射压缩成型机、直接传动高速挤出机、多层挤出机、反应挤出机、高速及高效混炼双螺杆挤出机、可抽出螺杆挤出机、橡胶用挤出机、电磁动态化挤出机、双向拉伸挤出机、双壁中空吹塑机、数控多坐标中空成型机、三维中空成型机等。

近年来，原料成型技术与成型机械的配合更为紧密。原料及成型技术的高度化、高性能化要求成型加工机械及周边机械与之配套，而加工机械的进步又促进成型加工技术的进步。其开发动向有：

(1) 以最适应的成型加工条件为目标的各种控制技术及其高度化－专家系统，开环和闭环控制日益普及，并设计各种高性能螺杆。

(2) 开发精微控制、低噪音及性能优良的全电动性注塑机，电动和油压并用的电动注塑机。

表1　通过技术突破和协作提高生产效率的实例

	分　类	目　标　值	技术突破和协作
超高速生产循环	异型挤出生产线 PVC窗框	生产速度增加一倍 产量＝450kg/h 线速＝8.3m/min	Veka公司与设备厂、原料厂合作开发确立二条生产线 • 大型双螺杆挤出机（CM92mm←55mm） • 两套高性能模具（Actual）←单套模具 通过顶端的光敏元件测定挤出熔体（スラエル）的变化，采用温控器调节挤出量 • 真空传送板三块以上 • 热稳定剂 C_aZ_n，颜料 TiO_2（Dupont），耐冲击剂（R&H），PVC（Shintech）
	薄壁注射成型 食品容器	重量由5.5g减到4g，薄壁化极限，厚度＝0.28mm（原0.38mm），L/T＝260，周期3.3s（减少15%），每年节约1300万日元	Husky公司与原料厂和加工厂共同开发 • 高强度树脂（新聚烯烃弹性体“Affinity” Dow chemical） • 高速、高射出马力成型机（Husky） • 模具：型腔固定方式，热流道 • 浇口方式：RIM浇口（同上，专利申请中） • 成型机
	超大型注射成型	成型周期减少约1/2	串联注塑机（Husky） • 中间台板左右两个模具，利用时间差射出方式，制品重量14.5kg。锁模力3000t
	小型注射成型光学、部品电子	成型周期减少1/2～1/3	OCI成型法（外冷注射成型） • 模具滑块式（日钢）O型路线 • SASN—HIS注射成型：圆盘旋转式射出、冷却 • 连续取出系统（新泻铁工）

续表

	分　类	目　标　值	技术突破和协作
简化流程	复合材料直接成型 长纤维热可塑型制品	简化流程，长纤维射出冲压成型，在保持或提高性能情况下，比短纤维约降低成本1/2	长纤维热塑性直接熔融相成型CPI（USA） • 挤出注射加压法：根据长纤维（1/2寸以上）和树脂混合方式，螺杆特征，适用树脂幅广，最终制品的长度可达50mm，最大生产量=450kg/h
后加工特性化	热可塑性高压模内涂布技术	成型过程中直接涂装可削减成型品总成本30%～50%	涂料厂（Sherwin williams）和设备厂（Kraus Maffei）共同开发中 • 双液性液体涂料和性能，双液自净化混合注射装置
	粉体涂料注射成型法	成型同时涂装 可削减成型品总成本30%～50%	Warbick（英）涂料厂 （Evode）注塑机厂 （Battenfeld）汽车厂 （Rover）等共同开发中 • 粉体涂料性能，多层成型模厚控制技术

(3) 可减低残留应力的加工机械，如各种低压成型或适应压力成型的加工机械，模内压力控制法、注塑压缩成型机等的开发日受重视（见表2）。

表2　注射成型中各种低压成型的分类

分类	方　法	公司方法名称	公司名称	特　征
闭模动作	注射压缩成型法	プラストロヘル 注射压缩成形系统 注射压缩 出光IPM 注射压缩 SP模压	东芝机械 三菱重工业 名机制作所 出光石油化学 KOMATSU 佳友化学工业	可以压缩、注塑 开模状态注射后，经一定计时再闭模，可以程序加压
注射动作	低压高速充填成型法	二元成型 最适压力成型法 复式注射速率系统（MIRS） 流动压微调整成型 SH—AP系统 フトハジ	东芝机械 铁工所 新泻铁工所 日精树脂工业 佳友重机械工业 日本制钢所	注射料筒选样数4段 注射料筒选样数7段 注射料筒选样数5段 注射料筒选样数6段 最高压力出现内注射控制、压缩并用 最高压力出现内注射用程序控制
气体导入	气体导入注射成型法	AGI法 CINPRES法 GAIN法 GASMELT法 AIRMOLD法 PFP法	旭化成工业 Cinpres GainTech Engel Battenfeld 新日铁化学	气体从注嘴注入 气体从模具的一端注入 气体从注嘴注入 气体从注嘴注入 气体从模具一端注入 利用壁部的空隙
模具内压	降低模具内压成型法	综合低压成压系统 热塑性固相成型（TSM）法	昭和电工 东芝机械 Hettings	模具、原料、成型机控制等综合系统

(4) 多材、多色成型机，如多层专用加工机、夹芯注塑机、SP成型机、回收利用专用机、Hoop成型机、硬软材料一体成型机等。

(5) 提高制品性能为目的的加工机械，如排气式注塑机、真空注塑机、超薄制品专用注塑机、超高速注塑机。

(6) 开发适于线上焊接、表面改性的加工机械，如最优虹吸（siphon）注塑机（BSM）、模内温度可控注塑机。

(7) 开发高效节能型的塑料除湿设备，以防止材料在100℃以上进行干燥除湿时变色及性能下降等技术问题。

(8) 微型机随着电子、信息、电器、医疗、生物等行业的迅速发展，需求日益增多。国际上已成功开发出质量为万分之一克的注塑机，管材直径为1mm的挤出机和容积为3mL的中空吹塑机。据了解，一些发达国家正在研究能替代人体血管的直径小于0.5mm的塑料挤管机；日本正在开发质量为十万分之一克的注塑机。

(9) 大型化塑机也是当前发展方向之一。目前国外已开发小轿车车身板用的8000kN注塑机；ϕ2000mm的塑料管材和宽度10m的挤出机以及容积为5000L大型设备的中空成型机也投放市场。

个性化也是当前塑机发展的另一个关注热点，如动模板可移动又可转动的注塑机，大成型面积小合模力或大合模力小注射量的注塑机，混料与注射联用成型设备，配备有特殊外围配套装置的挤出生产线，木塑工混成型加工设备以及以高度混炼、分散为目标及省能、省空间、低温加工用的各种机械均得到较快的发展。

2. 模具和模头

近年来计算机辅助设计（CAD）、计算机辅助制造（CAM）、计算机辅助分析（CAE）和计算机模拟分析软件等在模具和模头的设计制造过程中进一步普及和发展，从而提高模具精度，大大缩短制作周期。此外在模具及模头的材质方面，有效采用新开发的特殊钢、充气金属、非铁系金属等也将取得更大进展。

3. 关于计量、控制、评价方法，CAE分析软件的精密化，广泛应用的适用化技术也获得很大进步，并通过仿真模拟，可以正确的设计制品。物性计量技术和计量仪器进一步确立。塑料机械工业产品的自动化控制技术目前已发展到相当水平，设备单元的自动控制、参数的闭环控制、过程联运、在线反馈控制等电子计算机技术在塑料加工上得到广泛应用，目前正向智能控制功能的塑机发展，使无人操作、无人车间、无人工厂得以实现。近年来令人注目的评价法是根据可视化鲜明现象，物料在机筒内的举动，由固体到熔融态、混炼和分散举动全过程都可直接观察，由此可大大促进工艺改革和技术进步。可视化在注射、挤出、中空成型中都已实用，今后可视化解析技术用于成型加工特性的评价会有更大进展。关于材料的物性评价方面，与生产线直接连接的方式、实时控制方式的实用化也将进一步发展。

三、塑料材料应用的主要进展和开发动向

众所周知，塑料材料具有许多特点：质轻、强度大、耐腐蚀、易加工等等，特别是20世纪末迅速发展的高性能、多功能塑料、“ABC”材料等的广泛应用，可以节约能量、节省原料、增加功能、延长寿命、从而可降低成本和适应环保及经济持续发展的要求，已成为包装、建材、农业、汽车、航空航天、电子电气、医疗卫生等部门进行技术变革，促进技术进步和开发高科技产品必不可少的新材料。

（一）包装工业

21世纪，为确保经济的可持续发展，塑料包装材料与保护环境的协调发展更显重要。为适应新时代的要求，塑料包装材料在以节省资源、节约能源、保护环境等总的技术发展方针的指引下，高机能性、多功能性、环保适性塑料包装材料成为许多国家的开发热点，如保质、保风味、延长货架寿命的含高阻透层的多层复合材料；防霉、防虫灭菌的粮食、糖果糕点多功能性保鲜材料；适应不同气调环境的微孔果蔬保鲜材料；适应较长时间冷藏贮运水产品的保鲜材料；适应特殊用途的选择透过性及防锈、防电磁的特殊功能性包装材料以及将使传统包装材料产生巨大变革的纳米复合包装材料等蓬勃发展。为适应人们生活节奏加快，方便人们生活，提高人们生活质量的蒸煮袋和微波炉容器所需的耐热材料也迅速发展；为减少包装废弃物适应保护地球环境需要，可多次循环再用或易回收再生利用或易被环境消纳、降解或可堆肥化的降解塑料，可食用材料等成为重点开发的产品，并逐步进入市场，特别在一次性包装材料、航海包装用品、医用包装用品以及特定应用领域具有较大的市场潜力。

近10年来，我国塑料包装行业处在高成长时期，2000年塑料包装总产量达3Mt，“九五”期间年均增长速度达14.6%。90年代以来发展迅速的产品有：BOPP生产线78条，总生产能力约450kt/a，产量300kt；BOPET生产线15条，总能力100kt/a，产量50kt；BOPA生产线1条，总能力3kt/a，产量3kt；BOPS生产线7条，总能力约200kt；复合薄膜生产线300多条，产量170kt；PET瓶生产线80多条，总能力150kt/a，产量4.5亿个。据有关部门调查，我国塑料

包装材料的市场潜力是很大的，仅从 2000 年几类产品的需求量来看，如化肥产量 180Mt，需包装材料 900kt；水泥 200Mt，需包装材料 1000kt；饮料 10Mt，需包装材料 500kt；粮食 490Mt，需包装材料 600kt；水果 40Mt，蔬菜 100Mt，共约需包装材料 500kt；液体食品包装膜、食糖食盐包装膜等需 500kt。据此预测，到 2005 年我国塑料包装材料（制品）总需求量将达 5.5Mt。

（二）建材工业

化学建材是当代继钢材、木材、水泥之后新兴的第四代新型建筑材料。

塑料在建材中获得广泛应用的主要因素之一是除塑料自身所具有的优良性能外，主要与世界能源日益紧张有很大关系。从材料生产能耗比较，如以 PVC 为 1，则钢材为 4.5，铝材为 8.8；从应用节能效果比较，塑料管比金属管可减少生产能耗 30%～50%，塑料窗比铝窗可节省采暖能耗约 30%。因此塑料建材的迅速发展和广泛应用，不仅能大量代钢、代木，而且是一种节能效益十分显著的产品。

国外塑料建材发展十分迅速、美国 1999 年塑料管材需求量占管材总需求量的 38.3%，1989～1999 年年均增长率 6.4%，远超过其他传统管材。据预测 2004 年塑料管材需求量在管材总需求量中约占 40%，1999～2004 年年均仍以较高速度增长，增长率 3.5%。西欧塑料门窗 90 年代占据了较高的市场份额，特别是德国塑料门窗在建筑用门窗总市场约占 70%。其他塑料建材品种，如高分子防渗材料、新型塑料泡沫塑料夹心板体保温材料、室外披叠板、装饰材料等也不断推出新的品种，发达国家中塑料建材在塑料总消费量中仍然占 20%～25%。据有关部门调查统计，我国当前引进的塑料异型材挤出生产线 500 多条，国产 2000 多条，实际加工能力 1300kt/a 以上，产量超过 300kt，塑钢门窗占我国建筑门窗市场的 15%；据预测，到 2005 年要达到 20%上；采暖地区市场占有率 50%以上，其他建筑节能要求地区不低于 35%；2015 年市场平均占有率达 40%，最高达 60%以上。但也必须充分注意近几年进入市场的玻璃钢门窗和彩色铝合金门窗，也正在成为门窗行业的新亮点，并将在今后门窗市场，与塑钢门窗呈“三足鼎立”之势。

塑料管材是产量大、用途广的塑料制品。近几年来，由于政府部门的大力推动，塑料管材增幅很大，2000 年预计消费量达 500kt 左右，除工业生产和农业灌溉用以外，建筑用塑料管消费量约为 300～400kt，其中用量较大的是建筑排水管、城乡供水管、电工套管。据预测，到 2005 年我国各种塑料管的需求量约为 800～1000kt，除了建筑排水管、城乡供水管、电工套管需求量进步扩大外，城乡给水管将逐步扩大推广，燃气管和埋地排水管将会有较大增长，PE 天然气输送管网、特殊（无交联）PE 热水管、光缆护套用硅芯管、钢塑复合管及管件等是值得关注开发的产品。

（三）农业

当前在全球范围内，各国均同样面临人口不断增加，可耕地日益减少，土地质量下降，水资源日趋贫乏的问题。在这种严峻的形势下，如何提高农业单产，提高质量，降低水耗，确保农产品丰产丰收等，是世界各国必须严肃对待的一个大问题。为此多年来国内外对塑料作为农业增产、节水器材予以极大重视。功能性农地膜、棚膜，环境适性农地膜，新型塑料日光温室材料，禽畜舍覆盖材料，浅海深海水产品养殖及捕捞器材，高机能、多功能果蔬保鲜材料，高效塑料节水器材，新型微灌器材，大型功能性复合防渗材料等正被积极开发和广泛应用。

据有关部门不完全统计，当前我国农地膜生产能力 2000kt/a 以上，实际产量超过 1000kt/a，其中地膜 400 多 kt，地膜覆盖面积 1 亿多亩（1 亩 = 666m^2），棚膜 2000 万亩左右。据预测，我国可覆盖面积地膜为 5.5 亿亩，棚膜为 5000 万亩。因此地膜和棚膜发展潜力很大。据农业部预测，到 2005 年，全国地膜覆盖面积将达 1.7 亿亩，园艺设施栽培面积将达到 2300 万亩，再加上氨化膜、青贮膜、饲草用缠绕保鲜膜、塑料育苗容器、遮阳网、防虫网、水产养殖器材、捕捞网具、农产品贮运保鲜材料、农药器械等，约需农用塑料 3000kt/a。

又据水利部门初步规划，“十五”期间节水灌溉工程面积新增 1.4 亿亩，加上目前现有 2.4 亿亩，累计达到 4 亿亩，其中喷溉 7900 万亩，滴灌 1000 万亩，管道输水 1400 万亩，渠道防渗 5000 万亩，需要各种塑料节水器材和各类管材与管件、灌水器、喷头、防渗用薄膜、土工编织布等 1700kt/a。

（四）汽车工业

20 世纪 90 年代以来，许多国家汽车工业重要变革之一是提高时速、降低能耗，其主要对策是更多地采用塑料件以减轻车体重量。国际上已将车用塑料特别是工程塑料用量的多少作为衡量一个国家汽车工业发展水平高低的重要标志之一。据报道，现在每辆汽车用 100kg 塑料，可替代 200～300kg 其他材料，相应地在 150000km 的平均寿命里程中可减少燃料消耗 75L。此举尤其对美国汽车公司平均燃料经济性（CAEE）的推出更显重要。据估计到 2003 年，每辆汽车平均重量要减少 8%才能达到每行驶 100km 耗油 6.7L 的 CAEE 标准。目前国外工业发达国家每辆汽车平均塑料用量已达120多kg，占汽车总质量的12%～20%。PP塑料合金和热塑弹性体的保险杠占保险杠总重量的70%以上。另又据报道，英国福特汽车公司制造的52马力、汽缸容量1L的塑料发动机，与金属发动机比较，质轻、耗油量减少5%，噪音减少3.1dB，废气排除量减少20%。据预测，2013年各类汽车中将有一半是用可回收的塑料复合材料制造的。

90年代以来，塑料在我国汽车制造业的应用已日益广泛，用量逐年增加。据预测，我国2000年汽车产量达197万辆，汽车生产用塑料达138kt，平均每辆汽车用塑料70kg，占汽车自重的5%～10%。据有关部门规划，2005年我国汽车产量为320万辆，汽车生产用塑料195kt，维修用量302kt，合计达497kt。当前我国部分汽车内装饰件、外装饰件已初步实现塑料化，并逐步向功能件与结构件方向发展。

（五）航空航天工业

当前航空航天工业技术进步着眼点之一也是减轻机体重量，以加快飞行速度，降低能耗。如美国洛克西德航空公司复合材料中心，采用新型热塑性树脂为基材的增强复合材料，制造的战斗机前体结构，结构体重量可减轻40%，紧固件减轻73%。以F—5战斗机为例，机重若减少15%，飞机滑跑距离缩短30%，航程增加20%，有效载荷将增加30%。美国计划战斗机用高级塑料复合材料占结构总重量的50%。欧洲21世纪的航空航天发展规划（如德国的SANGER、法国的HERMES、英国的HOTOL）都非常重视使用先进的高性能新型合成材料和高级增强塑料复合材料，在宇宙空间站、人造卫星和航天飞船上用于制造蜂窝式结构的外壳、机体外板及其他结构件。

（六）电子电气工业

围绕节能省料的技术发展方针，当前和今后，电子电气产品结构正向短、小、轻、薄方向发展，对高电磁性能塑料合金、超导电塑料、电磁波屏蔽材料、光机性能材料、高性能复合材料等，在量和质方面都提出了更高要求，另外高性能电线、电缆，通信用塑料、光学纤维、新型传感器用塑料以及信息技术处理中用的各种记录、存贮材料，CAD用静电记录模，缩微用胶片等在信息化社会中需求量日益增大，这些又将大大促进塑料材料的发展。特别值得关注的是当前在微芯片的开发上，塑料芯片正在逐步取代硅芯片，将成为芯片行业中极有发展潜力的新一代芯片。据预测，到2004年全球塑料芯片行业的平均销售额将达到100亿美元，与硅芯片比较，其价格仅相当于硅芯片10%以上，预计将首先在条形码扫描仪等中使用。

（七）医疗卫生

进入21世纪，随着生物医学工程和现代医学技术的发展，医用塑料也随之迅速发展。据报道，美国人均年消耗医用塑料的费用约为300美元，发达国家医用塑料的消费量以年均5.8%的速度增长。

当前医用塑料的产品结构已从简单的一次性医疗用品、包装材料进而发展到开发适应生物相容性、血液相容性以及其他医疗要求的高技术含量的医用高分子材料，用于制造、增强或取代生物组织、人体器官、外科手术体外循环用品以及外科修复、理疗康复、诊断、治疗疾患及药剂型的医用塑料制品如人工肾（血液净化器）、人工肺（氧合器）、心脏瓣膜、人造食道、人造关节、人造皮肤、手术修补器、整形材料、手术用缝线、各种插管、注射器、输液（血）器（袋）、齿科材料以及在药物系统中起缓释、长效安全的缓释胶囊（球）等，医用塑料属高科技、高附加值且与人民的保健息息相关的具特殊性能的医用材料，其科研、生产和消费水平充分反映一个国家的经济、科技和人民健康水平，而且对挽救垂危生命、造福人类具有重要意义和较大的市场潜力，因此其发展日益受到世界瞩目。我国医用塑料起步较晚，但近年来发展很快，年均增长速度15%～20%。据有关部门统计，2000年我国医用塑料制品的产值约为40亿元，占全国医疗器械总产值（300亿元）的13.3%，据预测，到2005年将增长到40%，具有较大的市场潜力。

四、值得关注的几项新技术、新设备和新产品

（一）新技术

1. 气体辅助注射成型技术

气体辅助注射成型（GAM）是20世纪末综合了注射和发泡成型的优点，克服它们的局限性而开发的一项实用新技术，为实施节能省料的技术措施和开发塑料新产品提供了更大的灵活性和自由性。该项技术系利用高压惰性气体注射到制件内部，形成中空截面，利用气体完全充填的过程，实现注射充填的保压、冷却一体化过程。其主要优点：减少制品残余内应力，消除制品表面缩痕，提高制品质量；可成型壁厚差异较大的制品；减少用料；缩短冷却时间和成型周期，提高生产效率；提高制品的强度和刚度等。广泛用于家用电器、汽车、家具、办公用品等行业。

近年来，在气体辅助注射成型技术的基础上，又开发了振动气体辅助注射成型、液化气体辅助注射成型、水辅助注射成型等新技术。水辅助注射成型技术是用水取代氮气充填，目前正推向实用化进程。与GAM比较，其优点是不仅可以成型厚壁截面，还可以制得薄壁和大型空心制品，以及成型液体输送用形状复杂的管状制品，质量高且较经济，其主要问题是喷嘴的正确设计，解决密封问题，防止水的泄漏。

2. 注射压缩成型技术

注射压缩成型是上世纪末迅速发展的一种塑料成型技术，其成型过程是模具首次合模，但动模、定模不完全闭合而保留一压缩间隙，随后向型腔内注射熔融树脂，注射完毕后，由专设的闭模活塞实施2次合模，在模具完全闭合的过程中，型腔中的熔体再次流动并压实。其主要优点是：注射压力小，型腔内压力分布均匀，可减少或消除由充填和保压产生的取向和内应力，降低塑料残余压力，提高制品材质的均匀性和尺寸稳定性。注射压缩成型技术已广泛用于成型塑料光学透镜、激光唱片等高精度塑料制件及难以注射成型的薄壁塑料制件。此外，在玻璃纤维增强复合塑料制品成型中的应用也日渐广泛。

3. 直接注射成型技术

直接注射成型技术是近年来日本开发成功的一项注射成型新技术。主要用于高浓度玻璃纤维、碳纤维或有机、无机粉体（如碳酸钙、木粉）等复合材料的注射成型。传统方法制造上述复合材料时，为了使填充剂在基体树脂中均匀分散，一般首先需将基体树脂和填充料掺混并经双螺杆挤出机混炼造粒，这不仅造成较大的能量损耗，同时也会使基体树脂发生降解、氧化变色，玻璃纤维会因过度剪切而发生断裂等问题；而直接注射成型无需经挤出机混炼造粒，而是将掺混物直接注射成制品。该方法的关键技术是提高注塑机螺杆的混炼效率，通常是通过改变压缩段的螺杆构造达到。

4. 反应注射成型技术

反应注射成型（RIM）也是20世纪90年代快速发展的一种塑料加工技术。其成型过程是将两种或两种以上具有反应性的液体组分在一定温度下注入模具型腔内，在其中直接生成塑料制品的成型技术，即将聚合与成型加工一体化，或由单体制得制品的“一步法”注塑技术。其主要特点：参加反应的原料之间的比例可以精确调节，从而在同一台RIM机上可以制得软、硬泡沫或弹性体等不同性能的制品；参加反应的组分均为液体，粘度低，充模时流动性高，充模压力和锁模力均很低，适于成型大面积、薄壁和形状复杂注塑制品，而且可以降低成型设备及模具的造价；RIM制品是通过交联或聚合成型的，成型模具无需加热，相反由于为放热反应，往往需冷却模具。

当前RIM技术主要用于生产汽车部件，采用的原料为聚氨酯、聚酰胺和环氧树脂。近十多年来，在RIM技术基础上又发展了增强反应注射成型（RRIM）和结构反应注射成型技术（SRIM），其主要优点是增强后的制品具有较好的刚性、耐热性和热变形小。

5. 反应挤出技术

反应挤出成型技术是在挤出机所具有的混炼、脱挥、成型等基本功能的基础上，增加了一项化学反应功能。单体作为原料通过加料器和柱塞泵加入到双螺杆挤出机，完成化学反应生成聚合物，并挤出成型或造粒，干燥后制得成品。其中化学反应包括聚合、共聚合、接枝聚合、加聚、缩聚、自由基聚合、酯交换、相容化、改性及分解反应等。反应挤出已成为对聚合物进行化学改性和开发新型聚合物的主要技术。近年来，反应挤出成型技术的应用研究与开发进展很快，主要应用方向：聚合反应的应用，包括自由基反应、离子聚合、加成反应、缩聚反应等，已经推向工业化生产有聚酰胺6、聚甲醛、热塑弹性体；聚合物改性反应的应用，包括自由基加成（PP与EPDM形成聚体）、酯化、胺化等；聚合物合金化反应。最近利用分解反应、交联点切断反应的反应挤出技术研究开发十分活跃，包括再生/复合化/动态交联制造热塑性弹性体的挤出技术；超高速旋转高剪切挤出技术；分解反应诱发型相容化挤出技术，液态树脂注入粘土混合化挤出技术等。当前利用分解反应可对塑料废弃物进行回收再利用，具有潜在发展市场；另外在热塑性聚合物与无机物制成纳米复合材料的应用也有广阔的前途。目前国内已采用该技术研究开发用聚酰胺6与蒙脱土的插层复合材料。另对PP的合金化高性能化开发也很有现实意义。因此反应挤出成型技术已成为当代十分令人注目的技术。

6. 多层共挤出薄膜技术

随着高阻透性塑料包装材料和多功能塑料材料市场需求的日益增长，多层共挤出吹膜技术也有了较大进展。

（1）叠加模头的开发和广泛应用。叠加模头有平面和斜面叠加两种模头，层数可以任意组合，且每层温度可以单独控制，这样可以根据不同物料的需要分别控制每层温度，有效地防止物料的分解（加拿大Brampton工程公司，德国Reifenhauser公司，我国大连辽南东华塑料有限公司，北京塑料机械厂薄膜分厂）。

（2）水冷作为冷却介质，薄膜透明度高，取向均衡，片材具深拉热成型特性（Brampton工程公司、Reifenhauser公司、Windmoeller&Hoelscher公司）。

（3）牵引装置旋转技术，提高挤出薄膜厚度均匀性和透明性（Kiefel Extrusion、Reifenhauser、W&H、Kuhne等公司）。

（4）薄膜厚度在线调节和控制技术，实现薄膜厚度的调节和控制，提高薄膜厚度均匀性。

（5）共挤薄膜层数根据用户需要最高已达10～20层。

7. 双向拉伸薄膜技术

双向拉伸薄膜技术和生产线近年来有了较大进

展，主要表现在以下几个方面：

(1) 幅宽最大可达 10m；

(2) 可进行多层共挤（3~5层）；

(3) 生产速度可高达 500m/min；

(4) 产量最大可达 5500kg/h；

(5) 采用双螺杆挤出机代替传统级联系统，可有效防止树脂的分解，较易实现温度调控；

(6) 高速部分挤膜采用水浴和喷雾冷却，大大提高冷却速率。

8. 微孔泡沫塑料成型技术

微孔泡沫塑料成型是 20 世纪 80 年代中期研究成功，近年来获迅速发展的一项新技术，微孔泡沫塑料系指微孔 $\phi 1 \sim 10\mu m$，泡孔密度 $10^9 \sim 10^{12}$ 个/cm^3（一般泡沫泡孔 $\phi > 50\mu m$，密度 $< 10^6$ 个/cm^3），密度可减少 20%~30% 的闭孔泡沫塑料，热塑性微孔泡沫塑料常见品种有 PS、PVC、PE、PB、PD、PET 等。其主要优点：质轻、节省原料、具良好的隔热、隔音和吸震性能，与同类非泡沫塑料比较，疲劳寿命可延长 5 倍，断裂韧性提高 4 倍，冲击强度提高 5~7 倍，高比刚性 3~5 倍，吸收能量增加 5~7 倍，其大多数特点已超过相应实体工程塑料，性能/价格比高，用途十分广泛，具有极大的应用前景。

微孔泡沫塑料由于泡孔极小，十分适合制造薄膜、纤维和各种薄壁制品，如微孔合成纸、绝缘纤维、分子过滤器、薄壁外壳、包装制品以及信息工程、医疗卫生用品等。微孔泡沫塑料成型目前开发的技术有相分离、气体过饱和、压缩流体反溶剂沉淀、单体聚合反应等技术。其中以气体过饱和技术研究较多，应用较广，已成功开发了间歇法、连续挤出和注塑法等工业化成型技术。据报道，美国 Trexel 公司已成功开发出利用超临界状态的 CO_2 和 N_2 与塑料混合生产微孔泡沫塑料的成型工艺，并拥有多项专利技术，目前已有许多注塑机制造厂商如 Milacron、Engel、Battenfeld、日本制钢所等取得了 Trexel 公司的专利实施许可权，生产销售微孔泡沫塑料注塑机。微孔泡沫塑料成型技术用于注射成型工艺的主要优点是反应为吸热反应，熔体粘度低，熔体和模具温度低，因此可缩短成型周期，降低注射压力和锁模力，材料消耗也可大大减少，制品质量一般可减轻 5%~30%，最大可减轻 50%。目前国内华南理工大学、四川大学正在进行研究。

（二）新设备

1. 未来行星辊式挤出机

这是 Battenfeld 挤出公司根据引入的双阶挤出机概念新推出的一种新机组，用于造粒时其特点是：材料分散性和均化性良好，剪切力小，该机是将行星辊式挤出机或双螺杆挤出机用作计量装置。采用两台行星辊式挤出机容易加工热敏性塑料，也可以为压延机喂料。当用作计量装置时，行星辊式挤出机具有优良的冷却性能及熔体温度最佳控制。将行星辊和挤出机并用，可以使物料均化、加料稳定和压力控制相互作用，而且最适于木粉填充树脂的混配。

2. 水冷多层吹塑薄膜生产线

这是 Brampton 工程公司最近开发出的一种生产线 Aquaforst，采用水作为介质，制得的薄膜具高透明性、均衡取向和深拉热成型的特性，产量可达流延薄膜的水平。该生产线为五层共挤结构，配置流线型机头，可以迅速改变薄膜结构，每层温度可独立控制，降解最小，清洗时间间距长，生产线单位机头周向长度上的产率可达 2.1kg/h/mm，两倍于吹塑薄膜产率。

3. 新型共注射成型机

这是 Twinshot 技术公司最新开发的技术简单且成本低的共注塑机，正在申请专利中。该机是将改进注塑机安装在现有注塑机上，能生产三明治式多组分材料的零部件，试用结果证明可节省原材料 25% 以上。注塑机改进的关键技术是采用多螺杆集成，回复过程将不同的熔体分开。这种集成只是简单安装在单螺杆传统机筒内，通过普通液压注射电路驱动，使熔体进入注塑机内。该机可以用于价格低廉的原料，包括回收料。该共注塑机还可以在单注塑过程中，生产表面柔软的制品以及中间层发泡材料，减少凹痕和翘曲，从而提高产品的强度/质量比。新型共注塑机的研制成功，打破了过去多组分材料的注射只能采用特殊共注塑机的局面。

4. 电磁动态塑化成型设备

这是我国华南理工大学聚合物新型成型装备国家工程研究中心的发明专利成果，该发明已获中国、美国、俄罗斯、澳大利亚、欧洲和日本多个国家的发明专利。该设备采用直接的换能方式，将振动力场引入塑化、混炼、挤出成型全过程，与传统塑化设备比较，具有能耗低、体积小、重量轻、无油污、噪音低、塑化混炼效果好等优点。是高分子材料成型加工领域的重大创新，是一项具有国际领先水平的新发明。

目前已工业化生产的机组有电磁动态塑化挤出机（可用于生产薄膜、管材、异型材、片材、电线电缆等）、混炼挤出机和中空成型机等。

（三）新产品

1. 高机能性、多功能性塑料包装材料

高机能性、多功能性塑料包装材料国外发展十分迅速。近年来，随着国内消费水平的提高，城乡居民生活节奏的加快，出行旅游不断增加，食品消费观念和方式正在悄然改变，许多家庭都试图从厨房中解放出来，减少油烟污染、减轻家务劳动，软包装食品正以其质轻、方便、易存贮、卫生、保鲜期长，易拆开等特点适应了人们的日常需要，日益受到人们欢迎。但据了解目前我国食品软包装人均消费量还很低，仅300g/人，而韩国4000g/人，泰国1000g/人，日本2500 g/人，欧洲2000 g/人，因此软包装薄膜在我国有着巨大的发展潜力。另据中国食品工业协会专家预测：方便化、时尚化、工程化、功能化、专用化和国际标准化食品将是21世纪食品工业发展的大趋势，因此为了适应食品包装市场需求和非食品包装的特殊功能需求，高机动化、多功能化包装材料倍受关注，竞相开发。这类包装材料主要包括高阻透性、高耐热性、选择透过性、无菌和抗菌、功能性保鲜、多功能热收缩和缠绕以及防锈、抗静电、防电磁、形状记忆、吸氧、脱臭、防霉、能再封、易开封等特殊功能包装材料。

(1) 高阻透性包装材料：除了含高阻透性树脂EVOH、PVDC、PA等多层复合薄膜、片材、容器外，近年来为了满足更高阻透性包装的需求，阻透性能更优的芳香族聚酰胺共聚物MXD6薄膜、PEN薄膜、瓶和硅氧化物涂覆薄膜（又称软玻璃）、陶瓷氧化涂层薄膜等更受瞩目。

(2) 高耐热性包装材料：主要用于可经受高温蒸汽（100℃以上）加热杀菌的蒸煮袋和微波炉加热烹调容器两种用途。蒸煮袋目前主要有三个等级：耐100℃沸水、耐121℃（40min）蒸煮杀菌、耐135℃高温（20～30min）蒸煮杀菌。当前高温蒸煮袋用胶粘剂主要依靠进口，因此开发适于高温蒸煮无害的环保型胶粘剂为当务之急。另填充改性PP、CPET在微波炉加热、烹调容器方面我国已有产品问世，目前正广泛推广应用，我国城市中微波炉普及率已达70%以上，因此需求量相当可观。

(3) 选择透过性包装材料：随着食品工业的发展及材料科技的进步，有些场合对包装材料不仅仅要求高阻透性，而是进一步要求具有选择透过性功能，即根据包装内容物的要求，仅仅允许需要的气体透入或不需要的气体逸出，建立一个适宜贮存的气调环境。这类材料国外应用实例有添加可溶解物质的薄膜、添加多孔沸石或氧化硅的薄膜、引入含有烃基基因或酰胺基基团的薄膜等，值得关注。

(4) 无菌和抗菌包装材料：无菌包装材料最大优点是在经超高温瞬时灭菌技术后，在无菌环境下包装于经过杀菌的容器中，能最大限度地保留食品原有的营养成分和风味，可延长货架寿命，方便贮存和运输。目前无菌包装除主要用于奶制品和果汁液体食品外，正进一步拓展到调味品、医药及化妆品等应用领域。抗菌包装是通过添加无机抗菌剂，赋予塑料包装材料一定的抗菌特性，其特点是抗菌效果持续时间长，不会气化和迁移而对包装物产生影响，也不会污染环境，已广泛用于熟肉食品、水产品和液体食品及果蔬包装等，需求量在不断增加。

(5) 功能性保鲜材料：这类材料具代表性的产品有含阻透层保鲜膜、抗菌保鲜膜、微孔保鲜膜、可呼吸薄膜、防雾滴保鲜膜、BOHDPE保鲜膜、无纺布保鲜袋、蛋白质保鲜膜等。

(6) 微孔薄膜、片材：这是上世纪末迅速发展的新品种，这类薄膜是膜上有10～80nm的微孔，根据不同要求，可控制孔径大小，满足不同用途。其特点是能透气不透水，很适于果蔬花卉包装，因果蔬采摘后，它们还有旺盛的活力，还要呼吸氧气、需要水分，微孔薄膜能提高贮存期所需氧气，又能保护水分，还有抑菌防腐作用。据应用试验在水果生长期，用微孔薄膜制成果套，水果成熟后外观质量有很大提高，同时防止农药污染，并保证水果口味。微孔薄膜还可制造雨衣、医院一次性防护服、婴儿尿布、妇女卫生巾、工业用过滤材料等。

2. 聚丙烯发泡材料

PP发泡材料是90年代以来受到极大关注的品种。

聚丙烯发泡材料的生产工艺有交联法、共混改性法及高熔体强度PP法等三种，交联法和共混改性聚丙烯发泡材料虽于80年代已实现工业化生产，但由于工艺过程复杂、技术难度较大而没有大规模生产，且由于成本较高而用途受限。直至1994年比利时Montell公司推出高熔体强度PP，并成功用于生产PP发泡材料后，才获得迅速发展。

目前国外生产PP发泡材料的国家仅有美国、日本、意大利少数几个国家，美国CSI公司已建成用可发性PP珠粒生产PP发泡材料的生产线。1996年美国热成型PP发泡片材在食品包装方面需求量达143kt，用于生产食品包装盒和微波炉用托盘和容器。近年来美国Treexel公司研究开发了一种丙烯挤出发泡新工艺——Macell工艺，该工艺不同于过去采用成核剂和化学或物理发泡剂的一般工艺，也无需采用高熔体强度PP，而是利用超临界二氧化碳和氮气流体并控制热力学成核条件，制得尺寸均匀的发泡材料，日本劳宋公司生产PP发泡片材，已正式用于微波炉用容器和食品包装容器；意大利AMUT公司挤出PP发泡片材是PP发泡材料的又一最新进展，采用montell公司生产的高熔体强度PP（12.5%），PP均聚物以及低ODP化学发泡剂，生产出具有细小微孔而且均匀分布的 PP 发泡片材，密度 0.6g/cm³。具有较大的经济意义和环保意义。另外奥地利 PCD 聚合物公司、丹麦 Borealis 公司等也都正在积极采用 PP 发泡材料用于食品包装。据资料报道，欧洲在食品包装中，热成型 PP 发泡片材占 10%左右。

PP 发泡设备方面国外已由普通发泡设备转向更适宜发泡的专用设备，意大利 OMV 公司已在美国安装了 12 套，拉丁美洲 11 套，欧洲安装了 12 套 PP 发泡设备。

PP 发泡材料具有良好的热稳定性（最高使用温度达 130℃）和高温下制品的尺寸稳定性、较高的韧性以及较高的拉伸强度和抗冲击强度、优异的微波适应性、良好的环境适性和易于回收利用等，已广泛用于包装、汽车和隔热材料等领域。密度 0.5 ~ 0.7g/cm³，厚度 1 ~ 3.5mm 的片材用于要求高刚性和良好热绝缘性的饮具；密度 0.2 ~ 1.5g/cm³，厚度 1 ~ 3.5mm 的片材用于熟肉食品包装材料、微波炉器皿和瓶用密封垫。也可用于计算机、照相机等高附加值产品的包装材料以及玻璃器皿、精密制品、易损件的贴身包装。由于其可直接回收利用，降解性又优于 PS，故可作为 PS 发泡材料的替代品。我国目前正在北京化工大学、燕山石化公司、华北油田、广东环美公司进行研究开发。

除包装外，发泡 PP 由于具有较高的吸收冲击载荷的能力、良好的回弹性和较高的耐热性以及易回收利用，近年来在汽车工业中作为车棚和车门的内饰材料的应用日趋扩大；另外随着汽车质量轻量化以节省能耗的趋向日受重视，已有许多厂商采用 PP 发泡材作为保险杠的芯材。美国已开始生产用于汽车保险杠的 PP 珠粒发泡材料，日本的聚乙烯纸公司也提出了用预发泡的 PP 树脂粒料模压制取保险杠芯材的专利。

3. 塑料啤酒瓶

啤酒是全球范围内较受欢迎的饮料之一，长期以来，绝大部分采用玻璃瓶包装。玻璃瓶具有阻气性好、盛装啤酒存放寿命较长、透明、易回收再用等优点，但生产中能耗大，瓶体重，易碰碎，有时还会发生爆炸伤人事故等，因此目前国外正在大力研究开发塑料啤酒瓶，已取得了实质性进展，成为一个已经启动并具有巨大发展潜力的市场。目前研发的主要品种和技术有以下几种：

（1）聚对萘二甲酸乙二醇酯（PEN）。单层 PEN 瓶具有优良的阻透性、耐热性、抗紫外线和耐划痕性等，可不经多层复合或表面涂覆处理而直接盛装啤酒，贮存寿命长达 6 ~ 9 个月，美国、丹麦用 PEN 瓶包装的啤酒已上市。但由于 PEN 树脂价格昂贵，为 PET 价格的 4 倍，其用途受限。

（2）PEN/PET 掺混瓶。该瓶是提高阻渗透性、降低成本的一种尝试，受到不少公司的关注，在欧洲已有一批啤酒瓶出现并通过测试。据报道，添加 8% ~ 10%的 PEN 与 PET 掺混树脂制得的啤酒瓶，盛装啤酒的贮存寿命比 PET 延长 2 倍左右。

（3）含高阻渗层 PET 多层复合瓶。该瓶的主要特点是采用高阻透树脂如 EVOH、MXD6 等与 PET 的多层结构，大大提高了塑料瓶的阻透性。另为了进一步提高阻氧性，还开发了应用吸氧剂的活性包装技术，美、英、法等国已有商品问世。

（4）表面涂覆 PET 瓶　这类瓶的涂覆技术除涂覆 PVDC 树脂外，具代表性的是法国开发成功的等离于内表面无定型碳的涂覆技术（ACTIS），即用微波使乙炔等离子化并在 PET 瓶的内表面形成厚度 0.1mm 的无定型碳涂层，从而由其制得的瓶的阻氧性较普通 PET 瓶高 30 倍，对二氧化碳的阻透性高 7 倍，盛装啤酒贮存寿命可达 4 个月以上。其主要问题是价高，比玻璃瓶约高一倍。除法国 ACTIS 技术外，日本也开发成功类似的 DLC 蒸汽沉积技术，通过蒸汽沉积的碳基涂层，其厚度为 20 ~ 40nm，其对氧的阻透性比普通 PET 瓶提高 10 ~ 20 倍，对二氧化碳的阻透性提高 7 倍，防紫外线能力亦有增强。

我国是世界上啤酒生产和消费的第二大国，据有关部门统计，我国 1999 年啤酒产量已超过 20Mt，预测 2005 年将达到 26Mt。目前几乎全部采用玻璃瓶包装，近年来由于啤酒瓶爆炸伤人事故屡屡发生，为此国家有关部门已对啤酒强制性国家标准进行修订，并作出 1999 年 4 月 1 日后必须全部实施新国际的规定，这样市场约 82%的非标玻璃瓶需强行淘汰，急需开发符合新国标的啤酒瓶以满足市场需要，这对塑料啤酒瓶的开发提供了一个机遇，因此市场前景看好。

4. 纳米复合包装材料

通常，把粒度小于 38μm（400 目）的粉料称作超细粉体材料。而纳米材料是指粒径为 1 ~ 100μm（0.001 ~ 0.1nm）的粒子。纳米粒子具有许多传统固体没有的特异性能，它们的物理、化学、电学、光学及磁学性能都表现出异常的特性，因此纳米材料被称为 21 世纪的新材料。随着它的发展，预计将会带来一场新的产业革命，并将促使传统包装材料产生巨大的变革。

近年来研究开发较多的纳米复合包装材料是以聚合物为基材，添加纳米材料的复合材料。常用的聚合物有 PP、PVC、PA、PET、LCP 等，常用的纳米材料有金属和无机材料等。据报道，纳米复合包装材料的可塑性、耐磨性、硬度、强度、阻透性都较原聚合物有明显的提高和增强。如日本首先研制成功的PA6纳米复合包装材料与普通复合PA包装材料比较，拉伸强度和拉伸模量分别提高110MPa和20.1GPa，热变形温度提高150%，热膨胀系数和吸水率则大幅度降低。又如我国中国科学院化学所工程塑料国家重点实验室研制的含蒙脱土2%（质量分数）的PA6纳米复合材料，其氧气透过率比普通PA6降低一半，水蒸气透过率降低1/3以上，因此用作食品包装特别是啤酒灌装、肉类和奶酪制品的包装材料具有较大的市场潜力。另外纳米复合包装材料还可用于特种包装如防静电、防电磁、防爆、隐形包装和危险品包装等。据此，纳米复合材料在包装行业将展现光明、美好的前景。

5. 大型塑料托盘

托盘是现代化企业运输、仓储的重要工具，是国际上规定的用于食品、水产品、医药、化学品等理想的包装运输器材。

随着我国商品出口量的不断增长，以及我国出口货物采用的木质托盘中发现有天牛虫等，美国和加拿大政府对此已经分别决定，对1998年12月17日和1999年1月4日以后离港的中国货物采用的木质托盘必须进行处理，否则禁止货物入境。欧盟也采取此类措施以防止天牛虫的进入，因木质托盘处理的时间长、费用高，因此急需开发新的替代产品，由此塑料托盘应运而生。塑料托盘的优点是寿命比木托盘长5~7倍，较钢铁托盘长2~3倍；质轻、节约运输能耗，降低运输成本；耐水、耐晒，有利于露天作业和存放，节省周转仓库。由于全塑托盘需用大型注塑机或注射、压缩传递成型机或异型中空吹塑机成型，目前国内仅北京、上海、山东、河北等地十多家企业生产，全塑托盘在集装箱应用效果较好，可以多次循环使用，节约投资，另可以加入塑料回收料，也可填充木粉，有利于环保。

随着我国已加入了WTO，塑料托盘的开发和推广使用已列入国家有关产业政策，因此具有较大的发展前途和市场潜力。

6. 塑料土工格栅

土工格栅是一种新型的土工合成材料，在土木工程中主要利用格栅极高的拉伸强度和较低的延伸率以及在土体中有较大表面摩擦阻力等特性，对土体进行加筋强化作用。国外土工格栅主要有单向拉伸和双向拉伸两种类型几十个不同规格的产品，在铁路、公路、机场、市政、水利、港口、航运以及防风固沙等土木建设工程中广泛应用。我国于20世纪90年代初开始采用土工格栅于长江三峡工程的路基淤沙加固、土质边坡防护，珠海国际机场的粉细砂及软土基的隔离、排水与防涝、坡面绿化防护等工程，均取得较好的技术经济效果。近年来，随着我国基础建设的不断加强以及人们对提高工程质量的要求愈来愈迫切，特别是1998年发生的特大洪涝灾害造成的严重破坏，加强了有关部门对在我国开发推广使用土工格栅重要性和必要性的认识。土工格栅是一种具有较大市场潜力，值得重视开发的土工合成材料。

7. 反光贴膜

随着城市、公路交通建设的迅速发展，旅游产业的日益兴旺以及人们对多彩生活的时尚追求，反光材料国内外市场发展前景十分看好。反光材料的反光原理，主要在于绝大部分反光材料中都含有一种高折射率玻璃微珠，由于它的存在，将入射光按原路反射回光源处，形成回归反射现象。反光贴膜是将玻璃微珠埋入透明树脂中加工而成，玻璃微珠不直接与空气接触，因此耐候性好，可反射有色光，表面不易粘附灰尘，也不受风雨的影响，但结构复杂，生产技术难度大，对设备工艺要求高，我国虽经多年攻关研究，但由于技术设备还存在一些问题致使产品仍停留在低水平阶段，每年均需向美国3M公司进口约2000万美元的反光贴膜，满足高速公路等市场高质量需求。因此积极开发反光贴膜反光材料，具有重要意义。

8. 新型农用塑料覆盖材料

近年来，国内外对农用塑料功能性覆盖材料的研究开发日趋深入，其在农业园艺设施栽培中的作用已为世界公认，无论在数量、质量、品种上都有了很大的发展。当前国外农用塑料覆盖材料的功能化研究发展趋向于系统化和专用化，并加强对影响覆盖材料各种功能发挥综合因素特别是功能性助剂配量设计及抵御环境干扰、改善环境条件的因素研究。当前农用塑料覆盖材料已获广泛应用的品种有耐老化功能膜、流滴功能膜、流滴耐老化多功能膜、光选择性棚膜等几大类。流滴耐老化多功能膜是我国“八五”攻关成果，但还存在流滴持效性差、低温流滴性差、流滴不防雾等问题，难于适应为解决我国北方冬鲜蔬菜供不应求而提出的发展“反季节”、“超时令”蔬菜为主攻方向所必要的第二代高效节能日光温室材料的要求。为此近年来我国研究开发了多种新型功能性农用覆盖材料，如多层复合保温高透明多功能棚膜、寿命达36个月以上的长寿膜、新型流滴减雾棚膜、EVA/UDPE三层共挤长效流滴消雾多功能膜、PE/EVA三层复合流滴膜、光强度高、半衰期长、耐候性好的红光转光膜或红－蓝光转光膜等均已有商品问世。而与使用寿命同步的外涂敷型流滴长寿膜。具良好耐候性和消滴性的双向拉伸PET硬片以及具超耐久、高强度、高透明的PC中空板材和聚四氟乙烯薄膜等还处在研究开发中。

五、世界塑料工业环境变化的背景与动向

世界经济大调整继续深化、循环型社会的形式及向可持续发展战略的转变是世界产业变革的总背景，也是塑料工业环境变化的背景。塑料工业环境变化的动向主要表现在以下几个方面：

(1) 生命周期分析（LCA）发展成为一门严谨的科学，其目的在于说明上游的能源与材料的投入和下游的成品或工序的挥发物和残留物以及直接与生产相关的环境的影响，被广泛地应用于制定塑料工业决策和环保方案的过程中，并日益成为一项为改善环境保护的辅助决策工具。据此，在开发塑料产品时，对原材料选择不仅要考虑经济，而且要考虑环境因素，在开发技术和设备时，必须以节能、省料和有利于环保为前提。

(2) 当前在世界产业结构调整深化和国际经济协调机制进入新阶段的影响下，世界塑料工业无国界的贸易蓬勃开展，并进一步推进市场开放和贸易全球化的进展，这就要求有关标准和法规国际化，由此在全球范围内产品责任法（PL）和国际标准 ISO 9000 和 14000 标准获得更广泛应用和实施。

(3) 21 世纪是环保世纪，环保意识不仅在发达国家，同样在发展中的国家和地区也日益深入人心，塑料与环境如何协调发展的问题引起了全球更大的关注。在保护地球环境的大前提下，许多国家根据本国国情，制定出相关的政策法规和采取有效的对策和措施，如欧共体塑料废弃物处理法规，德国塑料包装废弃物法规和回收经济法，日本塑料包装废弃物回收利用法丹麦率先实行“绿色税”制度等。

(4) 环境问题是可持续发展战略中的一环，企业经济活动与地球环境共存密切联系；企业环境对策从公害防止型经营战略转向环境管理型经营战略，坚持清洁工艺和从源头抓起的原则。企业的环境战略直接关系企业的竞争力，因此受到企业的极大关注。

(5) 为适应市场应用要求，适应环保要求，塑料材料和制品不断技术创新，并开发许多高机能性材料和环境适应性材料，如超高速成型、气体辅助注射成型、微孔泡沫成型、薄壁成型、高精度控制成型、反应挤出成型等技术，以及功能性、高机能性材料如具阻透性、易涂装性、易粘合性、光学机能性、超薄化、多层化、难燃化、导电化、电磁波屏蔽、吸附分离功能以及易回收和可降解材料等。

(6) 进入 21 世纪初，随着科技的进步和有关法规的建立，对消费后的塑料进行综合治理问题得到了加强，主要措施是：①省资源化（抑制废弃物发生量），包括延长制品寿命、增加功能、制品在满足应用性能前提下薄型化和产品结构适宜设计；②再资源化，包括废弃物多次回收再用、再生利用、化学回收利用、焚烧回收能源、堆肥化等；③高效处理，包括降解、减容化。即对塑料废弃物可回收的尽量回收利用，在城市固体垃圾中不易分离、分选的进行焚烧回收能量，而不易收集回收利用及经济效益甚微的一次性材料如地膜、包装容器、包装薄膜（袋）、垃圾袋、医用包装和一次性用具等则采用降解塑料。

(7) 近期来，塑料废弃物的有效回收利用问题受到世界各国更大的关注，并成为世界塑料工业发展的重要战略。部分塑料包装材料的循环使用已获广大消费者认可，再使用率也有很大提高；塑料废弃物材料回收利用、化学品回收利用及能源回收利用技术有了较大进步，回收利用率达到 60% 以上，除一次性材料外，近年来对耐用消费品如汽车、家电中的塑料件的回收利用也予以了很大的关注，从产品设计、材料选用、加工工艺、二次加工等方面都为使用后有利于回收进行了充分的考虑。化学回收的研究和应用开发技术虽还不太成熟，经济性还有待进一步提高，但已日益受到重视。西方一些评论家认为，化学回收在 90 年代末仅为一股涓流，而到 21 世纪，有可能汇成巨大的洪涛。

(8) 21 世纪是环保世纪，为减轻塑料废弃物给环境带来的负面影响，加速降解塑料的开发与应用已成为世界的热点。

降解塑料根据降解程度，大致可分为完全生物降解塑料和崩坏性降解塑料两大类。

完全生物降解塑料包括天然高分子、微生物合成、合成高分子三类，用后均可在较短周期内降解成二氧化碳和水，而且前两类原料均来自天然可再生资源，是较理想的具环保适性的替代产品。但由于其价格高昂，而且其降解回归自然仍需一定环境条件和周期，同样难以解决污染问题，因此美日等国虽已建成了万吨级以上的工业化规模装置，但难以进入需求量大的一次性包装材料、农用地膜和垃圾袋等市场，目前主要用于医用卫生器材和高档包装材料。但从长远发展而言，随着科技的进步，生产规模的增大，其成本势必进一步降低，并将成为今后主要发展方向。

崩坏性降解塑料包括光降解、光/生物降解、光/氧化/生物降解（环境降解）、高碳酸钙填充的光（或氧化）降解以及高淀粉含量的氧化/生物降解等。这类塑料在用前或使用过程中，具有与同类普通塑料产品类似的应用性能，用后在一定的环境条件下和在一定周期内可以劣化、崩降成易被环境消纳的小碎片甚至粉末（或形态不变但一触即碎的碎片），而且随着时间的推移，最终完全降解回归大自然。其另一主要

特点是价格与普通塑料相近或持平，有利于被市场接受，因此从资源、经济、技术、市场、环保等综合分析，是当前减轻环境污染和缓解环境矛盾技术可行经济较合理的措施之一，其在环境中的作用具体表现为以下三个方面：

• 减量化。减量化即减少资源消耗和减少垃圾产生量。当前开发的高淀粉含量的生物降解塑料或高填充量无机材料的光降解塑料薄膜（袋），其淀粉或碳酸钙含量达 30%以上，最高可达 51%。这意味着可节约30%～51%的塑料原料聚乙烯和聚丙烯，使有限的石油资源能更有效的利用，这比要求回收率达30%～50%要容易得多。而且石油资源 21 世纪中末期将面临枯竭，从现在起寻究替代资源，具有重要的战略意义。同时，其废弃物中有 30%～50%的成分是易被生物降解或易被环境消纳，亦即减少了 30%～50%的垃圾，从这点考虑，我们认为符合从源头抓起，节约资源、减轻污染的防治并举的重要措施。

• 无害化。当前我国研究开发的降解塑料薄膜（袋）经实验室检测、实地土壤填埋、垃圾填埋及大田覆盖和实际应用跟踪结果表明，在一定环境条件下和经历一定周期，其废弃物可以达到形态变化（或形态不变，但一触即碎）、力学性能降低、分子量下降、化学结构变化、可微生物降解等，证明不仅发生了物理变化，同时也发生了化学变化，经历了劣化、崩坏、降解等过程，短期内可以碎裂成易被环境消纳的小碎片，从而可以使塑料垃圾减容减量，达到减轻或抑制环境污染的目的。而随着时间的推移，最终可以完全降解回归自然，尽管其周期比天然材料或完全生物降解塑料要长一些，但与非降解塑料比较，则可大大缩短。

• 堆肥化。近年来，国外在城市固体废弃物的处理方法中，填埋和焚烧处理方法日渐受限，其在处理方法中所占比重呈下降趋势，而堆肥化处理愈来愈受关注。欧洲在法规中明文规定禁止厨房厨余和庭院枝叶等有机质垃圾进入垃圾场或焚烧炉，而必须采用堆肥化办法处理，这不仅可以减少垃圾场因逸出二氧化碳和甲烷引起灾害事故的发生，而且可以作为有机肥改良和肥沃土壤，由此垃圾收集必须采用可生物降解塑料垃圾袋。国外曾试用完全生物降解塑料垃圾袋盛装厨房厨余和庭院垃圾，用后一起经堆肥化处理制得肥料，该肥料经有关国际标准检测和田园实地应用试验表明，完全达到要求。但其价昂，难以被市场接受，因此广泛推广使用尚待时日。我国目前开发的50%高淀粉含量聚乙烯塑料的垃圾袋，其强度可与普通塑料相比拟，降解效果也比较理想，价格也适中，目前正在进行堆肥化试验。从初步试验结果表明，添加有低温热氧化剂的高淀粉含量聚乙烯薄膜（袋），在垃圾堆埋中约一个月左右可霉变碎裂成粉末，又从降解地膜覆盖跟踪调查结果证明，只要碎裂成 $16cm^2$ 以下的小碎片，无论对土壤或农作物生长，均无不良影响。基于以上情况，堆肥化试验应不成问题，但其结论尚有待实验最终结果数据证明。

降解塑料近年来已有了较大发展，它属塑料家族中一名新成员，环保产品中一颗幼苗，高科技领域中一种新材料，日本把它列于继金属、无机材料、高分子材料之后的第四种材料。但其在发展征途上也还存在不少问题与难点；降解塑料自身技术如更合理的工艺配方，高效促降解剂、相容剂技术，生物工程技术，合金化技术，准确的降解时控性，用后快速降解性和彻底降解性，科学的易操作的降解性能试验评价方法和标准，以及边角废料的回收利用技术等，还有待进一步研究开发、完善和提高，价格还有待进一步降低或合理，用途有待进一步开拓。

降解塑料的出现不仅扩大了塑料功能，而且在一定程度上缓解和抑制了环境矛盾，对日趋枯竭的石油资源是一个补充，而且从合成技术上展示了生物技术和合金化技术在塑料材料领域中的威力和前景，它的发展已成为世界研究开发的热点。进入 21 世纪，随着其技术进一步的完善，降解性能不断提高和成本的降低，将逐步进入实用化、产业化，在治理难于收集的一次性塑料废弃物对环境造成的污染中发挥着积极作用。降解塑料的研究开发和应用，无论从地球环境保护的实际角度，或从取之不尽的可再生资源，还是从合成高分子的学术角度都具有重要意义，前景看好。

（中国塑料加工工业协降解塑料专业委员会　唐赛珍）

附录二：国外及港台地区公司介绍

艾科化学公司

AKCROS CHEMICALS LTD.

地址：510 Thomson Road,
14 – 01 SLF Building.
Singapore

邮编：298135

电话：65 3546497

传真：65 3584646

E – mail：anthonyw@singnet.com.sg

网址：http://www.akcros.com

中国办事处：

阿克苏诺贝尔中国有限公司广州代表处

地址：中国广州市东风东路836号东峻广场1座1505 – 6室

邮编：510080

电话：86 20 8761 1059

传真：86 20 8761 1027

产品/业务：艾科公司生产PVC稳定剂、杀菌剂、防霉剂、纤维粘接剂，此外，还有聚硫橡胶原胶。

AMUT SPA

地址：Via Cameri 16,
28100 Novara,
Italy

电话：39 0321 6641

传真：39 0321 474200

E – mail：amut@amut.it

产品/业务：阿穆特挤出生产线，用于生产管材，型材，片材和造粒，可靠性高，产量大、能价格比高、阿穆特公司提供完备的当地售后服务。

株式会社　青木固研究所

AOKI TECHNICAL LABORATORY，INC.

地址：日本国长野县填科郡坂城町4963 – 3
4963 – 3 Minamijo Sakaki – Machi,
Hanishina – Gun,
Nagano – Ken，389 – 0603;
Japan

电话：81 268 820111

传真：81 268 823699

E – mail：info@aokitech.co.jp

网址：http：//www.aokitech.co.jp

ARTEC MASCHINENBAU

GES.M.B.H

地址：Industriestrasse 10,
A – 4531 Kematen/Krems,
Austria

电话：43 7228 6979

传真：43 7228 697910

E – mail：artec@artec.co.at

中国办事处：

美最时洋行广州代表处

地址：中国广州流花路109号之9达宝广场1108室

邮编：510010

电话：86 20 8666 8700

传真：86 20 8667 7845

E – mail：guangzhou@melChers.de

熊牌远东化工股份有限公司

BAERLOCHER FAR EAST PTE.LTD.

地址：9，碧山坊# 07 – 03，新加坡
9 Bishan Place # 07 – 03,
Singapore

邮编：579837

电话：65 2525 860

传真：65 2525 867

E – mail：admin@baerlocher.com.sg

网址：http：//www.baerlocher.com

中国办事处：

熊牌远东化工股份有限公司（上海办事处）

地址：中国上海延安西路2077号2103室金桥大厦

邮编：200336

电话：86 21 6219 2821

传真：86 21 6219 3889

E – mail：bfeftlsh@online.sh.cn

产品/业务：熊牌公司是PVC添加剂专业生产厂家，提供整系列热稳定剂，润滑剂，加工助剂，抗冲改性剂及其他塑料添加剂、在国内有广泛的经销网络，为广大用户提供最完善的服务。

巴斯夫中国有限公司

BASF CHINA LIMITED

地址：Tower 1，7/F.，
South Seas Centre. 75 Mody Road，
Tsimshatsui East，Kowloon，
Hong Kong

电话：852 2731 1222

传真：852 2734 9631

E－mail：basf@basf－china.com.hk

网址：http：//www.basf.com.cn

中国办事处/代理商/分销商：

巴斯夫(中国）有限公司

地址：中国北京市朝阳区麦子店街37号盛福大厦15层

邮编：100026

电话：86 10 6591 8899

传真：86 10 8527 5603

巴斯夫(中国）有限公司

上海分公司

地址：中国上海市西藏中路18号港陆广场20楼

邮编：200001

电话：86 21 6385 1830

传真：86 21 6385 1629

巴斯夫(中国）有限公司

广州分公司

地址：中国广州市先烈中路69号东山广场2801－03

邮编：510095

电话：86 20 8732 2681

传真：86 20 8732 1262

巴斯夫(中国）有限公司

哈尔滨办事处

地址：中国哈尔滨市赣水路20－22号
福顺天天大酒店801－803室

邮编：150090

电话：86 451 2320928

传真：86 451 2320908

巴斯夫(中国）有限公司

南京代表处

地址：中国南京市中山东路319号希尔顿国际大酒店5楼

邮编：210016

电话：86 25 480 0845

传真：86 25 480 2845

拜耳中国有限公司

BAYER CHINA CO.LTD

地址：香港铜锣湾恩平道28号嘉兰中心18楼

电话：852 2895 5888

传真：852 2577 5908

网址：http：//www.bayerchina.com.cn
http：//plastics.bayer.com

中国办事处：

拜耳中国有限公司－北京办事处

电话：86 10 6597 3181

传真：86 10 6597 8183

拜耳中国有限公司－上海办事处

电话：86 21 6386 8282

传真：86 21 6385 5343

拜耳中国有限公司－广州办事处

电话：86 20 8382 8331

传真：86 20 8382 8325

拜耳中国有限公司－成都办事处

电话：86 28 5860340

传真：86 28 5860338

产品/业务：

拜耳作为世界领先的原料生产和供应商，一直为各项工业提供品质优良的热塑性工程塑料。

主要产品：

Makrolon－聚碳酸酯、APec－耐高温聚碳、Makrofol/Bayf－聚碳薄膜、Sunglight－聚碳双层板材、Bayblend－PC/ABS、Lustran/Novodur－ABS、Lustran－SAN、Durethan－尼龙6和尼龙66、Pocan－PBT、Desmopan/Texin－热塑性聚氨酯

这些产品被广泛应用于家用电器，电子和电气设备，玩具，光盘，聚碳单/双层板材，水瓶，光学仪器；照明，医疗设备，汽车工业，资讯科技产品外壳，包装材料，建筑工业，光纤套管等行业。为了满足中国加入WTO后对塑料需求的增加，拜耳在上海的PC厂将在2003年投产，主要生产PC和PC/ABS。

比利时苏德新比中贸易公司

德国IRLE轧辊公司成立于1820年，是专业生产用于塑料、胶片、橡胶行业轧辊的生产厂家。德国IRLE轧辊在压光辊生产及开发处于世界领先地位。

公司为塑料加工行业设计提供的轧辊有复合冷硬铸铁（K40/50－V－G），特殊高铬钢（CR25/35）及特殊锻钢（FS1/2）等材质。此外，为塑料加工行业提供轧辊设计方案，如TRIPASS 2000。

另外，德国IRLE轧辊公司为用户提供全面的轧辊磨削和表面处理服务，如镀铬以及采用先进热磨削工艺，从而达到客户要求的表面质量、辊形及磨削公差。

德国 IRLE 轧辊公司，以技术为本，开发研制出了全新的轧辊设计 Mono Therm®，比其他产品在温度均匀性方面表现更为出色。

地址：北京朝阳区建国门外大街一号，中国国际贸易中心一座 2322 室

邮编：100004

电话：010 - 65054331

传真：010 - 65051255

E - mail：sodeximb@public.bta.net.cn

加拿大伯格冷冻系统有限公司

BERG CHILLING SYSTEMS INC.

地址：51 Nantucket Blvd,
Toronto,
Ontario MIP 2N5;
Canada

电话：1 416 7552221

传真：1 416 7553874

E - mail：berg@public.east.cn.net

网址：http：//www.berg - group.com

中国办事处：

加拿大伯格冷冻系统有限公司中国代表处

地址：中国北京朝阳区亮马河大厦 2 座 1705 室

邮编：100004

电话：86 10 65906230

传真：86 10 65900530

E - mail：berg@publlc.east.cn.net

网址：http：//www.berg - group.com

产品/业务：加拿大伯格(Berg)冷冻系统有限公司是伯格集团的成员：在 1997 年被加拿大政府评选为全加拿大十个获得出口奖的单位之一，作为以生产全范围的工业制冷、冷冻、冷却塔、冷库、制冰和食品速冻生产线为主的专业生产公司；产品广泛地应用于塑料工业、食品加工、捕鱼、金属加工、化工、纸浆及制药等多种不同的行业，用于塑料行业的主要产品有：独立或中央制冷系统、模温机、吹膜冷却装置及水处理设备和系统等。

布鲁克纳公司

BRUECKNER MASCHINENBAU GMBH

地址：Konigsberger Strasse 5 - 7,
83313 Siegsdorf
Germany

电话：49 8662 63 0

传真：49 8662 63 220

E - mail：sales@brueckner.de

网址：http：//www.brueckner.de

中国办事处/代理商/分销商：

布鲁克纳布鲁克纳

地址：香港铜锣湾希慎道 8 号裕景商业中心 801 室

电话：852 2882 1412

传真：852 2882 1023

E - mail：bfe@newigator.com

布鲁克纳布鲁克纳 - 佛山办事处

地址：中国广东省佛山市汾江南路 75 号佛山宾馆 3505 室

邮编：528000

电话：86 757 338 6178

传真：86 757 338 6078

卡博特塑料

CABOT PLASTICS

地址：香港新界大埔工业村大贵街十八号

电话：852 2666 2666

传真：852 2666 0807

E - mail：cphk _ sales@cabot _ corp.com

网址：http：//www.cabot - corp.com/plastics

产品/业务：卡博特塑料在香港设厂已超过十年，专营黑、白色母料；改性母料和导电材，年产量可达三万多吨，业务覆盖整个亚太地区。

震雄机械厂有限公司

CHEN HSONG MACHINERY CO.LTD..

地址：香港新界大埔

电话：852 2665 3222

传真：852 2664 1115

E - mail：marketing@chenhsong.com.hk

网址：http：//www.chenhsongmachinery.com.hk

中国办事处/代理商/分销商：

震雄工业园(深圳)有限公司

地址：中国深圳市龙岗区坑梓镇人民路东 144 号

邮编：518122

电话：86 755 4139999

传真：86 755 4137814

产品/业务：震雄机器厂有限公司为香港著名的工业集团，是全球最大的注塑机制造商之一，拥有分布于中、港两地的研究开发队伍及先进的生产设备，震雄为客户提供不同型号的注塑机，锁模力由 20 ~ 3200t；射胶量则由 1 至 736 安士不等。

德国捷高机械工程(香港)有限公司

CICO ENGINEERING CO., LTD.

地址：Units 1601A－3,
16/F., Stelux House 698 Prince Edward East,
San Po Kong, Kowloon,
Hong Kong

电话：852 2723 9412

传真：852 2722 0749

E－mail：hongkong@illies.de

网址：http：//www.desma－fridingen.de

中国办事处：

德国捷高机械工程(香港) 有限公司

地址：中国上海市漕河泾新兴技术开发区
桂平路481号18号楼6层

邮编：200233

电话：86 21 64851272

传真：86 21 64851228

E－mail：shanghai@illies.de

产品/业务：经营范围包括制鞋机械，橡胶注射机、橡胶挤出机、人造皮革及涂层复合设备、各类塑料挤出生产线，注压机、吹塑机、塑料及橡胶(轮胎)回收设备等。

大昌机械工业株式会社

DAECHANG MACHINERY IND.CO., LTD.

地址：韩国仁川市南洞区古栈洞641－6 55B/7L
55B/7L, 641－6, Gojan－Dong,
Namdong－Ku,
Incheon
Korea

电话：82 32 8124061

传真：82 32 8124066

E－mail：dcm@daechangdcm.co.kr

网址：http：//www.daechangdcm.co.kr

产品/业务：型材单/双螺杆挤塑机；管材单/双螺杆挤塑线；锥形双螺杆挤塑线；水卸料及编织管生产线；柔性螺线管生产线；多层挤塑线；高级混合机；高速吹塑机；多层共挤吹塑机；无菌灌装吹塑机；单/双模具储料缸式模头挤塑机。

法国DMT公司

DMT S.A.

地址：Savoie Technolac BP270,
73375 Le Bourget－du－Lac,
France

电话：33 04 7926 1000

传真：33 04 7925 2327

E－mail：dmt@biax.com

网址：http：//www.biax.com

陶氏化学太平洋（新加坡）私人有限公司

DOW CHEMICAL PACIFIC (SINGAPORE) PTELTD.

地址：260乌节路，#18－01，新加坡
#18－01 The Heeren,
260 Orchard Road,
Singapore

邮编：238855

电话：65 830 4616

传真：65 834 0319

网址：http：//www.polyethylene.com

产品/业务：陶氏是全球最大的聚乙烯生产商，在世界各地设有十四家聚乙烯制造厂。除低密度、中密度和高密度聚乙烯树脂之外，陶氏主要的聚乙烯产品包括：利用INSITE® 技术生产的ELITE® 增强聚乙烯树脂及AFFINITY® 聚烯烃塑性体(POPs) DOWLEX® 线性低密度聚乙烯(LLDPE) 树脂ATTANE® 超低密度乙烯（ULDPE）辛烷共聚物树脂PRIMACOR® 共聚物树脂ASPUN® 纤维级树脂和Saran® 偏二氯乙烯(PVDC)树脂及薄膜(® 陶氏化学公司商标)。

伊士曼化学亚太有限公司

EASTMAN CHEMICAL ASIA PACIFIC PET LTD

地址：3 killiney Road,
#05－04, Winsland House 1,
Singapore

邮编：239519

电话：65 8313136

传真：65 7347897

E－mail：jojo@eastman.com

网址：http：//www.eastman.com

产品/业务：伊斯曼(Eastman) 透明聚合物提供全面的物理性能和优势：优异的外观、清澈无暇、高光亮度、优良的耐化学剂性能、冲击强度、易于加工、环保优势和优越的经济性能，用于生产世界领先注塑产品、产品主要包括：

◆ Eastar共聚物：用于生产化妆瓶、牙刷、日用消费品、电器和电器部件、展示品、书写笔和文化用品

◆ Durastar聚合物：用于生产电器、玩具、体育用品和展示用品

◆ Eastalloy聚合物：用于生产娱乐和公用设备、电器部件和地板护理件

◆ Tenite Cellulosics：用于生产工具手柄、眼镜架、太阳镜、玩具和牙刷

ENGEL

VERTRIEBSGESELLSCHAFT M.B.H.

地址：Ludwig－Engel－Strasse 1,
A－4311 Schwertberg,
Austria

电话：43 7262 7620 3062

传真：43 7262 620 3009

E－mail：sale@engel.at

网址：http：//www.engel.at

中国办事处：

恩格尔机械香港有限公司

地址：香港湾仔港湾道 26 号华润大厦 4309A 室

电话：852 2827 6916

传真：852 2583 9020

E－mail：sales@engel.com.hk

产品/业务：Engel 注塑机可应用于热塑性、热固性及弹性体等材料，Engel 可提供以下设备及服务：

标准卧式(单色）注塑机；双色及多色注塑机；弹性体注塑机；组合式注塑生产单元(PRODUCTION CELL）连自动换模装置；软件应用于优化生产过程，控制及制造数据之收集；复杂或多色的注塑模具。

奥地利 EREMA 塑料再生机械

设备工程有限公司

EREMA ENGINEERING RECYCLING

MASCHINEN UND ANLAGEN GES.M.B.H

地址：Freindorf－Unterfeldstr. 3，P.O.B. 38,
A－4052 ANSFELDEN/LINZ,
Austria

电话：43 732 31900

传真：43 732 319023

E－mail：erema@erema.at

网址：http：//www.erema.at

产品/业务：针对项目提供塑料再生的全套设备及/或部件（熔融过滤器，造粒设备，熔液泵)，提供用于热塑材料再生的全套紧凑设备。如：LLDPE、LDPE、HDPE、PP、BOPP、PET、BOPA、PA、PS、Metallocene 膜料、PP、PET、PA 纤维、ABS、PS、EPS、EVA、泡沫材料和镀金属膜料等。

埃克森美孚化工亚太区

EXXONMOBIL CHEMICAL ASIA PACIFIC

地址：c/o 埃克森美孚化工国际商务有限公司
香港湾仔港湾道 18 号中环广场 22 楼

电话：852 3197 8888

传真：852 3197 8345

中国办事处/代理商/分销商：

上埃索(广东）有限公司

地址：中国广州市天河北路 183 号大都会广场 8 楼

邮编：510075

电话：86 20 8755 0888

传真：86 20 8755 3491

产品/业务：埃克森美孚化工是全球首屈一指的石油化工公司，生产和营销各种优质树脂，该厂产品有聚乙烯、聚丙烯，增塑剂，增粘剂，特殊产品及新一代的茂金属产品。

香港气体辅助注塑有限公司

GAS INJECTION LTD.

地址：Kiltearn House，Hospital Street;
Nantwich，Cheshire,
CW5 5RL,
United Kingdom

电话：44 1270 613830

传真：44 1270 626646

E－mail：terrpearson@gasinjectlon.com

网址：http//www.gasinjection.com

中国办事处：

香港气体辅助注塑有限公司

香港办事处

地址：香港沙田小沥源安平街 6 号新贸中心 B 座 701 室

电话：852 2601 0200

传真：852 2601 0554

深圳办事处

地址：中国深圳市南湖路 3005 号国贸商业大厦 18 楼 J 室

电话：86 755 5195364/5195596

传真：86 755 5195663

上海办事处

电话：86 21 6413 2115

传真：86 21 6413 8579

产品/业务：生产总厂是位于英国曼彻斯特城，名为 CINPRES GAS INJECTION LTD.（简称：CGI)。辅助注塑设备。这个先进的注塑技术，是把高压氮气经气输主控制器（分段压力控制系统）直接注射入模腔内塑化塑料里，使塑件内部膨胀而造成中空，但仍然保持产品表面和外形完整无缺。在全球拥有超过二十

多项的气体辅助注塑技术专利权/牌照权。香港气体辅助注塑有限公司在国内市场已售出500多台设备，暂占市场销售的第一位，在香港、深圳和上海的办事处，能为国内客户提供销售、技术培训、维修和专业咨询等“一条龙”的服务。

大湖化工(远东)有限公司

GREAT LAKES CHEMICAL (FAR EAST) LTD.

地址：香港湾仔港湾道18号中环广场38字楼3801室

电话：852 2258 2200

传真：852 2258 2211

网址：http://www.greatlakeschem.com

中国办事处：

大湖化工（亚洲）北京代表处

地址：中国北京市海淀区白石桥路48号九龙商务中心

邮编：100081

电话：86 10 6217 5631/6217 8021

传真：86 10 6217 2195

E-mail：lxfll@public.bta.net.cn

产品/业务：大湖化工公司是一家多元化的特殊化工品生产企业，在国际塑料添加剂技术领域居领先地位。大湖化工塑料添加剂分公司系世界上生产抗氧剂、紫外线吸收剂及复配产品的顶尖级生产企业、大湖化工本身独具的阻燃剂及阻燃增效剂业务更加强化了大湖化工塑料添加剂业务的领导地位。

德国哈斯特进出口有限公司

H&Z IMPORT + EXPORT GMBH

地址：7 Muhlenbergstrasse,
D-58540 Meinerzhagen,
Germany

电话：49 2354 904246

传真：49 2354 904247

E-mail：H-zexport@t-online.de

中国办事处：

德国哈斯特进出口有限公司北京办事处

地址：中国北京市西城区南礼士路3号龙蕃写字楼A402室

邮编：100037

电话：86 10 6802 5224

传真：86 10 6802 5227

E-mail：hzgmbh@chnmail.com，hzgmbh2001@sina.com

德国哈斯特进出口有限公司南京办事处

电话：86 25 3413595

传真：86 25 3413595

E-mail：hzmcjr@publicl.ptt.js.cn

产品/业务：经营代理各类塑料加工设备，包括：中空吹塑机(BEKUM)；注塑成型机(BATTENFELD)；双壁波纹管设备(FRANKISCHE)；大口径管材设备(KWH)；挤出生产线(EXTRUDEX)；减速箱(THYSSEN HENSCHEL)；模具(Tooler)；制冷及模温控制器(GWK)；螺筒螺杆及集成装置(CPM)，配件及售后服务。

赫斯基注塑系统中国有限公司

HUSKY INJECTION MOLDING SYSTEMS CHINA LTD.

地址：香港北角渣华道191号嘉华国际中心1706-9室

电话：852 2811 2939

传真：852 2856 2389

E-mail：hk@husky.ca

网址：http://www.husky.ca

产品/业务：赫斯基是大家全球性的注塑设备供应商，生产一系列的注塑机、PET瓶胚模具、热流道及机械手，这些设备广泛应用于包装、汽车及高科技产品，在各地设有40多个服务及销售办事处，为100多个国家的客户服务。

钟渊化学工业株式会社

KANEKA CORPORATION

地址：1-12-32，Akasaka，Minato-Ku，
TOkyO 107-6025，
Japan

电话：81 3 5574 8030

传真：81 3 5574 8127

三井物产株式会社

MITSUI& CO.，LTD.

地址：2-1，Ohtemachi 1-Chome，
Chiyoda-ku，
TOkyO，
Japan

电话：81 3 3285 5207

传真：81 3 3285 9577

中国办事处：

钟化资讯（上海）有限公司

地址：中国上海浦东大道138号永华大厦16楼

电话：86 21 5879 5436

传真：86 21 5879 4730

产品/业务：

塑料用添加剂：

公司的添加剂的主要牌号为：Kane Ace B 系列和 M 系列非耐候性抗冲改性剂；KANE ACE FM 系列耐候性丙烯酸类抗冲改性剂；KANE ACE PA 系列加工助剂。

（1）Kane Ace B：提高聚氯乙稀制品的冲击强度，可用于片材，瓶粒料，管材和管件等非耐候性制品的生产。

（2）Kane Ace M：提高工程塑料制品的冲击强度。

（3）Kane Ace FM：提高聚氯乙稀户外产品的冲击强度和耐候性，可用于门窗型材，壁板等耐候性制品的生产。

（4）Kane Ace PA：改善聚氯乙稀制品加工性能，有促塑化型加工助剂和润滑型加工助剂两大类。

克劳斯玛菲机械公司

KRAUSS MAFFEI KUNSTSTOFFTECHNIK GMBH

地址：Krauss－Maffei－Strasse 2，
D－80997 Munich，
Germany

电话：49 89 88990

传真：49 89 88992497

中国办事处/代理商/分销商：

注塑机

INJECTION MOULDING

MARKWISE（H.K.）LTD.

地址：Unit，1/F.，Global Trade Center，
15 Wing Kin Road，Kwai Chung，
N.T.，
Hong Kong

电话：852 2487 9386

传真：852 2489 9869

E－mail：markwise@netvigator.com

反应处理机

REACTION PROCESS MACHINERY

LOOK EASE ENTERPRISES LTD.

地址：Suite 906，Dominion Centre，
43－59 Queen's Rd.，East，
Hong Kong

电话：852 2527 0759

传真：852 2861 3523

DYNAWIN INTERNATIONAL LTD.

HONG KONG OFFICE

地址：Room 603，6/F Koon Fook Centre，
9 Knutsford Terrace，
Tsimshatsui，Kowoon，
Hong Kong

电话：852 2721 3363

传真：852 2311 2741

DYNAWIN INTERNATIONAL LTD.

SHANGHAI OFFICE

地址：中国上海宣华路福多花园 1－2B，299 室

邮编：200050

电话：86 21 6240 4019

传真：86 21 6240 5035

中国业务代表：

升捷科技香港有限公司

地址：香港九龙长沙湾永康街作 A 经纬商业大厦 15 楼 C 室

电话：852 2148 4888/2148 4881－3

传真：852 2148 4889

E－mail：synergy@email.com

升捷科技香港有限公司（北京代表处）

地址：中国北京市朝阳区建国门外大街
永安东里 8 号华彬国际大厦 901 室

邮编：100022

电话：86 10 8528 8301/8528 8302

传真：86 10 8528 8303

E－mail：synergy@email.com

升捷科技香港有限公司（上海代表处）

地址：中国上海市愚园路 168 号环球世界商厦 2408 室

邮编：200040

电话：86 21 6249 2110，
86 21 6249 1322

传真：86 21 3214 0262

E－mail：synergy@email.com

产品/业务：产品范围：

• 注塑机技术

注塑机，合模力达 300～64000kN，用于生产热塑性塑胶、热固性塑胶和弹性体，专用机械、CD 生产线和 PET 加工工艺；为客户提供多用途全方位解决方案，包括注塑机子系统和客户化灵活性生产系统。

• 挤塑机技术

单螺杆和双螺杆挤塑机、周边设备、下游设备、模头和校准装置；用于自动生产和直接挤塑的部件和造粒系统；用于生产管材、型材、板材和粒料的全套挤塑生产线。

· 反应技术

机械和系统，采用交替发泡剂进行聚氨酯和其他反应性材料加工、系统配件、高压反应机、计量机、戊烷预混机(Pentamix)、载模架、混合头和混合头焊接台、专用工艺：长纤维注塑(PUR)、旋转烧结、CO_2 计量填充料应用工艺。

加拿大麦克罗机械工程有限公司

MACRO ENGINEERING&TECHNOLOGY INC.

地址：199 Traders Boulevard East,
Mississauga, Ontario, L4Z 2E5,
Canada

电话：1 905 5079000

传真：1 905 5073000

E - mail: sshi@macroeng.com

网址：http: //www.macroeng.com

中国办事处：

加拿大麦克罗机械工程有限公司北京办事处

地址：中国北京北三环东路北京中旅大厦 2404 室

邮编：100028

电话：86 10 6461 2695

传真：86 10 6461 2690

E - mail: bjochina@public.gb.com.cn

产品/业务：提供全套单层及多层共挤吹膜生产线，流延膜生产线提供全套收缩膜生产线提供 PVDC 簿膜及膜衣生产线。

美最时洋行

C.MELCHERS GMBH&CO

地址：SchlaChte 39 - 40,
28195 Bremen,
Germany

电话：49 421 1769247

传真：49 421 1769402

E - mail: cmco5@melchers.de

中国办事处：

美最时洋行广州代表处

地址：中国广州流花路 109 号之 9 达宝广暘 1108 室

邮编：510010

电话：86 20 8666 8700

传真：86 20 8667 7845

E - mail: guangzhou@melchers.de

产品/业务：在下列应用领域内，美最时洋行代表著欧洲和美国的众多生产商：喷射铸造机、压出吹膜生产线、层压及热成型机械、印花装璜机械、回收机械、压缩机械、混合计量设备。美最时洋行还对上述机器进行专门的销售和服务培训，为客户提供最良好的服务。

万通塑胶原料有限公司

MILTON PLASTICS COMPANY LIMITED

地址：香港北角英皇道 250 号北角城中心 2201 室

电话：852 2896 7888

传真：852 2889 3828

E - mail: miltonhk@netvigator.com

中国办事处：

万通塑胶原料有限公司 - 东莞代表处

地址：中国广东省东莞市长安镇长青街富乐阁十八楼 B 座

电话：86 769 5313140

传真：86 769 5313740

产品/业务：万通塑胶原料有限公司乃一国际性进出口贸易商，主要从世界各地大量进口化工及塑胶原料供应予东南亚各地。而香港及中国为主要主场，在累积多年业内经验及人才培训后，本公司营业额稳步上升，从而在华东、华南地区建立起有规模的供销网络，除泛用原料如聚苯乙烯及聚烯烃外，亦不断拓展工程级及特殊级塑料市场。鉴于本公司与多个海外生产厂商达成长期合作协定，从而获取较佳价钱及稳定供货优惠、借此希望能以忠诚的服务及合理的价格。成为贵公司的长期塑料供应商。本公司亦为德国胶宝热塑性弹性体（TPE）在香港及中国地区总代理，胶宝 TPE 供应通用、耐候、食物、印刷、接合、医药、耐油等级别给予各类型塑胶工业，详情可来电洽商。

美能达香港有限公司

MINOLTA HONG KONG LTD.

地址：香港鲗涌英皇道 1065 号东达中心二楼 208 室

电话：852 2565 2156

传真：852 2565 5601

E - mail: bob@minolta.com.hk

网址：http: //www.minolta.com

中国办事处：

美能达香港有限公司 - 上海事务所

地址：中国上海市乌鲁木齐北路 4577 号朝代商务中心 511 室

邮编：200040

电话：86 21 6249 4107
传真：86 21 6249 4109
网址：http：//www.minolta.com
产品/业务：全日本制造的高精度色彩测量仪器，包括手提及座台式电脑品质控制及配色系统、能全面控制任何塑胶色彩，包括透明色、全属色及珠光色。

三菱工程塑料株式会社

MITSUBISHI ENGINEERING – PLASTICS CORP
地址：香港金钟道 89 号力宝中心 2 座 19 楼 1901 及 06 室
电话：852 2536 4295
传真：852 2868 4718
E – mail：mch0029@cc.m – kagaku.co.jp
网址：http：//www.mep – gz.com
中国办事处：
MEP 香港有限公司广州代表处
地址：中国广东省广州市天河北路 233 号中信广场 2803 室
邮编：510610
电话：86 20 3877 0885
传真：86 20 3877 0890
E – mail：sudy _ c@mep – gz.com
网址：http//www.mep – gz.com
产品/业务：三菱工程塑料株式会社为客户提供齐全、优质的通用工程塑料，其中例如：聚碳酸酯（PC）Iupilon，聚甲醛（POM）Iupital，尼龙6（PA6）NOVAMID 聚对苯二甲酸丁二醇酯（PBT），能广泛应用于各种工业。此外，作为材料生产商，我社亦非常强调为客户提供完善的销售前后服务及技术支援。我社于日本及泰国均设有技术中心，并且配备完善的分析仪器，协助客户从选料，模具设计，试料、成型加工工艺等各工序提供意见，全面照顾客户需要。

三井物产株式会社

MITSUI& CO.，LTD
地址：2 – 1，Ohte Iachii – Chome，Chiyoda – Ku，Tokyo，Japan
电话：81 3 3285 5152
传真：81 3 3285 9418
E – mail：n.natori@xm.mitsui.co.jp
网址：http：//www.mitsui.co.jp
代理商/分销商：
北京金红石贸易有限责任公司
地址：中国北京市宣武区广安门南大街天缘公寓 A – 3005
邮编：100054
电话：86 10 8352 1234
传真：86 10 8352 2345
E – mail：cn-jhs@china.com
产品/业务：日本石原产业是亚洲著名的钛白粉生产者、其产品最早进入中国市场，拥有完善的销售网络，以充足的货量，多样的规格和周到的技术支持，为中国客户服务。

美国 NDC 红外技术公司

NDC INFRARED ENGINEERING
地址：5314 North Irwindale Avenue，Inwindale，California 91706，USA
电话：1 626 9603300
传真：1 626 9393870
网址：http：//www.ndcinfrared.com
中国办事处：
美国 NDC 红外技术公司
地址：中国广州市解放北路 960 号越秀天安大厦 1210 室
邮编：510040
电话：86 20 8666 2790
传真：86 20 8666 5963
E – mail：ndcgz@public.guangzhou.gd.cn
网址：http//www.ndcinfrared.com
产品/业务：该测厚仪公司是一家成立于 1966 年，在美国、英国、德国拥有公司，中国广州、上海、北京设有办事处的跨国公司。专门研究与制造用于塑料制品（流延共挤膜、PVC 压延、BOPP/BOPET/BOPS、片材、管材、吹膜等），涂布类（胶带、砂纸/布、PU 革及特种涂胶/涂层如磁带/录像带、胶片/胶卷等），橡胶轮胎、压延、造纸、无纺布、烟草、食品等行业的在线检测及控制设备，全世界共有 20000 多套，其中国内已售出约 1000 套，NDC 公司目前是世界上最大的一家测厚仪专业制造厂商。设备特点：中/英文等 15 种语言软件；1000/0 触摸屏操作，全球专利产品，低价位，安装方便，国内有零备件库，工程师服务。

日精 ASB 机械株式会社

NISSI ASB MACHINE CO.，LTD.
地址：4586 – 3 Koo，Komoro – shi，Nagano – ken，384 – 8585，

Japan
电话：81 267 231565
传真：81 267 231564
E - mail：easia@nisseiasb.co.jp
网址：http：//www.nisseiasb.co.jp
上海代理商/分销商：
上海爱思必机械有限公司
地址：中国上海市九亭经济开发区
邮编：201615
电话：86 21 5763 0233
传真：86 21 5763 0227
E - mail：sale@shasb.com
网址：http：//www.shasb.com
代理商：
香港尼龙企业有限公司
地址：中国广州市东风西路148号嘉和苑8座905室
邮编：510170
电话：86 20 8136 6580
传真：86 20 8136 6717
E - mail：hknyongz@21cn.com

产品/业务：日本ASB公司是一步法及两步法注拉吹塑成型机的生产厂家，产品适合盛装饮用水、碳酸饮料、茶、果汁、食用油类、啤酒、化妆品和医药等。

意大利欧米帕公司

OMIPA SPA
地址：Via Maddalena 7，
21040 Morazzone(VA)，
Italy
电话：39 0332 461400
传真：39 0332 873026
E - mail：omipa@omipa.it
网址：http：//www.omipa.it
中国办事处/代理商/分销商：
意大利欧米帕公司北京代表处
地址：中国北京东城区建国门内大街18号
恒基中心2座1106室
邮编：100005
电话：86 10 6518 6548
传真：86 10 6518 6549
E - mail：omipa@public.gb.com.cn

产品/业务：生产优质透明片材，成卷膜片，中空格子板的成套挤出生产线，共挤生产线，共聚物喂料齿轮泵以及根据客户要求加工定制的特殊挤出生产线。

美国纳科公司

NANOCOR LTD.
中国地区销售代理
北京纳米阳光科技有限公司
电话：13910222313
E - mail：langang@email.com.cn
北京怡蔚特化科技发展有限公司
电话：13701158955
E - mail：gu@east8west.com

产品/业务：Nanocor为Amcol的全资子公司。Nanocor公司自1996年就致力于研究、开发及生产以蒙脱土为基体的纳米级塑料添加剂。Nanocor公司拥有雄厚的知识产权及技术力量。Nanocor公司现已被公认为世界先进的纳米蒙脱土塑料添加剂。产品应用范围包括交通运输、家用电器、食品保鲜包装、阻燃材料以及涂料等领域。

宝理塑料(中国)有限公司

POLYPLASTICS CHINA LTD
地址：香港铜锣湾罗素街38号金朝阳中心17楼
电话：852 2802 9488
传真：852 2824 9913
E - mail：pcl@polypla.com.hk
中国办事处/代理商/分销商：
宝理塑料(中国)有限公司 - 重庆代表处
地址：中国重庆市渝中区民生路283号
重庆宾馆商务大厦21楼B座
邮编：400010
电话：86 23 6381 9903
传真：86 23 6372 9004
E - mail：plastics@public.cta.cq.cn
宝理塑料(中国)有限公司 - 广州代表处
地址：中国广州市先烈中路69号东山广场2103室
邮编：510095
电话：86 20 8732 1004/1745
传真：86 20 8732 1879
E - mail：pclgzcom@publicl.guangzhou.cn

产品/业务：共聚甲醛是众多工程塑料中最具均衡性能的材料、宝理塑料(Polyplastics)的Duracon'"夺钢M90系列(如M90 - 04M90 - 44等)，其耐磨耗、耐摩擦、耐疲劳及自我润滑等性能，适用于各工业，永远走在业界尖端的宝理塑料、饮誉同侪、各工场已获得ISO9002的认证，材料品质有保证。

乐嘉文洋行有限公司

RIECKERMANN(HK) LTD

地址：香港九龙尖沙咀广东道 30 号
新港中心第二座 1201－3 室

电话：852 2375 9911

传真：852 2375 8947

E－mail：hkg@rieckermann.com.hk

中国办事处阿：

乐嘉文上海办事处

地址：中国上海市徐家汇路 430 号上海电力大厦
211－215 室

邮编：200025

电话：86 21 6472 8743

传真：86 21 6472 6395

E－mail：sha@rieckermann.com.hk

乐嘉文北京办事处

地址：中国北京市东城区建国门内大街 7 号
光华长安大厦第二座 625 室

邮编：100005

电话：86 10 6510 2266

传真：86 10 6524 0006

E－mail：bei@rieckermann.com.hk

产品/业务：乐嘉文洋行，创建于 1892 年，总部在德国。为一家机械和工业设备贸易与服务公司；在香港，上海和北京均设有分支。有专业工程服务人员和零备件库。主要经营德国 V&H 公司吹膜生产线，流延膜生产线，柔性板印刷机，凹板印刷机，管材生产线，滴灌管生产线，塑料编织袋生产线，涂布机，SOFTAL 电晕处理设备等。

意大利新得多工业股份有限公司

SANDRETTO INDUSTRIE S.P.A.

地址：Via E.De Amicis，44
10097 Collegno，
Torino；
Italy

电话：39 011 41011

传真：39 011 4117049

E－mail：sandretto@sandretto.it

网址：http：//www.sandretto.it

中国办事处：

意大利新得多工业股份有限公司上海代表处/售后服务中心

地址：中国上海市普陀区西康路 1068 号
维多利广场 B 幢 16 层 E 座

邮编：200060

电话：86 21 6266 5873

传真：86 21 6276 4956

手提：86 13701681808

E－mail：sandretto@sh163.net

产品/业务：意大利最大的注塑机制造厂商，54 年的生产经验，世界上首台电脑注塑机的诞生地，业务范围遍及各大洲，拥有本行业规模最人的机械加工无人化工厂。设计制造由 30～5500t 锁模力，超过 2 种规格的全参数闭环控制注塑机。

苏威集团

SOLVAY S.A.

地址：Rue Du Prince Albert 33，
1050 Bruxelles，
Belgium

电话：32 2 5096111

传真：32 2 5097135

E－mail：jean－michel.questienne@solvny.com

网址：http：//www.solvay.com

Branch Office：

苏威亚太

SOLVAY ASIA PACIFIC LTD

地址：8 Cross Street，
24－01－PWC Building，
Singapore

邮编：48424

电话：65 438 8886

传真：65 438 8111

苏威亚太北京办事处

地址：北京市建国门外大街 1 号国际贸易大厦
3626

邮编：100004

电话：86 10 6505 5911/6505 2280

传真：86 10 6505 4921

E－mail：zhenan@public.bta.net.cn

产品/业务：塑料原材料：高密度聚乙烯、聚丙烯、聚偏氯乙烯共聚物（PVDC）；PVC 预混料与合金；PVC 粉；均聚和共聚偏氟乙烯(PVDF)。

帝人化成株式会社

TEIJIN CHEMICALS LTD.

地址：日本东京都千代田区内幸町叮 1 丁目 2 番
2 号
Hibiya Daibiru Bldg，2－2，
Uchisaiwai－cho，I－chome Chiyoda－Ku
TokyO；

Japan
电话：81 3 3506 4776
传真：81 3 3506 4760
网址：http：//www.teijinkasei.co.jp
中国办事处/代理商/分销商：
帝人化成(香港)有限公司
地址：香港铜锣湾告士打道256-257号信和广场2905室
电话：852 2836 5256
传真：852 2803 5732
E-mail：c-alfred@teijin-kasei.com.hk

产品/业务：帝人化成的Panlite是最先在日本实现工业化生产的聚碳酸酯树脂(PC)经过长期的研究开发，Panlite在耐冲击性、耐热性、尺寸稳定性、电学性能、透明性及卫生性能等多方面已具有极其突出的优点。现在广泛地应用于电器、电子通讯、办公文仪用品、精密机械、汽车、医疗、劳保及家庭用品等众多的领域。

其他产品包括：MultilonPC/ABS合金树脂；Fire Guard防火剂；Panlite；Sheet聚碳酸酯树脂板材及薄膜并代理帝人PBT树脂、FR-PET防火聚脂树脂。

泰森挤出技术有限公司

THEYSOHN EXTRUSIONSTECHNIK GES.M.B.H.
地址：奥地利捷瑞克街2，科纽堡A-2100
Girakstrasse 2,
A-2100 Korneuburg,
Austria
电话：43 2262 75 511-0
传真：43 2262 75 511-41
E-mail：office@theysohn.at
网址：http//www.theysohn.at
中国办事处：
泰森挤出技术有限公司北京办事处
地址：中国北京市朝阳区光华路12A号科伦大厦A座1205室
邮编：100020
电话：86 10 6581 4096
传真：86 10 6581 3948
E-mail：theysohn@public.east.cn.net
网址：http：//www.theysohn.at

产品/业务：我们可以为您提供生产UPVC窗户型材成套完整的生产设备，塑料管材、异型材和板材的挤塑设备，单螺杆和双螺杆挤塑机的螺杆和机筒。

友宁机械制造股份公司

UNION OFFICINE MECCANICHE S.P.A.
地址：Vial Maggio 12/14,
San vittore Olona(MI),
Italy
电话：39 0331 519300
传真：39 0331 518370
E-mail：info@unionextrusion.it
网址：http：//www.unionextrusion.it

爱色丽(亚太)有限公司

X-RITE ASIA PACIFIC LIMITED
地址：香港鲗鱼涌康山道1号康怡商业中心808-10室
电话：852 2568 6283
传真：852 2885 8610
E-mail：marketing@x-rite.com.hk
网址：http：//www.x-rite.com
中国办事处/代理商/分销商：
天津办事处
地址：中国天津市和平区河北路202号209-10室
邮编：300040
电话：86 22 2339 6741/2330 8808
传真：86 22 2312 8844
E-mail：xritetjc@publicl.tpt.tj.cn
上海办事处
地址：中国上海市金陵东路2号光明大厦2605室
电话：86 21 6323 7241/6323 7243
传真：86 21 6323 6951
E-mail：xritesh@online.sh.cn
产品/业务：美国爱色丽提供色彩解决方法

仪器包括：新一代分光光度仪SP60，SP62&SP64、948分光色度仪、968分光光度仪、CFS57台式分光光度仪、QA-Litee色彩品质控制软件、QA-2000专业色彩品质控制软件、FM2001塑料及涂料电脑配色系统。

附录三：中国塑料加工工业协会简介及章程

中国塑料加工工业协会简介

中国塑料加工工业协会成立于1989年，简称中国塑协，英文缩写CPPIA，是跨地区、跨部门的全国性行业组织。是由塑料及相关行业的企业（集团）、事业单位、区域性协会、专业委员会、科研院所和高等院校等单位自愿组成，是中华人民共和国民政部注册登记的社会经济团体法人。中国塑协业务上接受国家经贸委指导。

中国塑协是会员与政府部门联系的桥梁和纽带，其基本职能是：反映行业愿望，研究行业发展方向，协助编制、制定行业发展规划、经济技术政策；协调行业内外关系，参与行业重大项目决策；组织国内外展览会、展销会及国内外的技术交流、培训；参与质量管理监督及国家标准和行业标准的制定、修订工作；承担技术咨询服务，为会员单位提供国内外技术经济和市场信息；编辑出版行业刊物，对行业实行指导服务。本协会现拥有4000余家会员单位，分布于全国31个省、市、自治区及国外部分地区，会员包括各种经济成份的从事塑料制品、塑料原材料、助剂、塑料机械及模具等设计制造、生产、研究及销售单位。

中国塑协下设二十余个专业委员会，主办刊物：《中国塑协通讯》、《CFC替代通讯》、《中国塑料》等数十份刊物。中国塑协开办了www.cppia.com.cn网站。

中国塑协全体员工致力于执行中国改革开放的方针政策，积极推动会员同各国、各地区同行的交流与合作，促进中国塑料工业的技术进步与发展，同时，对国内外广大同行给予中国塑料行业的关心和支持表示衷心的感谢；也愿意为您的事业腾飞尽微薄之力。让我们真诚合作，共同开创塑料行业的美好未来！

地址：中国北京东长安街6号（北京饭店对面）
邮编：100740
电话：010－65122056 65225256 65592882 65267869
传真：010－65278590 65225254
网址：http://www.cppia.com.cn
E－mail：cppia@cppia.com.cn

中国塑料加工工业协会章程

（1996年8月通过）

第一章　总　　则

第一条　中国塑料加工工业协会(简称中国塑协，英文名称为China Plastics Processing Industry Association，缩写为CPPIA)，是中国塑料加工工业的行业组织，是由本行业的企业、事业单位、企业集团、区域性协会、专业委员会和科研单位，高等院校等单位及个人组成的社会经济团体法人。其资产等合法权益受国家法律保护。

第二条　本协会会址设在北京。

第三条　本协会的宗旨是：遵守国家法律法规，贯彻国家有关方针、政策，反映行业要求，维护会员合法权益，为本行业服务，引导并促进本行业的发展。

第四条　本协会实行民主协商和民主集中制，挂靠在国家轻工业局，业务上受其指导。

第二章　任　　务

第五条　本协会是会员与政府部门联系的桥梁和纽带，协会的基本职能是：反映行业愿望，研究行业发展方向，协助编制发展规划，协调行业内外关系，组织交流培训，参与质量管理监督，承担技术咨询，实行指导服务。

第六条　本协会的主要工作任务是：

1. 进行调查研究，参与行业发展决策，为政府部门制定发展规划、经济技术政策和经济立法提出建议；

2. 制订行业发展规划，实行行业自律性管理；

3. 协助政府部门搞好质量管理和标准化工作，参与技术监督和产品生产许可管理，推荐优质产品；

4. 参加科技成果项目评估和产品鉴定，推广应用新工艺、新材料、新技术和新产品，推动行业环保和节能工作；

5. 广泛组织行业内外、国内外的经济技术交流与合作，组织国内外展览、博览，参加国际会议和国内外考察活动；

6. 组织人才培训，编写教材，推荐出国进修学习，聘请外国专家来华讲学、交流；

7. 组织出版协会的各种刊物，提供信息，开展咨询服务；

8. 协调行业内外关系，推动企业改革，促进联合与发展；

9. 接受政府部门和会员委托的其他任务。

第三章　会　　员

第七条　凡具有法人资格，从事塑料加工具有一定规模的企业及与行业相关的企业、事业单位、科研院校及个人，热心协会事业，承认本会章程，履行会员义务，自愿申请，经常务理事会批准，可成为本会会员。

第八条　对发展我国塑料加工工业作出重大贡献，有一定影响和代表性的人士(包括海外同胞、侨胞和外国人）经常务理事会研究同意，可聘为本会会员，授予协会名誉职务。

第九条　会员的权利

1. 有选举权和被选举权；

2. 有选派代表出席会员代表大会、理事会、常务理事会的权利；

3. 有对协会的工作提出建议和批评的权利；

4. 有优先参加本会举办的活动并享有优待的权利；

5. 有获取本协会为会员单位提供的培训、咨询服务和刊物资料的权利；

6. 产品符合标准的会员单位，有以本协会成员单位的名义，制作不损害协会利益的合法广告，宣传合格产品和科技成果的权利。

7. 有向本协会申请提供技术帮助的权利；

8. 有退会自由的权利，会员退会须向协会备案。

第十条　会员的义务

1. 遵守协会章程，执行协会决议，承担协会委托的工作。

2. 积极参加协会各项活动，为协会提供除专利以外的生产、技术、管理情况和先进经验的资料、信息。

3. 承担协会组织的协助其他成员单位解决生产、技术、管理等问题的活动。

4. 维护协会名誉，不进行有损本协会利益的活动。

5. 按规定如期缴纳会费。一般两年不缴纳会费又无特殊情况者，视为自动退会。

第四章　会员代表大会

第十一条　本协会的最高权力机构是会员代表大会。会员代表大会的代表由会员选举产生，出席会员代表大会的会员数不少于会员的四分之一方能召开。

第十二条　会员代表大会由会员代表、名誉会员参加，每三年召开一次，由理事会召开，必要时可提前或延期举行。

第十三条　会员代表大会的职权

1. 制订章程和修改章程；
2. 听取和审议理事会工作报告和财务报告；
3. 审议和处理代表提案；
4. 选举协会理事，组成理事会，理事候选人必须获得出席会议代表50%以上选票方能当选。
5. 讨论并决定协会的重大问题。

第五章　理事会和常务理事会

第十四条　理事会是协会的执行机构，每届任期三年。理事会会议每年召开一次，由理事长召集。

理事会的职权是：

1. 在会员代表大会闭会期间，执行会员代表大会的决议；
2. 讨论并制定工作方针、计划并组织实施；
3. 审查协会年度财务决算；
4. 筹备召开会员代表大会。

第十五条　常务理事会是理事会的常设机构，常务理事会由理事会成员中选举产生。理事会的日常工作由常务理事会领导下的协会秘书处组织实施。协会秘书长向常务理事会负责并报告工作，常务理事会定期向理事会报告工作，接受理事会的监督。

第十六条　常务理事会设理事长、副事事长和秘书长，由常务理事选举产生，其候选人需获得出席常务理事会人数50%以上选票方能当选，每届任期三年，可以连选连任。

第十七条　理事会理事长、副理事长、秘书长、常务理事、理事因调出原工作单位或其他原因不能正常履行所担负的职责时，由原会员单位提出更换意见，报协会秘书处予以更换，增补理事或常务理事需经常务理事会决定。

第六章　内设机构及工作人员

第十八条　协会在常务理事会闭幕期间，由理事长主持协会工作，协会根据工作需要，设立秘书处和若干工作部门。

第十九条　协会工作人员实行聘任制，副秘书长和协会其他工作人员，由理事长、副理事长和秘书长协商聘任。

第二十条　协会的工作人员的工资、津贴、奖励、福利等待遇，在国家没有统一规定之前，按国家轻工业局规定执行。

第七章　资财管理

第二十一条　协会的资财实行民主理财，并按国家有关规定建立资产管理制度和财务管理制度。

第二十二条　本协会经费来源：

1. 会员按规定缴纳的会费收入；
2. 政府及国内外资助收入；
3. 协会有偿服务的收入；
4. 其他正当收入。

第二十三条　本协会经费用于以下项目支付：

1. 协会组织的会议及其他活动费用；
2. 内设机构工作人员的工资、福利、奖励、补贴等开支；
3. 内设机构的办公费、差旅费、购置办公设施及用品的支出；
4. 出版刊物及资料的费用；
5. 外事活动经费；
6. 协会需要的其他正当开支。

第八章　附　　则

第二十四条　本章程经第三届理事会通过后生效，报民政部、国家轻工业局备案。

第二十五条　本章程的修订及解释权属于本协会理事会。

Regulations of CPPIA

(passed in Aug. 1996)

Chapter 1. General Principles

Article 1. China Plastics Processing Industry Association(CPPIA) is an industrial organization of China plastics processing industry, which is composed of enterprises, institutions, enterprise groups, regional societies, special committees, scientific research institutes, universities and colleges and individuals. The association is a legal person of a social and economic organization, the legal right and interests of which, such as properties etc., are protected by the state laws.

Article 2. The Association is located in Beijing.

Article 3. The purpose of the Association: abiding by the state laws and regulations, implementing state policies concerned, reporting the opinions and requirements of the industry, safeguarding the legitimate rights and interests of the member units, providing good services for the whole industry, guiding and promoting the development of plastics industry.

Article 4. The Association carries out democratic consultation and democratic centralism system, and links up with the state Bureau of Light Industry, works under its guidance.

Chapter 2. Tasks

Article 5. The Association is the bridge and link between the member and governments. The fundamental functions of the Association is to reflect the wishes of the whole industry, study the developing trend of the industry, assist in making developing plan, coordinate the relationship inside and outside of the industry, organize the exchanges and trainings, participate in product quality control and supervision, offer technical consultation, guidance and service.

Article 6. The fundamental working tasks of the Association are as follows:

1. Making investigations, participating in the decision on the development of the industry, making suggestions on developing plans, economic and technical policies, and economic legislation drawn up by the government departments;
2. Working out the developing plans of the industry, performing the industry control on the basis of self-disciplines;
3. Assisting the government departments in good control of product quality and standardization, participating in technical supervision and management of production permission, recommending quality products;
4. Participating in the evaluations of the achievements of the scientific and technological projects and the judgement of products, popularizing the usage of new technologies, new materials, new techniques, and new products, pushing forward the work of environmental protection of the industry and energy saving;
5. Widely organizing and making economic and technological exchanges and cooperation inside and outside of the industry domestically and internationally, organizing exhibitions and fairs inside and outside of China, participating in international conferences and domestic and international investigation activities;
6. Organizing the training of personnel, composing the teaching materials, recommending going

abroad for advanced study, inviting foreign experts to give lectures and exchanges in China.

7. Organizing to publish each periodical of the Association, supplying information and offering consultation service;

8. Coordinating the relationship inside and outside of the industry to push forward the reforms of the enterprises and promote the unity and development;

9. Accepting the other tasks trusted by the government departments or member units.

Chapter 3. Membership

Article 7. All the enterprises that have the status of legal person and are involved in plastics processing in a certain scale as well as the enterprises related to the industry, institutions, scientific research institutes, universities and colleges and individuals, are enthusiastic in the association activities, accept the regulations of the Association, fulfil the obligations of membership, volunteer to apply for membership may become the member of the Association approved by the permanent council.

Article 8. The people (including country man residing aboard, overseas Chinese and foreign people), who have made great contributions to the development of China's plastics processing and have a certain influence and representative, may be invited as the member of the Association and awarded honorary title of the Association under consideration and consent by the permanent council of the Association.

Article 9. The right of the membership

1. Having the right to vote and to stand for election.
2. Having the right to elect representatives to attend the members' representative assembly, council and permanent council.
3. Having the right to make suggestions and put forward criticism on the work of the Association.
4. Taking priority of participating in activities of the Association and having preferential treatment.
5. Having the right of obtaining training and consult services offered by the Association to the members and receiving the periodicals and reference materials.
6. The member units, whose products meet the standards, have the right to advertise legally in the name of the member unit of the Association to advertise qualified products and scientific and technological achievements without detriment to the interests and benefits of the Association.
7. Having the right to apply to the Association for technical assistance.
8. Having the right to withdraw from the Association on a voluntary basis. The withdrawal shall be reported to the Association for the record.

Article 10 The obligations of membership

1. Observing the regulations of the Association, carrying out the resolutions, taking on the works trusted by the Association.
2. Actively taking part in the activities of the Association, offering to the Association the reference materials and information on the advanced experiences in production, technology and management except for patents.
3. Taking part in the activities organized by the Association of assisting other member units in solving the problems of production, technology and management.
4. Safeguarding the reputation of the Association, not to do anything to the detriment of the interests of the Association.

5. Paying membership dues on schedule according to the rules of the Association. Generally speaking, it is regarded as voluntary withdrawal from the Association not to pay membership dues in two years and without any exceptional case.

Chapter 4 Members' Representative Assembly

Article 11. The supreme power organ of the Association is the members' representative assembly. The representatives of the members' representative assembly are elected by the members. The members' representative assembly can be opened only when the members attending the assembly are not less than one fourth of the members.

Article 12. The assembly will be held by the council every 3 years with the participation of member representatives and honored member. It may be convened before the due date or postponed when necessary.

Article 13. The functions of the members' representative assembly

1. Drawing up and revising the regulations;
2. Listening to and discussing the work report and financial report made by the council;
3. Discussing and resolving the representatives' motions;
4. Electing the council of the Association and form the council. The council member candidates are elected only by more than 50% votes of representatives attending the assembly;
5. Discussing and making decisions on major issues for the Association.

Chapter 5. The Council and the Permanent Council

Article 14. The council is the executive body of the Association and is elected for a term of 3 years.

The council meeting is held every year and is called by the president of the council.

The functions of the council:

1. Carrying out the resolutions of the members' representative assembly when the assembly is not in session;
2. Discussing and formulating the working principles and plans and organizing to put into effect;
3. Examining the final annual accounts of the Association;
4. Preparing to convene the members' representative assembly.

Article 15. The permanent council is the standing body of the council. The permanent council is elected in the members of the council. The routine duties of the council are organized to carryout by the secretariat of the Association under the leadership of the permanent council. The secretary general is responsible for the permanent council and reports the work. The permanent council regularly back on the work to the council and accepts supervision by the council.

Article 16. There are president, vice president and secretary general under the permanent council and are elected in permanent members of the council. The candidates are elected only by more than 50% votes of the members attending the meeting of permanent council, and are elected for a term of 3 years and can be reelected and reappointed consecutively.

Article 17. When the president, vice president, secretary general, permanent members and members of the council can not normally perform their duties due to shifting out of their original working units or other reasons, the original member unit shall put forward a proposal of replacement to secretariat. Supplementing members or permanent members of the council shall be made a decision from the permanent council.

Chapter 6. Built-in Organ and Working Personnel

Article 18. The president takes care of routine work of the Association when the meeting of permanent council is not in session. The Association sets up secretariat and certain working departments in case of necessity.

Article 19. All the working people of the Association are engaged. Deputy secretary general and other working people are appointed through negotiation with president, vice president and secretary general.

Article 20. The material treatments of salary, subsidy, bonus and welfare etc. for the personnel of the Association are carried out according to the rules of the State Bureau of Light Industry unless otherwise specified by the nation.

Chapter 7. Asset Management

Article 21. The Association conducts financial transactions democratically and formulates asset management system and financial transaction system according to the state regulations concerned.

Article 22. The income origins of the Association

1. Membership dues paid by the members by rule.
2. State financial aids and domestic and international financial aids.
3. Revenues from paid service of the Association.
4. Other lawfully earned incomes.

Article 23. The funds of the Association may be used in the following payments:

1. Expenditure on the conference and other activities organized by the Association.
2. Expenditure on salary, welfare, bonus, allowances etc. for the working personnel of the built-in organ.
3. Expenditure on administrative expenses, traveling expenses, office instruments and goods.
4. Costs of publishing periodicals and reference materials.
5. Expenditure on foreign activities.
6. Other necessary and appropriate expenditure.

Chapter 8. Supplementary Articles

Article 24. The regulations will become effective when passed by the 3rd council and report to the Ministry of Civil Affairs and the State Bureau of Light Industry for the record.

Article 25. The right to revise and right to explain the regulations belong to the Association council.

[illegible] dent from the [illegible] of council.

Chapter [illegible] Staff in Organ and Working Personnel

Article 18. The term [illegible] of the Association when the meeting of [illegible] council is not in [illegible]. The Association [illegible] secretariat and certain working departments [illegible] necessity.

Article 19. All the working personnel [illegible] Deputy secretary general and [illegible] are appointed through negotiation with president, vice president, the secretary general.

Article 20. The material [illegible] of salary, [illegible], pensions, welfare etc. for the personnel of the Association are carried out according to the rules of the State Bureau of Light Industry [illegible].

Chapter [illegible] Management

Article 21. The [illegible] financial [illegible] democratically and formulates [illegible] management system and financial [illegible] system according to the [illegible].

Article 22. The [illegible] of the Association:

[illegible] paid by the members by [illegible].

[illegible] financial aid [illegible] domestic and international financial aids.

[illegible] from [illegible] of the Association.

[illegible] legal income.

Article 23. The funds of the Association are used in the following aspects:

[illegible] the conferences [illegible] organized by the Association.

[illegible] of the working personnel of the Association.

[illegible] and [illegible] of the [illegible] and [illegible] of publishing [illegible] materials.

[illegible] foreign [illegible].

[illegible] necessary expenditures.

Chapter [illegible] Supplementary Articles

Article 24. The regulations will become effective when [illegible] council and report to the [illegible] Bureau of [illegible] Industry for the record.

Article 25. [illegible] the council of the Association.

江阴市华士化工助剂厂

江阴市华士化工助剂厂系股份合作企业，已有二十多年的精细化工生产历史，是集研究、开发生产销售于一体的综合型企业。主要以生产软包装复合粘合剂和化工助剂为主，拥有年生产粘合剂1000吨、化工助剂600吨的能力，拥有雄厚的技术力量，先进的生产、检测设备、生产工艺精湛、选料严格、产品性能远远优于同类产品，是提高用户产品质量及档次、降低生产成本的理想选择。

主要产品有

● 双组份干式复合聚氨酯复合胶粘剂（35%、50%、75%）：本产品不含苯类及其他芳香族有机溶剂，符合美国FDA食品卫生标准，主要用于PET、OPA、OPP、HDPE、LDPE、ONY、铝箔、玻璃纸等软包装复合材料之间的复合，该产品与同类产品相比，具有流动性好、抗冻性好、透明度好、初粘力大、成膜性好、适应于高速涂布（可达车速150米／分），残留溶液少、胶膜均匀、复合牢度高、安全卫生等特点，该产品在国内软包装复合胶粘剂中属领先产品（说明书备索）

● 单组份纸／塑、塑／塑多功能复合胶粘剂（40%）：主要用于纸盒外面贴膜及软包装塑／塑、铝／塑复合等场合、与同类产品相比具有初粘力高、剥离强度大、光亮度好、干燥速度快，在60°C烘烤无变化，在阳光照射下不起泡，潮湿风吹不变形等优点（说明书备索）

● 双组份聚氨酯纸贴塑复膜胶粘剂（60%）：主要用于纸盒贴膜、封面纸贴塑等纸塑复合场合，该产品与其它复膜胶相比，具有贴塑产品光亮度好、耐水性、剥离强度高，能克服纸张和油墨的一些缺陷，一般用于高档纸塑包装（说明书备索）

● 无溶剂聚氨酯胶粘剂、塑料复合油墨、塑料凹版表印油墨、塑料凹版透明油墨、工业级及试剂级氨水、纺织印染助剂等（说明书备索）

双组份干式复合聚氨酯复合粘剂									单组份			双组份纸塑		
含量	型号	价格	含量	型号	价格	含量	型号	价格	含量	型号	价格	含量	型号	价格
75%	高强度	20元／kg	50%	高强度	17元／kg	35%	高强度	14元／kg	40%	高强度	10元／kg	60%	高强度	16元／kg
	普通型A	17元／kg		普通型	14元／kg		普通型	12元／kg	40%	普通型	8元／kg	50%	普通型	10元／kg
	普通型B	15元／kg												

江阴市华士化工助剂厂地处西邻华西村，东邻张家港，交通十分便利。随着改革开放的深入及市场经济的进一步发展，全厂职工本着“质量第一，用户至上”的宗旨，努力开拓进取、力求为用户提供“优质的产品”、“满意的价格”，欢迎广大用户来函来电联系或派员来参观指导。

对于外省客户，我们在新疆乌鲁木齐、甘肃兰州、内蒙包头、山东德州、江苏徐州、安徽桐城、湖南长沙、浙江龙港、湖北武汉、福建厦门均有代理商，也可代办托运，若第一次使用本厂产品还可以免费指导，并在各地区诚招代理商，欢迎加入华士化工助剂厂联盟。

江阴市华士化工助剂厂以化学工业为主要市场，具有其它产品开拓能力，热忱欢迎国内外企事业单位携手合作，互惠互利，共同发展。

地址：江苏省江阴市华士镇　邮编：214421

电话：0510-6200912　6202080　13801528318　传真：0510-6211723

E-mail:mk_dept@huashi-chem.com　http://www.huashi-chem.com

深圳市新乐达实业发展有限公司

SHENZHEN XIN LE DA INDUSTRIAL DEVELOPMENT CO., LTD.

“特种工程塑料合金（超高分子量聚乙烯合金）”是本公司与科研单位几年来合作研究、实验的结果。我们采用独特的配方，成功开发出数种崭新的工艺，研究出加工流动性很好的新型特种工程塑料合金。这种合金可以采用普通的PE、PP挤出和注射设备，方便加工各行业所需的耐磨、耐冲击、耐腐蚀、耐低温零部件和各种管材、板材、以及吹塑、压延等制成品。这种高分子新材料，为国内领先，它不但填补了国内空白，而且具有世界先进水平。科技部已将该产品列入**“2001 年国家重点新产品计划”**。

它有许多其它工程塑料所不具备的优点，如：

1、极强的耐磨性；2、优异的耐冲击性在工程塑料中更是名列前茅；3、化学稳定性极高，可与“塑料王”相媲美；4、本材料还具有低摩擦系数和自润滑作用，无毒、比重轻、加工方便等优点；

利用本材料的特点，可加工成各种口径的耐磨、耐腐管材和管件，代替钢管应用于矿山、粮食加工、挖泥船输砂、火电厂输灰管道、化工行业等；可注射加工成各种轴承、轴套、齿轮、皮带托辊、泵、法兰、阀门、叶轮等；吹塑成中空容器和压延成片材等；并可代替磷青铜和氟塑料零部件、氨基塑料的零部件、制成品等。应用范围十分广泛，市场前景非常广阔。

UHMWPE Alloy Company and product Introduction

“UHMWPE alloy” is a new product developed by our company cooperated with several research institutiens. It is a new type of super plastics alloy with sound machining quality. It can be processed by normal PE, PP extrusion and injecting device. It can be made into wear-resistant machine parts and pipe materials. This new type of polymer material is originated in China and its property has reached and advanced level of the world. “UHMWPE alloy” has lots of advantages. It’s properties is better than many other engineering plastics.

1. Outstanding wearbalilty
2. The impact resistance of our product is excellent in all kinds of engineering plastics
3. Corrosion resistance
4. Our product also has very low frictional coefficient and good self-lubricity

On the basis of our product’s advantages: our product can be made into wearability, corrosion resistant pipe of various diameter. It can replace steel pipe and be used in various mine, food processing, sand -output-pipe of mud -digging ship, chemical industry, etc. It can be made into various bearing, axle sleeves, gear of mechanical instruments, hold-rolled of conveyer belt, pump, flange, valve, leaf wheel, etc. It also can be made into inner container, thin film by blowing. It can replace phosphorus bronze, fluorine plastics parts etc. It can be used in many fields, now we can see the bright future of market.

地址：深圳市沙头角沙深路 121 号 301 室　电话（Tel）：0086–755–5369163/5256173　传真（Fax）：0755–5256173
E–mail：yzdl@public.szptt.net.cn　邮编（Post code）：518081　联系人（attendee）闫镇达 zhenda–Yan
Http：//www.szleader.com

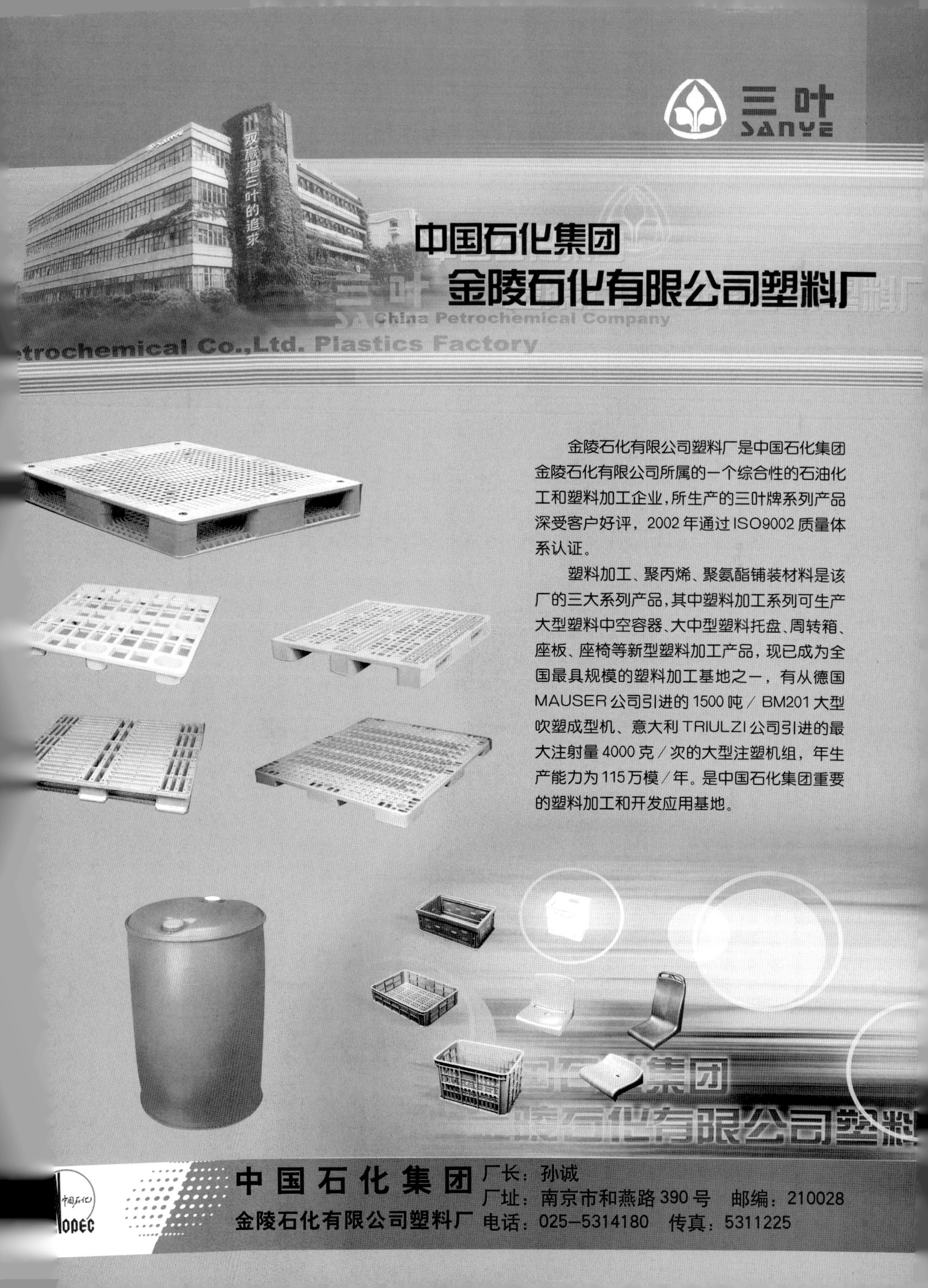

三叶
SANYE
中国石化集团
金陵石化有限公司塑料厂
China Petrochemical Company
etrochemical Co.,Ltd. Plastics Factory
双赢是三叶的追求
金陵石化有限公司塑料厂是中国石化集团金陵石化有限公司所属的一个综合性的石油化工和塑料加工企业，所生产的三叶牌系列产品深受客户好评，2002年通过ISO9002质量体系认证。
塑料加工、聚丙烯、聚氨酯铺装材料是该厂的三大系列产品，其中塑料加工系列可生产大型塑料中空容器、大中型塑料托盘、周转箱、座板、座椅等新型塑料加工产品，现已成为全国最具规模的塑料加工基地之一，有从德国MAUSER公司引进的1500吨/BM201大型吹塑成型机、意大利TRIULZI公司引进的最大注射量4000克/次的大型注塑机组，年生产能力为115万模/年。是中国石化集团重要的塑料加工和开发应用基地。
中国石化集团
金陵石化有限公司塑料厂
厂长：孙诚
厂址：南京市和燕路390号　邮编：210028
电话：025-5314180　传真：5311225
中国石化

贵阳友信软塑包装材料有限公司

贵阳友信软塑包装材料有限公司，位于贵阳市南明区红岩轻工小区，系贵州润丰（集团）实业有限公司所属企业：贵州润丰（集团）东山塑料包装有限公司、贵州润丰（集团）包装材料有限公司、贵州润丰（集团）薄膜有限公司、贵州润丰（集团）彩印复合包装厂和贵州塑料原料有限公司五家企业进行内部资产重组而成立的。公司拥有固定及流动资产7000多万元，占地面积50亩，是贵州润丰（集团）实业有限公司的核心企业，也是贵州省生产软塑包装及材料的最大专业厂家。公司现有职工160余人，拥有各类专业技术及设计人员40余人，占企业总人数的25%，中高级职称人员占企业总人数的10%，具有雄厚的技术力量和能力。

公司主要产品有：多层共挤聚丙烯流延膜（CPP）、彩印复合包装膜袋、三层共挤聚乙烯吹塑膜、液体包装膜、农地膜。

在技术装备方面，公司现有从奥地利兰精公司引进的多层共挤流延膜生产线一条，年生产能力4500吨，能生产普通CPP热封膜、低温CPP热封膜、CPP镀铝基材膜、CPP蒸煮膜等品种；从日本引进的六色彩印复合软包装生产线一条和国产十色彩印复合软包装生产线一条，年生产能力达2000多吨，主要生产中、高档食品、药品、化装品用塑料彩印复合包装膜袋；两条三层共挤聚乙烯吹塑薄膜生产线，年产1200多吨，主要生产彩印复合用聚乙烯基材膜、液体包装膜、功能性农地膜等产品。

推荐产品：彩印复合膜袋

◆ 通用性包装袋（膜）：采用二层塑料薄膜（OPP/CPP或CPE）的复合结构，具有强度大、耐油、耐药品、防湿性、热封性和透明性好等特点，无味无毒。广泛应用于茶叶、味精、食品、种子、饲料、玩具、化肥、农药粉剂、服装、日用品等包装。

◆ 抽真空、冷冻包装袋（膜）：精选强度大的材料（比如：尼龙、聚偏二氯乙烯）复合上热封性能好的流延聚乙烯或离子交联聚合物。耐寒、耐油、耐穿刺、耐冲击破裂、气密性良好，广泛应用于蔬菜、粮食、香肠、糕点、服装等产品的抽真空煮沸、冲氮防霉、耐冷冻等包装。

◆ 镀铝膜、铝箔包装袋（膜）：华丽的金属镀铝、铝箔包装，多采用三层或三层以上的复合结构，可防紫外线、防湿、隔绝气体，广泛应用于奶粉、茶叶、膨化食品、调味品、种子、农药、化肥、饲料、洗发膏等包装。

◆ 耐蒸煮包装袋（膜）：选用耐高温材料（如BOPA、CPP、Al箔、PET、多层共挤膜等），两层或多层的复合结构，尺寸稳定、透气性小、热封牢固，广泛应用于各种家禽、兽类、水产品等卤制品包装及农、牧、渔业产品等的精加工灭菌保鲜包装等。如：果汁、酸奶80～100℃高温充填、煮沸、鲜笋、鱼脯120℃蒸汽灭菌等包装。

地　址：贵阳市云关乡红岩轻工小区
邮　编：550005
电　话：0851-5630414/5630572/5630602/5932271
传　真：0851-5630610

云南省个旧市塑料厂

YUNNAN GEJIU CITY PLASTICS PLANT

云南省个旧市塑料厂位于城区西部，交通便利。在昆明市风景秀丽的滇池南湖畔建有分厂，工厂始建于1970年，现有职工200人，拥有总资产3500万元。

我厂是云南省农地膜定点生产厂，出口磷酸包装桶定点生产企业，国家医药局在云南省塑料医用药瓶定点单位。降解塑料获云南省新产品殊荣，并推报国家新产品评定。企业先后被评为省级、市级、州级“高新科技先进企业”，“重合同、守信用单位”和“物质、精神双文明企业”。

云南省个旧市塑料厂

地址：云南省个旧市西口冲　　邮编：661000

企业法人代表：李克平

电话：(0873)2122231　　2131986

传真：(0873)2131986

云南省个旧市塑料厂昆明分厂

地址：云南省昆明市官渡区陈家营　　邮编：650228

电话：(0871)7173595　　传真：(0871)7012725

奖给

科技先进企业

云南省科学技术委员会

红河哈尼族彝族自治州

文明单位

中共红河州委员会
红河州人民政府
一九九九年九月

重合同守信用先进企业

云南省人民政府
一九九六年

宝鸡市云鹏塑料科技有限公司

BAOJISHI YUNPENG SULIAO KEJI YOUXIANGONGSI

创建至今，已有四年的历史。这四年是艰辛的四年，硕果累累的四年。

1999年8月20日公司生产的产品顺利通过了国家质量鉴定，正式投入工业化生产。随着机器的轰鸣，公司又迈上了一个更新的台阶。

从1999年到2001年，云鹏公司的发展众人瞩目。用户从宝鸡周边地区发展到西北地区，又从西北地区扩展到上海、新疆等地，再到出口海外。云鹏的发展，受到中国塑料加工工业学会改性塑料专业委员会及宝鸡市政府特别是开发区管委会领导的关注和重视。

云鹏公司正在董事长的领导下展翅腾飞，相信在不久的将来，公司史册上又会有灿烂的一笔。

企业宗旨

科技以人为本。云鹏塑业采用国际最先进设备，以开发国内和非洲等领域具有国际领先水平和自主知识产权的系列高精技术产品，立志为中国塑业走在世界前列而奋斗。

公司的基本思路：继续以市场需求为导向，坚持持续、稳定发展速度，努力增加产品的科技含量、大力提高经济效益，积极开发研制滴灌带专用料，争取早日投入市场，满足西部塑料加工企业的需要。

公司产品

1、云鹏母料是由70%～88%经多次表面活化的重质碳酸钙和15～30%的载体树脂（PP,PE,ABS）和其它十余种助剂经多次掺混和共混制成的圆柱状产品。此产品适用于各种塑料加工工艺并可与聚烯烃（PP,PE）及ABS树脂、颜料和光、热稳定剂等相混合，且不会对生产设备造成额外损耗。

2、HDPE4KIB-3通讯电缆绝缘料是以HDPE为主体，含有适当助剂的本色粒料，它具有优良的力学性能、电性能及加工性能。HDPE4KIB-3通讯电缆绝缘料的各项性能经国家化学建筑材料测试中心检测，符合国际先进标准－美国REA PE-200及ASTM D1248中规定的指标。在适当的工艺条件下，加工速度可达到1800～2000m/min，加工出的绝缘线表面光滑，绝缘外径、水中电容、火花击穿等均符合工艺要求。各项性能超过英国BP公司的BPD6034水平，与美国联碳公司的DGDK3364相当。且挤出的绝缘线性能远远高于邮电部YD322-84规定的指标。

法人代表：马世鹏
公司地址：宝鸡市高新技术开发区峪泉路
联系电话：(0917)3314868 (0917)3673789　　传　　真：(0917)3320770

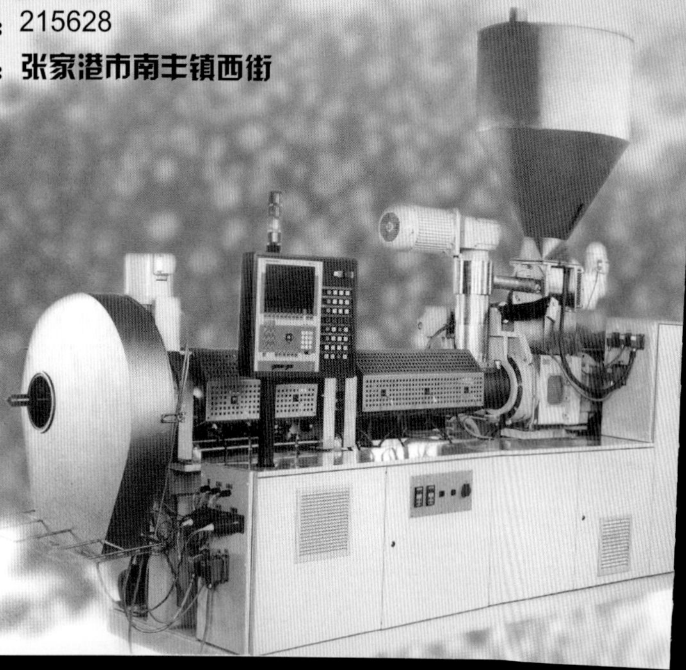

海伦塑料制品厂

HAILUN SULIAO

HAILUN SULIAO ZHIPINCHANG

海伦塑料制品厂是1976年创办的国有大型企业，是集科研、生产、经贸为一体的跨国、跨行业的综合经济实体。是黑龙江省水泥包装定点生产企业和哈尔滨铁路运输包装定点生产企业，是国家经贸委批准的全国首批土工布重点生产企业。

目前，企业拥有四个独立的分厂和九个合资企业（国外一个，国内八个）。海伦市内工厂占地面积73141平方米，建筑面积31911平方米。现有员工638人，中、高级专业技术人员129人。固定资产13628万元。企业技术力量雄厚，工艺设备先进。拥有拉丝、编织、复合、吹塑、注塑、挤出等专业生产设备337台（套）。其中引进德国、日本、瑞士、奥地利等国具有国际先进水平的专业生产设备44台（套）。年产塑料制品15000吨，高新技术产品激光全息防伪材料360万平方米，土工合成材料2000吨，精细化工产品1000吨；制药：复方18种氨基酸5%和12%浓度注射液250毫升400万瓶，脂肪乳注射液250毫升100万瓶；新型建材50万平方米。

主要品种有：塑料编织袋、复膜袋、二合一袋、三合一袋、纸塑复合水泥袋、柔性集装袋；塑料编织布、双面复膜布、涂复苫材、彩色苫布；PP地毯基布；扁丝编织土工布、裂膜丝机织土工布、长丝机织土工布、复合土工膜；工业用膜、农用薄膜、食品包装膜；渔网丝、草坪丝、PE管；打包带；中空容器；PVC装饰板材、UPVC型材、门窗及中空玻璃；激光全息防伪材料；氯化EVA、氯化聚丙烯（CPP）；制药品种有18种氨基酸12%浓度、脂肪乳、田参氨基酸胶囊、活力康、口愈膜、胃肠宁。

主导产品“松雪牌”聚丙烯编织袋曾荣获国家银质奖（无金质奖）和轻工部优秀产品奖；聚丙烯编织袋曾荣获全国首届轻工博览会金质奖；PP地毯基布、PE热收缩膜分别荣获全国首届轻工博览会银质奖及省市优秀产品奖等。“安康牌”塑钢门窗异型材、装饰板材，由黑龙江省质量监督检验协会和省消费者协会授予黑龙江省知名品牌产品，并获中国质量万里行黑龙江分站“定点满意产品”。在97年全国新型建材展示会上，被评为“最佳产品”。专利号：ZL96 3 10175.7、ZL96 3 10174.9、ZL000255.5。产品销往十几个省市，部分产品远销东南亚、北美等十几个国家和地区。

企业连续二届全国同行业质量评比第一名，连续三届全省同行业质量评比第一名，先后荣获国家二级企业、全国优秀包装企业、全国职工教育先进单位、全国职工技协先进集体、轻工部优秀质量管理企业和省六好企业、省科技进步企业、省百面红旗标兵企业、省精神文明进步企业、省抗洪先进集体、省明珠企业等荣誉称号。

法人代表：李秉和

通讯地址：黑龙江省海伦市雷炎大街130号　　邮　　编：152300

电　　话：0455-5762825　5763329　　传　　真：0455-5764014

HAILUN SULIAO ZHIPINCHANG

华亚东营塑胶有限公司

HUAYA DONGYING PLASTICS

华亚东营塑胶有限公司是台湾台塑集团南亚塑胶工业股份有限公司投资的企业，厂址位于山东省东营市。厂区占地面积73000平方米，拥有职工110人，年产PVC管材3万吨，管件1.2万吨。台湾台塑集团下属的南亚塑胶公司拥有全球最具规模的PVC硬质管材与注塑管件的生产工厂，产品行销国内外市场。华亚东营塑胶有限公司采用先进的生产设备和南亚公司50年来积累的优良生产技术与管理经验，积极拓展大陆市场。

华亚东营塑胶有限公司的产品主要有给水管、排水管、电工套管三大类别，其中给水管规格自ø20mm～ø400mm，并有TS平承口放口管及弹性密封圈放口管两种；排水规格为ø20mm～ø400mm；电工套管规格为ø16mm～ø40mm；此外还有电信用管，规格为ø98mm、ø100mm、ø110mm；农灌用管规格为ø90mm～ø200mm。管件方面：可供应203种给水管件，230种排水管件，35种电工用管件，同时可供应专用配套之硬质胶合剂。

产品自投放市场以来，凭借品质优良，规格齐全，交货迅速，服务优质，深获用户一致好评。公司经营业绩稳步发展，2001年度营业额突破2亿元人民币。产品在一些国家重点工程中被指定选用，并先后被评为国家建设部科技成果推广产品、中国工程建设标准化协会推荐产品、国家技术监督用户放心产品、建设部住宅建设推荐产品、山东省免检产品等，同时公司通过了ISO9001质量管理体系与ISO14001环境管理体系认证，还被山东省科委评定为“山东省高新技术企业”。

“准时无缺、顾客满意”，公司愿向社会奉献优质的产品与服务，为国家建设、全民福祉而努力。

公司产品优势：

▲设备优良，技术先进，产品品质优良稳定

公司拥有世界上先进的生产设备，从原料进厂检测，到原料混合，直至管材的挤出，全部采用密闭、自动化作业，减少了人为因素，并进行严格的品检控制，确保产品品质优良稳定。

▲采用环保有机锡配方

公司为国内率先采用有机锡配方代替传统铅系配方的PVC管生产企业，避免了重金属析出而带来的水质污染，是一种绿色环保的管材。

▲管材、管件规格齐全，搭配比例合理

公司可供管材3大类别160种规格，管件468种，是国内管材、管件齐全的专业工厂，可适合各种工程配管之需要。

▲规范的行销体系，确保产品的供应与服务

公司在全国各个地区设置经销商，方便广大工程用户取得产品，每批产品随货赠送服务跟踪卡，开通800用户服务电话，使用户充分、及进地享受到满意之服务。

地址：山东省东营市东二路27号 邮编：257091 电话：0546-8305238转营业处 传真：0546-8307178
E-mail:hydysj@dy-public.sd.cninfo.net 用户投诉电话：8008609288

上海化工厰有限公司
SHANGHAI CHEMICAL PLANT CO.,LTD.

上海化工厂有限公司是国家大型一档企业，也是研究、开发和生产工业用各类高分子材料历史最久，规模最大的企业。七十年以来，特别是近十几年来，公司依靠技术进步和科学管理来面对激烈市场竞争的挑战，先后开发生产了大量适应用户需求的上海市名牌高新技术产品，1992年被评审认定为上海市首批高新技术企业。公司按照ISO9000标准要求，建立和实施了符合GB／T19001—1994 idt ISO9001:1994要求的质量体系，并于1995年4月通过上海质量体系审核中心(SAC)认证，成为化工部首家通过ISO9001认证的企业。该体系覆盖各类产品的设计、生产、服务全过程。1998年公司技术中心被认定为上海市级技术中心，2001年通过ISO9001新版质量体系认证复评。

公司重视产品创优，进行超前型的新品开发，不断提高产品档次，拓展高新技术领域，本公司先后从德国、瑞士、奥地利等国家引进多条流水线，主要产品技术装备达到国际先进水平。公司生产上海市名牌“双花”产品9大类200多个品种，主要有：聚氯乙烯电缆料、汽车塑料配件粒料、聚氯乙烯医用输血粒料、交联聚乙烯电缆料、硅烷交联电缆料、无卤阻燃电缆料、聚酯薄膜、注塑产品、管材、聚四氟乙烯制品、离子膜、聚氯乙烯带胶膜等，年产量近3.5万吨，广泛用于电缆、电子、机械、建筑、汽车工业、国防工业、医疗、食品、包装和农业等国民经济的各行各业。同时，公司还配备了先进的检测设备，能够为众多的客户提供最佳的质量保证及一流服务，使顾客满意，为用户创造价值。1924年日商明产业株式会社创办了明华糖厂（上海化工厂前身）；1964年4月，中央化工厂筹备处接收明华糖厂并改组为中央化工厂上海工厂；1949年5月上海解放、由华东工业部接管；1950年1月改名为上海化工厂；1956年上海化工厂创建了热塑、注塑加工和模具车间；1957年建成第一条PVC粒料加工生产线；1984年建成了第一条生产薄型涤纶薄膜的流水线；1988年引进了国内第一条Buss双阶式挤出机；1992年被认定为上海市首批高新技术企业；1995年4月化工部第一家通过ISO9001质量体系认证企业；1996年上海化工厂按现代企业制度改制为上海化工厂有限公司；1998年上海化工厂技术中心被认定为上海市市级企业技术中心。

粒料产品一览

1、聚烯烃电缆料

■ 1kV～10kV 系列
- 电力电缆用硅烷交联(二步法)聚烯绝缘料；
- 架空电缆用硅烷和化学交联黑色聚乙烯绝缘料；
- 电力电缆用辐照交联聚乙烯绝缘料；

■ 35kV 及以下系列
- 电力电缆用低密度交联聚乙烯绝缘料；
- 电力电缆用交联聚乙烯屏敝用半导电塑料

■功能型及其他系列
- 阻燃交联型无卤聚烯烃护层料；
- 低烟无卤非交联型聚烯烃护层料；
- 防白蚁聚乙烯护层料；
- 通信电缆用高密度聚乙烯绝缘料；
- 光缆及电缆用黑色高度聚乙烯护层料；
- 光缆及充油电缆用黑色中密度聚乙烯护层料。
- 光缆及电缆用黑色低度聚乙烯护层料；
- 热水管用可硅烷交联高密度聚乙烯塑料。
- 70℃－105℃ 大众汽车电线专用塑料
- 105℃大众汽车电线专用薄壁绝缘塑料
- 70℃－105℃弹性系列各类硬度特种阻燃、耐油塑料

2、聚氯乙烯电缆料

■普通型绝缘护套料 H－70
- 电线电缆用护层级软聚氯乙烯塑料；
- 电线护层用易撕软聚氯乙烯塑料；
- 6KV 及以下架空电缆用软聚氯乙烯塑料；
- 电线用阻燃型软聚氯乙烯塑料；
- 矿用阻燃型软聚氯乙烯塑料；
- 电缆用防鼠害聚氯乙烯护层塑料；

■普通型绝缘料
- J－70；JR－70；J－80；H－90；J－105
- 10KV 电缆绝缘用软聚氯乙烯塑料；

聚酯薄膜产品一览

- 电气绝缘用均衡双轴定向新型聚酯薄膜；
- 一般用途聚酯薄膜；
- 一般光泽证件封包用聚酯薄膜；
- 高光泽、低雾度证件封包用聚酯薄膜；
- 一般包装封条用聚酯薄膜；
- 高强度包装封条用聚酯薄膜；
- 保丽板用聚酯薄膜。

涂布产品一览

PVC 涂胶膜；制作各类磁卡；感光片基材料；各种感光材料打底；装饰复合膜；各种家电表面装饰

上海化工厰有限公司
SHANGHAI CHEMICAL PLANT CO.,LTD.

地址：中国上海杨树浦路 1578 号(200090)
电话：021-65193960　传真：021-65393513
E-mail:scpnetk@online.sh.cn
http://www.shanghai-chemical.com

上海飞宏工贸有限公司

SHANGHAI FEIHONG INDUSTRY TRADE CO; LTD.

我公司是全国色母粒行业协会成员，专营进口颜（染）料和化工原料，并出口国内生产的颜（染）料、助剂。尤其在最近几年中，通过公司同仁的努力和国外厂商的支持，国内色母粒厂家的帮助，使我公司业务有了很大的发展，目前已形成四大系列数十个品种的经营规模。

一、色 母 粒：日本DIC公司黑、白及彩色母粒、日本公司生产的大理石花纹母粒、光变、温变母粒以及其它进口功能母粒。

二、颜(染)料：日本DIC公司有机颜料、住友公司染料、根本公司夜光粉、福田公司铜金粉及日本其他公司纤维点颜料，美国雷迪尔公司荧光颜料、美国公司的云石点和系列闪光片、墨西哥公司的铝银粉、澳大利亚(ECAK)公司的铝银浆、印度公司的金红石型珠光粉以及酞菁绿、酞菁蓝等其他系列有机颜料。

三、助　剂：日本三井公司聚乙烯蜡以及其他进口蜡、美国公司生产的用于颜料分散的高效分散剂、美国公司生产的消光剂、美国公司的光亮剂，英国ICI公司的抗静电剂。

四、油墨油漆类：美国公司生产的研磨、丙烯酸、聚酮、弹性树脂，流平剂、消泡剂、增亮剂分散剂。印度最大的油墨生产厂家HIRL公司生产的用于各类材料印刷的系列油墨成品及相关的树脂、助剂。

本公司是日本DIC公司颜料（塑胶用）、色母粒的国内代理商；美国雷迪尔公司荧光颜料的国内代理商；日本三井化学公司聚乙烯蜡的国内代理商； 我公司通过以上公司及分布世界各地分公司的帮助，能够迅速及时地为客户提供世界上最新化工产品及信息。

我公司所经销的产品，质量稳定，价格合理，长期备货，服务周全，公司愿与客户携手共进、共谋发展！

上海飞宏

地址：上海市大连西路253号B幢902室　　**电话：**021-56968812

手机：13901622278　　**传真：**021-56711609

E-mail:feihongc@public7.sta.net.cn　　**邮编：**200081

舟山市金岛机械有限公司

金岛公司是国内较早成立的一家螺杆、机筒挤出机专业制造商，十余年来，公司凭借研究、开发、制造于一体的专业技术，着重于单螺杆挤出系列的研究与开发。随着国际上新型高分子塑料的不断推出，以及传统高分子材料的多元体系合金化，塑料工业将对加工设备的专业化要求日新月异，本公司愿与国内同行并肩合作，迎接挑战。

公司主要可供设备

- **JD-CP 型色母粒（配混填充）专用挤出机组**

1、适用于加工有色母粒，功能母粒，特种母粒。

适用于加工各种塑料橡胶的“有机”、“无机”填充，改性、增强、增韧、阻燃、着色、挥脱、回收等多种用途。可实现多元体系共混。应用实例配比高达 50-80%。有色母粒配比高达 1：100～1：200。

2、独有专用技术：

三重复合螺纹结构，平面转子混炼组合，多头真空排气挥脱，成功实现从低剪切分布混合 - 高剪切分散混炼 - 低剪切混炼—脱气的工艺特点。本机一次拉条造粒即可达到母粒工艺要求。

主要技术参数

产品名称	长径比 L/D	电机功率 kW	加热功率 kW	螺杆转速 r/min	产　量 kg/h	中心高度 mm
45×32	32：1	7.5	10	10－100	25－45	1000
65×32	32：1	22	21	10－100	60－80	1000
80×32	32：1	37	30	10－80	100－150	1000
100×32	32：1	55－75	40	10－80	150－200	1000
120×32	32：1	75－90	45	10－80	200－350	1000
150×32	32：1	110－132	72	10－60	300－600	1000
180×32	32：1	250－315	110	10－50	400－800	600/1000
200×32	32：1	315－355	160	10－50	500－1160	600/1000

- **JDM 型高速排气挤出机**

1、适用加工 PA、PS、ABS、PP、PET、PC、PMMA 等多种塑料的挤出成型。

2、机型：$\phi65-\phi120$　L/D＝1：33－1：42

- **螺杆、机筒部件（38CrMoAlA 氮化钢）**

1、$\phi20-\phi250$mm，L/D＝20－50 单螺杆挤出机螺杆机筒。

2、15g－32000g 各种注塑机螺杆机筒。

3、$\phi45-\phi130$mm，L/D＝18－30 各种平行双螺杆机筒。

厂址：浙江省舟山市定海环南工业区兴丰路 3 号　邮编：316000
电话：0580-2861414　2860825　传真：0580-2861414
手机：013905804857　013957217421

天津丹海股份有限公司

天津丹海股份有限公司位于天津西青经济开发区，1996年组建，为发起式股份有限公司，总投资为1.94亿元。其主要股东为：神华集团、滨江集团、信泰珂科技发展中心、天津丹阳实业总公司等。

公司开发研制的变性淀粉及生物降解功能塑料万吨级产业化项目，是天津市二十项重大科技成果产业化项目之一，并于2001年被国家计委授牌为“国家高技术产业化示范工程”。公司分别于1998年和2001年被天津市科委认定为高新技术企业。主要产品生物降解（塑料）母料1997年被评为国家重点新产品；可生物降解包装膜制品于1998年通过中国环境标志产品认证，并于2001年通过复评；公司于2000年通过ISO14001环境管理体系认证，2001年通过ISO9001：2000质量管理体系认证。并先后获得：国家重点新产品证书、高新技术企业认定证书、采用国际标准产品标志证书、中国200强先进包装企业证书等多项荣誉。

丹海公司目前的年生产能力为生物降解（塑料）母料3万吨、生物降解塑料制品3万吨，是目前国内降解塑料生产的龙头企业。

生态利生物降解塑料母料广泛应用于一次性塑料制品，如：垃圾袋、购物袋、农用地膜、育苗钵、一次性发泡填充物、水果网套、鞋中底、沙滩鞋拖、儿童用发泡彩色拼板、降解注塑产品（如刀叉、玩具、梳子、高尔夫球座、球丁）、降解注吹塑产品（如瓶类产品）、降解模压产品（如宾馆一次性梳子）、降解片材制品（如餐盒、托盘）、一次性毛巾、手术衣帽、手术罩布、手术套服等生物降解产品。

地　址：天津市西青经济开发区民和道10号
电　话：022-23972193 83969019
传　真：022-23972196
网　址：www.chinadanhai.com
E-mail:danhai@public.tpt.tj.cn

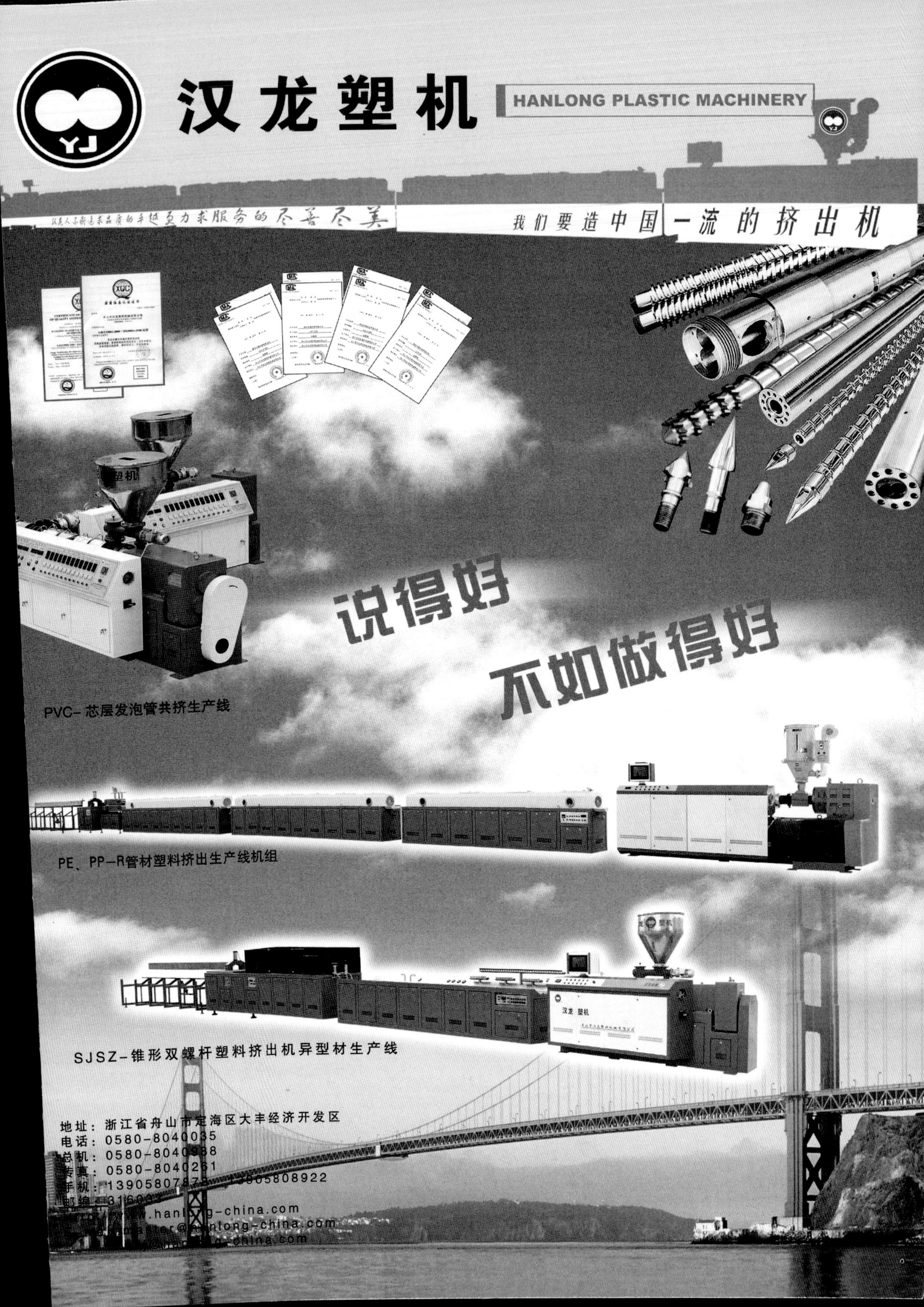

YJ
汉龙塑机
HANLONG PLASTIC MACHINERY
我们要造中国一流的挤出机
说得好
不如做得好
PVC-芯层发泡管共挤生产线
PE、PP-R管材塑料挤出生产线机组
SJSZ-锥形双螺杆塑料挤出机异型材生产线
汉龙 塑机
地址：浙江省舟山市定海区大丰经济开发区
电话：0580-8040035
总机：0580-8040988
传真：0580-8040261

广东聚赛龙工程塑料有限公司

广东聚赛龙工程塑料有限公司是广州市高新技术企业和民营高科技企业，公司成立于1997年，注册商标为“聚赛龙”。主要从事工程塑料及制品的研发和生产销售，工厂位于从化市聚宝工业区，年设计生产各种改性材料能力1.5万吨，产品广泛应用于家电、通讯、汽车、医疗器械、办公用品等领域。

公司自成立以来，坚持以市场为导向，借国际工程塑料发展的成功经验，瞄准国际工程塑料产业的发展方向，结合中国国情，立足自主创新，实现通用工程塑料的功能化。

公司建立了以市场为导向的技术创新机制，保证技术创新价值的充分实现。公司产品开发不是简单的模仿和跟踪国外跨国公司的牌号而是通过材料的分子微观结构及结晶结构的设计来实现通用材料的高性能化。公司拥有先进的研发设施和强大的科研队伍，科研人员的比例达40%，先后自主开发并工业化数百种高性能牌号和产品，有十几项科研成果通过鉴定，部分产品申报国家发明专利。为家电、汽车、电子和电信行业提供了数百种牌号的高性能工程塑料。

工程塑料有限公司率先在本行业通过ISO9001国家质量体系认证，部分产品通过美国UL认证，公司产品包括PP、ABS、PC、PA、PBT、PET等系列阻燃材料、增强增韧材料、塑料合金和功能材料母粒，主要客户包括美的、科龙、海尔、格力、格兰仕、三菱重工等国内外知名企业，产品出口到美国、日本和东南亚各国。

总公司地址：广东省顺德市容桂镇容桂大道16A
生产基地：广东省从化市龙潭镇　邮　编：528305
电　　话：0765-8899550 8887799

杭州德昌化学有限公司

法人代表：柳观波

本公司是1993年同台湾德昌树脂股份有限公司共同创建的合资企业，总投资370万美元，1996年公司通过ISO9002质量体系认证，近年来公司积极同高等院校及科研单位建立紧密的技术合作，成功开发和生产出HDC系列塑料抗静电剂。

抗静电剂主要产品有：

HDC-101、HDC-103、HDC-105、HDC-106、HDC-107、HDC-109、HDC-200、HDC-201、HDC-303、HDC-280、HDC-220、HDC-231等系列抗静电剂

产品广泛应用：BOPP薄膜、PE薄膜、PP片材、PP包装箱、PP双抗矿带、尼龙梭子、丙纶纤维、人造涂布、HIPS、ABS家电外壳、PVC、油墨涂料等多种防静电制品。

邮　编：311300
厂　址：杭州临安市青山湖开发区
电　话：0571-63711190 63727044
传　真：0571-63711190 63727044
E-mail:sales@dechang-chen.com
Http://www.dechang-chen.com

安阳塑化股份有限公司

ANYANG SUHUA GUFEN YOUXIANGONGSI

安阳塑化股份有限公司 1993年由安阳县塑料厂改制而成，国家中二型企业，地处晋、冀、鲁、豫四省交界的中州名镇——水冶镇，交通便利，地理位置十分优越。

公司现有员工 319人，占地面积23000平方米，建筑面积17000平方米，资产总额3980万元。拥有三层共挤、电磁动态、透光率一雾度仪等先进的薄膜生产、检测设备30余套及自主研发、国内领先的分布控制PE粒料气力配送系统。可生产幅宽400-13000mm，厚度0.004-0.18mm的各种规格农用膜，年生产能力35000吨。

主要产品有：农膜、地膜、微膜、流滴膜、长寿膜、流滴长寿膜、EVA减雾流滴膜、EVA减雾流滴长寿膜、多功能转光膜、EVA茂金属减雾流滴长寿膜及各种色膜、包装膜、塑料管材等。

公司自1993年以来，效益逐年递增。2001年再创历史最好水平，实现产量27155吨，产值20366.4万元，销售收入20419万元，利润608.3万元。多年来，公司始终坚持以市场为导向，以科技促发展，团结拼搏、锐意进取、开拓创新，秉承"广大客户满意；全体员工满意；党和政府及各职能部门满意"的"三满意"标准，在市场竞争十分激烈，供需矛盾相当突出的情况下，连年取得了较好的社会效益和经济效益，得到了快速发展。产品历年经国家、省产品质量监督检验部门检验，均达到了国家优质品标准，畅销全国二十多个省、自治区、直辖市，深受用户信赖。

企业被列入"河南省百户重点扶持企业"，并先后获得省科学技术厅"科技企业"、市委、市政府"完成工业经济工作目标先进企业"、市政府"重合同、守信用企业"、市消协"消费者信得过单位"、市总工会"五一劳动奖状"等荣誉称号。

随着我国加入 WTO，改革开放将日益深入，全球经济日趋一体化，机遇与挑战并存，竞争将更加激烈。我公司将紧抓机遇，直面挑战，加快科研创新步伐，不断开发出适合我国设施园艺发展要求的新产品，为我国的农业现代化做出更大的贡献。

法人代表：吴安民

公司地址：河南省安阳县水冶镇辅岩东路正8号

邮　　编：455133

电　话：(0372)5882219　5882419

传　真：(0372)5881388

E-mail:asgs@371.net

常州市勤业塑料厂

QinYe CHANGZHOU QINYE PLASTICS FACTORY

常州市勤业塑料厂始建于1964年，具有悠久的聚氯乙烯（PVC）塑料基材生产历史和丰富的生产经验。并以优良的品质在国内外客商中享有较高声誉。企业属"国家大型企业"，是常州塑料集团公司的支柱企业之一。

在国际化市场经济大潮中，工厂坚持以科技创新为导向、以产品质量为基础、以人才开发为动力、以企业文化为形象，提供优良的产品服务于社会，满足市场和客户的需求。我们愿与海内外朋友携手合作、共同创建美好的二十一世纪！

主要产品

一、**PVC硬片**：主要品种有PVC透明片、装饰片、药用片、圣诞树片等。

二、**PVC薄膜**：主要品种有PVC透明膜、雨衣膜、民用膜、复合膜等。

三、**PVC人造革**：主要品种有PVC镜面革、箱包革（单面、双面）等。

四、**PVC硬板、淋水片**：主要品种有PVC层压硬板、淋水片等。

五、**PP/PE板及汽车内饰材料**：主要品种有PP、PE板、片、汽车软、硬内饰材料等。

厂长：汤建国

地址：常州市怀德南路104号　邮编：213001

电话：0519-6852524 6851244　传真：0519-6853449

http:www.qyplastic.com　E-mail:qinye449@public.cz.js.cn

南京中达

NANJING ZHONGDA

Nanjing Zhongda Film (Group) Co., Ltd.

The headquarter of Nanjing Zhongda Film (Group) Co., Ltd. is situated in Nanjing , the capital of six dynasties, a land of*coiling dragon and crouching tiger.

Nanjing Zhongda is a hi-tech enterprise group specializing in the research, development, production and sales of new flexible plastic materials in China. In June 1997, as No.1 Film-making Stock in China, the stock of the company has been listed in the stock exchange of Shanghai(stock code 600074).

Nanjing Zhongda has the world first-class production equipment, with its mature and advanced technology, as well as the mighty ability of innovation. Its production bases cover Jiangyin, Nanjing, Chengdu, Neijiang, etc. It is a designated national production base of tobacco materials and one of the largest production bases of new flexible plastic materials in China, which has passed the ISO9002 certificate in 1998. The company mainly produces such new flexible plastic materials as BOPP,BOPET,CPP films which are widely used for cigarette, food, instrument and clothing-packaging and as base materials for gilding, card-protecting, audio and video equipment, electric insulation, color printing, adhesive tape, sensitive film, vacuum aluminum-metalizing, composite, retorted packaging, etc.

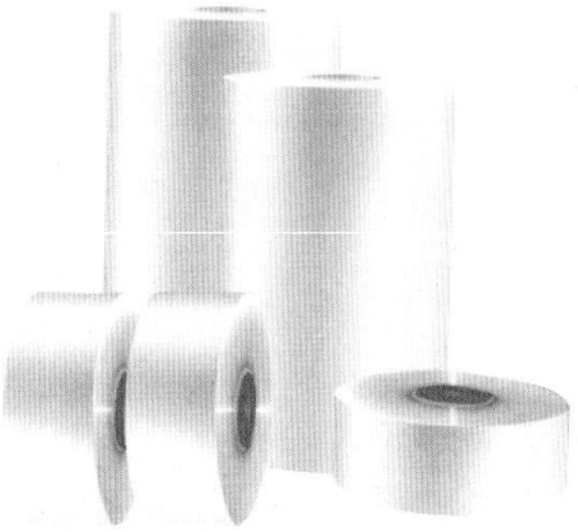

In accordance with its developing strategy in the new era, Nanjing Zhongda will make break-through continuously in the fields of investment, research, development and application in new flexible plastic materials. Nanjing Zhongda is aiming at becoming the largest hi-tech enterprise group with the complete product varieties and perfect service network in Asia.

南京中达制膜（集团）股份有限公司

Nanjing Zhongda Flim (Group) Co.,Ltd.

Address:20F Golden Eagle International Building,89 Hanzhong Road,Nanjing,China.

Postcode:210029

Tel:8625-4701180　Fax:8625-4718465

Http://www.njzdzm.com　E-mail:office@njzdzm.com

十堰鸿鹄塑料制品有限公司

HONGHU

SHIYAN HONG HU PLASTICS CO.LTD

董事长：李曙光

总经理：胡德荣

十堰鸿鹄塑料制品有限公司是十堰市金利威汽车装饰材料公司与韩国统一工业株式会社共同投资兴建的中外合资企业，公司从国外全套引进XPE自动生产线及技术，具有当代国际先进水平。XPE无与伦比的技术、经济和实用性，填补了我国塑料行业的又一空白。公司生产汽车内饰件与多家大型汽车厂家配套，技术力量雄厚，开发力强。在1997年7月通过了ISO9002质量认证。可根据用户要求开发生产各种XPE成型内饰件及复合产品，满足各类环境下产品的保温要求。

公司遵循“互惠互利”的原则，欢迎国内外朋友惠顾！

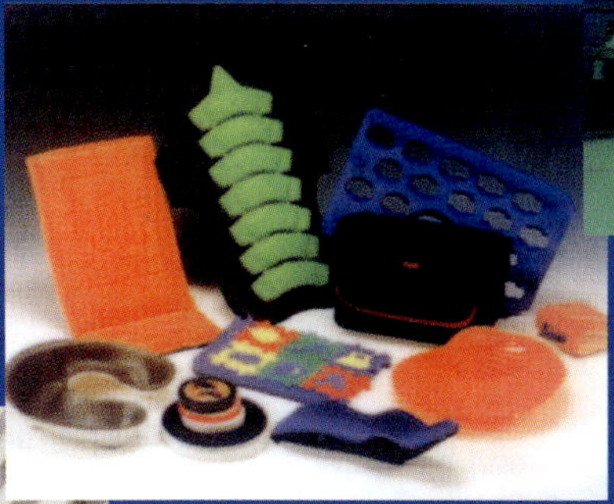

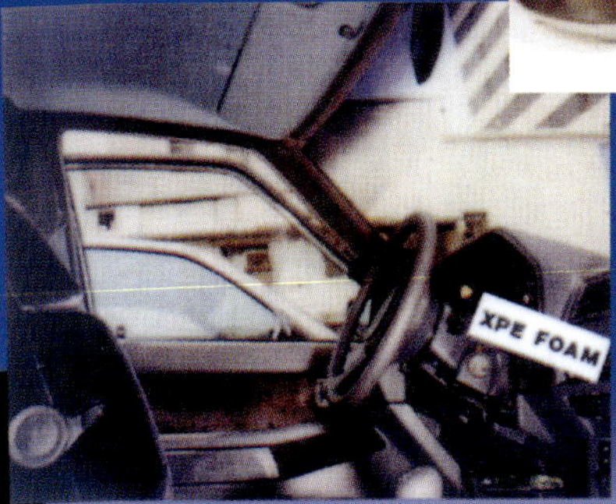

地　址：湖北省十堰市襄阳路18号
邮　编：442012
电　话：(0719)8780248　8788810
传　真：(0719)8784230
电　挂：6859
E-mail:SYHUSLGS@sy.hb.cninfo.net

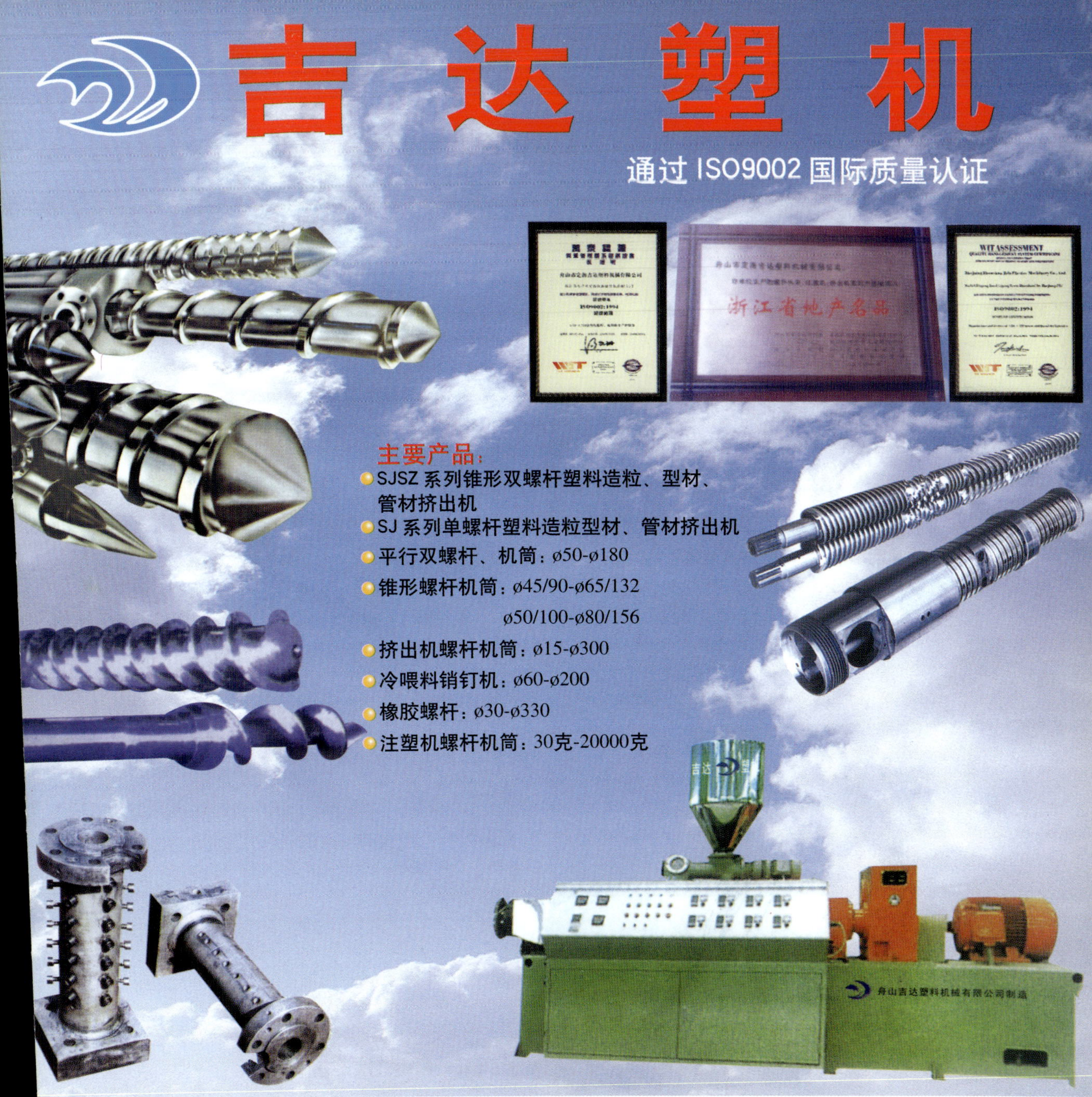
吉达塑机
通过ISO9002国际质量认证
浙江省地产名品
主要产品：
SJSZ系列锥形双螺杆塑料造粒、型材、管材挤出机
SJ系列单螺杆塑料造粒型材、管材挤出机
平行双螺杆、机筒：ø50-ø180
锥形螺杆机筒：ø45/90-ø65/132
ø50/100-ø80/156
挤出机螺杆机筒：ø15-ø300
冷喂料销钉机：ø60-ø200
橡胶螺杆：ø30-ø330
注塑机螺杆机筒：30克-20000克
舟山吉达塑料机械有限公司制造

■塑料吹塑薄膜

山东莱芜塑料制品股份有限公司

（国家大型二类企业）

公司董事长、总经理：王庆安

山东莱芜塑料制品股份有限公司坚持以技术进步为导向和以人为本的企业管理理念，面向市场，走向世界，促进了企业大跨度的发展，有30多个产品获得了国家专利和国家新产品证书，先后被评为省级先进企业，省级文明单位，山东省十佳高新技术企业，中国专利山东省明星企业，省工商局授予“重合同，守信用”企业，山东省农地膜定点生产厂、水电部灌排产品协作厂、中国水利学会农水专业委员会微灌学组副组长单位，中国水利企业协会灌排设备企业分会副会长单位，中国塑料加工工业协会理事单位，中国塑料加工业协会节水器材专业委员会副理事长单位。1998年通过了ISO9001国际质量体系认证，2001年底顺利通过ISO2000版认证工作。企业提报的“国际新型滴灌系列及配套设施技术改造项目”被列为国家第六批国债项目，目前正在抓紧实施。

以市场需求为导向，以科技开发为依托，跟踪国际节水灌溉技术和城市工业节水新技术的发展前沿、研究开发高适应性、高配套性、高质量低成本的节水系列产品，以满足多种地形、各种作物的灌溉和城市工业节水发展的需要。发展目标是在完成国债项目的基础上，再实施“九五”产业化项目，不断进行新产品产业化到2010年使企业生产能力达到10万吨，每年可铺设1000万亩以上的灌溉面积，为我国的节水农业、工业做出应有的贡献。

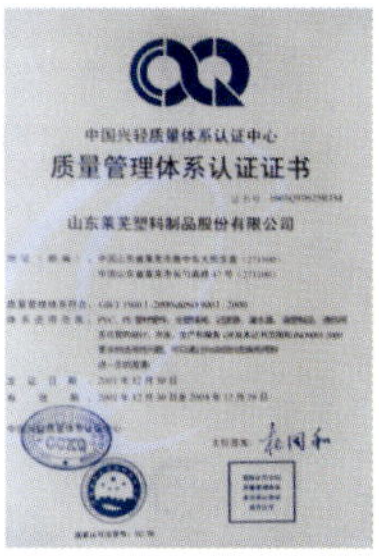

渗灌管

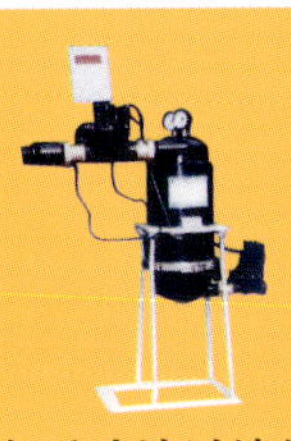

自返冲洗过滤器

压力流量调节器

脉冲滴灌

压力补偿式滴头

内镶式滴灌管

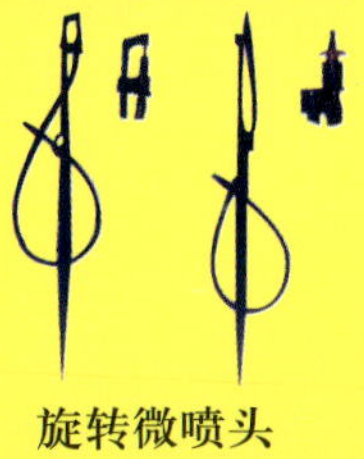

旋转微喷头

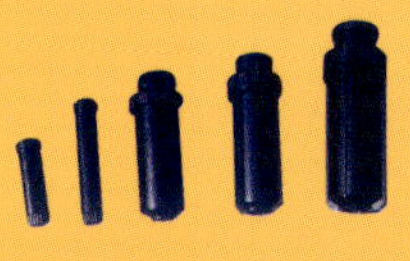

园林喷头

迷宫式滴灌带

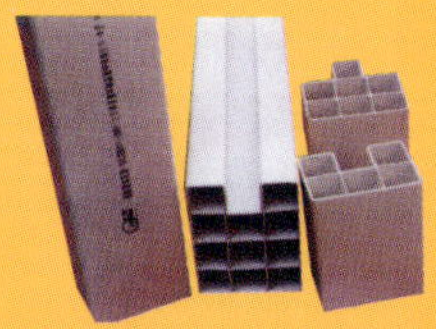

可组合方孔管系列

地　址：山东省莱芜市鲁中东大街109号　　邮　编：271100
电　话：0634-8805855 8808710 8808797　　传　真：0634-8807623
E-mail: SDLWSLC@LW-public.sd.cninfo.net　　Http://WWW.Lsgroup.com.cn

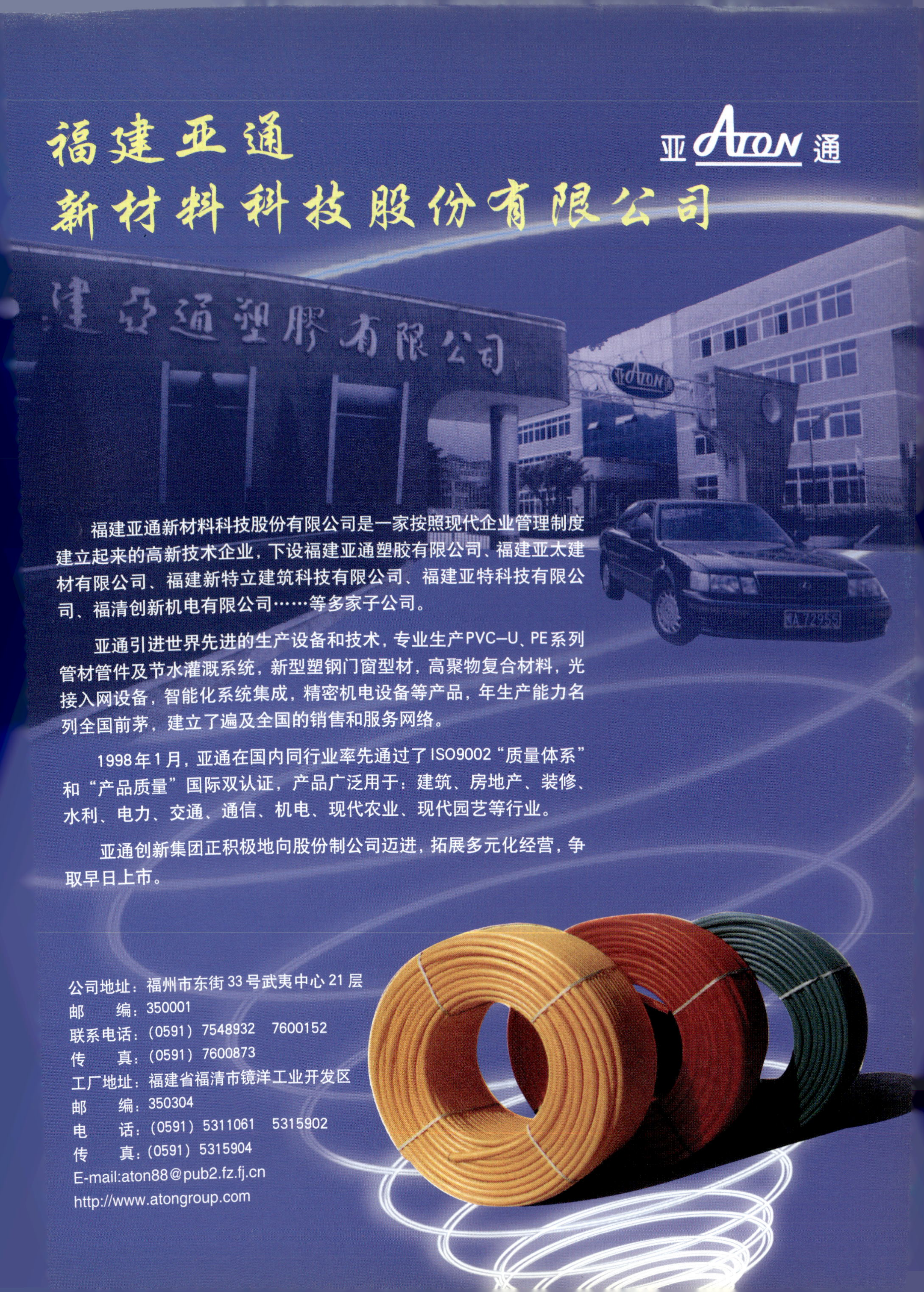

福建亚通
新材料科技股份有限公司
亚 ATON 通
建亚通塑胶有限公司
福建亚通新材料科技股份有限公司是一家按照现代企业管理制度建立起来的高新技术企业，下设福建亚通塑胶有限公司、福建亚太建材有限公司、福建新特立建筑科技有限公司、福建亚特科技有限公司、福清创新机电有限公司……等多家子公司。
亚通引进世界先进的生产设备和技术，专业生产PVC—U、PE系列管材管件及节水灌溉系统，新型塑钢门窗型材，高聚物复合材料，光接入网设备，智能化系统集成，精密机电设备等产品，年生产能力名列全国前茅，建立了遍及全国的销售和服务网络。
1998年1月，亚通在国内同行业率先通过了ISO9002“质量体系”和“产品质量”国际双认证，产品广泛用于：建筑、房地产、装修、水利、电力、交通、通信、机电、现代农业、现代园艺等行业。
亚通创新集团正积极地向股份制公司迈进，拓展多元化经营，争取早日上市。
公司地址：福州市东街33号武夷中心21层
邮　　编：350001
联系电话：（0591）7548932　7600152
传　　真：（0591）7600873
工厂地址：福建省福清市镜洋工业开发区
邮　　编：350304
电　　话：（0591）5311061　5315902
传　　真：（0591）5315904
E-mail:aton88@pub2.fz.fj.cn
http://www.atongroup.com

保定宝康塑胶母料有限公司

Baoding Baokang Plastics Masterbatch Co., Ltd

宝康母料

每一颗粒都是信心与品质的凝聚

保定宝康塑胶母料有限公司由**德国·康斯坦普集团有限公司**（简称**CONSTAB**）与**中国·河北宝硕集团有限公司**（简称**宝硕集团**）合资兴建，在保定国家高新技术产业开发区注册，合资期限15年。公司总投资900万美元，其中，注册资本金520万美元：由德国**CONSTAB**公司出资286万美元，占注册资本的55%；**宝硕集团**出资234万美元，占注册资本的45%。

公司引进德国具有世界先进水平的母料生产线和生产工艺技术及相应的实验和检验设备。通过精心挑选原材料，严格执行工艺要求并按ISO9000-2000标准建立质量管理体系，不懈致力于新产品和高效产品的开发，除现有BOPP薄膜、PE农用膜以及CPP薄膜、PP/PE热收缩膜等母料的开发和生产外，公司还可根据用户的需要研制配方，生产特种母料，每年可向用户提供多达75个品种6000吨高质量的专用母料和特种母料，是目前国内技术力量雄厚、设备先进、生产规模大的功能母料专业开发和生产公司。

全部采用"PLG"自动控制、微机监控，实现对设备各项参数的精确控制。

现代化实验室，拥有红外光谱仪、高效液相色谱仪、氮含量分析仪等各种先进的检测仪器和设备。

Add: 河北省保定市高开区保满路85号
Tel: +86(0)312-3109509 3109538
Fax: +86(0)312-3109510
P.C: 071051
E-Mail: baoconmb@heinfo.net
Http://www.baocon.com

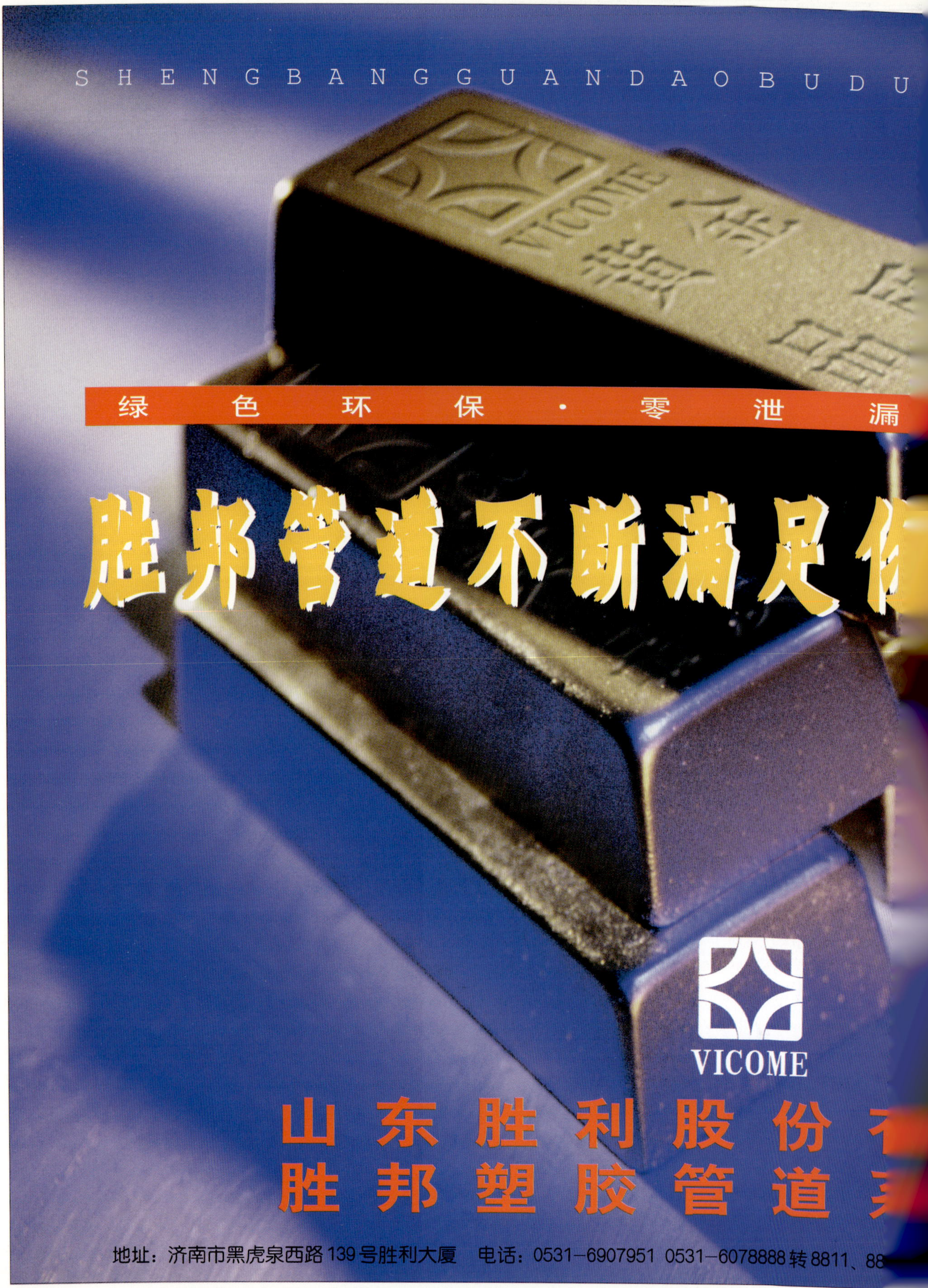

S H E N G B A N G G U A N D A O B U D U
绿色环保·零泄漏
胜邦管道不断满足
VICOME
山东胜利股份
胜邦塑胶管道
地址：济南市黑虎泉西路139号胜利大厦 电话：0531-6907951 0531-6078888转8811、

M A N Z U N I G E N G G A O D E X U Q I U

【经 营 目 标】

争做中国**工程用 PE 管道**行业第一企业

【务实的企业定位】

系列产品、一流质量、适中价格，满意服务

【优异的管道性能】

良好的卫生性、较好的耐冲击性、长久的使用寿命、卓越的耐腐蚀性能、优异的抗磨损性能、可靠的连接性能、良好的施工性能

【雄厚的研发实力】

拥有国内规模最大、设备最先进的实验室；由专门的技术公司进行产品开发和应用的研究

【严格的质保体系】

全面引进德国和奥地利先进的生产工艺和设备，拥有最先进的检测设备，配以最完善的检测手段，产品出厂严格执行 ISO9002 质量认证体系

【完善的营销网络】

公司在全国各地设有十个办事处，在最终用户、设计单位、生产单位之间建立了交流、学习的桥梁

【满意的售后服务】

公司拥有技术过硬的专业施工队伍，承揽施工任务；拥有高素质的工程师从事施工培训，并配发培训证书

长虹塑制

山西新绛长虹塑制有限公司

山西新绛长虹塑制有限公司，始建于1997年，位于国家历史文化名城山西新绛美丽富饶的汾河腹地，108国道从门前穿国，交通十分便利，是华北地区著名的集科、工、贸于一体的塑编生产企业。

公司设备先进，技术力量雄厚，检测手段完善，公司新投资3000万元，引进国内外先进的塑编生产设备，并与高等院校及科研单位进行了广泛合作。其主导产品：塑料彩条布、复合多功能聚烯烃棚膜、柔性集装袋及水利工程用防透土工布，均达到或超过国际同类产品标准，成为华北地区实力强、产品规格全、品种多、质量好的塑编企业。其中塑编彩条布，被山西省技术监督局评为“质量信得过产品”，企业被评为“质量信得过企业”。公司产品覆盖华北及周边地区。

塑料彩条布是公司主导产品之一，年生产能力5000吨，被广泛用于建筑、包装、运输、农业等领域，产品覆盖华北及周边地区。

复合多功能聚烯烃棚膜为该公司新开发的高科技支农产品，是普通农膜的换代产品，年生产能力1000吨，被广泛用作蔬菜、稻苗培育、花卉养殖的拱棚、日光温室：水产、畜牧、养殖业防寒过冬的棚顶、侧墙、卷膜。

产　品

- 三层结构，产品变形小，整体抗拉，抗撕裂强度高，抗风雪能力强。其抗拉强度和撕裂强度是普通农膜5倍以上。
- 透光率高，经省塑料产品质量监督站测试结果，在可见光波长范围内，与国内外样品相当（REVOLUX透光率85%）。
- 防雾滴效果好，本产品采用防雾滴和成膜两种功能的高分子表面活性剂，解决了目前普通农膜使用低分子表面活性剂易被水浸制流失的缺点。
- 产品幅宽2-12m。

地　址：山西省新绛县108国道狄庄段　　邮　编：043100
电　话：0359-7600118　　传　真：0359-7600128
开户行：县农行
帐　号：526101040000466　　税　号：142726701105622

▲部分产品

董事长兼总经理：耿建新

▲厂区一角

▲工厂生产的工艺地毯

兰州塑料包装材料有限公司

LANZHOU LASTIC PACKAGING MATERIAL CO., LTD

兰州塑料包装材料有限责任公司组建于2001年，其前身兰州塑料包装材料厂始建于1980年，是“甘肃省一级企业”、“国家中二型工业企业”、“中国500家最大塑料制品企业”。是一个以引进国外先进技术和设备为主体，全国率先专业化生产塑料周转箱、聚苯乙烯发泡片材和塑料装饰材料的新型塑料包装材料和塑料装饰材料的现代化塑料加工企业。全厂占地面积29300平方米，建筑面积17000平方米。现有职工365人，其中各类专业技术人员65人。下设六个经营部门（五个分厂和经销公司）、三个职能管理部门和一个服务保障部门。拥有资产9630万元。

建厂以来，企业先后从日本、德国引进了7000克、9000克大型塑料注射机、塑料发泡片材生产线和真空成型设备、复合印刷生产线，1995年又从意大利引进了国际90年代先进水平的多层共挤出塑料板（片）材生产线。目前拥有各类设备179台（套），形成年加工能力为4000吨。产品主要有“方菱”牌塑料周转箱、电视机壳等家用电器塑料件及工业塑料配件、市政建设水泥地砖塑料模；“金城”牌塑料发泡片材、吹塑纸、彩板；“金城”牌超豪华弹性壁布、工艺地毯；“好利快”牌塑料镜面板、晶晶板、彩绘板以及ABS、PP、HIPS板（片）材；一次性冷饮杯、冰淇淋杯、酸奶杯、糕点盒、超市托盘等食品包装容器；纸箱制品。产品畅销全国28个省、市、自治区。

多年来，企业在对引进技术消化、吸收的基础上，自行研制开发了系列塑料周转箱、吹塑纸、超豪华弹性壁布、工艺地毯、亚克力塑料板、雕花板等塑料包装和塑料装饰新产品、产品品种达100多种，占产品总数的70%以上。其中获“甘肃省优质产品”5个、“国家专利产品”1项、“国家新产品”3个、“质量信得过产品”2项。完成技术改造和技术革新的20多项，降低了成本，提高了产品质量，增强了企业的后劲。为此，企业多次荣获国家、省、市授予的“全国包装先进集体”、“全国优秀工业企业”、“甘肃省包装工业先进集体”、“兰州市经济效益十佳企业”、“先进科技单位”、“信用特级单位”、“重合同守信用企业”等称号。1989年荣升甘肃省一级企业。是国务院发展研究中心和国家统计局评选的“中国甘肃省100家最佳经济效益工业企业”和“中国塑料制品业100家最佳经济效益工业企业”。

改制组建后的企业面貌焕然一新；企业推行股权多元化，鼓励个人和集体投资，搭建起适应市场竞争的经济平台；企业技术力量雄厚、设备先进、质量检测手段齐全、管理体系完善；企业始终恪守“信誉第一、质量第一、服务第一”的经营宗旨，欢迎国内外客商来我企业合作，共同发展。

地址：甘肃省兰州市西固中路180号　　邮编：730060

电话：0931-7532085 7567528　　传真：0931-7588236　　http://www.lzslbz.com